Thomas Tiede

SAP R/3® Ordnungsmäßigkeit und Prüfung des SAP-Systems (OPSAP)

2. aktualisierte und erweiterte Auflage 2004

Ottokar Schreiber
Verlag GmbH

Autor: Thomas Tiede
SAP R/3® Ordnungsmäßigkeit und Prüfung des SAP-Systems (OPSAP)
2. aktualisierte und erweiterte Auflage – Hamburg: Schreiber, 2004
(Revision und Controlling)
ISBN 3-930291-24-X
2. Auflage 2004

Printed in Germany

www.osv-hamburg.de
Covergrafik: © Dirk Kirchner, ibs schreiber gmbh, Hamburg
Satz und Layout: Alexandra Palandrani, OSV, Hamburg
Druck- und Bindearbeiten: Druckerei Zollenspieker, Hamburg

Vorwort

Wie schon bei der Erstauflage auch ist dieses Vorwort eigentlich mehr ein Nachwort, denn es ist das Letzte, was ich zu diesem Buch geschrieben habe.

Konzeptionell habe ich dieses Buch etwas anders aufgebaut als die Erstauflage. Eine Unterteilung in Basis- und Zusatzwissen treffe ich nicht mehr. Bedingt durch die immer größer werdende Komplexität von SAP R/3® ist manches Wissen für Prüfer unerlässlich, auch wenn dieses "nur" zum Verständnis anderer Punkte benötigt wird und selbst keine Prüfungsansätze enthält. Die Kapitel sind nun chronologisch so aufgebaut, dass das Zusatzwissen integriert ist. Dadurch bedingt existieren nicht zu jedem Kapitel Checklisten. Zusätzlich finden Sie hinter jedem Kapitel QuickWins zum schnellen Einstieg. In den Checklisten ist nun auch zu jedem Punkt das jeweilige Risiko dargestellt, damit die Prüfungsfeststellungen noch besser bewertet werden können. Sehr stark reduziert habe ich das Kapitel zum Berechtigungskonzept, da ich zu diesem Thema ein separates Buch veröffentlichen werde.

Auch in diesem Buch gehe ich im Kapitel 8.7 auf das Programm CheckAud for SAP R/3® Systems ein. Dieses konzeptionell von mir entwickelte Programm hat sich in den letzten Jahren sehr stark am Markt etabliert und wird von sehr vielen Firmen bereits eingesetzt. Aktuelle Informationen zu diesem und unseren anderen Produkten erhalten Sie über www.checkaud.de.

Zum guten Schluss dürfen natürlich auch die Danksagungen nicht fehlen. Diese gehen zum einen an alle diejenigen, die mir basierend auf der Erstauflage wertvolle Tipps und Anregungen gegeben haben. Ich habe mich bemüht, sie alle in diesem Buch unterzubringen. Zum anderen möchte ich mich bei allen denen bedanken, die bei der Fertigstellung des Buches beteiligt waren, insbesondere bei Herrn Ottokar Schreiber für seine hervorragenden Lektoratsarbeiten und bei Frau Alexandra Palandrani für die sehr umfassende und anspruchsvolle Layoutgestaltung. Mein besonderer Dank gilt meiner Freundin Kristin Petzold, die mir immer wieder die vielen Stunden vor dem Computer nachgesehen und auch noch sämtliche Erstkorrekturen übernommen hat.

Thomas Tiede — Hamburg im August 2004

Inhaltsverzeichnis

1 Einführung

1.1 Zur Nutzung dieses Buches

Jedes Kapitel ist in sich abgeschlossen und bietet einen umfassenden Überblick zum jeweiligen Thema. Die Kapitel sind so aufgebaut, dass sie auch als Nachschlagewerk für einzelne Fragestellungen genutzt werden können. Um jedes Kapitel für sich umfassend und schlüssig darzustellen, wurden Redundanzen bewußt in Kauf genommen.

Die Checklisten

Zu fast jedem Kapitel gibt es eine *Checkliste* sowie eine *Praktische Prüfung*. In der Checkliste sind alle Fragen zum jeweiligen Thema zusammengefaßt. In der praktischen Prüfung wird zu jedem Punkt der Checkliste die praktische Vorgehensweise am System erläutert. Dies erlaubt es auch Prüfern, die nicht täglich mit dem R/3-System arbeiten, die jeweiligen Prüfungsschritte sofort auszuführen.

Die Checklisten haben folgenden Aufbau:

Nr.	Verwendung	Fragestellungen ——— Risiko	Ordnungsmäßigkeits-Vorgaben

Nr. — Eine fortlaufende Nummerierung innerhalb einer Checkliste. Die dazugehörige praktische Vorgehensweise zu diesem Punkt finden Sie unter *Praktische Prüfung*, gleich hinter der Checkliste, unter derselben Nummer.

Verwendung — Unter diesem Punkt wird die Verwendung dieser Frage dargestellt. Folgende Verwendungen sind möglich:

1 Dieser Punkt wirkt sich auf Fragestellungen in anderen Kapitel dieses Buches aus.
2 Dieser Punkt wirkt sich auf Fragestellungen in demselben Kapitel dieses Buches aus.
3 Es handelt sich um eine in sich geschlossene Frage.

Fragestellungen Die jeweilige Fragestellung, die bei einer Prüfung zu beantworten ist.

Risiko Das Risiko des zu prüfenden Punktes

Ordnungsmäßigkeitsvorgaben
Hier wird zu jeder Fragestellung die SOLL-Vorgabe angegeben.

Prüfen der Zugriffsrechte
Grundsätzlich werden zu jedem Kapitel, das sich direkt mit Vorgängen in SAP R/3 befasst, auch die entsprechenden zu prüfenden Zugriffsrechte dargestellt, sowohl im Unterkapitel *Zugriffsrechte* als auch teilweise (wenn sinnvoll) in den praktischen Prüfungen zu den Checklisten.

Zur Prüfung dieser Zugriffsrechte kann der Report RSUSR002 genutzt werden. Die Nutzung dieses Reports wird ausführlich in Kapitel 8.3.2 beschrieben. Wie allgemein mit Reports umzugehen ist, wird in Kapitel 1.3 beschrieben.

1.2 Transaktionen

SAP R/3 arbeitet transaktionsgesteuert. Das bedeutet, dass jeder Vorgang im R/3-System durch ein Kürzel, dem Transaktionscode, dargestellt wird. Jeder Menüpunkt im R/3-System wird durch den Aufruf der entsprechenden Transaktion gestartet. Abb. 1.2.1 zeigt einen Ausschnitt aus dem R/3-Menübaum. Vor den jeweiligen Einträgen wird der Transaktionscode angezeigt. So lautet z.B. der Transaktionscode für die *Verbuchung* SM13, für *Benutzer anzeigen* SU01D. Sie können sich die Transaktionscodes im Menü anzeigen lassen, indem Sie den Menüpunkt *Zusätze - Einstellungen* auswählen. Hier aktivieren Sie den Punkt *Technische Namen anzeigen*.

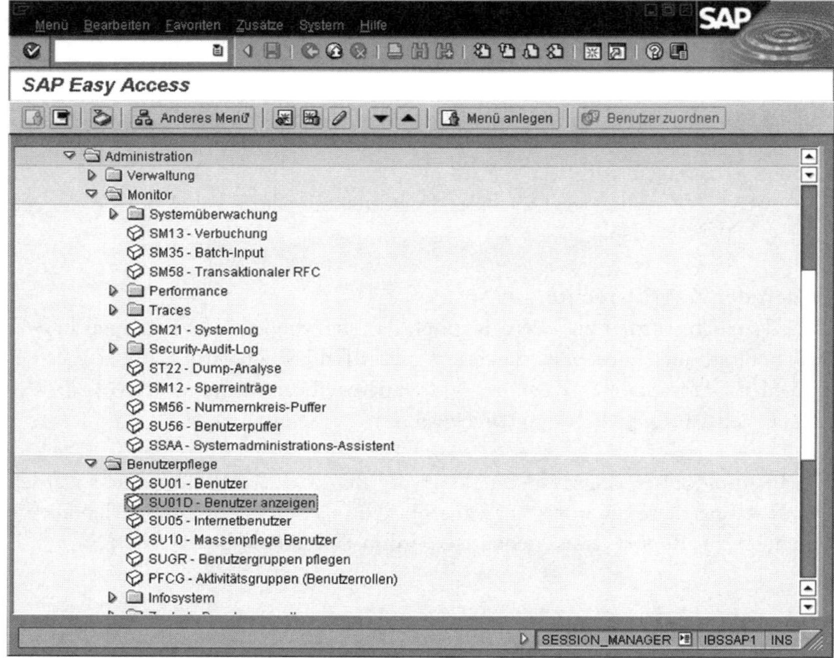

Abb. 1.2.1: Einträge des R/3-Menüs mit Transaktionskürzeln

Diese Transaktionen können auch direkt aufgerufen werden, ohne sich durch das Menü "zu hangeln". Dazu geben Sie im Eingabefeld den Namen der Transaktion ein (siehe Abb. 1.2.2), und klicken dann auf den grünen Haken links daneben oder drücken die Taste *Return.*

Abb. 1.2.2: Direkter Aufruf von Transaktionen

Dies hat den Vorteil, dass die Anwendungen schneller aufgerufen werden können und zum Aufruf nicht immer wieder zum R/3-Menü zurück gewechselt werden muss. Des weiteren ändern sich zwar in den verschiedenen R/3-Releaseständen teilweise die Menüpfade, selten aber die Transaktionscodes.

Aus diesem Grund wird in diesem Buch nicht auf Menüpfade verwiesen, sondern prinzipiell auf Transaktionscodes. Diese können wie oben beschrieben aufgerufen werden. Folgendes ist hierbei noch zu beachten:

- Befinden Sie sich bereits in einer Anwendung und wollen über einen Transaktionscode eine andere Anwendung aufrufen, so muss die aktuelle erst abgebrochen werden. Ansonsten wird der Aufruf der neuen Transaktion ignoriert. Hierfür geben Sie beim Aufruf der neuen Transaktion ein /n vor dem Transaktionsnamen ein. Dies bewirkt den Abbruch der laufenden Transaktion. Abb. 1.2.3 zeigt den Abbruch der aktuellen Transaktion und den Aufruf der Transaktion SU01D.

Abb. 1.2.3: Abbruch der laufenden Transaktion und Aufruf einer neuen

- Möchten Sie eine neue Transaktion aufrufen, ohne die aktuelle abzubrechen, so können Sie diese in einem neuen Modus (Fenster) anzeigen lassen. Geben Sie hierfür beim Aufruf der neuen Transaktion /o vor dem Transaktionsnamen ein. Dies bewirkt den Aufruf eines neuen Modus. Abb. 1.2.4 zeigt den Aufruf der Transaktion SU01D in einem neuen Modus.

Abb. 1.2.4: Start einer Transaktion in einem neuen Modus

Standard-Transaktionen von SAP R/3 besitzen die Namenskonvention, dass der erste Buchstabe das R/3-Modul kennzeichnet, aus dem die Transaktion stammt. Z.B.:

S* Transaktionen aus der Basis
F* Transaktionen aus der Finanzbuchhaltung
K* Transaktionen aus dem Controlling
M* Transaktionen aus der Materialwirtschaft
V* Transaktionen aus dem Vertrieb
P* Transaktionen aus dem Personalwesen

Eine Liste aller Transaktionen zeigt die Tabelle TSTC. Sie enthält im R/3-Release 4.6 über 60.000, in Enterprise über 70.000 Einträge. Abb. 1.2.5 zeigt einen Ausschnitt aus der Tabelle mit Transaktionen aus der Finanzbuchhaltung (F*).

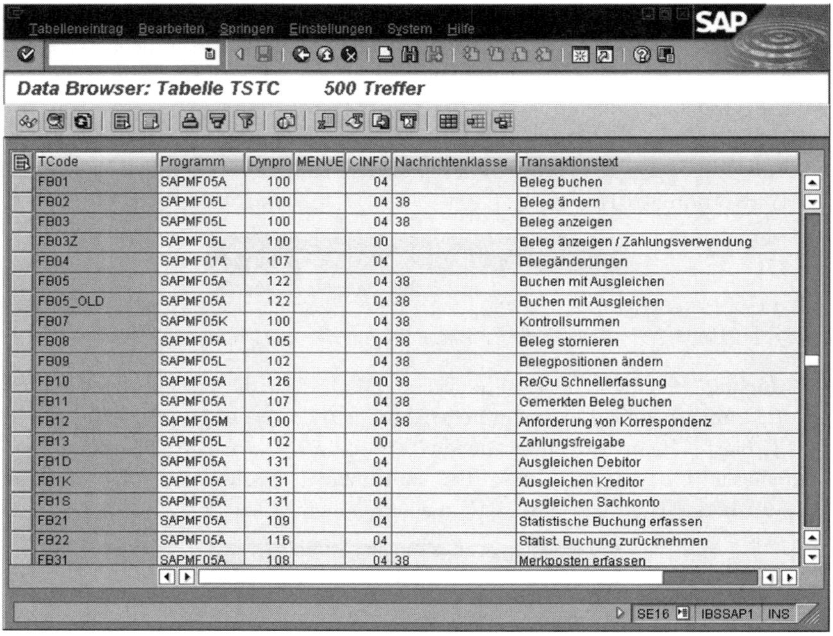

Data Browser: Tabelle TSTC 500 Treffer

TCode	Programm	Dynpro	MENUE	CINFO	Nachrichtenklasse	Transaktionstext
FB01	SAPMF05A	100		04		Beleg buchen
FB02	SAPMF05L	100		04	38	Beleg ändern
FB03	SAPMF05L	100		04	38	Beleg anzeigen
FB03Z	SAPMF05L	100		00		Beleg anzeigen / Zahlungsverwendung
FB04	SAPMF01A	107		04		Belegänderungen
FB05	SAPMF05A	122		04	38	Buchen mit Ausgleichen
FB05_OLD	SAPMF05A	122		04	38	Buchen mit Ausgleichen
FB07	SAPMF05K	100		04	38	Kontrollsummen
FB08	SAPMF05A	105		04	38	Beleg stornieren
FB09	SAPMF05L	102		04	38	Belegpositionen ändern
FB10	SAPMF05A	126		00	38	Re/Gu Schnellerfassung
FB11	SAPMF05A	107		04	38	Gemerkten Beleg buchen
FB12	SAPMF05M	100		04	38	Anforderung von Korrespondenz
FB13	SAPMF05L	102		00		Zahlungsfreigabe
FB1D	SAPMF05A	131		04		Ausgleichen Debitor
FB1K	SAPMF05A	131		04		Ausgleichen Kreditor
FB1S	SAPMF05A	131		04		Ausgleichen Sachkonto
FB21	SAPMF05A	109		04		Statistische Buchung erfassen
FB22	SAPMF05A	116		04		Statist. Buchung zurücknehmen
FB31	SAPMF05A	108		04	38	Merkposten erfassen

Abb. 1.2.5: Auszug aus der Tabelle der Transaktionen (TSTC)

1.3 Reports

Reports sind ABAP-Programme, die Informationen aus der Datenbank aufbereitet ausgeben. Standardmäßig sind in R/3 schon eine Vielzahl von Reports hinterlegt, die sogenannten Standardreports. In einem vollständig installierten R/3-System Release 4.6C gibt es über 30.000 Standardreports, von denen aber ca. 60% der Administration vorbehalten sind, da viele Reports auch Änderungen an Daten vornehmen können, z.B. Reorganisation von Daten.

Standardreports unterliegen bestimmten Namenskonventionen, die eine Suche nach einem bestimmten Report erleichtern:

- Ein Reportname kann bis zu 40 Zeichen lang sein.
- Standardreports von SAP (für Benutzer zur Auswertung der Daten) beginnen fast immer mit einem "R".

- Der zweite Buchstabe der Standardreports bezeichnet das Modul, für den dieser Bericht gilt, z.B. "RF....." = Report aus der Finanzbuchhaltung, "RM......" = Report aus der Materialwirtschaft.
- Der dritte Buchstabe legt häufig das Teilgebiet des Moduls fest, z.B. "RFD....." = Report aus der Finanzbuchhaltung, Gebiet Debitoren, "RFK....." = Report aus der Finanzbuchhaltung, Gebiet Kreditoren, "RFS....." = Report aus der Finanzbuchhaltung, Gebiet Sachkonten.
- Eigenerstellte Reports beginnen mit den Buchstaben "Y" oder "Z" (= Kundennamensraum).

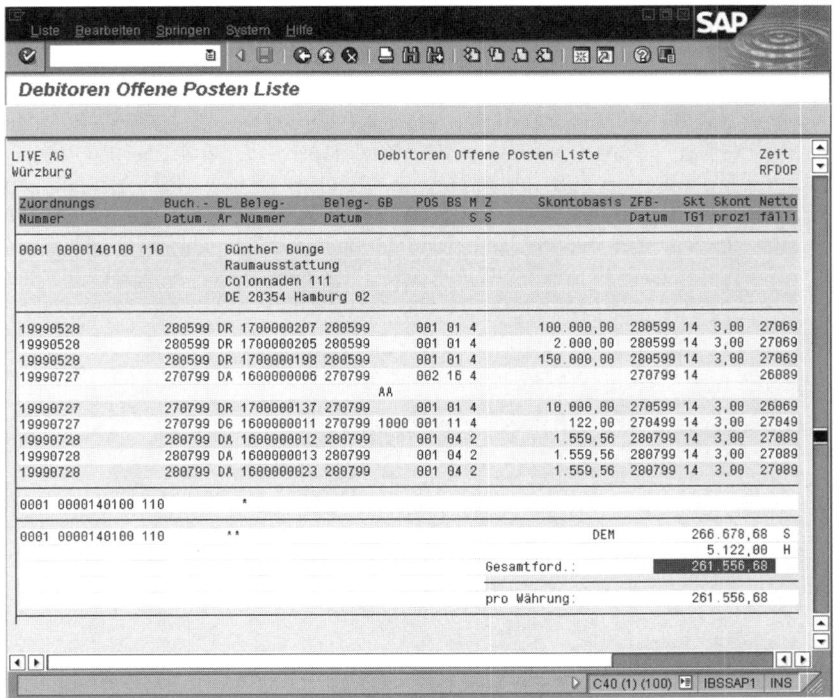

Abb. 1.3.1: Der Standardreport RFDOPO00 - Debitoren Offene Posten Liste

1.3.1 Aufrufen von Reports

Um einen Report aufzurufen, wählen Sie den Menüpunkt *System - Dienste - Reporting* aus (Transaktion SA38). Geben Sie in der Einstiegsmaske den Namen des Reports an, den Sie ausführen möchten (Abb. 1.3.2).

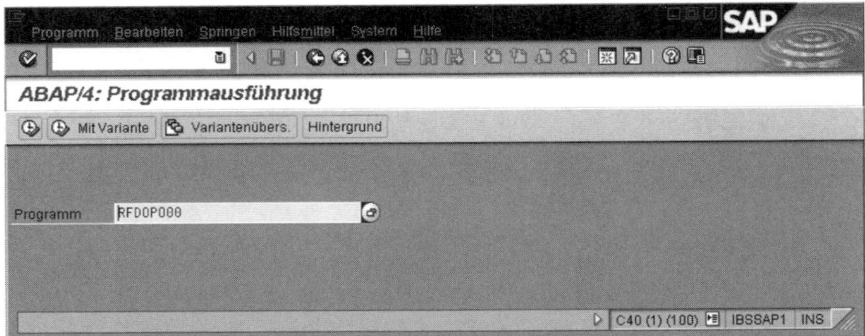

Abb. 1.3.2: Aufruf eines Reports

Drücken Sie die Funktionstaste F8 oder die Drucktaste *Ausführen.* Bei den meisten Reports gelangen Sie nun in eine Selektionsmaske, in der Sie Einschränkungen für den Report vornehmen können. Nehmen Sie keine Einschränkungen vor, wird der Report mit allen verfügbaren Daten ausgeführt, was unter Umständen etwas länger dauern kann. Die Masken zur Eingabe der Selektionskriterien sind je nach Reportinhalt unterschiedlich aufgebaut. Die Maske in Abb. 1.3.3 ist dem Report RFDOPO00 (Debitoren Offene Posten Liste) zugeordnet.

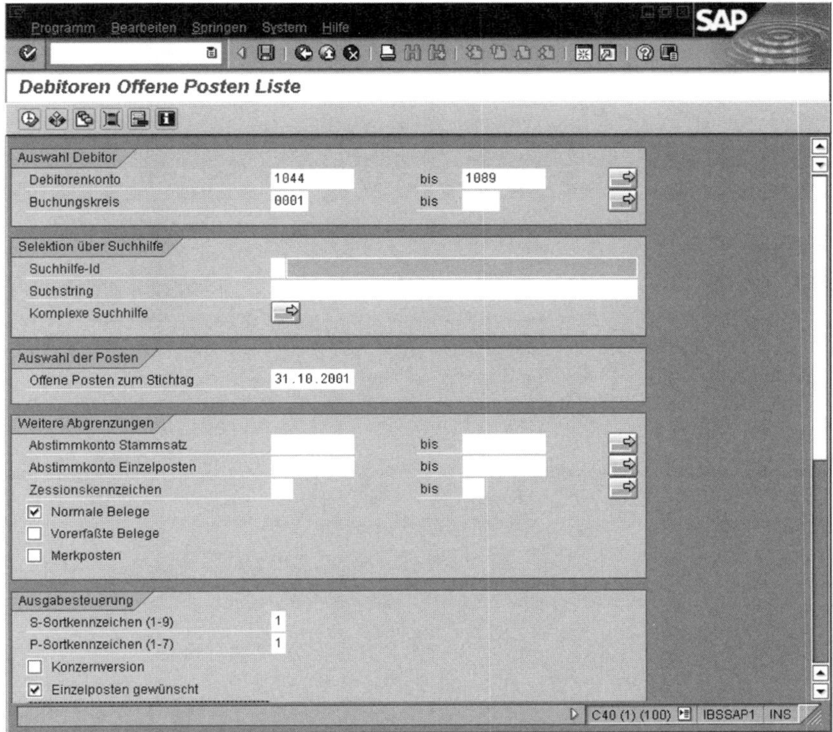

Abb. 1.3.3: Die Selektionsmaske des Reports RFDOPO00

Nach erneutem Drücken der Taste *F8* oder der Drucktaste *Ausführen* wird der Report am Bildschirm angezeigt.

1.3.2 Suchen von Reports

Möchten Sie einen Report ausführen, dessen Name Ihnen nicht bekannt ist, können Sie nach dem Report gemäß den Namenskonventionen suchen. Angenommen Sie möchten sich eine Saldenliste der Sachkonten ansehen, kennen aber nicht den Namen dieses Reports. Aufgrund der Namenskonventionen für Reports sind allerdings die ersten Zeichen des Reports bekannt. Da der Report aus dem Bereich Finanzbuchhaltung stammt, beginnt er mit den Buchstaben "RF". Da der Report aus dem Bereich der Sachkonten stammt, ist in diesem Fall auch der dritte Buchstabe ("S") bekannt. Somit beginnt der gesuchte Report mit "RFS".

Zum Suchen rufen Sie den Menüpunkt *System - Dienste - Reporting* (Transaktion SA38) auf. In der Einstiegsmaske wählen Sie den Menüpunkt *Hilfsmittel - Suchen Programm* aus oder klicken auf die Schaltfläche *Werteliste* (Taste F4).

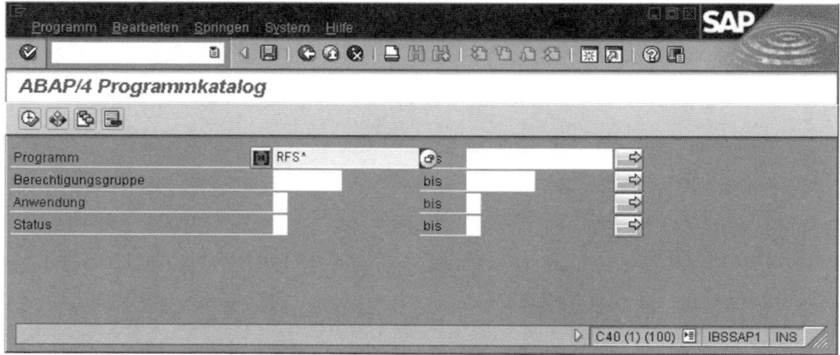

Abb. 1.3.4: Suchen eines Reports: Selektionsmaske

In diesem Fenster können Sie Kriterien zur Abgrenzung des Reports eingeben. Für das Beispiel der Saldenliste geben Sie also die Buchstaben "RFS*" ein. Der Stern "*" muss als Platzhalter immer angegeben werden. Drücken Sie dann die Schaltfläche F8 oder die Drucktaste *Ausführen*.

Sie bekommen nun eine Liste mit allen Reports, die den eingegebenen Kriterien entsprechen, hier z.B. eine Liste mit allen Reports, die mit "RFS" beginnen, also u.a. alle Reports der Finanzbuchhaltung für die Sachkonten.

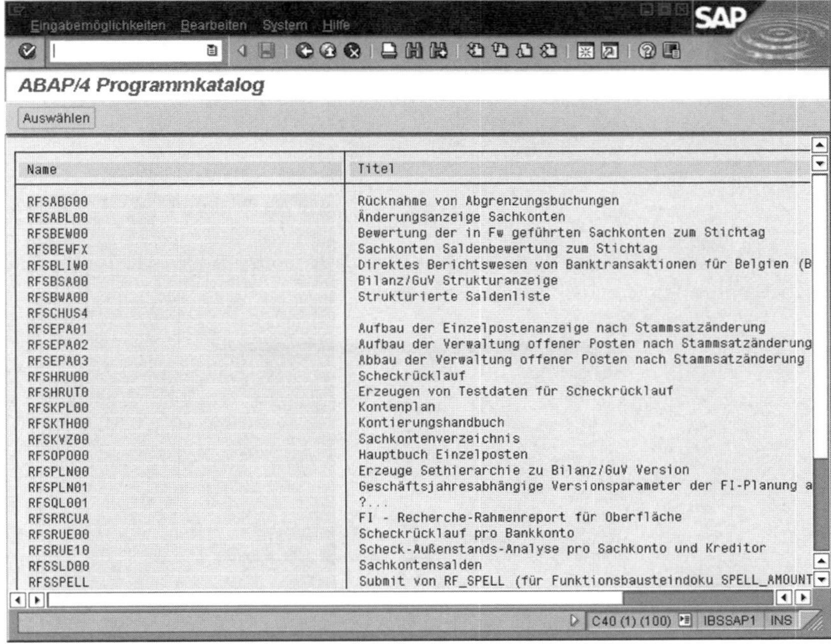

Abb. 1.3.5: Suchen eines Reports: Suchergebnis

Wählen Sie hier einen Report durch Doppelklick aus. Sie gelangen dann zurück zur Maske *ABAP/4 Programmausführung*, von wo aus Sie sich den Report anzeigen lassen können.

Bei einer Suche können allerdings sehr viele Reports angezeigt werden, die dem Suchkriterium entsprechen. Darum haben Sie im Fenster des Suchergebnisses die Möglichkeit, nach bestimmten Reports zu suchen, nicht nur nach dem Reportnamen, sondern auch nach der Beschreibung. Im obigen Beispiel ist es vielleicht zu mühsam, alle Reportbeschreibungen zu lesen, um dann irgendwo den richtigen Report zu finden. Einfacher ist es hier, noch einmal zu suchen, in unserem Beispiel nach dem Wort "Saldenliste". Klicken Sie hierzu auf die Schaltfläche *Suchen*, oder drücken Sie die Tastenkombination *Strg-F*, und geben Sie den gewünschten Suchbegriff ein (Abb. 1.3.6).

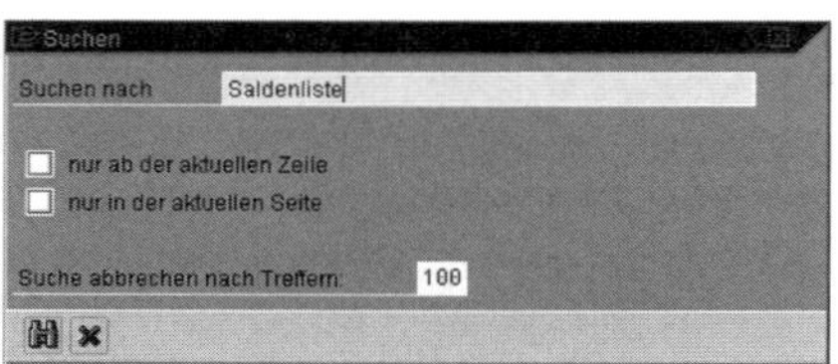

Abb. 1.3.6: Suchen in einer Liste

Klicken Sie auf die Schaltfläche *Suchen* (Fernglas), oder drücken Sie *Return*. Das Suchergebnis wird in einer Trefferliste angezeigt.

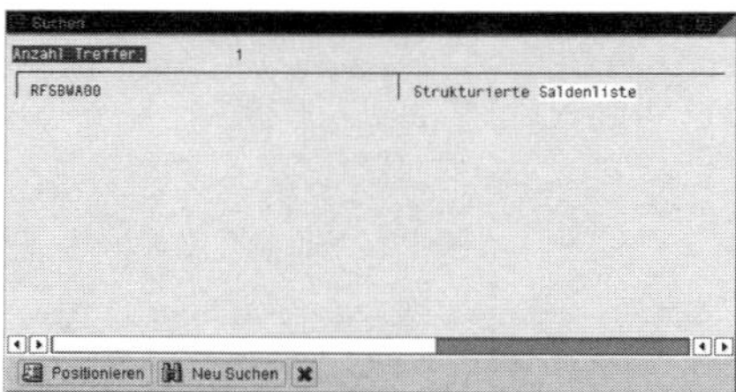

Abb. 1.3.7: Suchergebnis in einer Trefferliste

Doppelklicken Sie auf den entsprechenden Report, oder klicken Sie einmal auf das farbig hinterlegte Wort (Ihr Suchkriterium). Sie gelangen dann zurück in die vorherige Liste, und das Programm springt zum gewünschten Report. Diesen können Sie dann wieder mit einem Doppelklick auswählen.

1.3.3 Exportieren von Reports

Einen Report, den Sie sich am Bildschirm haben anzeigen lassen, können Sie sich auch als Datei auf Ihre Arbeitsstation speichern. Möglich ist auch ein Export direkt in eine PDF-Datei. Dies wird in Kapitel 1.5 beschrieben. Wählen Sie hierfür den Menüpunkt *System - Liste - Sichern - Lokale Datei* aus. Es stehen Ihnen vier verschiedene Datenformate zur Verfügung (Abb. 1.3.8).

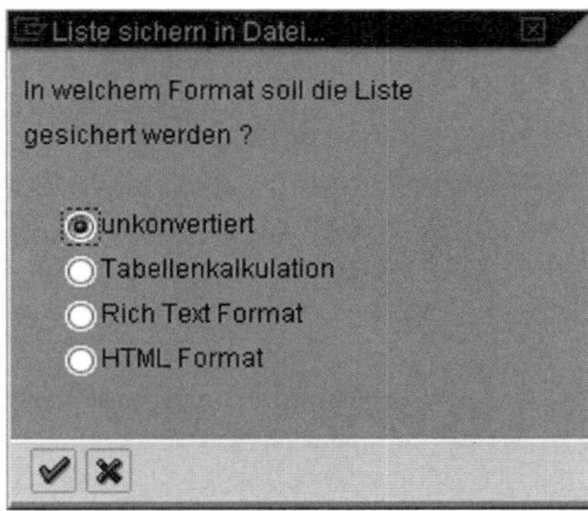

Abb. 1.3.8: Die Datenformate für den Export

Welches Datenformat Sie auswählen sollten, hängt davon ab, wie Sie die Datei weiterverarbeiten möchten. Nachfolgend sind die einzelnen Formate erläutert.

Unkonvertiert

Die Liste wird unkonvertiert in eine ANSI-Datei ausgegeben. Hierbei wird die Liste mit Zwischenräumen formatiert, wie am Bildschirm angezeigt (Abb. 1.3.9).

RFDOP000.txt - Editor

Datei Bearbeiten Format ?

```
grone                                    Debitoren Offene Posten Liste                Zeit 15:14:44      Datum 08.02.2004
Hamburg                                                                               RFDOP000/TOMTIEDE  Seite         1
|-------------------------------------------------------------------------------------------------------------------------|
|Zuordnungs        Buch.- BL Beleg-      Beleg- GB   POS BS M Z       Skontobasis ZFB-     Skt Skont Netto   S Währ-        Betrag  T|
|Nummer            Datum. Ar Nummer      Datum               S S                  Datum   TGl prozl fällig  K ung     Belegwährung  X|
|-------------------------------------------------------------------------------------------------------------------------|
|Sortierung: Bukr Abstimmkto. Kontonr. SHB-Kz Zuordnr. Buchungsdatum Währung Gesch.bereich                               |
|-------------------------------------------------------------------------------------------------------------------------|
|GRON 140000     11          Schrott                                                         Stichtag          08.02.04|
|                            Friedrich-Ebert-Damm 145                                                                    |
|                            DE 22047 Hamburg 02                                                                         |
|-------------------------------------------------------------------------------------------------------------------------|
|0000000010000     100603 DR 1800006849 100603     001 01 0         100,00  300603 14  2,00  140803  EUR         100,00  |
|0000000050000     260303 DG 1600000990 260303     001 11 0         500,00  260303             260303  EUR         500,00- |
|0000000050000     260303 DR 1800003998 260303     001 01 0         500,00  260303             260303  EUR         500,00  |
|0000000100000     100503 DR 1800006850 100503     001 01 0       1.000,00  300503 14  2,00  140703  EUR       1.000,00  |
|0000000100000     100603 DR 1800009696 100603     001 01 0       1.000,00  300603 14  2,00  140803  EUR       1.000,00  |
|-------------------------------------------------------------------------------------------------------------------------|
|GRON 140000     11           *                                                              EUR           2.100,00 *|
|-------------------------------------------------------------------------------------------------------------------------|
|GRON 140000     11          **                                EUR             2.600,00  S                             |
|                                                                                  500,00  H                             |
|                                                      Gesamtford.:               2.100,00                               |
|                                                      ------------------------------------------------------------      |
|                                                      pro Währung:               2.100,00                               |
|-------------------------------------------------------------------------------------------------------------------------|
|GRON 140000     29          CPD A-J                                                         Stichtag          08.02.04|
|                            DE                                                                                          |
|-------------------------------------------------------------------------------------------------------------------------|
|Krappke  Haspe    100303 DR 1800001027 100303     001 01 0       5.289,00  100303             100303  EUR       5.289,00  |
|Nicolai  Hamburg  100303 DR 1800000594 100303     001 01 0 U       111,00  100303             100303  EUR         111,00  |
|-------------------------------------------------------------------------------------------------------------------------|
|GRON 140000     29           *                                                              EUR           5.400,00 *|
|-------------------------------------------------------------------------------------------------------------------------|
|GRON 140000     29          **                                EUR             5.400,00  S                             |
|                                                                                    0,00  H                             |
|                                                      Gesamtford.:               5.400,00                               |
|                                                      ------------------------------------------------------------      |
|                                                      pro Währung:               5.400,00                               |
|-------------------------------------------------------------------------------------------------------------------------|
```

Abb. 1.3.9: Datenformat "unkonvertiert"

Wählen Sie dieses Datenformat aus, wenn Sie die Datei mit einem Drucklistenkonvertierungsprogramm (z.B. Monarch) weiterverarbeiten möchten. Dieses Format ist hierfür besonders geeignet, da die Listeneinträge in festen Spalten ausgegeben werden.

Tabellenkalkulation

Auch hier wird die Liste in eine ANSI-Datei ausgegeben. Allerdings werden die einzelnen Felder der Liste durch Tabulatoren voneinander getrennt, wodurch die Liste, in einem normalen Editor oder Textverarbeitungsprogramm aufgerufen, sehr verschoben aussehen kann (Abb. 1.3.10).

```
RFDOPO001.txt - Editor
Datei  Bearbeiten  Format  ?
grone                                 Debitoren Offene Posten Liste                 Zeit 15:14:44    Datum 08.02.2004
Hamburg                                                                             RFDOP000/TOMTIEDE Seite        1

        Zuordnungs          Buch.- BL Beleg-     Beleg- GB   POS BS M Z      Skontobasis ZFB-    Skt Skont Netto  S Währ-        Betrag  T
        Nummer              Datum. Ar Nummer     Datum              S S                  Datum   TG1 prozl fällig K ung      Belegwährung X

        Sortierung: Bukr Abstimmkto. Kontonr. SHB-Kz Zuordnr. Buchungsdatum Währung Gesch.bereich

        GRON    140000          11                     Schrott
                                                       Friedrich-Ebert-Damm 145
                                                       DE 22047 Hamburg 02

        0000000010000                            100603  DR              1800006849     100603          001     01           0                   100,00
        0000000050000                            260303  DG              1600000990     260303          001     11           0                   500,00
        0000000050000                            260303  DR              1800003998     260303          001     01           0                   500,00
        0000000100000                            100503  DR              1800006850     100503          001     01           0                 1.000,00
        0000000100000                            100603  DR              1800009696     100603          001     01           0                 1.000,00

        GRON    140000          11                            *

        GRON    140000          11                     **                                                                 EUR

                                                                                                             Gesamtford.:
                                                                                                             ----------------------------
                                                                                                             pro Währung:

        GRON    140000          29                     CPD A-J
                                                       DE

        Krappke  Haspe                           100303  DR              1800001027     100303          001     01           0                 5.289,00
        Nicolai  Hamburg                                 100303  DR              1800000594     100303          001     01           0        U

        GRON    140000          29                            *

        GRON    140000          29                     **                                                                 EUR

                                                                                                             Gesamtford.:
                                                                                                             ----------------------------
                                                                                                             pro Währung:

        GRON    140000          74                     CPD A-J100
```

Abb. 1.3.10: Datenformat "Tabellenkalkulation"

Durch die Tabulatortrennzeichen sind Tabellenkalkulations- und Datenbankprogramme in der Lage, die Spalten beim Import den richtigen Feldern zuzuordnen. Dies ist allerdings nur dann sinnvoll, wenn die Daten nicht aus gruppierten Inhalten bestehen, sondern in einem einfachen Listenformat nach Spalten angeordnet vorliegen. Dann können diese Listen z.B. in MS Excel oder MS Access importiert und dort weiterverarbeitet werden.

Rich Text Format

Das Rich Text Format ist ein allgemeines Austauschformat für Textverarbeitungen. Fast jede Textverarbeitung ist in der Lage, dieses zu lesen. In diesem Format werden nicht nur die reinen Daten, sondern auch Formatierungen und Farben gespeichert (Abb. 1.3.11).

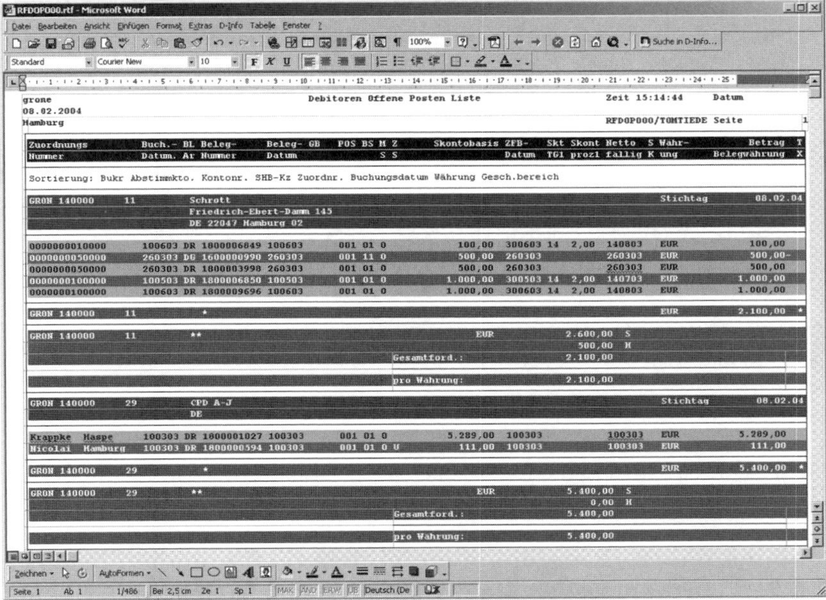


```
grone                                    Debitoren Offene Posten Liste                 Zeit 15:14:44      Datum
08.02.2004
Hamburg                                                                                RFDOP000/TOMTIEDE Seite          1

Zuordnungs       Buch.- BL Beleg-      Beleg- GB   POS BS M Z     Skontobasis ZFB-    Skt Skont Netto  S Währ-          Betrag  T
Nummer           Datum. Ar Nummer      Datum              S S                 Datum   TG1 prozl fällig K ung        Belegwährung X

Sortierung: Bukr Abstimmkto. Kontonr. SHB-Kz Zuordnr. Buchungsdatum Währung Gesch.bereich

GRON 140000     11         Schrott                                                           Stichtag          08.02.04
                           Friedrich-Ebert-Damm 145
                           DE 22047 Hamburg 02

0000000010000    100603 DR 1800006849 100603   001 01 0          100,00  300603 14  2,00  140803  EUR           100,00
0000000050000    260303 DG 1600000990 260303   001 11 0          500,00  260303               260303  EUR           500,00-
0000000050000    260303 DR 1800003998 260303   001 01 0          500,00  260303               260303  EUR           500,00
0000000100000    100503 DR 1800006850 100503   001 01 0        1.000,00  300503 14  2,00  140703  EUR         1.000,00
0000000100000    100603 DR 1800009696 100603   001 01 0        1.000,00  300603 14  2,00  140803  EUR         1.000,00

GRON 140000     11          *                                                                EUR            2.100,00 *

GRON 140000     11         **                                   EUR        2.600,00  S
                                                                             500,00  H
                                                Gesamtford.:               2.100,00

                                                pro Währung:               2.100,00

GRON 140000     29         CPD A-J                                                           Stichtag          08.02.04
                           DE

Krappke  Haspe   100303 DR 1800001027 100303   001 01 0        5.289,00  100303               100303  EUR         5.289,00
Nicolai  Hamburg 100303 DR 1800000594 100303   001 01 0 U        111,00  100303               100303  EUR           111,00

GRON 140000     29          *                                                                EUR            5.400,00 *

GRON 140000     29         **                                   EUR        5.400,00  S
                                                                               0,00  H
                                                Gesamtford.:               5.400,00

                                                pro Währung:               5.400,00
```

Abb. 1.3.11: Datenformat "Rich Text Format"

Dieses Format eignet sich nur dazu, die Daten auszudrucken (z.B. als Anhang an einen Prüfbericht), aber nicht um sie weiter zu verarbeiten.

HTML Format

Seit dem R/3-Release 4.6 ist auch das Abspeichern im HTML-Format möglich. Dies kann mit jedem beliebigen Browser angezeigt werden (Abb. 1.3.12).

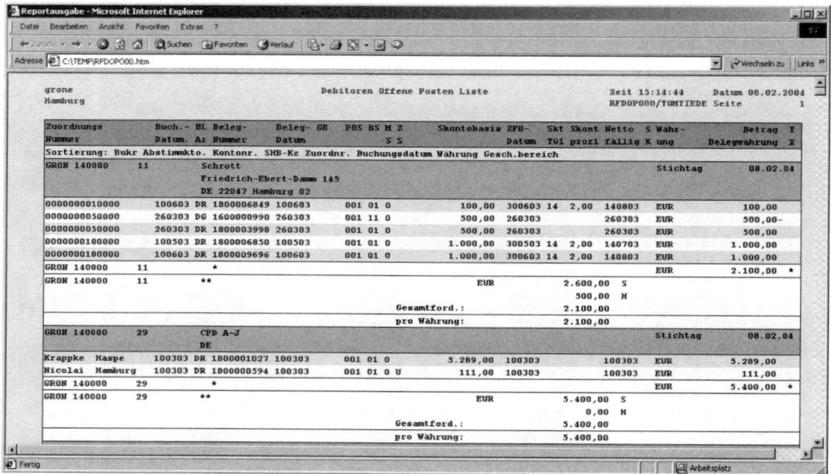

```
grone                          Debitoren Offene Posten Liste          Zeit 15:14:44     Datum 08.02.2004
Hamburg                                                               RFDOP000/TOMTIEDE Seite          1

Zuordnungs        Buch.- BL Beleg-     Beleg- GB  POS BS M Z   Skontobasis ZFB-   Skt Skont Netto  S Währ-          Betrag T
Nummer            Datum. Ar Nummer     Datum           S S                 Datum  TG1 prozl fällig K ung    Belegwährung X
Sortierung: Bukr Abstimmkto. Kontonr. SHB-Kz Zuordnr. Buchungsdatum Währung Gesch.bereich
GRON 140000     11          Schrott                                                    Stichtag         08.02.04
                            Friedrich-Ebert-Damm 145
                            DE 22047 Hamburg 02
0000000010000     100603 DR 1800006849 100603     001 01 0          100,00 300603 14  2,00 140803   EUR          100,00
0000000050000     260303 DG 1600000990 260303     001 11 0          500,00 260303          260303   EUR          500,00-
0000000050000     260303 DR 1800003998 260303     001 01 0          500,00 260303          260303   EUR          500,00
0000000100000     100503 DR 1800006850 100503     001 01 0        1.000,00 300503 14  2,00 140703   EUR        1.000,00
0000000100000     100603 DR 1800009696 100603     001 01 0        1.000,00 300603 14  2,00 140803   EUR        1.000,00
GRON 140000     11          *                                                          EUR        2.100,00 *
GRON 140000     11         **                              EUR         2.600,00 S
                                                                         500,00 H
                                                Gesamtford.:           2.100,00
                                                pro Währung:           2.100,00
GRON 140000     29          CPD A-J                                                    Stichtag         08.02.04
                            DE
Krappke  Haspe    100303 DR 1800001027 100303     001 01 0        5.289,00 100303          100303   EUR        5.289,00
Nicolai  Hamburg  100303 DR 1800000594 100303     001 01 0 U        111,00 100303          100303   EUR          111,00
GRON 140000     29          *                                                          EUR        5.400,00 *
GRON 140000     29         **                              EUR         5.400,00 S
                                                                           0,00 H
                                                Gesamtford.:           5.400,00
                                                pro Währung:           5.400,00
```

Abb. 1.3.12: Datenformat "HTML Format"

Dieses Format eignet sich nur dazu, die Daten auszudrucken (z.B. als Anhang an einen Prüfbericht), aber nicht um sie weiter zu verarbeiten.

1.3.4 Festlegung des Standardpfades zum Speichern

Beim Speichern von Daten wird standardmäßig der Pfad vorgegeben, der bei der Installation des SAPgui als Speicherort für temporäre Dateien angegeben wurde. Beim Speichern der Daten in eine Datei wird aber i.d.R. ein anderer Pfad benötigt, welcher dann jedesmal explizit eingegeben werden muss.

Um einen beliebigen Pfad als Standard zum Speichern vorzugeben, muss der Parameter GR8 im eigenen Stammsatz angegeben werden (Menüpfad *System - Benutzervorgaben - Eigene Daten*). Hier wird als Wert der Pfad angegeben, welcher als Standardpfad beim Speichern genutzt werden soll (Abb. 1.3.13).

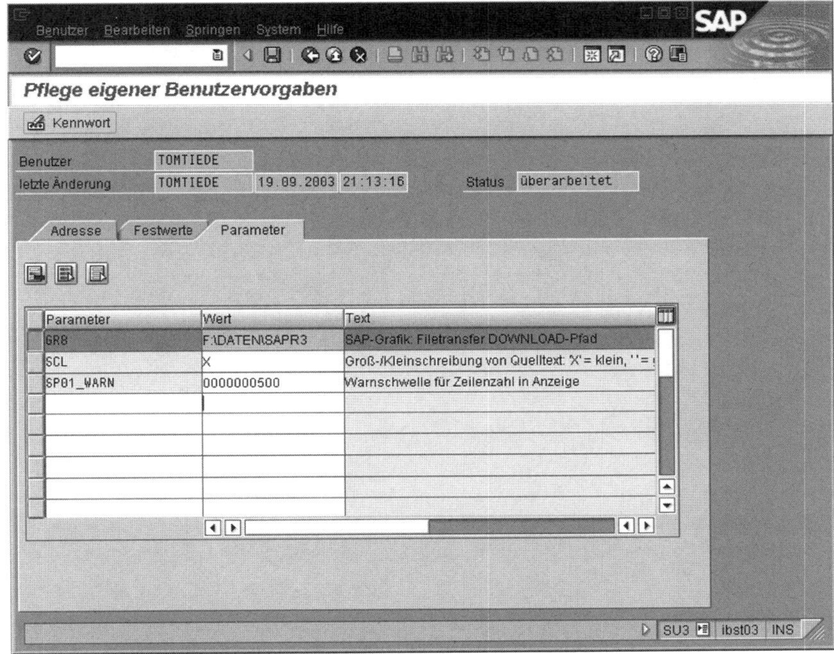

Abb. 1.3.13: Standardpfad zum Speichern festlegen

1.3.5 Speichern der Selektionsangaben (Varianten)

Zu den meisten Reports müssen vor der Ausführung Selektionskriterien eingegeben werden, z.B. bei den Reports des Finanzwesens. Häufig sind es immer wieder dieselben Selektionskriterien für dieselben Fragestellungen. Diese können in R/3 als Varianten abgespeichert werden. Eine Variante ist eine Kombination von Selektionskriterien, die einem bestimmten Report zugeordnet sind.

Abb. 1.3.14 zeigt die Selektionsmaske des Reports RSUSR002 (Berechtigungsprüfungen) mit dem Selektionskriterium zum Prüfen aller Benutzer, die neue Mandanten anlegen dürfen.

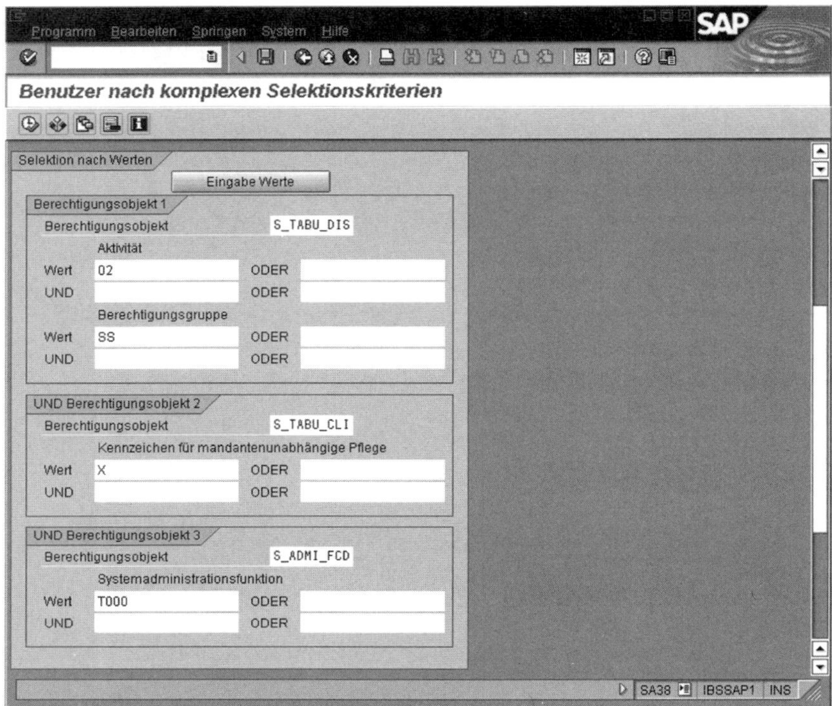

Abb. 1.3.14: Selektionsmaske des Reports RSUSR002

Da diese Fragestellung bei jeder Prüfung wieder geprüft werden muss, macht es Sinn, dies als Variante abzuspeichern. Klicken Sie hierzu auf die Schaltfläche *Als Variante speichern* (Schaltfläche mit der Diskette) oder drücken Sie *Strg+S*. Geben Sie im darauffolgenden Fenster einen Namen für die Variante an und eine sprechende Bezeichnung (Abb. 1.3.15). Der Namensraum für die Varianten sollte mit der Administration vereinbart werden.

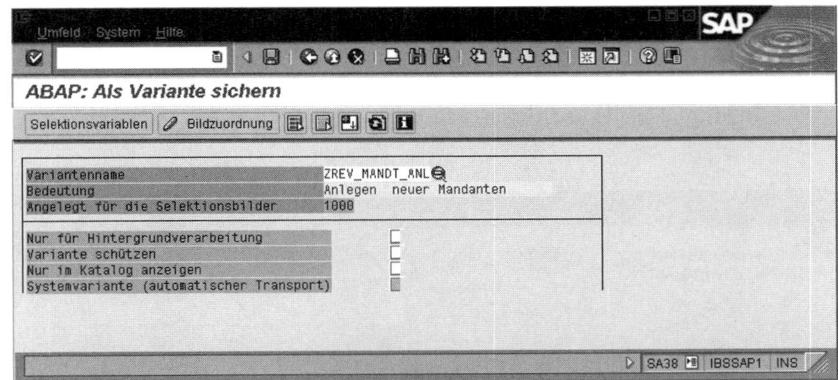

Abb. 1.3.15: Speichern einer Variante

Klicken Sie auf die Schaltfläche *Sichern*, um die Variante zu speichern.

Um gespeicherte Varianten aufzurufen wählen Sie in der Selektionsmaske des Reports den Menüpunkt *Springen - Varianten - Holen* aus. Geben Sie im darauffolgenden Fenster eventuelle Selektionskriterien an (Abb. 1.3.16) und klicken dann auf die Schaltfläche *Ausführen*. Es werden Ihnen alle Varianten angezeigt, die Ihren Selektionskriterien entsprechen. Wählen Sie mit Doppelklick die gesuchte Variante aus. Sie können einen Report auch direkt von der Einstiegsmaske der Transaktion SA38 mit einer Variante ausführen. Klicken Sie hierzu auf die Schaltfläche *Ausführen mit Variante.*

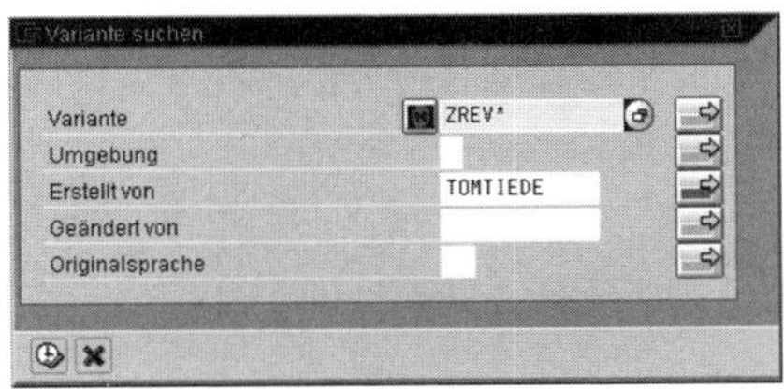

Abb. 1.3.16: Auswahl einer anzuzeigenden Variante

1.3.6 Dokumentationen zu Reports

Zu jedem Report und jedem anderen ABAP-Programm sollte eine Dokumentation hinterlegt sein. Diese Dokumentation kann über die Transaktion SA38

(Menüpfad *System - Dienste - Reporting*) eingesehen werden. Tragen Sie in der Einstiegsmaske den Namen des Reports oder eines ABAP-Programmes ein, und wählen Sie den Menüpunkt *Springen - Dokumentation* aus (Abb. 1.3.17). In einem Fenster wird die Hilfe zu dem entsprechenden Programm angezeigt (Abb. 1.3.18).

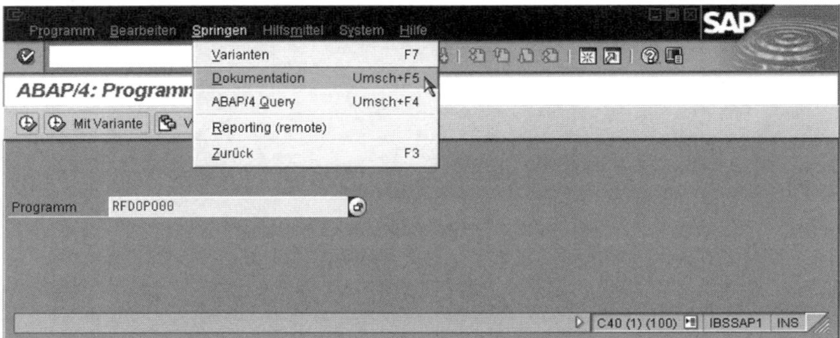

Abb. 1.3.17: Dokumentation zu Reports 1

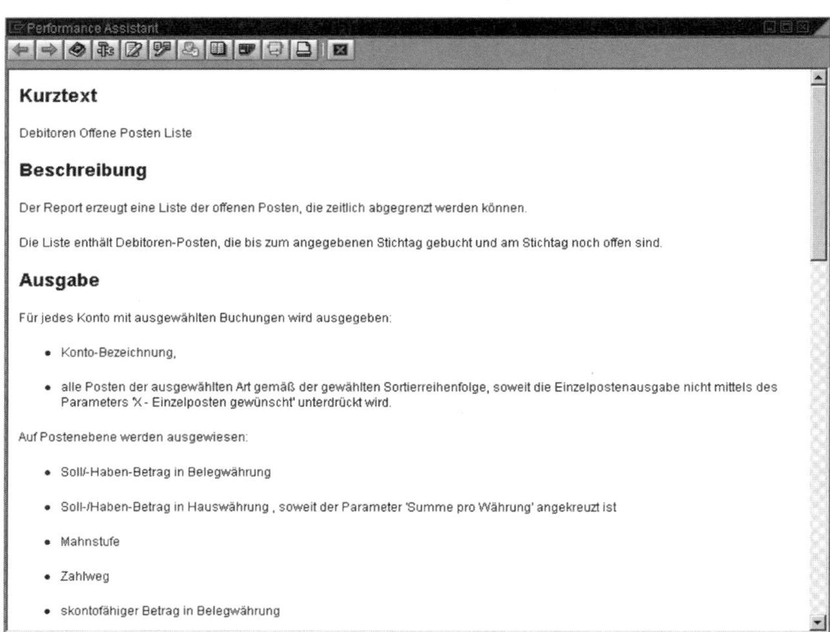

Abb. 1.3.18: Dokumentation zu Reports 2

1.3.7 Tipps zum Umgang mit Reports

Das Problem beim Umgang mit Reports ist, auf Grund der Namenskonvention den Report zu finden, der für eine bestimmte Fragestellung benötigt wird. Und natürlich wäre es für eine Prüfung hilfreich, vorher über alle existierenden Auswertungsmöglichkeiten informiert zu sein.

Wie bereits in Kapitel 1.3.2 erwähnt, werden Reports nach Namen gesucht. Die folgende Auflistung enthält die gebräuchlichsten Kürzel für Reports:

RS*	Reports der Basis
RSUSR*	Reports zu Benutzern und Berechtigungen
RSWBO*	Reports zur Auswertung von Transporten
RDD*	Reports des Data Dictionary
RF*	Reports der Finanzbuchhaltung
RH*, RP*	Reports der Personalwirtschaft
RM*	Reports der Materialwirtschaft
RV*	Reports des Vertriebs

Natürlich besteht hier die Möglichkeit, sich z.B. alle Reports der Basis (RS*) anzeigen zu lassen, um dann in der Liste nach einzelnen Reports zu suchen. Noch effektiver ist allerdings die Möglichkeit, sich das Suchergebnis auszudrucken (im Fall der Basis-Reports ca. 40 Seiten). In dieser Liste lesen Sie sich alle Beschreibungen der Reports durch und markieren alle, die Ihnen interessant erscheinen. Dieser einmalige Aufwand gibt Ihnen einen umfassenden Überblick über alle Reports des Prüffeldes. Außerdem werden Sie auf Möglichkeiten zur Prüfung aufmerksam, die vorher noch nicht bekannt waren (z.B. mit den Reports RDDPROTT, RSANAL00 oder RSWBO095). Nach der Durchsicht lassen Sie sich die markierten Reports im R/3-System anzeigen und entscheiden dabei, ob der entsprechende Report für Sie nützlich ist. So erhalten Sie dann einen vollständigen Überblick über die Möglichkeiten der Nutzung von Reports für die Prüfung.

1.4 Tabellen

Fast alle Daten des SAP R/3-Systems werden in Tabellen gespeichert. Im Release 4.6C existieren ca. 26.000 logische R/3-Tabellen, in Enterprise ca. 36.000. Ausnahmen stellen z.B. die Parameter des Systems dar, das SysLog, das AuditLog und Trace-Ergebnisse. Diese werden nicht in Tabellen gespeichert, sondern in Dateien auf der Betriebssystemebene. Stammdaten, Bewegungsdaten, Customizing-Daten und Systemsteuerungsdaten des R/3-Systems werden ausnahmslos in Tabellen abgelegt.

In diesem Buch wird auf viele Tabellen verwiesen, die für eine Prüfung des SAP R/3-Systems unerläßlich sind. Nachfolgend wird erläutert, wie Tabellen angezeigt und exportiert werden und wie Sie Tabellen suchen können.

1.4.1 Anzeigen von Tabellen

Zum Anzeigen von Tabellen stehen Ihnen mehrere Transaktionen zur Verfügung, z.B. SE16, SE16N, SE17, SM30 oder SM31. Allerdings sollten Sie sich der Einfachheit halber beim Anzeigen auf eine einzige Transaktion beschränken (auf Ausnahmen wird im Buch explizit eingegangen).

Bis zum SAP R/3-Release 4.6B war die Transaktion SE16 die komfortabelste Möglichkeit, Tabelleninhalte zu selektieren und anzuzeigen. Seit dem R/3-Release 4.6C steht die Transaktion SE16N zur Verfügung, welche noch erweiterte Funktionen zur Verfügung stellt. Mit beiden Transaktionen ist, bei entsprechender Berechtigung, auch das Ändern von Tabellen möglich. Sie können allerdings Benutzern, die keine Tabellenänderungsberechtigung besitzen, problemlos zugeordnet werden. Nachfolgend ist die Funktionsweise beider Transaktionen beschrieben.

1.4.1.1 Die Transaktion SE16

Nach Aufruf der Transaktion wird in der Einstiegsmaske der Name der Tabelle, die angezeigt werden soll, eingetragen (Abb. 1.4.1).

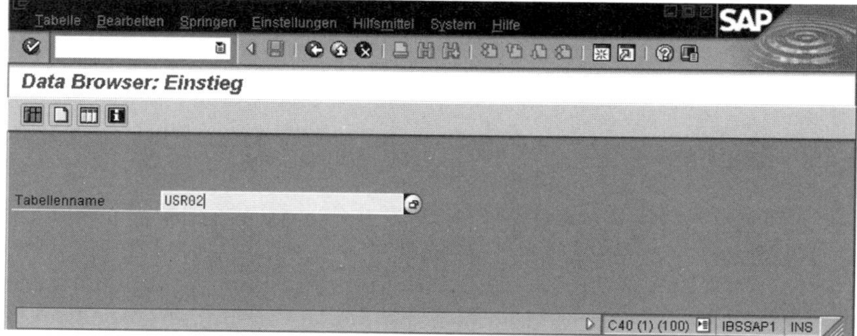

Abb. 1.4.1: Die Einstiegsmaske der Transaktion SE16

Bereits hier sollten Sie beim erstmaligen Aufruf der Transaktion Ihre persönlichen Einstellungen vornehmen. Wählen Sie dazu den Menüpunkt *Einstellungen - Benutzerparameter* aus, und nehmen Sie folgende Einstellungen vor (Abb. 1.4.2):

Breite der Ausgabeliste:
Standardmäßig schlägt R/3 250 Zeichen vor. Das ist für die meisten Tabellen zu wenig. Für die Tabellen würden nicht alle Felder angezeigt werden. Um diese Einstellung nicht nach Aufruf der Liste angeben zu müssen, sollte hier der Wert 1023 voreingestellt werden. Dies ist die maximal mögliche Listbreite zum Anzeigen. Wird die ALV-Grid-Darstellung genutzt, wird diese Einstellung nicht beachtet.

ALV-Grid-Darstellung:
Stellt das Ergebnis in tabellarischer Form dar und bietet zusätzliche Funktionen, wie z.B. Filterungen, Änderung des Layouts und direkter Export nach Excel oder als Serienbrief nach Word. Diese Einstellung ist für Prüfer zu empfehlen.

Schlüsselwort: Feldbezeichner:
Standardmäßig zeigt R/3 in der Selektionsmaske der Tabellen und in den Tabellen selbst als Spaltenüberschriften die Feldnamen an. Dies sind technische Namen, die meist nicht sprechend sind. Wird diese Einstellung hier auf *Feldbezeichner* geändert, werden die sprechenden Langnamen sowohl in der Selektionsmaske als auch in der Tabelle angezeigt. Diese Einstellung ist für Prüfer zu empfehlen.

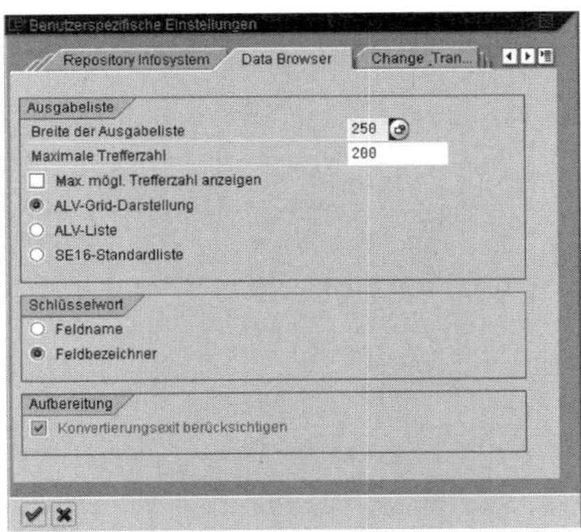

Abb. 1.4.2: Die Benutzereinstellungen

Um eine Tabelle anzuzeigen, drücken Sie im Einstiegsbild der Transaktion SE16 die Schaltfläche *Return*. Für jede Tabelle können dann in einer Selektionsmaske

Eingrenzungen vorgenommen werden, genauso wie beim Anzeigen eines Reports. Die Abb. 1.4.3 zeigt die Selektionsmaske der Tabelle USR02 (Benutzeranmeldedaten).

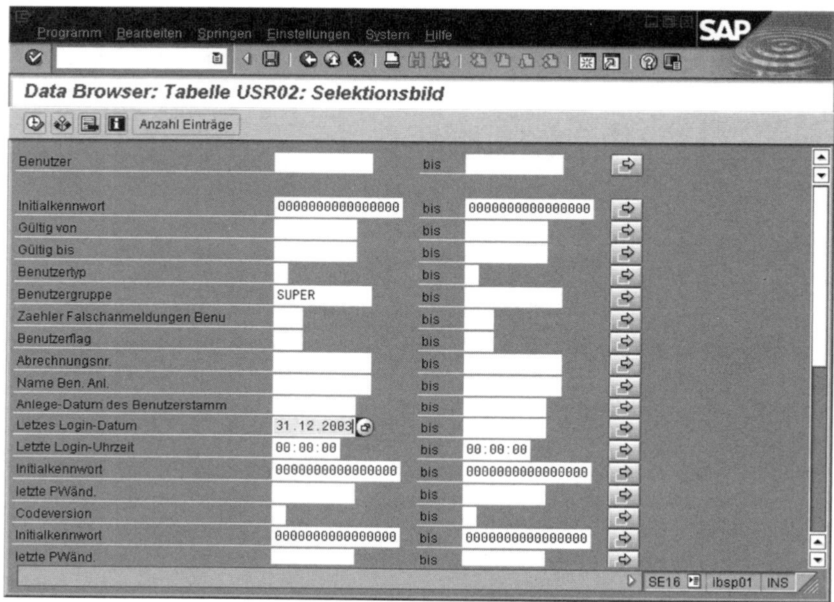

Abb. 1.4.3: Die Selektionsmaske einer Tabelle

Werden keine Selektionskriterien eingegeben, werden alle Datensätze der Tabelle angezeigt. In Abb. 1.4.3 wurde das Feld *Benutzergruppe* (CLASS) auf die Gruppe SUPER beschränkt und das Feld *Letztes Login-Datum* (TRDAT) auf den Wert <31.12.2003. Es werden also nur Mitglieder der Gruppe SUPER angezeigt, deren letzte Anmeldung vor dem 31.12.2003 liegt.

Durch den Namen eines Feldes ist seine Funktion häufig nicht ersichtlich. Nutzen Sie folgende Möglichkeiten, um Dokumentationen zum Feld anzuzeigen:

1. Zu jedem Feld kann ein Hilfefenster angezeigt werden. Klicken Sie hierzu in das entsprechende Feld, und drücken Sie dann die Taste *F1*. In einem Fenster wird eine Erläuterung zu dem Feld angezeigt (zu den meisten Feldern sind standardmäßig Dokumentationen hinterlegt).

2. Zu allen Tabellen können Sie sich eine Dokumentation über deren Aufbau anzeigen lassen. Dies erfolgt mit dem Report RSSDOCTB (siehe auch Kapitel 6.3.4). Rufen Sie diesen Report auf, und tragen Sie in der Selektionsmaske den Namen der Tabelle ein, zu der Sie die Dokumentation sehen möchten. U.a. werden hier alle Felder mit den sprechenden Langnamen angezeigt.

Viele Tabellen besitzen sehr viele Felder, die meistens nicht alle für die Prüfungsfragestellungen benötigt werden. Daher können Sie bestimmen, welche Felder Sie sehen möchten und welche ausgeblendet werden sollen. Rufen Sie hierzu in der Selektionsmaske einer Tabelle den Menüpunkt *Einstellungen - Listaufbereitung - Feldauswahl* auf. Hier wählen Sie aus, welche Felder angezeigt werden sollen (Abb. 1.4.4).

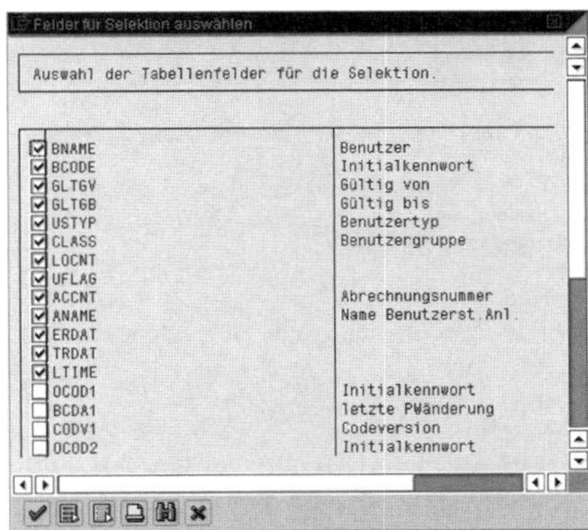

Abb. 1.4.4: Feldauswahl beim Anzeigen von Tabellen

Einzelne Datensätze in Tabellen können auch in Einzeldarstellung angezeigt werden. Doppelklicken Sie hierzu auf den entsprechenden Datensatz. Einzelne Einträge aus Tabellen mit einer hohen Anzahl an Feldern können so übersichtlicher angezeigt werden (Abb. 1.4.5).

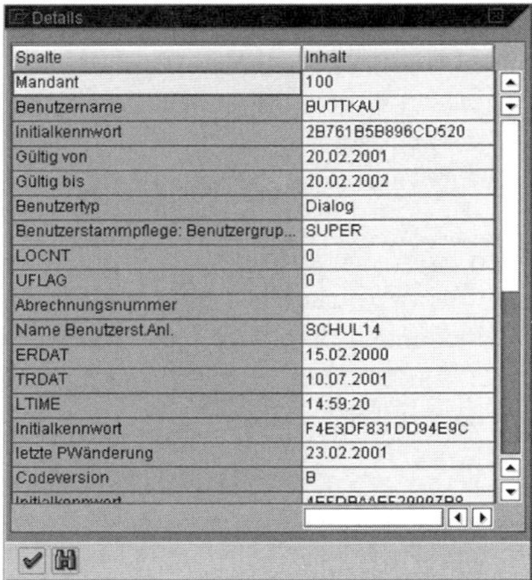

Spalte	Inhalt
Mandant	100
Benutzername	BUTTKAU
Initialkennwort	2B761B5B896CD520
Gültig von	20.02.2001
Gültig bis	20.02.2002
Benutzertyp	Dialog
Benutzerstammpflege: Benutzergrup...	SUPER
LOCNT	0
UFLAG	0
Abrechnungsnummer	
Name Benutzerst.Anl.	SCHUL14
ERDAT	15.02.2000
TRDAT	10.07.2001
LTIME	14:59:20
Initialkennwort	F4E3DF831DD94E9C
letzte PWänderung	23.02.2001
Codeversion	B

Abb. 1.4.5: Einzeldarstellung eines Datensatzes

1.4.1.2 Die Transaktion SE16N

Wie in SE16 sind auch in der Transaktion SE16N generell Tabellenänderungen möglich, wenn die entsprechenden Änderungsrechte vergeben wurden. In den OSS-Hinweisen 503274 und 597117 (SE16N als reine Anzeigefunktion) ist beschrieben, wie die Transaktion auch zur reinen Anzeigefunktion umfunktioniert werden kann und auch Benutzer mit Änderungsrechten keine Änderungen an Tabellen mehr vornehmen können.

Eine Besonderheit der Transaktion SE16N ist das mandantenübergreifende Anzeigen von Tabelleninhalten, was zwar z.B. für Prüfer eine Erleichterung von Prüfungen darstellt, aber aus Sicherheitsgründen nicht genutzt werden sollte. Im OSS-Hinweis 561756 ist beschrieben, wie diese Funktionalität deaktiviert werden kann. Durch das Einspielen folgender Support-Packages wird diese Funktionalität ebenfalls unterbunden:

Release 4.6C, Komponente SAP_APPL: SAPKH46C38
Release Enterprise 4.7, Komponente SAP_APPL: SAPKH47004

Da die Funktionalitäten von SE16 und SE16N gleich sind, bleibt es dem Anwender überlassen, welche Transaktion zum Anzeigen von Tabellen genutzt wird. Abb. 1.4.6 zeigt die Oberfläche der Transaktion SE16N.

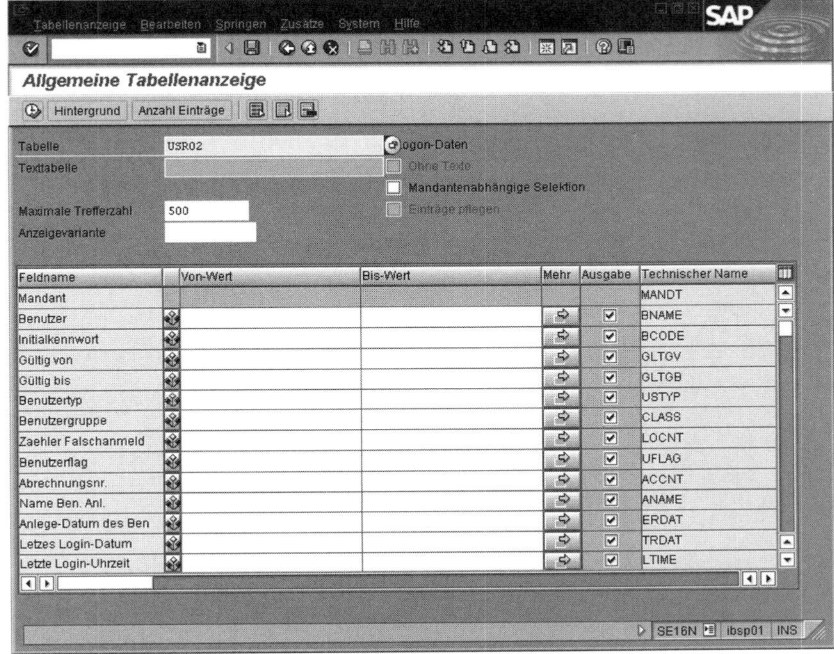

Abb. 1.4.6: Die Transaktion SE16N

1.4.2 Suchen von Tabellen

Auch bei Tabellen haben Sie die Möglichkeit, nach dem Namen oder nach der Beschreibung zu suchen.

Zum Suchen einer Tabelle klicken Sie in der Einstiegsmaske der Transaktion SE16 auf die Schaltfläche *Werteliste* oder drücken die Taste F4. Es wird das Fenster *Eingabehilfe persönliche Werteliste* angezeigt (Abb. 1.4.7).

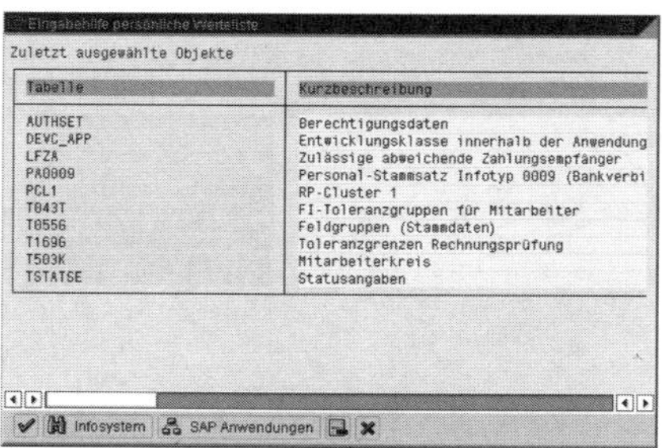

Abb. 1.4.7: Fenster "Eingabehilfe persönliche Werteliste"

In diesem Fenster werden die zuletzt von Ihnen gesuchten Tabellen angezeigt. Beim erstmaligen Aufruf befinden sich keine Einträge darin. Zum Suchen einer Tabelle klicken Sie in diesem Fenster auf die Schaltfläche *Infosystem*. Es wird das Fenster *Repository-Infosystem: Tabellen* angezeigt (Abb. 1.4.8).

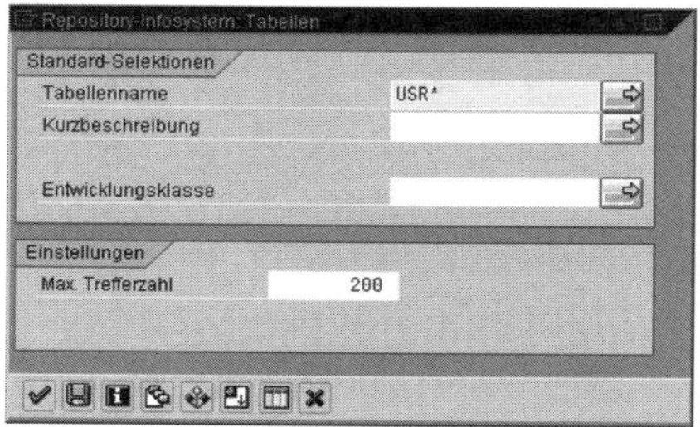

Abb. 1.4.8: "Repository-Infosystem: Tabellen" - Suche nach Tabellennamen

Hier haben Sie die Möglichkeit, Selektionskriterien zum Suchen der Tabelle einzugeben. Sie können in diesem Fenster z.B. Tabellen nach ihren Namen suchen. Dies ist sinnvoll, wenn Sie eine Namenssyntax der gesuchten Tabellen kennen, z.B. T5* für Customizing-Tabellen aus der Personalwirtschaft oder USR* für Benutzertabellen. In Abb. 1.4.8 wird nach Benutzertabellen gesucht.

Häufiger wird es vorkommen, dass Sie nach Texten in den Beschreibungen suchen. Auch hier können Sie einen * als Platzhalter verwenden. Beim Suchen in den Beschreibungen unterscheidet SAP R/3 allerdings standardmäßig zwischen Groß- und Kleinschreibung. Somit wird beim Suchkriterium "*Benutzer**" ein anderes Ergebnis angezeigt als beim Suchkriterium "*benutzer**". Daher sollten Sie, wenn sinnvoll, über die Mehrfachselektion gleich mehrere Schreibweisen des Suchbegriffes eingeben. Wenn Sie nicht genau wissen, ob der gesuchte Begriff am Anfang der Beschreibung steht, sollten Sie sowohl vor als auch hinter den Suchbegriff einen * setzen. Nach dem Suchkriterium in Abb. 1.4.9 werden alle Tabellen angezeigt, bei denen in ihrer Beschreibung irgendwo das Wort "Benutzer" auftaucht. Dieses Suchkriterium erzeugt im Ergebnis eine Liste wie in Abb. 1.4.10 dargestellt.

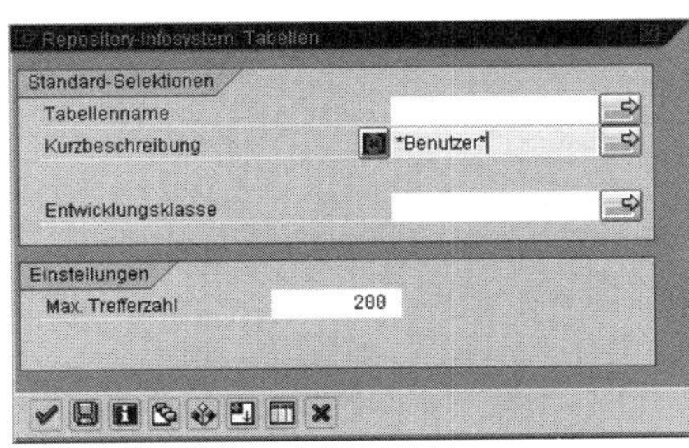

Abb. 1.4.9: "Repository-Infosystem: Tabellen" - Suche nach Beschreibungen

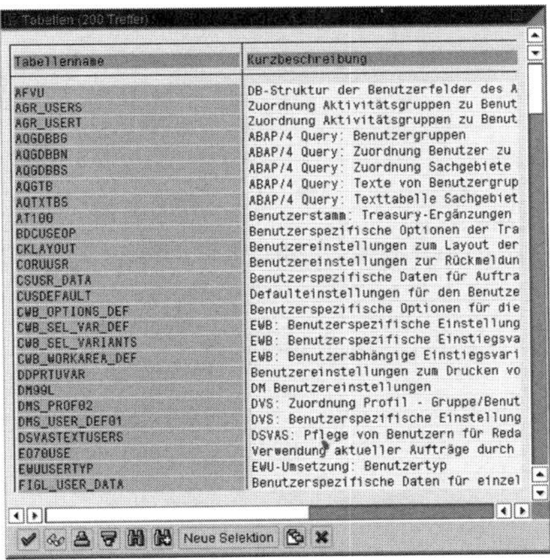

Tabellenname	Kurzbeschreibung
AFVU	DB-Struktur der Benutzerfelder des A
AGR_USERS	Zuordnung Aktivitätsgruppen zu Benut
AGR_USERT	Zuordnung Aktivitätsgruppen zu Benut
AQGDBBG	ABAP/4 Query: Benutzergruppen
AQGDBBN	ABAP/4 Query: Zuordnung Benutzer zu
AQGDBBS	ABAP/4 Query: Zuordnung Sachgebiete
AQGTB	ABAP/4 Query: Texte von Benutzergrup
AQTXTBS	ABAP/4 Query: Texttabelle Sachgebiet
AT100	Benutzerstamm: Treasury-Ergänzungen
BDCUSEOP	Benutzerspezifische Optionen der Tra
CKLAYOUT	Benutzereinstellungen zum Layout der
CORUUSR	Benutzereinstellungen zur Rückmeldun
CSUSR_DATA	Benutzerspezifische Daten für Auftra
CUSDEFAULT	Defaulteinstellungen für den Benutze
CWB_OPTIONS_DEF	Benutzerspezifische Optionen für die
CWB_SEL_VAR_DEF	EWB: Benutzerspezifische Einstellung
CWB_SEL_VARIANTS	EWB: Benutzerspezifische Einstiegsva
CWB_WORKAREA_DEF	EWB: Benutzerabhängige Einstiegsvari
DDPRTUVAR	Benutzereinstellungen zum Drucken vo
DM99L	DM Benutzereinstellungen
DMS_PROF02	DVS: Zuordnung Profil - Gruppe/Benut
DMS_USER_DEF01	DVS: Benutzerspezifische Einstellung
DSVASTEXTUSERS	DSVAS: Pflege von Benutzern für Reda
E070USE	Verwendung aktueller Aufträge durch
EWUUSERTYP	EWU-Umsetzung: Benutzertyp
FIGL_USER_DATA	Benutzerspezifische Daten für einzel

*Abb. 1.4.10: Suchen einer Tabelle - Suchergebnis für "*Benutzer*"*

Über die Schaltfläche *Suchen* haben Sie die Möglichkeit, in der Liste nach Begriffen zu suchen. Durch einen Doppelklick wählen Sie eine Tabelle zum Anzeigen aus.

1.4.3 Exportieren von Tabellen

Eine Tabelle können Sie sich (genau wie einen Report auch) als Datei auf Ihre Arbeitsstation speichern. Wählen Sie hierfür den Menüpunkt *System - Liste - Sichern - Lokale Datei* aus. Hier haben Sie dieselben Möglichkeiten wie beim Speichern eines Reports in Dateiform (siehe Kapitel 1.3.3).

Neu integriert im Release 4.6 ist für Tabellen die *ALV-Grid-Darstellung*. Diese Anzeige ist ähnlich dem Tabellenaufbau wie z.B. im MS Excel. Für den Export liegt hier der große Vorteil in den unterstützten Formaten. So ist z.B. der direkte Export sowohl zu MS Word als auch zu MS Excel möglich. Folgende Möglichkeiten zum Export werden angeboten:

Menüpfad *Tabelleneintrag - Liste - Exportieren - Textverarbeitung oder Schaltfläche Textverarbeitung*

Serienbrief an MS Word
Übergabe der Daten in ein MS Word-Dokument

Menüpfad *Tabelleneintrag - Liste - Exportieren - Tabellenkalkulation oder Schaltfläche Tabellenkalkulation*

Speichern im SAPoffice
Speichern in PC-Datei (ASCII)
Speichern in MS Excel
Speichern in MS Excel als Pivot-Tabelle

Menüpfad *Tabelleneintrag - Liste - Exportieren - Lokale Datei oder Schaltfläche Lokale Datei*

Formate siehe Kapitel 1.3.3 *Exportieren von Reports*

1.4.4 Speichern der Selektionsangaben - Varianten

Für jede Tabelle kann der Umfang zum Anzeigen eingeschränkt werden, indem in der Selektionsmaske der Tabelle Selektionskriterien angegeben werden. Häufig sind es immer wieder dieselben Selektionskriterien für dieselben Fragestellungen. Diese können in R/3 als Varianten abgespeichert werden. Eine Variante ist eine Kombination von Selektionskriterien, die einer bestimmten Tabelle zugeordnet sind.

Abb. 1.4.11 zeigt die Selektionsmaske der Tabelle USR02

Programm Bearbeiten Springen Einstellungen System Hilfe

Data Browser: Tabelle USR02: Selektionsbild

Anzahl Einträge

Feld	Von		Bis
Benutzer		bis	
Initialkennwort	0000000000000000	bis	0000000000000000
Gültig von		bis	
Gültig bis		bis	
Benutzertyp	A	bis	
Benutzergruppe	SUPER	bis	
Zaehler Falschanmeldungen Benu		bis	
Benutzersperre		bis	
Abrechnungsnr.		bis	
Name Ben. Anl.		bis	
Anlege-Datum des Benutzerstamm	01.01.2003	bis	31.12.2003
Letzes Login-Datum		bis	
Letzte Login-Uhrzeit	00:00:00	bis	00:00:00
Initialkennwort	0000000000000000	bis	0000000000000000

T03 (1) (800) ibst03 INS

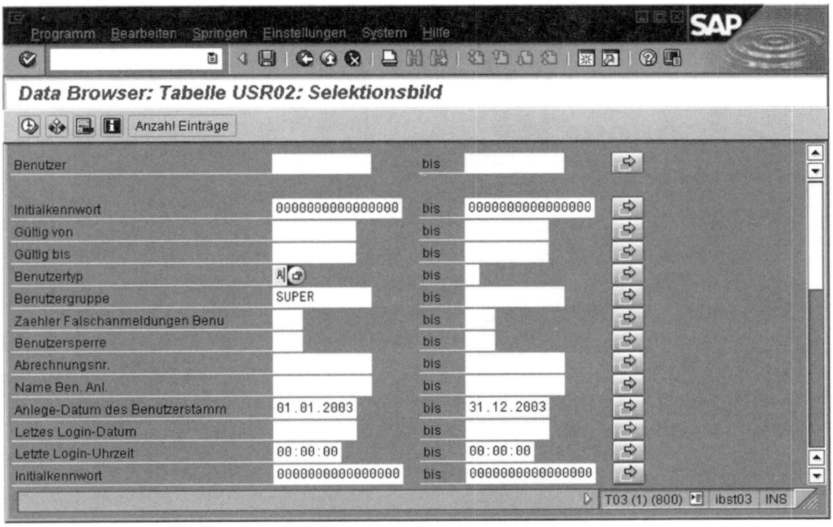

Abb. 1.4.11: Selektionsmaske der Tabelle USR02

Da diese Fragestellung bei jeder Prüfung wieder geprüft werden muss, macht es Sinn, dies als Variante abzuspeichern. Klicken Sie hierzu auf die Schaltfläche *Als Variante speichern* (Schaltfläche mit der Diskette), oder drücken Sie Strg+S. Geben Sie im darauffolgenden Fenster einen Namen für die Variante an und eine sprechende Bezeichnung (Abb. 1.4.12). Der Namensraum für die Varianten sollte mit der Administration vereinbart werden.

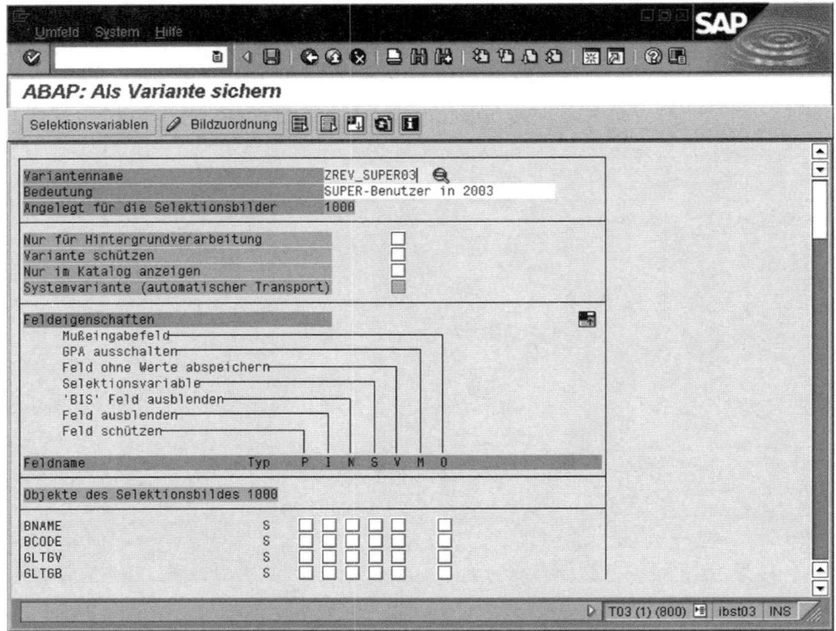

Abb. 1.4.12: Speichern einer Variante

Klicken Sie auf die Schaltfläche Sichern, um die Variante zu speichern.

Um gespeicherte Varianten aufzurufen, wählen Sie in der Selektionsmaske des Reports den Menüpunkt *Springen - Varianten - Holen* aus. Geben Sie im darauffolgenden Fenster eventuelle Selektionskriterien an (Abb. 1.4.13) und klicken dann auf die Schaltfläche *Ausführen*. Es werden Ihnen alle Varianten angezeigt, die Ihren Selektionskriterien entsprechen. Wählen Sie mit Doppelklick die gesuchte Variante aus.

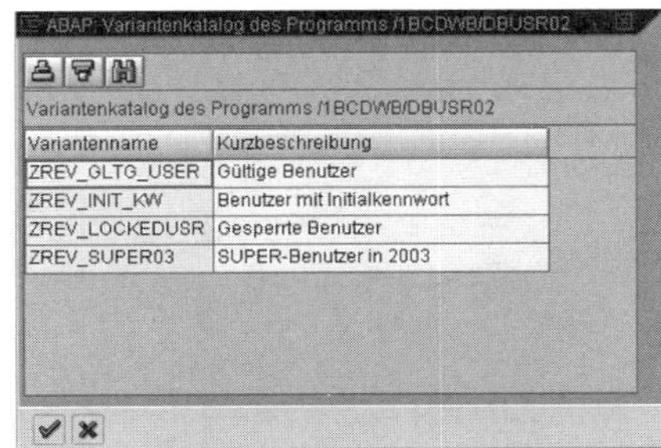

Abb. 1.4.13: Auswahl einer anzuzeigenden Variante

1.4.5 Dokumentationen zum Aufbau von Tabellen

Zu jeder Tabelle können in Reportform der Aufbau der Tabelle sowie teilweise ausführliche Feldbeschreibungen angezeigt werden. Dieser Tabellenaufbau wird mit dem Report RSSDOCTB angezeigt.

Rufen Sie die Transaktion SA38 (Menüpfad *System - Dienste - Reporting*) auf, und tragen Sie den Reportnamen RSSDOCTB ein. Lassen Sie sich die Selektionsmaske des Reports anzeigen (Abb. 1.4.14).

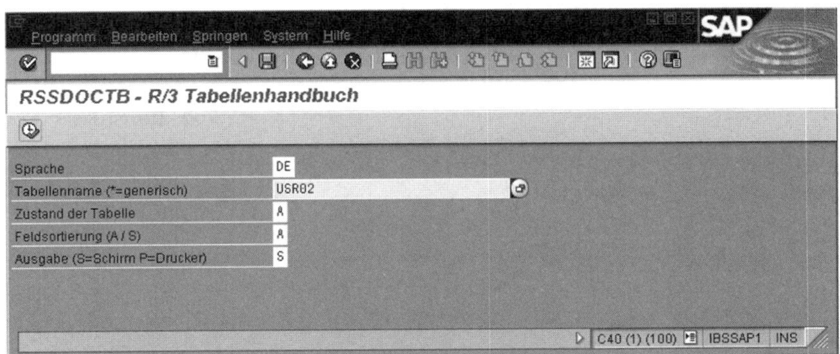

Abb. 1.4.14: Selektionsmaske zum Report RSSDOCTB

Hier wird der Name der Tabelle angegeben, zu der Sie die Dokumentation sehen möchten. Im Feld Ausgabe wird standardmäßig der Wert "P" (Drucken) voreingestellt. Ändern Sie diesen Wert auf "S", wenn Sie den Report am Bildschirm angezeigt haben möchten.

Beim Ausführen des Reports wird das Fenster *Tabellenhandbuch drucken* angezeigt. Hier wählen Sie aus, was Sie von der Dokumentation der Tabelle sehen möchten (Abb. 1.4.15):

Tabellenstruktur	Es werden alle Felder der Tabelle angezeigt inklusive Feldtyp und Beschreibung
Beziehungen	Es werden Beziehungen zu anderen Tabellen angegeben
Datenelementdefinition	Es werden für die Felder die Dokumentationen angezeigt

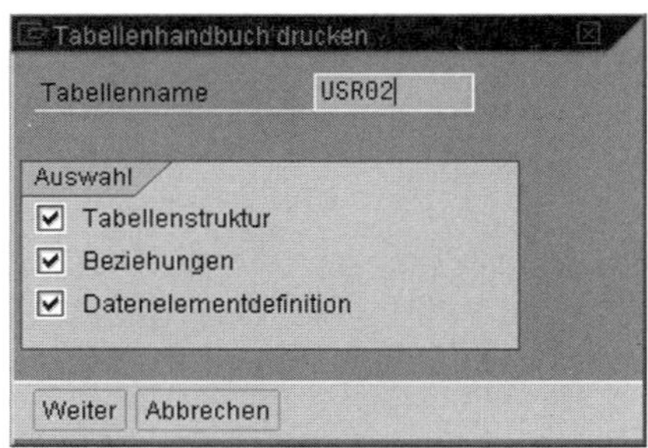

Abb. 1.4.15: Das Fenster "Tabellenhandbuch drucken"

Die Tabellendokumentation wird in Listenform angezeigt (Abb. 1.4.16).

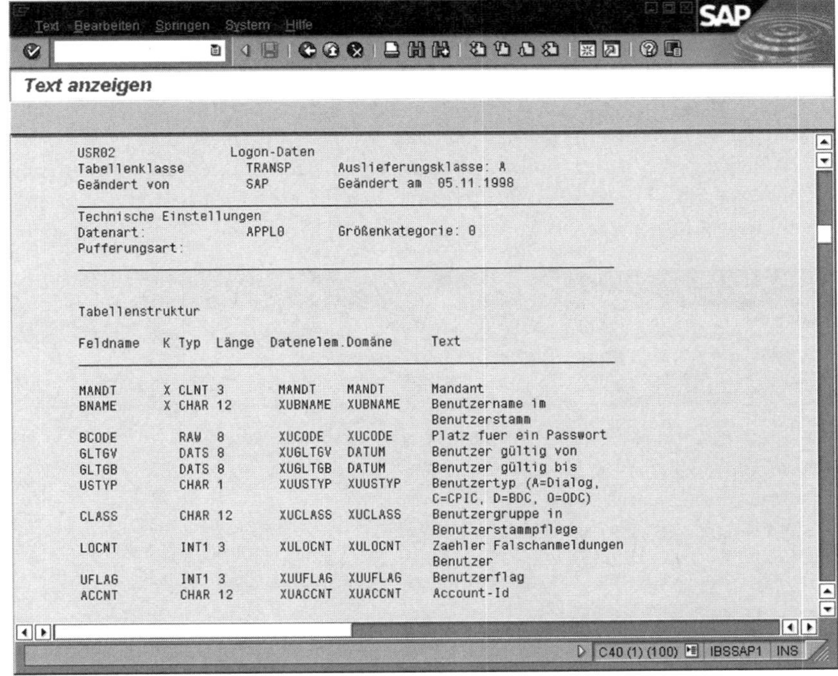

Abb. 1.4.16: Anzeige der Tabellendokumentation

1.5 Speichern von Listen als PDF-Datei

SAP R/3 bietet die Möglichkeit, Spool-Listen im PDF-Format anzuspeichern. Hierfür wird der Report RSTXPDFT4 genutzt. PDF-Dateien können mit dem Adobe Acrobat Reader geöffnet werden. Voraussetzung zum Abspeichern ist, dass die Daten, die im PDF-Format gespeichert werden sollen, zuerst über einen Druckauftrag in den Drucker-Spool gestellt werden müssen.

Gehen Sie wie folgt vor:

- Rufen Sie die Liste auf, die Sie im PDF-Format speichern möchten.
- Stellen Sie diese in den Drucker-Spool. Möchten Sie ihn nicht gleichzeitig auch ausdrucken, setzen Sie im Fenster zum Einstellen der Druckeigenschaften keinen Haken im Feld *Sofort ausgeben* (bis R/3-Release 4.6C) bzw. wählen Sie im Feld *Druckzeitpunkt* den Eintrag *Zunächst nur in den SAP-Spooler* aus

(R/3-Release Enterprise). Sie erhalten die Meldung *Spool-Auftrag (Nummer xxxxx) ohne Sofortdruck erstellt.*

- Als nächstes müssen Sie die Auftragsnummer Ihres Spool-Auftrages ermitteln. Rufen Sie hierfür die Transaktion SP01 auf bzw. wählen Sie den Menüpfad *System - Dienste - Ausgabesteuerung* aus.
- Lassen Sie sich Ihre Druckaufträge anzeigen. Merken Sie sich vom entsprechenden Spool-Auftrag die Auftragsnummer. In Abb. 1.5.1 besitzt der zu speichernde Auftrag z.B. die Auftragsnummer 4711.

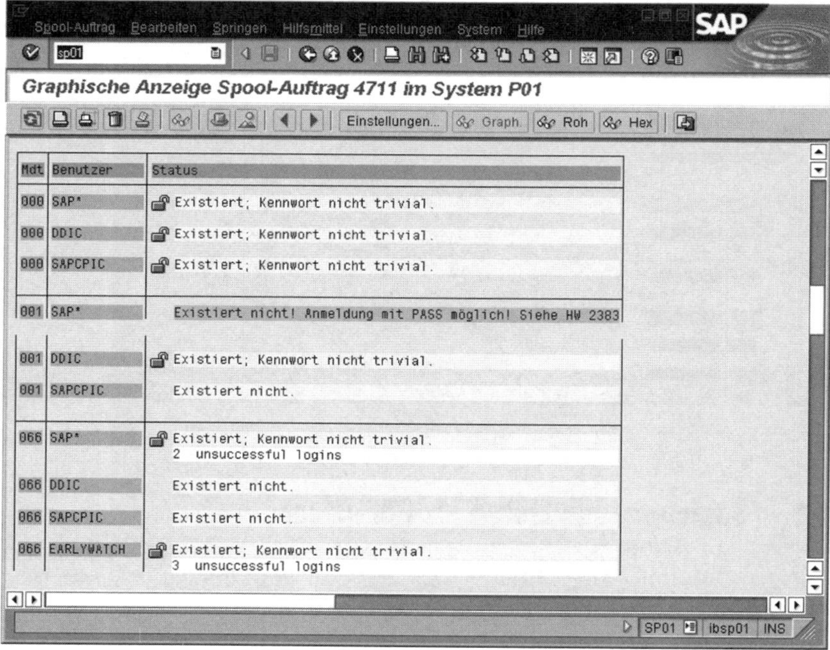

Abb. 1.5.1: Anzeige der eigenen Druckaufträge

- Rufen Sie nun die Transaktion SA38 auf, und führen Sie den Report RSTXPDFT4 aus. In der Selektionsmaske des Reports tragen Sie im Feld *Spoolauftrag* Ihre Spool-Auftragsnummer ein.
- Lassen Sie den Haken im Feld *PDF-Datei runterladen.* Im Feld *PDF-Dateinamen* tragen Sie den Pfad und den Dateinamen ein, unter der die Datei gespeichert werden soll. Soll die Datei unter einem längeren Pfadnamen gespeichert werden, tragen Sie in diesem Feld nichts ein. Beim Ausführen kann ein Pfad zum Speichern ausgewählt werden.

- Führen Sie den Report aus. Es wird ein Speichern-Dialogfenster angezeigt, in dem der Pfad und der Dateiname noch geändert werden können. Im Feld Datenformat lassen Sie den Eintrag BIN. Bestätigen Sie mit der Schaltfläche *Übertragen*. Es wird eine Meldung angezeigt, dass die Datei heruntergeladen wurde. Abb. 1.5.2 zeigt den Report RSUSR003, gespeichert im PDF-Format.

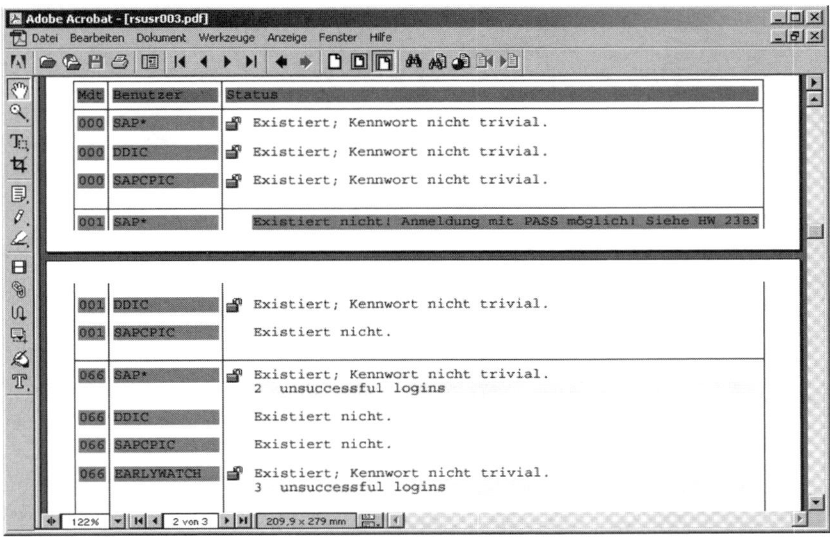

Abb. 1.5.2: Der Report RSUSR003 als PDF-Datei

Werden große Berichte mit mehr als 99 Seiten in eine PDF-Datei ausgegeben, erfolgt vor dem Speichern-Dialogfenster eine Abfrage, ob die PDF-Konvertierung im Hintergrund ausgeführt werden soll. Bestätigen Sie diese Abfrage mit *Nein*, damit das Speichern-Dialogfenster angezeigt und die Datei gespeichert wird.

1.6 Die SAP-Hilfe

Die Hilfe zu SAP R/3 ist hierarchisch aufgebaut. Beim erstmaligen Anwenden mag sie etwas komplex erscheinen. Sie liefert jedoch eine Fülle an Informationen, die für die tägliche Arbeit äußerst hilfreich sein können.

Die Hilfe soll an dieser Stelle nur kurz erläutert werden. Rufen Sie die Hilfe über den Menüpunkt *Hilfe - SAP-Bibliothek* auf. Es wird das Einstiegsfenster des

Hilfesystems angezeigt, in der alle vorhandenen Oberkapitel in einer Baumstruktur angezeigt werden (Abb. 1.6.1).

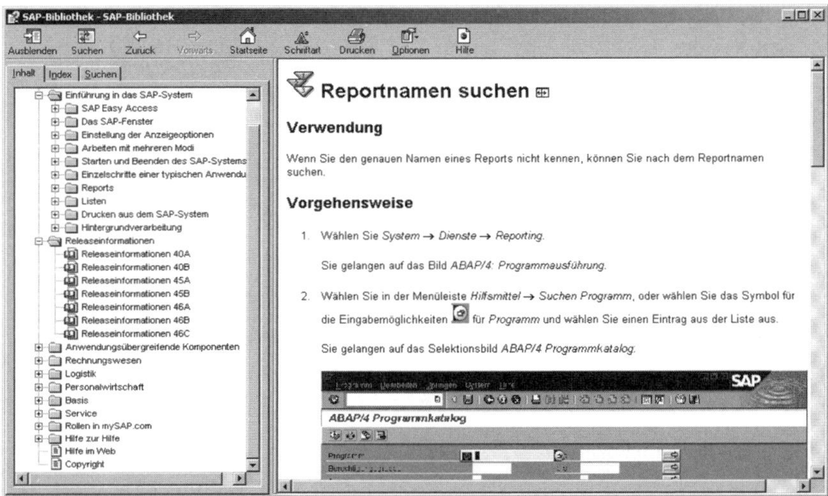

Abb. 1.6.1: Das Hauptfenster der SAP R/3-Hilfe

Von hier aus können Sie zu den jeweiligen Unterkapiteln verzweigen. Beim Anklicken eines Endknotens der Baumstruktur öffnet sich ein zweites Hilfefenster, in dem das jeweilige Kapitel angezeigt wird. So z.B. beim Anklicken des Punktes *SAP-Bibliothek - Basis - Client-Server-Technologie - Systemdienste (BC)*. Hier wird nun das Hilfefenster zum Kapitel *BC-Systemdienste* geöffnet (Abb. 1.6.2).

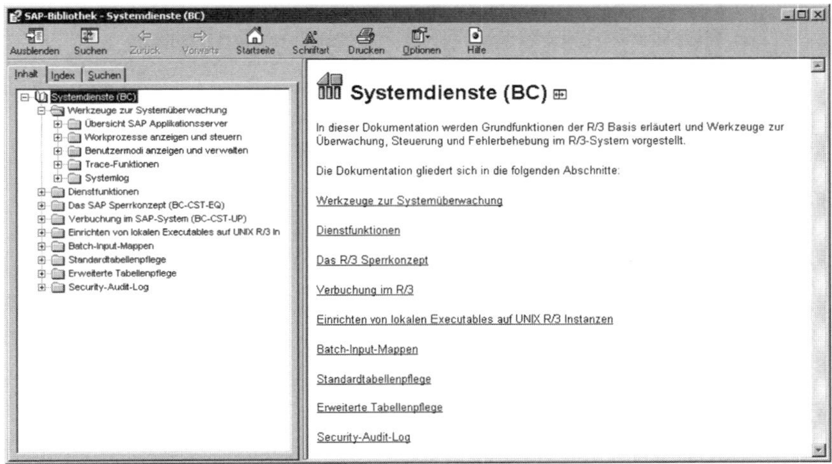

Abb. 1.6.2: Das Hilfefenster "BC-Systemdienste"

Wie an den Baumeinträgen schon zu erkennen ist, werden hier für die Systemprüfung relevante Punkte behandelt, wie z.B. die Verbuchung, die Tabellenpflege, die Systemprotokollierung und das Security-Audit-Log.

2 Die Betriebssystem- und Datenbankebene

2.1 Zu diesem Kapitel

Bei der Betrachtung der Sicherheit eines SAP R/3-Systems reicht es nicht aus, sich auf die Systemeinstellungen des R/3-Systems und auf das Benutzerberechtigungskonzept zu beschränken. Ein Angriff auf die Daten eines R/3-Systems ist nicht nur aus dem R/3-System selbst möglich, sondern genauso von der Datenhaltungsebene oder der Betriebssystemebene.

Ein DV-System, wie ein R/3-System eines darstellt, besteht aus mehreren Schichten. Abstrakt können diese Schichten folgendermaßen definiert werden:

Präsentationsebene
Anwendungsebene
Datenbankebene
Kommunikationsebene
Betriebssystemebene

Abb. 2.1.1: Schichten eines DV-Systems

Die Betriebssystemebene stellt hier das Betriebssystem der Server dar, auf denen ein R/3-System installiert ist. Die Kommunikationsebene steht für das Protokoll, welches zur Kommunikation der Server untereinander und der angeschlossenen Client-Stationen verwendet wird. In einem R/3-System ist dies standardmäßig das Protokoll TCP/IP. Die Datenbankebene ist in einem R/3-System die Datenhaltungsebene. Hier werden die Daten des R/3-Systems gespeichert. Dies gilt sowohl für die Daten zur Konfiguration des Systems als auch für die Laufzeitdaten. SAP R/3 selbst stellt nur die eigentliche Anwendung dar. Es bietet nicht die Möglichkeit, Daten zu speichern. Hierfür wird immer eine Datenbank benötigt, auf die R/3 aufsetzt. Die Anwendungsebene ist die Anwendung R/3 selbst. Die Präsentationsebene stellt die Oberfläche dar, über die ein Anwender mit dem R/3-System kommuniziert, also z.B. Windows.

Präsentationsebene
Windows NT / 2000 / XP, OS/2, Macintosh, OSF/Motif
Anwendungsebene
SAP R/3
Datenbankebene
Oracle, Informix, Adabas, DB2, MS SQL-Server, DB2/400
Kommunikationsebene
TCP/IP
Betriebssystemebene
Windows NT / 2000, OS/400, UNIX (AIX, SINIX, SOLARIS, HP-UX, ...)

Abb. 2.1.2: Beispielhafte Elemente der Schichten eines DV-Systems

Auf der Betriebssystemebene laufen die meisten R/3-Installationen unter den Betriebssystemen Windows NT und UNIX. Auf der Datenbankebene hat sich die Datenbank Oracle durchgesetzt, unter der ca. 70% aller R/3-Installationen laufen. Auf der Präsentationsebene überwiegt heute Windows NT/2000/XP-Workstation, da es vom Sicherheitsaspekt her gesehen die beste Client-Lösung darstellt.

Das Eindringen in ein R/3-System geschieht aus verschiedenen Gründen:

- aus "Hacker-Neugier"
- um Daten zu stehlen
- zur Manipulation von Daten
- zur mutwilligen Zerstörung des Systems

Sieht man sich die verschiedenen Schichten eines R/3-Systems an, wird deutlich, dass hierfür nicht unbedingt ein Eindringen in das R/3-System notwendig ist. Der Diebstahl und die Manipulation von Daten sind über die Datenbank genauso möglich, wie über das R/3-System selbst. Alle Daten des R/3-Systems werden in der Datenbank gespeichert. Daher stehen diese Daten auch dann zur Verfügung, wenn Sie direkt über die Datenbank auf die Daten zugreifen. Zur mutwilligen Zerstörung eines R/3-Systems ist es für den "Angreifer" am einfachsten, dies über die Betriebssystemebene auszuführen. Hier hat er Zugriff auf die Installationsdateien sowohl von der Anwendung R/3 als auch von der Datenbank. Ein einfacher Aufruf des DEL- oder RM-Befehls kann eine komplette Zerstörung des Systems bewirken.

Aus diesen Gründen gehört zu einer Prüfung eines R/3-Systems auch die Prüfung der Sicherheit der Datenbank und der Betriebssysteme der Server.

In diesem Kapitel werden ausführlich die Datenbankebene (Kapitel 2.3) und die Betriebssystemebene (Kapitel 2.4) dargestellt. Vertieft werden die Betriebssysteme Windows NT (Kapitel 2.5) und UNIX (Kapitel 2.6).

2.2 Der Aufbau eines SAP R/3-Systems

2.2.1 Applikations- und Datenbankserver

Ein SAP R/3-System besteht aus der Applikation SAP R/3 und der darunter liegenden Datenbank. Bei kleineren Installationen können sowohl die Datenbank als auch SAP R/3 auf einem einzigen Server installiert sein.

Bei größeren Systemen werden die Datenbank und SAP R/3 auf zwei getrennten Servern installiert. Der Server, auf dem die Datenbank läuft, wird Datenbankserver genannt, der Server, auf dem SAP R/3 läuft, wird Applikations- oder Anwendungsserver genannt.

Bei großen Installationen ist es möglich, SAP R/3 auf mehrere Server zu verteilen. Ein Server, egal welche Größe er auch haben mag, kann nicht mit der Kapazität und Belastbarkeit eines Großrechners konkurrieren. Daher müssen bei großen Installationen die Ressourcen auf mehrere Server verteilt werden. Die Anwendung SAP R/3 kann auf mehrere Server verteilt werden, so dass ein R/3-System aus einem Datenbankserver und mehreren Applikationsservern bestehen kann.

2.2.2 Instanzen

Wie in Kapitel 2.2.1 erläutert, kann ein SAP R/3-System auf mehrere Server verteilt werden. Auf jedem Server wird die Software SAP R/3 gestartet. Dies stellt eine sogenannte Instanz dar. Auf einem Server können auch mehrere Instanzen parallel betrieben werden. In diesem Fall erfolgen auf einem Server mehrere R/3-Installationen, die dann parallel laufen können. Dies ist allerdings wenig zweckmäßig und wird nur selten angewandt. Daher kann eine Instanz meistens mit einem Applikationsserver gleich gesetzt werden.

Jede Instanz innerhalb eines R/3-Systems hat ihren eigenen Namen. Der Name der Instanz setzt sich zusammen aus den in ihr gestarteten Work-Prozessen (siehe Kapitel 2.2.3) und einer eindeutigen Nummer, der TCP/IP-Port-Adresse der Instanz.

Eine Instanz, auf der alle angebotenen Dienste von SAP R/3 laufen, wird als Zentralinstanz bezeichnet. Werden die Dienste auf verschiedene Instanzen verteilt, spricht man von einem System mit verteilten Instanzen.

Welche Instanzen innerhalb eines Systems existieren, gibt die Tabelle TPFID wieder. Hier sind alle existierenden Instanzen hinterlegt.

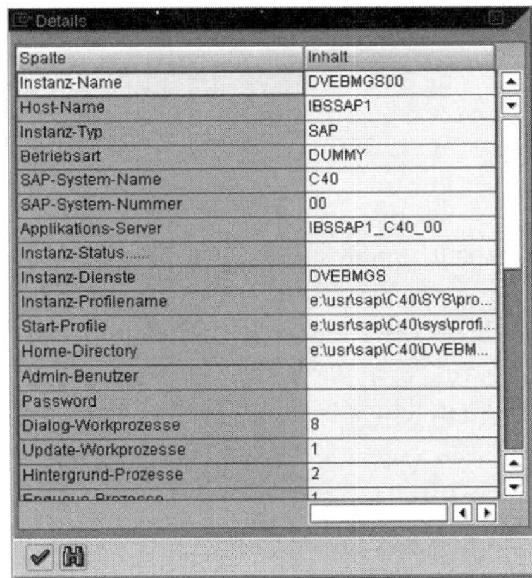

Details

Spalte	Inhalt
Instanz-Name	DVEBMGS00
Host-Name	IBSSAP1
Instanz-Typ	SAP
Betriebsart	DUMMY
SAP-System-Name	C40
SAP-System-Nummer	00
Applikations-Server	IBSSAP1_C40_00
Instanz-Status.....	
Instanz-Dienste	DVEBMGS
Instanz-Profilename	e:\usr\sap\C40\SYS\pro...
Start-Profile	e:\usr\sap\C40\sys\profi...
Home-Directory	e:\usr\sap\C40\DVEBM...
Admin-Benutzer	
Password	
Dialog-Workprozesse	8
Update-Workprozesse	1
Hintergrund-Prozesse	2

Abb. 2.2.1: Die Tabelle der Instanzen: TPFID

Jede Instanz besitzt auf der Betriebssystemebene ein Verzeichnis, in dem die Daten der Instanz gespeichert werden, z.B. Logs. Besonders zur Prüfung der Zugriffsberechtigungen auf der Betriebssystemebene ist es wichtig zu wissen, welche Instanzen auf welchen Servern existieren, damit alle relevanten Verzeichnisse geprüft werden können. Die Instanzverzeichnisse befinden sich standardmäßig unterhalb des Verzeichnisses *usr/sap/<SID>*. Das Verzeichnis der Instanz trägt auch den Namen der Instanz.

2.2.3 Die SAP-Prozesse und -Dienste

2.2.3.1 Abkürzungen: DVEBMGS

Alle Applikationsserver eines R/3-Systems bilden eine logisch geschlossene Einheit. Daher müssen die Aufgaben der jeweiligen Server genau definiert werden. Die Aufgaben, die in einem R/3-System anfallen und die auf die einzelnen Applikationsserver verteilt werden müssen, werden Prozesse und Dienste genannt. SAP R/3 kennt sieben solcher Prozesse / Dienste:

- Dialog (D) = Prozess
- Verbuchung (V) = Prozess
- Enqueue (Sperrverwaltung) (E) = Prozess
- Batch (Hintergrundverarbeitung) (B) = Prozess
- Message-Server (M) = Dienst
- Gateway (G) = Dienst
- Spool (S) = Prozess

Bei einem R/3-System mit genau einem Applikationsserver werden alle diese Prozesse und Dienste natürlich von diesem einen Server ausgeführt. Wenn sich die Anwendung SAP R/3 aus mehreren Applikationsservern zusammensetzt, werden sie auf die Server verteilt. Welche Prozesse und Dienste auf einem Applikationsserver (also auf einer Instanz) laufen, ist am Namen der Instanz zu erkennen.

Der Name einer Instanz setzt sich folgendermaßen zusammen:

<SID>_<Prozesse/Dienste><TCP/IP-Port>

<SID>	SID (System IDentification) steht für den dreistelligen Namen des R/3-Systems.
<Prozesse / Dienste>	Hier werden die Kürzel für die auf dieser Instanz gestarteten Prozesse und Dienste angegeben.
<TCP/IP-Port>	steht für die letzten beiden Ziffern des TCP/IP-Ports, welcher für die Netzverbindung genutzt wird. Standardmäßig laufen Dialog-Verbindungen über die Ports 3200 - 3299 und reine RFC/CPIC-Verbindungen über die Ports 3300 - 3399. Hier im Instanznamen wer-

den jeweils die letzten beiden Ziffern des Ports angegeben.

Lautet der Name einer Instanz P01_DVEBMGS00, so hat das SAP-System den Namen P01, es laufen auf dieser Instanz alle Prozesse und Dienste, und es wird der Port 00 (3200 und 3300) genutzt. Der Instanzname C40_DEMG00 zeigt an, dass in dieser Instanz nur der Dialog- und der Enqueue-Prozess sowie der Message-Server- und der Gateway-Dienst laufen.

Auf der Betriebssystemebene bilden die Prozesse und Dienste den Verzeichnisnamen für das Verzeichnis der Instanz (Abb. 2.2.2).

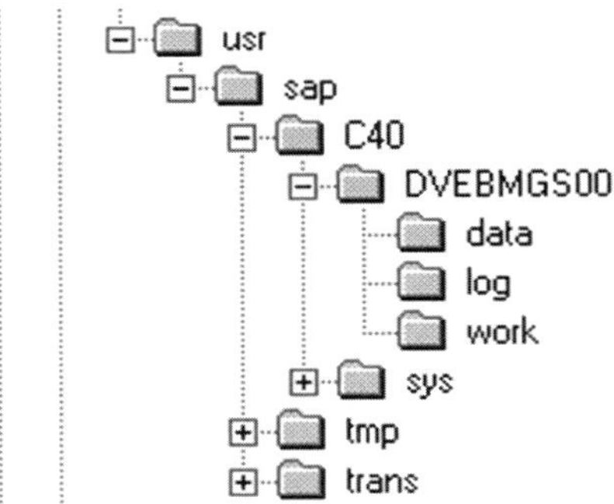

Abb. 2.2.2: Ein Instanzverzeichnis auf der Betriebssystemebene

Welche Prozesse gerade aktiv laufen, kann über die Transaktion SM50 (Menüpfad *Werkzeuge - Administration - Monitor - Systemüberwachung - Prozessübersicht*) eingesehen werden. Hier können einzelne Instanzen ausgewählt werden (Abb. 2.2.3).

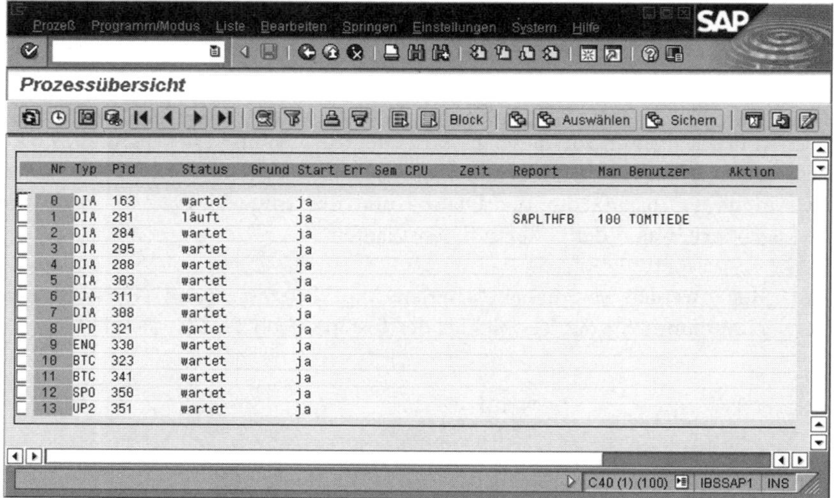

Abb. 2.2.3: Transaktion SM50 - Prozessübersicht

Nachfolgend werden die einzelnen Prozesse und Dienste erläutert.

2.2.3.2 Der Dialogprozess

Der Dialogprozess nimmt die Anforderungen der laufenden Benutzersitzungen entgegen. Von diesem Prozess muss es natürlich mehrere in einem R/3-System geben. Auf jeder Instanz müssen mindestens zwei Dialogprozesse laufen. Zur Erzielung einer optimalen Performance sollte für alle fünf bis acht Benutzer ein Dialogprozess gestartet werden.

Ein Dialogprozess wird nicht genau einem Benutzer zugeordnet. Der Prozess nimmt immer genau eine Anforderung entgegen und wartet dann auf die nächste, egal von welchem Benutzer. Der Dialogprozess wird vom Dispatcher der jeweiligen Instanz mit Anforderungen versorgt. Ein Dialogschritt im R/3-System stellt genau eine Bildschirmmaske dar.

2.2.3.3 Der Verbuchungsprozess

Die meisten verändernden Zugriffe auf die Datenbank erfolgen asynchron. Das heißt, die Daten werden nicht direkt von einem Dialogprozess in die Datenbank geschrieben, sondern werden in einer Tabelle zwischengespeichert (siehe Kapitel 4.2.2). Der Verbuchungsprozess übernimmt nun die Aufgabe, diese Tabelle auszulesen und die Daten in die Datenbank zu übertragen.

Durch dieses Prinzip werden große Performanceverbesserungen erreicht. Würden z.B. zehn Benutzer parallel etwas verbuchen (also abspeichern), so müsste bei der synchronen Methode die Datenbank alle zehn Anforderungen sequentiell abarbeiten, was für die Benutzer hohe Wartezeiten zur Folge hätte. Durch die Zwischenspeicherung entfallen diese Wartezeiten. Die zu speichernden Daten der Benutzer werden in einer Tabelle zwischengespeichert, und der Verbuchungsprozess übernimmt im Hintergrund das Übertragen der Daten in die Datenbank.

2.2.3.4 Der Enqueue-Prozess

Der Enqueue-Prozess stellt die Sperrverwaltung des R/3-Systems dar. Innerhalb eines R/3-Systems kann es nur einen einzigen Enqueue-Prozess geben. Auf dem Server, auf dem dieser Enqueue-Prozess läuft, befindet sich eine Sperrtabelle im Hauptspeicher, die vom Enqueue-Prozess verwaltet wird. Bearbeitet ein Benutzer z.B. den Stammsatz eines Debitors, so wird in der Tabelle vom Enqueue-Prozess ein Eintrag vorgenommen, dass dieser Datensatz gesperrt ist. Versucht ein zweiter Benutzer, denselben Debitor zu bearbeiten, gibt der Enqueue-Prozess auf diese Anforderung eine negative Antwort, und der Benutzer bekommt die Fehlermeldung "Debitor XXXX durch Benutzer XXXX gesperrt". Somit werden Inkonsistenzen in der Datenbank vermieden. Das Entsperren einer logischen Tabelle oder eines logischen Datensatzes übernimmt der Dequeue-Prozess.

Diese Sperre ist eine rein logische Sperre, es werden von diesem Prozess keine Tabellen in der Datenbank gesperrt. So ist es durch einen direkten Zugriff auf die Datenbanktabellen möglich, einen Datensatz zu ändern, der über R/3 durch den Enqueue-Prozess gerade gesperrt ist. Daher ist insbesondere bei der ABAP-Programmierung darauf zu achten, dass keine direkten Tabellenänderungen "am Sperrprozess vorbei" vorgenommen werden (siehe auch Kapitel 7.7.2.4).

2.2.3.5 Der Batch-Prozess

Der Batch-Prozess ist zuständig für die Hintergrundverarbeitung. Langwierige Arbeitsaufgaben, die keiner Dialog-Eingabe bedürfen, sollten im Hintergrund ausgeführt werden. Sie werden dann als sogenannte Jobs eingeplant. Diese Jobs können von einem Benutzer ereignisgesteuert oder zu einem bestimmten Zeitpunkt ausgeführt werden.

Auf jeder Instanz können mehrere Batch-Prozesse gestartet werden.

2.2.3.6 Der Message-Server-Dienst

Dieser Dienst ist für die Kommunikation der verschiedenen Instanzen untereinander verantwortlich. In jedem R/3-System gibt es genau einen Message-Server-Dienst. Die Instanz, auf der dieser Prozess läuft, wird auch als *Zentrale Instanz* bezeichnet. Im wesentlichen ist er verantwortlich für das Routen von Mitteilungen zwischen den Servern. Bei diesen Mitteilungen kann es sich z.B. um das Starten von Batch-Jobs handeln, einem Anstoß zur Verbuchung oder um Enqueue- oder Dequeue-Prozesse.

2.2.3.7 Der Gateway-Dienst

Der Gateway-Dienst übernimmt die Kommunikation zwischen Anwendungen auf verschiedenen SAP R/3-Systemen oder zu Nicht-R/3-Systemen über das Protokoll TCP/IP. Ebenso ist eine Verbindung zu einem R/2-System über das Protokoll LU 6.2 möglich. Er ist auch zuständig für RFC und CPIC.

2.2.3.8 Der Spool-Prozess

Der Spool-Prozess übernimmt die Verwaltung der Ausgabeaufträge eines R/3-Systems. Die Druckaufträge werden bis zur Ausgabe in den TemSe-Objekten (Temporäre Sequentielle Objekte) zwischengespeichert. Die TemSe-Objekte können entweder in der Datenbank (unter Verwendung der RDBMS-Sicherheitsmechanismen) oder im Betriebssystem abgelegt werden.

Bis zur SAP R/3-Version 3.1 konnte je Applikationsserver nur ein Spool-Prozess gestartet werden, was teilweise zu großen Engpässen führte. Ab der Version 4.0 können beliebig viele Spool-Prozesse je Server gestartet werden.

2.2.4 Entwicklungs-, QS- und Produktivsystem

Um die Sicherheit eines R/3-Systems zu gewährleisten, ist auf eine strikte Funktionstrennung im Bereich der Anwendungsentwicklung zu achten. Im Produktivsystem dürfen keine Entwicklungsarbeiten erfolgen. Diese müssen in separaten Test- und Entwicklungssystemen vorgenommen werden. Anderenfalls sind die Nachvollziehbarkeit der Verarbeitungsprozesse und die Konsistenz der Daten nicht mehr gegeben. Daher ist eine geteilte Systemlandschaft zwingend erforderlich.

Weitere Informationen zur Systemlandschaft finden Sie im Kapitel 7.2.

R/3-Systemlandschaft mit zwei Systemen
Es besteht die Möglichkeit zur Einrichtung einer Minimallandschaft, bestehend aus zwei R/3-Systemen. Eines der Systeme ist ein reines Entwicklungssystem, in dem sowohl die Entwicklung als auch die Test- und Freigabeverfahren stattfinden. Das zweite System ist das Produktivsystem, in dem keine Entwicklungen durchgeführt werden. Zwei Systeme können eingesetzt werden, wenn z.B. wenig Eigenentwicklungen stattfinden, nur wenig R/3-Projekte parallel laufen oder keine Massenverarbeitung stattfindet. Im Entwicklungssystem können außerdem noch weitere Mandanten zur Qualitätssicherung, Produktionsvorbereitung und verschiedene R/3-Projekte eingerichtet sein.

R/3-Systemlandschaft mit drei Systemen (Systemverbund)
Bei einem Verbund von drei R/3-Systemen wird zusätzlich zum Entwicklungs- und Produktivsystem noch ein Qualitätssicherungssystem eingesetzt. In diesem System finden die Produktionsvorbereitung sowie die Abnahme von Entwicklungen aus dem Entwicklungssystem statt. Häufig wird in diesem System auch ein Schulungsmandant eingerichtet. Dies stellt die Standard-Systemlandschaft dar.

2.2.5 Mehrere SAP R/3-Systeme

Aus Gründen der Datensicherheit und des Datenschutzes kann es notwendig sein, bestimmte R/3-Module besonders zu schützen. Insbesondere gilt dies für das Modul HR (Personalwesen) und einige IS-Module (Industry Solutions = Branchenlösungen), z.B. das Modul IS-H (H = Healthcare), das für Krankenhäuser entwickelt wurde und Patientendaten verwaltet.

Für diese Module wird i.d.R. ein zweites R/3-System eingerichtet, das völlig unabhängig vom betriebswirtschaftlichen R/3-System arbeitet. Es besitzt eine eigene Datenbank, ein eigenes Basismodul und somit auch eine eigene Benutzerverwaltung. Zwischen den einzelnen R/3-Systemen ist kein übergreifender Zugriff möglich. Der Datenaustausch wird hier über Schnittstellen (z.B. Batch-Input oder ALE) geregelt.

2.2.6 SAP R/3 im Netzwerk

Die Server, auf denen SAP R/3 inklusive der Datenbank installiert ist, sind in die Netzwerklandschaft der Unternehmung integriert. Daher ist grundsätzlich ein Zugriff auf diese Server vom Netz aus möglich, z.B. von der Arbeitsstation eines Benutzers. Um hier eine größtmögliche Sicherheit zu gewährleisten, sind die SAP R/3-Umgebungen logisch vom Unternehmensnetzwerk zu trennen. Unter Windows NT sollte ein R/3-System grundsätzlich in einer eigenen Domäne laufen, zu der keine Vertrauensbeziehungen existieren und in der keine Benutzer außer den Administratoren eingerichtet sind.

Anwender, die mit dem R/3-System arbeiten, müssen nicht als Benutzer der Domäne, also dem Netzwerkbetriebssystem, bekannt sein. Sie kommunizieren mit R/3 über das Kommunikationsprotokoll TCP/IP. Sie müssen sich somit nicht an das Betriebssystem oder die Datenbank anmelden, sondern nur an SAP R/3. Startet ein Benutzer auf seiner Arbeitsstation den SAPgui (GUI = Graphical User Interface, grafische Benutzerschnittstelle) und meldet er sich an, so wird der Anmeldevorgang nur über das Protokoll abgewickelt, nicht über das Netzwerkbetriebssystem, auf dem R/3 selbst installiert ist.

2.2.7 Checkliste zum Aufbau eines R/3-Systems

Nr.	Verwendung	Fragestellungen / Risiko	Ordnungsmäßigkeits-Vorgaben
1	2	Wie viele Applikationsserver werden eingesetzt (Tabelle TPFID)	<Informativer Punkt für nachfolgende Prüfungen>
2	2	Werden Entwicklungs-, Qualitätssicherungs- und Produktivsystem eingesetzt (Transaktione STMS)? ——— Ohne vorgeschaltetes Entwicklungssystem ist die Wahrung von gesetzlichen Auflagen (z.B. Radierverbot) nicht gewährleistet.	Es müssen mindestens ein Entwicklungs- und ein Produktivsystem eingesetzt werden.
3	1	Werden getrennte Systeme eingesetzt, z.B. für das Modul HR?	<Informativer Punkt für nachfolgende Prüfungen>
4	3	Wurde der Schulungsmandant in einem anderen System als dem Produktivsystem eingerichtet? ——— Durch die umfassenderen Rechte der Anwender im Schulungsmandanten besteht die Gefahr, dass Daten im Produktivmandanten manipuliert werden könnten.	

Nr.	Verwendung	Fragestellungen / Risiko	Ordnungsmäßigkeits-Vorgaben
5	2	Befinden sich produktive Originaldaten im Schulungsmandanten? Durch die umfassenderen Rechte der Anwender im Schulungsmandanten besteht die Gefahr, dass Anwender Zugriff auf sensible Daten erhalten.	Im Schulungsmandanten dürfen sich keine produktiven Originaldaten befinden.
6	2	Arbeiten die Entwickler im Entwicklungssystem mit produktiven Originaldaten? Durch die umfassenden Rechte der Entwickler im Entwicklungssystem besteht die Gefahr, dass sie Zugriff auf sensible Daten erhalten.	Im Entwicklungssystem dürfen sich keine produktiven Originaldaten befinden.

2.2.8 Praktische Prüfung des Aufbaus des R/3-Systems

1. Stellen Sie fest, auf wie vielen Applikationsservern das Produktivsystem abgebildet ist!
   Lassen Sie sich über die Transaktion SE16 die Tabelle TPFID anzeigen. Notieren Sie sich alle in dieser Tabelle aufgeführten Server (Feld *Host-Name*)!
2. Überprüfen Sie, ob zum Produktivsystem auch ein Entwicklungssystem und evtl. auch ein Qualitätssicherungssystem existiert!
   Rufen Sie die Transaktion STMS auf, und führen Sie den Menüpunkt *Übersicht - Systeme* aus. Hier werden die zum R/3-Verbund gehörenden Systeme aufgelistet.
3. Überprüfen Sie, ob mehrere R/3-Systeme produktiv genutzt werden, z.B. für das Modul HR oder für IS-Module (Fragestellung an die Administration)!
4. Überprüfen Sie, ob in einem System ein Schulungsmandant eingerichtet wurde (Fragestellung an die Administration)!

5. Überprüfen Sie, ob im Schulungsmandanten mit Produktivdaten gearbeitet wird!
   Melden Sie sich im Schulungsmandanten an. Überprüfen Sie stichprobenartig die vorhandenen Daten, z.B. Kreditorenstammdaten, Buchhaltungsbelege und Mitarbeiterdaten!
6. Überprüfen Sie, ob Entwickler im Entwicklungssystem mit Produktivdaten arbeiten!
   Melden Sie sich im Entwicklungssystem an. Überprüfen Sie stichprobenartig die vorhandenen Daten, z.B. Kreditorenstammdaten, Buchhaltungsbelege und Mitarbeiterdaten.

2.3 Die Datenbankebene

2.3.1 Zugriffe auf die Datenbank

2.3.1.1 Das Gefährdungspotential

Bei der Anschaffung eines SAP R/3-Systems stehen Sie vor der Wahl der Datenbank. R/3 ist nicht auf eine bestimmte Datenbank festgelegt. Es gibt inzwischen viele Datenbanksysteme, die verwendet werden können. Die bei den meisten R/3-Installationen genutzten Datenbanken sind Oracle, Informix, Microsoft SQL-Server, DB2 und SAPDB.

Die Datenbank wird auf dem Server installiert, bevor SAP R/3 selbst installiert wird. Sie ist nicht etwa als "Anhängsel" an das R/3-System zu sehen, sondern als eigenständige Anwendung. Sie besitzt eine eigene Benutzerverwaltung, eine eigene Berechtigungskonzeption und ihre eigenen internen Verwaltungsdaten. Die R/3-Daten sind in Tabellen in dieser Datenbank abgebildet. Auf diese Tabellen kann direkt über die Datenbank problemlos zugegriffen werden.

Die Datenbank wird bei einer Prüfung der Sicherheit eines R/3-Systems häufig außer acht gelassen. Sie stellt jedoch ein großes Sicherheitsrisiko dar. Die häufige Aussage "Unser SAP R/3-Berechtigungskonzept ist dicht, daher ist das System absolut sicher" gilt natürlich nur so lange, wie jemand über R/3 versucht, in das System einzudringen. Auf die Datenbankebene hat das Berechtigungskonzept von R/3 überhaupt keinen Einfluss. Und die Möglichkeit, an R/3-Daten zu gelangen, ist über die Datenbank sehr viel größer als über R/3 selbst. Hat sich ein

Eindringling erst einmal Zugang zur Datenbank verschafft, stehen ihm uneingeschränkt alle R/3-Daten zur Verfügung. Aus diesem Grund ist die Datenbankebene ein wichtiger Teil jeder SAP R/3-Systemprüfung.

Hinweise zu Datenbanken unter R/3 finden Sie in der SAP-Hilfe unter *SAP-Bibliothek - Basis - Computing Center Management System - Computing Center Management System - Datenbankverwaltung im CCMS und SAP-Bibliothek - Basis - Datenbankschnittstelle, Datenbankplattformen (BC-DB)*. Im AIS finden Sie eine Checkliste zur Datenbankebene unter dem Pfad *System Audit - Checkliste gemäß R/3 Sicherheitsleitfaden - 2-5: Schutz der Zugriffe auf die Datenbank*.

2.3.1.2 Die Kommunikation mit der Datenbank

SAP R/3 kommuniziert mit der Datenbank über einen Benutzer, der während einer R/3-Installation in der Datenbank angelegt wird. Alle Zugriffe von R/3 auf die Datenbank laufen nur über diesen einen Benutzer. Der Benutzer heißt bis zum R/3-Release 4.6C in allen Datenbanken SAPR3 und besitzt das Kennwort SAP (Ausnahme: auf der AS/400 heißt der Standardbenutzer <SID>OFR). Ab dem R/3-Release 4.7 (Enterprise) heißt dieser Benutzer SAP<SID>. Diesem Benutzer gehören alle R/3-Tabellen in der Datenbank, was ihm einen uneingeschränkten Zugriff auf diese Tabellen gewährleistet. Mit diesem Benutzerkonto ist eine normale Anmeldung an die Datenbank möglich, auch wenn das R/3-System bereits unter diesem Namen angemeldet ist, das R/3-System also hochgefahren ist.

Der Zugriff auf die R/3-Tabellen ist aber nicht alleine dem Benutzer SAPR3/SAP<SID> vorbehalten. In jeder Datenbank gibt es standardmäßig mindestens ein Administratorkonto. In Oracle heißt dieser Administrator SYSTEM und hat das Standardkennwort MANAGER. Auch dieser Benutzer hat vollen Zugriff auf alle R/3-Tabellen.

Welche Benutzer in der Datenbank existieren, kann über die Datenbank selbst abgefragt werden. In einer Oracle-Datenbank stehen die eingerichteten Benutzer in einer Tabelle mit dem Namen ALL_USERS. Diese Tabelle kann z.B. mit dem SQL-Befehl "SELECT * FROM ALL_USERS" im SQL-Editor der Datenbank angezeigt werden (Abb. 2.3.1).

```
Oracle SQL*Plus
File Edit Search Options Help

SQL> select * from all_users;

USERNAME                       USER_ID CREATED
------------------------------ --------- ---------
SYS                                    0 07-JUN-99
SYSTEM                                 5 07-JUN-99
DBSNMP                                17 07-JUN-99
SAPR3                                 18 07-JUN-99
OPS$C40ADM                            19 08-JUN-99
OPS$SAPSERVICEC40                     21 08-JUN-99

6 rows selected.

SQL> |
```

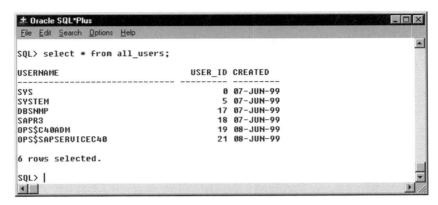

Abb. 2.3.1: Die Oracle-Benutzer

2.3.2 Organisation der SAP R/3-Daten

Die Daten eines R/3-Systems sind in Tabellen organisiert (zu Tabellen siehe Kapitel 6). Ein R/3-System Release 4.6C arbeitet mit ca. 27.000 (logischen) Tabellen, ein R/3 Enterprise mit ca. 36.000. Es ist unerheblich, auf welcher Datenbank das R/3-System installiert ist. Die Tabellen besitzen immer denselben Namen und haben den gleichen Aufbau. Da R/3 auf vielen verschiedenen Datenbanksystemen installiert werden kann und alle Datenbanksysteme nach unterschiedlichen Prinzipien arbeiten, wird hier der Zugriff auf R/3-Daten über die Datenbankebene am Beispiel der Datenbank Oracle erläutert.

Im R/3-System selbst ist es möglich, sich die Tabellen des Systems anzeigen zu lassen, z.B. mit den Transaktionen SE16 oder SM30. Einige der Tabellen, die hier angezeigt werden können, finden sich auch in der Datenbank wieder, z.B. die Mandantentabelle T000. Die Tabellen, die "*1 zu 1*" in der Datenbank abgebildet sind, werden *Transparente Tabellen* genannt. Andere Tabellen, z.B. die Tabelle BSEG (Belegpositionen der Buchhaltungsbelege), finden sich in der Datenbank nicht wieder. Dies sind dann entweder *Pool-* oder *Clustertabellen.* Zur Prüfung der Systemsicherheit ist es unerlässlich zu wissen, welche Tabellen über die Datenbankebene geändert werden können und welche nicht. Auf diese Problematik wird in Kapitel 6.12 eingegangen. Auf der Betriebssystemebene findet sich keine dieser Tabellen wieder. Es wird sich also keine Datei finden lassen, die z.B. T000.DBF heißt. In großen Datenbanksystemen sind die Tabellen anders organisiert als einzelne Dateien auf der Betriebssystemebene.

2.3.2.1 Tablespaces

Im Falle der Datenbank Oracle sind die Tabellen in Tablespaces organisiert. Ein Tablespace ist auf Betriebssystemebene eine Datei mit einer festen, nicht änderbaren Größe. Diese Tablespaces werden über die Datenbank angelegt. Beim Anlegen wird die feste Größe bereits bestimmt. Diese ist danach auch über die Datenbank nicht mehr änderbar.

Zur Verwaltung der Tablespaces wird das Programm SAPDBA.EXE verwendet. Standardmäßig liegt es im Verzeichnis *usr\sap\<SID>\sys\exe\run*. Mit diesem Werkzeug können neue Tablespaces erzeugt werden, bestehende vergrößert und auch gelöscht werden. Der Zugriff auf dieses Programm ist daher äußerst restriktiv zu handhaben. Grundsätzlich sollte es nur den Datenbankadministratoren zur Verfügung stehen. Abb. 2.3.2 zeigt das Programm SAPDBA, mit dem unter Oracle u.a. die Tablespaces verwaltet werden. Ein Tablespace ist nach dem Anlegen leer, d.h. es befinden sich keine Daten in der Datei. In einem Tablespace können nun Tabellen definiert werden. SAP legt bei der Installation eines R/3-Systems sowohl die Tablespaces an als auch die darin enthaltenen Tabellen.

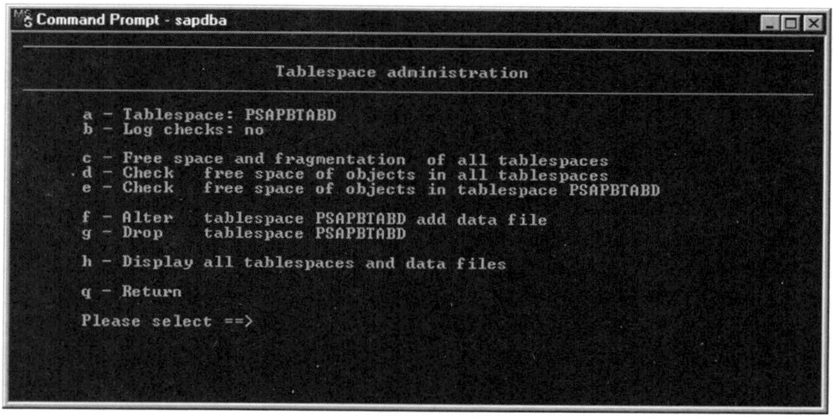

```
Command Prompt - sapdba

                    Tablespace administration

   a - Tablespace: PSAPBTABD
   b - Log checks: no

   c - Free space and fragmentation  of all tablespaces
   d - Check    free space of objects in all tablespaces
   e - Check    free space of objects in tablespace PSAPBTABD

   f - Alter    tablespace PSAPBTABD add data file
   g - Drop     tablespace PSAPBTABD

   h - Display all tablespaces and data files

   q - Return

   Please select ==>
```

Abb. 2.3.2: SAPDBA - Verwaltung der Oracle-Tablespaces

Diese Tabellen werden nun im laufenden R/3-Betrieb mit Daten gefüllt. Die Tabellen können solange anwachsen, bis das Tablespace vollständig mit Daten gefüllt ist. Ist das Tablespace "voll", so muss es von einem Administrator erweitert werden. Dies geschieht durch das Anlegen einer neuen Datei, die nun logisch mit der alten Datei ein einziges Tablespace darstellt.

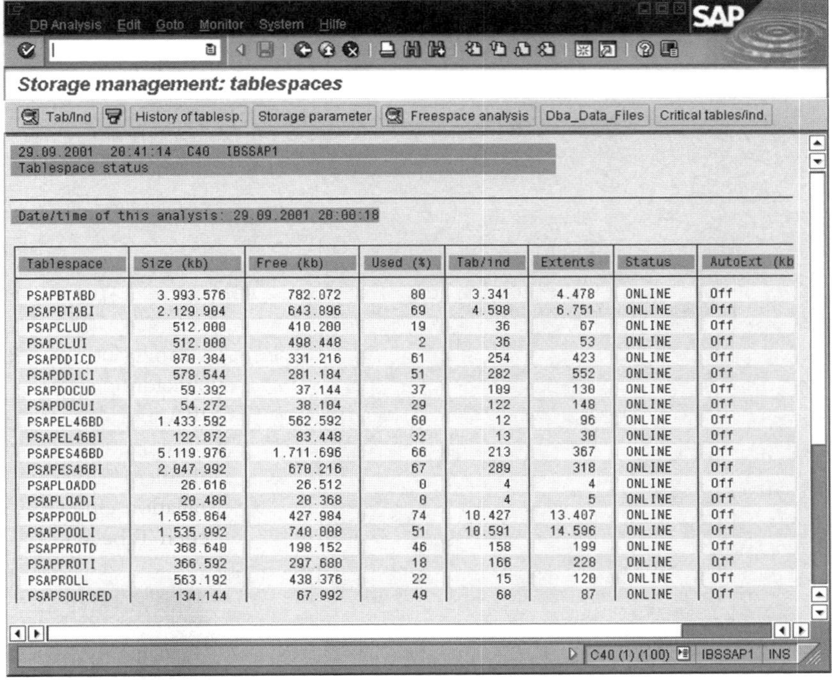

Tablespace	Size (kb)	Free (kb)	Used (%)	Tab/ind	Extents	Status	AutoExt (kb
PSAPBTABD	3.993.576	782.072	80	3.341	4.478	ONLINE	Off
PSAPBTABI	2.129.904	643.896	69	4.598	6.751	ONLINE	Off
PSAPCLUD	512.000	410.200	19	36	67	ONLINE	Off
PSAPCLUI	512.000	498.448	2	36	53	ONLINE	Off
PSAPDDICD	870.384	331.216	61	254	423	ONLINE	Off
PSAPDDICI	578.544	281.184	51	282	552	ONLINE	Off
PSAPDOCUD	59.392	37.144	37	109	130	ONLINE	Off
PSAPDOCUI	54.272	38.104	29	122	148	ONLINE	Off
PSAPEL46BD	1.433.592	562.592	60	12	96	ONLINE	Off
PSAPEL46BI	122.872	83.448	32	13	30	ONLINE	Off
PSAPES46BD	5.119.976	1.711.696	66	213	367	ONLINE	Off
PSAPES46BI	2.047.992	670.216	67	289	318	ONLINE	Off
PSAPLOADD	26.616	26.512	0	4	4	ONLINE	Off
PSAPLOADI	20.480	20.368	0	4	5	ONLINE	Off
PSAPPOOLD	1.658.864	427.984	74	10.427	13.407	ONLINE	Off
PSAPPOOLI	1.535.992	740.008	51	10.591	14.596	ONLINE	Off
PSAPPROTD	368.640	198.152	46	158	199	ONLINE	Off
PSAPPROTI	366.592	297.680	18	166	228	ONLINE	Off
PSAPROLL	563.192	438.376	22	15	120	ONLINE	Off
PSAPSOURCED	134.144	67.992	49	68	87	ONLINE	Off

Abb. 2.3.3: Transaktion DB02 - Tablespace-Verwaltung unter R/3

Da SAP R/3 Tablespaces nicht automatisch erweitern kann, ist es Aufgabe der Administration, täglich den Füllungsgrad zu überwachen, z.B. mit der Transaktion DB02 (Abb. 2.3.3). Kann ein Tablespace keine Daten mehr aufnehmen, arbeitet R/3 zwar weiter, gibt aber Fehlermeldungen aus, sobald es Daten in das volle Tablespace schreiben müsste. Ein korrektes Arbeiten des Systems ist dann nicht mehr gewährleistet.

2.3.2.2 Datenbanktabellen

In den Tablespaces werden die einzelnen Tabellen in der Datenbank angelegt. Eine Tabelle liegt physisch immer in einem Tablespace. Sie kann nicht auf mehrere Tablespaces verteilt werden. Abb. 2.3.4 zeigt einige Tabellen des Tablespaces PSAPBTABD.

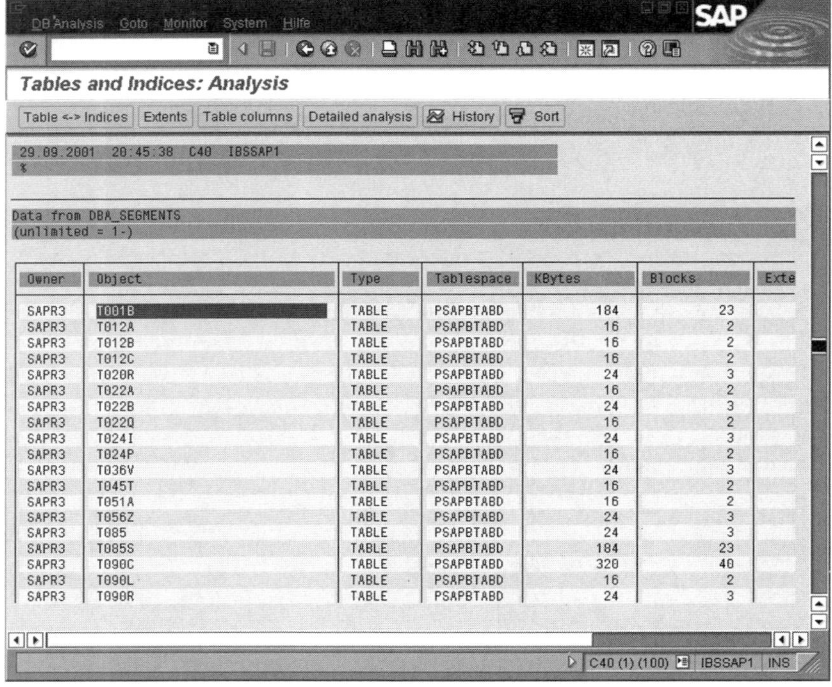

Owner	Object	Type	Tablespace	KBytes	Blocks	Exte
SAPR3	T001B	TABLE	PSAPBTABD	184	23	
SAPR3	T012A	TABLE	PSAPBTABD	16	2	
SAPR3	T012B	TABLE	PSAPBTABD	16	2	
SAPR3	T012C	TABLE	PSAPBTABD	16	2	
SAPR3	T020R	TABLE	PSAPBTABD	24	3	
SAPR3	T022A	TABLE	PSAPBTABD	16	2	
SAPR3	T022B	TABLE	PSAPBTABD	24	3	
SAPR3	T022Q	TABLE	PSAPBTABD	16	2	
SAPR3	T024I	TABLE	PSAPBTABD	24	3	
SAPR3	T024P	TABLE	PSAPBTABD	16	2	
SAPR3	T036V	TABLE	PSAPBTABD	24	3	
SAPR3	T045T	TABLE	PSAPBTABD	16	2	
SAPR3	T051A	TABLE	PSAPBTABD	16	2	
SAPR3	T056Z	TABLE	PSAPBTABD	24	3	
SAPR3	T085	TABLE	PSAPBTABD	24	3	
SAPR3	T085S	TABLE	PSAPBTABD	184	23	
SAPR3	T090C	TABLE	PSAPBTABD	320	40	
SAPR3	T090L	TABLE	PSAPBTABD	16	2	
SAPR3	T090R	TABLE	PSAPBTABD	24	3	

Abb. 2.3.4: Transaktion DB02 - Die Tabellen eines Tablespaces

Die Tabellen in der Datenbank entsprechen nicht den Tabellen des Data Dictionary von R/3. Im Tabellenentwurf haben die Felder andere Eigenschaften als die Tabellen im Data Dictionary. Außerdem finden sich viele Tabellen, auf die von R/3 aus zugegriffen werden kann (z.B. von der Transaktion SE16 oder SM30), nicht in der Datenbank wieder. Ein Beispiel hierfür sind die Tabellen, in denen die Berechtigungen der Benutzer abgespeichert werden (die Tabellen USR04, USR10, USR12). Diese Tabellen existieren in der Datenbank nicht. Sie sind ein Bestandteil einer anderen Tabelle (siehe Kapitel 6.12: Pool- und Clustertabellen). Die Tabellen aber, die einzeln in der Datenbank angelegt sind, können über die Datenbank manipuliert werden.

So kann auf jede Tabelle mit den gängigen SQL-Befehlen zugegriffen werden, nicht nur mit dem Befehl SELECT (Anzeigen einer Menge von Datensätzen aus einer oder mehreren Tabellen), sondern auch mit den Befehlen UPDATE (Verändern von Feldinhalten), DELETE (Löschen von Datensätzen), INSERT

(Hinzufügen von Datensätzen), CREATE (Erstellen einer neuen Tabelle) und DROP (Löschen einer Tabelle). Bei jedem verändernden Zugriff auf die Daten über die Datenbank werden natürlich die Gültigkeitsüberprüfungen von R/3 für die Daten umgangen. Es können somit Inkonsistenzen auftreten, welche die Ordnungsmäßigkeit des Systems erheblich beeinträchtigen.

2.3.3 Zugriff auf die SAP R/3-Daten über die Datenbank

Wie Daten über die Datenbank manipuliert werden können, soll im folgenden Beispiel an der Tabelle T000 (Mandanten des Systems) verdeutlicht werden.

Zunächst erfolgt das Anmelden an die Datenbank selbst. Die Tabellen des R/3-Systems wurden in der Datenbank unter dem Standarddatenbankbenutzer von R/3 (SAPR3 / SAP<SID>) angelegt. Dieser Benutzer hat daher volle Zugriffsrechte auf alle Tabellen und in allen Datenbanken das Standardkennwort "SAP". Wurde dies nach der Installation nicht verändert, ist ein Anmelden als Benutzer SAPR3 / SAP<SID> mit diesem Kennwort problemlos möglich (Abb. 2.3.5).

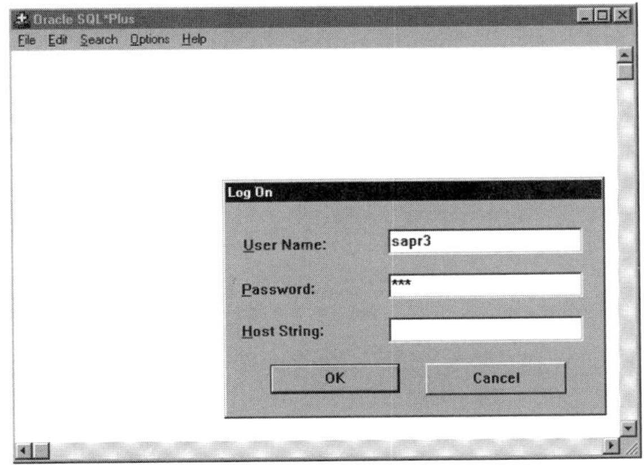

Abb. 2.3.5: Anmeldung an die Datenbank als Benutzer SAPR3

Nach der Anmeldung stehen dem Benutzer alle Tabellen zur Verfügung. Mit der SQL-Anweisung "SELECT * FROM T000;" (Selektiere alle Datensätze aus der Tabelle T000) kann sich der Benutzer z.B. die Mandantentabelle anzeigen lassen (Abb. 2.3.6).

```
Oracle SQL*Plus
File Edit Search Options Help
SQL> select * from t000;

MAN MTEXT                     ORT01                     MWAER ADRNR      C C C C C
--- ------------------------- ------------------------- ----- ---------- - - - - -
CHANGEUSER   CHANGEDA LOGSYS
------------ -------- ----------
000 SAP AG                    Walldorf                  DEM              S 2   X
             00000000

001 Auslieferungsmandant 001  Kundstadt                 XEU              C 1
             00000000

066 EarlyWatch                Walldorf                  DEM              S   1   X
SAP          00000000

100 LIVE AG Mandant           Würzburg                  DEM              T 1
TOMTIEDE     20000209

SQL> |
```

Abb. 2.3.6: Anzeigen der Tabelle T000

Dasselbe ist auch mit anderen Tabellen möglich, z.B. mit der Tabelle USR02, in der alle Benutzer mit ihren Anmeldedaten (verschlüsseltes Kennwort, Datum der letzten Anmeldung, Name des letzten Änderers, ...) gespeichert werden (Abb. 2.3.7).

```
Oracle SQL*Plus
File Edit Search Options Help
SQL> select * from usr02;

MAN BNAME        BCODE            GLTGV    GLTGB    U CLASS            LOCNT     UF
--- ------------ ---------------- -------- -------- - ------------ --------- -----
ANAME        ERDAT    TRDAT    LTIME  OCOD1            BCDA1    C OCOD2
------------ -------- -------- ------ ---------------- -------- - ----------------
OCOD3            BCDA3    C OCOD4            BCDA4    C OCOD5            BCDA5    C
---------------- -------- - ---------------- -------- - ---------------- -------- -
000 DDIC         58E1A709A16D8F5C 00000000 00000000 A SUPER                    0
SAP*         19920619 20000415 170436 ADC8FC527DFDCF36 20000311 A ADC8FC527DFDCF36
0000000000000000 00000000   0000000000000000 00000000   0000000000000000 00000000

000 SAP*         D0BFF4276DA1E208 00000000 00000000 A SUPER                    2
SAP*         19960621 20000311 000000 D0BFF4276DA1E208 20000323 B F0C3FC7890FDCF36
F0C3FC7890FDCF36 20000311 A 0000000000000000 00000000   0000000000000000 00000000

000 SAPCPIC      FC49DBF6F3FDCF36 00000000 00000000 C                          0
SAP*         19930730 19960903 110701 0000000000000000 00000000   0000000000000000
0000000000000000 00000000   0000000000000000 00000000   0000000000000000 00000000

001 DDIC         5FA752863FB70BA9 00000000 00000000 A SUPER                    0
SAP*         19920619 19990621 100255 0000000000000000 00000000   0000000000000000
0000000000000000 00000000   0000000000000000 00000000   0000000000000000 00000000
```

Abb. 2.3.7: Anzeigen der Tabelle USR02

Im obigen Beispiel stellen drei Zeilen untereinander einen Datensatz dar. Das erste Feld ist die Mandantennummer. Wie hier zu erkennen ist, werden nicht nur die Benutzer eines Mandanten angezeigt, wie in R/3 selbst, sondern natürlich alle Mandanten, da hier direkt auf die Tabelle zugegriffen wird und kein R/3-Filter über der Tabelle liegt.

Genauso ist auch ein Zugriff auf nur eine bestimmte Menge an Datensätzen einer Tabelle möglich. In der Tabelle UST04 stehen alle Benutzer mit den ihnen direkt zugeordneten Profilen. Möchten Sie z.B. alle Benutzer sehen, denen (unabhängig in welchen Mandanten) das Profil SAP_ALL zugeordnet wurde, so wird dies durch den SQL-Befehl "SELECT * FROM UST04 WHERE PROFILE = ‚SAP_ALL'" (Selektiere alle Datensätze aus der Tabelle UST04, in denen im Feld PROFILE der Wert SAP_ALL steht) erreicht (Abb. 2.3.8).

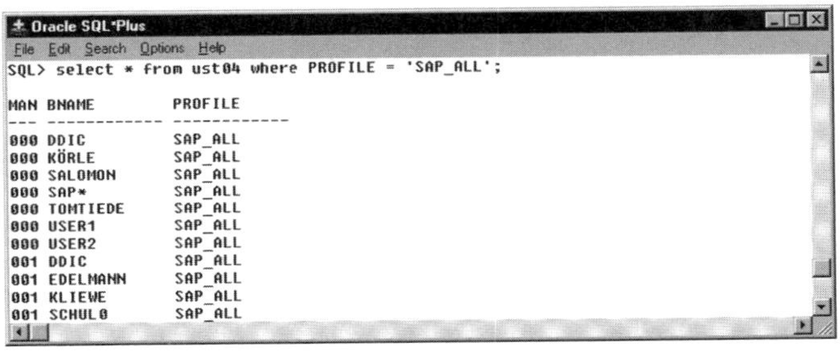

```
Oracle SQL*Plus
File Edit Search Options Help
SQL> select * from ust04 where PROFILE = 'SAP_ALL';

MAN BNAME        PROFILE
--- ------------ ------------
000 DDIC         SAP_ALL
000 KÖRLE        SAP_ALL
000 SALOMON      SAP_ALL
000 SAP*         SAP_ALL
000 TOMTIEDE     SAP_ALL
000 USER1        SAP_ALL
000 USER2        SAP_ALL
001 DDIC         SAP_ALL
001 EDELMANN     SAP_ALL
001 KLIEWE       SAP_ALL
001 SCHUL0       SAP_ALL
```

Abb. 2.3.8: Anzeigen aller SAP_ALL-Benutzer in allen Mandanten

Um nun die Datensätze einer Tabelle über die Datenbank zu manipulieren, müssen lediglich die manipulierenden SQL-Befehle angewendet werden. Im folgenden Beispiel verändern Sie den beschreibenden Text des Mandanten 001 in der Tabelle T000. Der Originaltext lautet "Auslieferungsmandant 001". Dieser Text steht in der Tabelle T000 in einem Feld mit dem Namen MTEXT. Mit der SQL-Anweisung "UPDATE T000 SET MTEXT='Dummes Zeug' WHERE MANDT=001;" (Ändere für den Mandanten 001 den Inhalt des Feldes MTEXT in ‚Dummes Zeug' um) verändern Sie den Feldinhalt und schreiben den Text "Dummes Zeug" hinein (Abb. 2.3.9). Nach dem Ausführen der SQL-Anweisung wird die Änderung aktiv (Abb. 2.3.10).

```
Oracle SQL*Plus
File Edit Search Options Help
000 SAP AG                     Walldorf                  DEM            S 2   X
          00000000

001 Auslieferungsmandant 001   Kundstadt                 XEU            C 1
          00000000

066 EarlyWatch                 Walldorf                  DEM            S   1   X
SAP       00000000

100 LIVE AG Mandant            Würzburg                  DEM            T 1
TOMTIEDE      20000209


SQL> update t000 set MTEXT='Dummes Zeug' where MANDT=001;

1 row updated.

SQL> |
```

Abb. 2.3.9: Änderung der Tabelle T000 über die Datenbank

```
Oracle SQL*Plus
File Edit Search Options Help
SQL> select * from t000;

MAN MTEXT                      ORT01                     MWAER ADRNR      C C C C C
--- -------------------------  ------------------------- ----- ---------- - - - - -
CHANGEUSER   CHANGEDA LOGSYS
------------ -------- ----------
000 SAP AG                     Walldorf                  DEM            S 2   X
          00000000

001 Dummes Zeug                Kundstadt                 XEU            C 1
          00000000

066 EarlyWatch                 Walldorf                  DEM            S   1   X
SAP       00000000

100 LIVE AG Mandant            Würzburg                  DEM            T 1
TOMTIEDE      20000209


SQL>
```

Abb. 2.3.10: Tabelle T000 nach der Änderung

Dies ist natürlich nur ein harmloses Beispiel, aber genau wie hier ein Text geändert wurde, können auch entscheidende Werte in den R/3-Tabellen manipuliert werden.

2.3.4 Die Standardbenutzer in einer Datenbank

Genau wie in allen anderen Systemen existieren auch in Datenbanken Standardbenutzer mit allgemein bekannten Standardkennwörtern. In jedem Datenbanksystem existiert mindestens ein administrativer Benutzer, der Vollzugriff innerhalb der Datenbank besitzt, also auch Vollzugriff auf alle R/3-Daten.

Während der Installation eines R/3-Systems erfolgt auch eine Standardinstallation der Datenbank. Hierbei werden die Standardbenutzer mit ihren Kennwörtern angelegt. Nach der Installation müssen die Kennwörter dieser Benutzer von der Administration geändert werden. Vom Programm her erfolgt kein Zwang zur Änderung. Die Kennwörter müssen nachträglich manuell geändert werden.

Die Standardbenutzer unter Oracle:

- SYSTEM (administrativer Benutzer mit Vollzugriff auf die R/3-Daten)
- SYS (hat keinen Zugriff auf die R/3-Daten)
- SAPR3 (Besitzer der R/3-Tabellen mit Vollzugriff bis R/3-Release 4.6C)
- SAP<SID> (Besitzer der R/3-Tabellen mit Vollzugriff ab R/3-Release 4.7)
- OPS$<SID>ADM (nach Einrichtung des OPS$-Mechanismus vorhanden, kein Zugriff auf die R/3-Daten)
- OPS$SAPSERVICE<SID> (nach Einrichtung des OPS$-Mechanismus vorhanden, kein Zugriff auf die R/3-Daten)

Die Standardbenutzer unter Informix

- INFORMIX (administrativer Benutzer mit Vollzugriff auf die R/3-Daten)
- SAPR3 (Besitzer der R/3-Tabellen mit Vollzugriff bis R/3-Release 4.6C)
- SAP<SID> (Besitzer der R/3-Tabellen mit Vollzugriff ab R/3-Release 4.7)
- <SID>ADM (kein Zugriff auf die R/3-Daten)

Die Standardbenutzer unter ADABAS

- CONTROL (administrativer Benutzer mit Vollzugriff auf die R/3-Daten)
- SUPERDBA (administrativer Benutzer mit Vollzugriff auf die R/3-Daten)
- OPERATOR (kein Zugriff auf die R/3-Daten)
- SAPR3 (Besitzer der R/3-Tabellen mit Vollzugriff bis R/3-Release 4.6C)
- SAP<SID> (Besitzer der R/3-Tabellen mit Vollzugriff ab R/3-Release 4.7)

Die Standardbenutzer unter DB2

- DB2<SID> (administrativer Benutzer mit Vollzugriff auf die R/3-Daten)
- <SID>ADM (kein Zugriff auf die R/3-Daten)
- SAPR3 (Besitzer der R/3-Tabellen mit Vollzugriff bis R/3-Release 4.6C)
- SAP<SID> (Besitzer der R/3-Tabellen mit Vollzugriff ab R/3-Release 4.7)

2.3.5 Der OPS$-Mechanismus von Oracle

Zur Anmeldung an die Datenbank benötigt die Anwendung R/3 das Kennwort des Benutzers SAPR3 / SAP<SID>. Daher ist es nicht ohne weiteres möglich, dieses Kennwort in der Datenbank zu ändern. Um einen problemlosen Kennwortwechsel zur Sicherung der Anmeldung zu ermöglichen, wird in Oracle-Datenbanken der OPS$-Mechanismus eingesetzt.

Bei der Einrichtung des OPS$-Mechanismus wird ein neuer Benutzer in der Datenbank angelegt: OPS$<SID>ADM. Unter diesem Benutzer ist es nicht möglich, sich direkt im Dialog an die Datenbank anzumelden. Dieser Benutzer besitzt keine Rechte in der Datenbank, also auch keinen Zugriff auf die R/3-Tabellen. Die einzige Berechtigung ist der Zugriff auf die Tabelle SAPUSER, welche ebenfalls bei der Einrichtung des OPS$-Mechanismus angelegt wird. In dieser Tabelle wird das Kennwort des Benutzers SAPR3 / SAP<SID> gespeichert. Wird für den Benutzer SAPR3 das Kennwort DELPHI vergeben, so hat die Tabelle folgenden Aufbau:

USERID	**PASSWD**
SAPR3	DELPHI

Abb. 2.3.11: Die Tabelle SAPUSER

In älteren R/3-Releaseständen wurde das Kennwort in dieser Tabelle noch in Klarschrift gespeichert. In den aktuellen Versionen liegt es hier nur noch verschlüsselt vor.

Der Benutzer OPS$<SID>ADM besitzt also die Berechtigung, diese Tabelle und somit das Kennwort des Benutzers SAPR3 / SAP <SID> zu lesen. Der Anmeldevorgang des R/3-Systems an die Datenbank verläuft folgendermaßen:

- Das R/3-System meldet sich unter dem Benutzer OPS$<SID>ADM an die Datenbank an.
- Es liest das Kennwort des Benutzers SAPR3 / SAP <SID> aus der Tabelle SAPUSER aus und meldet sich als Benutzer OPS$<SID> ADM bei der Datenbank ab.
- Danach meldet es sich mit dem ausgelesenen Kennwort als Benutzer SAPR3 / SAP<SID> erneut an die Datenbank an.

Diese Möglichkeit gestattet es somit, problemlos das Kennwort des Benutzers SAPR3 / SAP <SID> in der Datenbank zu ändern.

2.3.6 Die Protokollierung der Datenbank

Die Datenbanken, die für R/3 eingesetzt werden können, unterstützen alle die Möglichkeit der Protokollierung. Dies umfasst sowohl An- und Abmeldungen, Statusmeldungen (Hoch- und Herunterfahren von Instanzen) als auch alle Zugriffe auf Tabellen, sowohl nur lesende als auch verändernde.

Auf Grund der Vielzahl der Tabellenzugriffe des R/3-Systems auf die Datenbank ist es aus Performancegründen nicht ratsam, diese zu protokollieren. Aus Sicherheitsgründen sollte allerdings die Protokollierung der An- und Abmeldungen (inklusive Falschanmeldungen) aktiviert werden, damit jeder Zugriff direkt auf die Datenbank nachvollzogen werden kann.

Die Protokollierung ist standardmäßig deaktiviert und muss explizit eingeschaltet werden. Dies wird am Beispiel der Protokollierungskomponente von Oracle erläutert.

1. Schritt: Aktivierung der Protokollierung

Zur Aktivierung der Protokollierung muss der Initialisierungsparameter AUDIT_TRAIL gesetzt werden. Danach ist ein Neustart der Datenbank erforderlich. Der Parameter kann folgende Werte enthalten:

DB	Das Auditing wird aktiviert, alle Audit-Informationen werden in der Datenbank in die Tabelle SYS.AUD$ geschrieben.
OS	Das Auditing wird aktiviert, die Audit-Informationen werden in das Audit-Trail des Betriebssystems geschrieben. Dies wird allerdings nicht von jedem Betriebssystem unterstützt. UNIX und OS/400 bieten diese Möglichkeit nicht. Unter Windows NT werden die Datenbank-Audit-Informationen in das Ereignisprotokoll des Datenbankservers geschrieben.
NONE	Das Auditing ist deaktiviert (Default-Wert).

2. Schritt: Angabe der zu protokollierenden Ereignisse

Im zweiten Schritt muss angegeben werden, was protokolliert werden soll. Für die An- und Abmeldung ist dies der Befehl audit connect;. Er kann z.B. über den SQL-Editor eingegeben werden. Er bewirkt die Protokollierung von

- erfolgreichen Anmeldungen,
- fehlgeschlagenen Anmeldeversuchen,
- Abmeldungen.

3. Schritt: Auswertung der Protokollierung

Die Auswertung erfolgt zusammen mit einem Datenbank-Administrator. Für die Audit-Tabelle SYS.AUD$ existieren bereits Standard-Views, die genutzt werden können. Der View zur Auswertung der An- und Abmeldungen heißt DBA_AUDIT_SESSION. Im SQL-Editor bewirkt folgender SQL-Befehl das Anzeigen der Informationen:

SELECT * FROM DBA_AUDIT_SESSION;

Das Ergebnis sollte in eine Textdatei gespeichert und dem Prüfer ausgehändigt werden. Für jeden Eintrag werden unter anderem folgende Angaben ausgegeben:

- Benutzername (USERNAME)
- Name des Betriebssystembenutzers (OS_USERNAME)
- Terminal, von dem der Zugriff erfolgte (TERMINAL)
- Aktion, die durchgeführt wurde (ACTION_NAME), in diesem Fall steht hier LOGON oder LOGOFF
- Zeitstempel der An- oder Abmeldung (TIMESTAMP)

Das Protokoll ist in regelmäßigen Abständen auszuwerten. Anmeldungen, die nicht vom R/3-System stammen, müssen von der Datenbank-Administration dokumentiert werden.

2.3.7 Absicherung von Anmeldungen an Oracle von einer Workstation aus

Standardmäßig ist der *Oracle Listener* so konfiguriert, dass eine Anmeldung an die Datenbank von jedem Rechner aus möglich ist, auf dem sich ein Oracle-Client befindet. Ein Oracle-Client kann kostenlos (nach erfolgter persönlicher Registrierung) von der Oracle Internet-Seite (*www.oracle.com*) heruntergeladen und auf jeder Workstation installiert werden.

Aus diesen Gründen sollte hier eine Einschränkung vorgenommen werden, von welchen Rechnern aus der Zugriff auf die Datenbank möglich sein soll. Standardmäßig sollten dies nur die SAP R/3-Server selbst sein. In der Datei *protocol.ora* können diese Einschränkungen vorgenommen werden. Folgende Einträge müssen hier aufgenommen werden:

```
# Aktiviert die Prüfung auf IP-Adressen:
tcp.valid_nodes_checking = yes
```

```
# Gibt die erlaubten IP-Adressen an:
tcp.valid_nodes = (sapserver1[, sapserver2], ...)
```

2.3.8 Ordnungsmäßigkeitsvorgaben für die Datenbankebene

2.3.8.1 Die Kommunikation mit der Datenbank

- Nach der Installation muss sofort für den Datenbankbenutzer SAPR3 / SAP <SID> (AS/400: <SID>OFR) das Standardkennwort "SAP" geändert werden, damit ein unberechtigter Zugriff auf die R/3-Daten über die Datenbankebene erschwert wird.
- Es müssen die Kennwörter aller Standarddatenbankbenutzer geändert werden (für Oracle z.B. das Kennwort MANAGER des Benutzers SYSTEM).
- Die Kennwörter aller Benutzer, die Zugriff auf die R/3-Daten haben, müssen nach dem Vier-Augen-Prinzip vergeben werden.
- Es dürfen keine zusätzlichen Benutzer außer den Standardbenutzern und den Datenbankadministratoren eingerichtet sein.
- Die Besitzrechte aller R/3-Tabellen müssen beim Benutzer SAPR3 / SAP<SID> liegen. Dies darf nicht geändert werden.
- Ein Zugriff auf die Datenbank darf von Client-Stationen (durch entsprechende Client-Software der Datenbank) aus nicht möglich sein.

2.3.8.2 Die Datenbankebene

- Grundsätzlich darf in der Datenbank, in der die R/3-Tabellen liegen, nicht noch zusätzlich gearbeitet werden. Die Datenbank ist alleine dem R/3-System vorbehalten.
- Es dürfen keine anderen Anwendungen über die Datenbank laufen.
- Das Programm zur Verwaltung der Tablespaces (SAPDBA) darf nur den Datenbankadministratoren zur Verfügung stehen.
- Auf die physikalischen Tablespace-Dateien dürfen nur die Administratoren des Systems Zugriff haben.
- Der Füllungsgrad der Tablespaces muss täglich von der Administration überprüft werden.
- Die Protokollierung der Datenbank muss das An- und Abmelden von Benutzern protokollieren.
- Jede direkte Anmeldung an die Datenbank ist von den Administratoren zu dokumentieren.

- Jede manuelle Änderung an den R/3-Daten ist nur nach dem Vier-Augen-Prinzip vorzunehmen und ausführlich zu dokumentieren.
- Die Protokolle und die Dokumentationen müssen in regelmäßigen Abständen überprüft werden.

2.3.9 Checkliste der Datenbankebene

Nr.	Verwendung	Fragestellungen Risiko	Ordnungsmäßigkeits-Vorgaben
1	2	Ermitteln Sie, welche Datenbank eingesetzt wird (Menüpfad *System - Status*).	<Informativer Punkt für nachfolgende Prüfungen>
2	2	Existieren außer den Standardbenutzern noch andere Benutzer in der Datenbank? Es besteht das Risiko, dass durch diese Benutzer ein nicht nachvollziehbarer Zugriff auf die R/3-Daten ermöglicht wird.	Es dürfen keine weiteren Benutzer existieren.
3	3	Wird ein Mechanismus eingesetzt, der eine Kennwortänderung für den Benutzer SAPR3 / SAP<SID> zulässt (unter Oracle der OPS$-Mechanismus)? Das Kennwort des Benutzers SAPR3/SAP<SID> ist allgemein bekannt, daher stellt es ein sehr großes Risiko dar, wenn es nicht geändert wird.	Das Kennwort des Benutzers SAP R/3SAP <SID> muss geändert werden.
4	2	Wurden für die Standardbenutzer die Standardkennwörter geändert? Die Standardkennwörter sind allgemein bekannt, daher stellt es ein sehr großes Risiko dar, wenn sie nicht geändert werden.	Die Standardkennwörter der Standardbenutzer sind zu ändern

5	3	Gehören die Tabellen des R/3 Systems dem Benutzer SAPR3/SAP<SID>? Hier besteht das Risiko, dass unberechtigte Zugriffe auf R/3 Daten möglich sind und dass R/3 nicht auf alle Tabellen zugreifen kann.	Alle R/3 Tabellen müssen den Benutzer SAPR3/ SAP<SID> gehören.
6	3	Wurde die Protokollierung der An- und Abmeldung in der Datenbank aktiviert? Hier besteht das Risiko, dass Anmeldungen an die Datebank nicht nachvollzogen werden können.	Die Protokollierung ist zu aktivieren.
7	2	Wer hat Zugriff auf das Datenbankverwaltungsprogramm SAPDBA? Hier besteht das Risiko des unberechtigten Zugriffs auf die Datenbank.	Es dürfen nur die Basisadministratoren Zugriff haben.
8	3	Ist ein Zugriff von Clientstationen auf die Datenbank möglich (durch entsprechende Client-Software)? Hier besteht das Risiko, dass von normalen Client-Stationen aus eine Anmeldung an die Datenbank möglich ist.	Ein Zugriff auf die Datenbank darf von Clientstationen aus nicht möglich sein.
9	3	Laufen über die R/3-Datenbank noch andere Anwendungen? Hier bestehtdas Risiko, dass R3-Tabellen durch andere Programme manipuliert werden können.	In der R/3-Datenbank dürfen keine weiteren Anwendungen laufen

10	3	Wird der Füllungsgrad der Datenbanktabellen täglich von einem Administrator kontrolliert? ——— Hier besteht das Risiko, dass die Tablespaces keine Daten mehr aufnehmen können und R/3 fehlerhaft arbeitet	Der Füllungsgrad muss täglich kontrolliert werden.
11	3	Wird für eine Anwendung an die Datenbank das Vier-Augen-Prinzip gefordert/erzwungen? ——— Hier besteht das Risiko von nicht nachvollziehbaren Anmeldungen an die Datenbank und evtl. Datenmanipulation	Eine Anmeldung an die Datenbank muss grundsätzlich nach dem Vier-Augen-Prinzip erfolgen.
12	3	Werden Anmeldungen an die Datenbank dokumentiert? ——— Hier besteht das Risiko, dass eine Nachvollziehbarkeit der Aktionen in der Datenbank nicht gegeben ist.	Anmeldungen sind grundsätzlich zu dokumentieren.
13	3	Werden manuelle Änderungen der R/3-Daten über die Datenbank dokumentiert? ——— Hier besteht das Risiko, dass R/3-Daten nicht nachvollziehbar manipuliert werden können.	Änderungen sind grundsätzlich zu dokumentieren.
14	1	Wurden Datenbankdateien unverschlüsselt abgelegt? ——— Hier besteht das Risiko, dass über die Betriebssystemebene sensible R/3-Daten eingesehen werden können.	Unverschlüsselte Datenbankdateien dürfen nicht existieren.

2.3.10 Praktische Prüfung der Datenbankebene

1. Ermitteln Sie, welche Datenbank eingesetzt wird!
   Rufen Sie unter R/3 den Menüpunkt *System - Status* auf. In diesem Fenster finden Sie den Block *Datenbankdaten*. Hier bekommen Sie folgende Informationen:

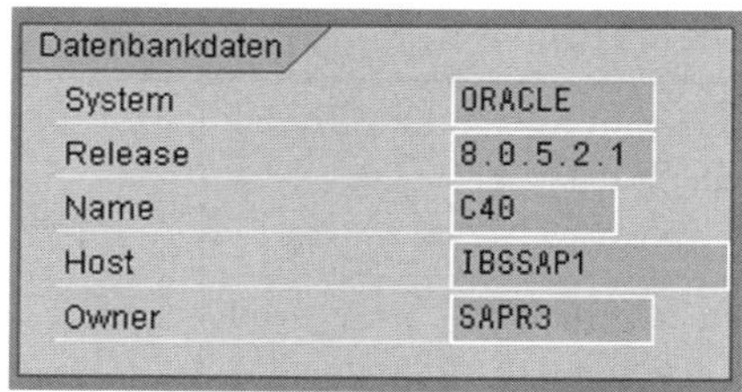

System:	Name der Datenbank, die eingesetzt wird
Name:	Name des aktuellen R/3-Systems
Host:	Name des Servers, auf dem die Datenbank läuft
Owner:	Besitzer der Datenbanktabellen

2. Stellen Sie fest, welche Benutzer in der Datenbank existieren!

   Es dürfen nur die Standardbenutzer und die R/3-Benutzer vorhanden sein. Dies muss zusammen mit dem Datenbankadministrator durchgeführt werden, da die Einrichtung eines Revisionsbenutzers in der Datenbank nicht sinnvoll ist.

   Vorgehensweise am Beispiel der Datenbank Oracle:

   In der Tabelle ALL_USERS sind alle im System eingerichteten Benutzer eingetragen. Lassen Sie sich diese Tabelle zeigen, z.B. im SQL-Editor mit dem Befehl *select * from ALL_USERS;*. Es dürfen nur folgende Benutzer vorhanden sein:

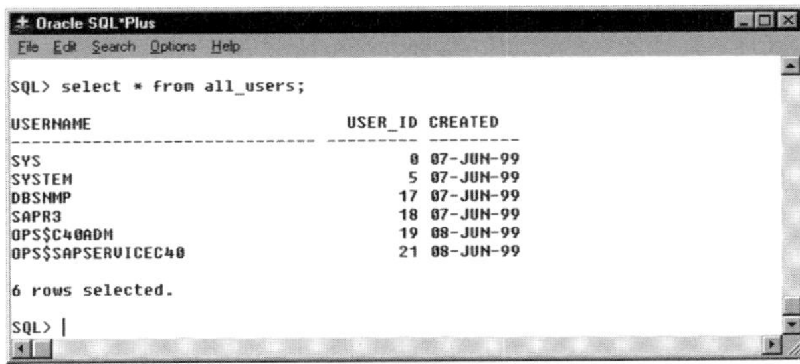

3. Stellen Sie fest, ob der OPS$-Mechanismus aktiviert ist (gilt nur für Oracle-Datenbanken)!

   In der Tabelle ALL_USERS muss der Benutzer OPS$<SID>ADM vorhanden sein (siehe Punkt 2.).

   Lassen Sie sich die Tabelle SAPUSER anzeigen. Hier muss der Benutzer SAPR3 / SAP<SID> eingetragen sein mit einem anderen Kennwort als SAP bzw. einem verschlüsselten Kennwort. Diese Tabelle gehört dem Benutzer OPS$<SID>ADM, daher lautet der Befehl zum Anzeigen dieser Tabelle *select * from OPS$<SID>ADM.SAPUSER;*.

4. Stellen Sie fest, ob für die Standardbenutzer die Standardkennwörter geändert wurden!

   Vorgehensweise am Beispiel der Datenbank Oracle:

   Es gibt keine Möglichkeit, in der Datenbank festzustellen, ob die Standardkennwörter geändert wurden. Daher versuchen Sie sich im Beisein des Datenbankadministrators mit den Standardkennwörtern anzumelden. Starten Sie z.B. den SQL-Editor. Geben Sie folgende Benutzernamen mit Kennwörtern ein:

Benutzer	Kennwort
SYSTEM	MANAGER
SYS	CHANGE_ON_INSTALL

   Unter diesen Benutzernamen darf eine Anmeldung mit den Kennwörtern nicht möglich sein.

5. Überprüfen Sie stichprobenartig, ob die Tabellen dem Benutzer SAPR3 / SAP<SID> gehören!

   Der Datenbankadministrator meldet sich an die Datenbank mit dem Administrator-Benutzer an (bei Oracle z.B. als SYSTEM). Lassen Sie sich nun einige R/3-Tabellen anzeigen mit dem Befehl *select * from SAPR3.<Tabellenname>;* bzw. *select * from SAP<SID>.<Tabellenname>;*. Da die Tabellen nicht dem Administrator gehören sollen, muss der Name des Besitzers der Tabellen dem Tabellennamen vorangestellt werden. Wird die Tabelle angezeigt, so gehört sie dem Benutzer SAPR3 / SAP<SID>.

   Überprüfen Sie stichprobenartig z.B. folgende Tabellen:

T000	Mandantentabelle
T001	Tabelle der Buchungskreise
RFBEL	Pooltabelle der Rechnungsbelege
USR02	Anmeldedaten der Benutzer
PA0008	Basisgehälter der Mitarbeiter

   Zur Überprüfung z.B. der Tabelle T000 ist also der Befehl select * from SAPR3.T000; bzw. *select * from SAP<SID>.T000*; einzugeben. Wird eine Tabelle nicht angezeigt, ist der Benutzer SAPR3 / SAP<SID> nicht mehr der Besitzer dieser Tabelle.

6. Überprüfen Sie, ob die Protokollierung der An- und Abmeldungen aktiviert ist!

   In der Datenbank Oracle wird die Protokollierung mit dem Befehl *audit connect;* aktiviert. Lassen Sie sich die Protokolle zeigen.

7. Überprüfen Sie, wer Zugriff auf das Datenbankverwaltungsprogramm SAPDBA hat!

   Das Programm SAPDBA liegt standardmäßig in dem Verzeichnis, das mit dem R/3-Parameter DIR_EXECUTABLE angegeben wird (zu überprüfen mit dem Report RSPFPAR). Auf dem Server sind die Zugriffsberechtigungen für dieses Verzeichnis und die Datei zu prüfen. Nur die Administratoren dürfen Zugriff haben.

8 Überprüfen Sie, ob ein Zugriff von Clientstationen auf die Datenbank möglich ist!

Kontrollieren Sie, ob Clientsoftware der Datenbank frei erhältlich ist und ob die Netzwerkbenutzer die Berechtigung besitzen, diese zu installieren. Außerdem ist zu klären, ob über einen ODBC-Zugriff z.B. mit MS Access auf die Datenbank zugegriffen werden kann

Für die Datenbank Oracle:

Überprüfen Sie, ob in der Datei *protocol.ora* eine Anmeldung an die Datenbank auf die R/3-Server eingeschränkt ist. Folgende Einträge müssen vorhanden sein:

```
tcp.valid_nodes_checking = yes
tcp.valid_nodes = (sapserver1[, sapserver2], ...)
```

9. Überprüfen Sie, ob über die Datenbank noch andere Anwendungen laufen (Fragestellung an die Administration)!

10. Überprüfen Sie, ob der Füllungsgrad der Datenbanktabellen täglich von einem Administrator kontrolliert wird (Fragestellung an die Administration)!

11. Überprüfen Sie, ob für eine Anmeldung an die Datenbank das Vier-Augen-Prinzip erzwungen wird (Fragestellung an die Administration)!

12. Überprüfen Sie, ob Anmeldungen an die Datenbank dokumentiert werden!

    Lassen Sie sich diese Dokumentation zeigen.

13. Überprüfen Sie, ob Änderungen der R/3-Daten über die Datenbank dokumentiert werden!

    Lassen Sie sich diese Dokumentation zeigen.

14. Überprüfen Sie, ob Datenbankdateien unverschlüsselt abgelegt wurden!

    Lassen Sie sich von der Administration ein kleines Tablespace auf Ihre Workstation kopieren oder im Netz bereit stellen. Lassen Sie sich diese Datei mit einem Editor oder dem TYPE-Befehl (unter MS-DOS) anzeigen. Bei unverschlüsselten Dateien müssen diese besonders über das Berechtigungskonzept des Betriebssystems geschützt sein.

2.4 Die Betriebssystemebene

Genauso unterschätzt wie die Notwendigkeit der Sicherheitsprüfung auf der Datenbankebene wird die Prüfung der Betriebssystemebene. Sowohl die Datenbank als auch SAP R/3 sind auf dem Betriebssystem installiert. Das Betriebssystem ist für die Stabilität und Konsistenz dieser Komponenten verantwortlich.

Auf dieser Ebene ist sowohl das "Stehlen" und Einsehen der R/3-Daten ein Problem als auch die Zerstörung der Daten, der Datenbank und des R/3-Systems. Zugriff auf das Betriebssystem eines Servers bedeutet: Alle R/3- und Datenbankdaten stehen uneingeschränkt zur Verfügung, wenn auch meist verschlüsselt!

SAP R/3-Installationen erfolgen heute auf den Betriebssystemen UNIX (verschiedene Derivate, z.B. AIX, SINIX, SOLARIS, HP-UX, ...), Windows NT/2000 und OS/400 (IBM AS/400). Da R/3-Installationen auf einer AS/400 nicht sehr verbreitet sind, werden in diesem Buch nur die Betriebssysteme UNIX und Windows NT weitergehend behandelt.

Hinweise zur Betriebssystemebene unter R/3 finden Sie in der SAP-Hilfe unter *R/3-Bibliothek -Basis - Betriebssystemplattformen (BC-OP)*. Im AIS finden Sie eine Checkliste zur Betriebssystemebene unter dem Pfad *System Audit - Checkliste gemäß R/3 Sicherheitsleitfaden - 2-4: Schutz des Betriebssystems.*

2.4.1 Zugriff auf Datenbankdateien

Im Kapitel 2.3.2 wurde erläutert, dass die R/3-Daten in der Datenbank in Tabellen organisiert sind, die wiederum in verschiedenen Tablespaces physisch auf der Festplatte abgespeichert werden. Unter Oracle werden diese Tablespaces wie in Abb. 2.4.1 im Betriebssystem abgelegt.

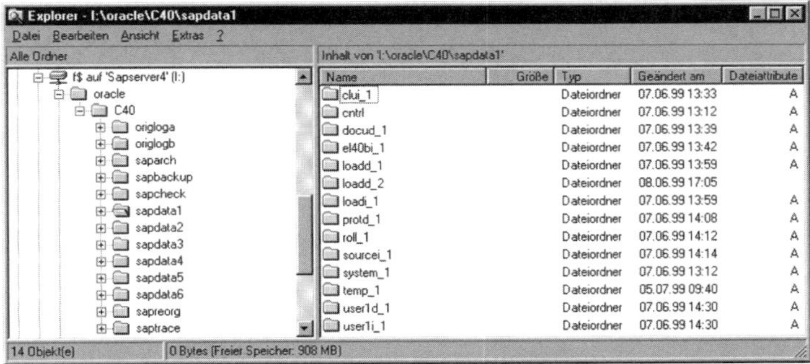

Abb. 2.4.1: Die physische Struktur der Datenbank

Die Tablespaces befinden sich im obigen Beispiel im Standardverzeichnis ORACLE\ <SID>\SAPDATA#. <SID> steht für den Namen des R/3-Systems, welcher bei der Installation frei vergeben werden kann und immer dreistellig ist. Die einzelnen Tablespaces wiederum werden in durchnummerierte Unterverzeichnisse mit dem Namen SAPDATA# gespeichert. Hier befinden sich dann die Verzeichnisse, in denen die Tablespaces, also die tatsächlichen R/3-Daten, gespeichert werden.

Tablespaces bis R/3®-Release 4.6C:

Im Verzeichnis SAPDATA1\CLUI_1 befindet sich z.B. das Tablespace PSAPCLUI. Durch die einfache Namensgebung sind die Tablespaces, die unter R/3 mit der Transaktion DB02 eingesehen werden können, hier wiederzufinden. So wird sich das Tablespace mit dem Namen PSAPBTABD unter einem Verzeichnis wiederfinden, welches den Namen BTABD_1 trägt (wobei auch mehrere Verzeichnisse mit einer fortlaufenden Nummerierung existieren können). Beim Verzeichnisnamen entfallen also die ersten vier Buchstaben des Tablespace-Namens (PSAP). Unter dem Verzeichnis befindet sich dann das eigentliche Tablespace, das wieder durch den Namen identifiziert wird und die Endung DATA1 hat (evtl. wieder mehrere Dateien mit einer fortlaufenden Nummerierung). Abb. 2.4.2 zeigt das Tablespace PSAPCLUI.

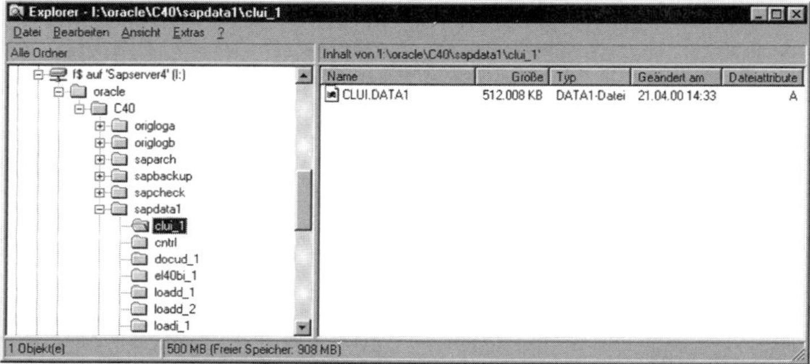

Abb. 2.4.2: Eine Tablespace-Datei auf der Betriebssystemebene

Tablespaces ab R/3®-Release Enterprise:

> Ab dem R/3-Release Enterprise werden die R/3-Daten nicht mehr auf verschiedene Tablespaces aufgeteilt. Es wird nur ein einziges Tablespace genutzt mit dem Namen PSAP<SID>. Es ist physikalisch auf mehrere Dateien aufgeteilt, die ebenfalls unter Verzeichnissen mit dem Namen SAPDATA# liegen.

Ein Zugriff auf diese Tablespaces ermöglicht sowohl die Zerstörung der Daten als evtl. auch das Einsehen der originalen R/3-Daten. Gerade bei älteren R/3-Installationen ist es möglich, dass die darunter liegende Datenbank die Daten nicht verschlüsselt ablegt, sondern in Klarschrift in den Tabellen und somit in den Tablespaces speichert. Da der Aufbau der Tablespaces (welche Standardtabellen befinden sich in welchem Tablespace) allgemein bekannt ist, kann somit gezielt auf die R/3-Daten zugegriffen werden.

Dieser Vorgang wird hier am Beispiel eines R/3-Systems Release 4.6C erläutert, welches auf dem Betriebssystem Windows NT installiert wurde. Hier wurde das Tablespace PSAPSTABD (also die Datei STABD.DATA1) vom Server auf eine Workstation kopiert. Dieser Vorgang ist möglich, wenn ein Benutzer das Lesen-Recht auf diese Datei besitzt. Allerdings darf für den Kopiervorgang die Datenbank nicht hochgefahren sein. Das R/3-System darf also nicht laufen. Mit dem einfachen TYPE-Befehl von MS-DOS kann der Inhalt dieser Datei angezeigt werden (TYPE STABD.DATA1 | MORE). Eine weitere Möglichkeit bietet der MS-DOS-Befehl FIND, mit dem in der Datei nach bestimmten Zeichenketten gesucht werden kann. In der Abb. 2.4.3 wurde mit dem FIND-Befehl nach der Zeichenkette "tomtiede" gesucht, um sich alle Daten anzeigen zu lassen, in denen dieser Benutzername auftaucht. Die dort angezeigten Daten stammen aus der Tabelle BNKA, welche die Bankstammdaten des R/3-Systems enthält und physikalisch im Tablespace PSAPSTABD angelegt ist.

Eingabeaufforderung

```
M:\TomTiede>find /n /i "tomtiede" stabd.data1

---------- STABD.DATA1
[12454767]c♥█    z      ╗A¾♠ò♠"♠à♠1♠·♦|♦e♦→♦|¦♥00☻D20050501999031TOMTIEDE♠haspa☻
B÷rsenplatz 2Hamburg☺ ☺ ☺ 20050500☺ ☺ ☺ ,
B÷rsenplatz 2Hamburg☺ ☺ ☺ ☺20050500☺ ☺ ☼Hamburg-Harburg,
[12454778]◄♥800☻D12345671999031TOMTIEDTestbank☺ ☺ ☺ ☺ ☺ ☺ 12345678☺ ☺ ☺ ,
B÷rsenplatz 2Hamburg☺ ☺ ☺ ☺20050500☺ ☺ ☺ ,spa☻02
[12454804]◄♥800☻D24055001999030TOMTIEDE↓Deutsche Bank L³denscheid☻09♫Zur Freih
t 7M³nchen☺ ☺ ☺ 24055000☺ ☺ M³nchen,
[12454837]◄♥800☻D24050101999030TOMTIEDEóSK L³neburg☺    Strasse L³neburg☺ ☻300☺
24050100☺ Adendorf,
^C
M:\TomTiede>_
```

Abb. 2.4.3: Ein unverschlüsseltes Tablespace

Wir erkennen, dass dies wirklich originale R/3-Daten sind, wenn wir uns diese Daten im R/3-System ansehen. Schauen Sie sich in Abb. 2.4.3 die Daten der letzten beiden Zeilen an. Diese Daten finden sich im R/3-System in der Tabelle BNKA (Bankdaten) wieder (Abb. 2.4.4).

Details

Spalte	Inhalt
Mandant	100
Bankland	DE
Bankschlüssel	24050110
angelegt am	29.09.2001
angelegt von	TOMTIEDE
Name des Geldinstituts	SK Lüneburg
Region	
Straße	Strasse 1
Ort	Lüneburg
SWIFT-Code	
Bankengruppe	30
Postbank-Girokennz.	
Löschkennzeichen	
Bankleitzahl	24050110
Postscheckkontonr	
Adreßnummer	
Zweigstelle	Adendorf

Abb. 2.4.4: Die unverschlüsselten Daten in der R/3-Tabelle

Daher kann es für eine Prüfung sehr interessant sein, sich ein beliebiges Tablespace einmal mit dem TYPE- oder FIND-Befehl anzuschauen. Ist die Datenbank verschlüsselt, dürfen keine Daten in Klarschrift sichtbar sein.

Die Zugriffsberechtigungen für die Datenbankverzeichnisse müssen so restriktiv vergeben sein, dass ein normaler Benutzer gar nicht erst die Möglichkeit hat, sich ein Tablespace anzusehen (das Recht *Lesen*). Schon gar nicht dürfen normale Benutzer hier verändernde Rechte erhalten (z.B. *Schreiben* oder *Löschen*). Die Rechtevergabe in diesem Teil der R/3-Installation ist besonders restriktiv zu handhaben.

2.4.2 Standardzugriffsrechte auf die Tablespaces

2.4.2.1 Standardberechtigungen unter UNIX

Während der Installation eines R/3-Systems werden auf einem UNIX-Server Benutzer und Gruppen zur Verwaltung der Datenbank angelegt. Unter Oracle sind dies der Benutzer *ora<sid>* und die Gruppe *dba*. Nur dieser Benutzer und diese Gruppe sollten Zugriff auf die Datenbankinstallation haben.

Folgende Zugriffsberechtigungen werden bei der Installation der Datenbank unter UNIX eingerichtet (die Zugriffsberechtigungen werden im einzelnen im Kapitel 2.6.1.1 erläutert):

Die Zugriffsberechtigungen des Verzeichnisses /oracle/<sid>:

```
./<sid>:
drwx------   11 ora<sid>   dba   512 May 18 15:02   sapdata1
drwx------   8 ora<sid>    dba   512 May 20 11:17   sapdata2
drwx------   13 ora<sid>   dba   12 May 18 19:05    sapdata3
drwx------   8 ora<sid>    dba   512 May 15 08:34   sapdata4
drwx------   13 ora<sid>   dba   512 May 18 15:39   sapdata5
drwx------   4 ora<sid>    dba   512 Aug 19 12:07   sapdata6
```

Nur der Benutzer ora<sid> als Besitzer hat Zugriff auf die Verzeichnisse, in denen sich die Verzeichnisse mit den Tablespaces befinden. Selbst die Mitglieder der Gruppe dba haben von dieser Ebene aus keinen Zugriff auf diese Verzeichnisse.

Die Zugriffsberechtigungen der Tablespace-Verzeichnisse

```
./<sid>/sapdata1:

drwxr-xr-x   2 ora<sid>   dba   512 Dec 10  1997 roll_1
drwxr-xr-x   2 ora<sid>   dba   512 Dec 10  1997 stabd_1
drwxr-xr-x   2 ora<sid>   dba   512 Mar 31  1999 stabd_2
drwxr-xr-x   2 ora<sid>   dba   512 May 18 15:02 stabd_3
drwxr-xr-x   2 ora<sid>   dba   512 Dec 10  1997 system_1
drwxr-xr-x   2 ora<sid>   dba   512 May 17 09:33 system_2
drwxr-xr-x   2 ora<sid>   dba   512 Dec 10  1997 temp_1
```

Die Zugriffsberechtigungen für die Verzeichnisse, in denen sich die Tablespace-Dateien befinden, werden während der Installation gem. der Standardrechtemaske des UNIX-Systems eingerichtet (UNIX-Befehl zur Einrichtung der Standardrechtemaske: umask).

Die Zugriffsberechtigungen im obigen Beispiel entsprechen der Standardrechtemaske eines UNIX-Systems nach der Installation. Dies entspricht nicht der Vorgabe für eine Standardrechtemaske gem. der C2-Konvention.

Die Zugriffsberechtigungen der Tablespace-Dateien

```
./<sid>/sapdata1/stabd_1:
-rw-r-----  1 ora<sid>  dba   1452297827 Oct  8 11:35 stabd.data1
```

Die Standardberechtigungen auf die Tablespace-Dateien werden wie oben abgebildet. Der Besitzer der Dateien, der Benutzer *ora<sid>*, hat die Rechte *Lesen (r)* und *Schreiben (w)*. Die Mitglieder der Gruppe *dba* haben lesenden Zugriff auf diese Dateien. Alle anderen haben keinen Zugriff.

2.4.2.2 Standardberechtigungen unter Windows NT

Die Standardzugriffsberechtigungen auf die Oracle-Installation unter Windows NT sind für die Tablespace-Dateien und die darüber liegenden Verzeichnisse identisch. Hier werden, anders als bei UNIX, bei der Installation Berechtigungen nicht explizit vergeben. Vielmehr wird bei der Installation der Datenbankdateien und -verzeichnisse die Rechtemaske des über dem Installationsverzeichnis liegenden Laufwerks oder Verzeichnisses übernommen.

Beispiel:

Die Datenbank wird auf einem Windows NT-Server auf dem Laufwerk F: unter dem Standardpfad F:\ORACLE\<SID> installiert. Bei der Installation wird also zunächst das oberste Verzeichnis ORACLE angelegt. Hierbei werden die Berechtigungen, die direkt auf dem darüber liegenden Laufwerk F: vergeben wurden, auf dieses Verzeichnis kopiert. Diese Rechtemaske wird nun bis zu den Tablespaces hinunter weitergegeben und auf keiner Ebene geändert.

Wurde auf dem Laufwerk F: die Berechtigung *Vollzugriff* für die Gruppe *Jeder* vergeben, wird diese Rechtemaske unverändert bis auf die Tablespaces weitergegeben (Abb. 2.4.5).

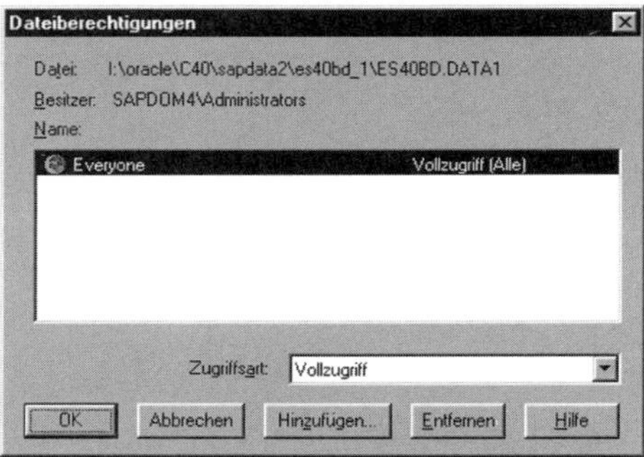

Abb. 2.4.5: Standardrechte auf die Datenbankdateien

In Abb. 2.4.5 ist die Rechtemaske für eine Tablespace-Datei abgebildet. Für das Laufwerk F: wurde die Rechtemaske *Vollzugriff* für die Gruppe *Jeder* (in einer englischen NT-Installation die Gruppe *Everyone*) vergeben, die bis zum Tablespace weitergegeben wurde.

Auf einem Windows NT-Server werden bei der Installation der Datenbank also keine expliziten Rechte vergeben. Um die Tablespace-Dateien vor unbefugten Zugriffen zu sichern, müssen hier nachträglich von der Administration die Zugriffsberechtigungen eingerichtet werden.

Die Zugriffsberechtigungen sind so zu vergeben, dass nur die R/3-Standardbenutzer und die Administratoren Zugriff auf die Tablespaces haben.

2.4.3 Zugriff auf die SAP R/3-Installation

Genauso relevant aus Sicherheitssicht wie der Zugriff auf die Datenbankdateien ist der Zugriff auf die R/3-Dateien. Die R/3-Installation liegt standardmäßig im Verzeichnis USR\SAP\ <SID> (SID = Name des R/3-Systems). Der Verzeichnisbaum einer Standardinstallation ist in Abb. 2.4.6 dargestellt.

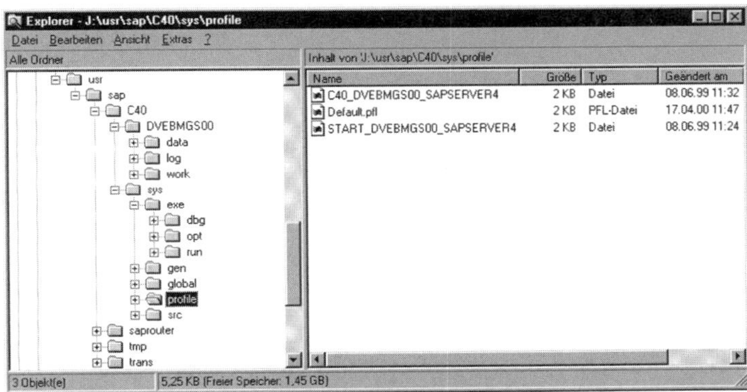

Abb.: 2.4.6: Die Struktur der R/3-Installation

Auf diesen Verzeichnisbaum sind die Rechte natürlich so zu vergeben, dass allgemeine Benutzer keinen Zugriff auf diese Verzeichnisse haben. Speziell sind bei einer Prüfung die Zugriffsrechte auf folgende Verzeichnisse zu prüfen:

USR\SAP\<SID>\DVEBMGS00\LOG

> In diesem Verzeichnis werden die LOG-Dateien des R/3-Systems abgelegt, unter anderem das SYSLOG und das AUDITLOG. Der Verzeichnisname DVEBMGS00 steht hier nur stellvertretend für den Namen der betreffenden R/3-Instanz. Er ist abhängig von den auf dem Server installierten R/3-Prozessen und bezeichnet die Instanz (siehe Kapitel 2.2.1 und 2.2.2).

USR\SAP\<SID>\SYS\EXE\RUN (WindowsNT)

SAPMNT/<SID>/EXE (UNIX)

In diesen jeweiligen Verzeichnissen liegt der Kernel des R/3-Systems. Hierzu gehören u.a. die Dateien DISP+WORK.EXE, DPMON.EXE, GWRD.EXE, GWWP.EXE und RSYN.BIN

USR\SAP\<SID>\SYS\GLOBAL (WindowsNT)

SAPMNT/<SID>/GLOBAL (UNIX)

Hier liegen Daten, z.B. Batch-Joblogs, die von allen Instanzen (zu Instanzen siehe Kapitel 2.2.2) zugreifbar sein müssen.

USR\SAP\<SID>\SYS\PROFILE (WindowsNT)

SAPMNT/<SID>/PROFILE (UNIX)

Hier liegen die Profile des R/3-Systems, die zur Konfiguration des Systems benötigt und in denen wichtige Parameter gesetzt werden. Es gibt drei verschiedene Profile:

Das Standardprofil. Es hat immer den Namen DEFAULT.PFL und wird häufig auch als Defaultprofil bezeichnet. In diesem Profil werden die für eine Prüfung wichtigen Anmeldeparameter gespeichert (siehe Kapitel 3.2.3).

Das Instanzprofil. Hier werden Vorgaben gesetzt, wie z.B. die Anzahl der Prozesse eines Typs (z.B. Verbuchung) für diese Instanz und die Vorgabe für Puffergrößen. Der Name des Instanzprofils setzt sich ab Release 3.0 zusammen aus dem R/3-Systemnamen (dreistellig), dem Namen der Instanz und dem Namen des Servers, auf dem die Instanz installiert ist. In Abb. 2.4.6 lautet der Name des Instanzprofils C40_DVEBMGS00_SAPSERVER4.

Das Startprofil. Dieses Profil wird vom Startprogramm des R/3-Systems gelesen, um die benötigten Prozesse einer Instanz zu starten. Mit den Angaben im Instanz- und Standardprofil werden die Elemente des R/3-Systems konfiguriert. Der Name des Startprofils setzt sich zusammen aus dem Wort START, dem Namen der Instanz und dem Namen des Servers, auf dem die Instanz installiert ist. In Abb. 2.4.6 lautet der Name START_DVEBMGS00_SAPSERVER4.

2.4.3.1 Standardberechtigungen unter UNIX

Unter UNIX werden die Berechtigungen für die sicherheitsrelevanten Verzeichnisse folgendermaßen gesetzt:

Verzeichnis	**Rechte**	**Besitzer**	**Gruppe**
USR/SAP/<SID>/DVEBMGS00/LOG	rwxr-x---	<sid>adm	sapsys
SAPMNT/<SID>/EXE	rwxr-xr-x	<sid>adm	sapsys
SAPMNT/<SID>/GLOBAL	rwx------	<sid>adm	sapsys
SAPMNT/<SID>/PROFILE	rwxr-xr-x	<sid>adm	sapsys

Unter verschiedenen R/3-Versionen und unter verschiedenen UNIX-Derivaten können diese Zugriffsberechtigungen voneinander abweichen.

2.4.3.2 Standardberechtigungen unter Windows NT

Die Standardrechtemaske für diese Verzeichnisse ist unter Windows NT wie in Abb. 2.4.7 gesetzt.

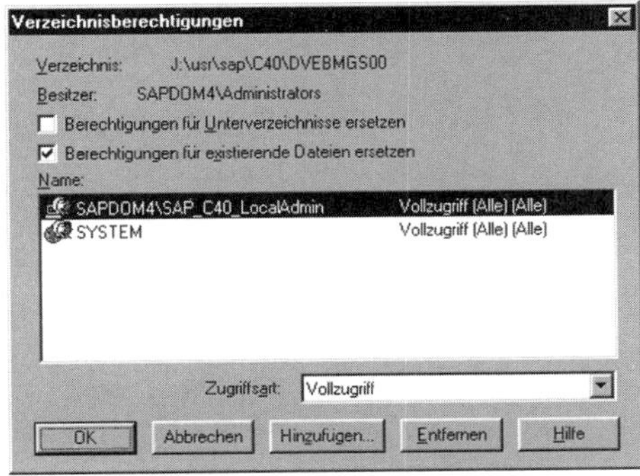

Abb. 2.4.7: NT-Rechte nach einer SAP-Installation

Diese Rechtemaske wird während der Installation des R/3-Systems für die Verzeichnisse USR\SAP\<SID>\<Instanz-Name> und USR\SAP\ <SID>\ SYS inklusive aller darunter liegenden Verzeichnisse und Dateien angelegt.

Die Standardgruppen des R/3-Systems unter Windows NT werden im Kapitel 2.5.4 erläutert. Für jeden weiteren Eintrag in dieser Rechtemaske ist explizit zu prüfen, warum der Eintrag existiert.

2.4.4 Ordnungsmäßigkeitsvorgaben für die Betriebssystemebene

- Datenbankdateien dürfen nicht unverschlüsselt abgelegt werden.
- Auf die Datenbankdateien dürfen nur die während der Installation angelegten Standardbenutzer von R/3 auf der Betriebssystemebene und die Administratoren Zugriff haben.
- Auf die Dateien der R/3-Installation dürfen nur die während der Installation angelegten Standardbenutzer von R/3 auf der Betriebssystemebene und die Administratoren Zugriff haben.
- Unter Windows NT sind Zugriffsrechte auf die R/3- und Datenbankdateien für die Gruppe *Jeder* auf keinen Fall zulässig.
- Unter UNIX sind Zugriffsrechte auf die R/3- und Datenbankdateien nur für den Besitzer und die Gruppe zulässig

2.4.5 Checkliste zur Betriebssystemebene

Nr.	Verwendung	Fragestellungen / Risiko	Ordnungsmäßigkeits-Vorgaben
1	2	Welche Betriebssysteme sind auf den Applikationsservern installiert?	<Informativer Punkt für nachfolgende Prüfungen>
2	3	Wie wurden die Zugriffsberechtigungen auf die Datenbankdateien vergeben? Hier besteht das Risiko des unberechtigten Zugriffs auf die Datenbankdateien.	Nur die Basisadministratoren dürfen Zugriff auf die Datenbankdateien besitzen.
3	3	Wie wurden die Zugriffsberechtigungen auf die R/3-Installation vergeben? Hier besteht das Risiko des unberechtigten Zugriffs auf die R/3-Installation.	Nur die Basisadministratoren dürfen Zugriff auf die R/3-Installation besitzen.
4	3	Besitzt unter WindowsNT die Gruppe *Jeder* Zugriffsrechte auf die Datenbank- und R/3-Installation? Hier besteht das Risiko des unberechtigten Zugriffs auf die R/3-Installation.	Die Gruppe *Jeder* darf keine Zugriffsrechte auf die Datenbank- und R/3-Installation besitzen.

Nr.	Verwendung	Fragestellungen / Risiko	Ordnungsmäßigkeits-Vorgaben
5	3	Besitzen unter UNIX die Benutzer Zugriffsrechte auf die Datenbank- und R/3-Installation, außer dem Besitzer und den Gruppenmitgliedern der Besitzergruppe? Hier besteht das Risiko des unberechtigten Zugriffs auf die R/3-Installation.	Weitere Benutzer dürfen keine Zugriffsrechte auf die Datenbank- und R/3-Installation besitzen.

2.4.6 Die praktische Prüfung der Betriebssystemebene

1. Stellen Sie fest, welche Betriebssysteme auf ihren R/3-Servern installiert sind!

   In der R/3-Tabelle TSLE4 wird für alle Instanzen angezeigt, welches Betriebssystem installiert ist.

   Rufen Sie unter R/3 die Transaktion SE16 auf. Tragen Sie den Tabellennamen TSLE4 in die Maske ein, und lassen Sie sich die Tabelle anzeigen:

2. Überprüfen Sie, welche Zugriffsberechtigungen auf die Datenbankdateien vergeben wurden!

   Da diese Zugriffsberechtigungen sehr restriktiv vergeben werden müssen, muss dies in Zusammenarbeit mit einem Administrator des Betriebssystems erfolgen. Bei einigen Datenbanken ist eine Überprüfung der Zugriffsberechtigungen auf die Datendateien selbst nicht möglich, da diese auf Festplattenbereichen liegen, die von der Datenbank selbst verwaltet werden. Hier sind auf der Betriebssystemebene keine Dateien sichtbar (z.B. Informix).

Die nachfolgende Vorgehensweise wird am Beispiel einer Oracle-Datenbank erläutert.

Windows NT

Lassen Sie sich die Dateiberechtigungen für die Tablespaces anzeigen.

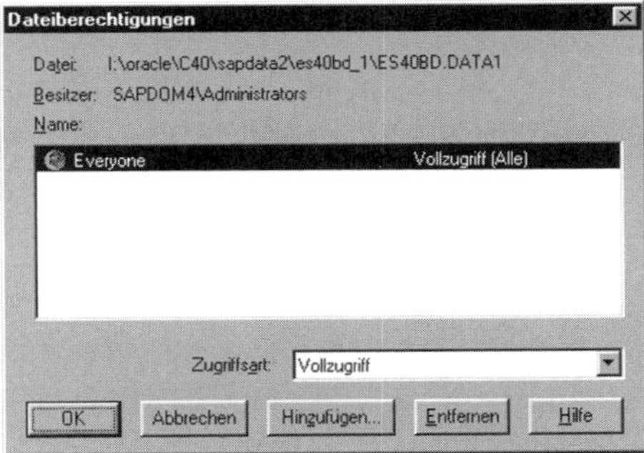

Hier dürfen nur die R/3-Standardbenutzer und die Administratoren Zugriff haben. Die Gruppe *Jeder* darf auf keinen Fall Zugriffsrechte besitzen.

UNIX

Lassen Sie sich die Zugriffsberechtigungen der Datenbankinstallation in einer Textdatei zur Verfügung stellen!

Das Verzeichnis, in dem sich die Tablespaces befinden, lautet standardmäßig ORACLE/<SID>. In diesem Verzeichnis muss folgender Befehl ausgeführt werden:

```
ls -laR > oracle.txt
```

Durch diesen Befehl werden alle Dateien und Verzeichnisse mit ihrer Berechtigungsmaske rekursiv in die Textdatei oracle.txt ausgegeben. Die Datei hat folgenden Aufbau:

```
.
.
.
./sapdata2:
total 9
drwx------   8 ora<sid>    dba    512 May 20 11:17 .
drwxr-xr-x  46 ora<sid>    dba    1536 Oct  8 11:38 ..
drwxr-xr-x   2 ora<sid>    dba    512 May 13 00:17 clud_1
drwxr-xr-x   2 ora<sid>    dba    512 May 18 16:11 es40bd_1
drwxr-xr-x   2 ora<sid>    dba    512 May 18 16:38 es40bd_2
drwxr-xr-x   2 ora<sid>    dba    512 May 13 00:10 sourced_1

./sapdata2/clud_1:
total 409818
drwxr-xr-x          2 ora<sid>dba    512 May 13 00:17 .
drwx------ 8 ora<sid>  dba    512 May 20 11:17 ..
-rw-r-----  1 ora<sid>  dba    419438592 Oct  8 11:34 clud.data1

./sapdata2/es40bd_1:
total 2090002
drwxr-xr-x 2 ora<sid> dba    512 May 18 16:11 .
drwx------  8 ora<sid> dba    512 May 20 11:17 ..
-rw-r-----  1 ora<sid> dba    2139103232 Oct  8 11:34 es40bd.data1

./sapdata2/es40bd_2:
total 1331874
drwxr-xr-x 2 ora<sid> dba    512 May 18 16:38 .
drwx------  8 ora<sid> dba    512 May 20 11:17 ..
-rw-r-----  1 ora<sid> dba    1363156992 Oct  8 11:34 es40bd.data2
.
.
.
```

Die Tablespace-Dateien befinden sich unter den Verzeichnissen sapdata#. In der obigen Datei befinden sich unter dem Verzeichnis sapdata2 die Unterverzeichnisse clud_1, es40bd_1, es40bd_2 und sourced_1. Diese werden nachfolgend in der Datei aufgelistet. Hierunter befinden sich nun die Tablespaces. Im Verzeichnis clud_1 befindet sich das Tablespace clud.data1. Im R/3 Enterprise befinden sich unterhalb der sapdata#-Verzeichnisse Unterverzeichnisse mit dem Namen <SID>_#, z.B. P01_1. Hierunter befinden sich dann die Tablespaces. Hier ist für die Tablespaces nun folgendes zu prüfen:

- Die Tablespaces müssen die Rechtemaske rw-r----- aufweisen.
- Sie müssen dem Benutzer ora<sid> gehören.
- Sie müssen der Gruppe dba zugeordnet sein.

3. Überprüfen Sie die Zugriffsrechte auf die R/3-Installation!

   Auch dies muss in Zusammenarbeit mit einem Administrator des Betriebssystems erfolgen.

   Windows NT

   Überprüfen Sie folgende Verzeichnisse:

   USR\SAP\<SID>\DVEBMGS00.LOG

   USR\SAP\<SID>\SYS\EXE\RUN

   USR\SAP\<SID>\GLOBAL

   USR\SAP\<SID>\PROFILE

   Lassen Sie sich die Rechtemasken der Verzeichnisse anzeigen. Folgende Standardrechtemaske sollte vorhanden sein:

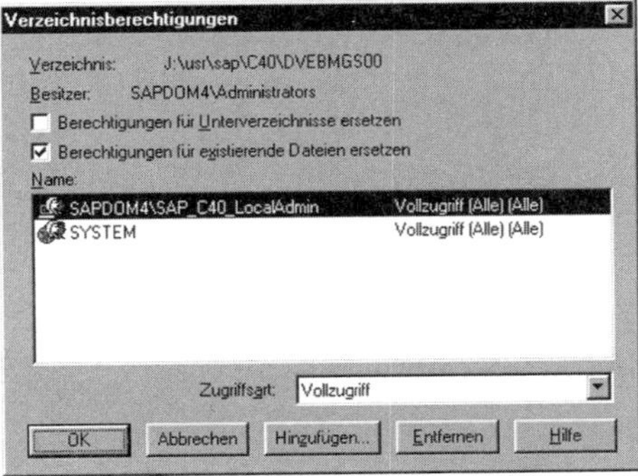

   Zusätzlich sollten nur noch die Administratoren Zugriff auf diese Verzeichnisse haben.

UNIX

Überprüfen Sie folgende Verzeichnisse:

USR/SAP/<SID>/DVEBMGS00/LOG

SAPMNT/<SID>/EXE

SAPMNT/<SID>/GLOBAL

SAPMNT/<SID>/PROFILE

Lassen Sie sich die Zugriffsberechtigungen des Verzeichnisses USR/SAP/<SID> und des Verzeichnisses SAPMNT/<SID> in einer Textdatei zur Verfügung stellen (siehe Punkt 2.). Zur Überprüfung der Zugriffsberechtigungen eines Verzeichnisses suchen Sie zunächst das übergeordnete Verzeichnis. Um die Zugriffsrechte des Verzeichnisses USR/SAP/<SID>/DVEBMGS00/LOG zu überprüfen, lassen Sie sich also das Verzeichnis USR/SAP/<SID>/DVEBMGS00 anzeigen:

```
./DVEBMGS00:
total 40
drwxr-xr-x   5 <sid>adm      sapsys    8192 Dec 10  1997 .
drwxr-xr-x   5 <sid>adm      apsys     8192 May 15 10:58 ..
drwxr-xr-x   2 <sid>adm      sapsys    8192 Oct  8 11:39 data
drwxr-xr-x   2 <sid>adm      sapsys    8192 Oct  8 10:31 log
drwxr-xr-x   3 <sid>adm      sapsys    8192 Oct  8 02:47 work
```

Für die R/3-Dateien und -Verzeichnisse gilt:

- Sie müssen dem Benutzer <sid>adm gehören.
- Sie müssen der Gruppe sapsys zugeordnet sein.

4. Überprüfen Sie, ob unter Windows NT die Gruppe *Jeder* Zugriffsrechte auf die Datenbank- und R/3-Installation hat!
   Gehen Sie gemäß den Punkten 2. und 3. vor. Die Gruppe *Jeder* darf keinerlei Zugriffsrechte besitzen. Überprüfen Sie ebenfalls auf den Applikationsservern die Freigaben *sapmnt* und *saploc* auf ihre Zugriffsrechte. Auch hier darf die Gruppe *Jeder* keine Zugriffsrechte besitzen.

5. Überprüfen Sie, ob unter UNIX außer dem Besitzer und den Gruppenmitgliedern der Besitzergruppe noch weitere Benutzer Zugriff auf die Datenbank- und R/3-Installation haben!

   Gehen Sie gemäß den Punkten 2. und 3. vor. Diese Benutzer dürfen keine Zugriffsrechte besitzen.

2.5 Windows NT

2.5.1 Das Domänenkonzept

2.5.1.1 Die Domäne

Eine Domäne ist eine in sich geschlossene Verwaltungseinheit für Benutzer und Ressourcen. In einer Domäne werden Server, Workstations, Benutzer, Gruppen, Drucker usw. zusammengefasst und zentral administriert. Benutzer melden sich "an die Domäne" an und haben Zugriff auf alle Ressourcen innerhalb der Domäne (gem. den ihnen erteilten Zugriffsrechten).

Realisiert wird dies durch eine einzige Benutzer- und Ressourcendatenbank (SAM = Security Access Manager) innerhalb einer Domäne. Diese Datenbank befindet sich auf dem Primären Domänencontroller (PDC) der Domäne und auf den Backup-Domänencontrollern (BDC). In jeder Domäne existiert genau ein Primärer Domänencontroller. Zusätzlich können beliebig viele Backup-Domänencontroller eingerichtet werden. Ein Domänencontroller ist ein Windows NT-Server. Das *Backup* steht in diesem Fall für eine Kopie der Benutzer- und Ressourcendatenbank des Primären Domänencontrollers. Die Datenbank existiert also auf jedem Domänencontroller. Diese gleichen sich ständig untereinander ab, um einen einheitlichen Stand der Datenbank zu gewährleisten. Wird z.B. ein neuer Benutzer in der Domäne angelegt, so wird er physikalisch entweder auf dem PDC oder einem BDC zur Benutzerdatenbank hinzugefügt. Beim Abgleich wird dieser Benutzer auch in den Benutzerdatenbanken auf den anderen Domänencontrollern angelegt.

Beim Anmelden eines Benutzers nimmt einer der Domänencontroller die Anmeldeanforderung entgegen.

2.5.1.2 Vertrauensbeziehungen zwischen Domänen

Domänen sind in sich geschlossene Verwaltungseinheiten für Benutzer und Ressourcen. Zwei Windows NT-Domänen, die sich physikalisch im selben Netzwerk befinden, haben untereinander keinen Zugriff auf die jeweils andere Domäne. Domänenübergreifende Zugriffe sind aber durchaus sinnvoll, wenn es um die gemeinsame Nutzung von Ressourcen geht oder um eine zentrale Administration. Um Zugriffe auf andere Domänen zu gewährleisten, ist es möglich, sogenannte Vertrauensbeziehungen zwischen Domänen einzurichten. Domänen, die sich vertrauen, können auf die Ressourcen der jeweils anderen Domäne zugreifen.

Eine Vertrauensbeziehung wird immer nur in eine Richtung erstellt, also z.B. von Domäne A nach Domäne B. In diesem Fall vertraut Domäne A der Domäne B. Wenn also Domäne A der Domäne B vertraut, so darf Domäne B auf die Ressourcen von Domäne A zugreifen. Dies stellt eine einseitige Vertrauensbeziehung dar.

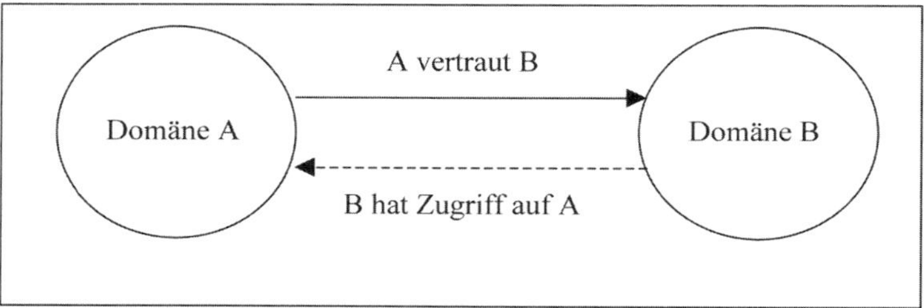

Abb. 2.5.1: Einseitige Vertrauensbeziehung

In diesem Fall hat die Domäne A keinen Zugriff auf die Ressourcen der Domäne B. Um auch Domäne A den Zugriff auf Domäne B zu gewähren, muss eine neue Vertrauensbeziehung erstellt werden, dieses mal von Domäne B nach Domäne A. Dies stellt nun eine beidseitige Vertrauensbeziehung dar.

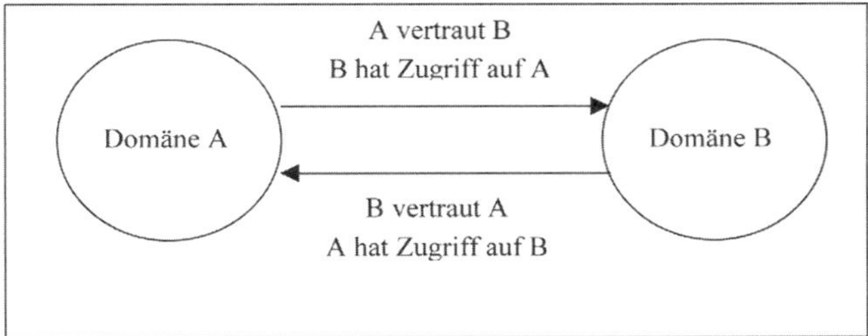

Abb. 2.5.2: Beidseitige Vertrauensbeziehung

Ein R/3-System sollte grundsätzlich in einer eigenen Domäne installiert werden. Diese Domäne benötigt keine Vertrauensbeziehungen zu anderen Domänen. Es müssen in dieser Domäne keine anderen Benutzer außer den Administratoren und den Benutzern, die R/3 und die Datenbank während der Installation angelegt haben, existieren.

Die R/3-Benutzer sollten in anderen Domänen organisiert sein. Zum Zugriff auf das R/3-System ist keine Anmeldung an die NT-Domäne, in der R/3 installiert ist, notwendig. Die Kommunikation mit R/3 erfolgt ausschließlich über das Kommunikationsprotokoll (TCP/IP).

Hier ist also zu prüfen, welche Vertrauensbeziehungen zur R/3-Domäne existieren. Überprüft werden kann dies über den *Benutzermanager für Domänen* in Windows NT über den Menüpunkt *Richtlinien - Vertrauensstellungen.* Hier werden die Vertrauensbeziehungen angezeigt (Abb. 2.5.3).

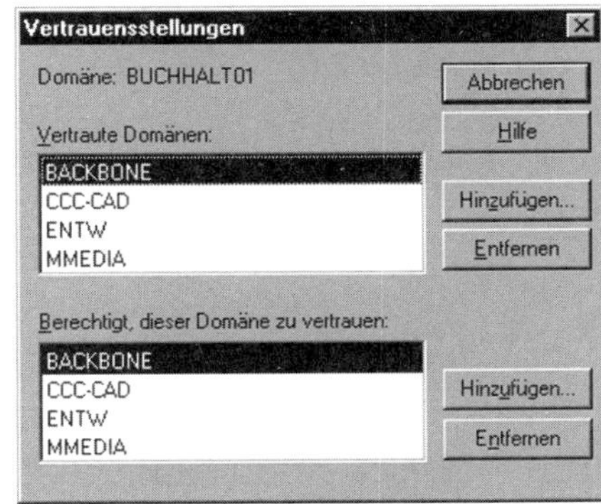

Abb. 2.5.3: Anzeige der Vertrauensstellungen unter NT

Im Feld *Vertraute Domänen* werden die Domänen angezeigt, denen diese Domäne vertraut, die auf diese Domäne also Zugriff haben. In Abb. 2.5.3 haben die Benutzer der Domänen BACKBONE, CCC-CAD, ENTW und MMEDIA Zugriff auf die Domäne BUCHHALT01. Im Feld *Berechtigt, dieser Domäne zu vertrauen* werden die Domänen angezeigt, die dieser Domäne vertrauen dürfen, auf die also von hier ein Zugriff möglich ist. Die Benutzer der Domäne BUCHHALT01 haben also Zugriff auf die Domänen BACKBONE, CCC-CAD, ENTW und MMEDIA.

Allerdings werden im Feld *Berechtigt, dieser Domäne zu vertrauen* nicht die tatsächlich vertrauenden Domänen angezeigt, sondern nur die, die eine Berechtigung dafür haben. Von hier aus kann nicht überprüft werden, ob diese mögliche Vertrauensbeziehung wirklich existiert. Hierfür muss dieses Fenster im Benutzer-Manager der anderen Domäne aufgerufen werden. Dort ist das Feld *Vertraute Domänen* zu überprüfen. Des weiteren ist es möglich, dass Domänen, die dieser Domäne vertrauen, nicht mehr im Feld *Berechtigt, dieser Domäne zu vertrauen* erscheinen, da sie nach der Erstellung der Vertrauensbeziehung hier gelöscht werden können.

2.5.1.3 Einstellungen für Benutzerkonten

Unter Windows NT können Restriktionen bezüglich der Kennwörter und der Eindringlingserkennung nur jeweils für eine ganze Domäne vergeben werden, nicht für einzelne Benutzer oder Gruppen.

Diese Einstellungen können im *Benutzer-Manager für Domänen* unter dem Menüpunkt *Richtlinien - Konten* vorgenommen werden. Eine Anzeigeberechtigung auf diese Einstellungen gibt es unter Windows NT nicht, daher ist zur Überprüfung immer ein Administrator der Domäne mit hinzuzuziehen.

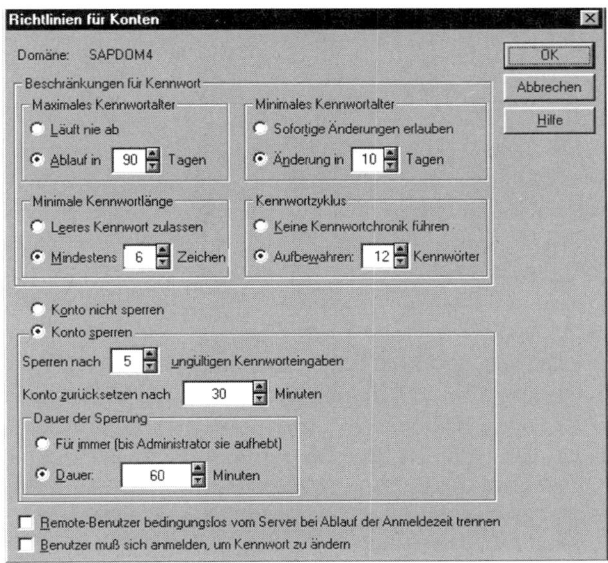

Abb. 2.5.4: Richtlinien für Benutzerkonten

Folgende Einstellungen sind für die Kennwörter möglich:

- Maximales Kennwortalter
  Standardeinstellung: Läuft nie ab
  Mindestanforderung: 90 Tage
  Nach Ablauf der hier eingestellten Tage werden die Benutzer vom NT-System aufgefordert, ihr aktuelles Kennwort zu ändern. Die Einstellung sollte, je nach Sicherheitsanforderung der Unternehmung, zwischen 30 und 90 Tagen liegen.

- Minimales Kennwortalter
  Standardeinstellung: Sofortige Änderungen erlauben
  Mindestanforderung: 10 Tage
  Hat ein Benutzer sein Kennwort geändert, muss er den hier eingestellten Zeitraum abwarten, bevor er erneut dieses Kennwort ändern kann. Dies verhindert, dass Benutzer nach der Kennwortänderung nicht sofort wieder ihr Kennwort ändern können. Wird z.B. eine Kennwortchronik von 12 Kennwörtern geführt (Kennwortzyklus = 12), wäre ein Benutzer in der Lage, 12 mal hintereinander sein Kennwort zu ändern um dann beim 13ten mal sein ursprüngliches Kennwort wieder zu nutzen. Hierdurch würde der Benutzer

also ständig mit einem einzigen Kennwort arbeiten. Durch eine Einstellung des minimalen Kennwortalters wird diese Möglichkeit unterbunden.

- Minimale Kennwortlänge
  Standardeinstellung: Leeres Kennwort zulassen
  Mindestanforderung: 6 Zeichen
  Hier wird die Mindestlänge für die Benutzerkennwörter eingestellt. Die Standardeinstellung von NT lässt leere Kennwörter zu. Ein Benutzer benötigt in dem Fall also kein Kennwort.

- Kennwortzyklus
  Standardeinstellung: Keine Kennwortchronik führen
  Mindestanforderung: 12 Kennwörter
  NT ist in der Lage, eine bestimmte Anzahl von Benutzerkennwörtern zu speichern, damit diese von den Benutzern dann nicht wieder verwendet werden können. Wird hier z.B. der Wert 12 eingetragen, so kann ein Benutzer seine letzten 12 Kennwörter bei einer Kennwortänderung nicht wieder verwenden. Es können maximal 24 Kennwörter gespeichert werden.

Folgende Einstellungen sind für die Eindringlingserkennung möglich:

- Konto nicht sperren / Konto sperren
  Standardeinstellung: Konto nicht sperren
  Mindestanforderung: Konto sperren
  Hier wird festgelegt, ob Benutzerkonten gesperrt werden, wenn eine bestimmte Anzahl an falschen Kennwörtern eingegeben wurde. Die Aktivierung dieses Punktes trägt zu einer Erhöhung der Systemsicherheit bei. Wird dieser Punkt aktiviert, sind folgende Einstellungen zu treffen:

  - Sperren nach X ungültigen Kennworteingaben
    Standardeinstellung: 6 Kennwörter
    Mindestanforderung: 6 Kennwörter
    Hier wird festgelegt, nach wie vielen ungültigen Kennworteingaben ein Benutzer gesperrt wird.

  - Konto zurücksetzen nach XX Minuten
    Standardeinstellung: 30 Minuten
    Mindestanforderung: 60 Minuten
    Hier wird der Zeitraum festgelegt, in dem die Eingabe ungültiger Kennworteingaben erfolgen muss, damit der Benutzer gesperrt wird.

- Dauer der Sperrung
  Standardeinstellung: Dauer 30 Minuten
  Mindestanforderung: Dauer 240 Minuten

  - o Für immer (bis Administrator sie aufhebt)
    Der Benutzer wird für immer gesperrt. Nur ein Administrator oder Konten-Operator kann den Benutzer wieder frei schalten.

  - o Dauer XX Minuten
    Der Benutzer wird automatisch nach der vorgegebenen Anzahl von Minuten vom System wieder freigeschaltet.

  Auf den ersten Blick bietet die Einstellung *Für immer* eine höhere Sicherheit als das automatische Freischalten. Allerdings birgt dieser Punkt ein großes Risiko in sich. Es wäre möglich, sich solange mit jedem einzelnen Benutzerkonto und falschen Kennwörtern anzumelden, bis alle Benutzer der Domäne gesperrt sind. Wurde die Einstellung *Für immer* gewählt, so ist dann kein Zugriff auf diese Domäne mehr möglich, und somit auch nicht auf die Daten und Anwendungen der Domänencontroller.

Folgende Einstellungen sind zusätzlich möglich:

- Remote-Benutzer bedingungslos vom Server bei Ablauf der Anmeldezeit trennen
  Standardeinstellung: Nicht aktiviert
  Mindestanforderung: Aktiv
  NT bietet keine Möglichkeit, Benutzersitzungen auf einen bestimmten Zeitraum zu beschränken (z.B. von 08.00 bis 18.00 Uhr). Für Remote-Benutzer kann dies über diesen Punkt erreicht werden. NT setzt für diese Benutzer dann die Anmeldezeit mit der Arbeitszeit in der Domäne gleich.

- Benutzer muss sich anmelden, um Kennwort zu ändern
  Standardeinstellung: Nicht aktiviert
  Mindestanforderung: Nicht aktiviert
  Diese Einstellung legt fest, dass sich Benutzer anmelden müssen, bevor sie ihr Kennwort ändern können. Ist das Kennwort des Benutzers abgelaufen, so kann nur noch ein Administrator das Kennwort ändern

2.5.1.4 Single-Sign-On unter Windows NT

Immer häufiger wird ein Verfahren angewandt, das nur noch ein einziges Kennwort für verschiedene Systeme ermöglicht. Dieses Verfahren wird Single-Sign-On genannt.

Dieses Verfahren kann auch mit SAP R/3 angewandt werden. Es ist also möglich, dass ein Benutzer sich einmalig anmeldet und dieses Kennwort sowohl für das Netzwerk als auch für SAP R/3 gilt. Es ist dann keine gesonderte Anmeldung an R/3 mehr notwendig.

Ist R/3 auf UNIX-Servern installiert, stellt dieses Verfahren eine große Vereinfachung für die Benutzer dar. Ist R/3 allerdings auf NT-Servern installiert, birgt dieses Verfahren einige Gefahrenpunkte in sich. Zur Anwendung dieses Verfahrens ist es notwendig, dass die Benutzer, die mit R/3 arbeiten sollen, der R/3-Domäne bekannt sind. Sie müssen also entweder als Benutzerkonten in der R/3-Domäne eingerichtet werden, oder es muss eine Vertrauensbeziehung zu der Domäne existieren, in der die Benutzer eingerichtet sind.

Dies stellt dann natürlich wieder die Gefahr dar, dass Benutzer sich eventuell Zugriff über die Betriebssystemebene auf die Datenbank- oder R/3-Installation verschaffen, um so an Daten zu gelangen oder Daten zu zerstören.

Daher ist genau abzuwägen, ob für NT-basierende R/3-Systeme dieses Verfahren eingesetzt werden soll.

2.5.2 Die Rechtevergabe unter Windows NT

Die Voraussetzung zur Rechtevergabe ist bei Windows NT die Formatierung der Laufwerke auf NTFS (New Technology File System). Dieses spezielle Dateisystem von NT erlaubt die Vergabe von Zugriffsrechten auf Dateien und Verzeichnisse. Ein weiteres unter NT mögliches Dateisystem ist FAT (File Allocation Table), das Dateisystem von MS-DOS. Dieses Dateisystem unterstützt keine Vergabe von Rechten. Auf FAT-Laufwerke kann jeder uneingeschränkt zugreifen. Bei einer Prüfung der Zugriffsberechtigungen unter NT sind im ersten Schritt die Laufwerke der Server auf ihre Dateisysteme hin zu kontrollieren. Gemäß der C2-Vorgaben darf ein NT-Server keine FAT-Laufwerke besitzen, auch nicht als Startpartition.

2.5.2.1 Lokale und Globale Gruppen

Windows NT kennt zwei verschiedene Arten von Gruppen: die *Lokalen Gruppen* und die *Globalen Gruppen.* Diese beiden Gruppen werden benötigt, um domänenübergreifend die Rechte für Benutzer strukturiert vergeben zu können.

Globale Gruppen können nur Benutzer als Mitglieder haben. Sie sind also vergleichbar mit den Gruppen anderer Netzwerkbetriebssysteme, wie z.B. Novell NetWare, UNIX oder OS/2. Globale Gruppen können unter NT sowohl Rechte in ihrer eigenen als auch in anderen Domänen bekommen. Daher die Bezeichnung "Global".

Lokale Gruppen können als Mitglieder sowohl Benutzer als auch Globale Gruppen haben. Die Rechte einer Lokalen Gruppe vererben sich über die enthaltenen Globalen Gruppen bis auf die Benutzer hinunter durch. Lokale Gruppen können allerdings keine anderen Lokalen Gruppen beinhalten. Somit besteht bei den Gruppen nur eine einzige Verschachtelungstiefe, wie Abb. 2.5.5 verdeutlicht.

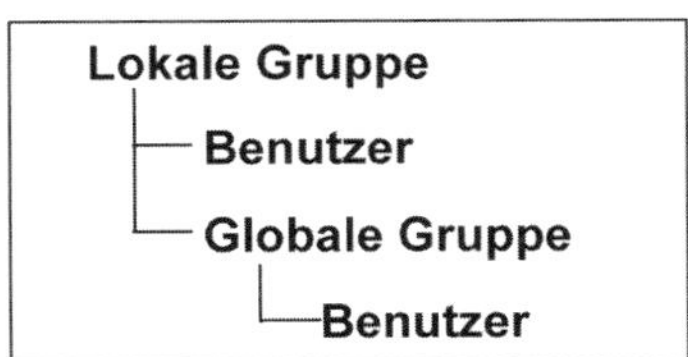

Abb. 2.5.5: Verschachtelung der Lokalen und Globalen Gruppen

Weitere Verschachtelungen sind also nicht möglich. Prinzipiell sollten bei der Rechtevergabe folgende Empfehlungen beachtet werden:

- Benutzer bekommen keine Rechte explizit zugeordnet. Rechte für Benutzer werden nur über Gruppenzugehörigkeiten vergeben.
- Benutzer werden in Globalen Gruppen organisiert. Globale Gruppen bekommen ebenfalls keine expliziten Rechte. Sie dienen dazu, domänenübergreifend Rechte zu erhalten, indem sie Lokalen Gruppen anderer Domänen zugeordnet werden. Um diese Struktur (Rechte über die Lokalen Gruppen zu erhalten) zu bewahren, muss die Rechtevergabe in der eigenen Domäne nach dem selben Prinzip erfolgen.
- Globale Gruppen werden Lokalen Gruppen zugeordnet. Lokale Gruppen haben keine Benutzer als Mitglieder, sondern nur Globale Gruppen.
- Den Lokalen Gruppen werden die Rechte zugeordnet. Diese Rechte vererben sich dann über die Globalen Gruppen auf die Benutzer.

- Benutzer können, genau wie die Globalen Gruppen, domänenübergreifende Rechte bekommen. Auch dies ist nicht zulässig, da eine Rechtevergabe für einzelne Benutzer zu aufwendig und schwer nachzuvollziehen ist.

2.5.2.2 Das Konzept des Dateibesitzrechts

Jede Datei und jedes Verzeichnis auf einem NTFS-Datenträger hat einen Besitzer. Der Besitzer steuert die Berechtigungen für die Datei oder das Verzeichnis. Er ist also in der Lage, anderen Benutzern Rechte für die Datei oder das Verzeichnis zu erteilen. Hierbei kann er anderen Benutzern mehr Rechte zuteilen als er selbst besitzt. Genauso kann er natürlich sich selbst alle Rechte auf die Datei oder das Verzeichnis zuteilen. Das Konzept des Dateibesitzrechts ermöglicht den Benutzern, private Dateien auf dem Server selbst vor den Administratoren des Servers zu verbergen.

Legt ein Benutzer eine Datei oder ein Verzeichnis an, wird er automatisch zum Besitzer der Datei/des Verzeichnisses. Eine Ausnahme bilden hier die Mitglieder der lokalen Gruppe *Administratoren*. Legt einer der Mitglieder dieser Gruppe eine neue Datei an, gehört sie nicht ihm, sondern der Gruppe.

Es ist zu erwarten, dass Administratoren auf einem Netzwerkserver die meisten Dateien anlegen, etwa wenn sie Anwendungen auf dem Server installieren. Daher gehören im allgemeinen die meisten Dateien auf dem Server den Administratoren, mit Ausnahme der Datendateien, die von Benutzern angelegt werden, und Dateien in den Basisverzeichnissen der Benutzer.

Ein Besitzrecht kann auf folgende Weise übertragen werden:

- Der gegenwärtige Besitzer kann anderen Benutzern die Berechtigung "Besitz übernehmen" (das O-Recht, siehe Kapitel 2.5.2.3) erteilen. In diesem Fall können diese Benutzer das Besitzrecht jederzeit übernehmen.
- Ein Administrator (also ein Mitglied der lokalen Gruppe *Administratoren*) kann den Besitz jeder Datei und jedes Verzeichnisses eines Computers bzw. einer Domäne übernehmen. Dies kann von Nutzen sein, wenn beispielsweise ein Angestellter eine Firma unerwartet verlässt und der Administrator die Verwaltung seiner Dateien übernehmen muss.

Ein Administrator kann zwar ein Besitzrecht übernehmen, kann es jedoch nicht auf andere übertragen. Wenn folglich ein Administrator irrtümlicherweise das Besitzrecht für die Dateien eines Benutzers übernimmt, kann er es dem ursprünglichen Besitzer nicht wieder zurückgeben. Entdeckt ein Benutzer, dass er nicht mehr Besitzer seiner Dateien ist, kann er das gegenwärtige Besitzrecht der Dateien überprüfen, um festzustellen, wer ihren Besitz übernommen hat.

Um festzustellen, wem eine Datei oder ein Verzeichnis gehört, gehen Sie folgendermaßen vor:

- Klicken Sie im Explorer mit der rechten Maustaste auf die Datei oder das Verzeichnis, deren bzw. dessen Besitzer Sie ermitteln möchten.
- Wählen Sie aus dem Kontextmenü den Menüpunkt *Eigenschaften* aus.
- Im darauf angezeigten Dialogfenster wählen Sie die Registerkarte *Sicherheit* aus.
- Klicken Sie dort auf die Schaltfläche *Besitz übernehmen*. Im darauffolgenden Fenster wird der Besitzer angezeigt:

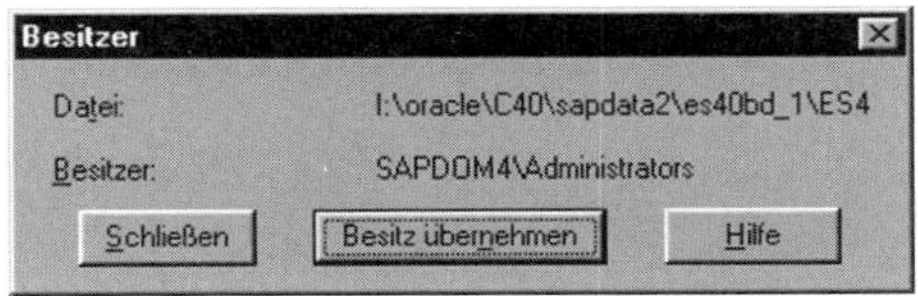

Abb. 2.5.6: Besitzer einer Datei unter NT

2.5.2.3 Die Zugriffsrechte auf NTFS-Ebene

Unter Windows NT gibt es auf NTFS-Ebene sechs verschiedene Rechte, die sowohl für Dateien als auch für Verzeichnisse vergeben werden können:

- r (Read) = Lesen
- w (Write) = Schreiben
- x (Execute) = Ausführen
- d (Delete) = Löschen
- p (Change Permissions) = Benutzerrechte ändern
- o (Take Ownership) = Besitzrecht übernehmen

Welche dieser Rechte für wen auf eine Datei oder ein Verzeichnis vergeben wurden, kann im Windows Explorer überprüft werden. Hierzu klicken Sie über der entsprechenden Datei die rechte Maustaste, wählen den Kontextmenüeintrag *Eigenschaften* aus, klicken im Eigenschaftsfenster auf das Register *Sicherheit* und dort auf die Schaltfläche *Berechtigungen*. Die vergebenen Berechtigungen für die Datei oder das Verzeichnis werden dann wie in Abb. 2.5.7 in einem Fenster angezeigt.

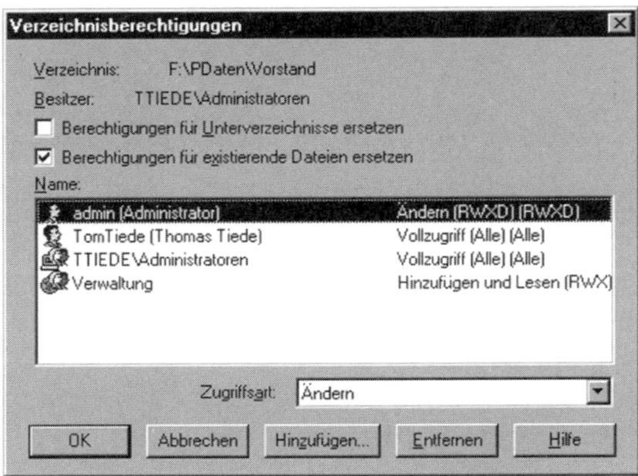

Abb. 2.5.7: NT-Rechte auf ein Verzeichnis

Durch einen Doppelklick auf einen Benutzer oder eine Gruppe wird das Fenster zur manuellen Bearbeitung der Rechte geöffnet. Hier werden die einzelnen Rechte angezeigt (Abb. 2.5.8).

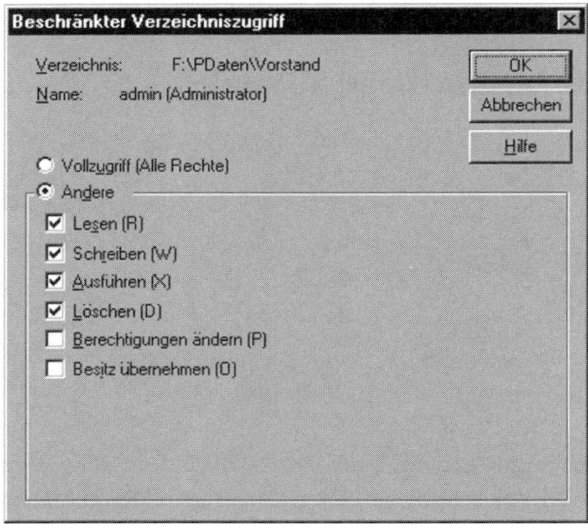

Abb. 2.5.8: Die NT-Rechte in Einzeldarstellung

Microsoft hat zur Erleichterung der Rechtevergabe die häufigsten Kombinationen von Zugriffsrechten bereits in sogenannten Zugriffsarten vordefiniert. In

Abb. 2.5.8 wurde z.B. dem Benutzer *Admin* die Zugriffsart *Ändern* und dem Benutzer *TomTiede* die Zugriffsart *Vollzugriff* zugeordnet. Folgende Zugriffsarten sind in NT enthalten:

Zugriffsart	**Verzeichnisrechte**	**Dateirechte**
Anzeigen	RX	Nicht angegeben
Lesen	RX	RX
Hinzufügen	WX	Nicht angegeben
Hinzufügen und Lesen	RWX	RX
Ändern	RWXD	RWXD
Vollzugriff	RWXDPO	RWXDPO
Kein Zugriff	Keine	Keine

Eine Besonderheit stellt die Zugriffsart *Kein Zugriff* dar. Benutzer, die auf eine Datei oder ein Verzeichnis diese Zugriffsart bekommen haben, haben keinen Zugriff auf dieses Verzeichnis. Dies gilt auch, wenn sie über eine Gruppenzugehörigkeit oder direkt andere Rechte, z.B. *Vollzugriff*, bekommen haben. Die Zugriffsart *Kein Zugriff* ist in jedem Fall höherwertig.

Beim Berechtigungskonzept unter NTFS sind folgende Punkte zu beachten:

- Berechtigungen sind kumulativ. Hat beispielsweise die Gruppe *Mitarbeiter* für eine Datei die Berechtigung *Hinzufügen* und die Gruppe *Finanzen* die Berechtigung *Lesen*, so haben Benutzer, die Mitglied beider Gruppen sind, die Berechtigungen *Hinzufügen* und *Lesen*.
- Eine Ausnahme stellt die Zugriffsart *Kein Zugriff* dar, die alle anderen Berechtigungen aufhebt. Dadurch ist es möglich, einer Gruppe das Zugriffsrecht auf eine Datei zu erteilen und gleichzeitig einer Teilgruppe oder einem einzelnen Mitglied dieser Gruppe den Zugriff zu verweigern. Wenn beispielsweise die Gruppe *Mitarbeiter* für eine Datei die Berechtigung "Ändern" besitzt, können Sie einzelne Mitglieder der Gruppe von dieser Berechtigung ausnehmen, indem Sie an diese Benutzer für die Datei *Kein Zugriff* vergeben. Obwohl sie Mitglied einer Gruppe mit einer Zugriffsberechtigung sind, können diese Benutzer die Datei nicht verwenden.
- Standardmäßig übernehmen neue Dateien und Unterverzeichnisse die Berechtigungen des Verzeichnisses, in dem sie angelegt werden. Wenn Sie etwa eine Datei in einem Verzeichnis anlegen, für das die Gruppe *Mitarbeiter* die Zugriffsart *Ändern* besitzt und die Gruppe *Finanzen* die Zugriffsart *Lesen*, so gelten die gleichen Berechtigungen auch für die neue Datei.

- Beim Ändern der Berechtigungen für ein bestehendes Verzeichnis können Sie wählen, ob die Änderungen auf alle Verzeichnisse und Unterverzeichnisse des Verzeichnisses übertragen werden sollen.
- Der Benutzer, der eine Datei oder ein Verzeichnis anlegt, ist ihr bzw. sein Besitzer. Der Besitzer hat immer das Recht, die Zugriffsmöglichkeiten auf seine Datei oder sein Verzeichnis zu steuern, indem er die eingetragenen Berechtigungen ändert. Weitere Informationen über das Besitzrecht finden Sie unter "Konzept des Dateibesitzrechts" (Kapitel 2.5.2.2).

Die hohe Komplexität des Berechtigungskonzeptes von Windows NT erschwert eine Prüfung ungemein: Zum einen, weil zum Einsehen vieler Berechtigungen administrative Rechte notwendig sind, zum anderen, weil immer nur die Berechtigungen für eine einzige Datei oder ein Verzeichnis eingesehen werden können. Eine Möglichkeit, sich die effektiven Berechtigungen von einzelnen Benutzern für ganze Verzeichnisbäume anzeigen zu lassen, bietet das im NT Ressource Kit enthaltene Programm PERMS. Der Aufruf von PERMS ist in Abb. 2.5.9 dargestellt.

```
Eingabeaufforderung

C:\Programme\NTRESKIT>perms buchhalt01\tschneider f:\pdaten /s
 R-X----   f:\pdaten\
 R-X----   f:\pdaten\Einkauf\
 RWXD---   f:\pdaten\Office\
 RWXD---   f:\pdaten\Office\Datenbank\
 RWXD---   f:\pdaten\Office\Tabellenkalkulation\
 RWXD---   f:\pdaten\Office\Tabellenkalkulation\Allgemein\
 RWXD---   f:\pdaten\Office\Tabellenkalkulation\Einkauf\
 RWXD---   f:\pdaten\Office\Tabellenkalkulation\Verkauf\
 RWXD---   f:\pdaten\Office\Textverarbeitung\
 RWXD---   f:\pdaten\Office\Textverarbeitung\Allgemein\
 RWXD---   f:\pdaten\Office\Textverarbeitung\Einkauf\
 RWXD---   f:\pdaten\Office\Textverarbeitung\Verkauf\
 R-X----   f:\pdaten\Verkauf\
 R-X----   f:\pdaten\Verkauf\Vertröge\
 R-X----   f:\pdaten\Vorstand\
 R-X----   f:\pdaten\Vorstand\Berichte\
 R-X----   f:\pdaten\Vorstand\JAbschluss\
 R-X----   f:\pdaten\Vorstand\Tagung\
 R-X----   f:\pdaten\Vorstand\Vertröge\

C:\Programme\NTRESKIT>_
```

Abb. 2.5.9: Aufruf des Programms PERMS

Es wird angegeben, für welchen Benutzer man die Rechte auf welches Verzeichnis sehen möchte. Der Parameter /s gibt an, dass ab dem angegebenen Verzeichnis die Rechte rekursiv den Verzeichnisbaum hinunter angezeigt werden sollen.

In der ersten Spalte werden die Rechte und andere Informationen angezeigt. Dies können sein:

R	Read, Lesen
W	Write, Schreiben
X	Execute, Ausführen
D	Delete, Löschen
P	Change Permissions, Zugriffsverwaltung
O	Take Ownership, Übernahme des Besitzes
A	All, Alle Rechte
None	No Access, Kein Zugriff
*	Dieser Benutzer ist der Besitzer.
#	Eine Gruppe, dessen Mitglied der Benutzer ist, ist der Besitzer.
?	Die Zugriffsrechte konnten nicht ermittelt werden.

Die Ausgabe der Zugriffsberechtigungen kann nicht nur auf dem Bildschirm erfolgen. Um effektiv die Zugriffsberechtigungen zu prüfen, sollten die Angaben in eine Datei umgeleitet werden. Diese Datei kann dann von dem Prüfer mit jedem Editor geöffnet werden. Um die Ausgabe von PERMS in eine Datei umzulenken, ist folgender Zusatz zum Befehl notwendig:

```
PERMS <Benutzer> <Verzeichnis> /s > RECHTE.TXT
```

Der Zusatz "> RECHTE.TXT" leitet die Ausgabe des Befehls in eine Datei mit dem Namen RECHTE.TXT um (der Dateiname kann beliebig gewählt werden). Diese Datei kann mit jedem Editor gelesen werden. Da sie einen tabellarischen Aufbau hat, kann diese Datei zur Auswertung in eine Datenbank (z.B. MS ACCESS) oder Tabellenkalkulation (z.B. MS EXCEL) importiert werden (siehe hierzu auch Kapitel 2.6.1.2).

2.5.2.4 Die Zugriffsrechte auf Freigabeebene

Mit Freigaben können Verzeichnisse von Windows NT Servern oder NT Workstations Benutzern im Netz zur Verfügung gestellt werden. Ein Benutzer kann sich mit einer Freigabe verbinden, indem er sie als neues Laufwerk an seine Workstation anbindet.

Während einer R/3-Installation werden auf jedem Applikationsserver Freigaben eingerichtet. Auf jedem Server existiert eine Freigabe mit dem Namen *saploc*, welche auf dem Verzeichnis USR\SAP\<SID> eingerichtet wird. Auf mindestens einem der Applikationsserver existiert zusätzlich die Freigabe *sapmnt*, die ebenfalls auf dem Verzeichnis USR\SAP\ <SID> eingerichtet wird.

Unter Windows NT können Zugriffsrechte nicht nur direkt auf NTFS-Ebene vergeben werden, sondern auch auf Freigabeebene. Jede Freigabe besitzt eine eigene Rechtemaske. Die Standardberechtigungen, die automatisch beim Anlegen einer Freigabe von NT vergeben werden, lauten: *Vollzugriff* für die Gruppe *Jeder*.

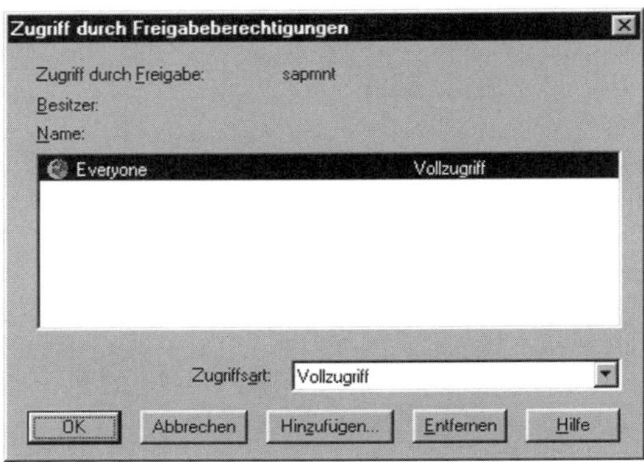

Abb. 2.5.10: Freigabeberechtigungen

In Abb. 2.5.10 ist diese Standardberechtigung für die Freigabe *sapmnt* abgebildet. In der englischen NT-Installation hat die Gruppe *Jeder* den Namen *Everyone* und Vollzugriff heißt *Full Control*.

Dies bedeutet, dass alle Benutzer die Berechtigung besitzen, ein Laufwerk mit dieser Freigabe zu verbinden. Unterhalb dieser Freigabe, also auf die darunter liegenden Dateien und Verzeichnisse, haben die Benutzer die Berechtigungen, die auf die Freigabe vergeben wurden, also Vollzugriff. Es ist somit möglich, auf ein Verzeichnis oder eine Datei auf NTFS-Ebene andere Zugriffsrechte zu bekommen als auf Freigabeebene.

2.5.2.5 Zusammenwirken von NTFS- und Freigaberechten

Greift ein Benutzer über ein Netzlaufwerk auf Dateien oder Verzeichnisse zu, besitzt er hierfür zwei verschiedenen Rechtemasken: eine auf NTFS-Ebene und eine auf Freigabeebene. Auf diesen beiden Ebenen können völlig verschiedene Berechtigungen vorhanden sein.

Beim Zugriff auf eine Datei oder ein Verzeichnis über eine Freigabe ermittelt NT für den Benutzer die effektiven Rechte auf NTFS-Ebene und auf Freigabeebene. Diese beiden Berechtigungen stellt NT gegenüber (sie werden nicht kumuliert!). Der Benutzer erhält dann die Rechte der Ebene, auf der er weniger Rechte bekommen hat.

Beispiel:

Ein Benutzer hat auf ein Verzeichnis die NTFS Zugriffsberechtigungen RW (R = Lesen, W = Schreiben) bekommen. Er greift auf dieses Verzeichnis über eine Freigabe zu, auf die er Vollzugriff (also die Rechte RWXDPO) bekommen hat. In diesem Fall stellt NT die kumulierten Rechte der NTFS-Ebene (RW) den kumulierten Rechten der Freigabeebene (RWXDPO) gegenüber. Der Benutzer erhält nun effektiv die Rechte der Ebene, auf der er weniger Rechte bekommen hat, in diesem Fall also die Rechte der NTFS-Ebene. Der Benutzer hat effektiv nur die Rechte RW auf das Verzeichnis.

Eine Besonderheit stellt auch hier wieder die Zugriffsart *Kein Zugriff* dar. Hat ein Benutzer diese Zugriffsart auf einer Ebene bekommen, so gilt auf jeden Fall für ihn: er hat keinen Zugriff auf die Datei oder das Verzeichnis.

Im obigen Beispiel war es einfach zu erkennen, welches die kleinere Berechtigung war. Allerdings ist dies nicht immer so eindeutig. Angenommen, ein Benutzer hat auf eine Datei auf NTFS-Ebene die Rechte RW bekommen, auf Freigabeebene die Rechte RX. Welches ist hier die kleinere Berechtigung? Um dies zu ermitteln, können die einzelnen Rechte mit Werten belegt werden:

- R (Lesen) = 1
- W (Schreiben) = 2
- X (Ausführen) = 4
- D (Löschen) = 8
- P (Berechtigungen ändern) = 16
- O (Besitz übernehmen) = 32

Jetzt müssen nur noch die Werte für die Rechte addiert werden. Der Benutzer hat auf NTFS-Ebene die Rechte RW. Das Recht R stellt den Wert 1 dar, das Recht W den Wert 2. Zusammenaddiert ergibt dies den Wert 3. Auf Freigabeebene hat der Benutzer die Rechte RX. Das Recht R stellt den Wert 1 dar, das Recht X den Wert 4. Zusammenaddiert ergibt dies den Wert 5. Da 3 kleiner ist als 5, hat der Benutzer also effektiv die Rechte RW auf diese Datei.

Um effektiv die Berechtigungen von Benutzern auf ein Verzeichnis oder eine Datei ermitteln zu können, ist also folgende Vorgehensweise notwendig:

- Die effektiven Rechte des Benutzers müssen auf NTFS-Ebene ermittelt werden, also die ihm direkt vergebenen und die, die er durch Gruppenzugehörigkeit bekommen hat.
- Auf Freigabeebene müssen die effektiven Rechte des Benutzers ermittelt werden. Auch hier kann der Benutzer Rechte durch Gruppenzugehörigkeiten erhalten.
- Für die effektiven Rechte müssen die Gesamtwerte gem. den obigen Werten für die Rechte ermittelt werden.
- Diese Rechte werden gegenübergestellt, die kleinere Zahl stellt die effektiven Rechte des Benutzers dar.

Zwar ist dies eine aufwendige Methode, allerdings bietet NT keine andere Möglichkeit, die effektiven Zugriffsrechte zu ermitteln.

2.5.3 Der NET-Befehl

Auf jeder NT-Workstation und auf jedem NT-Server befindet sich im Verzeichnis Winnt\System32 die NET.EXE. Dieser Befehl kann von jedem Benutzer ausgeführt werden. Er liefert Informationen zum Netzwerk, zum Rechner und zur Domäne. Er stellt zum einen eine große Gefahrenquelle dar, zum anderen erleichtert er es einem Prüfer, Informationen zur NT-Umgebung zu bekommen. Um Informationen zu der Domäne zu bekommen, in der die R/3-Server laufen, muss der Prüfer ein Konto in der Domäne besitzen und in dieser Domäne angemeldet sein. Alternativ kann er die Befehle von einem Administrator ausführen und das Ergebnis in eine Datei umleiten lassen.

Der Befehl kann u.a. für folgende Fragestellungen genutzt werden:

Welche Einstellungen wurden für Benutzerkonten vorgenommen?

Befehl: *net accounts /domain*

Welche Benutzer existieren in der Domäne?

Befehl: net user /domain

Welche globalen Gruppen existieren in der Domäne?

Befehl: *net group /domain*

Welche lokalen Gruppen existieren in der Domäne?

Befehl: *net localgroup /domain*

2.5.4 Die SAP R/3- und Datenbankbenutzer und -gruppen

Während der Installation des R/3-Systems werden in NT einige Benutzer und Gruppen neu angelegt, die vom R/3-System oder der Datenbank genutzt werden.

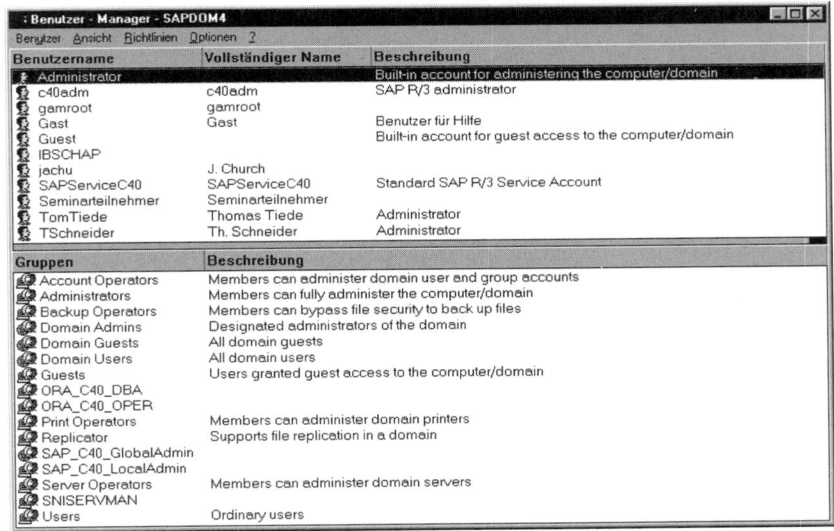

Abb. 2.5.11: Die R/3-Benutzer in NT

Folgende Benutzer werden neu angelegt (<SID> steht für den Namen des R/3-Systems):

- <SID>adm (SAP R/3 Administrator)
  Dieser Benutzer ist Mitglied in der Globalen Gruppe SAP_<SID>_GlobalAdmin, welche wiederum Mitglied in der Lokalen Gruppe SAP_<SID>_LokalAdmin ist, die volle Zugriffsrechte auf die R/3-Dateien hat.

- SAPService<SID>
  Dieser Benutzer wird zum Starten des R/3-Systems genutzt. Er ist ebenfalls Mitglied in der Globalen Gruppe SAP_<SID>_GlobalAdmin. Außerdem besitzt er das Benutzerrecht *Anmelden als Dienst*. Dies gewährleistet das Laufen des R/3-Systems, auch wenn kein Benutzer am Server selbst angemeldet ist.

Folgende Gruppen werden neu angelegt (<SID> steht für den Namen des R/3-Systems):

- SAP_<SID>_GlobalAdmin
  Standardmitglieder: Die Benutzer <SID>adm und SAPService<SID>

- SAP_<SID>_LokalAdmin
  Standardmitglied: Die Globale Gruppe SAP_<SID>_GlobalAdmin

- ORA_<SID>_DBA (bei Nutzung der Datenbank Oracle)
  Standardmitglied: Der Benutzer <SID>adm

- ORA_<SID>_OPER (bei Nutzung der Datenbank Oracle)
  Standardmitglieder: Die Benutzer <SID>adm und SAPService<SID>

Hier ist zu überprüfen, welche Benutzer in der SAP-Domäne existieren. Es sollten nur die NT-Standardbenutzer, die R/3- und Datenbankstandardbenutzer und die Administratoren im Benutzer-Manager eingetragen sein. Bei jedem weiteren Benutzer ist zu hinterfragen, warum dieser angelegt wurde und wer dieses Konto nutzt.

2.5.5 Die Gruppe *Jeder*

Eine Besonderheit unter Windows NT stellt die Gruppe *Jeder* dar. Die Gruppe ist in jeder NT-Domäne vorhanden und kann nicht von den Administratoren verwaltet werden. Mitglieder in dieser Gruppe sind alle existierenden Benutzer, nicht nur die der Domäne, sondern auch alle lokalen Benutzer und Benutzer anderer Domänen. Eine Berechtigung für die Gruppe *Jeder* auf ein Verzeichnis, egal ob auf NTFS- oder Freigabeebene, stellt somit eine Berechtigung für jeden dar, der auf dieses Verzeichnis zugreift. Jeder Benutzer kann sich mit einer Freigabe verbinden, auf der die Gruppe *Jeder* Rechte bekommen hat, unabhängig ob sie in seiner eigenen Domäne liegt oder in einer anderen. Hat die Gruppe *Jeder* zusätzlich auch noch Rechte auf der NTFS-Ebene bekommen, so hat jeder Benutzer Zugriff auf die Daten.

Besonders kritisch sind diese Berechtigungen für die Gruppe *Jeder* in Bezug auf Windows 95/98-Rechner zu sehen. Von einer Windows NT-Workstation kann nur auf Verzeichnisse einer Domäne zugegriffen werden, in der diese Workstation bekannt ist. Sie muss über den *Server-Manager* zum Mitglied der Domäne gemacht werden. Dies ist bei Windows 95/98-Rechnern nicht notwendig. Mit diesen Rechnern ist ein Verbinden mit jeder Freigabe aus jeder beliebigen Domäne möglich.

Berechtigungen an die Gruppe *Jeder* sollten daher auf R/3- und Datenbankinstallationen nicht vergeben werden, weder auf NTFS- noch auf Freigabeebene. Seit dem Release 4.0 vergibt R/3 die Berechtigungen auf die R/3-Verzeichnisse bei der Installation selbst, allerdings nicht auf die Freigaben *sapmnt* und *saploc*. Hier wird die Standardrechtemaske einer Freigabe (Vollzugriff für die Gruppe *Jeder*) belassen. Ebenso werden die Zugriffsberechtigungen auf die Datenbankdateien nicht während der Datenbankinstallation vergeben. Sie müssen nachträglich von den Administratoren restriktiv vergeben werden.

2.5.6 Der CD-ROM Autostart-Mechanismus

Standardmäßig starten CD-ROMs nach dem Einlegen ins CD-Laufwerk unter Windows NT automatisch. Dies wird bewirkt durch eine Datei im Stammverzeichnis der CD-ROM, der Datei AUTORUN.INF. Ist diese Datei vorhanden, so sucht Windows NT nach dem Einlegen der CD in ihr einen Eintrag mit dem Namen OPEN= <Pfad/Dateiname>. Die hier angegebene Datei wird dann sofort ausgeführt.

Heutzutage ist es jedem möglich, CD-ROMSs selber zu brennen. Daher können über diesen Weg Viren oder Hacker-Tools ins System geschleust werden. Ist auf einem Server oder einer Workstation ein Administrator angemeldet und dieser Rechner über einen Bildschirmschoner mit Kennwortschutz gesichert, so werden alle Programme, die auf diesem Rechner laufen, mit administrativen Rechten ausgeführt. Wird nun eine CD-ROM eingelegt, wird über den Autostart-Mechanismus die in der AUTORUN.INF angegebene Datei ausgeführt, auch bei aktivem Bildschirmschoner. Das Einkopieren von Viren oder Hacker-Tools stellt hiermit kein Problem dar (siehe auch Kapitel 2.8).

Daher ist es ratsam, diesen Mechanismus generell auszuschalten. Dies ist über einen Eintrag in der Registrierungsdatenbank möglich. Dazu muß ein neuer Schlüssel unter

HKEY_LOCAL_MACHINE\ System\ CurrentControlSet\ Services\ cdrom

eingetragen werden. Der Schlüssel muss den Namen *Autorun* besitzen und vom Typ DWORD sein. Diesem Schlüssel wird der Wert 0 zugewiesen. Nach einem Neustart des Rechners ist der Autostart-Mechanismus deaktiviert.

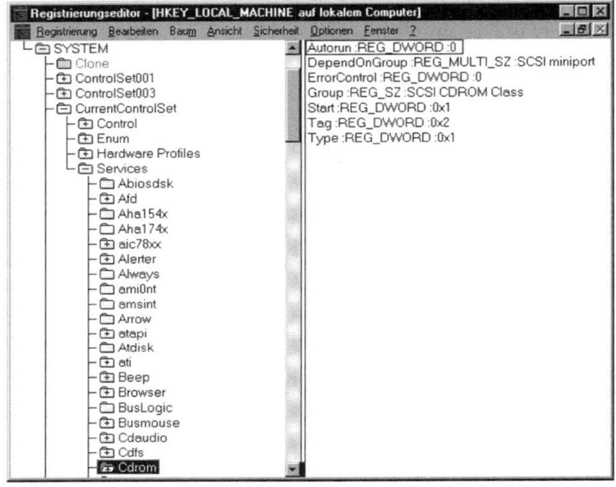

Abb. 2.5.12: Deaktivierung des Autorun im Registrierungseditor

2.5.7 Ordnungsmäßigkeitsvorgaben zu Windows NT

- R/3 soll in einer eigenen Domäne laufen, in der keine normalen Benutzerkonten existieren.
- Es dürfen keine Vertrauensbeziehungen existieren, die einen Zugriff auf die R/3-Domäne aus anderen Domänen gestatten.
- Benutzer aus anderen Domänen dürfen keinen Zugriff auf die R/3-Domäne haben.
- Für alle Benutzer muss die periodische Kennwortänderung gelten (Ausnahme: Replikationsbenutzer u.ä.).
- Benutzer müssen ein Kennwort benötigen.
- Es muss eine Kennworthistorie geführt werden.
- Die Eindringlingserkennung muss aktiviert sein.
- Es dürfen nur die Benutzer, die bei der Installation von R/3 angelegt werden sowie Administratorbenutzer hinzugefügt werden.

- Keine weiteren Gruppen außer den NT-Standardgruppen und den R/3- und Datenbankgruppen dürfen existieren.
- Es dürfen auf die R/3-Installation keine Freigaben außer SAPMNT und SAPLOC eingerichtet sein.
- Datenbankverzeichnisse dürfen nicht freigegeben sein.

Im AIS finden Sie eine Checkliste zu Windows NT unter dem Pfad System Audit - Checkliste gemäß R/3 Sicherheitsleitfaden - 2-4: Schutz des Betriebssystems - R/3 Sicherheit unter Windows NT.

2.5.8 Checkliste zu Windows NT

Nr.	Verwendung	Fragestellung / Risiko	Ordnungsmäßigkeitsvorgaben
1	3	Wurde R/3 in einer eigenen Domäne installiert? hier besteht das Risiko, dass Anwender derselben Domäne auf die R/3-Installation und die Datenbank zugreifen können.	R/3 muss grundsätzlich in einer eigenen NT-Domäne laufen.
2	3	Ist ein Zugriff aus anderen Domänen auf die R/3-Domäne möglich? Hier besteht das Risiko, dass Anwender anderer Domänen auf die R/3-Installation und die Datenbank zugreifen können.	Ein Zugriff aus anderen Domänen darf nicht möglich sein, Vertrauensbeziehungen dürfen nicht existieren.
3	3	Welche Benutzer und Gruppen sind in der Domäne eingerichtet? Hier besteht das Risiko, dass unbefugte Benutzer Zugriff auf die R/3-Installation und die Datenbankdateien erhalten.	Es dürfen nur die Standardbenutzer sowie die Administratorkonten existieren
4	3	Wir wurden die Konteneinstellungen in der Domäne eingerichtet: Minimale Kennwortlänge Maximales Kennwortalter Kennwortzyklus Konto nicht sperren/Konto sperren Hier besteht das Risiko, dass Kennworte leicht ausgespäht werden können	Kennwortlänge min. 5 Kennwortalter max. 90 Kennwortzyklus min. 12 Konto sperren

Nr.	Verwendung	Fragestellung Risiko	Ordnungsmäßigkeitsvorgaben
5	3	Welche Freigaben wurden auf den Servern eingerichtet? Hier besteht das Risiko, dass über Freigaben auf die R/3-Installation und die Datenbankdateien zugegriffen werden kann.	Außer den R/3-Freigaben *sapmnt* und *saploc* sollten keine weiteren Freigaben existieren
6	3	Wurden Datenbankverzeichnisse freigegeben? Hier besteht das Risiko, dass über Freigaben auf die Datenbankdateien zugegriffen werden kann.	Datenbankverzeichnisse dürfen generell nicht freigegeben werden.
7	3	Wer ist der Besitzer der R/3- und Datenbankdateien? Hier besteht das Risiko, dass unberechtigte Benutzer auf die Datenbankdateien zugreifen können...	Besitzer darf nur ein R/3-Standardbenutzer oder die Gruppe *Administratoren* sein.

2.5.9 Praktische Prüfung zu Windows NT

1. Überprüfen Sie, ob R/3 in einer eigenen Domäne eingerichtet wurde!

   Lassen Sie sich von einem Administrator die existierenden Domänen zeigen und ihre Funktionen erläutern.

2. Überprüfen Sie, ob von anderen Domänen ein Zugriff auf die R/3-Domäne möglich ist!

   Dies ist standardmäßig mit den Berechtigungen eines Revisors nicht möglich, daher ist dieser Punkt zusammen mit einem Administrator auszuführen.

   Rufen Sie den *Benutzer-Manager für Domänen* auf. Lassen Sie sich über den Menüpunkt *Richtlinien - Vertrauensstellungen (Policies - Trust Relationship)* die eingerichteten Vertrauensstellungen anzeigen. Alle Domänen, die im Feld *Vertraute*

Domänen (Trusted Domains) eingetragen sind, haben Zugriff auf die R/3-Domäne.

3. Stellen Sie fest, welche Benutzer und Gruppen auf den Servern eingerichtet sind!

   Es müssen die Benutzer überprüft werden, die in der R/3-Domäne eingerichtet sind. Dies ist standardmäßig mit den Berechtigungen eines Revisors nicht möglich, daher ist dieser Punkt zusammen mit einem Administrator auszuführen.

   Rufen Sie den Benutzer-Manager für Domänen auf.

   Folgende Benutzer dürfen in der Domäne existieren:

   <sid>adm

   SAPService<sid>

   Administrator

   Gast (oder Guest bei einer englischen Version)

   Administratorkonten

   Konten für Sonderbenutzer (z.B. Replikationsbenutzer)

   Für alle anderen Benutzer ist zu klären, warum sie in der Domäne eingerichtet wurden und zu welchem Zweck.

   Folgende Gruppen dürfen in der Domäne existieren:

   Die Standardgruppen von Windows NT

   SAP_<sid>_GlobalAdmin

   SAP_<sid>_LokalAdmin

   Die Gruppen der Datenbank

Für alle anderen Gruppen ist zu klären, warum sie in der Domäne eingerichtet wurden und zu welchem Zweck.

4. Überprüfen Sie die Konteneinstellungen der Domäne im *Benutzer-Manager für Domänen* (Richtlinien - Konten)!

   Maximales Kennwortalter

   Minimales Kennwortalter

   Minimale Kennwortlänge

   Kennwortzyklus

   Konto nicht sperren / Konto sperren

5. Prüfen Sie, welche Freigaben eingerichtet wurden!

   Auf die R/3-Installation dürfen nur die Freigaben SAPMNT und SAPLOC eingerichtet sein, auf die Datenbankinstallation dürfen keine Freigaben eingerichtet sein. Dies ist standardmäßig mit den Berechtigungen eines Revisors nicht möglich, daher ist dieser Punkt zusammen mit einem Administrator auszuführen.

   Rufen Sie den *Server-Manager* der R/3-Domäne auf. Doppelklicken Sie auf den zu überprüfenden R/3-Server. Über die Schaltfläche *Freigaben (Shares)* werden alle auf dem Server eingerichteten Freigaben angezeigt.

6. Überprüfen Sie, ob Datenbankverzeichnisse freigegeben wurden!

   Dies ist standardmäßig mit den Berechtigungen eines Revisors nicht möglich, daher ist dieser Punkt zusammen mit einem Administrator auszuführen.

   Rufen Sie den *Server-Manager* der R/3-Domäne auf. Doppelklicken Sie auf den zu überprüfenden R/3-Server. Über die Schaltfläche *Freigaben (Shares)* werden alle auf dem Server eingerichteten Freigaben angezeigt.

7. Prüfen Sie stichprobenartig, wem die R/3- und Datenbankdateien gehören!

   Wählen Sie im Explorer z.B. das Verzeichnis USR\SAP\<SID>\ SYS\PROFILE aus. Lassen Sie sich den Besitzer des Verzeichnisses anzeigen (über dem

Verzeichnis die rechte Maustaste klicken, *Eigenschaften - Sicherheit - Besitz übernehmen* auswählen)

8. Überprüfen Sie, ob ein Single-Sign-On-Verfahren für NT und R/3 angewendet wird!

   Klären Sie in diesem Zusammenhang, ob hierfür Benutzer in der R/3-Domäne eingerichtet wurden oder aus anderen Domänen Rechte bekommen haben (Fragestellung an die Administration).

2.6 UNIX

2.6.1 Die Rechtevergabe unter UNIX

2.6.1.1 Die Zugriffsrechte

Die Prüfung der Rechtevergabe unter UNIX ist für den Prüfer erheblich einfacher als unter Windows NT. UNIX kennt nur drei Rechte:

- r (read) = Lesen
- w (write) = Schreiben
- x (execute) = Ausführen

Diese Rechte können für Dateien und Verzeichnisse angewandt werden. Für Dateien haben diese Rechte folgende Bedeutung:

- r Der Inhalt einer Datei darf gelesen werden.
- w Die Datei darf verändert und gelöscht werden.
- x Bei der Datei handelt es sich um ein ausführbares Programm oder Shellskript, und sie darf ausgeführt werden.

Für Verzeichnisse haben diese Rechte folgende Bedeutung:

- r Der Inhalt des Verzeichnisses darf eingesehen werden (den Befehl ls im Verzeichnis ausführen).
- w Im Verzeichnis dürfen neue Dateien und Verzeichnisse angelegt und gelöscht werden. Ist zusätzlich das x-Recht vergeben, so darf auch das Verzeichnis selbst gelöscht werden.
- x Es darf in das Verzeichnis gewechselt werden (z.B. mit dem cd-Befehl).

Diese drei Rechte können unter UNIX an drei Personenkreise vergeben werden:

- an den Besitzer der Datei
- an die Gruppe, der diese Datei gehört
- an alle anderen

Die Rechte auf Dateien und Verzeichnisse sowie den Besitzer und die Gruppe können mit dem Befehl *ls-la* angezeigt werden:

```
-r--------    1 novi     roup      3412 Feb 27 18:04 .last
-rw-------    root       root      751 Dec 15  1991 .profile
-rw-r--r--    novi       users     833 Jan 04  1992 .utillist2
-rwx------    1 bin      bin       2932 Dec 15  1991 sfmt
-r--r-----    1 bin      mem       869314 Feb 25 20:47 Unix
drwxrwxrwx    22 root    auth      352 Feb 27 18:09 usr
-rwxr-----    1 novi     users     48 Feb 23  1993 go
```

Der Parameter *l* des *ls*-Befehls sorgt für die sogenannte lange Darstellung der Dateien und Verzeichnisse, also inklusive ihrer Rechtemasken. Der Parameter *a* des *ls*-Befehls sorgt dafür, dass auch versteckte Dateien (Dateien mit einem Punkt am Anfang) angezeigt werden. Die Zugriffsrechte werden im linken Block angezeigt. Das erste Zeichen zeigt an, um welchen Dateityp es sich handelt. Steht an erster Stelle ein Bindestrich (-), handelt es sich hier um eine Datei. Steht an erster Stelle ein "d", handelt es sich um ein Verzeichnis (d = Directory). In der obigen Abbildung ist also ein Verzeichnis mit aufgelistet (usr). Alles andere sind Dateien.

In den danach folgenden neun Zeichen werden die Zugriffsrechte auf die Datei/das Verzeichnis dargestellt. An den Zugriffsrechten für das Verzeichnis usr ist zu erkennen, dass die drei Zugriffsrechte (r, w, x) hier dreimal angezeigt werden. Hier finden sich die drei Personenkreise wieder, für die diese Rechte vergeben werden können. Die erste Rechte-Dreiergruppe stellt die Rechte für den Besitzer dar, die zweite Rechte-Dreiergruppe die Rechte für die Gruppe und die letzte Rechte-Dreiergruppe die Rechte für die anderen:

	r w x	r w x	r w x
Typ	Benutzer	Gruppe	Andere

In der dritten Spalte der Anzeige der Rechte befindet sich der Besitzer der Datei, in der vierten Spalte die Gruppe. Die Datei go gehört also dem Benutzer novi und der Gruppe users.

Ist eines dieser Rechte nicht vergeben, wird statt des Rechtes ein Bindestrich angezeigt. Für die Datei .utillist2 mit folgender Rechtemaske:

```
-rw-r--r--    1 novi    users   833 Jan 04     1992    .utillist2
```

gelten also folgende Zugriffsrechte:

- Die Datei gehört dem Benutzer novi. Dieser hat die Rechte *Lesen* und *Schreiben* (r und w) auf diese Datei bekommen.
- Als Gruppe wird hier users angezeigt. Diese Gruppe hat nur das Recht *Lesen* (r) bekommen.
- Alle anderen haben ebenfalls nur das Recht Lesen bekommen.

Die Rechte dieser drei Personenkreise sind ausschließlich zueinander. Hätte also eine Datei die Rechtemaske r--rw-rwx novi users, so hätte der Besitzer novi nur das r-Recht (Lesen), auch wenn er in der Gruppe users Mitglied wäre. Die Mitglieder der Gruppe users hätten die Rechte *Lesen* und *Schreiben*, während alle anderen (alle außer dem Besitzer novi und den Mitgliedern der Gruppe users) die vollen Zugriffsrechte hätten.

2.6.1.2 Prüfen der Zugriffsberechtigungen

Die Prüfung der Zugriffsberechtigungen in einem UNIX-System gestaltet sich einfacher als bei allen anderen Netzwerkbetriebssystemen, da alle Berechtigungen, die auf eine Datei oder ein Verzeichnis vergeben wurden, mit dem Befehl ls -l angezeigt werden. Die Ausgabe dieses Befehl ist tabellarisch, d.h. in der ersten Spalte steht immer der Dateityp, in der zweiten Spalte immer das r-Recht für den Besitzer usw. Sie können also die Ausgabe dieses Befehls für die Datei .utillist2

```
-rw-r--r--      1 novi  users   833 Jan 04     1992 .utillist2
```

in folgende Spalten einteilen (am Beispiel einer Excel-Tabelle):

	A	B	C	D	E	F	G	H	I	J	K	L	M	N	O	P	Q	R
1	-	r	w	-	r	w	-	r	w	-	1	novi	users	833	Jan	4	1999	.utillist2
2																		

Abb. 2.6.1: Die Spalten des ls-Befehls

Befinden sich die Daten in dieser Form, können hier mit den Standardfilterungsmöglichkeiten bereits kritische Berechtigungen selektiert werden. Wird eine Datei mit Zugriffsberechtigungen nach dem obigen Muster aufbereitet, können z.B. alle Dateien angezeigt werden, bei denen in der Spalte *I* ein *w* steht. Dies sind dann alle Dateien, auf die alle Benutzer des Systems schreibenden Zugriff haben.

Um Dateien in diesem Format aufzubereiten, gehen Sie folgendermaßen vor:

- Speichern Sie den Inhalt des Verzeichnisses in einer Textdatei ab, indem die Ausgabe des *ls*-Befehls in eine Datei umgeleitet wird (dies muß meistens in Zusammenarbeit mit einem Administrator erfolgen, da ein Revisor nicht die notwendigen Zugriffsrechte besitzt):
  ls -la > rechte.txt
  Es wird hierbei eine Textdatei mit dem Namen rechte.txt erstellt, in der die Ausgabe des ls-Befehls enthalten ist (Abb. 2.6.2).

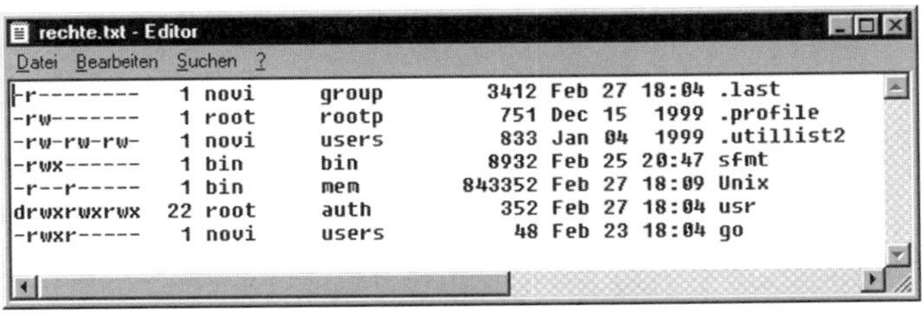

rechte.txt - Editor

Datei Bearbeiten Suchen ?

```
-r--------   1 novi   group      3412 Feb 27 18:04 .last
-rw-------   1 root   rootp       751 Dec 15  1999 .profile
-rw-rw-rw-   1 novi   users       833 Jan 04  1999 .utillist2
-rwx------   1 bin    bin        8932 Feb 25 20:47 sfmt
-r--r-----   1 bin    mem      843352 Feb 27 18:09 Unix
drwxrwxrwx  22 root   auth        352 Feb 27 18:04 usr
-rwxr-----   1 novi   users        48 Feb 23 18:04 go
```

Abb. 2.6.2: Ausgabe des ls-Befehls in Dateiform

Wichtig:

Lassen Sie sich immer nur den Inhalt eines Verzeichnisses in Dateiform ausgeben, keine Rekursion in Unterverzeichnisse. Mit der nachfolgend beschriebenen Methode ist keine Überprüfung von Zugriffsberechtigungen in Unterverzeichnissen in einem einzigen Schritt möglich. Hierzu wird eine Zusatzsoftware benötigt, die Drucklisten in ein Datenbankformat umwandeln kann.

- Lassen Sie diese Datei vom UNIX-System auf den Prüfer-PC (z.B. über Netz-Zugriff, *ftp* oder Diskette) übertragen.
- Importieren Sie diese Datei in z.B. Excel oder Access über den Importassistenten für Textdateien. Im folgenden Beispiel wird diese Datei in MS Excel geöffnet.
  1. Öffnen Sie diese Datei über den Menüpunkt Datei - Öffnen.

Abb. 2.6.3: Öffnen einer Textdatei in Excel

  2. Wählen Sie im folgenden Fenster den Dateityp *Feste Breite* und den Dateiursprung *DOS* aus (Abb. 2.6.4).

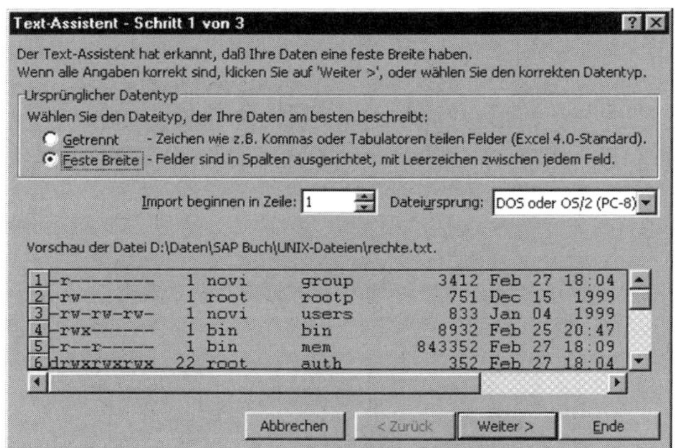

Abb. 2.6.4: Excel Text-Assistent 1

  3. Legen Sie im nächsten Fenster die Spalten fest.

Wichtig:
Jedes einzelne Recht wird in einer eigenen Spalte dargestellt!

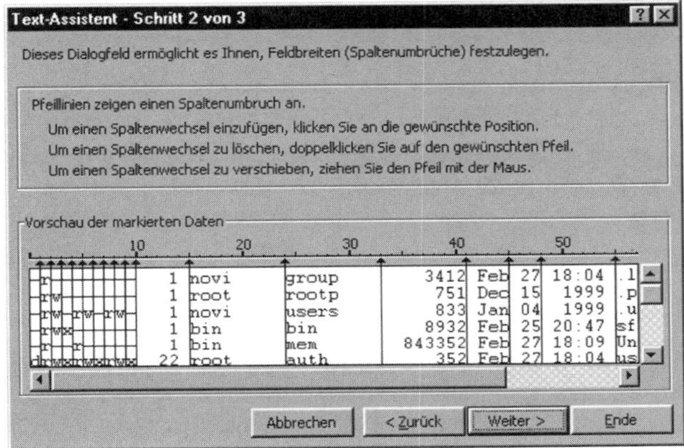

Abb. 2.6.5: Excel Text-Assistent 2

4. Im letzten Fenster des Text-Assistenten legen Sie die Formate für die einzelnen Spalten fest. In diesem Fenster müssen keine weiteren Angaben gemacht werden, da Excel die Spalten als Text oder Zahl selbst erkennt. Nach der Optimierung der Spaltenbreiten wird die Datei nun tabellarisch dargestellt (Abb. 2.6.6).

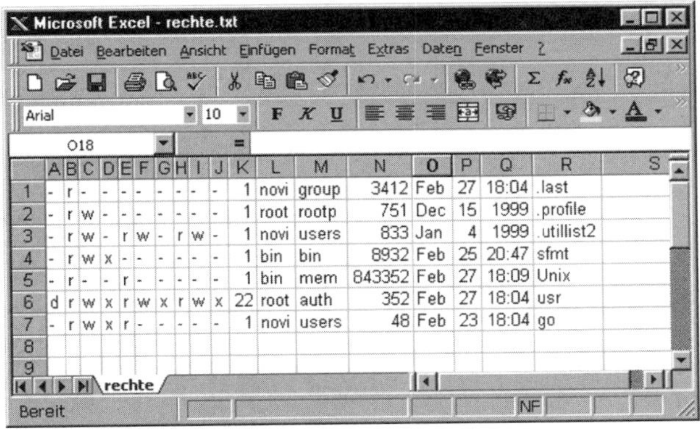

	A	B	C	D	E	F	G	H	I	J	K	L	M	N	O	P	Q	R
1	-	r	-	-	-	-	-	-	-	-	1	novi	group	3412	Feb	27	18:04	.last
2	-	r	w	-	-	-	-	-	-	-	1	root	rootp	751	Dec	15	1999	.profile
3	-	r	w	-	r	w	-	r	w	-	1	novi	users	833	Jan	4	1999	.utillist2
4	-	r	w	x	-	-	-	-	-	-	1	bin	bin	8932	Feb	25	20:47	sfmt
5	-	r	-	-	r	-	-	-	-	-	1	bin	mem	843352	Feb	27	18:09	Unix
6	d	r	w	x	r	w	x	r	w	x	22	root	auth	352	Feb	27	18:04	usr
7	-	r	w	x	r	-	-	-	-	-	1	novi	users	48	Feb	23	18:04	go

Abb. 2.6.6: In Excel importierte Datei mit UNIX-Berechtigungen

Die Zugriffsberechtigungen können nun entsprechend den Filterungsmöglichkeiten des Programms ausgewertet werden. In MS Excel kann hierzu z.B. der

Autofilter verwendet werden (Menüpfad *Daten - Filter - Autofilter*). Im Beispiel in Abb. 2.6.7 wurden alle Dateien herausgefiltert, die dem Benutzer novi gehören.

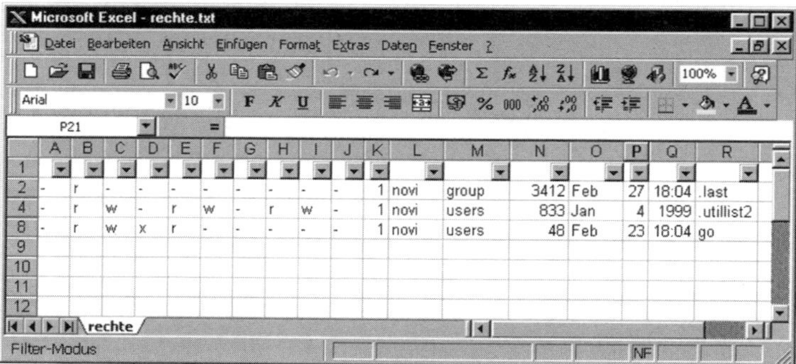

	A	B	C	D	E	F	G	H	I	J	K	L	M	N	O	P	Q	R
1																		
2	-	r	-	-	-	-	-	-	-	-	1	novi	group	3412	Feb	27	18:04	.last
4	-	r	w	-	r	w	-	r	w	-	1	novi	users	833	Jan	4	1999	.utillist2
8	-	r	w	x	r	-	-	-	-	-	1	novi	users	48	Feb	23	18:04	go
9																		
10																		
11																		
12																		

Abb. 2.6.7: Autofilter unter Excel

2.6.1.3 Die Datei /etc/passwd und der Benutzer root

Der Benutzer *root* hat in UNIX-Systemen eine Sonderstellung. Dies ist das Administratorkonto des UNIX-Systems. *root* besitzt standardmäßig alle Rechte im System. Im Gegensatz zu anderen Betriebssystemen, wie Novell NetWare oder Windows NT, können diese Rechte dem Benutzer allerdings nicht entzogen oder eingeschränkt werden. Dieser Benutzer hat immer vollen Zugriff auf alle Dateien und Verzeichnisse im System, auch wenn er laut der Rechtemaske gar keine Rechte besitzt.

Dies ist bedingt durch seine eindeutige Benutzer-ID. Benutzer werden unter UNIX nicht durch den Namen allein identifiziert, sondern durch eine eindeutige numerische ID. Der *root* besitzt die ID 0. Bei allen Berechtigungsprüfungen unter UNIX werden Benutzer mit der ID 0 nicht mit einbezogen. Sie besitzen immer alle Rechte auf alles.

Die meisten UNIX-Systeme nutzen zur Verwaltung der Benutzer die Benutzerdatei *passwd*. Diese Datei liegt standardmäßig im Verzeichnis */etc* und ist eine normale ASCII-Textdatei, die mit jedem Texteditor (z.B. vi) bearbeitet werden kann. Natürlich ist es hier auch möglich, weitere Benutzer einzutragen und ihnen die ID 0 zu geben. Die Datei *passwd* hat folgenden Aufbau:

Benutzerkennsätze bestehen aus sieben Feldern. Alle Felder sind jeweils durch einen Doppelpunkt voneinander getrennt. Folgende Felder sind in der *passwd* enthalten:

Name:	Anmeldename des Benutzers
Passwort:	Kennzeichen, ob der Benutzer ein Kennwort besitzt (x = Benutzer besitzt ein Kennwort). Dieses Feld wird von neueren Derivaten nicht mehr genutzt und ist nur noch aus Kompatibilitätsgründen vorhanden. Das Passwort wird in vielen Derivaten verschlüsselt in der Datei */etc/shadow* gespeichert. Besonders in älteren UNIX-Versionen wird keine *shadow*-Datei genutzt. Dann steht an dieser Stelle das verschlüsselte Kennwort.
UID:	Benutzer-Identifikation
GID:	Gruppen-Identifikation
Info:	Beschreibung des Benutzers
HomeDir:	Home-Directory des Benutzers
Prog:	Programm, welches nach dem Einloggen des Benutzers ausgeführt werden soll

Hier eine *passwd*-Datei aus einem Linux-System:

```
root:x:0:0:root:/root:/bin/bash
bin:x:1:1:bin:/bin:/bin/bash
daemon:x:2:2:daemon:/sbin:/bin/bash
lp:x:4:7:lp daemon:/var/spool/lpd:/bin/bash
news:x:9:13::/usr/lib/news:/bin/bash
uucp:x:10:14::/var/spool/uucp:/bin/bash
games:x:12:100::/tmp:/bin/bash
man:x:13:2::/var/catman:/bin/bash
at:x:25:25::/var/spool/atjobs:/bin/bash
postgres:x:26:2:Postgres
Datenbankadministrator:/usr/postgres:/bin/bash
lnx:x:27:27:LNX Datenbankadministrator:/usr/lib/lnx:/bin/bash
```

```
mdom:x:28:28:Mailing list agent:/usr/lib/majordomo:/bin/bash
yard:x:29:29:YARD Datenbankadministrator:/usr/lib/YARD:/bin/bash
wwwrun:x:30:-2:Daemon user for apache:/tmp:/bin/bash
squid:x:31:-2:WWW proxy squid:/var/squid/:/bin/bash
fax:x:33:14:Facsimile Agent:/var/spool/fax:/bin/bash
gnats:x:34:-2:Gnats Gnu Backtracking
System:/usr/lib/gnats:/bin/bash
empress:x:35:100:Empress Database Admin:/usr/empress:/bin/bash
adabas:x:36:100:Adabas-D Database Admin:/usr/lib/adabas:/bin/bash
ftp:x:40:2:ftp account:/usr/local/ftp:/bin/bash
nobody:x:-2:-2:nobody:/tmp:/bin/bash
dummy:x:500:100:Beispielbenutzer        S.u.S.E.        Linux
5.0:/home/dummy:/bin/bash
andre:x:501:101::/home/andre:/bin/bash
thomas:x:0:0::/home/thomas:/bin/bash
```

Im dritten Feld (nach dem zweiten Doppelpunkt) steht die ID des Benutzers. Hier besitzt der Benutzer *root* die ID 0. Außerdem wurde als letzter Eintrag der Benutzer *thomas* hinzugefügt, welcher ebenfalls die ID 0 besitzt. Dieser Benutzer wird bei Berechtigungsprüfungen im UNIX-System ebenfalls nicht berücksichtigt, da er auf Grund seiner ID 0 über alle Rechte im UNIX-System verfügt.

Administratoren sollen sich nicht als *root* am System anmelden, sondern unter einem eigenen Benutzerkonto. Diese Administratorkonten benötigen nicht die ID 0. Viele der alltäglichen Aufgaben eines Administrators können mit einem normalen Benutzerkonto erledigt werden. Für Aufgaben, die *root*-Rechte erfordern, ist der Befehl *su* zu verwenden. Dieser Befehl verleiht einem Benutzer für die Dauer der Ausführung *root*-Rechte. Das Anmelden unter dem Benutzer *root* sollte nur in Notfällen geschehen. Er fungiert als Notfallbenutzer im Netz.

Es ist in UNIX-Systemen also auf jedem Server zu prüfen, ob in der Datei */etc/passwd* außer dem Benutzer *root* noch weitere Benutzer mit der ID 0 eingetragen sind.

2.6.1.4 Die Kennwortdatei /etc/shadow

Viele UNIX-Systeme speichern die verschlüsselten Kennwörter der Benutzer in einer *shadow*-Datei. In einigen UNIX-Derivaten trägt diese Datei einen anderen Namen.

Da hier die Kennwörter gespeichert werden, hat diese Datei einen hohen Sicherheitsanspruch. Zwar sind die Kennwörter verschlüsselt, aber Hackerprogramme sind mit einem Brute-Force-Attack in der Lage, diese Kennwörter zu knacken. Daher sind schon einfache Leserechte auf diese Datei nicht zulässig.

Die Berechtigungsmaske sollte folgendermaßen aussehen:

```
-rw-------      root    shadow
```

Sie muss auf jeden Fall dem Benutzer *root* gehören. Die Gruppe *shadow* existiert nicht in jedem UNIX-Derivat. Der Benutzer *root* bekommt die Rechte *Lesen* und *Schreiben*, alle anderen bekommen keine Rechte.

2.6.2 Die SAP R/3- und Datenbankbenutzer

Auf den R/3-Servern sollen außer den Standardbenutzern und den R/3- und Administrator-Benutzern keine weiteren Benutzer existieren.

Wird eine Oracle-Datenbank eingesetzt, so legt R/3 während der Installation einen Datenbankbenutzer und einen R/3-Benutzer an. Der Datenbankbenutzer hat den Namen ora<sid>, der R/3-Benutzer den Namen <sid>adm. In der *passwd* könnten für diese Benutzer folgende Einträge vorhanden sein:

```
<sid>adm:x:3001:31:R/3  user:/usr/sap/<sid>/<sid>adm:/usr/bin/
ksh

ora<sid>:x:3003:30:DB user:/oracle/<sid>:/usr/bin/ksh
```

2.6.3 Gefahrenquellen eines UNIX-Systems

2.6.3.1 Remote-Zugriffe

Standardmäßig lässt ein UNIX-System Fernzugriffe von anderen Systemen zu. So ist z.B. auf jeder Windows NT-Workstation eine Datei namens TELNET.EXE vorhanden, über die der Zugriff auf beliebige UNIX-Rechner möglich ist. Voraussetzung ist natürlich die Kenntnis eines Benutzernamens und seines Kennwortes für das System.

Eine weitere Möglichkeit zum Zugriff auf UNIX-Systeme bietet das File Transfer Protocol FTP. Über FTP können Dateien von und auf UNIX-Rechner kopiert werden. Einfache FTP-Programme sind als Freeware über das Internet für alle Betriebssysteme frei erhältlich. Durch die Installation eines FTP-Programmes auf einer NT-Workstation ist es möglich, Dateien von UNIX-Hosts auf die Workstation zu kopieren.

Folgende Befehle erlauben Fernzugriffe auf UNIX-Rechner:

rcp	erlaubt den Benutzern, Dateien zwischen zwei UNIX-Hosts zu kopieren.
rlogin	ermöglicht es Benutzern, sich von einer Workstation auf entfernten UNIX-Rechnern einzuloggen.
rsh	gestattet die Ausführung eines einzelnen Befehls auf einem entfernten UNIX-Rechner.
ftp	ermöglicht es den Benutzern, Dateien zwischen dem lokalen Rechner und beliebigen erreichbaren Rechnern zu übertragen. Hierbei handelt es sich also um eine verallgemeinerte Version von *rcp*.
telnet	ermöglicht einem Benutzer, sich in jedes entfernte Rechnersystem einzuloggen (gleichgültig, ob UNIX oder nicht), auf dem er einen Account hat. Es handelt sich also bei *telnet* um eine verallgemeinerte Version von *rlogin*.
finger	erlaubt es einem Benutzer, sich Informationen über die Benutzer eines entfernten (oder lokalen) Systems zu beschaffen.

Für diese Befehle ist zu klären, welche von der Administration benötigt werden und welche nicht. Die nicht benötigten Befehle sollten deaktiviert werden. Die Befehle rsh und *rlogin* sollten auf jeden Fall gesperrt werden. Alle diese Befehle stellen Dienste unter UNIX dar, so dass zur Deaktivierung diese Dienste gesperrt werden müssen. Dies erfolgt über die Dateien *inetd.conf* und *services*. Beides sind Textdateien, die mit jedem Editor gelesen werden können. In diesen Dateien werden die zur Verfügung stehenden Dienste aufgelistet und konfiguriert. Es reicht hier aus, wenn die Dienste in der Datei *inetd.conf* gesperrt werden. Die Datei hat folgenden Aufbau:

```
ftp       stream   tcp   nowait   root/usr/sbin/ftpd      ftpd
telnet    stream   tcp   nowait   root/usr/sbin/telnetd   telnetd
shell     stream   tcp   nowait   root/usr/sbin/rshd      rshd
login     stream   tcp   nowait   root/usr/sbin/rlogind   rlogind
exec      stream   tcp   nowait   root/usr/sbin/rexecd    rexecd
```

Um hier die Dienste *telnet* und *ftp* zu deaktivieren, müssen diese Zeilen als Bemerkungszeilen deklariert werden. Sie werden dann vom System ignoriert und die Dienste stehen nicht mehr zur Verfügung. Zur Deaktivierung wird der Zeile das Zeichen # vorangestellt. In folgendem Block sind die Dienste telnet und ftp deaktiviert:

```
#ftp      stream   tcp   nowait   root/usr/sbin/ftpd      ftpd
#telnet   stream   tcp   nowait   root/usr/sbin/telnetd   telnetd
shell     stream   tcp   nowait   root/usr/sbin/rshd      rshd
login     stream   tcp   nowait   root/usr/sbin/rlogind   rlogind
exec      stream   tcp   nowait   root/usr/sbin/rexecd    rexecd
```

Die Datei liegt standardmäßig im Verzeichnis */etc*. Überprüfen Sie diese Datei mit einem Administrator zusammen direkt am System, oder lassen Sie sich die Datei zur Prüfung zur Verfügung stellen (auf Diskette oder übers Netz).

2.6.3.2 Konfigurationsdateien, welche die Sicherheit betreffen

Die meisten Konfigurationsdateien liegen standardmäßig im Verzeichnis */etc*. Ist nichts anderes angegeben, befinden sich auch die hier erläuterten Dateien in diesem Verzeichnis. Alle Dateien sind reine Textdateien und können problemlos zur Prüfung auf Diskette kopiert werden, so dass die Prüfung an der eigenen Arbeitsstation erfolgen kann.

$HOME/.rhosts und /etc/hosts.equiv

Die Variable $HOME steht für die Homedirectories der Benutzer. In diesen Dateien sind die Rechner eingetragen, die über Remote-Befehle mit dem System kommunizieren dürfen. Melden sich Benutzer aus einem System an, das in diesen Dateien eingetragen ist, müssen sie bei der Anmeldung kein Kennwort eingeben. Aus Sicherheitsgründen sollten diese Dateien leer sein und eine Berechtigungsmaske von 000 zugeordnet bekommen (= keine Berechtigungen, Datei kann nur noch vom *root* verwaltet werden).

Beispiel für eine */etc/hosts.equiv*-Datei

```
#
#   Description:       The hosts.equiv file contains a list of
    trusted hosts.
#        It is used by the rsh, rlogin and rcp commands.
#
#   Warning:   Listing hosts in this file can compromise system
    security.
#        Include host names and user names in this file with cau-
         tion.
#
#   Syntax:    host1 [login_1]
#      .
#      .
#      .
#        host1 [login_n]
#
#   host1      name of a host considered trusted by the local system
#   [login_n]  individual user on the trusted host that can log in
#        without a password; if no users are specified then all
#        users on the trusted host can log in without a password
#
#   A single plus sign (+) on a line by itself signifies "match
    any".
#   "Match any" implies *all* hosts are considered trusted.  Because
#   of the security ramifications of this uncommenting the NO_PLUS
#   keyword in the following line, globally turns off "match any".
#NO_PLUS
sapserver1 admin1
sapserver4 +
sapserver3
```

In dieser Datei wird festgelegt, dass der Benutzer *admin1* vom Server *sapserver1* sich ohne Kennwort über Remote-Befehle anmelden darf, ebenso alle Benutzer der Server *sapserver3* und *sapserver4*.

/etc/exports

In dieser Datei wird festgelegt, welche Verzeichnisse für andere Systeme freigegeben werden. Verzeichnisse können sowohl für Nur-Lese-Zugriffe (*ro* = read only) als auch mit Schreibrechten (*rw* = read write) freigegeben werden. Diese Datei darf keine Pfade aus der R/3- oder Datenbankinstallation enthalten.

Beispiel für eine */etc/exports*-Datei

```
#
#   The exports file defines remote mount points for NFS mount
    requests.
#
#   Syntax: pathname [-option ...] [name ...]
#
#   A whitespace character in the left-most position of a line
    indicates
#   a continuation line.
#
#   pathname   Specifies the name of a local file system or direc-
    tory
#        of a local filesystem.
#
/usr/sap      -ro
/oracle/C40   -ro
/sapmnt/C40   -rw
```

Die Verzeichnisse */usr/sap* und */oracle/C40* sind für lesenden Zugriff freigegeben (ro = Read Only), das Verzeichnis */sapmnt/C40* für Schreib- und Lesezugriffe (rw = Read Write).

/etc/ftpusers

Diese Datei existiert nicht in allen UNIX-Systemen. In dieser Datei können Benutzer eingetragen werden, die den Dienst *ftp* nicht nutzen dürfen. Es wäre also sinnvoll, die Benutzer mit hochwertigen Rechten (*root* und *<SID>adm*) hier einzutragen, um Dateiaustausch mit diesen Rechten zu verhindern.

/etc/rc.config

Auch diese Datei ist nicht in allen UNIX-Systemen vorhanden. In dieser Datei werden wichtige Systemeinstellungen gespeichert wie z.B. die IP-Adresse, die Tastatur-Belegung und das Netzwerk. Über den Eintrag ROOT_LOGIN_REMOTE wird festgelegt, ob ein Einloggen in das System über *rlogin* oder *telnet* als *root* möglich ist. Dieser Parameter kennt folgende Werte:

ROOT_LOGIN_REMOTE=Y → Remote-Login als root ist möglich

ROOT_LOGIN_REMOTE=N → Remote-Login als root ist nicht möglich

2.6.4 Die $PATH-Variable

Die $PATH-Variable legt fest, in welchen Verzeichnissen UNIX beim Aufruf eines Befehls nach diesem Befehl sucht, und in welcher Reihenfolge dies geschieht. Durch einen falschen Aufbau der $PATH-Variable können durch sogenannte "Minen" (Hacker-Programme, die den Namen von UNIX-Befehlen tragen, z.B. ls) Gefahren entstehen.

So muss z.B. der Pfad für den Admin lauten

/bin:/usr/bin:.

Gefährlich wäre diese Variante:

.:/bin:/usr/bin

Durch den Doppelpunkt werden die einzelnen Suchverzeichnisse voneinander abgetrennt. UNIX arbeitet die Variable von links nach rechts ab. Der einzelne Punkt steht für das aktuelle Verzeichnis, in dem sich der Benutzer beim Aufruf des Befehls befindet.

In der Variante .:/bin:/usr/bin würde also zuerst das aktuelle Verzeichnis durchsucht werden, danach die System-Verzeichnisse. Eventuell vorhandene Minen würden hier im aktuellen Verzeichnis ausgeführt werden.

Besonders interessant ist dies natürlich für UNIX-Server, auf denen SAP R/3 läuft. Auf diesen Servern arbeiten ausschließlich Administratoren mit hochwertigen Rechten. Daher stellt dieser Punkt eine besonders hohe Gefahrenquelle dar.

Die PATH-Variable wird beim Anmelden eines Benutzers gesetzt. Sie ergibt sich aus den Eintragungen in den Startprofilen. In folgenden Profilen kann diese Variable gesetzt werden:

/etc/profile

$HOME/.profile

Die Variable *$HOME* steht für die Home-Directories der Benutzer. Jeder Benutzer kann in seinem persönlichem Verzeichnis die Datei *.profile* anlegen und seinen Suchpfad definieren.

Da hier eine Prüfung nur mit sehr viel Hintergrundwissen möglich ist (aus den Dateien kann wiederum auf andere Dateien verwiesen werden), bietet sich hier eine Prüfung der aktuellen Einstellungen der Administratoren an. Hierzu meldet sich der Administrator an das UNIX-System an. Mit dem Befehl *echo $PATH* wird der Inhalt der $PATH-Variablen am Bildschirm angezeigt. Eine weitere Möglichkeit bietet der Befehl *set*, mit dem alle Umgebungsvariablen angezeigt werden. Zur Prüfung können beide Befehle in eine Textdatei umgeleitet werden, die der Prüfer dann an seinem eigenen Rechner auswerten kann.

2.6.5 SUID- und SGID-Zugriff

Die Zugriffsmodi "Set User ID" (SUID) und "Set Group ID" (SGID) stellen ein Verfahren dar, Benutzern zeitweilig für einzelne Befehle den Zugriff auf Systemressourcen zu ermöglichen, die Ihnen sonst nicht zur Verfügung stünden.

Die Rechtemaske für eine SUID-Datei sieht folgendermaßen aus: -rwsr-xr-x

Statt des Rechtes x wird beim Benutzer an der Stelle ein s angezeigt.

Wenn eine SUID-Datei ausgeführt wird, wird die effektive UID des Prozesses auf die des eigentlichen Besitzers der Datei gesetzt. Dies bedeutet, dass alles, was der Benutzer über diese Datei ausführt, mit den Rechten desjenigen ausgeführt wird, dem die Datei gehört.

Der Befehl *passwd* (*/usr/bin/passwd*) stellt ein gutes Beispiel für den SUID-Zugriff dar. Über diesen Befehl kann jeder Benutzer sein Passwort ändern. Zum Ändern des Passwortes muss der Inhalt der Datei */etc/shadow* geändert werden. Die Standardeinstellung für diese Datei ist:

-rw-r----- 1 root shadow

Außer dem root hat also niemand Schreibrechte auf diese Datei. Da aber für die Datei */usr/bin/passwd* das SUID-Bit gesetzt ist, wird beim Ändern des Passwortes die Datei */etc/shadow* mit den Rechten des Besitzers der Datei */usr/bin/passwd* bearbeitet, also den Rechten des *root*. Aus diesem Grund kann jeder Benutzer sein Passwort ändern, obwohl er keine Schreibrechte auf die Passwort-Datei */etc/shadow* hat.

Bei einer Berechtigungsprüfung muss geprüft werden, ob die Dateien des SAP R/3-Systems irgendwo den SUID- oder SGID-Zugriff zulassen.

2.6.6 Ordnungsmäßigkeitsvorgaben zu UNIX

- Es dürfen nur die Benutzer, die bei der Installation von R/3 angelegt werden sowie Administrator- und Systembenutzer auf den R/3-Servern existieren.
- Es dürfen keine weiteren Gruppen außer den UNIX-Standardgruppen und den R/3- und Datenbankgruppen existieren.
- Es dürfen keine Benutzer ohne Kennwort existieren.
- Außer dem Benutzer *root* dürfen keine weiteren Benutzer mit der ID 0 existieren.
- Es dürfen nur die Remote-Befehle aktiv sein, die tatsächlich benötigt werden.
- Dem Benutzer *root* sollte die Nutzung der Remote-Befehle untersagt sein.
- In den Dateien *$HOME/.rhosts* und */etc/hosts.equiv* dürfen keine Rechner außerhalb des R/3-Systems eingetragen sein.
- In der Datei */etc/exports* dürfen keine Verzeichnisse aus der R/3- und Datenbankinstallation angegeben sein.
- In der Datei */etc/ftpusers* (falls diese existiert) sollen der Benutzer *root* und alle hochwertigen Benutzer eingetragen sein.

Im AIS finden Sie eine Checkliste zu UNIX unter dem Pfad *System Audit - Checkliste gemäß R/3 Sicherheitsleitfaden - 2-4: Schutz des Betriebssystems - R/3 Sicherheit unter UNIX*.

2.6.7 Checkliste zu UNIX

Nr.	Verwendung	Fragestellung / Risiko	Ordnungsmäßigkeitsvorgaben
1	3	Welche Benutzer sind auf denb Servern eingerichtet? Hier besteht das Risiko, dass unberechtigte Benutzer auf die R/3-Installation und die Datenbank zugreifen können.	Es dürfen nur die UNIX-Standardbenutzer, die R/3-Standardbenutzer sowie die Administratoren existieren
2	3	Besitzen alle Benutzer ein Kennwort? Hier besteht das Risiko, dass mit Benutzern ohne Kennwort anonyme Anmeldungen erfolgen können.	Es dürfen keine Benutzer ohne Kennwort existieren.
3	3	Welche Gruppen sind auf den Servern eingerichtet? Hier besteht das Risiko, dass über Gruppen falsche Zugriffsrechte vergeben werden.	Es dürfen nur die UNIX-Standardgruppen sowie die R/3- und Datenbankgruppen existieren.
4	3	Welche Remote-Befehle sind in der Datei */etc/inetd.conf* aktiv? Hier besteht das Risiko, dass über Remote-Befehle ein Zugriff von außen auf die UNIX-Server ermöglicht wird.	Alle nicht genutzten Remote-Befehle sind zu deaktivieren.
5	3	Wurden in den Dateien *$HOME/.rhosts* und */etc/hosts.equiv* Rechner eingetragen, die außerhalb des R/3-Systems liegen? Hier besteht das Risiko, dass von außen ohne Anmeldung auf den UNIX-Server zugegriffen werden kann	Es dürfen keine Rechner eingetragen sein, möglichst sollten diese Dateien leer sein.

Nr.	Verwendung	Fragestellung / Risiko	Ordnungsmäßigkeitsvorgaben
6	3	Wurden in der Datei */etc/exports* Verzeichnisse eingetragen, von denen aus Zugriff auf die R/3- oder Datenbankdateien möglich ist?	Es dürfen keine R/3- oder Datenbankverzeichnisse freigegeben werden.
7	3	Wurden in der Datei */etc/ftpusers* (falls sie existiert) die Benutzer mit hochwertigen Rechten eingetragen, insbesondere der Benutzer *root*? Hier besteht die Gefahr, dass per FTP Dateien vom UNIX-Server kopiert bzw. bestehende überschrieben werden können.	Benutzer mit hochwertigen Rechten dürfen den *ftp* nicht nutzen.

2.6.8 Praktische Prüfung zu UNIX

Vorarbeit:

Für die UNIX-Server müssen die Auswertungen für alle Server einzeln vorgenommen werden. Lassen Sie sich von der Administration von allen Servern folgende Dateien aushändigen (auf Diskette, ins Netz oder evtl. auch ausgedruckt):

/etc/passwd

/etc/shadow (falls vorhanden, in einigen UNIX-Derivaten kann die Datei in einem anderen Pfad liegen)

/etc/group

/etc/inetd.conf

$HOME/.rhosts (aus allen Homedirectories)

/etc/hosts.equiv

/etc/exports

/etc/ftpusers (falls vorhanden)

/etc/rc.config (falls vorhanden)

1. Stellen Sie fest, welche Benutzer auf den Servern eingerichtet sind!

   Überprüfen Sie in der Datei */etc/passwd* folgendes:

   Benutzer außer dem Benutzer *root* mit der ID 0. Dies sind administrative Benutzer mit Vollzugriff auf das System.

   Benutzer außer dem Benutzer *root*, die Mitglied in der Gruppe mit der ID 0 sind.

   Benutzerkonten außer den Standardbenutzern, den R/3- und Datenbankbenutzern und den Administratoren.

   Ungültige oder unkorrekt formatierte Einträge.

   Konten, die ohne das Wissen der Administration hinzugefügt oder gelöscht wurden.

2. Überprüfen Sie, ob alle Benutzer ein Kennwort besitzen!

   Lassen Sie sich die Datei */etc/shadow* anzeigen. Das Kennwort ist der Eintrag hinter dem Benutzernamen in dieser Datei.

3. Stellen Sie fest, welche Gruppen auf den Servern eingerichtet sind!

   Überprüfen Sie in der Datei */etc/group* folgendes:

   Gruppen außer der Gruppe *root* (oder der entsprechenden Administratorgruppe) mir der ID 0.

   Mitglieder der Gruppen mit der ID 0.

   Mitglieder der R/3- und Datenbankgruppen. Diese Gruppen haben Zugriff auf die R/3- und Datenbankinstallation.

4. Stellen Sie fest, welche Remote-Befehle in der Datei */etc/inetd.conf* aktiv sind!

   Überprüfen Sie, ob folgenden Befehlen das Zeichen # vorangestellt ist:

   rcp, rlogin, rsh, ftp, telnet, finger

5. Stellen Sie fest, ob in den Dateien *$HOME/.rhosts* und */etc/hosts.equiv* Rechner eingetragen sind, die außerhalb des R/3-Systems liegen!

   Hinterfragen Sie jeden hier eingetragenen Rechner.

6. Überprüfen Sie, ob in der Datei */etc/exports* Verzeichnisse eingetragen sind, von denen aus Zugriff auf die R/3- oder Datenbankdateien möglich ist!

7. Überprüfen Sie, ob in der Datei */etc/ftpusers* (falls sie existiert) die Benutzer mit hochwertigen Rechten eingetragen sind, insbesondere der Benutzer *root*!

8. Überprüfen Sie, ob in der Datei */etc/rc.config* (falls sie existiert) dem Benutzer *root* über den Eintrag ROOT_LOGIN_REMOTE=N die Nutzung von Remote-Logins untersagt ist!

2.7 Die Präsentationsebene: Windows NT

Das Starten des SAPgui erfolgt über das *SAPlogon* oder das *SAPlogon-pad*. Mit dem *SAPlogon* können die R/3-Systeme, auf die zugegriffen werden soll, eingerichtet und konfiguriert werden. Das *SAPlogon-pad* gestattet nur den Aufruf der eingerichteten Systeme. Neue können nicht hinzugefügt werden. Dieses *SAPlogon-pad* sollte den Anwendern zur Verfügung gestellt werden.

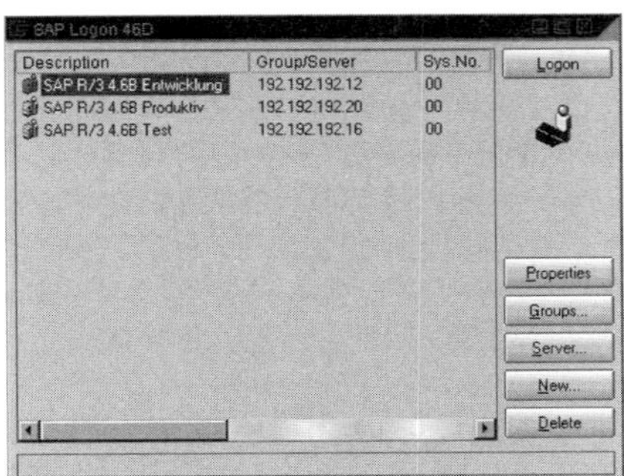

Abb. 2.7.1: Das SAPlogon-Fenster

Das *SAPlogon* bietet zusätzlich die Möglichkeit, einen Trace zu aktivieren, welcher auch in der Lage ist, die Tastatureingaben zu protokollieren, somit also auch den Benutzernamen und, bis zum SAPgui 4.6D, das Kennwort. Mit der SAPgui-Version 6.2 kann diese Protokollierung zwar noch aktiviert werden, allerdings wird das Kennwort nicht mehr in Klarschrift in den Trace-Dateien gespeichert. Des weiteren wird in dem Release beim aktiviertem Trace ein Fenster, das immer im Vordergrund liegt, angezeigt, in dem auf die Aktivierung des Trace hingewiesen wird zusammen mit der Meldung *For maximum data security delete the setting(s) as soon as possible!*

Aktiviert wird der Trace im *SAPlogon* über das System-Menü über den Punkt *Options*. Hier ist der Punkt *Activate sapgui trace level* zu aktivieren. Durch die zusätzliche Aktivierung des Punktes *Additional data hexdump in trace* werden bei der Anmeldung auch der Benutzername und das Kennwort in Klarschrift in einer Textdatei protokolliert. Abb. 2.7.2 zeigt die Einstellung zur Aktivierung des Trace.

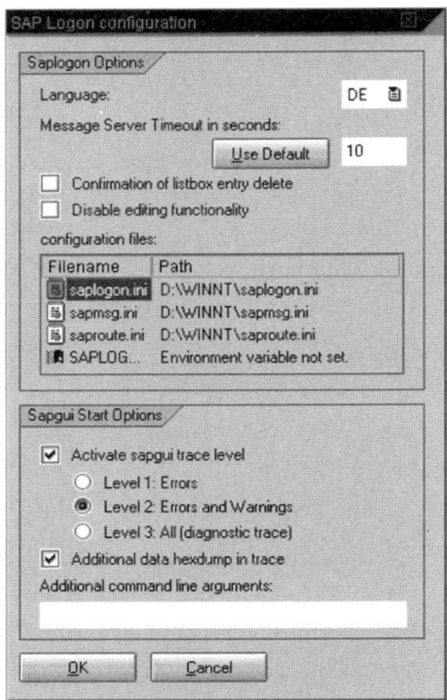

Abb. 2.7.2: Aktivierung des HexDump-Trace

Durch diese Aktivierung wird die Konfigurationsdatei für das *SAPlogon*, die SAPLOGON.INI, geändert. Diese Datei befindet sich standardmäßig im WindowsNT / Windows2000-Verzeichnis. Folgende Einträge werden hinzugefügt:

SapguiTraceActivated = 1

SapguiHexdumpActivated = 1

Das bewirkt, dass beim nächsten Start des *SAPlogon* der Trace aktiviert wird. Die Trace-Daten werden in einer Datei mit der Endung .TDW (SAPgui 4.6D) bzw. .TRC (SAPgui 6.2) im SAPgui-Arbeitsverzeichnis gespeichert. Nachfolgend ein Auszug aus einer SAPgui 4.6D-Datei, in der im rechten Teil in Klarschrift (fett hervorgehoben) der Benutzername "tomtiede" sowie sein Kennwort "cat9dog" zu erkennen sind.

```
***Sapgui-info(at 2981697): Message 1 with 373 bytes datalen from mode 0
***reading DB name
***Sapgui-info: DB-name is 'C40'
***sapgui-info for statistics: new mode has been created, first IO-Time skipped
..........
 01399020 : 00 00 11 00 00 00 00 00 01 50 00 00 00 00 00 00   .........P......
 01399030 : 00 00 00 00 00 00 00 00 00 10 04 04 00 08 00 15   ................
 01399040 : 00 07 00 0F 00 07 10 04 09 00 03 34 36 44 10 04   ...........46D..
 01399050 : 0F 00 04 00 00 00 00 10 05 01 00 16 00 05 00 00   ................
 01399060 : 05 1B 01 22 6B 00 18 6A 00 00 00 00 00 00 00 00   ..."k..j........
 01399070 : 00 00 10 0A 01 00 09 00 00 00 00 00 00 00 00 00   ................
 01399080 : 10 09 02 00 32 00 1B 00 00 65 00 01 00 00 04 00   ....2....e......
 01399090 : 14 00 0C 0C 74 6F 6D 74 69 65 64 65 20 20 20 20   ....tomtiede
 013990A0 : 00 17 00 00 65 00 01 00 00 05 00 14 00 08 08 63   ....e..........c
 013990B0 : 61 74 39 64 6F 67 20 10 09 0B 00 0A 01 00 05 00   at9dog .........
```

Damit dieser Trace auf den Workstations nicht von Benutzern aktiviert werden kann, sollten folgende Sicherungen getroffen werden:

- Den Benutzern soll das *SAPlogon* nicht zur Verfügung gestellt werden. Sie melden sich nur über das *SAPlogon-pad* an, über welches eine Aktivierung des Trace nicht möglich ist.
- Der Trace kann natürlich auch aktiviert werden indem in der Datei SAPLOGON.INI die Einträge SapguiTraceActivated und SapguiHexdumpActivated auf den Wert 1 gesetzt werden. Daher soll diese Datei vor unrechtmäßigen Zugriff geschützt werden. Benutzer benötigen nur lesenden Zugriff auf diese Datei, verändernde Zugriffsrechte stehen nur den Administratoren zu.

  Ist sichergestellt, dass kein schreibender Zugriff auf die Datei möglich ist, so ist auch der Einsatz des *SAPlogon* nicht mehr als kritisch anzusehen.

2.7.1 Checkliste zur Präsentationsebene Windows NT

Nr.	Verwendung	Fragestellung / Risiko	Ordnungsmäßigkeits-Vorgaben
1	3	Wird generell nur das *SAPlogon-pad* und nicht das *SAPlogon* genutzt? ——— Hier besteht das Risiko, dass über das *SAPlogon* ein Trace aktiviert werden kann und dass vom Benutzer weitere R/3-Systeme eingetragen werden können.	Benutzern sollte nur das *SAPlogon-pad* zur Verfügung gestellt werden.
2	3	Ist die Datei SAPLOGON.INI vor Schreibzugriffen geschützt? ——— Hier besteht das Risiko, dass der Trace über eine Änderung der SAPLOGON. INI aktiviert werden kann.	Schreibende Zugriffsrechte sind den Administratoren vorbehalten.

2.7.2 Praktische Prüfung zur Präsentationsebene Windows NT

1. Prüfen Sie, ob generell den Benutzern nur das SAPlogon-pad zur Verfügung gestellt wird!
   Überprüfen Sie stichprobenartig einige Workstations von R/3-Benutzern. Lassen Sie sich den Installations- und Update-Vorgang für den SAPgui von der Administration erläutern. In der Standardinstallation sollte das SAPlogon nicht mit installiert werden.
2. Prüfen Sie, ob die Datei SAPLOGON.INI vor Schreibzugriffen geschützt ist! Überprüfen Sie stichprobenartig die Zugriffsrechte auf diese Datei auf einigen Workstations von R/3-Benutzern (zur Prüfung von Zugriffsrechten unter Windows NT siehe Kapitel 2.5.2.3).

2.8 Viren und Hacker-Tools

Auf der Betriebssystemebene existiert generell auch das Problem der Viren und der Nutzung von Hacker-Tools, um ins System zu gelangen oder das System zu beschädigen. Besonders für Windows NT existieren Unmengen an Hacker-Tools, die allesamt über das Internet heruntergeladen werden können. Ebenso können alle existierenden Viren über das Internet bezogen werden. Dies sollte jedem Prüfer bekannt sein, damit hier entsprechende Vorsichtsmaßnahmen ergriffen werden können.

Eine Empfehlung für jeden Prüfer ist es, sich selber im Internet auf die Suche nach Hacker-Tools zu machen. Ein guter Ausgangspunkt ist eine beliebige Suchmaschine (z.B. www.google.de), in welcher der Suchbegriff WAREZ eingegeben wird. Als Ergebnis erscheint eine Liste von Seiten, die sich mit Hacker-Tools befassen. Von hier aus können Sie immer weiter verzweigen und sich die meisten auch herunterladen.

Dasselbe ist mit den Viren möglich. Sie sollten sich darüber informieren, wie einfach es ist, jeden Virus aus dem Internet zu beziehen. Geben Sie in einer Suchmaschine den Suchbegriff VIRII oder die Kombination +VIRII +DOWNLOAD (Syntax kann in den Suchmaschinen unterschiedlich sein) ein. Es werden Seiten angezeigt, in denen Sie Informationen zu Viren bekommen und diese auch herunterladen können.

Eine weitere Möglichkeit, an Hacker-Tools zu kommen, ist der Gang in ein Kaufhaus. Schon seit langem werden diese Tools nicht mehr nur von Hacker zu Hacker weitergegeben. Es existiert eine Vielzahl von CD-ROMs, auf denen die gängigsten Hacker-Tools erhältlich sind. Am bekanntesten ist die Datenschutz-CD "Hackers best friends", die in jedem Buchladen bestellt werden kann. Allerdings sind die aktuellsten Hacker-Tools nach wie vor am besten übers Internet erhältlich.

2.9 Reports, Tabellen und Transaktionen zur Prüfung der Betriebssystem- und Datenbankebene

Reports

LG0001	Anzeige des SysLog
RSLOGCOM	Ausführen logischer Betriebssystemkommandos
RSPARAM	Anzeige aller Systemparameter
RSPFPAR	Anzeige von Systemparametern mit Selektionsmöglichkeiten

Tabellen

SXPGCOSTAB	Betriebssystemkommandos, die von der Unternehmung selbst angelegt wurden
SXPGCOTABE	Betriebssystemkommandos, die von SAP mit ausgeliefert werden
SXPGHISTOR	Eine Historie über die logischen Betriebssystemkommandos. Hier wird protokolliert, wann Betriebssystemkommandos angelegt, geändert oder gelöscht werden
TPFID	Tabelle der Instanzen
TSLE4	Betriebssysteme der Instanzen

Transaktionen

AL11	Anzeige der Verzeichnisparameter und der Inhalte der Verzeichnisse und Dateien
DB02	Anzeige der Datenbankstatistiken
RZ10	Pflege der Systemparameter
SM21	Anzeige des SysLog
SM49	Ausführen von externen Betriebssystemkommandos
SM69	Verwalten von externen Betriebssystemkommandos
SM59	Verwalten der RFC-Verbindungen

3 Die Systemsicherheit

3.1 Zu diesem Kapitel

In diesem Kapitel werden allgemeine Themen zur Systemsicherheit von R/3 behandelt. Die einzelnen Kapitel betreffen die allgemeine Sicherheit, sie sind daher sowohl bei Systemprüfungen als auch bei modulbezogenen Prüfungen abzuarbeiten.

Zuerst werden einige Grundlagen für die Prüfung der Systemsicherheit vermittelt, wie die Funktionsweise der Systemparameter (Kapitel 3.2) und die Mandanten des Systems (Kapitel 3.3). Als nächstes wird auf die R/3-Anmeldesicherheit eingegangen (Kapitel 3.4), wobei hier insbesondere auf das Unterkapitel 3.4.2 hingewiesen wird, in dem Anforderungen an die Anmeldesicherheit dargestellt werden.

Aus Sicherheitssicht besonders relevant ist der Notfall-Benutzer in einem Mandanten. Auf die Konzeption und den Umgang mit diesem Benutzer wird in Kapitel 3.5 hingewiesen.

Als nächstes werden die Protokollierungskomponenten AuditLog (Kapitel 3.6) und SysLog (Kapitel 3.7) behandelt. Hier wird besonderes Gewicht auf die Möglichkeit des Auswertens gelegt. Es wird dargestellt, wie das AuditLog sinnvoll konfiguriert und ausgewertet werden kann und wie das SysLog auch für Prüfungsfragen effizient eingesetzt werden kann.

Sicherheitssensible Themen wie die logischen Betriebssystemkommandos und das Sperren von Transaktionscodes werden in den nächsten beiden Kapiteln behandelt. Zu den sicherheitsrelevanten Themen gehören auch das Batch-Input-Verfahren (Kapitel 3.11) sowie der Export von Daten, entweder durch Speichern in eine Datei oder durch einen Ausdruck (Kapitel 3.10).

Insbesondere Schnittstellen stellen immer wieder ein Sicherheitsproblem dar. In Kapitel 3.12 wird die Funktionsweise von RFC-Verbindungen erläutert sowie deren sicherheitssensible Bereiche. Kapitel 3.13 befasst sich schließlich mit Zugriffen auf R/3 von externen Programmen aus, z.B. über MS Excel. Hier spielen mal wieder Zugriffsrechte eine entscheidende Rolle.

3.2 Grundlagen für die Prüfung der Systemsicherheit

3.2.1 Der Releasestand des SAP-Systems

Zu Beginn einer Prüfung ist es wichtig, den Releasestand des zu prüfenden SAP-Systems zu kennen, um bei der Prüfung auf die Besonderheiten des jeweiligen Releasestandes eingehen zu können.

SAP unterteilt bis zum R/3-Release 4.6C seine Releasestände weiterhin noch in Entwicklungsstände und Korrekturstände (sog. Putlevel). Die Versionsnummer 4.6C eines SAP-Systems ist also folgendermaßen zu lesen:

4 Releasestand
6 Entwicklungsstand
C Korrekturstand

Welches SAP-Release eingesetzt wird, kann über den Menüpunkt *System - Status* überprüft werden. In diesem Fenster befindet sich der Block *SAP-Systemdaten*:

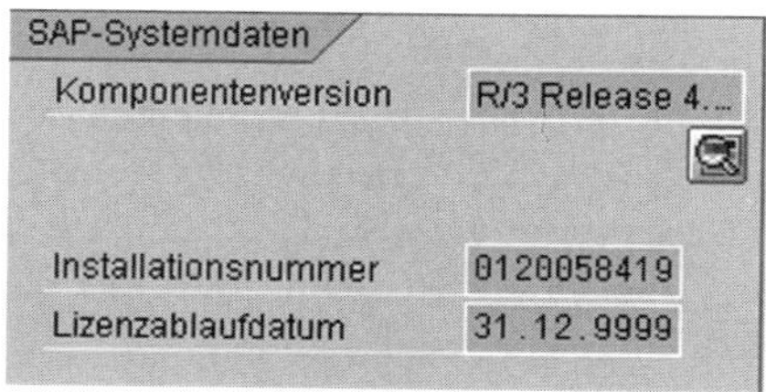

Abb. 3.2.1: SAP R/3 Versionsnummer

Im Feld *Komponentenversion* wird das eingesetzte SAP-Release angezeigt, in diesem Beispiel also die Version 4.6C.

Ab dem R/3-Release Enterprise existiert keine Versionsnummer mehr für das gesamte R/3-System. Hier haben die einzelnen Softwarekomponenten Releasestände. Zum R/3 Enterprise gibt es sog. Extensions, die voneinander unabhängig sind und einzeln aktiviert werden können. Jede Extension hat ihren eigenen Relaesestand. Das Erst-Release dieser Extensions ist die Version 1.10. Auch diese Komponenten und Releasestände können Sie sich unter dem Menüpunkt *System - Status* anzeigen lassen. Klicken Sie hierzu im Block *SAP-Systemdaten* auf die Schaltfläche *Komponenteninformationen* (siehe Abb. 3.2.2).

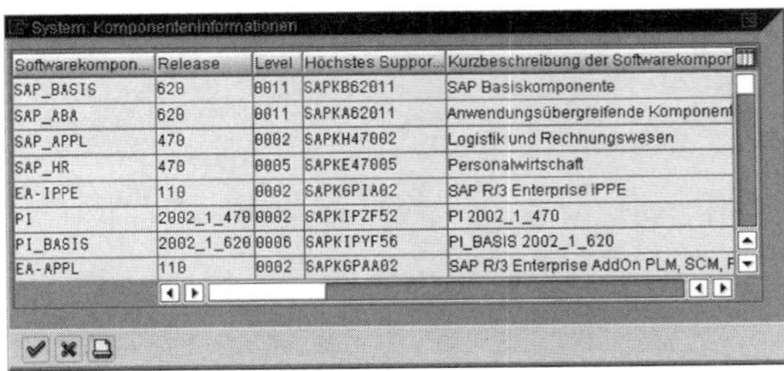

Softwarekompon...	Release	Level	Höchstes Suppor...	Kurzbeschreibung der Softwarekompor
SAP_BASIS	620	0011	SAPKB62011	SAP Basiskomponente
SAP_ABA	620	0011	SAPKA62011	Anwendungsübergreifende Komponent
SAP_APPL	470	0002	SAPKH47002	Logistik und Rechnungswesen
SAP_HR	470	0005	SAPKE47005	Personalwirtschaft
EA-IPPE	110	0002	SAPKGPIA02	SAP R/3 Enterprise iPPE
PI	2002_1_470	0002	SAPKIPZF52	PI 2002_1_470
PI_BASIS	2002_1_620	0006	SAPKIPYF56	PI_BASIS 2002_1_620
EA-APPL	110	0002	SAPKGPAA02	SAP R/3 Enterprise AddOn PLM, SCM, F

Abb. 3.2.2: SAP R/3 Enterprise Komponenten

3.2.2 Support Packages

In unregelmäßigen Abständen werden von SAP Support Patches herausgegeben, die Bugs im System bereinigen und auch neue Features enthalten. Support Packages werden getrennt für folgende Komponenten ausgeliefert:

- Basis
- Anwendungsübergreifende Komponenten
- Logistik und Rechnungswesen
- Personalwesen
- Add Ons
- Extensions (ab R/3 Enterprise)

Die aktuellen Support Packages sollten zeitnah ins System eingespielt werden. Welche Support Packages aktuell von SAP angeboten werden, kann über die Internetseiten von SAP in Erfahrung gebracht werden (www.service.sap.com). Hierfür ist ein OSS-Zugang erforderlich.

Zur Überprüfung, ob die aktuellen Support Packages ins System eingespielt wurden, wird die Transaktion SPAM (Support Package Manager) genutzt. Klicken Sie in der Einstiegsmaske der Transaktion auf die Schaltfläche Package-Level. Zu den einzelnen Komponenten wird der Stand der Support Packages im Feld Level angezeigt (Abb. 3.2.3). Alternativ können Sie sich über den Menüpunkt System - Status, Block SAP-Systemdaten, Schaltfläche Komponenteninformationen die Support Package-Stände ebenfalls anzeigen lassen.

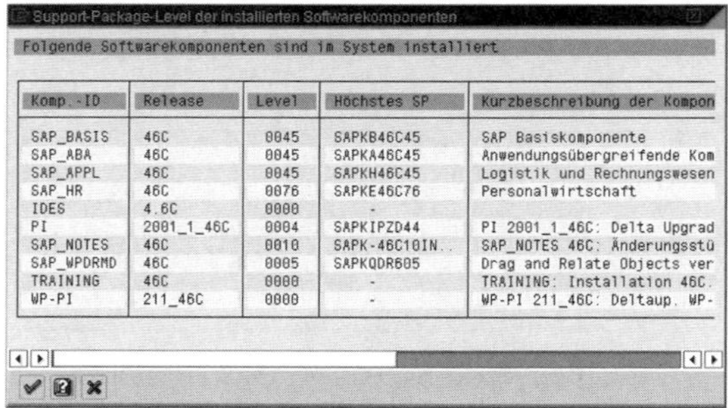
Support-Package-Level der installierten Softwarekomponenten

Folgende Softwarekomponenten sind im System installiert

Komp.-ID	Release	Level	Höchstes SP	Kurzbeschreibung der Kompon
SAP_BASIS	46C	0045	SAPKB46C45	SAP Basiskomponente
SAP_ABA	46C	0045	SAPKA46C45	Anwendungsübergreifende Kom
SAP_APPL	46C	0045	SAPKH46C45	Logistik und Rechnungswesen
SAP_HR	46C	0076	SAPKE46C76	Personalwirtschaft
IDES	4.6C	0000	-	
PI	2001_1_46C	0004	SAPKIPZD44	PI 2001_1_46C: Delta Upgrad
SAP_NOTES	46C	0010	SAPK-46C10IN..	SAP_NOTES 46C: Änderungsstü
SAP_WPDRMD	46C	0005	SAPKQDR605	Drag and Relate Objects ver
TRAINING	46C	0000	-	TRAINING: Installation 46C.
WP-PI	211_46C	0000	-	WP-PI 211_46C: Deltaup. WP-

Abb. 3.2.3: Eingespielte Support Packages

3.2.3 Die Systemparameter

3.2.3.1 Das Prinzip der R/3-Parameter

Das Prinzip der Tabellensteuerung wurde in SAP R/3, bis auf einige Ausnahmen, konsequent eingesetzt. Eine dieser Ausnahmen stellen die Parameter des Systems dar. Diese Parameter, die u.a. zur Konfiguration des Systems und zur Festlegung der R/3 Systemverzeichnisse dienen, werden auf der Betriebssystemebene in Textdateien gespeichert, vergleichbar mit den .INI-Dateien von Windows. Diese Dateien werden Profildateien genannt, da sie die Startprofile des R/3-Systems darstellen. Beim Start des R/3-Systems werden diese Parameter aus den Dateien ausgelesen und im Hauptspeicher der einzelnen R/3-Instanzen vorgehalten. Ein Ändern zur Laufzeit ist nur mit wenigen Parametern möglich. Werden Parameter in den Dateien geändert, so werden diese Änderungen erst nach einem Neustart des R/3-Systems wirksam.

In welchem Verzeichnis sich diese Dateien auf der Betriebssystemebene befinden, kann auch über einen Parameter geprüft werden, den Parameter DIR_PROFILE. Hier wird ein Pfad angegeben, in dem diese Dateien abgelegt sind. Für diesen Pfad sind auf jeden Fall die Zugriffsberechtigungen auf der Betriebssystemebene zu prüfen (siehe Kapitel 2.2.5 für Windows NT, Kapitel 2.2.6 für UNIX).

In folgenden Dateien (Profilen) werden Parameter eingetragen:

- Startprofil

Dieses Profil wird vom Startprogramm des R/3-Systems (*sapstart*) ausgelesen. Hierdurch werden die in einer Instanz benötigten Prozesse gestartet. Das Startprofil ist das erste Profil, das vom System gelesen wird. Für jede Instanz existiert ein Startprofil.

Der Name des Startprofils hat den Aufbau START_<*Instanzenname*>_<*Servername*>, z.B. START_DVEBMGS00_SAPSERVER.

- Instanzenprofil

Hier werden Informationen zu den Instanzen gesetzt, wie z.B. die Größenvorgaben von Puffern und die Anzahl von Prozessen (z.B. wie viele Dialog-, Verbucher- oder Spoolprozesse). Das Instanzenprofil wird nach dem Startprofil gelesen. Für jede Instanz existiert ein Instanzenprofil.

Der Name des Instanzenprofils hat den Aufbau <*Systemname*>_<*Instanzenname*>_<*Servername*>, z.B. C40_DVEBMGS00_SAPSERVER.

- Default- oder Standardprofil

Die Gültigkeit des Defaultprofils erstreckt sich auf alle Instanzen des R/3-Systems. Hier werden alle Parameter eingetragen, die für alle R/3-Instanzen Gültigkeit haben sollen, wie z.B. die Anmeldeparameter (siehe Kapitel 3.4.5). Beim Starten einer Instanz wird dieses Profil zuletzt gelesen. Dieses Profil existiert in einem R/3-System nur einmal. Es trägt den Namen DEFAULT.PFL.

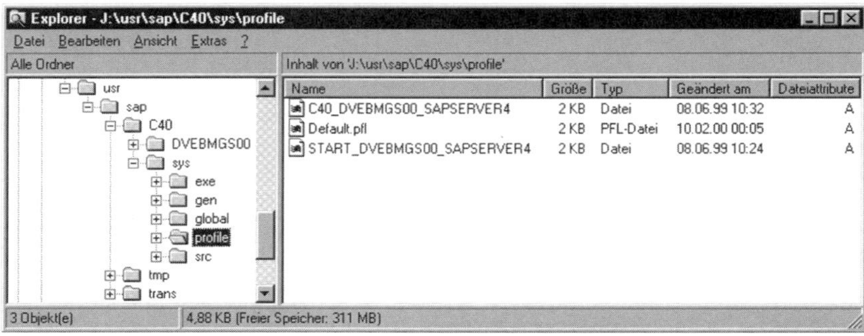

Abb. 3.2.4: Die Profildateien

Es existieren ca. 900 konfigurierbare Parameter in einem R/3-System. Für jeden Parameter gibt es einen Vorgabewert. Für Parameter, die nicht in diesen drei Profildateien gesetzt werden, wird beim Starten des R/3-Systems dieser Vorgabewert gesetzt.

Parameter werden in Kategorien eingeteilt, anhand derer festgestellt werden kann, wofür diese Parameter eingesetzt werden. Die Kategorie stellt immer den ersten Teil des Parameternamens dar. So gehört z.B. der Parameter *login/min_password_lng* zur Kategorie *login*, der Parameter *DIR_LOGGING* zur Kategorie *DIR*. Hier eine Auflistung der gebräuchlichsten Parameterkategorien:

- abap — konfiguriert das ABAP/4-Umfeld
- auth — konfiguriert die Zugriffsberechtigungsumgebung
- DIR — legt die Verzeichnispfade der R/3-Installation fest
- em — konfiguriert den Erweiterungsspeicher
- enqueue — konfiguriert den Enqueue-Prozess
- exe — gibt die SAP-Programmnamen wieder
- FN — legt die Namen der Dateien fest, die vom System genutzt werden (dürfen nur von SAP geändert werden)
- FT — legt Dateispezifikationen fest (dürfen nur von SAP geändert werden)
- gw — konfiguriert den SAP-Gateway-Server
- login — konfiguriert das Login-Verhalten des Systems
- rsau — konfiguriert das Auditing
- rdisp — konfiguriert den Dispatcher und sein Umfeld
- rsdb — konfiguriert die Datenbankschnittstelle
- rslg — konfiguriert das Systemlog (SysLog)
- rspo — konfiguriert das SAP-Spoolsystem
- rstr — konfiguriert den SAP-System-Trace

Viele Parameter können nur auf die beiden Werte Ja oder Nein gesetzt werden, z.B. der Parameter *login/no_automatic_user_sapstar* (Anmeldeverhalten des Benutzers SAP*, siehe Kapitel 3.4.5 und 5.3.1). Dies ist ein verneinender Parameter (*no_automatic_user_sapstar* = keine automatische Anmeldung des Benutzers SAP*). Hier kann entweder ein "Ja" angegeben werden (SAP* darf sich nicht anmelden, wenn er nicht als Benutzer im Mandanten vorhanden ist) oder ein "Nein" (SAP* darf sich anmelden, wenn er nicht als Benutzer im Mandanten vorhanden ist; doppelte Verneinung!). Hierfür verwendet SAP R/3 größtenteils die Bool'sche Logik. Diese besagt, dass der Wert 0 immer das "Nein" darstellt, jeder Wert größer 0 immer das "Ja". Der Eintrag *login/no_automatic_user_sapstar = 0* bedeutet also, der Parameter steht auf "Nein". Der Eintrag *login/no_automatic_user_sapstar = 1* bedeutet, der Parameter steht auf "Ja".

Eine Vorgabe sollte sein, dass Parameter grundsätzlich nicht direkt in den Parameterdateien geändert werden, sondern grundsätzlich nur über R/3. Hierfür steht die Transaktion RZ10 zur Verfügung. Unter Nutzung dieser Transaktion werden bei einer Änderung der Dateien im Kopf der Datei das Änderungsdatum sowie der Name desjenigen, der diese Parameter geändert hat, eingetragen.

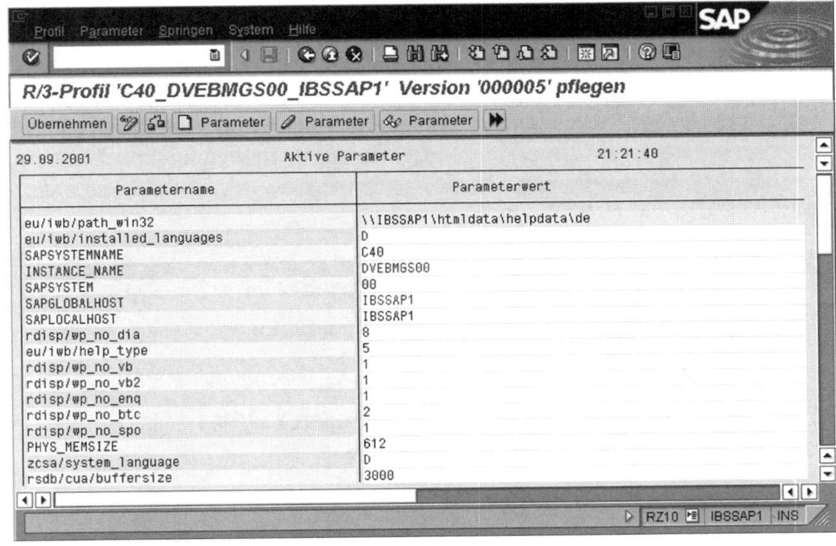

Abb. 3.2.5: Pflegen der Parameter über die Transaktion RZ10

Zur Prüfung dieser Parameter stehen mehrere Möglichkeiten zur Verfügung. Bei der Prüfung sollten neben den aktuellen Einstellungen auch die Einstellungen der

Parameter in den Profildateien überprüft werden. Hier darf es keine Differenzen geben. Nachfolgend werden zwei Möglichkeiten zur Prüfung der aktuellen Parameter dargestellt und zwei Möglichkeiten zur Prüfung der Profildateien.

3.2.3.2 Prüfen der Parameter mit dem Report RSPARAM (aktuelle Parameter prüfen)

Der Report RSPARAM zeigt alle Parameter des Systems mit ihren aktuellen Einstellungen an. Der Report ist in drei Spalten gegliedert. In der ersten Spalte wird der Parametername angegeben. In der mittleren Spalte werden die Werte angezeigt, die in den Profildateien gesetzt wurden. Sind in dieser Spalte keine Einträge vorhanden, wurden diese Parameter nicht explizit gesetzt. In diesem Fall gilt der Wert der rechten Spalte, in dem der Vorgabewert des R/3-Systems angezeigt wird.

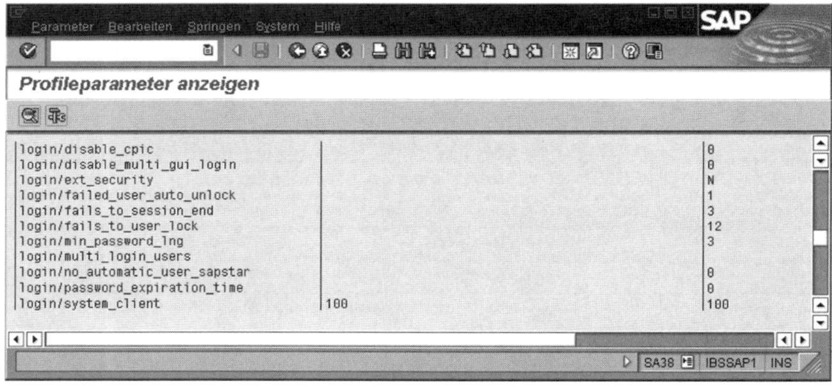

Abb. 3.2.6: Der Report RSPARAM

3.2.3.3 Prüfen der Parameter mit dem Report RSPFPAR (aktuelle Parameter prüfen)

Genau wie der Report RSPARAM gibt auch dieser Report die Parameter mit ihren Einstellungen wieder. Allerdings können hier vorher in einer Selektionsmaske die gewünschten Parameter angegeben werden, so dass nicht immer alle Parameter angezeigt werden (Abb. 3.2.7).

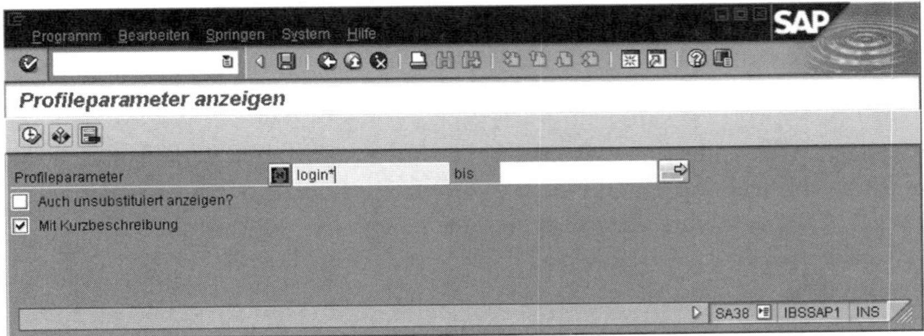

Abb. 3.2.7: Der Report RSPFPAR - Selektionsmaske

Sollen nur die Login-Parameter angezeigt werden, so muss als Selektionskriterium "*login**" eingegeben werden (denken Sie immer an den * als Platzhalter, ansonsten werden keine Parameter angezeigt). Zusätzlich kann hier über den Punkt *Mit Kurzbeschreibung* eine Erläuterung zu den einzelnen Parametern mit angezeigt werden.

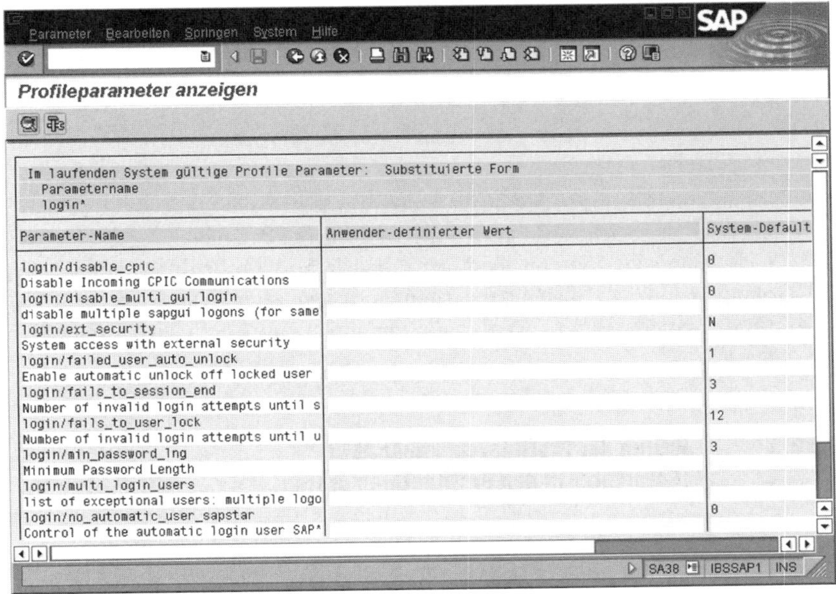

Abb. 3.2.8: Der Report RSPFPAR

3.2.3.4 Dokumentation zu den einzelnen Parametern

Zu fast allen Parametern ist eine Dokumentation hinterlegt. Diese kann auch über die beiden Reports RSPARAM und RSPFPAR angezeigt werden. Doppelklicken Sie auf den Parameter, zu dem Sie die Dokumentation sehen möchten. Es wird das Fenster *Profileparameter anzeigen* angezeigt. Hier finden Sie aktuelle Daten zum derzeitigen Stand des Parameters. Klicken Sie hier auf die Schaltfläche *Hilfe* und ein weiteres Fenster mit der Dokumentation wird angezeigt (Abb. 3.2.9).

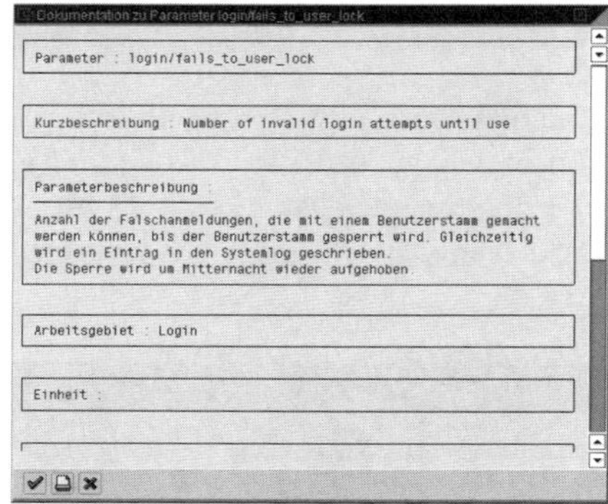

Abb. 3.2.9: Dokumentation zu Profilparametern

Die Dokumentationen zu den Parametern werden in der Tabelle TPFYDOC gespeichert. In der Selektionsmaske kann der gesuchte Parameter angegeben werden. Auch generische Einträge sind hier möglich. So wird beim Kriterium *login** die Dokumentation zu allen Login-Parametern angezeigt. Werden keine Selektionskriterien eingegeben, so werden die Dokumentationen zu allen Parametern angezeigt.

3.2.3.5 Prüfen der Profildateien über AL11 (Parameter in den Profildateien prüfen)

Über die Transaktion AL11 (Menüpfad *Werkzeuge - CCMS - Control/Monitoring - Performance Menu - Exceptions/Users - Exceptions - SAP-Directories*) können die aktuellen Inhalte der Profildateien auch über das R/3-System eingesehen werden. Diese Transaktion zeigt alle Verzeichnisparameter des R/3-Systems an (Abb. 3.2.10).

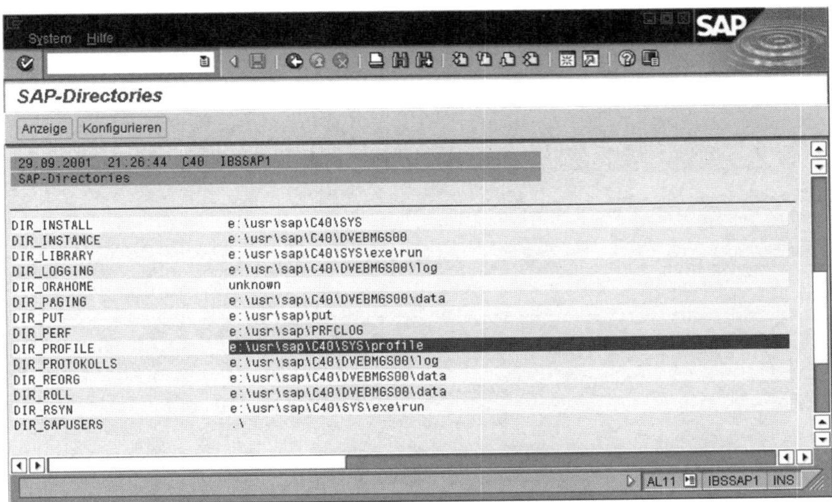

Abb. 3.2.10: Transaktion AL11 - Die Verzeichnisparameter

Mit einem Doppelklick kann der Inhalt des jeweiligen Verzeichnisses eingesehen werden. Die Profildateien befinden sich in dem Verzeichnis, da durch den Parameter DIR_PROFILE festgelegt wird. Doppelklicken Sie auf die Zeile dieses Parameters. Es werden die Profildateien angezeigt (Abb. 3.2.11).

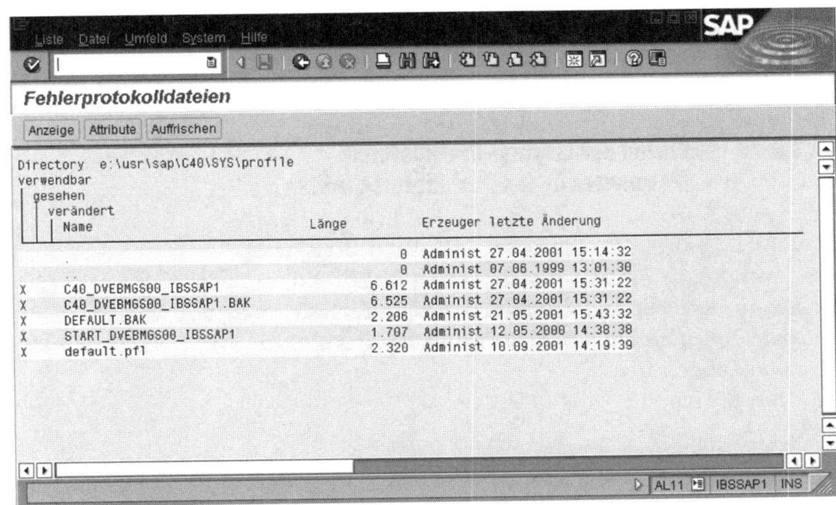

Abb. 3.2.11: Transaktion AL11 - Die Profildateien

Durch einen Doppelklick auf eine Datei wird der Inhalt angezeigt. Die Dateien sind von hier aus nicht änderbar. Sie werden nur angezeigt. Hier können nun die aktuell eingestellten Parameter in den Dateien überprüft werden (Abb. 3.2.12).

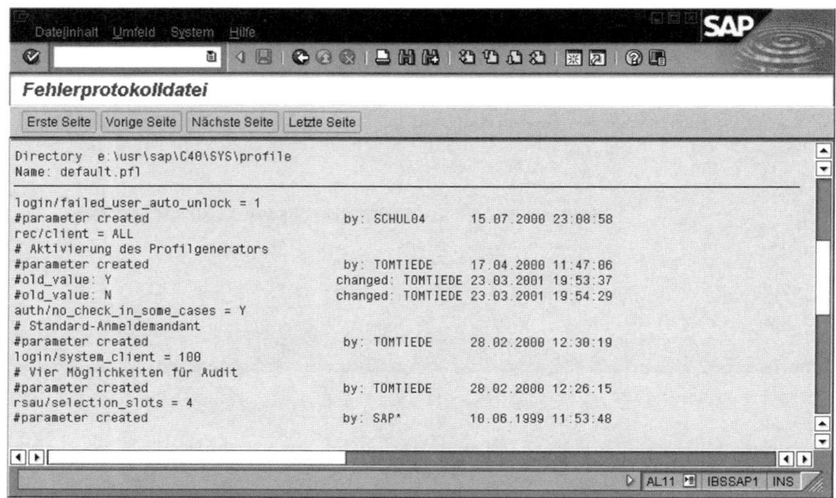

Abb. 3.2.12: Transaktion AL11 - Die Profildatei DEFAULT.PFL

Die Transaktion AL11 erreichen Sie über das AIS über *System Audit - System Konfiguration - Betriebssystem - SAP-Verzeichnisse und Dateianzeige.*

3.2.3.6 Prüfen der Original-Profildateien (Parameter in den Profildateien prüfen)

Lassen Sie sich von einem für die Betriebssystemebene verantwortlichen Administrator die Profildateien kopieren (die Dateien sind sehr klein, daher können sie, wenn nicht anders möglich, auf eine Diskette kopiert werden). Diese Dateien können Sie mit jedem Editor oder Textverarbeitungsprogramm anzeigen lassen und überprüfen.

3.2.4 Zugriffsrechte

Anzeigen des Support Package Level

Folgende beiden Zugriffsrechte werden zum Anzeigen benötigt:

Berechtigungsobjekt S_TCODE (Transaktionsberechtigung)
Transaktionscode: SPAM

Berechtigungsobjekt S_TRANSPRT (Change and Transport Organizer)
Aktivität: 03 (Anzeigen)
Auftragstyp: PATC (Vorabkorrekturen und Auslieferungen)

Parameter

Zum Verwalten und Anzeigen der Parameter wird das Berechtigungsobjekt S_RZL_ADM (Rechenzentrumsleitstand) genutzt. Das Verwalten kann über die Transaktionen RZ10 (Pflege der Profilparameterdateien) und RZ11 (Pflege einzelner Profilparameter; nicht jeder Parameter ist einzeln pflegbar) erfolgen. Das Anzeigen erfolgt i.d.R. mit den Reports RSPARAM und RSPFPAR.

Ändern der Parametereinstellungen
Berechtigungsobjekt S_TCODE (Transaktionsberechtigung)
Transaktionscode: RZ10 oder RZ11

Berechtigungsobjekt S_RZL_ADM (Rechenzentrumsleitstand)
Aktivität: 01 (Anlegen und Ändern)

Anzeige der Parametereinstellungen
Berechtigungsobjekt S_RZL_ADM (Rechenzentrumsleitstand)
Aktivität: 03 (Anzeigen)

3.2.5 Checkliste zu den Grundlagen der Systemprüfung

Nr.	Verwendung	Fragestellungen / Risiko	Ordnungsmäßigkeits-Vorgaben
1	1	Welches R/3-Release wird eingesetzt?	<Informativer Punkt für nachfolgende Prüfungen>
2	3	Was ist der aktuelle Stand der Support-Packages für Ihr R/3-Release?	<Informativer Punkt für die nachfolgende Prüfung>
3	3	Welche Support Packages wurden bereits eingespielt? / Hier besteht die Gefahr, dass Programmkorrekturen nicht zeitnah ins System eingespielt werden.	Es muss immer das aktuellste Support Package für die installierten Komponenten eingespielt sein.

3.2.6 Praktische Prüfung zu den Grundlagen der Systemprüfung

1. Ermitteln Sie den Releasestand des zu prüfenden R/3-Systems!
   Wählen Sie den Menüpunkt *System - Status* aus. Im Feld *SAP-Version* finden Sie den Releasestand.

2. Ermitteln Sie den aktuellen Stand der Support-Packages für Ihr R/3-Release!
   Dies ist am einfachsten über den SAP Service Marketplace zu ermitteln. Sie benötigen hierfür ein Benutzerkonto für den Marketplace (OSS-Benutzer). Wählen Sie unter www.sap.de den Punkt *Services - Support* aus, und klicken Sie dort auf *SAP Service Marketplace*. Nach der Anmeldung an den Service Marketplace wählen Sie den Bereich Support aus und dort das *SAP Software Distribution Center*. Hier können Sie sich nun die aktuellen Support Packages anzeigen lassen.
   Hinweis: Die Pfade können sich bei Änderungen der Internet-Seiten von SAP natürlich ändern.

3. Ermitteln Sie den aktuellen Stand der Support Packages!
   Wählen Sie den Menüpunkt *System - Status* aus. Im Feld *SAP-Systemdaten* kli-

cken Sie unter dem Feld *Komponentenversion* auf die Schaltfläche *Komponenteninformationen*. Im darauffolgenden Fenster klicken Sie im R/3-Release 4.6C auf das Register *Patches*. Im R/3-Release Enterprise wird der aktuelle Package-Stand gleich im Fenster angezeigt.

3.3 Mandanten

3.3.1 Die Mandanten des Systems

Eine Prüfung eines R/3-Systems bezieht sich nicht immer nur auf einen Mandanten, sondern oft auf alle Mandanten eines Systems, da viele Elemente mandantenübergreifend sind, wie z.B. die Systemparameter, das Auditing, die Systemprotokollierung, Teile der Anwendungsentwicklung (ABAPs) und einige Benutzerauswertungen. Ebenso sind über RFC-Verbindungen auch mandantenübergreifende Zugriffe möglich, z.B. das Vergleichen und Abgleichen von Tabellen. Daher muss sich der Prüfer zu Beginn der Prüfung über die im System existierenden Mandanten informieren.

Die Mandanten des Systems werden in der Tabelle T000 gespeichert. Rufen Sie diese Tabelle über die Transaktion SM30 oder SE16 auf, und vergleichen Sie die eingetragenen Mandanten mit denen der Vorgabe. Alternativ kann auch die Transaktion SCC4 aufgerufen werden, über die ebenfalls die Tabelle T000 angezeigt wird.

Abb. 3.3.1: Transaktion SM30 - Die Mandantentabelle T000

In jedem R/3-System existieren zu den Produktivmandanten noch die folgenden Mandanten:

000 Dies ist der Systemmandant des R/3-Systems. Über diesen Mandanten werden die Support Packages eingespielt. Auch Releasewechselarbeiten erfolgen in diesem Mandanten. Hier sollten außer den Standardbenutzern SAP* und DDIC (siehe Kapitel 5.3) nur noch Administratorkonten eingerichtet sein. Weitere Benutzerkonten sind hier nicht erforderlich.

001 Dieser Mandant hat keine besondere Funktion. Er kann als Produktivmandant eingesetzt werden. In ihm existieren die Standardbenutzer SAP*, DDIC und SAPCPIC.

066 Dies ist der sogenannte EarlyWatch-Mandant. Er ist erforderlich für die Fernwartung des Systems von SAP (Performance-Analyse). In diesem Mandanten existieren nur die Benutzer SAP* und EARLYWATCH (siehe Kapitel 5.3). Weitere Benutzerkonten sind nicht erforderlich.

Viele Vorgänge innerhalb eines Mandanten wirken sich nicht nur auf diesen einen Mandanten aus, sondern auf das gesamte System, wie z.B. das Ändern von mandantenunabhängigen Tabellen oder das Aktivieren und Deaktivieren der Verbuchung. Daher sind bei einer Prüfung alle Mandanten mit einzubeziehen, speziell bzgl. der Einstellungen und Berechtigungen zu mandantenübergreifenden Vorgängen. Aus diesem Grund ist ebenfalls darauf zu achten, dass nur wirklich benötigte Mandanten im System existieren.

Über die Eigenschaften der einzelnen Mandanten wird gesteuert, ob Customizing in den Mandanten möglich oder gesperrt ist (zur Mandantenänderbarkeit siehe Kapitel 7.4.3).

Das Recht, neue Mandanten anzulegen, stellt eines der kritischsten Zugriffsrechte im R/3-System dar. Hierdurch kann ein System innerhalb weniger Minuten "geknackt" werden. Und so könnte es funktionieren:

1. Es wird ein neuer Mandant angelegt. Dies geschieht, indem in die Tabelle T000 ein neuer Datensatz eingetragen wird. Möglich ist das z.B. mit der Transaktion SCC4 oder SM30.
2. Danach ist eine Anmeldung an diesen Mandanten möglich (ein Eintrag in die Tabelle T000 ist die einzige Voraussetzung zur Anmeldung). Die Anmeldung erfolgt mit dem Benutzer SAP* und seinem Initialkennwort PASS (siehe auch Kapitel 5.3.1). Für ihn werden keine Zugriffsrechte im System überprüft, daher hat er alle Zugriffsrechte, z.B. zum Ändern aller mandantenunabhängigen Tabellen. Allerdings ist die Nutzung von ABAP für ihn nicht möglich.
3. Mit der Programmiersprache ABAP ist auch ein Zugriff auf andere Mandanten möglich. Dies ist möglich, indem mit der Benutzerkennung SAP* ein neuer Benutzer mit Entwicklerschlüssel (stehen in der Tabelle DEVACCESS, siehe Kapitel 7.3.1) angelegt wird. Die notwendigen Zugriffsrechte können generiert werden, z.B. mit dem Report RSUSR406, mit dem das Profil SAP_ALL generiert wird..
4. Dem neuen Benutzer werden die Zugriffsrechte zugeordnet. Mit diesem Benutzer ist nun die uneingeschränkte Nutzung von ABAP möglich, wodurch ein Zugriff auf alle Daten aller Mandanten möglich ist, sowohl lesend als auch ändernd.
5. Eine weitere Möglichkeit besteht nun darin, die Daten aus dem Produktivmandanten zu kopieren (siehe nächstes Kapitel: *Mandantenkopien*)

Zur Absicherung sind folgende Maßnahmen zu treffen:

- Das Recht zum Anlegen neuer Mandanten steht im Produktivsystem nur Benutzern zu, die nach dem Vier-Augen-Prinzip eingesetzt werden, z.B. dem Notfallbenutzer. Dies gilt für alle Mandanten des Systems!
- Der Parameter *login/no_automatic_user_sapstar* ist auf 1 zu setzen. Hierdurch ist eine Anmeldung mit dem Benutzer SAP* und dem Kennwort PASS nicht möglich, wenn der Benutzer nicht existiert (siehe auch Kapitel 3.4.5).

- Es sind regelmäßig die Änderungsprotokolle der Tabelle T000 daraufhin zu kontrollieren, ob neue Einträge (also neue Mandanten) hinzugefügt wurden (siehe auch Kapitel 7.4.4).

Im AIS erhalten Sie Informationen zu den Mandanten des Systems über *System Audit - System Konfiguration - Mandanten.*

3.3.2 Mandantenkopien

R/3 bietet die Möglichkeit, Mandanten ganz oder selektiv zu kopieren. Dies ist z.B. notwendig, wenn ein Abbild des Produktivmandanten ins Schulungs- oder Entwicklungssystem kopiert werden soll oder wenn für umfangreiche Tests (z.B. Releasewechsel, Add-On-Implementationen oder umfangreiche Eigenentwicklungen) die Produktivumgebung benötigt wird. Mandantenkopien können innerhalb eines Systems oder systemübergreifend erfolgen.

Folgende Elemente können selektiv kopiert werden:
Customizing-Daten
Anwendungsdaten
Änderungsbelege
Benutzerdaten
Reportvarianten

Standardmäßig bietet R/3 bereits sog. *Profile* zum Kopieren an (nicht zu verwechseln mit den Berechtigungsprofilen), in denen die zu kopierenden Elemente bereits in verschiedenen Gruppierungen hinterlegt sind. Dies sind:

SAP_ALL	Alle mandantenabhängigen Daten ohne Änderungsbelege
SAP_APPL	Alle Customizing- und Anwendungsdaten
SAP_CUST	Customizing-Daten
SAP_CUSV	Customizing und Reportvarianten
SAP_UAPP	Benutzerstämme, Reportvarianten, Anwendungsdaten
SAP_UCSV	Customizing, Reportvarianten, Benutzerstämme
SAP_UCUS	Customizing und Benutzerstämme
SAP_USER	Benutzerstämme und Berechtigungsprofile

Der Mandantenkopierer wird über zwei Transaktionen aufgerufen:

SCCL	Lokale Mandantenkopie innerhalb eines Systems
SCC9	Remote Mandantenkopie über zwei Systeme

Abbildung 3.3.2 zeigt die Einstiegsmaske zur lokalen Mandantenkopie. Selektiert wurde das Profil SAP_USER, als Quellmandant wurde der Mandant 000 angegeben. Hier werden somit alle Benutzerstammsätze inkl. Berechtigungsprofile aus dem Mandanten 000 in den aktuellen Mandanten kopiert.

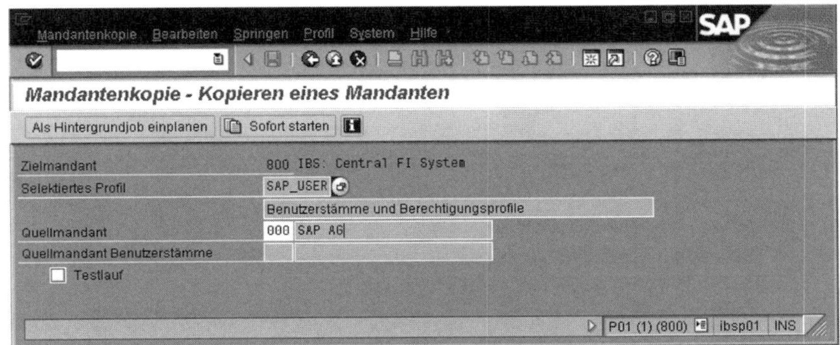

Abb. 3.3.2: Kopie von Benutzerstammsätzen und Berechtigungsprofilen

Bei jedem Start des Mandantenkopierers wird ein Protokoll erstellt, sowohl beim Kopieren als auch bei Testläufen. Diese Protokolle können mit der Transaktion SCC3 eingesehen werden. Im Einstiegsbild werden Ihnen alle Kopierläufe für den aktuellen Mandanten angezeigt. Klicken Sie auf die Schaltfläche *Alle Mandanten*, um eine Liste aller Kopien des Systems zu bekommen. Durch einen Doppelklick gelangen Sie in die Protokolle des jeweiligen Laufs (Abb. 3.3.3).

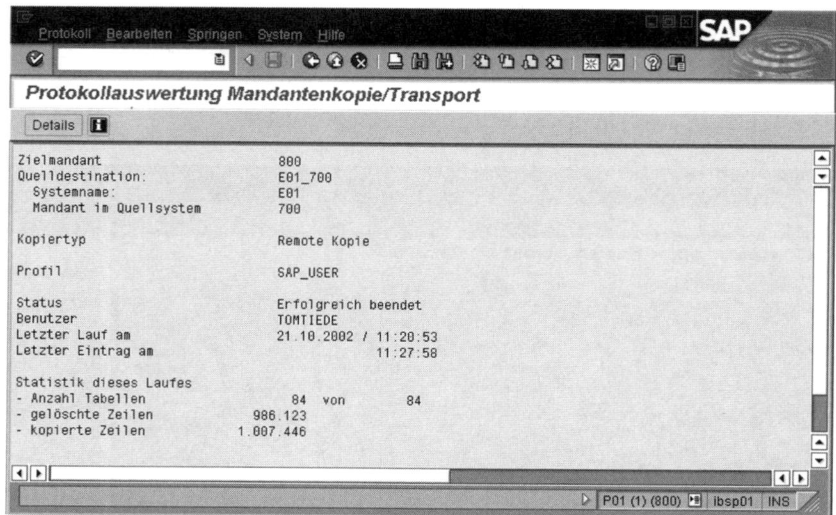

Abb. 3.3.3: Protokolle des Mandantenkopierers

Im Protokoll selbst werden Statusinformationen angezeigt sowie die Anzahl der kopierten Tabellen und Zeilen. Klicken Sie hier auf die Schaltfläche *Details* um genauere Informationen zu bekommen. Im Detail-Protokoll können Sie sich nun die einzelnen kopierten Elemente anzeigen lassen. Klicken Sie dafür jeweils auf die Schaltfläche *Detail* (Abb. 3.3.4).

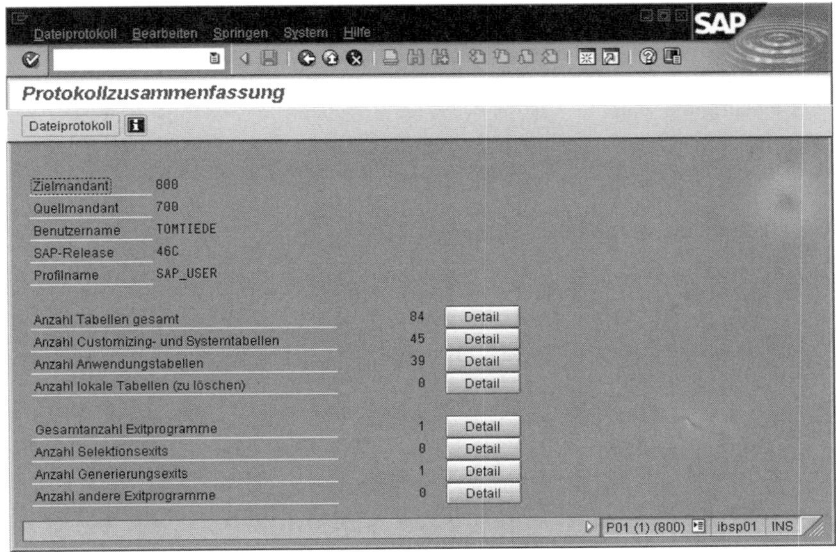

Abb. 3.3.4: Detailprotokolle des Mandantenkopierers

Beim Kopieren eines Mandanten erfolgt der Aufruf des Kopierens vom Zielmandanten aus. Hier werden auch die entsprechenden Zugriffsrechte benötigt. Im Quellmandanten (von wo die Daten kopiert werden) werden keine Zugriffsrechte benötigt! Mit dieser Funktion ist es daher ein Leichtes, produktive Daten zu kopieren. Dies ist ein weiteres Argument dafür, das Zugriffsrecht zum Anlegen neuer Mandanten ausschließlich nur an Benutzerkonten zu vergeben, die nach dem Vier-Augen-Prinzip eingesetzt werden. Des weiteren sind Mandantenkopien ausführlich zu dokumentieren. Lassen Sie sich die Dokumentationen vor der Prüfung dieses Punktes aushändigen.

3.3.3 Zugriffsrechte

Mandanten anlegen

Berechtigungsobjekt S_TCODE (Transaktionsberechtigung)
  Transaktionscode: SCC4 oder SM30 oder SM31
Berechtigungsobjekt S_ADMI_FCD (Systemberechtigungen)
  Funktion: T000 (Anlegen neuer Mandanten)

Berechtigungsobjekt S_TABU_DIS (Tabellenpflege)
Aktivität: 02 (Ändern)
Berechtg.-Gruppe SS (Systemtabellen)
Berechtigungsobjekt S_TABU_CLI (Tabellenpflege Mandantenunabhängiger Tabellen)
Kennzeichen: X (Darf mandantenunabhängige Tabellen pflegen)

Ändern von Mandanteneinstellungen

Berechtigungsobjekt S_TCODE (Transaktionsberechtigung)
Transaktionscode: SCC4 oder SM30 oder SM31
Berechtigungsobjekt S_TABU_DIS (Tabellenpflege)
Aktivität: 02 (Ändern)
Berechtg.-Gruppe: SS (Systemtabellen)
Berechtigungsobjekt S_TABU_CLI (Tabellenpflege Mandantenunabhängiger Tabellen)
Kennzeichen: X (Darf mandantenunabhängige Tabellen pflegen)

Anzeigen von Mandanteneinstellungen

Berechtigungsobjekt S_TCODE (Transaktionsberechtigung)
Transaktionscode: SCC4 oder SM30 oder SM31
Berechtigungsobjekt S_TABU_DIS (Tabellenpflege)
Aktivität: 03 (Anzeigen)
Berechtg.-Gruppe: SS (Systemtabellen)

Kopieren von Mandanten

Lokale Kopien ohne Benutzerstämme und Profile
Berechtigungsobjekt S_TCODE (Transaktionsberechtigung)
Transaktionscode: SCCL oder SCC9
Berechtigungsobjekt S_TABU_DIS (Tabellenpflege)
Aktivität: 02 (Anzeigen)
Berechtg.-Gruppe: * (Alle Tabellen)
Berechtigungsobjekt S_TABU_CLI (Tabellenpflege Mandantenunabhängiger Tabellen)
Kennzeichen: X (Darf mandantenunabhängige Tabellenpflegen)
Berechtigungsobjekt S_DATASET (Berechtigung zum Dateizugriff)
Programmname: * (Alle)
Aktivität: * (Alle)
Dateiname: * (Alle)

Berechtigungsobjekt S_CLNT_IMP (Dateiimport bei Mandantenkopie)
Aktivität: 60 (Importieren)

Remote Kopien ohne Benutzerstämme und Profile
Zu den obigen Berechtigungen kommen noch folgende hinzu:
Berechtigungsobjekt S_CTS_ADMI (Administrationsfunktion im WBO)
Funktion: IMPS (Importieren einzelner Transportaufträge)
Berechtigungsobjekt S_TRANSPRT (Change and Transport Organizer)
Aktivität: 01 (Anlegen)
43 (Freigeben)
60 (Importieren)
Auftragstyp: CLCP (Mandantentransporte)

Kopien mit Benutzerstammsätzen und Profilen
Zu den obigen Berechtigungen kommen noch folgende hinzu:
Berechtigungsobjekt S_USER_GRP (Benutzerverwaltung)
Aktivität: 01 (Anlegen)
02 (Ändern)
06 (Löschen)
Gruppe: * (Alle)
Berechtigungsobjekt S_USER_PRO (Profilverwaltung)
Aktivität: 01 (Anlegen)
02 (Ändern)
06 (Löschen)
Profile: * (Alle)
Berechtigungsobjekt S_USER_AUT (Berechtigungsverwaltung)
Aktivität: 01 (Anlegen)
02 (Ändern)
06 (Löschen)
Objekte: * (Alle)
Berechtigungen: * (Alle)

Anzeigen der Protokolle von Mandantenkopien
Berechtigungsobjekt S_TCODE (Transaktionsberechtigung)
Transaktionscode: SCC3
Berechtigungsobjekt S_DATASET (Berechtigung zum Dateizugriff)
Programmname: RSCCPROT, SAPLSLOG
Aktivität: 33 (Lesen)
Dateiname: * (Alle)

3.3.4 Checkliste zu Mandanten

Nr.	Verwendung	Fragestellungen / Risiko	Ordnungsmäßigkeits-Vorgaben
1	1	Welche Mandanten existieren im Produktivsystem? Hier besteht das Risiko, dass von anderen Mandanten aus der Produktivmandant manipuliert werden kann (z.B. durch Änderungen mandantenübergreifender Tabellen).	Es dürfen nur die Mandanten der Vorgabe existieren.
2	1	Entsprechen diese Mandanten den Vorgaben zu den notwendigen Mandanten im System? Hier besteht das Risiko, dass keine konkreten Vorgaben zur Einrichtung von Mandanten im Produktivsystem existieren.	Es dürfen nur die Mandanten der Vorgabe existieren.
3	3	Wurde die letzte Änderung der Mandanten (wann und von wem) dokumentiert? Hier besteht das Risiko, dass nicht nachvollziehbare Änderungen vorgenommen werden, z.B. Freischalten des Produktivmandanten für Customizing.	Die letzte Änderung muss dokumentiert sein.
4	1	Welche Benutzer existieren in den Mandanten 000 und 066? Hier besteht das Risiko, dass Benutzer von hier aus Einstellungen des Systems nicht nachvollziehbar ändern.	Es dürfen nur die Standardbenutzer sowie Administratorkonten existieren.

Nr.	Verwendung	Fragestellungen / Risiko	Ordnungsmäßigkeits-Vorgaben
5	1	Welche Daten wurden zu welchem Zeitpunkt aus dem Produktivmandanten herauskopiert? / Hier besteht das Risiko, dass Produktivdaten unberechtigt in andere Mandanten bzw. Systeme kopiert wurden.	Jede Kopie muss dokumentiert sein.
6	1	Wurden Mandantenkopien erstellt, die nicht dokumentiert sind? / Hier besteht das Risiko, dass Produktivdaten unberechtigt in andere Mandanten bzw. Systeme kopiert wurden.	Nicht dokumentierte Mandantenkopien dürfen nicht durchgeführt werden.
7	1	Existieren Vorgaben zur Dokumentation von Mandantenkopien? / Hier besteht das Risiko, das Mandantenkopien und deren Umfang nicht nachvollzogen werden können (z.B. Kopien in das Entwicklungssystem).	Es müssen Vorgaben zur Dokumentation definiert sein.

3.3.5 Praktische Prüfung zu Mandanten

1. Überprüfen Sie, welche Mandanten im System existieren!
   Rufen Sie die Transaktion SM31 auf, und lassen Sie sich die Tabelle T000 anzeigen.
2. Überprüfen Sie, ob diese Mandanten den Vorgaben zu den notwendigen Mandanten im System entsprechen!
   Vergleichen Sie die Mandanten der Tabelle T000 mit den Vorgaben. Hinterfragen Sie eventuell existierende zusätzliche Mandanten.

3. Überprüfen Sie, wann die Mandanten zuletzt geändert wurden und von wem!
   Rufen Sie die Transaktion SM31 auf, und lassen Sie sich die Tabelle T000 anzeigen. Hier werden das letzte Änderungsdatum der einzelnen Mandanten sowie der Benutzer angegeben, der diese Änderung vorgenommen hat.
4. Überprüfen Sie, welche Benutzer in den Mandanten 000 und 066 existieren!
   Für diese Fragestellung stehen Ihnen zwei Möglichkeiten zur Verfügung:
   1. Überprüfen Sie zusammen mit einem Administrator in beiden Mandanten die Benutzer, indem Sie sich jeweils die Tabelle USR02 anzeigen lassen.
   2. Rufen Sie den Report RSUVM005 auf. Dieser Report zeigt zu allen Benutzern in allen Mandanten die Benutzervermessungsdaten an (siehe Kapitel 5.8). In diesem Fall hat der Report den Nebeneffekt, dass so ein Überblick über alle Benutzer des Systems möglich ist.
5. Überprüfen Sie, welche Daten zu welchem Zeitpunkt aus dem Produktivmandanten herauskopiert wurden!
   Rufen Sie die Transaktion SCC3 auf, und klicken Sie auf die Schaltfläche *Alle Mandanten*.
6. Überprüfen Sie, ob Mandantenkopien erstellt wurden, die nicht dokumentiert sind!
   Vergleichen Sie die Mandantenkopierprotokolle aus Punkt 5 mit der Dokumentation. Lassen Sie sich Unstimmigkeiten von den Verantwortlichen erläutern.
7. Überprüfen Sie, ob Vorgaben zur Dokumentation von Mandantenkopien existieren!
   Lassen Sie sich die schriftlichen Vorgaben zeigen.

3.4 Die R/3 Anmeldesicherheit

3.4.1 Die Kennwortkonventionen

Für die Vergabe von Kennwörtern gelten unter SAP folgende Konventionen:

- Groß- und Kleinschreibung wird bei Kennwörtern nicht berücksichtigt.
- Das Kennwort muss mindestens drei und höchstens acht Zeichen haben. Die Maximallänge von acht Zeichen ist fest vorgegeben, die Minimallänge von drei kann über einen Parameter verändert werden, siehe Kapitel 3.4.5.
- Bestimmte Sonderzeichen dürfen nicht am Anfang stehen, wie "?", "!".
- Es dürfen keine Zeichenfolgen aus dem Benutzernamen im Kennwort verwendet werden, die länger als zwei Zeichen lang sind. Ein Benutzer mit dem Namen TOMTIEDE darf also kein Kennwort wählen, in dem z.B. die Zeichenfolge TOM vorkommt.

- Es dürfen keine drei gleichen Zeichen am Anfang des Kennwortes stehen.
- Es dürfen keine Leerzeichen in den ersten drei Zeichen des Kennwortes stehen. Ansonsten sind Leerzeichen zulässig.
- Das Kennwort darf nicht in der Tabelle USR40 enthalten sein, wo reservierte Zeichenfolgen stehen (siehe Kapitel 3.4.3).
- Das Kennwort darf nicht SAP* oder PASS sein.
- Ein Benutzer kann sein Kennwort höchstens einmal pro Tag ändern. Eine zweite Änderung kann nur durch Vergabe eines neuen Initialkennwortes durch den Benutzerverwalter erfolgen.
- Die letzten fünf verwendeten Kennwörter dürfen nicht wieder verwendet werden. Diese Anzahl ist fest vorgegeben und kann nicht verändert werden.
- Das Kennwort wird in der Datenbank nach einem modifizierten RSA-Verfahren (One-Way-Hash) verschlüsselt in der Tabelle USR02 gespeichert.
- Ab SAP R/3 Enterprise: Es kann definiert werden, wie viele Zeichen beim Kennwortwechsel unterschiedlich zum vorherigen Kennwort sein müssen.
- Ab SAP R/3 Enterprise: Es kann definiert werden, wie viele Buchstaben, Ziffern und Sonderzeichen ein Kennwort mindestens enthalten muss.

Zusätzlich sind Regeln für die Komplexität von Kennwörtern festzulegen. Kennwörter sollten mindestens eine Zahl und ein Sonderzeichen enthalten.

Hinweise zu den Kennwortregeln finden Sie in der SAP-Hilfe unter *R/3-Bibliothek - Basis - Computing Center Management System - Benutzer und Rollen - Benutzerstammsätze anlegen und pflegen - Kennwortregeln definieren.* Im AIS finden Sie Checklisten zu Kennwörtern unter dem Pfad *System Audit - Checkliste gemäß* R/3 *Sicherheitsleitfaden - 2-1: Benutzerauthentifizierung.*

3.4.2 Anforderungen zur Anmeldesicherheit

Zur Wahrung der Systemsicherheit muss die Vergabe und Nutzung der Kennwörter festgelegt werden. Nur autorisierten Benutzern darf der Zugang zum System möglich sein. Daher sind folgende Vorkehrungen zu treffen:

- Es müssen Vorgaben zur Vergabe von Initialkennwörtern existieren. Es sollte vermieden werden, dass für Benutzer immer dasselbe Initialkennwort von den Benutzeradministratoren vergeben wird.
- Nur autorisierte Benutzer dürfen die Berechtigung besitzen, Initialkennwörter zu vergeben.

- Die Kennwörter der Benutzer werden verschlüsselt in der Tabelle USR02 gespeichert. Der Zugriff auf diese Tabelle ist restriktiv zu handhaben, da hierin auch gespeichert wird, wer noch ein Initialkennwort besitzt.
- Kennwörter dürfen nur vom Anwender selbst vergeben und geändert werden.
- Die Administratoren sollten besonders komplexe Kennwörter nutzen.
- Es müssen Vorgaben zur Komplexität der Kennwörter existieren. Kennwörter sollten aus Buchstaben, Zahlen und Sonderzeichen bestehen. Diese Komplexitäten können ab dem R/3 Release Enterprise konfiguriert werden.
- Kennwörter müssen eine definierte Mindestlänge haben.
- Kennwörter müssen in regelmäßigen Abständen geändert werden.
- Nach einer definierten Anzahl von Falschanmeldungen müssen Benutzerkonten gesperrt werden.

Die letzten vier Punkte werden über die Systemparameter geregelt (siehe Kapitel 3.4.5).

3.4.3 Unzulässige Kennwörter - Tabelle USR40

In der Tabelle USR40 können Zeichenketten eingetragen werden, die dann von den Benutzern nicht als persönliche Kennwörter benutzt werden dürfen. Diese Tabelle ist mandantenübergreifend, sie gilt also für alle Mandanten des Systems. Aus Sicherheitsgründen sollten hier der Firmenname und andere geläufige Wörter eingetragen werden, um das "Knacken" eines Kennwortes zu erschweren. Weiterhin sollten Trivialkennwörter eingepflegt werden. Setzt eine Unternehmung z.B. einen Kennwortänderungszeitraum von 30 Tagen ein, sollten die Monatsnamen hier eingetragen werden. Bei einem Kennwortänderungszeitraum von 90 Tagen dann z.B. die Quartalsnamen.

Die Tabelle USR40 kann z.B. mit den Transaktionen SE16 / SE16N oder SM30 angezeigt werden (Abb. 3.4.1).

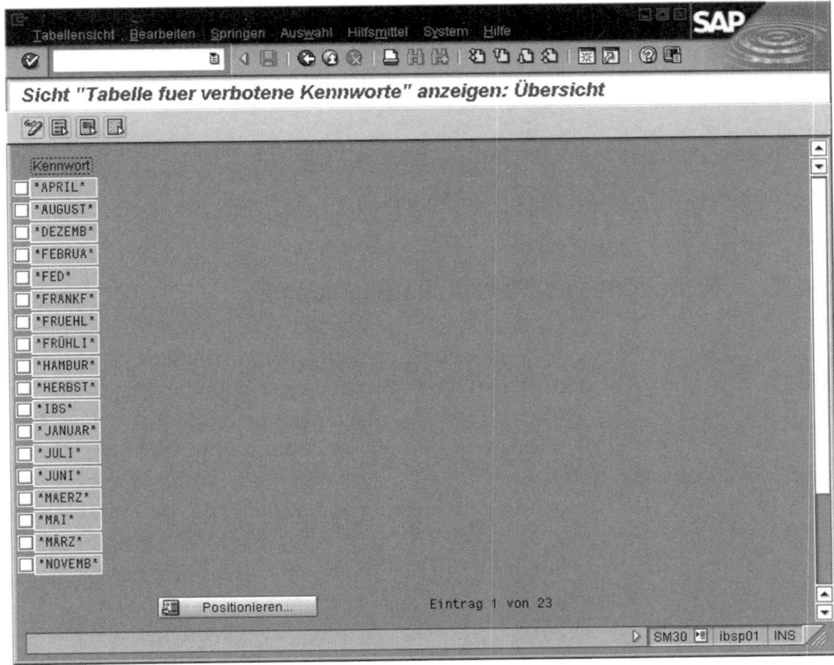

Abb. 3.4.1: Die Tabelle USR40

Bei den Eintragungen sind auch Platzhalter möglich:

- *HH* alle Kennwörter, welche die Zeichenkette "HH" enthalten
- *IBS* alle Kennwörter, welche die Zeichenkette "IBS" enthalten
- FED* alle Kennwörter, die mit der Zeichenkette "FED" beginnen
- HAMBURG das Kennwort "HAMBURG"

Es ist sinnvoll, in diese Tabelle nicht vollständige Wörter einzutragen, sondern immer nur generische Zeichenketten wie z.B. *JANUAR*. Somit sind dann diese Angaben als Zeichenketten in Kennwörtern verboten.

SAP lässt auch unsinnige Einträge zu, so z.B. den Eintrag "*". Dieser Eintrag ist ein Platzhalter für alle Kennwörter. Hierdurch werden alle Kennwörter ungültig und es sind keine Kennwortänderungen mehr möglich. Wird ein Benutzer also zum Kennwortwechsel aufgefordert, so nimmt das SAP-System kein Kennwort mehr an, da alle ungültig sind. Auf solche sinnlosen Einträge ist bei einer Prüfung ebenfalls zu achten.

Im AIS ist die Tabelle unter dem Punkt *System Audit - Benutzerverwaltung - Authentisierung - Unerlaubte Kennwörter* hinterlegt.

3.4.4 Protokolle von Mehrfachanmeldungen

Ab dem Release 4.6 werden Mehrfachanmeldungen von Benutzern an einen Mandanten protokolliert. Mehrfache Anmeldungen eines Benutzers im Produktivbetrieb sind gemäß den Lizenzbedingungen von SAP nicht vorgesehen. Beim Versuch der Mehrfachanmeldung erhält der Benutzer eine Meldung mit folgenden Auswahlmöglichkeiten:

- Er fährt mit der Anmeldung fort und beendet damit die bereits laufende Anmeldung.
- Er fährt mit der Anmeldung fort ohne die bereits laufende Anmeldung zu beenden. In diesem Fall wird diese Anmeldung protokolliert.
- Er beendet die Anmeldung.

Die Mehrfachanmeldungen werden in der Tabelle USR41_MLD mit folgenden Angaben gespeichert:

Feld	Nutzung
BNAME	Benutzername
CAL_YEAR	Das Kalenderjahr
PEAK	Maximale Anzahl an parallelen Anmeldungen
COUNTER	Zeigt an, wie oft sich der Benutzer parallel angemeldet hat
FIRST_DATE	Datum der ersten parallelen Anmeldung
FIRST_TIME	Uhrzeit der ersten parallelen Anmeldung
LAST_DATE	Datum der letzten parallelen Anmeldung
LAST_TIME	Uhrzeit der letzten parallelen Anmeldung
PEAK_DATE	Datum, wann der Benutzer die maximale Anzahl an parallelen Anmeldungen (Feld PEAK) vorgenommen hat
PEAK_TIME	Uhrzeit, wann der Benutzer die maximale Anzahl an parallelen Anmeldungen (Feld PEAK) vorgenommen hat

Mehrfachanmeldungen müssen keine Verstöße gegen die Lizenzbedingungen von SAP sein. Kritisch ist es, wenn mehrere Anwender sich einen Benutzernamen "teilen". Dies ist ein eindeutiger Verstoß und nicht zulässig, auch wenn sich dadurch augenscheinlich Lizenzgebühren sparen lassen. Diese Methode ist bei "normalen" Benutzern nicht anzuwenden.

Mehrfachanmeldungen können durch den Systemparameter *login/disable_multi_gui_login* unterbunden werden (siehe auch nächstes Kapitel). Wird dieser Parameter auf den Wert 1 gesetzt, ist eine Mehrfachanmeldung nicht mehr möglich. Ein Benutzer, der bereits angemeldet ist, hat bei einer weiteren Anmeldung an R/3 dann nur zwei Möglichkeiten:

- Er fährt mit der Anmeldung fort und beendet damit die bereits laufende Anmeldung.
- Er beendet die Anmeldung.

Benutzer, denen eine Mehrfachanmeldung möglich sein soll (z.B. den Administratoren), können dann mit dem Systemparameter *login/multi_login_users* angegeben werden.

3.4.5 Die Anmeldeparameter

Die Anmeldeparameter definieren die Vorgaben des SAP-internen Zugriffsschutzes. Durch das Setzen dieser Parameter wird die Systemsicherheit erheblich erhöht. Diese Parameter werden im Default-Profil des SAP-Systems gesetzt. Es macht keinen Sinn, diese Parameter im Instanzprofil zu setzen, da sie nicht für eine einzelne Instanz, sondern für das gesamte SAP-System gültig sein sollen (zu den Profildateien siehe Kapitel 3.2.3). Daher ist es bei einer Prüfung auch durchaus relevant, zu prüfen, in welchem Profil diese Parameter gesetzt wurden.

Im AIS finden Sie eine Checkliste zur Anmeldesicherheit unter dem Pfad *System Audit - Checkliste gemäß R/3 Sicherheitsleitfaden - 2-1: User Benutzerauthentifizierung - Schutzmaßnahmen gegen unberechtigte Anmeldungen.*

Parameter für R/3-Release 4.6C und Enterprise:

Parameter	**Default-wert**	**Beschreibung**
login/fails_to_session_end	3	Setzt die Anzahl der Anmeldeversuche, bis das System den Zugang ablehnt (Schließen des SAPGUI, keine Sperrung des Benutzers).Dieser Wert entspricht den Anforderungen der Revision.
login/fails_to_user_ lock	12	Setzt die Anzahl der Anmeldeversuche, bis das System den Benutzer sperrt. Der Benutzer kann sich danach nicht mehr am SAP-System anmelden. Er wird allerdings automatisch um 24:00 Uhr freigeschaltet. Ab Release 4.0 kann diese automatische Freischaltung durch den Parameter *login/failed_user_auto_unlock* abgeschaltet werden. Die Benutzer müssen dann immer manuell von einem Benutzerverwalter freigeschaltet werden. Dieser Vorgabewert ist zu hoch angesetzt. Er sollte auf 3 bis 6 Versuche reduziert werden.
login/failed_user_auto_unlock	1	Legt fest, ob ein Benutzer nach einer Sperrung durch Falschanmeldungen um 24.00 Uhr wieder freigeschaltet wird. Ist der Wert größer 0 gesetzt, so wird der Benutzer automatisch freigeschaltet, bei dem Wert 0 wird er nicht automatisch freigeschaltet. Dieser Wert entspricht nicht den Anforderungen der Revision. Der Parameter ist auf 0 zu setzen.

Parameter	**Default-wert**	**Beschreibung**
login/min_password_ lng	3	Legt die Mindestlänge des Kennwortes für Benutzer fest. Eine Kennwortlänge von drei Zeichen ist zu niedrig angesetzt. Dieser Wert sollte auf 6 bis 8 Zeichen erhöht werden.
login/password_ expiration_time	0	Gültigkeitsdauer eines Passwortes. Gibt an, in welchem Zeitraum in Tagen die Benutzer ihre Kennwörter ändern müssen. Eine 0 bedeutet, dass die Benutzer niemals ihr Kennwort ändern müssen. Hier muss der in den Unternehmensvorgaben vereinbarte Wert eingetragen werden (je nach Branche und Sicherheitsanspruch sollten die Werte hier zwischen 30 und 90 Tagen liegen).
login/no_automatic_ user_sapstar	0	Verhindert ein Anmelden unter dem Namen SAP*, wenn dieser als Benutzer gelöscht wurde. Der Wert 0 bedeutet, dass ein Anmelden nach dem Löschen des SAP* wieder möglich ist. Der Wert 1 legt fest, dass keine Anmeldung nach dem Löschen des SAP* möglich ist.Aus Sicherheitsgründen sollte dieser Parameter auf 1 gesetzt werden.

Parameter	Default-wert	Beschreibung
login/min_password_ lng	3	Legt die Mindestlänge des Kennwortes für Benutzer fest. Eine Kennwortlänge von drei Zeichen ist zu niedrig angesetzt. Dieser Wert sollte auf 6 bis 8 Zeichen erhöht werden.
login/password_ expiration_time	0	Gültigkeitsdauer eines Passwortes. Gibt an, in welchem Zeitraum in Tagen die Benutzer ihre Kennwörter ändern müssen. Eine 0 bedeutet, dass die Benutzer niemals ihr Kennwort ändern müssen. Hier muss der in den Unternehmensvorgaben vereinbarte Wert eingetragen werden (je nach Branche und Sicherheitsanspruch sollten die Werte hier zwischen 30 und 90 Tagen liegen).
login/no_automatic_ user_sapstar	0	Verhindert ein Anmelden unter dem Namen SAP*, wenn dieser als Benutzer gelöscht wurde. Der Wert 0 bedeutet, dass ein Anmelden nach dem Löschen des SAP* wieder möglich ist. Der Wert 1 legt fest, dass keine Anmeldung nach dem Löschen des SAP* möglich ist.Aus Sicherheitsgründen sollte dieser Parameter auf 1 gesetzt werden.

Parameter	**Default-wert**	**Beschreibung**
login/disable_multi_ gui_login	0	Legt fest, ob sich Benutzer mehrfach oder nur einmal an einen Mandanten anmelden dürfen. Dieser Parameter wirkt sich nicht auf RFC-Anmeldungen aus. Dies wird ab R/3 Enterprise gesteuert über *login/disable_multi_rfc_login*. Der Wert 0 bedeutet, dass Mehrfachanmeldungen möglich sind. Durch Setzen des Parameters auf 1 werden Mehrfachanmeldungen unterbunden. Ausnahme: im Parameter *login/multi_login_users* definierte berechtigte Benutzer für Mehrfachanmeldungen.
login/multi_login_ users	<Leer>	Der Parameter wird nur genutzt, wenn der Parameter *login/disable_multi_gui_login* auf 1 gesetzt ist und Mehrfachanmeldungen untersagt sind. Hier können Benutzernamen angegeben werden, die sich trotz verbotener Mehrfachanmeldungen öfter an einen Mandanten anmelden können. Dies kann z.B. für die Administratoren, für Super-User und Notfallbenutzer sinnvoll sein.

Parameter	Default-wert	Beschreibung
login/password_max_ new_valid	0	Beim Anlegen eines neuen Benutzers vergibt der Administrator ein Initialkennwort für den Benutzer. Mit diesem Parameter kann festgelegt werden, wie lange dieses Kennwort gültig ist. Meldet sich der Benutzer innerhalb dieses Zeitraumes nicht an, verliert das Kennwort seine Gültigkeit, und eine Anmeldung ist erst möglich, nachdem der Administrator ein neues Kennwort vergeben hat.Der Parameter gilt nicht für Benutzer vom Typ *Service*. Der Wert 0 bedeutet, dass Initialkennwörter immer gültig sind. Hier ist die Anzahl der Tage anzugeben, nach denen ein Initialkennwort ungültig werden soll.
login/password_max_reset_va lid	0	Wie Parameter *login/password_max_new_valid*, gilt aber nicht bei der Vergabe von Initialkennwörtern beim Neuanlegen von Benutzern, sondern beim Zurücksetzen von Kennwörtern existierender Benutzer.

Parameter	Default-wert	Beschreibung
login/disable_ password_logon	0	Verhindert eine herkömmliche direkte Anmeldung an SAP R/3 mit einem Kennwort. Es gibt verschiedene Arten der Benutzerauthentifizierung:- mittels Kennwort (konventionelle Anmeldung) - durch ein externes Sicherheitsprodukt (SNC)- aufgrund X.509-Browser-Zertifikat (Intranet/ Internet)- mittels Workplace Single Sign-On (SSO) TicketBei der Nutzung anderer Methoden zur Anmeldung als der konventionellen kann es gewünscht sein, diese zu sperren. Wert 0:Der Wert 0 bedeutet, dass eine konventionelle Anmeldung möglich ist.Wert 1: Dies bedeutet, dass eine konventionelle Anmeldung nur Benutzern möglich ist, die über den Parameter *login/password_logon_usergroup* definiert wurden.Wert 2: Durch das Setzen dieses Wertes ist eine konventionelle Anmeldung nicht mehr möglich.
login/password_ logon_user-group	<Leer>	Wurde durch den Parameter *login/disable_password_ logon = 1* die konventionelle Anmeldung ausgeschlossen, so können mit diesem Parameter Benutzergruppen angegeben werden, deren Benutzern trotzdem eine konventionelle Anmeldung dann möglich ist.

Parameter	Default-wert	Beschreibung
rdisp/gui_auto_logout	0	Benutzer, die im System angemeldet sind, aber sich längere Zeit nicht im System bemerkbar gemacht haben, können vom SAP-System automatisch abgemeldet werden. Der Wert 0 bedeutet, dass Benutzer nicht automatisch abgemeldet werden. Soll hier ein Zeitraum angegeben werden, ist die Angabe in Sekunden vorzunehmen (z.B. der Wert 1800 für 30 Minuten).
auth/rfc_authority_ check	1	Legt fest, ob bei Anmeldungen über eine RFC-Verbindung die Berechtigung zur Anmeldung überprüft wird (Berechtigungsobjekt S_RFC). Der Parameter kann folgende Werte enthalten: Wert 0:Der Wert 0 bedeutet, dass jede RFC-Verbindung vom SAP-System zugelassen.Wert 1: Beim RFC-Zugriff werden Berechtigungen überprüft außer für den gleichen User, den gleichen Benutzer-Kontext und Funktionsbausteine der Funktionsgruppe SRFC. Dieser Wert entspricht den Anforderungen der Revision. Wert 2: Beim RFC-Zugriff werden Berechtigungen überprüft außer für Funktionsbausteine der Funktionsgruppe SRFC. Wert 9: Beim RFC-Zugriff werden Berechtigungen für alle Funktionsbausteine überprüft.

Neue Parameter in R/3 Enterprise:

Parameter	**Default-wert**	**Beschreibung**
login/disable_multi_ rfc_login	0	Legt fest, ob sich Benutzer mehrfach oder nur einmal an einen Mandanten per RFC anmelden dürfen. Dieser Parameter wirkt sich nicht auf Dialog-Anmeldungen aus. Dies wird gesteuert über *login/disable_multi_gui_login*. Der Wert 0 bedeutet, dass Mehrfachanmeldungen möglich sind. Durch Setzen des Parameters auf 1 werden Mehrfachanmeldungen unterbunden. Ausnahme: im Parameter *login/multi_login_users* definierte berechtigte Benutzer für Mehrfachanmeldungen.
login/min_password_ diff	1	Legt fest, in wie vielen Zeichen sich ein neues Kennwort beim Kennwortwechsel vom alten Kennwort unterscheiden muss. Mit diesem Parameter kann somit verhindert werden, dass Benutzer nacheinander Kennwörter benutzen wie DELPHI1, DELPHI2, DELPHI3, ... Dieser Parameter wirkt nicht beim Anlegen neuer Benutzer bzw. beim Zurücksetzen von Kennwörtern.Der Wert sollte mindestens die Hälfte der minimalen Kennwortlänge betragen (Parameter *login/min_password_ lng*).

<table>
<tr><th>Parameter</th><th>Default-wert</th><th>Beschreibung</th></tr>
<tr><td>login/min_password_ digits</td><td>0</td><td>Legt fest, wie viele Ziffern mindestens in einem Kennwort vorkommen müssen. Um komplexe Kennwörter anzufordern, sollte dieser Parameter auf den Wert 1 gesetzt werden.</td></tr>
<tr><td>login/min_password_ letters</td><td>0</td><td>Legt fest, wie viele Buchstaben mindestens in einem Kennwort vorkommen müssen. Um komplexe Kennwörter anzufordern, sollte dieser Parameter auf den Wert 1 gesetzt werden.</td></tr>
<tr><td>login/min_password_ specials</td><td>0</td><td>Legt fest, wie viele Sonderzeichen ((!\"@$%&/()=?'`*+~#-_.,;:{[]}\\<>|")) mindestens in einem Kennwort vorkommen müssen. Um komplexe Kennwörter anzufordern, kann dieser Parameter auf den Wert 1 gesetzt werden. Wichtig ist hierbei, die Benutzer auf diese Systematik vorzubereiten und ihnen Tipps zur Nutzung von Sonderzeichen zu geben, um zu verhindern, dass das komplexe Kennwort dann irgendwo hinterlegt wird, weil der Benutzer es sich nicht merken kann.</td></tr>
</table>

3.4.6 Eigene Erweiterungen zur Anmeldesicherheit

SAP R/3 bietet die Möglichkeit, den Anmeldevorgang um eigene Funktionalitäten zu erweitern, z.B. um unternehmenseigene Anmelderestriktionen abzugleichen (Anzeige der letzten Anmeldung, Abgleich mit externen Benutzerlisten, ...). Hierfür stellt SAP den Kunden-Exit SUSR0001 zur Verfügung. Dieser kann im R/3-System angelegt werden und wird dann bei jedem Anmeldevorgang durchlaufen, so dass die hier einprogrammierten Routinen bei jeder Benutzeranmeldung ziehen.

3.4.7 Zugriffsrechte

Pflege von verbotenen Kennwörtern (Tabelle USR40)

Berechtigungsobjekt S_TCODE (Transaktionsberechtigung)
    Transaktionscode: SM30 oder SM31
Berechtigungsobjekt S_TABU_DIS (Tabellenpflege)
    Aktivität: 02 (Ändern)
    Berechtg.-Gruppe SUSR (Benutzerstamm)
Berechtigungsobjekt S_TABU_CLI (Tabellenpflege Mandantenunabhängiger Tabellen)
    Kennzeichen: X (Darf mandantenunabhängige Tabellen pflegen)

Anmeldeparameter pflegen

Berechtigungsobjekt S_TCODE (Transaktionsberechtigung)
    Transaktionscode: RZ10
Berechtigungsobjekt S_RZL_ADM (Rechenzentrumsleitstand)
    Aktivität: 01 (Anlegen und Ändern)

Kennwörter für Benutzer vergeben

Berechtigungsobjekt S_TCODE (Transaktionsberechtigung)
    Transaktionscode: SU01 oder OIBB oder OOUS oder OPCA oder OPF0
Berechtigungsobjekt S_USER_GRP (Benutzerverwaltung)
    Aktivität: 05 (Sperren, Entsperren, Kennwörter vergeben)
    Gruppe: <keine festen Vorgaben>

3.4.8 Checkliste zur Anmeldesicherheit

Nr.	Verwendung	Fragestellungen / Risiko	Ordnungsmäßigkeits-Vorgaben
1	3	Wurden in der Tabelle USR40 unzulässige Kennwörter eingetragen? ——— Hier besteht das Risiko, dass Benutzer zu triviale Kennwörter benutzen, die leicht zu knacken sind	Unzulässige Kennwörter (Firmenname etc.) sind einzutragen.
2	2	Existieren Vorgaben für die Komplexität von Kennwörtern? ——— Hier besteht das Risiko, dass Benutzer zu triviale Kennwörter benutzen, die leicht zu knacken sind.	Es müssen Vorgaben für die Benutzer bzgl. der Komplexität von Kennwörtern existieren.
3	1	Werden Benutzerkonten von mehreren Anwendern parallel genutzt? ——— Hier besteht das Risiko, dass gegen die Lizenzvereinbarungen der SAP AG verstoßen wird.	Eine Mehrfachnutzung von Benutzerkennungen entspricht standardmäßig nicht dem SAP-Lizenzvertrag.
4	1	Wie wurden die Anmeldeparameter des R/3-Systems eingestellt? ——— Hier besteht das Risiko, dass der Anmeldevorgang nicht gemäß den Unternehmensrichtlinien abgesichert ist.	Die Anmeldeparameter müssen gemäß den Vorgaben und Sicherheitsrichtlinien eingestellt sein.

Nr.	Verwendung	Fragestellungen Risiko	Ordnungsmäßigkeits-Vorgaben
5	1	Ab R/3 Enterprise:Existieren Vorgaben für komplexe Kennwörter? Hier besteht das Risiko, dass Benutzer zu triviale Kennwörter benutzen, die leicht zu knacken sindHier besteht das Risiko, dass komplexe Kennwörter zwar angefordert werden, aber von den Benutzern im System nicht genutzt werden.	Die Vorgaben müssen mit den Anmeldeparametern konfiguriert sein.

3.4.9 Praktische Prüfung zur Anmeldesicherheit

1. Überprüfen Sie, ob in die Tabelle USR40 unzulässige Kennwörter eingetragen wurden!
   Rufen Sie die Transaktion SE16 / SE16N oder SM30 auf, und lassen Sie sich die Tabelle USR40 anzeigen.
2. Überprüfen Sie, ob Vorgaben zur Komplexität der Kennwörter existieren. Kennwörter sollten mindestens eine Zahl und ein Sonderzeichen enthalten!
3. Überprüfen Sie, ob Benutzerkonten von mehreren Anwendern parallel genutzt werden!
   Rufen Sie die Transaktion SE16 / SE16N auf, und lassen Sie sich die Tabelle USR41_MLD anzeigen. Im Feld COUNTER wird angezeigt, wie oft ein Benutzer bereits mehrfach parallel angemeldet war. Prüfen Sie, ob hier hohe Einträge vorhanden sind. Falls ja, überprüfen Sie, ob diese Benutzerkonten evtl. von mehreren Anwendern genutzt werden und damit gegen den Lizenzvertrag von SAP verstoßen wird.
4. Überprüfen Sie die Anmeldeparameter des Systems!
   Rufen Sie die Transaktion SA38 (Menüpfad *System - Dienste - Reporting*) auf, und lassen Sie sich den Report RSPARAM anzeigen. In der Selektionsmaske setzen Sie keinen Haken in den Punkt *auch unsubstituiert anzeigen*. Suchen Sie die folgenden Parameter, und überprüfen Sie die eingetragenen Werte mit den Vorgaben:

Parameter	Default-wert	Beschreibung
login/fails_to_ session_end	3	Dieser Wert entspricht den Anforderungen der Revision.
login/fails_to_user_lock	12	Dieser Vorgabewert ist zu hoch angesetzt. Er sollte auf 5 bis 6 Versuche reduziert worden sein.
login/failed_user_auto_unlock	1	Dieser Wert entspricht nicht den Anforderungen der Revision. Der Parameter ist auf 0 zu setzen.
login/min_password_Ing	3	Eine Kennwortlänge von drei Zeichen ist zu niedrig angesetzt. Dieser Wert sollte auf 5 bis 6 Zeichen erhöht sein.
login/password_ expiration_time	0	Hier muss der entsprechend der Unternehmensvorgaben vereinbarte Wert eingetragen werden (je nach Branche und Sicherheitsanspruch sollten die Werte hier zwischen 30 und 90 Tagen liegen).
login/no_automatic_user_sapstar	0	Aus Sicherheitsgründen sollte dieser Parameter auf 1 gesetzt worden sein.
login/disable_multi_gui_login	0	Hier muss der entsprechend der Unternehmensvorgaben vereinbarte Wert eingetragen werden.
login/multi_login_users	<Leer>	Hier müssen die vereinbarten Benutzernamen stehen, wenn der Parameter *login/disable_multi_gui_login* auf 1 gesetzt ist.
rdisp/gui_auto_logout	0	Soll hier ein Zeitraum angegeben werden, ist die Angabe in Sekunden vorzunehmen (z.B. der Wert 1200 für 20 Minuten).

Parameter	Default-wert	Beschreibung
auth/rfc_authority_check	1	Der Wert 1 entspricht den Anforderungen der Revision.
Ab R/3-Enterprise: login/disable_multi_rfc_login	0	Hier muss der entsprechend der Unternehmensvorgaben vereinbarte Wert eingetragen werden.

5. Überprüfen Sie, ob Vorgaben für komplexe Kennwörter existieren!
   Rufen Sie die Transaktion SA38 (Menüpfad *System - Dienste - Reporting*) auf, und lassen Sie sich den Report RSPARAM anzeigen. In der Selektionsmaske setzen Sie keinen Haken in den Punkt *auch unsubstituiert anzeigen*. Suchen Sie die folgenden Parameter, und überprüfen Sie die eingetragenen Wert mit den Vorgaben:

Parameter	Default-wert	Beschreibung
login/min_password_diff	1	Der Wert sollte mindestens die Hälfte der minimalen Kennwortlänge betragen (Parameter *login/min_password_lng*).
login/min_password_digits	0	Um komplexe Kennwörter anzufordern, sollte dieser Parameter mindestens auf den Wert 1 gesetzt werden.
login/min_password_letters	0	Um komplexe Kennwörter anzufordern, sollte dieser Parameter mindestens auf den Wert 1 gesetzt werden.
login/min_password_specials	0	Um komplexe Kennwörter anzufordern, kann dieser Parameter auf den Wert 1 gesetzt werden.

3.5 Das Notfallbenutzer-Konzept

In jedem System sollte ein Notfallbenutzer existieren. Dies ist ein Benutzer mit vollen Rechten für das gesamte System, der nur in Ausnahmesituationen genutzt wird. Auf Grund der hohen Rechte stellt dieser Benutzer auch eine besondere Gefahr für die Ordnungsmäßigkeit des Systems dar. Unter R/3 sind folgende Punkte im Bezug auf einen Notfallbenutzer zu beachten:

- Es darf nicht der Benutzer SAP* als Notfallbenutzer eingesetzt werden. Er stellt auf Grund seines "Bekanntheitsgrades" ein zu hohes Risiko dar. Es ist ein neuer Benutzer anzulegen.
- Auch der Benutzer DDIC ist nicht als Notfallbenutzer einzusetzen.
- Er sollte keinen leicht erkennbaren Benutzernamen haben. Sinnvoll ist, einen Benutzer gem. den unternehmenseigenen Namenskonventionen anzulegen (z.B. PMEIER) und diesen als Notfallbenutzer zu nutzen.
- Für den Stammsatz des Notfallbenutzers gilt:
- Ihm ist das Profil SAP_ALL oder ähnliche Rechte zuzuordnen.
- Es darf kein Ablaufdatum angegeben sein.
- Er muss der Gruppe der Administratoren (standardmäßig die Gruppe SUPER) zugeordnet sein.
- Er darf nicht gesperrt sein.
- Das Kennwort ist nach dem Vier-Augen-Prinzip zu vergeben. Es ist für Notfälle in einem Tresor zu hinterlegen.
- Da der Notfallbenutzer auch für Reparaturen im Produktivsystem genutzt wird, kann für ihn ein Entwicklerschlüssel beantragt werden.
- Nach einer Nutzung des Notfallbenutzers ist für ihn ein neues Kennwort zu vergeben.
- Die Verwaltung des Notfallbenutzers in R/3 darf nur nach dem Vier-Augen-Prinzip erfolgen.
- Die Nutzung des Notfallbenutzers ist inhaltlich zu dokumentieren.
- Der Notfallbenutzer ist über das AuditLog vollständig zu protokollieren.

3.5.1 Checkliste zum Notfallbenutzer-Konzept

Nr.	Verwendung	Fragestellungen Risiko	Ordnungsmäßigkeits-Vorgaben
1	2	Existiert ein Notfallbenutzer in den einzelnen Mandanten? Hier besteht das Risiko, dass kritische Zugriffsrechte an aktive Benutzer für einen Notfall vergeben werden, die diese Rechte jederzeit einsetzen können.	Es muss ein Notfallbenutzer in den einzelnen Mandanten vorhanden sein.
2	3	Wurde das Kennwort des Notfallbenutzers nach dem Vier-Augen-Prinzip vergeben? Hier besteht das Risiko, dass der Notfallbenutzer von einzelnen Personen genutzt werden kann und damit anonym Aktionen durchgeführt werden können.	Das Kennwort muss nach dem Vier-Augen-Prinzip vergeben werden.
3	3	Wurde das Kennwort für einen Notfall hinterlegt? Hier besteht das Risiko, dass der Notfallbenutzer in einem Notfall nicht genutzt werden kann, da das Kennwort nur abwesenden Personen bekannt ist.	Das Kennwort muss für einen Notfall hinterlegt sein.
4	2	Wird der Benutzer über das Auditing protokolliert? Hier besteht das Risiko, dass mit diesem Benutzer nicht nachvollziehbare Aktionen durchgeführt werden können.	Die Notfallbenutzer sind über das Auditing zu protokollieren.

Nr.	Verwendung	Fragestellungen / Risiko	Ordnungsmäßigkeits-Vorgaben
5	3	Wird die Nutzung des Notfallbenutzers inhaltlich dokumentiert? / Hier besteht das Risiko, dass die Nutzung des Notfallbenutzers nicht personell nachvollzogen werden kann.	Die Nutzung des Notfallbenutzers ist inhaltlich zu dokumentieren.
6	3	Wann war der Notfallbenutzer das letzte Mal angemeldet, warum, und wurde dies dokumentiert? / Die letzte Anmeldung muss inhaltlich dokumentiert sein.	Hier besteht das Risiko, dass der Notfallbenutzer unberechtigt genutzt wurde.

3.5.2 Praktische Prüfung zum Notfallbenutzer-Konzept

1. Überprüfen Sie, ob ein Notfallbenutzer im System existiert!
   Erkundigen Sie sich bei der Administration nach dem Notfallbenutzer. Überprüfen Sie, ob diese Angaben mit der Dokumentation übereinstimmen. Rufen Sie die Transaktion SU01 auf, und lassen Sie sich die Eigenschaften des Benutzers anzeigen. Kontrollieren Sie insbesondere folgende Einstellungen:
   - Es darf kein Ablaufdatum angegeben sein.
   - Er muss der Gruppe der Administratoren (standardmäßig die Gruppe SUPER) zugeordnet sein.
   - Er darf nicht gesperrt sein.
   - Ihm muss das Profil SAP_ALL zugeordnet sein.
2. Kontrollieren Sie, ob das Kennwort nach dem Vier-Augen-Prinzip vergeben wurde!
   Diese Kontrolle kann nur durch ein Interview mit der Administration erfolgen.
3. Überprüfen Sie, ob das Kennwort in einem Tresor für den Notfall hinterlegt wurde!
4. Überprüfen Sie, ob der Notfallbenutzer über das Auditing protokolliert wird!
   Rufen Sie die Transaktion SM19 auf, und überprüfen Sie, ob der Benutzer dort eingetragen wurde.

5. Überprüfen Sie, ob die Nutzung des Notfallbenutzers inhaltlich dokumentiert wird!
6. Überprüfen Sie, wann der Benutzer das letzte Mal angemeldet war, und vergleichen Sie dies mit der inhaltlichen Dokumentation!
   Rufen Sie die Transaktion SE16 / SE16N auf, und lassen Sie sich die Tabelle USR02 anzeigen. Überprüfen Sie das letzte Anmeldedatum des Notfallbenutzers im Feld TRDAT und die Uhrzeit der letzten Anmeldung im Feld LTIME.

3.6 Das Auditing

3.6.1 Das Konzept des Auditing

SAP R/3 bietet ab dem Release 4.0 die Möglichkeit, ein Auditprotokoll mitzuführen. Auditprotokolle überwachen laufende Ereignisse innerhalb des SAP-Systems wie Benutzeran- und -abmeldungen, Transaktionsaufrufe, Sperren von Transaktionen und Änderungen an Berechtigungen, Profilen und Benutzerstämmen usw. Im Gegensatz zum Systemprotokoll (SysLog, siehe nächstes Kapitel) muss das Auditing explizit aktiviert und konfiguriert werden. Da im Auditing Anmeldungen, Transaktionsaufrufe und Benutzerstammsatzänderungen protokolliert werden, sind bei der Aktivierung und Konfiguration die Bestimmungen der Datenschutzgesetze bezüglich personenbezogener Daten zu beachten (siehe auch: *Datenschutzleitfaden* zu SAP R/3).

Die Protokolldaten werden, wie beim SysLog auch, auf der Betriebssystemebene gespeichert. Nach Aktivierung des Auditings wird für jeden Tag eine Datei angelegt, die standardmäßig als Namen das Tagesdatum sowie die Endung AUD erhält (z.B 20040128.AUD für die AuditLog-Datei vom 28.01.2004). Wo die Dateien auf der Betriebssystemebene gespeichert werden, kann dem Parameter DIR_AUDIT entnommen werden (zu prüfen mit dem Report RSPFPAR). Jede R/3-Instanz speichert ihr eigenes Audit-Protokoll, die Einrichtung einer zentralen Protokollierung ist nicht möglich.

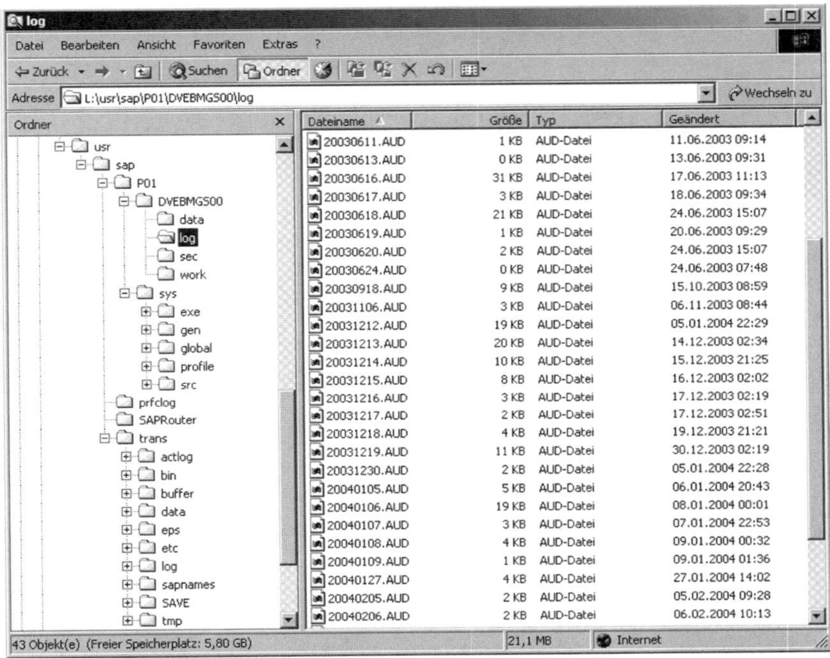

Abb. 3.6.1: Die AuditLog-Dateien auf der Betriebssystemebene

Das Auditing ist, wie das SysLog auch, mandantenunabhängig. Es existiert pro R/3-System nur ein einziges AuditLog. Aus jedem Mandanten werden die Audit-Protokolle in die Audit-Dateien geschrieben und auch mandantenübergreifend ausgewertet.

Bei der Nutzung des AuditLogs ist es wichtig, Verantwortlichkeiten festzulegen für eine regelmäßige Auswertung. Des weiteren ist zu definieren, wie lange diese Protokolle aufbewahrt werden sollen. Generell hat sich ein zurückliegendes Geschäftsjahr als ausreichend erwiesen.

Hinweise zum AuditLog finden Sie in der SAP-Hilfe unter *R/3-Bibliothek - Basis - Sicherheit (BC-SEC) - Security-Audit-Log*. Im AIS finden Sie Informationen zum AuditLog unter dem Pfad *System Audit - Systemprotokolle und Statusanzeigen - Security-Audit-Log*, eine Checkliste zum Thema Log unter dem Pfad *System Audit - Checkliste gemäß R/3 Sicherheitsleitfaden - 2-9: Protokollierung und Prüfung*.

3.6.2 Konfiguration des Auditing

Das Auditing wird über die Transaktion SM19 konfiguriert (Abb. 3.6.2).

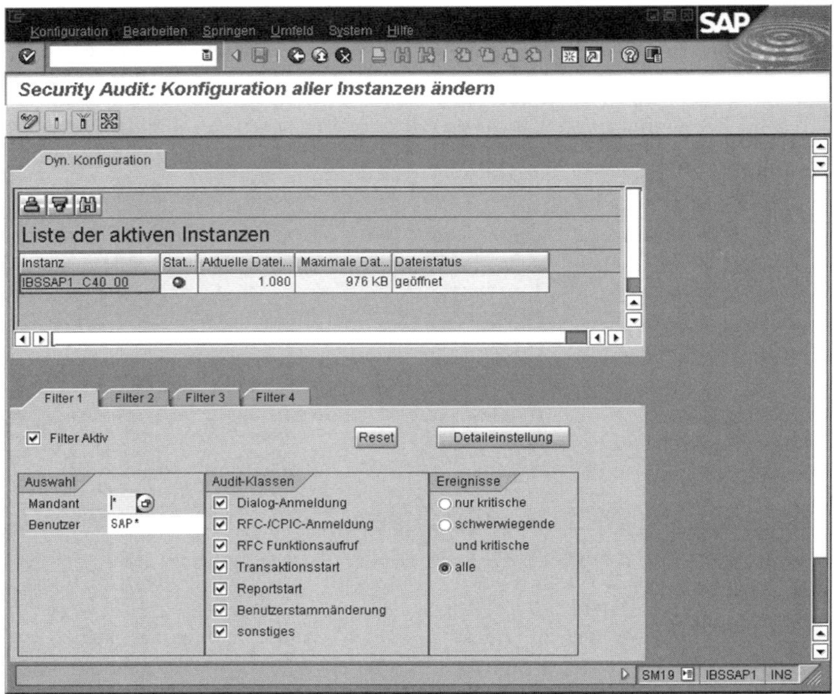

Abb. 3.6.2: SM19 - Konfiguration des Auditing

Im oberen Teil werden die Instanzen des Systems aufgelistet.

Im unteren Teil werden die einzelnen Sätze konfiguriert (es können maximale 10 Filter konfiguriert werden):

FilterAktiv — Durch diesen Punkt werden die einzelnen Sätze aktiviert oder deaktiviert.

Mandant — Da das Auditing mandantenübergreifend ist, können Benutzeraktionen aus verschiedenen Mandanten protokolliert werden. Hier wird der betreffende Mandant angegeben. Wird ein * eingegeben, werden die Einstellungen dieses Satzes in allen Mandanten protokolliert.

Benutzer — Hier wird der Benutzer angegeben, der protokolliert werden soll. Wird hier ein * eingetragen, werden alle Benutzeraktionen protokolliert, die in dem Satz eingestellt wurden.

Audit-Klassen — Hier wird festgelegt, was protokolliert werden soll: Dialog-Anmeldung

Abmeldung von Benutzern	unkritisch
Erfolgreiche Anmeldungen	schwerwiegend
Gescheiterte Anmeldungen	schwerwiegend / kritisch
Benutzersperre nach Falschanmeldung	kritisch
Benutzersperre wieder aufgehoben	kritisch

RFC-/CPIC-Anmeldung

RFC-/CPIC-Anmeldung erfolgreich	unkritisch
RFC-/CPIC-Anmeldung gescheitert	kritisch

RFC Funktionsaufruf

Erfolgreicher RFC-Funktionsaufruf	unkritisch
Gescheiterter RFC-Funktionsaufruf	kritisch

Transaktionsstart

Transaktionsstart erfolgreich	unkritisch
Transaktionsstart gescheitert	kritisch
Transaktion gesperrt	schwerwiegend
Transaktion entsperrt	schwerwiegend

Reportstart

Reportstart erfolgreich	unkritisch
Reportstart gescheitert	schwerwiegend

Benutzerstammänderungen	
Benutzer angelegt	kritisch
Benutzer gelöscht	schwerwiegend
Benutzer gesperrt	schwerwiegend
Benutzer entsperrt	schwerwiegend
Benutzer geändert	schwerwiegend
Benutzerrechte geändert	schwerwiegend
Berechtigung/Profil angelegt	schwerwiegend
Berechtigung/Profil gelöscht	schwerwiegend
Berechtigung/Profil geändert	schwerwiegend
Berechtigung/Profil aktiviert	kritisch
Sonstiges	
Download in Datei	schwerwiegend
Applikationsserver gestartet	kritisch
Applikationsserver beendet	kritisch
Digitale Signatur	schwerwiegend
Digitale Signatur fehlgeschlagen	kritisch

Ereignisse — Stellt die Gewichtung der zu protokollierenden Ereignisse ein. Alle Ereignisse sind einer Gewichtung zugeordnet. Die Protokollierung der Transaktionsaufrufe gehört z.B. zur Gewichtung *Unkritisch*, Anlegen neuer Benutzer zur Gewichtung *Schwerwiegend* und fehlgeschlagene Anmeldeversuche zur Gewichtung *Kritisch*. Hier gilt:

Alle: Es werden alle Ereignisse protokolliert.

Schwerwiegende und kritische:
Es werden die Ereignisse der Gewichtung *Kritisch* und *Schwerwiegend* protokolliert.

Nur kritische:
Es werden nur die Ereignisse der Gewichtung Kritisch protokolliert.

Die Einstellung in der Abb. 3.6.2 bedeutet, dass aus allen Mandanten vom Benutzer SAP* alle Aktionen protokolliert werden.

Eine häufig genutzte Konfiguration ist die folgende:

- Für alle Dialog-Benutzer mit SAP_ALL werden die Ereignisse aller Klassen protokolliert, insbesondere für Sammelbenutzer wie z.B. OSS-Benutzer.
- Für alle Benutzer in allen Mandanten werden nur kritische Ereignisse der folgenden Klassen protokolliert:
  - o Dialog-Anmeldung
  - o RFC-/CPIC-Anmeldung
  - o RFC Funktionsaufruf

3.6.3 Auswertung des Auditing

Zur Auswertung wird die Transaktion SM20 genutzt. Da jede R/3-Instanz ihr eigenes Audit-Protokoll führt, kann in dieser Transaktion über den Menüpunkt *AuditLog - Auswählen* gewählt werden, welches AuditLog angezeigt werden soll. Folgende Menüeinträge können selektiert werden:

Lokaler AuditLog

Entfernter AuditLog

Alle entf. AuditLogs (dieser Punkt ist generell auszuwählen)

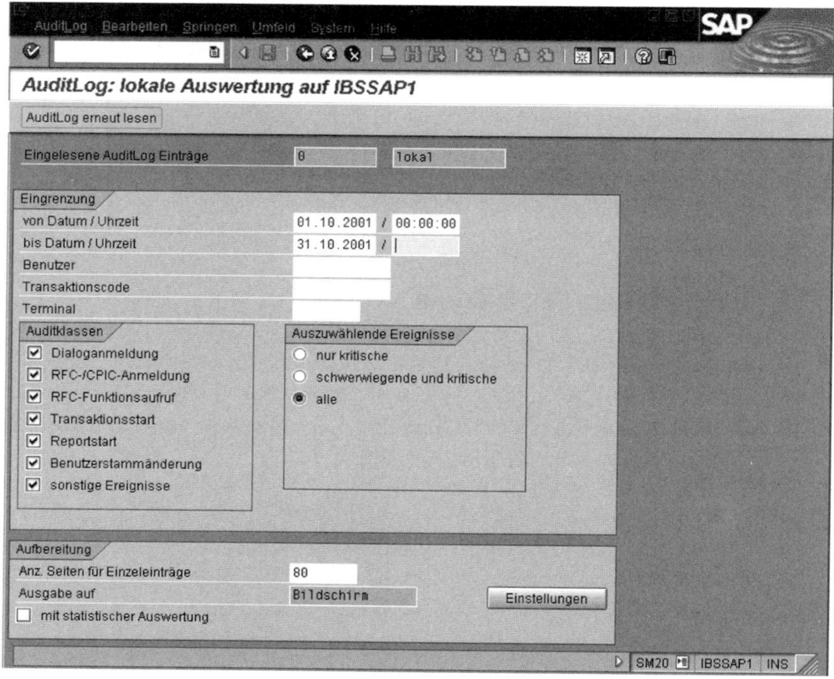

Abb. 3.6.3: SM20 - Selektionsmaske zur Anzeige des AuditLogs

Zur Anzeige des AuditLogs können folgende Eingrenzungen vorgenommen werden:

von Datum / bis Datum
: Hier wird der Zeitraum angegeben, für den das AuditLog angezeigt werden soll.

Benutzer
: Die Anzeige kann auf bestimmte Benutzer eingeschränkt werden.

Transaktionscode
: Hier wird die Anzeige des AuditLog auf eine bestimmte Transaktion beschränkt.

Terminal
: Hier kann die Anzeige auf bestimmte Terminals (Workstations) beschränkt werden.

Auditklassen

Dies sind die Klassen, die auch bei der Konfiguration des Auditings eingestellt werden können. Hier kann die Anzeige auf Einträge aus bestimmten Klassen beschränkt werden.

Auszuwählende Ereignisse

Hier wird die anzuzeigende Gewichtung der Einträge angegeben.

mit statistischer Auswertung

Wird dieser Punkt ausgewählt, so werden am Ende des AuditLogs statistische Angaben angezeigt zu

Mandanten
Reports
Transaktionen
Benutzer
Meldungen

Einstellungen

Hier kann selektiert werden, welche Spalten im AuditLog erscheinen sollen. Folgende Spalten können angezeigt werden:

Meldungsnummer
Mandant
Datum
Terminalname

Über den Menüpunkt *Bearbeiten - Expertenmodus* werden zwei Schaltflächen (*Attr* und *Meld*) angezeigt, über die weitere Eingrenzungen vorgenommen werden können. Über die Schaltfläche *Meld* kann die Anzeige auf einzelne Meldungen beschränkt werden, oder einzelne Meldungen können ausgegrenzt werden.

Die Meldungen des AuditLogs werden in den Tabellen TSL1D und TSL1T gespeichert. In der Tabelle TSL1D werden den Meldungen die Gewichtungen zugeordnet (Feld SEVERITY - Wichtigkeit):

2 =Unkritisch
5 =Schwerwiegend
9 =Kritisch

In der Tabelle TSL1T werden die Texte zu den Meldungen gespeichert. In beiden Tabellen sind jeweils die Meldungen, die mit AU beginnen, die des AuditLogs.

Dort befinden sich außerdem alle Meldungen des SysLogs. Folgende Meldungen können im AuditLog angezeigt werden:

Meld.-Nr.	**Meldungstext**	**Klasse**	**Wichtigkeit**
AU1	Erfolgreiches Login	Dialog-Anmeldung	Schwerw.
AU2	Fehlgeschlagenes Login	Dialog-Anmeldung	Schwerw. / Kritisch
AU3	Aufruf einer Transaktion	TA Start	Unkrit.
AU4	Aufruf einer Transaktion gescheitert	TA Start	Kritisch
AU5	Erfolgreiches RFC-Login	RFC-/CPIC-Anmeldung	Unkrit.
AU6	Fehlgeschlagenes RFC-Login	RFC-/CPIC-Anmeldung	Kritisch
AU7	Anlegen eines Benutzers	Benutzerst.-Änderungen	Kritisch
AU8	Löschen eines Benutzers	Benutzerst.-Änderungen	Schwerw.
AU9	Sperren eines Benutzers durch einen Administrator	Benutzerst.-Änderungen	Schwerw.
AUA	Entsperren eines Benutzers	Benutzerst.-Änderungen	Schwerw.
AUB	Ändern der Berechtigungen eines Benutzers	Benutzerst.-Änderungen	Schwerw.
AUC	Abmeldung eines Benutzers	Anmeldung	Unkrit.
AUD	Ändern eines Benutzerstammsatzes	Benutzerst.-Änderungen	Schwerw.
AUE	Ändern der Audit-Konfiguration	Sonstiges	Kritisch

Meld.-Nr.	Meldungstext	Klasse	Wichtigkeit
AUF	Einstellung der geänderten Audit-Konfiguration	Sonstiges	Kritisch
AUG	Ein Applikationsserver wurde gestartet	Sonstiges	Kritisch
AUH	Ein Applikationsserver wurde heruntergefahren	Sonstiges	Kritisch
AUI	Ein Audit-Satz wurde deaktiviert	Sonstiges	Kritisch
AUJ	Der Audit-Aktivstatus wurde geändert	Sonstiges	Kritisch
AUK	Erfolgreicher Aufruf einer RFC-Funktionsgruppe	RFC Call	Unkrit.
AUL	Gescheiterter Aufruf einer RFC-Funktionsgruppe	RFC Call	Kritisch
AUM	Benutzer wurde nach Falschanmeldungen gesperrt	BenutzerSt / Anmeldung	Kritisch
AUN	Benutzersperre wegen Falschanmeldungen wurde wieder aufgehoben	BenutzerSt / Anmeldung	Kritisch
AUO	Fehlgeschlagenes Login	Dialog-Anmeldung	Schwerw. / Kritisch
AUP	Eine Transaktion wurde gesperrt	TA Start	Schwerw.
AUQ	Eine Transaktion wurde entsperrt	TA Start	Schwerw.
AUR	Eine Berechtigung oder ein Profil wurde angelegt	BenutzerSt / Anmeldung	Schwerw.
AUS	Eine Berechtigung oder ein Profil wurde gelöscht	BenutzerSt / Anmeldung	Schwerw.
AUT	Eine Berechtigung oder ein Profil wurde geändert	BenutzerSt / Anmeldung	Schwerw.

Meld.-Nr.	**Meldungstext**	**Klasse**	**Wichtigkeit**
AUU	Eine Berechtigung oder ein Profil wurde aktiviert	BenutzerSt / Anmeldung	Kritisch
AUV	Digitale Signatur fehlgeschlagen	Sonstiges	Kritisch
AUW	Reportstart erfolgreich	Reportstart	Unkrit.
AUX	Reportstart gescheitert	Reportstart	Schwerw.
AUY	Download in Datei	Sonstiges	Schwerw.
AUZ	Digitale Signatur	Sonstiges	Schwerw.

Je nach Fragestellung der Prüfung können hier die Anzeigekriterien angegeben werden. Das AuditLog wird wie in Abb. 3.6.4 dargestellt.

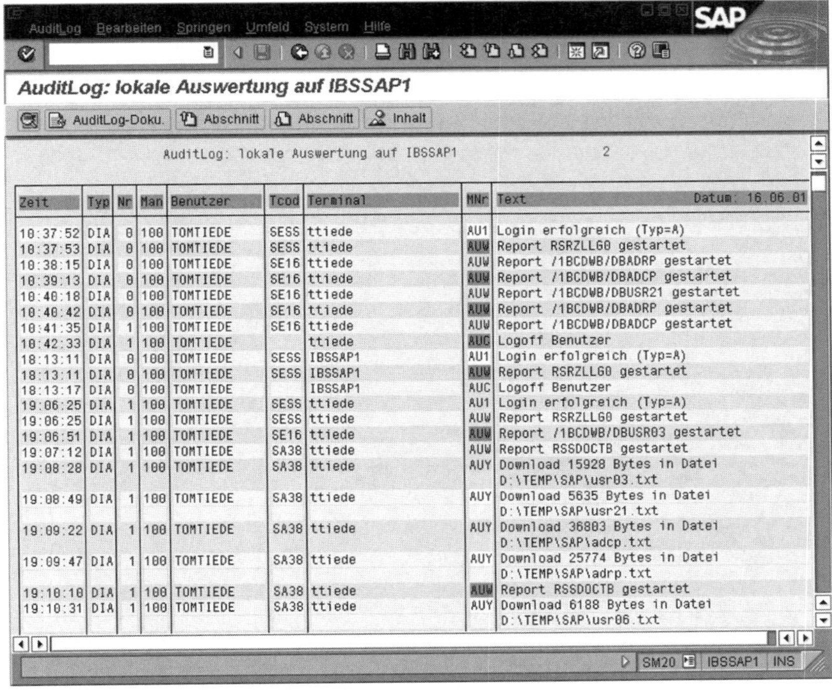

Zeit	Typ	Nr	Man	Benutzer	Tcod	Terminal	MNr	Text Datum: 16.06.01
10:37:52	DIA	0	100	TOMTIEDE	SESS	ttiede	AU1	Login erfolgreich (Typ=A)
10:37:53	DIA	0	100	TOMTIEDE	SESS	ttiede	AUW	Report RSRZLLG0 gestartet
10:38:15	DIA	0	100	TOMTIEDE	SE16	ttiede	AUW	Report /1BCDWB/DBADRP gestartet
10:39:13	DIA	0	100	TOMTIEDE	SE16	ttiede	AUW	Report /1BCDWB/DBADCP gestartet
10:40:18	DIA	0	100	TOMTIEDE	SE16	ttiede	AUW	Report /1BCDWB/DBUSR21 gestartet
10:40:42	DIA	0	100	TOMTIEDE	SE16	ttiede	AUW	Report /1BCDWB/DBADRP gestartet
10:41:35	DIA	1	100	TOMTIEDE	SE16	ttiede	AUW	Report /1BCDWB/DBADCP gestartet
10:42:33	DIA	1	100	TOMTIEDE		ttiede	AUC	Logoff Benutzer
18:13:11	DIA	0	100	TOMTIEDE	SESS	IBSSAP1	AU1	Login erfolgreich (Typ=A)
18:13:11	DIA	0	100	TOMTIEDE	SESS	IBSSAP1	AUW	Report RSRZLLG0 gestartet
18:13:17	DIA	0	100	TOMTIEDE		IBSSAP1	AUC	Logoff Benutzer
19:06:25	DIA	1	100	TOMTIEDE	SESS	ttiede	AU1	Login erfolgreich (Typ=A)
19:06:25	DIA	1	100	TOMTIEDE	SESS	ttiede	AUW	Report RSRZLLG0 gestartet
19:06:51	DIA	1	100	TOMTIEDE	SE16	ttiede	AUW	Report /1BCDWB/DBUSR03 gestartet
19:07:12	DIA	1	100	TOMTIEDE	SA38	ttiede	AUW	Report RSSDOCTB gestartet
19:08:28	DIA	1	100	TOMTIEDE	SA38	ttiede	AUY	Download 15928 Bytes in Datei D:\TEMP\SAP\usr03.txt
19:08:49	DIA	1	100	TOMTIEDE	SA38	ttiede	AUY	Download 5635 Bytes in Datei D:\TEMP\SAP\usr21.txt
19:09:22	DIA	1	100	TOMTIEDE	SA38	ttiede	AUY	Download 36803 Bytes in Datei D:\TEMP\SAP\adcp.txt
19:09:47	DIA	1	100	TOMTIEDE	SA38	ttiede	AUY	Download 25774 Bytes in Datei D:\TEMP\SAP\adrp.txt
19:10:10	DIA	1	100	TOMTIEDE	SA38	ttiede	AUW	Report RSSDOCTB gestartet
19:10:31	DIA	1	100	TOMTIEDE	SA38	ttiede	AUY	Download 6188 Bytes in Datei D:\TEMP\SAP\usr06.txt

Abb. 3.6.4: SM20 - Anzeige des AuditLogs

Durch einen Doppelklick auf eine Meldung werden Detailinformationen zu der Meldung angezeigt, so z.B. der Terminalname, der Name des ABAP-Programmes, die Problemklasse und eine Dokumentation zur Meldung (Abb. 3.6.5).

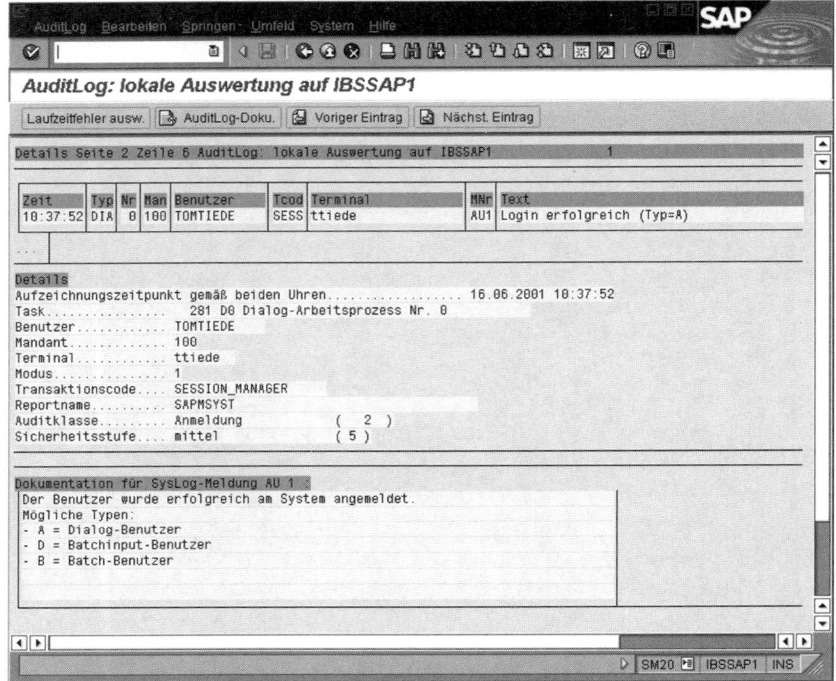

Abb. 3.6.5: SM20 - Detailinformationen zu einer Meldung

3.6.4 Löschen alter AuditLogs

Die Dateien des AuditLogs werden nicht von R/3 verwaltet. Sie werden auf der Betriebssystemebene gespeichert. Wird das Auditing zur ständigen Verfolgung von Benutzeraktionen (z.B. für Falschanmeldungen) genutzt, ist eine lückenlose Protokollierung für die Auswertung eine Voraussetzung.

Das Audit legt für jeden Tag eine neue Datei an. Über die Transaktion SM18 bzw. den Report RSAUPURG können diese Dateien von R/3 aus gelöscht werden. Vor Aktivierung des Auditings muss festgelegt werden, für welchen Zeitraum eine lückenlose Nachvollziehbarkeit gegeben sein soll.

Es muss ein Mindestalter zum Löschen der Dateien angegeben werden. Durch den Eintrag 30 werden z.B. alle Dateien gelöscht, die 30 Tage und älter sind.

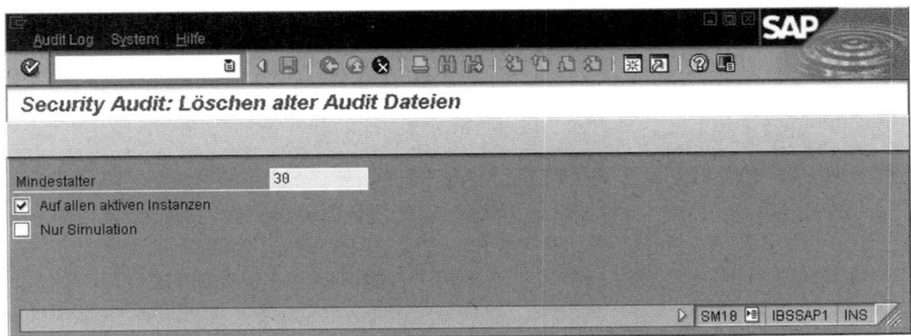

Abb. 3.6.6: SM18 - Löschen alter AuditLog-Dateien

Durch den Eintrag *Auf allen aktiven Instanzen* werden die AuditLog-Dateien gemäß den angegebenen Kriterien auf allen Instanzen gelöscht. Durch *Nur Simulation* wird das Löschen nur simuliert. Das Ergebnis wird wie nach einem tatsächlichen Löschen angezeigt.

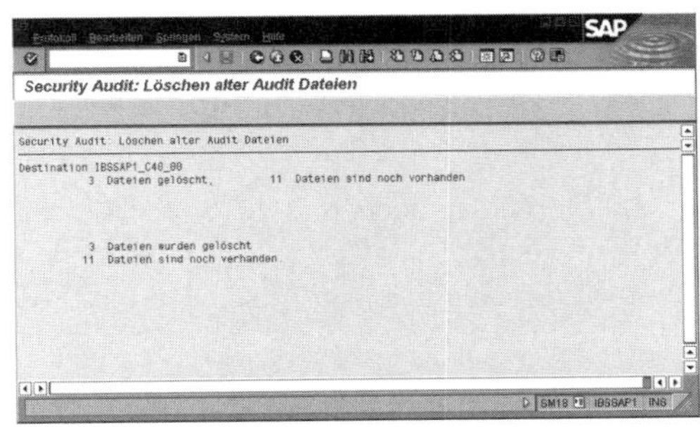

Abb. 3.6.7: SM18 - Ergebnis nach einem Löschen

3.6.5 Mögliche Einstellungen für das AuditLog

Wie das AuditLog eingestellt werden sollte, ist von der Einrichtung des R/3-Systems und der Organisationsstruktur abhängig. Grundsätzlich sollten Dialogbenutzer, die über das Profil SAP_ALL (oder ein ähnliches) verfügen, überwacht werden. Nachfolgend werden einige Fälle zur Konfiguration des AuditLogs aufgezeigt.

Fall 1

Zur Verwaltung eines R/3-Systems werden drei Administratoren eingesetzt. Eigentlich sollten im Bereich der Administration die Berechtigungsvergabe und die

Nutzung der Entwicklungsumgebung nach dem Vier-Augen-Prinzip erfolgen. Dies ist hier allerdings aus personellen Gründen nicht machbar. Die drei Administratoren besitzen sowohl die vollständige Berechtigung zur Rechteverwaltung als auch zur Anwendungsentwicklung (was allerdings nur im Notfall angewandt werden soll). Weiterhin existiert ein Notfallbenutzer, der über das Profil SAP_ALL verfügt. Das Kennwort dieses Benutzers ist allen drei Administratoren bekannt.

Um einen Missbrauch dieser Berechtigungen zu unterbinden und um die Administratoren abzusichern, kann hier das Auditing dauerhaft angewendet werden. Folgende Lösung ist denkbar:

- Den Benutzerkonten der drei Administratoren werden die Berechtigungen zur Rechteverwaltung und zur Anwendungsentwicklung entzogen.
- Für jeden Administrator wird ein zweiter Benutzer angelegt, der über diese Berechtigungen verfügt, ein sogenannter Superuser. Diese Benutzer werden nur für die Rechteverwaltung und die Anwendungsentwicklung genutzt.
- Der Parameter *rsau/selection_slots* wird auf den Wert 4 gesetzt.
- Die drei Superuser werden über das Auditing vollständig protokolliert (Gewicht: Unkritisch, Klassen: Alle).
- Der Notfallbenutzer ist ebenfalls über das Auditing vollständig zu protokollieren.
- Die Nutzungen des Notfallbenutzers und der Superuser sind von den Administratoren zu dokumentieren.
- Die Revision überprüft in regelmäßigen Abständen die Protokolle des Audit-Logs.

Fall 2

Zur Verwaltung des Systems werden zehn Administratoren eingesetzt. Funktionstrennungen in den Bereichen Berechtigungsvergabe und Entwicklung sind gegeben. Kein Administrator verfügt über das Profil SAP_ALL. Die Berechtigungsverwaltung der Administratoren erfolgt über einen Superuser, der über ein geteiltes Kennwort und Rechte zur Stammsatzverwaltung der Administratorkonten verfügt. Zur Anmeldung sind zwei Administratoren notwendig. Zusätzlich existiert ein Notfallbenutzer, der das Profil SAP_ALL besitzt. Da ein täglicher Datenaustausch mit einem anderen R/3-System über Batch-Input stattfindet, existieren vier System-Benutzer, die alle über das Profil SAP_ALL verfügen, um einen problemlosen Batch-Input-Lauf zu gewährleisten.

Eine Überprüfung der System-Benutzer über das Auditing ist hier nicht sinnvoll. Der gesicherte Ablauf des Batch-Input-Verfahrens ist über die Zugriffsberechtigungen bezüglich des Erstellens und Transportierens der Mappen zu regeln. In diesem Fall sollte das Auditing folgendermaßen konfiguriert werden:

- Der Parameter *rsau/selection_slots* wird auf den Wert 2 gesetzt.
- Der Superuser wird über das Auditing vollständig protokolliert (Gewicht: Unkritisch, Klassen: Alle).
- Der Notfallbenutzer ist ebenfalls über das Auditing vollständig zu protokollieren.
- Die Nutzungen des Notfallbenutzers und des Superusers sind von den Administratoren zu dokumentieren.
- Die Revision überprüft in regelmäßigen Abständen die Protokolle des Audit-Logs.

Fall 3
Eine ständige Protokollierung über das Auditing ist nicht gewünscht. Vielmehr soll es nur zeitweise in unregelmäßigen Abständen genutzt werden, um stichprobenartig Vorgänge im System zu überwachen.

In diesem Fall dient das Auditing also nicht zur Überwachung von Benutzern mit hochwertigen Rechten, sondern zur Abbildung eines zeitweisen Ausschnittes über die Vorgänge von allen Benutzern des Systems. Hier kann das Auditing je nach Fragestellung jedes Mal anders konfiguriert werden.

3.6.6 Zugriffsrechte

Aktivieren des Auditings und Konfiguration ändern

Berechtigungsobjekt S_TCODE (Transaktionsberechtigung)
Transaktionscode: SM19
Berechtigungsobjekt S_ADMI_FCD (Systemberechtigungen)
Funktion: AUDA (Audit Administration)
Berechtigungsobjekt S_C_FUNCT (C-Aufrufe in ABAP-Programmen)
Aktivität: 16 (Ausführen)
Programmname: SAPLSECU
C-Routine: AUDIT_SET_INFO

Auditing auswerten

Berechtigungsobjekt S_TCODE (Transaktionsberechtigung)
Transaktionscode: SM20
Berechtigungsobjekt S_ADMI_FCD (Systemberechtigungen)
Funktion: AUDD (Audit Anzeige)

Alte Auditlogs löschen

Das Löschen kann mit der Transaktion SM18 oder dem Report RSAUPURG erfolgen.

Berechtigungsobjekt S_TCODE (Transaktionsberechtigung)
Transaktionscode: SM18 oder SA38 oder SE38
Berechtigungsobjekt S_ADMI_FCD (Systemberechtigungen)
Funktion: AUDA (Audit Administration)
ST0R (Auswerten von Traces)
Berechtigungsobjekt S_DATASET (Berechtigung zum Dateizugriff)
Aktivität: 34 (Löschen einer Datei)
Programmname: SAPLSTUW
Dateiname: <Pfad aus dem Parameter DIR_AUDIT>

3.6.7 Checkliste zum Auditing

Nr.	Verwendung	Fragestellungen	Ordnungsmäßigkeits-Vorgaben
1	3	Existieren Vorgaben zur Einrichtung des Auditing? Hier besteht das Risiko, dass das Auditing unsinnig oder nicht gesetzeskonform konfiguriert wird.	Bei Nutzung des Auditing sind Vorgaben zur Konfiguration zu erstellen.
2	3	Wurde das Auditing entsprechend den Vorgaben aktiviert? Hier besteht das Risiko, dass nicht die von der Unternehmung gewünschten Aktivitäten protokolliert werden.	Das Auditing muss gemäß den Vorgaben konfiguriert und aktiviert sein.
3	3	Wird das Auditprotokoll regelmäßig ausgewertet? Hier besteht das Risiko, dass kritische Einträge im AuditLog nicht zeitnah erkannt werden.	Das Protokoll ist regelmäßig auszuwerten.
4	3	Wo werden die AuditLog-Dateien gespeichert?	<Informativer Punkt für nachfolgende Prüfungen>
5	3	Wer hat Zugriff auf die AuditLog-Dateien? Hier besteht das Risiko, dass die AuditLog-Dateien auf Betriebssystemebene manipuliert oder gelöscht werden.	Es dürfen nur Basisadministratoren Zugriff haben.
6	3	Für welchen Zeitraum werden die AuditLog-Dateien aufbewahrt? Hier besteht das Risiko, dass die AuditLog-Dateien vor Ablauf des vereinbarten Aufbewahrungszeitraums gelöscht werden.	Der Aufbewahrungszeitraum ist festzulegen.

3.6.8 Praktische Prüfung zum Auditing

1. Überprüfen Sie, ob Vorgaben zur Einrichtung des Auditing existieren! Lassen Sie sich diese Vorgaben aushändigen.
2. Überprüfen Sie, ob das Auditing entsprechend den Vorgaben aktiviert wurde! Rufen Sie die Transaktion SM19 auf, und überprüfen Sie die Einstellungen.
3. Überprüfen Sie, ob das Auditprotokoll regelmäßig ausgewertet wird! Lassen Sie sich die Vorgaben und Verantwortlichkeiten aufzeigen. Prüfen Sie die Dokumentationen zu den Auswertungen.
4. Überprüfen Sie, wo die AuditLog-Dateien gespeichert werden! Standardmäßig werden die Dateien in dem Verzeichnis gespeichert, das mit dem Parameter *DIR_LOGGING* bzw. *DIR_AUDIT* angegeben wird. Überprüfen Sie den Parameter mit dem Report RSPARAM.
5. Überprüfen Sie, wer Zugriff auf die AuditLog-Dateien hat! Prüfen Sie auf der Betriebssystemebene, welche Benutzer auf das Verzeichnis der AuditLog-Dateien und auf die Dateien selbst Zugriff haben.
6. Überprüfen Sie, für welchen Zeitraum die AuditLog-Dateien aufbewahrt werden! Fragen Sie bei der Administration nach. Prüfen Sie in diesem Zusammenhang, wer für das Löschen alter AuditLog-Dateien zuständig ist.

3.7 Die Systemprotokollierung

3.7.1 Das Konzept der Systemprotokollierung

Unter SAP R/3 werden Systemereignisse und -probleme protokolliert. Dies gilt generell für R/3-Systeme und ist nicht parametrisierbar, die Protokollierung kann also nicht ausgeschaltet werden. Die Kurzbezeichnung für das Systemprotokoll ist SysLog. Unter anderem werden hier Schreib- und Lesefehler auf die Datenbank protokolliert, Laufzeit- oder Syntaxfehler in ABAP-Programmen, fehlgeschlagene Anmeldeversuche von Benutzern und fehlgeschlagene Schreibversuche in ein SAP-Verzeichnis.

Die Logs werden in einer Textdatei auf der Betriebssystemebene gespeichert. Wo die Datei auf der Betriebssystemebene gespeichert ist, kann dem Parameter *DIR_LOGGING* entnommen werden (zu prüfen mit dem Report RSPARAM oder RSPFPAR). Unterhalb des in diesem Parameter angegebenen Verzeichnisses befindet sich die SysLog-Datei. Der Name der Datei kann dem Parameter *rslg/local/file* entnommen werden.

Das SysLog wird nicht auf unbegrenzte Zeit vorgehalten. Für die Datei wird über den Parameter *rslg/max_diskspace/local* die maximale Dateigröße festgelegt. Ist die Datei voll, so wird eine neue SysLog-Datei erstellt und die alte wird als Sicherungskopie gespeichert. SAP R/3 hält immer nur eine einzige Sicherungskopie vor, daher wird die alte Datei in dem Moment, in dem die neu angelegte SysLog-Datei auch voll ist, überschrieben. Der Name der Sicherungsdatei kann dem Parameter *rslg/local/old_file* entnommen werden. Dies gilt standardmäßig für alle Instanzen des R/3-Systems.

Für das SysLog könnten also z.B. folgende Parameter festgelegt werden:

DIR_LOGGING	= /usr/sap/C40/DVEBMGS00/log
rslg/local/file	= /usr/sap/C40/DVEBMGS00/log/SLOG00
rslg/local/old_file	= /usr/sap/C40/DVEBMGS00/log/SLOG000
rslg/max_diskspace/local	= 500000

In dem Beispiel werden die SysLog-Dateien im Verzeichnis /usr/sap/C40/ DVEBMGS00 /log abgelegt. Die aktuelle SysLog-Datei trägt den Namen SLOG00, die gesicherte alte SysLog-Datei den Namen SLOG000. Die SysLog-Datei kann maximal 500000 Bytes groß werden.

Für diese Dateien sind natürlich die Zugriffsberechtigungen auf der Betriebssystemebene besonders zu prüfen. Zur Prüfung der Zugriffsberechtigungen unter Windows NT lesen Sie im Kapitel 2.5.2 nach, für UNIX im Kapitel 2.6.1.

Die Anzeige des SysLog ist generell mandantenunabhängig. Es werden also auch die Meldungen aus allen anderen Mandanten des Systems angezeigt.

Im AIS finden Sie Informationen zum SysLog unter dem Pfad *System Audit - Systemprotokolle und Statusanzeigen - Systemprotokoll*, eine Checkliste zum Thema Log unter dem Pfad *System Audit - Checkliste gemäß R/3 Sicherheitsleitfaden - 2-9: Protokollierung und Prüfung*.

3.7.2 Zentrale und Lokale Protokollierung

Die SysLog-Dateien werden auf den einzelnen Instanzen lokal abgespeichert. Die oben dargestellten Parameter sind also Instanzparameter und werden im Instanzprofil angegeben. Zur Auswertung müssen die Dateien von allen Instanzen des R/3-Systems gelesen werden.

R/3-Systeme, die auf UNIX-Rechnern laufen, bieten noch eine andere Art der Protokollierung. Hier kann eine zentrale Protokollierung eingerichtet werden. Das bedeutet, dass die Instanzen ihre Log-Dateien zwar noch lokal speichern, die Einträge aber auch an einen zentralen Rechner senden. Diese Aufgabe wird von einer der Instanzen des R/3-Systems übernommen.

Wird die zentrale Protokollierung genutzt, kann der Dateiname der zentralen Protokollierungsdatei dem Parameter *rslg/central/file* entnommen werden. Auch für dieses zentrale Protokoll wird eine Sicherungskopie angelegt nach demselben Verfahren des lokalen Protokolls. Der Parameter *rslg/central/old_file* gibt den Namen dieser Datei wieder.

Auch für diese Datei müssen die Zugriffsberechtigungen auf der Betriebssystemebene geprüft werden.

3.7.3 Anzeige des SysLog

3.7.3.1 Anzeige des SysLog

Die Auswertung des SysLog erfolgt über die Transaktion SM21 (Menüpfad *Werkzeuge - Administration - Monitor - Systemlog*) oder über den Report RSLG0001.

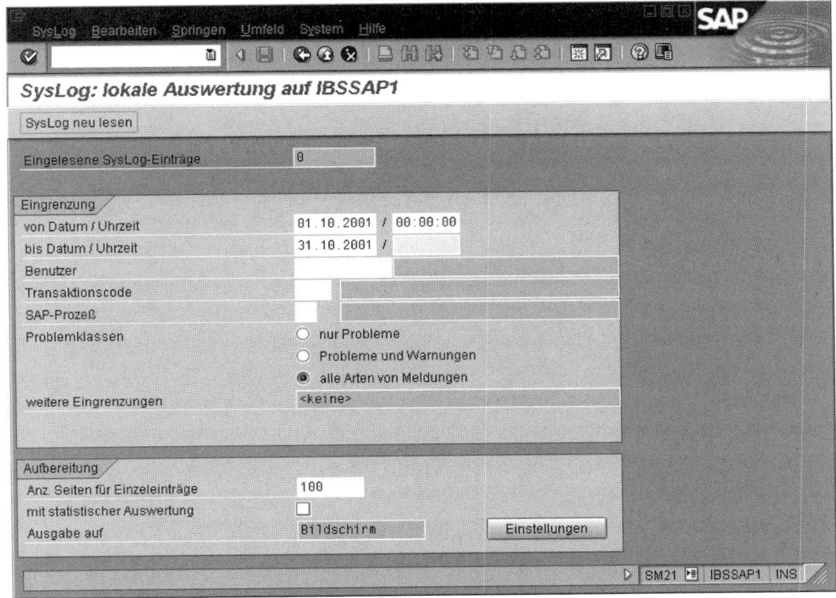

Abb. 3.7.1: Anzeige des SysLog über SM21

Existieren mehrere Instanzen (zu Instanzen siehe Kapitel 2.2.2) in einem R/3-System, führt jede Instanz ihr eigenes SysLog. In R/3-Systemen, die auf UNIX basieren, ist zusätzlich eine zentrale Protokollierung möglich. Daher muss vor dem Anzeigen ausgewählt werden, welches SysLog angezeigt werden soll. Dies wird aus der Selektionsmaske heraus über den Menüpunkt *SysLog - Auswählen* eingestellt. Folgende vier Einträge können selektiert werden:

Lokaler SysLog
: Es wird das SysLog der aktuellen Instanz angezeigt.

Entfernter SysLog
: Es kann ein SysLog einer beliebigen Instanz des R/3-Systems ausgewählt werden.

Alle entf. SysLogs
: Es werden die SysLogs aller Instanzen angezeigt.

Zentraler SysLog
: Es wird das zentrale SysLog angezeigt (dieser Punkt ist nur in R/3-Systemen aktiviert, die auf UNIX-Rechnern laufen und bei denen die zentrale Protokollierung eingerichtet wurde).

Da immer das vollständige SysLog angezeigt werden soll, sollte immer der Punkt *Alle entf. SysLogs* ausgewählt werden oder (wenn möglich) *Zentraler SysLog*.

Das SysLog wird in Reportform wie in Abb. 3.7.2 angezeigt.

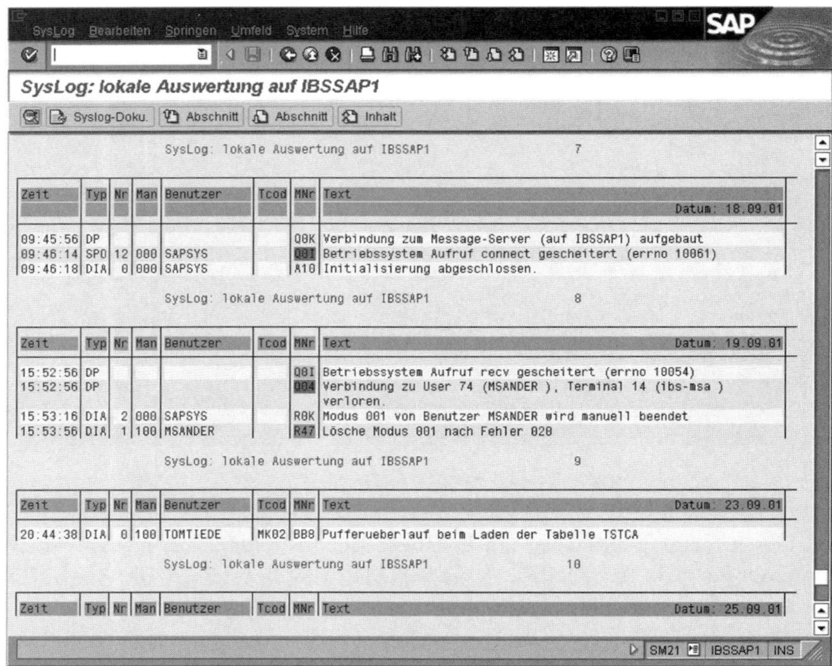

Abb. 3.7.2: Die Auswertung des SysLog

Weitere Informationen zu einzelnen Einträgen werden angezeigt, indem durch einen Doppelklick der betreffende Eintrag ausgewählt wird (Abb. 3.7.3).

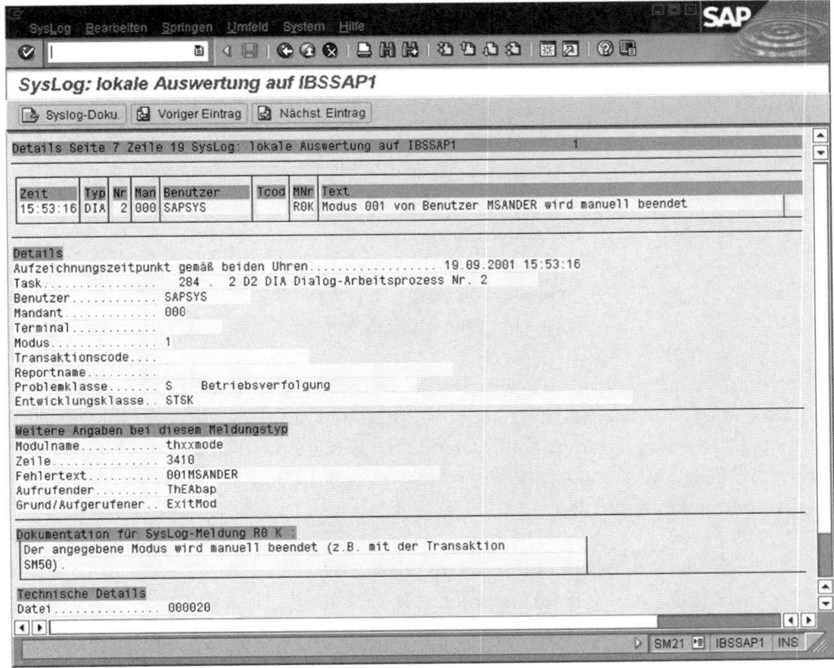

Abb. 3.7.3: Detailinformationen zu einem SysLog-Eintrag

3.7.3.2 Die Standardselektionskriterien

In der Selektionsmaske der Transaktion SM21 können Eingrenzungen zur Anzeige des SysLogs vorgenommen werden. Über die Felder *von Datum/Uhrzeit* und *bis Datum/Uhrzeit* wird der Zeitraum festgelegt, über den das SysLog angezeigt werden soll. Der Zeitraum sollte von weiteren Eingrenzungen abhängig sein. Um die Anzeige des SysLogs übersichtlich zu halten, sollten zuerst nur die letzten 24 Stunden ausgewertet werden. Je weiter das SysLog zurück auszuwerten ist, desto mehr zusätzliche Eingrenzungen sollten vorgenommen werden.

Über das Feld *Benutzer* kann die Auswertung auf die Ereignisse eines bestimmten Benutzers beschränkt werden. Dies kann sinnvoll werden, wenn z.B. nach fehlgeschlagenen Anmeldeversuchen ausgewertet wird. Über das Feld *Transaktion* wird die Auswertung auf eine bestimmte Transaktion beschränkt, z.B. wenn bei einer Transaktion vermehrt Fehlermeldungen auftreten.

Über den Punkt *SAP-Prozeß* kann die Anzeige auf bestimmte Prozesse eingeschränkt werden. Folgende Prozesse können hier eingetragen werden:

DP	Meldungen vom Dispatcher
W0, W1, W2, ...	Arbeitsprozesse 0, 1, 2, ...
Wa, Wb, Wc, ...	Arbeitsprozesse 10, 11, 12, ...
VB	Verbuchungsprozess
V1, V2, ...	Verbuchungsprozesse
S0, S1, S2, ...	Spool
MS	Message-Server
sa	Stand-Alone-Programme

Unter dem Punkt *Problemklassen* kann die Wertigkeit der anzuzeigenden SysLog-Einträge angegeben werden. Hier kann zwischen drei Wertigkeiten ausgewählt werden. Im SysLog können fünf verschiedene Kategorien von Meldungen auftauchen, die den Wertigkeiten zugeordnet werden. Die Meldungen werden durch Buchstaben gekennzeichnet:

K	System-Kernelmeldungen aus dem Basis-System z.B. Kommunikationsfehler, ABAP Kurzdumps
T	Transaktionsmeldungen z.B. ABAP Laufzeitfehler
W	Warnmeldungen z.B. Datenbank-Rollbacks
S	Statusmeldungen z.B. das Starten von Workprozessen
X	Andere Meldungstypen z.B. Sperrungen von Benutzern, Falschanmeldungen von Benutzern

Diese Kategorien sind den Wertigkeiten folgendermaßen zugeordnet:

nur Probleme	K, T
Probleme und Warnungen	K, T, W
alle Arten von Meldungen	K, T, W, S, X

Über die Schaltfläche *Einstellungen* kann das Layout der Anzeige bestimmt werden. Es können folgende Spalten zu den eigentlichen Meldungen angezeigt werden:

Meldungsnummer
Parametersätze
Mandant
Datum
Programmname
Terminalname

Zusätzlich kann hier angegeben werden, ob das SysLog am Bildschirm angezeigt oder auf einem Drucker ausgegeben werden soll.

Mit dem Punkt *mit statistischer Ausgabe* wird am Ende des SysLog eine statistische Auswertung angezeigt. Hier wird für folgende Bereiche eine Statistik ausgegeben:

Mandanten
: Es wird angegeben, wie viel Prozent der Meldungen aus welchen Mandanten kommen.

Benutzer
: Es wird angegeben, wie viel Prozent der Meldungen von welchen Benutzern stammen.

Meldungsstatistik
: Es wird prozentual angegeben, welche Meldung wie oft vorkommt.

Reportstatistik
: Es wird angegeben, wie viel Prozent der Meldungen von welchen ABAP-Programmen stammen.

Transaktionsstatistik
: Es wird angegeben, wie viel Prozent der Meldungen von welchen Transaktionen stammen.

ABAP/4 Fehlerstatistik
: Es wird angegeben, wie viele ABAP/4-Fehler bei den einzelnen Benutzern aufgetreten sind.

3.7.3.3 Der Expertenmodus

Um weitere Abgrenzungen vorzunehmen, kann in den Expertenmodus umgeschaltet werden (Menüpunkt *Bearbeiten - Expertenmodus*). Es werden zwei weitere Schaltflächen angezeigt: *Attribute* und *Meld.kennungen*. Über die Schaltfläche *Attribute* können weitere Abgrenzungen vorgenommen werden (Abb. 3.7.4).

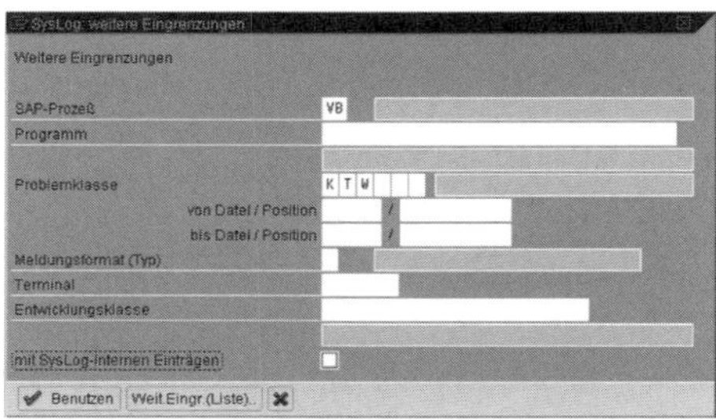

Abb. 3.7.4: Weitere Abgrenzungen zur Anzeige des SysLog

Über die Schaltfläche *Meld.kennungen* kann die Anzeige auf bestimmte Meldungen eingegrenzt werden. Die Selektion in Abb. 3.7.5 schränkt das SysLog auf Einträge zu gesperrten Benutzern ein. Die Nutzung der Meldungsnummern wird in Kapitel 3.7.3.3 erläutert.

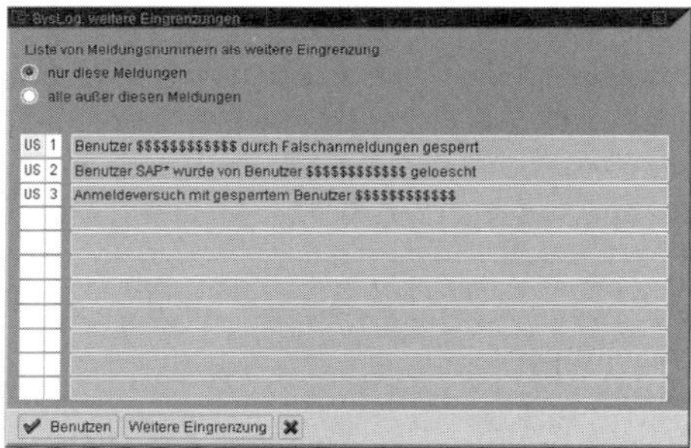

Abb. 3.7.5: Abgrenzungen auf bestimmte Meldungen zur Anzeige des SysLog

3.7.4 Auswertung des SysLog

Maßgeblich sind die Eintragungen im SysLog als Informationen für die Administration gedacht. Doch auch aus Sicht eines Prüfers sollte das Log regelmäßig ausgewertet werden, da auch sicherheitsrelevante Angaben hier protokolliert werden.

Allerdings sind nicht alle Meldungen im SysLog aus dieser Sichtweise interessant, darum sollten hier vor dem Anzeigen Selektionskriterien eingegeben werden. Hier ist auch zu bedenken, dass die auswählbaren Problemklassen in der Einstiegsmaske des SysLog sich auf die Laufzeit und die Konsistenz des R/3-Systems beziehen. Die Einstellung *nur Probleme* zeigt nicht alle Einträge an, die aus

Revisionssicht relevant sind. Werden Eingrenzungen wie nachfolgend beschrieben vorgenommen, ist als Problemklasse immer der Punkt *alle Arten von Meldungen* auszuwählen.

Eine Möglichkeit, die Einträge auf prüfungsrelevante Einträge einzugrenzen, besteht im Einschränken der anzuzeigenden Meldungen. Im Expertenmodus (Menüpunkt *Bearbeiten - Expertenmodus*) kann über die Schaltfläche *Meld.kennungen* die Anzeige auf bestimmte Meldungen begrenzt werden. Die Meldungen sind in den Tabellen TSL1D und TSL1T gespeichert. In der Tabelle TSL1D sind die den Meldungen zugeordneten Kategorien gespeichert, in der Tabelle TSL1T die Texte zu den Meldungen. Hier eine Liste von prüfungsrelevanten Meldungen:

Meld.-Nr.	**Meldungstext**
A15	Laufzeitfehler in ABAP-Programmen
A19	Im Debug-Modus wurde ein Feldinhalt geändert
A14	Zeigt u.a. zu A15 und A19 das Programm und die Zeile an, wo der Fehler aufgetreten ist
A18	Das C-Debugging wurde aktiviert
AB0	Allgemeine Laufzeitfehler
AB1	Ein Kurzdump wurde erstellt
AB6	Ein Benutzer erzwingt die Neugenerierung aller ABAP-Programme
BB7	Sortierfolgefehler beim Laden einer Tabelle
BB8	Pufferüberlauf beim Laden einer Tabelle
BU1	Kennwortprüfung für einen Benutzer fehlgeschlagen
BU2	Kennwort eines Benutzers wurde geändert

Meld.-Nr.	**Meldungstext**
BXF	Tabellenprotokollierung in einem Programm von einem Benutzer abgeschaltet
BYX	Unerlaubter Zugriff auf die Benutzerstammtabelle durch ein Programm
D01	Abbruch einer Transaktion
D12	Fehler beim Erstellen einer Batch-Input Mappe
D13	Fehler beim Abspielen einer Batch-Input Mappe
D14 -D25	Fehlerbeschreibung zu Meldung D13
D26	Das Abspielen einer Batch-Input-Mappe wurde abgebrochen.
D27	Das Batch-Input Protokoll kann nicht erzeugt werden.
D28	Fehler beim Erstellen des Batch-Input Protokolls.
E00	Eine neue SysLog-Datei wurde angelegt. Die bis dahin aktuelle Datei wurde gesichert, die bis dahin alte Datei wurde überschrieben
E0B	Zentrales SysLog wurde verändert
E0C	Lokales SysLog wurde verändert
EBF	Aktivierung der Berechtigungsprüfung für einen Benutzer misslungen
F00	Eine Datenbanktabelle wurde erzeugt
F04	Eine Datenbanktabelle wurde gelöscht
F3V	Fehler beim Schreib- oder Lesezugriff auf eine Datei auf Betriebssystemebene
FBN	Der Spool ist voll
GEW	Berechtigungsprüfung in Transaktion SM12 (Sperrverwaltung) wurde ausgeschaltet.
LC0	Ein logisches Betriebssystemkommando wurde ausgeführt
LC1	Ein illegales logisches Betriebssystemkommando wurde abgewiesen

Meld.-Nr.	Meldungstext
Q04	Eine Verbindung zu einem Benutzer wurde abgebrochen. Hier werden der Benutzername und der Terminalname angegeben
Q0L	Verbindungsaufbau zum Message-Server misslungen
Q0P	Maximale Anzahl erlaubter Terminal-Anbindungen erreicht
Q0T	Verbindung zum SAP-Gateway ist gestört
R0L	Ein Programm wurde von einem Benutzer manuell in den Debug-Modus versetzt
R0R	Die Verbuchung wurde nach einem Datenbankfehler deaktiviert
R0S	Die Verbuchung wurde manuell deaktiviert
R0T	Die Verbuchung wurde manuell aktiviert
R0U	Ein Verbuchungsauftrag wurde gelöscht
R0V	Verbuchungen wurden manuell angestartet
R0W	Abgebrochene Verbuchungsaufträge wurden nachverbucht
R0X	Ein Verbuchungsauftrag wurde im Debugging-Modus ausgeführt
R0Y	Verbuchungsdaten wurden mit Transaktion SM13 angezeigt
R65	Ein Verbuchungsauftrag ist abgebrochen.
US1	Ein Benutzer wurde auf Grund von Falschanmeldungen gesperrt
US2	Der Benutzer SAP* wurde gelöscht. Der Name des Benutzers, der SAP* gelöscht hat, wird mit angegeben
US3	Es wurde versucht, sich mit einem gesperrten Benutzer anzumelden
US4	Die maximale Anzahl von Benutzeranmeldungen wurde erreicht
US5	Beim Aufbau des Benutzerpuffers für einen Benutzer sind Probleme aufgetreten

Meld.-Nr.	Meldungstext
US6	Der Benutzerpuffer für einen Benutzer ist zu klein
USA	Die SAP-Kennwortverschlüsselung wurde mehrfach aufgerufen
USC	Die SAP-Kennwortverschlüsselung wurde von einem fremden Programm aufgerufen

Soll z.B. nur angezeigt werden, ob Benutzer wegen Falschanmeldungen gesperrt wurden und ob Anmeldeversuche unter diesen gesperrten Benutzern stattgefunden haben, sind die Meldungen auf US1 und US3 zu beschränken. Das SysLog beinhaltet dann die in Abb. 3.7.6 dargestellten Einträge.

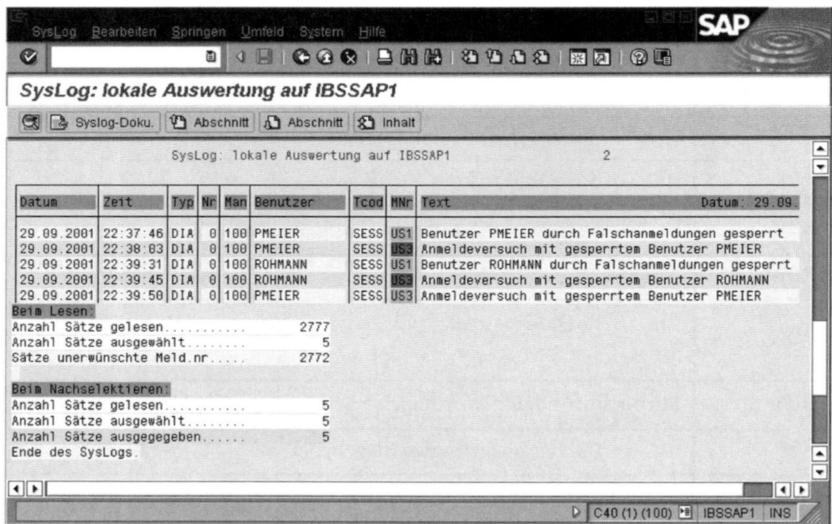

Abb. 3.7.6: Ein eingeschränktes SysLog

3.7.5 Zugriffsrechte

Anzeige des SysLog

Berechtigungsobjekt S_TCODE (Transaktionsberechtigung)

Transaktionscode: SM21

Hinweis: Das SysLog kann auch mit dem Report RSLG0001 angezeigt werden.

Berechtigungsobjekt S_ADMI_FCD (Systemberechtigungen)

Funktion: SM21 (Anzeige des SysLog)

3.7.6 Checkliste zur Systemprotokollierung

Nr.	Verwendung	Fragestellungen / Risiko	Ordnungsmäßigkeits-Vorgaben
1	3	Wird eine zentrale oder dezentrale Protokollierung eingesetzt?	<Informativer Punkt für nachfolgende Prüfungen> In UNIX-Systemen sollte eine zentrale Protokollierung genutzt werden, unter Windows NT und OS/400 ist nur eine dezentrale Protokollierung möglich.
2	2	Sind sicherheitsrelevante Einträge im SysLog vorhanden? Hier besteht das Risiko, dass sicherheitsrelevanten Einträgen nicht zeitnah nachgegangen wurde.	Sicherheitsrelevante Einträge (zu definieren in einer Sicherheitsstrategie) sind zu hinterfragen.
3	3	Wo wird die SysLog-Datei gespeichert?	<Informativer Punkt für nachfolgende Prüfungen>
4	3	Wer hat Zugriff auf die SysLog-Datei? Hier besteht das Risiko, dass unberechtigte Benutzer die SysLog-Datei manipulieren können (z.B. durch das Löschen sicherheitsrelevanter Einträge).	Es dürfen nur Basisadministratoren Zugriff haben.
5	3	Wird das SysLog regelmäßig ausgewertet? Hier besteht das Risiko, dass sicherheitsrelevante Einträge nicht zeitnah erkannt werden.	Das SysLog ist täglich auszuwerten.

3.7.7 Praktische Prüfung zur Systemprotokollierung

1. Überprüfen Sie, ob eine zentrale oder dezentrale Protokollierung eingesetzt wird (nur für UNIX-basierende Systeme)!
2. Überprüfen Sie, ob im SysLog sicherheitsrelevante Einträge vorhanden sind! Rufen Sie die Transaktion SM21 auf. Wählen Sie das Protokoll aus, welches Sie sehen möchten (Menüpunkt *SysLog - Auswählen*). Wählen Sie bei Systemen mit zentraler Protokollierung den Punkt *Zentraler SysLog* aus, ansonsten den Punkt *Alle entf. SysLogs*. Lassen Sie sich die Auswertung anzeigen. Stellen Sie Selektionskriterien wie in Kapitel 3.7.3 beschrieben ein.
3. Überprüfen Sie, wo die SysLog-Dateien gespeichert werden! Standardmäßig werden die Dateien in dem Verzeichnis gespeichert, das mit dem Parameter *DIR_LOGGING* angegeben wird. Überprüfen Sie den Parameter mit dem Report RSPARAM.
4. Überprüfen Sie, wer Zugriff auf die SysLog-Dateien hat! Prüfen Sie auf der Betriebssystemebene, welche Benutzer auf das Verzeichnis der SysLog-Dateien und auf die Dateien selbst Zugriff haben.

3.8 Sperren von Transaktionscodes

Aus Sicherheitsgründen ist es in einem Produktivsystem wünschenswert, dass nicht alle Transaktionen zur Verfügung stehen. So stellen die Transaktionen der Anwendungsentwicklung (z.B. SE38: ABAP/4-Editor und SE51: Screen-Painter) ein gewisses Gefahrenpotential dar. Die beste Möglichkeit zur Absicherung bietet natürlich das Berechtigungskonzept. Eine weitere Möglichkeit stellt R/3 mit dem Sperren von Transaktionen zur Verfügung.

Gesperrte Transaktionen können von keinem Benutzer aufgerufen werden, auch nicht mit uneingeschränkten Berechtigungen für diese Transaktion. So können z.B. Entwickler, die im Produktivsystem die Berechtigung zur ABAP-Programmierung besitzen, die Transaktion SE38 nicht ausführen, wenn sie gesperrt wurde.

Das Sperren von Transaktionen wirkt sich grundsätzlich auf das gesamte R/3-System aus, nicht nur auf einen Mandanten. Wird z.B. die Transaktion SE38 (ABAP/4-Editor) im Mandanten 100 gesperrt, ist sie in allen Mandanten des Systems (auch 000 und 066) gesperrt.

Das Sperren und Entsperren erfolgt über die Transaktion SM01 (Menüpfad *Werkzeuge - Administration - Verwaltung - Tcode-Verwaltung*). Hier werden alle Transaktionen aufgelistet und können über die Spalte *Gesperrt* ge- und entsperrt werden. Ein Haken bedeutet, die Transaktion ist gesperrt.

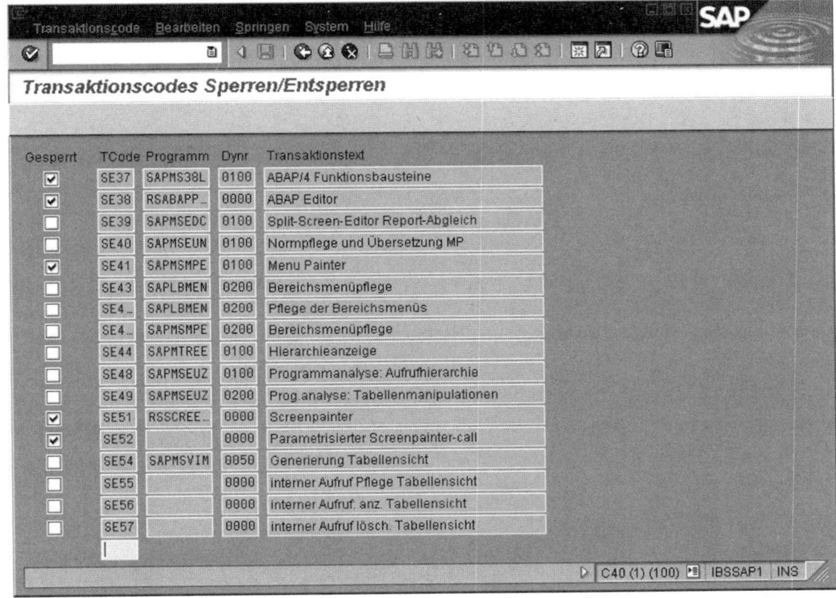

Abb. 3.8.1: SM01 - Sperren von Transaktionen

Zur Prüfung der gesperrten Transaktionen steht Ihnen der Report RSAUDITC zur Verfügung. Mit diesem Report können alle gesperrten Transaktionen angezeigt werden.

Der Report kann im AIS unter *System Audit - Entwicklung / Customizing - Transaktionen - Gesperrte Transaktionen* aufgerufen werden.

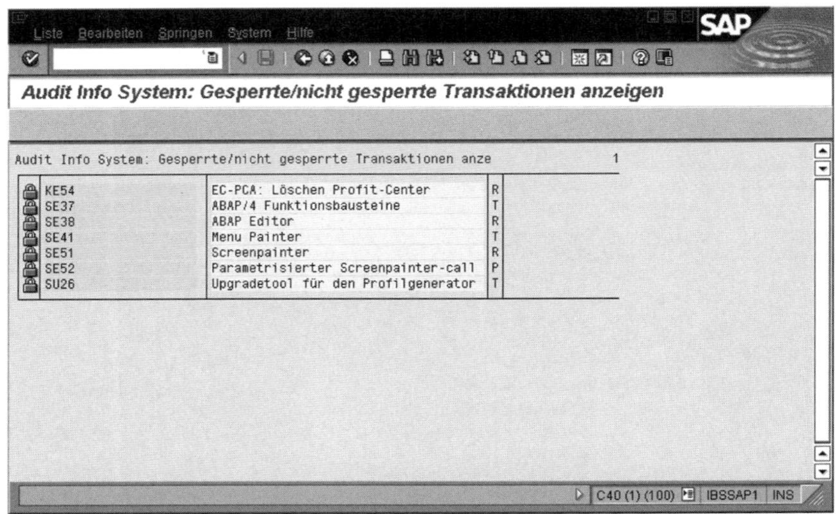

Abb. 3.8.2: Der Report RSAUDITC - Gesperrte Transaktionen

3.8.1 Zugriffsrechte

Sperren von Transaktionscodes

Berechtigungsobjekt S_TCODE (Transaktionsberechtigung)
Transaktionscode: SM01
Berechtigungsobjekt S_ADMI_FCD (Systemberechtigungen)
Funktion: TLCK (Transaktionen sperren / entsperren)

Anzeige der gesperrten Transaktionen

Die Anzeige erfolgt mit dem Report RSAUDITC.
Berechtigungsobjekt S_DEVELOP (Entwicklerberechtigungen)
Aktivität: 03 (Anzeigen)
Objekttyp: TRAN (Transaktionen)

3.8.2 Checkliste zum Sperren von Transaktionscodes

Nr.	Verwendung	Fragestellungen Risiko	Ordnungsmäßigkeits-Vorgaben
1	1	Existiert eine Vorgabe, welche Transaktionen zu sperren sind? Hier besteht das Risiko, dass die zu sperrenden Transaktionen nicht im Berechtigungskonzept beachtet werden.	Die zu sperrenden Transaktionen sind als SOLL zu dokumentieren.
2	3	Sind die Transaktionen im System gesperrt? Hier besteht das Risiko, dass die aus Sicherheits- oder betriebswirtschaftlichen Gründen zu sperrenden Transaktionen nicht gesperrt sind und von Benutzern aufgerufen werden können.	Die Vorgaben zur Sperrung müssen umgesetzt sein.

3.8.3 Praktische Prüfung zum Sperren von Transaktionscodes

1. Überprüfen Sie anhand der Vorgaben, welche Transaktionen gesperrt sein sollten!
2. Überprüfen Sie, ob diese Transaktionen im System gesperrt sind!
   Rufen Sie die Transaktion SA38 auf, und lassen Sie sich den Report RSAUDITC anzeigen.

3.9 Logische Betriebssystemkommandos

3.9.1 Funktionsweise

SAP R/3 bietet die Möglichkeit, Betriebssystemkommandos auf den SAP R/3-Servern unter der R/3-Oberfläche auszuführen. Diese werden logische oder externe Kommandos genannt. Z.B. können so Dateiinhalte mitsamt der Berechtigungsmaske unter UNIX eingesehen werden oder ganze Verzeichnisstrukturen. Die Befehle werden auf einem R/3-Applikationsserver mit den Rechten des Benutzers, der das SAP R/3-System gestartet hat, ausgeführt. Dieser Benutzer hat i.d.R. vollen Zugriff auf die R/3-Installation. Hierdurch sind somit große Gefahrenquellen gegeben, die durch Zugriffsberechtigungen in SAP R/3 ausgeschaltet werden müssen. In diesem Kapitel soll verdeutlicht werden, wie externe Kommandos funktionieren.

Hinweise zu externen Betriebssystemkommandos finden Sie in der SAP-Hilfe unter *R/3-Bibliothek - Basis - Computing Center Management System - Computing Center Management System (BC-CCM) - Konfiguration - Externe Betriebssystem-Kommandos: Inhalt.* Im AIS finden Sie eine Checkliste zu logischen Betriebssystemkommandos unter dem Pfad *System Audit - Checkliste gemäß R/3 Sicherheitsleitfaden - 2-4: Schutz des Betriebssystems - Logische Betriebssystemkommandos in R/3.*

Im Standardumfang des R/3-Systems sind bereits einige externe Kommandos für verschiedene Betriebssystemplattformen enthalten. Verwaltet werden die Kommandos über die Transaktion SM69 (Menüpfad *Werkzeuge - CCMS - Konfiguration - Externe Kommandos*). Viele dieser Standardkommandos stellen bereits eine große Gefahr dar, da sie sehr allgemein gehalten sind.

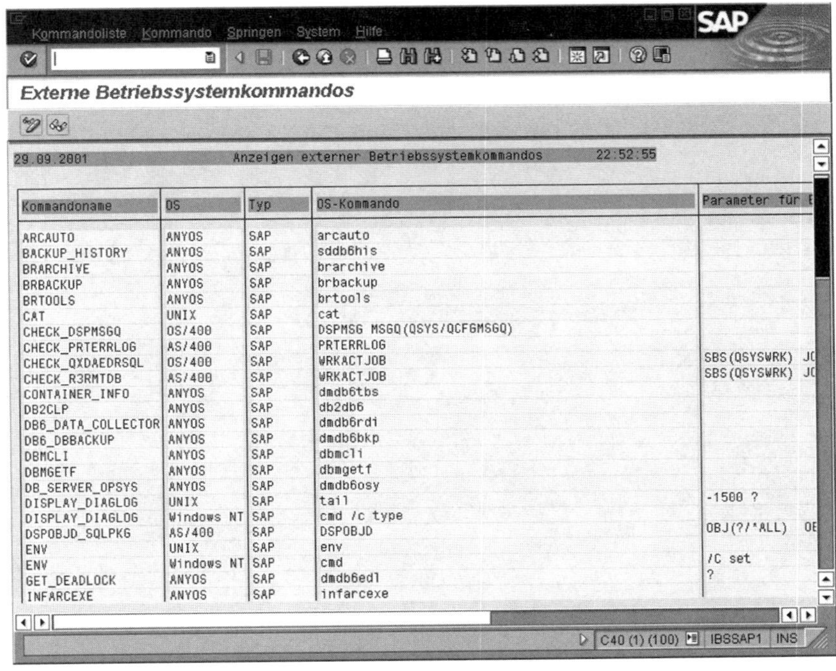

Kommandoname	OS	Typ	OS-Kommando	Parameter für E
ARCAUTO	ANYOS	SAP	arcauto	
BACKUP_HISTORY	ANYOS	SAP	sddb6his	
BRARCHIVE	ANYOS	SAP	brarchive	
BRBACKUP	ANYOS	SAP	brbackup	
BRTOOLS	ANYOS	SAP	brtools	
CAT	UNIX	SAP	cat	
CHECK_DSPMSGQ	OS/400	SAP	DSPMSG MSGQ(QSYS/QCFGMSGQ)	
CHECK_PRTERRLOG	AS/400	SAP	PRTERRLOG	
CHECK_QXDAEDRSQL	OS/400	SAP	WRKACTJOB	SBS(QSYSWRK) JC
CHECK_R3RMTDB	AS/400	SAP	WRKACTJOB	SBS(QSYSWRK) JC
CONTAINER_INFO	ANYOS	SAP	dmdb6tbs	
DB2CLP	ANYOS	SAP	db2db6	
DB6_DATA_COLLECTOR	ANYOS	SAP	dmdb6rdi	
DB6_DBBACKUP	ANYOS	SAP	dmdb6bkp	
DBMCLI	ANYOS	SAP	dbmcli	
DBMGETF	ANYOS	SAP	dbmgetf	
DB_SERVER_OPSYS	ANYOS	SAP	dmdb6osy	
DISPLAY_DIAGLOG	UNIX	SAP	tail	-1500 ?
DISPLAY_DIAGLOG	Windows NT	SAP	cmd /c type	
DSPOBJD_SQLPKG	AS/400	SAP	DSPOBJD	OBJ(?/*ALL) OE
ENV	UNIX	SAP	env	
ENV	Windows NT	SAP	cmd	/C set
GET_DEADLOCK	ANYOS	SAP	dmdb6edl	?
INFARCEXE	ANYOS	SAP	infarcexe	

Abb. 3.9.1: Externe Kommandos (R/3-Standard)

Einige Beispiele aus der Abb. 3.9.1:

CAT	Gestattet unter UNIX-Systemen das Anzeigen beliebiger Dateien
DISPLAY_DIAGLOG	(für Windows NT) Gestattet unter Windows NT-Systemen das Anzeigen beliebiger Dateien
LIST_DB2DUMP	Gestattet das Anzeigen beliebiger Verzeichnis-strukturen auf den Servern

In der Spalte OS wird angegeben, für welches Betriebssystem der Befehl gültig ist. Der Eintrag *ANYOS* steht für *Any Operating System*. Diese Befehle können also auf jeder Plattform genutzt werden.

Über die Transaktion SM69 können auch neue Kommandos erstellt werden. Möglich wäre z.B. ein Kommando wie in Abb. 3.9.2.

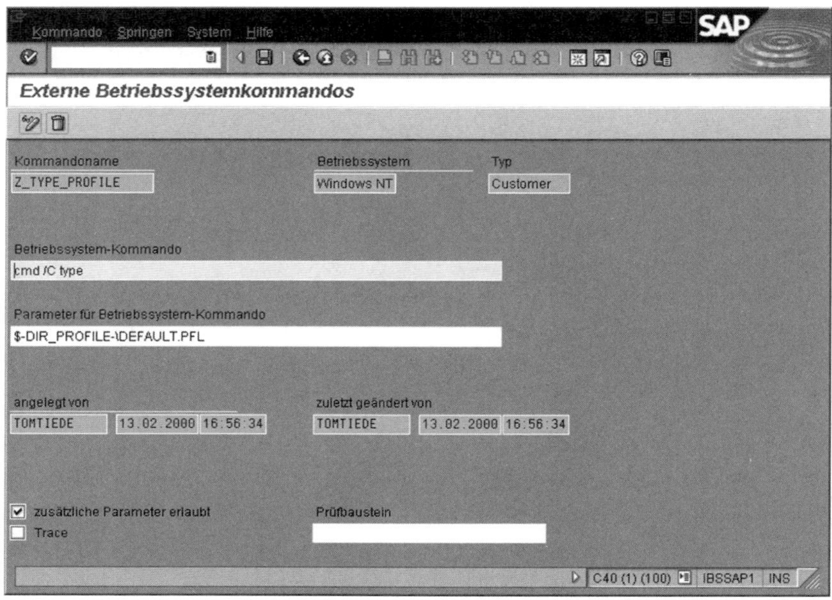

Abb. 3.9.2: Externes Kommando zum Lesen des DEFAULT-Profils

Dieses Kommando führt unter Windows NT den TYPE-Befehl aus, mit dessen Hilfe Textdateien angezeigt werden können. Der Parameter

$-DIR_PROFILE-\DEFAULT.PFL

besagt, dass die Datei DEFAULT.PFL aus dem Verzeichnis angezeigt werden soll, welches der Parameter DIR_PROFILE enthält. Durch dieses Kommando wird also das DEFAULT-Profil des R/3-Systems angezeigt.

Eine weitere Möglichkeit wäre ein Kommando wie in Abb. 3.9.3.

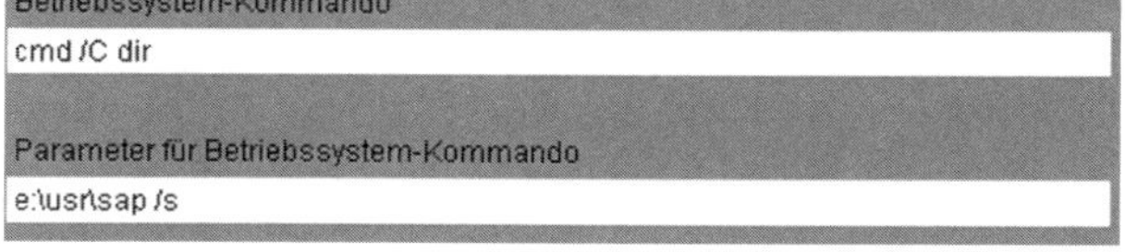

Betriebssystem-Kommando
cmd /C dir

Parameter für Betriebssystem-Kommando
e:\usr\sap /s

Abb. 3.9.3: Externes Kommando zum Anzeigen der R/3-Verzeichnisstruktur

Hier wird der DIR-Befehl ausgeführt, der mit dem Parameter e:\usr\sap /s die gesamte Verzeichnisstruktur der R/3-Installation mit allen Dateien anzeigt.

Ebenso kann für Windows NT der Befehl *cmd /C del* angelegt werden sowie für UNIX der Befehl *rm -R*. Über beide Befehle können Dateien oder ganze Verzeichnisstrukturen gelöscht werden.

Ausgeführt werden die Kommandos mit der Transaktion SM49 (Menüpfad *Werkzeuge - CCMS - Jobs - External Commands*). Bei der Ausführung eines externen Kommandos muss der Zielrechner (ein R/3-Applikationsserver) angegeben werden, auf dem dieser Befehl ausgeführt werden soll. Zusätzlich können bei einigen Kommandos noch weitere Parameter angegeben werden, je nachdem, ob dies in den Eigenschaften des Kommandos freigegeben wurde oder nicht. Das Ausführen des in Abb. 3.9.3 dargestellten Kommandos erzeugt eine Liste wie in Abb. 3.9.4.

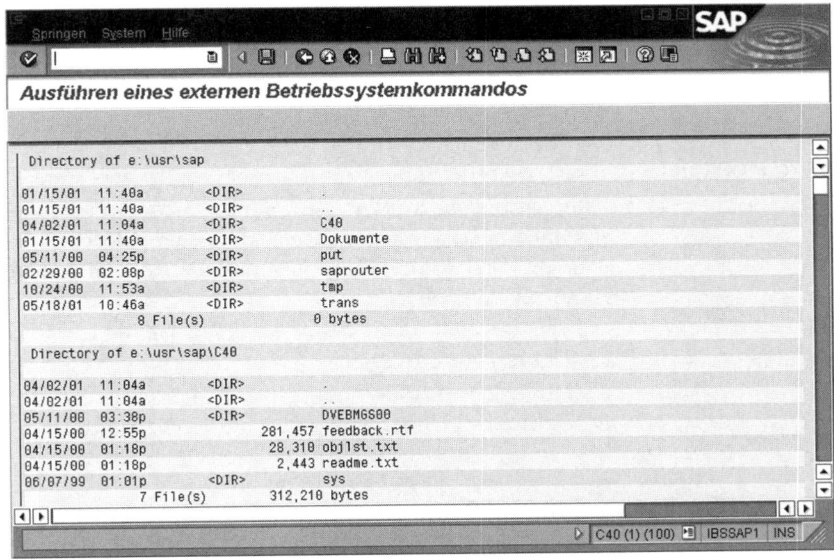

Abb. 3.9.4: R/3-Verzeichnisstruktur durch ein externes Kommando angezeigt

Das Verwalten und Ausführen der externen Kommandos ist allerdings nicht nur über die oben genannten Transaktionen möglich, sondern auch über den Report RSLOGCOM. Von diesem Report aus können sowohl neue Kommandos angelegt als auch ausgeführt werden.

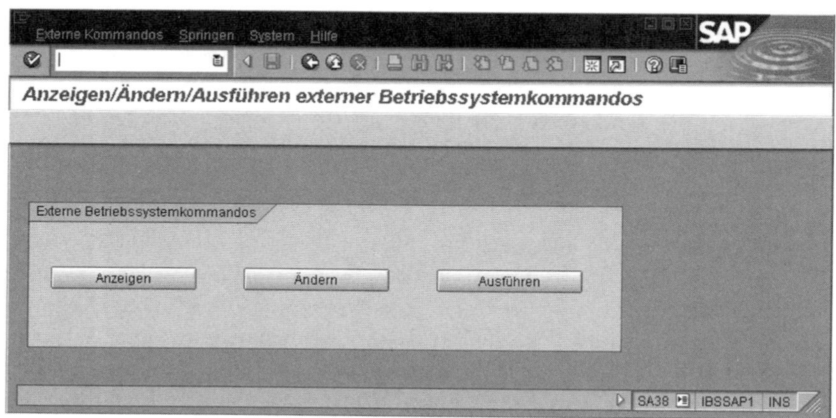

Abb. 3.9.5: Verwalten externer Kommandos mit dem Report RSLOGCOM

Verwaltet werden die Betriebssystemkommandos über folgende Tabellen:

SXPGCOSTAB	Betriebssystemkommandos, die von der Unternehmung selbst angelegt wurden
SXPGCOTABE	Betriebssystemkommandos, die von SAP angelegt wurden
SXPGHISTOR	Eine Historie über die logischen Betriebssystemkommandos. Hier wird protokolliert, wann Betriebssystemkommandos angelegt, geändert oder gelöscht werden. Im Feld MODIFIER wird angegeben, um welche Aktion es sich handelt:

C (Create) = Anlegen
M (Modify) = Ändern
D (Delete) = Löschen

3.9.2 Der Report RSBDCOS0

Mit dem Report RSBDCOS0 können Befehle ins Betriebssystem über eine Kommandozeile abgesetzt werden. Ein Anlegen des Befehls als logisches Betriebssystemkommando ist hier nicht notwendig. Es wird beim Ausführen allerdings sowohl die Berechtigung zum Anlegen neuer Kommandos als auch zum Ausführen von Kommandos überprüft, zusammen mit den Transaktionsberechtigungen zu den Transaktionen SM49 und SM69. Daher kann der Report nur von entsprechend Berechtigten genutzt werden. Da hier uneingeschränkt alle Betriebssystemkommandos genutzt werden können, stellt dieser Report eine große Gefahr dar und sollte nicht oder nur in Notfällen genutzt werden.

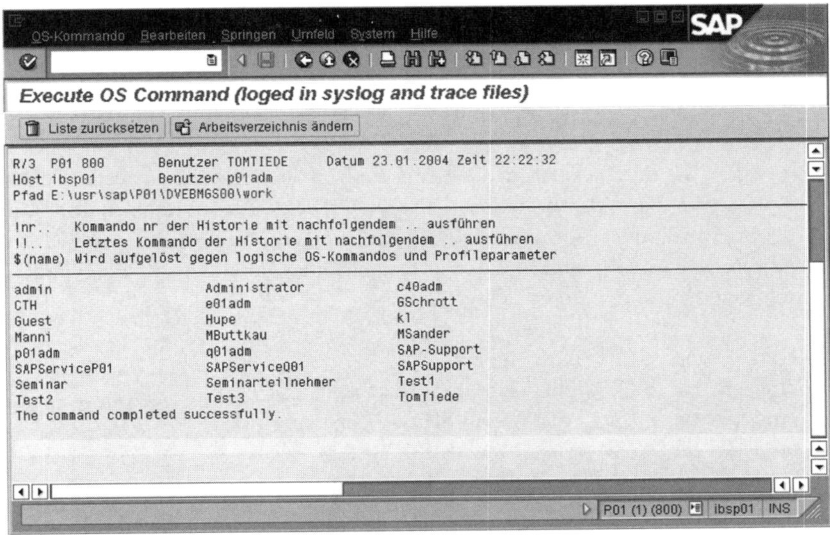

Abb. 3.9.6: Ausführen des Befehls "net user / domain" mit dem Report RSBDCOS0

Das Ausführen von Betriebssystembefehlen mit diesem Report wird im SysLog protokolliert (Meldungsnummer LC0). Es wird sowohl der Start des Reports selbst als auch jedes Betriebssystemkommando protokolliert.

3.9.3 Nutzen der logischen Betriebssystemkommandos für Prüfer

Natürlich stellen die logischen Betriebssystemkommandos nicht nur eine Gefahr dar. Richtig eingesetzt und mit den richtigen Zugriffsrechten versehen stellen Sie eine Vereinfachung für Arbeitsschritte sowohl für Administratoren als auch für Prüfer dar.

Bei einer Prüfung der Sicherheit eines R/3-Systems ist die Betriebssystemseite immer mit zu beachten. Mit Hilfe der logischen Betriebssystemkommandos kann ein Prüfer maßgebliche Prüfungen im Betriebssystem (besonders unter UNIX) bereits von der R/3-Ebene aus durchführen. Dazu müssen von der Administration einige Kommandos angelegt werden, auf die der Prüfer dann das Recht zum Ausführen erhält. Die nachfolgenden Beispiele zeigen einige der wichtigsten Betriebssystemkommandos für Prüfer.

Logische Betriebssystemkommandos unter Windows NT (siehe auch Kapitel 2.5.3)

cmd /c dir

Mit dem *dir*-Befehl können die Verzeichnisinhalte eingesehen werden. Der Prüfer gibt dann als zusätzlichen Parameter beim Ausführen den Pfad an, dessen Inhalt angezeigt werden soll. Natürlich kann hier bereits eine Vielzahl von Betriebssystemkommandos mit festen Pfadangaben vorgegeben werden, was eine Prüfung noch erleichtert, z.B.:

```
cmd /c dir <LW>:\usr\sap /s
cmd /c dir <LW>:\usr\sap\trans\data
cmd /c dir <LW>:\usr\sap\<SID>\<Instanz>\log
cmd /c dir <LW>:\usr\sap\<SID>\sys\profile
```

cmd /c type

Mit dem *type*-Befehl können Dateiinhalte angezeigt werden. Der Prüfer kann beliebige Dateinamen inkl. Pfaden angeben. Es kann allerdings sein, das nicht auf alle Dateien zugegriffen werden kann, da der Benutzer, mit dessen Rechten auf das Betriebssystem zugegriffen wird, standardmäßig nur Vollzugriff auf die R/3-Installation hat. Auch hier kann bereits eine Vielzahl von Betriebssystemkommandos mit festen Dateinamen vorgegeben werden, z.B.:

```
cmd /c type <LW>:\usr\sap\<SID>\sys\profile\default.pfl
cmd /c type <LW>:\usr\sap\trans\bin\tpparam
cmd /c type <LW>:\orant\net80\admin\protocol.ora
```

net

Der *net*-Befehl liefert eine Vielzahl von Informationen zum Betriebssystem Windows NT (siehe Kapitel 2.5.3). Er kann mit der Vielzahl seiner Möglichkeiten über die Betriebssystemkommandos genutzt werden.

Achtung: Da mit dem *net*-Befehl auch verändernd ins Betriebssystem eingegriffen werden kann (z.B. können mit *net user /add* neue Benutzer angelegt werden), ist hier besondere Vorsicht bei der Ausführung der Befehle und der Vergabe der Zugriffsrechte geboten. Sinnvolle vordefinierte Befehle sind u.a.:

net accounts Anzeige der Anmeldekonfiguration
net share Anzeige der eingerichteten Freigaben
net user Anzeige der existierenden Benutzer
net group Anzeige der globalen Gruppen
net localgroup Anzeige der lokalen Gruppen

Logische Betriebssystemkommandos unter UNIX (siehe auch Kapitel 2.6)

Gerade unter UNIX kann fast eine vollständige Prüfung des Betriebssystems mit wenigen logischen Betriebssystemkommandos erfolgen. Die wichtigsten sind:

ls -liaR

Der *ls*-Befehl zeigt Verzeichnisinhalte an. Mit dem Zusatzparameter *-l* werden auch die vergebenen Zugriffsrechte angezeigt. Als allgemeingültiger Befehl kann der Prüfer hier nun beliebige Pfade angeben. Zur Erleichterung können auch hier die wichtigsten Verzeichnisse vordefiniert werden, z.B.:

ls -liaR /usr/sap/<SID>
ls -liaR /usr/trans
ls -liaR /etc

cat

Der *cat*-Befehl zeigt Dateiinhalte an. Die Konfiguration eines UNIX-Servers findet über Textdateien statt, ebenso wie die Benutzerverwaltung. Daher können mit diesem Befehl diese Dateien eingesehen werden. Einige Beispiele vordefinierter Befehle für wichtige Dateien:

cat /usr/sap/<SID>/sys/profile/default.pfl
cat /etc/passwd
cat /etc/shadow (wird allerdings unter den meisten Derivaten nicht möglich sein)
cat /etc/group
cat /etc/inetd.conf
cat /etc/hosts.equiv
cat /etc/exports
cat /etc/ftpusers

find

Der *find*-Befehl findet Dateien nach verschiedensten Kriterien, z.B. nach Namen, Inode-Adressen, Rechtemasken usw. Mit ihm können einige sehr relevante Fragestellungen beantwortet werden, wie z.B. ob *.rhosts*-Dateien im System vorhanden sind:

find -name .rhosts

3.9.4 Zugriffsrechte

Anlegen neuer Betriebssystemkommandos

Berechtigungsobjekt S_TCODE (Transaktionsberechtigung)
Transaktionscode: SM69
Hinweis: Das Anlegen ist auch mit dem Report RSLOGCOM möglich.
Berechtigungsobjekt S_RZL_ADM (Rechenzentrumsleitstand)
Aktivität: 01 (Anlegen und Ändern)

Ausführen aller Betriebssystemkommandos

Berechtigungsobjekt S_TCODE (Transaktionsberechtigung)
Transaktionscode: SM49
Hinweis: Das Ausführen ist auch mit dem Report RSLOGCOM möglich.
Berechtigungsobjekt S_LOG_COM (Ausführen log. Betriebssystemkommandos)
Kommando: * (Alle)
Betriebssystem: * (Alle)
Servername: * (Alle)

Ausführen beliebiger Betriebssystemkommandos mit dem Report RSBDCOS0

Berechtigungsobjekt S_TCODE (Transaktionsberechtigung)
Transaktionscode: SM49, SM69
Berechtigungsobjekt S_RZL_ADM (Rechenzentrumsleitstand)
Aktivität: 01 (Anlegen und Ändern)
Berechtigungsobjekt S_LOG_COM (Ausführen log. Betriebssystemkommandos)
Kommando: RSBDCOS0
Betriebssystem: <Betriebssystem des Servers, auf dem der Befehl ausgeführt wird>
Servername: <Name des Servers, auf dem der Befehl ausgeführt wird>

3.9.5 Checkliste zu logischen Betriebssystemkommandos

Nr.	Verwendung	Fragestellungen Risiko	Ordnungsmäßigkeits-Vorgaben
1	1	Werden logische Betriebssystemkommandos von der Administration genutzt?	<Informativer Punkt für nachfolgende Prüfungen> Die Nutzung von logischen Betriebssystemkommandos stellt eine Vereinfachung der Administration dar.
2	1	Welche logischen Betriebssystemkommandos sind im System vorhanden? Hier besteht das Risiko, dass kritische Kommandos (z.B. *del* oder *rm*) definiert wurden.	Es dürfen nur die tatsächlich genutzten vorhanden sein.
3	3	Wurden logische Betriebssystemkommandos angelegt und kurze Zeit danach wieder gelöscht? Hier besteht das Risiko, dass über solche Kommandos nicht nachvollziehbare Aktionen im Betriebssystem durchgeführt werden können.	Das Anlegen und Löschen ist zu dokumentieren.
4	3	Wird häufig der Report RSBDCOS0 genutzt? Hier besteht das Risiko, dass nicht nachvollziehbare Aktionen im Betriebssystem durchgeführt werden können.	Der Report sollte nicht genutzt werden.

3.9.6 Praktische Prüfung zu logischen Betriebssystemkommandos

1. Stellen Sie fest, ob logische Betriebssystemkommandos von der Administration genutzt werden (Fragestellung an die Administration)!
2. Überprüfen Sie, welche logischen Betriebssystemkommandos im System vorhanden sind!
   Lassen Sie sich über die Transaktion SE16 die Tabellen SXPGCOSTAB und SXPGCOTABE anzeigen.
3. Überprüfen Sie, ob logische Betriebssystemkommandos angelegt und kurze Zeit danach wieder gelöscht wurden!
   Lassen Sie sich über die Transaktion SE16 die Tabelle SXPGHISTOR anzeigen. Vergleichen Sie Einträge, die hinzugefügt (Eintrag C im Feld MODIFIER) und kurze Zeit später wieder gelöscht wurden (Eintrag D im Feld MODIFIER).
3. Überprüfen Sie, ob häufig der Report RSBDCOS0 genutzt wird!
   Rufen Sie die Transaktion SM21 auf, und schränken Sie im Expertenmodus (Menüpfad *Bearbeiten - Expertenmodus*, Schaltfläche *Meld.kennungen*) auf die Meldungsnummer LC0 ein.

3.10 Drucken und Speichern von R/3-Daten

3.10.1 Der Druckvorgang unter R/3

Während des Arbeitens mit R/3 werden von den Benutzern eine Vielzahl von Druckaufträgen parallel erzeugt. Es werden z.B. Rechnungen, Aufträge, Belege, Stammdaten oder Protokolle gedruckt. Diese Druckaufträge haben verschiedene Prioritäten, die beim Drucken vom System zu beachten sind. Um diese Anforderungen umsetzen zu können, nutzt R/3 zum Drucken, wie auch die Netzwerkbetriebssysteme, das Spoolsystem.

Druckaufträge werden allerdings nicht nur manuell erzeugt. Während der Arbeit am System entstehen Belege, Rechnungen, Aufträge etc. Werden diese Daten gesichert, wird automatisch eine Nachricht im System erstellt, die unter anderem einen Spool-Auftrag erzeugt. Daher wird in der Anwendungsebene der Begriff *Nachricht* für die Datenausgabe auf den Drucker verwendet.

Nach der Erzeugung eines Druckauftrages (manuell oder automatisch) werden die Daten nicht sofort zum Drucker gesandt. Sie werden in einer temporären sequentiellen Datei (TemSe) zwischengespeichert. Drucken mehrere Benutzer gleichzeitig auf einen Drucker, so werden diese Daten hintereinander (sequentiell) in der TemSe-Datei gespeichert. Der Spool übernimmt die Verwaltung und sorgt dafür, dass die Druckaufträge zum Drucker gesendet werden. Die TemSe kann eine Datei auf der Betriebssystemebene sein oder auch eine Tabelle in der Datenbank. Geregelt wird dies über den Systemparameter *rspo/store_location*. Steht der Parameter auf db (Defaultwert), so werden die Daten in einer Tabelle gespeichert. Steht der Parameter auf G, in einer Datei.

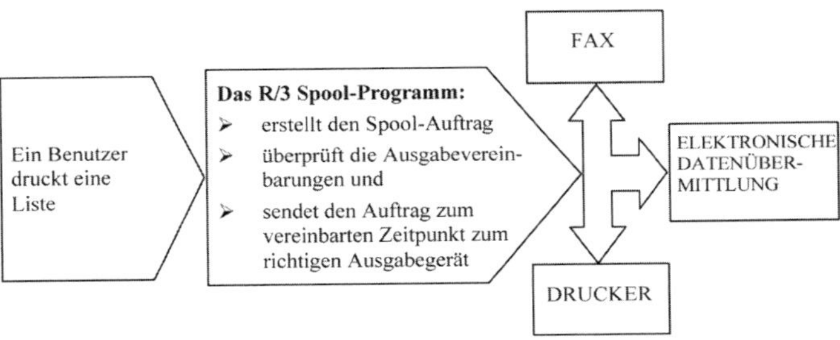

Abb. 3.10.1: Der Druckvorgang im R/3-System

In der TemSe werden die Daten unaufbereitet gespeichert. Sie werden erst beim eigentlichen Druckvorgang für den Drucker aufbereitet. Dies hat zur Folge, dass die Daten der Druckaufträge jederzeit von entsprechenden Berechtigten eingesehen und auch auf beliebige Drucker umgeleitet werden können.

Die Spoolaufträge sind grundsätzlich mandantenübergreifend. Daher ist ein Zugriff auf die Druckaufträge des Produktivmandanten auch von allen anderen Mandanten des Systems möglich. Abb. 3.10.2 (Transaktion SP01) zeigt Druckaufträge aus den Mandanten 000, 001 und 100. Die Zugriffsberechtigungen für Zugriffe auf den Spool sind daher in allen Mandanten des Systems zu überprüfen.

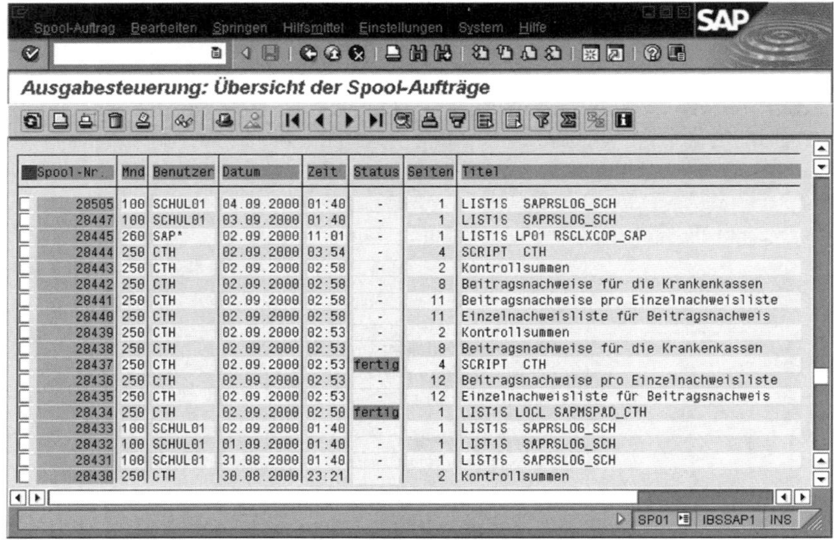

Spool-Nr.	Mnd	Benutzer	Datum	Zeit	Status	Seiten	Titel
28505	100	SCHUL01	04.09.2000	01:40	-	1	LIST1S SAPRSLOG_SCH
28447	100	SCHUL01	03.09.2000	01:40	-	1	LIST1S SAPRSLOG_SCH
28445	260	SAP*	02.09.2000	11:01	-	1	LIST1S LP01 RSCLXCOP_SAP
28444	250	CTH	02.09.2000	03:54	-	4	SCRIPT CTH
28443	250	CTH	02.09.2000	02:58	-	2	Kontrollsummen
28442	250	CTH	02.09.2000	02:58	-	8	Beitragsnachweise für die Krankenkassen
28441	250	CTH	02.09.2000	02:58	-	11	Beitragsnachweise pro Einzelnachweisliste
28440	250	CTH	02.09.2000	02:58	-	11	Einzelnachweisliste für Beitragsnachweis
28439	250	CTH	02.09.2000	02:53	-	2	Kontrollsummen
28438	250	CTH	02.09.2000	02:53	-	8	Beitragsnachweise für die Krankenkassen
28437	250	CTH	02.09.2000	02:53	fertig	4	SCRIPT CTH
28436	250	CTH	02.09.2000	02:53	-	12	Beitragsnachweise pro Einzelnachweisliste
28435	250	CTH	02.09.2000	02:53	-	12	Einzelnachweisliste für Beitragsnachweis
28434	250	CTH	02.09.2000	02:50	fertig	1	LIST1S LOCL SAPMSPAD_CTH
28433	100	SCHUL01	02.09.2000	01:40	-	1	LIST1S SAPRSLOG_SCH
28432	100	SCHUL01	01.09.2000	01:40	-	1	LIST1S SAPRSLOG_SCH
28431	100	SCHUL01	31.08.2000	01:40	-	1	LIST1S SAPRSLOG_SCH
28430	250	CTH	30.08.2000	23:21	-	2	Kontrollsummen

Abb. 3.10.2: Druckaufträge aus verschiedenen Mandanten

Wird ein Druckauftrag manuell erzeugt, wird dem Benutzer die in Abb. 3.10.3 dargestellte Bildschirmmaske angezeigt (R/3-Release 4.6C).

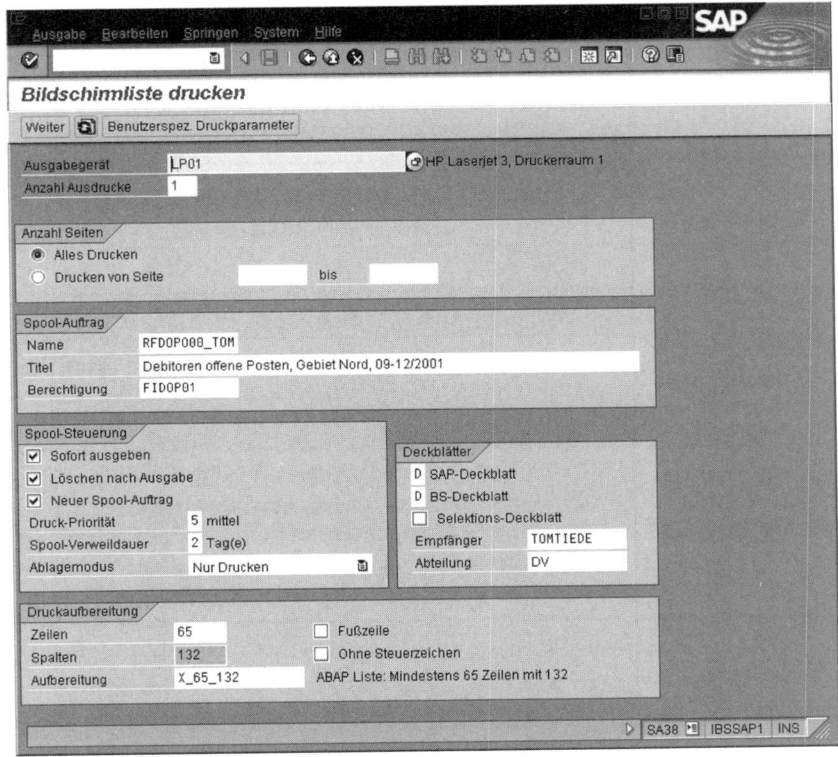

Abb. 3.10.3: Der Druckvorgang im R/3-System

Feld	Feldbeschreibung
Ausgabegerät	In diesem Feld wird der Drucker eingetragen, auf dem gedruckt werden soll. Ist der Name des Druckers nicht bekannt, kann er über die Werthilfe-Taste gesucht werden.
Anzahl der Ausdrucke	Legt fest, wie oft der Auftrag gedruckt werden soll.
Name	Ein eindeutiger Name für den Druckauftrag.
Titel	Ein optionaler Titel für den Druckauftrag.
Berechtigung	Hier kann ein Wert angegeben werden, der dann beim Zugriff auf den Druckauftrag überprüft wird (durch das Berechtigungsobjekt S_SPO_ACT).
Sofort ausgeben	Ist dieses Feld eingeschaltet, wird der Druck sofort nach der Erzeugung ausgeführt, d.h. es wird sofort ein Ausgabeauftrag erzeugt, welcher den Auftrag ausdruckt. Andernfalls wird nur ein Spool-Auftrag erzeugt, und der Druck muss später manuell gestartet werden.
Löschen nach Ausgabe	Das Aktivieren dieses Feldes bewirkt, dass der Spool-Auftrag nach der Druckausgabe gelöscht wird. Andernfalls steht er zum wiederholten Ausdruck weiter zur Verfügung.
Neuer Spool-Auftrag	Ist dieses Feld eingeschaltet, wird ein neuer Spool-Auftrag erstellt. Andernfalls kann der Ausgabeauftrag an einen bestehenden Spool-Auftrag angehängt werden.
Spool-Verweildauer	Hier wird der Zeitraum eingetragen, nach dem der Spool-Auftrag automatisch nach dem Drucken gelöscht wird.
SAP-Deckblatt	Hier legen Sie fest, ob bei dem Ausdruck ein Deckblatt mit ausgedruckt werden soll und welches.
Empfänger	Hier wird standardmäßig der Name des Benutzers eingetragen.
Ausgabeformat	Legt die Seitenformatierung für die Ausgabe fest.

Das Drucken unter R/3 läuft folgendermaßen ab:

- Ein Benutzer druckt eine Liste. Es wird das Fenster zum Drucken angezeigt.

- Nach dem Drucken werden die Daten vom Spool in der TemSe zwischengespeichert.
- So lange die Daten noch nicht gedruckt wurden, sind sie für jeden entsprechend Berechtigten lesbar.
- Der Spool sendet die Daten sequentiell an die entsprechenden Drucker.
- Wurde beim Drucken der Punkt *Löschen nach Ausgabe* ausgewählt, so wird nach dem Drucken der Spoolauftrag aus der TemSe gelöscht. Ansonsten verbleibt er für den Zeitraum in der TemSe, der beim Drucken im Feld *Spool-Verweildauer* angegeben wurde (standardmäßig 8 Tage). Für diesen Zeitraum sind sie für jeden entsprechend Berechtigten lesbar.

Druckaufträge, die sich noch im Spool befinden, können von allen Berechtigten eingesehen werden. Aufgerufen wird die Verwaltung des Spools mit der Transaktion SP01 (Menüpfad *System - Dienste - Ausgabesteuerung*). Um alle Druckaufträge des Systems anzuzeigen, müssen alle Selektionskriterien der Einstiegsmaske gelöscht werden, auch das Feld *Mandant*. Der Inhalt jedes Druckauftrages kann angezeigt werden. Hierzu ist der Spoolauftrag zu markieren (anklicken) und danach auf die Schaltfläche *Anzeigen* zu klicken. In Abb. 3.10.4 ist der Inhalt eines Spoolauftrages dargestellt. Es handelt sich um eine Offene Posten-Liste. Bei der Vergabe der Zugriffsberechtigungen auf den Spool ist zu bedenken, dass dies jedem berechtigtem Benutzer möglich ist. Somit können Benutzer an Daten gelangen, auf die sie im System selbst keinen Zugriff haben.

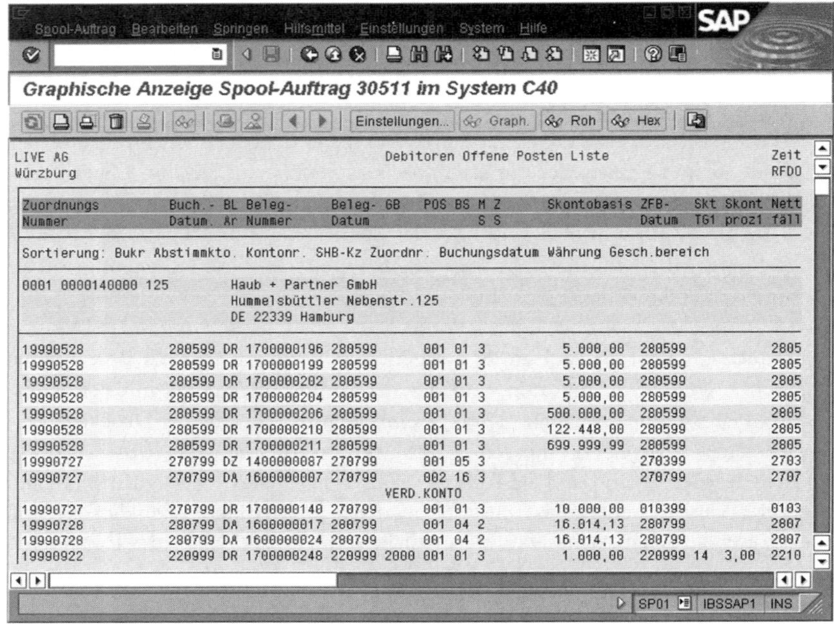

Abb. 3.10.4: Der Inhalt eines Spoolauftrages

3.10.2 Speichern von Daten in Dateien

Grundsätzlich besteht die Möglichkeit, beliebige Daten aus dem R/3-System in einer Datei abzuspeichern. Dies ist sowohl mit allen Reports als auch mit allen Tabellen möglich. Hierin besteht natürlich eine besondere Gefahr, insbesondere für sicherheitssensible Daten z.B. aus der Finanzbuchhaltung und dem Personalwesen. Daher sollte eine generelle Downloadberechtigung nicht vergeben werden. Vielmehr ist genau zu definieren, welche Benutzer diese Berechtigung bekommen sollen.

3.10.3 Zugriffsrechte

Zugriffsrechte beim Drucken

Um die Druckaufträge entsprechend zu schützen, stellt R/3 zwei Berechtigungsobjekte zur Verfügung:

S_SPO_DEV Spooler: Geräteberechtigungen

Mit diesem Objekt wird festgelegt, auf welchen Druckern der Benutzer drucken darf. Für jeden Benutzer ist festzulegen, auf welchen Drucker er drucken darf.

S_SPO_ACT Spooler: Aktionen

Mit diesem Objekt wird festgelegt, auf welche Druckaufträge ein Benutzer wie zugreifen darf. Dieses Objekt überprüft die Werte des Feldes *Berechtigung*, das beim Anlegen eines Druckauftrages abgegeben werden kann. Um die nicht geschützten Druckaufträge anderer Benutzer anzuzeigen, wird im Feld *Wert für die Berechtigungsprüfung* der Wert __USER__ benötigt.

Im Feld *Berechtigungsfeld für Spoolaktionen* sind folgende Werte möglich:

BASE	Es kann festgestellt werden, ob ein Druckauftrag im Spool vorhanden ist und welche Eigenschaften er besitzt.
DISP	Der Inhalt eines Druckauftrages kann eingesehen werden.
ATTR	Die Eigenschaften eines Druckauftrages können geändert werden.
AUTH	Gestattet das Ändern des Berechtigungswertes für einen Spoolauftrag.
PRNT	Erlaubt es, einen Spoolauftrag das erste Mal auszugeben.
REPR	Hierdurch kann ein Spoolauftrag mehrmals ausgegeben werden.
REDI	Gestattet das Umlenken des Druckauftrages auf einen anderen Drucker.
DELE	Erlaubt das Löschen eines Druckauftrages.
USER	Erlaubt das Ändern des Eigentümers.
SEND	Erlaubt das Senden eines Druckauftrages über SAPoffice.
DOWN	Erlaubt das Downloaden eines Druckauftrages.

Um auf Druckaufträge anderer Benutzer zugreifen zu können ist zusätzlich zum Berechtigungsobjekt S_SPO_ACT eine Berechtigung auf dem Objekt S_ADMI_FCD notwendig. Hier können folgende Werte eingestellt werden:

SP01	Erlaubt Zugriffe auf die Spool-Aufträge anderer Benutzer in allen Mandanten
SP0R	Erlaubt Zugriffe auf die Spool-Aufträge anderer Benutzer im aktuellen Mandanten

Speichern von Daten in Dateien

Die Berechtigungen werden mit dem Berechtigungsobjekt S_GUI vergeben. Dieses Objekt besteht nur aus dem Feld *Aktivität*. Folgende Berechtigung gestattet es einem Benutzer, beliebige Listen und Tabellen abzuspeichern:

Berechtigungsobjekt S_GUI
Aktivität: 61 (Exportieren)

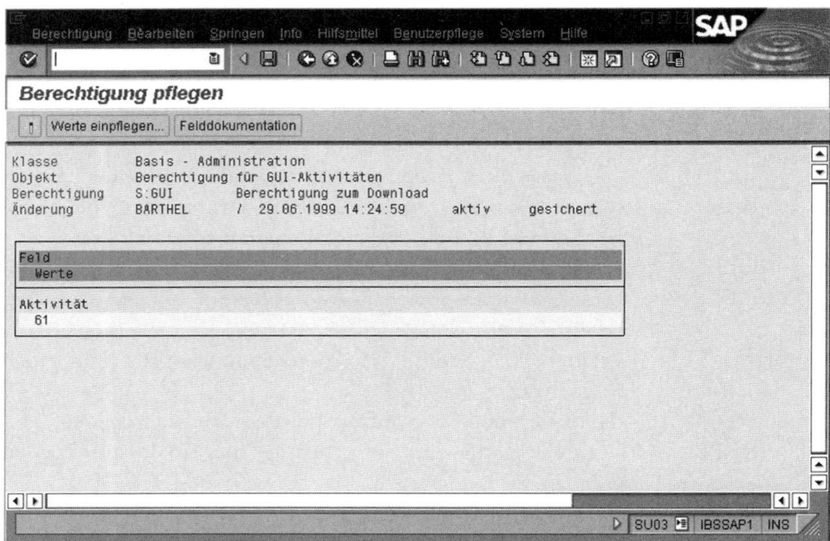

Abb. 3.10.5: Berechtigung zum Download von R/3-Daten

Eine weitere Einschränkung auf Reports oder Tabellen ist mit diesem Berechtigungsobjekt nicht möglich. Hier greifen die weiteren Berechtigungen des Benutzers auf die entsprechenden Reports und Tabellen.

3.10.4 Checkliste zum Drucken und Speichern von R/3-Daten

Nr.	Verwendung	Fragestellungen / Risiko	Ordnungsmäßigkeits-Vorgaben
1	1	Wurde für jeden Benutzer festgelegt, auf welchem Drucker er drucken darf? Hier besteht das Risiko, dass sensible Daten auf Druckern falscher Abteilungen gedruckt werden.	Für jeden Benutzer sind die Drucker, auf denen er drucken darf, zu definieren (Berechtigungsobjekt S_SPO_DEV).
2		Werden Druckaufträge durch die Angabe einer Berechtigung geschützt? Hier besteht das Risiko, dass unberechtigte Zugriffe auf Druckaufträge mit sensiblen Daten möglich sind.	Besonders Druckaufträge mit sensiblen Daten (z.B. Module FI und HR) sollten durch eine Angabe im Feld *Berechtigung* beim Drucken geschützt werden.
3		Wurden die Berechtigungen für die geschützten Druckaufträge entsprechend restriktiv vergeben? Hier besteht das Risiko, dass unberechtigte Zugriffe auf Druckaufträge mit sensiblen Daten möglich sind.	Besonders für die geschützten Druckaufträge sind die Berechtigungen sehr restriktiv zu vergeben.
4		Wer besitzt die Berechtigung, Inhalte von Druckaufträgen anzusehen? Hier besteht das Risiko, dass unberechtigte Zugriffe auf Druckaufträge mit sensiblen Daten möglich sind.	Besonders für sensible Daten darf die Berechtigung zum Lesen des Druckauftrages nur dem Benutzer zugeordnet werden, der diese Daten druckt.

Nr.	Verwendung	Fragestellungen / Risiko	Ordnungsmäßigkeits-Vorgaben
5		Wer darf die Druckausgabe auf einen anderen Drucker umleiten? Hier besteht das Risiko, dass sensible Daten auf Druckern anderer Abteilungen ausgedruckt werden.	Das Umleiten auf einen anderen Drucker sollte nur einem eingeschränkten Personenkreis möglich sein.
6		Wer darf die Berechtigungswerte für die Druckaufträge ändern? Hier besteht das Risiko, dass unberechtigte Zugriffe auf Druckaufträge mit sensiblen Daten möglich sind.	Das Ändern der Berechtigungswerte sollte nur dem Besitzer des Druckauftrages möglich sein.
7		Ist der Zugang zu Druckern, auf denen sensible Daten gedruckt werden, abgesichert? Hier besteht das Risiko, dass unberechtigte Zugriffe auf sensible Daten möglich sind.	Die Drucker, auf denen sensible Daten gedruckt werden, dürfen nicht uneingeschränkt zugänglich sein.
8		Wird für Druckaufträge mit sensiblen Daten das *Löschen nach Ausgabe* genutzt? Hier besteht das Risiko, dass Druckaufträge mit sensiblen Daten im Spool verbleiben und dort eingesehen werden können.	Druckaufträge mit sensiblen Daten sollten nach dem Ausdruck aus dem Spool gelöscht werden.

Nr.	Ver-wen-dung	Fragestellungen Risiko	Ordnungsmäßigkeits-Vorgaben
9		Welche Benutzer dürfen Daten in Dateien exportieren? Hier besteht das Risiko, dass Benutzer sensible Daten aus dem System runterladen.	Es muss festgelegt sein, welche Benutzer Daten speichern dürfen.
10		Liegen organisatorische Anweisungen vor, wie mit exportierten Daten zu verfahren ist? Hier besteht das Risiko, dass die sensiblen Daten im Netzwerk frei zugänglich abgelegt werden.	Ein Zugriff auf exportierte Daten muss genauso restriktiv gehandhabt werden wie der Zugriff im R/3-System selbst.

3.10.5 Praktische Prüfung zum Drucken und Speichern von R/3-Daten

1. Überprüfen Sie, ob für jeden Benutzer die Drucker, auf denen er drucken darf, definiert wurden!
   Rufen Sie die Transaktion SU03 auf. Wählen Sie die Objektklasse *Basis - Administration* und darin das Objekt S_SPO_DEV aus. Lassen Sie sich die angelegten Berechtigungen anzeigen. Überprüfen Sie für die Berechtigungen über die Schaltfläche *Verwendungsnachweis*, ob die Berechtigungen an die Benutzer vergeben wurden.
2. Überprüfen Sie, ob Druckaufträge mit sensiblen Daten durch die Angabe eines Berechtigungswertes geschützt werden!
   Klären Sie diese Fragestellung in Zusammenarbeit mit der Administration.
3. Überprüfen Sie, ob die Berechtigungen für die geschützten Druckaufträge entsprechend restriktiv vergeben wurden!
   Rufen Sie die Transaktion SU03 auf. Wählen Sie die Objektklasse *Basis - Administration* und darin das Objekt S_SPO_ACT aus. Lassen Sie sich die angelegten Berechtigungen anzeigen. Überprüfen Sie über die Schaltfläche *Verwendungsnachweis*, welche Berechtigungen an welche Benutzer vergeben wurden.

4. Überprüfen Sie, wer die Berechtigung besitzt, Inhalte von Druckaufträgen einzusehen!
   Rufen Sie die Transaktion SA38 (Menüpfad *System - Dienste - Reporting*) auf, und lassen Sie sich den Report RSUSR002 anzeigen. Tragen Sie in der Selektionsmaske folgende Werte ein, um die Berechtigungen zu ermitteln:

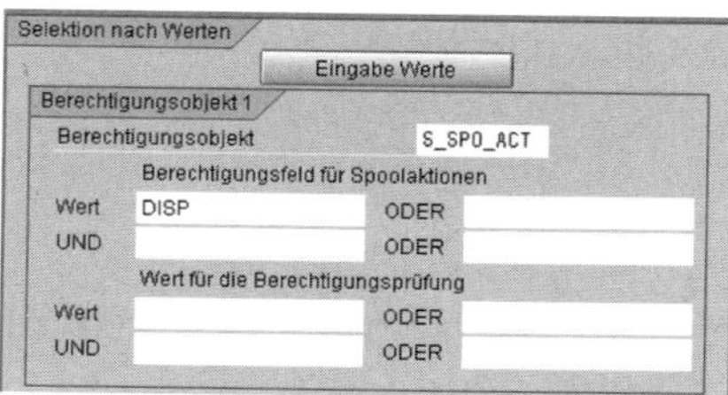

5. Überprüfen Sie, wer die Berechtigung besitzt, die Druckausgabe auf einen anderen Drucker umzuleiten!
   Rufen Sie die Transaktion SA38 (Menüpfad *System - Dienste - Reporting*) auf, und lassen Sie sich den Report RSUSR002 anzeigen. Tragen Sie in der Selektionsmaske folgende Werte ein, um die Berechtigungen zu ermitteln:

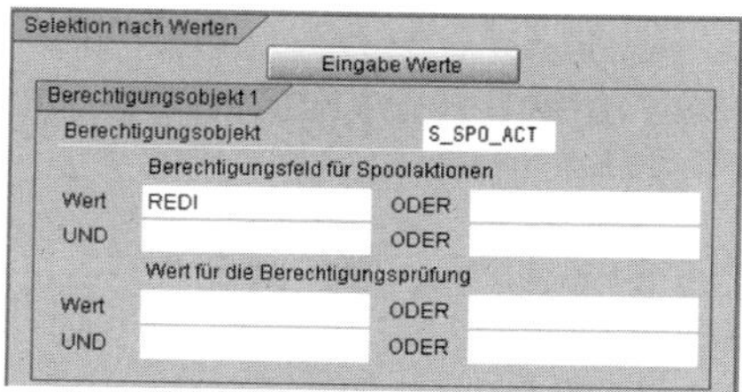

6. Überprüfen Sie, wer Berechtigungswerte für die Druckaufträge ändern darf!
   Rufen Sie die Transaktion SA38 (Menüpfad *System - Dienste - Reporting*) auf, und lassen Sie sich den Report RSUSR002 anzeigen. Tragen Sie in der Selektionsmaske folgende Werte ein, um die Berechtigungen zu ermitteln:

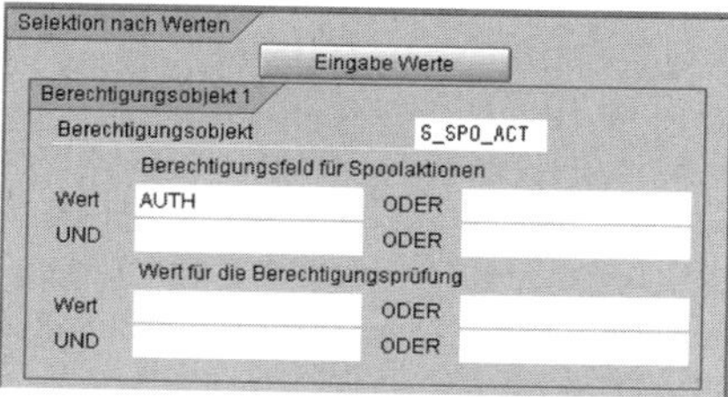

7. Überprüfen Sie, ob der Zugang zu Druckern, auf denen sensible Daten gedruckt werden, abgesichert ist!
   Lassen Sie sich eine Liste dieser Drucker von der Administration aushändigen, und überprüfen Sie den Zugang durch eine Sichtung.
8. Überprüfen Sie, ob für Druckaufträge mit sensiblen Daten das *Löschen nach Ausgabe* genutzt wird!
   Rufen Sie die Transaktion SU01 auf. Lassen Sie sich von den Benutzern, die sensible Daten ausdrucken, die Stammdaten anzeigen. Überprüfen Sie, ob für diese Benutzer der Eintrag *Löschen nach Ausgabe* standardmäßig vorgegeben ist.
9. Überprüfen Sie, welche Benutzer Daten exportieren dürfen!
   Rufen Sie die Transaktion SA38 (Menüpfad *System - Dienste - Reporting*) auf, und lassen Sie sich den Report RSUSR002 anzeigen. Tragen Sie in der Selektionsmaske folgende Werte ein, um die Berechtigungen zu ermitteln:

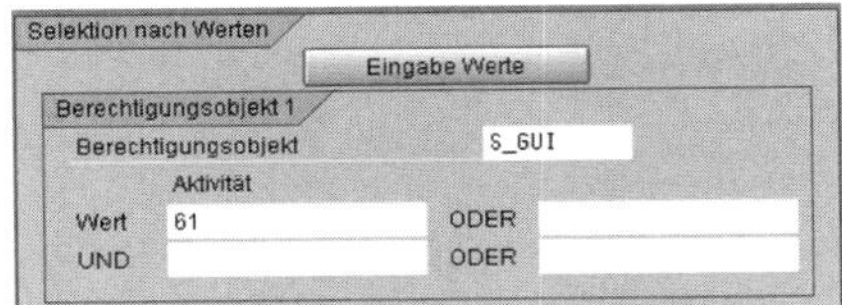

10. Überprüfen Sie, ob organisatorische Anweisungen vorliegen, wie mit exportierten Daten zu verfahren ist!
    Überprüfen Sie diese Frage in Zusammenarbeit mit der Administration.

3.11 Batch-Input

3.11.1 Funktionsweise des Batch-Input-Verfahrens

Das Batch-Input-Verfahren ermöglicht es, Daten aus Dateien in das R/3-System zu importieren und dabei dieselben Sicherheitsmechanismen zu verwenden wie bei einer manuellen Eingabe der Daten im Dialog. Die Daten werden in den Dateien sequentiell gespeichert. Das Einlesen der Daten erfolgt über ein Batch-Input-Programm in eine Batch-Input-Mappe. Über diese Batch-Input-Mappe werden die Daten in die Tabellen des Systems geschrieben, indem diese Mappe abgespielt wird. Beim Abspielen simuliert die Batch-Input-Mappe eine Dialogeingabe zu den dazugehörigen Daten. Im Hintergrund läuft dieselbe Transaktion, die auch bei der manuellen Eingabe im Dialog verwendet wird. Somit werden bei diesem Verfahren auch die entsprechenden Sicherheitsmechanismen der Transaktionen genutzt, z.B. die Konsistenzprüfung der Daten.

Durch dieses Verfahren können in kurzer Zeit konsistente Daten in ein R/3-System eingespielt werden. Es wird häufig auch für eine Datenübernahme aus Altsystemen genutzt.

Bei der Nutzung des Batch-Input-Verfahrens werden die Daten in der sequentiellen Datei meistens in Klarschrift gespeichert. Sie sind somit nicht nur lesbar, sondern auch mit jedem normalen Editor manipulierbar. Abb. 3.11.1 zeigt eine sequentielle Datei, die einen Kreditorenbeleg enthält.

```
BI Export.txt - Editor
Datei  Bearbeiten  Suchen  ?
          0000TFBD5           FS
SAPMF05A  0125X
          0000 BKPF-BLDAT     01.05.2000
          0000 BKPF-BLART     KR
          0000 BKPF-BUKRS     0001
          0000 BKPF-BUDAT     01.05.2000
          0000 BKPF-WAERS     DEM
          0000 BKDF-DBATR     01.06.2000
          0000 BKDF-BELNR     9100000002
          0000 BKDF-GJAHR     2000
          0000 RF05A-NEWBS    31
          0000 RF05A-NEWKO    0000001013
SAPMF05A  0302X
          0000 BSEG-WRBTR     1.000,00
          0000 BKPF-XMWST     X
          0000 BSEG-MWSKZ     **
          0000 BSEG-GSBER     1000
          0000 BSEG-ZTERM     ZB01
          0000 BSEG-ZBD1T     14
          0000 BSEG-ZBD1P     3,000
          0000 BSEG-ZBD2T     20
          0000 BSEG-ZBD2P     2,000
          0000 BSEG-ZBD3T     30
          0000 BSEG-ZFBDT     01.05.2000
          0000 RF05A-NEWBS    40
          0000 RF05A-NEWKO    0000470000
SAPMF05A  0300X
          0000 BSEG-WRBTR     1.000,00
          0000 BSEG-MWSKZ     V4
          0000 BDC_OKCODE     /11
SAPLKACB  0002X
          0000 COBL-GSBER     1000
          0000 COBL-KOSTL     0000990000
          0000 COBL-PRCTR     DUMMY
          0000 COBL-FIPOS     285104
```

Abb. 3.11.1: Eine sequentielle Datei zur Erstellung einer Batch-Input-Mappe

Bei der Nutzung dieses Verfahrens sind somit besonders die Zugriffsberechtigungen des Verzeichnisses zu beachten, in dem die sequentiellen Dateien gespeichert werden. Zugriffsberechtigungen auf das Verzeichnis/die Verzeichnisse sind äußerst restriktiv zu vergeben.

Batch-Input-Mappen werden nicht nur durch sequentielle Dateien erzeugt, auch R/3 selbst nutzt diese Systematik innerhalb seiner Module. In der Finanzbuchhaltung werden z.B. Dauerbuchungsbelege in einer Batch-Input-Mappe zusammengefasst. Durch das Abspielen dieser Mappe werden dann alle diese Belege verbucht.

Beim Abspielen der Mappen werden im Hintergrund Transaktionen ausgeführt.

Befinden sich in einer Batch-Input-Mappe z.B. 10 Dauerbuchungsbelege, wird die entsprechende Transaktion zum Verbuchen dieser Belege 10mal aufgerufen. Transaktionen, die erfolgreich gelaufen sind, werden als verarbeitet gekennzeichnet. Transaktionen, die abgebrochen sind, werden als fehlerhaft gekennzeichnet.

Ein Benutzer, der eine Batch-Input-Mappe lesen darf, kann alle enthaltenen Daten der Mappe einsehen. Werden über Batch-Input-Mappen z.B. Daten aus einem HR-System verbucht, können alle Benutzer, die eine Berechtigung zum Lesen dieser Mappen besitzen, alle in der Mappe enthaltenen HR-Daten einsehen.

Nachdem eine Mappe erfolgreich abgespielt wurde, wird sie entweder gelöscht, oder sie verbleibt im System mit dem Status abgespielt. Sie kann in diesem Fall nicht noch einmal *abgespielt* werden. Allerdings kann sie weiterhin von allen Berechtigten eingesehen werden.

Beim Abspielen der Mappen kann es dazu kommen, dass eine der in den Mappen enthaltenen Transaktionen nicht korrekt ausgeführt werden kann. In diesem Fall wird die entsprechende Transaktion abgebrochen, und die Mappe erhält den Status *Fehlerhaft*. Diese Mappen sind bei einer Prüfung besonders zu beachten, da die abgebrochenen Transaktionen zeitnah nachzubuchen sind.

3.11.2 Analyse des Batch-Input-Verfahrens

Zur Analyse von Batch-Input-Mappen kann entweder die Transaktion SM35 (Menüpfad *System - Dienste - Batch-Input - Bearbeiten*) oder der Report RSBDCANA genutzt werden. Der Report ruft zur Analyse die Transaktion SM35 auf, daher wird nur diese hier erläutert.

In der Transaktion SM35 sind die Mappen auf verschiedene Registerkarten aufgeteilt. Im Rahmen einer Prüfung ist es sinnvoll, sich zuerst einmal alle Mappen anzeigen zu lassen, um einen Überblick zu bekommen. Im zweiten Schritt sollten die noch zu verarbeitenden Mappen unter dem Aspekt der zeitnahen Buchung geprüft werden (*Sind ältere Mappen vorhanden, die noch nicht abgespielt wurden?*). Des weiteren sind auf jeden Fall auch die Mappen zu prüfen, bei deren Ablauf ein Fehler aufgetreten ist. Diese sind besonders relevant, da hier eventuell Buchungsvorgänge fehlgeschlagen sind, die zeitnah nachgebucht werden müssen.

Von jeder Mappe kann der vollständige Inhalt eingesehen werden. Dies ist besonders bei den abgebrochenen Mappen von Bedeutung, um die Ursache des Abbruchs zu ermitteln. Um den Inhalt einer Mappe anzuzeigen gehen Sie folgendermaßen vor:

- Rufen Sie die Transaktion SM35 (Menüpfad *System - Dienste - Batch-Input - Bearbeiten*) auf.
- Doppelklicken Sie auf die Mappe, deren Inhalt Sie sehen möchten, oder markieren Sie die Mappe und klicken auf die Schaltfläche *Analyse*.
- Es werden alle Transaktionen angezeigt, die sich in der Mappe befinden. Zu jeder Transaktion können alle DynPros (Bildschirmmasken) angezeigt werden (Doppelklick oder Registerkarte *Dynpros*). Durch einen Doppelklick auf einen Dynpro-Eintrag wird eine Abbildung des DynPros mit den entsprechenden Werten angezeigt. Abb. 3.11.2 zeigt ein DynPro aus der Transaktion FBD5 (Dauerbuchung realisieren).

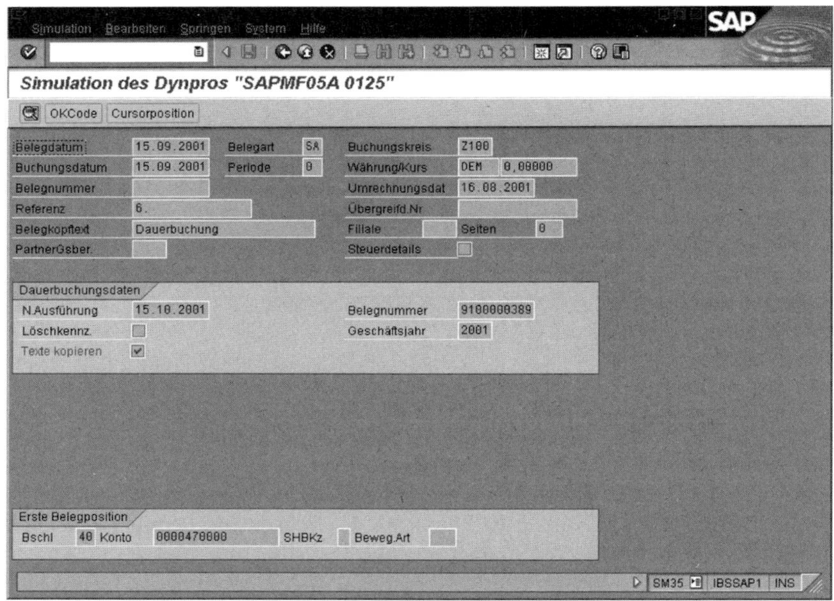

Abb. 3.11.2: Analyse einer Batch-Input-Mappe

Beim Ablauf einer Mappe wird automatisch ein Protokoll mitgeführt. Dieses Protokoll gibt Auskunft darüber, wer die Mappe wann abgespielt hat, und ob während des Abspielens Fehler aufgetreten sind. Bei fehlerhaften Mappen sollte zuerst das Protokoll eingesehen werden, da in den meisten Fällen der Grund des Abbruchs hier angegeben wird. Um das Protokoll einer Mappe einzusehen, gehen Sie folgendermaßen vor:

- Markieren Sie die Mappe, deren *Protokoll* Sie sehen möchten, indem Sie einmal auf die Mappe klicken.
- Klicken Sie auf die Schaltfläche Protokoll (Menüpfad *Springen - Protokoll*).
- Das Protokoll zur Mappe wird Ihnen angezeigt. Abb. 3.11.3 zeigt das Protokoll einer fehlerhaften Mappe.

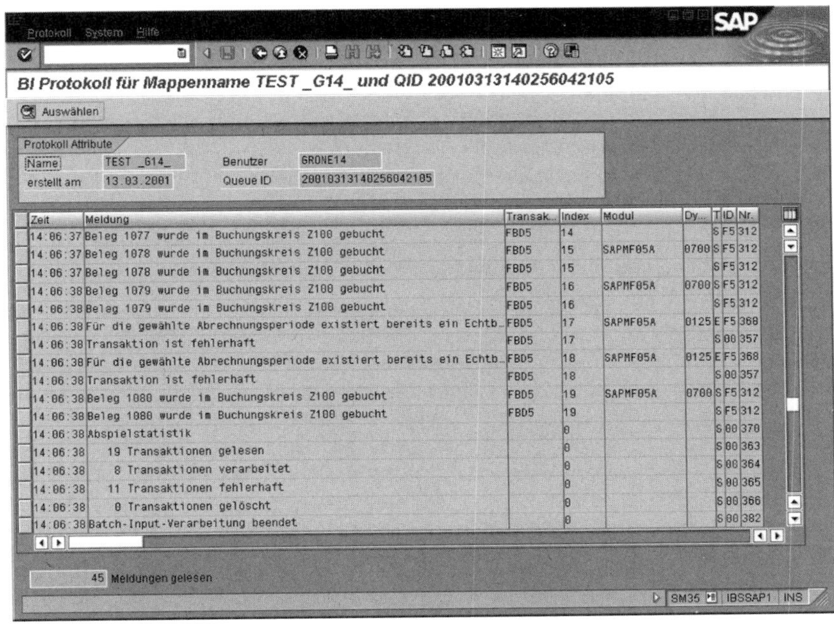

Abb. 3.11.3: Protokoll einer Batch-Input-Mappe

Eine Übersicht über alle Batch-Input-Mappen in allen Mandanten des Systems gibt der Report RSBDCTL1. Der Report zeigt die Mandanten mit den dort existierenden Mappen. Es ist allerdings eine reine Auflistung. Ein Verzweigen in die Mappen ist von diesem Report aus nicht möglich.

Im AIS können Sie die Analyse der Batch-Input-Mappen unter dem Punkt *System Audit - Hintergrundverarbeitung - Batch Input Protokolle* aufrufen.

3.11.3 Zugriffsrechte

Berechtigungen für Batch-Input-Mappen werden mit dem Berechtigungsobjekt S_BDC_MONI vergeben. Dieses Objekt besteht aus zwei Feldern:

Feld *Monitoring-Aktivitäten*. Mögliche Einträge:

ABTC	Mappen für die Hintergrundverarbeitung übergeben
ANAL	Mappen und Protokolle analysieren
AONL	Mappen im Dialogbetrieb abspielen
DELE	Mappen löschen
FREE	Mappen freigeben
LOCK	Mappen sperren und entsperren
REOG	Mappen und Protokolle reorganisieren

Feld *Mappenname*: <Der Name der Batch-Input-Mappe(n)>

Prüfer benötigen eine Berechtigung zur Analyse aller Mappen:

Feld *Monitoring-Aktivitäten*: ANAL
Feld *Mappenname*: *

Bei einer Prüfung ist darauf zu achten, ob Mappen mit sensiblen Daten verarbeitet werden. Insbesondere für diese Mappen ist zu prüfen, wer die Berechtigung zur Analyse und zum Abspielen der Mappen besitzt.

3.11.4 Checkliste zum Batch-Input-Verfahren

Nr.	Verwendung	Fragestellungen / Risiko	Ordnungsmäßigkeits-Vorgaben
1	3	Ist gesichert, dass aus den Vorsystemen die Daten vollständig übertragen werden? Hier besteht das Risiko, dass durch eine unvollständige Datenübertragung die Daten in R/3 nur lückenhaft importiert werden können.	Es ist im Vorsystem sicherzustellen, dass die Mappen vollständig übertragen werden.
2	1	Wohin werden die Dateien auf dem Server kopiert? Hier besteht das Risiko, dass die Dateien in Verzeichnissen abgelegt werden, auf die viele Benutzer Zugriff haben.	Die Dateien sind in Verzeichnisse zu kopieren/erstellen, auf die nur die Administratoren Zugriff haben.
3	1	Wer hat Zugriff auf die Dateien? Hier besteht das Risiko, dass durch falsche Zugriffsrechte Benutzer die Inhalte der Batch-Input-Dateien manipulieren können.	Es dürfen nur autorisierte Personen Zugriff auf die Originaldateien haben.
4	1	Was passiert mit den Dateien nach dem Einlesen in R/3 (löschen / sichern)? Hier besteht das Risiko, dass die Daten im Verzeichnis verbleiben und u.U. nochmals eingelesen werden können.	Nach dem Einlesen ist sicherzustellen, dass die Dateien gesichert und danach gelöscht werden.

Nr.	Verwendung	Fragestellungen Risiko	Ordnungsmäßigkeits-Vorgaben
5	3	Wurden Vorkehrungen getroffen, um ein doppeltes Einlesen derselben Mappe zu verhindern? Hier besteht das Risiko, dass Mappen doppelt eingelesen werden können und dadurch redundante Buchungen ins System gelangen können.	Ein doppeltes Einlesen muss organisatorisch verhindert werden.
6	1	Wer ist berechtigt, BI-Mappen auszuführen oder zu analysieren? Hier besteht das Risiko der falschen Autorisierung auf Batch-Input-Mappen, mit der evtl. sensible Daten eingesehen werden können.	Nur die berechtigten Personen dürfen in R/3 diese Rechte bekommen.
7	3	Wird nach den Batchläufen auf fehlerhafte Mappen kontrolliert? Hier besteht das Risiko, dass fehlerhafte Mappen nicht zeitnah nachgearbeitet werden.	Nach jedem Batch-Lauf ist zu kontrollieren, ob Fehler aufgetreten sind, mindestens aber einmal pro Tag.
8	3	Wie wird mit den fehlerhaften Mappen verfahren? Hier besteht das Risiko, dass kein festes Verfahren für die Nacharbeiten an fehlerhaften Mappen existiert und das dadurch z.B. Verzögerungen auftreten oder Mappen falsch nachgearbeitet werden.	Fehlerhafte Mappen sind zeitnah zu analysieren und evtl. nachzubuchen.

3.11.5 Praktische Prüfung zum Batch-Input-Verfahren

1. Überprüfen Sie, ob sichergestellt wurde, dass Daten aus Vorsystemen vollständig übertragen werden!
   Klären Sie diese Frage in Zusammenarbeit mit dem Administrator des Vorsystems.
2. Überprüfen Sie, wohin die Daten auf den R/3-Servern kopiert werden!
   Lassen Sie sich von einem Administrator die entsprechenden Verzeichnisse zeigen.
3. Überprüfen Sie, wer Zugriff auf diese Dateien hat!
   Gehen Sie hierbei vor wie in den Kapiteln 2.5 (Windows NT) und 2.6 (UNIX) beschrieben.
4. Überprüfen Sie, ob nach dem Einlesen die Dateien gesichert und gelöscht werden!
   Lassen Sie sich das Verfahren von einem Administrator zeigen.
5. Überprüfen Sie, ob ein doppeltes Einlesen einer Mappe organisatorisch verhindert wird!
   Lassen Sie sich das Verfahren von einem Administrator erläutern.
6. Überprüfen Sie, wer berechtigt ist, Batch-Input-Mappen auszuführen oder zu analysieren!
   Rufen Sie die Transaktion SA38 (Menüpfad *System - Dienste - Reporting*) auf, und lassen Sie sich den Report RSUSR002 anzeigen. Tragen Sie in der Selektionsmaske folgende Werte ein, um die Berechtigungen zur Analyse aller Mappen zu ermitteln:

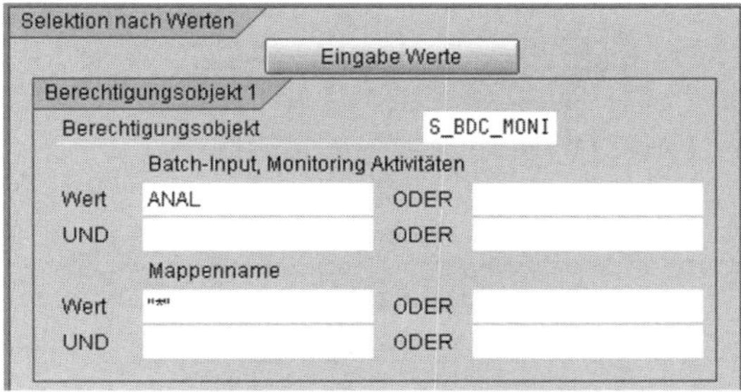

Zur Überprüfung, wer Mappen ausführen darf, tragen Sie in das Feld Monitoring-Aktivitäten den Wert ABTC oder AONL ein.

7. Überprüfen Sie, ob nach Batch-Läufen auf fehlerhafte Mappen kontrolliert wird!

Klären Sie diese Frage in Zusammenarbeit mit der Administration. Lassen Sie sich mit der Transaktion SM35 fehlerhafte Mappen anzeigen, und überprüfen Sie, wann diese abgespielt wurden.

8. Überprüfen Sie, wie mit fehlerhaften Mappen verfahren wird!
   Klären Sie diese Frage in Zusammenarbeit mit der Administration und den Fachabteilungen.

3.12 RFC-Verbindungen

3.12.1 Funktionsweise

Der RFC (Remote Function Call) bietet die Möglichkeit, Funktionsbausteine (Programme) in entfernten Systemen aufzurufen. Von einem R/3-System können Verbindungen über RFC hergestellt werden zu

- einem Applikationsserver desselben R/3-Systems,
- einem anderen R/3-System,
- einem R/2-System,
- externen Programmen.

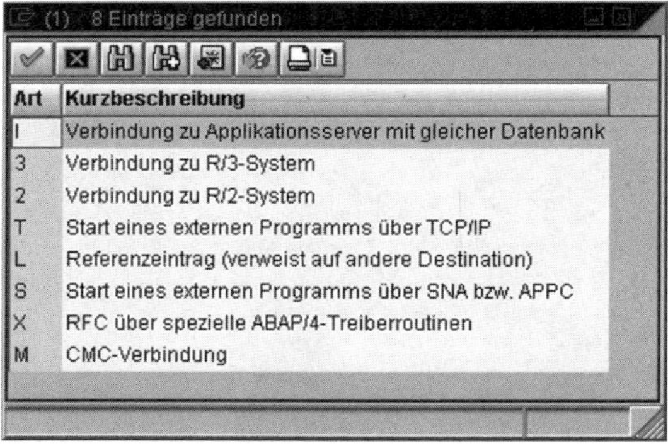

(1) 8 Einträge gefunden

Art	Kurzbeschreibung
I	Verbindung zu Applikationsserver mit gleicher Datenbank
3	Verbindung zu R/3-System
2	Verbindung zu R/2-System
T	Start eines externen Programms über TCP/IP
L	Referenzeintrag (verweist auf andere Destination)
S	Start eines externen Programms über SNA bzw. APPC
X	RFC über spezielle ABAP/4-Treiberroutinen
M	CMC-Verbindung

Abb. 3.12.1: Verbindungstypen in R/3

Über RFC können sowohl ABAP-Programme aufgerufen werden als auch beliebige andere (Nicht-ABAP-)Programme. Daher ist auch eine Kommunikation mit anderen Programmen gewährleistet.

Über die RFC-Schnittstelle wird auch die Kommunikation mit anderen Mandanten desselben Systems geregelt. Dies wird z.B. genutzt beim Aufruf des Reports

RSUVM005 (Vermessungsdaten der Benutzer aus allen Mandanten). Dieser Report benötigt Daten aus anderen Mandanten. Um die Vermessungsdaten der Benutzer auszulesen wird z.B. ein Funktionsbaustein der Funktionsgruppe S002 genutzt, die über RFC angesprochen wird.

Standardmäßig sind bereits einige RFC-Verbindungen im System vorhanden, u.a. die erforderlichen für das Transport Management System sowie RFC-Verbindungen zu allen Applikationsservern des R/3-Systems. Allerdings kann es notwendig sein, weitere RFC-Verbindungen anzulegen, z.B. für einen Datenaustausch mit anderen Systemen oder für Mandantenkopien aus einem anderen System.

Verwaltet werden die RFC-Verbindungen mit der Transaktion SM59 (Menüpfad *Werkzeuge - Administration - Verwaltung - Netzwerk - RFC-Destinationen*) oder mit dem Report RSRFCRFC. Hier werden die Eigenschaften der RFC-Verbindungen festgelegt. Für Verbindungen zu R/3-Systemen wird der Mandant des Zielsystems angegeben sowie (wahlweise) ein Benutzer aus dem Mandanten und sein Kennwort (siehe Kapitel 3.12.2). Diese Transaktion kann mit Nur-Lese-Rechten nicht ausgeführt werden.

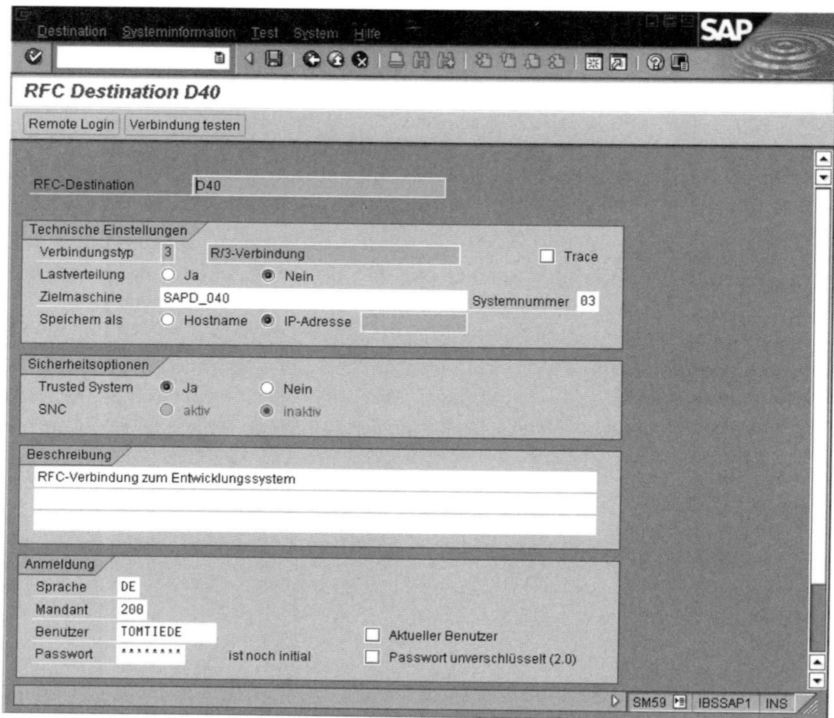

Abb. 3.12.2: Transaktion SM59 - Verwalten von RFC-Verbindungen in Release 4.6C

Gespeichert werden die RFC-Verbindungen in der Tabelle RFCDES, die zur Prüfung herangezogen werden sollte. Eine Übersicht über alle RFC-Verbindungen bieten auch die Reports RSRSDEST (Anzeige aller RFC-Verbindungen) und RSRFCCHK (Anzeige aller RFC-Verbindungen mit Anmeldedaten). Im Zuge einer Systemprüfung sollte überprüft werden, welche RFC-Verbindungen existieren und wofür sie genutzt werden.

Durch das Setzen des Schalters Trace in den Eigenschaften der RFC-Verbindung werden bei der Nutzung dieser Verbindung Trace-Informationen mitgeschrieben. Diese Informationen können dann mit dem Report RSRFCTRC ausgewertet werden.

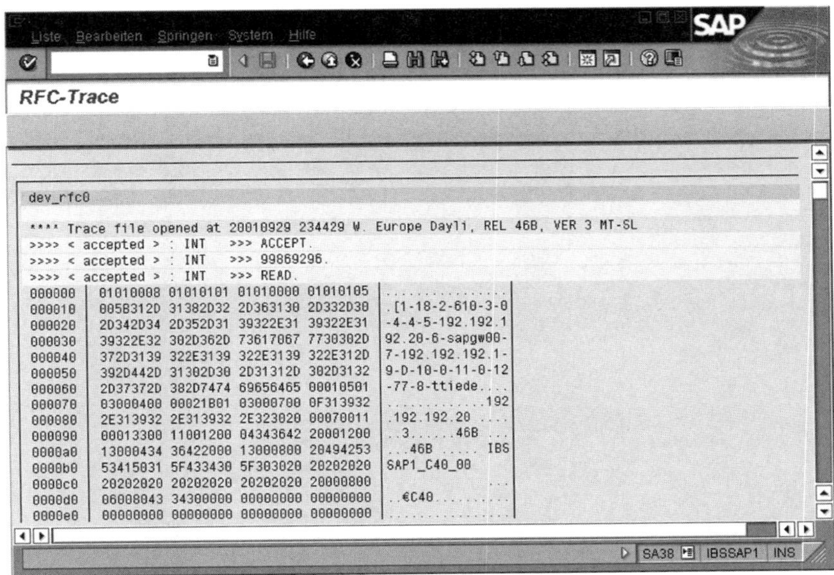

Abb. 3.12.3: Report RSRFCTRC - Trace-Informationen einer RFC-Verbindung

In Abb. 3.12.3 ist zu erkennen, dass eine RFC-Verbindung zum Mandanten 000 auf der Instanz SAPSERVER4_C40_00 geöffnet wurde, TCP/IP-Adresse 192.192.192.10, ausführender Benutzer TOMTIEDE.

Ab dem R/3-Release *Enterprise* kann über Berechtigungen gesteuert werden, welche Benutzer welche RFC-Verbindungen nutzen dürfen. Hierfür kann in den Eigenschaften der RFC-Verbindungen im Feld *Berechtigung* ein beliebiger Wert angegeben werden (siehe Abb. 3.12.4). Benutzer, die diese RFC-Verbindung nutzen wollen, benötigen dann eine Berechtigung auf dem Berechtigungsobjekt S_IFC (Berechtigungsprüfung beim I C Fra-Zugriff). Das Objekt besteht aus folgenden zwei Feldern:

Bereich: Hier muss der Wert DEST (für RFC-Destinationen) eingetragen sein.

Wert: Hier muss der Wert aus dem Feld *Berechtigung* der RFC-Verbindung eingetragen werden, für die der Benutzer eine Berechtigung erhalten soll.

Um die in Abb. 3.12.4 dargestellte RFC-Verbindung auszuführen, würde ein Benutzer somit folgende Berechtigung benötigen:

Berechtigungsobjekt S_IFC (Berechtigungsprüfung beim I C Fra-Zugriff)
Bereich: DEST
Wert: P01

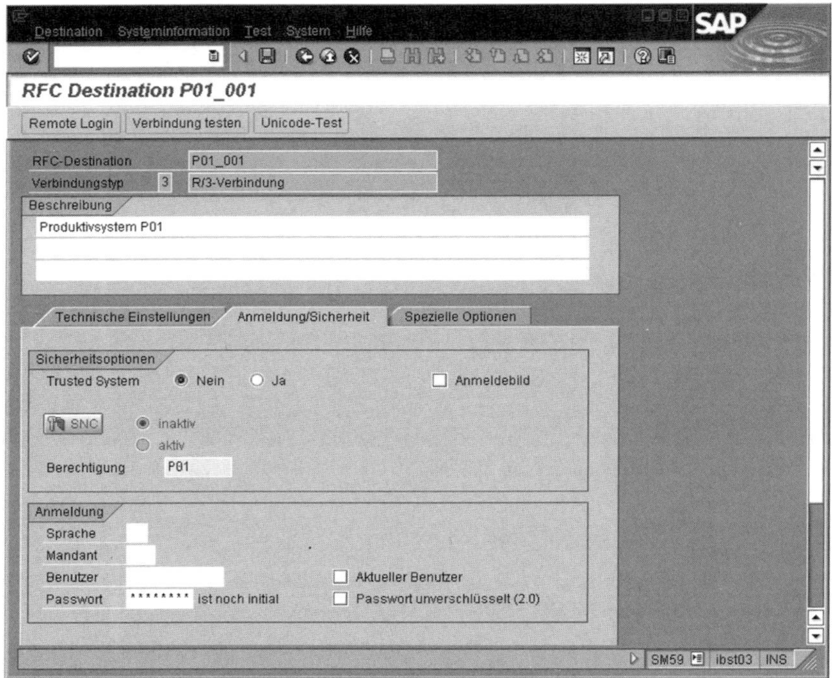

Abb. 3.12.4: Schutz einer RFC-Verbindung durch einen Berechtigungswert

Im AIS erhalten Sie Informationen zu RFC-Verbindungen über *System Audit - System Konfiguration - Kommunikationsarten von R/3 - RFC / SAP Remote Function Call.* Eine Checkliste zur Remote-Kommunikation finden Sie im AIS unter dem Pfad *System Audit - Checkliste gemäß R/3 Sicherheitsleitfaden - 2-7: Remote Communications (RFC & CPI-C).*

3.12.2 Hinterlegte Kennwörter

Besonders kritisch ist es, wenn zu RFC-Verbindungen Dialog-Benutzer und Kennwörter hinterlegt werden. Solch eine Verbindung kann dann dazu genutzt werden, ohne Anmeldung eine Verbindung aufzubauen. Sie kann z.B. beim Vergleichen von Tabellen genutzt werden (siehe Kapitel 6.9). Ein Benutzer wählt in der Transaktion SM30 eine Tabelle oder einen View aus, deren Inhalt er aus einem anderen Mandanten sehen möchte. Beim Anzeigen der Tabelle kann er über den Vergleich eine RFC-Verbindung auswählen. Wird hier eine Verbindung ausgewählt, bei der Benutzer und Kennwort hinterlegt sind, entfällt eine Anmeldung und die Tabelle aus dem anderen Mandanten wird für den Vergleich angezeigt (Zugriffsrechte vorausgesetzt).

RFC-Verbindungen mit hinterlegten Kennwörtern sollten nicht existieren. Allerdings nutzt R/3 selbst auch diese Funktion, z.B. beim *Transport Management System.* Hier werden RFC-Verbindungen angelegt, in denen der Benutzer TMSADM (Benutzertyp *Kommunikation*) mit seinem Standardkennwort PASSWORD hinterlegt ist. Allerdings besitzt dieser Benutzer im Mandanten standardmäßig sehr wenig Rechte. Kennwörter sollten auf keinen Fall für Benutzerkonten hinterlegt werden, die hohe Rechte und/oder Zugriffsrechte auf Tabellen haben.

Die Kennwörter werden in der Tabelle RFCDES gespeichert. Im Feld RFCOPTIONS werden die Optionen der RFC-Verbindung gespeichert, wie der Servername, die Instanznummer, der Mandant, der Benutzername, das Kennwort usw. Alle Eigenschaften werden durch Komma voneinander getrennt im Feld gespeichert und jeweils durch einen Buchstaben gekennzeichnet. Ein beispielhafter Eintrag könnte sein:

H=192.192.192.19,S=00,M=000,U=TOMTIEDE,V=A6DD2C5E32FB

Aufgeschlüsselt bedeutet der Eintrag:

Server (H=):	192.192.192.19
Instanznummer (S=):	00
Mandant (M=):	000
Benutzer (U=):	TOMTIEDE
Kennwort (V=):	A6DD2C5E32FB

Um RFC-Verbindungen mit hinterlegten Kennwörtern zu finden, muss daher in der Tabelle RFCDES im Feld RFCOPTIONS nach dem Eintrag *V=* bzw. *v=* gesucht werden (Abb. 3.12.5).

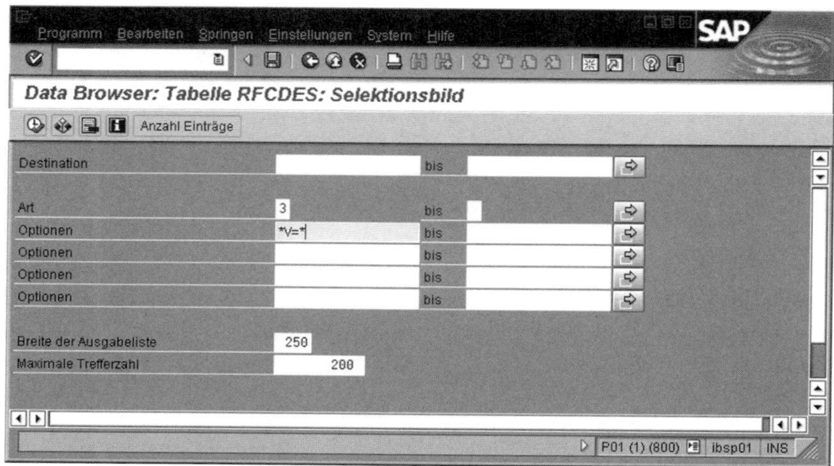

Abb. 3.12.5: Suchkriterium für die Tabelle RFCDES

Alternativ kann auch der Report RSRFCCHK genutzt werden, der alle RFC-Verbindungen mit hinterlegten Anmeldedaten anzeigt. Bei hinterlegtem Kennwort werden hier im Feld *Kennwort* acht Sterne angezeigt. Zum Ausführen dieses Reports wird allerdings die Berechtigung zur Pflege der RFC-Destinationen benötigt, die ein Prüfer standardmäßig nicht besitzt.

3.12.3 Protokollierung von RFC-Anmeldungen

Generell werden Anmeldungen nicht protokolliert, somit auch keine reinen RFC-Anmeldungen. Eine Möglichkeit hierzu bietet das AuditLog (siehe Kapitel 3.6). Hier besteht die Möglichkeit, folgendes Protokollieren zu lassen:

RFC-/CPIC-Anmeldungen: Erfolgreiche und Gescheiterte
RFC Funktionsbausteinaufrufe: Erfolgreiche und Gescheiterte

Das Minimum der Protokollierung sollte hier sein, dass sowohl gescheiterte RFC-/CPIC-Anmeldungen als auch gescheiterte RFC Funktionsbausteinaufrufe protokolliert werden, um nachvollziehen zu können, ob hierüber Angriffe auf das System erfolgen.

3.12.4 Zugriffsrechte

Verwalten von RFC-Verbindungen

Berechtigungsobjekt S_TCODE (Transaktionsberechtigung)
Transaktionscode: SM59
Berechtigungsobjekt S_ADMI_FCD (Systemberechtigungen)
Funktion: NADM (Netzwerkadministration)

Nutzung aller RFC-Verbindungen (ab R/3-Enterprise)

Berechtigungsobjekt S_ICF (Berechtigungsprüfung beim I C Fra-Zugriff)
Bereich: DEST (RFC-Destinationen)
Wert: * (Alle RFC-Verbindungen)

Aufruf von Funktionsbausteinen (auch aus anderen Programmen)

Berechtigungsobjekt S_RFC (Berechtigungsprüfungen beim RFC-Zugriff)
Aktivität: 16 (Ausführen)
RFC-Typ: FUGR (Funktionsgruppe)
RFC-Name: <Name von RFC-Funktionsgruppen>

Hinweis: Diese Berechtigung wirkt sich nur dann aus, wenn der Parameter *auth/rfc_authority_check* auf einem Wert >= 1 steht. Beim Wert 0 wird diese Berechtigung nicht benötigt.

3.12.5 Checkliste zu RFC-Verbindungen

Nr.	Verwendung	Fragestellungen Risiko	Ordnungsmäßigkeits-Vorgaben
1	1	Welche RFC-Verbindungen existieren in den verschiedenen Systemen der R/3-Systemlandschaft? Hier besteht das Risiko, dass durch RFC-Verbindungen Schnittstellen zu Systemen aufgebaut werden können, die nicht mit dem R/3-System verbunden sein sollten.	In allen Systemen der Systemlandschaft dürfen nur RFC-Verbindungen existieren, die notwendig sind und genutzt werden.
2	3	Sind die eingerichteten RFC-Verbindungen dokumentiert (außerhalb des R/3-Systems)? Hier besteht das Risiko, dass RFC-Verbindungen auf Grund einer fehlenden Dokumentation falsch genutzt werden.	Jede RFC-Verbindung muss so dokumentiert sein, dass ihr Verwendungszweck eindeutig nachvollziehbar ist.
3	1	Existieren RFC-Verbindungen, in denen für Dialog-Benutzer Kennwörter hinterlegt sind? Hier besteht das Risiko, dass durch diese RFC-Verbindungen eine Anmeldung ohne Benutzerkennung und Kennwort möglich ist.	RFC-Verbindungen mit hinterlegten Kennwörtern für Dialog-Benutzer dürfen nicht existieren.
4	3	Wer ist berechtigt, RFC-Verbindungen zu pflegen? Hier besteht das Risiko, dass unberechtigte Benutzer RFC-Verbindungen ändern, neue anlegen oder vorhandene löschen.	Dieses Zugriffsrecht dürfen nur Basisadministratoren besitzen.

Nr.	Ver-wen-dung	Fragestellungen / Risiko	Ordnungsmäßigkeits-Vorgaben
5	1	Werden Anmeldungen und Funktionsbausteinaufrufe über RFC protokolliert? Hier besteht das Risiko, dass Funktionsbausteine ohne Nachvollziehbarkeit von externen Programmen aus ausgeführt werden können und dass Eindringversuche über RFC unbemerkt bleiben.	RFC-Falschanmeldungen und fehlgeschlagene Funktionsbausteinaufrufe sind über das AuditLog zu protokollieren.
6	1	Wer besitzt das Recht zum Ausführen aller Funktionsbausteine? Hier besteht das Risiko, dass Benutzer über die Funktionsbausteine von externen Programmen aus kritische Aktionen im R/3-System durchführen können.	Dieses Zugriffsrecht wird nur von Schnittstellenbenutzern und evtl. von Administratoren benötigt. Normale Benutzer benötigen dieses Recht nicht.
7	1	Ab R/3 Enterprise:Wer besitzt das Recht, alle RFC-Verbindungen zu nutzen? Hier besteht das Risiko, dass Benutzer zu viele RFC-Verbindungen nutzen können.	Dieses Zugriffsrecht sollten nur Administratoren besitzen.

3.12.6 Praktische Prüfung zu RFC-Verbindungen

1. Überprüfen Sie, welche RFC-Verbindungen in den verschiedenen Systemen der R/3-Systemlandschaft existieren!
   Dies ist in allen R/3-Systemen (Entwicklungs-, Qualitätssicherungs-, Produktivsystem) vorzunehmen.

Rufen Sie die Transaktion SE16 auf, und lassen Sie sich die Tabelle RFCDES anzeigen. Alternativ kann auch der Report RSRSDEST über die Transaktion SA38 genutzt werden. Tragen Sie in die Selektionsmaske des Reports keine Selektionskriterien ein, es werden Ihnen dann alle RFC-Verbindungen angezeigt.

2. Überprüfen Sie, ob die eingerichteten RFC-Verbindungen dokumentiert sind! Lassen Sie sich die Dokumentation von der Administration aushändigen, und gleichen Sie die Einträge mit dem Ergebnis aus Punkt 1 ab.
3. Überprüfen Sie, ob RFC-Verbindungen, in denen für Dialog-Benutzer Kennwörter hinterlegt sind, existieren!
   Dies ist in allen R/3-Systemen (Entwicklungs-, Qualitätssicherungs-, Produktivsystem) vorzunehmen.
   Rufen Sie die Transaktion SE16 auf, und lassen Sie sich die Tabelle RFCDES anzeigen. Alternativ kann auch der Report RSRSDEST über die Transaktion SA38 genutzt werden. Tragen Sie in die Selektionsmaske der Tabelle bzw. des Reports als Selektionskriterium in das Feld RFCOPTIONS die Werte *v=* und *V=* über die Mehrfachselektion ein (oder tragen Sie nur jeweils einen Wert ein und führen den Report / die Tabelle zweimal aus). Es werden alle RFC-Verbindungen angezeigt, in denen Benutzerkennwörter hinterlegt sind. Überprüfen Sie anhand dieser Liste, ob die Benutzer in beliebigen Mandanten des Systems existieren und ob es Dialog-Benutzer sind (z.B. mit der Transaktion SU01D oder dem Report RSUSR002). Hier dürfen keine Dialog-Benutzer eingetragen sein.
4. Überprüfen Sie, wer berechtigt ist, RFC-Verbindungen zu pflegen!
   Rufen Sie den Report RSUSR002 mit der Transaktion SA38 auf. Geben Sie im Block *Selektion nach Werten* folgende Werte ein:

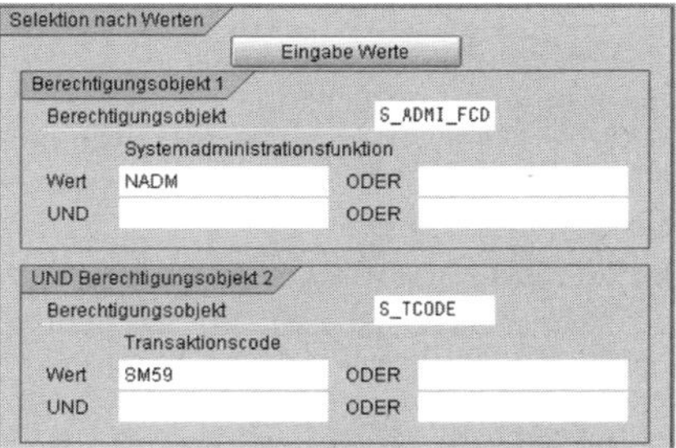

5. Überprüfen Sie, ob Anmeldungen und Funktionsbausteinaufrufe über RFC protokolliert werden!
   Rufen Sie die Transaktion SM19 auf (evtl. zusammen mit einem Administrator, falls Sie das Recht nicht besitzen sollten). Überprüfen Sie, ob es ein Register mit mindestens folgenden Einträgen gibt:

Klassen:
RFC-/CPIC-Anmeldungen
RFC Funktionsbausteinaufrufe
Ereignisse:
Nur kritische

6. Überprüfen Sie, wer das Recht zum Ausführen aller Funktionsbausteine besitzt! Rufen Sie den Report RSUSR002 mit der Transaktion SA38 auf. Geben Sie im Block *Selektion nach Werten* folgende Werte ein:

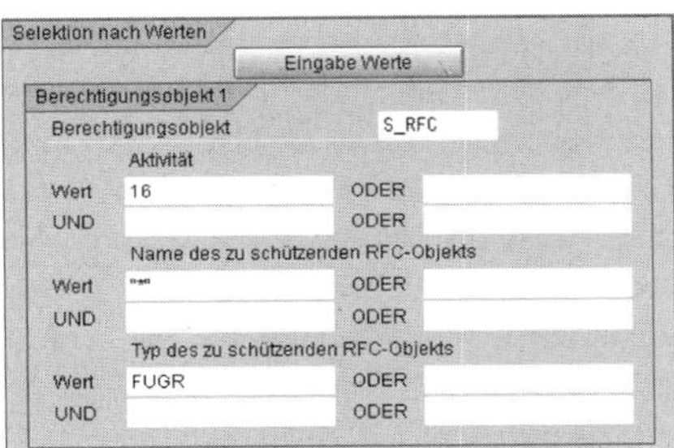

7. Überprüfen Sie, wer das Recht zur Nutzung aller RFC- Verbindungen besitzt (ab R/3 Enterprise)!
Rufen Sie den Report RSUSR002 mit der Transaktion SA38 auf. Geben Sie im Block *Selektion nach Werten* folgende Werte ein:

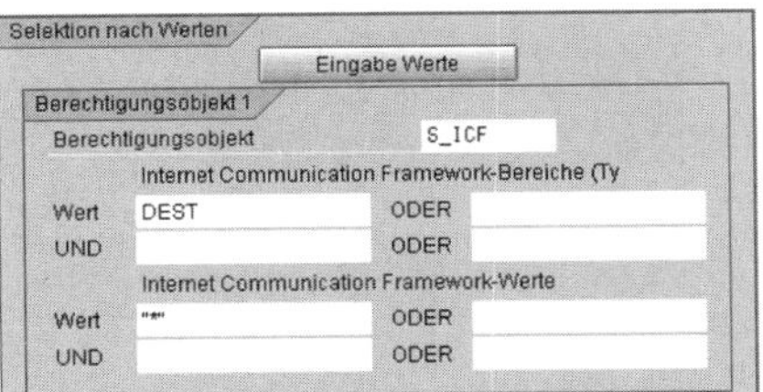

3.13 Zugriff von externen Programmen auf R/3 über RFC

3.13.1 Funktionsweise

SAP R/3 stellt Funktionsbausteine zur Verfügung, die von externen Programmen aufgerufen werden können. Funktionsbausteine enthalten ABAP-Quelltexte und werden ausgeführt wie ABAP-Programme. Von fast allen Programmiersprachen aus kann eine Verbindung zu SAP R/3 hergestellt werden, über die dann diese Funktionsbausteine ausgeführt werden können.

Es existieren standardmäßig über 190.000 Funktionsbausteine. Über externe Programme können alle Funktionsbausteine ausgeführt werden, die remotefähig sind. Dies ist eine Eigenschaft der Funktionsbausteine. Über 14.000 Funktionsbausteine sind remotefähig.

Welche Funktionsbausteine remotefähig sind, kann über die Tabelle TFDIR ermittelt werden. In dieser Tabelle werden alle Funktionsbausteine gespeichert (die Kurzbeschreibungen dazu werden in der Tabelle TFTIT gespeichert). Geben Sie hierzu in der Selektionsmaske der Tabelle im Feld *Modus* (FMODE) als Selektionskriterium ein R ein. Ihnen werden alle remotefähigen Funktionsbausteine angezeigt. Erweitern Sie das Selektionskriterium, um sich alle unternehmenseigenen Funktionsbausteine anzeigen zu lassen, indem Sie das Feld *Funktionsbaustein* (FUNCNAME) um das Kriterium Y* und Z* erweitern. Abb. 3.13.1 zeigt eine Liste von unternehmenseigenen remotefähigen Funktionsbausteinen.

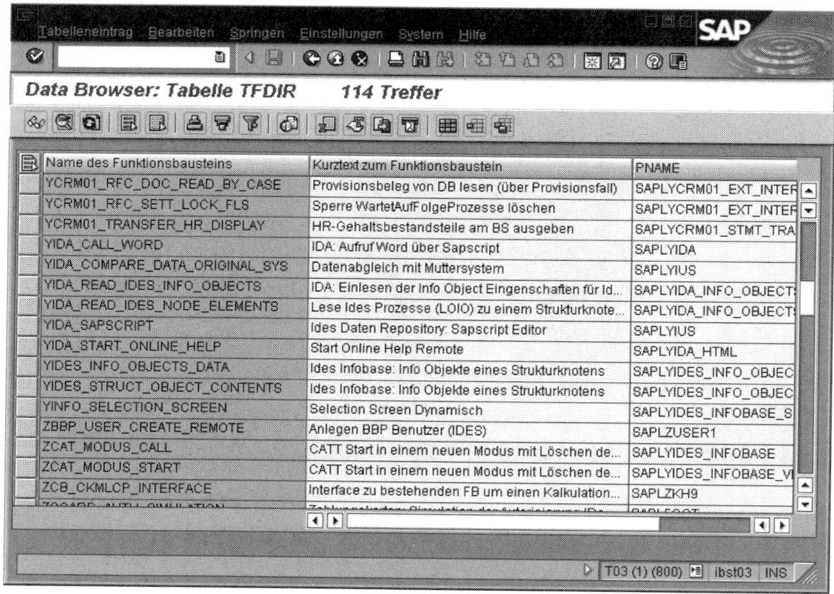

Name des Funktionsbausteins	Kurztext zum Funktionsbaustein	PNAME
YCRM01_RFC_DOC_READ_BY_CASE	Provisionsbeleg von DB lesen (über Provisionsfall)	SAPLYCRM01_EXT_INTER
YCRM01_RFC_SETT_LOCK_FLS	Sperre WartetAufFolgeProzesse löschen	SAPLYCRM01_EXT_INTER
YCRM01_TRANSFER_HR_DISPLAY	HR-Gehaltsbestandsteile am BS ausgeben	SAPLYCRM01_STMT_TRA
YIDA_CALL_WORD	IDA: Aufruf Word über Sapscript	SAPLYIDA
YIDA_COMPARE_DATA_ORIGINAL_SYS	Datenabgleich mit Muttersystem	SAPLYIUS
YIDA_READ_IDES_INFO_OBJECTS	IDA: Einlesen der Info Object Eingenschaften für Id...	SAPLYIDA_INFO_OBJECT
YIDA_READ_IDES_NODE_ELEMENTS	Lese Ides Prozesse (LOIO) zu einem Strukturknote...	SAPLYIDA_INFO_OBJECT
YIDA_SAPSCRIPT	Ides Daten Repository: Sapscript Editor	SAPLYIUS
YIDA_START_ONLINE_HELP	Start Online Help Remote	SAPLYIDA_HTML
YIDES_INFO_OBJECTS_DATA	Ides Infobase: Info Objekte eines Strukturknotens	SAPLYIDES_INFO_OBJEC
YIDES_STRUCT_OBJECT_CONTENTS	Ides Infobase: Info Objekte eines Strukturknotens	SAPLYIDES_INFO_OBJEC
YINFO_SELECTION_SCREEN	Selection Screen Dynamisch	SAPLYIDES_INFOBASE_S
ZBBP_USER_CREATE_REMOTE	Anlegen BBP Benutzer (IDES)	SAPLZUSER1
ZCAT_MODUS_CALL	CATT Start in einem neuen Modus mit Löschen de...	SAPLYIDES_INFOBASE
ZCAT_MODUS_START	CATT Start in einem neuen Modus mit Löschen de...	SAPLYIDES_INFOBASE_V
ZCB_CKMLCP_INTERFACE	Interface zu bestehenden FB um einen Kalkulation...	SAPLZKH9

Abb. 3.13.1: Remote-fähige Funktionsbausteine

Das Ausführen von Funktionsbausteinen über RFC wird über das Berechtigungsobjekt S_RFC geschützt. Die Funktionsbausteine sind in Funktionsgruppen zusammengefasst. Mit diesem Objekt wird der Zugriff auf die Funktionsgruppen gesteuert. Wie der Schutz über dieses Objekt funktioniert, wird über den Systemparameter *auth/rfc_authority_check* gesteuert. Dieser Parameter kann folgende Werte enthalten:

0 Bei diesem Wert wird keine Berechtigung auf dem Objekt S_RFC zum Ausführen von Funktionsbausteinen benötigt. Dies stellt eine Gefährdung für das System dar. Dieser Wert darf nicht eingestellt werden.

1 Das Berechtigungsobjekt S_RFC wird überprüft, allerdings nicht für Funktionsbausteine der Funktionsgruppe SRFC. Es findet ebenfalls keine Berechtigungsprüfung für denselben Benutzer und denselben Benutzerkontext (Mandant und Benutzername) statt. Dies ist der Auslieferungszustand des R/3-Systems.

2 Das Berechtigungsobjekt S_RFC wird überprüft, außer für Funktionsbausteine der Funktionsgruppe SRFC.

9 Das Berechtigungsobjekt S_RFC wird überprüft, auch für die Funktionsgruppe SRFC.

In der Funktionsgruppe SRFC sind folgende Funktionsbausteine enthalten:

RFC_GET_LOCAL_DESTINATIONS (Liefert alle momentan aktiven RFC-Destinations an derselben Datenbank)

RFC_GET_LOCAL_SERVERS (Liefert alle momentan aktiven RFC-Destinations an derselben Datenbank)

RFC_LOGIN (expliziter Login eines Users)

RFC_PING (RFC-Ping)

RFC_PUT_CODEPAGE (Lädt Codepagefile <frompage><topage>.CDP auf Harddisk)

RFC_SYSTEM_INFO (Liefert versch. Informationen über das System.)

SYSTEM_INVISIBLE_GUI (Lässt aktuellen GUI unsichtbar (interne Verwendung))

SYSTEM_RFC_VERSION_3_INIT (Initialisiert ein RFC-Verbindung auf dem Server (systeminterne Verwendung))

Insbesondere Funktionsbausteine wie RFC_PING und RFC_SYSTEM_INFO werden häufig über Schnittstellen genutzt. Daher macht es in den meisten Systemen Sinn, den Parameter *auth/rfc_authority_check* auf den Wert 1 oder 2 zu setzen.

Das Berechtigungsobjekt S_RFC enthält folgende Felder:

Aktivität (ACTVT): Kann nur den Wert 16 (Ausführen) enthalten.

Typ des zu schützenden RFC-Objekts (RFC_TYPE):
Kann nur den Wert FUGR (Funktionsgruppe) enthalten.

Name des zu schützenden RFC-Objekts (RFC_NAME):
Enthält den Namen von Funktionsgruppen, für welche die Berechtigung gelten soll.

Um zu ermitteln, wer bestimmte Funktionsbausteine ausführen darf, müssen Sie zuerst die Funktionsgruppe des Funktionsbausteines ermitteln. Hierfür haben Sie zwei Möglichkeiten:

1. Rufen Sie die Transaktion SE37 auf. Geben Sie den Namen des Funktionsbausteines an, und lassen Sie ihn sich anzeigen. Im Register *Eigenschaften* ist die Funktionsgruppe hinterlegt.
2. Rufen Sie mit der Transaktion SE16 die Tabelle ENLFDIR auf. Geben Sie in der Selektionsmaske im Feld *Funktionsbaustein* (FUNCNAME) den Namen ein, und lassen Sie sich die Tabelle anzeigen. Im Feld *Funktionsgruppe* (AREA) wird die Funktionsgruppe angezeigt.

Diese Funktionsgruppe geben Sie im Berechtigungsobjekt S_RFC im Feld *Name des zu schützenden RFC-Objekts* (RFC_NAME) an, z.B. mit dem Report RSUSR002.

3.13.2 Zugriff auf R/3 am Beispiel von MS Excel

Wie Funktionsbausteine von externen Programmen aufgerufen werden können, soll hier am Beispiel vom MS Excel aufgezeigt werden. Die Schnittstelle zu Excel (Dynamic Link Libraries) wird mit dem SAPgui auf einer Workstation installiert. Über VBA (Visual Basic for Applications) kann die Verbindung aufgebaut werden. Hier der Quelltext zur Anmeldung an R/3:

```
' Objekt erstellen und Verbindung herstellen
Dim fns As Object
Set fns = CreateObject("SAP.Functions")

' Verbindungsobjekt erstellen
Dim conn As Object
Set conn = fns.Connection

' Verbindung zum Server herstellen
```

```
conn.ApplicationServer = "ibsp01"        ' Servername
conn.SYSTEM = "E01"                      ' System-ID
conn.USER = "tomtiede"                   ' Benutzername
conn.password = "cat9dog"                ' Kennwort
conn.CLIENT = "800"                      ' Mandant
conn.LANGUAGE = "D"                      ' Anmeldesprache
conn.tracelevel = 0

' Anmeldung an R/3 ohne Anmeldebildschirm
If conn.logon(0, True) <> True Then
        MsgBox "Cannot logon!."
        Exit Sub
End If
```

Eine Anmeldung mit korrektem Benutzername und Kennwort ist hier natürlich notwendig. Nach erfolgreicher Anmeldung können nun alle Funktionsbausteine aufgerufen werden, für die der Benutzer eine Berechtigung besitzt. Mit dem nachfolgenden Beispiel können Tabelleninhalte aus dem R/3-System ausgelesen werden, indem zwei Funktionsbausteine aufgerufen werden:

```
' Auszulesende Tabelle ermitteln
tabname = UCase(InputBox("Geben Sie den Namen der auszulesenden Tabelle",
        "Tabelle auswählen", "T000"))

' Tabellenaufbau lesen: Funktionsbaustein RFC_GET_STRUCTURE_DEFINI-
TION
result = fns.RFC_GET_STRUCTURE_DEFINITION(Exception, tabname:=tabna-
me, TABLENGTH:=tablng, FIELDS:=tabfields)
the_exception = Exception

•
•
•

' Tabelleninhalt auslesen: Funktionsbaustein RFC_GET_TABLE_ENTRIES
result = fns.RFC_GET_TABLE_ENTRIES(Exception, BYPASS_BUFFER:=" ",
        FROM_KEY:=" ", GEN_KEY:=" ", MAX_ENTRIES:=0, TABLE_NAME:=
        tabname, TO_KEY:=" ", NUMBER_OF_ENTRIES:=num_entries,
        entries:=entries)
the_exception = Exception
•
•
•
```

Die Funktionsbausteine enthalten Berechtigungsprüfungen. Somit wird beim Auslesen einer Tabelle hier auch das Zugriffsrecht zum Lesen dieser Tabelle benötigt, allerdings keine Transaktionsberechtigung.

Abb. 3.13.2 zeigt das Ergebnis des Auslesens in Excel. Ausgelesen wurde die Mandantentabelle T000. Der erste Teil zeigt den Aufbau der Tabelle, der mit dem Funktionsbaustein RFC_GET_STRUCTURE_DEFINITION ausgelesen wurde. Im unteren Teil wird der Inhalt der Tabelle angezeigt. Dieser wurde mit dem Funktionsbaustein RFC_GET_ TABLE_ENTRIES ausgelesen.

Microsoft Excel - R3-Zugriffe Original.xls

A1 = Tabelle T000

	A	B	C	D	E	F	G	H
1	**Tabelle T000**	**Anzahl Einträge: 6**						
2								
3	**Aufbau der Tabelle:**							
4	**Feldname**	**Datentyp**	**Feldlänge**	**Anzahl Dezi**	**Position des**	**Offset**		
5	MANDT	C	3	0	1	0		
6	MTEXT	C	25	0	2	3		
7	ORT01	C	25	0	3	28		
8	MWAER	C	5	0	4	53		
9	ADRNR	C	10	0	5	58		
10	CCCATEGORY	C	1	0	6	68		
11	CCCORACTIV	C	1	0	7	69		
12	CCNOCLIIND	C	1	0	8	70		
13	CCCOPYLOCK	C	1	0	9	71		
14	CCNOCASCAD	C	1	0	10	72		
15	CCSOFTLOCK	C	1	0	11	73		
16	CCORIGCONT	C	1	0	12	74		
17	CCIMAILDIS	C	1	0	13	75		
18	CCTEMPLOCK	C	1	0	14	76		
19	CHANGEUSER	C	12	0	15	77		
20	CHANGEDATE	D	8	0	16	89		
21	LOGSYS	C	10	0	17	97		
22								
23								
24	**MANDT**	**MTEXT**	**ORT01**	**MWAER**	**ADRNR**	**CCCATEGOI**	**CCCORACTI**	**CCNOCLIINI**
25	0	SAP AG	Walldorf	DEM		S	2	
26	1	Standardmandant	Kundstadt	EUR		P	1	3
27	66	EarlyWatch	Walldorf	DEM		S		1
28	100	LIVE AG Mandant	Würzburg	EUR		T	1	
29	250	Schulung CTH (Copy 100)	Hamburg	DEM		E	1	
30	260	Schulung HR (Mastercopy)	Hamburg	DEM		E	1	

Tabelle TBAER / Tabelle T000 / Report RSUSR003

Bereit

Abb. 3.13.2: Über RFC ausgelesene Tabelle in Excel

Auf diese Weise können von jeder Programmiersprache aus Funktionsbausteine in SAP R/3 aufgerufen werden. Da hiermit große Risiken verbunden sind, sind Berechtigungen auf dem Berechtigungsobjekt S_RFC äußerst restriktiv zu vergeben.

3.13.3 ABAP-Quelltexte über RFC ausführen

Ein besonders gefährlicher Funktionsbaustein ist RFC_ABAP_ INSTALL_AND_RUN. Über diesen Funktionsbaustein ist es möglich, beliebige ABAP-Quelltexte an das R/3-System zu schicken und diese ausführen zu lassen. Es kann ein Quelltext mit diesem Funktionsbaustein an R/3 übergeben werden, der dann ohne weitere Überprüfungen ausgeführt wird.

Der nachfolgende Quelltext löscht z.B. Tabellenänderungsprotokolle aus dem System, indem sie direkt aus der Protokolltabelle DBTABLOG gelöscht werden:

```
REPORT TAB_DEL.
TABLES:   DBTABLOG,
          STRMPAR,
          TDDAT.
TYPES:    BEGIN OF DBTABLOG_KEY_TYPE,
          LOGDATE LIKE DBTABLOG-LOGDATE,
          LOGTIME LIKE DBTABLOG-LOGTIME,
          LOGID LIKE DBTABLOG-LOGID,
          END OF DBTABLOG_KEY_TYPE.
DATA:     ANTWORT,
          I              TYPE I,
          CNT_LOOPS      TYPE I,
          TABELLE        LIKE TDDAT-TABNAME,
          I_DBTABLOG_KEY TYPE TABLE OF DBTABLOG_KEY_TYPE
          INITIAL SIZE 2000,
          EDATUM         LIKE STRMPAR-TBSCDLDA.

EDATUM  = '20030120'. " bis zu diesem Datum wird gelöscht
TABELLE = 'T001'.     " Die Protokolle dieser Tabelle werden gelöscht

SELECT COUNT(*) FROM DBTABLOG
   WHERE TABNAME = TABELLE AND LOGDATE <= EDATUM.
CNT_LOOPS = SY-DBCNT DIV 2000.
IF CNT_LOOPS = 0 AND SY-DBCNT > 0. CNT_LOOPS = 1. ENDIF.

I = 0.
DO CNT_LOOPS TIMES.
   SELECT LOGDATE LOGTIME LOGID FROM DBTABLOG
      INTO TABLE I_DBTABLOG_KEY
      UP TO 2000 ROWS WHERE TABNAME = TABELLE AND LOGDATE <=
      EDATUM.
   IF SY-SUBRC = 0.
      DELETE DBTABLOG FROM TABLE I_DBTABLOG_KEY.
```

```
        COMMIT WORK.
        I = I + SY-DBCNT.
    ENDIF.
ENDDO.

WRITE:  'Tabellenänderungsprotokolle für Tabelle ',
          TABELLE,
          ' wurden bis zum ', EDATUM, ' gelöscht!'.
```

Wird dieser Quelltext dem Funktionsbaustein RFC_ABAP_INSTALL_AND_RUN übergeben, werden die Tabellenänderungsprotokolle der angegebenen Tabelle bis zum angegebenen Datum unwiderruflich und ohne Protokoll gelöscht. Dies verstößt z.B. gegen §257 HGB, da diese Protokolle als Verfahrensanweisung gelten und somit aufbewahrungspflichtig sind.

So kann jeder beliebige Vorgang über diesen Funktionsbaustein ausgeführt werden. Das Zugriffsrecht zum Ausführen dieses Funktionsbausteines sollte daher möglichst keinem Dialogbenutzer zugeordnet werden. Folgende Zugriffsrechte werden in Kombination benötigt:

Berechtigungsobjekt S_RFC (Berechtigungsprüfungen beim RFC-Zugriff)
- Aktivität: 16 (Ausführen)
- RFC-Typ: FUGR (Funktionsgruppe)
- RFC-Name: SUTL (Utilities)

Berechtigungsobjekt S_ADMI_FCD (Systemberechtigungen)
- Funktion: MEMO (Speicherverwaltung)

Berechtigungsobjekt S_DEVELOP (ABAP Workbench)
- Aktivität: 03 (Anzeigen)
- Objekttyp: PROG (ABAP-Programme)

Diese drei Zugriffsrechte sollten keinem Benutzer zusammen zugeordnet werden. So benötigen z.B. nur Basisadministratoren das Zugriffsrecht MEMO auf S_ADMI_FCD, aber nicht unbedingt die Berechtigung zum Anzeigen von ABAP-Programmen (S_DEVELOP). Andere Benutzer (z.B. Entwickler, Prüfer) benötigen das Anzeigerecht für ABAPs, aber nicht für die Speicherverwaltung (S_ADMI_FCD).

3.13.4 Brute-Force-Attacks auf R/3 über einen RFC-Zugriff

Die RFC-Schnittstelle bietet auch eine Möglichkeit, Brute-Force-Attacks auf das R/3-System zu starten. Dies ist ab dem R/3-Release 4.6C mit einem Patch-Level

>=1001 und auch in R/3 Enterprise allerdings unterbunden (OSS-Hinweis 489768). Zur Überprüfung, welches Patch-Level in Ihrem System eingespielt ist, wählen Sie den Menüpunkt *System - Status* aus und klicken auf die Schaltfläche *Weitere Kernelinfo*. Im Feld *Patch-Level* finden Sie den aktuellen Stand.

Die genaue Funktionalität eines Brute-Force-Attacks auf R/3 kann hier natürlich nicht aufgezeigt werden. Sie basiert auf einer fehlerhaften Aktualisierung des Anmeldezeitstempels vom R/3-System, was sich auswirkt, wenn der erste Funktionsbaustein, der aufgerufen wird, aus der Funktionsgruppe SRFC kommt und für diese keine Berechtigungsprüfung durchgeführt wird (Systemparameter *auth/rfc_authority_check* = 0, 1 oder 2). Nur mit einer aktivierten Berechtigungsprüfung für SRFC ist dieser Angriff nicht möglich (Systemparameter *auth/rfc_authority_check* = 9).

Es ist somit bei einer Prüfung darauf zu achten, dass in 4.6C-Systemen ein Patch-Level >=1001 eingespielt wurde.

3.13.5 Zugriffsrechte

Aufruf von allen Funktionsbausteinen (auch aus anderen Programmen)

Berechtigungsobjekt S_RFC (Berechtigungsprüfungen beim RFC-Zugriff)
- Aktivität: 16 (Ausführen)
- RFC-Typ: FUGR (Funktionsgruppe)
- RFC-Name: * (Alle)

Hinweis: Diese Berechtigung wirkt sich nur dann aus, wenn der Parameter *auth/rfc_authority_check* auf einem Wert >= 1 steht. Beim Wert 0 wird diese Berechtigung nicht benötigt.

Aufruf des Funktionsbausteines RFC_ABAP_INSTALL_AND_ RUN

Berechtigungsobjekt S_RFC (Berechtigungsprüfungen beim RFC-Zugriff)
- Aktivität: 16 (Ausführen)
- RFC-Typ: FUGR (Funktionsgruppe)
- RFC-Name: SUTL (Utilities)

Berechtigungsobjekt S_ADMI_FCD (Systemberechtigungen)
- Funktion: MEMO (Speicherverwaltung)

Berechtigungsobjekt S_DEVELOP (ABAP Workbench)
- Aktivität: 03 (Anzeigen)
- Objekttyp: PROG (ABAP-Programme)

3.13.6 Checkliste zu externen Zugriffen

Nr.	Verwendung	Fragestellungen / Risiko	Ordnungsmäßigkeits-Vorgaben
1	1	Besitzen Dialog- oder Service-Benutzer das Recht, alle Funktionsbausteine auszuführen? --- Hier besteht das Risiko, dass Benutzer über die Funktionsbausteine von externen Programmen aus kritische Aktionen im R/3-System durchführen können.	Dieses Zugriffsrecht sollte nur Kommunikationsbenutzern zugeordnet werden.
2	1	Werden im System Zugriffsrechte auf dem Objekt S_RFC überprüft? --- Hier besteht das Risiko, dass Funktionsbausteine ohne Berechtigung ausgeführt werden können.	Es müssen Zugriffsrechte auf dem Objekt S_RFC überprüft werden.
3	1	Besitzen Benutzer das Recht, den Funktionsbaustein RFC_ABAP_INSTALL_AND_RUN auszuführen? --- Hier besteht das Risiko, dass Benutzer ABAP-Quellcode ins System übertragen und ungeprüft ausführen können, was u.a. einen Verstoß gegen §239 HGB (Radierverbot) darstellt.	Das Zugriffsrecht zum Ausführen dieses Funktionsbausteines soll keinem Benutzer zugeordnet werden.
4	1	Nur für R/3-Release 4.6C: Ist ein Patch-Level >=1001 eingespielt? --- Hier besteht das Risiko, dass Brute-Force-Attacks auf das System möglich sind.	Es muss ein Patch-Level >= 1001 eingespielt sein.

3.13.7 Praktische Prüfung zu externen Zugriffen

1. Überprüfen Sie, wer das Recht, alle Funktionsbausteine auszuführen, besitzt! Rufen Sie den Report RSUSR002 mit der Transaktion SA38 auf. Geben Sie im Block *Selektion nach Werten* folgende Werte ein:

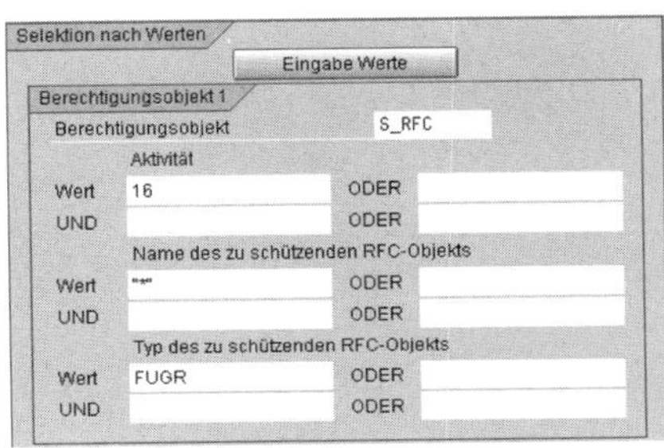

Selektion nach Werten
Eingabe Werte
Berechtigungsobjekt 1
Berechtigungsobjekt S_RFC
Aktivität
Wert 16 ODER
UND ODER
Name des zu schützenden RFC-Objekts
Wert * ODER
UND ODER
Typ des zu schützenden RFC-Objekts
Wert FUGR ODER
UND ODER

2. Überprüfen Sie, ob im System Zugriffsrechte auf dem Objekt S_RFC überprüft werden.
Rufen Sie den Report RSPFPAR mit der Transaktion SA38 auf. Lassen Sie sich den Parameter *auth/rfc_authority_check* anzeigen. Er muss einen Wert >= 1 enthalten.
3. Überprüfen Sie, ob Benutzer das Recht besitzen, den Funktionsbaustein RFC_ABAP_INSTALL_AND_RUN auszuführen!
Rufen Sie den Report RSUSR002 mit der Transaktion SA38 auf. Geben Sie im Block *Selektion nach Werten* folgende Werte ein:

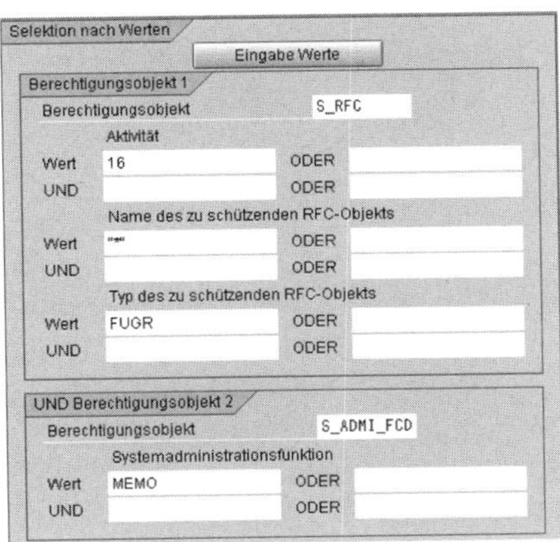

Selektion nach Werten
Eingabe Werte
Berechtigungsobjekt 1
Berechtigungsobjekt S_RFC
Aktivität
Wert 16 ODER
UND ODER
Name des zu schützenden RFC-Objekts
Wert * ODER
UND ODER
Typ des zu schützenden RFC-Objekts
Wert FUGR ODER
UND ODER
UND Berechtigungsobjekt 2
Berechtigungsobjekt S_ADMI_FCD
Systemadministrationsfunktion
Wert MEMO ODER
UND ODER

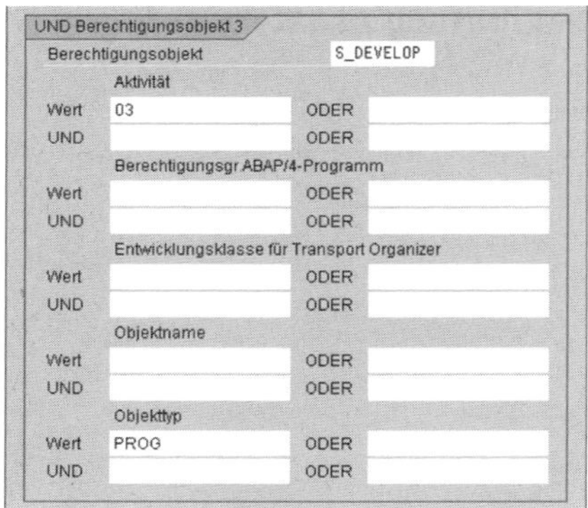

4. Überprüfen Sie, ob ein Patch-Level >=1001 (bei einem R/3-Release 4.6C) eingespielt ist!
   Wählen Sie den Menüpunkt *System - Status* aus und klicken auf die Schaltfläche *Weitere Kernelinfo*. Im Feld *Patch-Level* finden Sie den aktuellen Stand

3.14 Wichtige Systemparameter

In den einzelnen Kapiteln werden die jeweiligen wichtigen Parameter dargestellt. Hier werden diese Parameter (und noch einige andere) noch einmal in einer vollständigen Zusammenfassung aufgeführt.

3.14.1 Globale Parameter

Parameter	Default-wert	Beschreibung
SAPSYSTEMNAME		Gibt den dreistelligen Namen des SAP-Systems wieder (den System-Identifier SID)
SAPDBHOST		Der Name des Datenbankservers
rdisp/mshost		Name des Servers, auf dem der Messageserver läuft
rdisp/enqname		Name der Instanz, auf der der Enqueue-Prozeß (der R/3-Sperrprozeß) läuft
rdisp/vbname		Name der Instanz, deren Verbuchungsservice als Dispatcher der Verbuchungen arbeitet
rec/client	OFF	Aktivierung der Tabellenprotokollierung Es müssen alle Produktivmandanten sowie der Mandant 000 protokolliert werden.
rspo/store_location	DB	Legt fest, ob die TemSe als Datenbanktabelle (Wert DB) oder als Datei auf Betriebssystemebene (Wert G) abgelegt wird

3.14.2 Instanzparameter

Parameter	Default-wert	Beschreibung
rdisp/wp_no_btc		Anzahl der Batch-Workprozesse
rdisp/wp_no_enq		Anzahl der Enqueue-Workprozesse
rdisp/wp_no_dia		Anzahl der Dialog-Workprozesse
rdisp/wp_no_spo		Anzahl der Spool-Workprozesse
rdisp/wp_no_vb		Anzahl der Verbucher-Workprozesse
rdisp/wp_no_vb2		Anzahl der V2 Verbucher-Workprozesse

3.14.3 Verbuchungsparameter

Parameter	Default-wert	Beschreibung
rdisp/vbreorg	1	Durch das Setzen dieses Parameters auf den Wert 1 (Default) werden unvollständige Verbuchungsaufträge gelöscht, wenn die betreffende Instanz neu gestartet wird.Aus Sicht der Revision ist dieser Parameter auf 0 zu setzen.
rdisp/vbdelete	50	Gibt die Tage an, nach denen abgebrochene Verbuchungsaufträge gelöscht werden, sofern sie nicht bearbeitet wurden. Dieser Wert entspricht den Vorgaben der Revision.
rdisp/vbmail	1	Legt fest, ob ein Benutzer benachrichtigt werden kann, wenn ein Verbuchungsabbruch eintritt. Steht der Wert auf 1, so ist dies möglich.Dieser Wert entspricht den Vorgaben der Revision.
rdisp/wp_no_vb		Zeigt an, wie viele Verbuchungs-Workprozesse gestartet wurden.
rdisp/wp_no_vb2		Zeigt an, wie viele Verbuchungs-Workprozesse für V2-Verbuchungsvorgänge (sekundäre) gestartet wurden.

3.14.4 Anmeldeparameter

Parameter für R/3-Release 4.6C und Enterprise:

Parameter	Default-wert	Beschreibung
login/fails_to_session_end	3	Setzt die Anzahl der Anmeldeversuche, bis das System den Zugang ablehnt (Schließen des SAPGUI, keine Sperrung des Benutzers).Dieser Wert entspricht den Anforderungen der Revision.
login/fails_to_user_lock	12	Setzt die Anzahl der Anmeldeversuche, bis das System den Benutzer sperrt. Der Benutzer kann sich danach nicht mehr am SAP-System anmelden. Er wird allerdings automatisch um 24:00 Uhr freigeschaltet. Ab Release 4.0 kann diese automatische Freischaltung durch den Parameter *login/failed_user_auto_unlock* abgeschaltet werden (siehe nächster Punkt). Die Benutzer müssen dann immer manuell von einem Benutzerverwalter freigeschaltet werden.Dieser Vorgabewert ist zu hoch angesetzt. Er sollte auf 5 bis 6 Versuche reduziert werden.
login/failed_user_auto_unlock	1	Legt fest, ob ein Benutzer nach einer Sperrung durch Falschanmeldungen um 24.00 Uhr wieder freigeschaltet wird. Ist der Wert größer 0 gesetzt, wird der Benutzer automatisch freigeschaltet, bei dem Wert 0 wird er nicht automatisch freigeschaltet.Dieser Wert entspricht nicht den Anforderungen der Revision. Der Parameter ist auf 0 zu setzen.
login/min_password_ Ing	3	Legt die Mindestlänge des Kennwortes für Benutzer fest.Eine Kennwortlänge von drei Zeichen ist zu niedrig angesetzt. Dieser Wert sollte auf 5 bis 6 Zeichen erhöht werden.

Parameter	Default-wert	Beschreibung
login/password_ expiration_time	0	Gültigkeitsdauer eines Passwortes. Gibt an, in welchem Zeitraum in Tagen die Benutzer ihre Kennwörter ändern müssen.Eine 0 bedeutet, dass die Benutzer niemals ihr Kennwort ändern müssen. Hier muss der entsprechend der Vorgaben der Unternehmung vereinbarte Wert eingetragen werden (je nach Branche und Sicherheitsanspruch sollten die Werte hier zwischen 30 und 90 Tagen liegen).
login/no_automatic_ user_sapstar	0	Verhindert ein Anmelden unter dem Namen SAP*, wenn dieser als Benutzer gelöscht wurde. Der Wert 0 bedeutet, dass ein Anmelden nach dem Löschen des SAP* wieder möglich ist. Ein Wert größer 0 legt fest, dass kein Anmelden nach dem Löschen des SAP* möglich ist.Aus Sicherheitsgründen sollte dieser Parameter auf 1 gesetzt werden.
login/disable_multi_ gui_login	0	Legt fest, ob sich Benutzer mehrfach oder nur einmal an einen Mandanten anmelden dürfen.Der Wert 0 bedeutet, dass Mehrfachanmeldungen möglich sind. Durch Setzen des Parameters auf 1 werden Mehrfachanmeldungen unterbunden.
login/multi_login_ users	<Leer>	Der Parameter wird nur genutzt, wenn der Parameter *login/disable_multi_gui_ login* auf 1 gesetzt ist und Mehrfachanmeldungen untersagt sind. Hier können Benutzernamen angegeben werden, die sich trotz verbotener Mehrfachanmeldungen häufig an einen Mandanten anmelden können. Dies kann z.B. für die Administratoren, für Super-User und Notfallbenutzer sinnvoll sein.

Parameter	Default-wert	Beschreibung
login/password_max_ new_valid	0	Beim Anlegen eines neuen Benutzers vergibt der Administrator ein Initialkennwort für den Benutzer. Mit diesem Parameter kann festgelegt werden, wie lange dieses Kennwort gültig ist. Meldet sich der Benutzer innerhalb dieses Zeitraumes nicht an, verliert das Kennwort seine Gültigkeit und eine Anmeldung ist erst möglich, nachdem der Administrator ein neues Kennwort vergeben hat. Der Parameter gilt nicht für Benutzer vom Typ *Service*. Der Wert 0 bedeutet, dass Initialkennwörter immer gültig sind. Hier ist die Anzahl der Tage anzugeben, nach denen ein Initialkennwort ungültig werden soll.
login/password_max _reset_valid	0	Wie Parameter *login/password_max_ new_valid*, gilt aber nicht bei der Vergabe von Initialkennwörtern beim Neuanlegen von Benutzern, sondern beim Zurücksetzen von Kennwörtern existierender Benutzer.
login/disable_ password_logon	0	Verhindert eine herkömmliche direkte Anmeldung an SAP R/3 mit einem Kennwort. Es gibt verschiedene Arten der Benutzerauthentifizierung:- mittels Kennwort (konventionelle Anmeldung) - durch ein externes Sicherheitsprodukt (SNC)- aufgrund X.509-Browser-Zertifikat (Intranet/ Internet)- mittels Workplace Single Sign-On (SSO) Ticket

Parameter	Default-wert	Beschreibung
login/disable_ password_logon	0	Bei der Nutzung anderer Methoden zur Anmeldung als der konventionellen kann es gewünscht sein, diese zu sperren. Wert 0:Der Wert 0 bedeutet, dass eine konventionelle Anmeldung möglich ist.Wert 1: Dies bedeutet, dass eine konventionelle Anmeldung nur Benutzern möglich ist, die über den Parameter *login/password_logon_usergroup* definiert wurden.Wert 2:Durch das Setzen dieses Wertes ist eine konventionelle Anmeldung nicht mehr möglich.
login/password_ logon_usergroup	<Leer>	Wurde durch den Parameter *login/disable_password_logon* = 1 die konventionelle Anmeldung ausgeschlossen, können mit diesem Parameter Benutzergruppen angegeben werden, deren Benutzern trotzdem eine konventionelle Anmeldung möglich ist.
rdisp/gui_auto_logout	0	Benutzer, die im System angemeldet sind, aber längere Zeit nicht im System gearbeitet haben, können vom SAP-System automatisch abgemeldet werden. Der Wert 0 bedeutet, dass Benutzer nicht automatisch abgemeldet werden. Soll hier ein Zeitraum angegeben werden, ist die Angabe in Sekunden vorzunehmen (z.B. der Wert 1200 für 20 Minuten).

Parameter	Default-wert	Beschreibung
auth/rfc_authority_check	1	Legt fest, ob bei Anmeldungen über eine RFC-Verbindung die Berechtigung zur Anmeldung überprüft wird (Berechtigungsobjekt S_RFC). Der Parameter kann folgende Werte enthalten:Wert 0: Der Wert 0 bedeutet, dass jede RFC-Verbindung vom SAP-System zugelassen wird.Wert 1: Beim RFC-Zugriff werden Berechtigungen überprüft außer für den gleichen User, den gleichen Benutzer-Kontext und Funktionsbausteine der Funktionsgruppe SRFC. Dieser Wert entspricht den Anforderungen der Revision. Wert 2: Beim RFC-Zugriff werden Berechtigungen überprüft außer für Funktionsbausteine der Funktionsgruppe SRFC.Wert 9: Beim RFC-Zugriff werden Berechtigungen für alle Funktionsbausteine überprüft.

Neue Parameter für R/3 Enterprise:

Parameter	**Default-wert**	**Beschreibung**
login/disable_multi_ rfc_login	0	Legt fest, ob sich Benutzer mehrfach oder nur einmal an einen Mandanten per RFC anmelden dürfen. Dieser Parameter wirkt sich nicht auf Dialog-Anmeldungen aus. Dies wird gesteuert über *login/ disable_multi_gui_login*. Der Wert 0 bedeutet, dass Mehrfachanmeldungen möglich sind. Durch Setzen des Parameters auf 1 werden Mehrfachanmeldungen unterbunden. Ausnahme: im Parameter *login/multi_login_users* definierte berechtigte Benutzer für Mehrfachanmeldungen.
login/min_pass-word_ diff	1	Legt fest, in wie vielen Zeichen sich ein neues Kennwort beim Kennwortwechsel vom alten Kennwort unterscheiden muss. Mit diesem Parameter kann somit verhindert werden, dass Benutzer nacheinander Kennwörter benutzen wie DELPHI1, DELPHI2, DELPHI3, ... Dieser Parameter wirkt nicht beim Anlegen neuer Benutzer bzw. beim Zurücksetzen von Kennwörtern.Der Wert sollte mindestens die Hälfte der minimalen Kennwortlänge betragen (Parameter *login/min_password_ lng*).
login/min_pass-word_ digits	0	Legt fest, wie viele Ziffern mindestens in einem Kennwort vorkommen müssen. Um komplexe Kennwörter anzufordern, sollte dieser Parameter auf den Wert 1 gesetzt werden.

<table>
<tr><th>Parameter</th><th>Default-wert</th><th>Beschreibung</th></tr>
<tr><td>login/min_pass-word_ letters</td><td>0</td><td>Legt fest, wie viele Buchstaben mindestens in einem Kennwort vorkommen müssen. Um komplexe Kennwörter anzufordern, sollte dieser Parameter auf den Wert 1 gesetzt werden.</td></tr>
<tr><td>login/min_pass-word_ specials</td><td>0</td><td>Legt fest, wie viele Sonderzeichen ((!\"@$%&/()=?'`*+~#-_.,;:{[]}\\<>|")) mindestens in einem Kennwort vorkommen müssen. Um komplexe Kennwörter anzufordern, kann dieser Parameter auf den Wert 1 gesetzt werden. Wichtig ist hierbei, die Benutzer auf diese Systematik vorzubereiten und ihnen Tipps zur Nutzung von Sonderzeichen zu geben, um zu verhindern, dass das komplexe Kennwort dann irgendwo hinterlegt wird, weil der Benutzer es sich nicht merken kann.</td></tr>
</table>

3.14.5 Verzeichnis-Parameter

Parameter	Default-wert	Beschreibung
DIR_EXECUTA-BLE		Verzeichnis, in dem sich die ausführbaren Dateien des R/3-Systems befinden
DIR_LOGGING		Verzeichnis, in dem die Log-Dateien (SysLog, AuditLog) gespeichert werden
DIR_PROFILE		Verzeichnis, in dem die Profildateien liegen
DIR_PROTO-KOLLS		Verzeichnis, in dem die Protokolldateien gespeichert werden
DIR_TRANS		Transportverzeichnis

3.14.6 SysLog-Parameter

Parameter	Default-wert	Beschreibung
rslg/central/file		Name des aktiven zentralen SysLogs (nur für UNIX)
rslg/central/old_file		Name der Vorgängerdatei des zentralen SysLogs (nur für UNIX)
rslg/local/file		Name der lokalen SysLog-Datei auf einem Applikationsserver
rslg/max_diskspace/central		Maximale Größe des zentralen SysLog (nur für UNIX)
rslg/max_diskspace/lokal		Maximale Größe des lokalen SysLog
rslg/collect_daemon/host		Name des Servers, auf dem das zentrale SysLog läuft (nur für UNIX)

3.14.7 AuditLog-Parameter

Parameter	Default-wert	Beschreibung
DIR_AUDIT		Verzeichnis, in dem die AuditLog-Dateien gespeichert werden (ab R/3 Enterprise)
FN_AUDIT		Namenkonvention der AuditLog-Dateien
rsau/enable	0	Legt fest, ob das Auditing aktiv ist (1 = Aktiv)
rsau/local/file		Name der Audit-Dateien
rsau/max_diskspace/local		Maximale Größe der Audit-Datei
rsau/selection_slots	2	Anzahl der Zeilen für das Auditing

3.14.8 Parameter der Berechtigungsprüfung

Parameter	Default-wert	Beschreibung
auth/auth_number_in_userbuffer	2000	Maximale Anzahl von Berechtigungen, die für einen Benutzer im Benutzerpuffer gespeichert werden können.
auth/authorization_trace	N	Durch das Setzen dieses Parameters auf Y wird die Kombination von Transaktion und Berechtigungsobjekt bei einer Berechtigungsprüfung in die Tabelle USOBX geschrieben, falls sie dort noch nicht existieren. Standardmäßig sind bereits alle Einträge in USOBX vorhanden, so dass nur noch in Sonderfällen (z.B. wenn eigene Berechtigungsobjekte angelegt wurden) dieser Parameter gesetzt werden muss. Das Setzen dieses Parameters belastet stark die Systemperformance.
auth/no_check_in_some_cases	N	Durch das Setzen dieses Parameters auf Y werden Berechtigungsprüfungen ausgeschaltet, die mit der Transaktion SU24 definiert werden können.
auth/object_disabling_active	Y	Gestattet beim Wert Y die Deaktivierung von Berechtigungsobjekten (Transaktion SU24). Sollte im Produktivsystem daher auf N stehen.
auth/no_check_on_tcode	N	Nur bis R/3-Release 4.5! Durch das Setzen dieses Parameters auf den Wert Y wird die Prüfung der Transaktionsberechtigungen (Objekt S_TCODE) deaktiviert. Dies ist ab dem R/3-Release 4.6A nicht mehr möglich. Aus Sicherheitsgründen sollte dieser Parameter auf N belassen werden.

Parameter	Default-wert	Beschreibung
auth/tcodes_not_checked		Mit diesem Parameter kann die Berechtigungsprüfung für Transaktionscodes für die Transaktionen SU53 und SU56 deaktiviert werden.
auth/system_access_check_off	0	Deaktiviert beim Wert 1 für bestimmte ABAP-Sprachelemente die Berechtigungsprüfungen.
auth/rfc_authority_check	1	Legt fest, ob bei Anmeldungen über eine RFC-Verbindung die Berechtigung zur Anmeldung überprüft wird (Berechtigungsobjekt S_RFC). Ist dieser Parameter durch den Wert 0 deaktiviert, wird jede RFC-Verbindung vom SAP-System zugelassen.Dieser Wert entspricht den Anforderungen der Revision.

3.15 Reports, Tabellen und Transaktionen zur Systemsicherheit

Reports

RSAUDITC	Anzeige gesperrter Transaktionen
RSBDCANA	Analyse von Batch-Input-Mappen
RSBDCTL1	Systemweite Datenbankauswertung für Batchinput-Mappen
RSLG0000	Auswertung des lokalen SysLog
RSLG0001	Auswertung des zentralen SysLog
RSLG0011	Liste von SysLog-Meldungen aus der Tabelle TSL1T
RSLOGCOM	Pflege und Ausführen logischer Betriebssystemkommandos
RSM04000	Verwaltung der aktuell angemeldeten Benutzer
RSPARAM	Anzeige aller Systemparameter
RSPFPAR	Anzeige von Systemparametern mit Selektionsmöglichkeit
RSRFCCHK	Anzeige der RFC-Verbindungen mit Anmeldedaten
RSRFCTRC	Auswertung des RFC-Trace
RSRSDEST	Anzeige der RFC-Verbindungen
RSUSR000	Zeigt die aktuell angemeldeten Benutzer des Systems über alle Mandanten an

Tabellen

RFCDES	Tabelle der RFC-Verbindungen
SXPGCOSTAB	Betriebssystemkommandos, die von der Unternehmung selbst angelegt wurden
SXPGCOTABE	Betriebssystemkommandos, die von SAP angelegt wurden
SXPGHISTOR	Eine Historie über die logischen Betriebssystemkommandos. Hier wird protokolliert, wann Betriebssystemkommandos angelegt, geändert oder gelöscht werden
TPFYDOC	Dokumentation der Systemparameter
TPFYPROPTY	Eigenschaften der Systemparameter
TSL1D	Systemmeldungen, die im SysLog und AuditLog ausgewertet werden
TSL1T	Bezeichnungen zu den Systemmeldungen der Tabelle TSL1D
TSTC	Transaktionen des Systems
USR40	Unzulässige Kennwörter

Transaktionen

AL11	Anzeige der Verzeichnisparameter und der Inhalte der Verzeichnisse und Dateien
RZ08	Grafischer Alert-Monitor
RZ10	Pflege der Systemparameter
RZ11	Anzeige der Systemparameter mit Dokumentation
RZ20	CCMS Monitorsammlung
SCC3	Protokolle über Mandantenkopien
SCC4	Anzeige der Mandantenübersicht (Tabelle T000)
SE16	Anzeigen aller Tabellen des R/3-Systems
SE16N	Anzeigen aller Tabellen des R/3-Systems
SM01	Sperren und Entsperren von Transaktionen
SM18	Löschen alter AuditLog-Dateien
SM19	Konfiguration des Auditing
SM20	Auswertung des Auditing
SM21	Auswertung des SysLog
SM30	Anzeigen und Pflegen von Tabellen
SM31	Anzeigen und Pflegen von Tabellen
SM35	Verwaltung der Batch-Input-Mappen
SM49	Ausführen von externen Betriebssystemkommandos
SM51	Die aktiven R/3-Server des Systems
SM59	Verwalten der RFC-Verbindungen
SM69	Verwalten von externen Betriebssystemkommandos

3.16 QuickWins

Nr.	Maßnahmen	Kapitel
1	Welche Mandanten existieren im Produktivsystem? Entsprechen diese Mandanten den Vorgaben zu den notwendigen Mandanten im System? Rufen Sie die Transaktion SCC4 auf. Alternativ die Transaktion SM30, dort tragen Sie den Tabellennamen T000 ein. Es dürfen nur die Mandanten 000, 001, 066 und die unternehmenseigenen Produktivmandanten eingetragen sein.	3.3
2	Wurden in der Tabelle USR40 unzulässige Kennwörter eingetragen? Rufen Sie die Transaktion SE16 oder SE16N auf. Tragen Sie den Tabellennamen USR40 ein, und lassen Sie sich die Tabelle anzeigen. Die eingetragenen verbotenen Kennwörter müssen den Unternehmensvorgaben entsprechen.	3.4
3	Wie wurden die Anmeldeparameter des R/3-Systems eingestellt? Rufen Sie den Report RSPFPAR mit der Transaktion SA38 auf. Alternativ können Sie den Report RSPARAM nutzen. Überprüfen Sie folgende Parameter auf ihre Werte: o login/fails_to_user_lock (Anzahl Falschanmeldungen bis zur Sperrung) o login/failed_user_auto_unlock (Automatische Entsperrung) o login/min_password_lng (Minimale Kennwortlänge) o login/password_expiration_time (Zeitraum zur Kennwortänderung) o login/no_automatic_user_sapstar (Absicherung des Benutzers SAP*) o rdisp/gui_auto_logout (Zeitraum bis zur automatischen Abmeldung) o auth/rfc_authority_check (RFC-Berechtigungsprüfung)	3.4

Nr.	Maßnahmen	Kapitel
3	Zusätzlich in R/3 Release Enterprise (Kennwortkomplexität): o login/min_password_diff (Anzahl unterschiedlicher Zeichen) o login/min_password_digits (Mindestanzahl Zahlen) o login/min_password_letters (Mindestanzahl Buchstaben) o login/min_password_specials (Mindestanzahl Sonderzeichen).	3.4
4	Existiert ein Notfallbenutzer in den einzelnen Mandanten? --- Lassen Sie sich das Notfallbenutzerkonzept aushändigen. Zur Überprüfung, ob der Notfallbenutzer korrekt eingerichtet wurde, rufen Sie im Produktivmandanten die Transaktion SU01D auf und lassen sich dort den Stammsatz des Benutzers anzeigen.	3.5
5	Existieren Vorgaben zur Einrichtung des Auditing? Wurde das Auditing entsprechend den Vorgaben aktiviert? --- Lassen Sie sich die Vorgaben zur Konfiguration des Auditings aushändigen. Vergleichen Sie, ob das Auditing im Produktivsystem gemäß den Vorgaben aktiviert ist. Nutzen Sie hierzu die Transaktion SM19 (diese Transaktion kann standardmäßig nur von einem Administrator aufgerufen werden).	3.6
6	Wird nach Batchläufen auf fehlerhafte Batch-Input-Mappen kontrolliert? Wie wird mit den fehlerhaften Mappen verfahren? --- Lassen Sie sich die Verfahrensanweisung für fehlerhafte Batch-Input-Mappen aushändigen. Kontrollieren Sie, ob im Produktivmandanten noch alte, fehlerhafte Batch-Input-Mappen existieren. Rufen Sie hierfür die Transaktion SM35 auf. Klicken Sie auf das Register *fehlerhaft* und analysieren Sie die Mappen hinsichtlich ihres Datums.	3.11

Nr.	**Maßnahmen**	**Kapitel**
7	Existieren RFC-Verbindungen, in denen für Dialog-Benutzer Kennwörter hinterlegt sind? --- Führen Sie diese Prüfung in allen R/3-Systemen (Entwicklung, Qualitätssicherung, Produktiv) durch.Rufen Sie die Transaktion SE16 auf, und lassen Sie sich die Tabelle RFCDES anzeigen. Alternativ kann auch der Report RSRSDEST über die Transaktion SA38 genutzt werden. Tragen Sie in die Selektionsmaske der Tabelle bzw. des Reports als Selektionskriterium in das Feld RFCOPTIONS die Werte *v=* und *V=* über die Mehrfachselektion ein (oder tragen Sie nur jeweils einen Wert ein und führen den Report / die Tabelle zweimal aus). Es werden alle RFC-Verbindungen angezeigt, in denen Benutzerkennwörter hinterlegt sind. Überprüfen Sie anhand dieser Liste, ob die Benutzer in beliebigen Mandanten des Systems existieren und ob es Dialog-Benutzer sind (z.B. mit der Transaktion SU01D). Hier dürfen keine Dialog-Benutzer eingetragen sein.	3.12
8	Besitzen Dialog- oder Servcice-Benutzer das Recht, alle Funktionsbausteine auszuführen? Werden im System Zugriffsrechte auf dem Objekt S_RFC überprüft? --- Zur Überprüfung des Zugriffsrechtes rufen Sie den Report RSUSR002 mit der Transaktion SA38 auf. Geben Sie im Block *Selektion nach Werten* folgende Werte ein: Berechtigungsobjekte: S_RFC Feldwerte für alle drei Felder: "*" Zur Überprüfung, ob im System Zugriffsrechte auf dem Objekt S_RFC überprüft werden, rufen Sie den Report RSPFPAR mit der Transaktion SA38 auf. Lassen Sie sich den Parameter *auth/rfc_authority_check* anzeigen. Er muss einen Wert >= 1 enthalten.	3.13

4 Der Verbuchungsvorgang

4.1 Zu diesem Kapitel

Die wichtigste Komponente des R/3-Systems stellt die Verbuchung dar. Verbuchung unter R/3 bedeutet, Daten, die von einem Benutzer eingegeben wurden, werden in die Datenbank geschrieben. Bei diesem Vorgang durchlaufen diese Daten meistens Konsistenzprüfungen, wie z.B. die Überprüfung der Soll- und Haben-Salden bei Buchungsbelegen.

Von dieser Komponente ist die Konsistenz der Daten des R/3-Systems maßgeblich abhängig. In diesem Kapitel wird das Verfahren des Verbuchens erläutert und auf die Gefahrenpunkte hingewiesen.

4.2 Das Prinzip des Verbuchens

4.2.1 Die synchrone Verbuchung

Verbuchen unter R/3 bedeutet, dass Daten in die Datenbank geschrieben werden. Synchrone Verbuchung heißt, die Änderungen, die ein Benutzer an den Daten vornimmt (etwas neu anlegen, ändern oder löschen), werden direkt in die Datenbank geschrieben. Dieser Vorgang wird direkt vom Dialogprozeß durchgeführt, daher muss ein Benutzer bei dieser Methode auf den Verbuchungsvorgang warten und kann erst dann weiterarbeiten, wenn die Verbuchung abgeschlossen wurde. Hierdurch ergibt sich für den Benutzer eine sehr schlechte Performance mit langen Wartezeiten. Aus diesem Grund eignet sich die synchrone Verbuchung nicht als Standardmethode und wird nur selten im R/3-System angewendet.

4.2.2 Die asynchrone Verbuchung

Die Standardmethode zur Verbuchung ist die asynchrone Verbuchung. Bei der asynchronen Verbuchung wird der Verbuchungsvorgang nicht vom Dialogprozeß ausgeführt, sondern von einem eigenen Verbuchungsprozeß. Dieser Vorgang läuft folgendermaßen ab:

1. Ein Benutzer gibt Daten ins System ein. Diese Daten müssen gespeichert werden, also in die Datenbank geschrieben werden. Der Benutzer speichert diese Daten, z.B. über die Schaltfläche *Sichern* oder *Buchen*.
2. Der Dialogprozeß, der die Kommunikation des Benutzers mit dem R/3-System übernimmt, nimmt diese Daten entgegen. Allerdings kann er sie nicht direkt an den Verbuchungsprozeß übergeben. Müßte er sie direkt übergeben und wäre der Verbuchungsprozeß gerade mit einem anderen Verbuchungsvorgang beschäftigt, müßte der Dialogprozeß warten, bis der Vorgang beendet ist. Hierdurch würde dasselbe Performanceproblem entstehen wie bei der synchronen Verbuchung.
3. Der Dialogprozeß schreibt die Daten, die verbucht werden sollen, zur Zwischenspeicherung in eine Tabelle. Danach kann er weitere Aktionen des Benutzers bearbeiten. Die Tabelle, in der alle zu verbuchenden Daten zwischengespeichert werden, heißt VBLOG. Zum Zeitpunkt der Datenübertragung in die Tabelle VBLOG, bekommt der Benutzer die Nachricht, dass die Daten gesichert oder gebucht wurden. Handelt es sich bei den Daten um einen Buchhaltungsbeleg, so gilt dieser von diesem Zeitpunkt an als handelsrechtlich gebucht, da sein verarbeitungsfähiger Zustand durch die Eingabeplausibilitätsprüfung festgestellt ist und der Benutzer diesen Beleg freigegeben hat. Tatsächlich sind die Daten aber zu diesem Zeitpunkt noch nicht in den Datentabellen gespeichert.
4. Die Tabelle VBLOG wird ständig vom Verbuchungsprozeß ausgelesen. In der Reihenfolge des Schreibens der Daten in diese Tabelle wird sie vom Verbuchungsprozeß gelesen (FIFO-Prinzip, First In - First Out). Der Verbuchungsprozeß schreibt die Daten nun in die eigentlichen Datentabellen. Nach einem erfolgreichen Schreiben wird der Eintrag aus der Tabelle VBLOG gelöscht.

Diese Art des Verbuchens bietet eine Reihe von Vorteilen:

- Es ergibt sich eine höhere Performance als bei der synchronen Verbuchung in den Dialog-Transaktionen für die Benutzer. Es entstehen keine Wartezeiten, auch wenn viele Benutzer parallel buchen.
- Datenbankverbuchungen werden über die Tabelle VBLOG protokolliert.
- Die Belastung der Datenbank kann konfiguriert werden.

4.2.3 Die Verbuchungskomponenten

Innerhalb der Verbuchung unterscheidet R/3 zwischen zwei verschiedenen Verbuchungskomponenten:

- V1-Vorgänge

Dies sind primäre, zeitkritische Vorgänge. Sie betreffen betriebswirtschaftliche Vorgänge wie z.B. das Buchen eines Beleges oder das Anlegen von Stammdaten. Diese Vorgänge müssen ohne Zeitverzögerung im System verbucht werden.

- V2-Vorgänge
  Dies sind sekundäre, unkritische Vorgänge. Sie dienen meist nur statistischen Zwecken, z.B. statistische Fortschreibungen wie die Ergebnisrechnung.

Für diese beiden Vorgänge existieren zwei verschiedene Verbuchungsprozesse im R/3-System, der V1-Verbuchungsprozeß UPD und der V2-Verbuchungsprozeß UP2. Der V1-Verbuchungsprozeß UPD kann sowohl V1- als auch V2-Vorgänge bearbeiten. Allerdings haben V1-Vorgänge grundsätzlich eine höhere Priorität. V2-Vorgänge werden erst dann verarbeitet, wenn keine V1-Vorgänge mehr vorhanden sind. Der V2-Verbuchungsprozeß UP2 kann nur V2-Vorgänge verarbeiten, keine V1-Vorgänge.

Grundsätzlich gilt somit: V1-Vorgänge haben immer eine höhere Priorität als V2-Vorgänge und werden vorrangig behandelt.

Von den Verbuchungsprozessen UPD und UP2 können mehrere gestartet werden, so dass parallel mehrere Verbuchungen laufen können. Allerdings müssen alle Verbuchungsprozesse auf derselben Instanz, also demselben Server laufen. Sie können nicht auf mehrere Server verteilt werden. Daher ist es von der Kapazität des Servers abhängig, wie viele Verbuchungsprozesse gestartet werden können. Werden mehr gestartet als der Server verarbeiten kann, wird das System langsamer.

Auf welchem Applikationsserver die Verbuchungsprozesse laufen und wie viele, kann über die Parameter geprüft werden. Folgende Parameter werden zur Konfiguration genutzt:

Parameter	Definiert im	Beschreibung
rdisp/vbname	Defaultprofil (DEFAULT.PFL)	Gibt an, auf welchem Server die Verbuchungsprozesse laufen.
rdisp/wp_no_vb	Instanzprofil der jeweiligen Instanz	Gibt an, wie viele Verbuchungsprozesse für V1-Vorgänge (UPD) gestartet wurden.
rdisp/wp_no_vb 2	Instanzprofil der jeweiligen Instanz	Gibt an, wie viele Verbuchungsprozesse für V2-Vorgänge (UP2) gestartet wurden.

Die Verbuchungsprozesse können über die Transaktion SM50 (Menüpfad *Werkzeuge - Administration - Monitor - Systemüberwachung - Prozeßübersicht*) geprüft werden (Abb. 4.2.1).

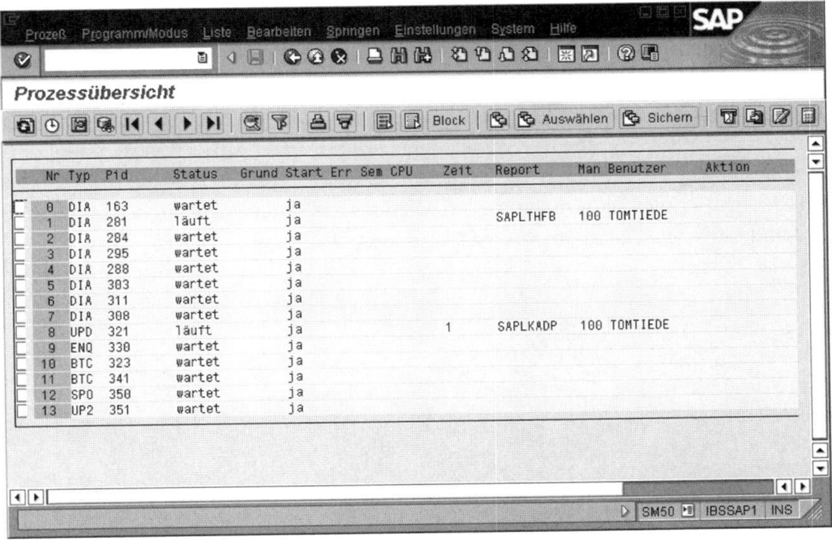

Abb. 4.2.1: Transaktion SM50 - Die Prozesse

4.2.4 Die Auswertung der Verbuchung (Protokolltabelle VBLOG)

Die Tabelle VBLOG dient zur Zwischenspeicherung der zu verbuchenden Daten bei der asynchronen Verbuchung. Für die Verarbeitung der Daten über diese Tabelle gilt:

- Alle Datensätze, die asynchron verbucht werden, werden in der VBLOG zwischengespeichert.
- Der Verbuchungsprozeß liest diese Datei gem. den Prioritäten (V1- und V2-Komponenten) aus und schreibt die Daten in die Datenbank.
- Nach einer korrekten Übernahme in die Datenbank werden die Datensätze aus der VBLOG gelöscht.
- Datensätze, bei denen bei der Verarbeitung ein Fehler auftritt, verbleiben in der VBLOG.
- Fehlerhafte Datensätze müssen manuell nachgearbeitet werden über die Transaktion SM13.

Der aktuelle Zustand dieser Tabelle kann über die Transaktion SM13 (Menüpfad *Werkzeuge - Administration - Monitor - Verbuchung*) geprüft werden. Diese Transaktion muss vom zuständigen Verbuchungsadministrator mindestens einmal täglich aufgerufen werden, um den aktuellen Zustand der Verbuchung zu kontrollieren, insbesondere in Hinsicht auf abgebrochene Verbuchungen (siehe Kapitel 4.3).

In der Einstiegsmaske der Transaktion kann selektiert werden, welche Einträge aus der VBLOG angezeigt werden sollen. Die Tabelle VBLOG ist mandantenunabhängig, daher können die Einträge aus dem gesamten System angezeigt werden, nicht nur aus dem aktuellen Mandanten. Hier wird auch der aktuelle Zustand der Verbuchung angezeigt (Aktiv oder Deaktiv).

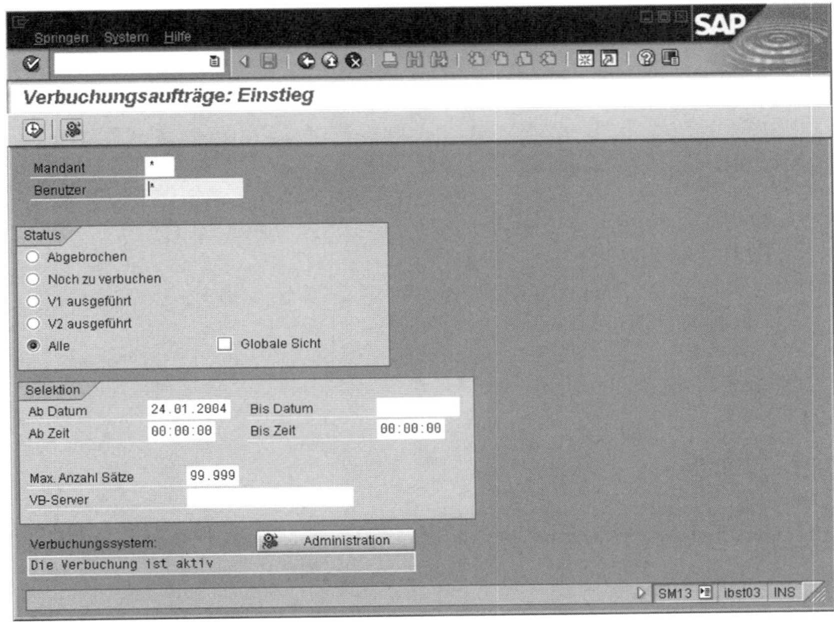

Abb. 4.2.2: Die Einstiegsmaske der Transaktion SM13

Im Zuge einer Systemprüfung sollte nicht nur der Zustand der VBLOG über diese Transaktion geprüft werden, sondern auch die Vorgaben zur Administration des Verbuchungsvorganges. Folgende Fragestellungen sind zu klären:

- Werden die abgebrochenen Verbuchungssätze regelmäßig überprüft (Report RFVBER00 oder Transaktion SM13) und wer ist dafür verantwortlich?
- Wie wird weiter mit den abgebrochenen Buchungssätzen verfahren?
- Wird ständig die Konsistenz der Daten überprüft, z.B. mit der Transaktion F.03?
- Wie werden ggf. aufgetretene Differenzen in der Datenbank behandelt?

Beim Anzeigen der Einträge der Tabelle VBLOG wird der Status des jeweiligen Verbuchungssatzes mit angezeigt.

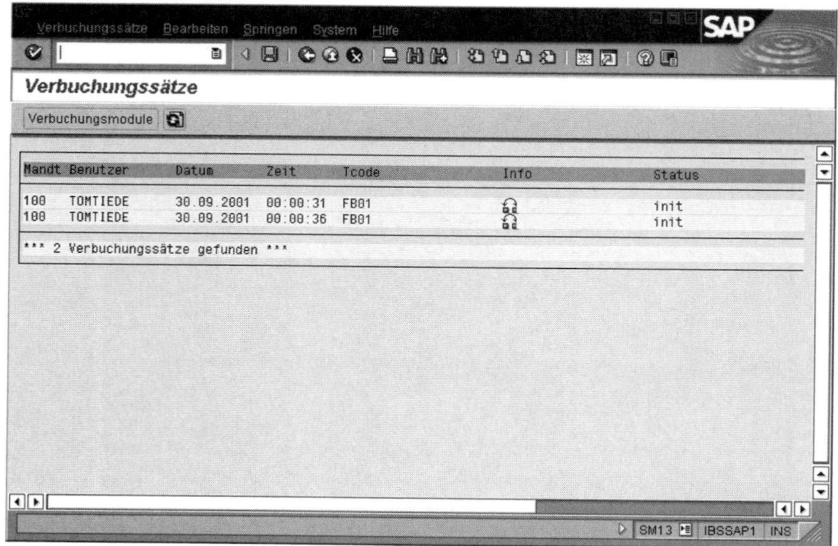

Abb. 4.2.3: Transaktion SM13 - Noch zu verbuchende Datensätze

Im Feld Status können folgende Einträge erscheinen:

- init Der Datensatz wartet auf die Verbuchung.
- auto Der Datensatz wird automatisch verbucht.
- run Der Datensatz ist gerade in Verarbeitung.
- err Bei der Verarbeitung ist ein Fehler aufgetreten, die Verbuchung wurde abgebrochen.

Zu jedem hier angezeigten Datensatz können die einzelnen zu verbuchenden Daten angezeigt werden. Abb. 4.2.4 zeigt den Buchungssatz einer Sachkontenrechnung.

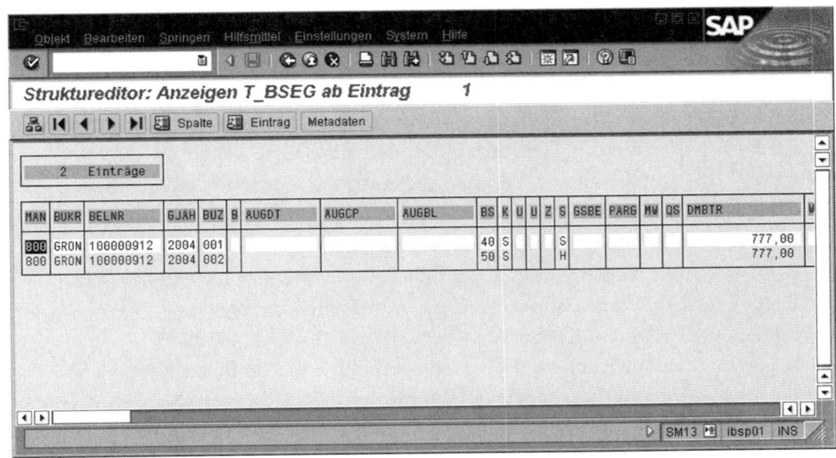

Abb. 4.2.4: Detaildaten eines Verbuchungssatzes

Dieser Abbildung können folgende Angaben entnommen werden:

- Die Buchung stammt aus dem Mandanten 800 (Feld MAN).
- Die Buchung stammt aus dem Buchungskreis GRON (Feld BUKR).
- Die Buchung wurde für das Jahr 2004 vorgenommen (Feld GJAH).
- Es handelt sich um eine Sachkontenbuchung (Feld BS, Buchungsschlüssel):
- Buchungsschlüssel 40: Sachkonten Soll-Buchung
- Buchungsschlüssel 50: Sachkonten Haben-Buchung
- Der Buchungsbetrag beträgt 777,- EUR (Feld DMBTR).

Dieses Beispiel soll verdeutlichen, dass über diesen Weg ein Zugriff auf alle zu verbuchenden Daten besteht, und zwar mandantenübergreifend. Daher sind die Zugriffsberechtigungen zum Ausführen dieser Transaktion in die Systemprüfung mit einzubeziehen (siehe Kapitel 4.2.7).

Die Transaktion SM13 kann auch im AIS unter *System Audit - Systemprotokolle und Statusanzeigen - Abbrüche - Verbuchungsabbrüche* aufgerufen werden.

4.2.5 Meldungen im SysLog

Das SysLog kann im Expertenmodus auf einzelne Meldungsnummern eingegrenzt werden (siehe Kapitel 3.7.3.3). Folgende Aktivitäten sind im SysLog nachvollziehbar:

R0 R	Verbuchung wurde nach einem Datenbankfehler deaktiviert
R0 S	Verbuchung wurde manuell deaktiviert
R0 T	Verbuchung wurde aktiviert
R0 U	Verbuchungsauftrag wurde gelöscht (<Schlüssel>, <Benutzer>)
R0 V	Verbuchungen wurden manuell angestartet
R0 W	Abgebrochene Verbuchungsaufträge wurden nachverbucht
R0 X	Ein Verbuchungsauftrag wurde im Debugging-Modus ausgeführt
R0 Y	Verbuchungsdaten wurden angezeigt
R0 Z	Die Verbuchungs-Dispatch-Info wurde zurückgesetzt
R1 G	Die Verbuchungs-Statistik wurde zurückgesetzt
R1 R	Verbuchungs-Server <Servername> wurde aktiviert
R1 S	Verbuchungs-Server <Servername> wurde deaktiviert
R1 T	Verbuchungsauftrag <Schlüssel> wurde von Server <Servername> übernommen
R6 5	Verbuchung wurde abgebrochen

4.2.6 Die Steuerung der Verbuchung über Systemparameter

Zu den wesentlichen Parametern zur Steuerung der Verbuchung gehören folgende:

Parameter	Beschreibung
rdisp/vbdelete	Gibt an, nach wievielen Tagen abgebrochene Verbuchungssätze automatisch vom System gelöscht werden. Standardwert: 50 TageEs ist möglich, alle abgebrochenen Verbuchungssätze zur Nachvollziehbarkeit bis zum Jahresabschluss aufzubewahren. Dazu muss der Parameter auf einen entsprechend hohen Wert gesetzt werden, z.B. 400 Tage.
rdisp/vbmail	Gibt an, ob bei einem Verbuchungsabbruch ein Express-Mail verschickt wird. 1: Es wird eine Mail verschickt (Default) 0: Es wird keine Mail verschickt
rdisp/vb_mail _user_list	Gibt an, an welche Benutzer bei einem Verbuchungsabbruch ein Express-Mail geschickt wird.Standardwert: $ACTUSER (aktueller Benutzer)Hier kann eine Liste von Benutzern angegeben werden, denen ein Express-Mail zugeschickt wird. Es ist sinnvoll, hier die Verbuchungsadministratoren anzugeben.
rdisp/vb_stop _active	Gibt an, ob die Verbuchung deaktiviert werden kann. Die Verbuchung kann sowohl manuell deaktiviert werden (Transaktion SM13 / SM14) als auch vom System, z.B. bei schwerwiegenden Datenbankproblemen. 1: Deaktivierung ist möglich (Default)0: Deaktivierung ist nicht möglich

4.2.7 Zugriffsrechte

Verbuchungsadministration

Berechtigungsobjekt S_TCODE (Transaktionsberechtigung)

Transaktionscode: SM13 oder SM14

Berechtigungsobjekt S_ADMI_FCD (Systemadministration)

Funktion: UADM (Verbuchungsadministration)

Ändern der Verbuchungsparameter

Berechtigungsobjekt S_TCODE (Transaktionsberechtigung)

Transaktionscode: RZ10

Berechtigungsobjekt S_RZL_ADM (Rechenzentrumsleitstand)

Aktivität: 01 (Anlegen und Ändern)

4.2.8 Checkliste zur Verbuchung

Nr.	Verwendung	Fragestellungen Risiko	Ordnungsmäßigkeits-Vorgaben
1	1	Auf welchem Applikationsserver findet die Verbuchung statt?	<Informativer Punkt für nachfolgende Prüfungen> Die Verbuchung findet auf einem einzigen Server statt.
2	3	Wie viele V1- und V2-Prozesse wurden gestartet? Hier besteht das Risiko, dass bei falscher Konfiguration sehr hohe Wartezeiten für die Benutzer entstehen.	Es müssen mindestens ein V1- und ein V2-Prozess gestartet sein.
3	3	Wird die Tabelle VBLOG täglich mit der Transaktion SM13 ausgewertet, um den aktuellen Stand der Verbuchung zu kontrollieren? Hier besteht das Risiko, dass Verbuchungsabbrüche nicht zeitnah erkannt werden und dadurch Belege zu spät oder gar nicht ins System gebucht werden.	Die Tabelle VBLOG ist täglich zu kontrollieren.

Nr.	Verwendung	Fragestellungen Risiko	Ordnungsmäßigkeits-Vorgaben
4	3	Wer ist für die tägliche Auswertung zuständig? Hier besteht das Risiko, dass durch eine fehlende Verantwortlichkeit die Auswertung nicht regelmäßig stattfindet.	Es muss einen Verbuchungsadministrator geben.
5	3	Wird regelmäßig die Konsistenz der Daten überprüft, z.B. mit der Transaktion F.03 (*Abstimmanalyse Finanzbuchhaltung*)? Hier besteht das Risiko, dass Inkonsistenzen in Daten nicht zeitnah erkannt und bereinigt werden können.	Die Transaktion F.03 ist mindestens einmal im Monat auszuführen. Das Ergebnis ist zu protokollieren.
6	3	Wie wird mit ggf. aufgetretenen Differenzen in der Datenbank verfahren? Hier besteht das Risiko, dass hierfür kein Verfahren definiert ist und dass es nicht dokumentiert wird.	Differenzen und deren Beseitigung sind zu dokumentieren.
7	3	Sind die Steuerungsparameter für die Verbuchung gemäss den Vorgaben eingestellt. Hier besteht das Risiko, dass durch eine falsche Konfiguration kein Express-Mail bei einem Verbuchungsabbruch versandt wird und dass abgebrochene Buchungen zu früh aus dem System gelöscht werden.	Es sind Vorgaben für die Steuerungsparameter zu erstellen und die Parameter entsprechend einzustellen.

4.2.9 Praktische Prüfung zur Verbuchung

1. Überprüfen Sie, auf welchem Server die Verbuchung stattfindet!
   Rufen Sie die Transaktion SA38 (Menüpfad *System - Dienste- Reporting*) auf, und lassen Sie sich den Report RSPARAM (oder RSPFPAR) anzeigen. Der Parameter *rdisp/vbname* gibt den Server an, auf dem die Verbuchungsprozesse laufen.
2. Überprüfen Sie, wie viele V1- und V2-Prozesse gestartet wurden!
   Rufen Sie die Transaktion SA38 (Menüpfad *System - Dienste- Reporting*) auf, und lassen Sie sich den Report RSPARAM (oder RSPFPAR) anzeigen. Der Parameter *rdisp/wp_no_vb* gibt an, wie viele V1-Prozesse laufen. Der Parameter *rdisp/wp_no_vb2* gibt an, wie viele V2-Prozesse laufen.
3. Überprüfen Sie, ob die Tabelle VBLOG täglich mit der Transaktion SM13 ausgewertet wird um den aktuellen Stand der Verbuchung zu kontrollieren (Fragestellung an die Administration)!
4. Überprüfen Sie, wer für die tägliche Auswertung zuständig ist (Fragestellung an die Administration)!
5. Überprüfen Sie, ob regelmäßig die Konsistenz der Daten überprüft wird, z.B. mit der Transaktion F.03 (Fragestellung an die Administration)!
6. Überprüfen Sie, wie mit ggf. aufgetretenen Differenzen in der Datenbank verfahren wird (Fragestellung an die Administration)!
7. Überprüfen Sie, ob die Steuerungsparameter für die Verbuchung gemäss den Vorgaben eingestellt sind.
   Rufen Sie die Transaktion SA38 (Menüpfad *System - Dienste- Reporting*) auf, und lassen Sie sich den Report RSPFPAR anzeigen. Überprüfen Sie die Einstellungen der Parameter:

   rdisp/vbdelete
   rdisp/vbmail
   rdisp/vb_mail_user_list
   rdisp/vb_stop_active

4.3 Abgebrochene Buchungen

4.3.1 Weiterverarbeitung von abgebrochenen Buchungen

Beim Umschreiben der Buchungen von der Tabelle VBLOG in die Datenbank kann es zu technischen Verarbeitungsfehlern kommen. Dies hat zur Folge, dass

Buchungen nicht verarbeitet werden, sondern in der VBLOG verbleiben. Diese Datensätze bekommen den Status err (Abb. 4.3.1).

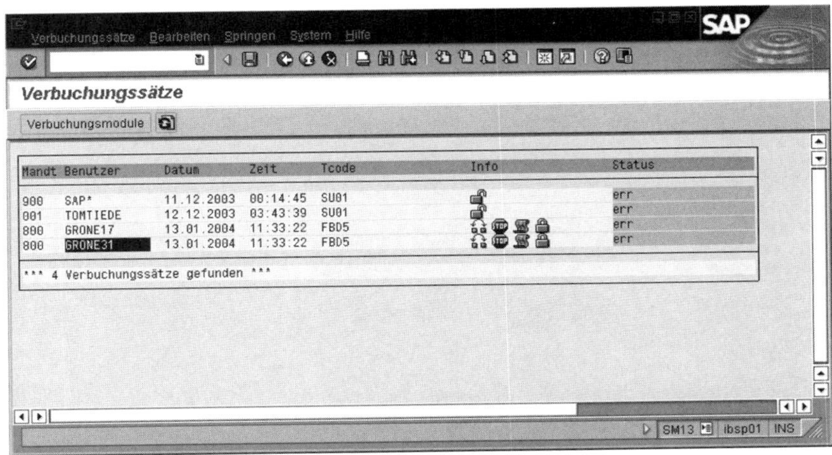

Abb. 4.3.1: Abgebrochene Verbuchungssätze

Zur Kontrolle, ob abgebrochene Verbuchungen existieren, stehen zwei Möglichkeiten zur Verfügung:

- Der Report RFVBER00
  Um die Vollständigkeit der Verarbeitung auch nachgelagert zu kontrollieren, stellt R/3 hier eine Liste aller abgebrochenen Verbuchungen zur Verfügung. Mit diesem Report werden die in der Tabelle VBLOG enthaltenen abgebrochenen Buchungen angezeigt.
  Der Report gliedert sich in drei Teile:
  - Informationen pro Beleg (werden nur angezeigt, wenn in der Selektionsmaske der Punkt *Detailprotokoll* aktiviert wird)
    Zeigt die Belegkopffelder und die Felder für die Belegzeilen an.
  - Statistik
    Zeigt die Anzahl der abgebrochenen Verbuchungen pro Benutzer und Buchungskreis an.
  - Chronologie
    Stellt die zeitliche Auflistung der Verarbeitungsabbrüche dar.

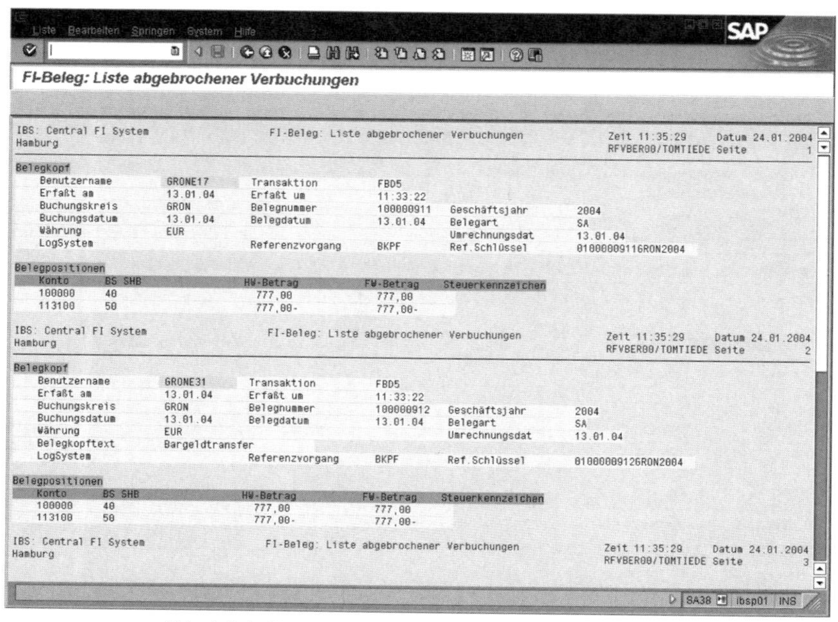

Abb. 4.3.2: Report RFVBER00: Informationen pro Beleg

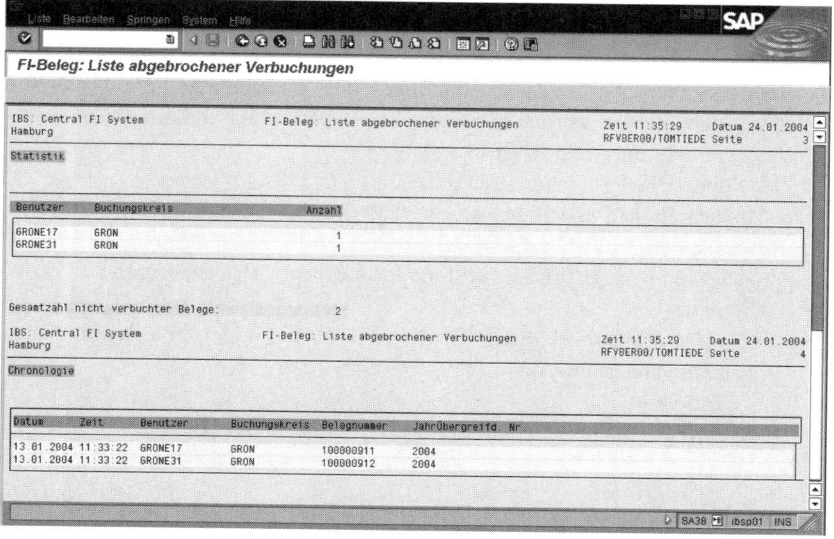

Abb. 4.3.3: Report RFVBER00: Statistik und Chronologie

- Das SysLog
  Hier sind für den im SysLog nachvollziehbaren Zeitraum die abgebrochenen Buchungen nachvollziehbar.

Der Verbuchungsadministrator ist verantwortlich für die Kontrolle und die Weiterverarbeitung der abgebrochenen Verbuchungssätze. Für jeden Eintrag ist es möglich, über den Menüpunkt *Verbuchungssätze - Test* einen Testlauf zu starten und die Fehlermeldung nochmals anzeigen zu lassen (Abb. 4.3.4).

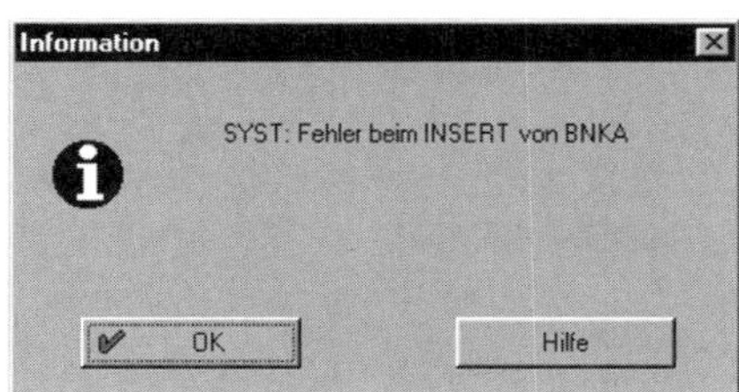

Abb. 4.3.4: Fehlermeldung beim Testlauf einer abgebrochenen Buchung

Für Buchungssätze, die abgebrochen wurden, sind bereits Belegnummern vergeben. Ist ein Nachbuchen dieser Belege hier nicht möglich, gehen diese Belegnummern verloren, und es entstehen Lücken. In diesem Fall ist organisatorisch abzusichern, dass der Abbruch bis zum Abschluss des laufenden Geschäftsjahres nachvollziehbar ist, entweder durch Aufbewahren des abgebrochenen Datensatzes in der VBLOG (Parameter *rdisp/vbdelete*) oder durch eine Dokumentation außerhalb des R/3-Systems.

4.3.2 Prüfung von abgebrochenen Verbuchungssätzen

Die Prüfung sollte in zwei Schritten erfolgen. Zuerst sollte überprüft werden, ob aktuell abgebrochene Buchungssätze vorliegen. Danach ist zu prüfen, ob in letzter Zeit vermehrt abgebrochene Buchungen aufgetreten sind.

1. Prüfen der aktuell vorhandenen abgebrochenen Buchungen:
   - Rufen Sie das Reporting, Transaktion SA38 (Menüpfad *System - Dienste - Reporting*), auf.
   - Tragen Sie den Report RFVBER00 ein und lassen sich die Selektionsmaske anzeigen. Der Report kann im AIS unter *Kaufmännisches Audit - Bilanzorientiertes Audit - Abschluss - Belege - Controls - Abgebrochene Verbuchungen* aufgerufen werden.

- Als Selektionskriterium müssen Sie hier einen Mandanten eingeben. Die Mandanten können nur einzeln ausgewertet werden. Als Zeitraum bietet sich ein Monat an.

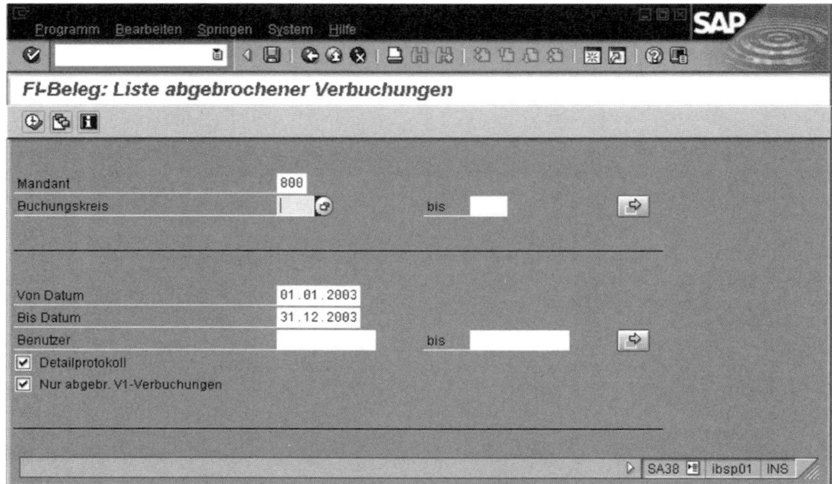

Abb. 4.3.5: Report RFVBER00 - Anzeigen von abgebrochenen Buchungen

- Lassen Sie sich das Ergebnis anzeigen.

2. Prüfen der abgebrochenen Verbuchungen für einen Zeitraum:
   - Rufen Sie das SysLog mit der Transaktion SM21 auf.
   - Wählen Sie den Menüpunkt *SysLog - Auswählen - Alle entf. SysLogs* aus.
   - Wählen Sie den Menüpunkt *Bearbeiten - Expertenmodus* aus.
   - Klicken Sie auf die Schaltfläche *Meld.Kennungen*. Markieren Sie hier den Punkt *nur diese Meldungen* und tragen die Meldungskennung R6 5 ein (abgebrochene Buchungen). Lassen Sie sich das SysLog anzeigen (Abb. 4.3.6).

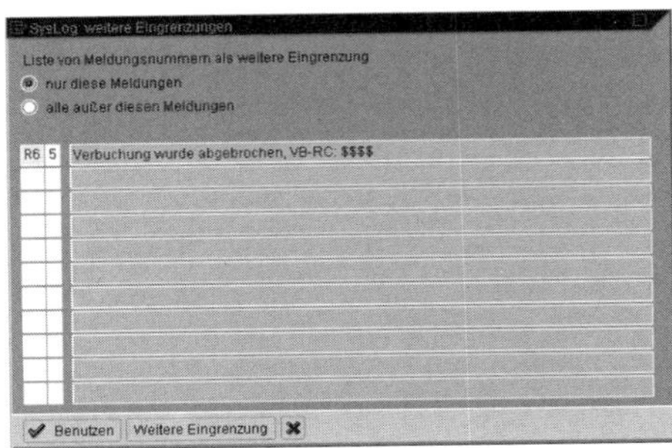

Abb. 4.3.6: Das SysLog

4.3.3 Die Abstimmanalyse der Finanzbuchhaltung

Die Abstimmanalyse der Finanzbuchhaltung stellt die Zahlen im Belegjournal den gebuchten Zahlen in den Stammdaten bei den Debitoren, Kreditoren und Sachkonten sowie den Indizes gegenüber. Hierdurch können Inkonsistenzen in der Finanzbuchhaltung schnell und zeitnah aufgedeckt werden. SAP empfiehlt das Ausführen der Abstimmanalyse einmal monatlich.

Zum Ausführen stehen zwei Reports zur Verfügung:

SAPF190 Abstimmanalyse Finanzbuchhaltung (Transaktion F.03)

Dieser Report führt die Abstimmanalyse für alle Kontenarten vollständig durch. Bei einer großen Menge an Belegen hat dieser dann allerdings auch eine große Laufzeit. Einige Unternehmen können diesen Report nicht mehr ausführen, da die Laufzeiten zu hoch sind. Als Prüfer sollten Sie diese Analyse nicht durchführen!

Der Vorteil dieses Reports ist die Speicherung der Ergebnisse der Analyse. Es wird eine Historie mitgeführt, in der für jeden Lauf nachvollzogen werden kann, welche Werte ermittelt wurden und bei welchen Konten evtl. Unstimmigkeiten aufgetreten sind. Zum Anzeigen der Historie ist in der Selektionsmaske des Reports der Haken *Historie anzeigen* zu setzen. Beim Ausführen wird nun nicht die Abstimmanalyse ausgeführt, sondern nur die Historie angezeigt (Abb. 4.3.7). Hierdurch kann überprüft werden, ob die Abstimmanalyse regelmäßig ausgeführt wurde.

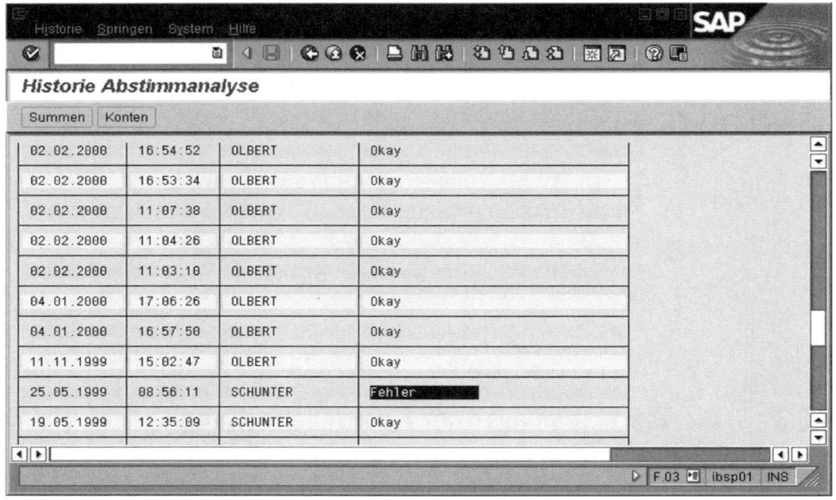

02.02.2000	16:54:52	OLBERT	Okay
02.02.2000	16:53:34	OLBERT	Okay
02.02.2000	11:07:38	OLBERT	Okay
02.02.2000	11:04:26	OLBERT	Okay
02.02.2000	11:03:10	OLBERT	Okay
04.01.2000	17:06:26	OLBERT	Okay
04.01.2000	16:57:50	OLBERT	Okay
11.11.1999	15:02:47	OLBERT	Okay
25.05.1999	08:56:11	SCHUNTER	Fehler
19.05.1999	12:35:09	SCHUNTER	Okay

Abb. 4.3.7: Die Historie der Abstimmanalyse

Für jeden einzelnen Eintrag in der Historie können über die Schaltfläche *Summen* die Ergebnisse der Analyse angezeigt werden. War eine Analyse fehlerhaft, wird dies in der Spalte *Status* mit dem Eintrag *Fehler* vermerkt. In dem Fall kann über die Schaltfläche *Konten* ermittelt werden, welche Konten inkonsistent waren.

SAPF070 Abstimmung Belege / Verkehrszahlen Stamm

Dieser Report gleicht ebenfalls die Soll- und Habenverkehrszahlen der Stammdaten mit den Belegen ab. Hier kann in der Selektionsmaske explizit ausgewählt werden, welche Konten abgeglichen werden sollen. Die Abstimmanalyse kann in mehreren Schritten durchgeführt werden und ist somit auch für Systeme mit einer sehr großen Anzahl an Belegen möglich.

Ob und wann der Report ausgeführt wurde, kann ebenfalls ermittelt werden, allerdings nicht die resultierenden Ergebnisse. Das Ausführen des Reports wird in der Tabelle SMMAIN protokolliert. Der Report SAPF070 wird auch durch den Report SAPF190 aufgerufen, daher finden sich hier keine Einträge für SAPF190.

Lassen Sie sich die Tabelle mit der Transaktion SE16 / SE16N anzeigen, und tragen Sie im Feld *Reportname* (REPID) den Wert SAPF070 ein, sowie bei *Startdatum* (SDATE) und *Endedatum* (EDATE) den Zeitraum der Prüfung (Abb. 4.3.8). Es wird Ihnen angezeigt, wer wann den Report ausgeführt hat.

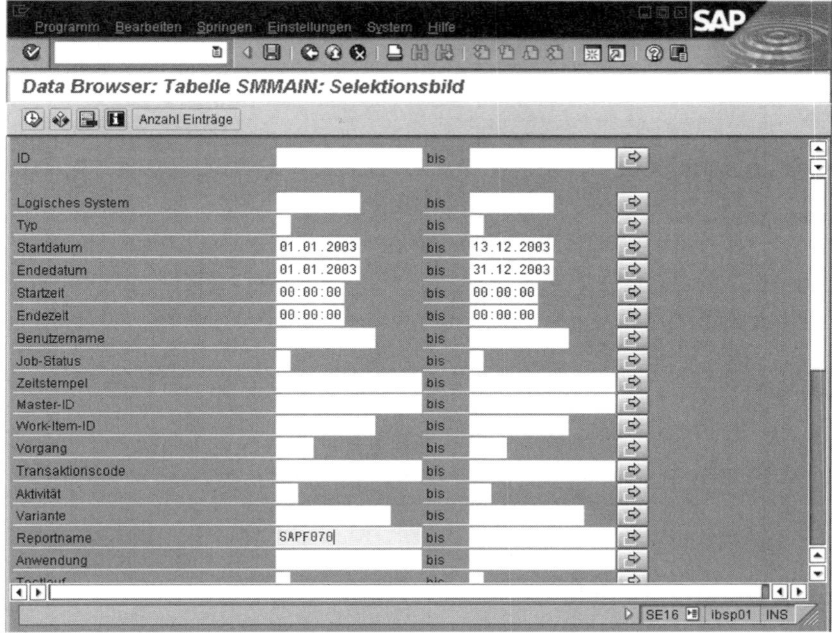

Abb. 4.3.8: Tabelle SMMAIN - Selektion zur Historie von SAPF070

Tipp zur Tabelle SMMAIN:

Hier werden auch andere Protokolle der Finanzbuchhaltung aufbewahrt, z.B. wer wann die Bilanz aufruft (Report RFBILA00) oder wer wann den Zahllauf startet (Transaktion F110). Lassen Sie sich die Tabelle für den Prüfungszeitraum vollständig anzeigen, und achten Sie auf die Spalten *Transaktionscode* (TCODE) und *Reportname* (REPID).

4.3.4 Checkliste zu abgebrochenen Buchungen

Nr.	Verwendung	Fragestellungen Risiko	Ordnungsmäßigkeits-Vorgaben
1	3	Wird täglich überprüft, ob abgebrochene Buchungssätze aufgetreten sind? Hier besteht das Risiko, dass Verbuchungsabbrüche nicht zeitnah erkannt werden und dadurch Belege zu spät oder gar nicht ins System gebucht werden.	Abgebrochene Buchungssätze sollen nicht auftreten. Es ist täglich zu prüfen, ob abgebrochene Buchungssätze aufgetreten sind.
2	3	Wer ist für die Überprüfung verantwortlich? Hier besteht das Risiko, dass durch eine fehlende Verantwortlichkeit die Auswertung nicht regelmäßig stattfindet.	Es muss einen verantwortlichen Verbuchungsadministrator geben.
3	3	Wie wird mit abgebrochenen Buchungssätzen verfahren? Hier besteht das Risiko, dass kein festes Verfahren definiert ist und es daher zu Verzögerungen in der Nachbearbeitung kommt.	Das Verfahren muss fest definiert sein.
4	3	Ist es sichergestellt, dass abgebrochene Buchungen zeitnah nachgebucht werden? Hier besteht das Risiko, dass Buchungen nicht zeitnah ins System nachgebucht werden.	Das Verfahren des Nachbuchens muss fest definiert sein.

Nr.	Verwendung	Fragestellungen / Risiko	Ordnungsmäßigkeits-Vorgaben
5	3	Sind abgebrochene Buchungen im System vorhanden? Hier besteht das Risiko, dass diese noch nicht erkannt und bereinigt wurden.	Es sollten keine abgebrochenen Buchungen existieren.
6	3	Sind in letzter Zeit häufig Buchungsabbrüche vorgekommen? Hier besteht das Risiko, dass die häufigen Abbrüche auf Grund von Systemfehlern oder falschen Parametrisierungen entstehen.	Eine Anhäufung von abgebrochenen Buchungen sollte nicht vorkommen.
7	3	Wird die Abstimmanalyse der Finanzbuchhaltung regelmäßig ausgeführt? Hier besteht das Risiko, dass Inkonsistenzen in Daten nicht zeitnah erkannt und bereinigt werden können.	Die Abstimmanalyse sollte einmal pro Monat ausgeführt werden.

4.3.5 Praktische Prüfung zu abgebrochenen Buchungen

1. Überprüfen Sie, ob eine tägliche Überprüfung auf abgebrochene Buchungssätze stattfindet (Fragestellung an die Administration)!
2. Überprüfen Sie, wer für die tägliche Überprüfung verantwortlich ist (Fragestellung an die Administration)!
3. Überprüfen Sie, wie mit abgebrochenen Buchungssätzen verfahren wird (Fragestellung an die Administration)!
4. Überprüfen Sie, ob sichergestellt ist, dass abgebrochene Buchungen zeitnah nachgebucht werden (Fragestellung an die Administration)!
5. Überprüfen Sie, ob abgebrochene Buchungen im System existieren!

Rufen Sie die Transaktion SA38 (Menüpfad *System - Dienste - Reporting*) auf, und lassen Sie sich den Report RFVBER00 anzeigen. Geben Sie in der Selektionsmaske folgende Kriterien ein:

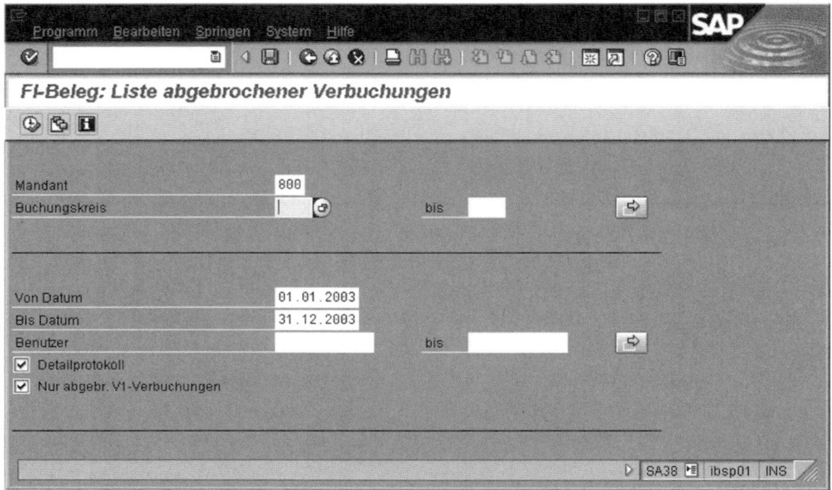

6. Überprüfen Sie, ob in letzter Zeit häufig Buchungsabbrüche vorgekommen sind! Rufen Sie das SysLog (Transaktion SM21) auf. Rufen Sie den Menüpunkt *Bearbeiten - Expertenmodus* auf. Klicken Sie auf die Schaltfläche *Meld.Kennungen*, und tragen Sie die Meldungsnummer R6 5 ein.
7. Überprüfen Sie, ob die Abstimmanalyse der Finanzbuchhaltung regelmäßig ausgeführt wird!
   Rufen Sie die Transaktion SA38 (Menüpfad *System - Dienste - Reporting*) auf, und lassen Sie sich die Selektionsmaske des Reports SAPF190 anzeigen. Setzen Sie einen Haken bei dem Punkt *Historie anzeigen*, und führen Sie den Report aus.

4.4 Die Belegnummernvergabe

4.4.1 Interne und externe Belegnummernvergabe

Für die Vergabe von Belegnummern kennt R/3 zwei Möglichkeiten, die interne und die externe Belegnummernvergabe.

Bei der internen Belegnummernvergabe werden alle Belege lückenlos fortlaufend durchnummeriert. Die Vergabe der Belegnummern wird vom R/3-System selbst verwaltet. Das manuelle Eingeben einer Belegnummer ist mit diesem Verfahren nicht möglich.

Externe Belegnummernvergabe bedeutet, dass die Belegnummern von einem Vorsystem oder von anderen R/3-Modulen vergeben werden. Diese Belege werden dann z.B. über Batch-Input ins System eingelesen, und die Belegnummern werden dabei übernommen. R/3 überprüft bei diesem Verfahren lediglich, ob die Belegnummern in dem für diese Belegart definierten Intervall liegen und ob sie evtl. schon vergeben sind. R/3 läßt es hier somit zu, dass Belegnummern eingelesen werden, die nicht fortlaufend an die letzten vergebenen Belegnummern anschließen. Dadurch kann es zu Lücken in den Belegnummern kommen. Hier muss im Vorsystem dafür gesorgt werden, dass keine Lücken in den Belegnummern auftreten können.

4.4.2 Nummernkreisobjekte und Nummernkreisintervalle

Für betriebswirtschaftliche Objekte wie Rechnungen, Materialbelege oder Debitorenstammsätze werden Belegnummern vergeben. Diese Objekte werden in R/3 als Nummernkreisobjekte definiert. Für die vorgenannten drei Beispiele sind dies

RF_BELEG	Rechnungen und andere Buchhaltungsbelege
MATBELEG	Materialbelege
DEBITOR	Debitorenstammsätze

Zu jedem Nummernkreisobjekt können ein oder mehrere Nummernkreisintervalle frei definiert werden. Beispiele für Nummernkreisintervalle des Nummernkreisobjektes RF_BELEG können sein:

14 Kreditorenrechnungen
15 Kreditorengutschriften
18 Debitorenrechnungen
19 Debitorengutschriften
91 Dauerbuchungsbelege

Für jedes Nummernkreisintervall wird ein Bereich von Zahlen oder alphanumerischen Zeichen festgelegt, in dem Belegnummern für dieses Intervall vergeben werden können. Abb. 4.4.1 zeigt Intervalle für den Nummernkreis 15 des Nummernkreisobjektes *Buchhaltungsbeleg* (RF_BELEG).

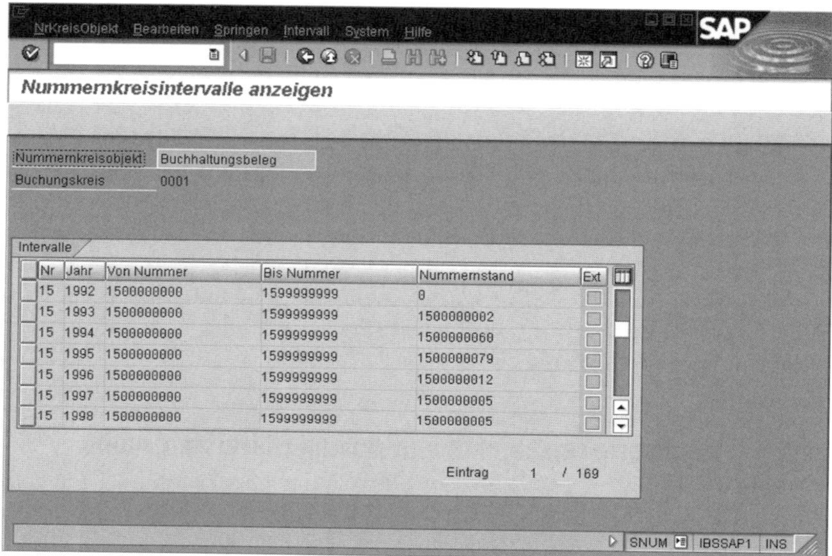

Abb. 4.4.1: Nummernkreisintervall des Nummernkreisobjektes RF_BELEG

Mit der Transaktion SCDN können die Änderungsbelege der Nummernkreise angezeigt werden.

4.4.3 Die Pufferung von Belegnummern

R/3 sorgt dafür, dass einmal vergebene Belegnummern nicht noch einmal vergeben werden können. Das System übernimmt die Kontrolle der Vergabe der Nummer in den einzelnen Nummernkreisintervallen (siehe Kapitel 4.4.1).

Die einzelnen Nummern liest R/3 aus der Datenbank. Aus jedem Nummernkreisintervall kann R/3 jeweils nur eine Nummer lesen. Buchen mehrere Benutzer parallel z.B. eine Debitorenrechnung, so kommt es hier zu Engpässen, und die Benutzer müssen lange Wartezeiten in Kauf nehmen.

Zur Steigerung der Performance bietet R/3 die Belegnummernpufferung an. Hier liest das System die Nummer nicht aus der Datenbank, sondern aus dem

Hauptspeicher der R/3-Instanzen. Die Instanzen halten einen bestimmten Vorrat an Nummern im voraus bereit. Die Pufferung wird für Nummernkreisobjekte definiert. Für jedes Objekt kann festgelegt werden, ob und wie viele Nummern gepuffert werden sollen.

Definiert wird dies in der Transaktion SNRO (Menüpfad *Werkzeuge - ABAP Workbench - Entwicklung - Weitere Werkzeuge - Nummernkreise*). Z.B. werden für das Nummernkreisobjekt DEBITOR (Debitorenstammdaten) standardmäßig fünf Nummern gepuffert (Abb. 4.4.2), für das Nummernkreisobjekt RF_BELEG keine (Abb. 4.4.3).

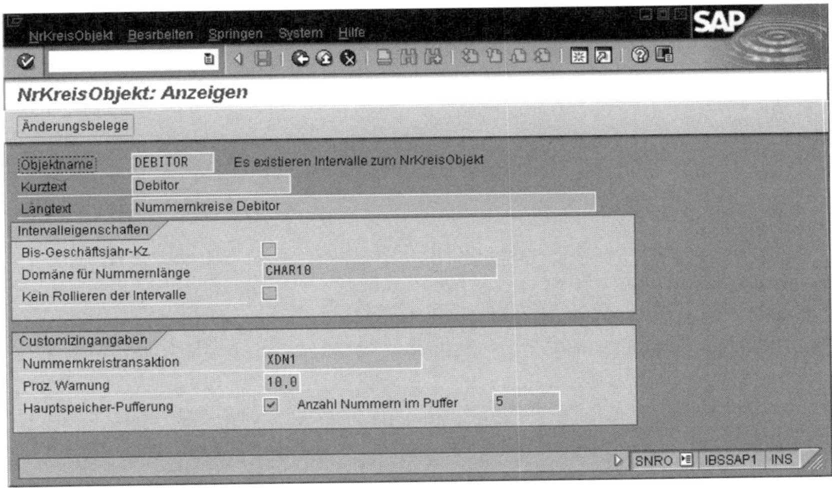

Abb. 4.4.2: Pufferung des Nummernkreisobjektes DEBITOR

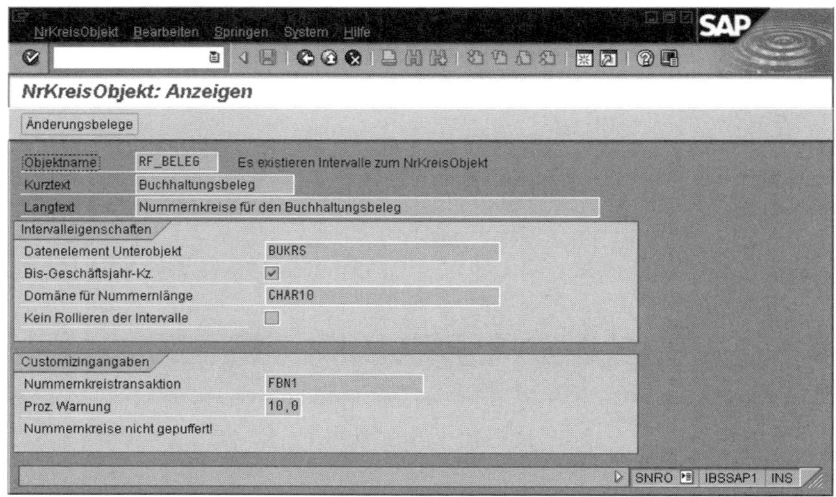

Abb. 4.4.3: Pufferung des Nummernkreisobjektes RF_BELEG

Bei der Belegnummernpufferung ist die Vorgehensweise folgendermaßen:

- Beim Starten einer Instanz wird die vorgegebene Anzahl von zu puffernden Nummern aus der Datenbank gelesen und im Hauptspeicher vorgehalten.
- Benötigt ein Programm eine Nummer, wird diese aus dem Hauptspeicher einer Instanz gelesen.
- Ist der Puffer einer Instanz leer, wird die vorgegebene Anzahl an Nummern wieder aus der Datenbank gelesen.

Beim Lesen eines Blockes von Belegnummern aus der Datenbank werden alle diese Nummern bereits als vergeben hinterlegt, obwohl sie zu dem Zeitpunkt erst in den Hauptspeicher einer Instanz geladen werden. Wird eine Instanz heruntergefahren und befinden sich noch Nummern im Hauptspeicher, die noch nicht vergeben wurden, gehen diese verloren.

Beispiel für die Pufferung:

- Der Stand der Belegnummern für die Debitorenrechnungen beträgt 200.
- Der Puffer einer Instanz ist leer und fünf neue Nummern werden in den Hauptspeicher geladen. Der offizielle Stand der Belegnummern für die Debitorenrechnungen beträgt in der Datenbank nun 205.
- Es werden zwei Debitorenrechnungen gebucht. Diese bekommen von der Instanz die Nummern 201 und 202.
- Nun wird die Instanz heruntergefahren. Die Nummern 203 bis 205 wurden

noch nicht vergeben, der offizielle Stand der Nummern in der Datenbank beträgt aber noch immer 205.

- Die Instanz wird wieder gestartet und liest wieder fünf Nummern für die Debitorenrechnungen aus der Datenbank, die Nummern 206 bis 210.
- Die Nummern 203 bis 205 sind verloren und können nicht mehr nachgebucht werden.

Besteht ein R/3-System aus mehreren Instanzen, so stellt sich hier noch ein anderes Problem dar. Jede Instanz hält die zu puffernde Anzahl an Nummern im Hauptspeicher vorrätig. Hierdurch ergibt sich die Problematik, dass die vergebenen Belegnummern nicht die zeitliche Einfügereihenfolge widerspiegeln. Hierfür ein Beispiel:

- Der Stand der Belegnummern für die Debitorenrechnungen beträgt 200.
- Zwei Instanzen, A und B, werden gestartet. Instanz A speichert die Belegnummern 201 bis 205, Instanz B speichert die Belegnummern 206 bis 210.
- Auf Instanz B wird der erste Beleg gebucht und bekommt die Nummer 206.
- Auf Instanz A wird danach ein Beleg gebucht und bekommt die Nummer 201.
- Der Beleg mit der Nummer 206 wurde somit vor dem Beleg mit der Nummer 201 gebucht.

Diese Systematik stellt natürlich ein Problem für Nummernkreisobjekte dar, für die eine lückenlose Nummernvergabe gewünscht oder sogar gesetzlich vorgeschrieben ist. Die Pufferung für diese Nummernkreisobjekte (z.B. RF_BELEG: Buchhaltungsbelege) sollte daher nicht aktiviert werden. Allerdings ist es manchmal aus Performance-Gründen notwendig, diese Pufferung zu aktivieren. In diesem Fall sind die Lücken, die durch das Herunterfahren einer Instanz entstehen können, durch die Administration zu dokumentieren und der Finanzbuchhaltung zur Verfügung zu stellen.

Für welche Nummernkreisobjekte die Pufferung aktiviert ist, kann einzeln über die Transaktion SNRO überprüft werden. Eine umfassendere Möglichkeit bietet die Prüfung über die Tabelle TNRO, in der die Nummernkreisobjekte gespeichert sind. In dieser Tabelle zeigt das Feld *Pufferung* an, ob das entsprechende Objekt gepuffert ist. Zum Anzeigen aller gepufferten Objekte rufen Sie die Tabelle über die Transaktion SE16 / SE16N auf und geben als Selektionskriterium ein X im Feld *Pufferung* ein.

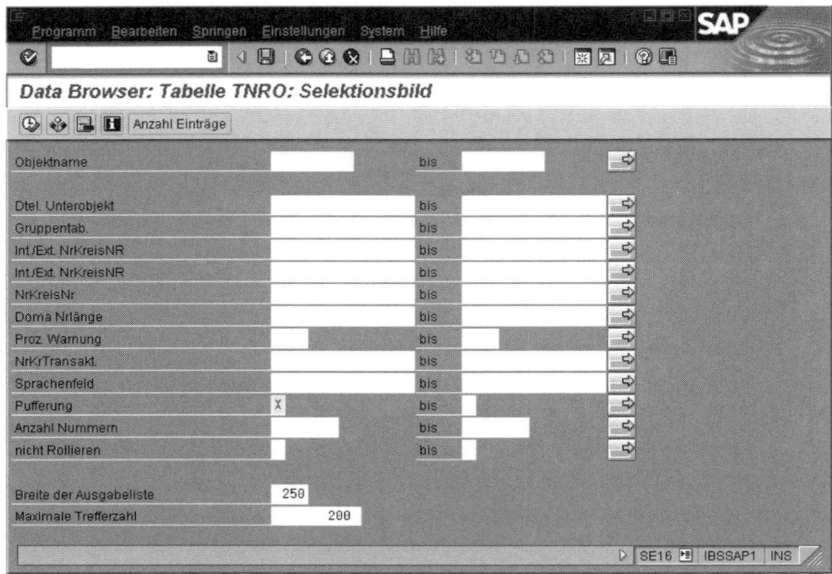

Abb. 4.4.4: Anzeige aller gepufferten Nummernkreisobjekte über die Tabelle TNRO

Alternativ kann der Report RSNRODSP genutzt werden, der auch im AIS über *Kaufmännisches Audit - Organisatorische Übersicht - Kontierungselemente - Nummernkreise - Nummernkreispufferung* aufgerufen werden kann.

4.4.4 Suchen nach Lücken in Belegnummern

Lücken in Belegnummern können z.B. entstehen durch

- Belegnummernpufferung,
- abgebrochene Buchungssätze,
- externe Nummernvergabe.

Zum Auffinden dieser Lücken können die Reports RFBNUM00 bzw. RFBNUM00N eingesetzt werden. Mit diesen Reports können Nummernkreise auf Lücken überprüft werden, für die eine interne Nummernvergabe vorgenommen wird. Nummernkreise mit externer Nummernvergabe können mit diesem Report nicht ausgewertet werden. Ebenso können keine Nummernkreise mit alphanumerischen Werten ausgewertet werden. Der Unterschied zwischen diesen Reports besteht darin, dass bei der Ausführung des Reports RFBNUM00 zwingend die Eingabe eines Nummernkreises bzw. einer Belegart erforderlich ist, beim Report RFBNUM00N nicht. Daher ist für Prüfer der Report RFBNUM00N zu empfehlen.

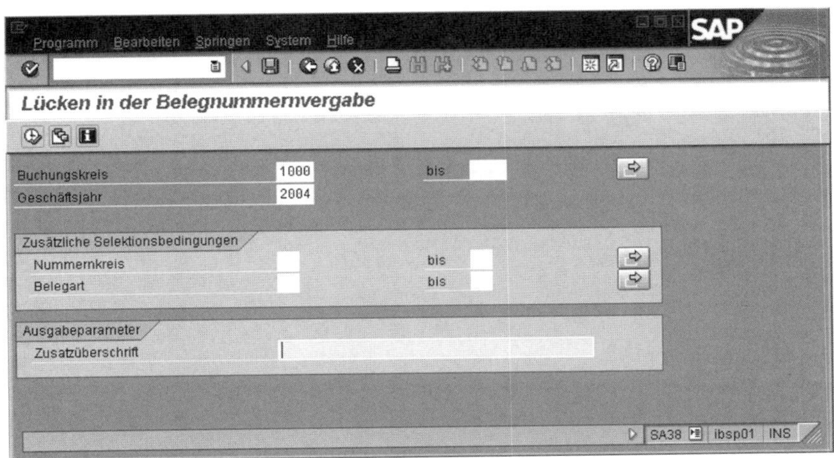

Abb. 4.4.5: Selektionsmaske des Reports RFBNUM00N

Der Zeitraum der Auswertung darf hier nicht zu groß gewählt werden, da die Belege nach einem gewissen Zeitraum archiviert werden könnten. Archivierte Belege werden von diesem Report nicht erfasst. Sie werden somit als Lücken ausgewiesen. Ebenso werden vorerfasste Belege von diesem Report nicht berüksichtigt und ebenfalls als Lücken ausgewiesen.

Des weiteren ist zu beachten, dass dieser Report immer genau für den angegebenen Zeitraum die Lücken auswertet. Die Belege vor und nach diesem Zeitraum werden ebenfalls als Lücken ausgewiesen. In Abb. 4.4.6 wird die Belegnummer 1900000010 als Lücke angezeigt. Dieser Beleg ist somit nicht vorhanden.

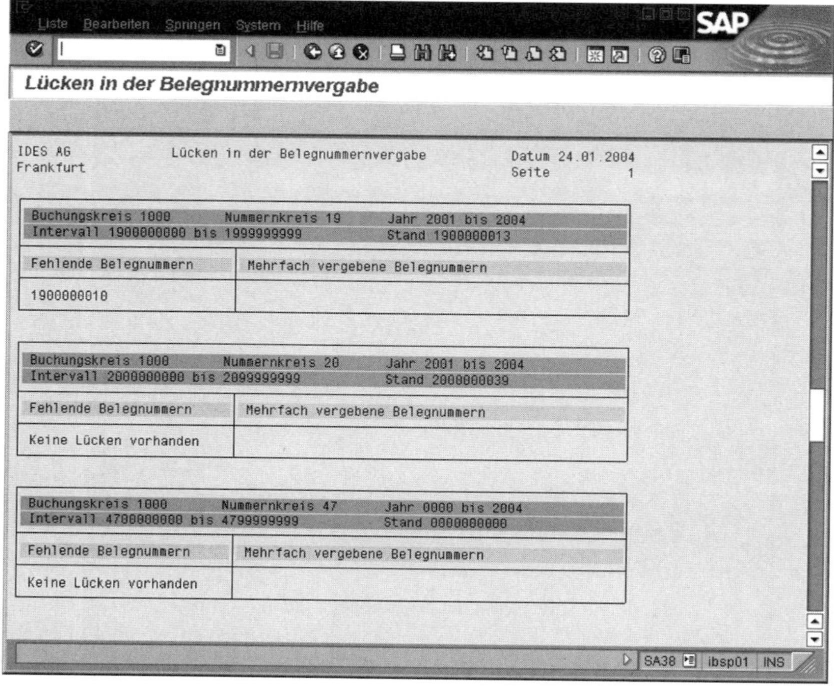

Abb. 4.4.6: Auswertung von Lücken in Belegnummern

Der Report RFBNUM00 kann im AIS unter *Kaufmännisches Audit - Bilanzorientiertes Audit - Abschluss - Belege - Controls - Lücken in der Belegnummer* aufgerufen werden. Der Report RFBNUM00N ist nicht ins AIS integriert.

4.4.5 Zugriffsrechte

Ändern der Pufferung für Nummernkreisobjekte

Berechtigungsobjekt S_TCODE (Transaktionsberechtigung)
    Transaktionscode: SNRO
Berechtigungsobjekt S_NUMBER (Nummernkreispflege)
    Aktivität: 17 (Nummernkreisobjekte pflegen)
    Nummernkreisobj.: <Name eines Nummernkreisobjektes, z.B. RF_BELEG>

Ändern des Nummernstandes eines Nummernkreises

Berechtigungsobjekt S_TCODE (Transaktionsberechtigung)

Transaktionscode: SNUM

Berechtigungsobjekt S_NUMBER (Nummernkreispflege)

Aktivität: 11 (Nummernstand ändern)

Nummernkreisobj.: <Name eines Nummernkreisobjektes, z.B. RF_BELEG>

4.4.6 Checkliste zur Belegnummernvergabe

Nr.	Verwendung	Fragestellungen / Risiko	Ordnungsmäßigkeits-Vorgaben
1	3	Wird eine externe Belegnummernvergabe genutzt?	<Informativer Punkt für nachfolgende Prüfungen>
2	3	Ist für die externe Belegnummernvergabe sichergestellt, dass keine Lücken auftreten können? Hier besteht das Risiko, dass Belegnummern nicht lückenlos an R/3 übertragen werden	Die Lückenlosigkeit muss im Vorsystem geregelt sein.
3	3	Welche Nummernkreisobjekte existieren im System?	<Informativer Punkt für nachfolgende Prüfungen>
4	1	Welche Nummernkreisobjekte sind gepuffert? Hier besteht das Risiko, dass durch die Pufferung nicht belegbare Lücken in den Belegnummernkreisen entstehen.	Es dürfen keine Nummernkreise gepuffert sein, für die eine lückenlose Nummernvergabe erforderlich ist.
5	3	Ist speziell das Nummernkreisobjekt RF_BELEG gepuffert? Hier besteht das Risiko, dass durch die Pufferung nicht belegbare Lücken in den Belegnummernkreisen der Finanzbuchhaltung entstehen	Das Nummernkreisobjekt RF_BELEG sollte nicht gepuffert sein.

Nr.	Ver-wen-dung	Fragestellungen / Risiko	Ordnungsmäßigkeits-Vorgaben
6	3	Wenn das Nummernkreisobjekt RF_BELEG gepuffert ist: Werden die Lücken durch die Administration dokumentiert? / Hier besteht das Risiko, dass durch eine fehlende Dokumentation die Lücken nicht belegbar sind.	Lücken, die durch das Herunterfahren einer Instanz entstehen, sind zu dokumentieren und der Finanzabteilung zur Verfügung zu stellen.
7	3	Existieren Lücken in den Belegnummern? / Hier besteht das Risiko, dass diese Lücken zum Jahrsabschluss nicht vollständig nachvollzogen werden können.	Es sollten keine Lücken in Belegnummernkreisen existieren, für die eine lückenlose Nummernvergabe erforderlich ist.
8	3	Wird regelmäßig kontrolliert, ob Lücken in den Belegnummern aufgetreten sind? / Hier besteht das Risiko, dass evtl. auftretende Lücken nicht zeitnah erkannt und dokumentiert werden.	Es ist regelmäßig zu überprüfen, ob Lücken aufgetreten sind.

4.4.7 Praktische Prüfung zur Belegnummernvergabe

1. Überprüfen Sie, ob eine externe Belegnummernvergabe genutzt wird (Fragestellung an die Administration)!
2. Überprüfen Sie, ob für eine externe Belegnummernvergabe die Lückenlosigkeit sichergestellt wurde!
   Lassen Sie sich das Verfahren von der Administration erläutern und die Verfahrensdokumentation aushändigen!

3. Überprüfen Sie, welche Nummernkreisobjekte im System existieren!
   Rufen Sie die Transaktion SE16 / SE16N auf, und lassen Sie sich die Tabelle TNRO anzeigen, in der alle Nummernkreisobjekte gespeichert sind
4. Überprüfen Sie, welche Nummernkreisobjekte gepuffert sind!
   Rufen Sie die Transaktion SE16 / SE16N auf, und lassen Sie sich die Tabelle TNRO anzeigen. Geben Sie als Selektionskriterium ein *X* im Feld *Pufferung* ein
5. Überprüfen Sie, ob speziell das Nummernkreisobjekt RF_BELEG gepuffert ist!
   Rufen Sie die Transaktion SNRO auf, und lassen Sie sich das Nummernkreisobjekt RF_BELEG anzeigen. Die Pufferung sollte nicht aktiviert sein.
6. Wenn das Nummernkreisobjekt RF_BELEG gepuffert ist: Überprüfen Sie, ob die Lücken durch die Administration dokumentiert werden.
   Lassen Sie sich das Verfahren von der Administration erläutern und die Dokumentationen über die Lücken aushändigen. Vergleichen Sie diese mit den im System vorhandenen Lücken (siehe nächsten Punkt).
7. Überprüfen Sie, ob Lücken in den Belegnummern existieren!
   Rufen Sie die Transaktion SA38 (Menüpfad *System - Dienste - Reporting*) auf, und lassen Sie sich den Report RFBNUM00N anzeigen. Geben Sie als Selektionskriterium einen Zeitraum von ca. einem Monat an.
8. Überprüfen Sie, ob regelmäßig das Auftreten von Lücken in den Belegnummern kontrolliert wird (Fragestellung an die Administration)!

4.5 Pufferung durch die Tabelle NRIV_LOKAL

Realisiert wird die Belegnummernpufferung, indem der jeweils letzte Nummernstand jedes Nummernkreisintervalls gespeichert wird. Hierfür wird die Tabelle NRIV genutzt.

Bucht ein Benutzer einen Beleg, so liest R/3 aus dieser Tabelle die letzte vergebene Belegnummer aus, erhöht sie um 1, vergibt diese Nummer an den gebuchten Beleg und schreibt diesen Wert zurück in die Tabelle NRIV. Wird die Nummer von einem Programm angefordert, wird dieses Nummernkreisintervall in der Tabelle NRIV gesperrt. Das bedeutet, kein anderes Programm kann jetzt eine Belegnummer aus diesem Nummernkreisintervall anfordern. Die Sperre bleibt so lange erhalten, bis die Datenbank wieder einen konsistenten Zustand herstellt. Dies kann erfolgen durch

- einen Datenbank-Commit, d.h., die neu vergebene Belegnummer wird gespeichert,
- ein Datenbank-Rollback, d.h., der Beleg konnte nicht verbucht werden oder die Verarbeitung wurde abgebrochen. In diesem Fall wird die Änderung nicht

gespeichert, sondern der ursprüngliche Zustand (vor der Änderung) wieder hergestellt.

Werden nun mehrere Belege eines Nummernkreisintervalls parallel gebucht, kommt es hier zu einem Engpass. Eine Lösung hierfür stellt die Belegnummernpufferung dar (siehe Kapitel 4.4.3), die aber auf Grund ihrer Nachteile nicht für alle Nummernkreisobjekte angewendet werden kann.

Eine weitere Möglichkeit besteht in der Speicherung der letzten Belegnummern in der Tabelle NRIV_LOKAL. In dieser Tabelle stellt der Name der Instanz einen Teil des Primärschlüssels dar. Somit können verschiedene Instanzen desselben Nummernkreisintervalls jeweils parallel eine Nummer anfordern. Für jede Instanz werden aus der Tabelle NRIV Nummernintervalle entnommen und in NRIV_LOKAL verwaltet. Hieraus ergeben sich allerdings folgende Schwierigkeiten:

- Die Nummern spiegeln nicht die zeitliche Einfügereihenfolge wider, da jede Instanz ihren eigenen Nummernvorrat zur Verfügung hat.
- Wenn nicht alle Nummern der Instanzen vergeben werden, entstehen zu einem bestimmten Zeitpunkt Lücken in den Belegnummern, z.B. beim Jahresabschluß. Fortlaufend werden die Lücken allerdings wieder ausgeglichen, da keine Belegnummern verloren gehen können, wie z.B. bei der Hauptspeicherpufferung.

4.6 Nummernkreisintervalle - Belegarten

Die Zuordnung, welches Nummernkreisintervall welche Belegart abgedeckt, wird in der Tabelle T003 (Belegarten) getroffen. Jedem Nummernkreisintervall können mehrere Belegarten zugeordnet werden. So werden z.B. Gutschriften und Zahlungsbelege von Debitoren oder Kreditoren meistens in einem Intervall zusammengefaßt. Zu jeder Belegart wird hier außerdem angegeben, welche Kontenarten in dem jeweiligen Beleg genutzt werden dürfen:

A Anlagen
D Debitor
K Kreditor
M Material
S Sachkonto

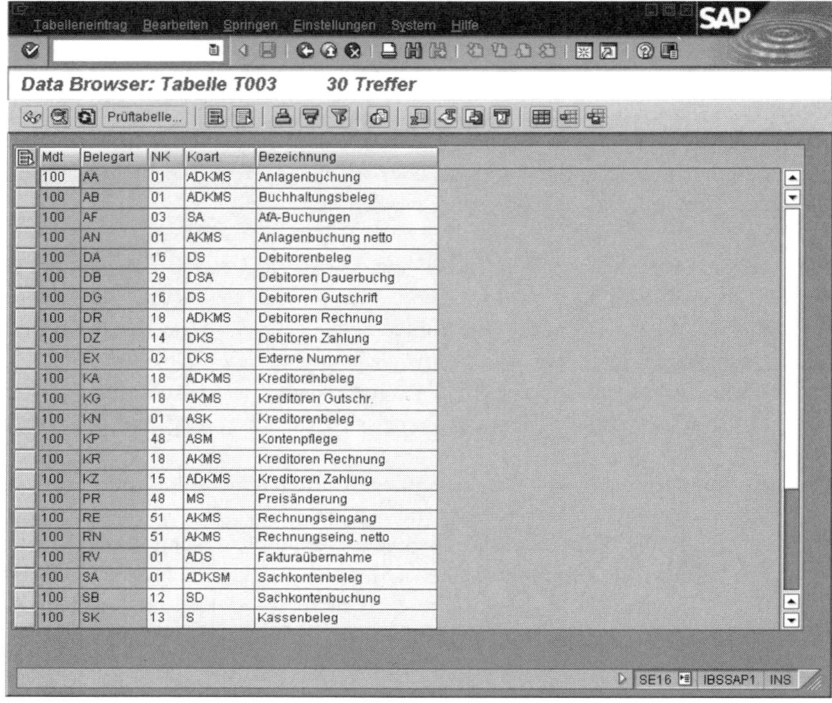

Mdt	Belegart	NK	Koart	Bezeichnung
100	AA	01	ADKMS	Anlagenbuchung
100	AB	01	ADKMS	Buchhaltungsbeleg
100	AF	03	SA	AfA-Buchungen
100	AN	01	AKMS	Anlagenbuchung netto
100	DA	16	DS	Debitorenbeleg
100	DB	29	DSA	Debitoren Dauerbuchg
100	DG	16	DS	Debitoren Gutschrift
100	DR	18	ADKMS	Debitoren Rechnung
100	DZ	14	DKS	Debitoren Zahlung
100	EX	02	DKS	Externe Nummer
100	KA	18	ADKMS	Kreditorenbeleg
100	KG	18	AKMS	Kreditoren Gutschr.
100	KN	01	ASK	Kreditorenbeleg
100	KP	48	ASM	Kontenpflege
100	KR	18	AKMS	Kreditoren Rechnung
100	KZ	15	ADKMS	Kreditoren Zahlung
100	PR	48	MS	Preisänderung
100	RE	51	AKMS	Rechnungseingang
100	RN	51	AKMS	Rechnungseing. netto
100	RV	01	ADS	Fakturaübernahme
100	SA	01	ADKSM	Sachkontenbeleg
100	SB	12	SD	Sachkontenbuchung
100	SK	13	S	Kassenbeleg

Abb. 4.6.1: Die Tabelle T003 Belegarten

Verwaltet werden diese Einträge über die Transaktion OBA7 oder über die Tabellenpflegetransaktionen SM30 und SM31. Hier muss zur Verwaltung der Pflegeview V_T003 ausgewählt werden.

Im AIS können die Belegarten unter *Kaufmännisches Audit - Organisatorische Übersicht - Kontierungselemente - Belegarten - Übersicht* angezeigt werden.

4.7 Reports, Tabellen und Transaktionen der Verbuchung

Reports

RFBNUM00N	Suchen nach Lücken in Belegnummern der Finanzbuchhaltung
RFVBER00	Auswertung der abgebrochenen Verbuchungen

Tabellen

NRIV	Die aktuellen Nummernstände der Nummernkreisintervalle
NRIV_LOKAL	Die aktuellen Nummernstände der Nummernkreisintervalle auf einzelnen Instanzen
T003	Belegarten
TNRO	Nummernkreisobjekte
VBLOG	Protokollsatzdatei

Transaktionen

F.03	Abstimmanalyse der Finanzbuchhaltung
OBA7	Pflegen der Tabelle T003 (Belegarten)
SCDN	Änderungsbelege zu Nummernkreisen
SE16	Anzeigen aller Tabellen des Systems
SM13	Verbuchungsadministration
SM14	Verbuchungsadministration
SNRO	Verwaltung der Nummernkreisobjekte

4.8 QuickWins

Nr.	Maßnahmen	Kapitel
1	Sind die Steuerungsparameter für die Verbuchung gemäss den Vorgaben eingestellt? ——— Rufen Sie die Transaktion SA38 (Menüpfad *System - Dienste-Reporting*) auf, und lassen Sie sich den Report RSPFPAR anzeigen. Überprüfen Sie die Einstellungen der Parameter rdisp/vbdelete Nach wie vielen Tagen werden abgebrochene Buchungen vom System automatisch gelöscht? rdisp/vbmail Wird ein Mail bei einem Verbuchungsabbruch versandt? rdisp/vb_mail_user_list Liste der Benutzer, die bei einem Verbuchungsabbruch ein Mail bekommen.	4.2
2	Wird die Tabelle VBLOG täglich mit der Transaktion SM13 ausgewertet, um den aktuellen Stand der Verbuchung zu kontrollieren? ——— Lassen Sie sich von der Administration die Verfahrensdokumentation zu diesem Vorgang aushändigen. Überprüfen Sie durch Aufruf der Transaktion SM13, ob aktuell abgebrochene Buchungen vorliegen.	4.3
3	Wird regelmäßig mit der Transaktion F.03 (*Abstimmanalyse Finanzbuchhaltung*) die Konsistenz der Daten überprüft? ——— Rufen Sie die Transaktion F.03 auf oder alternativ den Report SAPF190 mit der Transaktion SA38. Setzen Sie in der Selektionsmaske des Reports einen Haken in dem Feld *Historie anzeigen* (WICHTIG: Nicht ohne diesen Haken ausführen!). Überprüfen Sie anhand des angezeigten Protokolls, ob mindestens einmal im Monat der Report ausgeführt wird.	4.3

Nr.	Maßnahmen	Kapitel
4	Ist das Nummernkreisobjekt RF_BELEG gepuffert? Rufen Sie die Transaktion SNRO auf, und lassen Sie sich das Nummernkreisobjekt RF_BELEG anzeigen. Die Pufferung sollte nicht aktiviert sein.	4.4
5	Existieren Lücken in den Belegnummern? Rufen Sie die Transaktion SA38 (Menüpfad *System - Dienste - Reporting*) auf, und lassen Sie sich den Report RFBNUM00N (falls nicht vorhanden RFBNUM00) anzeigen. Geben Sie als Selektionskriterium den Prüfungszeitraum an.	4.4

5 Benutzerauswertungen

5.1 Zu diesem Kapitel

In diesem Kapitel werden alle Themen abgedeckt, die mit den Benutzerkonten zusammenhängen. Im Kapitel 5.2 werden die organisatorischen Regelungen erläutert, die in diesem Zusammenhang von Bedeutung sind.

In den nächsten Kapiteln werden u.a. die R/3-Sonderbenutzer behandelt, es werden die Eigenschaften von Benutzern durchleuchtet, und es wird auf das Problem der Sammelbenutzer eingegangen.

Hier sei besonders auf das Kapitel 5.8 hingewiesen, in welchem auf die Vermessungsdaten der Benutzer eingegangen wird, welche als Grundlage für die R/3-Lizenzgebühren verwendet werden.

Häufig wird die Frage gestellt, wie R/3 die Kennwörter speichert und überträgt. Dies wird in Kapitel 5.14 beschrieben. Des weiteren wird eine Systematik erläutert, wie ein sicheres Verfahren zur Vergabe von Initialkennwörtern funktionieren kann.

5.2 Organisatorische Regelungen

Zur Verwaltung der Benutzer sind organisatorische Maßnahmen zu treffen. Dies ist unerlässlich für die Sicherheit des Systems (Schutz vertraulicher Daten) sowie zur Wahrung der Nachvollziehbarkeit der Verfahren (§§238 ff HGB). Über diese Maßnahmen wird sichergestellt, dass nur autorisierte Personen Zugang zum System erlangen und dass Aktionen innerhalb des Systems auf einzelne Benutzer zurückzuführen sind.

Es müssen schriftliche Anweisungen zum Anlegen und Ändern von Benutzern existieren. Im Regelfall erfolgt durch die Fachabteilung eine Anforderung für einen neuen Benutzer, den die Administration dann anlegt und dem sie die Berechtigungen vergibt. Ebenso muss das Verfahren zum Löschen von Benutzerstammsätzen fest geregelt sein. Hier sind besonders die organisatorischen Abläufe festzulegen. Die größte Problematik besteht darin, dass die Administration von der Fachabteilung keine Information darüber bekommt, dass ein Mitarbeiter die Unternehmung verlässt. Von der Administration ist daher in regelmäßigen Abständen zu prüfen, ob Benutzer seit einem längeren Zeitraum (z.B. 90 Tage) nicht mehr angemeldet waren. Diese Benutzer sollten gesperrt werden. Es ist dann zu klären, ob diese Benutzer weiterhin im System bleiben sollen.

Ein weiterer wichtiger Punkt betrifft die Regelung der Änderung von Zugriffsberechtigungen der Benutzer. Wechselt der Verantwortlichkeitsbereich eines Benutzers, so ist dies mit Änderungen seiner Zugriffsrechte verbunden. Häufig werden in solchen Fällen alte Berechtigungen belassen und neue kommen hinzu. Dies führt dazu, dass diese Benutzer zu viele Rechte im System besitzen.

Das Anmeldeverfahren und die damit verbundenen Zugangskontrollen sind ebenfalls als SOLL-Vorgaben zu definieren. Hierzu gehört die Definition der Einstellung der Anmeldeparameter sowie der verbotenen Kennwörter für die Benutzer.

Eine besondere Sicherheitslücke stellt das Initialkennwort der Benutzer dar. Beim Anlegen eines Benutzers muss der Administrator ein Kennwort vergeben, dasder Benutzer bei der ersten Anmeldung ändern muss. Hier werden häufig Standardkennwörter wie INIT, START oder ABCDEF verwendet. Jeder Benutzer mit einem trivialen Standardkennwort stellt eine große Gefahr für die Systemsicherheit dar. Daher ist hier ein Verfahren anzuwenden, das jedem Benutzer ein anderes Initialkennwort zuweist (siehe auch Kapitel 5.9). Beispielsweise kann hier von der Benutzeradministration der Wizard von R/3 zur Generierung von Initialkennwörtern genutzt werden. Dieser generiert automatisch achtstellige Kennwörter, die aus nicht zusammenhängenden Buchstaben- und Zahlenkombinationen bestehen, wie z.B. P32E48Q9 oder M4WCA4MY.

Für die Kennwörter sind Vorgaben festzulegen, die den Benutzern auszuhändigen sind. Kennwörter müssen eine gewisse Komplexität besitzen, damit sie einem hohen Sicherheitsanspruch genügen. Als Mindestanforderung muss ein Kennwort aus einer Kombination von Buchstaben, Zahlen und Sonderzeichen bestehen. Dies gilt besonders für die Administratoren. Sie sollten besonders komplexe Kennwörter nutzen.

5.2.1 Checkliste zu organisatorischen Regelungen

Nr.	Verwendung	Fragestellungen Risiko	Ordnungsmäßigkeits-Vorgaben
1	1	Liegen Verfahrensanweisungen zum Anlegen und Ändern von Benutzern vor? Hier besteht das Risiko, dass ohne eine Verfahrensanweisung beliebig Benutzerkonten angelegt werden können.	Das Verfahren zum Anlegen und Ändern von Benutzern muss über eine Verfahrensanweisung definiert sein.
2	3	Werden Informationen über ausgeschiedene Mitarbeiter von der Fachabteilung an die Administration gegeben? Hier besteht das Risiko, dass ausgeschiedene Mitarbeiter als aktive Benutzer im System bleiben.	Diese Informationen sind der Benutzerverwaltung mitzuteilen, damit die Benutzerkonten gelöscht oder deaktiviert werden.
3	3	Liegen Verfahrensanweisungen zum Löschen von Benutzern vor? Hier besteht das Risiko, dass ohne eine Verfahrensanweisung beliebig Benutzerkonten gelöscht werden können.	Das Löschen von Benutzern muss durch eine Verfahrensanweisung definiert sein.
4	1	Liegen Verfahrensanweisungen zum Sperren und Entsperren von Benutzern vor? Hier besteht das Risiko, dass gesperrte Benutzer telefonisch ohne Genehmigung entsperrt werden können.	Das Sperren und Entsperren von Benutzern muss durch eine Verfahrensanweisung definiert sein.

Nr.	Verwendung	Fragestellungen Risiko	Ordnungsmäßigkeits-Vorgaben
5	2	Wird das System von der Administration regelmäßig auf Benutzer überprüft, die lange nicht mehr angemeldet waren? Hier besteht das Risiko, dass nicht mehr aktive Benutzer noch aktiv im System vorhanden sind. Diese Benutzer würden auch voll mit vermessen werden und würden Lizenzgebühren kosten.	Diese Prüfung ist von der Administration regelmäßig durchzuführen (Festlegung im Regelwerk für Administratoren).
6	1	Wie wird mit den Rechten von Benutzern verfahren, die den Verantwortlichkeitsbereich wechseln? Hier besteht das Risiko, dass den Benutzern zwar neue Rechte zugeordnet werden, die alten aber nicht entzogen werden und sich so Rechte anhäufen.	Beim Wechseln des Verantwortlichkeitsbereichs sind die Rechte neu zuzuordnen.
7	2	Wie werden die Initialkennwörter für die Benutzer vergeben? Hier besteht das Risiko, dass durch die Vergabe des immer gleichen Initialkennwortes leicht Anmeldungen mit noch nie angemeldeten Benutzern möglich sind.	Es muss ein Verfahren genutzt werden, durch das jeder Benutzer ein anderes Initialkennwort bekommt.

Nr.	Verwendung	Fragestellungen Risiko	Ordnungsmäßigkeits-Vorgaben
8	2	Existieren Vorgaben für die Vergabe von Kennwörtern bezüglich der Komplexität? Es müssen Vorgaben zur Komplexität existieren.	Hier besteht das Risiko, dass triviale Kennwörter leicht ausgespäht werden können.
9	2	Nutzen die Administratoren besonders komplexe Kennwörter? Hier besteht das Risiko, dass triviale Kennwörter der Administratoren (die über besondere Systemrechte verfügen) leicht ausgespäht werden können.	Die Kennwörter der Administratoren müssen besonders komplex sein, um ein "Hacken" zu verhindern.

5.2.2 Praktische Prüfung zu organisatorischen Regelungen

Die in der obigen Checkliste aufgeführten Punkte sind durch Fragen an die Administration zu klären.

5.3 Die R/3-Sonderbenutzer

Bei der Installation eines R/3-Systems werden in den einzelnen Mandanten einige Standardbenutzer angelegt, die teilweise über weitgehende Rechte verfügen. Diese Benutzer sind mit Standardkennwörtern ausgestattet, die allgemein bekannt sind. Die Kennwörter sollten sofort nach der Installation geändert werden. Weitere Hinweise zur Absicherung der R/3-Standardbenutzer finden Sie in der SAP-Hilfe unter *R/3-Bibliothek - Basis - Computing Center Management System (BC-CCM) - Benutzer und Rollen - Vorgehen bei der Erstinstallation - Sonderbenutzer schützen.* Im AIS finden Sie Checklisten zu den Standardbenutzern unter dem Pfad *System Audit - Checkliste gemäß R/3 Sicherheitsleitfaden - 2-1: Benutzerauthentifizierung - Schutzmaßnahmen für Standardbenutzer.*

Welche Benutzer nach der Installation in den Standardmandanten existieren, zeigt die folgende Tabelle:

	Mandant 000	**Mandant 001**	**Mandant 066**
SAP*	Existiert	Existiert	Existiert
DDIC	Existiert	Existiert	Existiert nicht
SAPCPIC	Existiert	Existiert	Existiert nicht
EARLYWATCH	Existiert nicht	Existiert nicht	Existiert
TMSADM	Existiert	Existiert nicht	Existiert nicht

5.3.1 SAP*

Der Benutzer SAP* existiert nach der Installation eines R/3-Systems in allen Mandanten. Er besitzt das Profil SAP_ALL und somit alle Berechtigungen des Systems. Er ist ein fest codierter Initialbenutzer. Wird der Benutzer SAP* gelöscht, so ist danach trotzdem noch eine Anmeldung mit dem Standardkennwort PASS möglich. Zugriffsrechte werden in dem Fall für den Benutzer nicht überprüft, dass er alle Vorgänge ausführen kann. Es stellt daher eine große Sicherheitslücke dar, wenn dieser Benutzer gelöscht wird.

Zur Verhinderung einer Neuanmeldung des SAP* nach einem Löschen kann der Parameter *login/no_automatic_user_sapstar* genutzt werden. Wird der Wert dieses Parameters auf 0 gesetzt, ist eine Neuanmeldung möglich. Bei dem Wert 1 ist eine Anmeldung nach dem Löschen nicht mehr möglich.

Standardkennwort:
In den Standardmandanten: 06071992
Initialkennwort nach dem Löschen: PASS

Mit dem Benutzer SAP* soll folgendermaßen verfahren werden:

SAP* wird deaktiviert. Hierzu werden dem Benutzer alle Berechtigungen entzogen, er wird gesperrt und der Parameter *login/no_automatic_user_sapstar* wird auf "1" gesetzt. Außerdem wird er der administrativen Gruppe des SAP-Systems (in den meisten Fällen die von SAP vorgegebene Gruppe SUPER) als Mitglied zugeordnet. Somit wird eine Nutzung dieses Benutzers verhindert. Die Verwaltung dieser Gruppe sollte nur nach dem Vier-Augen-Prinzip erfolgen.

Im AIS finden Sie eine Checkliste zu SAP* unter dem Pfad *System Audit - Checkliste gemäß R/3 Sicherheitsleitfaden - 2-1: Benutzerauthentifizierung - Schutzmaßnahmen für SAP**.

5.3.2 DDIC

DDIC ist mit den vollständigen Rechten zur Verwaltung des Repositories von R/3 ausgestattet. Der Zweck des Benutzers DDIC ist es, sich während Installations- oder Releasewechselarbeiten anzumelden und als einziger Änderungen am Data-Dictionary vorzunehmen. Lediglich die Benutzung des Korrektur- und Transportwesens ist ihm nur im Anzeigemodus gestattet, womit zwangsläufig Eigenentwicklungen ausgeschlossen sind. Er ist bei der Installation nur in den Mandanten 000 und 001 angelegt. Ebenso existiert er in den Produktivmandanten. Dieser Benutzer wird in allen Mandanten für Importe genutzt und darf nicht gelöscht werden. Er wird allerdings nur im Mandanten 000 als Dialog-Benutzer benötigt, in allen anderen Mandanten sollte er auf den Benutzertyp *System* gesetzt werden, da es sich hier um einen nicht personifizierten Sammelbenutzer handelt. Damit sind Anmeldungen unter seiner Kennung insbesondere im Produktivmandanten ausgeschlossen.

Im AIS finden Sie eine Checkliste zu DDIC unter dem Pfad *System Audit - Checkliste gemäß R/3 Sicherheitsleitfaden - 2-1: Benutzerauthentifizierung - Schutzmaßnahmen für DDIC.*

Standardkennwort: 19920706

5.3.3 EARLYWATCH

Der Benutzer EarlyWatch dient zur Fernwartung und wird während der Installation des Systems im Mandanten 066 angelegt. Dieser Benutzer ist allerdings nur mit Anzeigerechten für Performance-Monitoring-Funktionen ausgestattet, so dass er ohnehin nur ein geringes Sicherheitsrisiko darstellt. Er besitzt Berechtigungen auf die in Abb. 5.3.1 dargestellten Berechtigungsobjekte.

```
Profil
└─ S_TOOLS_EX_A <PRO> Performance Monitor: Spezielle Ueberwachungsfunktionen
   ├─ S_ADMI_FCD  <OBJ> Systemberechtigungen
   ├─ S_BTCH_JOB  <OBJ> Batch-Verarbeitung: Operationen auf Batch-Jobs
   ├─ S_C_FUNCT   <OBJ> C-Aufrufe in ABAP-Programmen
   ├─ S_DATASET   <OBJ> Berechtigung zum Dateizugriff
   ├─ S_DEVELOP   <OBJ> ABAP/4 Development Workbench
   ├─ S_ENQUE     <OBJ> Enqueue: Anzeigen und löschen von Sperreinträgen
   ├─ S_RZL_ADM   <OBJ> RZ-Leitstand: System-Administration
   ├─ S_SPO_DEV   <OBJ> Spooler: Geräteberechtigungen
   ├─ S_TCODE     <OBJ> Prüfung auf den Transaktionscode bei Transaktionsstart
   └─ S_TOOLS_EX  <OBJ> Tools Performance Monitor
```

Abb. 5.3.1: Die Berechtigungen des Benutzers EARLYWATCH

Der Benutzer ist zu sperren. Die Sperre ist nur bei Bedarf zurückzunehmen.

Im AIS finden Sie eine Checkliste zu EARLYWATCH unter dem Pfad *System Audit - Checkliste gemäß R/3 Sicherheitsleitfaden - 2-1: U Benutzerauthentifizierung - Schutzmaßnahmen für EARLYWATCH.*

Standardkennwort: SUPPORT

5.3.4 SAPCPIC

Der Benutzer SAPCPIC ist ein Benutzer vom Typ *Kommunikation* und wird ebenfalls während der Installation des Systems angelegt und dient zur EDI-Nutzung. Die Standardberechtigungen dieses Benutzers beschränken sich auf RFC-Zugriffe (Abb. 5.3.2).

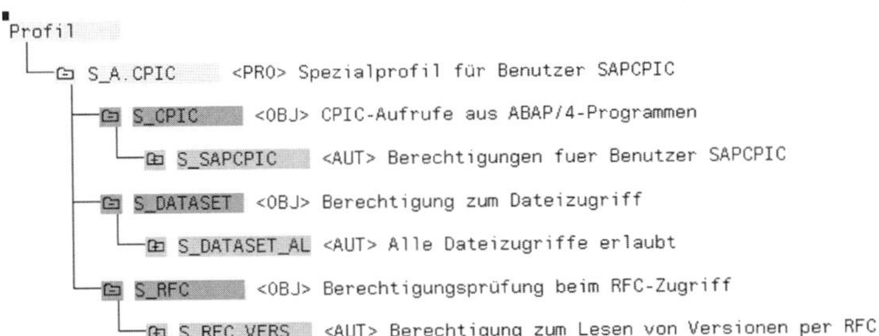

Abb. 5.3.2: Die Berechtigungen des Benutzers SAPCPIC

Der Benutzer SAPCPIC ist allerdings im ABAP-Funktionsbaustein INIT_START_OF_EXTERNAL_PROGRAM fest codiert, ebenso wie sein

Kennwort ADMIN (Abb. 5.3.3). Dieser Funktionsbaustein muss bei einer Kennwortänderung ebenfalls geändert werden.

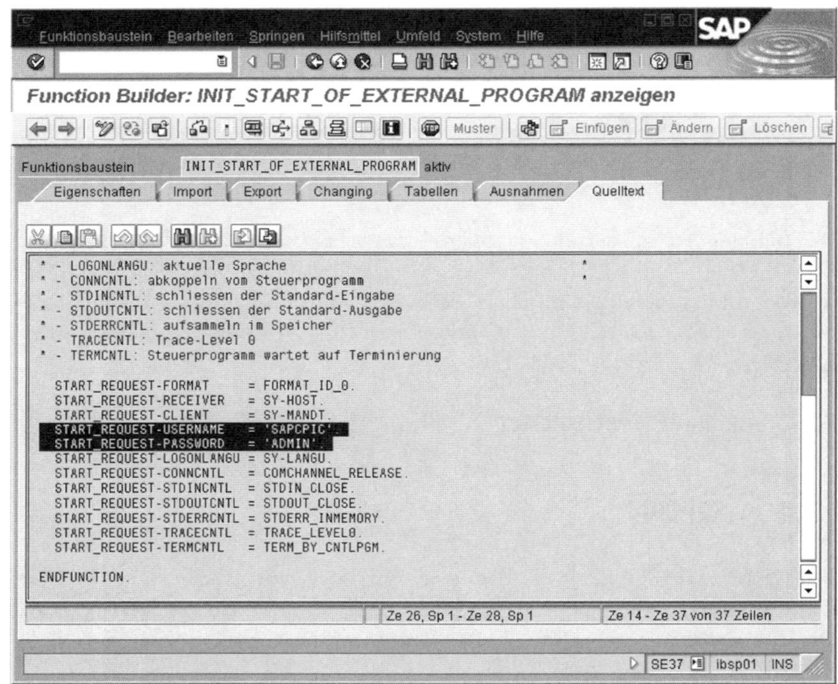

Abb. 5.3.3: Das Kennwort von SAPCPIC im Funktionsbaustein INIT_START_OF_EXTERNAL_PROGRAM

Im AIS finden Sie eine Checkliste zu SAPCPIC unter dem Pfad *System Audit - Checkliste gemäß R/3 Sicherheitsleitfaden - 2-1: Benutzerauthentifizierung - Schutzmaßnahmen für SAPCPIC.*

Standardkennwort: ADMIN

5.3.5 TMSADM

Der Benutzer TMSADM wird bei der Einrichtung des *Transport Management Systems* (siehe auch Kapitel 7.5.2) automatisch im Mandanten 000 angelegt. Er ist ein Benutzer vom Typ *Kommunikation* und wird vom TMS für Transporte genutzt. Standardmäßig verfügt er über das Profil S_A.TMSADM, über das er Schreibrechte im Dateisystem, notwendige RFC Ausführungsberechtigungen für das TMS und Anzeigeberechtigungen für die Elemente der Entwicklungsumgebung und für Stücklisten erhält. Weitere Rechte müssen ihm nicht zugeordnet werden.

Standardkennwort: PASSWORD

5.3.6 Prüfen der Sonderbenutzer mit dem Report RSUSR003

Der Report RSUSR003 überprüft mandantenübergreifend, ob die oben beschriebenen Benutzer (außer dem Benutzer TMSADM) in den einzelnen Mandanten vorhanden sind und ob ihre Standardkennwörter geändert wurden.

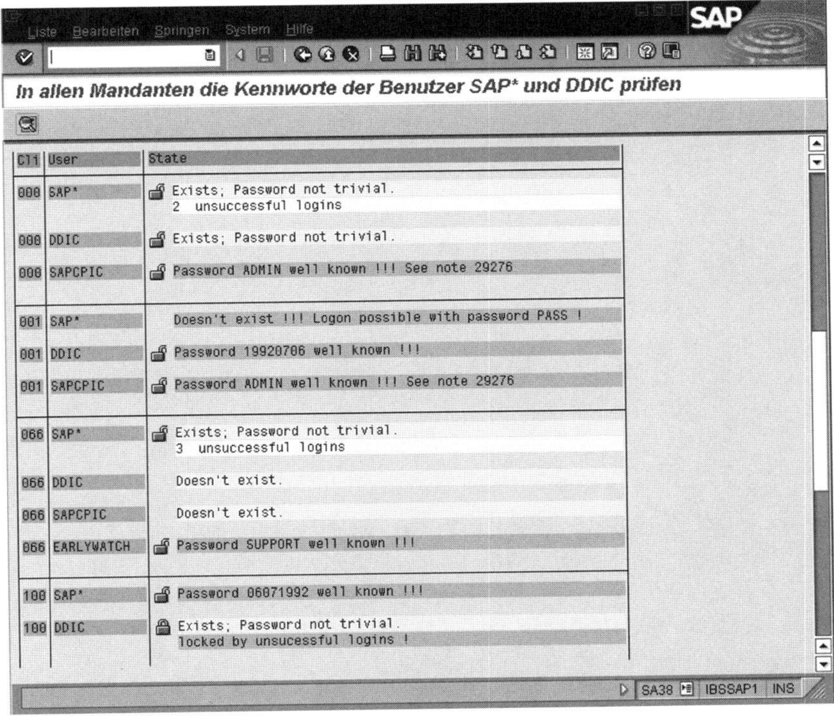

Abb. 5.3.4: Der Report RSUSR003

Der Eintrag Password not trivial bedeutet, dass für diesen Benutzer das Standardkennwort geändert wurde. Der Eintrag Password <Kennwort> well known zeigt an, dass der Benutzer noch sein Standardkennwort besitzt.

Das Ausführen des Reports ist mit Prüferberechtigungen (nur Anzeigen) nicht möglich. Benötigt werden das Recht zum Ändern mandantenunabhängiger Tabellen sowie das Recht zum Ändern der Gruppe SUPER. Daher kann dieser Report nur von einem entsprechend berechtigten Administrator aufgerufen werden.

Die Einträge in Abb. 5.3.4 haben folgende Bedeutung:

Mandant	Benutzer	Beschreibung
000	SAP*	Der Benutzer existiert, das Standardkennwort 06071992 wurde geändert, seit der letzten Anmeldung wurde zweimal ein falsches Kennwort für diesen Benutzer eingegeben.
000	DDIC	Der Benutzer existiert, das Standardkennwort 19920706 wurde geändert.
000	SAPCPIC	Der Benutzer existiert, das Standardkennwort ADMIN nicht wurde geändert.
001	SAP*	Der Benutzer existiert in diesem Mandanten nicht. Eine Anmeldung ist mit dem Kennwort PASS möglich. Zugriffsrechte werden dann für diesen Benutzer nicht geprüft.
001	DDIC	Der Benutzer existiert, das Standardkennwort 19920706 wurde noch nicht geändert.
001	SAPCPIC	Der Benutzer existiert, das Standardkennwort ADMIN wurde nicht geändert.
066	SAP*	Der Benutzer existiert, das Standardkennwort 06071992 wurde geändert, seit der letzten Anmeldung wurde dreimal ein falsches Kennwort für diesen Benutzer eingegeben.
066	DDIC	Der Benutzer existiert nicht.
066	SAPCPIC	Der Benutzer existiert nicht.
066	EARLYWATCH	Der Benutzer existiert, das Standardkennwort SUPPORT wurde nicht geändert.
100	SAP*	Der Benutzer existiert, das Standardkennwort 06071992 wurde nicht geändert.
100	DDIC	Der Benutzer existiert, das Standardkennwort 19920706 wurde nicht geändert. Der Benutzer ist durch Falschanmeldungen gesperrt.

Im AIS kann dieser Report unter dem Pfad *System Audit - Benutzerverwaltung - Authentisierung - Sonderbenutzer - Kennwörter der Sonderbenutzer prüfen* aufgerufen werden.

5.3.7 Zugriffsrechte

Benutzer SAP* löschen

Berechtigungsobjekt S_TCODE (Transaktionsberechtigung)
Transaktionscode: SU01 oder OIBB oder OOUS oder OPCA oder OPF0
Berechtigungsobjekt S_USER_GRP (Benutzerverwaltung)
Aktivität: 06 (Löschen)
Gruppe: <Benutzergruppe von SAP*; standardmäßig SUPER>

Verwalten der Benutzer SAP* und DDIC

Berechtigungsobjekt S_TCODE (Transaktionsberechtigung)
Transaktionscode: SU01 oder OIBB oder OOUS oder OPCA oder OPF0
Berechtigungsobjekt S_USER_GRP (Benutzerverwaltung)
Aktivität: 02 (Ändern)
Gruppe: <Benutzergruppe von SAP* und DDIC; standardmäßig SUPER>

Aufruf des Reports RSUSR003

Berechtigungsobjekt S_TCODE (Transaktionsberechtigung)
Transaktionscode: SA38 oder SE38 oder RSUSR003
Berechtigungsobjekt S_TABU_DIS
Aktivität: 03 (Anzeigen)
Berecht.-Gruppe: SS (Systemtabellen)
Berechtigungsobjekt S_TABU_CLI
Kennzeichen: X (Ändern mandantenunabhängiger Tabellen)
Berechtigungsobjekt S_USER_GRP
Aktivität 02 (Ändern)
Benutzergruppe SUPER

5.3.8 Checkliste zu den R/3-Sonderbenutzern

Nr.	Verwendung	Fragestellungen ――― Risiko	Ordnungsmäßigkeits-Vorgaben
1	3	Wie wurden die Kennwörter für SAP*, DDIC, EARLYWATCH und SAPCPIC vergeben (Vier-Augen-Prinzip)? ――― Hier besteht das Risiko, dass einzelnen Personen die Kennwörter dieser nicht personifizierten Benutzer bekannt sind.	SAP* und DDIC benötigen ein Kennwort nach dem Vier-Augen-Prinzip.
2	3	Wem sind die Kennwörter der Benutzer SAP*, DDIC, EARLYWATCH und SAPCPIC bekannt? ――― Hier besteht das Risiko, dass (wenn die Kennwörter von SAP* und DDIC bekannt sind) anonyme Anmeldungen mit diesen Benutzern erfolgen können, evtl. mit sehr umfassenden Zugriffsrechten.	Die Kennwörter von SAPCPIC und EARLYWATCH dürfen nur der Administration bekannt sein; SAP* und DDIC benötigen ein Kennwort nach dem Vier-Augen-Prinzip.
3	3	Wurden für alle Sonderbenutzer in allen Mandanten neue Kennwörter vergeben? ――― Hier besteht das Risiko, dass diese Benutzer noch ihre bekannten Initialkennwörter besitzen und somit für jeden eine Anmeldung mit ihnen anonym möglich ist.	Die Kennwörter aller Sonderbenutzer sind zu ändern.

Nr.	Verwendung	Fragestellungen Risiko	Ordnungsmäßigkeits-Vorgaben
4	2	Welche Verfahrensweise wurde für den Benutzer SAP* umgesetzt? Hier besteht das Risiko, dass SAP* nicht ausreichend gesichert ist und dass Anmeldungen mit ihm anonym möglich sind.	Der Benutzer SAP* ist gem. Sicherheitsleitfaden abzusichern.
5	3	Ist der Benutzer SAP* in allen Mandanten der Benutzergruppe SUPER zugeordnet? Hier besteht das Risiko, dass durch eine falsche Gruppenzuordnung SAP* von zu vielen Benutzern verwaltet, insbesondere gelöscht, werden kann.	Der Benutzer SAP* ist der Gruppe SUPER zuzuordnen.
6	3	Existiert der Benutzer DDIC in allen Mandanten? Hier besteht das Risiko, dass beim Einspielen von Support-Packages Fehler auftreten, wenn DDIC nicht existiert.	Der Benutzer DDIC sollte in allen Mandanten (außer 066) existieren.7
7	3	Ist der Benutzer DDIC im Produktivmandanten auf den Benutzertyp *System* gesetzt? Hier besteht das Risiko, dass Anmeldungen mit diesem anonymen SAP_ALL-Benutzer möglich sind.	Der Benutzer DDIC ist im Produktivmandanten auf den Benutzertyp *System* zu setzen.

3N r.	Ver-wen-dung	Fragestellungen / Risiko	Ordnungsmäßigkeits-Vorgaben
8	3	Wurde der Benutzer EARLY-WATCH im Mandanten 066 gesperrt? Hier besteht das Risiko, dass Anmeldungen mit diesem Benutzer anonym durchgeführt werden können.	Der Benutzer EARLY-WATCH ist zu sperren und nur bei Bedarf freizuschalten.

5.3.9 Praktische Prüfung zu den R/3-Sonderbenutzern

1. Stellen Sie fest, wie die Kennwörter der Sonderbenutzer SAP*, DDIC, EARLYWATCH und SAPCPIC vergeben wurden (zweigeteilt oder einfach)!
2. Überprüfen Sie, wem diese Kennwörter bekannt sind!
3. Überprüfen Sie, ob die Kennwörter im R/3-System an die Sonderbenutzer vergeben wurden!
   Rufen Sie die Transaktion SA38 (Menüpfad *System - Dienste - Reporting*) auf, und lassen Sie sich den Report RSUSR003 anzeigen. Alternativ können Sie die Transaktion RSUSR003 aufrufen. Es darf für keinen Benutzer der Eintrag *Password XXXXXXXX well known!!* vorhanden sein. Sollten Ihre Berechtigungen nicht ausreichen, führen Sie diesen Punkt zusammen mit einem entsprechend berechtigten Administrator aus.
4. Überprüfen Sie, welche Methode zur Absicherung des Benutzers SAP* angewendet wird!
   Prüfen Sie in diesem Zusammenhang die Einstellung des Parameters *login/no_automatic_user_sapstar*. Der Wert dieses Parameters muss 1 sein.
5. Prüfen Sie, ob der Benutzer SAP* in allen Mandanten der Administratorgruppe zugeordnet ist (standardmäßig die Gruppe SUPER) und ob er gesperrt ist!
   Rufen Sie die Transaktion SU01D auf, und lassen Sie sich den Benutzer SAP* anzeigen.
6. Prüfen Sie, ob der Benutzer DDIC in allen Mandanten existiert!
   Rufen Sie die Transaktion SA38 (Menüpfad *System - Dienste - Reporting*) auf, und lassen Sie sich den Report RSUSR003 anzeigen. Für den Benutzer DDIC darf der Eintrag *Doesn't exist* (außer im Mandanten 066) nicht existieren. Sollten

Ihre Berechtigungen nicht ausreichen, führen Sie diesen Punkt zusammen mit einem entsprechend berechtigten Administrator aus.

7. Prüfen Sie, ob der Benutzer DDIC im Produktivmandanten auf den Benutzertyp System gesetzt ist!
   Rufen Sie die Transaktion SU01D auf, und lassen Sie sich den Benutzer DDIC anzeigen. Überprüfen Sie im Register *Logondaten* den Benutzertyp.
8. Prüfen Sie, ob der Benutzer EARLYWATCH im Mandanten 066 gesperrt ist!
   Melden Sie sich (evtl. zusammen mit einem Administrator) im Mandanten 066 an, und überprüfen Sie über die Transaktion SU01, ob der Benutzer gesperrt ist.

5.4 Der Benutzerstammsatz

5.4.1 Die Eigenschaften eines Benutzers

Benutzer werden in einem R/3-System mandantenabhängig angelegt. Das bedeutet, dass ein Benutzer sich nur an dem Mandanten anmelden kann, in dem er angelegt wurde. Benutzer, die in mehreren Mandanten arbeiten sollen (z.B. Administratoren und Revisoren), müssen explizit in den entsprechenden Mandanten angelegt werden. Jeder Benutzer verfügt über einen Stammsatz, in dem ihm zugeordnete Eigenschaften gespeichert werden wie z.B. seine Adressdaten, sein Standarddrucker oder auch sein Kennwort.

Jeder Benutzer eines R/3-Systems besitzt ein Kennwort. Im Gegensatz zu den Netzwerkbetriebssystemen lässt R/3 Benutzer ohne Kennwort nicht zu. Wird ein neuer Benutzer angelegt, muss der Administrator ein Initialkennwort für diesen Benutzer festlegen. Dies gibt der Benutzer bei der ersten Anmeldung ein und wird danach vom R/3-System aufgefordert, das Kennwort zu ändern. Ein leeres Kennwort wird vom System nicht akzeptiert. Ein Benutzer-Administrator kann jederzeit das Kennwort eines Benutzers zurücksetzen und ihm ein neues Initialkennwort geben, z.B. wenn der Benutzer sein Kennwort vergessen hat. Bei der nächsten Anmeldung muss der Benutzer dann dieses Kennwort eingeben und danach sofort sein persönliches bestimmen. Benutzer-Administratoren sind außerdem in der Lage, Benutzer zu sperren und zu entsperren, falls ein Benutzer durch Falschanmeldungen gesperrt wurde. Ebenso ist es möglich, Kennwörter von Benutzern zurückzusetzen, so dass diese Kennwörter nicht mehr gültig sind.

Es gibt verschiedene Arten von Benutzern in einem R/3-System. Zum R/3-Release 4.6C wurden neue Benutzertypen von der SAP eingeführt.

Benutzertypen bis zum R/3-Release 4.6B:

- Dialog
  Einem Benutzer des Typs Dialog stehen alle Formen der Nutzung von R/3 offen. Dies umfaßt sowohl die Benutzung der Hintergrundverarbeitung, der Batch-Input-Verarbeitung, CPIC als auch die Arbeit im Dialog, wenn dies durch die Zuordnung bestimmter Berechtigungen nicht explizit wieder eingeschränkt wird.
- Hintergrund
  Ein solcher Benutzer kann lediglich für die Einplanung und Ausführung von Hintergrundjobs von Dialogbenutzern verwendet werden. Ihm ist es selbst nicht gestattet, sich am R/3-System anzumelden und im Dialog zu prozessieren.
- CPIC
  CPIC-Benutzer haben ebenfalls keine Möglichkeit, im Dialog mit R/3 zu arbeiten. Sie können z.B. zum Datenaustausch über die CPIC-Schnittstelle verwendet werden. Standardmäßig wird bereits der CPIC-Benutzer SAPCPIC ausgeliefert.
- BDC
  Der Typ BDC reduziert den Funktionsumfang auf die Benutzung und Ausführung von Batch-Input-Abläufen.

Benutzertypen ab dem R/3-Release 4.6C:

- Dialog
  Einem Benutzer des Typs Dialog stehen alle Formen der Nutzung von R/3 offen. Dies umfasst sowohl die Benutzung der Hintergrundverarbeitung, der Batch-Input-Verarbeitung, CPIC als auch die Arbeit im Dialog, wenn dies durch die Zuordnung bestimmter Berechtigungen nicht explizit wieder eingeschränkt wird.
- Kommunikation
  Kommunikations-Benutzer haben keine Möglichkeit, im Dialog mit R/3 zu arbeiten. Sie können nur zum Datenaustausch über die RFC- und CPIC-Schnittstelle verwendet werden. Standardmäßig wird bereits der Kommunikations-Benutzer SAPCPIC ausgeliefert. Dieser Benutzer besitzt keine kritischen Berechtigungen und wird lediglich für interne Abläufe, wie die Ausführung externer Programme durch beliebige Benutzer, verwendet. Die Benutzerdaten sollten keinesfalls verändert werden.
- System
  System-Benutzer werden genutzt für eine Kommunikation innerhalb eines einzigen Systems (mandantenübergreifend) und haben keine Möglichkeit, sich im Dialog anzumelden.

- Service
  Service-Benutzer sind Dialog-Benutzer, die mehreren Anwendern zur Verfügung gestellt werden können (Sammelbenutzer, siehe auch Kapitel 5.7). Sie sollten nur über unkritische Zugriffsrechte verfügen wie z.B. Performance-Analyse, Datenbanküberwachung etc.
  Service-Benutzer können bei der Anmeldung nicht ihre Kennwörter ändern. Dies kann ausschließlich ein Benutzeradministrator mit dem entsprechenden Zugriffsrecht.
- Referenz
  Referenzbenutzer dienen dazu, Zugriffsrechte an andere Benutzer weiterzugeben. Einem Referenzbenutzer werden Rechte zugeordnet. Jedem Benutzer kann genau ein Referenzbenutzer zugeordnet werden, dessen Rechte er bei der Anmeldung zusätzlich zu seinen eigenen erhält. Referenzbenutzer können sich nicht ans System anmelden. Sie werden maßgeblich dazu genutzt, Internet-Benutzer mit identischen Rechten auszustatten.
  Zu Referenzbenutzern siehe Kapitel 5.5.

Verwaltet werden die Benutzerstammsätze über die Transaktion SU01 (Menüpfad *Werkzeuge - Administration - Benutzerpflege - Benutzer*). Prüfer sollten auf diese Transaktion eine Leseberechtigung besitzen. Alternativ stellt R/3 die Transaktion SU01D zu Verfügung, über die Benutzer nur angezeigt, nicht jedoch geändert werden können. Zum Anzeigen von Benutzern wird der Benutzername in der Einstiegsmaske eingetragen oder über die Wertehilfe (Taste *F4*) gesucht. Die Eigenschaften eines Benutzers werden auf Registerkarten verteilt angezeigt.

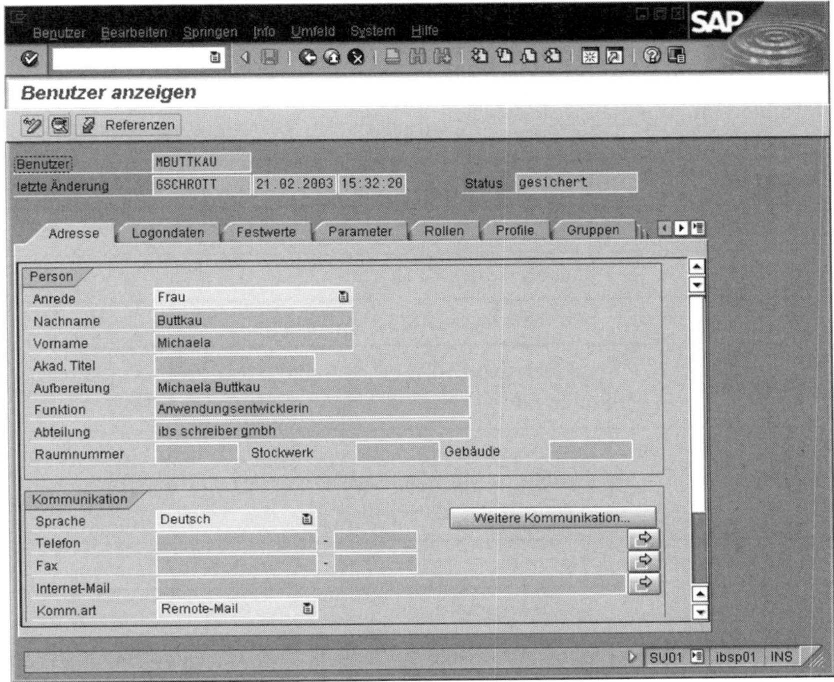

Abb. 5.4.1: Die Eigenschaften eines Benutzers über die Transaktion SU01

Hinweise zu den Benutzerstammsätzen finden Sie in der SAP-Hilfe unter *R/3-Bibliothek - Basis - Computing Center Management System (BC-CCM) - Benutzer und Berechtigungen.*

5.4.2 Die Tabellen des Benutzerstammsatzes

Bei einer Prüfung der Benutzereigenschaften ist es mühsam, sich jeden einzelnen Benutzer im Dialog anzuschauen. Daher werden die Benutzereigenschaften nachfolgend anhand der Tabellen, in denen sie gespeichert sind, erläutert. Diese Tabellen dienen dann auch bei einer Prüfung als Grundlage. Je nach Fragestellung wählen Sie die Tabelle aus, welche die Fragestellungen für die Prüfung beinhaltet. Es werden nicht alle Felder der Tabellen aufgelistet, sondern nur die, die für eine Prüfung relevant sein können.

USR01 - Laufzeitdaten der Benutzer

In dieser Tabelle werden die Festwertdaten der Benutzer gespeichert, z.B. ihr Startmenü und der Standarddrucker.

Feldname	**Beschreibung**
BNAME	Name des Benutzers
STCOD	Startmenü des Benutzers
SPLD	Standarddrucker des Benutzers
SPDB	Kennzeichen, ob Druckaufträge sofort gedruckt (Wert *G*) oder nur in den Spool gestellt werden sollen (Wert *H*).
SPDA	Kennzeichen, ob Druckaufträge nach dem Löschen aus dem Spool gelöscht werden (Wert *D)* oder darin stehen bleiben sollen (Wert *K*)
STRTT	Startmenü
LANGU	Standardsprache
CATTKENNZ	Prüfkennzeichen für CATT-Läufe

USR02 - Anmeldedaten der Benutzer

Hier werden Daten gespeichert wie z.B. das aktuelle Kennwort eines Benutzers, seine Gültigkeit, der Benutzertyp und sein letztes Anmeldedatum.

Feldname	Beschreibung
BNAME	Name des Benutzers
BCODE	Das aktuelle Kennwort des Benutzers
GLTGV	Gültigkeit des Benutzers: Anfangsdatum
GLTGB	Gültigkeit des Benutzers: Ablaufdatum
USTYP	Benutzertyp Bis R/3-Release 4.6B: A= Dialog B= Hintergrund C= CPIC D= Batch Ab R/3-Release 4.6C: A= Dialog B= System C= Kommunikation L= Referenzbenutzer S= Servicebenutzer
CLASS	Gruppe, die dem Benutzer zugeordnet wurde
LOCNT	Anzahl der Falschanmeldungen seit der letzten korrekten Anmeldung
UFLAG	Benutzerflag: 0: nicht gesperrt 32: in zentraler Benutzerverwaltung durch Administrator gesperrt 64: im aktuellen Mandanten durch Administrator gesperrt 128: durch Falschanmeldungen gesperrt
ANAME	Name desjenigen, der diesen Benutzer angelegt hat
ERDAT	Anlegedatum des Benutzers
TRDAT	Letztes Anmeldedatum. Steht in diesem Feld der Wert "00.00.0000", war der Benutzer noch nie angemeldet.
LTIME	Letzte Anmeldeuhrzeit. Steht in diesem Feld der Wert "00:00:00", besitzt der Benutzer ein Initialkennwort.

USR03 - Adreßdaten der Benutzer (bis R/3-Release 3.1x)

Hier werden die Adressdaten der Benutzer gespeichert. Ab dem R/3-Release 4.0B werden die Daten nicht mehr in dieser Tabelle gespeichert, sondern in den Tabellen ADRP und ADCP, die weiter unten beschrieben sind.

Feldname	Beschreibung
BNAME	Name des Benutzers
NAME1	Name des Benutzers innerhalb der Firma, 1. Teil
NAME2	Name des Benutzers innerhalb der Firma, 2. Teil
NAME3	Name des Benutzers innerhalb der Firma, 3. Teil
NAME4	Name des Benutzers innerhalb der Firma, 4. Teil
SALUT	Anrede bei Anschreiben
ABTLG	Abteilung
KOSTL	Kostenstelle
BUINR	Gebäudenummer
ROONR	Raumnummer
STRAS	Straße und Hausnummer
PFACH	Postfach
PSTLZ	Postleitzahl
ORT01	Ort

USR06 - Zusatzdaten der Benutzer

Hier werden die Stellvertreterdaten des Benutzers angegeben sowie sein vertraglicher Nutzertyp.

Feldname	Beschreibung
BNAME	Name des Benutzers
SUBST	Stellvertreter
LIC_TYPE	ID für die Nutzertypen des R/3-Systems (siehe nächstes Kapitel)
SUBSTNAME	Stellvertretername
VONDAT	Stellvertreter ab Datum
BISDAT	Stellvertreter bis Datum

USREFUS - Benutzer-Aliasnamen und Referenzbenutzer

Hier werden für die Benutzer die Aliasnamen und die Referenzbenutzer gespeichert.

Feldname	Beschreibung
BNAME	Name des Benutzers
REFUSER	Dem Benutzer zugeordneter Referenzbenutzer
USERALIAS	Aliasname des Benutzers

UST04 - Profile der Benutzer

Hier werden die dem Benutzer direkt zugeordneten Profile gespeichert. Diese Daten können u.a. auch mit dem Report RSUSR002 angezeigt werden.

Feldname	Beschreibung
BNAME	Name des Benutzers
PROFILE	Zugeordnete Profile des Benutzers

AGR_USERS - Rollen der Benutzer

Hier werden die dem Benutzer zugeordneten Rollen gespeichert. Diese Daten können u.a. auch mit dem Report RSUSR002 angezeigt werden.

Feldname	Beschreibung
AGR_NAME	Name der Rolle
UNAME	Name der Benutzer, die der Rolle zugeordnet sind
FROM_DAT	Gültigkeit der Rolle für den Benutzer: Von-Datum
TO_DAT	Gültigkeit der Rolle für den Benutzer: Bis-Datum
CHANGE_DAT	Letztes Änderungsdatum der Benutzerzuordnung
CHANGE_TIM	Letzte Änderungsuhrzeit der Benutzerzuordnung
ORG_FLAG	Ein Eintrag X in diesem Feld zeigt an, dass diese Rolle über das Org-Management zugeordnet wurde
COL_FLAG	Ein Eintrag X in diesem Feld zeigt an, dass diese Rolle über eine Sammelrolle zugeordnet wurde

USR21 - Zuordnung von Adressschlüsseln zu Benutzern

Zur Auswertung der Adressdaten von Benutzern müssen die Tabellen ADRP und ADCP herangezogen werden. In diesen Tabellen wird jeder Benutzer durch einen eindeutigen numerischen Schlüssel identifiziert. Welchem Benutzer welcher Schlüssel zugeordnet ist, wird in der Tabelle USR21 festgelegt. Das Feld PERSNUMBER enthält für die Benutzer den jeweiligen Schlüssel.

Feldname	Beschreibung
BNAME	Name des Benutzers
PERSNUMBER	Personennummer des Benutzers. Durch diesen Schlüssel werden die Adressdaten der Tabellen ADRP und ADCP zugeordnet.
ADDRNUMBER	Adressnummer der Firmenadresse des Benutzers (Tabelle ADRC)
KOSTL	Kostenstelle des Benutzers

ADCP - Die zentrale Adressverwaltung (Kommunikationsdaten)

Hier werden die Kommunikationsdaten des Benutzers gespeichert wie z.B. seine Telefon- und Faxnummer und sein Sitz in der Unternehmung (Abteilung, Gebäude, Raumnummer).

Feldname	Beschreibung
PERSNUMBER	Personennummer des Benutzers aus der Tabelle USR21
DEPARTMENT	Abteilung
FUNCTION	Funktion
BUILDING	Gebäude (Nummer oder Kürzel)
FLOOR	Stockwerk im Gebäude
ROOMNUMBER	Nummer einer Wohnung, eines Appartements oder eines Raumes
TEL_NUMBER	Telefon-Nr.: Vorwahl und Nummer
TEL_EXTENS	Telefon-Nr.: Durchwahl
FAX_NUMBER	Fax-Nr.: Vorwahl und Nummer
FAX_EXTENS	Fax-Nr.: Durchwahl

ADRP - Die zentrale Adressverwaltung

Hier werden persönliche Angaben zum Benutzer gespeichert.

Feldname	Beschreibung
PERSNUMBER	Personennummer des Benutzers aus der Tabelle USR21
TITLE	Anrede des Benutzers
NAME_FIRST	Vorname
NAME_LAST	Nachname
NAME2	Geburtsname der Person
NAMEMIDDLE	Mittlerer Name oder zweiter Vorname der Person
NAME_LAST2	Zweiter Nachname der Person
NAME_TEXT	Vollständiger Name der Person
TITLE_ACA1	Akademischer Titel (Schlüssel)
TITLE_ACA2	Zweiter akademischer Titel (Schlüssel)
PREFIX1	Vorsatzwort zum Namen (Schlüssel)
PREFIX2	Vorsatzwort zum Namen (Schlüssel)
TITLE_SPPL	Namenszusatz, z.B. Adelstitel (Schlüssel)
NICKNAME	Spitzname oder Rufname der Person
INITIALS	"Middle Initial" bzw. Initialen der Person
PROFESSION	Berufs- oder Amtsbezeichnung der Person
SEX	Geschlechtsschlüssel
LANGU	Sprachenschlüssel

5.4.3 Die Nutzung der Tabellen des Benutzerstammsatzes

Je nach Fragestellung können diese Tabellen zu einer Prüfung der Benutzer herangezogen werden. Anhand einiger Beispiele soll die Nutzung erläutert werden.

Noch nie angemeldete Benutzer
Für diese Fragestellung wird das Datum der letzten Anmeldung des Benutzers benötigt, das noch den Initialisierungswert "00.00.0000" bei den noch nie angemeldeten Benutzern enthält. Dieses Feld befindet sich in der Tabelle mit den Benutzer-Anmeldedaten USR02: TRDAT (Letztes Login-Datum). Um den

Initialisierungswert zu überprüfen, muss nach einem leeren Feldinhalt selektiert werden. Rufen Sie hierzu die Tabelle über die Transaktion SE16 auf, und doppelklicken Sie in der Selektionsmaske der Tabelle auf das Feld TRDAT. Wählen Sie im dann folgenden Fenster den Wert "=" aus und lassen sich die Tabelle anzeigen (Abb. 5.4.2). Alle angezeigten Benutzer waren noch nie angemeldet.

Benutzer		bis	
Initialkennwort	0000000000000000	bis	0000000000000000
Gültig von		bis	
Gültig bis		bis	
Benutzertyp		bis	
Benutzergruppe		bis	
Zaehler Falschanmeldungen Benu		bis	
Benutzerflag		bis	
Abrechnungsnr.		bis	
Name Ben. Anl.		bis	
Anlege-Datum des Benutzerstamm		bis	
Letzes Login-Datum		bis	
Letzte Login-Uhrzeit	00:00:00	bis	00:00:00

Abb. 5.4.2: Selektionskriterium zum Anzeigen noch nie angemeldeter Benutzer

Benutzer eines bestimmten Benutzertyps

Um z.B. alle Dialogbenutzer oder alle Kommunikations-Benutzer zu selektieren, wird ebenfalls die Tabelle USR02 benötigt. Im Feld USTYP wird der Benutzertyp der R/3-Benutzer gespeichert. Um alle Kommunikations-Benutzer zu selektieren, muss in diesem Feld der Wert "C" eingetragen werden, um alle Dialogbenutzer zu selektieren der Wert "A" (Abb. 5.4.3).

Benutzer		bis	
Initialkennwort	0000000000000000	bis	0000000000000000
Gültig von		bis	
Gültig bis		bis	
Benutzertyp	A	bis	

Abb. 5.4.3: Selektionskriterium zum Anzeigen bestimmter Benutzertypen

Alle Benutzer, denen ein Referenzbenutzer zugeordnet ist

Die Zuordnung der Referenzbenutzer wird in der Tabelle USREFUS gespeichert. Hier sind alle Benutzer des Mandanten hinterlegt. Bei Benutzern, denen kein Referenzbenutzer zugeordnet ist, ist das Feld REFUSER (Referenzbenutzer) leer. Daher sind hier alle Benutzer zu selektieren, bei denen dieses Feld nicht leer ist (Abb. 5.4.4).

Abb. 5.4.4: Selektionskriterium für Benutzer mit Referenzbenutzern

Alle Benutzer, die einer bestimmten Kostenstelle zugeordnet sind
Die Kostenstelle der Benutzer wird im Feld KOSTL (Kostenstelle) der Tabelle USR21 gespeichert. Ist diese Tabelle nicht im System vorhanden, steht der Eintrag in der Tabelle USR03. Tragen Sie in diesem Feld in der Selektionsmaske die Kostenstelle ein, die überprüft werden soll (Abb. 5.4.5).

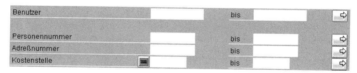

Benutzer bis
Personennummer bis
Adreßnummer bis
Kostenstelle 9900 bis

Abb. 5.4.5: Selektionskriterium für Benutzer bestimmter Kostenstellen

Alle Benutzer, die keiner Kostenstelle zugeordnet sind
Um Benutzer ohne Kostenstellen zu ermitteln, ist das Feld KOSTL der Tabelle USR21 auf einen leeren Inhalt zu überprüfen. Dies wird durch das Vergleichskriterium "=" auf das leere Feld erreicht. Zur Auswahl des Vergleichskriteriums doppelklicken Sie auf das Feld KOSTL und wählen "=" aus (Abb. 5.4.6).

Abb. 5.4.6: Selektionskriterium für Benutzer ohne Kostenstellen

5.4.4 Einzelauswertung der Benutzerstammsätze

Um Einträge in Benutzerstammsätzen für einzelne Benutzer zu überprüfen, kann die Transaktion SU01D (Menüpfad *Werkzeuge - Administration - Benutzerpflege - Benutzer anzeigen*) genutzt werden. Über diese Transaktion ist nur eine reine Anzeige der Benutzerdaten möglich.

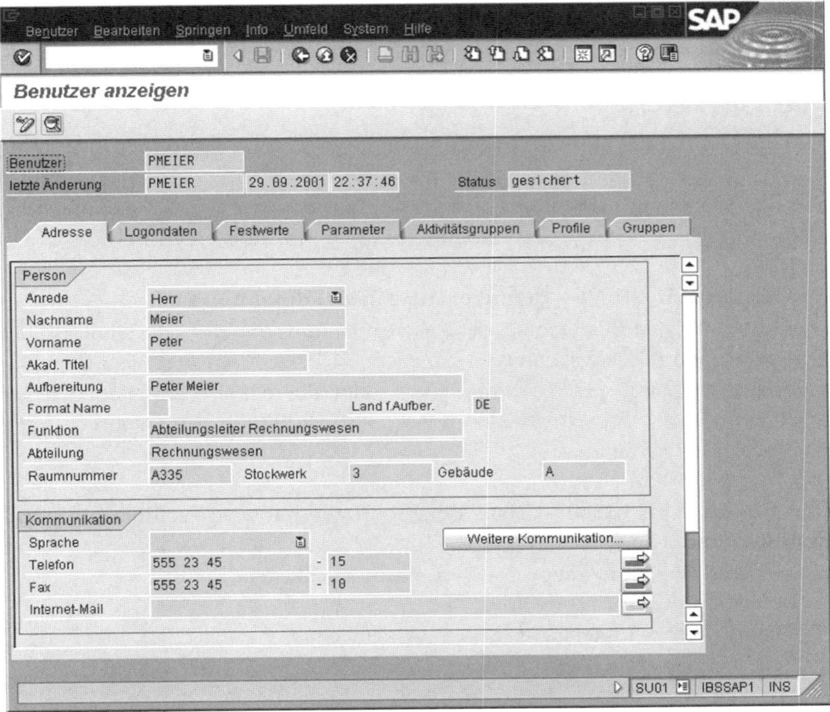

Abb. 5.4.7: Transaktion SU01D - Anzeige der Benutzereigenschaften

Tragen Sie in der Einstiegsmaske den Namen des Benutzers ein, dessen Eigenschaften Sie sehen möchten. Über die Taste F4 können Sie Benutzer suchen und sich eine Liste aller existierenden Benutzer anzeigen lassen.

5.4.5 Benutzerauswertungen mit Standardreports

Der Report RSUSR002 - Benutzer nach komplexen Selektionskriterien

Einige Fragestellungen zu Benutzern können mit dem Standardreport RSUSR002 abgedeckt werden. In diesem Report werden als Ergebnis immer die Benutzer mit ihren Gruppen und zugeordneten Profilen angezeigt. Folgende Selektionsmöglichkeiten stellt der Report zur Verfügung:

- Gruppenzugehörigkeiten
- Zugeordnete Profile
- Abrechnungsnummer

- Startmenü
- Ausgabegerät
- Benutzer mir einem bestimmten Ablaufdatum
- Gesperrte Benutzer
- Benutzer mit CATT-Kennzeichen

Der Report kann im AIS unter *System Audit - Benutzerverwaltung - Infosystem Benutzer & Berechtigungen - Benutzer - nach komplexen Suchkriterien* aufgerufen werden.

Der Report RSUSR006 - Benutzer mit Falschanmeldungen
Dieser Report zeigt Benutzer an, die Falschanmeldungen haben, die somit bei der Anmeldung ein falsches Kennwort eingegeben haben. Ebenso werden Benutzer angezeigt, die durch einen Administrator oder durch Falschanmeldungen gesperrt sind. Dieser Report ruft den Report RSUSR200 mit den entsprechenden Selektionskriterien auf.

Der Report RSUSR200 - Liste der Benutzer nach Anmeldedatum und Kennwortänderung
Dieser Report bietet folgende Auswertungsmöglichkeiten:

- Benutzer mit Initialkennwort
- Benutzer seit x Tagen nicht mehr angemeldet
- Benutzer, die seit x Tagen ihr Kennwort nicht mehr geändert haben

Die Selektionen können eingeschränkt werden auf aktive / gesperrte Benutzer und die verschiedenen Benutzertypen.

5.4.6 Zugriffsrechte

Zu allen nachfolgenden Berechtigungen ist evtl. zusätzlich folgende Transaktionsberechtigung nötig:

Berechtigungsobjekt S_TCODE (Transaktionsberechtigung)

Transaktionscode: SU01 oder OIBB oder OOUS oder OPCA oder OPF0

Benutzer anlegen

Berechtigungsobjekt S_USER_GRP (Benutzerverwaltung)

Aktivität: 01 (Anlegen)

Gruppe: <Gruppe, in der Benutzer angelegt werden dürfen>

Benutzereigenschaften ändern (außer Zugriffsrechte)

Berechtigungsobjekt S_USER_GRP (Benutzerverwaltung)

Aktivität: 02 (Ändern)

Gruppe: <Gruppe, in der Benutzer geändert werden dürfen>

Benutzern Profile zuordnen und entziehen

Berechtigungsobjekt S_USER_GRP (Benutzerverwaltung)

Aktivität: 02 (Ändern)

Gruppe: <Gruppe, in der Benutzer geändert werden dürfen>

Berechtigungsobjekt S_USER_PRO (Profile verwalten)

Aktivität: 22 (Zuordnen)

Profil: <Profile, die zugeordnet werden dürfen>

Benutzern Rollen zuordnen und entziehen

Berechtigungsobjekt S_USER_GRP (Benutzerverwaltung)

Aktivität: 02 (Ändern)
22 (Zuordnen)

Gruppe: <Gruppe, in der Benutzer geändert werden dürfen>

Berechtigungsobjekt S_USER_PRO (Profile verwalten)

Aktivität: 22 (Zuordnen)

Profil: <Profile, die zugeordnet werden dürfen>

Berechtigungsobjekt S_USER_AGR (Rollen verwalten)

Aktivität: 22 (Zuordnen)

Rolle: <Rollen, die zugeordnet werden dürfen>

Benutzer löschen

Berechtigungsobjekt S_USER_GRP (Benutzerverwaltung)

Aktivität: 06 (Löschen)

Gruppe: <Gruppe, in der Benutzer gelöscht werden dürfen>

5.4.7 Checkliste zum Benutzerstammsatz

Nr.	Verwendung	Fragestellungen Risiko	Ordnungsmäßigkeits-Vorgaben
1	3	Wie viele Benutzer sind in dem zu prüfenden Mandanten vorhanden? Hier besteht das Risiko, dass zu viele Benutzerkonten eingerichtet wurden, die evtl. auch Lizenzgebühren kosten.	Die Anzahl muss den Vorgaben entsprechen.
2	3	Wie viele Dialogbenutzer existieren in dem Mandanten? Hier besteht das Risiko, dass zu viele Benutzerkonten eingerichtet wurden, die evtl. auch Lizenzgebühren kosten.	Die Anzahl muss mit den tatsächlichen Anwendern übereinstimmen.
3	1	Wurden Benutzern Referenzbenutzer zugeordnet? Hier besteht das Risiko, dass hierdurch kritische Zugriffsrechte Benutzern zugeordnet werden, die bei Berechtigungsprüfungen nicht angezeigt werden.	Die Nutzung von Referenzbenutzern sollte nur für die Weitergabe unkritischer Rechte genutzt werden.
4	3	Existieren Benutzer, deren Gültigkeitsdatum abgelaufen ist? Hier besteht das Risiko, dass diese Benutzer jederzeit mit ihren Zugriffsrechten und einem neuen Kennwort wieder aktiviert und genutzt werden können.	Es sollten keine abgelaufenen Benutzer existieren.

Nr.	Verwendung	Fragestellungen / Risiko	Ordnungsmäßigkeits-Vorgaben
5	3	Existieren Benutzer, die noch nie angemeldet waren? Hier besteht das Risiko, dass diese Benutzer noch triviale Initialkennwörter besitzen.	Benutzer, die noch nie angemeldet waren, sollten gesperrt sein und erst bei Bedarf freigeschaltet werden.
6	3	Existieren Benutzer, die seit einem längeren Zeitraum nicht angemeldet waren? Hier besteht das Risiko, dass diese Benutzer nicht mehr in der Unternehmung arbeiten, die Konten aber noch nutzen könnten und diese auch Lizenzgebühren kosten.	Es sollten keine Benutzer existieren, die seit einem längeren Zeitraum nicht angemeldet waren.
7	3	Existieren Benutzer, die keiner Gruppe zugeordnet sind? Hier besteht das Risiko, dass Benutzer von eigentlich unberechtigten Benutzerverwaltern verwaltet werden können.	Es dürfen keine Benutzer ohne Gruppenzuordnung existieren.
8	3	Existieren Benutzer, die eine hohe Anzahl an Falschanmeldungen haben? Hier besteht das Risiko, dass Eindringversuche unter dieser Benutzerkennung stattgefunden haben.	Benutzer mit einer hohen Anzahl von Falschanmeldungen sind zu überwachen. Eindringversuch?

Nr.	Verwendung	Fragestellungen / Risiko	Ordnungsmäßigkeits-Vorgaben
9	3	Existieren Benutzer, die durch einen Administrator gesperrt sind, und ist dies dokumentiert? / Hier besteht das Risiko, dass die Sperrung unberechtigt wieder aufgehoben werden könnte.	Gesperrte Benutzer sind zu dokumentieren (Grund der Sperrung).
10	3	Existieren Benutzer, die durch Falschanmeldungen gesperrt sind? / Hier besteht das Risiko, dass Eindringversuche unter dieser Benutzerkennung stattgefunden haben.	Benutzer, die durch Falschanmeldungen gesperrt sind, dürfen nicht existieren.
11	3	Wurden die Adressdaten der Benutzer gepflegt? / Hier besteht das Risiko, dass Benutzer auf Grund ihres Namens Mitarbeitern nicht personell zugeordnet werden können und dadurch für die Benutzer- und Berechtigungsverwaltung keine Nachvollziehbarkeit gegeben ist.	Die Adressdaten müssen gemäß Vorgabe gepflegt sein.

5.4.8 Praktische Prüfung zum Benutzerstammsatz

1. Prüfen Sie, wie viele Benutzer in dem zu prüfenden Mandanten vorhanden sind!
   Rufen Sie die Transaktion SE16 auf, und lassen Sie sich die Tabelle USR02 anzeigen. In der oberen Leiste des SAP-Fensters wird die Anzahl angezeigt. Ist in dem zu prüfenden System das AIS installiert, so kann alternativ auch der

Report RFAUDI06 genutzt werden. Hier wird die Anzahl der Benutzer aller Mandanten des Systems angegeben.

2. Überprüfen Sie, wie viele Dialogbenutzer existieren!
   Rufen Sie die Transaktion SE16 auf, und lassen Sie sich die Tabelle USR02 anzeigen. In der Selektionsmaske geben Sie im Feld *Benutzertyp* (USTYP) den Wert "A" ein.

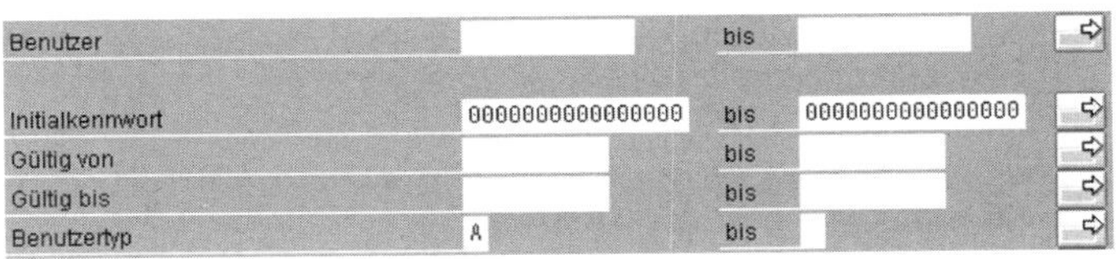

3. Überprüfen Sie, ob Benutzern Referenzbenutzer zugeordnet wurden!
   Rufen Sie die Transaktion SE16 auf, und lassen Sie sich die Tabelle USREFUS anzeigen. In der Selektionsmaske lassen Sie das Feld *Referenzbenutzer* (REFUSER) leer und wählen durch einen Doppelklick auf dieses Feld das Selektionskriterium "=" aus.

4. Überprüfen Sie, von welchen Benutzern die Gültigkeit abgelaufen ist!
   Rufen Sie die Transaktion SA38 (Menüpfad *System - Dienste - Reporting*) auf, und lassen Sie sich den Report RSUSR002 anzeigen. Tragen Sie als Selektionskriterium im Feld *Ablauf Gültigkeit bis* das aktuelle Datum ein.

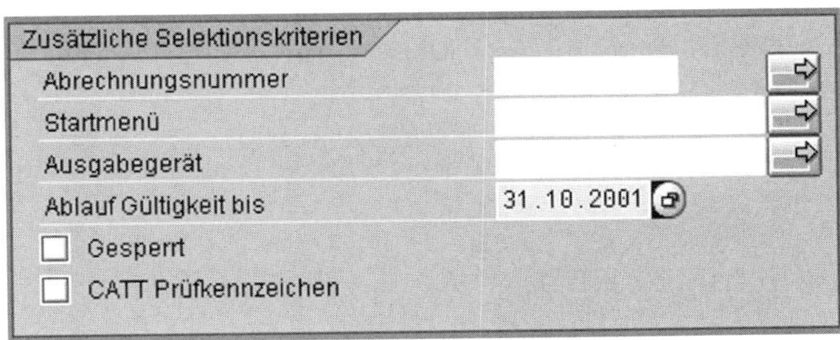

Im Report wird standardmäßig das Feld Gültig bis nicht mit angezeigt. Dies können Sie über eine Änderung der Anzeigevariante einblenden. Zum Ändern der Anzeigevariante klicken Sie auf die Schaltfläche Aktuelle Anzeigevariante bzw. wählen Sie den Menüpfad *Einstellungen - Anzeigevariante - Aktuelle* aus.

5. Überprüfen Sie, ob Benutzer noch nie angemeldet waren!

   Rufen Sie die Transaktion SE16 auf, und lassen Sie sich die Tabelle USR02 anzeigen. In der Selektionsmaske lassen Sie das Feld *Letztes Login-Datum* (TRDAT) leer und wählen durch einen Doppelklick auf dieses Feld das Selektionskriterium "=" aus.

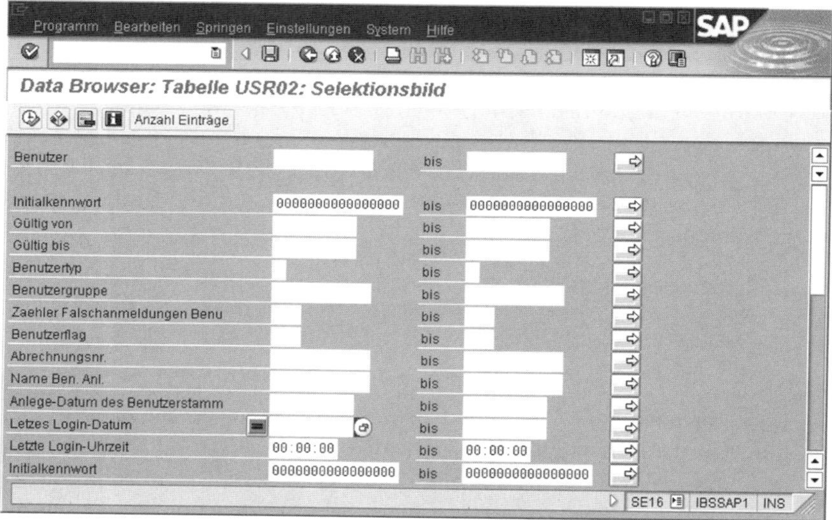

6. Überprüfen Sie, ob Benutzer seit einem längeren Zeitraum nicht mehr angemeldet waren (ausgeschiedene Mitarbeiter?)!
   Rufen Sie die Transaktion SA38 auf, und lassen Sie sich den Report RSUSR200 anzeigen. In der Selektionsmaske geben Sie folgendes ein:

Programm Bearbeiten Springen System Hilfe

Liste der Benutzer nach Anmeldedatum und Kennwortänderung

Standardselektion

Benutzer bis

Benutzergruppe bis

Tage seit letzter Anmeldung 90

Tage seit Kennwortänderung

Selektion nach Gültichkeit des Benutzers

☑ Benutzer heute gültig

☐ Benutzer heute nicht gültig

Selektion nach Status des Benutzers

☑ Nicht gesperrte Benutzer

☐ Gesperrte Benutzer

☐ Benutzer mit Falschanmeldungen

Selektion nach Benutzertyp

☑ Dialog-Benutzer

☐ Kommunikation-Benutzer

☐ Systembenutzer

☐ Servicebenutzer

Selektion nach Status des Kennwortes

☑ Benutzer mit gültigem Kennwort

☑ Benutzer mit Initialkennwort

SA38 ibsp01 INS

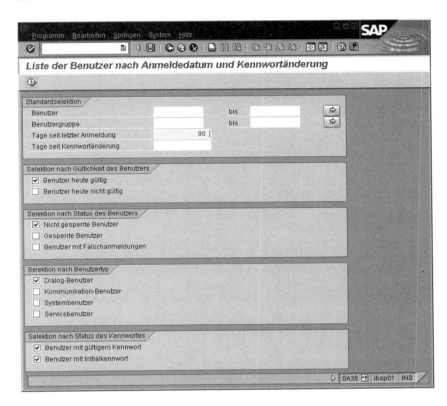

7. Überprüfen Sie, welche Benutzer keiner Gruppe zugeordnet sind!
   Rufen Sie die Transaktion SE16 auf, und lassen Sie sich die Tabelle USR02 anzeigen. In der Selektionsmaske wählen Sie für das Feld *Gruppe* (CLASS) das Selektionskriterium "=" aus und lassen das Feld leer.

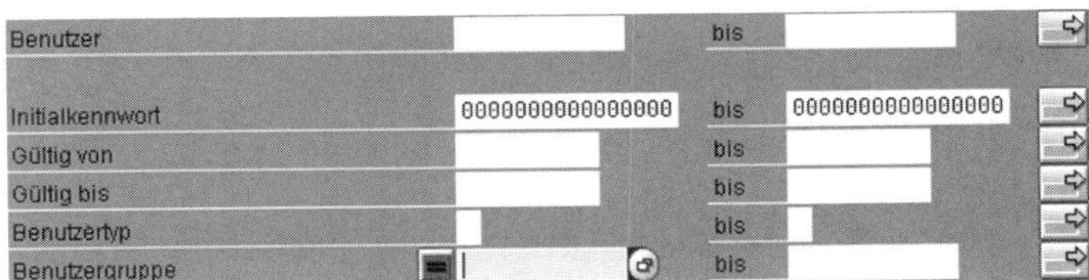

8. Überprüfen Sie, ob Benutzer eine hohe Anzahl an Falschanmeldungen haben!
   Rufen Sie die Transaktion SA38 (Menüpfad *System - Dienste - Reporting*) auf, und lassen Sie sich den Report RSUSR006 anzeigen.

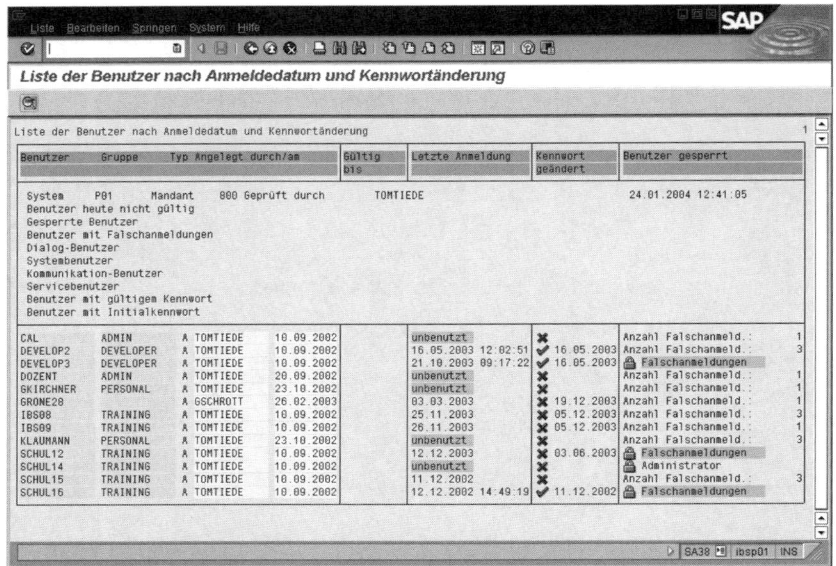

Liste der Benutzer nach Anmeldedatum und Kennwortänderung 1

Benutzer	Gruppe	Typ	Angelegt durch/am		Gültig bis	Letzte Anmeldung	Kennwort geändert	Benutzer gesperrt	
System P01 Mandant 800 Geprüft durch TOMTIEDE								24.01.2004 12:41:05	
Benutzer heute nicht gültig Gesperrte Benutzer Benutzer mit Falschanmeldungen Dialog-Benutzer Systembenutzer Kommunikation-Benutzer Servicebenutzer Benutzer mit gültigem Kennwort Benutzer mit Initialkennwort									
CAL	ADMIN	A	TOMTIEDE	10.09.2002		unbenutzt	✖	Anzahl Falschanmeld.:	1
DEVELOP2	DEVELOPER	A	TOMTIEDE	10.09.2002		16.05.2003 12:02:51	✔ 16.05.2003	Anzahl Falschanmeld.:	3
DEVELOP3	DEVELOPER	A	TOMTIEDE	10.09.2002		21.10.2003 09:17:22	✔ 16.05.2003	Falschanmeldungen	
DOZENT	ADMIN	A	TOMTIEDE	20.09.2002		unbenutzt	✖	Anzahl Falschanmeld.:	1
GKIRCHNER	PERSONAL	A	TOMTIEDE	23.10.2002		unbenutzt	✖	Anzahl Falschanmeld.:	1
GRONE28		A	GSCHROTT	26.02.2003		03.03.2003	✖ 19.12.2003	Anzahl Falschanmeld.:	1
IBS08	TRAINING	A	TOMTIEDE	10.09.2002		25.11.2003	✖ 05.12.2003	Anzahl Falschanmeld.:	3
IBS09	TRAINING	A	TOMTIEDE	10.09.2002		26.11.2003	✖ 05.12.2003	Anzahl Falschanmeld.:	1
KLAUMANN	PERSONAL	A	TOMTIEDE	23.10.2002		unbenutzt	✖	Anzahl Falschanmeld.:	3
SCHUL12	TRAINING	A	TOMTIEDE	10.09.2002		12.12.2003	✖ 03.06.2003	Falschanmeldungen	
SCHUL14	TRAINING	A	TOMTIEDE	10.09.2002		unbenutzt	✖	Administrator	
SCHUL15	TRAINING	A	TOMTIEDE	10.09.2002		11.12.2002	✖	Anzahl Falschanmeld.:	3
SCHUL16	TRAINING	A	TOMTIEDE	10.09.2002		12.12.2002 14:49:19	✔ 11.12.2002	Falschanmeldungen	

9. Überprüfen Sie, ob durch einen Administrator gesperrte Benutzer existieren!
   Rufen Sie die Transaktion SA38 (Menüpfad *System - Dienste - Reporting*) auf, und lassen Sie sich den Report RSUSR006 anzeigen.
10. Überprüfen Sie, ob Benutzer existieren, die durch Falschanmeldungen gesperrt sind!
    Rufen Sie die Transaktion SA38 (Menüpfad *System - Dienste - Reporting*) auf, und lassen Sie sich den Report RSUSR006 anzeigen.
11. Überprüfen Sie, ob die Adressdaten der Benutzer gepflegt wurden!
    Rufen Sie die Transaktion SA38 auf, und führen Sie den Report RSUSR002_ADDRESS aus. Geben Sie keine Selektionskriterien in der Selektionsmaske ein. Überprüfen Sie hier die Vollständigkeit der Daten.

5.5 Referenzbenutzer

Referenzbenutzer dienen dazu, Zugriffsrechte an andere Benutzer weiterzugeben. Einem Referenzbenutzer werden Rechte zugeordnet. Jedem Benutzer kann genau ein Referenzbenutzer zugeordnet werden, dessen Rechte er bei der Anmeldung zusätzlich zu seinen eigenen erhält. Referenzbenutzer können sich nicht ans System anmelden. Sie werden maßgeblich dazu genutzt, Internet-Benutzer mit identischen Rechten auszustatten.

Wichtig: Die durch einen Referenzbenutzer zugeordneten Rechte werden bei der Auswertung von Zugriffsrechten bei SAP R/3 (z.B. mit dem Report RSUSR002) nicht beachtet!

Die Zuordnungen von Referenzbenutzern zu Benutzern werden in der Tabelle USREFUS gespeichert. In dieser Tabelle sind allerdings alle Benutzer aufgelistet. Um die Benutzer anzuzeigen, denen ein Referenzbenutzer zugeordnet wurde, müssen Sie im Feld *Referenzbenutzer* (REFUSER) die Selektionsoption *Ungleich* auswählen und das Feld leer lassen (siehe Abb. 5.5.1).

Abb. 5.5.1: Selektion zum Anzeigen von Referenzbenutzerzuordnungen

Existieren Referenzbenutzerzuordnungen, so ist dies bei der Auswertung von Zugriffsrechten zu beachten. Hier gilt dann:

Wird beim Auswerten von Zugriffsrechten ein Referenzbenutzer als Berechtigter angezeigt, besitzen außerdem alle Benutzer, denen er zugeordnet wurde, dieses Recht.

Das Ergebnis der Berechtigungsprüfung ist dann um den Auszug aus der Tabelle USREFUS mit den zugeordneten Benutzern zu erweitern.

Es können allerdings nicht nur Referenzbenutzer, sondern auch normale Benutzer (Dialog, Kommunikation, System) anderen Benutzern als Referenz zugeordnet werden. Da dies meist nicht gewünscht ist, kann diese Funktion deaktiviert werden. Hierzu ist in der Tabelle PRGN_CUST der Schalter REF_USER_CHECK auf den Wert E zu setzen (siehe auch OSS-Hinweis 513694). Um zu überprüfen, wie dieser Schalter konfiguriert ist, lassen Sie sich die Tabelle PRGN_CUST mit der Transaktion SE16 anzeigen. Ist der Schalter REF_USER_CHECK gar nicht in der Tabelle eingetragen, können auch Dialog-Benutzer als Referenz zugeordnet werden.

In vielen Systemen sollen Referenzbenutzer nicht genutzt werden. Hier besteht die Möglichkeit, dies über eine Transaktionsvariante zur Transaktion SU01 zu deaktivieren. Die Funktionsweise ist im OSS-Hinweis 330067 beschrieben. Nach der Implementation dieses Hinweises sind Referenzbenutzer entweder gar nicht mehr möglich oder nur noch für bestimmte Personenkreise, je nach Notwendigkeit für die Unternehmung.

Referenzbenutzerzuordnungen werden nicht automatisch von R/3 protokolliert. Daher ist nicht nachvollziehbar, welchen Benutzern einmal Referenzbenutzer zugeordnet waren. Hierdurch besteht die Gefahr, dass nicht nachvollziehbare Zugriffsrechte im System vergeben werden können. Um diese Zuordnungen nachvollziehen zu können, sollte die Tabelle USREFUS über die Tabellenprotokollierung mit protokolliert werden (siehe auch Kapitel 6.5). Hierbei ist zu beachten, dass die Tabelle im Auslieferungszustand keiner Berechtigungsgruppe zugeordnet ist. Aus diesem Grund können die Protokolle nicht mit dem Report RSVTPROT ausgewertet werden. Die Tabelle ist daher durch eine Berechtigungsgruppe zu schützen.

5.5.1 Zugriffsrechte

Zum Zuordnen von Referenzbenutzern sind keine speziellen Zugriffsrechte notwendig. Es reicht die Berechtigung zum Ändern bzw. Anlegen von Benutzerstammsätzen (siehe Kapitel 5.4.6).

5.5.2 Checkliste zu Referenzbenutzern

Nr.	Verwendung	Fragestellungen / Risiko	Ordnungsmäßigkeits-Vorgaben
1	3	Existieren Referenzbenutzer? Hier besteht das Risiko, dass durch die Nutzung von Referenzbenutzern die Nachvollziehbarkeit des Berechtigungskonzeptes nicht gegeben ist.	Referenzbenutzer dürfen nur existieren, wenn dies im Berechtigungskonzept vorgesehen ist.
2	3	Welche Zugriffsrechte besitzen die Referenzbenutzer? Hier besteht das Risiko, dass den Referenzbenutzern zu umfangreiche Rechte zugeordnet wurden, die dann auf die zugeordneten Benutzer übertragen werden.	Referenzbenutzer sollen nur für die Zuweisung von unkritischen Zugriffsrechten genutzt werden.
3	3	Welchen Benutzern sind die Referenzbenutzer zugeordnet und ist dies dokumentiert? Hier besteht das Risiko, dass die Referenzbenutzer zu vielen Benutzern zugeordnet sind und dies nicht nachvollziehbar ist.	Es muss eine Dokumentation existieren, welchen Benutzern welche Referenzbenutzer zuzuordnen sind.
4	3	Können auch Nicht-Referenzbenutzer als Referenz zugeordnet werden? Hier besteht das Risiko, dass Benutzer mit sehr umfangreichen Rechten (z.B. SAP_ALL) als Referenzbenutzer zugeordnet werden.	Diese Möglichkeit der Zuordnung sollte unterbunden werden.

Nr.	Verwendung	Fragestellungen / Risiko	Ordnungsmäßigkeits-Vorgaben
5	3	Wurden Nicht-Referenzbenutzer als Referenz zugeordnet? Hier besteht das Risiko, dass durch diese Zuordnungen zu viel Rechte zugeordnet wurden.	Es sollen nur Referenzbenutzer als Referenz zugeordnet werden.
6	3	Werden Referenzbenutzerzuordnungen protokolliert? Hier besteht das Risiko, dass Referenzbenutzerzuordnungen (und damit die Zuordnung erweiterter Zugriffsrechte) nicht nachvollzogen werden können.	Die Zuordnung von Referenzbenutzern sollte protokolliert werden.
7	3	Wurden unberechtigt Referenzbenutzer zugeordnet? Hier besteht das Risiko, dass mit den zusätzlichen Zugriffsrechten unberechtigte Aktionen durchgeführt werden.	Unberechtigte Zuordnungen dürfen nicht vorgenommen werden.

5.5.3 Praktische Prüfung zu Referenzbenutzern

1. Prüfen Sie, ob Referenzbenutzer existieren!
   Rufen Sie die Transaktion SE16 auf, und lassen Sie sich die Tabelle USR02 anzeigen. In der Selektionsmaske geben Sie in das Feld *Benutzertyp* (USTYP) den Wert L ein. Alle angezeigten Benutzer sind vom Typ *Referenz*.
2. Prüfen Sie, welche Zugriffsrechte die Referenzbenutzer besitzen!
   Rufen Sie die Transaktion SU01D auf, und lassen Sie sich jeweils einen Referenzbenutzer anzeigen. Überprüfen Sie in den Registern *Rollen* und *Profile*, welche Zugriffsrechte ihnen zugeordnet wurden.
3. Prüfen Sie, welchen Benutzern die Referenzbenutzer zugeordnet sind!
   Rufen Sie die Transaktion SE16 auf, und lassen Sie sich die Tabelle USREFUS

anzeigen. In der Selektionsmaske geben Sie in das Feld *Referenzbenutzer* (REFUSER) jeweils die Namen der Referenzbenutzer ein. Als Ergebnis werden Ihnen die zugeordneten Benutzer angezeigt.

4. Prüfen Sie, ob auch Nicht-Referenzbenutzer als Referenz zugeordnet werden können!
   Rufen Sie die Transaktion SE16 auf, und lassen Sie sich die Tabelle PRGN_CUST anzeigen. Überprüfen Sie, ob zum Eintrag REF_USER_CHECK der Wert E hinterlegt ist. Ist dies nicht der Fall oder existiert der Eintrag REF_USER_CHECK nicht, können auch Nicht-Referenzbenutzer als Referenz zugeordnet werden.
5. Prüfen Sie, ob Nicht-Referenzbenutzer als Referenz zugeordnet sind!
   Rufen Sie die Transaktion SE16 auf, und lassen Sie sich die Tabelle USREFUS anzeigen. In der Selektionsmaske geben Sie für das Feld *Referenzbenutzer* (REFUSER) die Selektionsoption *Ungleich* ein. Gleichen Sie das Ergebnis nun mit der Liste der Referenzbenutzer aus Punkt 1 ab.
6. Prüfen Sie, ob Referenzbenutzerzuordnungen protokolliert werden!
   Rufen Sie die Transaktion SE13 auf, und lassen Sie sich die Eigenschaften der Tabelle USREFUS anzeigen. Die Eigenschaft *Datenänderungen protokollieren* muss hier aktiviert sein.
7. Prüfen Sie, ob unberechtigt Referenzbenutzer zugeordnet werden!
   Die Prüfung dieses Punktes ist nur möglich, wenn die Tabelle USREFUS protokolliert wird (siehe Punkt 6.).
   Rufen Sie den Report RSVTPROT mit der Transaktion SA38 auf. Geben Sie in der Selektionsmaske im Feld *Customizing-Objekt/Tabelle* den Namen USREFUS an. Klicken Sie im Feld *Auswertung bezüglich* den Punkt *Tabellen* an. Geben Sie unter dem Punkt *Einschränkungen* den Prüfungszeitraum ein.
   Führen Sie den Report aus, und bewerten Sie die Ergebnisse. Relevant sind die Datensätze, bei denen das Feld *Benutzer* geändert wurde. Dort wird in der Spalte *Alt* der bis dahin zugeordnete Referenzbenutzer angezeigt, in der Spalte *Neu* der neu zugeordnete Referenzbenutzer.

5.6 Benutzergruppen

In R/3 kann jeder Benutzer mehreren Gruppe zugeordnet werden. Gruppen können keine Rechte erhalten. Sie erfüllen maßgeblich nur den Zweck, festzulegen, wer welche Benutzer wie verwalten darf. Berechtigungen zur Verwaltung von Benutzern werden nicht auf die Benutzer selbst vergeben, sondern auf die Gruppen. Hierfür wird das Berechtigungsobjekt S_USER_GRP genutzt. Mit Berechtigungen auf diesem Objekt kann festgelegt werden, welche Benutzer was mit den Mitgliedern bestimmter Gruppen tun dürfen. Die Gruppe, die für die Zugriffsrechte auf Benutzer verwendet wird, wird in der Tabelle USR02 im Feld CLASS (*Benutzergruppe*) gespeichert. Bei der Benutzeranzeige über die Transaktion SU01 bzw. SU01D findet sich diese Gruppe im Register *Logondaten*.

Beispiel 1:

Ein Fachkoordinator soll die Anwender der Finanzbuchhaltung verwalten. Diese Anwender sind der Gruppe FINANZ zugeordnet. Diese Berechtigung könnte folgendermaßen dargestellt werden:

Aktivität: * (alle Vorgänge mit den Benutzern sind erlaubt)
Gruppe: FINANZ

Beispiel 2:

Die Revisoren sollen die Berechtigung bekommen, die Eigenschaften und Änderungsbelege aller Benutzer zu lesen. Dies ist mit folgender Berechtigung möglich:

Aktivität: Anzeigen
Änderungsbelege anzeigen
Gruppe: * (alle Gruppen)

Beispiel 3:

Die Administratoren sollen alle Benutzer vollständig verwalten, außer sich selbst. Sie sind selber Mitglied der Gruppe SUPER:

Aktivität: * (alle Vorgänge mit den Benutzern sind erlaubt)
Gruppe: Alle, außer der Gruppe SUPER

Besonders relevant ist die Gruppenzuordnung für die Administratoren. Diese sollten sich nicht selber verwalten dürfen, wie in Beispiel 3 dargestellt. Um dies im System abbilden zu können, müssen alle Administratoren derselben Gruppe angehören. Sie bekommen dann die Berechtigung, alle Gruppen zu verwalten, außer ihrer eigenen. Die darf dann nur von einem Superuser (nach dem Vier-Augen-Prinzip) verwaltet werden.

Ein Sicherheitsproblem stellen die Benutzer dar, die keiner Gruppe zugeordnet sind. Diese Benutzer dürfen von allen Benutzern verwaltet werden, die eine Änderungsberechtigung auf irgendeine Gruppe besitzen. Ein Benutzer, der die Mitglieder der Gruppe FINANZ verwalten darf, hat außerdem das Recht, alle Benutzer zu verwalten, die keiner Gruppe angehören. Daher ist die Fragestellung, welche Benutzer keiner Gruppe angehören, für eine Prüfung sehr relevant.

Die Benutzergruppen werden über die Transaktion SUGR verwaltet (Menüpfad *Werkzeuge - Administration - Benutzerpflege - Benutzergruppen*). Gespeichert werden die Gruppen in der Tabelle USGRP, die Beschreibungen dazu in der Tabelle USGRPT. Lassen Sie sich diese Tabellen über die Transaktion SE16 / SE16N anzeigen, um festzustellen, welche Gruppen im Mandanten existieren.

Die Zuordnung, welcher Benutzer welcher Gruppe zugeordnet ist, wird in der Tabelle USR02 gespeichert. Hier steht zu jedem Benutzer im Feld CLASS (Benutzergruppe) die ihm zugeordnete Gruppe.

5.6.1 Zugriffsrechte

Benutzergruppen anlegen

Berechtigungsobjekt S_TCODE (Transaktionsberechtigung)
Transaktion: SUGR
Berechtigungsobjekt S_USER_GRP (Benutzerverwaltung)
Aktivität: 01 (Anlegen)
Gruppe: <Gruppen, die neu angelegt werden dürfen>

Benutzerzuordnung zu Gruppen ändern

Berechtigungsobjekt S_TCODE (Transaktionsberechtigung)
Transaktionscode: SU01 oder OIBB oder OOUS oder OPCA oder OPF0
Berechtigungsobjekt S_USER_GRP (Benutzerverwaltung)
Aktivität: 02 (Ändern)
Gruppe: <Alte und neue Gruppe des Benutzers>

5.6.2 Checkliste zu Benutzergruppen

Nr.	Verwendung	Fragestellungen Risiko	Ordnungsmäßigkeits-Vorgaben
1	1	Welche Gruppen existieren im System?	<Informativer Punkt für nachfolgende Prüfungen>
2	1	Existieren Benutzer, die keiner Gruppe zugeordnet sind? Hier besteht das Risiko, dass Benutzer von eigentlich unberechtigten Benutzerverwaltern verwaltet werden können.	Es dürfen keine Benutzer ohne Gruppenzuordnung existieren.
3	1	Wurden alle Administratorbenutzer einer eigenen Gruppe zugeordnet? Hier besteht das Risiko, dass die Administratorbenutzer von eigentlich unberechtigten Benutzerverwaltern gepflegt werden können.	Alle Administratorbenutzer sind einer eigenen Gruppe zuzuordnen.

5.6.3 Praktische Prüfung zu Benutzergruppen

1. Überprüfen Sie, welche Gruppen existieren!
   Rufen Sie die Transaktion SE16 auf, und lassen Sie sich die Tabelle USGRPT (Beschreibung aller Gruppen) anzeigen.
2. Überprüfen Sie, ob Benutzer keiner Gruppe zugeordnet sind!
   Rufen Sie die Transaktion SE16 auf, und lassen Sie sich die Tabelle USR02 anzeigen. Lassen Sie das Feld *Benutzergruppe* (CLASS) leer, und wählen Sie als Selektionskriterium für dieses Feld "=" aus.
3. Überprüfen Sie, ob alle Administratoren der Gruppe SUPER zugeordnet sind!
   Rufen Sie die Transaktion SE16 auf, und lassen Sie sich die Tabelle USR02 anzeigen. Geben Sie als Selektionskriterium für das Feld *Benutzergruppe*

(CLASS) den Wert SUPER ein. Überprüfen Sie, ob alle Administratorbenutzer in dieser Gruppe Mitglied sind.

5.7 Das Problem der Sammelbenutzer

Ein Problem unter R/3 (und in allen anderen DV-Systemen) stellen sogenannte Sammelbenutzer dar. Dies sind Benutzerkonten, die keinem Benutzer direkt zugeordnet sind, sondern von mehreren Benutzern genutzt werden. Hierzu gehören auch die R/3-Standardbenutzer SAP*, DDIC und EARLYWATCH. Werden unter diesen Benutzerkonten Aktionen ausgeführt, können sie keinem Anwender direkt zugeordnet werden. Aus diesem Grund dürfen keine Sammelbenutzer eingesetzt werden. Für jeden Anwender muss ein eigenes Benutzerkonto angelegt werden. Dies gilt besonders für Benutzer mit hochwertigen Rechten, z.B. Administratoren. Jeder Administrator muss sein eigenes Benutzerkonto besitzen, ansonsten ist die Nachvollziehbarkeit für die Aktionen der Administratoren nicht mehr gegeben.

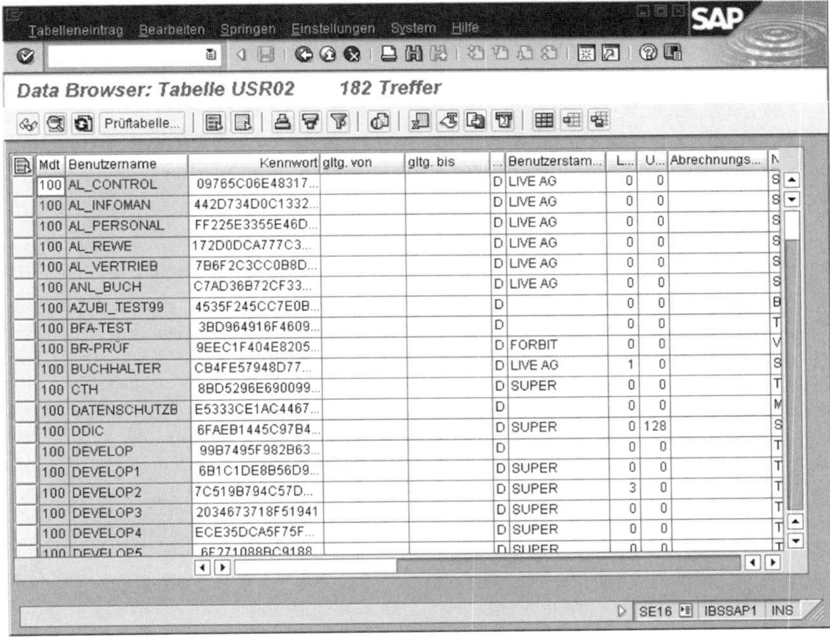

Mdt	Benutzername	Kennwort	gltg. von	gltg. bis	...	Benutzerstam...	L...	U...	Abrechnungs...	N
100	AL_CONTROL	09765C06E48317...			D	LIVE AG	0	0		S
100	AL_INFOMAN	442D734D0C1332...			D	LIVE AG	0	0		S
100	AL_PERSONAL	FF225E3355E46D...			D	LIVE AG	0	0		S
100	AL_REWE	172D0DCA777C3...			D	LIVE AG	0	0		S
100	AL_VERTRIEB	7B6F2C3CC0B8D...			D	LIVE AG	0	0		S
100	ANL_BUCH	C7AD36B72CF33...			D	LIVE AG	0	0		S
100	AZUBI_TEST99	4535F245CC7E0B...			D		0	0		B
100	BFA-TEST	3BD964916F4609...			D		0	0		T
100	BR-PRÜF	9EEC1F404E8205...			D	FORBIT	0	0		V
100	BUCHHALTER	CB4FE57948D77...			D	LIVE AG	1	0		S
100	CTH	8BD5296E690099...			D	SUPER	0	0		T
100	DATENSCHUTZB	E5333CE1AC4467...			D		0	0		M
100	DDIC	6FAEB1445C97B4...			D	SUPER	0	128		S
100	DEVELOP	99B7495F982B63...			D		0	0		T
100	DEVELOP1	6B1C1DE8B56D9...			D	SUPER	0	0		T
100	DEVELOP2	7C519B794C57D...			D	SUPER	3	0		T
100	DEVELOP3	2034673718F51941			D	SUPER	0	0		T
100	DEVELOP4	ECE35DCA5F75F...			D	SUPER	0	0		T
100	DEVELOP5	6F271088BC9188			D	SUPER	0	0		T

Abb. 5.7.1: Beispiele für Benutzer-Sammelkonten

In Abb. 5.7.1 sind einige Beispiele für Sammelbenutzer abgebildet. Keines dieser Konten aus der Tabelle USR02 ist direkt einem Benutzer zuzuordnen. Jede Nutzung stellt daher eine Gefahr dar, da nicht nachvollzogen werden kann, wer das Konto genutzt hat.

Ab Release 4.6C hat SAP den Benutzertyp *Service* eingeführt, der einen Sammelbenutzer darstellt. Mit ihm können sich mehrere Personen (auch gleichzeitig) ans R/3-System anmelden. Benutzerstämme vom Typ *Service* sind besonders auf ihre Nutzung und ihre Zugriffsrechte hin zu prüfen. Sie sollen nur lesende Rechte auf unkritische Daten besitzen (z.B. Auswertung der Füllungsgrade von Datenbank-Tablespaces für Datenbankadministratoren). Ändernde Rechte oder lesende Rechte auf sensible Daten sind ihnen nicht zuzuordnen.

Ein besonderer Sammelbenutzer ist der Notfallbenutzer, der in jedem System existieren sollte (siehe Kapitel 3.5). Auch die Aktionen dieses Benutzers können nicht auf einen bestimmten Anwender zurückgeführt werden. Daher sind folgende Punkte zu beachten:

- Es sollte eine Vorgabe existieren, dass generell keine Benutzer-Sammelkonten einzurichten sind. Eine Ausnahme stellen die Standardbenutzer und der/die Notfallbenutzer dar.
- Müssen Benutzer-Sammelkonten angelegt werden, sind diese von der Revision zu genehmigen.
- Administrative Benutzer-Sammelkonten wie der Notfallbenutzer sind über das Auditing zu protokollieren (siehe Kapitel 3.5)
- Administrative Benutzer-Sammelkonten sind nur nach dem Vier-Augen-Prinzip einzusetzen.
- Sammelbenutzer mit dem Profil SAP_ALL dürfen ausschließlich (ohne Ausnahme) nach dem Vier-Augen-Prinzip eingesetzt werden.
- Jede Nutzung der Sammelbenutzer ist inhaltlich von dem jeweiligen Anwender zu dokumentieren.

5.7.1 Checkliste zu Sammelbenutzern

Nr.	Verwendung	Fragestellungen / Risiko	Ordnungsmäßigkeits-Vorgaben
1	1	Existieren Sammelbenutzer im System? ——— Hier besteht das Risiko, dass mit diesen Benutzern anonym Aktionen in R/3 ausgeführt werden können und dass evtl. gegen das Lizenzmodell der SAP AG verstoßen wird.	Es sollten keine Sammelbenutzer im System existieren, außer den Standardbenutzern und dem Notfallbenutzer.
2	2	Werden administrative Sammelbenutzer über das Auditing protokolliert? ——— Hier besteht das Risiko, dass Aktionen mit diesen anonymen Benutzern nicht nachvollzogen werden können.	Administrative Sammelbenutzer sind vollständig über das Auditing zu protokollieren.
3	3	Wird die Nutzung der Sammelbenutzer inhaltlich dokumentiert? ——— Hier besteht das Risiko, dass mit Sammelbenutzern beliebige Aktionen durchgeführt werden können, ohne dass sie inhaltlich nachvollziehbar sind.	Jede Nutzung der Sammelbenutzer ist inhaltlich zu dokumentieren.
4	3	Werden administrative Sammelbenutzer nur nach dem Vier-Augen-Prinzip eingesetzt? ——— Hier besteht das Risiko, dass anonyme Benutzer mit hohen Rechten ohne Vier-Augen-Prinzip genutzt werden können.	Administrative Sammelbenutzer sollten nur nach dem Vier-Augen-Prinzip eingesetzt werden.

Nr.	Verwendung	Fragestellungen / Risiko	Ordnungsmäßigkeits-Vorgaben
5	3	Existieren Benutzerkonten vom Typ *Service*? Hier besteht das Risiko, dass durch diese Benutzer anonyme Aktionen im System erfolgen.	Servicebenutzer dürfen nur existieren, wenn dies im Berechtigungskonzept vorgesehen ist.
6	3	Welche Zugriffsrechte besitzen die *Service*-Benutzer? Hier besteht das Risiko, dass diese Benutzer zu umfangreiche Rechte besitzen und damit evtl. gegen geltende Gesetze (z.B. §238 HGB) verstoßen können.	Sie dürfen nur unkritische lesende Rechte besitzen.
7	3	Wer nutzt diese *Service*-Benutzer? Hier besteht das Risiko, dass diese Benutzer unberechtigt von zu vielen Personen genutzt werden.	Es muss nachvollziehbar sein, wer diese *Service*-Benutzer nutzt.

5.7.2 Praktische Prüfung zu Sammelbenutzern

1. Überprüfen Sie, ob Sammelbenutzer existieren!
   Rufen Sie die Transaktion SE16 auf, und lassen Sie sich die Tabelle USR02 anzeigen. Geben Sie keine Selektionskriterien ein, und lassen sich die Tabelle anzeigen. Suchen Sie nach Benutzernamen, die nicht direkt einem Anwender zugeordnet werden können. Stellen Sie fest, ob dies nur die vereinbarten Sammelkonten sind oder ob noch weitere existieren.
2. Überprüfen Sie, ob administrative Sammelbenutzer über das Auditing protokolliert werden!
   Rufen Sie die Transaktion SM19 auf, und überprüfen Sie, ob die Konten hier eingetragen sind und ob die vereinbarten Aktionen protokolliert werden.
3. Überprüfen Sie, ob die Nutzung der Sammelbenutzer inhaltlich dokumentiert wird!

4 Überprüfen Sie, ob administrative Sammelbenutzer nur nach dem Vier-Augen-Prinzip eingesetzt werden!
5. Prüfen Sie, ob *Service*-Benutzer existieren!
   Rufen Sie die Transaktion SE16 auf, und lassen Sie sich die Tabelle USR02 anzeigen. In der Selektionsmaske geben Sie in das Feld *Benutzertyp* (USTYP) den Wert S ein. Alle angezeigten Benutzer sind vom Typ *Service*.
6. Prüfen Sie, welche Zugriffsrechte die *Service*-Benutzer besitzen!
   Rufen Sie die Transaktion SU01D auf, und lassen Sie sich jeweils einen *Service*-Benutzer anzeigen. Überprüfen Sie in den Registern *Rollen* und *Profile*, welche Zugriffsrechte ihnen zugeordnet wurden.
7. Prüfen Sie, wer diese *Service*-Benutzer nutzt!
   Lassen Sie sich die Dokumentation aushändigen, in der hinterlegt ist, welcher Personenkreis die *Service*-Benutzer nutzt.

5.8 Die Benutzervermessungsdaten

Zur Abrechnung der Lizenzen wird das R/3-System in regelmäßigen Abständen von SAP vermessen. Das bedeutet, SAP überprüft die Anzahl der eingerichteten Benutzer und die Benutzertypen. Für jeden Benutzer kann angegeben werden, um welchen Benutzertyp es sich handelt (normaler Benutzer, Entwickler, ...).

Eingestellt wird dies von den Benutzerverwaltern über die Transaktion SU01 (Verwalten von Benutzern). Hier kann im R/3-Release 4.6C für jeden Benutzer über die Schaltfläche *Vermessungsdaten* der Benutzertyp angegeben werden, ab R/3 Enterprise über das Register *Lizenzdaten*. Standardmäßig existieren die in Abb. 5.8.1 dargestellten Benutzertypen im R/3-System (je nach genutzter Preisliste):

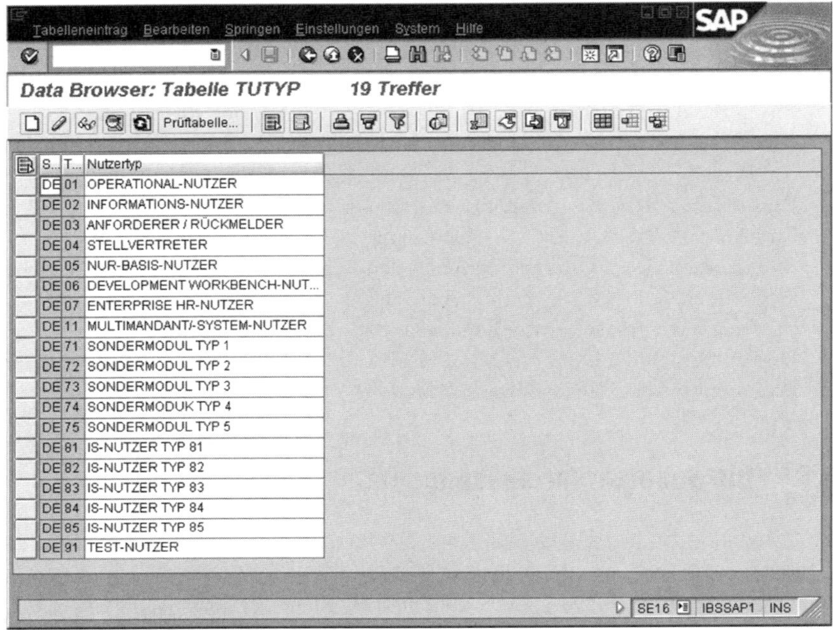

S...	T...	Nutzertyp
DE	01	OPERATIONAL-NUTZER
DE	02	INFORMATIONS-NUTZER
DE	03	ANFORDERER / RÜCKMELDER
DE	04	STELLVERTRETER
DE	05	NUR-BASIS-NUTZER
DE	06	DEVELOPMENT WORKBENCH-NUT...
DE	07	ENTERPRISE HR-NUTZER
DE	11	MULTIMANDANT/-SYSTEM-NUTZER
DE	71	SONDERMODUL TYP 1
DE	72	SONDERMODUL TYP 2
DE	73	SONDERMODUL TYP 3
DE	74	SONDERMODUK TYP 4
DE	75	SONDERMODUL TYP 5
DE	81	IS-NUTZER TYP 81
DE	82	IS-NUTZER TYP 82
DE	83	IS-NUTZER TYP 83
DE	84	IS-NUTZER TYP 84
DE	85	IS-NUTZER TYP 85
DE	91	TEST-NUTZER

Abb. 5.8.1: Die Nutzerdaten des SAP R/3-Systems

Verwaltet werden diese Nutzerdaten in der Tabelle TUTYP. Für eine Prüfung ist es sinnvoll, diese Tabelle im Vorwege über die Transaktion SE16 / SE16N zu sichten, um sich über die im System vorhandenen Nutzertypen zu informieren. Alternativ kann auch die Transaktion USMM genutzt werden. Hier wird die aktuell gültige Preisliste angezeigt sowie die genutzten Nutzertypen.

Es existieren folgende Standard-Nutzertypen:

01 OPERATIONAL-NUTZER

Benutzer mit der Berechtigung, R/3-Transaktionen auszuführen, die Daten erstellen, löschen oder verändern.

02 INFORMATIONS-NUTZER

Benutzer mit einer Nur-Lesen-Berechtigung auf die R/3-Daten. Ändern oder Hinzufügen von Daten ist nicht gestattet. Prüferkonten müssen diesem Nutzertyp zugeordnet sein.

03 ANFORDERER / RÜCKMELDER

Benutzer, die ausschließlich die Berechtigung besitzen:

- Bestellanforderungen aufzugeben (Modul MM)
- Auftragsrückmeldungen einzugeben (Modul PP)

04 STELLVERTRETER

Ein Benutzer, der für einen bestimmten Zeitraum die Funktion eines anderen Benutzers ausführt. Der andere Benutzer darf während dessen nicht im System aktiv sein. Dieser Benutzertyp ist kostenlos, da bereits der eigentliche Benutzer abgerechnet wird.

05 NUR-BASIS-NUTZER

Benutzer, die lediglich administrative Basisfunktionen ausführen. Ihnen ist auch die Nutzung aller HR-Transaktionen für persönliche Zwecke gestattet.

06 DEVELOPMENT WORKBENCH-NUTZER

Benutzer mit der Berechtigung zur Nutzung der ABAP-Workbench. Für diese Benutzer wurde meist ein Entwicklerschlüssel beantragt.

07 ENTERPRISE HR-NUTZER

Benutzer, die nur für sich selbst folgende Aktionen durchführen dürfen:

- Personaldatenpflege
- Zeit- und Anwesenheitserfassung
- Reisekostenplanung und Spesenabrechnung
- Mitarbeiterverzeichnis
- Trainingsanmeldung
- Interne Stellenausschreibungen
- Kalenderfunktionen
- Mitarbeiterbezogene Bestellanforderungen
- Elektronische Post einschl. Dokumentenablage

11 MULTIMANDANT/-SYSTEM-NUTZER

Benutzer, die in mehreren Mandanten / Systemen arbeiten, müssen nur einmal mit ihrem eigentlichen Nutzertyp deklariert werden. In allen anderen Mandanten / Systemen werden sie dann als MULTIMANDANT/-SYSTEM-NUTZER deklariert. Dieser Nutzertyp ist kostenlos.

91 TEST-NUTZER

Benutzer, die ausschließlich zu Testzwecken genutzt werden. Hierzu zählen auch:

- Die R/3-Standardbenutzer SAP*, DDIC, SAPCPIC und TMSADM.
- Benutzer mit Entwicklerschlüssel, die ausschließlich Reparaturen und Notfunktionen ausüben (Notfallbenutzer).

71 - 79 SONDERMODUL TYP 1 - 9
Benutzer, die Funktionen ausführen, die nicht im allgemeinen SAP-Standard enthalten sind. Hier gilt eine einzelfallbezogene vertragliche Regelung.

81 - 85 IS-NUTZER TYP 81 - 85
Nutzer von IS-Modulen. Hier gilt eine einzelfallbezogene vertragliche Regelung.

Wird für einen Benutzer nicht explizit ein Benutzertyp eingetragen, erhält er den Standardtyp OPERATIONAL BENUTZER.

Besonders zu beachten sind die Entwickler. Diese müssen im System als DEVELOPMENT WORKBENCH-NUTZER deklariert sein. Zum Abgleich, welche Benutzer im System Entwicklerschlüssel besitzen, kann die Tabelle DEVACCESS genutzt werden (siehe auch Kapitel 7.3.1). Zur Überprüfung, welche Benutzer mit Entwicklerschlüssel tatsächlich in den Mandanten vorhanden sind, kann der Report RSUVM005 genutzt werden (siehe weiter unten).

Das Fenster mit den Vermessungsdaten kann allerdings von einem Prüfer im Release 4.6C nicht aufgerufen werden. Die Schaltfläche *Vermessungsdaten* ist nur beim Anlegen oder Ändern eines Benutzers vorhanden, nicht beim Anzeigen. Der Prüfer hat drei Möglichkeiten, sich diese Daten anzeigen zu lassen:

1. Über die Tabelle USR06
   In dieser Tabelle wird die Zuordnung eines Nutzertypen zu einem Benutzer gespeichert. Diese Tabelle ist mandantenabhängig und zeigt alle aktuellen Daten des aktuellen Mandanten an. Für eine Prüfung ist es sinnvoll, die Tabelle TUTYP auszudrucken oder als Datei abzuspeichern, da in der Tabelle USR06 nur die Schlüssel, also die zweistelligen Zahlenwerte, angezeigt werden.
2. Über den Report RSUVM002
   Dieser Report zeigt eine Statistik der Vermessungsdaten über alle Mandanten an, allerdings nicht die aktuelle, sondern die der letzten Systemvermessung.
3. Über den Report RSUVM005
   Dieser Report zeigt in einer aktuellen Liste alle Benutzer aller Mandanten mit ihren Vermessungsdaten an.

Im R/3-Enterprise wird das Register *Lizenzdaten* auch in der Transaktion SU01D angezeigt.

Die Systemvermessung muss explizit von einem Administrator ausgeführt werden. Dies erfolgt über die Transaktion USMM. Im AIS erreichen Sie diese Transaktion über *System Audit - System Konfiguration - Systemvermessung.*

Prüfen der Vermessungsdaten über die Tabelle USR06 (nur für den aktuellen Mandanten)
Die Lizenzdaten werden in der Tabelle USR06 gespeichert. Rufen Sie die Tabelle USR06 über die Transaktion SE16 auf, und lassen Sie sie ohne Selektionskriterien anzeigen. In dieser Tabelle erscheinen nur für die Benutzer Einträge, die nicht vom Typ OPERATIONAL BENUTZER sind. Somit sind also alle Benutzer, die nicht in dieser Tabelle aufgelistet sind, OPERATIONAL BENUTZER. Die Vermessungsdaten stehen im Feld LIC_TYPE. Über den dort eingetragenen Schlüssel und die zugehörigen Texte in der Abb. 5.8.1 können die Nutzerdaten geprüft werden.

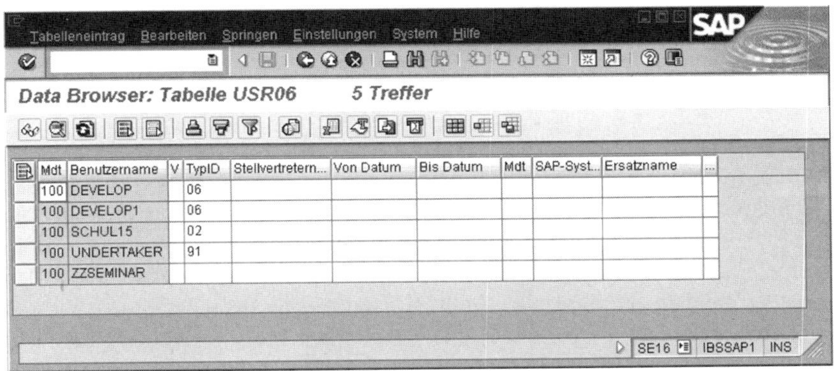

Mdt	Benutzername	V	TypID	Stellvertretern...	Von Datum	Bis Datum	Mdt	SAP-Syst...	Ersatzname	...
100	DEVELOP		06							
100	DEVELOP1		06							
100	SCHUL15		02							
100	UNDERTAKER		91							
100	ZZSEMINAR									

Abb. 5.8.2: Die Tabelle USR06

Anzeige der Vermessungsstatistik mit dem Report RSUVM002
Der Report RSUVM002 zeigt eine Statistik der Vermessungsdaten der Benutzer mandantenübergreifend an. Nutzertypen, die hier nicht angezeigt werden, wurden nicht vergeben. Die Voraussetzung dafür ist, dass das System schon einmal vermessen wurde. Der Report zeigt nicht die aktuellen Daten an, sondern die der letzten Vermessung. Vermessen wird das System von einem Administrator über den Menüpfad *Werkzeuge - Administration - Verwaltung - Systemvermessung.*

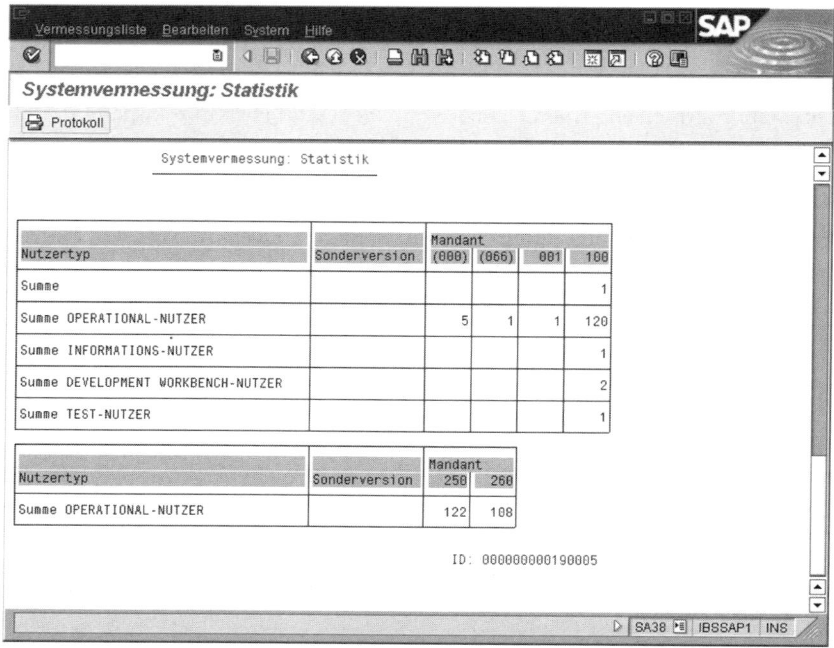

Nutzertyp	Sonderversion	Mandant (000)	(066)	001	100
Summe					1
Summe OPERATIONAL-NUTZER		5	1	1	120
Summe INFORMATIONS-NUTZER					1
Summe DEVELOPMENT WORKBENCH-NUTZER					2
Summe TEST-NUTZER					1

Nutzertyp	Sonderversion	Mandant 250	260
Summe OPERATIONAL-NUTZER		122	108

Abb. 5.8.3: Der Report RSUVM002 - Die Benutzerstatistik

Prüfen der Vermessungsdaten für Benutzer mit dem Report RSUVM005
Der Report RSUVM005 zeigt die aktuellen Vermessungsdaten als Benutzerliste an (Abb. 5.8.4). Hier werden alle Benutzer der Mandanten einzeln mit ihren Vermessungsdaten aufgelistet. Das Auslesen der Vermessungsdaten aus den anderen Mandanten erfolgt über die RFC-Schnittstelle. Benutzeradministratoren können mit diesem Report auch die Nutzertypen für die Benutzer aus dem aktuellen Mandanten ändern.

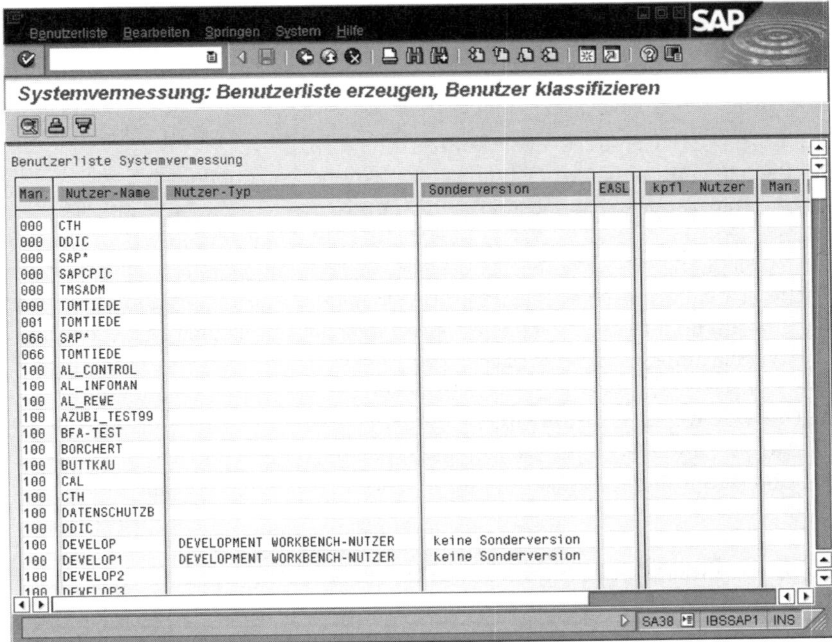

Abb. 5.8.4: Der Report RSUVM005 - Die Benutzerliste

An der linken Spalte (Man.) ist zu erkennen, dass hier Benutzerdaten aus drei Mandanten angezeigt werden.

Dieser Report kann ebenfalls dazu genutzt werden zu ermitteln, welche Benutzer mit Entwicklerschlüsseln in den einzelnen Mandanten existieren (besonders relevant für das Produktivsystem). Hierfür steht in der Selektionsmaske des Reports der Block *Benutzer mit SSCR-Schlüssel* zur Verfügung. Hier ist der Punkt *Nur Nutzer mit SSCR-Key* zu markieren, um alle Benutzer zu erhalten, die einen Entwicklerschlüssel besitzen.

5.8.1 Zugriffsrechte

Ändern des Nutzertyps von Benutzern

Berechtigungsobjekt S_TCODE (Transaktionsberechtigung)

Transaktionscode: SU01 oder OIBB oder OOUS oder OPCA oder OPF0

Berechtigungsobjekt S_USER_GRP (Benutzerverwaltung)
Aktivität: 02 (Ändern)
Gruppe: <Gruppe, in der Benutzer geändert werden dürfen>

Ausführen der Benutzervermessung
Berechtigungsobjekt S_TCODE (Transaktionsberechtigung)
Transaktionscode: USMM
Berechtigungsobjekt S_BTCH_ADM (Batch-Administration)
Kennung: Y (Benutzer ist Batch-Administrator)
Berechtigungsobjekt S_BTCH_JOB (Operationen auf Batch-Jobs)
Funktion: RELE (Eigene Jobs bei Einplanung freigeben)
Jobgruppe : <Leer>

Aufruf des Reports RSUVM005
Der Report ist nicht durch Berechtigungsprüfungen geschützt. Ein Schutz des Reports ist nur durch die Zuordnung zu einer Berechtigungsgruppe möglich.

5.8.2 Checkliste zu den Benutzervermessungsdaten

Nr.	Verwendung	Fragestellungen Risiko	Ordnungsmäßigkeits-Vorgaben
1	3	Welche Nutzertypen existieren im System?	<Informativer Punkt für nachfolgende Prüfungen>
2	3	Welche Nutzertypen sollen laut Soll-Vorgabe im System existieren? Hier besteht das Risiko, dass das System nach der falschen Preisliste vermessen wird.	In der Dokumentation muss die Soll-Vorgabe definiert sein.
3	3	Wurden diese Vorgaben für die Benutzer des Systems umgesetzt? Hier besteht das Risiko, dass Benutzer falschen Nutzertypen zugeordnet und dadurch evtl. zuviel Lizenzgebühren gezahlt werden.	Die Nutzerkonten müssen den richtigen Benutzertypen zugeordnet sein.

5.8.3 Praktische Prüfung zu den Benutzervermessungsdaten

1 Überprüfen Sie, welche Benutzertypen im System existieren!
Rufen Sie die Transaktion SE16 / SE16N auf, und lassen Sie sich die Tabelle TUTYP anzeigen.
2. Überprüfen Sie anhand der Dokumentation, welche Benutzertypen im System existieren sollten!
Rufen Sie die Transaktion USMM auf, und klicken Sie auf das Register *Preisliste*. Überprüfen Sie, ob hier die vertraglich vereinbarte Preisliste hinterlegt ist. Überprüfen Sie danach im Register *Nutzertypen*, ob die vertraglich vereinbarten Nutzertypen hier aktiviert sind.
3. Überprüfen Sie, ob diese Einstellungen im System umgesetzt wurden!
Rufen Sie die Transaktion SA38 (Menüpfad *System - Dienste - Reporting*) auf, und lassen Sie sich den Report RSUVM005 anzeigen. Sollten Ihre Berechtigungen hierfür nicht ausreichen, führen Sie diesen Punkt zusammen mit einem Administrator aus.

5.9 Benutzer mit Initialkennwort

Wird ein neuer Benutzer im SAP-System vom Benutzerverwalter angelegt, muss dieser ein Initialkennwort für den Benutzer eingeben, das der Benutzer bei seiner ersten Anmeldung ändern muss. Auch kann ein Benutzerverwalter aktuelle Kennwörter von Benutzern zurücksetzen, z.B. wenn ein Benutzer sein Kennwort vergessen hat. Der Benutzer muss dann ebenfalls bei der nächsten Anmeldung ein eigenes Kennwort eingeben.

Initialkennwörter stellen in jedem System eine Gefahr dar. Oft wird ein einfaches Kennwort von der Administration als Initialkennwort genutzt ("123456", "START", "INIT", ...). Dieses Kennwort ist dann jedem Benutzer bekannt, der sich schon einmal an das Netz anmelden musste. Auch wenn ausgefeilte Systematiken zur Vergabe von Initialkennwörtern von der Administration verwendet werden, stellen Benutzer, die noch ihr Initialkennwort besitzen, eine große Sicherheitslücke dar. Daher ist auch dieser Punkt in eine Prüfung der Systemsicherheit mit einzubeziehen.

Im R/3-Release 4.6 bietet SAP einen Wizard für Initialkennwörter an. Muss ein Administrator ein Initialkennwort für einen Benutzer vergeben, kann er es von R/3 generieren lassen. Die generierten Kennwörter sind immer acht Zeichen lang und setzen sich zusammen aus Buchstaben und Zahlen. Dies stellt eine komfortable Möglichkeit dar, für Benutzer immer andere Kennwörter zu nutzen. Hier ist allerdings ein organisatorisches Verfahren festzulegen, wie dem Benutzer dieses Kennwort übermittelt wird.

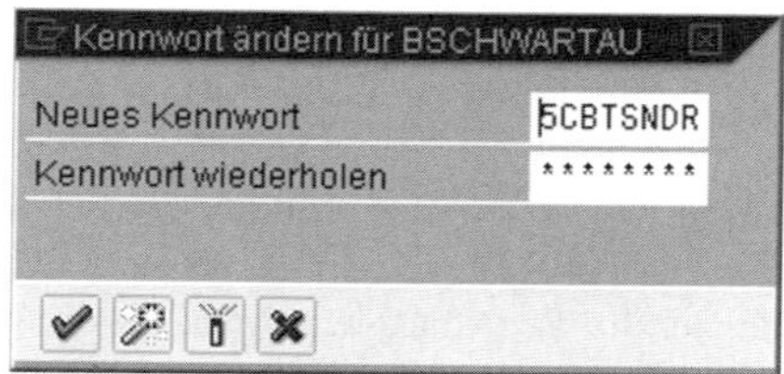

Abb. 5.9.1: Ein generiertes Kennwort

Welche Benutzer noch ein Initialkennwort besitzen, wird in der Tabelle USR02 (Benutzeranmeldedaten) gespeichert. In dieser Tabelle speichert R/3 u.a. die Uhrzeit der letzten Anmeldung eines Benutzers in einem Feld mit dem Namen LTIME. In diesem Feld wird die Uhrzeit im Format *Stunden:Minuten:Sekunden* gespeichert (z.B. 13:48:25). Wird ein neuer Benutzer angelegt, steht dieses Feld natürlich auf 00:00:00. Wird für einen existierenden Benutzer von einem Benutzerverwalter ein neues Initialkennwort vergeben, wird dieses Feld von R/3 ebenfalls auf den Wert 00:00:00 zurückgesetzt. An diesem Eintrag erkennt R/3, dass es sich beim aktuellen Kennwort um ein Initialkennwort handelt und fordert den Benutzer bei der nächsten Anmeldung auf, das Kennwort zu ändern. Somit besitzen alle Benutzer, die in der Tabelle USR02 im Feld LTIME den Wert 00:00:00 enthalten, ein Initialkennwort.

Um dies zu überprüfen kann der Report RSUSR200 genutzt werden. Rufen Sie diesen Report mit der Transaktion SA38 auf. Alternativ kann der Report auch über das AIS über den Pfad *System Audit - Benutzerverwaltung - Benutzerübersicht - Benutzer mit Initialkennwort* aufgerufen werden. Geben Sie in die Selektionsmaske eine Selektion wie in Abb. 5.9.2 abgebildet ein.

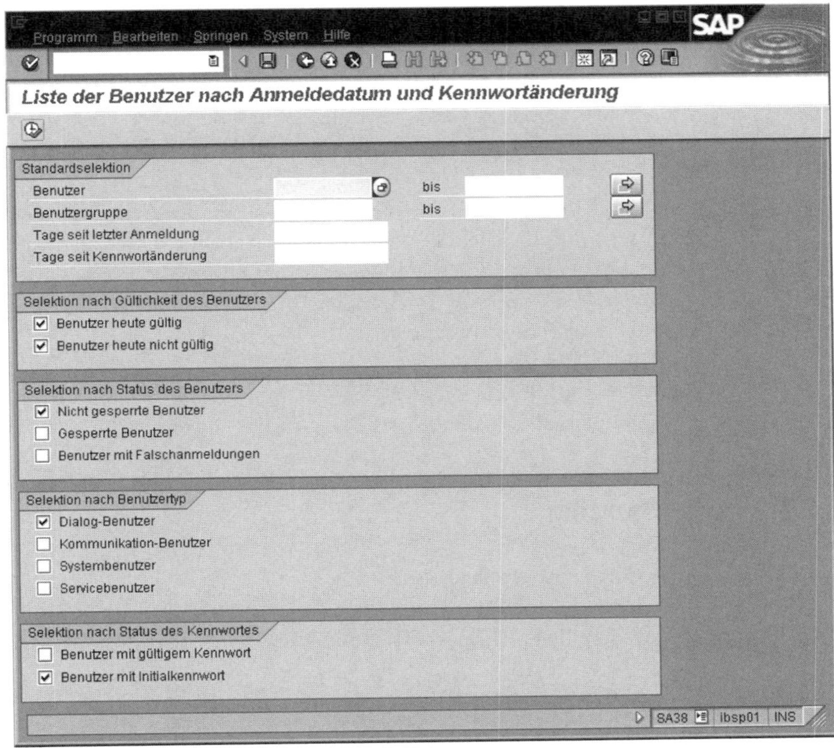

Abb. 5.9.2: Benutzer mit Initialkennwort

5.9.1 Verfahren zur Vergabe von Initialkennwörtern

In vielen Unternehmungen werden als Initialkennwörter für Benutzer immer dieselben Kennwörter vergeben, wie z.B. 123456, ABCDEF, START oder INIT. Die Einführung eines sicheren Verfahrens benötigt Zeit und scheitert oft an personellen Ressourcen. Natürlich haben viele Unternehmungen dieses Problem bereits erkannt und Verfahren entwickelt, mit denen immer andere Initialkennwörter für Benutzer vergeben werden. Es gibt viele Verfahren, die sich in der Praxis bewährt und durchgesetzt haben. Als Beispiel soll hier ein Verfahren erläutert werden, das in der Praxis häufig angewandt wird.

Es basiert darauf, dass Initialkennwörter generell zweigeteilt werden und immer achtstellig sind. Wird ein neuer Benutzer angelegt, legt der Benutzeradministrator das Initialkennwort fest. Dieses wird von der Benutzeradministration in einer Datenbank o.ä. gespeichert. Die ersten vier Zeichen dieses Kennwortes werden dem Benutzer schriftlich mitgeteilt. Muss für einen Benutzer irgendwann nochmals ein neues Kennwort vergeben werden, werden wieder diese vier Zeichen am Anfang verwendet. Der Benutzer muss sich diese vier Zeichen daher merken.

Die nächste Anmeldung des Benutzers erfolgt zusammen mit der Administration (meistens telefonisch durch Rückruf der Administration). Hier teilt der Administrator dem Benutzer nur noch die letzten vier Zeichen des Kennwortes mit. Zusammen mit den ersten vier Buchstaben, die der Benutzer schriftlich bekommen hat, kann er sich nun anmelden.

Dieses Verfahren stellt eine sichere Methode dar, da hier niemals ein vollständiges Kennwort übertragen wird, weder schriftlich noch übers Telefon.

5.9.2 Zugriffsrechte

Initialkennwörter für Benutzer vergeben

Berechtigungsobjekt S_TCODE (Transaktionsberechtigung)

Transaktionscode: SU01 oder OIBB oder OOUS oder OPCA oder OPF0

Berechtigungsobjekt S_USER_GRP (Benutzerverwaltung)

Aktivität: 05 (Sperren, Entsperren, Kennwörter vergeben)

Gruppe: <keine festen Vorgaben>

Lesen der Tabelle USR02 (hier wird das Kennzeichen für ein Initialkennwort gespeichert)

Berechtigungsobjekt S_TCODE (Transaktionsberechtigung)

Transaktionscode: SE16 oder SE16N oder SE17

Berechtigungsobjekt S_TABU_DIS (Tabellenpflege)

Aktivität: 03 (Anzeigen)

Berechtg.-Gruppe: SC (Steuerung Anwender)

5.9.3 Checkliste zu Benutzern mit Initialkennwort

Nr.	Verwendung	Fragestellungen / Risiko	Ordnungsmäßigkeits-Vorgaben
1	3	Werden für Benutzer immer benutzerspezifische Initialkennwörter von der Administration vergeben? Hier besteht das Risiko, dass bei ständiger Verwendung desselben Initialkennwortes dieses das "Hacken" eines Benutzers, der noch ein Initialkennwort besitzt, ermöglicht.	Die Benutzer des Systems dürfen nicht dieselben Initialkennwörter bekommen.
2	3	Existieren Benutzer im System, die noch ihr Initialkennwort besitzen? Hier besteht das Risiko, dass Anmeldungen mit diesen Benutzern mit einem trivialen Kennwort möglich sind.	Es dürfen nur wenige oder gar keine Benutzer existieren, die noch ein Initialkennwort besitzen.

5.9.4 Praktische Prüfung zu Benutzern mit Initialkennwort

1 Überprüfen Sie, ob für Benutzer immer andere Initialkennwörter von der Administration vergeben werden, z.B. mit dem Wizard (Fragestellung an die Administration)!

2. Überprüfen Sie, ob Benutzer noch ihr Initialkennwort besitzen!
Rufen Sie die Transaktion SA38 auf, und lassen Sie sich den Report RSUSR200 anzeigen (alternativ im AIS unter *System Audit - Benutzerverwaltung - Benutzerübersicht - Benutzer mit Initialkennwort*). Markieren Sie den Punkt Benutzer mit Initialkennwort. Entfernen Sie den Haken bei *Benutzer mit gültigem Kennwort.*

5.10 Die angemeldeten Benutzer

R/3 bietet die Möglichkeit, Informationen zu den aktuell angemeldeten Benutzern zu bekommen. Diese Informationen stehen nicht nur den Administratoren, sondern auch den Prüfern zur Verfügung. Insbesondere unter dem Gesichtspunkt von Eindringversuchen von außen sind hier sicherheitsrelevante Auswertungen möglich.

Im AIS finden Sie Informationen zu den angemeldeten Benutzern unter dem Pfad *System Audit - Benutzerverwaltung - Benutzerübersicht.*

Informationen zu angemeldeten Benutzern - Report RSUSR000

Der Report RSUSR000 zeigt alle aktuell angemeldeten Benutzer des Systems aus allen Mandanten an. Angegeben werden die jeweilige Instanz, der Mandant, die Arbeitsstation, der aktuelle Transaktionscode und die Anzahl der geöffneten Modi der Benutzer (Abb. 5.10.1).

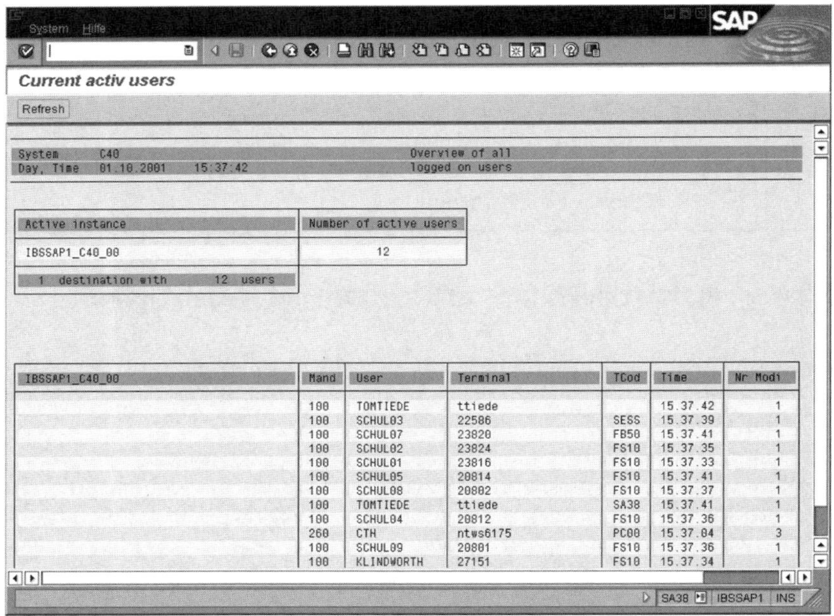

Abb. 5.10.1: Der Report RSUSR000

Informationen zu den Benutzerterminals - Tabelle USR41

In der Tabelle USR41 werden Informationen zu den Terminals der angemeldeten Benutzer gespeichert, wie z.B. die TCP/IP-Adresse und der Name der Workstation (Abb. 5.10.2). Über diese Tabelle kann festgestellt werden, ob ein Eindringen ins System von einem Rechner erfolgt ist, der nicht zum R/3-System gehört. Dies könnte z.B. ein ins Netz gebrachter LapTop sein, oder eine Anmeldung über einen Netzknoten aus dem Internet. Besteht der Verdacht, dass unberechtigte Eindringversuche ins R/3-System stattfinden, sollte für diese Tabelle die Protokollierung aktiviert werden (siehe Kapitel 6.5). Hierüber ist dann nachzuvollziehen, von welcher Workstation (inklusive TCP/IP-Adresse) aus Eindringversuche unternommen wurden. USR41 ist eine mandantenabhängige Tabelle, daher werden hier nur die Benutzer des aktuellen Mandanten angezeigt.

Tabelleneintrag Bearbeiten Springen Einstellungen System Hilfe

Data Browser: Tabelle USR41 11 Treffer

Mdt	Benutzername	Terminalident.	Server	Terminal	Sprache	LOGON_DATE	LOGON_TIME
100	KLINDWORTH	26	IBSSAP1_C40_00	192.192.192.111-27151	DE	01.10.2001	13:40:10
100	SCHUL01	20	IBSSAP1_C40_00	192.192.192.2-23816	DE	01.10.2001	15:32:52
100	SCHUL02	21	IBSSAP1_C40_00	192.192.192.3-23824	DE	01.10.2001	15:33:42
100	SCHUL03	24	IBSSAP1_C40_00	192.192.192.4-22586	DE	01.10.2001	15:36:41
100	SCHUL04	18	IBSSAP1_C40_00	192.192.192.21-20812	DE	01.10.2001	14:15:19
100	SCHUL05	14	IBSSAP1_C40_00	192.192.192.7-20814	DE	01.10.2001	15:32:31
100	SCHUL06	22	IBSSAP1_C40_00	192.192.192.8-20807	DE	01.10.2001	13:37:20
100	SCHUL07	15	IBSSAP1_C40_00	192.192.192.234-23820	DE	01.10.2001	15:36:16
100	SCHUL08	25	IBSSAP1_C40_00	192.192.192.11-20802	DE	01.10.2001	15:34:11
100	SCHUL09	28	IBSSAP1_C40_00	192.192.192.13-20801	DE	01.10.2001	13:58:41
100	TOMTIEDE	19	IBSSAP1_C40_00	192.192.192.222-ttiede	DE	01.10.2001	14:54:02

SE16 IBSSAP1 INS

Abb. 5.10.2: Die Tabelle USR41

Die administrative Überwachung - Transaktion SM04

Über die Transaktion SM04 (Menüpfad *Werkzeuge - Administration - Monitor - Systemüberwachung - Benutzerübersicht*) haben Benutzeradministratoren die Möglichkeit, Informationen zu den angemeldeten Benutzern zu bekommen und diese von hier aus auch zu verwalten (Abb. 5.10.3). So können von dieser Transaktion aus die geöffneten Modi der Benutzer angezeigt und auch gelöscht werden. Wird der letzte Modus eines Benutzers gelöscht, wird dieser Benutzer aus dem System abgemeldet. Anstelle der Transaktion SM04 kann auch der Report RSM04000 genutzt werden.

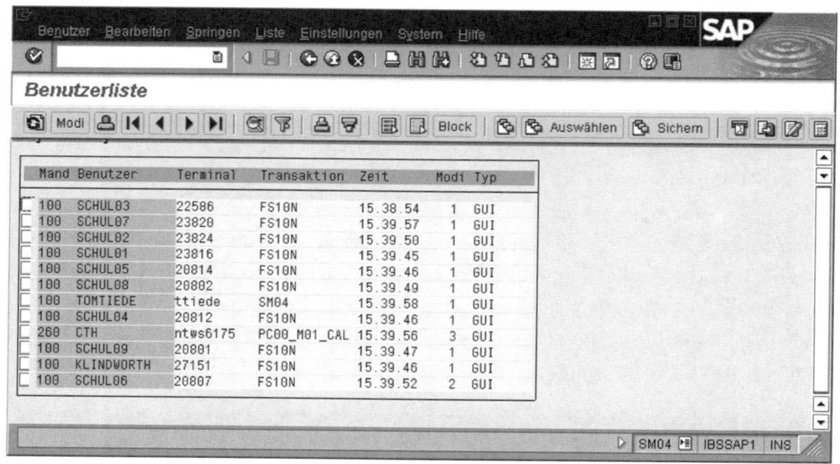

Mand	Benutzer	Terminal	Transaktion	Zeit	Modi	Typ
100	SCHUL03	22586	FS10N	15.38.54	1	GUI
100	SCHUL07	23820	FS10N	15.39.57	1	GUI
100	SCHUL02	23824	FS10N	15.39.50	1	GUI
100	SCHUL01	23816	FS10N	15.39.45	1	GUI
100	SCHUL05	20814	FS10N	15.39.46	1	GUI
100	SCHUL08	20802	FS10N	15.39.49	1	GUI
100	TOMTIEDE	ttiede	SM04	15.39.58	1	GUI
100	SCHUL04	20812	FS10N	15.39.46	1	GUI
260	CTH	ntws6175	PC00_M01_CAL	15.39.56	3	GUI
100	SCHUL09	20801	FS10N	15.39.47	1	GUI
100	KLINDWORTH	27151	FS10N	15.39.46	1	GUI
100	SCHUL06	20807	FS10N	15.39.52	2	GUI

Abb. 5.10.3: Die Transaktion SM04

5.10.1 Zugriffsrechte

Aufruf des Reports RSUSR000
Der Report ist nicht durch Berechtigungsprüfungen geschützt. Ein Schutz des Reports ist nur durch die Zuordnung zu einer Berechtigungsgruppe möglich.

Lesen der Tabelle USR41

Berechtigungsobjekt S_TCODE (Transaktionsberechtigung)
- Transaktionscode: SE16 oder SE16N oder SE17

Berechtigungsobjekt S_TABU_DIS
- Aktivität: 03 (Anzeigen)
- Berecht.-Gruppe: SC (Steuerung Anwender)

Verwalten der angemeldeten Benutzer (Transaktion SM04; Report RSM04000)

Berechtigungsobjekt S_TCODE (Transaktionsberechtigung)
- Transaktionscode: SM04 oder SA38 oder SE38

Berechtigungsobjekt S_ADMI_FCD (Systemadministration)
- Funktion: PADM (Prozessadministration)

5.10.2 Checkliste zu den angemeldeten Benutzern

Nr.	Verwendung	Fragestellungen / Risiko	Ordnungsmäßigkeits-Vorgaben
1	3	Werden die aktuell angemeldeten Benutzer stichprobenartig überprüft?	In unregelmäßigen Abständen sollten die aktuell angemeldeten Benutzer überprüft werden.
2	3	Wird die Tabelle USR41 stichprobenartig daraufhin überprüft, dass Benutzer nur von zulässigen Arbeitsstationen angemeldet sind? Hier besteht das Risiko, dass Anmeldungen oder Anmeldeversuche über einen fremden TCP/IP-Kreis erfolgen.	Die erfolgten Anmeldungen sind stichprobenartig auf korrekte TCP/IP-Nummern zu überprüfen.
3	3	Wurde die Tabellenprotokollierung für die Tabelle USR41 aktiviert? Hier besteht das Risiko, dass Anmeldungen aus fremden TCP/IP-Kreisen nicht nachvollziehbar sind.	Um eine Nachvollziehbarkeit bei Eindringversuchen zu gewährleisten, ist die Tabelle USR41 zu protokollieren.

5.10.3 Praktische Prüfung zu den angemeldeten Benutzern

1. Überprüfen Sie, ob die angemeldeten Benutzer stichprobenartig überprüft werden!
   Rufen Sie die Transaktion SA38 (Menüpfad *System - Dienste - Reporting*) auf, und lassen Sie sich den Report RSUSR000 anzeigen.
2. Überprüfen Sie, ob die Tabelle USR41 auf Anmeldungen von unzulässigen Arbeitsstationen überprüft wird!

Rufen Sie die Transaktion SE16 auf, und lassen Sie sich die Tabelle USR41 anzeigen. Überprüfen Sie im Feld *Terminal* die TCP/IP-Adressen und die Namen der Arbeitsstationen.

3. Überprüfen Sie, ob die Tabellenprotokollierung für die Tabelle USR41 aktiviert wurde!
   Rufen Sie die Transaktion SE13 auf, und lassen Sie sich die Eigenschaften der Tabelle USR41 anzeigen. Überprüfen Sie, ob der Punkt *Datenänderungen protokollieren* aktiviert ist.

5.11 Die Änderungshistorie der Benutzer

5.11.1 Die Protokollierung der Änderungen

Änderungen am Stammsatz:
Über die Änderungen bestimmter Einträge im Benutzerstammsatz sowie über die Zuordnung von Profilen und Rollen zu Benutzern führt R/3 automatisch eine Historie mit. Folgende Änderungen am Benutzerstammsatz werden protokolliert:

- Kennwortänderungen
- Änderungen der Benutzergültigkeit (Ablaufdatum)
- Änderungen des Benutzertyps
- Ändern der Zuordnung zur Benutzergruppe
- Sperren des Benutzers durch Falschanmeldungen
- Sperren des Benutzers durch einen Administrator
- Entsperren eines Benutzers

Diese Änderungen werden in der Tabelle USH02 (Änderungshistorie für Logon-Daten) gespeichert. Zu jeder Änderung werden Datum und Uhrzeit der Änderung sowie der Name des Änderers angegeben.

Änderungen an Profilzuordnungen:
Die Zuordnung von Profilen zu Benutzern sowie das Anlegen und Löschen von Benutzern wird in der Tabelle USH04 (Änderungshistorie Berechtigungen) gespeichert. Hier wird protokolliert, wenn

- ein Benutzer angelegt wird,
- ein Benutzer gelöscht wird,
- Profilzuordnungen des Benutzers geändert werden.

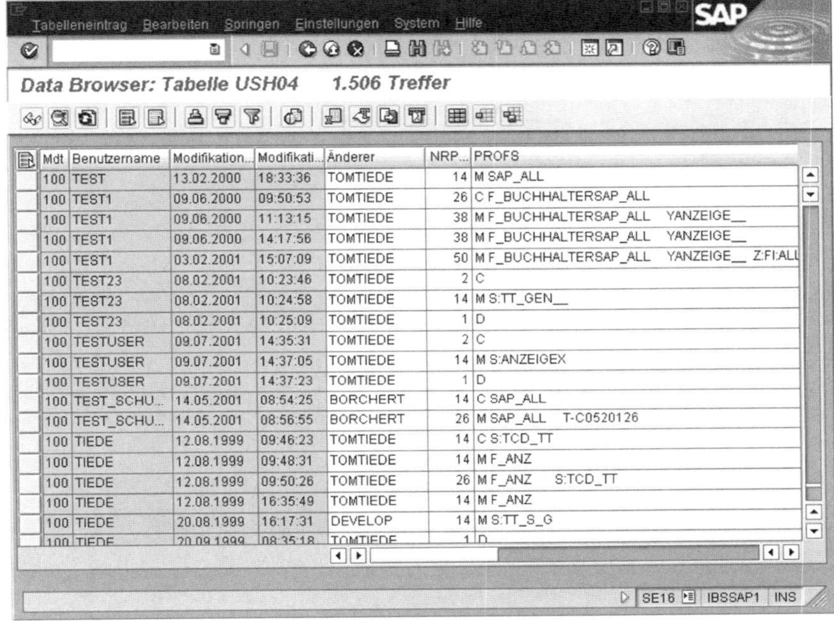

Tabelleneintrag Bearbeiten Springen Einstellungen System Hilfe

Data Browser: Tabelle USH04 1.506 Treffer

Mdt	Benutzername	Modifikation...	Modifikati...	Änderer	NRP...	PROFS
100	TEST	13.02.2000	18:33:36	TOMTIEDE	14	M SAP_ALL
100	TEST1	09.06.2000	09:50:53	TOMTIEDE	26	C F_BUCHHALTERSAP_ALL
100	TEST1	09.06.2000	11:13:15	TOMTIEDE	38	M F_BUCHHALTERSAP_ALL YANZEIGE__
100	TEST1	09.06.2000	14:17:56	TOMTIEDE	38	M F_BUCHHALTERSAP_ALL YANZEIGE__
100	TEST1	03.02.2001	15:07:09	TOMTIEDE	50	M F_BUCHHALTERSAP_ALL YANZEIGE__ Z:FI:ALL
100	TEST23	08.02.2001	10:23:46	TOMTIEDE	2	C
100	TEST23	08.02.2001	10:24:58	TOMTIEDE	14	M S:TT_GEN__
100	TEST23	08.02.2001	10:25:09	TOMTIEDE	1	D
100	TESTUSER	09.07.2001	14:35:31	TOMTIEDE	2	C
100	TESTUSER	09.07.2001	14:37:05	TOMTIEDE	14	M S:ANZEIGEX
100	TESTUSER	09.07.2001	14:37:23	TOMTIEDE	1	D
100	TEST_SCHU...	14.05.2001	08:54:25	BORCHERT	14	C SAP_ALL
100	TEST_SCHU...	14.05.2001	08:56:55	BORCHERT	26	M SAP_ALL T-C0520126
100	TIEDE	12.08.1999	09:46:23	TOMTIEDE	14	C S:TCD_TT
100	TIEDE	12.08.1999	09:48:31	TOMTIEDE	14	M F_ANZ
100	TIEDE	12.08.1999	09:50:26	TOMTIEDE	26	M F_ANZ S:TCD_TT
100	TIEDE	12.08.1999	16:35:49	TOMTIEDE	14	M F_ANZ
100	TIEDE	20.08.1999	16:17:31	DEVELOP	14	M S:TT_S_G
100	TIEDE	20.09.1999	08:35:18	TOMTIEDE	1	D

SE16 IBSSAP1 INS

Abb. 5.11.1: Die Tabelle USH04 (Änderungshistorie Berechtigungen)

Im Feld PROFS (Profile) werden die Profile des Benutzers angezeigt. Der erste Buchstabe dieses Feldes zeigt an, um was für einen Eintrag es sich handelt:

- C (=Create) Der Benutzer wurde angelegt.
- D (=Delete) Der Benutzer wurde gelöscht.
- M (=Modify) Profilzuordnungen des Benutzers haben sich geändert.

Änderungen an Rollenzuordnungen:

Die Zuordnung von Rollen zu Benutzern wird über das Änderungsbelegobjekt PFCG gespeichert. Hier werden die Daten in den Tabellen der Änderungsbelege abgelegt (CDHDR und CDPOS), die nicht komfortabel ausgewertet werden können. Zur Auswertung sollte der Report RSSCD100_PFCG genutzt werden.

Hinweise zu den Änderungsbelegen zu Benutzern finden Sie in der SAP-Hilfe unter *R/3-Bibliothek - Basis - Computing Center Management System - Benutzer und Berechtigungen - Benutzerstammsätze anlegen und pflegen - Funktionen der Benutzerpflege.*

5.11.2 Die Auswertung der Änderungen

Eine komfortable Auswertung der Tabellen USH02 und USH04 bietet der Report RSUSR100. Allerdings kann nach folgenden Auswertungen nicht selektiert werden:

- Änderungen der Benutzergültigkeit (Ablaufdatum)
- Änderungen des Benutzertyps
- Ändern der Zuordnung zur Benutzergruppe

In der Selektionsmaske des Reports kann der auszuwertende Zeitraum eingeschränkt werden sowie die Anzeige bestimmter Benutzer. Durch die Kontrollkästchen *Änderungen an Rechten* (Auswertung der Tabelle USH04) und *Änderungen an Headerdaten* (Auswertung der Tabelle USH02) wählen Sie aus, was dieser Report anzeigen soll. Für verschiedene Fragestellungen sollte dieser Report mehrfach aufgerufen werden, da ansonsten zu viele (nicht mehr auswertbare) Informationen angezeigt werden.

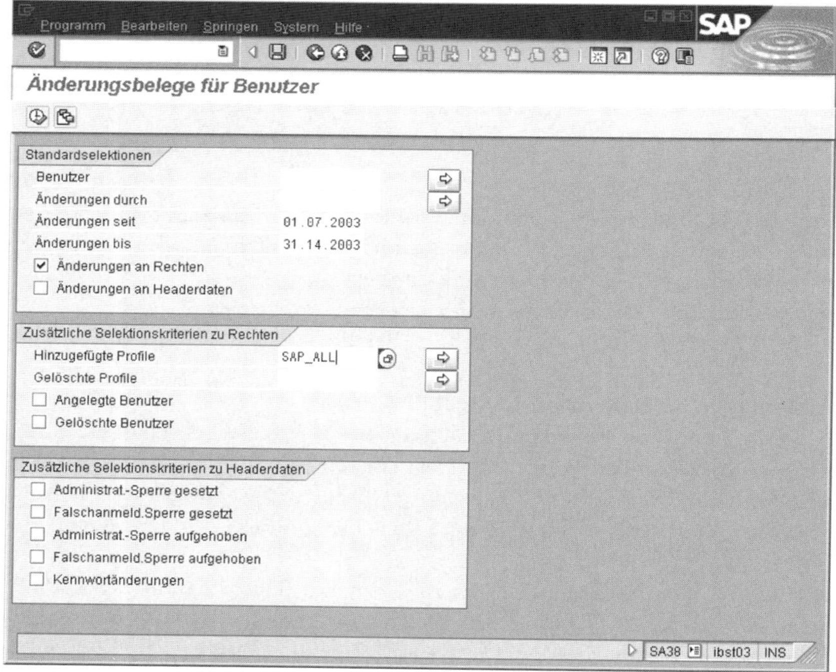

Abb. 5.11.2: Der Report RSUSR100 - Auswertung der Zuordnung des Profils SAP_ALL

In Abb. 5.11.2 werden z.B. alle Benutzer selektiert, denen im Zeitraum vom 01.07.2003 bis zum 31.12.2003 das Profil SAP_ALL zugeordnet wurde.

Es empfiehlt sich, diesen Report für folgende Fragestellungen einzeln aufzurufen:

- Welche Benutzer wurden neu angelegt?
- Welche Benutzer wurden gelöscht?
- Welchen Benutzern wurden kritische Profile (SAP_ALL, SAP_NEW, S_A.SYSTEM, S_A.DEVELOP, Z_ANWEND, ...) zugeordnet?
- Welchen Benutzern wurden kritische Profile entzogen?
- Welche Benutzer wurden durch einen Administrator gesperrt?
- Welche Benutzer wurden durch Falschanmeldungen gesperrt?
- Wann wurden gesperrte Benutzer wieder entsperrt?

Um die Änderungsbelege zu Benutzer-Rollenzuordnungen auszuwerten, kann der Report RSSCD100_PFCG genutzt werden. Hier ist in der Selektionsmaske die Änderungsbelegart *Benutzerzuordnung* auszuwählen (Abb. 5.11.3).

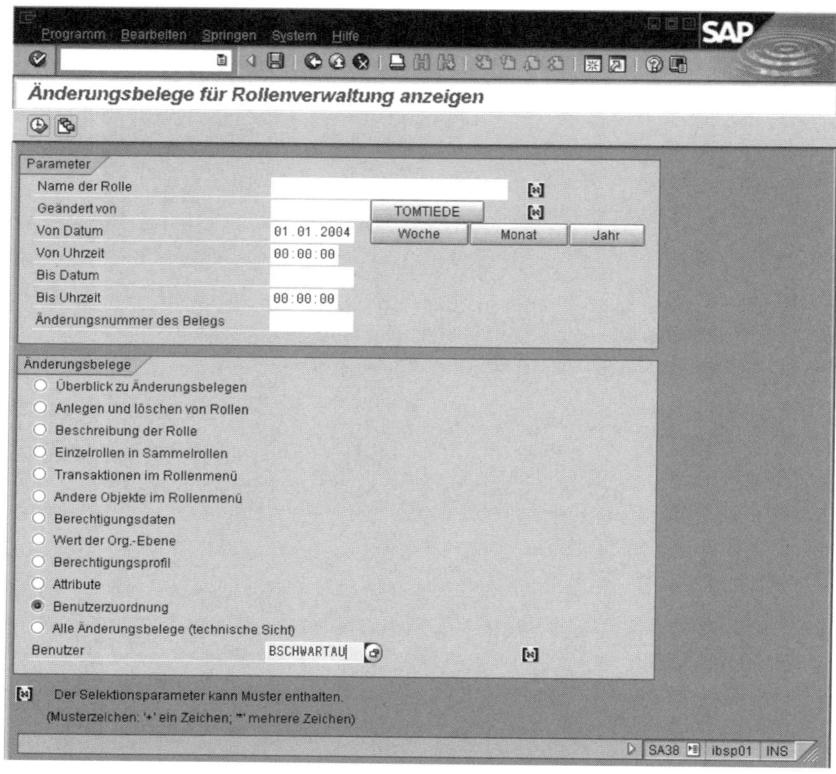

Abb. 5.11.3: Der Report RSSCD100_PFCG - Änderungsbelege zu Benutzer-Rollenzuordnungen

Der Report RSUSR100 kann im AIS unter *System Audit - Benutzerverwaltung - Infosystem Benutzer & Berechtigungen - Änderungsbelege - für Benutzer* aufgerufen werden.

5.11.3 Zugriffsrechte

Änderungsbelege zu Benutzern anzeigen

Berechtigungsobjekt S_USER_GRP (Benutzerverwaltung)

Aktivität: 08 (Änderungsbelege anzeigen)

Gruppe: <Gruppe der entsprechenden Benutzer>

Änderungsbelege zu Profilen anzeigen

Berechtigungsobjekt S_USER_PRO (Profile verwalten)

Aktivität: 08 (Änderungsbelege anzeigen)

Profile: <Anzuzeigende Profile>

Änderungsbelege zu Rollen anzeigen

Berechtigungsobjekt S_USER_AGR (Profile verwalten)

Aktivität: 08 (Änderungsbelege anzeigen)

Profile: <Anzuzeigende Rollen>

Änderungsbelege zu Berechtigungen anzeigen

Berechtigungsobjekt S_USER_AUT (Berechtigungen verwalten)

Aktivität: 08 (Änderungsbelege anzeigen)

Berechtigung: <Anzuzeigende Berechtigung>

Berechtg.-Objekt: <Objekt, auf der die Berechtigung angelegt wurde>

5.11.4 Checkliste zur Änderungshistorie der Benutzer

Nr.	Verwendung	Fragestellungen / Risiko	Ordnungsmäßigkeits-Vorgaben
1	1	Wurden seit der letzten Prüfung neue Benutzer angelegt und wurde dies dokumentiert, z.B. über Benutzeranträge? Hier besteht das Risiko, dass unberechtigt Benutzerkonten angelegt werden.	Das Anlegen neuer Benutzer ist zu dokumentieren.
2	3	Wurden seit der letzten Prüfung Benutzer gelöscht, und wurde dies dokumentiert? Hier besteht das Risiko, dass unberechtigt angelegte Benutzer nach kurzer Zeit wieder gelöscht wurden.	Das Löschen von Benutzern ist zu dokumentieren.
3	3	Wurden seit der letzten Prüfung Benutzer durch Falschanmeldungen gesperrt und wieder entsperrt? Hier besteht das Risiko, dass unter diesen Benutzerkennungen Eindringversuche stattgefunden haben.	Es dürfen nur vereinzelt Benutzer ge- und entsperrt worden sein.

Nr.	Verwendung	Fragestellungen Risiko	Ordnungsmäßigkeits-Vorgaben
4	3	Wurde seit der letzten Prüfung Benutzern das Profil SAP_ALL zugeordnet? Hier besteht das Risiko, dass durch Zuordnung dieses Profils kritische Aktionen im Produktivmandanten durchgeführt wurden.	Das Profil SAP_ALL ist im Produktivmandanten nur einem Notfallbenutzer zuzuordnen.
5	3	Stimmen die zugeordneten Rollen mit den Benutzeranträgen überein? Hier besteht das Risiko, dass Benutzern falsche Rollen zugeordnet wurden und sie dadurch zu viel Rechte erhalten haben.	Hier muss es eine Übereinstimmung geben, da ohne Antrag keine Rechte zugewiesen werden dürfen.

5.11.5 Praktische Prüfung zur Änderungshistorie der Benutzer

1. Überprüfen Sie, welche Benutzer seit der letzten Prüfung neu angelegt wurden!
   Rufen Sie die Transaktion SA38 (Menüpfad *System - Dienste - Reporting*) auf, und lassen Sie sich den Report RSUSR100 anzeigen. Geben Sie in den Feldern *Änderungen seit und Änderungen bis* den auszuwertenden Zeitraum ein. Wählen Sie zur Auswertung die folgenden Punkte aus (alle anderen Kriterien leer lassen):
   Änderungen an Rechten
   Angelegte Benutzer

2. Überprüfen Sie, welche Benutzer seit der letzten Prüfung gelöscht wurden!
   Rufen Sie die Transaktion SA38 (Menüpfad *System - Dienste - Reporting*) auf, und lassen Sie sich den Report RSUSR100 anzeigen. Geben Sie in den Feldern *Änderungen seit* und *Änderungen bis* den auszuwertenden Zeitraum ein. Wählen Sie zur Auswertung die folgenden Punkte aus (alle anderen Kriterien leer lassen):

Änderungen an Rechten
Gelöschte Benutzer

3. Überprüfen Sie, welche Benutzer seit der letzten Prüfung durch Falschanmeldungen gesperrt und wann sie wieder entsperrt wurden!
Rufen Sie die Transaktion SA38 (Menüpfad *System - Dienste - Reporting*) auf, und lassen Sie sich den Report RSUSR100 anzeigen. Geben Sie in den Feldern *Änderungen seit* und *Änderungen bis* den auszuwertenden Zeitraum ein. Wählen Sie zur Auswertung die folgenden Punkte aus (alle anderen Kriterien leer lassen):
Änderungen an Headerdaten
Falschanmeld.Sperre gesetzt
Falschanmeld.Sperre aufgehoben

4. Überprüfen Sie, ob seit der letzten Prüfung Benutzern das Profil SAP_ALL zugeordnet wurde!
Rufen Sie die Transaktion SA38 (Menüpfad *System - Dienste - Reporting*) auf, und lassen Sie sich den Report RSUSR100 anzeigen. Geben Sie in den Feldern *Änderungen seit* und *Änderungen bis* den auszuwertenden Zeitraum ein. Geben Sie im Feld *Hinzugefügte Profile* das Profil SAP_ALL an.
5. Überprüfen Sie, ob die zugeordneten Rollen mit den Benutzeranträgen übereinstimmen!
Wählen Sie stichprobenartig Benutzeranträge mit Änderungen von Rollenzuordnungen aus. Überprüfen Sie anhand des Reports RSSCD100_PFCG (aufrufen mit Transaktion SA38) diese Rollenzuordnungen. Wählen Sie in der Selektionsmaske die Änderungsbelegart *Benutzerzuordnung* aus. Sie können dann die Benutzer einzeln eintragen und sich die Änderungsbelege anzeigen lassen.

5.12 OSS-Benutzer

5.12.1 Das Konzept der OSS-Benutzer

Um den SAP Service Marketplace oder das OSS (Online Service System) nutzen zu können ist es notwendig, sich dort mit einem bei SAP registrierten Benutzer anzumelden. Die Benutzerverwaltung erfolgt über den SAP Service Marketplace oder das OSS. Hier können von der Unternehmung selbst Benutzer gepflegt werden.

Innerhalb des SAP Service Marketplace und des OSS können verschiedene Aktionen durchgeführt werden, für die jeweils Zugriffsrechte vergeben werden können. Die maßgeblichen Aktionen sind:

- Kundenmeldungen anlegen, senden, bestätigen, wiedereröffnen
- Entwickler- und Objektschlüssel anfordern
- Lizenzschlüssel für SAP-Systeme anfordern
- SAP Systemdaten pflegen
- Service-Verbindungen öffnen, damit SAP Service-Mitarbeiter auf das Kundensystem zugreifen können
- Entwicklungsnamensräume anfordern
- Entwicklungsanforderungen anlegen und an SAP senden
- Software im SAP Software Katalog bestellen
- SAP Hinweise suchen
- OSS-Benutzerdaten inkl. Berechtigungen pflegen (ein zur Berechtigungspflege berechtigter Benutzer kann die Rechte vergeben, die er selbst besitzt)

OSS-Benutzer stehen standardmäßig vielen Mitarbeitern zur Verfügung: den Administratoren, Fachkoordinatoren, Projektmitarbeitern, Prüfern, ... Die meisten Benutzer benötigen keine umfangreichen Berechtigungen, da sie maßgeblich nur nach SAP Hinweisen suchen. Zugriffsrechte zum Ändern von Systemdaten oder für neue Anforderungen sollten nur den Administratoren vorbehalten sein.

Im Rahmen einer Prüfung der Systemsicherheit sollte geprüft werden, welche Benutzer im OSS definiert wurden und welche Zugriffsrechte sie besitzen. Alle Nicht-Lesen-Rechte sind der Administration vorbehalten. Diese Prüfung kann nur zusammen mit einem Benutzeradministrator erfolgen, da nur diese sich die Berechtigungen der Benutzer anzeigen lassen können.

Lassen Sie sich die Liste der eingerichteten Benutzer zeigen. Zu jedem Benutzer können seine Berechtigungen angezeigt werden (siehe Abb. 5.12.1).

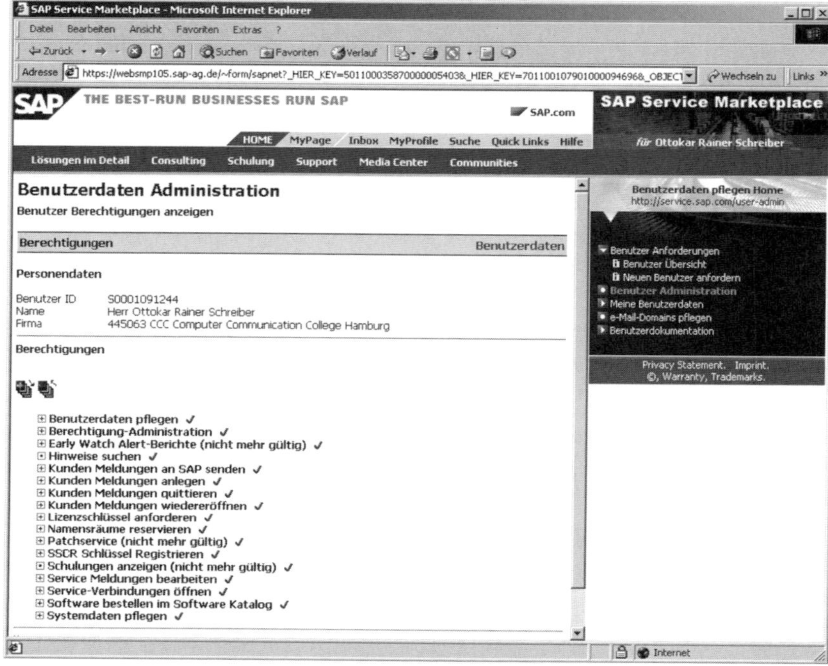

Abb. 5.12.1: Zugriffsrechte eines Benutzers im OSS

5.12.2 Checkliste zu OSS-Benutzern

Nr.	Verwendung	Fragestellungen / Risiko	Ordnungsmäßigkeits-Vorgaben
1	3	Welche Benutzer sind im OSS angelegt? ——— Hier besteht das Risiko, dass auch Mitarbeiter, die nicht mehr in der Unternehmung sind, noch ein aktives Konto besitzen.	Es dürfen nur aktuelle Mitarbeiter der Unternehmung angelegt sein.
2	3	Welche Benutzer besitzen Zugriffsrechte zum Ändern oder Anfordern? ——— Hier besteht das Risiko, dass durch die Zuordnung dieser Rechte z.B. Entwickler- und Objektschlüssel unberechtigt angefordert werden.	Nur Administratoren oder entsprechende Projektmitglieder oder Fachkoordinatoren sollten diese Rechte besitzen
3	3	Welche Benutzer besitzen das Recht zur Benutzerverwaltung? ——— Hier besteht das Risiko, dass bei falscher Rechtezuordnung unberechtigte Benutzer neue Benutzer im OSS anlegen und ihnen Rechte geben dürfen.	Nur Administratoren sollten diese Rechte besitzen

5.12.3 Praktische Prüfung zu OSS-Benutzern

1. Überprüfen Sie, welche Benutzer im OSS existieren!
   Lassen Sie sich von einem berechtigten Benutzeradministrator die Liste der OSS-Benutzer zeigen.
2. Überprüfen Sie, welche Benutzer im OSS Zugriffsrechte zum Ändern oder Anfordern besitzen!

Lassen Sie sich von einem berechtigten Benutzeradministrator die Zugriffsrechte der OSS-Benutzer zeigen. Überprüfen Sie folgende Zugriffsrechte:

- Entwickler- und Objektschlüssel anfordern
- Lizenzschlüssel für SAP-Systeme anfordern
- SAP Systemdaten pflegen
- Service-Verbindungen öffnen, damit SAP Service-Mitarbeiter auf das Kundensystem zugreifen können
- Entwicklungsnamensräume anfordern
- Entwicklungsanforderungen anlegen und an SAP senden

3. Überprüfen Sie, welche Benutzer im OSS das Recht zur Benutzerverwaltung besitzen!
   Lassen Sie sich von einem berechtigten Benutzeradministrator die Zugriffsrechte der OSS-Benutzer zeigen. Überprüfen Sie, wer das Zugriffsrecht *Benutzeradministration* besitzt.

5.13 Das Benutzerinfosystem

Zur Auswertung der Benutzereigenschaften und Zugriffsberechtigungen kann eine Vielzahl von Reports genutzt werden, die über die Transaktion SA38 (Menüpfad *System - Dienste - Reporting*) einzeln aufzurufen sind. Eine weitere Möglichkeit zur Anzeige dieser Reports bietet das Benutzerinfosystem. Hier werden diese Reports, nach Kategorien unterteilt, in einer Baumstruktur zur Auswahl angezeigt.

5.13.1 Aufruf des Benutzerinfosystems

Zum Aufruf des Benutzerinfosystems stehen folgende Möglichkeiten zur Verfügung:

- Über den Report RSUSR998
- Über die Transaktion SUIM
- Über den Menüpfad *Werkzeuge - Administration - Benutzerpflege - Infosystem*
- Über die Transaktion SARP, Baumname AUTH
- Über die Transaktion SE43 / SE43N, Bereichsmenü AUTH
- Über das AIS (Pfad *System Audit - Benutzerverwaltung - Infosystem Benutzer & Berechtigungen*)

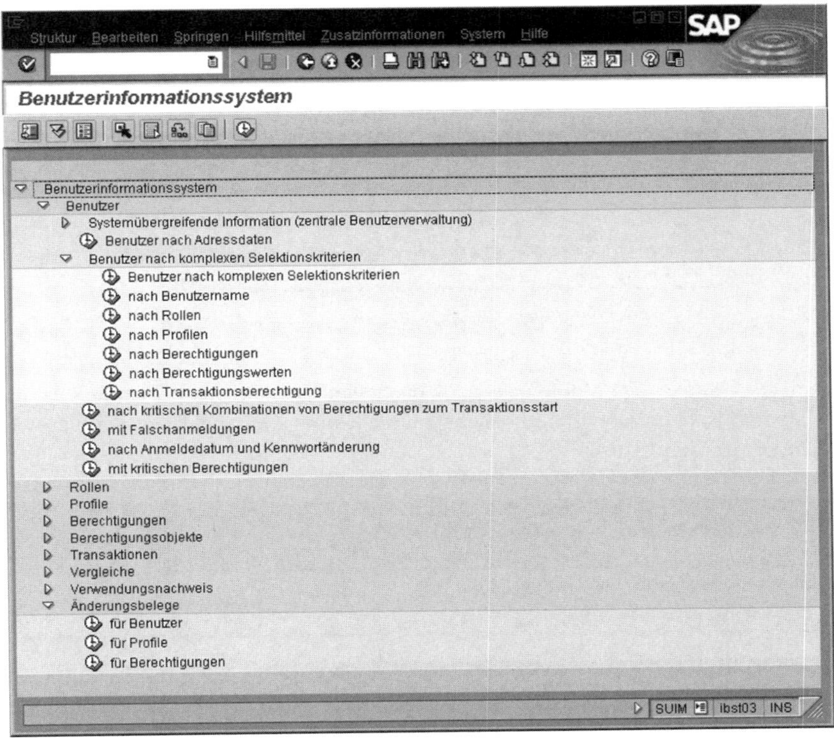

Abb. 5.13.1: Das Benutzerinfosystem (Transaktion SUIM)

Abb. 5.13.1 zeigt den Standardbaum des Benutzerinfosystems. Unter den einzelnen Knoten des Baumes sind die Reports angeordnet.

5.13.2 Konfiguration des Benutzerinfosystems

Der Aufbau des Benutzerinfosystembaumes ist zwar fest vorgegeben, kann aber beliebig erweitert und geändert werden. Allerdings sollte nicht das Original von SAP angepasst werden. Es ist eine Kopie zu erstellen, die dann beliebig geändert werden kann. Dies erfolgt im Entwicklungssystem über die Bereichsmenüs, Transaktion SE43 bzw. SE43N.

Tragen Sie in der Einstiegsmaske der Transaktion den Namen des Reportingbaumes des Benutzerinfosystems ein (AUTH), und klicken Sie auf die Schaltfläche *Bereichsmenü kopieren (Strg+F5)*. Geben Sie einen neuen Namen für das Bereichsmenü ein (Abb. 5.13.2). Danach werden Sie aufgefordert, die Entwicklungsklasse und den Auftrag anzugeben.

Abb. 5.13.2: Eingabe eines neuen Namens für das Menü

Danach gelangen Sie durch Klicken auf die Schaltfläche *Ändern (F6)* in den Änderungsmodus. Hier können nun beliebige neue Einträge hinzugefügt oder die alten geändert werden (Abb. 5.13.3).

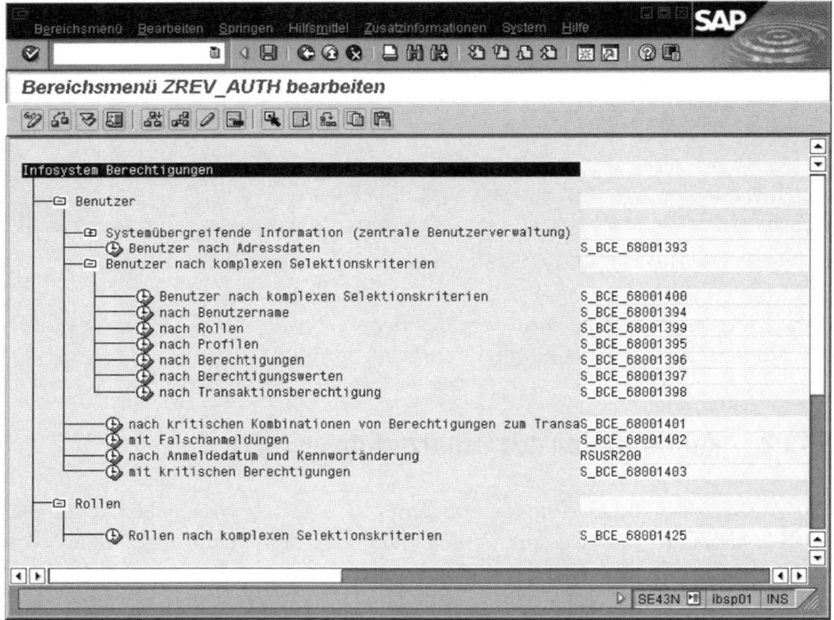

Abb. 5.13.3: Änderungsmodus des Bereichsmenüs

5.14 Die Kennwortverschlüsselung

5.14.1 Die Allgemeine Verschlüsselung

Die Kennwörter der Benutzer werden in der transparenten Tabelle USR02 (Benutzeranmeldedaten) gespeichert. In dieser Tabelle werden insgesamt sechs Kennwörter pro Benutzer gespeichert:

- das aktuelle Kennwort im Feld BCODE
- seine letzten fünf Kennwörter in den Feldern OCOD1 bis OCOD5

Ändert ein Benutzer sein Kennwort, wird der Inhalt des Feldes BCODE (das bisherige gültige Kennwort) ins Feld OCOD1 geschrieben, der Inhalt von OCOD1 nach OCOD2 usw. Der bisherige Inhalt des Feldes OCOD5 wird nicht weiter gespeichert. Somit bewahrt R/3 immer die letzten fünf Kennwörter der Benutzer auf. Bei einer Kennwortänderung werden die Felder BCODE und OCOD1 bis OCOD5 daraufhin überprüft, ob das neu angegebene Kennwort darin bereits enthalten ist. Ist es enthalten, wird das Kennwort von R/3 nicht angenommen, und der Benutzer muss ein neues eingeben. Durch diesen Mechanismus können Benutzer niemals eines ihrer letzten sechs Kennwörter wieder verwenden.

Die Kennwörter werden in dieser Tabelle nach einem One-Way-Hash-Verfahren gespeichert. Das bedeutet, dass nach der Verschlüsselung eine Rückrechnung des Kennwortes nicht mehr möglich ist. Meldet sich ein Benutzer an und gibt sein Kennwort ein, wird dieses verschlüsselt und dann mit seinem verschlüsselten Kennwort im Feld BCODE in der Tabelle USR02 verglichen. Die Darstellung der verschlüsselten Kennwörter in der Tabelle USR02 ist hexadezimal.

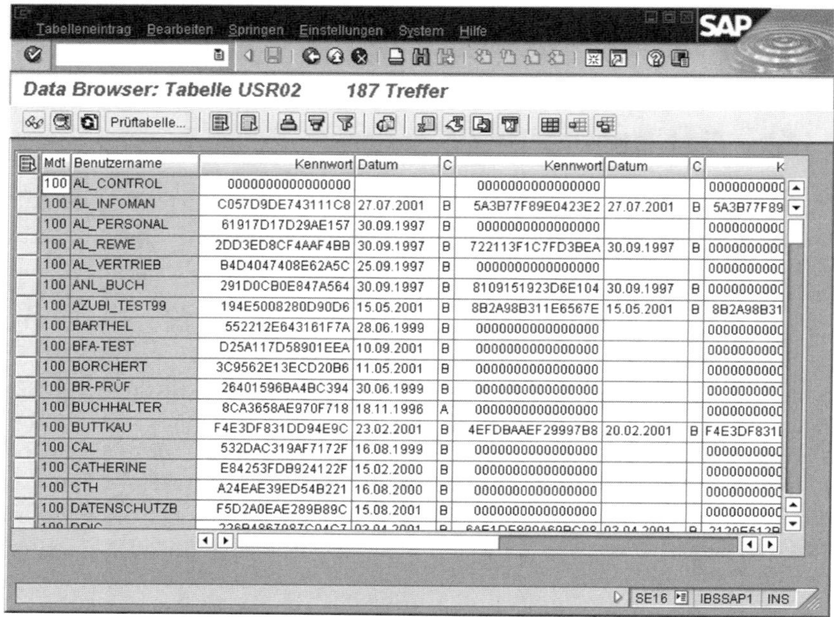

Mdt	Benutzername	Kennwort	Datum	C	Kennwort	Datum	C	K
100	AL_CONTROL	0000000000000000			0000000000000000			000000000
100	AL_INFOMAN	C057D9DE743111C8	27.07.2001	B	5A3B77F89E0423E2	27.07.2001	B	5A3B77F89
100	AL_PERSONAL	61917D17D29AE157	30.09.1997	B	0000000000000000			000000000
100	AL_REWE	2DD3ED8CF4AAF4BB	30.09.1997	B	722113F1C7FD3BEA	30.09.1997	B	000000000
100	AL_VERTRIEB	B4D4047408E62A5C	25.09.1997	B	0000000000000000			000000000
100	ANL_BUCH	291D0CB0E847A564	30.09.1997	B	8109151923D6E104	30.09.1997	B	000000000
100	AZUBI_TEST99	194E5008280D90D6	15.05.2001	B	8B2A98B311E6567E	15.05.2001	B	8B2A98B31
100	BARTHEL	552212E643161F7A	28.06.1999	B	0000000000000000			000000000
100	BFA-TEST	D25A117D58901EEA	10.09.2001	B	0000000000000000			000000000
100	BORCHERT	3C9562E13ECD20B6	11.05.2001	B	0000000000000000			000000000
100	BR-PRÜF	26401596BA4BC394	30.06.1999	B	0000000000000000			000000000
100	BUCHHALTER	8CA3658AE970F718	18.11.1996	A	0000000000000000			000000000
100	BUTTKAU	F4E3DF831DD94E9C	23.02.2001	B	4EFDBAAEF29997B8	20.02.2001	B	F4E3DF831
100	CAL	532DAC319AF7172F	16.08.1999	B	0000000000000000			000000000
100	CATHERINE	E84253FDB924122F	15.02.2000	B	0000000000000000			000000000
100	CTH	A24EAE39ED54B221	16.08.2000	B	0000000000000000			000000000
100	DATENSCHUTZB	F5D2A0EAE289B89C	15.08.2001	B	0000000000000000			000000000

Abb. 5.14.1: Tabelle USR02 - Hexadezimal verschlüsselte Kennwörter

5.14.2 Verschlüsselung der Benutzerkennwörter in verschiedenen Mandanten

Die Verschlüsselung der Kennwörter ist an die Benutzerkennung gebunden. Der Mandant wird bei der Verschlüsselung nicht mit eingebunden. Dies bedeutet, dass für gleiche Benutzer in verschiedenen Mandanten derselbe hexadezimale Code in die Tabelle USR02 eingetragen ist, wenn sie gleiche Kennwörter besitzen. Abb. 5.14.2 zeigt Ausschnitte der Tabelle USR02 aus verschiedenen Mandanten. In allen Mandanten besitzt der Benutzer TOMTIEDE das gleiche Kennwort.

	Mandant	Benutzer	Initialkennwort
☐	000	TOMTIEDE	E73497FB34FDD3FF

	Mandant	Benutzer	Initialkennwort
☐	001	TOMTIEDE	E73497FB34FDD3FF

	Mandant	Benutzer	Initialkennwort
☐	100	TOMTIEDE	E73497FB34FDD3FF

Abb. 5.14.2: Gleiche Kennwörter eines Benutzers in verschiedenen Mandanten

Dies gilt auch für die Standardbenutzer SAP*, DDIC und SAPCPIC. Das Kennwort "06071992" für den Benutzer SAP* erzeugt immer denselben hexadezimalen Code. Daher ist es hier möglich, das Kennwort von Benutzern nicht nur über R/3 zu ändern, sondern auch über die Datenbank. USR02 ist eine transparente Tabelle. Direkte Änderungen über die Datenbank sind somit möglich. Das in Abb. 5.14.2 dargestellte Kennwort für den Benutzer TOMTIEDE lautet unverschlüsselt CAT9DOG. Somit kann für einen Benutzer mit diesem Namen das Kennwort über die Datenbank mit folgender Anweisung auf CAT9DOG gesetzt werden (Oracle-Syntax): "UPDATE USR02 SET BCODE = HEXTO-RAW('E73497FB34FDD3FF') WHERE BNAME = 'TOMTIEDE';".

Dies ist somit natürlich auch für die Standardbenutzer des Systems möglich. Hier zeigt sich wieder die Relevanz zur Absicherung der Datenbankebene.

5.14.3 Verschlüsselung der Kennwörter bei der Übertragung im Netz

Für die Übertragung der Kennwörter von einer Arbeitsstation zu einem R/3-Server wird keine komplexe Verschlüsselung angewandt. Die Kennwörter werden einfach verschlüsselt übermittelt (gepackt). R/3 selbst ist nicht in der Lage, die Kennwörter für die Übertragung zu verschlüsseln. Im OSS Hinweis 2476 empfiehlt SAP daher den Einsatz von Secure Network Communications (SNC) in Verbindung mit einem externen Sicherheitsprodukt.

5.15 Reports, Tabellen und Transaktionen zu Benutzerauswertungen

Reports

RFAUDI06	Anzahl der Benutzerstämme in allen Mandanten.
RSM04000	Zeigt die Liste aller angemeldeten Benutzer und ihrer geöffneten Modi an (identisch zur Transaktion SM04).
RSMSS011	Zeigt die Online-Benutzer an.
RSUSR000	Zeigt die aktuell angemeldeten Benutzer des Systems über alle Mandanten an.
RSUSR002	Benutzer nach komplexen Selektionskriterien. Über diesen Report kann sowohl nach Benutzereigenschaften als auch nach Profilen / Berechtigungen / Berechtigungsobjekten selektiert werden.
RSUSR002_ ADDRESS	Benutzer mit Adressdaten anzeigen. Hier werden u.a. Vor- und Nachname, Kostenstelle, Abteilung und zugeordnete Firmenadresse angezeigt.
RSUSR003	Über diesen Report werden in allen Mandanten die Standardbenutzer SAP*, DDIC, EARLYWATCH und SAPCPIC auf ihre Standardkennwörter hin überprüft.
RSUSR005	Über diesen Report werden von SAP definierte kritische Berechtigungen ausgewertet. Anstatt dieses Reports sollte besser RSUSR009 angewandt werden.
RSUSR006	Zeigt die falschen Anmeldeversuche der Benutzer an sowie gesperrte Benutzer (sowohl durch Falschanmeldungen gesperrt als auch durch einen Administrator). Der Report ruft den Report RSUSR200 mit entsprechenden Selektionskriterien auf.
RSUSR008	Überprüft selbst definierte kritische Kombinationen von Transaktionen (z.B. die Kombination von SM01 und SE38)
RSUSR009	Über diesen Report können eigene definierte kritische Berechtigungen überprüft werden.
RSUSR010	Zeigt die für Benutzer ausführbaren Transaktionen an. Dieser Report überprüft nur die Transaktionsberechtigung, nicht die Anwendungsberechtigung.

RSUSR050	Vergleicht Benutzer / Profile / Berechtigungen auf ihre zugeordneten Berechtigungsobjekte mit Feldinhalten. Beim einfachen Aufruf dieses Reports wird die Selektionsmaske zum Vergleich von Benutzern angezeigt. Starten Sie diesen Report mit Variante, um Profile oder Berechtigungen zu vergleichen.
RSUSR100	Zeigt Änderungsbelege zu Benutzern an.
RSUSR200	Liste der Benutzer nach Anmeldedatum und Kennwortänderung.
RSUSR998	Ruft den Reportingbaum für Benutzerauswertungen auf (das Benutzerinfosystem).
RSUVM002	Zeigt eine Statistik über die letzte Systemvermessung an.
RSUVM005	Zeigt die aktuellen Vermessungsdaten aus allen Mandanten des Systems an.
RSSCD100_ PFCG	Zeigt Änderungsbelege zu Rollen an, u.a. die Benutzerzuordnungen.

Tabellen

ADCP	Zentrale Adressverwaltung. Hier werden die Kommunikationsdaten der Benutzer gespeichert wie Telefon, Fax usw. (zur Auswertung dieser Tabelle werden die Personennummern aus der Tabelle USR21 benötigt).
ADRP	Zentrale Adressverwaltung. Hier werden die Adress-Stammdaten der Benutzer gespeichert (zur Auswertung dieser Tabelle werden die Personennummern aus der Tabelle USR21 benötigt).
BAPIUSW01	Internetbenutzer.
DEVACCESS	Benutzer mit Entwicklerschlüssel.
SUKRI	Kritische Kombinationen von Transaktionen zur Auswertung mit dem Report RSUSR008.
USGRP	Die im Mandanten angelegten Benutzergruppen.
USH02	Die Änderungshistorie für die Benutzeranmeldedaten.
USH04	Die Änderungshistorie der Benutzer.
USH10	Die Änderungshistorie der Berechtigungsprofile.
USH12	Die Änderungshistorie der Berechtigungen.
USKRIA	Kritische Kombinationen von Berechtigungen zur Auswertung mit dem Report RSUSR009.
USR01	Die Laufzeitdaten des Benutzerstammsatzes.
USR02	Die Anmeldedaten der Benutzer.
USR03	Die Adressdaten der Benutzer.
USR04	Die Benutzer mit ihren zugeordneten Profilen (Pool-Tabelle, benutzen Sie zur Auswertung die transparente Tabelle UST04).
USR05	Die zu den Benutzern angelegten Parameter.
USR06	Zusatzdaten der Benutzer. Hier wird z.B. im Feld LIC_TYPE der Nutzertyp zur Vermessung gespeichert.

USR10	Die Berechtigungsprofile (Pool-Tabelle, benutzen Sie zur Auswertung die transparenten Tabellen UST10S und UST10C).
USR12	Die Berechtigungen mit ihren Feldinhalten (Pool-Tabelle, benutzen Sie zur Auswertung die transparente Tabelle UST12).
USR21	Die Zuordnung der Benutzer zu ihren Personennummern (wird benötigt zur Auswertung der Tabellen ADRP und ADCP).
USR40	Tabelle für verbotene Kennwörter. Alle hierin enthaltenen Einträge dürfen von den Anwendern nicht als Kennwort genutzt werden.
USR41	Zeigt Informationen zu den aktuell angemeldeten Benutzern an (z.B. TCP/IP-Adresse und Workstation).
USREFUS	Benutzer mit ihren Aliasnamen und den zugeordneten Referenzbenutzern.
UST04	Benutzer mit ihren zugeordneten Profilen (transparente Tabelle zu USR04).
UST10C	Sammelprofile mit ihren zugeordneten Profilen (transparente Tabelle zu USR10).
UST10S	Einzelprofile mit ihren Berechtigungen (transparente Tabelle zu USR10).
UST12	Berechtigungen mit ihren Feldinhalten (transparente Tabelle zu USR12).

Transaktionen

SA38	Aufruf des Reporting
SARP	Anzeige aller Reportingbäume
SE16	Anzeigen aller Tabellen des R/3-Systems
SE16N	Anzeigen aller Tabellen des R/3-Systems aus allen Mandanten
SERP	Konfiguration aller Reportingbäume
SM04	Anzeige aktuell angemeldeter Benutzer aller Mandanten
SM30	Anzeigen und Pflegen von Tabellen
SM31	Anzeigen und Pflegen von Tabellen
SU01	Verwaltung und Anzeige von Benutzern
SU01D	Anzeige von Benutzern
SU02	Verwaltung und Anzeige von Profilen
SU03	Verwaltung und Anzeige von Berechtigungen
SUIM	Aufruf des Benutzerinfosystems
USMM	Systemvermessung

5.16 QuickWins

Nr.	Maßnahmen	Kapitel
1	Wurden für alle Sonderbenutzer in allen Mandanten neue Kennwörter vergeben? Prüfen Sie diesen Punkt in allen R/3-Systemen (Entwicklung, Qualitätssicherung, Produktiv). Lassen Sie von einem entsprechend Berechtigten den Report RSUSR003 ausführen (hierfür wird das Recht zum Ändern der Benutzergruppe SUPER benötigt und das Recht mandantenunabhängige Tabellen zu ändern). Der Report listet alle Sonderbenutzer in allen Mandanten auf und zeigt an, wo sie noch ihr Standardkennwort besitzen.	5.3
2	Existieren nicht personifizierte Sammelbenutzer im System? Rufen Sie die Transaktion SE16 auf, und lassen Sie sich die Tabelle USR02 anzeigen. Geben Sie keine Selektionskriterien ein, und lassen sich die Tabelle anzeigen. Suchen Sie nach Benutzernamen, die nicht direkt einem Anwender zugeordnet werden können. Stellen Sie fest, ob dies nur die vereinbarten Sammelkonten sind oder ob noch weitere existieren.	5.7
3	Existieren Benutzerkonten vom Typ *Service*? Welche Zugriffsrechte besitzen die *Service*-Benutzer? Rufen Sie die Transaktion SE16 auf, und lassen Sie sich die Tabelle USR02 anzeigen. In der Selektionsmaske geben Sie in das Feld *Benutzertyp* (USTYP) den Wert S ein. Alle angezeigten Benutzer sind vom Typ *Service*. Rufen Sie die Transaktion SU01D auf, und lassen Sie sich jeweils einen *Service*-Benutzer anzeigen. Überprüfen Sie in den Registern *Rollen* und *Profile*, welche Zugriffsrechte ihnen zugeordnet wurden. Es sollten nur anzeigende Rechte zugeordnet sein.	5.7
4	Wurden die Nutzertypen für die Systemvermessung den Benutzern korrekt zugeordnet? Rufen Sie die Transaktion SA38 (Menüpfad *System - Dienste - Reporting*) auf, und lassen Sie sich den Report RSUVM005 anzeigen. Hier werden aus allen Mandanten die Benutzer mit ihren Nutzertypen angezeigt.	5.8

Nr.	Maßnahmen	Kapitel
5	Existieren Benutzer im System, die noch ihr Initialkennwort besitzen? Rufen Sie die Transaktion SA38 auf, und lassen Sie sich den Report RSUSR200 anzeigen (alternativ im AIS unter *System Audit - Benutzerverwaltung - Benutzerübersicht - Benutzer mit Initialkennwort*). Markieren Sie den Punkt *Benutzer mit Initialkennwort.* Entfernen Sie den Haken bei *Benutzer mit gültigem Kennwort.*	5.9
6	Welchen Benutzern ist das Profil SAP_ALL zugeordnet? Rufen Sie die Transaktion SA38 auf, und lassen Sie sich den Report RSUSR002 anzeigen. Tragen Sie als Selektionskriterium in das Feld *Profilname* den Wert SAP_ALL ein.	5.11
7	Welchen Benutzern war das Profil SAP_ALL zugeordnet? Rufen Sie die Transaktion SA38 auf, und lassen Sie sich den Report RSUSR100 anzeigen. Tragen Sie im Feld *Änderungen seit* einen beliebigen Zeitraum ein, z.B. ein Jahr zurück. Tragen Sie in die Felder *Hinzugefügte Profile* und *Gelöschte Profile* jeweils den Wert SAP_ALL ein. Es werden alle Benutzer angezeigt, die im ausgewählten Zeitraum das Profil bekommen haben oder denen es entzogen wurde.	5.11

6 Die Tabellenpflege

6.1 Zu diesem Kapitel

Da R/3 fast ausschließlich tabellengesteuert arbeitet, wurde diesem Thema ein eigenes Kapitel gewidmet. Die Relevanz zur ausführlichen Prüfung der Tabellenumgebung ergibt sich daraus, dass alle Daten des R/3-Systems in den Tabellen gespeichert werden (außer den Parametern und den Logs).

Gerade zu diesem Thema gibt es viel Hintergrundwissen, welches eine Prüfung maßgeblich erleichtert. Dies ist in den Kapiteln 6.2 bis 6.4 untergebracht. Dort ist die Konzeption des Data Dictionaries erläutert, ebenso wie das Konzept der Tabellensteuerung und der Views. Dieses Grundwissen erleichtert nachfolgende Prüfungen im Bereich der Tabellen.

Die relevanten Prüfaspekte ergeben sich dann aus dem Kapiteln 6.5 bis 6.8. Hier wird die Protokollierung von Tabellenänderungen ausführlich erläutert sowie die Zugriffsrechte auf Tabellen und Views.

In Kapitel 6.10 wird der SQL-Trace erläutert. Dieser ist ein äußerst effizientes Mittel zur Ermittlung von Tabellen. Bei Prüfungen ist es immer wieder schwierig zu ermitteln, welche Tabellen von R/3 für bestimmte Vorgänge genutzt werden. Mit dem SQL-Trace kann dies einfach ermittelt werden. Zugriffsrechte für diesen Trace können Prüfer sich im Entwicklungssystem problemlos zuordnen lassen.

Mit dem inhaltlichen Auswerten von Tabelleninhalten befasst sich Kapitel 6.11, der Quick-Viewer. Mit diesem Instrument können einfach und komfortabel Tabellen miteinander verknüpft und ausgewertet werden. Auch ist hier die Nutzung von logischen Datenbanken möglich, welche insbesondere bei Prüfungen von Modulen eine große Hilfestellung bieten.

In den Kapiteln 6.12 und 6.13 wird weiterführendes Hintergrundwissen vermittelt in Bezug auf die verschiedenen Tabellenarten (Transparent, Pool und Cluster) sowie auf die Möglichkeit der Tabellenpufferung.

6.2 Das SAP R/3 Data Dictionary

6.2.1 Aufbau des Data Dictionary

SAP R/3 ist plattformunabhängig, was bedeutet, es läuft auf verschiedensten Betriebssystemen zusammen mit verschiedenen relationalen Datenbanken wie z.B. Oracle, Informix, SAPDB, MS SQL-Server und DB2. Aus diesem Grund benötigt R/3 eine systemunabhängige Schnittstelle zum Datenbestand in der Datenbank. Diese Schnittstelle ist das Data Dictionary.

In der Datenbank werden nur die "Rohdaten" gespeichert. Das Data Dictionary beinhaltet die Beschreibung des Tabellenaufbaus dieser Daten. Von R/3 aus wird nur über das Data Dictionary auf diese Daten zugegriffen, nur in wenigen Ausnahmefällen direkt über die Datenbank.

Das Data Dictionary umfasst insbesondere folgende Aufgaben:

- Es schafft eine allgemeine Schnittstelle zum Datenbanksystem, unabhängig davon, welche Datenbank eingesetzt wird.
- Es beinhaltet die Metadaten der eigentlichen Datenbanktabellen, d.h. hier ist der Aufbau aller R/3-Tabellen enthalten. Diese Maske wird zum Arbeiten mit den Daten in der Datenbank über die Rohdaten "gestülpt".
- Es stellt allgemeine Werkzeuge zur Bearbeitung der Daten bereit.

Folgende maßgeblichen Elemente sind im Data Dictionary hinterlegt:

- Domänen
  Die Domänen bilden die Grundlage für Felder, die in Tabellen verwendet werden. In ihnen ist der technische Aufbau eines Feldes hinterlegt, wie seine Größe und der Datentyp.
- Datenelemente
  Datenelemente basieren auf Domänen. Sie ergänzen die technischen Angaben zum Feld um die Feldbeschreibungen, die Suchhilfezuordnungen und die Angaben, ob Änderungsbelege geschrieben werden sollen.
- Tabellen
  Die Tabellen stellen das zentrale Element im Data Dictionary dar. In ihnen werden die R/3-Daten gespeichert. Eine Tabelle besteht aus 1 bis n Feldern, die wiederum (in den meisten Fällen) auf Datenelementen basieren.
  Es existieren drei verschiedene Arten von Tabellen (siehe Kapitel 6.12):
  - Transparente Tabellen

  - o Pool-Tabellen
  - o Cluster-Tabellen
- Views
  Views sind Sichten auf Tabellen. So ist es z.B. möglich, in einer View nur bestimmte Felder einer Tabelle zu hinterlegen. Der Anwender, der mit dieser View arbeitet, bekommt dann nur diese Felder angezeigt.
  Auch ist es möglich, eine View über die Datensätze mehrerer Tabellen zu erstellen. In einem relationalen Datenbanksystem werden die einzelnen Tabellen über Schlüssel miteinander verknüpft. Über solche verknüpften Tabellen können Views erstellt werden, die dann die Daten aus den verschiedenen Tabellen wie einen Datensatz darstellen. Dies stellt eine Arbeitserleichterung für den Anwender dar.
- Strukturen
  In Strukturen werden Felder zusammengefasst, die keine Inhalte haben. So werden Strukturen z.B. im Berechtigungskonzept von R/3 eingesetzt. Die verschiedenen Felder der Berechtigungsobjekte werden in Strukturen hinterlegt.
- Appends
  Appends sind Tabellenerweiterungen. Hierdurch ist es möglich, neue Felder an Tabellen anzuhängen, ohne den Tabellenaufbau selbst zu ändern. Damit ist eine Kompatibilität für evtl. Änderungen am Data Dictionary von SAP selbst, z.B. durch Releasewechsel, gewährleistet.

Das wichtigste Element im Data Dictionary stellt die Tabelle dar. Die Definition einer Tabelle stellt sich im Data Dictionary von R/3 folgendermaßen dar:

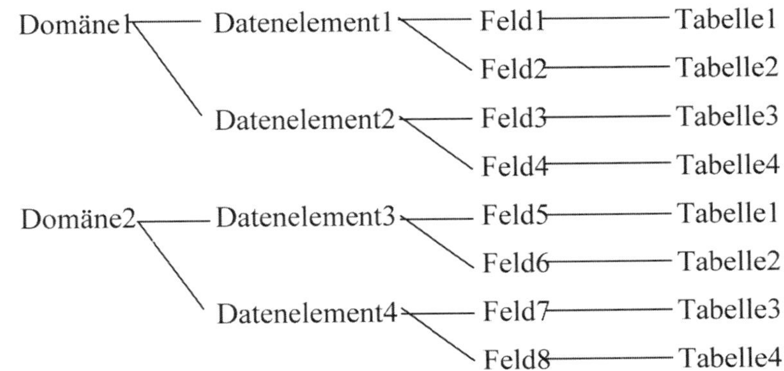

Nachfolgend werden diese einzelnen Elemente beschrieben, und Sie erhalten Hinweise zu den Prüfansätzen bei den einzelnen Elementen.

6.2.2 Domänen

6.2.2.1 Der Aufbau einer Domäne

Technische Eigenschaften, wie z.B. Datentyp und Feldlänge, werden nicht direkt in den Feldern einer Tabelle angegeben. In vielen Tabellen werden immer wieder dieselben Felder benötigt. So werden z.B. in der Finanzbuchhaltung in sehr vielen Tabellen die Felder Buchungskreis, Debitorennummer und Kreditorennummer benötigt, im Personalwesen in vielen Tabellen die Personalnummer. Es ist daher sinnvoll, die Beschreibung und die technischen Eigenschaften dieser Felder nur einmal festzulegen und dann in den verschiedenen Tabellen immer wieder zu verwenden. Dies hat den Vorteil, dass diese Felder, die maßgeblich auch als Schlüsselfelder genutzt werden, vom Aufbau her immer konsistent zueinander sind. Die technischen Eigenschaften der Felder werden in den Domänen hinterlegt.

Ein weiterer Grund, diese Systematik zu nutzen, besteht in der einfachen Änderbarkeit für Tabelleneigenschaften. Werden die Eigenschaften einer Domäne geändert, werden diese Änderungen sofort in allen Tabellenfeldern, die auf diesen Elementen beruhen, aktiv. Dadurch ist es nicht mehr notwendig, alle diese Tabellenfelder manuell zu ändern.

Für das Feld *Buchungskreis* existiert z.B. eine Domäne mit dem Namen BUKRS. Abbildung 6.2.1 zeigt den Aufbau der Domäne.

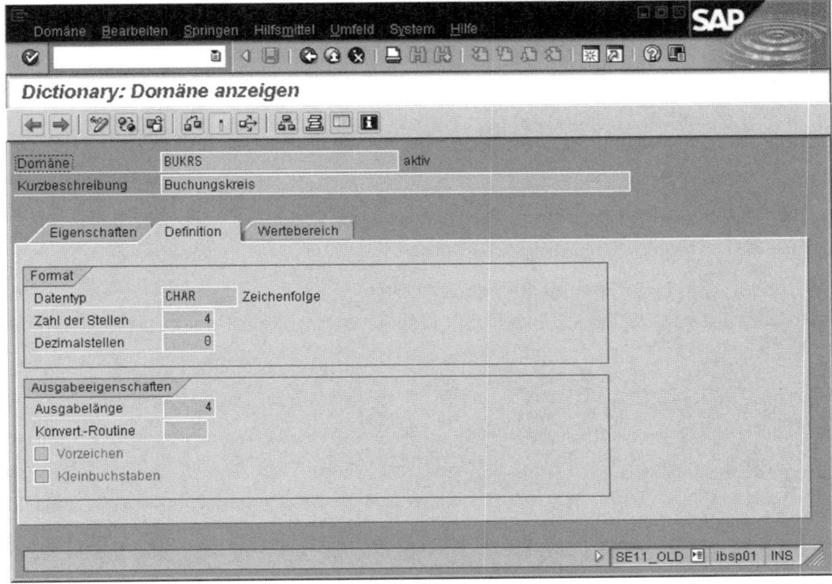

Abb. 6.2.1: Die Eigenschaften einer Domäne

Hier ist zu erkennen, dass der Datentyp CHAR (Zeichenkette) ist. Ein Buchungskreis ist damit immer alphanumerisch, nicht numerisch. Die Länge ist mit 4 definiert. Dies ist somit die maximale Länge für einen Buchungskreis.

Verwaltung und Anzeige von Domänen

Transaktion SE11 (Abb. 6.2.2)

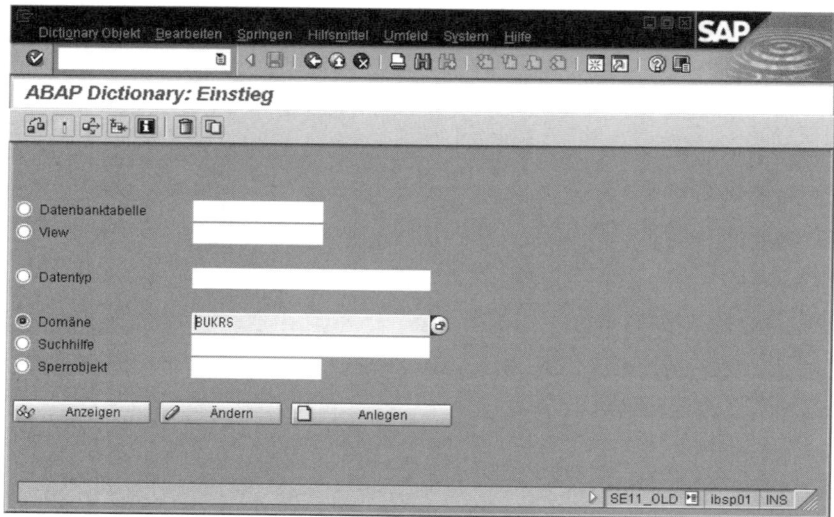

Abb. 6.2.2: Die Transaktion SE11

Markieren Sie den Punkt *Domäne*, und tragen Sie den Namen der anzuzeigenden Domäne in das Feld ein. Klicken Sie dann auf die Schaltfläche *Anzeigen*.

Anzeige von Domäneneigenschaften

Report RSVRSDO1 (Abb. 6.2.3):

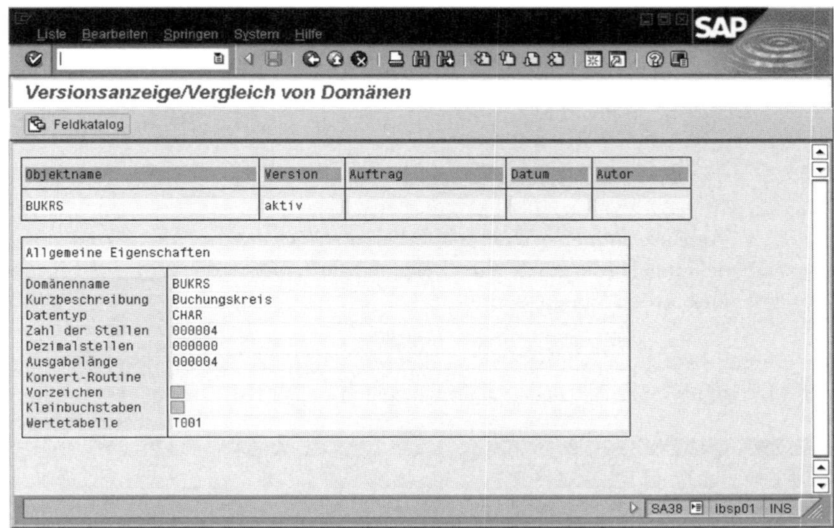

Abb. 6.2.3: Der Report RSVRSDO1

Tragen Sie in das Feld OBJNAME den Namen der Domäne ein. Die Eigenschaften werden Ihnen wie in Abb. 6.2.3 angezeigt.

Vergleich zweier Versionen von Domänen

Report RSVRSDO2 (Abb. 6.2.4):

Programm Bearbeiten Springen System Hilfe

SAP

Versionsvergleich Domänen

OBJNAME	BUKRS
VERSNO1	1
VERSNO2	2
INFOLN1A	
INFOLN1B	
INFOLN2A	
INFOLN2B	
LOG_DEST	
REM_SYST	

SA38 ibsp01 INS

Abb. 6.2.4: Der Report RSVRSDO2

Tragen Sie in das Feld OBJNAME den Namen der Domäne ein, in das Feld VERSNO1 die erste Versionsnummer, in Feld VERSNO2 die Versionsnummer, mit der Sie die erste vergleichen möchten.

6.2.2.2 Dokumentation zu Domänen

Zu jeder Domäne kann eine Dokumentation angelegt werden. Insbesondere bei Eigenentwicklungen ist darauf zu achten, dass neu definierte Domänen in der Dokumentation beschrieben werden.

Die Dokumentation zu Domänen können Sie sich in der Transaktion SE11 über den Menüpfad *Springen - Dokumentation* anzeigen lassen (Abb. 6.2.5).

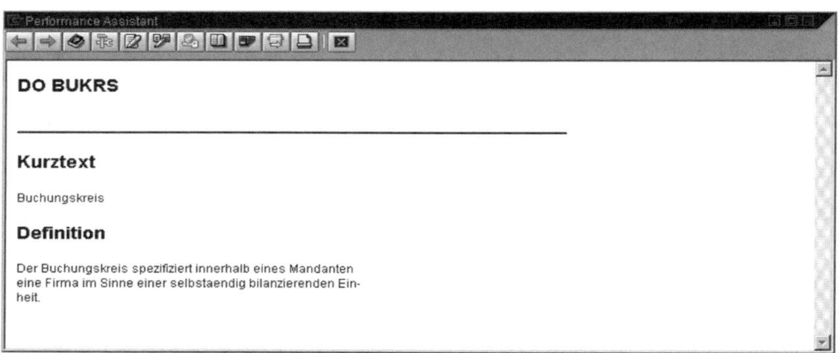

Abb. 6.2.5: Dokumentation zu Domänen

6.2.2.3 Prüfansätze zu Domänen

6.2.2.3.1 Verwendungsnachweise

Über Domänen ist auf einfachem Wege zu ermitteln, in welchen Tabellen bestimmte Daten gespeichert werden. So ist es hier z.B. möglich, sich alle Tabellen anzeigen zu lassen, in denen z.B. Mitarbeiterdaten, Kreditorendaten, Benutzerdaten usw. gespeichert werden.

Hierzu ist als erstes zu ermitteln, wie die Domäne zum gesuchten Feld heißt. Eine Möglichkeit besteht in der Suche über die Transaktion SE11. Klicken Sie in der

Einstiegsmaske der Transaktion in das Feld *Domäne* und dann auf die Schaltfläche *Werthilfe* (erscheint rechts neben dem Feld). Geben Sie im Suchfenster entsprechende Suchkriterien zu dem gesuchten Feld ein, z.B. **Personalnummer** im Feld *Kurzbeschreibung*. Als Ergebnis werden Ihnen nun alle Domänen, die dem Suchkriterium entsprachen, angezeigt. In den meisten Fällen werden dies mehrere sein (Abb. 6.2.6).

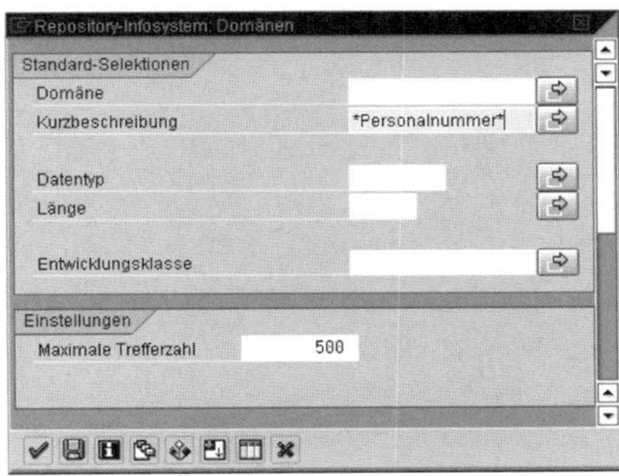

Abb. 6.2.6: Suche von Domänen

Um genauer zu ermitteln, welche Domäne Sie benötigen, lassen Sie sich eine beliebige Tabelle anzeigen, die auf jeden Fall auch in Ihrem Suchergebnis erscheinen soll. Suchen Sie z.B. alle Tabellen, in denen Mitarbeiterdaten gespeichert werden, lassen Sie sich mit der Transaktion *SE11* den Aufbau einer beliebigen Tabelle mit Mitarbeiterdaten anzeigen, z.B. PA0002 (Daten zur Person). Suchen Sie in dieser Tabelle ein Feld, an dem in diesem Fall der Mitarbeiter identifiziert werden kann, also die Personalnummer. Doppelklicken Sie in der Zeile dieses Feldes auf die Spalte *Feldtyp*. Sie gelangen in das Datenelement des Feldes (siehe nächstes Kapitel). Hier wird die Domäne des Feldes angezeigt (Abb. 6.2.7).

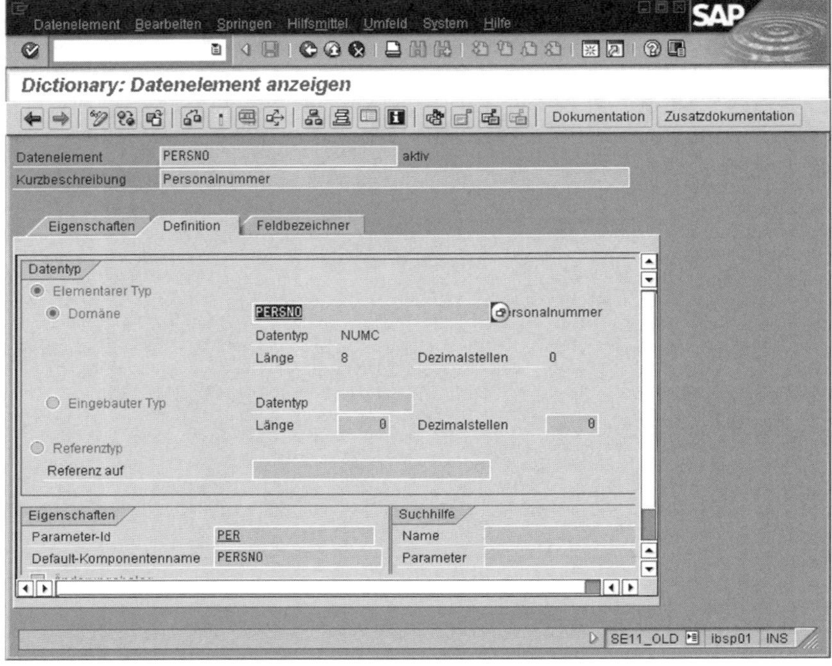

Abb. 6.2.7: Das Datenelement zum Feld "Personalnummer"

Für diese Domäne können Sie sich nun alle Tabellen anzeigen lassen, in denen sie verwendet wird. Nutzen Sie hierfür den Report RSCRDOMA.

Geben Sie in der Selektionsmaske des Reports den Namen der Domäne an. Als Ergebnis werden alle Tabellen angezeigt, in denen Felder verwendet werden, die auf dieser Domäne basieren (Abb. 6.2.8). Durch Doppelklick auf eine Tabelle gelangen Sie in die Eigenschaften der Tabelle.

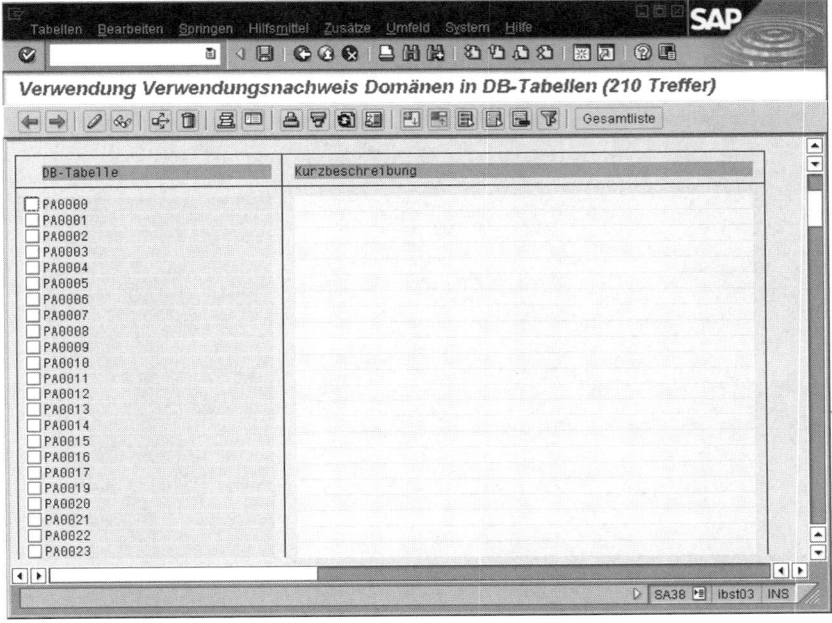

Abb. 6.2.8: Ergebnis des Reports RSCRDOMA

6.2.2.3.2 Die Prüftabellen und festen Feldwerte von Domänen

Zu jeder Domäne können vordefinierte Werte angegeben werden, die dann als Eingabehilfe diese Werte für die Benutzer vorgibt. Hierüber kann ebenfalls nachvollzogen werden, in welchen Tabellen bestimmte Werte gespeichert werden. Dies ist besonders hilfreich für die Domänen, auf denen die Felder der Berechtigungsobjekte basieren.

Abb. 6.2.9 zeigt eine Domäne mit hinterlegter Prüftabelle, Abb. 6.2.10 eine Domäne mit festen Feldwerten.

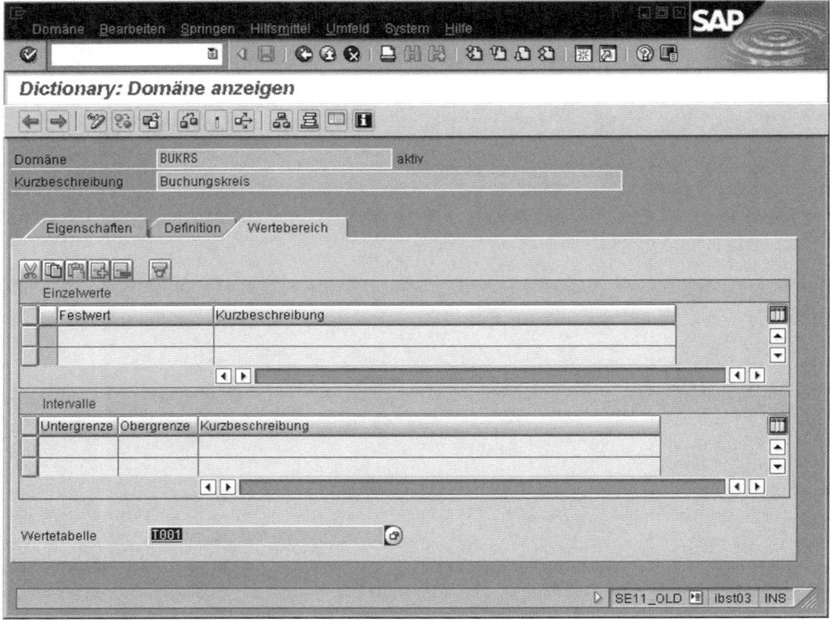

Abb. 6.2.9: Domäne mit hinterlegter Prüftabelle

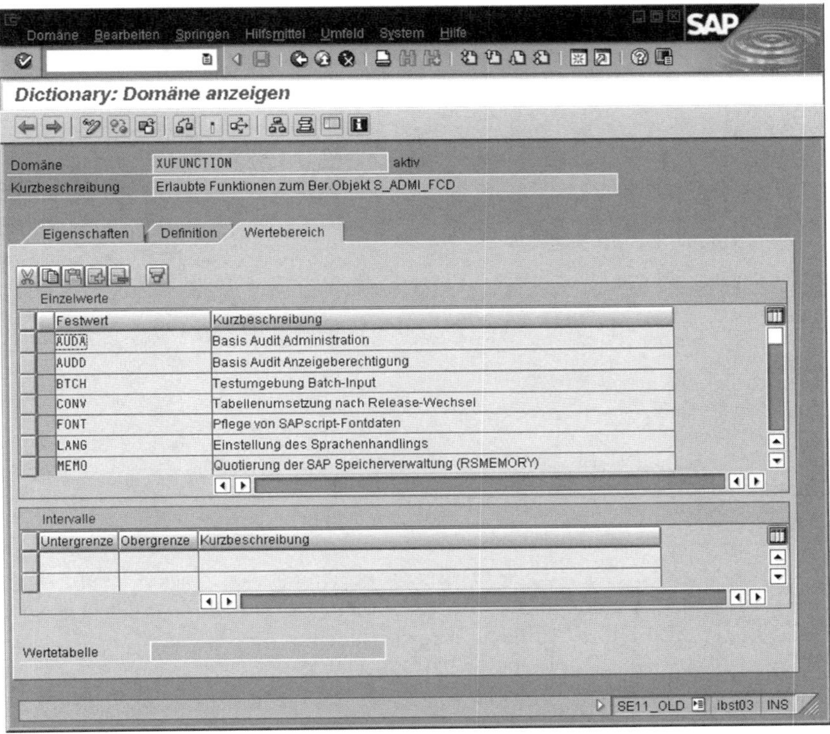

Abb. 6.2.10: Domäne mit festen Feldwerten

6.2.3 Datenelemente

6.2.3.1 Aufbau eines Datenelementes

In einer Domäne werden nur die technischen Feldeigenschaften angegeben. Sie stellen die Grundstruktur der Felder dar. Die Datenelemente, in denen die Domänen hinterlegt werden, bilden die logische Anwendersicht ab. So werden im Datenelement u.a. die Feldbezeichner für das Feld hinterlegt (Abb. 6.2.11).

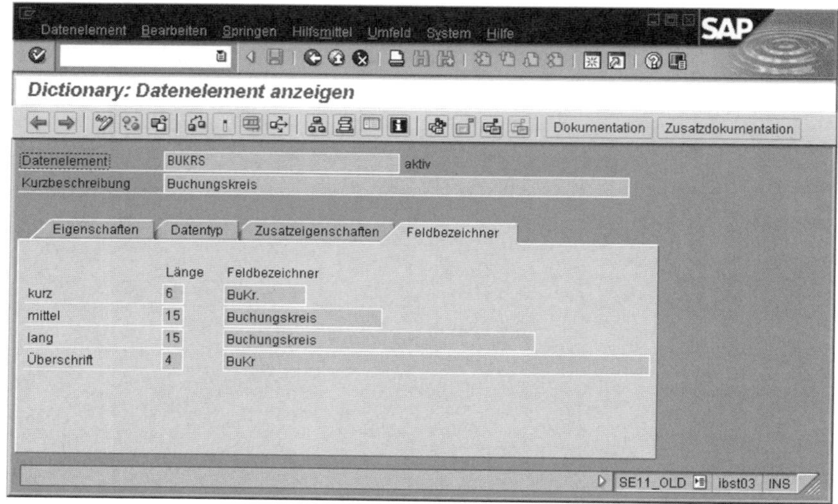

Abb. 6.2.11: Feldbezeichner im Datenelement

Eine weitere wichtige Eigenschaft des Datenelements ist die Festlegung zum Schreiben eines Änderungsbeleges. Mit Änderungsbelegen werden u.a. die Auflagen des §257 HGB (Aufbewahrungsfristen) gewahrt. Welche Tabellen über Änderungsbelege protokolliert werden, wird in den Änderungsbelegobjekten (Transaktion SCDO) festgelegt. Welche Felder dieser Tabellen bei einer Änderung protokolliert werden, wird im Datenelement der Felder festgelegt. So wird z.B. das Feld *Buchungskreis* in Buchhaltungsbelegen deswegen protokolliert, weil im Datenelement BUKRS diese Eigenschaft gesetzt wurde (Abb. 6.2.12). Im R/3-Release 4.6C ist die Eigenschaft *Änderungsbelege* im Register *Definition* hinterlegt, im R/3-Release Enterprise im Register *Zusatzeigenschaften*.

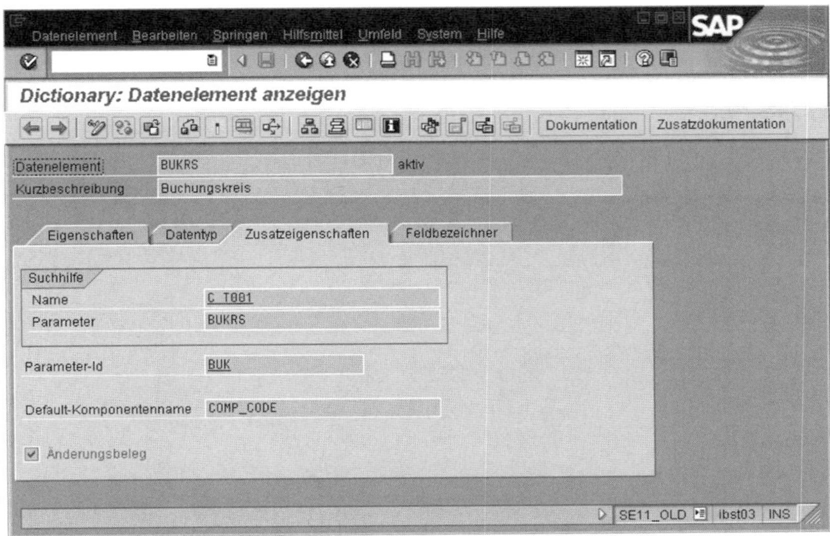

Abb. 6.2.12: Eigenschaft "Änderungsbeleg" im Datenelement

Verwaltung und Anzeige von Datenelementen

Transaktion SE11 (Abb. 6.2.13)

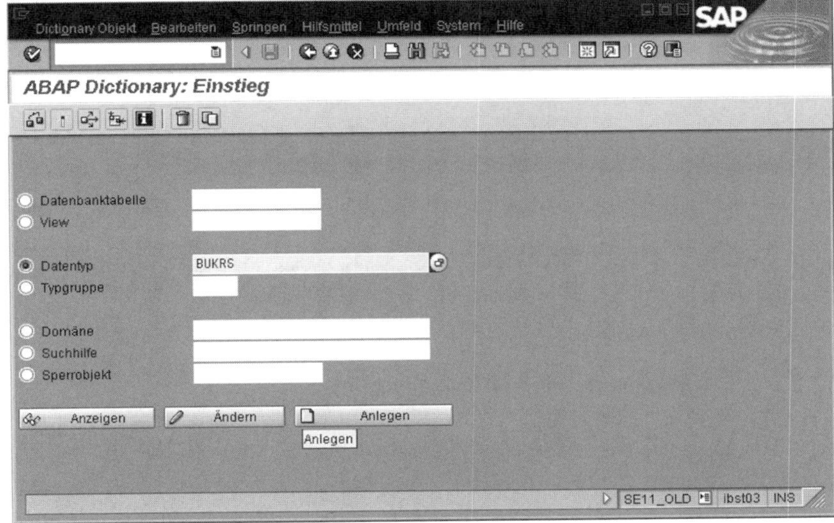

Abb. 6.2.13: Die Transaktion SE11

Markieren Sie den Punkt *Datentyp*, und tragen Sie den Namen des anzuzeigenden Datenelements in das Feld ein. Klicken Sie dann auf die Schaltfläche *Anzeigen*.

Anzeige von Datenelementeigenschaften
Report RSVRSDE1 (Abb. 6.2.14)

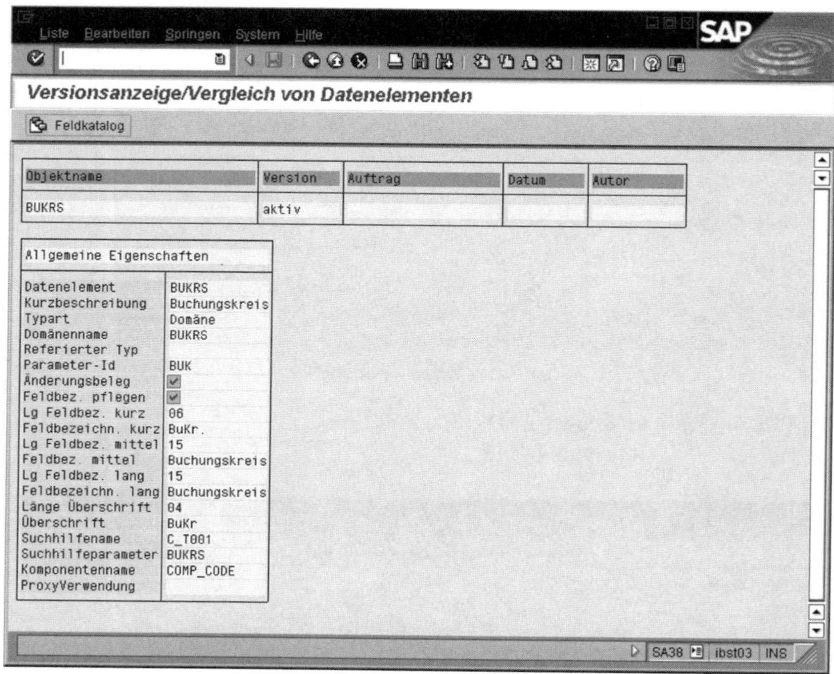

Abb. 6.2.14: Der Report RSVRSDE1

Tragen Sie in das Feld OBJNAME den Namen des Datenelements ein. Die Eigenschaften werden Ihnen wie in Abb. 6.2.14 angezeigt.

6.2.3.2 Dokumentation zu Datenelementen

Zu jedem Datenelement kann eine Dokumentation angelegt werden. Insbesondere bei Eigenentwicklungen ist darauf zu achten, dass neu definierte Datenelemente in der Dokumentation beschrieben werden. Die Dokumentation ist auch gleichzeitig die Dokumentation der Felder, die auf diesem Datenelement basieren. Daher ist hier insbesondere darauf zu achten, dass die Dokumentation auch für Anwender ausreichend und verständlich hinterlegt wurde.

Die Dokumentation zu Datenelementen können Sie sich in der Transaktion SE11 über den Menüpfad *Springen - Dokumentation - Anzeigen* anzeigen lassen (Abb. 6.2.15).

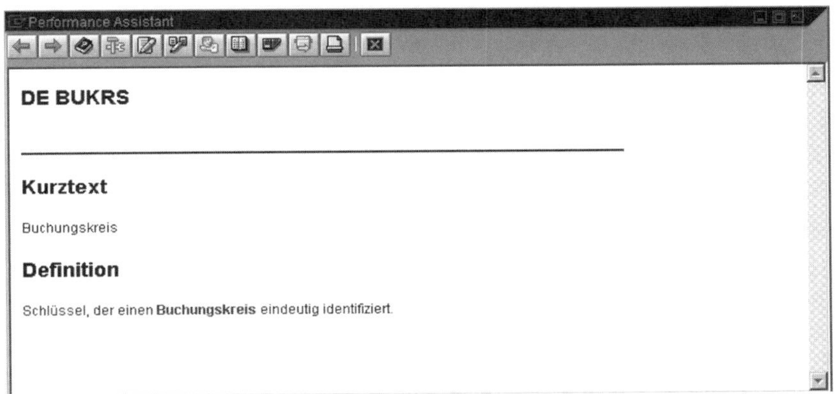

Abb. 6.2.15: Dokumentation zu Datenelementen

Eine Anzeige der Dokumentationen aller Felder (und somit Datenelemente) einer Tabelle bietet der Report *RSSDOCTB*. Er zeigt neben dem Aufbau der Tabelle und den Beziehungen zu anderen Tabellen auch die Felddokumentationen mit an (siehe Kapitel 6.3.4). Alternativ kann auch der Report RDD00DOC genutzt werden, der zusätzlich zur Dokumentation auch die Prüftabelle zur Domäne des Datenelements anzeigt sowie deren Inhalte.

6.2.4 Das Infosystem für das Data Dictionary

Innerhalb des Repository-Infosystems sind Auswertungsmöglichkeiten für alle Bereiche des Data Dictionary integriert. Das Infosystem wird aufgerufen mit der Transaktion SE84. Unter dem Pfad *Repository-Infosystem - ABAP Dictionary - Grundobjekte* befinden sich bis R/3 Release 4.6C die Auswertungsmöglichkeiten für die in diesem Kapitel aufgeführten Elemente, unter R/3 Enterprise unter dem Pfad *Repository-Infosystem - ABAP Dictionary* (Abb. 6.2.16).

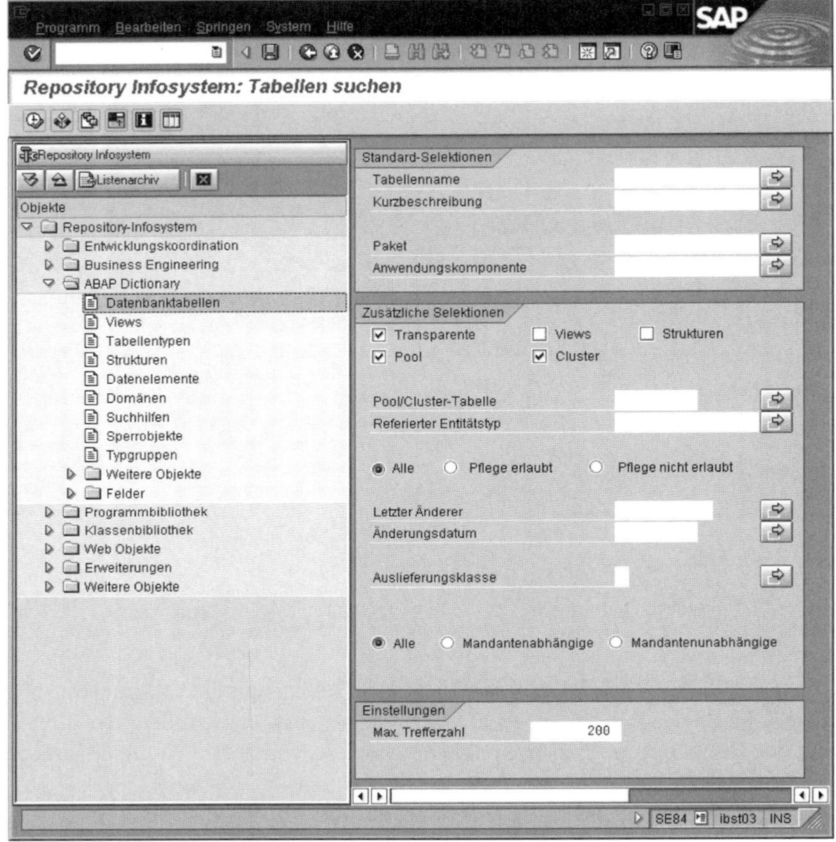

Abb. 6.2.16: Das Repository-Infosystem

Doppelklicken Sie auf einen Eintrag in diesem Baum, um bestimmte Elemente zu selektieren, z.B. auf *Datenbanktabellen*. Daraufhin wird eine Selektionsmaske angezeigt, in der maßgeblich nach dem Namen und der Beschreibung des Elements selektiert werden kann. Klicken Sie auf die Schaltfläche *Alle Selektionen*, um weitere Selektionsmöglichkeiten anzeigen zu lassen. In der Ergebnisliste des Reports werden alle Elemente mit ihren Beschreibungen angezeigt. Durch einen Doppelklick auf ein Element wird die Transaktion SE11 aufgerufen und die Entwurfsansicht des Elements angezeigt.

6.3 Das Konzept der Tabellensteuerung

Das SAP R/3-System arbeitet fast vollständig tabellengesteuert. In den Tabellen werden sowohl die eigentlichen Daten (Stammdaten, Belegdaten, ...) gespeichert als auch Steuerungsinformationen des Systems und die Zugriffsberechtigungen. Lediglich die Systemparameter und die Log-Daten (SysLog und Audit-Log) werden in Dateiform auf der Festplatte gespeichert, alles andere wird über die Tabellen gesteuert.

Grundsätzlich unterscheidet R/3 zwischen zwei verschiedenen Arten von (logischen) Tabellen: die mandantenabhängigen und die mandantenunabhängigen Tabellen (siehe Kapitel 6.3.2 und 6.3.3). Physisch wird zwischen transparenten, Pool- und Clustertabellen unterschieden (siehe Kapitel 6.12).

Hinweise zu Tabellen finden Sie in der SAP-Hilfe unter *R/3-Bibliothek - Basis - ABAP Workbench - BC-ABAP Dictionary - Tabellen.*

6.3.1 Die Eigenschaften der Tabellen

Jede Tabelle des R/3-Systems besitzt eine Vielzahl an Eigenschaften. Diese Eigenschaften werden wiederum in Tabellen gespeichert. Die Haupttabellen der Eigenschaften sind DD02L (Eigenschaften der R/3-Tabellen) und DD09L (Technische Einstellungen von Tabellen). Diese Tabellen werden für Auswertungen für gezielte Fragestellungen benötigt. Nachfolgend sind die wichtigsten Felder dieser Tabellen erläutert.

DD02L (Eigenschaften der R/3-Tabellen)
In dieser Tabelle sind nicht nur die Eigenschaften der physischen Tabellen erläutert, sondern auch die der Strukturen und Views. Daher ist zu beachten, dass für Auswertungen zu Tabellen in dem Feld *Tabellentyp* eine Mehrfachselektion eingegeben wird (nachfolgend erläutert). Es wird nur auf die wichtigsten Felder der Tabelle eingegangen.

Ist in dem zu prüfenden System das AIS installiert, kann zur Auswertung der Tabelleneigenschaften der Report RSINFO00 genutzt werden. Mit diesem Report können alle sicherheitsrelevanten Felder der Tabelle DD02L ausgewertet werden.

Feldname	Technischer Feldname	Beschreibung
Tabellenname	TABNAME	Name der Tabelle
Tabellentyp	TABCLASS	Typ der Tabellen. APPEND Append-Struktur CLUSTER Clustertabelle INTTAB Struktur POOL Pooltabelle TRANSP Transparente Tabelle VIEW Views-Struktur Zur Auswertung der Tabellen (ohne Strukturen und Views) muss über die Mehrfachselektion dieses Feld auf die Einträge TRANSP, POOL und CLUSTER eingeschränkt werden.
SQL-Tabelle	SQLAPPD-TAB	Für Pool- und Clustertabellen wird hier der Name des zugehörigen Tabellenpools oder Tabellenclusters angegeben.
Mandanten-abhängig	CLIDEP	Zeigt an, ob die Tabelle mandantenabhängig ist: X = Mandantenabhängig <Leer> = Mandantenunabhängig
Benutzer letzte Änderung	AS4USER	Benutzer, der die letzte Änderung an den Einstellungen der Tabelle vorgenommen hat
Datum letzte Änderung	AS4DATE	Datum der letzten Änderung der Einstellungen der Tabelle
Uhrzeit letzte Änderung	AS4TIME	Uhrzeit der letzten Änderung der Einstellungen der Tabelle
Tabellenpflege erlaubt	MAINFLAG	Zeigt an, ob diese Tabelle manuell gepflegt werden darf (z.B. über SM31). Einträge bis R/3 4.6C: X = Pflege erlaubt <Leer> = Pflege nicht erlaubt Einträge ab R/3 Enterprise X = Pflege/Anzeige erlaubt <Leer> = Anzeige erlaubt N = Pflege/Anzeige nicht erlaubt

DD09L (Technische Einstellungen von Tabellen)
Ist in dem zu prüfenden System das AIS installiert, kann zur Auswertung der technischen Einstellungen der Tabellen der Report RDDPRCHK genutzt werden. Mit diesem Report können die Felder der Tabelle DD09L ausgewertet werden.

Feldname	Technischer Feldname	Beschreibung
Tabellenname	TABNAME	Name der Tabelle
Kennzeichen für Pufferung	BUFALLOW	Kennzeichen, ob die Pufferung der Tabelle erlaubt ist N = Pufferung nicht erlaubt X = Pufferung erlaubt und aktiv A = Pufferung erlaubt, aber deaktiviert
Pufferung	PUFFERUNG	Zeigt an, wie die Tabelle gepuffert wird (zur Pufferung siehe Kapitel 6.13) X = Tabelle wird vollständig gepuffert G = Tabelle wird generisch gepuffert P = Einzelne Datensätze werden gepuffert <Leer> = Nicht gepuffert
Anzahl Felder bei generischer Pufferung	SCHFEL-DANZ	Gibt die Anzahl der Felder an, nach denen die Tabelle gepuffert wird
Datenänderungen protokollieren	PROTOKOLL	Gibt an, ob Änderungen der Tabelleneinträge protokolliert werden. Voraussetzung ist, dass dies über den Parameter *rec/client* aktiviert wurde (siehe Kapitel 6.5.1)
Benutzer letzte Änderung	AS4USER	Benutzer, der die letzte Änderung an den Einstellungen der Tabelle vorgenommen hat
Datum letzte Änderung	AS4DATE	Datum der letzten Änderung der Einstellungen der Tabelle
Uhrzeit letzte Änderung	AS4TIME	Uhrzeit der letzten Änderung der Einstellungen der Tabelle
In transparente Tabelle umwandeln	TRANS-PFLAG	Zeigt an, ob diese Pool- oder Clustertabelle in eine transparente Tabelle umgewandelt werden soll

6.3.2 Mandantenabhängige Tabellen

Zu den mandantenabhängigen Tabellen gehören diejenigen, die Daten enthalten, welche jeweils nur für einen Mandanten genutzt werden. Z.B. ist die Tabelle USR02, in der die Anmeldedaten aller Benutzer des gesamten R/3-Systems gespeichert sind, mandantenabhängig. Zwar sind hier die Benutzer aus allen Mandanten des gesamten R/3-Systems gespeichert, allerdings sehen Sie beim Anzeigen dieser Tabelle immer nur die Benutzer des aktuellen Mandanten. In einem R/3 4.6C-System existieren standardmäßig ca. 20.000 mandantenabhängige Tabellen.

Mandantenabhängige Tabellen sind daran zu erkennen, dass das erste Feld der Tabelle das Feld *Mandant* (technischer Name: MANDT, Datentyp: CLNT) ist, das zum Primärschlüssel der Tabelle gehört.

Für die Tabelle USR02 bilden z.B. die Felder *Mandant* (MANDT) und *Benutzer* (BNAME) den Primärschlüssel. Die Primärschlüsselfelder sind über die Transaktion SE11 am Haken in der Spalte *Key* zu erkennen (Abb. 6.3.1).

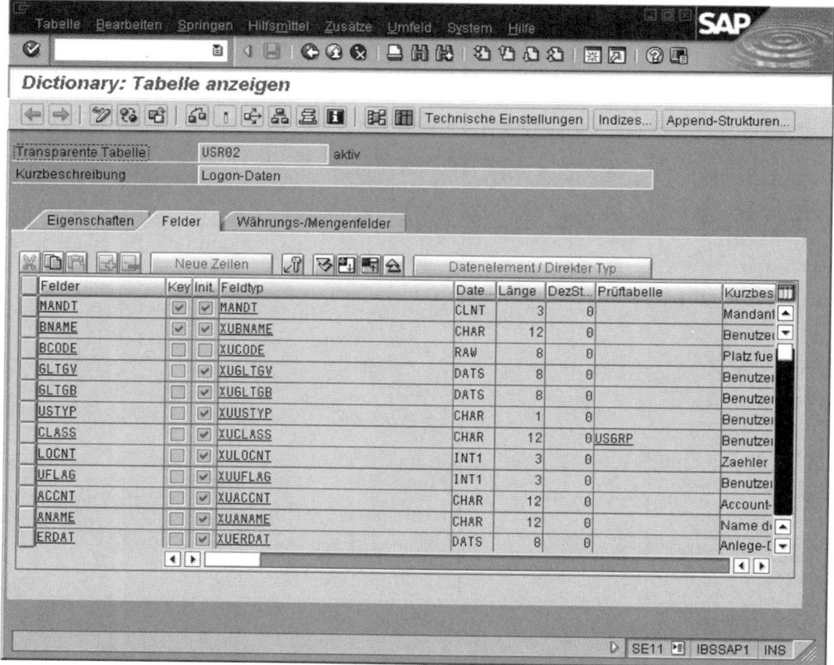

Abb. 6.3.1: Aufbau der mandantenabhängigen Tabelle USR02

Welche Tabellen des Systems mandantenabhängig sind, ist in der Tabelle DD02L (Eigenschaften der R/3-Tabellen) gespeichert. Zur Selektion dieser Tabellen müssen folgende Selektionskriterien angegeben werden:

Feld *Tabellentyp* (TABCLASS):	Einträge TRANSP, POOL und CLUSTER über die Mehrfachselektion
Feld *mand.abh.* (CLIDEP):	X

Tabellenname		bis	
Aktivierungsstand		bis	
Version		bis	
Tabellentyp	TRANSP	bis	
Pool/Cluster		bis	
Min.__Anz.Eintr		bis	
Max.__Anz.Eintr		bis	
Mittl.Anz.Eintr		bis	
mand.abh	X	bis	

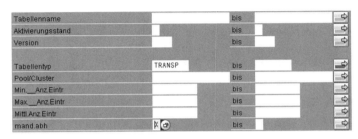

Abb. 6.3.2: Anzeige aller mandantenabhängigen Tabellen

6.3.3 Mandantenunabhängige Tabellen

Zu den mandantenunabhängigen Tabellen gehören alle diejenigen, deren Daten für alle Mandanten des Systems gelten. So ist z.B. die Mandantentabelle T000 selbst mandantenunabhängig. Ein weiteres Beispiel hierfür ist die Tabelle mit den verbotenen Kennwörtern (USR40). Auch diese Tabelle gilt mandantenübergreifend. Beim Anzeigen dieser Tabellen werden immer alle Datensätze angezeigt. In einem R/3 Enterprise-System existieren standardmäßig ca. 9.000 mandantenunabhängige Tabellen.

Welche Tabellen des Systems mandantenunabhängig sind, ist in der Tabelle DD02L (Eigenschaften der R/3-Tabellen) gespeichert. Zur Selektion dieser Tabellen müssen folgende Selektionskriterien angegeben werden:

Feld *Tabellentyp* (TABCLASS):	Einträge TRANSP, POOL und CLUSTER über die Mehrfachselektion
Feld *mand.abh.* (CLIDEP):	<Leer>, Selektionskriterium "="

Tabellenname		bis	
Aktivierungsstand		bis	
Version		bis	
Tabellentyp	TRANSP	bis	
Pool/Cluster		bis	
Min.__Anz.Eintr		bis	
Max.__Anz.Eintr		bis	
Mittl.Anz.Eintr		bis	
mand.abh		bis	

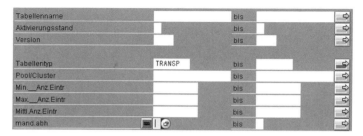

Abb. 6.3.3: Anzeige aller mandantenunabhängigen Tabellen

6.3.4 Dokumentation zu Tabellen

Dokumentationen zu Tabellen können im R/3-System hinterlegt werden. Für die meisten R/3-Standardtabellen ist allerdings keine Dokumentation vorhanden. Wichtig ist dieser Punkt insbesondere für unternehmenseigene Tabellen. Diese sind zu dokumentieren. Diese Dokumentation kann im R/3-System hinterlegt werden. Die Pflege und das Anzeigen erfolgt über die Transaktion SE11:

- Tragen Sie in der Selektionsmaske den Namen einer Tabelle ein, um deren Dokumentation anzeigen zu lassen. Klicken Sie auf die Schaltfläche *Anzeigen*.
- In der Entwurfsansicht der Tabelle wählen Sie den Menüpfad *Springen - Dokumentation* aus. Abb. 6.2.4 zeigt die Dokumentation zur Tabelle T001W.

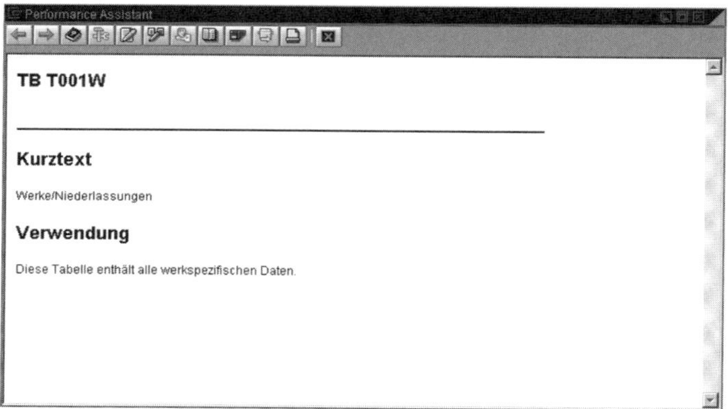

Abb. 6.3.4: Dokumentation zu einer Tabelle

Dieser Schritt ist für die eigenentwickelten Tabellen durchzuführen um zu überprüfen, ob für diese eine Dokumentation hinterlegt wurde. Eine Liste aller eigenentwickelten Tabellen erhalten Sie über die Tabelle DD02L. Geben Sie hier im Feld *Tabellenart* (TABCLASS) über die Mehrfachselektion die Wert TRANSP, POOL und CLUSTER ein. Im Feld *Tabellenname* (TABNAME) geben Sie über die Mehrfachselektion die Werte Y* und Z* ein. Als Ergebnis werden alle eigenentwickelten Tabellen angezeigt.

Um Tabellen dahingehend zu analysieren, wie sie im R/3-System genutzt werden, können Reports genutzt werden, welche die Dokumentationen der Felder der Tabellen anzeigen. Die Felder von Tabellen basieren auf Datenelementen, von denen für die meisten eine Dokumentation hinterlegt ist (siehe Kapitel 6.2.3.2). Hierfür können zwei Reports genutzt werden. Der Report RSSDOCTB zeigt zu allen Feldern die Dokumentationen an. Der Report RDD00DOC zeigt zusätzlich noch zu allen Feldern die Prüftabellen an sowie deren Inhalte.

Der Report RSSDOCTB - Das R/3 Tabellenhandbuch

Dieser Report zeigt zu Tabellen den Aufbau an, die Beziehungen zu anderen Tabellen und die Dokumentation zu den Feldern. In der Selektionsmaske des Reports geben Sie den Tabellennamen ein. Dieser kann auch generisch angegeben werden (z.B. T*), was allerdings eine teilweise sehr hohe Laufzeit mit sich bringt. Daher sollten Sie den Report immer nur für eine Tabelle ausführen. Abb. 6.3.5 zeigt die Selektionsmaske des Reports. Achten Sie hier darauf, dass Sie im Feld *Ausgabe (S=Schirm P=Drucker)* den Wert S eingeben müssen, um die Dokumentation angezeigt zu bekommen. Beim Ausführen ist im darauffolgenden Fenster der Punkt *Datenelementdefinition* zu aktivieren, wenn auch die Dokumentationen zu den Feldern angezeigt werden sollen.

Abb. 6.3.5: Selektionsmaske des Reports RSSDOCTB

Der Report ist in vier Abschnitte aufgeteilt:

- Die Tabelleneigenschaften
- Die Tabellenstruktur (Felder der Tabelle mit ihren Definitionen)
- Beziehungen zu anderen Tabellen
- Datenelementdefinitionen mit Dokumentation

Der Report RDD00DOC - Felddokumentation mit erlaubten Werten

Dieser Report zeigt zu Tabellen und Strukturen die Felder an mit deren Beschreibungen. Zusätzlich werden zu allen Feldern, zu denen eine Prüftabelle hinterlegt sind, die Inhalte der Prüftabelle angezeigt. Auch fest hinterlegte Prüfwerte zu Feldern werden angezeigt. In der Selektionsmaske (Abb. 6.3.6) können außer dem Namen der Tabelle auch einzelne Felder angegeben werden. Außerdem ist anzugeben, wie viele Prüfwerte je Feld maximal ausgegeben werden sollen.

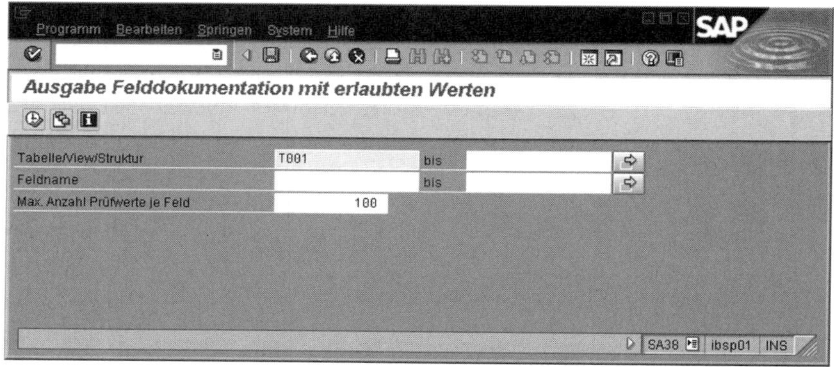

Abb. 6.3.6: Selektionsmaske des Reports RDD00DOC

In der Ausgabe des Reports werden die Felder in der Reihenfolge angezeigt, wie sie in der Tabellendefinition hinterlegt sind. Zu jedem Feld werden erst die Dokumentation angezeigt, dann die technischen Eigenschaften der Tabelle und danach die Prüfwerte. Abb. 6.3.7 zeigt einen Ausschnitt des Reports.

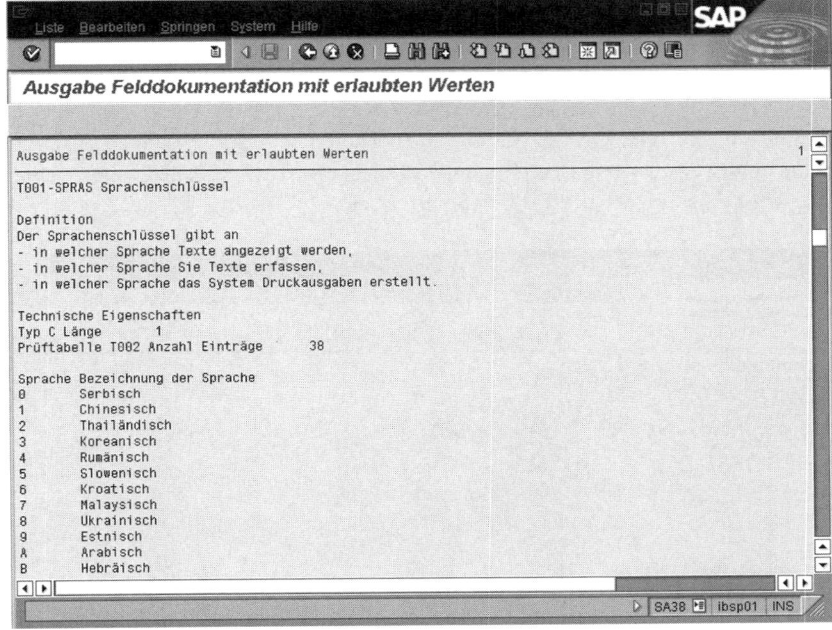


```
Ausgabe Felddokumentation mit erlaubten Werten                1

T001-SPRAS Sprachenschlüssel

Definition
Der Sprachenschlüssel gibt an
- in welcher Sprache Texte angezeigt werden,
- in welcher Sprache Sie Texte erfassen,
- in welcher Sprache das System Druckausgaben erstellt.

Technische Eigenschaften
Typ C Länge       1
Prüftabelle T002 Anzahl Einträge      38

Sprache Bezeichnung der Sprache
0       Serbisch
1       Chinesisch
2       Thailändisch
3       Koreanisch
4       Rumänisch
5       Slowenisch
6       Kroatisch
7       Malaysisch
8       Ukrainisch
9       Estnisch
A       Arabisch
B       Hebräisch
```

Abb. 6.3.7: Ausgabe des Reports RDD00DOC

6.4 Views

6.4.1 Der Aufbau einer View

Eine View ist eine Sicht auf eine Tabelle, die zeilen- oder spaltenweise eingeschränkt werden kann. Eine View kann auch auf mehreren, über Schlüsselfelder miteinander verknüpften Tabellen basieren. Views werden für das Customizing von R/3 genutzt.

Häufiges Einsatzgebiet von Views sind Tabellen mit einer Vielzahl von Feldern. Hier können beliebig viele Views auf der Tabelle definiert werden, die dem Anwender immer nur einen Ausschnitt der Tabelle anzeigen. Ein Beispiel hierfür ist die Tabelle T001, in der die Eigenschaften der Buchungskreise gespeichert werden. Die Tabelle besteht aus 69 Feldern, in denen Buchungskreiseigenschaften gespeichert werden, z.B. der zugeordnete Kontenplan, die maximal zulässige

Kursabweichung, die Gesellschaft, usw. Das Recht zum Ändern dieser Tabelle würde somit bedeuten, dass alle diese Eigenschaften geändert werden können.

Basierend auf dieser Tabelle wurde nun eine Vielzahl von Views definiert, die immer nur eins oder wenige Felder der Tabelle enthält. Somit können auch einzelne dieser Views mit Berechtigungen belegt werden. Abb. 6.4.1 zeigt einen Ausschnitt der für Tabelle T001 definierten Views.

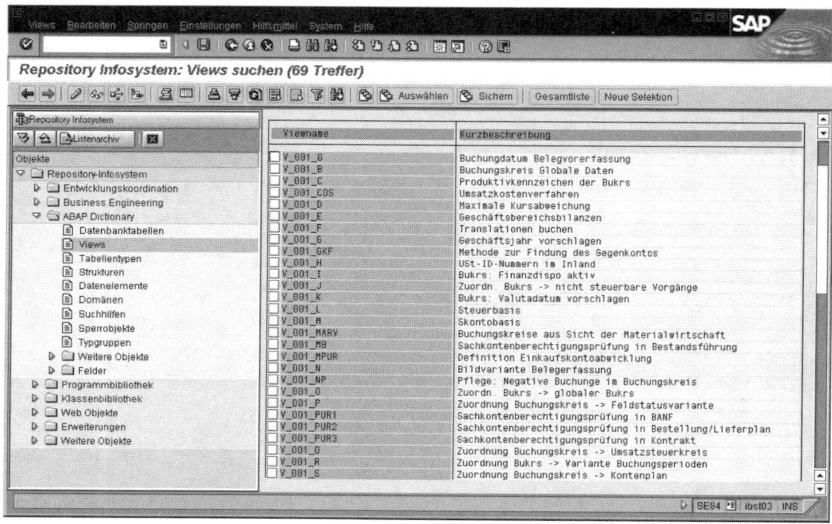

Abb. 6.4.1: Pflege-Views zur Tabelle T001

Diese Views können manuell aufgerufen werden mit den Tabellenpflege-Transaktionen SE16, SE16N und SM30. Dies ist auch mit reinen Anzeigerechten möglich, die Änderungsfunktionalitäten sind dann gesperrt. Die Hauptnutzung dieser Views liegt allerdings im Customizing, im sog. Einführungsleitfaden, in dem diese Views hinterlegt sind und über den komfortabel Customizing vorgenommen werden kann. Prüfer können ihn ebenfalls nutzen, da er auch mit reinen Anzeigerechten aufgerufen werden kann (zum Einführungsleitfaden siehe Kapitel 7.6.1). Aufgerufen wird der Einführungsleitfaden mit der Transaktion SPRO, darin über die Schaltfläche *SAP Referenz-IMG* (IMG = Implementation Guide = Einführungsleitfaden). In Abb. 6.4.2 sind einige Einträge des Einführungsleitfadens abgebildet, in vielen von ihnen ist eine View auf der Tabelle T001 hinterlegt.

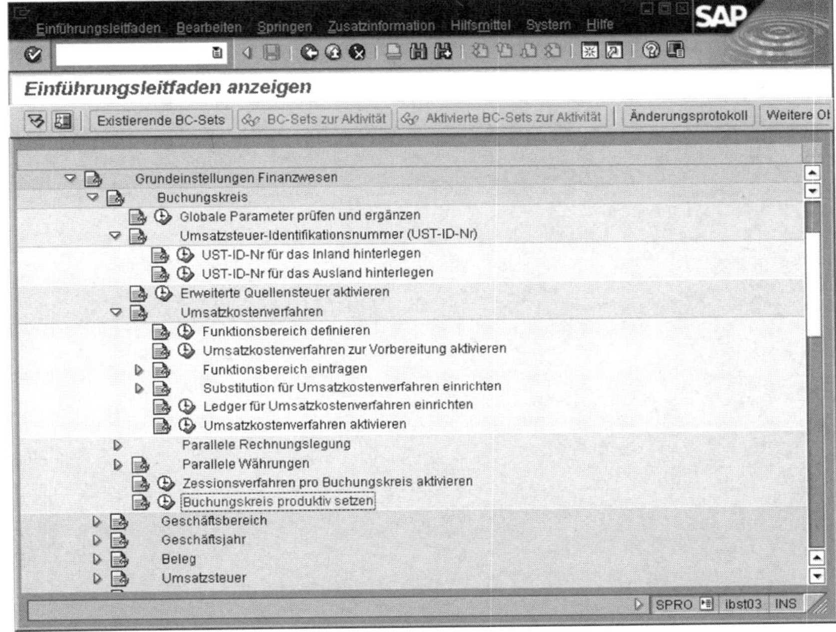

Abb. 6.4.2: Der Einführungsleitfaden

Der Aufbau einer View kann mit der Transaktion SE11 eingesehen werden. In der Einstiegsmaske ist der Name im Feld *View* einzutragen. Die Eigenschaften der View sind auf fünf Register aufgeteilt:

Eigenschaften
: Hier wird der letzte Änderer sowie das letzte Änderungsdatum angezeigt, ebenso die Entwicklungsklasse / das Paket.

Tabellen/Joinbedingungen
: Hier wird die Tabelle angezeigt, auf welcher die View basiert. Es können auch mehrere Tabellen als Grundlage für eine View verwendet werden. Die Tabellen können über Felder miteinander verknüpft werden (Joinbedingungen). So können die Felder einer View sich aus Feldern mehrerer Tabellen zusammensetzen.

Viewfelder
: Hier werden die Felder angezeigt, die über die View gepflegt/angezeigt werden können. Hier können nur Felder aus den Tabellen stehen, die unter dem

Register Tabellen/Joinbedingungen hinterlegt wurden. Abb. 6.4.3 zeigt die Felder der View V_T001, die auf der Tabelle T001 (Buchungskreise) basiert. Diese View zeigt nur acht der 69 Felder der Tabelle T001 an.

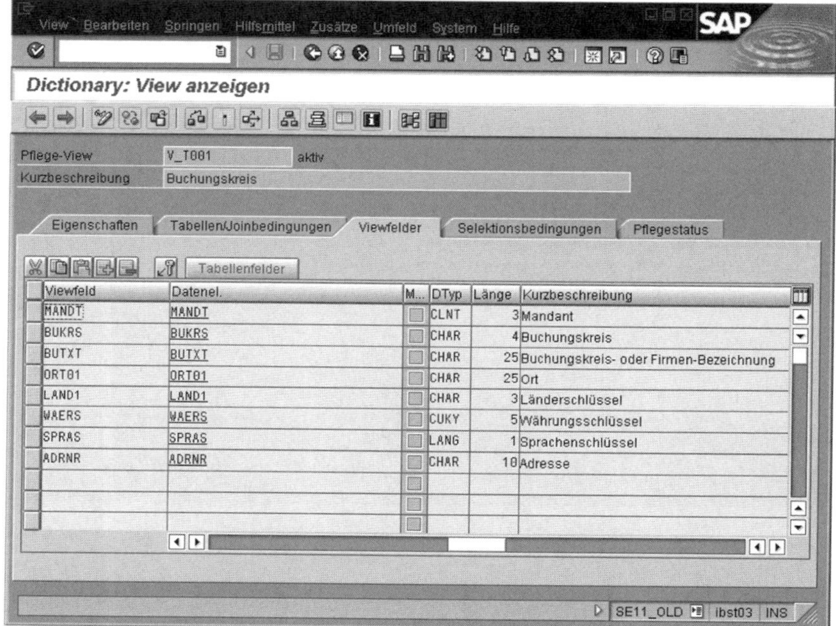

Abb. 6.4.3: Die Felder der View V_T001

Selektionsbedingungen

Hier können die anzuzeigenden Datensätze der Views zeilenweise selektiert werden, indem Selektionskriterien definiert werden. So ist es hiermit möglich, die View nicht nur auf bestimmte Felder der zu Grunde liegenden Tabelle zu begrenzen, sondern auch auf deren anzuzeigende Datensätze. Abb. 6.4.4 zeigt die Selektionsbedingungen der View V_055_F, deren Inhalt auf die sechs Kontenarten (Feld KOART) 1 - 6 beschränkt ist.

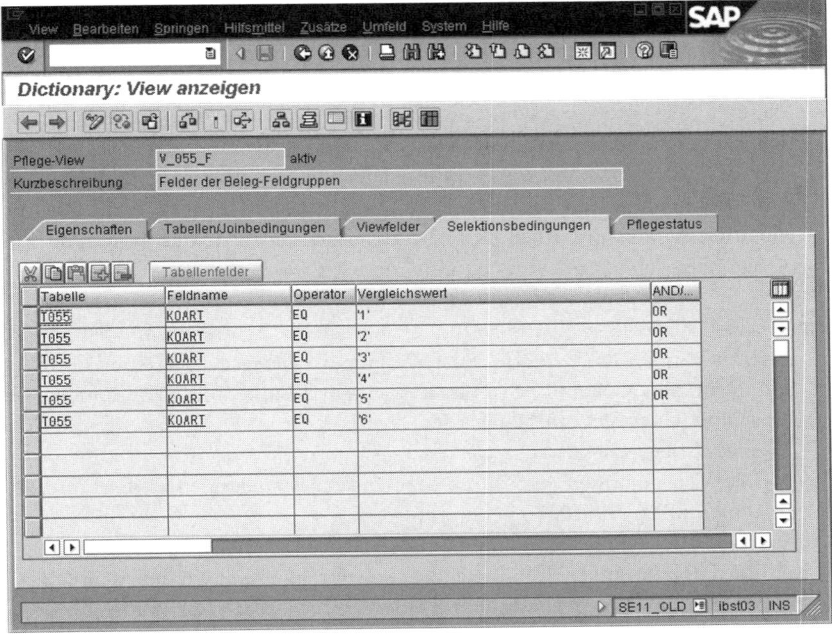

Abb. 6.4.4: Selektionsbedingungen der View V_055_F

Pflegestatus

Hier wird definiert, inwiefern Daten innerhalb der View geändert werden können. Diese Eigenschaft ist unabhängig von der Änderbarkeit der zu Grunde liegenden Tabelle (siehe Kapitel 6.3.1). Ist die zu Grunde liegende Tabelle nicht änderbar, die View aber änderbar, können die Datensätze der Tabelle über diese View geändert werden. Diese Tatsache wirkt sich maßgeblich auf Tabellenzugriffsrechte aus (siehe Kapitel 6.8).

Folgende Angaben sind möglich:

Nur lesen

Der Inhalt der View kann nur angezeigt werden. Änderungen sind nicht möglich.

Lesen, ändern, löschen und einfügen

Die Datensätze der View können uneingeschränkt bearbeitet werden.

Lesen und ändern

Es können nur bestehende Datensätze geändert werden. Das Einfügen neuer Datensätze ist nicht möglich.

Lesen und ändern (zeitabhängige Views)

Alle bestehenden Datensätze können geändert werden. Neue Datensätze können nur abhängig vom Schlüssel eingefügt werden, wenn im Schlüssel Datumsfelder integriert sind. Der Schlüssel ist dann in zwei Bereiche eingeteilt: den zeitabhängigen (die Datumsfelder) und den zeitunabhängigen Teil (alle anderen Felder außer den Datumsfeldern). Neue Datensätze dürfen nur dann hinzugefügt werden, wenn im zeitunabhängigen Teil des Schlüssels die einzufügenden Einträge bereits vorhanden sind. Das bedeutet, es wird nur ein neuer Zeitabschnitt zu einem bestehenden Schlüssel eingefügt.

DataBrowser/Tabellensicht-Pflege (nur ab R/3-Release Enterprise)

Hiermit können die vorherigen Einstellungen teilweise übersteuert werden. Sie gilt für die Tabellenpflege-Transaktionen SE16 und SM30. Es können zwei Einstellungen vorgenommen werden:

Anzeige/Pflege erlaubt

Die Views können gem. ihren definierten Einstellungen in den Transaktionen SE16 und SM30 genutzt werden.

Anzeige/Pflege eingeschränkt erlaubt

In der Transaktion SE16 kann die View nur angezeigt werden, unabhängig vom definierten Pflegestatus. In der Transaktion SM30 kann die View weder angezeigt noch geändert werden. Das Einbinden der View in einen Viewcluster ist möglich.

6.4.2 Suchen der Views zu einer Tabelle

Die Views werden in folgenden Tabellen gespeichert:

DD25L - Eigenschaften der Views
DD25T - Texte zu den Views
DD26S - Tabellen der Views
DD27S - Felder der Views
DD28S - Selektionsbedingungen zu Views

Eine komfortable Möglichkeit zum Suchen von Views bietet das Repository-Informationssystem, Transaktion SE84. Wählen Sie hier den Baumeintrag *Repository-Infosystem - ABAP Distionary - Views* mit Doppelklick aus. Klicken Sie danach auf die Schaltfläche *Alle Selektionen*, um die erweiterten Selektionsmöglichkeiten anzuzeigen.

Um z.B. alle Views zu einer Tabelle anzuzeigen, tragen Sie den Tabellennamen in das Feld *Primärtabelle* ein. Meistens sind für die Berechtigungen nur die Pflege-Views interessant, daher selektieren Sie nur diesen Eintrag. Abb. 6.4.5 zeigt exemplarisch die Selektionsmaske zum Anzeigen der Views zur Tabelle T001.

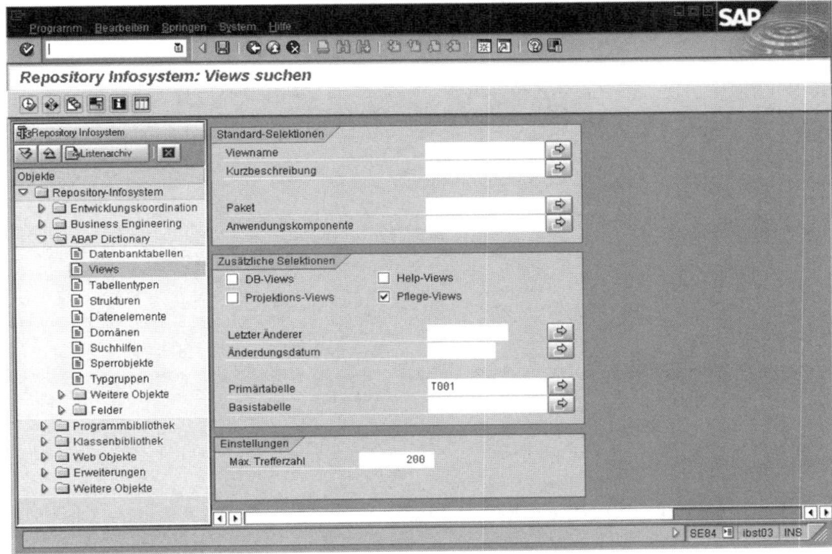

Abb. 6.4.5: Selektion zur Anzeige der Views zur Tabelle T001

Das Ergebnis wird als Liste angezeigt (siehe Abb. 6.4.6). Durch einen Doppelklick gelangen Sie in die Eigenschaften der Views. Von dort aus können Sie sich über die Schaltfläche *Inhalt* bzw. den Menüpfad *Hilfsmittel - Inhalt* den Inhalt der Tabelle anzeigen lassen.

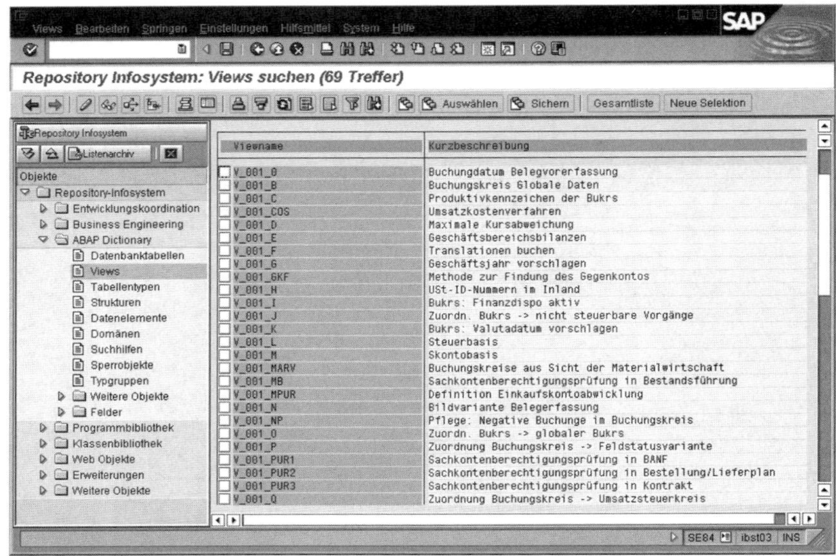

Abb. 6.4.6: Anzeige aller Views zur Tabelle T001

6.4.3 Berechtigungen auf Views

Für Prüfungen des Berechtigungskonzeptes und für Prüfungen der Module ist es unerlässlich, auch die Tabellenberechtigungen zu überprüfen. Hierbei sind die lesenden und insbesondere die ändernden Rechte zu ermitteln. Welche Tabellen mit den entsprechenden Rechten geändert werden können ist davon abhängig, ob die Tabelle überhaupt änderbar ist (siehe Kapitel 6.3.1). Nicht änderbare Tabellen können auch mit dem Zugriffsrecht zum Ändern nicht geändert werden. Wurden allerdings Pflege-Views auf nicht änderbaren Tabellen angelegt, können diese Tabellen über diese Views geändert werden. Daher sind die Views, die einem eigenen Schutz unterliegen, bei Berechtigungsprüfungen genauso zu beachten wie Tabellen. Insbesondere sind die unternehmenseigenen Views zu prüfen (Namensraum Y*, Z*), da häufig keine Vorgaben zum Schutz von Views existieren.

Views werden wie Tabellen geschützt. Sie werden Berechtigungsgruppen zugeordnet, auf denen dann Zugriffsrechte vergeben werden können. Die Zuordnung von Views zu Berechtigungsgruppen wird in der Tabelle TDDAT gespeichert, wo auch die Berechtigungsgruppen zu Tabellen gespeichert werden. Abb. 6.4.7 zeigt einen Ausschnitt aus der Tabelle TDDAT mit den zugeordneten Berechtigungsgruppen zu Views.

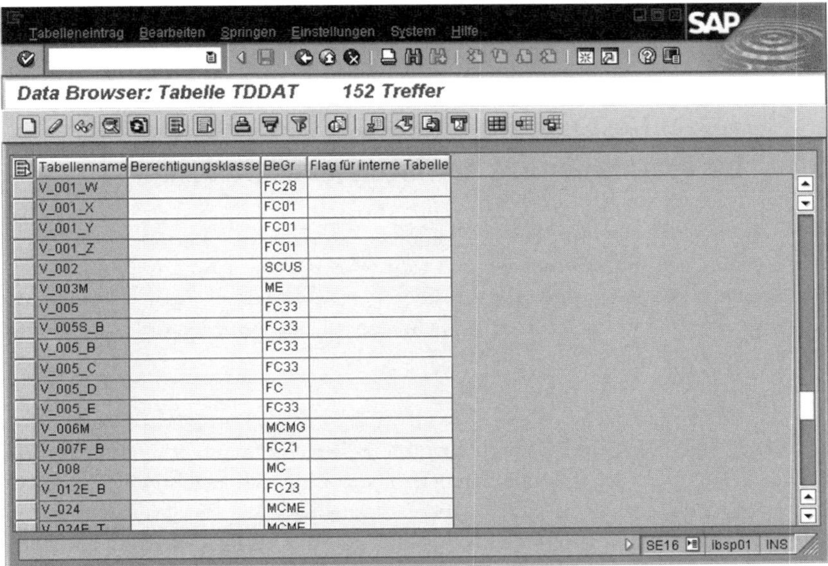

Abb. 6.4.7: Tabelle TDDAT - Views mit Berechtigungsgruppen

Die Berechtigungen werden mit dem Berechtigungsobjekt S_TABU_DIS vergeben. Das Objekt enthält folgende Felder:

Aktivität:
    Aktivität 02: Ändern (Datensätze ändern, löschen einfügen)
    Aktivität 03: Anzeigen
Berechtigungsgruppe:
    Hier wird die Berechtigungsgruppe angegeben gem. der Tabelle TDDAT.

Um Berechtigungen auf Views zu überprüfen ist folgendermaßen vorzugehen:

- Zur View ist die Berechtigungsgruppe über die Tabelle TDDAT zu ermitteln. Findet sich kein Eintrag in TDDAT, ist die View über die Berechtigungsgruppe &NC& geschützt.
- Die Berechtigungen sind mit dem Report RSUSR002 zu prüfen. Rufen Sie den Report mit der Transaktion SA38 auf. Geben Sie im Block *Selektion nach Werten* im Feld *Berechtigungsobjekt 1* das Objekt S_TABU_DIS ein mit folgenden Werten:

Bei Prüfung von lesenden Rechten:
  Aktivität: 03
  Berechtigungsgruppe: wie über TDDAT ermittelt oder &NC&
Bei Prüfung von ändernden Rechten:
  Aktivität: 02
  Berechtigungsgruppe: wie über TDDAT ermittelt oder &NC&

6.5 Die Protokollierung der Tabellenänderungen

SAP R/3 bietet die Möglichkeit, Änderungen an Tabellen zu protokollieren. Somit kann nachvollzogen werden, welche Benutzer wann in den Tabellen Datensätze verändert, hinzugefügt oder gelöscht haben. Aus Gründen der Systemperformance ist es allerdings nicht sinnvoll, alle Tabellen des Systems protokollieren zu lassen.

Standardmäßig hat SAP bereits ca. 11.000 Tabellen zur Protokollierung vorgesehen. Dies sind maßgeblich Customizing-Tabellen, die manuell im Rahmen des Customizings geändert werden können. Hier sind auch rechnungslegungsrelevante Tabellen enthalten, deren Änderungsprotokollierung gesetzlich vorgeschrieben ist. Customizing-Tabellen gelten als Verfahrensanweisung und sind daher gem. §257 HGB 10 Jahre aufbewahrungspflichtig. Die Tabellenprotokollierung ist somit keine KANN-Einstellung, sondern eines MUSS-Einstellung.

Die rechnungslegungsrelevanten Stamm- und Bewegungsdaten werden über Änderungsbelege protokolliert, um die gesetzlichen Auflagen zu erfüllen (siehe Kapitel 6.6).

Damit die Änderungen einer Tabelle protokolliert werden, sind zwei Voraussetzungen zu erfüllen. Die generelle Protokollierung muss aktiviert sein, und die Tabelle muss zur Protokollierung vorgesehen sein. Die Protokollsätze werden in der Tabelle DBTABLOG gespeichert (in älteren Systemen vor R/3-Release 4.0 in der Tabelle DBTABPRT).

Im AIS finden Sie Informationen zur Tabellenprotokollierung unter dem Pfad *System Audit - Repository / Tabellen - Tabellenaufzeichnungen.*

6.5.1 Die Aktivierung der Protokollierung

Standardmäßig werden keine Tabellenänderungen protokolliert. Dies muss explizit mandantenabhängig aktiviert werden. Die Aktivierung erfolgt über den R/3-Parameter *rec/client*. Der Parameter kann folgende Einträge enthalten:

OFF = Die Protokollierung ist deaktiviert.
ALL = Die Protokollierung ist für alle Mandanten des Systems aktiviert.
<Mandantennummer>, [...] = Nur die angegebenen Mandanten werden protokolliert.

Alle anderen Einträge (z.B. ON) bedeuten: Die Protokollierung ist deaktiviert.

Die Tabellenprotokollierung ist für die einzelnen Systeme eines Transportverbundes folgendermaßen zu konfigurieren:

Produktivsystem: rec/client = ALL

Hier sind grundsätzlich alle Mandanten zu protokollieren, da mandantenübergreifende Tabellen von allen Mandanten aus geändert werden. Z.B. kann im Mandanten 001 die Tabelle T000 so geändert werden, dass dadurch das Customizing im Mandanten 100 freigeschaltet wird und manuelle Tabellenänderungen möglich sind. Angenommen, der Mandant 100 ist der Produktivmandant, ist diese Änderung rechnungslegungsrelevant und somit aufbewahrungspflichtig. Des weiteren finden auch im Produktivmandanten manuelle Tabellenänderungen statt, z.B. das Ändern von Buchungsperioden und Umrechnungskursen. Auch diese sind natürlich aufbewahrungspflichtig.

Qualitätssicherungssystem: <Keine Vorgabe>

Aus streng gesetzlicher Sicht müssen Tabellenänderungen hier nicht protokolliert werden, da von hier keine Änderungen in das Produktivsystem gelangen können. Über das Transportsystem ist es standardmäßig nicht möglich, etwas vom Qualitätssicherungssystem in das Produktivsystem zu transportieren (zur Funktionsweise von Transporten siehe Kapitel 7.5). Allerdings finden hier die Freigabeverfahren für die Customizing-Einstellungen statt, die im Entwicklungssystem eingestellt und hierher transportiert wurden. Änderungen an Tabellen könnten hier somit das Freigabeverfahren beeinflussen. Daher ist es ratsam, auch hier Tabellenänderungen protokollieren zu lassen und diese Protokolle regelmäßig auszuwerten. Da in diesem System generell keine manuellen Tabellenänderungen stattfinden sollen, kann rec/client hier auf den Wert ALL gesetzt werden, ohne dass große Speicherplatzprobleme durch die Protokolle entstehen.

Entwicklungssystem: rec/client = 000, <sowie alle Mandanten, von denen aus Transporte möglich sind>

In diesem System finden die eigentlichen Tabellenänderungen (Customizing) statt. Daher muss hier zwingend protokolliert werden. Diese Protokolle unterliegen dann auch der Aufbewahrungspflicht gem. §257 HGB. Zu protokollieren ist mindestens der Mandant 000 sowie alle Mandanten, von denen aus technisch Transporte möglich sind. Dies ist eine Einstellung in den *Mandanteneigenschaften*. Sie kann kontrolliert werden über die Transaktion SCC4 bzw. SM30 (Tabelle T000). Hier werden durch einen Doppelklick auf einen Mandanten seine Eigenschaften angezeigt. Im Block *Änderungen und Transporte für mandantenabhängige Objekte* sind vier Einstellungen möglich (für detaillierte Beschreibungen zu diesen Einstellungen siehe Kapitel 7.4.3), je nach Einstellung muss der Mandant protokolliert werden:

Einstellung	**Protokollierungspflichtig**
Änderungen ohne automat. Aufzeichnung	Ja
Automatische Aufzeichnung von Änderungen	Ja
Keine Änderungen erlaubt	Nein
Änderungen ohne autom. Aufz., keine Transporte erlaubt	Nein

Unternehmungen mit einem hohen Sicherheitsanspruch sollten hier alle Mandanten protokollieren lassen (rec/client = ALL), da obige Einstellungen natürlich beliebig geändert werden können.

Durch das Einstellen des Parameters *rec/client* werden nur Tabellenänderungen protokolliert, die direkt im System stattfinden. Über Transporte eingespielte Tabellenänderungen werden nicht protokolliert. Dies muss über die Konfiguration im TMS erfolgen (siehe nächstes Kapitel).

Zur Überprüfung der Parametereinstellung können die Reports RSPARAM oder RSPFPAR genutzt werden. Über den Report RSPFPAR kann in der Selektionsmaske der Parametername direkt eingegeben werden. In Abb. 6.5.1 ist die Ausgabe des Reports dargestellt.

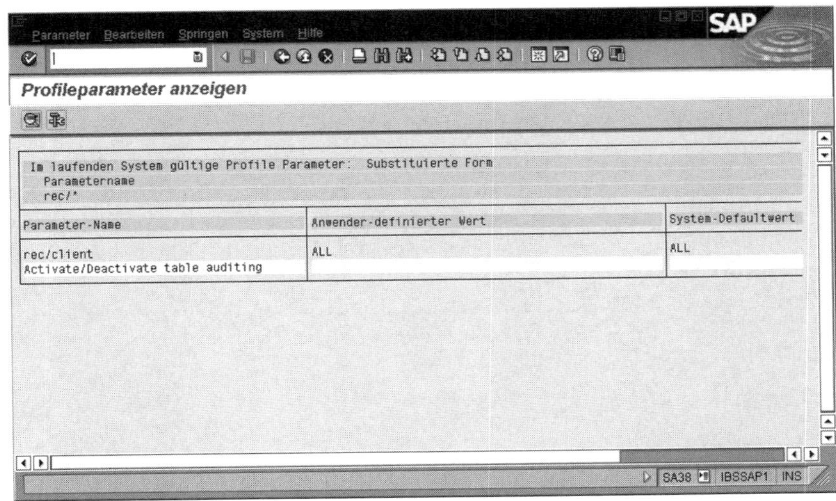

Abb. 6.5.1: RSPFPAR - Einstellung des Parameters rec/client

6.5.2 Protokollierung bei Transporten

Es ist möglich, im R/3-System Tabellenänderungen protokollieren zu lassen, die über Transporte ins System eingespielt werden. Dies ist für das Produktivsystem anzuraten.

Eingestellt wird dies in den Parametern des TMS (Transport Management System), Transaktion STMS. Jedes System hat hier Eigenschaften, unter anderem die zur Konfiguration des Transporttools (Menüpfad in STMS: *Übersicht - Systeme - [Doppelklick auf ein System]* - Register *Transporttool*). Hier werden die Konfigurationsparameter gesetzt. Durch das Einstellen des Parameters REC-CLIENT können Tabellenänderungen, die durch Transporte ins System gelangen, mit protokolliert werden. Der Parameter kann dieselben Werte enthalten wie der Systemparameter *rec/client*:

OFF = Die Protokollierung ist deaktiviert.
ALL = Die Protokollierung ist für alle Mandanten des Systems aktiviert.
<Mandantennummer>, [...] = Nur die angegebenen Mandanten werden protokolliert.

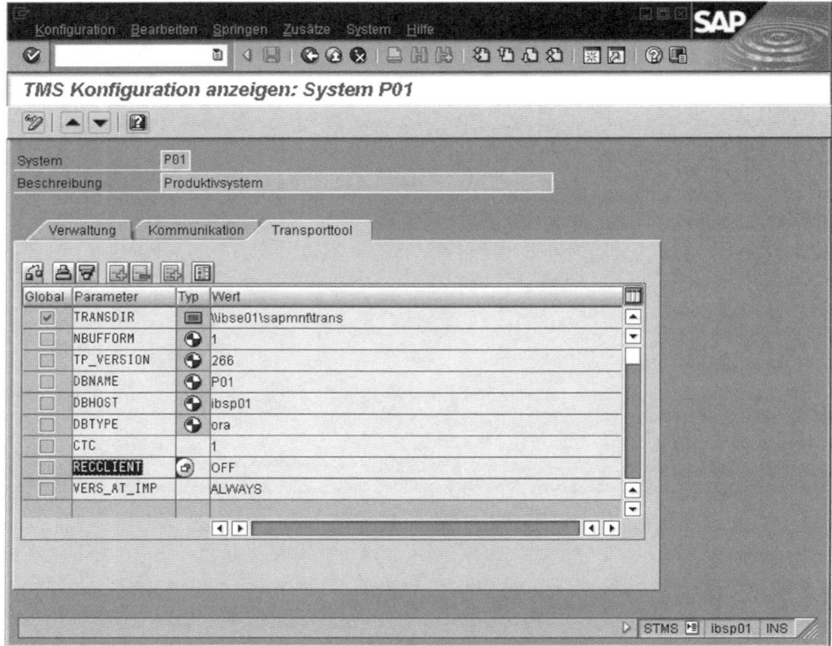

Abb. 6.5.2: Konfiguration des Transportparameters RECCLIENT

Im Produktivsystem sollte dieser Parameter auf den Wert ALL gesetzt werden. Dabei ist zu beachten, dass dann auch Tabellenänderungen aufgezeichnet werden, die durch Support-Packages eingespielt werden. Hierdurch kann die Protokolltabelle DBTABLOG sehr schnell anwachsen. Daher ist insbesondere bei dieser Einstellung ein Archivierungskonzept zu erstellen. Nach der Aktivierung der Protokoll-Parameter haben die Datenbankadministratoren insbesondere die Tabelle DBTABLOG zu beobachten. Für die Archivierung stellt SAP das Archivierungsobjekt BC_DBLOGS zur Verfügung.

Zur Überprüfung, wie der Parameter RECCLIENT konfiguriert ist, kann der Report RSTMSTPP genutzt werden, der alle Transportparameter für ein R/3-System anzeigt. In der Selektionsmaske des Reports müssen Sie den Namen des Systems eintragen, für das Sie die Transportparameter anzeigen möchten.

6.5.3 Die Protokollierung der einzelnen Tabellen

Ob eine Tabelle protokolliert wird oder nicht, wird in den Eigenschaften einer Tabelle selbst eingestellt. Jede Tabelle besitzt die Eigenschaft *Datenänderungen protokollieren*. Diese Eigenschaft wird über die Transaktion SE13 eingestellt.

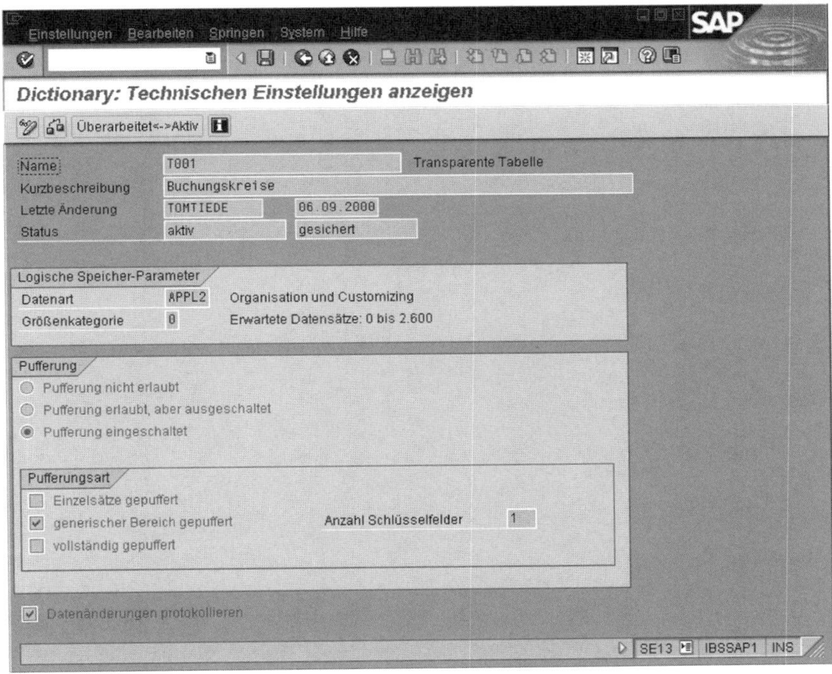

Abb. 6.5.3: SE13 - Datenänderungen protokollieren

Eine Protokollierung ist allerdings nicht für jede Tabelle möglich. Es müssen für jede zu protokollierende Tabelle folgende Eigenschaften erfüllt sein:

- Die Anzahl der Zeichen der Schlüsselfelder darf insgesamt nicht mehr als 250 betragen.
- Die Datenfelder dürfen eine Länge 3.500 Zeichen pro Feld nicht überschreiten (einige Pool- und Clustertabellen besitzen Felder, deren Länge mit mehr als 3.500 Zeichen festgelegt ist, z.B. die Tabelle USR04).

Für einzelne Tabellen kann diese Einstellung über diese Transaktion überprüft werden. Prüfer sollten eine Leseberechtigung hierfür besitzen. Umfassend ist eine

Auswertung über diese Transaktion nicht möglich. Daher sollte dies über die Tabelle der technischen Einstellungen für Tabellen (DD09L) überprüft werden.

Welche maßgeblichen Standard R/3-Tabellen protokollierungspflichtig sind, kann über den OSS-Hinweis 112388 oder den Prüfleitfaden FI ermittelt werden. Da beide sich auf einen älteren R/3-Releasestand beziehen, ist diese Liste allerdings nicht uneingeschränkt vollständig. Gem. diesem Hinweis sind folgende Tabellen protokollierungspflichtig:

T000	Mandanten des Systems
T001*	Buchungskreiseigenschaften
T003*	Belegarten, Vorgangsarten, Auftragsarten
T004*	Kontenpläne
T007*	Steuerschlüssel, Steuerkennzeichen
T008*	Sperrgründe für maschinelle Zahlungen
T012*	Hausbanken
T030	Fixkontentabelle
T033*	Kontenfindung
T042*	Konfiguration Zahlungsprogramm und Zahlwege
T044A	Methoden der Fremdwährungsbewertung
T044Z	Kontokorrentkonten mit geändertem Mitbuchkonto
T074	Sonderhauptbuchkonten
T077*	Kontengruppen Debitoren, Kreditoren, Sachkonten
T078*	Transaktionsabhängige Bildsteuerung Debitoren, Kreditoren, Sachkonten, Werke
T079*	Buchungskreisabhängige Bildsteuerung Debitoren (FI und Vertrieb), Kreditoren (FI und Einkauf)
T169*	Konfiguration Rechnungsprüfung
TACTZ	Gültige Aktivitäten pro Berechtigungsobjekt
TADIR	Katalog der Repository-Objekte
TASYS	Veraltet, wird nicht mehr genutzt
TBAER	Belegänderungsregeln
TBRG	Liste der Berechtigungsgruppen
TCUR*	Konfiguration der Umrechnungskurse
TDDAT	Zuordnung von Berechtigungsgruppen zu Tabellen
TDEVC	Entwicklungsklassen / Pakete
TSTC	Liste aller Transaktionen
TSYST	Veraltet, wird nicht mehr genutzt

Zusätzlich zu den SAP Standardtabellen sind natürlich auch unternehmenseigene Tabellen zu protokollieren. Für diese Tabellen gilt, dass sie protokolliert werden müssen wenn sie folgende Daten enthalten:

Stammdaten
Bewegungsdaten
Customizing-Daten
Systemsteuerungsdaten

Prüfen der nicht protokollierten Tabellen
Zur Überprüfung, welche Tabellen nicht protokolliert werden, rufen Sie über die Transaktion SE16 die Tabelle DD09L auf. Lassen Sie in der Selektionsmaske das Feld *Protokoll* leer, und wählen Sie als Selektionskriterium "=" aus (Abb. 6.5.4).

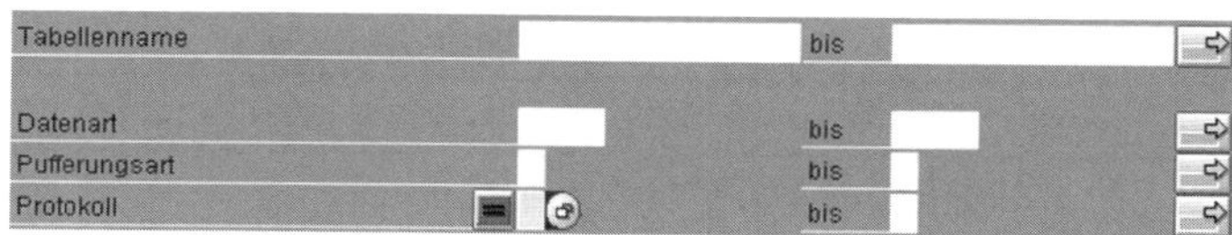

Abb. 6.5.4: DD09L: Tabellen, die nicht protokolliert werden

Zur Überprüfung, welche Tabellen protokolliert werden, haben Sie zwei Möglichkeiten: über die Tabelle DD09L oder den Report RSTBHIST.

Prüfen der protokollierten Tabellen über DD09L
Rufen Sie über die Transaktion SE16 die Tabelle DD09L auf. Geben Sie als Selektionskriterium ein "X" im Feld *Protokoll* ein (Abb. 6.5.5).

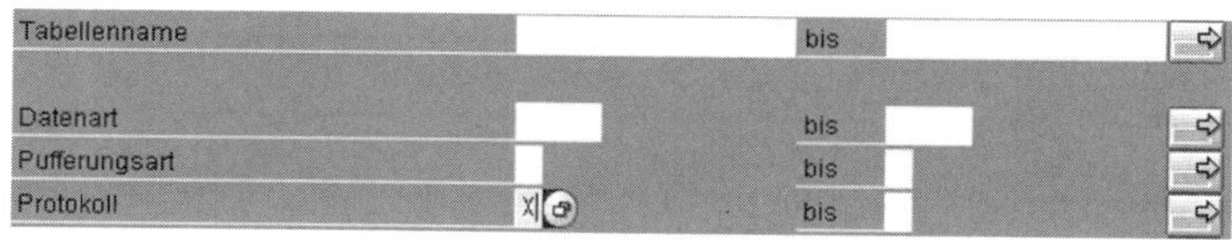

Abb. 6.5.5: DD09L: Tabellen, die protokolliert werden

Prüfen der protokollierten Tabellen über RSTBHIST
Rufen Sie über die Transaktion SA38 den Report RSTBHIST auf. Klicken Sie dann auf die Schaltfläche *Liste der protokollierten Tabellen.* Die Anzahl der angezeigten Tabellen wird hier allerdings nicht mit angegeben (Abb. 6.5.6).

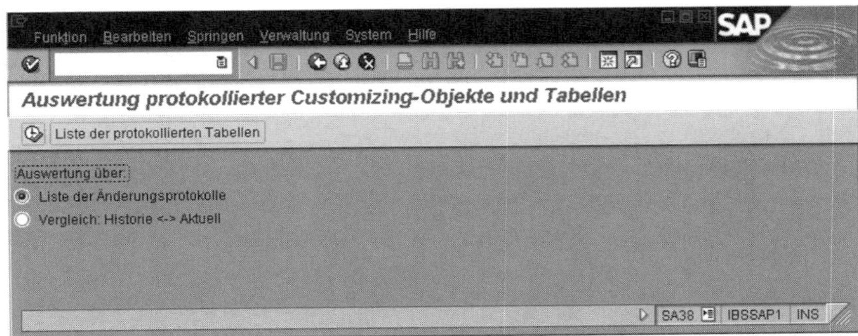

Abb. 6.5.6: RSTBHIST: Tabellen, die protokolliert werden

Prüfen der Änderungen an der Protokolleinstellung

Änderungen an der Einstellungen der Protokollierung werden automatisch von R/3 protokolliert. Bei jeder Änderung wird eine neue Version erzeugt. Die Änderungen der als Delta zur ursprünglichen Version gespeichert und können jederzeit aufgerufen bzw. verglichen werden.

Sie können die Versionen für eine einzelne Tabelle mit der Transaktion SE13 anzeigen lassen. Tragen Sie in der Einstiegsmaske der Transaktion den Tabellennamen ein und klicken Sie auf die Schaltfläche *Anzeigen*. Hier wählen Sie den Menüpfad *Springen - Versionsverwaltung* aus. Um sich eine Version anzeigen zu lassen markieren Sie diese und klicken auf die Schaltfläche *Anzeigen*. Zum Vergleich zweier Versionen markieren Sie beide Versionen und klicken dann auf die Schaltfläche *Vergleichen*. Die Unterschiede werden dort farblich markiert. Um nur die Änderungen anzeigen zu lassen klicken Sie auf die Schaltfläche *Deltadarstellung*.

Zur Überprüfung, von welchen Tabellen die technischen Eigenschaften geändert wurden, kann der Report RSVCDI00 (*Versionenanzeiger für alle versionierbaren Objekttypen*) genutzt werden. In der Einstiegsmaske des Reports werden alle Objektklassen angezeigt, zu denen automatisch von R/3 Versionen bei Änderungen erzeugt werden. Von diesem Report aus können somit alle Versionshistorien aller Objekte angezeigt werden.

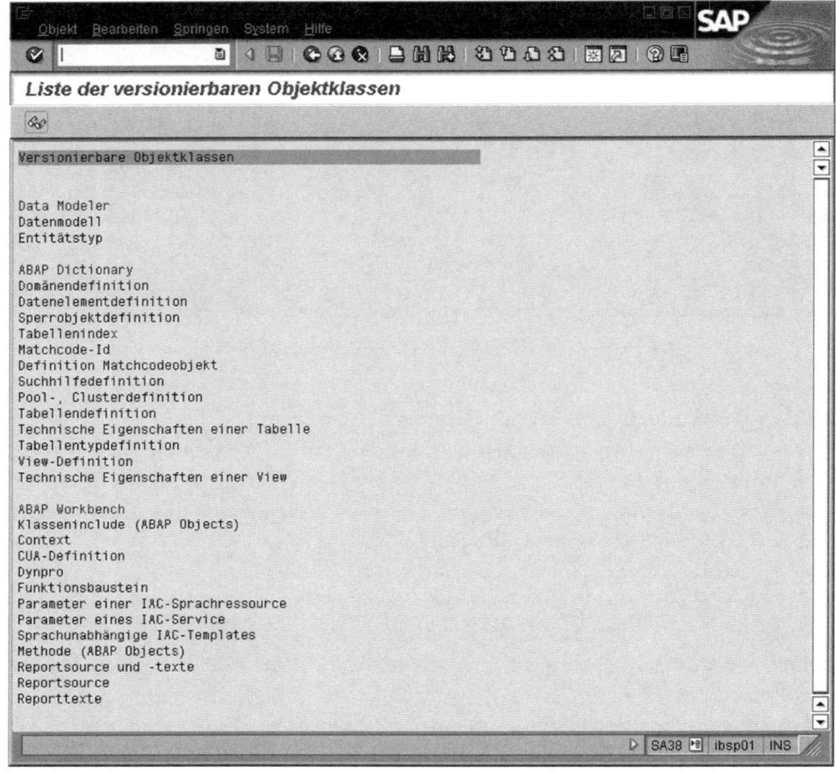

Abb. 6.5.7: Liste aller Objekttypen, zu denen Versionen erzeugt werden

Zur Überprüfung, von welchen Tabellen u.a. das Protokollflag geändert wurde, ist der Eintrag *Technische Eigenschaften einer Tabelle* mit Doppelklick auszuwählen. Im darauffolgenden Fenster kann eingegrenzt werden auf einzelne Tabellennamen (auch generische Angaben sind möglich, z.B. T*), auf die Auftragsnummern, dem Änderer (Autor) oder ab einem speziellen Datum. Um eine Liste aller geänderten Tabellen zu bekommen lassen Sie die Selektionsmaske leer.

Um die Änderungen an einer Tabelle anzeigen zu lassen doppelklicken Sie auf diese. Es werden aller Versionen angezeigt. Ist nur eine einzige Version vorhanden (mit Namen Aktiv), so wurden an dieser Tabelle noch keine Änderungen vorgenommen. Ausnahme: die Änderung erfolgte durch einen Transport und im aktuellen System werden keine Versionen durch Importe erzeugt (Transportparameter VERS_AT_IMP, siehe auch Kapitel 7.7.6). In dem Fall wird die Versionshistorie nur in dem System vorgehalten, in dem die tatsächliche Änderung stattgefunden hat, meistens im Entwicklungssystem.

Um eine Version anzeigen zu lassen markieren Sie diese und klicken auf die Schaltfläche *Anzeigen*. Um Änderungen an Versionen anzeigen zu lassen markieren Sie die beiden Versionen, die Sie vergleichen möchten (z.B. die Version *Aktiv* und die Version mit der höchsten Versionsnummer, um die letzte Änderung anzuzeigen). Klicken Sie dann auf die Schaltfläche *Vergleichen*. Die Unterschiede werden dort farblich markiert. Um nur die Änderungen anzeigen zu lassen, klikken Sie auf die Schaltfläche *Deltadarstellung* Abb. 6.5.8 zeigt eine Änderung an der Protokoll-Eigenschaft der Tabelle AGR_USERS.

Abb. 6.5.8: Änderung an der Protokolleigenschaft einer Tabelle

6.5.4 Die Auswertung der Tabellenänderungen

Die Auswertung der Protokollierung erfolgt bis zum R/3-Release 4.0B über den Report RSTBPROT. Ab dem R/3-Release 4.5A wird hierfür der Report RSVTPROT genutzt, der eine übersichtlichere Auswertung bietet. Der Report sollte mindestens einmal pro Tag aufgerufen werden, um sicherzustellen, dass vom System korrekt protokolliert wurde. Der Report kann im AIS unter *System Audit - Repository / Tabellen - Tabellenaufzeichnungen - Auswertung Tabellenhistorie (RSTBPROT / RSVTPROT)* aufgerufen werden.

Tabellenänderungen auswerten bis R/3-Release 4.0B
Rufen Sie über die Transaktion SA38 den Report RSTBPROT auf. Alternativ kann der Report im AIS über *System Audit - Repository / Tabellen - Tabellenaufzeichnungen* aufgerufen werden. Zur Überprüfung der Änderungen an Tabellen können in der Selektionsmaske der Zeitraum sowie die auszuwertende Tabelle angegeben werden.

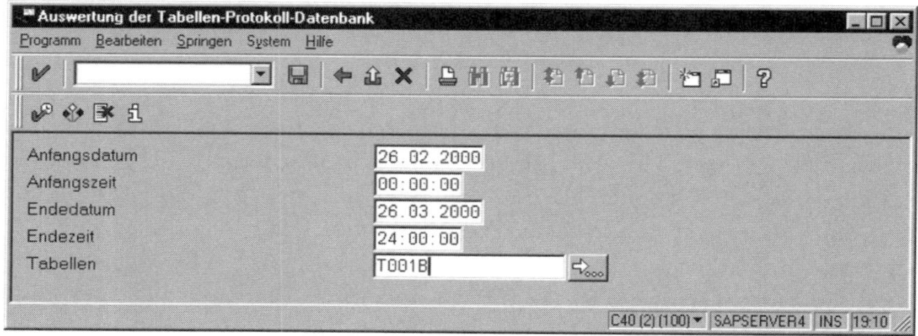

Abb. 6.5.9: Selektionsmaske des Reports RSTBPROT

In der Anzeige des Reports wird für jede ausgewählte Tabelle zuerst der Tabellenaufbau angezeigt (die Felder mit einem X in der Spalte *Key* sind die Schlüsselfelder der Tabelle). Danach werden alle Änderungen dieser Tabelle angezeigt. Die ersten vier Spalten enthalten folgende Daten:

- Benutzer: Der Benutzer, der die Änderung vorgenommen hat
- Tcod: Die Transaktion, über die diese Veränderung vorgenommen wurde
- Datum/Zeit: Datum und Uhrzeit der Änderung
- Art: Art der Änderung
  - o UPD Tabelleneintrag wurde geändert
  - o INS Tabelleneintrag wurde eingefügt
  - o DEL Tabelleneintrag wurde gelöscht

Bei den Arten UPD und DEL wird immer der Stand vor der Tabellenänderung protokolliert.

Danach werden alle Schlüsselfelder der Tabelle angezeigt (farbig hinterlegt), als letztes die Datenfelder der Tabelle (Abb. 6.5.8).

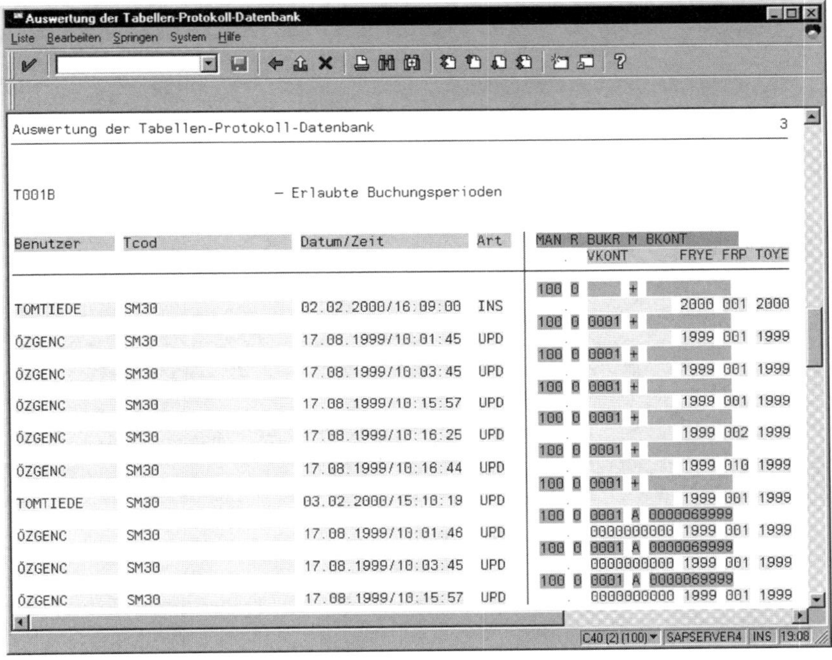

Abb. 6.5.10: Der Report RSTBPROT - Auswertung der Tabellenprotokollierung

Tabellenänderungen auswerten ab R/3-Release 4.5A

Rufen Sie über die Transaktion SA38 den Report RSVTPROT auf. Alternativ kann der Report im AIS über *System Audit - Repository / Tabellen - Tabellenaufzeichnungen* aufgerufen werden. Zur Überprüfung der Änderungen an Tabellen können in der Selektionsmaske der Zeitraum sowie die auszuwertende Tabelle angegeben werden. Markieren Sie im Block *Auswertung bezüglich* den Punkt *Tabellen*. Es ist auch möglich anzeigen zu lassen, ob Tabellen über eine bestimmte View geändert wurden. Tragen Sie hierfür den View-Namen im Feld *Customizing-Objekt/Tabelle* ein, und markieren Sie im Block *Auswertung bezüglich* den Punkt *Customizing-Objekt* (Abb. 6.5.9).

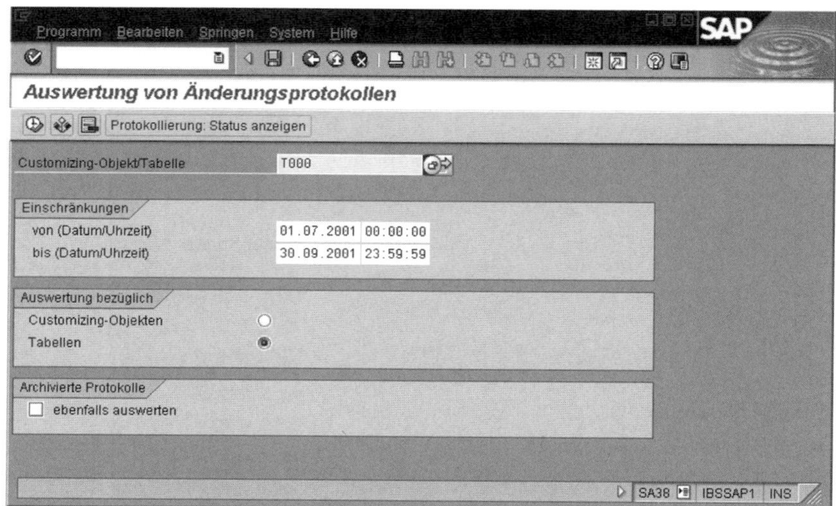

Abb. 6.5.11: Selektionsmaske des Reports RSVTPROT

In der Anzeige wird übersichtlich dargestellt, ob Datensätze hinzugefügt, gelöscht oder geändert wurden (Abb. 6.5.10).

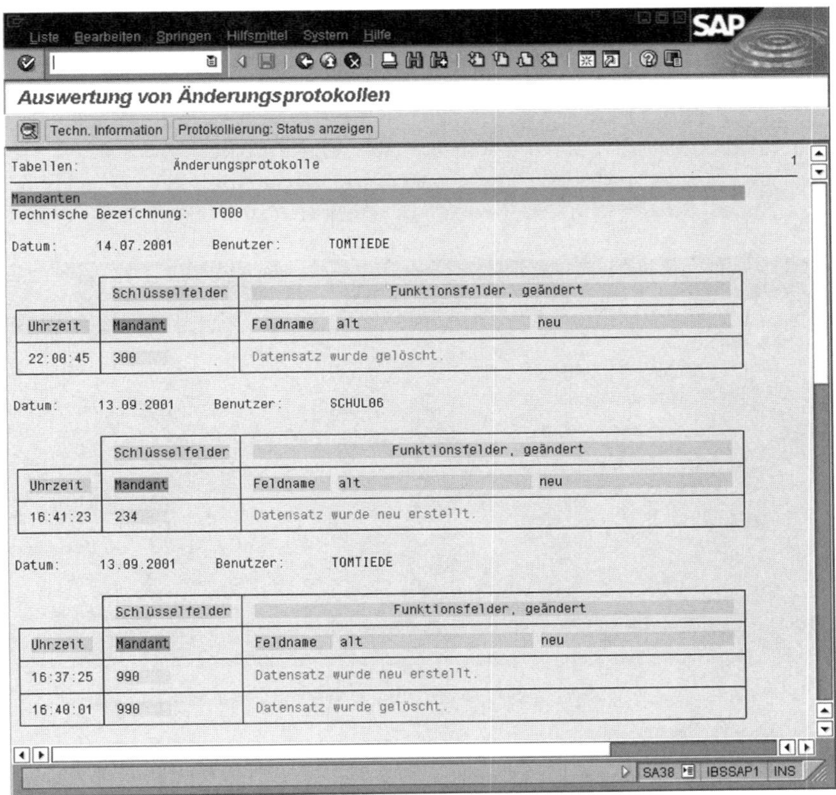

Abb. 6.5.12: Der Report RSVTPROT - Auswertung der Tabellenprotokollierung

Tabellenänderungen auswerten über das Customizing (ab R/3-Release 4.5A)

Ab dem R/3-Release 4.5A ist über den Report RSVTPROT auch eine Auswertung über die Tabellenänderungen möglich, die über das Customizing durchgeführt wurden (über die Pflege-Views). Das Customizing erfolgt maßgeblich über den Einführungsleitfaden (Transaktion SPRO), der auch mit rein lesenden Rechten aufgerufen werden kann. In Kapitel 7.6 ist beschrieben, wie der Einführungsleitfaden funktioniert und wie von dort aus Änderungsprotokolle eingesehen werden können.

Vergleich zweier Versionsstände von Tabellen

Neben dem reinen Anzeigen von Änderungsprotokollen besteht auch die Möglichkeit, den aktuellen Stand einer Tabelle mit einem Stand vom Zeitpunkt X zu vergleichen. Dies ist mit dem Report RSTBHIST bzw. der Transaktion SCU3 möglich. Markieren Sie zum Vergleich den Punkt *Vergleich: Historie <-> Aktuell*, und führen Sie den Report aus.

In der darauffolgenden Maske können Sie die Tabelle (keine Views), die Sie vergleichen möchten, sowie das Vergleichsdatum eintragen (Abb. 6.5.11). Klicken Sie dann auf die Schaltfläche *Vergleichen* um den Vergleich zu starten.

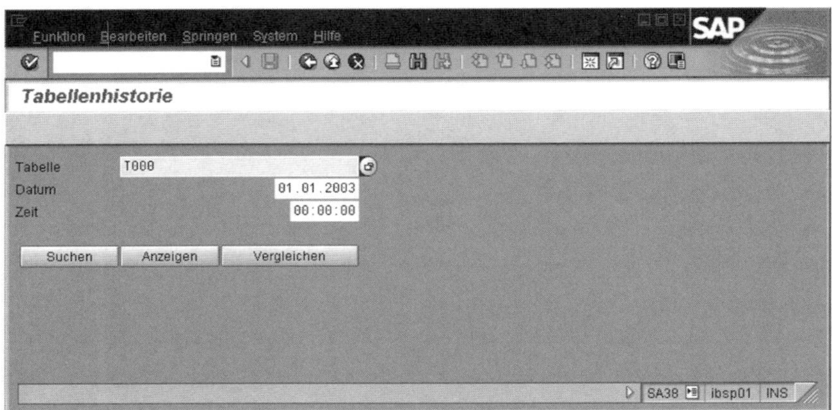

Abb. 6.5.13: Selektion zum Vergleich zweier Versionsstände von Tabellen

Im Ergebnis werden die beiden Versionsstände gegenübergestellt. Geänderte Felder sind blau unterlegt. Durch einen Doppelklick auf ein Feld wird der ganze Datensatz in einer anderen Sichtweise dargestellt, in der jedes einzelne Feld des alten Standes dem aktuellen Stand gegenübergestellt wird.

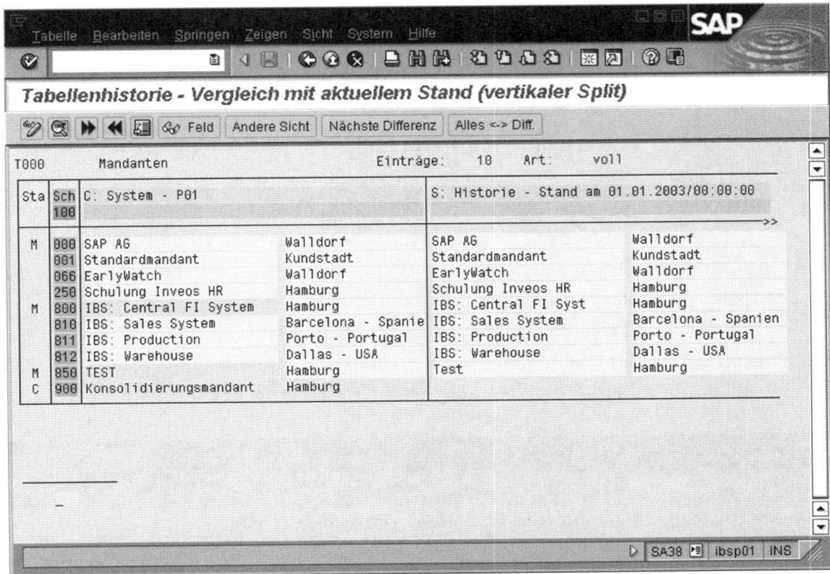

Abb. 6.5.14: Anzeige des Vergleichs der Tabelle T000

Durch einfaches Klicken auf ein Feld und Drücken der Taste F1 erhalten Sie eine Kurzbeschreibung zum Feld sowie die technischen Daten. Durch Drücken der Taste F8 werden zu dem Feld jeweils der aktuelle und der alte Stand angezeigt.

Über die Schaltfläche *Andere Sicht* kann umgeschaltet werden in eine Sicht, in der die Tabelleneinträge nicht nebeneinander, sondern untereinander dargestellt werden.

Mit einer Änderungsberechtigung für die angezeigte Tabelle ist es auch möglich, die Feldinhalte der alten Version in die aktuelle zu übernehmen. Dies stellt eine Tabellenänderung dar, die wie eine manuelle Änderung über die Tabellenprotokollierung protokolliert wird.

6.5.5 Löschen von Tabellenänderungsprotokollen

SAP R/3 stellt eine Funktion zur Verfügung, mit der Tabellenänderungsprotokolle unwiderruflich gelöscht werden können. Diese Löschung ist im System nicht nachvollziehbar und stellt daher einen besonders kritischen Vorgang dar, der nur nach dem Vier-Augen-Prinzip durchgeführt werden darf. Generell sollten Tabellenänderungsprotokolle allerdings nicht gelöscht, sondern archiviert werden. Hierfür stellt SAP R/3 das Archivierungsobjekt BC_DBLOGS zur Verfügung.

Das Löschen von Tabellenänderungsprotokollen ist mit dem Report RSTBPDEL möglich. Dieser kann manuell aufgerufen werden oder über den Report RSTBHIST bzw. die Transaktion SCU3 über den Menüpfad *Bearbeiten - Protokolle - Löschen*. Das Löschen von Tabellenänderungsprotokollen erfolgt grundsätzlich mandantenübergreifend. Würden z.B. im Produktivsystem im Mandanten 000 die Änderungsprotokolle zur Tabelle T001B (Buchungsperioden) gelöscht, wären diese Protokolle aus allen Mandanten gelöscht, auch aus dem Produktivmandanten. Daher ist das Zugriffsrecht zum Löschen dieser Tabellenänderungsprotokolle in allen Mandanten als äußerst kritisch anzusehen.

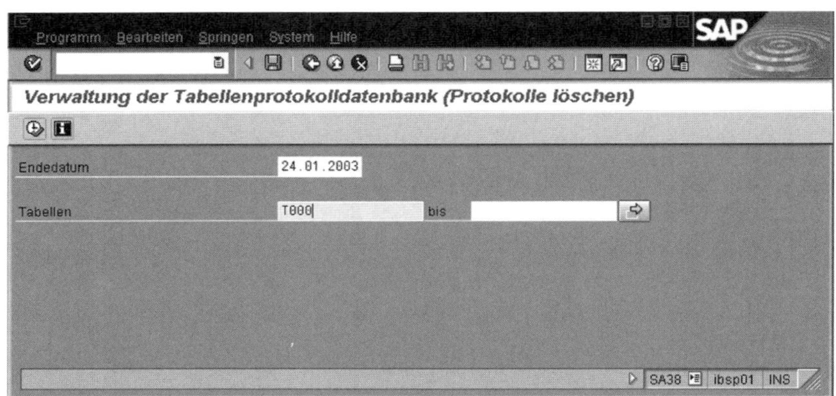

Abb. 6.5.15: Der Report RSTBPDEL - Löschen von Tabellenänderungsprotokollen

Als Zugriffsrecht wird überprüft, ob der Anwender die Tabelle DBTABLOG ändern darf. Es handelt sich hierbei also um ein reines Tabellenänderungsrecht auf die beiden Berechtigungsobjekte S_TABU_DIS und S_TABU_CLI:

Berechtigungsobjekt S_TABU_DIS (Tabellenpflege)
Aktivität: 02 (Ändern)
Berechtg.-Gruppe: SA (RS: Anwendungstabelle)

Berechtigungsobjekt S_TABU_CLI (Tabellenpflege mandantenunabhängiger Tabellen)
Kennzeichen: X (Darf mandantenunabhängige Tabellen pflegen)

Das Zugriffsrecht zum Ändern der Gruppe, in der die Tabelle DBTABLOG enthalten ist (standardmäßig SA), in Verbindung mit dem Änderungsrecht für mandantenunabhängige Tabellen (S_TABU_CLI) ist daher sehr kritisch und nur nach dem Vier-Augen-Prinzip einzusetzen. Außer dem Notfallbenutzer sollte niemand über dieses Zugriffsrecht verfügen.

6.5.6 Nutzung der Protokollierung zur Systemsicherheit

Die Protokollierung kann nicht nur zur Nachvollziehung der betriebswirtschaftlichen Vorgänge genutzt werden, sondern auch zur Erhöhung der Systemsicherheit. Viele Vorgänge im R/3-System können nicht nachvollzogen werden, da sie nicht für eine Protokollierung vorgesehen sind. So war es z.B. vor der Einführung des AuditLogs nicht möglich, Benutzeran- und -abmeldungen protokollieren zu lassen. Da aber alle Daten des R/3-Systems in Tabellen gespeichert werden (außer den Parametern und den Logs), ist auch eine Protokollierung aller gewünschten Vorgänge möglich.

Beispiel 1: Protokollierung der Tabelle USR41 (Angemeldete Benutzer mit Terminalinformationen)

Eine Möglichkeit, eventuelle Eindringversuche ins System nachzuvollziehen, bietet die Protokollierung der Tabelle USR41. In dieser Tabelle werden zum Zeitpunkt einer Anmeldung eines Benutzers seine Workstation und seine IP-Adresse gespeichert (siehe auch Kapitel 5.10). Die Daten bleiben allerdings nur für die Dauer der Anmeldung des Benutzers in der Tabelle enthalten. Um hier einen lückenlosen Nachweis zu führen, von welcher Workstation aus ein Benutzer gearbeitet hat, kann die Protokollierung dieser Tabelle aktiviert werden. Das Protokoll kann dann z.B. auf folgende Fragestellungen ausgewertet werden:

- Erfolgten Anmeldungen zu ungewöhnlichen Uhrzeiten (nachts, am Wochenende)?
- Von welchen Workstations aus erfolgten diese Anmeldungen?
- Erfolgten Anmeldungen von Workstations, von denen eigentlich kein Zugriff auf R/3 möglich sein sollte?
- Erfolgten Anmeldungen von unbekannten Workstations (z.B. LapTops)?

Beispiel 2: Protokollierung der Tabelle DEVACCESS

In der Tabelle DEVACCESS werden die Entwicklerschlüssel gespeichert (siehe Kapitel 7.3.1). Um nachzuvollziehen, welche Benutzer einen Entwicklerschlüssel eingegeben haben und wann evtl. solche Schlüssel gelöscht wurden, ist es sinnvoll, diese Tabelle protokollieren zu lassen.

Beispiel 3: Protokollierung der Tabelle USREFUS

In der Tabelle USREFUS werden Zuordnungen von Referenzbenutzern zu Benutzern gespeichert. Durch Referenzbenutzer erhalten Benutzer beim Anmelden an R/3 automatisch auch deren Rechte (zu Referenzbenutzern siehe Kapitel 5.5). Diese Referenzbenutzerzuordnungen werden nicht von R/3 protokolliert. Da hierdurch nicht nachvollziehbar Zugriffsrechte zugeordnet werden können, stellt das natürlich einen sehr kritischen Vorgang dar. Durch die Protokollierung der Tabelle USREFUS werden Zuordnungen von Referenzbenutzern zu Benutzern protokolliert.

6.5.7 Zugriffsrechte

Ändern des Parameters rec/client

Berechtigungsobjekt S_TCODE (Transaktionsberechtigung)
- Transaktionscode: RZ10

Berechtigungsobjekt S_RZL_ADM (Rechenzentrum-Leitstand)
- Aktivität: 01 (Anlegen und Ändern)

Protokollflag für Tabellen ändern

Berechtigungsobjekt S_TCODE (Transaktionsberechtigung)
- Transaktionscode: SE13

Berechtigungsobjekt S_DEVELOP (Anwendungsentwicklung)
- Aktivität: 02 (Ändern)
- Objekttyp: TABT
- Objektname: <Name einer Tabelle>

Löschen von Tabellenänderungsprotokollen

Berechtigungsobjekt S_TCODE (Transaktionsberechtigung)
- Transaktionscode: SA38 oder SC38 oder SE38 oder START_REPORT

Berechtigungsobjekt S_TABU_DIS (Tabellenpflege)
- Aktivität: 02 (Ändern)
- Berechtg.-Gruppe: SA (RS: Anwendungstabelle)

Berechtigungsobjekt S_TABU_CLI (Tabellenpflege Mandantenunabhängiger Tabellen)
- Kennzeichen: X (Darf mandantenunabhängige Tabellen pflegen)

6.5.8 Checkliste zur Protokollierung

Nr.	Verwendung	Fragestellungen / Risiko	Ordnungsmäßigkeits-Vorgaben
1	1	Wurde die Tabellenprotokollierung für das Produktivsystem aktiviert (*rec/client*)? Hier besteht das Risiko, dass Änderungen an rechnungslegungsrelevanten Tabellen nicht protokolliert werden und somit gegen §257 HGB verstoßen wird.	Die Protokollierung ist für das Produktivsystem für alle Mandanten zu aktivieren.
2	1	Wurde für das Produktivsystem die Protokollierung für Importe von Tabelleninhalten aktiviert? Hier besteht das Risiko, dass über Transporte Tabellenänderungen eingespielt werden, die nicht über Protokolle nachvollzogen werden können.	Die Protokollierung für Importe von Tabelleninhalten ist zu aktivieren.
3	1	Wurde die Tabellenprotokollierung für das Qualitätssicherungssystem aktiviert (*rec/client*)? Hier besteht das Risiko, dass durch nicht nachvollziehbare Tabellenänderungen das Freigabeverfahren beeinflusst wird.	Die Protokollierung für das Qualitätssicherungssystem sollte aktiviert werden.
4	1	Von welchen Mandanten im Entwicklungssystem sind Transporte möglich? Hier besteht das Risiko, dass auch von Test- oder "Spiel-"Mandanten aus Transporte angestoßen werden können und diese Daten bis ins Produktivsystem durchtransportiert werden.	Transporte dürfen nur von den Customizing- und Entwicklungs-Mandanten aus möglich sein.

Nr.	Verwendung	Fragestellungen Risiko	Ordnungsmäßigkeits-Vorgaben
5	1	Wurde die Tabellenprotokollierung für das Entwicklungssystem aktiviert (*rec/client*)? Hier besteht das Risiko, dass Customizing-Einstellungen nicht aufgezeichnet werden, dadurch nicht nachvollziehbar sind und durch die fehlende Protokollierung gegen §257 HGB verstoßen wird.	Die Protokollierung ist für das Entwicklungssystem für alle Mandanten zu aktivieren, von denen aus Transporte möglich sind, sowie für den Mandanten 000.
6	2	Werden rechnungslegungsrelevante SAP Standardtabellen protokolliert (OSS-Hinweis 112388)? Hier besteht das Risiko, dass nicht alle rechnungslegungsrelevanten Einträge protokolliert werden und dadurch gegen §257 HGB verstoßen wird.	Alle rechnungslegungsrelevanten Tabellen sind zu protokollieren.
7	3	Werden Tabellen protokolliert, die der Systemsicherheit dienen? Hier besteht das Risiko, dass kritische Vorgänge wie z.B. die Eingabe von Entwicklerschlüsseln oder das Zuordnen von Referenzbenutzern nicht nachvollzogen werden können.	Tabellen, welche die Systemsicherheit betreffen, sollten ebenfalls protokolliert werden.

Nr.	Verwendung	Fragestellungen / Risiko	Ordnungsmäßigkeits-Vorgaben
8	3	Werden selbst erstellte Tabellen, die rechnungslegungsrelevant sind, protokolliert? Hier besteht das Risiko, dass nicht alle rechnungslegungsrelevanten Einträge protokolliert werden und dadurch gegen §257 HGB verstoßen wird.	Selbst erstellte Tabellen sollten generell protokolliert werden.
9	3	Wer besitzt das Zugriffsrecht zum Löschen der Tabellenänderungsprotokolle? Hier besteht das Risiko, dass Protokolle, die der Aufbewahrungspflicht unterliegen, unwiderruflich und nicht nachvollziehbar gelöscht werden.	Dieses Zugriffsrecht darf nur nach dem Vier-Augen-Prinzip eingesetzt werden.

6.5.9 Praktische Prüfung zur Protokollierung

1. Überprüfen Sie, ob die Tabellenprotokollierung für das Produktivsystem aktiviert wurde!
   Rufen Sie im Produktivsystem die Transaktion SA38 (Menüpfad *System - Dienste - Reporting*) auf, und lassen Sie sich den Report RSPFPAR anzeigen. In der Selektionsmaske geben Sie im Feld *Profileparameter* den Parameter *rec/client* ein (Kleinschreibung beachten). Der Parameter muss den Wert ALL enthalten oder alle Mandanten des Produktivsystems.
2. Überprüfen Sie, ob für das Produktivsystem die Protokollierung für Importe aktiviert wurde!
   Rufen Sie die Transaktion SA38 (Menüpfad *System - Dienste - Reporting*) auf, und lassen Sie sich den Report RSTMSTPP anzeigen. Tragen Sie im Selektionsfeld *System* den dreistelligen Namen des Produktivsystems ein (kann ermittelt werden über *System - Status - Datenbankdaten - Name*). Suchen Sie in der Ergebnis-

liste nach dem Parameter RECCLIENT. Der Parameter-Wert sollte auf ALL stehen (=Protokollierung für alle Mandanten).

3. Überprüfen Sie, ob die Tabellenprotokollierung für das Qualitätssicherungssystem aktiviert wurde!
   Rufen Sie im Qualitätssicherungssystem die Transaktion SA38 (Menüpfad *System - Dienste - Reporting*) auf, und lassen Sie sich den Report RSPFPAR anzeigen. In der Selektionsmaske geben Sie im Feld *Profileparameter* den Parameter *rec/client* ein (Kleinschreibung beachten), und führen Sie den Report aus. Der Parameter muss den von der Unternehmung vereinbarten Wert aufweisen.
4. Überprüfen Sie, von welchen Mandanten im Entwicklungssystem Transporte möglich sind!
   Rufen Sie im Entwicklungssystem die Transaktion SCC4 auf. Alternativ kann die Transaktion SM30 genutzt werden. Hier ist die Tabelle T000 anzuzeigen. Doppelklicken Sie nacheinander auf alle Mandanten um deren Eigenschaften anzuzeigen. Notieren Sie sich alle Mandanten, die im Feld *Änderungen und Transporte für mandantenabhängige Objekte* eine der folgenden Einstellungen besitzen:

   Änderungen ohne automat. Aufzeichnung
   Automatische Aufzeichnung von Änderungen

   Von diesen Mandanten aus sind Transporte möglich. Klären Sie, ob dies nur Entwicklungs- und Customizing-Mandanten sind oder ob auch Test-Mandanten dabei sind.
5. Überprüfen Sie, ob die Tabellenprotokollierung für das Entwicklungssystem aktiviert wurde!
   Rufen Sie im Entwicklungssystem die Transaktion SA38 (Menüpfad *System - Dienste - Reporting*) auf, und lassen Sie sich den Report RSPFPAR anzeigen. In der Selektionsmaske geben Sie im Feld *Profileparameter* den Parameter *rec/client* ein (Kleinschreibung beachten). Der Parameter muss den Mandanten 000 enthalten sowie alle Mandanten, von denen aus Transporte (gem. Punkt 4) möglich sind.
6. Überprüfen Sie, ob rechnungslegungsrelevante SAP Standardtabellen nicht protokolliert werden!
   Rufen Sie über die Transaktion SE16 / SE16N die Tabelle DD09L auf, und lassen Sie das Feld *Datenänderungen protokollieren* leer. Wählen Sie als Selektionskriterium "=" aus. Vergleichen Sie, ob Tabellen, die gem. OSS-Hinweis 112388 protokollierungspflichtig sind, in dieser Liste angezeigt werden (Liste ist hinterlegt in Kapitel 6.5.3).

Tabellenname		bis	
Datenart		bis	
Pufferungsart		bis	
Protokoll		bis	

Alternativ kann auch der Report RDDPRCHK genutzt werden.

7. Überprüfen Sie, ob Tabellen, die der Systemsicherheit dienen, protokolliert werden!
   Rufen Sie über die Transaktion SE16 / SE16N die Tabelle DD09L auf, und geben Sie als Selektionskriterium ein "X" im Feld *Datenänderungen protokollieren* ein. Tragen Sie ins Feld *Tabellenname* den Namen der Tabelle ein, die gem. Unternehmensrichtlinie protokolliert werden soll, z.B.USR41, USREFUS und DEVACCESS.
8. Überprüfen Sie, ob unternehmenseigene Tabellen, die rechnungslegungsrelevant sind, protokolliert werden!
   Rufen Sie über die Transaktion SE16 / SE16N die Tabelle DD09L auf, und geben Sie als Selektionskriterium im Feld *Tabellenname* über die Mehrfachselektion die Werte Y* und Z* ein. Doppelklicken Sie in das Feld *Protokoll*, und wählen Sie die Selektionsoption = aus. Hierdurch werden alle unternehmenseigenen Tabellen angezeigt, die nicht protokolliert werden. Klären Sie anhand dieser Liste, wofür diese Tabellen genutzt werden und ob sie auf Grund ihres Inhaltes protokollierungspflichtig sind.
9. Überprüfen Sie, wer das Zugriffsrecht zum Löschen der Tabellenänderungsprotokolle besitzt!
   Rufen Sie die Transaktion SA38 (Menüpfad *System - Dienste - Reporting*) auf, und lassen Sie sich den Report RSUSR002 anzeigen. Tragen Sie in der Selektionsmaske folgende Werte ein, um die Berechtigungen zum Löschen der Tabellenänderungsprotokolle zu ermitteln:

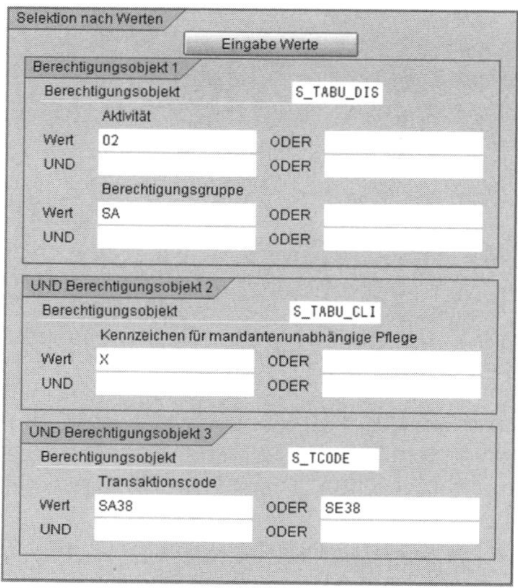

6.6 Die Protokollierung über die Änderungsbelege

6.6.1 Funktionsweise

Änderungen an betriebswirtschaftlichen Daten (z.B. den Buchungsbelegen) werden in R/3 durch Änderungsbelege protokolliert. Im Gegensatz zur Tabellenprotokollierung werden hier allerdings nur die Änderungen aufgezeichnet, nicht das Anlegen neuer Datensätze. So wird z.B. das Anlegen eines neuen Buchungsbeleges hier nicht protokolliert.

Die Protokollierung läuft über sogenannte Änderungsbelegobjekte. In solch einem Objekt werden Tabellen angegeben, die protokolliert werden sollen. Die Objekte werden bis zum R/3-Release 4.5 über die Transaktion SCD0 verwaltet, ab R/3-Release 4.6 über die Transaktion SCDO (Menüpfad *Werkzeuge - ABAP Workbench - Entwicklung - Weitere Werkzeuge - Änderungsbelege*).

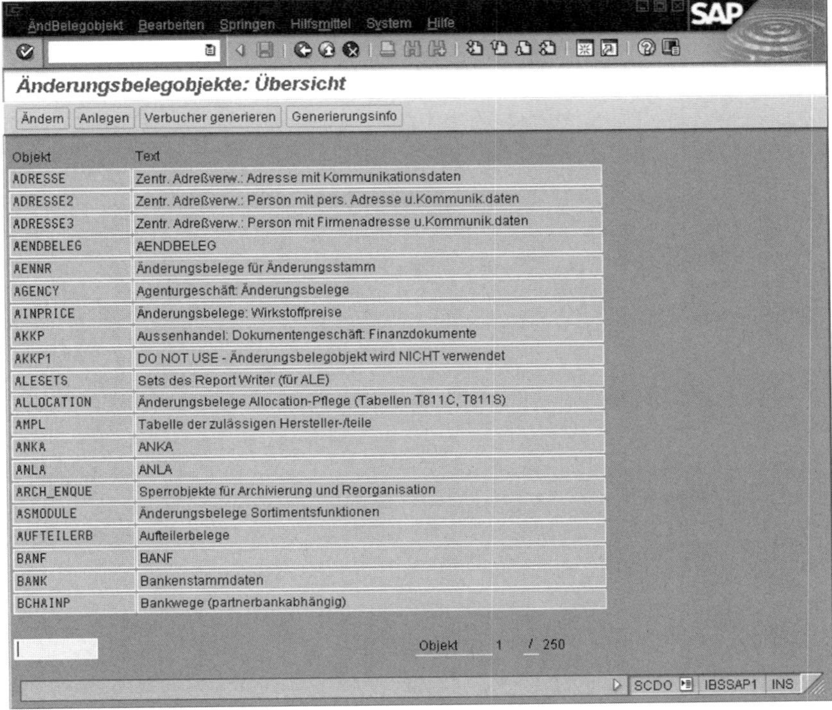

Abb. 6.6.1: Transaktion SCDO - Die Änderungsbelegobjekte

Es sind bereits ca. 400 solcher Objekte im System vordefiniert. Zu jedem Änderungsbelegobjekt sind Tabellen definiert, für die Änderungsbelege geschrieben werden sollen. Z.B. enthält das Änderungsbelegobjekt BELEG die Tabellen, in denen Buchhaltungsbelege gespeichert werden. Änderungen an diesen Tabellen sind gem. §257 HGB aufzeichnungspflichtig, daher sind diese und viele andere Tabellen bereits zur Protokollierung vordefiniert (Abb. 6.6.2).

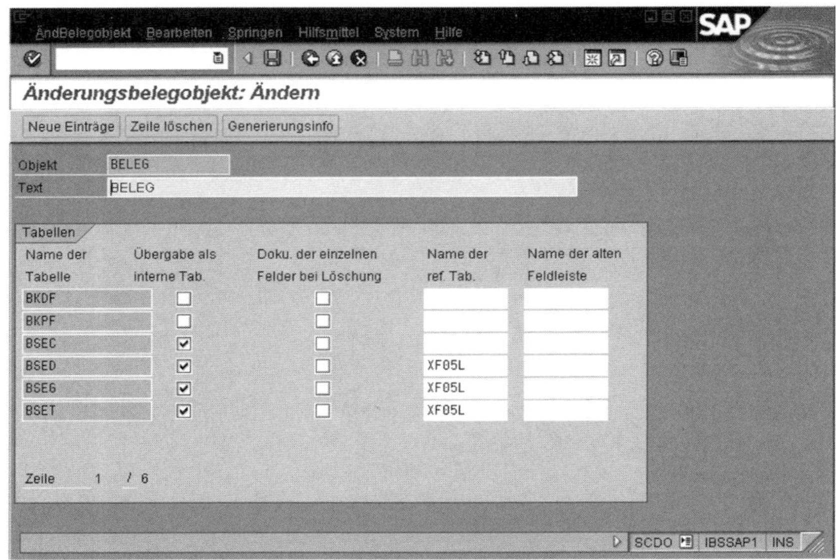

Abb. 6.6.2: Das Änderungsbelegobjekt BELEG

Gespeichert werden die Änderungsbelegobjekte in der Tabelle TCDOB. Hier werden die dem Änderungsbelegobjekt zugeordneten Tabellen angezeigt, daher kann diese Tabelle zur Auswertung genutzt werden.

Allerdings werden in diesen Tabellen nicht, wie über die Tabellenprotokollierung, alle Änderungen in jedem Feld automatisch aufgezeichnet. Hier muss für jedes einzelne Feld der Tabellen festgelegt werden, ob Änderungen innerhalb des Feldes protokolliert werden sollen. In der Tabelle BSEG, in der die Daten der Belegpositionen von Buchhaltungsbelegen gespeichert werden, sind Felder wie *Buchungskreis, Buchungsschlüssel* und *Betrag* zur Protokollierung vorgesehen, die Felder *Faktura* oder Verkaufsbeleg nicht. Welche Felder zu protokollieren sind, wird über die Transaktion SE11 (Menüpfad *Werkzeuge - ABAP Workbench - Entwicklung - Dictionary*) festgelegt. Hier werden die einzelnen Felder der Tabellen angezeigt. Durch einen Doppelklick auf ein Feld in der Spalte *Feldtyp* werden die technischen Einstellungen des Datenelements angezeigt. Hier findet sich die Eigenschaft *Änderungsbeleg*, über welche die Protokollierung des Feldes festgelegt wird (Abb. 6.6.3).

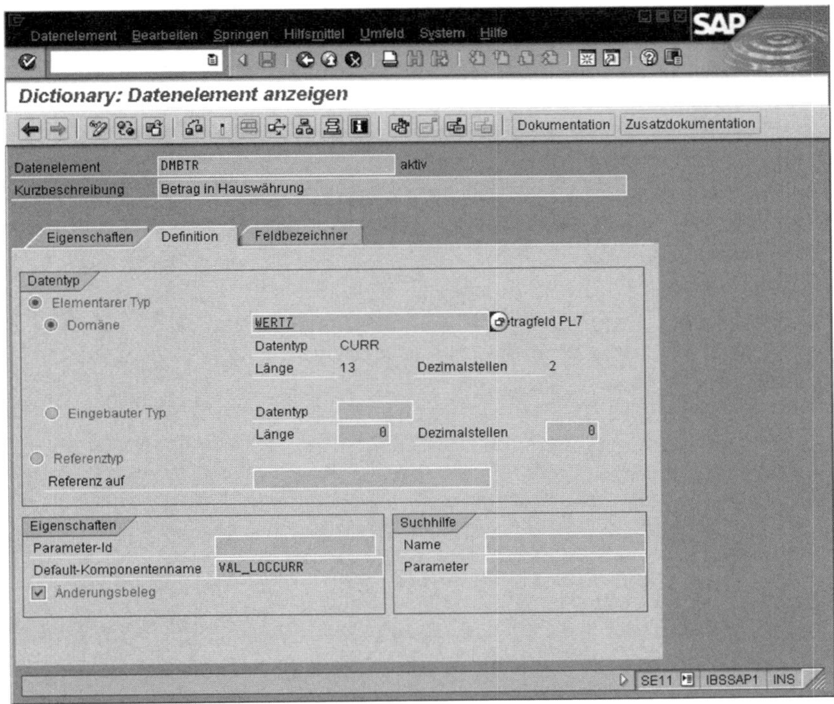

Abb. 6.6.3: Transaktion SE11 - Eigenschaften eines Feldes

Bevor die Protokollierung stattfinden kann, müssen die Änderungsbelegobjekte generiert werden. Bei der Generierung wird ein neuer ABAP-Funktionsbaustein angelegt. Dieser Funktionsbaustein enthält den Quelltext, der zur Protokollierung der Daten notwendig ist. Der Aufruf dieses Funktionsbausteins muss nun in die Programme implementiert werden, über die Änderungen an den Tabellen stattfinden. Für die von SAP bereits vorgegebenen Änderungsbelegobjekte sind diese Aufrufe bereits in den Programmen eingepflegt.

Welcher Funktionsbaustein für die Protokollierung eines Änderungsbelegobjektes genutzt wird, kann über die Schaltfläche *Generierungsinfo* festgestellt werden. Abb. 6.6.4 zeigt einen Ausschnitt aus dem Funktionsbaustein zur Protokollierung des Änderungsbelegobjektes BELEG.

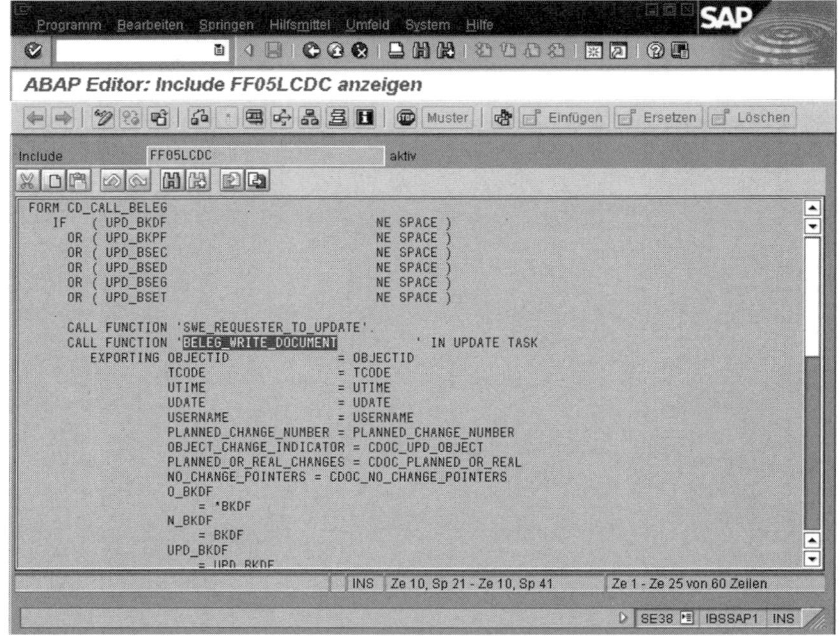

Abb. 6.6.4: Aufruf des Funktionsbausteins BELEG_WRITE_DOCUMENT

Weitere Informationen finden Sie in der SAP-Hilfe unter dem Pfad *R/3-Bibliothek - Basis - ABAP Workbench - BC-Erweiterte Funktionsbibliothek Anwendungen - Änderungsbelege*. Im AIS finden Sie Informationen zu Änderungsbelegen unter dem Pfad *System Audit - Repository / Tabellen - Änderungsbelege*.

6.6.2 Suchen von über Änderungsbelege protokollierte Tabellen

Häufig stellt sich die Frage, ob bestimmte Tabellen schon über Änderungsbelege protokolliert werden, oder ob sie evtl. in die Tabellenprotokollierung mit aufzunehmen sind. Dies ist insbesondere bei unternehmenseigenen Tabellen der Fall.

Über die Tabelle TCDOB kann ermittelt werden, welche Tabellen über Änderungsbelege protokolliert werden:

- Rufen Sie die Transaktion SE16 / SE16N auf, und geben Sie als Tabellenname TCDOB ein.
- In der Selektionsmaske geben Sie im Feld TABNAME (Tabellenname) den Namen der Tabelle ein, die Sie suchen.

- Als Ergebnis wird Ihnen nun angezeigt, über welche Änderungsbelegobjekte diese Tabelle protokolliert wird.

Welche Felder der Tabelle protokolliert werden, können Sie über die Transaktion SE11 ermitteln:
- Geben Sie in der Einstiegsmaske von SE11 im Feld *Datenbanktabelle* den Tabellennamen ein, und lassen Sie sich die Tabelle anzeigen.
- In der Liste der Felder können Sie sich für jedes Feld in der Spalte *Feldtyp* durch einen Doppelklick die Datenelementeigenschaften anzeigen lassen. Das unterste Feld in den Eigenschaften ist das Feld *Änderungsbeleg*.

6.6.3 Auswertung der Änderungsbelege

Zur Auswertung dieser Änderungsbelege bieten sich zwei Möglichkeiten an:
- Auswertung direkt über die Tabellen, in denen die Änderungsbelege gespeichert werden
- Auswertung über die Reports RSSCD100 und RSSCD150

6.6.3.1 Auswertung über die Tabellen (mandantenbezogen)

Die Änderungsbelege können auch direkt über die Tabellen ausgewertet werden, in denen sie gespeichert werden. Die Daten werden in zwei Tabellen gespeichert:
- CDHDR Änderungsbelegkopf
  - Name des Benutzers, der diese Änderungen vorgenommen hat
  - Datum und Uhrzeit der Änderung
  - Transaktion, über welche die Änderung vorgenommen wurde
  - Nummer des Änderungsbeleges
  - Änderungskennzeichen
- CDPOS Änderungsbelegpositionen
  - Name der Tabelle, die geändert wurde
  - Name des Feldes, das geändert wurde
  - Feldinhalt vor der Änderung
  - Feldinhalt nach der Änderung

Der Vorteil der Auswertung über die Tabellen liegt in der Möglichkeit, nach einzelnen Belegen zu suchen. Die Belegnummer ist Bestandteil des Feldes *Objektwert* (OBJECTID). In dieses Feld kann die Belegnummer eingetragen werden, jeweils mit einem Stern davor und dahinter (Abb. 6.6.5). Diese Selektionsmöglichkeit steht über die Transaktion SCDO nicht zur Verfügung.

Änderungsbelegobjekt		bis	
Objektwert	*1700001809*	bis	
Belegnummer		bis	
Tabellenname		bis	

Abb. 6.6.5: Selektionskriterium zum Anzeigen der Änderungen eines einzelnen Beleges

6.6.3.2 Auswertung über die Reports RSSCD100 und RSSCD150 (mandantenbezogen)

Die Auswertung der Änderungsbelege ist auch über Reports möglich:

- RSSCD100 Anzeige einer Übersicht über die Änderungsbelege (identisch zur Transaktion SCDO, *Beleg - Anzeige nach Nummern*)
- RSSCD150 Anzeige der Details der Änderungsbelege (identisch zur Transaktion SCDO, *Beleg - Anzeige feldweise*)

6.6.3.3 Mandantenübergreifende Auswertung von Änderungsbelegen

Mit dem Report RSSCD110 sind auch mandantenübergreifende Auswertungen von Änderungsbelegen möglich. Dieser Report stellt somit eine Umgehung des Mandantenkonzeptes von R/3 dar. So können z.B. vom Mandanten 000 aus die Änderungsbelege des Produktivmandanten eingesehen werden.

Allerdings stellt der Report nicht alle Felder voll dar. Es werden zwar alle Änderungsbelege angezeigt, folgende Felder werden dabei aber nur leer dargestellt:

- Vorname des Benutzers, der den Änderungsbeleg erzeugt hat
- Nachname des Benutzers, der den Änderungsbeleg erzeugt hat
- Abteilung des Benutzers, der den Änderungsbeleg erzeugt hat
- Alter Wert (Wert vor der Änderung)
- Neuer Wert (Wert nach der Änderung)

6.6.4 Löschen von Änderungsbelegen

Gem. §257 HGB sind Änderungsbelege zu Buchhaltungsbelegen und Stammdaten zehn Jahre aufzubewahren. Änderungsbelege unter R/3 stellen Tabelleninhalte dar. Diese Tabelleninhalte dürfen daher nur dann gelöscht werden, wenn der Inhalt so gesichert wurde, dass er jederzeit wieder lesbar gemacht werden kann.

Änderungsbelege können in R/3 unwiderruflich mit dem Report RSCDOK99 gelöscht werden. Hierfür ist folgende Berechtigung notwendig:

Berechtigungsobjekt S_SCD0
Aktivität: 06 (Löschen)

Zur Wahrung der gesetzlichen Auflagen sollte diese Berechtigung im Produktivmandanten ausschließlich einem Notfallbenutzer zustehen, der nach dem Vier-Augen-Prinzip eingesetzt wird. Zusätzlich sollte der Report RSCDOK99 durch eine Berechtigungsgruppe geschützt werden. Administratoren benötigen diese Berechtigung nicht.

6.6.5 Ändern von Änderungsbelegobjekten

Das Schreiben von Änderungsbelegen kann insofern beeinflusst werden, dass die Änderungsbelegobjekte geändert werden können. So ist es z.B. möglich, aus einem Änderungsbelegobjekt eine Tabelle zu entfernen. Um z.B. Rollenzuordnungen zu Benutzern nicht mehr zu protokollieren, müsste aus dem Änderungsbelegobjekt PFCG die Tabelle AGR_USERS entfernt werden. Dieser Vorgang ist ohne Entwicklerschlüssel möglich.

Das Schreiben von Änderungsbelegen findet allerdings über den generierten Funktionsbaustein statt. Bevor also die Änderung am Änderungsbelegobjekt zieht, muss dieser neu generiert werden. Hierfür ist dann die entsprechende Berechtigung (auf dem Berechtigungsobjekt S_DEVELOP) sowie ein Entwicklerschlüssel notwendig.

Änderungen an Änderungsbelegobjekten werden ebenfalls über Änderungsbelege protokolliert: über das Änderungsbelegobjekt AENDBELEG. Daher ist es möglich, zu jedem Änderungsbelegobjekt die Änderungsbelege anzuzeigen.

Anzeige der Änderungen pro Änderungsbelegobjekt:

- Rufen Sie die Transaktion SCDO auf.
- Klicken Sie in die Zeile des Änderungsbelegobjekts, von dem Sie die Änderungsbelege sehen möchten (z.B. PFCG).
- Wählen Sie den Menüpunkt *Springen - Änderungsbelege* aus. Ihnen werden Änderungen an genau diesem Änderungsbelegobjekt angezeigt.

Anzeige der Änderungen für alle Änderungsbelegobjekte:

- o Rufen Sie die Transaktion SA38 auf.
- o Tragen Sie den Reportnamen RSSCD100 ein und führen Sie diesen aus.
- o Tragen Sie in der Selektionsmaske im Feld *Objektklasse* das Änderungsbelegobjekt AENDBELEG ein.
- o Geben Sie in die Felder *ab Datum* und *bis Datum* den Prüfungszeitraum ein und führen Sie den Report aus.
- o Im Ergebnis des Reports wird in der Spalte *Objektwert* der Name des entsprechenden Änderungsbelegobjekts angezeigt.

6.6.6 Zugriffsrechte

Anzeigen von Änderungsbelegen

Berechtigungsobjekt S_TCODE (Transaktionsberechtigung)
Transaktionscode: SA38 oder SE38
Berechtigungsobjekt S_SCD0 (Änderungsbelege)
Aktivität: 08 (Änderungsbelege anzeigen)

Löschen von Änderungsbelegen

Berechtigungsobjekt S_TCODE (Transaktionsberechtigung)
Transaktionscode: SA38 oder SE38
Berechtigungsobjekt S_SCD0 (Änderungsbelege)
Aktivität: 06 (Löschen)

Ändern von Änderungsbelegobjekten

Berechtigungsobjekt S_TCODE (Transaktionsberechtigung)
Transaktionscode: SCDO
Berechtigungsobjekt S_SCD0 (Änderungsbelege)
Aktivität: 12 (Änderungsbelegobjekte pflegen)

6.6.7 Checkliste zu Änderungsbelegen

Nr.	Verwendung	Fragestellungen / Risiko	Ordnungsmäßigkeits-Vorgaben
1	3	Werden Änderungen an rechnungslegungsrelevanten Tabellen protokolliert? Hier besteht das Risiko, dass bei fehlender Protokollierung gegen §257 HGB verstoßen wird.	Alle rechnungslegungsrelevanten Tabellen sind zu protokollieren.
2	3	Werden alle protokollierungspflichtigen Tabellen protokolliert? Hier besteht das Risiko, dass bei fehlender Protokollierung gegen §257 HGB verstoßen wird.	Die Vorgaben müssen mit den Systemeinstellungen übereinstimmen.
3	3	Existieren Vorgaben zur Aufbewahrung der Änderungsbelege, um den gesetzlichen Anforderungen nachzukommen? Hier besteht das Risiko, dass ohne entsprechende Vorgaben der Aufbewahrungspflicht nicht nachgekommen werden kann.	Es müssen Vorgaben für die Aufbewahrungsfristen der Änderungsbelege existieren.
4	3	Besitzt im Produktivmandanten jemand das Recht, Änderungsbelege zu löschen? Hier besteht das Risiko, dass durch das Löschen von Änderungsbelegen gegen §257 HGB verstoßen wird.	Dies ist ein gesetzeskritisches Zugriffsrecht und darf im Produktivmandanten nicht vergeben werden.

Nr.	Verwendung	Fragestellungen Risiko	Ordnungsmäßigkeits-Vorgaben
5	1	Wurden Standard R/3-Änderungsbelegobjekte geändert? Hier besteht das Risiko, dass hierdurch aufbewahrungspflichtige Änderungen nicht mehr protokolliert werden.	Standard R/3-Änderungsbelegobjekte dürfen nicht manipuliert werden.

6.6.8 Praktische Prüfung zu Änderungsbelegen

1. Überprüfen Sie, ob Änderungen an rechnungslegungsrelevanten Tabellen protokolliert werden!
   Rufen Sie den Report RSSCD100 mit der Transaktion SA38 auf, und lassen Sie sich stichprobenartig Änderungsbelege zu Buchhaltungsbelegen anzeigen. Geben Sie in der Selektionsmaske im Feld *Objektklasse* das Änderungsbelegobjekt BELEG ein. Im Feld *ab Datum (DD.MM.YYYY)* geben Sie den Zeitraum der Prüfung ein. Lassen Sie sich die Änderungsbelege anzeigen.
2. Überprüfen Sie, ob alle Tabellen, die protokolliert werden sollen, wirklich protokolliert werden!
   Rufen Sie die Transaktion SE16 / SE16N auf, und lassen Sie sich die Tabelle TCDOB anzeigen. Überprüfen Sie, ob die Tabellen BKDF, BKPF, BSEC, BSED, BSEG und BSET protokolliert werden.
3. Überprüfen Sie, ob Vorgaben zur Aufbewahrung der Änderungsbelege existieren!
   Lassen Sie sich diese Vorgaben von den Verantwortlichen aushändigen.
4. Überprüfen Sie, ob im Produktivmandanten jemand das Recht besitzt, Änderungsbelege zu löschen!
   Rufen Sie die Transaktion SA38 (Menüpfad *System - Dienste - Reporting*) auf, und lassen Sie sich den Report RSUSR002 anzeigen. Tragen Sie in der Selektionsmaske folgende Werte ein, um die Berechtigungen zum Löschen der Änderungsbelege zu ermitteln:

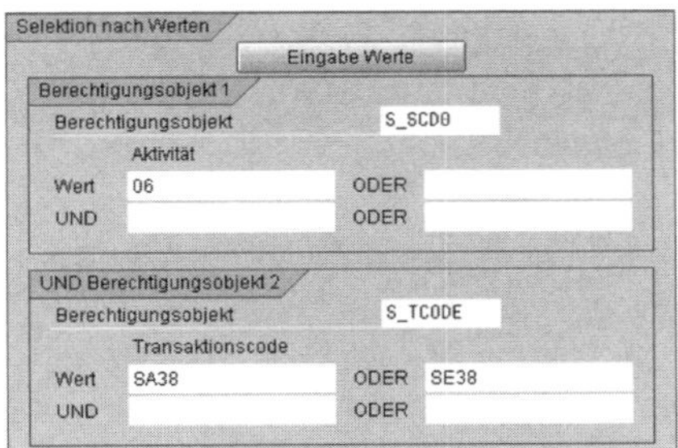

5. Überprüfen Sie, ob Standard R/3-Änderungsbelegobjekte geändert wurden! Rufen Sie die Transaktion SA38 (Menüpfad *System - Dienste - Reporting*) auf, und lassen Sie sich den Report RSSCD100 anzeigen. Tragen Sie in der Selektionsmaske im Feld *Objektklasse* das Änderungsbelegobjekt AENDBELEG ein und führen Sie den Report aus. Lassen Sie sich alle Einträge vom zuständigen Entwickler erläutern.

6.7 Manuelles Ändern von Tabellen

6.7.1 Ändern der Tabellen über SAP R/3

6.7.1.1 Direktes Ändern der Tabellen

Generell werden Tabellen nur durch ABAP-Programme geändert. Ein Benutzer gibt in einem Dialogfenster Daten ein, R/3 überprüft die Konsistenz dieser Daten und schreibt sie in die Tabellen. So ist es z.B. nicht möglich, Belege mit unterschiedlichen SOLL- und HABEN-Salden zu buchen. Allerdings besteht für viele Tabellen (standardmäßig ca. 11.000 Tabellen) auch die Möglichkeit, direkt Einträge zu erfassen, zu verändern oder zu löschen. Dies sind maßgeblich die Customizing-Tabellen.

Die Tabelle T001B (Buchungsperioden) gehört zu diesen änderbaren Tabellen. Über die Transaktion SE16N kann hier die Tabelle direkt bearbeitet werden. Manuelle Änderungen bergen immer die Gefahr in sich, dass die Daten des Systems inkonsistent werden, oder dass unzulässige Einträge hinzugefügt werden.

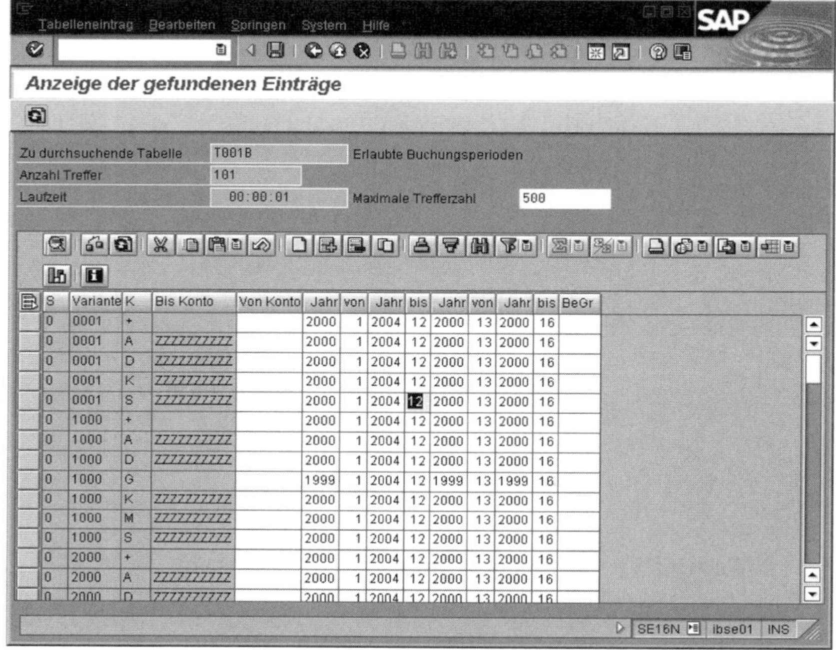

Abb. 6.7.1: SM30 - Ändern der Tabelle T001B

Ob manuelle Änderungen an einer Tabelle zulässig sind, wird über die Transaktion SE11 gesteuert.

Bis R/3-Release 4.6C:

Die Eigenschaft wird im Register *Eigenschaften* über den Punkt *Tabellenpflege erlaubt* festgelegt. Ist dieser Punkt aktiviert, sind manuelle Änderungen an der Tabelle zulässig.

Ab R/3-Release Enterprise:

Die Eigenschaft wird im Register Auslieferung und Pflege festgelegt. Hier sind drei Einstellungen möglich:

Anzeige / Pflege eingeschränkt erlaubt

Die Tabelle kann mit SE16 / SE16N angezeigt, aber nicht geändert werden. Anzeige oder Ändern mit der Transaktion SM30 ist nicht möglich. Es kann aber eine Pflege-View zur Tabelle generiert werden, welche in ein View-Cluster eingebunden werden kann.

Anzeige / Pflege erlaubt
: Die Tabelle kann angezeigt und gepflegt werden, sowohl mit SE16 / SE16N als auch mit SM30.

Anzeige / Pflege nicht erlaubt
: Die Tabelle kann weder angezeigt noch gepflegt werden. Einzige Ausnahme: mit der Transaktion SE16N können Tabellen mit dieser Einstellung sowohl angezeigt als auch gepflegt werden.

Zum Einstellen dieser Eigenschaft muss der Objektschlüssel der entsprechenden Tabelle von SAP angefordert werden (siehe Kapitel 7.3.2).

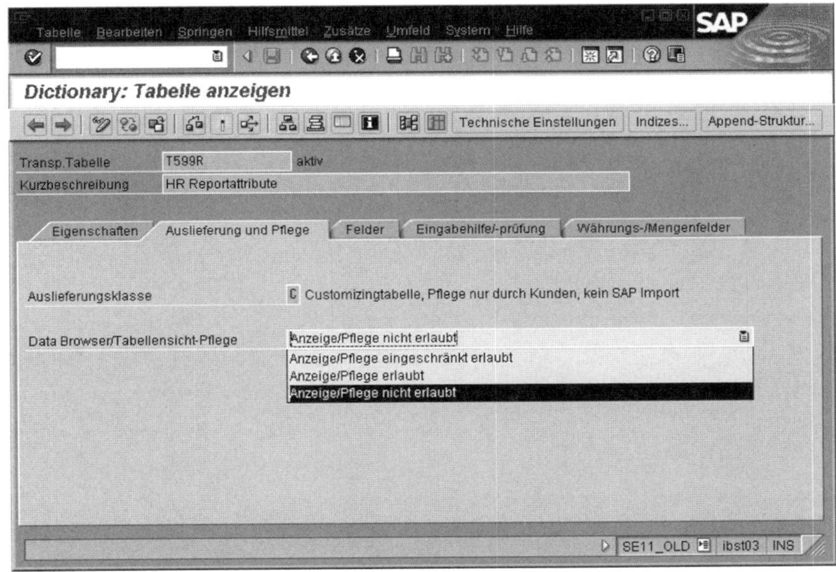

Abb. 6.7.2: SE11 - Eigenschaft zum manuellen Ändern von Tabellen in R/3 Enterprise

Im Rahmen einer Systemprüfung sollte überprüft werden, welche Tabellen manuell geändert werden dürfen. Dies erfolgt über die Tabelle DD02L. Ist im Feld *Tabellenpflege erlaubt* (technischer Name MAINFLAG) ein "X" eingetragen, ist die manuelle Änderung erlaubt. Geben Sie als Selektionskriterium für diese Tabelle in dieses Feld daher ein "X" ein, und lassen Sie sich das Ergebnis anzeigen.

Hinweise zum Ändern von Tabellen finden Sie in der SAP-Hilfe unter *R/3-Bibliothek - Basis - Client-Server-Technologie - Systemdienste (BC) - Standardtabellenpflege.*

6.7.1.2 Ändern von Tabellen über Views

Auch Tabellen, die nicht als änderbar markiert sind, können direkt geändert werden. Dies ist über sogenannte *Views* (Ansichten) möglich (siehe Kapitel 6.4). Zu jeder Tabelle können beliebig viele Views angelegt werden. Eine View beinhaltet entweder alle Felder der Tabelle oder nur einen Teil der Felder. Eine View kann auch aus mehreren Feldern aus verschiedenen Tabellen bestehen.

Z.B. ist die Tabelle T001 (Buchungskreise) standardmäßig nicht direkt änderbar. Zu dieser Tabelle existiert allerdings eine große Anzahl an Views. Sie können sich die Views zu einer Tabelle über die Transaktion SE11 anzeigen lassen. Klicken Sie in das Feld *View* und rufen Sie die Wertehilfe auf (Taste F4).

Abb. 6.7.3: Einstiegsmaske der Transaktion SE11

Im darauffolgenden Fenster klicken Sie auf die Schaltfläche *Infosystem*. Im Fenster *Repository-Infosystem*: Views klicken Sie auf die Schaltfläche *Alle Selektionen* (Taste Umschalt+F7). Geben Sie im Feld *Primärtabelle* den Namen der Tabelle, für die Sie die Views suchen, an.

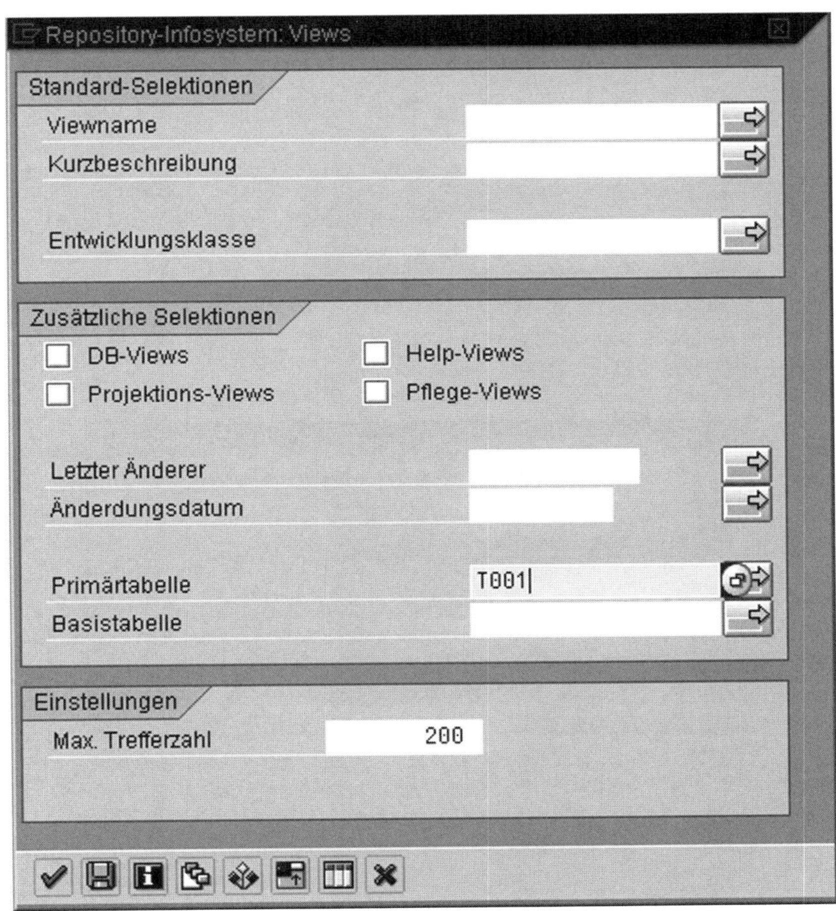

Abb. 6.7.4: Selektion der Views zu einer Tabelle

Hinweise zu Views finden Sie in der SAP-Hilfe unter *R/3-Bibliothek - Basis - ABAP Workbench - BC-ABAP Dictionary - Views.*

6.7.2 Ändern der Tabellen über die Datenbank

Über R/3 selbst können Tabellen direkt geändert werden, für die in den Eigenschaften der Eintrag *Tabellenänderungen erlaubt* gesetzt ist. Diese Restriktion gilt allerdings nur im Dictionary von R/3, beim Zugriff auf die Tabellen über die

Datenbank gelten diese Einstellungen nicht. Über die Datenbank können alle Tabellen des R/3-Systems geändert werden. Es können Datensätze hinzugefügt, gelöscht und geändert werden. Ebenso können neue Tabellen erstellt und bestehende gelöscht werden.

Einige wenige Tabellen sind nur schwer änderbar, die sogenannten Pool- und Cluster-Tabellen (siehe Kapitel 6.12). Diese werden so in der Datenbank gespeichert, dass sie nur mit einer in R/3 existierenden Maske lesbar sind. Die Inhalte dieser Tabellen sind in hexadezimalen Feldern gespeichert.

Wie einfach eine Tabelle über die Datenbank geändert werden kann, wird hier am Beispiel der Tabelle T001 (Buchungskreise) erläutert.

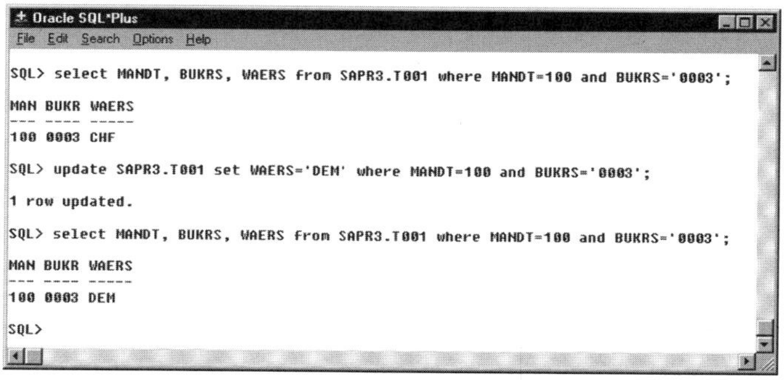

```
Oracle SQL*Plus
File Edit Search Options Help

SQL> select MANDT, BUKRS, WAERS from SAPR3.T001 where MANDT=100 and BUKRS='0003';

MAN BUKR WAERS
--- ---- -----
100 0003 CHF

SQL> update SAPR3.T001 set WAERS='DEM' where MANDT=100 and BUKRS='0003';

1 row updated.

SQL> select MANDT, BUKRS, WAERS from SAPR3.T001 where MANDT=100 and BUKRS='0003';

MAN BUKR WAERS
--- ---- -----
100 0003 DEM

SQL>
```

Abb. 6.7.5: Ändern der Tabelle T001

In der Abb. 6.7.5 werden zuerst drei Felder aus der Tabelle T001 mit dem SQL-Befehl

```
select MANDT, BUKRS, WAERS from SAPR3.T001 where
MANDT=100 and BUKRS='0003';
```

angezeigt: der Mandant (MAN), der Buchungskreis (BUKR) und die Währung (WAERS). Im Feld *Währung* wird der Eintrag CHF (Schweizer Franken) angezeigt. Dieser Eintrag soll in EUR geändert werden. Dies erfolgt mit dem zweiten SQL-Befehl

```
update SAPR3.T001 set WAERS='EUR' where MANDT=100 and
BUKRS='0003';
```

Der Eintrag 1 row updated zeigt an, dass der Befehl erfolgreich ausgeführt wurde. Im dritten Schritt werden nochmals die drei Felder der Tabelle T001 angezeigt.

Hier ist nun zu erkennen, dass das Feld *Währung* (WAERS) von CHF in EUR geändert wurde.

Durch das Ändern von Tabelleneinträgen über die Datenbank können nicht mehr nachvollziehbare Manipulationen vorgenommen werden. Daher sind direkte Zugriffe auf die Datenbank nur im Notfall vorzunehmen und entsprechend zu dokumentieren (siehe auch Kapitel 2.3.3).

6.7.3 Checkliste zu manuellen Änderungen

Nr.	Verwendung	Fragestellungen / Risiko	Ordnungsmäßigkeits-Vorgaben
1	1	Welche unternehmenseigenen Tabellen können manuell in R/3 geändert werden? Hier besteht das Risiko, dass auch Tabellen, die Stamm- und Bewegungsdaten enthalten, als Änderbar definiert werden.	Es dürfen nur Customizing-Tabellen manuell änderbar sein.
2	3	Welche Tabellen können manuell in der Datenbank geändert werden? Hier besteht das Risiko, dass Tabellen über die Datenbank manipuliert werden können, deren Änderungen gegen §239 HGB (Radierverbot) verstößt.	Transparente Tabellen sind direkt in der Datenbank änderbar. Kritische Tabellen (Rechnungsbelege, Benutzerrechte) dürfen nicht transparent gespeichert werden.
3	3	Wer besitzt die Möglichkeit, direkt in der Datenbank Tabellen zu ändern? Hier besteht das Risiko, dass durch manuelle Änderungen in der Datenbank die Sicherheitsmechanismen von R/3 umgangen und gegen gesetzliche Auflagen verstoßen wird.	Die Datenbankbenutzer dürfen nur nach dem Vier-Augen-Prinzip genutzt werden.
4	3	Werden manuelle Tabellenänderungen dokumentiert? Hier besteht das Risiko, dass ohne Dokumentationen Änderungen an Tabellen (Customizing) nicht nachvollzogen werden können.	Manuelle Tabellenänderungen sind zu dokumentieren.

6.7.4 Praktische Prüfung zu manuellen Änderungen

1. Überprüfen Sie, welche unternehmenseigenen Tabellen manuell geändert werden können!
   Rufen Sie über die Transaktion SE16 / SE16N die Tabelle DD02L auf, und geben Sie als Selektionskriterium im Feld *Tabellenname* über die Mehrfachselektion die Werte Y* und Z* und im Feld *Tab.pflege erlaubt* ein X ein.

   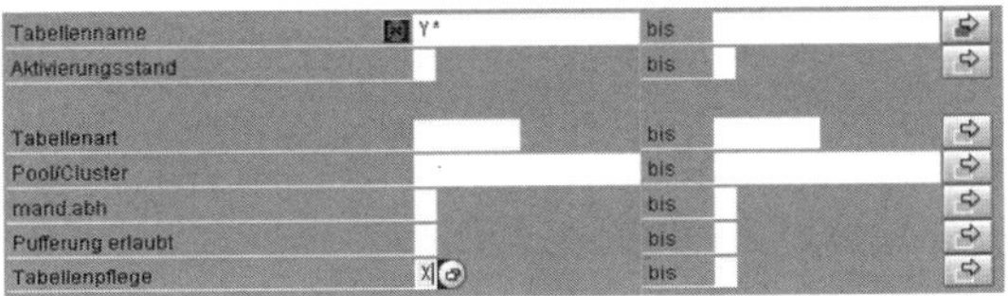

   Alternativ kann auch der Report RSINFO00 genutzt werden.
2. Überprüfen Sie, welche Tabellen manuell in der Datenbank geändert werden können!
   Rufen Sie über die Transaktion SE16 / SE16N die Tabelle DD02L auf, und geben Sie als Selektionskriterium im Feld *Tabellentyp* den Wert TRANS ein.
3. Überprüfen Sie direkte Zugriffe auf die Datenbank (siehe Kapitel 2.3.3)!
4. Überprüfen Sie, ob manuelle Tabellenänderungen dokumentiert werden!
   Lassen Sie sich die Dokumentation aushändigen, und überprüfen Sie diese stichprobenartig.

6.8 Berechtigungen auf Tabellen und Views

6.8.1 Berechtigungsgruppen

Berechtigungen werden unter R/3 nicht auf einzelne Tabellen vergeben, sondern auf Berechtigungsgruppen. Eine Tabelle wird genau einer Berechtigungsgruppe zugeordnet. Eine Berechtigungsgruppe kann beliebig viele Tabellen enthalten. Die im System existierenden Berechtigungsgruppen werden in der Tabelle TBRG gespeichert. Zur Prüfung der Zugriffsberechtigungen auf Tabellen sollten Sie sich informieren, welche Berechtigungsgruppen im System existieren.

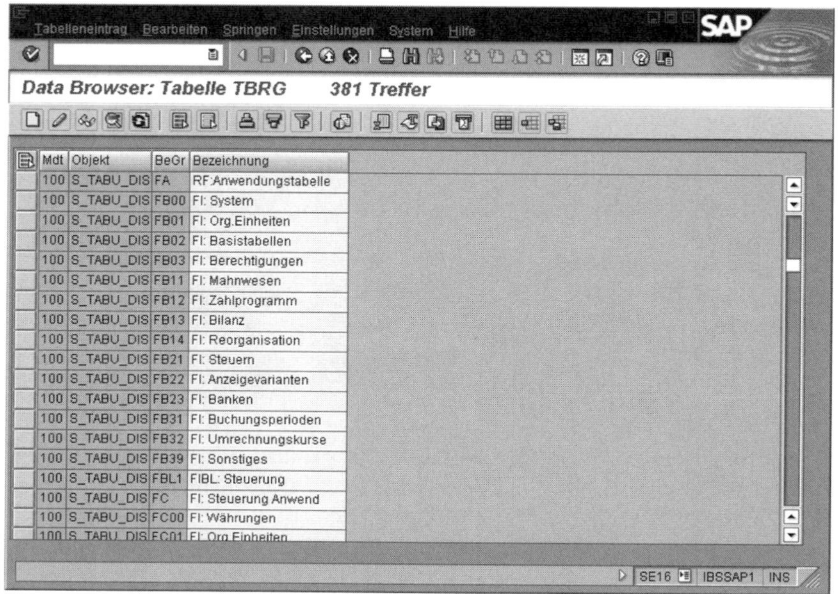

Mdt	Objekt	BeGr	Bezeichnung
100	S_TABU_DIS	FA	RF:Anwendungstabelle
100	S_TABU_DIS	FB00	FI: System
100	S_TABU_DIS	FB01	FI: Org.Einheiten
100	S_TABU_DIS	FB02	FI: Basistabellen
100	S_TABU_DIS	FB03	FI: Berechtigungen
100	S_TABU_DIS	FB11	FI: Mahnwesen
100	S_TABU_DIS	FB12	FI: Zahlprogramm
100	S_TABU_DIS	FB13	FI: Bilanz
100	S_TABU_DIS	FB14	FI: Reorganisation
100	S_TABU_DIS	FB21	FI: Steuern
100	S_TABU_DIS	FB22	FI: Anzeigevarianten
100	S_TABU_DIS	FB23	FI: Banken
100	S_TABU_DIS	FB31	FI: Buchungsperioden
100	S_TABU_DIS	FB32	FI: Umrechnungskurse
100	S_TABU_DIS	FB39	FI: Sonstiges
100	S_TABU_DIS	FBL1	FIBL: Steuerung
100	S_TABU_DIS	FC	FI: Steuerung Anwend
100	S_TABU_DIS	FC00	FI: Währungen
100	S_TABU_DIS	FC01	FI: Org.Einheiten

Abb. 6.8.1: Tabelle TBRG - Die Berechtigungsgruppen

Welche Tabellen nun welcher Berechtigungsgruppe zugeordnet sind, wird in der Tabelle TDDAT gespeichert. In Abb. 6.8.2 werden Tabellen der Benutzerverwaltung angezeigt, die der Berechtigungsgruppe SC zugeordnet sind.

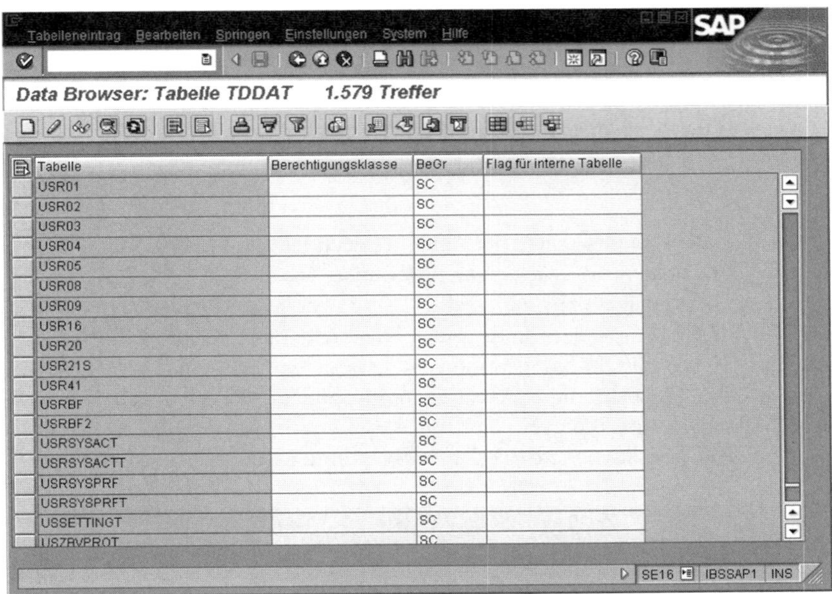

Tabelleneintrag Bearbeiten Springen Einstellungen System Hilfe

Data Browser: Tabelle TDDAT 1.579 Treffer

Tabelle	Berechtigungsklasse	BeGr	Flag für interne Tabelle
USR01		SC	
USR02		SC	
USR03		SC	
USR04		SC	
USR05		SC	
USR08		SC	
USR09		SC	
USR16		SC	
USR20		SC	
USR21S		SC	
USR41		SC	
USRBF		SC	
USRBF2		SC	
USRSYSACT		SC	
USRSYSACTT		SC	
USRSYSPRF		SC	
USRSYSPRFT		SC	
USSETTINGT		SC	
USZBVPROT		SC	

SE16 IBSSAP1 INS

Abb. 6.8.2: Tabelle TDDAT - Zuordnung von Tabellen zu Berechtigungsgruppen

Über diese Tabelle haben Sie die Möglichkeiten, zu einzelnen Tabellen die zugeordneten Berechtigungsgruppen anzeigen zu lassen und zu Berechtigungsgruppen die enthaltenen Tabellen.

Zum Anzeigen der einer Tabelle zugeordneten Berechtigungsgruppe geben Sie den Namen der Tabelle in der Selektionsmaske in das Feld *Tabellenname* ein (Abb. 6.8.3).

Tabellenname	PA0008	bis	
Berecht.klasse		bis	
Berechtigung		bis	
Flag int. Tab.		bis	

Abb. 6.8.3: Selektionsmaske zum Anzeigen der Berechtigungsgruppe einer Tabelle

Zum Anzeigen einer Berechtigungsgruppe mit allen ihr zugeordneten Tabellen geben Sie den Namen der Berechtigungsgruppe in der Selektionsmaske in das Feld *Berechtigung* ein (Abb. 6.8.4).

Tabellenname		bis	
Berecht.klasse		bis	
Berechtigung	PA	bis	
Flag int. Tab.		bis	

Abb. 6.8.4: Selektionsmaske zum Anzeigen der Tabellen einer Berechtigungsgruppe

Tabellen sollten grundsätzlich Berechtigungsgruppen zugeordnet sein. Das gilt insbesondere auch für die unternehmenseigenen Tabellen. Welche Tabellen keiner Berechtigungsgruppe zugeordnet sind, lässt sich mit dem Report RDDTDDAT herausfinden. In der Selektionsmaske des Reports ist für das Feld *Berechtigungsgruppe* die Selektionsoption = anzugeben (Abb. 6.8.5). Der Report zeigt dann alle Tabellen ohne Berechtigungsgruppe an. Wie viele Tabellen keine Berechtigungsgruppe besitzen, kann im Kopfbereich des Reports in der Zeile *Select TDDAT* abgelesen werden oder in der Summenzeile am Ende des Reports.

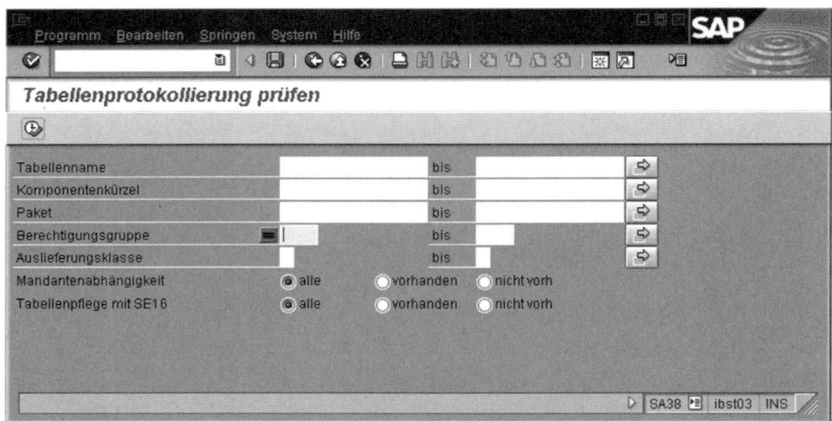

Abb. 6.8.5: Report RDDTDDAT - Selektionsmaske (R/3 Enterprise)

Als Ergebnis werden alle Tabellen angezeigt, die keiner Berechtigungsgruppe zugeordnet sind. Insbesondere sind hier die unternehmenseigenen Tabellen zu untersuchen (Y* und Z*).

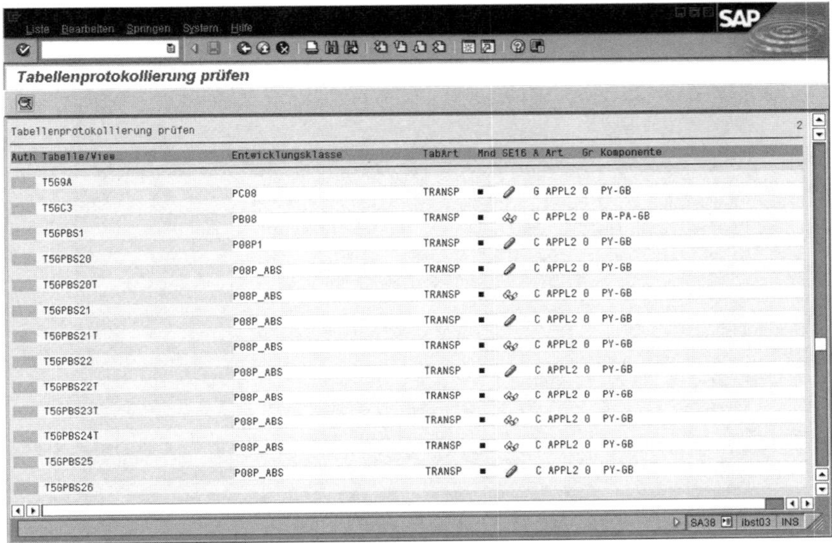

Abb. 6.8.6: Report RDDTDDAT - Tabellen ohne Berechtigungsgruppe

6.8.2 Berechtigungen auf alle Tabellen

Die generelle Vergabe von Berechtigungen auf Tabellen erfolgt über das Berechtigungsobjekt S_TABU_DIS, das für alle Tabellen des Systems (mandantenabhängige als auch mandantenunabhängige) zuständig ist. Folgende Berechtigungen können mit diesem Objekt vergeben werden:

Für mandantenabhängige Tabellen:
- Anzeigen
- Ändern (Datensätze anlegen, ändern und löschen)

Für mandantenunabhängige Tabellen:
- Nur Anzeigen, zum Ändern ist eine zusätzliche Berechtigung auf dem Objekt S_TABU_CLI notwendig (siehe Kapitel 6.8.3)

Das Objekt beinhaltet die beiden Felder Aktivität und Berechtigungsgruppe.

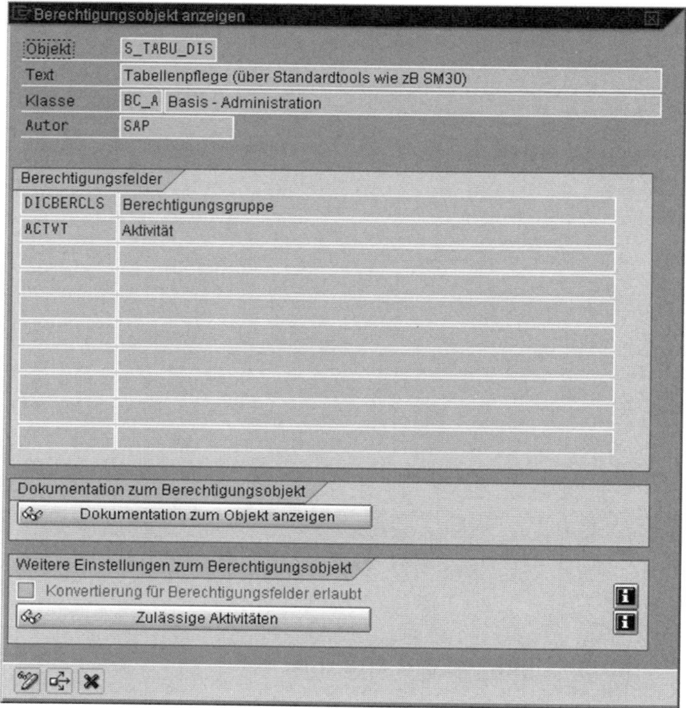

Abb. 6.8.7: Das Berechtigungsobjekt S_TABU_DIS

Über das Feld *Aktivität* wird festgelegt, wie ein Benutzer auf die Tabellen zugreifen darf. Zwei Eintragungen sind hier möglich:

02: Hinzufügen, verändern und löschen von Tabelleneinträgen
03: Anzeigen der Tabelleneinträge

Im Feld *Berechtigungsgruppe* werden die Berechtigungsgruppen eingetragen, für die diese Berechtigung gelten soll. Hier sind nun verschiedene Kombinationen möglich.

Beispiel 1: Anzeigen der Inhalte aller Tabellen (Berechtigung für Prüfer)

Aktivität:	03 (Anzeigen)
Berechtigungsgruppe:	* (Alle Tabellen)

Beispiel 2: Ändern der Inhalte aller änderbaren mandantenabhängigen Tabellen und Anzeigen aller Tabellen

Aktivität: 02 (Ändern) und 03 (Anzeigen)
Berechtigungsgruppe: * (Alle Tabellen)

Beispiel 2: Ändern und Anzeigen der Tabellen der Berechtigungsverwaltung
Aktivität: 02 (Ändern) und 03 (Anzeigen)
Berechtigungsgruppe: SC

Besonders kritisch ist hier die Änderungsberechtigung für alle änderbaren mandantenabhängigen Tabellen zu sehen. Dies kann mit dem Report RSUSR002 überprüft werden. Geben Sie hierfür in die Selektionsmaske beim ersten Berechtigungsobjekt folgende Einträge ein:

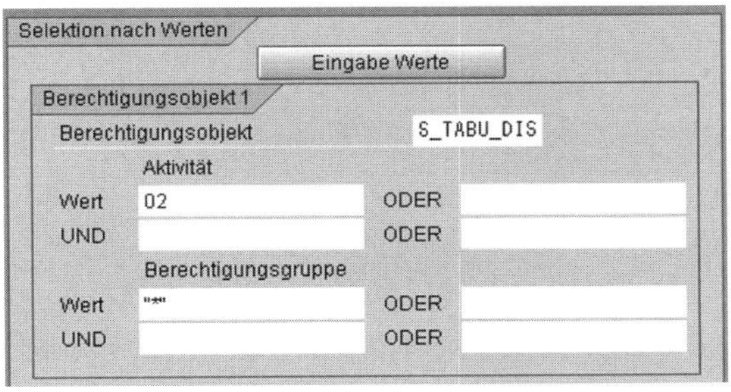

Selektion nach Werten
Eingabe Werte
Berechtigungsobjekt 1
Berechtigungsobjekt S_TABU_DIS
Aktivität
Wert 02 ODER
UND ODER
Berechtigungsgruppe
Wert "*" ODER
UND ODER

Abb. 6.8.8: Selektionskriterien zum Berechtigungsobjekt S_TABU_DIS

6.8.3 Berechtigungen auf mandantenunabhängige Tabellen

Die Pflege von mandantenunabhängigen Tabellen stellt eine kritische Berechtigung dar, die im Produktivsystem nur wenigen Personen zur Verfügung stehen sollte (maßgeblich der Basisadministration). Zur Absicherung der mandantenunabhängigen Tabellen steht in R/3 das Berechtigungsobjekt S_TABU_CLI (Tabellenpflege mandantenunabhängiger Tabellen) zur Verfügung. Dieses Objekt besitzt nur ein Feld, in dem angegeben wird, ob die Pflege erlaubt ist oder nicht.

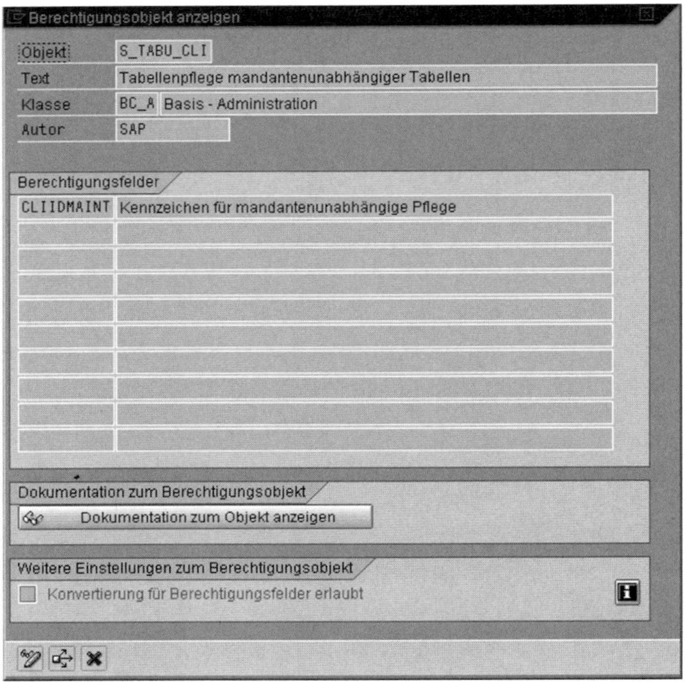

Abb. 6.8.9: Das Berechtigungsobjekt S_TABU_CLI

Zusätzlich zu diesem Objekt benötigt ein Benutzer eine Berechtigung auf dem Objekt S_TABU_DIS. Erst durch die Kombination beider Objekte wird die Pflege mandantenunabhängiger Tabellen möglich. Folgende Feldinhalte werden benötigt:

S_TABU_CLI
  Kennzeichen für mandantenunabhängige Pflege: X
S_TABU_DIS

Aktivität:	02 (Ändern)
Berechtigungsgruppe:	<Berechtigungsgruppe der zu ändernden Tabellen>

Bekommt ein Benutzer nur die Berechtigung auf dem Objekt S_TABU_CLI, hat er dadurch keine Berechtigung zum Lesen oder Ändern von Tabellen.

Die Überprüfung der Berechtigung zur Verwaltung der mandantenunabhängigen Tabellen gehört auf jeden Fall zu einer Systemprüfung. Zur Überprüfung, welche

Benutzer diese Berechtigung bekommen haben, kann der Report RSUSR002 (dieser Report wird in Kapitel 8.3.2 ausführlich erläutert) genutzt werden. Hierzu muss beim ersten Berechtigungsobjekt folgendes eingetragen werden:

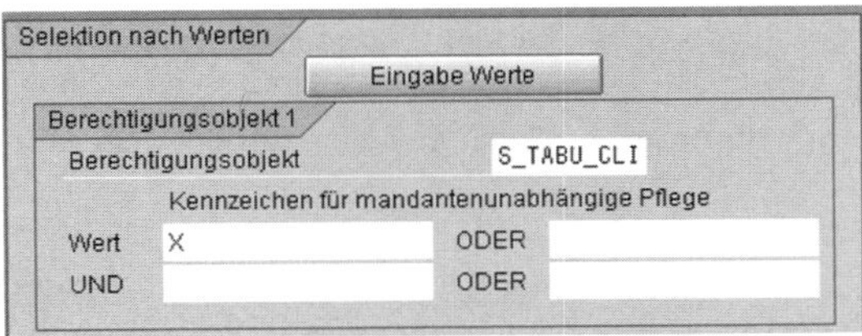

Abb. 6.8.10: Selektionskriterien zum Berechtigungsobjekt S_TABU_CLI

6.8.4 Schutz von Tabellen ohne Berechtigungsgruppe

Nicht alle Tabellen besitzen im Standard eine Berechtigungsgruppe. Damit auch diese Tabellen vor unberechtigten Zugriffen geschützt sind, überprüft R/3 beim Zugriff auf diese Tabellen (lesend oder ändernd) eine Berechtigung auf der Berechtigungsgruppe &NC&. Einige Standard R/3-Tabellen sind direkt dieser Gruppe zugeordnet. Standardmäßig sind in 4.6C ca. 7.000 Tabellen keiner Gruppe zugeordnet (Enterprise: ca. 15.000), darunter 3.000 manuell änderbare (Enterprise: ca. 6.500).

Berechtigungen auf diese Berechtigungsgruppe sind daher nur sehr restriktiv zu vergeben, da hiermit der Zugriff auf eine große Anzahl Tabellen ermöglicht wird. Insbesondere das Zugriffsrecht zum Ändern ist nicht zu vergeben.

6.8.5 Prüfen der Zugriffsberechtigungen auf einzelne Tabellen

Häufig wird bei einer Prüfung die Frage auftauchen, welche Benutzer Zugriff auf eine einzelne Tabelle haben, z.B. auf bestimmte Tabellen der Personalwirtschaft oder der Benutzerverwaltung. Die Vorgehensweise für die Beantwortung soll anhand von zwei Beispielen erläutert werden.

Im ersten Schritt muss ermittelt werden, ob die Tabelle mandantenabhängig oder mandantenunabhängig ist:

- Rufen Sie die Transaktion SE16 auf, und lassen Sie sich die Tabelle DD02L anzeigen.

- Tragen Sie im Feld *Tabellenname* (TABNAME) die Tabelle ein, für welche die Zugriffsrechte ermittelt werden sollen, und klicken Sie auf die Schaltfläche *Ausführen.*
- Ist im Feld *mandantenabhängig* (CLIDEP) ein X eingetragen, ist sie mandantenabhängig, wenn nicht, ist sie mandantenunabhängig.

Lesen der mandantenabhängigen Tabelle PA0008 (Personal-Stammsatz Basisbezüge)

1. Als erstes wird die Berechtigungsgruppe der Tabelle benötigt. Diese steht in der Tabelle TDDAT. Rufen Sie die Tabelle über die Transaktion SE16 auf, und geben Sie in der Selektionsmaske als Kriterium den Namen der Tabelle ein (Abb. 6.8.11).

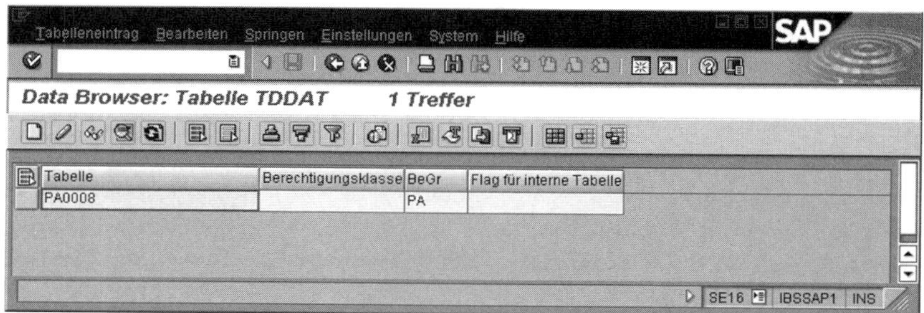

Abb. 6.8.11: Tabelle TDDAT - Suchen der Berechtigungsgruppe der Tabelle PA0008

Beim Anzeigen der Tabelle finden Sie im Feld *Berechtigung* die Berechtigungsgruppe, in diesem Beispiel PA.

2. Es muss nun überprüft werden, welche Benutzer eine Leseberechtigung auf diese Berechtigungsgruppe haben. Hierfür kann der Report RSUSR002 genutzt werden. Berechtigungen auf Tabellen werden über das Berechtigungsobjekt S_TABU_DIS vergeben. Daher ist als Selektionskriterium zu diesem Report folgendes einzugeben:

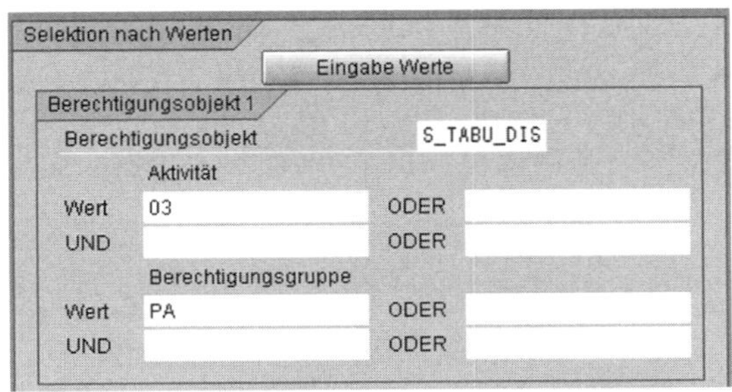

Abb. 6.8.12: Report RSUSR002 - Anzeigen der Benutzer mit Leseberechtigung auf die Tabelle PA0008

Als Ergebnis dieses Reports werden nun alle Benutzer angezeigt, welche die Tabelle PA0008 lesen dürfen.

Ändern der mandantenunabhängigen Tabelle TADIR (Objektkatalog)

1. Als erstes wird die Berechtigungsgruppe der Tabelle benötigt. Diese steht in der Tabelle TDDAT. Rufen Sie die Tabelle über die Transaktion SE16 auf, und geben Sie in der Selektionsmaske als Kriterium den Namen der Tabelle ein (Abb. 6.8.13).

Abb. 6.8.13: Tabelle TDDAT - Suchen der Berechtigungsgruppe der Tabelle TADIR

   Beim Anzeigen der Tabelle finden Sie im Feld *Berechtigung* die Berechtigungsgruppe, in diesem Beispiel SS.

2. Es muss nun überprüft werden, welche Benutzer eine Änderungsberechtigung auf diese Berechtigungsgruppe haben. Hierfür kann der Report RSUSR002 genutzt werden. Berechtigungen auf Tabellen werden über das

Berechtigungsobjekt S_TABU_DIS vergeben. Da die Tabelle mandantenunabhängig ist, muss zusätzlich überprüft werden, ob der Benutzer eine Berechtigung auf dem Berechtigungsobjekt S_TABU_CLI besitzt. Daher ist als Selektionskriterium zu diesem Report folgendes einzugeben:

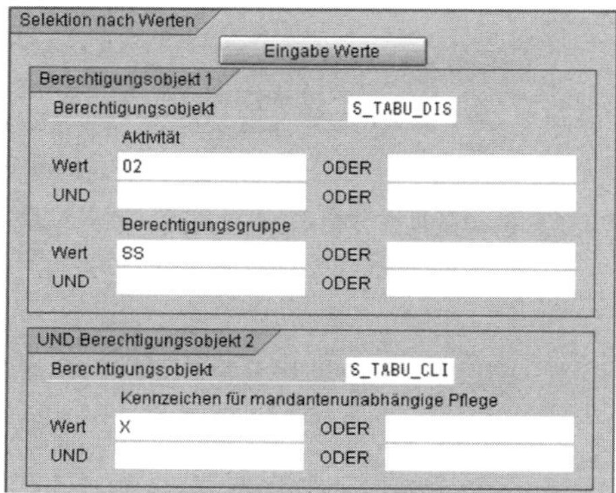

Abb. 6.8.14: Report RSUSR002 - Anzeigen der Benutzer mit Änderungsberechtigung auf die Tabelle TADIR

6.8.6 Checkliste zu Tabellenberechtigungen

Nr.	Verwendung	Fragestellungen / Risiko	Ordnungsmäßigkeits-Vorgaben
1	1	Welche Berechtigungsgruppen existieren im System?	<Informativer Punkt für nachfolgende Prüfungen> Es müssen alle für die Rechtevergabe notwendigen Berechtigungsgruppen existieren.
2	3	Welche Benutzer können mandantenunabhängige Tabellen ändern? Hier besteht das Risiko, dass Benutzer Systemeinstellungen ändern.	Nur Administratoren und Customizer dürfen mandantenunabhängige Tabellen ändern.
3	3	Welche Benutzer können alle Tabellen des Systems ändern? Hier besteht das Risiko, dass Benutzer Tabellen ändern, deren Inhalte rechnungslegungsrelevant sind. Dieses Recht beinhaltet auch das Recht, Mandanten für Tabellenänderungen frei zuschalten.	Nur Administratoren und Customizer dürfen die Tabellen ändern.
4	3	Sind die unternehmenseigenen Tabellen Berechtigungsgruppen zugeordnet? Hier besteht das Risiko, dass Berechtigungen auf eigene Tabellen nicht restriktiv vergeben werden können, da sie keiner Berechtigungsgruppe zugeordnet sind.	Unternehmenseigene Tabellen sind durch Berechtigungsgruppen zu schützen.

Nr.	Verwendung	Fragestellungen / Risiko	Ordnungsmäßigkeits-Vorgaben
5	3	Besitzen Benutzer Zugriff auf die Berechtigungsgruppe &NC&? Hier besteht das Risiko, dass Benutzer auf Tabellen zugreifen können, auf die sie eigentlich keinen Zugriff haben sollten.	Der Zugriff auf Tabellen der Berechtigungsgruppe &NC& ist äußerst restriktiv zu vergeben.

6.8.7 Praktische Prüfung zu Tabellenberechtigungen

1. Überprüfen Sie, welche Berechtigungsgruppen im System existieren!
   Rufen Sie über die Transaktion SE16 die Tabelle TBRG auf. Geben Sie in der Selektionsmaske im Feld *Objekt* das Objekt S_TABU_DIS an. Es werden alle Tabellengruppen des Systems angezeigt. Achten Sie insbesondere darauf, welche unternehmenseigenen Berechtigungsgruppen (Y*, Z*) angelegt wurden.

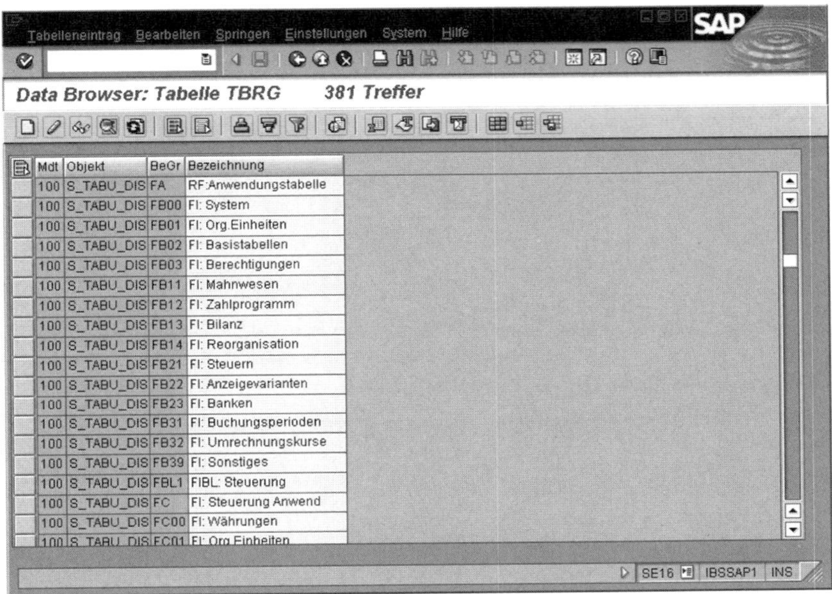

2. Überprüfen Sie, welche Benutzer mandantenunabhängige Tabellen ändern dürfen!
   Rufen Sie die Transaktion SA38 (Menüpfad *System - Dienste - Reporting*) auf, und lassen Sie sich den Report RSUSR002 anzeigen. Geben Sie als Selektionskriterien folgendes ein:

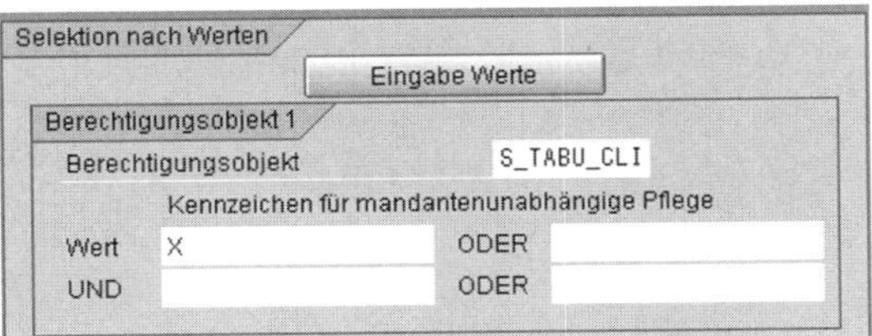

3. Überprüfen Sie, welche Benutzer alle Tabellen des Systems ändern dürfen!
   Rufen Sie die Transaktion SA38 (Menüpfad *System - Dienste - Reporting*) auf, und lassen Sie sich den Report RSUSR002 anzeigen. Geben Sie als Selektionskriterien folgendes ein:

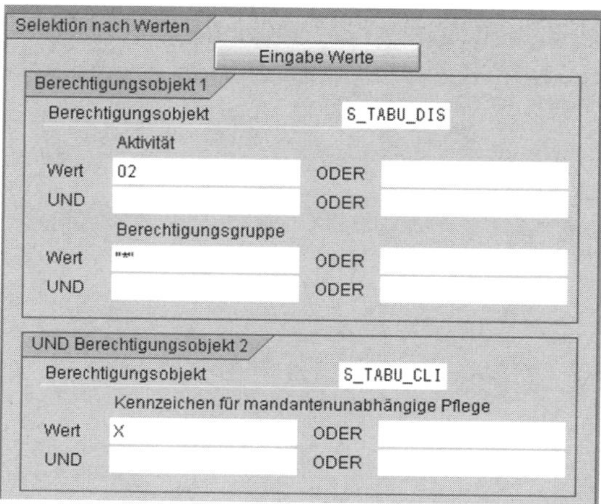

4. Überprüfen Sie, ob die unternehmenseigenen Tabellen Berechtigungsgruppen zugeordnet sind!
   Rufen Sie die Transaktion SA38 (Menüpfad *System - Dienste - Reporting*) auf, und lassen Sie sich den Report RDDTDDAT anzeigen. In der Selektionsmaske des Reports ist für das Feld Berechtigungsgruppe die Selektionsoption = anzugeben.

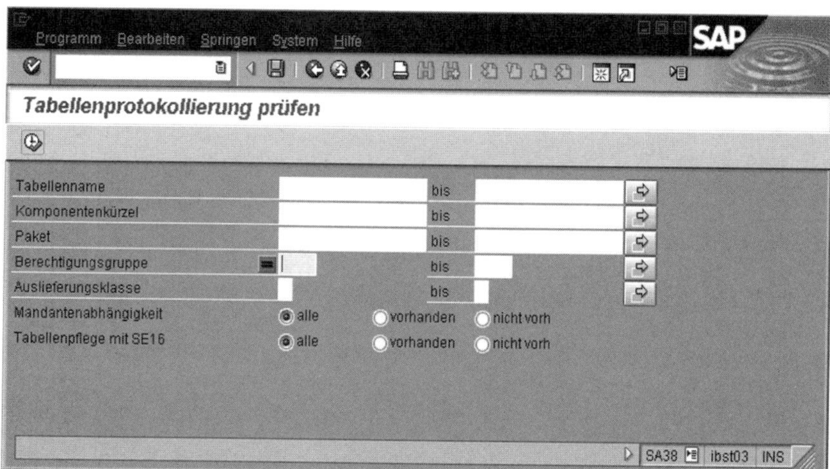

5. Überprüfen Sie, welche Benutzer Zugriff auf die Berechtigungsgruppe &NC& haben!

Rufen Sie die Transaktion SA38 (Menüpfad *System - Dienste - Reporting*) auf, und lassen Sie sich den Report RSUSR002 anzeigen. Geben Sie als Selektionskriterien folgendes ein:

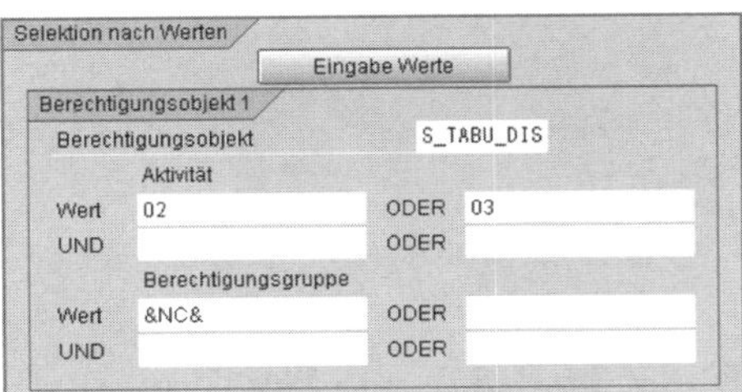

6. Manchmal kann es vorkommen, dass auch die Zugriffsberechtigungen von Benutzern auf eine bestimmte Tabelle überprüft werden müssen. Gehen Sie dafür folgendermaßen vor:
   Lassen Sie sich über die Transaktion SE16 in der Tabelle TDDAT die Tabelle anzeigen, für welche die Berechtigung überprüft werden soll (z.B. T001B - Buchungsperioden).

Im Feld *Berechtigung* wird die zugeordnete Berechtigungsgruppe angezeigt (Für die Tabelle T001B die Gruppe FC31). Rufen Sie über die Transaktion SA38 den Report RSUSR002 auf, und geben Sie als Selektionskriterien diese Berechtigungsgruppe ein:

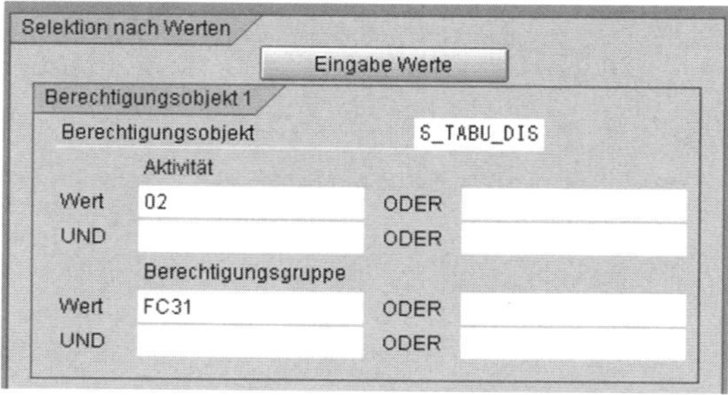

6.9 Vergleich und Abgleich von Tabelleninhalten

6.9.1 Der Vergleich

SAP R/3 bietet die Möglichkeit, Tabellen mandantenübergreifend zu vergleichen oder auch gegeneinander abzugleichen, also einen Datenaustausch zwischen den beiden Tabellen in den Mandanten durchzuführen. Hier ist somit eine Möglichkeit für mandantenübergreifende Zugriffe gegeben.

Vergleichen von Tabellen bedeutet, der Inhalt einer Tabelle wird dem Inhalt der gleichen Tabelle in einem anderen Mandanten (im selben System oder einem anderen) gegenübergestellt. Die Inhalte beider Tabellen werden verglichen und dargestellt.

Tabellen können über die Transaktion SM30, SM31 und SCMP verglichen werden. In den Transaktionen SM30 und SM31 (Tabellenpflege) muss die Tabelle, die verglichen werden soll, zuerst angezeigt werden. Im Anzeigefenster kann dann der Menüpunkt *Hilfsmittel - Vergleich* aufgerufen werden. Mit der Transaktion SCMP ist keine reine Tabellenanzeige möglich. Sie dient ausschließlich zum Vergleichen von Tabellen.

Der Vergleich findet über eine RFC-Verbindung zum anderen Mandanten desselben R/3-Systems oder eines anderen R/3-Systems statt. Daher muss als erstes die RFC-Verbindung ausgewählt werden (Abb. 6.9.1). Danach ist eine Anmeldung am Zielmandanten erforderlich. Ohne eine korrekte Anmeldung ist ein Vergleich nicht möglich. Der Benutzer, mit dem am Zielsystem die Anmeldung erfolgt, muss in dem System die Berechtigung besitzen, die Tabelle zu lesen.

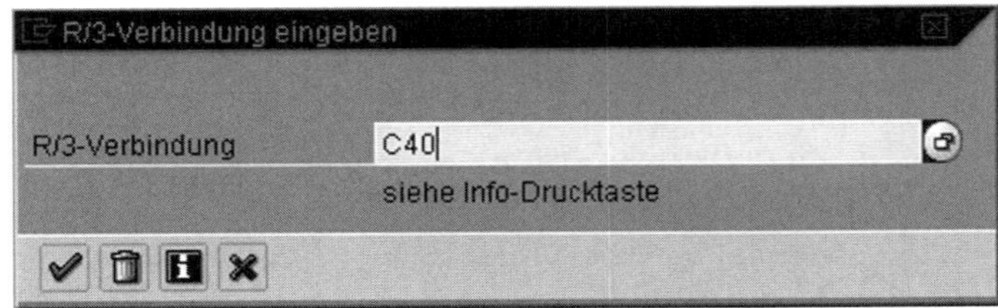

Abb. 6.9.1: Auswahl der RFC-Verbindung zum Vergleich einer Tabelle

Nach der Anmeldung liest R/3 die Tabelle aus dem anderen Mandanten und stellt sie der Tabelle aus dem eigenen Mandanten gegenüber. Im Vergleichsfenster wird in der ersten Spalte die Art des Eintrags angegeben, in den anderen Spalten werden die Inhalte beider Tabellen dargestellt (Abb. 6.9.2).

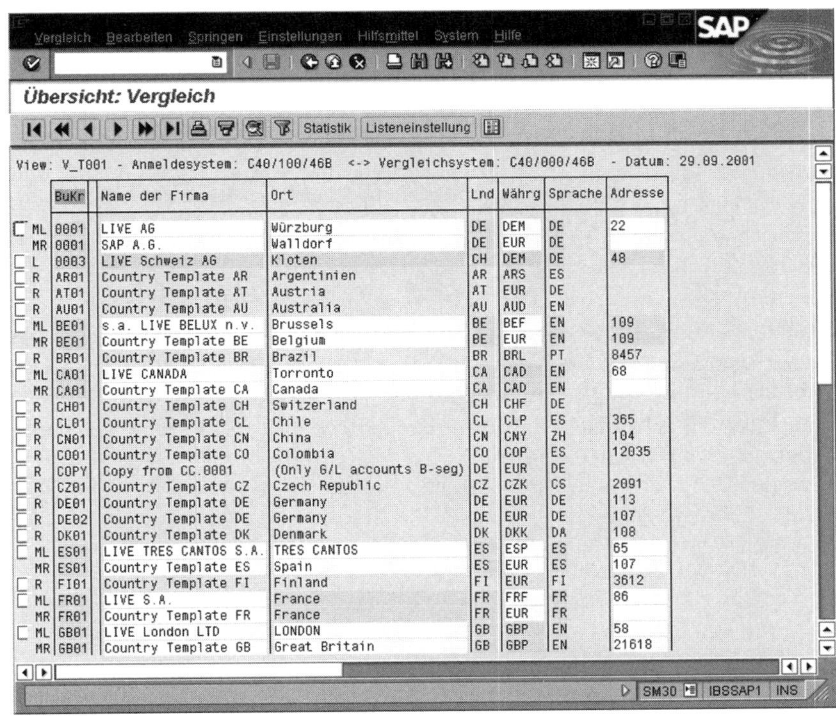

	BuKr	Name der Firma	Ort	Lnd	Währg	Sprache	Adresse
ML	0001	LIVE AG	Würzburg	DE	DEM	DE	22
MR	0001	SAP A.G.	Walldorf	DE	EUR	DE	
L	0003	LIVE Schweiz AG	Kloten	CH	DEM	DE	48
R	AR01	Country Template AR	Argentinien	AR	ARS	ES	
R	AT01	Country Template AT	Austria	AT	EUR	DE	
R	AU01	Country Template AU	Australia	AU	AUD	EN	
ML	BE01	s.a. LIVE BELUX n.v.	Brussels	BE	BEF	EN	109
MR	BE01	Country Template BE	Belgium	BE	EUR	EN	109
R	BR01	Country Template BR	Brazil	BR	BRL	PT	8457
ML	CA01	LIVE CANADA	Torronto	CA	CAD	EN	68
MR	CA01	Country Template CA	Canada	CA	CAD	EN	
R	CH01	Country Template CH	Switzerland	CH	CHF	DE	
R	CL01	Country Template CL	Chile	CL	CLP	ES	365
R	CN01	Country Template CN	China	CN	CNY	ZH	104
R	CO01	Country Template CO	Colombia	CO	COP	ES	12035
R	COPY	Copy from CC.0001	(Only G/L accounts B-seg)	DE	EUR	DE	
R	CZ01	Country Template CZ	Czech Republic	CZ	CZK	CS	2091
R	DE01	Country Template DE	Germany	DE	EUR	DE	113
R	DE02	Country Template DE	Germany	DE	EUR	DE	107
R	DK01	Country Template DK	Denmark	DK	DKK	DA	108
ML	ES01	LIVE TRES CANTOS S.A.	TRES CANTOS	ES	ESP	ES	65
MR	ES01	Country Template ES	Spain	ES	EUR	ES	107
R	FI01	Country Template FI	Finland	FI	EUR	FI	3612
ML	FR01	LIVE S.A.	France	FR	FRF	FR	86
MR	FR01	Country Template FR	France	FR	EUR	FR	
ML	GB01	LIVE London LTD	LONDON	GB	GBP	EN	58
MR	GB01	Country Template GB	Great Britain	GB	GBP	EN	21618

Abb. 6.9.2: Der Vergleich der Tabelle T001 (Buchungskreise) zwischen den Mandanten 100 und 000

Die Einträge in der ersten Spalte haben, teilweise in Verbindung mit der Farbe der Zeile, folgende Bedeutung:

<Leer>	Die Einträge sind in beiden Mandanten identisch
L	Der Eintrag kommt nur im aktuellen Mandanten vor
R	Der Eintrag kommt nur im Vergleichsmandanten vor
ML (Blau)	Modifizierter Eintrag aus dem aktuellen Mandanten
ML (Gelb)	Modifizierter Feldinhalt aus dem aktuellen System
MR (Blau)	Modifizierter Eintrag aus dem Vergleichsmandanten
MR (Gelb)	Modifizierter Feldinhalt aus dem Vergleichsmandanten
(E)	Die Unterschiede bestehen in ausgeblendeten Feldern

6.9.2 Der Abgleich

Während der Vergleich eine rein lesende Funktionalität darstellt, können mit dem Abgleich Tabelleninhalte mandanten- und systemübergreifend ausgetauscht werden. Dieser Abgleich ist mit den Transaktionen SM30 und SM31 möglich.

Die Funktionalität ist identisch zum Vergleich von Tabelleninhalten. Allerdings ist ein Abgleich nur im Änderungsmodus einer Tabelle möglich.

Im Änderungsmodus ist der Menüpfad *Hilfsmittel - Abgleich* auszuwählen. Über eine RFC-Verbindung wird eine Verbindung zu einem anderen Mandanten aufgebaut. Die Tabelle wird angezeigt und die Unterschiede der Datensätze in den beiden Mandanten werden dargestellt. Abb. 6.9.3 zeigt einen Abgleich der Tabelle T001. In der linken Spalte ist zu erkennen, welche Datensätze unterschiedlich sind. Über die Schaltfläche *Abgleichen* können nun Datensätze vom Vergleichsmandanten übernommen werden.

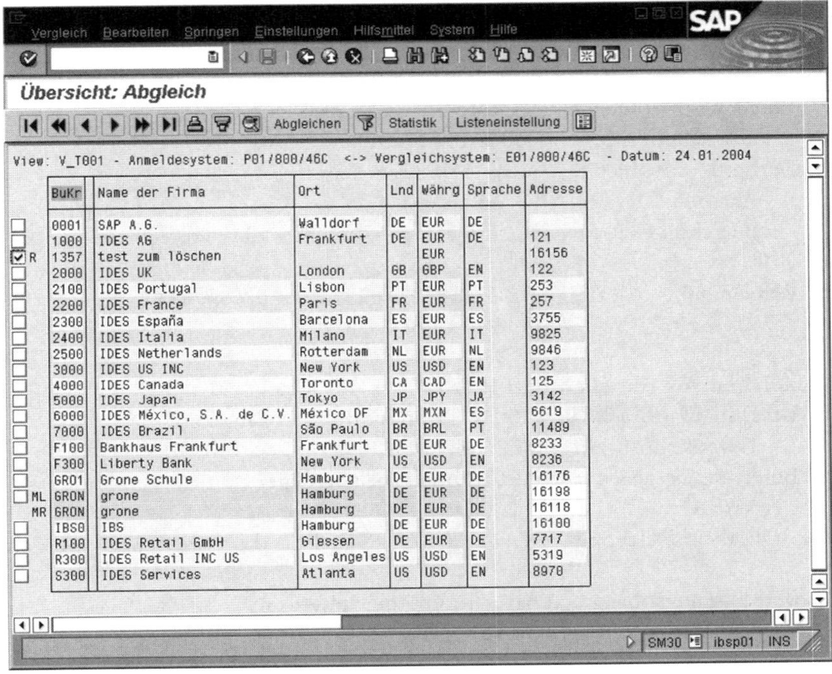

	BuKr	Name der Firma	Ort	Lnd	Währg	Sprache	Adresse
	0001	SAP A.G.	Walldorf	DE	EUR	DE	
	1000	IDES AG	Frankfurt	DE	EUR	DE	121
R	1357	test zum löschen			EUR		16156
	2000	IDES UK	London	GB	GBP	EN	122
	2100	IDES Portugal	Lisbon	PT	EUR	PT	253
	2200	IDES France	Paris	FR	EUR	FR	257
	2300	IDES España	Barcelona	ES	EUR	ES	3755
	2400	IDES Italia	Milano	IT	EUR	IT	9825
	2500	IDES Netherlands	Rotterdam	NL	EUR	NL	9846
	3000	IDES US INC	New York	US	USD	EN	123
	4000	IDES Canada	Toronto	CA	CAD	EN	125
	5000	IDES Japan	Tokyo	JP	JPY	JA	3142
	6000	IDES México, S.A. de C.V.	México DF	MX	MXN	ES	6619
	7000	IDES Brazil	São Paulo	BR	BRL	PT	11489
	F100	Bankhaus Frankfurt	Frankfurt	DE	EUR	DE	8233
	F300	Liberty Bank	New York	US	USD	EN	8236
	GR01	Grone Schule	Hamburg	DE	EUR	DE	16176
ML	GRON	grone	Hamburg	DE	EUR	DE	16198
MR	GRON	grone	Hamburg	DE	EUR	DE	16118
	IBS0	IBS	Hamburg	DE	EUR	DE	16100
	R100	IDES Retail GmbH	Giessen	DE	EUR	DE	7717
	R300	IDES Retail INC US	Los Angeles	US	USD	EN	5319
	S300	IDES Services	Atlanta	US	USD	EN	8970

Abb. 6.9.3: Abgleich der Tabelle T001

Problematisch ist diese Funktionalität, da hierdurch die Qualitätssicherung umgangen werden kann. So können z.B. Änderungen, die im Entwicklungssystem oder einem Schulungsmandanten vorgenommen wurden, direkt in den Produktivmandanten übernommen werden. Zwar wird dies über die Tabellenprotokollierung aufgezeichnet, aber die Freigabeverfahren werden hierdurch übergangen. Daher ist diese Möglichkeit über folgende Punkte abzusichern:

- Der Produktivmandant ist gegen Tabellenänderungen zu schützen (siehe Kapitel 7.4.3).
- Rechte zum Ändern von Tabellen sind (mit Ausnahme für die laufenden Einstellungen) im Produktivmandanten nicht zu vergeben.

6.9.3 Zugriffsrechte

Vergleichen von Tabellen und Views

Berechtigungsobjekt S_TCODE (Transaktionsberechtigung)
  Transaktionscode: SM30 oder SM31 und SCMP
Berechtigungsobjekt S_TABU_DIS (Tabellenpflege)
  Aktivität: 03 (Anzeigen)
  Berechtg.-Gruppe: <Gruppe der Tabelle, die verglichen werden soll>
Berechtigungsobjekt S_TABU_RFC (Mandantenvergleich RFC)
  Aktivität: 03 (Anzeigen)

Abgleichen von Tabellen und Views

Berechtigungsobjekt S_TCODE (Transaktionsberechtigung)
  Transaktionscode: SM30 oder SM31
Berechtigungsobjekt S_TABU_DIS (Tabellenpflege)
  Aktivität: 02 (Ändern)
  Berechtg.-Gruppe: <Gruppe der Tabelle, die verglichen werden soll>
Berechtigungsobjekt S_TABU_RFC (Mandantenvergleich RFC)
  Aktivität: 03 (Anzeigen)

6.10 Der SQL-Trace

6.10.1 Aktivierung des SQL-Trace

Alle Daten des R/3-Systems werden in Tabellen gespeichert, außer den Parametern, den Logs und den Traces. Eine Schwierigkeit besteht nun darin, eine gesuchte Tabelle mit bestimmten Inhalten in der Vielzahl von Tabellen zu finden.

Der SQL-Trace gestattet es, die Tabellen, die während eines Programmlaufes gelesen oder geändert werden, in einem Trace zu protokollieren. Dies stellt eine sehr effiziente Methode dar, Tabellen mit bestimmten Inhalten aufzufinden.

Der SQL-Trace wird nachfolgend anhand des Beispiels erläutert, die Tabelle mit den Entwicklerschlüsseln im System zu finden.

Der Trace wird aufgerufen mit der Transaktion ST05. Eine Berechtigung für diese Transaktion können Prüfer im Entwicklungs- oder Qualitätssicherungssystem bekommen. Im Produktivsystem sollte ein Trace nur in Ausnahmefällen eingesetzt werden. In dieser Transaktion können vier verschiedene Trace-Arten ausgeführt werden. Standardmäßig ist bereits der SQL-Trace markiert. Weitere Markierungen müssen nicht gesetzt werden.

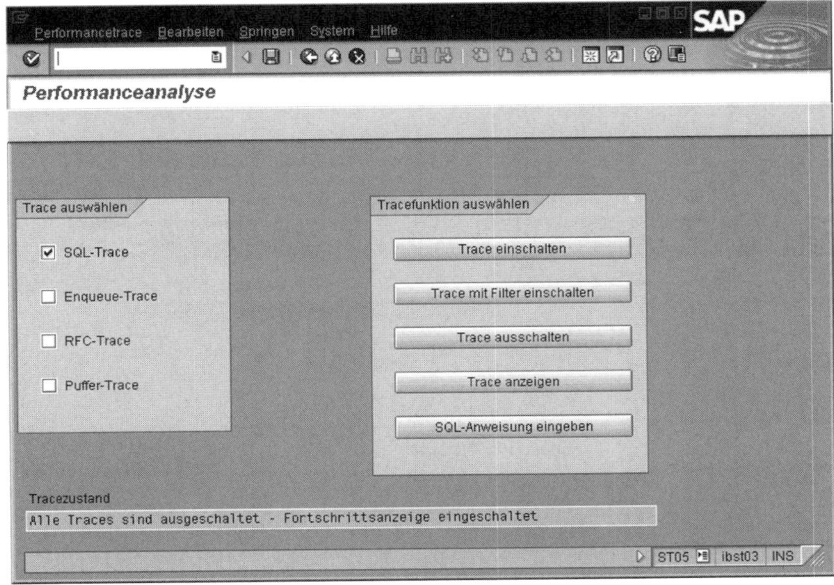

Abb. 6.10.1: Transaktion ST05, der SQL-Trace

Zur Aktivierung des Trace bestehen zwei Möglichkeiten:

- Ohne zusätzliche Filter (Schaltfläche *Trace einschalten*)
  Aktiviert den SQL-Trace nur für den aktuellen Benutzer. Es werden alle Tabellenzugriffe protokolliert.
- Mit Filter (Schaltfläche *Trace mit Filter einschalten*)
  Hier besteht die Möglichkeit, für den Trace weitere Filterungsmöglichkeiten anzugeben. So kann hier z.B. ein anderer Benutzer angegeben werden, eine bestimmte Transaktion oder ein Programm sowie Tabellen, die explizit protokolliert oder nicht protokolliert werden sollen.

Nach der Aktivierung des Trace werden die Tabellenzugriffe protokolliert.

Als nächstes muss eine Aktion durchgeführt werden, bei der die gesuchte Tabelle angesprochen wird. Als Beispiel soll hier die Tabelle mit den Entwicklerschlüsseln gesucht werden. Es ist somit ein Vorgang durchzuführen, bei dem für einen Benutzer der Entwicklerschlüssel abgefragt wird. Solch ein Vorgang ist z.B. das Anlegen eines ABAP-Programmes mit der Transaktion SE38 oder das Anlegen einer Tabelle mit der Transaktion SE11. Zum Testen ist kein Entwicklerschlüssel notwendig, da die gesuchte Tabelle auf jeden Fall gelesen wird. Voraussetzung ist aber, dass eine Berechtigung für den Vorgang vorliegt.

Hier wird als Beispiel die Transaktion SE38 aufgerufen und versucht, ein ABAP-Programm anzulegen. Dabei stellt R/3 fest, dass der aktuelle Benutzer keinen Schlüssel besitzt und fordert ihn auf, einen einzugeben. Hier wurde also bereits die Tabelle mit den Entwicklerschlüsseln gelesen (Abb. 6.10.2).

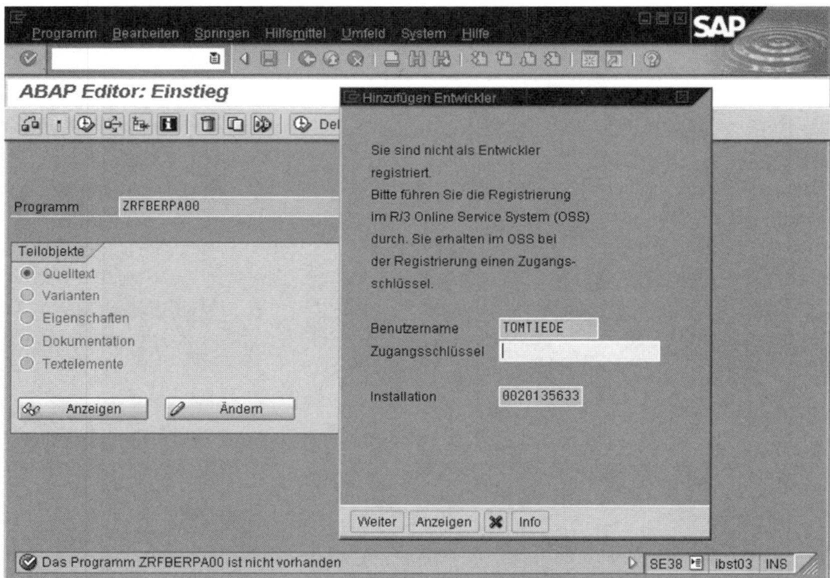

Abb. 6.10.2: Aufforderung zur Eingabe eines Entwicklerschlüssels

Nach diesem Vorgang kann der Trace ausgeschaltet werden. Dies erfolgt wieder in der Transaktion ST05. Klicken Sie auf die Schaltfläche *Trace ausschalten.*

6.10.2 Auswertung des Trace

Zur Auswertung des Trace klicken Sie in der Transaktion ST05 auf die Schaltfläche *Trace anzeigen*. Im darauffolgenden Fenster werden die gesetzten Trace-Bedingungen noch einmal angezeigt (Abb. 6.10.3).

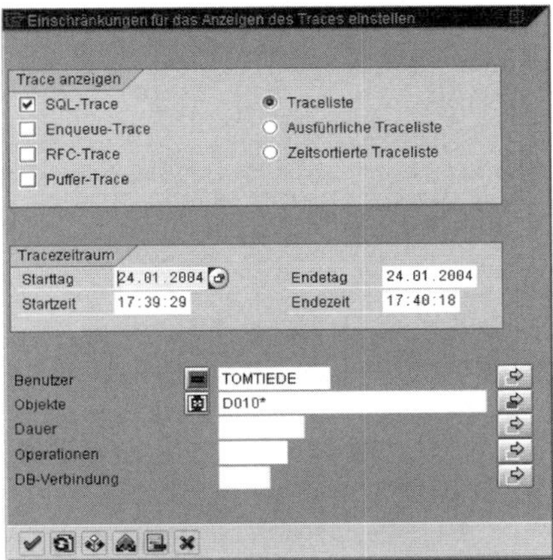

Abb. 6.10.3: Bedingungen zur Auswertung des SQL-Trace

Klicken Sie auf die Schaltfläche *Traceliste anzeigen* um den Trace anzuzeigen. Das Ergebnis wird spaltenweise angezeigt. In der Spalte *Objektname* wird die Tabelle angezeigt, in der Spalte *Anweisung* der SQL-Befehl, mit dem auf die Tabelle zugegriffen wurde.

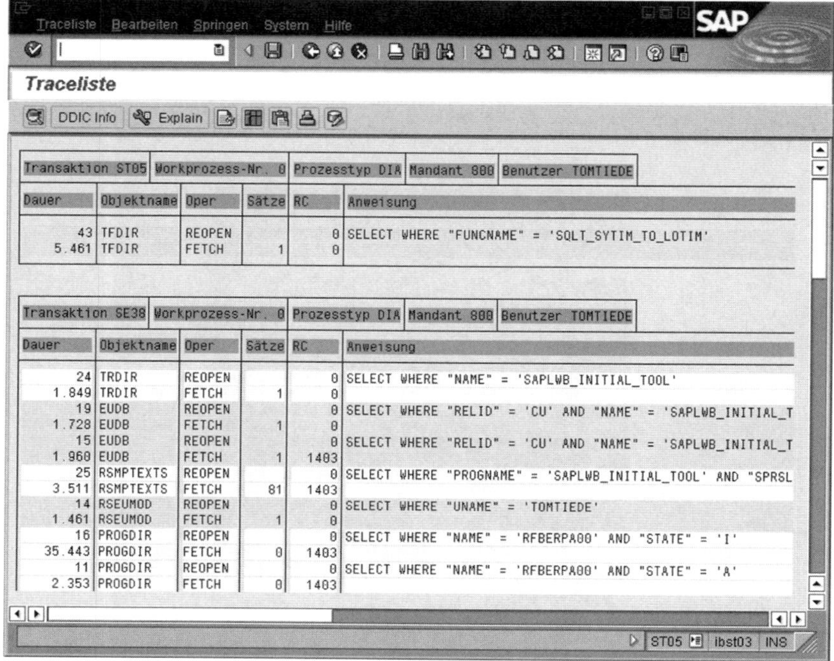

Traceliste Bearbeiten Springen System Hilfe

Traceliste

DDIC Info | Explain

Transaktion ST05	Workprozess-Nr. 0	Prozesstyp DIA	Mandant 800	Benutzer TOMTIEDE

Dauer	Objektname	Oper	Sätze	RC	Anweisung
43	TFDIR	REOPEN		0	SELECT WHERE "FUNCNAME" = 'SQLT_SYTIM_TO_LOTIM'
5.461	TFDIR	FETCH	1	0	

Transaktion SE38	Workprozess-Nr. 0	Prozesstyp DIA	Mandant 800	Benutzer TOMTIEDE

Dauer	Objektname	Oper	Sätze	RC	Anweisung
24	TRDIR	REOPEN		0	SELECT WHERE "NAME" = 'SAPLWB_INITIAL_TOOL'
1.849	TRDIR	FETCH	1	0	
19	EUDB	REOPEN		0	SELECT WHERE "RELID" = 'CU' AND "NAME" = 'SAPLWB_INITIAL_T
1.728	EUDB	FETCH	1	0	
15	EUDB	REOPEN		0	SELECT WHERE "RELID" = 'CU' AND "NAME" = 'SAPLWB_INITIAL_T
1.960	EUDB	FETCH	1	1403	
25	RSMPTEXTS	REOPEN		0	SELECT WHERE "PROGNAME" = 'SAPLWB_INITIAL_TOOL' AND "SPRSL
3.511	RSMPTEXTS	FETCH	81	1403	
14	RSEUMOD	REOPEN		0	SELECT WHERE "UNAME" = 'TOMTIEDE'
1.461	RSEUMOD	FETCH	1	0	
16	PROGDIR	REOPEN		0	SELECT WHERE "NAME" = 'RFBERPA00' AND "STATE" = 'I'
35.443	PROGDIR	FETCH	0	1403	
11	PROGDIR	REOPEN		0	SELECT WHERE "NAME" = 'RFBERPA00' AND "STATE" = 'A'
2.353	PROGDIR	FETCH	0	1403	

ST05 | ibst03 | INS

Abb. 6.10.4: Die Auswertung des SQL-Trace

In dieser Liste muss nun die Tabelle gesucht werden. Hierfür kann folgendes genutzt werden:

- Detailangaben zu den Tabellen
  Doppelklicken Sie auf eine Tabelle, um detaillierte Angaben zur Tabelle zu bekommen (Abb. 6.10.5).

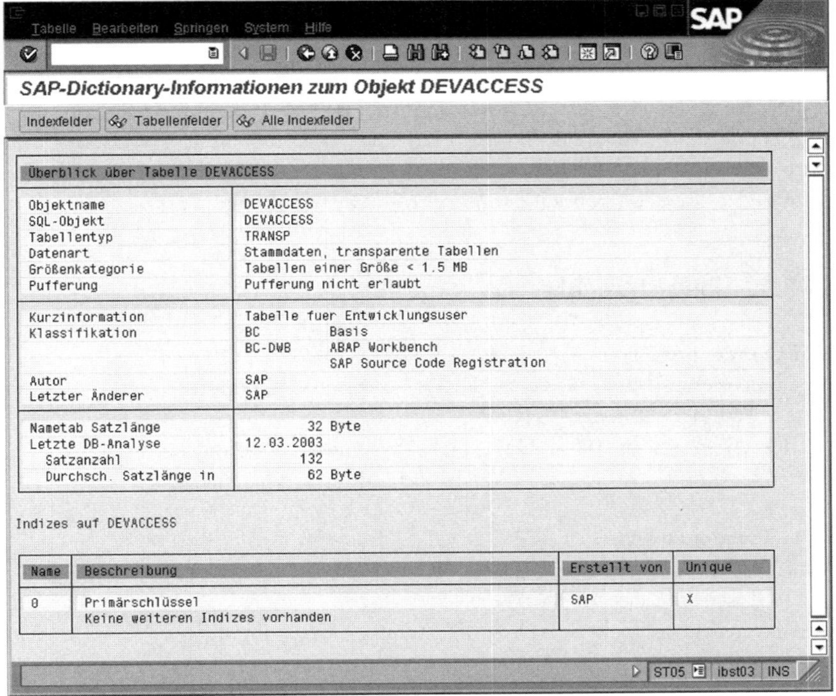

Abb. 6.10.5: Detailangaben zu einer Tabelle

- Detailangaben zum SQL-Statement
  Doppelklicken Sie auf ein SQL-Statement, um detaillierte Angaben zu dem Befehl zu bekommen.
- Angaben zum ABAP-Programm, das auf die Tabelle zugegriffen hat
  Klicken Sie auf ein SQL-Statement und dann auf die Schaltfläche *Aufrufstellen in ABAP-Programmen anzeigen* bzw. wählen Sie den Menüpfad *Springen - ABAP-Source anzeigen* aus. Es wird der Quelltext des Programms angezeigt, das auf die Tabelle zugegriffen hat.
- Anzeige des Programmnamens in der Trace-Liste
  Die Trace-Liste kann um einige Zeilen erweitert werden. Klicken Sie auf die Schaltfläche *Erweiterte Traceliste anzeigen.* In der Spalte *Programm* wird der Name des Programms angezeigt, das auf die Tabelle zugegriffen hat.

Um die Tabelle nun zu finden sind die gefundenen Tabellen hinsichtlich ihres Namens und ihrer Beschreibung zu untersuchen. Um sicherzugehen sollten Sie in einem zweiten Modus die Tabellen, welche die gesuchten Werte beinhalten könnten, mit der Transaktion SE16 bzw. SE16N analysieren.

Die Nutzung des SQL-Trace erfordert einiges Wissen und einige Übung, ist aber insbesondere für Prüfer sehr hilfreich. Genutzt werden sollte er grundsätzlich im Entwicklungs- oder Qualitätssicherungssystem, nicht im Produktivsystem. Die gefundenen Tabellen können dann im Produktivsystem analysiert werden.

6.10.3 Zugriffsrechte

SQL-Trace aktivieren

Berechtigungsobjekt S_TCODE (Transaktionsberechtigung)
Transaktionscode: ST05
Berechtigungsobjekt S_ADMI_FCD (Systemberechtigungen)
Funktion: ST0M (Ändern von Trace-Schaltern)

SQL-Trace auswerten

Berechtigungsobjekt S_TCODE (Transaktionsberechtigung)
Transaktionscode: ST05
Berechtigungsobjekt S_ADMI_FCD (Systemberechtigungen)
Funktion: ST0R (Auswerten von Traces)

6.11 Tabelleninhalte auswerten mit dem QuickViewer

6.11.1 Funktionalität

Mit dem R/3-Release 4.6 wurde der QuickViewer eingeführt. Dieser bietet sehr einfache und komfortable Möglichkeiten, Tabellen auszuwerten. Es können Abfragen auf Tabellen definiert werden, und Tabellen können verknüpft werden. Auch logische Datenbanken können als Datengrundlage für Abfragen genutzt werden. Als Datengrundlage können nur transparente Tabellen genutzt werden. Pool- und Cluster-Tabellen können nicht in QuickViews eingebunden werden. Das Ergebnis dieser Abfragen kann in Listform oder in tabellarischer Form angezeigt werden oder auch gleich exportiert werden, z.B. zu MS Excel.

Zur Nutzung von QuickViews werden folgende Zugriffsrechte benötigt:

Berechtigungsobjekt S_TCODE
Transaktionscode: SQVI
Berechtigungsobjekt S_TABU_DIS
Aktivität: 03 (Anzeigen)
Berechtigungsgruppe: <Gruppe der Tabellen, die ausgewertet werden sollen>

Werden logische Datenbanken als Grundlage für Abfragen genutzt, sind zusätzlich die Berechtigungen notwendig, die in der logischen Datenbank hinterlegt wurden. Für die Nutzung der logischen Datenbank KDF (Kreditoren-Datenbank) werden z.B. die Zugriffsrechte zum Anzeigen von Kreditoren und von Belegen benötigt.

Erstellte QuickViews können einfach in eine Query umgewandelt werden, die dann noch mehr Möglichkeiten zur Verfügung stellt. Dies ist auch dann notwendig, wenn die Abfragen anderen Benutzern zur Verfügung stehen sollen. QuickViews können nur immer von dem Benutzer ausgeführt werden, von dem sie angelegt wurden. Eine Weitergabe an andere Benutzer ist nicht möglich.

Nachfolgend ist der Einstieg in die Nutzung der QuickViews beschrieben. Diese können in zwei verschiedenen Modi erstellt werden, dem Basis- und dem Layout-Modus, mit dem auch z.B. Gruppierungsebenen und Zwischensummen definiert werden können. Die Beschreibungen beschränken sich auf die Nutzung des Basis-Modus, mit dem der maßgebliche Umfang der QuickViews abgedeckt wird.

6.11.2 Erstellen einer QuickView auf einer einzelnen Tabelle

Rufen Sie die Transaktion SQVI auf, oder wählen Sie den Menüpfad *System - Dienste - QuickViewer* aus. In der Einstiegsmaske geben Sie einen Namen für die neue QuickView ein (Abb. 6.11.1). Der Namensraum für QuickViews sollte unternehmensweit geregelt werden.

Abb. 6.11.1: Neue QuickView anlegen - Namen eingeben

Klicken Sie danach auf die Schaltfläche *Anlegen*. Im folgenden Fenster müssen Sie entscheiden, welche Daten der QuickView zu Grunde liegen sollen. Unter dem Punkt *Datenquelle* haben Sie vier Möglichkeiten:

Tabelle (Hier kann eine einzelne Tabelle angegeben werden)
Tabellen-Join (Hier können mehrere Tabellen miteinander verknüpft werden)
Logische Datenbank
SAP Query InfoSet

Um eine QuickView auf einer einzelnen Tabelle zu erstellen, wählen Sie die Datenquelle *Tabelle* aus. Unter dem Punkt 2. Daten aus Tabelle/Datenbankview tragen Sie die entsprechende Tabelle ein (siehe Abb. 6.11.2). Die Datenquelle kann nachträglich nicht mehr geändert werden. In der folgenden QuickView soll eine Abfrage zur Anzeige aller CpD-Kreditoren (Einmal-Kreditoren) erstellt werden. Hierfür wird die Tabelle LFA1 als Datengrundlage eingetragen.

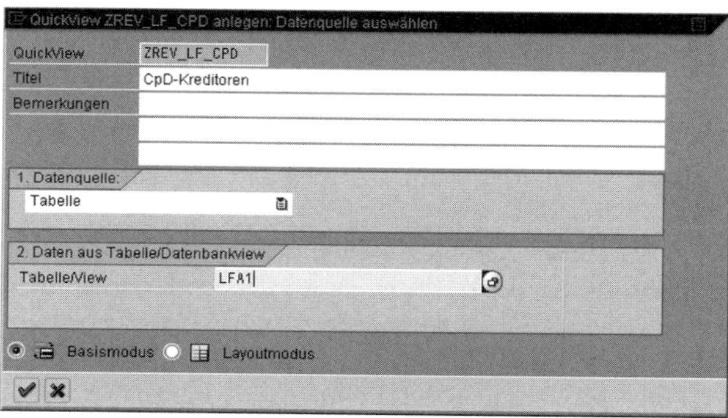

Abb. 6.11.2: Neue QuickView anlegen - Tabelle auswählen

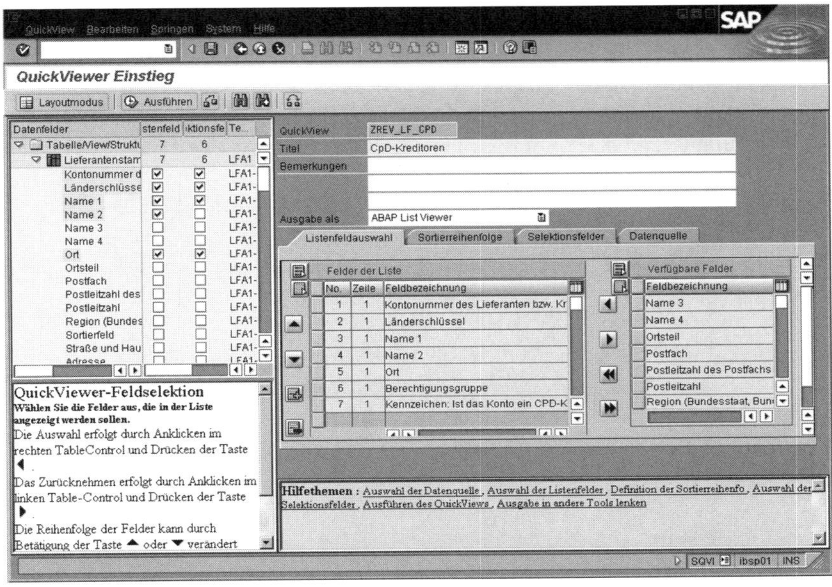

Abb. 6.11.3: Neue QuickView anlegen - Entwurfsansicht

Sie gelangen in die Entwurfsansicht der QuickView (siehe Abb. 6.11.3). Hier können Sie folgende Angaben zur Abfrage treffen:

Listfeldauswahl

Hier definieren Sie, welche Felder in der Ergebnisliste angezeigt werden sollen. Mit den Pfeiltasten zwischen den beiden Listfeldern können Sie die Felder zwischen den Listfeldern austauschen. In Abb. 6.11.4 wurden sieben Felder für die Listausgabe selektiert.

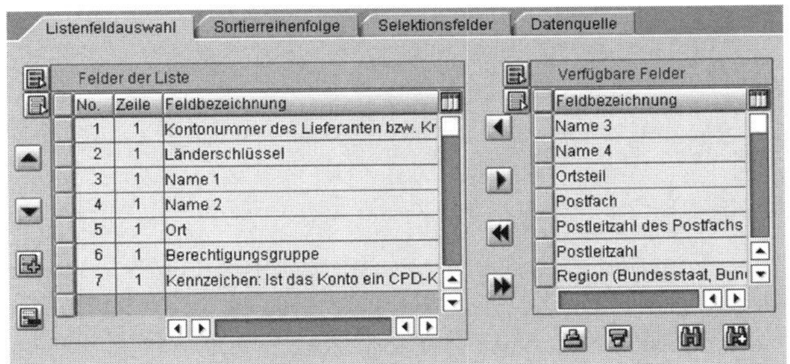

Abb. 6.11.4: QuickView anlegen - Listenfelder definieren

Sortierreihenfolge

Hier geben Sie an, nach welchen Kriterien die Ergebnisliste standardmäßig sortiert sein soll. In Abb. 6.11.5 wurden zwei Sortierungen ausgewählt. Die Ergebnisliste wird nach Länderschlüssel sortiert, innerhalb der Länder nach der Kontonummer des Lieferanten.

Abb. 6.11.5: QuickView anlegen - Sortierreihenfolge definieren

Selektionsfelder

Hier wird festgelegt, welche Felder in der Selektionsmaske der QuickView angezeigt werden sollen. In diesen Feldern können vor der Ausführung beliebige Selektionen eingegeben werden. In Abb. 6.11.6 wurden sechs Felder ausgewählt, nach denen selektiert werden kann.

Abb. 6.11.6: QuickView anlegen - Selektionsfelder definieren

Nachdem diese Angaben hinterlegt wurden, kann die QuickView ausgeführt werden. Klicken Sie hierzu auf die Schaltfläche *Ausführen* oder drücken Sie die Taste *F8*. Es wird die Selektionsmaske angezeigt (Abb. 6.11.7). Hier werden die Felder aufgelistet, die im Register *Selektionsfelder* definiert wurden. Außerdem werden hier die verschiedenen möglichen Ausgabeformate angezeigt. Geben Sie hier evtl.

Selektionen ein, und wählen Sie die Ausgabeform. Es bietet sich an, standardmäßig den SAP List Viewer zu nutzen, da dieser auch einen direkten Export unterstützt, z.B. zu MS Excel. In diesem Beispiel wurde für das Feld *Kennzeichen: Ist das Konto ein CpD-Konto* der Eintrag X gewählt, um nur CpD-Kreditoren anzuzeigen.

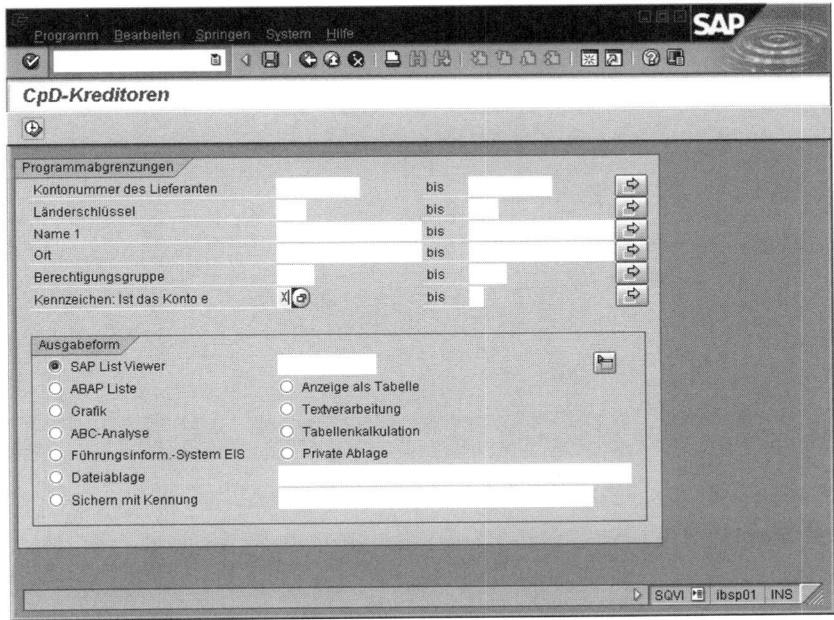

Abb. 6.11.7: QuickView anzeigen - Selektionsmaske

Zum Anzeigen des Ergebnisses klicken Sie auf die Schaltfläche *Ausführen.* Innerhalb der Liste können Sie die normalen Funktionen des SAP List Viewers nutzen (sortieren, filtern, exportieren).

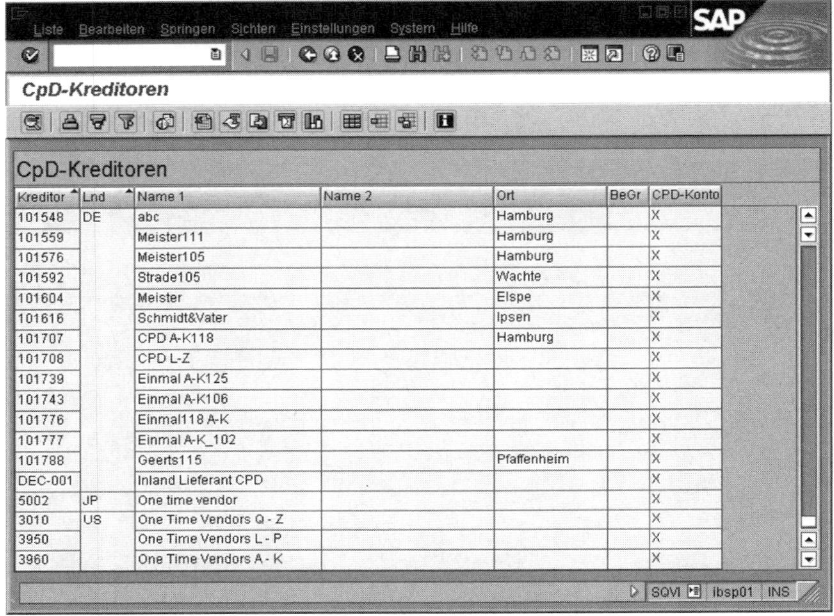

CpD-Kreditoren

Kreditor	Lnd	Name 1	Name 2	Ort	BeGr	CPD-Konto
101548	DE	abc		Hamburg		X
101559		Meister111		Hamburg		X
101576		Meister105		Hamburg		X
101592		Strade105		Wachte		X
101604		Meister		Elspe		X
101616		Schmidt&Vater		Ipsen		X
101707		CPD A-K118		Hamburg		X
101708		CPD L-Z				X
101739		Einmal A-K125				X
101743		Einmal A-K106				X
101776		Einmal118 A-K				X
101777		Einmal A-K_102				X
101788		Geerts115		Pfaffenheim		X
DEC-001		Inland Lieferant CPD				X
5002	JP	One time vendor				X
3010	US	One Time Vendors Q - Z				X
3950		One Time Vendors L - P				X
3960		One Time Vendors A - K				X

Abb. 6.11.8: QuickView anzeigen - Ergebnisliste

Die definierte QuickView kann jederzeit geändert werden hinsichtlich der anzuzeigenden Felder, der Sortierreihenfolge und der Selektionsfelder. Einzig die Datenquelle kann nachträglich nicht geändert werden.

6.11.3 Erstellen einer QuickView mit einem Tabellen-Join

Noch effektivere Auswertungen werden erreicht durch die Verknüpfung von Tabellen. Im vorigen Beispiel wurde selektiert, welche CpD-Kreditoren existieren. Im zweiten Schritt soll nun selektiert werden, in welchen Buchungskreisen diese CpD-Kreditoren genutzt werden. Hierfür ist es notwendig, die Tabellen LFA1 (Kreditor: Allgemeine Daten) und LFB1 (Kreditor: Buchungskreisdaten) miteinander zu verknüpfen. In der Tabelle LFA1 wird angegeben, ob es sich um einen CpD-Kreditor handelt, über die Tabelle LFB1 wird selektiert, in welchen Buchungskreisen die CpD-Kreditoren eingerichtet sind.

Legen Sie wie im vorigen Kapitel beschrieben eine neue QuickView an. Im Fenster *Datenquelle auswählen* wählen Sie *Tabellen-Join* aus (siehe Abb. 6.11.9). Sie haben nun keine Möglichkeit mehr, hier eine Tabelle einzutragen. Dies erfolgt im nächsten Schritt.

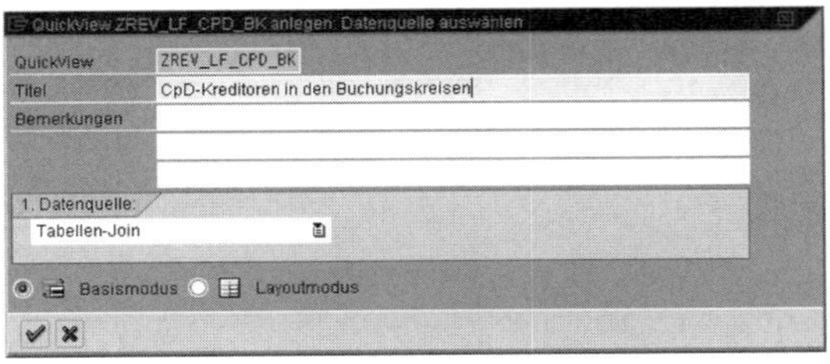

QuickView ZREV_LF_CPD_BK anlegen: Datenquelle auswählen
QuickView ZREV_LF_CPD_BK
Titel CpD-Kreditoren in den Buchungskreisen
Bemerkungen
1. Datenquelle:
Tabellen-Join
Basismodus Layoutmodus

Abb. 6.11.9: Neue QuickView anlegen - Datenquelle auswählen

Im folgenden Fenster *Join-Definition* müssen Sie nun die Tabellen auswählen, die Sie verknüpfen wollen. Klicken Sie hierfür auf die Schaltfläche *Tabelle einfügen*, und geben Sie die Tabelle an. Wiederholen Sie diesen Schritt für alle Tabellen, die Sie verknüpfen wollen. Der QuickViewer verbindet automatisch die Tabellen, wenn in jeder Tabelle im Schlüssel jeweils ein Feld mit dem gleichen Namen enthalten ist. Abb. 6.11.10 zeigt die Verknüpfung zwischen den Tabellen LFA1 und LFB1.

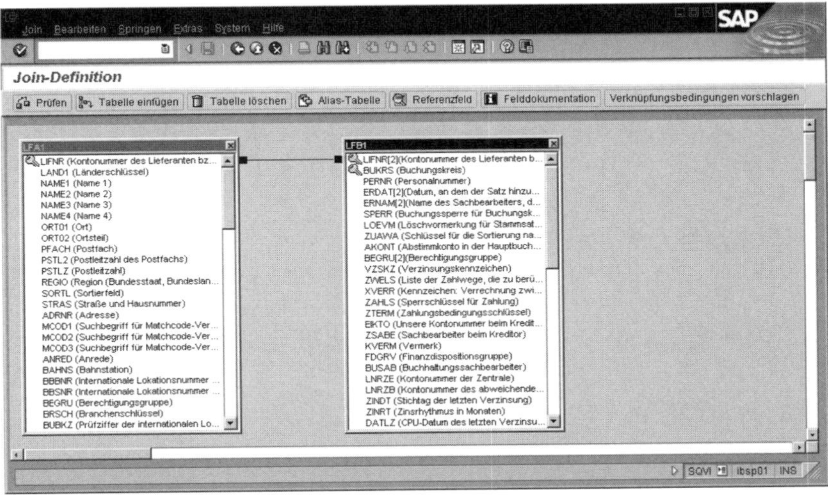

Abb. 6.11.10: Neue QuickView anlegen - Verknüpfung definieren

Standardmäßig stellt diese Verknüpfung einen Inner-Join dar. Dies bedeutet, dass im Ergebnis der QuickView nur Tabelleninhalte angezeigt werden, die in beiden

Tabellen einen gleichen Schlüssel besitzen. Es würden im Fall des Beispiels keine Einträge angezeigt, die in Tabelle LFA1 existieren, aber nicht in Tabelle LFB1. Um zu erreichen dass alle Datensätze einer Tabelle angezeigt werden, muss die Verknüpfung in einen Outer-Join geändert werden. Klicken Sie hierfür auf die Verbindungslinie zwischen den beiden Tabellen, drücken Sie die rechte Maustaste, und wählen Sie den Kontextmenü-Eintrag *Anzeige Joinbedingung* aus. Es wird das Fenster *Join Bedingung* angezeigt. Hier wählen Sie unter *Join-Art* den Eintrag *Left Outer* aus (siehe Abb. 6.11.11) und schließen das Fenster über die *Weiter*-Schaltfläche. Die Verknüpfung wird nun mit einem runden Verknüpfungssymbol angezeigt (siehe Abb. 6.11.12).

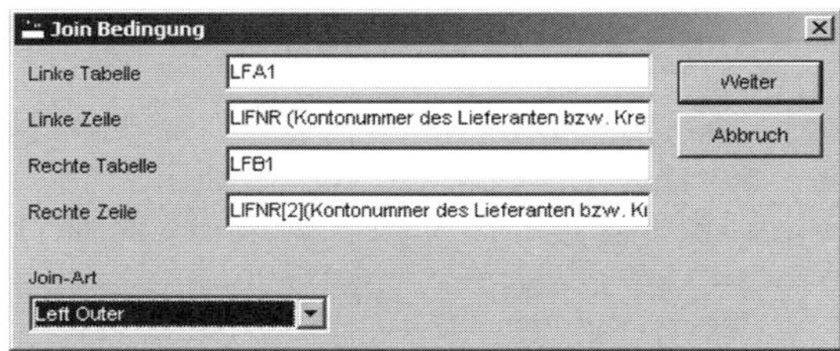

Abb. 6.11.11: Neue QuickView anlegen - Verknüpfung ändern

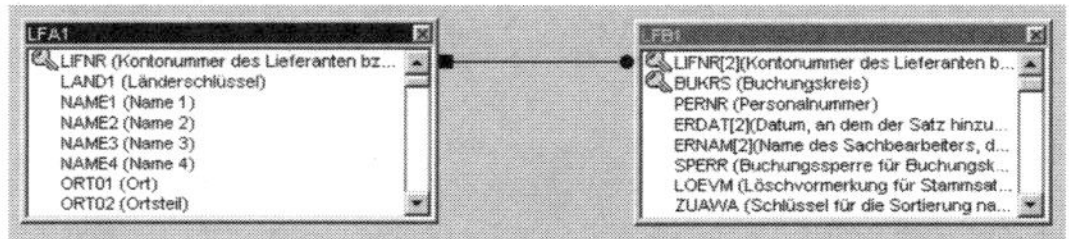

Abb. 6.11.12: Neue QuickView anlegen - Anzeige des Outer Join

Um Ihre definierte Verknüpfung zu prüfen, klicken Sie auf die Schaltfläche *Prüfen*. Der QuickViewer prüft dann, ob die Verknüpfungen richtig definiert wurden. Klicken Sie dann auf die Schaltfläche *Zurück*, und Sie gelangen in die Entwurfsansicht der QuickView. Hier definieren Sie die Eigenschaften identisch zum vorherigen Kapitel. Abb. 6.11.13 zeigt das Ergebnis dieser QuickView. Hier ist zu sehen, dass auch Datensätze angezeigt werden, die keinem Buchungskreis zugeordnet sind. Dies bewirkt die Definition der Verknüpfung als Outer Join. Anderenfalls würden diese Datensätze nicht mit angezeigt.

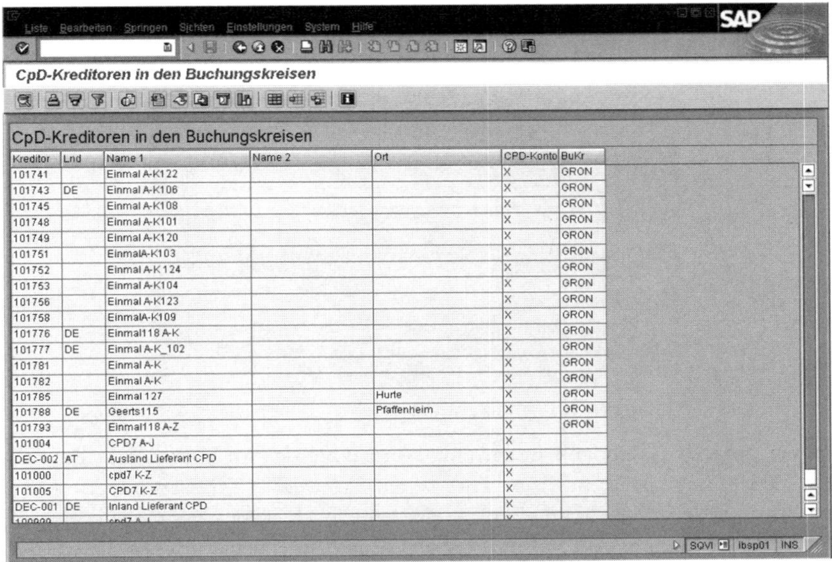

Kreditor	Lnd	Name 1	Name 2	Ort	CPD-Konto	BuKr
101741		Einmal A-K122			X	GRON
101743	DE	Einmal A-K106			X	GRON
101745		Einmal A-K108			X	GRON
101748		Einmal A-K101			X	GRON
101749		Einmal A-K120			X	GRON
101751		EinmalA-K103			X	GRON
101752		Einmal A-K124			X	GRON
101753		Einmal A-K104			X	GRON
101756		Einmal A-K123			X	GRON
101758		EinmalA-K109			X	GRON
101776	DE	Einmal118 A-K			X	GRON
101777	DE	Einmal A-K_102			X	GRON
101781		Einmal A-K			X	GRON
101782		Einmal A-K			X	GRON
101785		Einmal 127		Hurte	X	GRON
101788	DE	Geerts115		Pfaffenheim	X	GRON
101793		Einmal118 A-Z			X	GRON
101004		CPD7 A-J			X	
DEC-002	AT	Ausland Lieferant CPD			X	
101000		cpd7 K-Z			X	
101005		CPD7 K-Z			X	
DEC-001	DE	Inland Lieferant CPD			X	

Abb. 6.11.13: QuickView anzeigen

6.11.4 Erstellen einer QuickView mit einer logischen Datenbank

Logische Datenbanken sind Strukturen, in denen bereits Tabellen und deren Abhängigkeiten definiert wurden. Sie werden maßgeblich genutzt um sie in ABAP-Programmen (Reports) zu hinterlegen. Über die logische Datenbank wird die Oberfläche gesteuert, die Plausibilitätsprüfungen und die Berechtigungsprüfungen. Die Verwaltung der logischen Datenbanken erfolgt mit der Transaktion SE36. Einige Beispiele von logischen Datenbanken, die im Standard mit ausgeliefert werden, sind:

ADA	Anlagendatenbank
BRF	Belegdatenbank
DDF	Debitoren Datenbank
KDF	Kreditoren Datenbank
PAP	Bewerberstammdaten
PNP	Personalstammdaten
SDF	Sachkonten Datenbank

Um logische Datenbanken in einer QuickView zu nutzen, wählen Sie im Fenster *Datenquelle auswählen* den Eintrag *Logische Datenbank* aus. Sie haben dann im unteren Teil des Fensters die Möglichkeit, die Datenbank einzugeben oder auszuwählen (über die Werthilfetaste). Abb. 6.11.14 zeigt dieses Fenster.

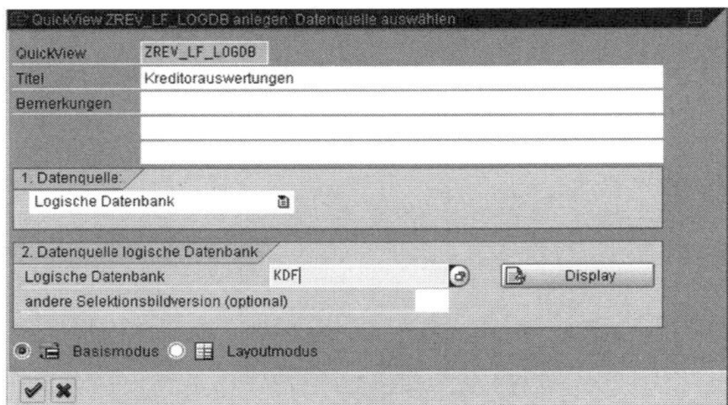

Abb. 6.11.14: Neue QuickView anlegen - Logische Datenbank auswählen

Haben Sie eine Datenbank ausgewählt, können Sie sich im Vorwege die Struktur der Datenbank anzeigen lassen. Hier sehen Sie, welche Tabellen integriert sind und wie sie in Verbindung zueinander stehen. Klicken Sie hierfür auf die Schaltfläche *Display*. Abb. 6.11.15 zeigt die Struktur der logischen Datenbank KDF (Kreditoren Datenbank).

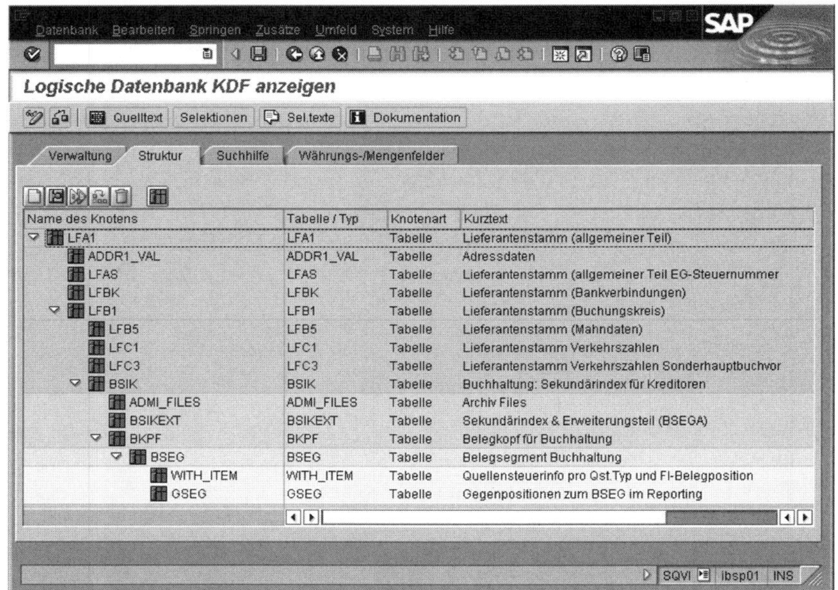

Abb. 6.11.15: Neue QuickView anlegen - Struktur der logischen Datenbank

Nachdem Sie die Datenbank ausgewählt haben, gelangen Sie in das Entwurfsfenster der QuickView. Hier können Sie wieder, wie in den Beispielen zuvor, vorgehen. Allerdings beinhalten diese Datenbanken eine Vielzahl von Tabellen und Feldern, so dass eine Auswahl der Felder über die bisherige Methode recht mühselig ist. Hier besteht auch die Möglichkeit, die List- und Selektionsfelder in der hierarchischen Baumstruktur im linken Fenster des QuickViewers auszuwählen. Sie können die Baumstruktur aufreißen und die Felder der Tabellen anzeigen lassen. Dort können Sie für jedes Feld in den Spalten *Listenfelder* und *Selektionsfelder* Haken setzen und so die entsprechenden Felder auswählen. Abb. 6.11.16 zeigt solch eine Selektion. In den logischen Datenbanken sind teilweise schon feste Felder für die Selektionsmaske hinterlegt. Diese können aus der Selektionsmaske für die QuickView nicht entfernt werden. Sie werden immer mit angezeigt.

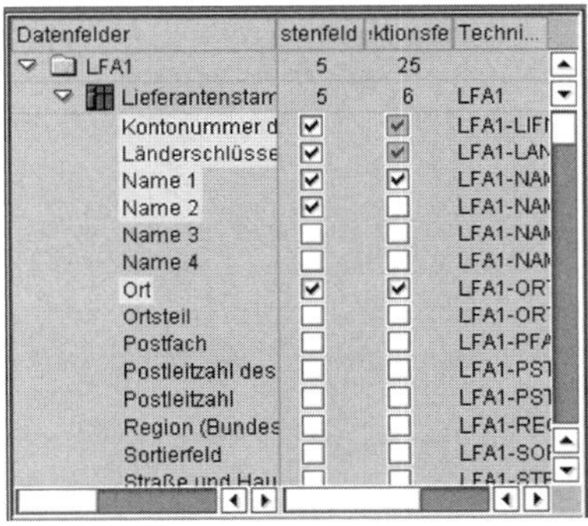

Abb. 6.11.16: Neue QuickView anlegen - Feldselektion über Baumstruktur

6.12 Transparente, Pool- und Cluster-Tabellen

Die Tabellen des SAP R/3-Systems sind im R/3-Repository definiert. Allerdings finden sich nicht alle dort definierten Tabellen auch in der Datenbank wieder. Hier wird zwischen zwei verschiedenen Kategorien von Tabellen unterschieden:

- Logische Tabellen
  Dies sind die im R/3-Repository definierten Tabellen. Diese Tabellen können direkt im R/3-System, z.B. mit der Transaktion SE16 / SE16N, eingesehen werden.
- Physische Tabellen
  Dies sind die Tabellen, die in der Datenbank existieren. SAP R/3 überlagert diese Tabellen mit seinem eigenen Datenmodell. Das relationale Datenmodell der Datenbank entspricht nicht dem des R/3-Repositories.

SAP R/3 kennt drei verschiedene Möglichkeiten, Daten in der Datenbank zu speichern: in transparenten Tabellen, in Pool-Tabellen oder in Cluster-Tabellen. Dies spielt besonders bei der Frage, welche Tabellen über die Datenbankebene direkt geändert werden können, eine große Rolle. Nur transparente Tabellen können direkt über die Datenbank geändert werden, Pool- und Cluster-Tabellen nicht. Allerdings kann unter R/3 jede Pool- oder Cluster-Tabelle in eine transparente Tabelle umgewandelt werden. Die Berechtigungen dazu sind in einem Produktivsystem als kritisch anzusehen.

6.12.1 Transparente Tabellen

Transparente Tabellen werden in der Datenbank so gespeichert, wie sie auch im Data Dictionary von R/3 angezeigt werden. Diese Tabellen können in der Datenbank mit einfachen Mitteln geändert werden, z.B. über einen SQL-Editor. Die meisten Tabellen des R/3-Systems sind als transparente Tabellen abgespeichert.

Eine Liste aller transparenten Tabellen kann über die Tabelle DD02L angezeigt werden. Tragen Sie hierfür als Selektionskriterium im Feld *Tabellentyp* TRANSP ein. Es existieren ca. 24.000 transparente Tabellen.

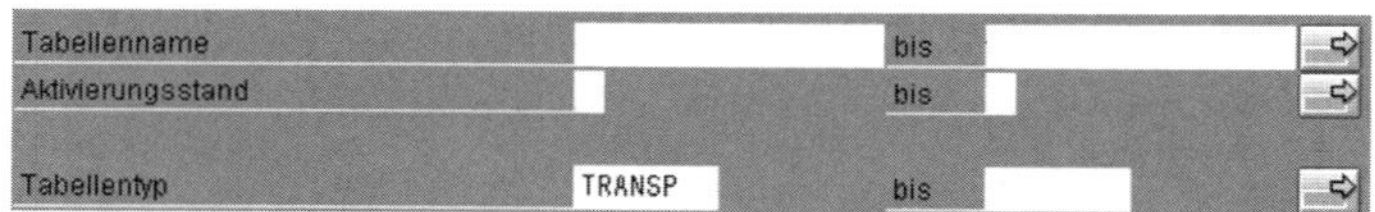

Abb. 6.12.1: Tabellen DD02L - Selektionskriterium zum Anzeigen aller transparenten Tabellen

6.12.2 Pool-Tabellen

R/3 bietet die Möglichkeit, mehrere logische R/3-Tabellen in einer einzigen physischen Datenbanktabelle zu speichern. Durch diese Möglichkeit kann die Anzahl der Tabellen in der Datenbank reduziert werden. Die Tabelle in der Datenbank, in der andere Tabellen gespeichert werden, wird Tabellen-Pool genannt, die enthaltenen Tabellen heißen Pool-Tabellen.

Tabellen-Pool: Eine in der Datenbank existierende Tabelle, in der mehrere logische R/3-Tabellen enthalten sind.

Tabellenpool	UTAB			
Kurzbeschreibung	Berechtigungsdaten/Benutzerstamm			
Letzte Änderung	SAP	02.10.1997	Originalsprache	DE
Status	aktiv		Entwicklungsklasse	SUSR

Abb. 6.12.2: Der Entwurf des Tabellen-Pools UTAB

Pool-Tabelle: Eine Tabelle, die nur über R/3 sichtbar ist. In der Datenbank wird sie zusammen mit anderen Tabellen in einem Tabellen-Pool gespeichert.

Pool-Tabelle	USR04	aktiv
Kurzbeschreibung	Benutzerstamm Berechtigungen	

Eigenschaften | Felder | Währungs-/Mengenfelder

Letzte Änderung	SAP	04.11.1997
Entwicklungsklasse	SUSR	
Originalsprache	DE	
Tabellenart	Pool-Tabelle	
Pool/Cluster	UTAB	
Auslieferungsklasse	A	Anwendungstab. (Stamm- und Bewegungsdaten)

Abb. 6.12.3: Der Entwurf der Pool-Tabelle USR04

Eine Liste aller existierenden Pool-Tabellen erhalten Sie über die Tabelle DD02L. Tragen Sie als Selektionskriterium im Feld Tabellentyp den Wert POOL ein.

Tabellenname		bis	
Aktivierungsstand		bis	
Tabellentyp	POOL	bis	

Abb. 6.12.4: DD02L: Anzeige aller Pool-Tabellen

Der eindeutige Schlüssel in einem Tabellen-Pool setzt sich zusammen aus dem Schlüssel und dem Namen der Pool-Tabelle.

Ein Datensatz in einem Tabellen-Pool entspricht auch genau einem Datensatz einer enthaltenen Pool-Tabelle. In der Abb. 6.12.5 ist der Inhalt des Tabellen-Pools UTAB abgebildet. In der Spalte TABNAME wird die Pool-Tabelle angegeben. Hier sind die Tabellen USR04 und USR05 zu sehen.

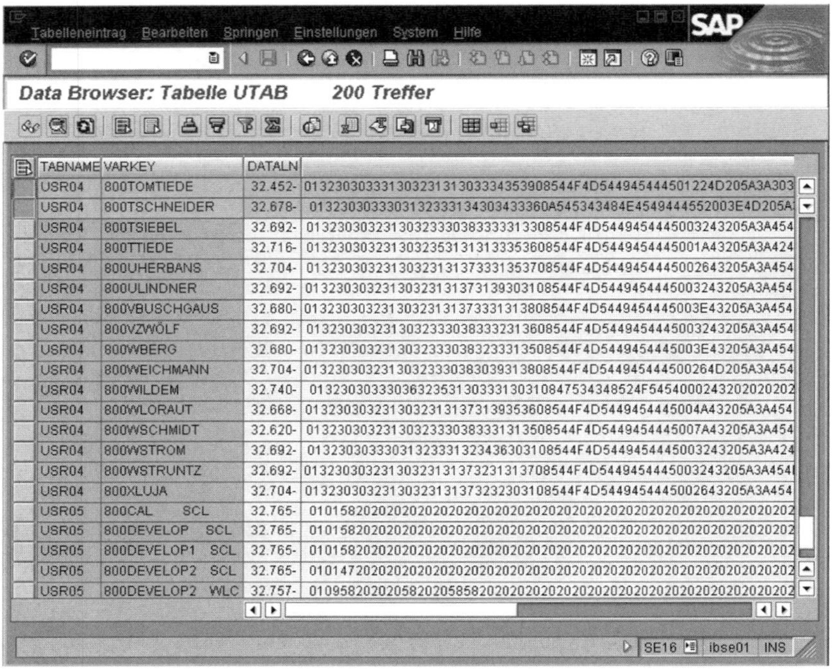

Tabelleneintrag Bearbeiten Springen Einstellungen System Hilfe

Data Browser: Tabelle UTAB 200 Treffer

TABNAME	VARKEY	DATALN	
USR04	800TOMTIEDE	32.452-	01323030333130323131303334353908544F4D544945444501224D205A3A303
USR04	800TSCHNEIDER	32.678-	0132303033303132333134303433360A545343484E4549444552003E4D205A
USR04	800TSIEBEL	32.692-	01323030323130323330383333313308544F4D5449454445003243205A3A454
USR04	800TTIEDE	32.716-	01323030323130323531313133353608544F4D544945444500 1A43205A3A424
USR04	800UHERBANS	32.704-	01323030323130323131373331353708544F4D5449454445002643205A3A454
USR04	800ULINDNER	32.692-	01323030323130323131373139303108544F4D5449454445003243205A3A454
USR04	800VBUSCHGAUS	32.680-	01323030323130323131373331313808544F4D5449454445003E43205A3A454
USR04	800VZWÖLF	32.692-	01323030323130323330383332313608544F4D5449454445003243205A3A454
USR04	800WBERG	32.680-	01323030323130323330383233313508544F4D5449454445003E43205A3A454
USR04	800WEICHMANN	32.704-	01323030323130323330383039313808544F4D544945444500264D205A3A454
USR04	800WILDEM	32.740-	01323030333036323531303331303108475343485 24F5454000243202020202
USR04	800WLORAUT	32.668-	01323030323130323131373139353608544F4D5449454445004A43205A3A454
USR04	800WSCHMIDT	32.620-	01323030323130323330383331313508544F4D5449454445007A43205A3A454
USR04	800WSTROM	32.692-	01323030333031323331323436303108544F4D5449454445003243205A3A424
USR04	800WSTRUNTZ	32.692-	01323030323130323131373231313708544F4D5449454445003243205A3A454
USR04	800XLUJA	32.704-	01323030323130323131373232303108544F4D5449454445002643205A3A454
USR05	800CAL SCL	32.765-	0101582020202020202020202020202020202020202020202020202020202020202
USR05	800DEVELOP SCL	32.765-	0101582020202020202020202020202020202020202020202020202020202020202
USR05	800DEVELOP1 SCL	32.765-	0101582020202020202020202020202020202020202020202020202020202020202
USR05	800DEVELOP2 SCL	32.765-	0101472020202020202020202020202020202020202020202020202020202020202
USR05	800DEVELOP2 WLC	32.757-	0109582020205820205858202020202020202020202020202020202020202020202

SE16 ibse01 INS

Abb. 6.12.5: Anzeige des Tabellen-Pools UTAB

Im Feld VARKEY sind für die Tabelle USR04 der Mandant und der Benutzer zu erkennen. Die Felder TABNAME und VARKEY stellen hier den eindeutigen Schlüssel dar. In der logischen Tabelle USR04 sind für den Mandanten 800 die Benutzer TOMTIEDE und TSCHNEIDER zu erkennen. Jeder dieser Benutzer wird hier in einer eigenen Zeile, somit in einem eigenen Datensatz dargestellt. Beim Anzeigen der Tabelle USR04 sind diese Datensätze wiederzuerkennen.

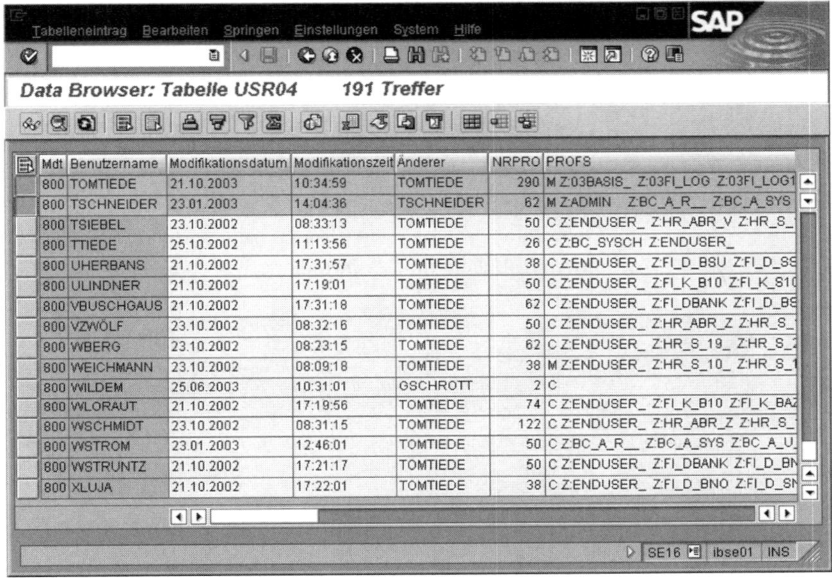

Mdt	Benutzername	Modifikationsdatum	Modifikationszeit	Änderer	NRPRO	PROFS
800	TOMTIEDE	21.10.2003	10:34:59	TOMTIEDE	290	M Z:03BASIS_ Z:03FI_LOG Z:03FI_LOG1
800	TSCHNEIDER	23.01.2003	14:04:36	TSCHNEIDER	62	M Z:ADMIN Z:BC_A_R__ Z:BC_A_SYS
800	TSIEBEL	23.10.2002	08:33:13	TOMTIEDE	50	C Z:ENDUSER_ Z:HR_ABR_V Z:HR_S_
800	TTIEDE	25.10.2002	11:13:56	TOMTIEDE	26	C Z:BC_SYSCH Z:ENDUSER_
800	UHERBANS	21.10.2002	17:31:57	TOMTIEDE	38	C Z:ENDUSER_ Z:FI_D_BSU Z:FI_D_SS
800	ULINDNER	21.10.2002	17:19:01	TOMTIEDE	50	C Z:ENDUSER_ Z:FI_K_B10 Z:FI_K_S1
800	VBUSCHGAUS	21.10.2002	17:31:18	TOMTIEDE	62	C Z:ENDUSER_ Z:FI_DBANK Z:FI_D_BS
800	VZWÖLF	23.10.2002	08:32:16	TOMTIEDE	50	C Z:ENDUSER_ Z:HR_ABR_Z Z:HR_S_
800	WBERG	23.10.2002	08:23:15	TOMTIEDE	62	C Z:ENDUSER_ Z:HR_S_19_ Z:HR_S_
800	WEICHMANN	23.10.2002	08:09:18	TOMTIEDE	38	M Z:ENDUSER_ Z:HR_S_10_ Z:HR_S_
800	WILDEM	25.06.2003	10:31:01	GSCHROTT	2	C
800	WLORAUT	21.10.2002	17:19:56	TOMTIEDE	74	C Z:ENDUSER_ Z:FI_K_B10 Z:FI_K_BA
800	WSCHMIDT	23.10.2002	08:31:15	TOMTIEDE	122	C Z:ENDUSER_ Z:HR_ABR_Z Z:HR_S_
800	WSTROM	23.01.2003	12:46:01	TOMTIEDE	50	C Z:BC_A_R__ Z:BC_A_SYS Z:BC_A_U
800	WSTRUNTZ	21.10.2002	17:21:17	TOMTIEDE	50	C Z:ENDUSER_ Z:FI_DBANK Z:FI_D_BN
800	XLUJA	21.10.2002	17:22:01	TOMTIEDE	38	C Z:ENDUSER_ Z:FI_D_BNO Z:FI_D_SN

Abb. 6.12.6: Anzeige der Pool-Tabelle USR04

Hinweise zu Pool-Tabellen finden Sie in der SAP-Hilfe unter *R/3-Bibliothek - Basis - ABAP Workbench - BC-ABAP Dictionary - Pool- und Clustertabellen.*

6.12.3 Cluster-Tabellen

Cluster bieten die Möglichkeit, mehrere logische Datensätze einer Tabelle in einem einzigen physischen Datensatz zu speichern. Tabellen-Cluster bieten einen hohen Schutz gegen Manipulationen auf der Datenbankebene. So werden z.B. die Buchhaltungsbelege und die Abrechnungsdaten aus HR in Clustern gespeichert. Über R/3 kann auf die Inhalte solch eines Clusters über eine Cluster-Tabelle zugegriffen werden, die wie eine Maske über dem Tabellen-Cluster liegt. Nachfolgend wird dies am Beispiel des Tabellen-Clusters RFBLG (Positionen der Buchhaltungsbelege) und der zugehörigen Cluster-Tabelle BSEG erläutert.

Tabellen-Cluster: Eine in der Datenbank existierende Tabelle, in der mehrere logische Datensätze zu einem einzigen physischen zusammengefasst sind.

Tabellencluster	RFBLG			
Kurzbeschreibung	Cluster für Buchhaltungsbeleg			
Letzte Änderung	SAP	02.10.1997	Originalsprache	DE
Status	aktiv		Entwicklungsklasse	FBAS

Abb. 6.12.7: Der Entwurf des Tabellen-Clusters RFBLG

Cluster-Tabelle: Eine Tabelle, die nur über R/3 sichtbar ist. In der Datenbank wird sie zusammen mit anderen Tabellen in einem Tabellen-Cluster gespeichert.

Cluster-Tabelle	BSEG	aktiv
Kurzbeschreibung	Belegsegment Buchhaltung	

Eigenschaften | Felder | Währungs-/Mengenfelder

Letzte Änderung	SAP	08.10.1999
Entwicklungsklasse	FBAS	
Originalsprache	DE	
Tabellenart	Cluster-Tabelle	
Pool/Cluster	RFBLG	
Auslieferungsklasse	A	Anwendungstab. (Stamm- und Bewegungsdaten)

Abb. 6.12.8: Der Entwurf der Cluster-Tabelle BSEG

Eine Liste aller existierenden Cluster-Tabellen erhalten Sie über die Tabelle DD02L. Tragen Sie als Selektionskriterium im Feld Tabellentyp den Wert CLUSTER ein.

Tabellenname		bis	
Aktivierungsstand		bis	
Version		bis	
Tabellentyp	CLUSTER	bis	

Abb. 6.12.9: DD02L: Anzeige aller Cluster-Tabellen

In Tabellen-Clustern werden mehrere zusammengehörige logische Datensätze einer Cluster-Tabelle in einem physischen Datensatz zusammengefasst. Im Tabellen-Cluster RFBLG befinden sich z.B. die Buchungssätze. Im Feld BELNR (Belegnummer) erscheint jede Belegnummer nur einmal (Abb. 6.12.10).

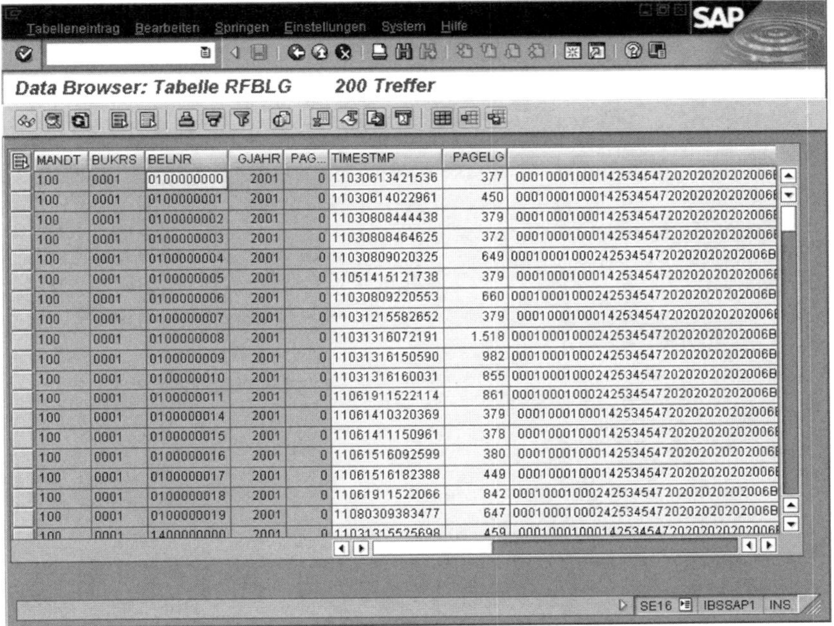

Tabelleneintrag Bearbeiten Springen Einstellungen System Hilfe

Data Browser: Tabelle RFBLG 200 Treffer

MANDT	BUKRS	BELNR	GJAHR	PAG...	TIMESTMP	PAGELG	
100	0001	0100000000	2001	0	11030613421536	377	000100010001425345472020202020206
100	0001	0100000001	2001	0	11030614022961	450	000100010001425345472020202020206
100	0001	0100000002	2001	0	11030808444438	379	000100010001425345472020202020206
100	0001	0100000003	2001	0	11030808464625	372	000100010001425345472020202020206
100	0001	0100000004	2001	0	11030809020325	649	0001000100024253454720202020202006B
100	0001	0100000005	2001	0	11051415121738	379	000100010001425345472020202020206
100	0001	0100000006	2001	0	11030809220553	660	0001000100024253454720202020202006B
100	0001	0100000007	2001	0	11031215582652	379	000100010001425345472020202020206
100	0001	0100000008	2001	0	11031316072191	1.518	0001000100024253454720202020202006B
100	0001	0100000009	2001	0	11031316150590	982	0001000100024253454720202020202006B
100	0001	0100000010	2001	0	11031316160031	855	0001000100024253454720202020202006B
100	0001	0100000011	2001	0	11061911522114	861	0001000100024253454720202020202006B
100	0001	0100000014	2001	0	11061410320369	379	000100010001425345472020202020206
100	0001	0100000015	2001	0	11061411150961	378	000100010001425345472020202020206
100	0001	0100000016	2001	0	11061516092599	380	000100010001425345472020202020206
100	0001	0100000017	2001	0	11061516182388	449	000100010001425345472020202020206
100	0001	0100000018	2001	0	11061911522066	842	0001000100024253454720202020202006B
100	0001	0100000019	2001	0	11080309383477	647	0001000100024253454720202020202006B
100	0001	1400000000	2001	0	11031315525698	459	000100010001425345472020202020206

SE16 IBSSAP1 INS

Abb. 6.12.10: Anzeige des Tabellen-Clusters RFBLG

In R/3 wird die Cluster-Tabelle BSEG genutzt, um auf diese Cluster zuzugreifen. Diese Tabelle liegt wie eine Maske über RFBLG. Beim Anzeigen dieser Tabelle werden für jede Belegnummer mehrere Datensätze angezeigt. Diese sind im Tabellen-Cluster RFBLG zu einem Datensatz zusammengefasst (Abb. 6.12.11).

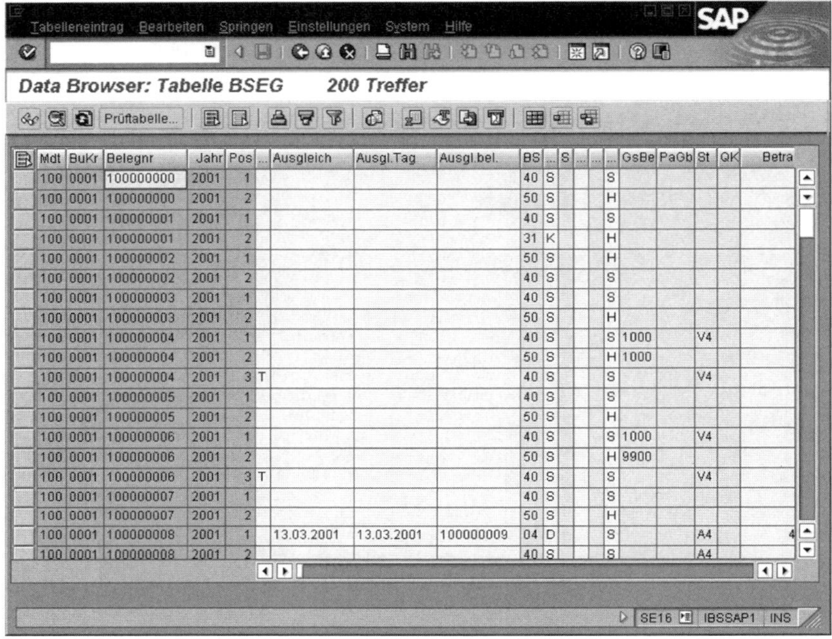

Mdt	BuKr	Belegnr	Jahr	Pos	...	Ausgleich	Ausgl.Tag	Ausgl.bel.	BS	...	S	...	...	...	GsBe	PaGb	St	QK	Betra
100	0001	100000000	2001	1					40	S				S					
100	0001	100000000	2001	2					50	S				H					
100	0001	100000001	2001	1					40	S				S					
100	0001	100000001	2001	2					31	K				H					
100	0001	100000002	2001	1					50	S				H					
100	0001	100000002	2001	2					40	S				S					
100	0001	100000003	2001	1					40	S				S					
100	0001	100000003	2001	2					50	S				H					
100	0001	100000004	2001	1					40	S				S	1000		V4		
100	0001	100000004	2001	2					50	S				H	1000				
100	0001	100000004	2001	3	T				40	S				S			V4		
100	0001	100000005	2001	1					40	S				S					
100	0001	100000005	2001	2					50	S				H					
100	0001	100000006	2001	1					40	S				S	1000		V4		
100	0001	100000006	2001	2					50	S				H	9900				
100	0001	100000006	2001	3	T				40	S				S			V4		
100	0001	100000007	2001	1					40	S				S					
100	0001	100000007	2001	2					50	S				H					
100	0001	100000008	2001	1		13.03.2001	13.03.2001	100000009	04	D				S			A4		4
100	0001	100000008	2001	2					40	S				S			A4		

Abb. 6.12.11: Anzeige der Cluster-Tabelle BSEG

Hinweise zu Cluster-Tabellen finden Sie in der SAP-Hilfe unter *R/3-Bibliothek - BC-Basis - ABAP Workbench - BC-ABAP Dictionary - Pool- und Clustertabellen.*

6.13 Die Tabellenpufferung

6.13.1 Was ist die Tabellenpufferung?

Bei fast jedem Arbeitsvorgang im SAP-System werden Daten aus der Datenbank benötigt. R/3 muss also sehr häufig auf die Datenbank zugreifen. Bei jedem Zugriff müssen theoretisch die benötigten Daten physisch neu gelesen werden. Dies bedeutet einen sehr hohen Zeitaufwand und hohe Anforderungen an die Festplatten des Datenbankservers und an das DBMS (Datenbank-Management-System).

Um einen schnelleren Zugriff auf die Daten zu gewährleisten, verfügt jede R/3-Instanz über Puffer, in denen Daten aus der Datenbank gespeichert werden können. Anstatt also die Daten aus der Datenbank zu lesen, können sie direkt aus dem Hauptspeicher des jeweiligen Servers gelesen werden. Dies erhöht die Zugriffsgeschwindigkeit um das 10- bis 100-fache. Außerdem wird durch diesen Mechanismus die Datenbank stark entlastet.

6.13.2 Tabellenpufferungsarten

Es gibt drei verschiedene Möglichkeiten zur Pufferung einer Tabelle:

Vollständige (residente) Pufferung
: Beim ersten Zugriff auf einen Datensatz der Tabelle wird die gesamte Tabelle in den Tabellenpuffer geladen. Alle Zugriffe danach auf die Tabelle erfolgen im Puffer.

Einzelsatzpufferung (partielle Pufferung)
: Diese Pufferungsart eignet sich für Tabellen mit mehreren Schlüsselfeldern, bei denen auf die Datensätze über den vollständigen Schlüssel zugegriffen wird. Besteht ein Schlüssel z.B. aus den Feldern *Mandant, Buchungskreis* und *Kostenstelle*, eignet sich die Einzelsatzpufferung für diese Tabelle dann, wenn beim Lesen eines Datensatzes immer alle drei Kriterien angegeben werden.

Generische Pufferung
: Diese Pufferungsart eignet sich für Tabellen mit mehreren Schlüsselfeldern, bei denen nicht über den vollständigen Schlüssel zugegriffen wird, sondern nur über die ersten n Felder des Schlüssels. Besteht ein Schlüssel z.B. aus den Feldern *Mandant, Buchungskreis* und *Kostenstelle*, eignet sich die generische Pufferung für diese Tabelle dann, wenn beim Lesen immer nur z.B. die ersten beiden Felder *Mandant* und *Buchungskreis* angegeben werden. In diesem Fall wäre die Tabelle generisch-2-gepuffert.

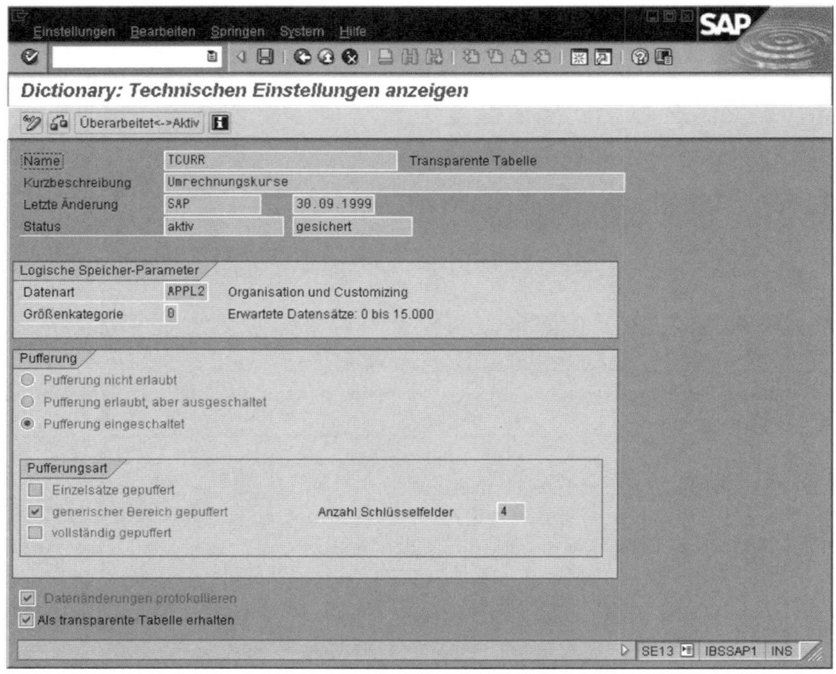

Abb. 6.13.1: SE13 - Arten der Tabellenpufferung

Den Zugriff auf eine Tabelle stellen Sie sich am besten über eine SQL-Anweisung vor. Gegeben sei eine Tabelle mit drei Schlüsselfeldern: Mandant, Buchungskreis und Kostenstelle.

Mandant	Buchungskreis	Kostenstelle	<Daten>
100	1000	2300	Daten
100	2000	9900	Daten
200	1000	5500	Daten
200	3000	9900	Daten
800	1000	2300	Daten
800	1000	8000	Daten
800	1000	9900	Daten
800	2000	2000	Daten
900	4000	2000	Daten

Im obigen Beispiel wäre für die Einzelsatzpufferung folgende SQL-Anweisung möglich:

```
SELECT * FROM Tabelle WHERE Mandant = 800 AND Buchungskreis =
1000 AND Kostenstelle = 9900
```

Diese Anweisung bedeutet: Zeige alle Datensätze der Tabelle aus der Kostenstelle 9900 des Buchungskreises 1000 des Mandanten 800. Es würde also folgender Datensatz gepuffert:

Mandant	Buchungskreis	Kostenstelle	<Daten>
100	1000	2300	Daten
100	2000	9900	Daten
200	1000	5500	Daten
200	3000	9900	Daten
800	1000	2300	Daten
800	1000	8000	Daten
800	1000	9900	Daten
800	2000	2000	Daten
900	4000	2000	Daten

Für den Zugriff auf eine generisch gepufferte Tabelle wie im obigen Beispiel wäre folgende SQL-Anweisung möglich:

```
SELECT * FROM Tabelle WHERE Mandant = 800 AND Buchungskreis =
1000
```

Hier wurden also nur die ersten beiden Felder als Kriterium angegeben. Die Kostenstelle wurde nicht angegeben. Diese Anweisung bedeutet: Zeige alle Datensätze der Tabelle aus allen Kostenstellen des Buchungskreises 1000 des Mandanten 800:

Mandant	**Buchungskreis**	**Kostenstelle**	**<Daten>**
100	1000	2300	Daten
100	2000	9900	Daten
200	1000	5500	Daten
200	3000	9900	Daten
800	1000	2300	Daten
800	1000	8000	Daten
800	1000	9900	Daten
800	2000	2000	Daten
900	4000	2000	Daten

Es kann allerdings auch vorkommen, dass beim Zugriff auf eine gepufferte Tabelle nicht auf den Tabellenpuffer, sondern direkt auf die Datenbank zugegriffen wird. Dies ist dann der Fall, wenn beim Zugriff nicht alle benötigten Felder einer generisch- oder einzelsatzgepufferten Tabelle angegeben werden. Besteht z.B. ein Schlüssel einer einzelsatzgepufferten Tabelle aus den Feldern *Mandant, Buchungskreis* und *Kostenstelle*, müssen alle drei Schlüssel angegeben werden, um auf den Puffer zuzugreifen. Die SQL-Anweisung

SELECT * FROM Tabelle WHERE Mandant = 800 AND Buchungskreis = 1000

würde einen direkten Zugriff auf die Datenbank verursachen, da die Kostenstelle nicht angegeben wurde und daher nicht auf den Puffer zugegriffen werden kann.

Wird versucht aus der Datenbank einen Datensatz zu lesen, der nicht existiert, wird im Tabellenpuffer der entsprechende Schlüssel mit dem Vermerk "Datensatz nicht vorhanden" gespeichert. Bei den nächsten Zugriffen auf diesen Datensatz wird also schon im Puffer festgestellt, dass dieser Datensatz nicht existiert. In dem Fall wird dann nicht mehr auf die Datenbank zugegriffen.

Die Tabellen werden im Puffer nach dem Primärschlüssel sortiert abgelegt. Zur Pufferung existieren zwei Tabellenpuffer in SAP. Im Einzelsatzpuffer TABLP werden alle einzelsatzgepufferten Tabellen gespeichert. Im generischen Tabellenpuffer TABL werden die generisch und die vollständig gepufferten Tabellen abgelegt.

6.13.3 Welche Tabellen werden gepuffert?

Welche Tabellen gepuffert werden sollen, wurde bereits standardmäßig von SAP festgelegt. Die Voraussetzungen für eine Tabelle, damit diese gepuffert werden kann, sind folgende:

- Die Tabelle muss klein sein und häufig gelesen werden. Dies ist besonders wichtig, da alle gepufferten Daten redundant auf allen R/3-Instanzen vorgehalten werden.
- Die Tabelle sollte möglichst wenig geändert werden, da die Puffersynchronisation bei gepufferten Tabellen zu einem großen Performanceverlust führt.
- Der Zugriff auf diese Tabelle sollte nur über die Schlüsselfelder erfolgen, nicht über einen Sekundärindex. Die Tabelle wird nach den Schlüsselfeldern sortiert im Puffer gespeichert. Der Zugriff auf die Tabelle über einen Sekundärindex wird vom Puffer nicht unterstützt.

Grundsätzlich werden im R/3-System drei unterschiedliche Typen von Daten unterschieden:

Bewegungsdaten

Dies sind z.B. Buchhaltungsbelege, Materialbewegungen, Lieferungen und Verkaufsaufträge. Diese Tabellen wachsen mit der Zeit auf Megabyte- bis Gigabyte-Größe heran. Diese Daten werden nicht gepuffert.

Stammdaten

Dies sind z.B. Materialien, Debitoren, Kreditoren und Personal. Tabellen mit Stammdaten wachsen zwar langsam, allerdings werden sie mit der Zeit sehr groß. Daher werden auch Stammdaten nicht gepuffert. Außerdem wird auf

Stammdaten meistens nicht über den Primärschlüssel zugegriffen, sondern nach vielfachen Selektionskriterien, bei Debitoren z.B. häufig nicht über die Debitorennummer, sondern über den Nachnamen, den Vornamen und den Ort. Daher ist für Stammdaten im Einzelfall zu entscheiden, ob die entsprechende Tabelle gepuffert werden soll oder nicht.

Customizing-Daten
: Zu den Customizing-Daten gehören z.B. die Mandanten, die Buchungskreise, die Nummernkreise, die Belegarten usw. Mit diesen Daten werden die Geschäftsprozesse einer Unternehmung abgebildet. Customizing-Daten werden nach dem Produktivstart in der Regel nicht mehr geändert. Außerdem sind diese Tabellen meist recht klein. Daher werden die meisten Customizing-Tabellen gepuffert.

6.13.4 Puffersynchronisation

Werden Daten geändert (Datensätze hinzufügen, löschen oder inhaltlich ändern), muss diese Änderung sowohl in den Puffern aller R/3-Instanzen erfolgen als auch in der Datenbank. Um die Konsistenz der Daten in allen Puffern und der Datenbank zu gewährleisten, werden die Daten synchronisiert. Dies bedeutet, dass bei einer Änderung der Daten alle Puffer dem neuen Stand der Daten angepaßt werden. Hierbei wird zwischen der synchronen und der asynchronen Pufferung unterschieden.

Synchrone Pufferung
: Dies gilt für d3ie R/3-Instanz, auf der die Daten einer gepufferten Tabelle geändert werden. Der Puffer dieser Instanz und die Datenbank werden gleichzeitig aktualisiert, also synchron.

Asynchrone Pufferung
: Alle R/3-Instanzen, außer auf der die Daten geändert wurden, werden asynchron aktualisiert, also zu einem späteren Zeitpunkt als die Änderung in der Datenbank erfolgt. Besteht ein R/3-System beispielsweise aus drei Instanzen (X, Y, Z), erfolgt die Aktualisierung der Daten folgendermaßen:

- Die Daten einer gepufferten Tabelle werden auf der R/3-Instanz X geändert. Zeitgleich erfolgen hier also die Aktualisierung des Puffers und der Datenbank.
- Diese Änderung wird von der Instanz X in die Datenbanktabelle DDLOG geschrieben.

- Diese Tabelle wird in periodischen Abständen von allen R/3-Instanzen ausgelesen. Standardmäßig erfolgt das Lesen alle 60 Sekunden. Geregelt wird dieser Zeitraum über den R/3-Profilparameter *rdisp/bufreftime*.
- Nach dem Lesen der Tabelle DDLOG von den Instanzen Y und Z wird der Eintrag im Puffer dieser Instanzen für die geänderten Daten auf *ungültig* gesetzt. Sie werden also nicht sofort aktualisiert.
- Beim erneuten Zugriff auf diese Daten von den Instanzen Y oder Z wird aufgrund des ungültigen Eintrags im Puffer direkt auf die Datenbank zugegriffen. Allerdings werden nicht sofort auch die Puffer aktualisiert. Hier wird eine gewisse Karenz eingehalten. Die Daten im Puffer werden erst beim *n*-ten erneuten Zugriff auch im Puffer dem neuesten Stand angepasst. Hierdurch wird erreicht, dass die Puffer nicht zu häufig für ungültig erklärt und wieder gefüllt werden.

Die gepufferten Datensätze einer Tabelle werden folgendermaßen für ungültig erklärt:

Voll gepufferte Tabelle
: Wird ein Datensatz einer voll gepufferten Tabelle geändert, werden alle Datensätze dieser Tabelle für ungültig erklärt.

Einzelsatz-gepufferte Tabelle
: Es wird genau der Datensatz für ungültig erklärt, für den das Selektionskriterium zutrifft.

Generisch gepufferte Tabelle
: Es wird der gesamte generische Bereich für ungültig erklärt, in dem der geänderte Datensatz liegt.

Eine zweite Möglichkeit des Entfernens von Datensätzen aus dem Puffer ist die sogenannte Verdrängung. Datensätze werden verdrängt, wenn neue Datensätze in den Puffer geladen werden sollen, dieser aber bereits voll ist. Dann werden die Datensätze aus dem Puffer gelöscht, auf die am längsten nicht mehr zugegriffen wurde. Dies kann auch geschehen, wenn die Qualität des Zugriffs zu schlecht wird.

6.14 Reports, Tabellen und Transaktionen zur Tabellenpflege

Reports

RDD00DOC	Dokumentation zu Tabellenfeldern mit den erlaubten Feldwerten
RDDPRCHK	Auswertung der Einstellung der Tabellen zur Protokollierung
RSCLASDU	Tabellenliste mit Klassifizierung
RSINFO00	Infosystem Tabellen (Auswertung der Tabelle DD02L)
RSSCD100	Übersicht über Änderungsbelege anzeigen
RSSCD150	Detailangaben zu Änderungsbelegen
RSSDOCTB	Dokumentation zu Tabellen (enthaltenen Felder, Beziehungen, Felddokumentationen)
RSTBHIST	Auswertung der Tabellenprotokollierung inkl. Historie, Auflistung der protokollierten Tabellen und Versionsvergleiche
RSTBPROT	Auswertung der Tabellenprotokollierung (bis Release 4.0B)
RSTMSTPP	Anzeige der Transportparameter
RSVTPROT	Auswertung der Tabellenprotokollierung (ab Release 4.5A)

Tabellen

CDHDR	Belegkopfdaten der Änderungsbelege
CDPOS	Belegpositionsdaten der Änderungsbelege
DBTABLOG	Speicherung der Tabellenprotokollsätze (ab Release 4.x)
DBTABPRT	Speicherung der Tabellenprotokollsätze (in Release 3.x)
DD02L	Eigenschaften der R/3-Tabellen
DD02T	Texte zu den R/3-Tabellen
DD06L	Eigenschaften der Pool- und Cluster-Tabellen
DD09L	Technische Einstellungen der R/3-Tabellen
TBRG	Berechtigungsgruppen
TCDOB	Änderungsbelegobjekte mit den zugeordneten Tabellen
TDDAT	Zuordnung von Tabellen zu Berechtigungsgruppen
USH02	Änderungshistorie der Benutzeranmeldedaten
USH04	Änderungshistorie der Profilzuordnungen zu Benutzern

Transaktionen

SA38	Aufruf des Reporting
SCDO	Verwaltung und Auswertung der Änderungsbelege von Tabellen
SE11	Eigenschaften der Tabellen anzeigen und ändern
SE13	Technische Eigenschaften der Tabellen anzeigen und ändern
SE16	Data Browser - Anzeigen aller Tabellen des R/3-Systems
SE16N	Anzeigen aller Tabellen des R/3-Systems
SE84	Aufruf des Repository-Infosystems
ST05	SQL-Trace
ST10	Statistik über Tabellenzugriffe

6.15 QuickWins

Nr.	Maßnahmen	Kapitel
1	Wurde die Tabellen-Protokollierung im Produktivsystem für alle Mandanten aktiviert? --- Rufen Sie die Transaktion SA38 (Menüpfad *System - Dienste - Reporting*) auf, und lassen Sie sich den Report RSPFPAR anzeigen. Tragen Sie als Selektionskriterium den Parameter *rec/client* ein. Der Parameter muss den Wert ALL enthalten.	6.5
2	Werden Tabellenänderungen im Entwicklungssystem protokolliert? --- Rufen Sie die Transaktion SA38 (Menüpfad *System - Dienste - Reporting*) auf, und lassen Sie sich den Report RSPFPAR anzeigen. Tragen Sie als Selektionskriterium den Parameter *rec/client* ein. Im Parameter müssen alle Mandanten enthalten sein, von denen aus Transporte in das Produktivsystem möglich sind, sowie der Mandant 000.	6.5
3	Werden Tabellenänderungen, die durch Transporte ins System eingespielt werden, protokolliert? --- Rufen Sie die Transaktion SA38 (Menüpfad *System - Dienste - Reporting*) auf, und lassen Sie sich den Report RSTMSTPP anzeigen. Tragen Sie im Feld *System* den Namen des Produktivsystem sein. Suchen Sie in der Ergebnisliste nach dem Parameter RECCLIENT. Er sollte auf ALL stehen.	6.5
4	Werden Änderungen an unternehmenseigenen Tabellen protokolliert? --- Rufen Sie über die Transaktion SE16 die Tabelle DD09L auf, und geben Sie als Selektionskriterium ein "X" im Feld *Datenänderungen protokollieren* ein. Tragen Sie ins Feld *Tabellenname* über die Mehrfachselektion die Werte Y* und Z* ein. Klären Sie für alle Tabellen, die nicht protokolliert werden, ob hier die Protokollierung zu aktivieren ist.	6.5

Nr.	Maßnahmen	Kapitel
5	Wer besitzt das Zugriffsrecht zum Löschen der Tabellenänderungsprotokolle? Rufen Sie die Transaktion SA38 (Menüpfad *System - Dienste - Reporting*) auf, und lassen Sie sich den Report RSUSR002 anzeigen. Tragen Sie in der Selektionsmaske folgende Werte ein: Selektion nach Werten Eingabe Werte Berechtigungsobjekt 1 Berechtigungsobjekt S_TABU_DIS Aktivität Wert 02 ODER UND ODER Berechtigungsgruppe Wert SA ODER UND ODER UND Berechtigungsobjekt 2 Berechtigungsobjekt S_TABU_CLI Kennzeichen für mandantenunabhängige Pflege Wert X ODER UND ODER UND Berechtigungsobjekt 3 Berechtigungsobjekt S_TCODE Transaktionscode Wert SA38 ODER SE38 UND ODER	6.5
6	Besitzt im Produktivmandanten jemand das Recht, Änderungsbelege zu löschen? Rufen Sie die Transaktion SA38 (Menüpfad *System - Dienste - Reporting*) auf, und lassen Sie sich den Report RSUSR002 anzeigen. Tragen Sie in der Selektionsmaske folgende Werte ein: Selektion nach Werten Eingabe Werte Berechtigungsobjekt 1 Berechtigungsobjekt S_SCD0 Aktivität Wert 06 ODER UND ODER UND Berechtigungsobjekt 2 Berechtigungsobjekt S_TCODE Transaktionscode Wert SA38 ODER SE38 UND ODER	6.6

Nr.	Maßnahmen	Kapitel
7	Sind die unternehmenseigenen Tabellen Berechtigungsgruppen zugeordnet? Rufen Sie die Transaktion SA38 (Menüpfad *System - Dienste - Reporting*) auf, und lassen Sie sich den Report RDDTDDAT anzeigen. Geben Sie über die Mehrfachselektion für das Feld *Tabellenname* die Werte Y* und Z* ein. Doppelklicken Sie in das Feld *Berechtigungsgruppe* und wählen Sie die Selektionsoption = aus. 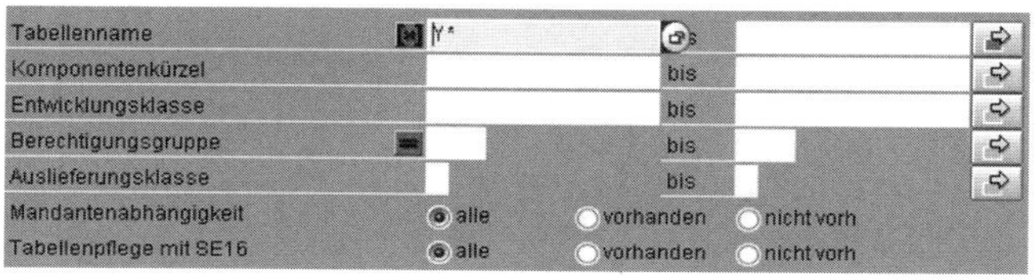 Tabellenname Y* bis Komponentenkürzel bis Entwicklungsklasse bis Berechtigungsgruppe bis Auslieferungsklasse bis Mandantenabhängigkeit alle vorhanden nicht vorh Tabellenpflege mit SE16 alle vorhanden nicht vorh Es werden alle unternehmenseigenen Tabellen ohne Berechtigungsgruppen angezeigt.	6.9
8	Besitzen Benutzer im Produktivmandanten das Recht, alle Tabellen zu ändern? Rufen Sie die Transaktion SA38 (Menüpfad *System - Dienste - Reporting*) auf, und lassen Sie sich den Report RSUSR002 anzeigen. Geben Sie als Selektionskriterien folgendes ein: 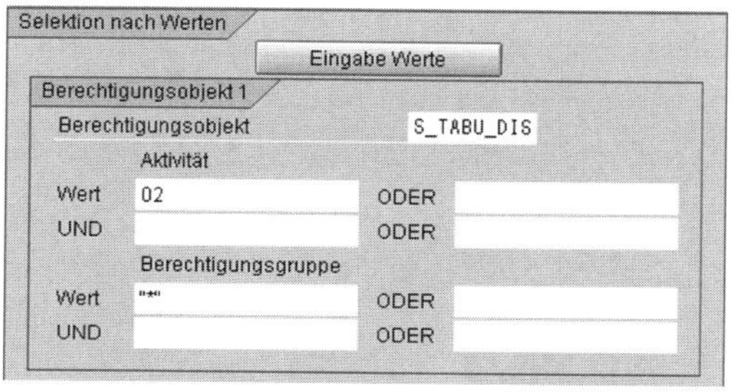 Selektion nach Werten Eingabe Werte Berechtigungsobjekt 1 Berechtigungsobjekt S_TABU_DIS Aktivität Wert 02 ODER UND ODER Berechtigungsgruppe Wert "*" ODER UND ODER Tabellenänderungsrechte im Produktivmandanten sind nur für die laufenden Einstellungen zulässig.	6.9

7 Entwicklungen im R/3-System

7.1 Zu diesem Kapitel

In diesem Kapitel werden die Grundzüge der Anwendungsentwicklung erläutert. Der Schwerpunkt liegt auf der ABAP-Programmentwicklung. In Kapitel 7.7.2 werden die Gefahrenpunkte, die ein Prüfer bei neu angelegten Programmen zu beachten hat, beschrieben. Auch Prüfer selbst können sich mit ABAP einige Prüfungen erheblich erleichtern. In Kapitel 7.10 werden die Grundzüge der ABAP-Programmierung anhand praktischer Beispiele erläutert. Sie sollen dazu ermutigen, sich auch als Prüfer mit dieser einfachen und effektiven Art der Programmierung auseinander zu setzen. Bei der heutigen Komplexität eines Systems wie R/3 ist es nicht mehr praktikabel, Prüfern nur rein lesende Berechtigungen zu geben. Immer häufiger bekommen auch Prüfer im Entwicklungssystem die Möglichkeit, selber Eigenentwicklungen für den Prüfungsalltag vorzunehmen.

Ein weiteres wichtiges Thema für die Prüfung stellt die Systemänderbarkeit für das Produktivsystem / den Produktivmandanten dar. Im Produktivsystem dürfen keine Customizing- und Entwicklungsarbeiten möglich sein. Dieser komplexe Punkt wird im Kapitel 7.4 erläutert.

Zwei Fragestellungen, die immer wieder auftauchen, sind:

- Welche Benutzer sind Entwickler?
- Welche Originalobjekte von SAP wurden geändert. ?

Natürlich stehen die Antworten zu diesen Fragen in Tabellen. In Kapitel 7.3 werden die Fragen beantwortet.

Unerlässlich bei einer Systemprüfung ist die Prüfung der Systemlandschaft inkl. der Transporte. In Kapitel 7.2 finden Sie Erläuterungen zur R/3-Systemlandschaft, in Kapitel 7.5 wird das Transportsystem ausführlich erläutert.

7.2 Organisation der Anwendungsentwicklung

Anwendungsentwicklung bedeutet, es werden Änderungen an Repository-Objekten des R/3-Systems vorgenommen. Das Repository umfasst faktisch die gesamte Entwicklungsumgebung, so z.B. ABAP-Programme, Tabellen, Strukturen und logische Datenbanken. Wird z.B. ein ABAP-Programm in einem beliebigen Mandanten geändert, wirkt sich das sofort auf das gesamte R/3-System aus, da ABAP-Programme systemweit gültig sind.

Es ist daher wichtig, dass Entwicklungen und auch Customizing-Einstellungen vorgenommen werden können, ohne dass das Produktivsystem dabei beeinträchtigt wird. Ebenso muss die Möglichkeit bestehen, das Einspielen von Support Packages oder ganze Release-Wechsel zu simulieren, bevor sie ins Produktivsystem eingespielt werden.

Daher ist es zwingend notwendig, die Entwicklung nicht im Produktivsystem, sondern in einem eigenen Entwicklungssystem durchzuführen. SAP empfiehlt, die R/3-Landschaft auf drei Systeme aufzuteilen:

- Das Entwicklungssystem
  Hier werden Entwicklungs- und Customizing-Arbeiten durchgeführt. In diesem System befinden sich aus Sicherheitsgründen keine Produktivdaten. Hier werden auch die ersten funktionalen Tests von neuen Entwicklungen durchgeführt, bevor sie in das Qualitätssicherungssystem transportiert werden.
- Das Qualitätssicherungssystem
  In diesem System finden die Test- und Freigabeverfahren für die Entwicklungen statt. Nach einem ersten funktionalen Test im Entwicklungssystem werden die Neuentwicklungen hierher transportiert. Es werden die Konsistenz und Gültigkeit der Neuentwicklungen oder Änderungen getestet, bevor sie in das Produktivsystem transportiert werden. Häufig befindet sich in diesem System auch der Schulungsmandant.
- Das Produktivsystem
  In diesem System finden die normalen Geschäftsvorgänge statt. Hier werden keine Änderungen am System vorgenommen (siehe auch Kapitel 7.4.1 Systemänderbarkeit). Hier dürfen in keinem Mandanten Entwicklerkonten vorhanden sein, außer evtl. der Notfallbenutzer.

Von dieser Struktur kann es natürlich diverse Abweichungen geben. So werden z.B. für kleinere R/3-Umgebungen häufig nur zwei Systeme eingesetzt, ein Entwicklungs- und ein Produktivsystem. Die Schwierigkeit in diesem Fall besteht darin, dass das Test- und Freigabeverfahren auch im Entwicklungssystem stattfindet, wenn auch in einem anderen Mandanten. Trotzdem können die mandantenübergreifenden Objekte (ABAP-Programme, mandantenunabhängiges Customizing), die der Qualitätssicherung übergeben wurden, für den Zeitraum des Testens nicht weiter von den Entwicklern bearbeitet werden, da für das Testen ein konsistenter Zustand gewährleistet sein muss. Dies muss durch organisatorische Maßnahmen gesichert sein.

Des weiteren sind natürlich auch komplexere Systemlandschaften möglich. So können z.B. mehrere Produktivsysteme von einem Entwicklungssystem bedient werden. Dies kann aus Gründen der Performance notwendig sein, oder wenn die Systeme verschiedene Sprachen unterstützen müssen, bei deren Kombination es in einem System auf Grund der verschiedenen Zeichensätze zu Problemen führen kann, wie z.B. Russisch, Chinesisch oder Japanisch (diese Problematik tritt bei Nutzung der *Unicode-Technologie* nicht mehr auf).

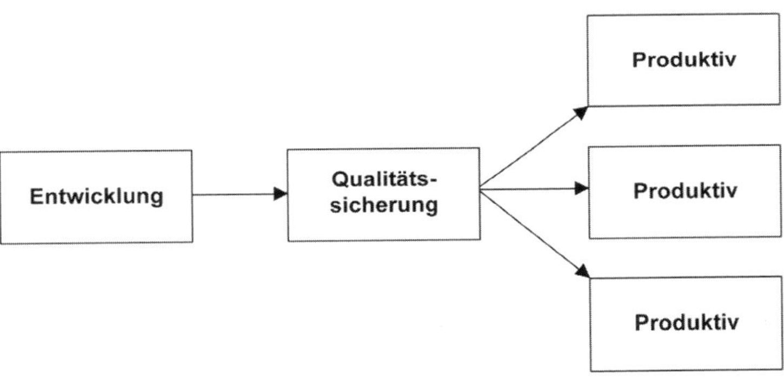

Abb. 7.2.1: R/3*-Umgebung mit mehreren Produktivsystemen*

Um noch komplexere Strukturen, wie z.B. einen Konzern mit seinen Tochtergesellschaften, abzubilden, können mehrere Entwicklungssysteme eingesetzt werden. Abb. 7.2.2 zeigt eine Umgebung, in der Entwicklungen des Konzerns, die für alle Tochtergesellschaften gelten, an diese in die eigenen Entwicklungssysteme weitergegeben werden.

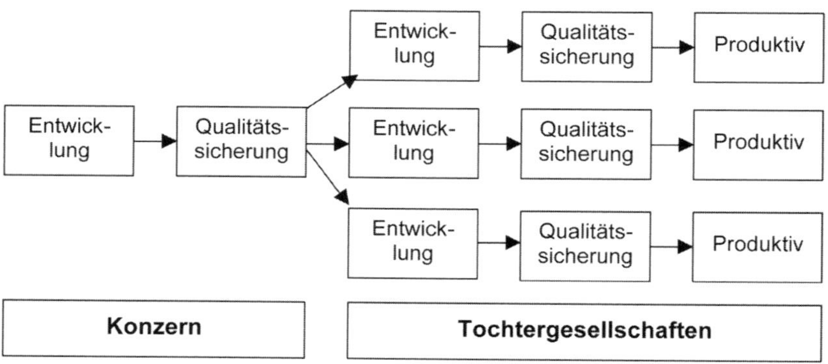

Abb. 7.2.2: R/3-Umgebung mit mehreren Entwicklungssystemen

Es gibt somit eine Vielzahl von Möglichkeiten zum Aufbau einer R/3-Umgebung. Ein Prüfer muss sich im Vorfeld einer Prüfung über den Aufbau der Umgebung informieren, um eine effektive Prüfung durchzuführen. Eine Systemprüfung beschränkt sich nicht nur auf das Produktivsystem oder gar den Produktivmandanten. Es ist grundsätzlich die gesamte R/3-Umgebung in die Prüfung einzubeziehen.

In einem komplexen Systemverbund, wie er in R/3-Landschaften genutzt wird, spielen die einzelnen Systeme verschiedene Rollen. Man spricht hier von den *Systemarten*. In SAP R/3 gibt es folgende Systemarten:

Integrationssystem

In einem Integrationssystem findet Anwendungsentwicklung statt. Hier liegen immer die Originale der Objekte. Dies stellt in einem Systemverbund somit das Entwicklungssystem dar.

Konsolidierungssystem

Im Konsolidierungssystem liegen die Objekte der Entwicklungsumgebung konsolidiert vor, also ausgetestet und in lauffähigem Zustand. In diesem System befinden sich nur Kopien der Eigenentwicklungen, keine Originale. Von hier aus können weitere Systeme, die dahinter liegen, beliefert werden.

In einem Zwei-System-Verbund stellt dieses System das Produktivsystem dar, in einem Drei-System-Verbund das Qualitätssicherungssystem.

Belieferungssystem

Ein Belieferungssystem wird aus einem Konsolidierungssystem beliefert. Es erhält keine direkten Transporte aus einem Integrationssystem. Es erhält alle Aufträge, die in das Konsolidierungssystem importiert werden.

In einem Drei-System-Verbund stellt dieses System das Produktivsystem dar.

Sonderentwicklungssystem

Für kritische Entwicklungen kann es notwendig sein, diese in einem gesonderten Entwicklungssystem durchzuführen, das dann noch vor dem Integrationssystem liegt. Es besteht die Möglichkeit, aus dem Integrationssystem Originale in das Sonderentwicklungssystem zu transportieren (=Umzug). Nach Abschluss der Entwicklung werden die Originale dann wieder in das Integrationssystem verlagert.

7.2.1 Checkliste zur Organisation der Anwendungsentwicklung

Nr.	Verwendung	Fragestellungen Risiko	Ordnungsmäßigkeits-Vorgaben
1	1	Existiert zum Produktivsystem ein Entwicklungssystem? Hier besteht das Risiko, dass teilweise Anwendungsentwicklung im Produktivsystem durchgeführt wird.	Ein Entwicklungssystem ist zwingend erforderlich.
2	1	Wird ein Qualitätssicherungssystem eingesetzt? Hier besteht das Risiko, dass kein nachvollziehbares Freigabeverfahren abgebildet werden kann.	Die Einrichtung eines Qualitätssicherungssystems wird von der SAP empfohlen.
3	1	Bestehen komplexe Landschaften mit mehreren Produktiv- oder Entwicklungs- oder Sondersystemen?	<Informativer Punkt für nachfolgende Prüfungen>
4	1	Werden Entwicklungs- und Customizingarbeiten nur im Entwicklungssystem durchgeführt? Hier besteht das Risiko, dass bei Entwicklungs- und Customizingarbeiten im Produktivsystem gegen geltende Gesetze verstoßen wird bzw. im Qualitätssicherungssystem das Freigabeverfahren beeinflusst wird.	Entwicklungs- und Customizingarbeiten dürfen nur im Entwicklungssystem stattfinden.

Nr.	Verwendung	Fragestellungen Risiko	Ordnungsmäßigkeits-Vorgaben
5	3	Werden im Entwicklungssystem vor dem Transport in das Qualitätssicherungssystem funktionale Tests durchgeführt? Hier besteht das Risiko, dass fehlerhafte Programme in das Qualitätssicherungssystem importiert werden, was dort zu Funktionsstörungen anderer Programme führen kann.	Neuentwicklungen und Änderungen müssen vor dem Transport in das Qualitätssicherungssystem einem funktionalen Test unterzogen werden.
6	3	Sind die jeweiligen Fachabteilungen am Test- und Freigabeverfahren beteiligt? Hier besteht das Risiko, dass Eigenentwicklungen funktional nicht den Anforderungen der Fachabteilungen entsprechen.	Das Test- und Freigabeverfahren muss sowohl von anderen Entwicklern als auch von der Fachabteilung durchgeführt werden.
7	2	Wird im Entwicklungssystem mit originalen Produktivdaten gearbeitet? Hier besteht das Risiko, dass ein großer Personenkreis von Entwicklern, Customizern und Beratern auf produktive Daten uneingeschränkt zugreifen kann.	Produktivdaten dürfen im Entwicklungssystem nicht verwendet werden, es sei denn, sie sind anonymisiert.
8	1	Ist sichergestellt, dass Entwicklungen erst nach einem Freigabeverfahren im Qualitätssicherungssystem ins Produktivsystem transportiert werden? Hier besteht das Risiko, dass ohne Freigabeverfahren fehlerhafte Entwicklungen ins Produktivsystem gelangen, die dort Dateninkonsistenzen verursachen können.	Neuentwicklungen und Änderungen müssen grundsätzlich erst im Qualitätssicherungssyst em freigegeben werden.

7.2.2 Praktische Prüfung zur Organisation der Anwendungsentwicklung

1. Überprüfen Sie, ob zum Produktivsystem ein Entwicklungssystem existiert! Rufen Sie die Transaktion STMS auf. Wählen Sie den Menüpfad *Übersicht - Systeme* aus. Hier finden Sie die Systeme des Systemverbundes. Lassen Sie sich hierzu die Dokumentation zur Systemlandschaft aushändigen.
2. Überprüfen Sie, ob ein Qualitätssicherungssystem eingesetzt wird! Gehen Sie vor wie unter Punkt 1 beschrieben.
3. Überprüfen Sie, ob komplexe Landschaften mit mehreren Produktiv- oder Entwicklungs- oder Sondersystemen existieren! Gehen Sie vor wie unter Punkt 1 beschrieben.

Die weiteren Fragestellungen sind im Vorfeld einer Prüfung durch Befragung der Administration und Entwicklungsabteilung zu klären.

7.3 Entwickler- und Objektschlüssel

7.3.1 Entwicklerschlüssel

Anwendungsentwicklung bedeutet, dass bestehende Objekte (Programme, Tabellen, ...) geändert oder neue Objekte angelegt werden. Anwendungsentwicklung wird ausschließlich im Entwicklungssystem durchgeführt. Im Produktivsystem ist es u.a. wegen gesetzlicher Vorgaben verboten ($239 HGB: Radierverbot). Hier dürfen nur in einem Notfall Elemente der Entwicklungsumgebung geändert werden, möglichst nur nach dem Vier-Augen-Prinzip (siehe auch Kapitel 3.5 Notfallbenutzerkonzept).

Anwendungsentwicklung ist normalen Anwendern nicht möglich, nur Entwicklern. Ein Entwickler unter R/3 ist ein Benutzer, für den ein Entwicklerschlüssel von SAP angefordert wurde. Dies ist ein 20-stelliger, benutzerabhängiger Schlüssel, der einmalig von einem Entwickler ins System eingegeben werden muss.

Angefordert wird dieser Schlüssel über das OSS oder den SAP Service Marketplace. Es muss der Name des R/3-Benutzers angegeben werden, für den der Schlüssel beantragt wird. Der Schlüssel wird dann errechnet (20-stellig numerisch) und muss von dem entsprechenden Benutzer beim erstmaligen Versuch, ein Objekt zu ändern oder zu erstellen, angegeben werden. Entwicklerschlüssel können nicht von jedem Benutzer beantragt werden, der einen OSS-Zugang besitzt. Hierfür ist ein spezielles Zugriffsrecht im OSS notwendig, welches nur wenigen Benutzern gegeben werden sollte.

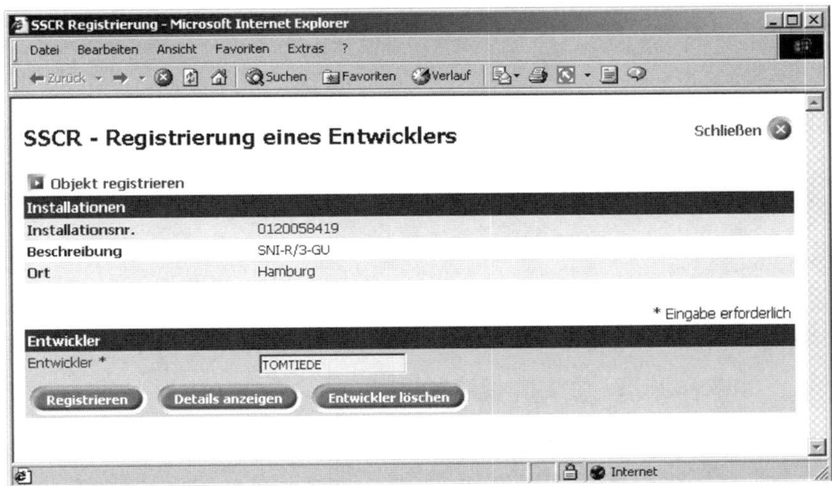

Abb. 7.3.1: Anforderung eines Entwicklerschlüssels über den SAP Marketplace

Dieser Benutzer ist nun in der Lage, entsprechende Berechtigungen vorausgesetzt, neue Programme anzulegen, diese zu ändern und auch wieder zu löschen.

Gespeichert werden die Entwicklerschlüssel in der Tabelle DEVACCESS. Hier kann überprüft werden, welche Benutzer über einen solchen Schlüssel verfügen. Lassen Sie sich diese Tabelle mit der Transaktion SE16 / SE16N anzeigen. In der Tabelle werden der Benutzername sowie sein 20-stelliger Entwicklerschlüssel dargestellt (siehe Abb. 7.3.2). Die Schlüssel sind systemweit gültig, was bedeutet, dass ein Benutzer den Schlüssel in jedem Mandanten einsetzen kann, in dem er existiert und die entsprechenden Zugriffsrechte besitzt.

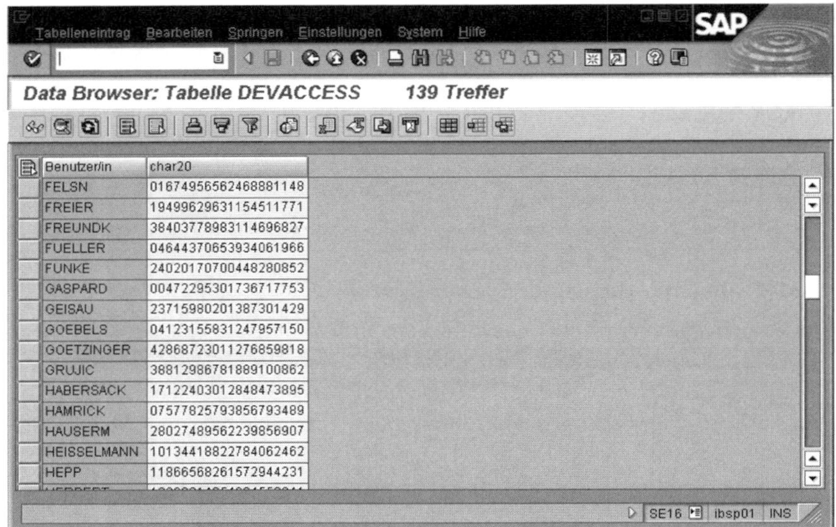

Abb. 7.3.2: Tabelle DEVACCESS - Entwicklerschlüssel der Benutzer

Um nachvollziehen zu können, wann Entwicklerschlüssel im Produktivsystem eingegeben werden, sollte dort folgende Vorgehensweise genutzt werden:

- Die Tabelle ist in die Tabellenprotokollierung mit aufzunehmen (standardmäßig wird sie nicht protokolliert).
- Danach werden alle Einträge aus der Tabelle gelöscht (durch ein ABAP-Programm oder einen Pflege-View).
- Danach ist jede Eingabe eines Entwicklerschlüssels über die Tabellenprotokollauswertung nachvollziehbar.

In der Tabelle DEVACCESS werden alle Entwicklerschlüssel gespeichert, die je im System eingegeben wurden. Sie werden von SAP R/3 nicht wieder gelöscht. Daher können hier auch Benutzerkonten stehen, die nicht mehr im System in irgend einem Mandanten existent sind. Um festzustellen, welche Benutzer mit Entwicklerschlüssel tatsächlich in den Mandanten eines Systems existieren, kann der Report RSUVM005 (*Benutzerklassifikation Systemvermessung*) genutzt werden. Gehen Sie hierfür folgendermaßen vor:

- Rufen Sie den Report RSUVM005 über die Transaktion SA38 auf.
- Lassen Sie das Selektionsfeld *Mandant* leer.
- Klicken Sie im Feld *Gültigkeitszeitraum* auf den Punkt *Alle Nutzer*.
- Klicken Sie im Feld *SSCR - SAP Software Change Registration* auf den Punkt *Nur Nutzer mit SSCR-Key*.

- Führen Sie den Report aus. Es werden alle Benutzer aus allen Mandanten angezeigt, die einen Entwicklerschlüssel besitzen, auch evtl. gesperrte Benutzer.
- Führen Sie den Report nochmals aus. Ändern Sie vorher das Feld *Gültigkeitszeitraum* auf den Punkt *Derzeit gültige Nutzer*. Sie sehen nun alle aktiven Benutzer mit Entwicklerschlüssel.

7.3.2 Objektschlüssel

Das Ändern von originalen SAP-Objekten ist allerdings mit dem Entwicklerschlüssel alleine nicht möglich. Sollen SAP-eigene Objekte geändert werden, muss für das entsprechende Objekt von der SAP ein Registrierungsschlüssel angefordert werden. Dieser 20-stellige Schlüssel muss vor der Änderung des Objektes eingegeben werden. Erst danach gestattet es das R/3-System, diese Änderung durchzuführen.

Abb. 7.3.3: Eingabe eines Registrierungsschlüssels zur Änderung eines SAP-eigenen Objektes

Der Registrierungsschlüssel kann ebenfalls über den SAP Service Marketplace oder das OSS angefordert werden. Es muss der Name des zu ändernden Objektes angegeben werden. Objektschlüssel können, wie Entwicklerschlüssel auch, nicht von jedem OSS-Benutzer beantragt werden, sondern nur von Benutzern mit dem entsprechenden Zugriffsrecht.

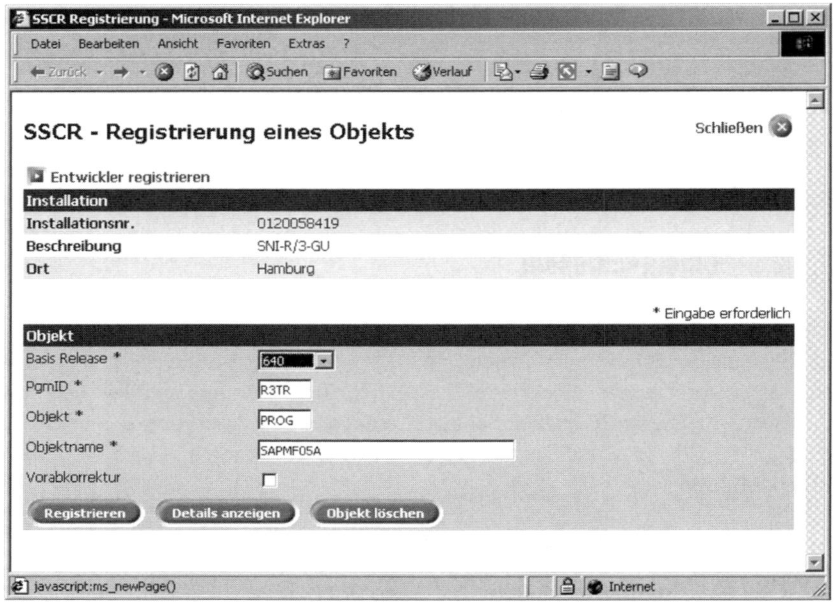

Abb. 7.3.4: Anforderung eines Registrierungsschlüssels zur Änderung eines SAP-eigenen Objektes über den SAP Marketplace

Die Objektschlüssel werden in der Tabelle ADIRACCESS gespeichert. In dieser Tabelle kann überprüft werden, für welche Objekte bereits Schlüssel eingegeben und somit bereits geändert wurden.

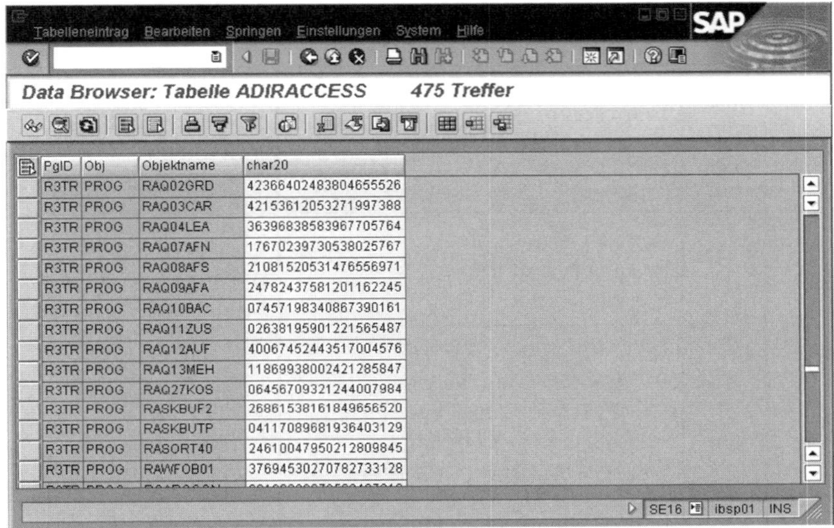

PgID	Obj	Objektname	char20
R3TR	PROG	RAQ02GRD	42366402483804655526
R3TR	PROG	RAQ03CAR	42153612053271997388
R3TR	PROG	RAQ04LEA	36396838583967705764
R3TR	PROG	RAQ07AFN	17670239730538025767
R3TR	PROG	RAQ08AFS	21081520531476556971
R3TR	PROG	RAQ09AFA	24782437581201162245
R3TR	PROG	RAQ10BAC	07457198340867390161
R3TR	PROG	RAQ11ZUS	02638195901221565487
R3TR	PROG	RAQ12AUF	40067452443517004576
R3TR	PROG	RAQ13MEH	11869938002421285847
R3TR	PROG	RAQ27KOS	06456709321244007984
R3TR	PROG	RASKBUF2	26861538161849656520
R3TR	PROG	RASKBUTP	04117089681936403129
R3TR	PROG	RASORT40	24610047950212809845
R3TR	PROG	RAWFOB01	37694530270782733128

Abb. 7.3.5: Tabelle ADIRACCESS - Objektschlüssel für R/3-eigene Objekte

7.3.3 Checkliste zu Entwickler- und Objektschlüsseln

Nr.	Verwendung	Fragestellungen Risiko	Ordnungsmäßigkeits-Vorgaben
1	1	Besitzen Benutzer im Produktivsystem einen Entwicklerschlüssel? Hier besteht das Risiko, dass durch Anwendungsentwicklung im Produktivsystem gegen geltende Gesetze (z.B. 239 HGB Radierverbot) verstoßen wird.	Außer einem Notfallbenutzer, der nach dem Vier-Augen-Prinzip einzusetzen ist, darf es keine Entwickler im Produktivsystem geben.
2	1	Besitzen Benutzer im Qualitätssicherungssystem einen Entwicklerschlüssel? Hier besteht das Risiko, dass Freigabeverfahren durch Eingriffe von Entwicklern beeinflusst werden.	Das Qualitätssicherungssystem ist bzgl. der Entwickler zu behandeln wie das Produktivsystem. Es sollte keine Entwickler in diesem System geben.
3	1	Welche Benutzer besitzen im Entwicklungssystem einen Entwicklerschlüssel? Hier besteht das Risiko, dass unberechtigte Benutzer Anwendungsentwicklung betreiben dürfen.	Nur die tatsächlichen Entwickler dürfen einen Entwicklerschlüssel besitzen.
4	3	Existiert eine Dokumentation darüber, welche Entwicklerkonten es in welchem System gibt? Hier besteht das Risiko, dass es keine Vorgaben und keine Nachvollziehbarkeit darüber gibt, welche Personen als Entwickler tätig sein sollen.	Die Vergabe eines Entwicklerschlüssels ist grundsätzlich zu dokumentieren.

Nr.	Verwendung	Fragestellungen Risiko	Ordnungsmäßigkeits-Vorgaben
5	3	Wer besitzt einen Zugang zum OSS mit der Berechtigung, Entwicklerschlüssel zu beantragen? Hier besteht das Risiko, dass unberechtigt Entwicklerschlüssel angefordert und auch im Produktivsystem eingesetzt werden können.	Das Zugriffsrecht zum Anfordern neuer Schlüssel darf nur entsprechend autorisierten Personen möglich sein.
6	3	Wurde für die Tabelle DEVACCESS die Protokollierung aktiviert? Hier besteht das Risiko, dass die Eingabe von Entwicklerschlüsseln, insbesondere im Produktivsystem, nicht nachvollzogen werden kann.	Die Tabelle ist zu protokollieren um nachzuvollziehen, welche Entwicklerschlüssel wann eingegeben wurden.
7	1	Welche Objektschlüssel für SAP-eigene Objekte wurden bereits angefordert? Hier besteht das Risiko, dass SAP-eigene Objekte ohne ausreichende Begründung geändert wurden und dadurch die Gewährleistung für die Objekte von Seiten der SAP nicht mehr gegeben ist.	Es dürfen nur Objektschlüssel für SAP-eigene Objekte angefordert werden, wenn dies unumgänglich ist. Die Anforderung muss hinreichend begründet sein.
8	3	Existiert eine Dokumentation über die angeforderten Objektschlüssel? Hier besteht das Risiko, dass nicht mehr nachvollziehbar ist, aus welchem Grund der Schlüssel beantragt wurde und ob das in Zukunft (z.B. bei Release-Wechseln) nochmals relevant sein könnte.	Angeforderte Objektschlüssel sind grundsätzlich zu dokumentieren.

Nr.	Verwendung	Fragestellungen / Risiko	Ordnungsmäßigkeits-Vorgaben
9	3	Wurde in der Dokumentation jede Änderung am SAP-eigenen Objekt erläutert? Hier besteht das Risiko, dass bei Release-Wechseln oder beim Einspielen von Support-Packages diese Objekte als *Geändert* angezeigt werden und nicht nachvollzogen werden kann, ob diese Änderungen noch relevant sind und wie weiter zu verfahren ist.	Jede Änderung an SAP-eigenen Objekten ist ausführlich zu dokumentieren.

7.3.4 Praktische Prüfung zu Entwickler- und Objektschlüsseln

1. Überprüfen Sie, ob Benutzer im Produktivsystem einen Entwicklerschlüssel besitzen!
   Rufen Sie die Transaktion SE16 auf, und lassen Sie sich die Tabelle DEVACCESS anzeigen. Hiermit erhalten Sie die Liste aller Entwicklerschlüssel. Rufen Sie dann den Report RSUVM005 auf, und klicken Sie als Selektionskriterium den Punkt *Nur Nutzer mit SSCR Key* im Block *SSCR - SAP Software Change Registration* an, um eine Liste aller existierenden Benutzer mit Entwicklerschlüssel zu erhalten. Achten Sie darauf, dass beim Ausführen im Feld *Mandant* kein Wert eingetragen ist.
2. Überprüfen Sie, ob Benutzer im Qualitätssicherungssystem einen Entwicklerschlüssel besitzen!
   Gehen Sie wie unter Punkt 1. beschrieben vor.
3. Überprüfen Sie, welche Benutzer im Entwicklungssystem einen Entwicklerschlüssel besitzen!
   Gehen Sie wie unter Punkt 1. beschrieben vor.
4. Überprüfen Sie, ob eine Dokumentation über die Entwicklerkonten existiert!
   Lassen Sie sich die Dokumentation aushändigen, und vergleichen Sie diese mit dem Ergebnis der Prüfung der Punkte 1. bis 3.

5. Überprüfen Sie, wer einen Zugang zum OSS besitzt mit der Berechtigung, Entwicklerschlüssel zu beantragen!
   Lassen Sie sich von einem Administrator für die OSS-Benutzer die eingerichteten Zugriffsrechte zeigen.
6. Überprüfen Sie, ob für die Tabelle DEVACCESS die Protokollierung aktiviert wurde!
   Rufen Sie die Transaktion SE13 auf, und lassen Sie sich die technischen Einstellungen der Tabelle DEVACCESS anzeigen. Die Eigenschaft *Datenänderungen protokollieren* muss aktiviert sein.
7. Überprüfen Sie, welche Objektschlüssel für SAP-eigene Objekte bereits angefordert wurden!
   Rufen Sie die Transaktion SE16 auf, und lassen Sie sich die Tabelle ADIRACCESS anzeigen.
   Dieser Vorgang muss in allen R/3-Systemen erfolgen!
8. Überprüfen Sie, ob eine Dokumentation zu den angeforderten Objektschlüsseln existiert!
   Lassen Sie sich die Dokumentation aushändigen, und vergleichen Sie diese mit dem Ergebnis der Prüfung von Punkt 7.
9. Überprüfen Sie, ob in der Dokumentation über die Objektschlüssel jede Änderung explizit erläutert wurde!
   Überprüfen Sie die Einträge in der Dokumentation.

7.4 Die System- und Mandantenänderbarkeit

Für die R/3-Systeme muss definiert werden, inwiefern Objekte des Systems geändert werden dürfen. Objekte sind z.B. Tabellen, Strukturen, Programme, Menüs oder Bildschirmmasken. Zuerst ist festzulegen, ob überhaupt Änderungen im System zulässig sein sollen. In einem Produktivsystem sollten generell Änderungen nicht möglich sein.

In R/3 kann die Änderbarkeit auf zwei verschiedene Weisen eingestellt werden:
- für das gesamte R/3-System (alle Mandanten) für mandantenunabhängige Objekte
- für einen einzelnen Mandanten

In Produktivsystemen sollte grundsätzlich das gesamte System, somit alle Mandanten, gegen Änderungen gesperrt sein. In Entwicklungssystemen können die Mandanten, in denen nicht entwickelt werden soll (z.B. die Mandanten 000 und 066), einzeln gegen Änderungen gesperrt werden.

Sind das System oder ein Mandant nicht änderbar, so können trotzdem die Anwender und Administratoren ohne Einschränkung arbeiten. Über die Transaktionen können Stamm- und Bewegungsdaten verbucht oder z.B. Benutzer eingerichtet und verwaltet werden. Die Systemänderbarkeit bezieht sich grundsätzlich auf die Entwicklungsumgebung von R/3 (das Repository), z.B. das Ändern oder Anlegen von ABAP-Programmen oder die Änderungen von Tabelleneigenschaften, sowie auf mandantenunabhängige Customizingobjekte, wie z.B. mandantenunabhängige Tabellen. Mandantenabhängige Tabellen können nicht global im System, sondern nur in den entsprechenden Mandanten geschützt werden.

7.4.1 Die globale Systemänderbarkeit

Die Einstellung zur Systemänderbarkeit, die für das gesamte System gilt, wird über die Transaktionen SE06 (Schaltfläche *Systemänderb.*) und SCTS_RSWBO004 oder die Reports RDDIT197 und RSWBO004 festgelegt. Die globale Systemänderbarkeit wird eingestellt über die Schaltfläche *Globale Einstellung*. Dies umfasst allerdings nur das Repository sowie die mandantenunabhängigen Customizingobjekte, nicht jedoch die mandantenabhängigen Tabellen. Zur Überprüfung der Einstellung kann der Report RSWBO004 genutzt werden, mit dem diese Einstellung auch geändert werden kann. Ohne eine Berechtigung zur Einstellung der Systemänderbarkeit zeigt dieser Report die Einstellungen nur an und kann daher auch von Prüfern genutzt werden.

Abb. 7.4.1: Die globale Systemänderbarkeit

In Entwicklungssystemen muss entschieden werden, in welchem Umfang Entwicklungen möglich sein sollen. So ist unter anderem zu überlegen, ob nur kundeneigene oder auch SAP-eigene Objekte geändert werden sollen. Dies kann differenziert werden, wenn das System auf *Änderbar* eingestellt wird. Eingestellt wird dies ebenfalls über die Transaktion SE06 oder den Report RSWBO004. Es können folgende Einstellungen getroffen werden:

Softwarekomponenten

Jede einzelne Softwarekomponente kann für Änderungen freigeschaltet werden. Dies sind standardmäßig:

- Kundenentwicklungen (Entwicklungen im kundeneigenen Namensraum)
- Lokale Entwicklungen (Nicht transportierbare Änderungen)
- Anwendungsübergreifende Komponente (SAP Standard)
- SAP Basis Komponente (SAP Standard)
- Logistik und Rechnungswesen (SAP Standard)
- Personalwirtschaft (SAP Standard)
- Alle weiteren installierten Komponenten

Namensraum / Namensbereich

- Kundennamensbereich
  Im Kundennamensbereich sind alle kundeneigenen Entwicklungen eingeschlossen, die transportiert werden können. Die Entwicklungen können mit allen in R/3 enthaltenen Werkzeugen erfolgen, es können somit z.B. Programme, Tabellen oder Strukturen sein.
- Allgemeiner SAP Namensbereich
  Hier sind alle Originalobjekte von SAP enthalten.
- ABAP+GUI Tools
  Mit dieser Option können SAP-Objekte nur mit dem ABAP-Editor, dem Screen-Painter und dem Menu-Painter geändert werden. So sind z.B. Änderungen von Funktionen nicht möglich.
- Development Workbench
  Mit dieser Option können SAP-Objekte mit allen in der Development Workbench enthaltenen Werkzeuge bearbeitet werden. Allerdings ist auch hier das Ändern von Funktionen nicht möglich.
- Enqueue-Funktionsgruppen
  Hierdurch können die zum Sperren und Entsperren von Datensätzen erforderlichen Funktionsgruppen bearbeitet werden.
- ABAP/4-Query/SAP
  Mit diesem Punkt können die Queries genutzt werden, mit denen auf einfache Weise eigene Reports erstellt werden können.
- Weitere Namensbereiche von installierten Komponenten

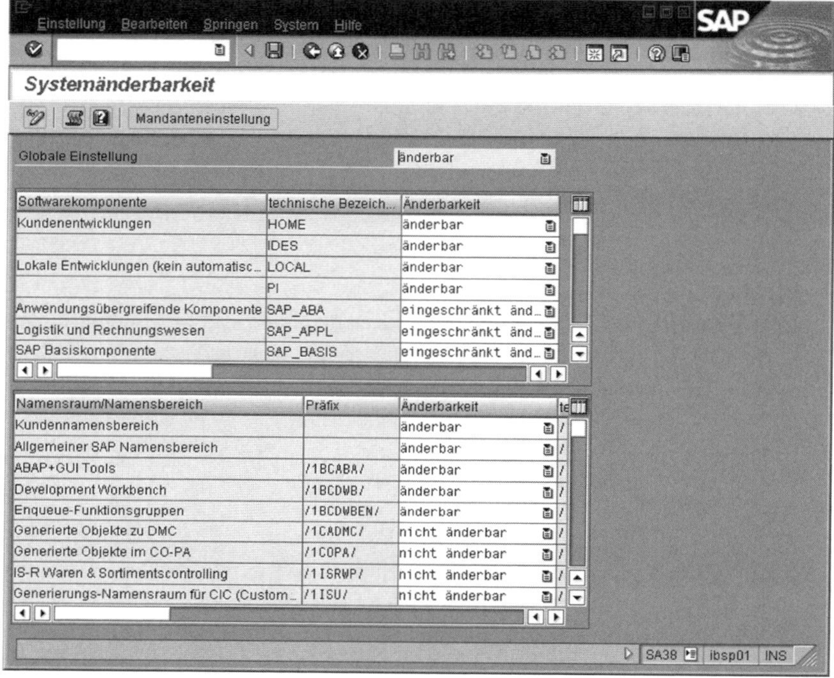

Abb. 7.4.2: Einstellungen zur Systemänderbarkeit

Werden Änderungen an SAP-eigenen Objekten gestattet, ist zu bedenken, dass bei einem Releasewechsel oder einem Upgrade diese Objekte entweder überschrieben werden müssen, und somit die Änderungen nichtig sind, oder die neuen Objekte nicht importiert werden. Im zweiten Fall kann es zu Problemen im R/3-System kommen, für welche die SAP keine Haftung übernehmen kann. Ebenso wird keine Haftung übernommen, wenn Originalobjekte geändert werden. Daher ist genau abzuwägen, ob solche Änderungen vorgenommen werden sollen.

7.4.2 Die Protokollierung der Systemänderbarkeit

Die Änderungen an der Systemänderbarkeit werden standardmäßig vom System protokolliert, sowohl Änderungen an der generellen Systemänderbarkeit als auch an den einzelnen Einstellungen. Gespeichert werden diese Protokolle in der Tabelle DDPRS (Protokoll TRLOGSYSTEM), ausgewertet mit dem Report

RSWBO095. Im Selektionsbild des Reports wählen Sie den Punkt *Systemänderbarkeit* aus und klicken auf die Schaltfläche *Ausführen*. Im Ergebnis klicken Sie auf die Schaltfläche *Alles expandieren* um anzuzeigen, wann und von wem die Einstellungen geändert wurden. Die Einträge sind standardmäßig absteigend sortiert, die aktuellsten Einträge stehen daher unten im Protokoll.

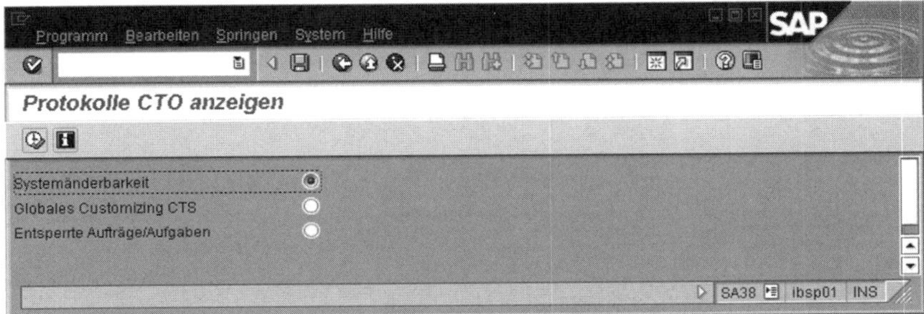

Abb. 7.4.3: Anzeige des Protokolls der Systemänderbarkeit - Selektionsmaske

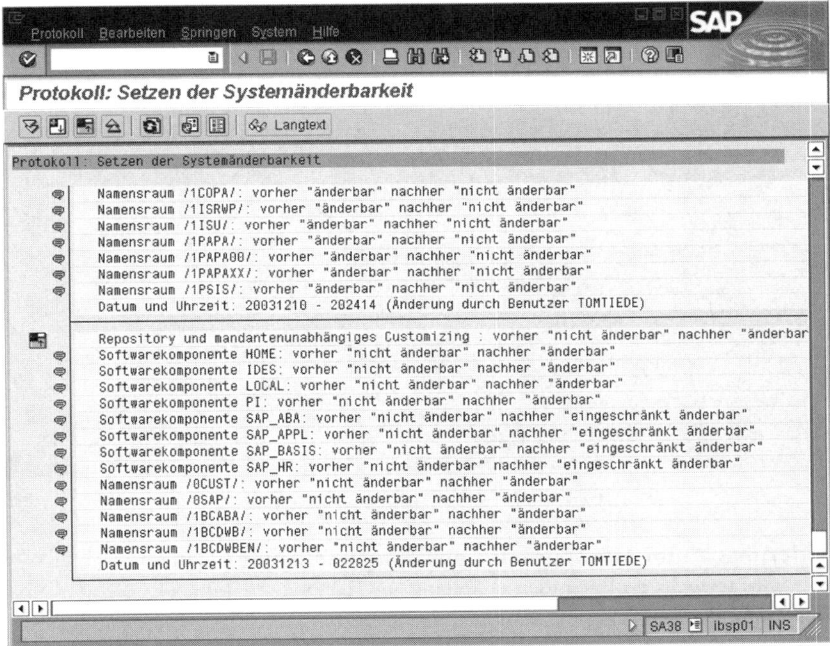

Abb. 7.4.4: Anzeige des Protokolls der Systemänderbarkeit - Der Protokollinhalt

7.4.3 Die Mandantenänderbarkeit

Die Einstellungen der Systemänderbarkeit über die Transaktion SE06 gelten nur für mandantenübergreifende Objekte. Die Absicherung von mandantenbezogenen Einstellungen erfolgt über die Tabelle T000 (Tabelle der im System eingerichteten Mandanten). Zur Überprüfung der Einstellung rufen Sie die Transaktion SM30 auf und lassen sich die Tabelle T000 anzeigen. Alternativ kann die Transaktion SCC4 genutzt werden. Doppelklicken Sie auf den Mandanten, für den Sie die Einstellung überprüfen wollen. Sie gelangen in die Eigenschaften des Mandanten. Hier können verschiedene Einstellungen zur Absicherung des Mandanten getroffen werden.

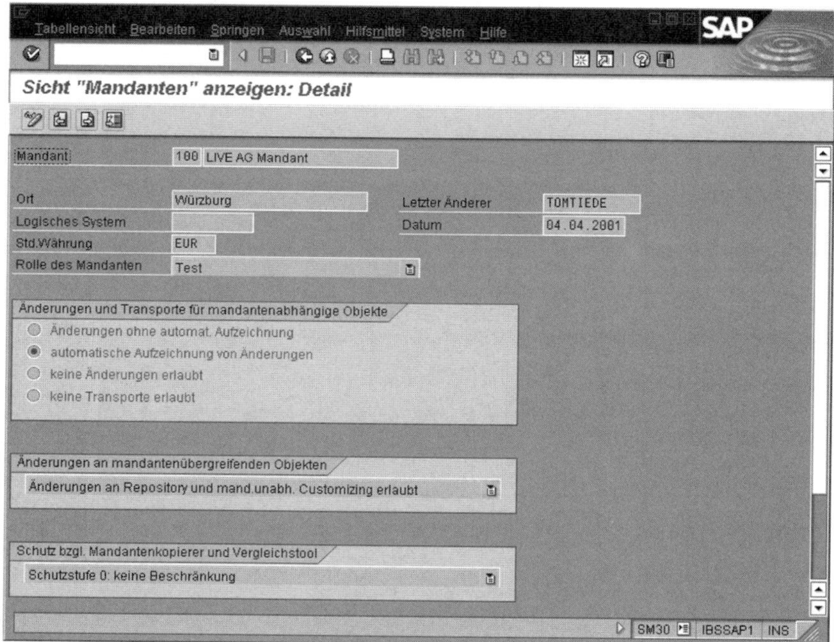

Abb. 7.4.5: Eigenschaften eines Mandanten

Änderungen und Transporte für mandantenabhängige Objekte

Hier wird festgelegt, ob mandantenabhängige Objekte (z.B. Tabellen) geändert und Transporte durchgeführt werden dürfen. Folgende Einstellungen sind möglich:

- Änderungen ohne automat. Aufzeichnung
  Änderungen an mandantenabhängigen Objekten sind erlaubt, allerdings wer-

den diese nicht automatisch in einem Änderungsauftrag aufgezeichnet. Sie können manuell in einen Auftrag übernommen werden. Diese Einstellung ist nicht für Entwicklungs- und Produktivmandanten vorzunehmen. Sie kann verwendet werden für Schulungs- oder Demo-Mandanten.

- Automatische Aufzeichnung von Änderungen
  Änderungen an mandantenabhängigen Objekten sind erlaubt und werden automatisch in einem Änderungsauftrag aufgezeichnet. Diese Einstellung ist sinnvoll für Entwicklungs- und Customizing-Mandanten.
- Keine Änderungen erlaubt
  Änderungen an mandantenabhängigen Objekten sind nicht erlaubt. Eine Ausnahme stellen die laufenden Einstellungen wie z.B. Buchungsperioden dar. Diese dürfen immer geändert werden. Diese Einstellung ist sinnvoll für Produktivmandanten.
- Keine Transporte erlaubt
  Änderungen an mandantenabhängigen Objekten sind erlaubt, allerdings werden diese nicht automatisch in einem Änderungsauftrag aufgezeichnet und können auch nicht manuell transportiert werden. Diese Einstellung ist sinnvoll für reine Testmandanten.

Änderungen an mandantenübergreifenden Objekten

Unter diesem Punkt kann definiert werden, wie in den Mandanten die Repository- und mandantenunabhängigen Customizingobjekte geändert werden dürfen. Hier sind vier Einstellungen möglich:

- Änderungen an Repository und mandantenunabhängiges Customizing erlaubt
  Bei dieser Einstellung gibt es keinerlei Restriktionen für den Mandanten hinsichtlich der Pflege mandantenübergreifender Objekte. Sowohl mandantenunabhängige Objekte des Customizing (z.B. mandantenunabhängige Tabellen) als auch Objekte des Repository können gepflegt werden.
- Keine Änderungen von mandantenunabhängigen Customizing-Objekten
  Mit dieser Einstellung können mandantenunabhängige Objekte des Customizing im Mandanten nicht gepflegt werden.
- Keine Änderung von Repository-Objekten
  Mit dieser Einstellung können Objekte des Repository in dem Mandanten nicht gepflegt werden.
- Keine Änderungen von Repository- und mandantenunabhängigen Customizing-Objekten
  Im Mandanten können weder mandantenunabhängige Objekte des Customizing noch Objekte des Repository gepflegt werden.

Schutz bzgl. Mandantenkopierer und Vergleichstools
Mit diesem Punkt ist es möglich, einen Mandanten gegen einen lesenden Zugriff aus anderen Mandanten zu schützen, z.B. beim Vergleich von Tabellen (siehe Kapitel 6.9). Außerdem kann der Mandant gegen ein Überschreiben durch eine Mandantenkopie geschützt werden. Folgende Einstellungen sind möglich:

- Schutzstufe 0: keine Beschränkung
  Diese Einstellung bietet keinen Schutz. Der Mandant kann durch eine Mandantenkopie überschrieben werden. Ebenso ist ein lesender Zugriff aus anderen Mandanten möglich. Diese Schutzstufe sollte nur für Test- oder Schulungsmandanten genutzt werden.
- Schutzstufe 1: kein Überschreiben
  Der Mandant kann nicht durch eine Mandantenkopie überschrieben werden. Diese Schutzstufe ist für Produktivmandanten zu verwenden.
- Schutzstufe 2: kein Überschreiben, keine ext. Verfügbarkeit
  Der Mandant kann nicht durch eine Mandantenkopie überschrieben werden. Ebenso ist ein lesender Zugriff aus anderen Mandanten nicht möglich. Diese Schutzstufe ist für Mandanten zu verwenden, die sensible Daten enthalten.

7.4.4 Die Protokollierung der Mandantenänderbarkeit

Änderungen an der Systemänderbarkeit werden automatisch protokolliert (siehe Kapitel 7.4.2). Die Änderbarkeit für einzelne Mandanten erfolgt über die Tabelle T000. Hier ist die Protokollierung explizit zu aktivieren.

Voraussetzung für die Protokollierung ist die generelle Aktivierung der Protokollierung über den Parameter *rec/client* (siehe Kapitel 6.5.1). Die Tabelle T000 ist bereits standardmäßig zur Protokollierung vorgesehen. Die Protokolleinträge sind in regelmäßigen Abständen zu überprüfen.

7.4.4.1 Auswertung bis R/3-Release 4.0B

Die Einstellungen zu Änderungen und Transporten für mandantenabhängige Objekte werden im Feld CCCORACTIV *(Änderungen und Transporte für mandantenabhängige Objekte)* vorgenommen. Dieses Feld kann folgende Inhalte haben:

<Leer>	Änderungen ohne automat. Aufzeichnung
1	Automatische Aufzeichnung von Änderungen
2	Keine Änderungen erlaubt
3	Keine Transporte erlaubt

Die Änderbarkeit für mandantenübergreifende Objekte wird über das Feld CCNOCLIIND *(Pflegeerlaubnis mandantenübergreifender Objekte)* eingestellt. Dieses Feld kann folgende Inhalte haben:

<Leer> Änderungen an Repository und mandantenunabhängiges Customizing erlaubt

1 Keine Änderungen von mandantenunabhängigen Customizing-Objekten

2 Keine Änderung von Repository-Objekten

3 Keine Änderungen von Repository- und mandantenunabhängigen Customizing-Objekten

Die Einstellungen zum Schutz bzgl. Mandantenkopierer und Vergleichstools werden im Feld CCCOPYLOCK *(Schutz bzgl. Mandantenkopierer und Vergleichstools)* vorgenommen. Dieses Feld kann folgende Inhalte haben:

<Leer> Schutzstufe 0: keine Beschränkung

X Schutzstufe 1: kein Überschreiben

L Schutzstufe 2: kein Überschreiben, keine ext. Verfügbarkeit

Ausgewertet wird das Protokoll mit dem Report RSTBPROT. Geben Sie in der Selektionsmaske den Tabellennamen T000 an und den Zeitraum, der überprüft werden soll. Wurden keine Änderungen an der Tabelle vorgenommen, ist das Protokoll leer. Wurden Änderungen vorgenommen, wird zuerst der Aufbau der Tabelle T000 angezeigt. In der Spalte *Spalte* wird die Überschrift für die Felder in der Auswertung angegeben. Die Felder werden in folgenden Spalten dargestellt:

CCCORACTIV: Spalte 1
CCNOCLIIND: Spalte 2
CCCOPYLOCK: Spalte 3

Danach werden die einzelnen Protokollsätze angezeigt. In der Spalte 2 werden z.B. geänderte Feldinhalte zur Änderbarkeit für mandantenübergreifende Objekte angezeigt.

7.4.4.2 Auswertung ab R/3-Release 4.5A

Die Einstellungen zu Änderungen und Transporten für mandantenabhängige Objekte werden im Feld *CorrSys (Änderungen und Transporte für mandantenabhängige Objekte)* vorgenommen. Dieses Feld kann folgende Inhalte haben:

<Leer>	Änderungen ohne automat. Aufzeichnung
1	Automatische Aufzeichnung von Änderungen
2	Keine Änderungen erlaubt
3	Keine Transporte erlaubt

Die Änderbarkeit für mandantenübergreifende Objekte wird über das Feld *NoCliInd (Pflegeerlaubnis mandantenübergreifender Objekte)* eingestellt. Dieses Feld kann folgende Inhalte haben:

<Leer>	Änderungen an Repository und mandantenunabhängiges Customizing erlaubt
1	Keine Änderungen von mandantenunabhängigen Customizing-Objekten
2	Keine Änderung von Repository-Objekten
3	Keine Änderungen von Repository- und mandantenunabhängigen Customizing-Objekten

Die Einstellungen zum Schutz bzgl. Mandantenkopierer und Vergleichstools werden im Feld *CopyLock (Schutz bzgl. Mandantenkopierer und Vergleichstools)* vorgenommen. Dieses Feld kann folgende Inhalte haben:

<Leer>	Schutzstufe 0: keine Beschränkung
X	Schutzstufe 1: kein Überschreiben
L	Schutzstufe 2: kein Überschreiben, keine ext. Verfügbarkeit

Ausgewertet wird das Protokoll mit dem Report RSVTPROT. Geben Sie in der Selektionsmaske den Tabellennamen T000 an und den Zeitraum, der überprüft werden soll. Wurden keine Änderungen an der Tabelle vorgenommen, wird kein Protokoll angezeigt. Wurden Änderungen vorgenommen, werden die einzelnen Felder mit ihrem alten und neuen Inhalt angezeigt (Abb. 7.4.6).

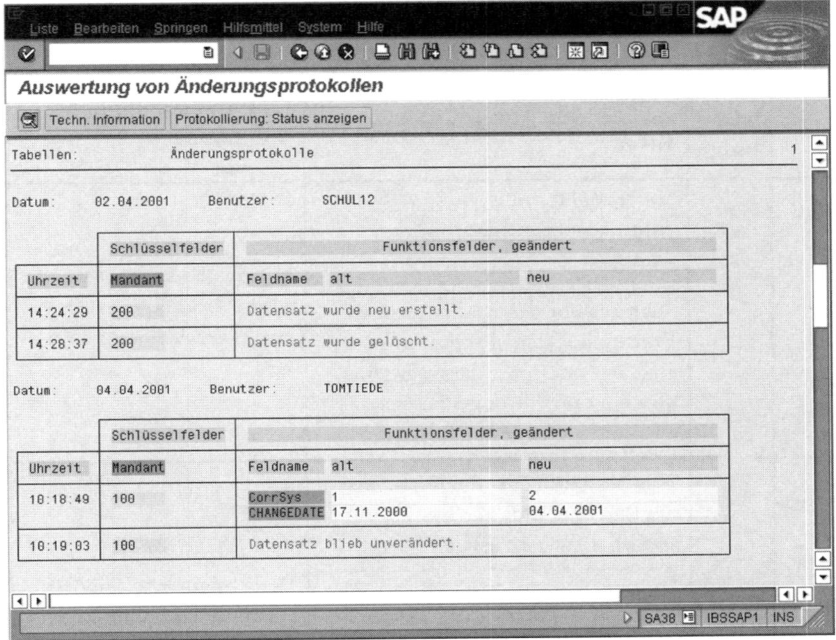

Abb. 7.4.6: Auswertung der Protokolle der Tabelle T000 - Protokollsätze

7.4.5 Zugriffsrechte

Einstellen der Systemänderbarkeit

Berechtigungsobjekt S_TCODE (Transaktionsberechtigung)
- Transaktion: SE06 oder SA38 oder SE38

Berechtigungsobjekt S_CTS_ADMI (Administrationsfunktion im CTO)
- Funktion: SYSC (Systemänderbarkeit)

Einstellen der Mandantenänderbarkeit

Berechtigungsobjekt S_TCODE (Transaktionsberechtigung)
- Transaktion: SCC4 oder SM30 oder SM31

Berechtigungsobjekt S_TABU_DIS
- Aktivität: 02 (Ändern)
- Berecht.-Gruppe: SS (Systemtabellen)

Berechtigungsobjekt S_TABU_CLI
- Kennzeichen: X (Ändern mandantenunabhängiger Tabellen)

7.4.6 Checkliste zur System- und Mandantenänderbarkeit

Nr.	Verwendung	Fragestellungen / Risiko	Ordnungsmäßigkeits-Vorgaben
1	1	Ist das Produktivsystem gegen Anwendungsentwicklung gesperrt? Hier besteht das Risiko, dass im Produktivsystem Programme angelegt oder geändert werden können und somit gegen gesetzliche Auflagen verstoßen wird.	Die Systemänderbarkeit ist im Produktivsystem auf *Nicht änderbar* zu setzen.
2	3	Wer besitzt im Produktivsystem die Berechtigung, die Systemänderbarkeit einzustellen? Hier besteht das Risiko, dass unberechtigte Personen das Produktivsystem für Anwendungsentwicklung frei schalten können.	Die Vergabe dieser Berechtigung ist äußerst restriktiv zu handhaben.
3	3	Wurden in letzter Zeit Änderungen an der Systemänderbarkeit im Produktivsystem vorgenommen, und war es für einen langen Zeitraum änderbar? Hier besteht das Risiko, dass die Systemänderbarkeit vergessen wurde zurückzusetzen und das System für einen längeren Zeitraum änderbar war.	Änderungen an der Systemänderbarkeit sind nur in Ausnahmefällen vorzunehmen und schnellstmöglich wieder zurückzusetzen.

Nr.	Verwendung	Fragestellungen Risiko	Ordnungsmäßigkeits-Vorgaben
4	3	Wurden die Änderungen an der Systemänderbarkeit dokumentiert? Hier besteht das Risiko, dass die Gründe für die Änderungen nicht nachvollzogen werden können und dadurch die Ordnungsmäßigkeit gefährdet ist.	Änderungen an der Systemänderbarkeit sind grundsätzlich zu dokumentieren.
5	1	Ist der Produktivmandant gegen Customizing gesperrt? Hier besteht das Risiko, dass über manuelle Tabellenänderungen die Steuerungsdaten (Customizing) manipuliert werden können.	Im Produktivmandanten sind manuelle Änderungen am Customizing nicht zulässig.
6	3	Wer besitzt die Berechtigung, die Mandantenänderbarkeit (Tabelle T000) einzustellen? Hier besteht das Risiko, dass unberechtigte Personen den Produktivmandanten für Customizing frei schalten können.	Die Vergabe dieser Berechtigung ist äußerst restriktiv zu handhaben.
7	1	Werden Änderungen an der Tabelle T000 protokolliert? Hier besteht das Risiko, dass die Änderungen an der Mandantenänderbarkeit nicht nachvollzogen werden können und dadurch die Ordnungsmäßigkeit gefährdet ist.	Die Protokollierung der Tabelle T000 muss aktiviert sein.

Nr.	Verwendung	Fragestellungen Risiko	Ordnungsmäßigkeits-Vorgaben
8	1	Ist die generelle Tabellenprotokollierung (Parameter *rec/client*) im Produktivsystem aktiviert? Hier besteht das Risiko, dass die Änderungen nicht nachvollzogen werden können und dadurch die Ordnungsmäßigkeit gefährdet ist.	Die Tabellenprotokollierung muss aktiviert sein.
9	3	Wurde in letzter Zeit die Mandantenänderbarkeit des Produktivmandanten auf *Änderbar* gesetzt? Hier besteht das Risiko, dass die Änderungen nicht zeitnah wieder zurückgenommen wurden und der Mandant für längere Zeit änderbar war bzw. dass Tabellen ohne Freigabeverfahren geändert wurden.	Der Produktivmandant ist nur in Ausnahmefällen auf *Änderbar* zu setzen.
10	3	Wurden die Änderungen an der Mandantenänderbarkeit dokumentiert? Hier besteht das Risiko, dass die Gründe für die Änderungen nicht nachvollzogen werden können und dadurch die Ordnungsmäßigkeit gefährdet ist.	Änderungen an der Mandantenänderbarkeit sind grundsätzlich zu dokumentieren.

7.4.7 Praktische Prüfung zur System- und Mandantenänderbarkeit

1. Überprüfen Sie, ob das Produktivsystem gegen Anwendungsentwicklung gesperrt ist!

Rufen Sie die Transaktion SA38 (Menüpfad *System - Dienste - Reporting*) auf, und lassen Sie sich den Report RSWBO004 anzeigen. Die *Globale Einstellung* muss auf *Nicht änderbar* stehen.

2. Überprüfen Sie, wer im Produktivsystem die Berechtigung zur Einstellung der Systemänderbarkeit besitzt!
   Rufen Sie die Transaktion SA38 (Menüpfad *System - Dienste - Reporting*) auf, und lassen Sie sich den Report RSUSR002 anzeigen. Tragen Sie als Selektionskriterium folgende Werte ein:

Selektion nach Werten
Eingabe Werte
Berechtigungsobjekt 1
Berechtigungsobjekt S_CTS_ADMI
Administrationsaufgaben im Change & Transport
Wert SYSC ODER
UND ODER

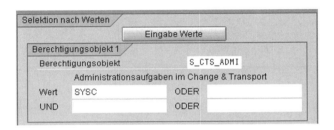

3. Überprüfen Sie, ob in letzter Zeit Änderungen an der Systemänderbarkeit im Produktivsystem vorgenommen wurden, und ob das System für einen langen Zeitraum änderbar war!
   Rufen Sie die Transaktion SA38 (Menüpfad *System - Dienste - Reporting*) auf, und lassen Sie sich den Report RSWBO095 anzeigen. Im Selektionsbild des Reports wählen Sie den Punkt *Systemänderbarkeit* aus und klicken auf die Schaltfläche *Ausführen*. In der Anzeige des Reports klicken Sie auf die Schaltfläche *Alles expandieren* um auch das Datum und die Uhrzeit der jeweiligen Änderungen anzuzeigen.
4. Überprüfen Sie, ob die Änderungen an der Systemänderbarkeit dokumentiert wurden!
   Lassen Sie sich die Dokumentation von den Verantwortlichen aushändigen.
5. Überprüfen Sie, ob der Produktivmandant gegen Customizing gesperrt ist!
   Rufen Sie die Transaktion SM30 auf, und lassen Sie sich die Tabelle T000 anzeigen (alternativ kann die Transaktion SCC4 genutzt werden). Doppelklicken Sie auf den/die Produktivmandanten. Im Block *Änderungen und Transporte für mandantenabhängige Objekte* muss der Punkt *keine Änderungen* erlaubt markiert sein.
6. Überprüfen Sie, wer die Berechtigung zur Änderung der Tabelle T000 besitzt!
   Rufen Sie die Transaktion SA38 (Menüpfad *System - Dienste - Reporting*) auf, und lassen Sie sich den Report RSUSR002 anzeigen. Tragen Sie als Selektionskriterium folgende Werte ein:

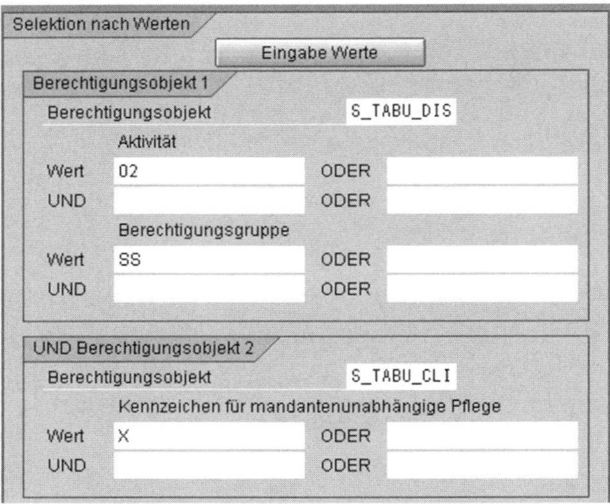

Diese Prüfung muss in allen Mandanten des Systems erfolgen!

7. Überprüfen Sie, ob Änderungen an der Tabelle T000 protokolliert werden!
   Rufen Sie die Transaktion SE13 auf. Tragen Sie in der Einstiegsmaske die Tabelle T000 ein, und klicken Sie auf die Schaltfläche *Anzeigen*. Der Eintrag *Datenänderungen protokollieren* (unten im Fenster) muss aktiviert sein.
8. Überprüfen Sie, ob die generelle Tabellenprotokollierung (Parameter *rec/client*) im Produktivsystem aktiviert ist!
   Rufen Sie die Transaktion SA38 (Menüpfad *System - Dienste - Reporting*) auf, und lassen Sie sich den Report RSPFPAR anzeigen. Tragen Sie im Feld *Profileparameter* den Wert *rec/client* ein, und lassen Sie sich das Ergebnis anzeigen. Der Parameter muss den Eintrag ALL enthalten oder die Liste aller Mandanten.
9. Überprüfen Sie, ob in letzter Zeit Änderungen an der Mandantenänderbarkeit vorgenommen wurden!
   Rufen Sie die Transaktion SA38 (Menüpfad *System - Dienste - Reporting*) auf, und lassen Sie sich den Report RSVTPROT anzeigen. Tragen Sie als Selektionskriterium in das Feld *Tabellen* die Tabelle T000 ein. Im Feld *Anfangsdatum* wählen Sie ein Datum, das eine angemessene Zeit zurückliegt (z.B. drei Monate). Lassen Sie sich das Ergebnis anzeigen.
10. Überprüfen Sie, ob die Änderungen an der Änderbarkeit der Mandanten dokumentiert wurden!
    Lassen Sie sich die Dokumentation von den Verantwortlichen aushändigen.

7.5 Das Transportsystem

7.5.1 Der Change and Transport Organizer

Der Change and Transport Organizer (CTO) dokumentiert und registriert Änderungen an Objekten der Entwicklungsumgebung. Dies sind u.a.:

- ABAP-Programme
- Oberflächen-Definitionen
- Dokumentationsbausteine
- Dictionary-Objekte
- Customizing-Objekte

Legt ein Entwickler neue Objekte an oder ändert bestehende Objekte, wird er aufgefordert, dieses Objekt einem Änderungsauftrag zuzuordnen. Dies übernimmt der CTO. Hierdurch wird das Objekt in die Tabelle TADIR (Katalog der R/3-Repository-Objekte, siehe auch Kapitel 7.5.1.4) eingetragen.

Nachfolgend werden die maßgeblichen Elemente des CTO erläutert. Wie alle diese Elemente zusammenwirken, wird in Kapitel 7.5.3 (*Der Ablauf eines Transports*) beschrieben.

7.5.1.1 Entwicklungsklassen / Pakete

Beim Anlegen neuer Objekte müssen diese einer Entwicklungsklasse (ab R/3-Release Enterprise: Pakete) zugeordnet werden. In einer Entwicklungsklasse werden alle zusammengehörigen Objekte der Entwicklungsumgebung zusammengefasst. Komplexe Eigenentwicklungen werden immer innerhalb einer Entwicklungsklasse durchgeführt. Dies erleichtert auch die Suche nach Objekten zu bestimmten Entwicklungen.

Jede Entwicklungsklasse wird einer Transportschicht zugeordnet (siehe Kapitel 7.5.2.2), womit der Weg einer Entwicklung in andere Systeme bereits bestimmt ist. Abb. 7.5.1 zeigt die Eigenschaften einer Entwicklungsklasse.

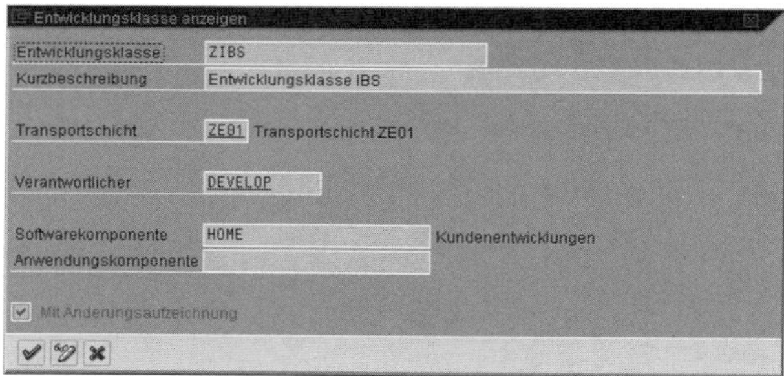

Abb. 7.5.1: Eigenschaften einer Entwicklungsklasse

Die Entwicklungsklassen werden in der Tabelle TDEVC gespeichert. Sie unterliegen den Namenskonventionen für den Kundennamensraum. Eigene Entwicklungsklassen beginnen mit Y oder Z.

Um alle Aufträge und somit alle Objekte einer Entwicklungsklasse anzeigen zu lassen, kann z.B. der Report RSWBOSDR genutzt werden. In den erweiterten Selektionen des Reports kann die Entwicklungsklasse als Selektionskriterium angegeben werden.

7.5.1.2 Aufgaben und Aufträge

Anwendungsentwicklung und Customizing werden ausschließlich im Entwicklungssystem durchgeführt. Diese Neuerungen müssen dann zuerst ins Qualitätssicherungssystem, danach in das Produktivsystem transportiert werden. Hierfür nutzt R/3 die Aufgaben und Aufträge.

Änderungen an Customizing-Einstellungen und am Repository werden von R/3 automatisch in sog. Aufträgen aufgezeichnet. Diese Aufträge werden dann in die nachfolgenden Systeme transportiert.

Ein Auftrag besteht aus einem oder mehreren Aufgaben. Eine Aufgabe ist genau einem Entwickler zugeordnet. Führt der Entwickler nun eine Änderung durch oder legt er ein neues Element an, so fordert R/3 ihn auf, einen Änderungsauftrag auszuwählen, in dem dies aufgezeichnet werden soll. Die Änderung selbst wird dann im Auftrag in der Aufgabe des Entwicklers gespeichert. Abb. 7.5.2 zeigt einen Auftrag mit drei Aufgaben, die den Benutzern DEVELOP1, DEVELOP2 und DEVELOP3 zugeordnet sind. Unterhalb der Aufgaben befinden sich die Elemente, welche die Entwickler hierin abgelegt haben.

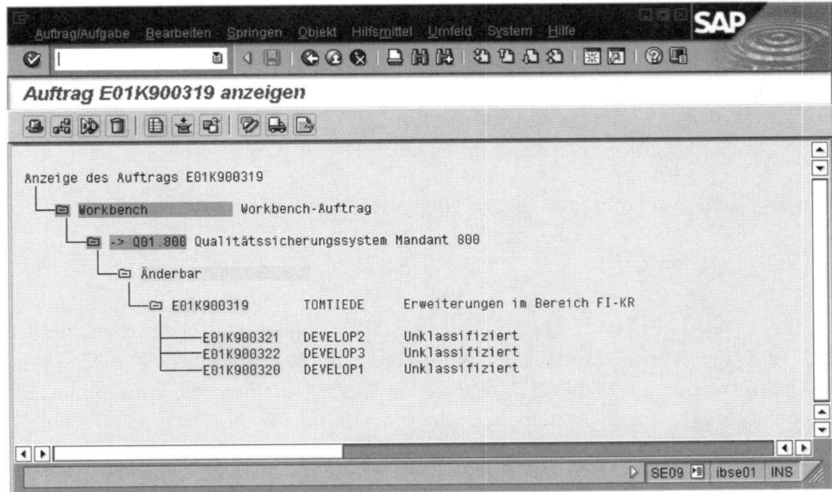

Abb. 7.5.2: Ein Änderungsauftrag mit zugeordneten Aufgaben

Es werden drei verschiedene Auftragsarten unterschieden:

Transportierbare Änderungsaufträge

Hier werden alle Änderungen aufgezeichnet, die das Repository und die mandantenunabhängigen Tabellen betreffen. Die Verwaltung dieser Änderungen erfolgt über den *Transport Organizer* (Transaktion SE01 / SE09 / SE10). Änderungen an mandantenunabhängigen Elementen müssen zwingend in einem Änderungsauftrag aufgezeichnet werden.

Customizingaufträge

Hier werden alle Änderungen an mandantenabhängigen Tabellen aufgezeichnet (Customizing). Die Verwaltung dieser Änderungen erfolgt über den *Transport Organizer* (Transaktion SE01 / SE09 / SE10). Eine automatische Aufzeichnung erfolgt beim Customizing allerdings nur dann, wenn im Mandanten die Eigenschaft *Automatische Aufzeichnung von Änderungen* gesetzt wurde.

Lokale Änderungsaufträge

Hier werden Änderungen gespeichert, die nicht transportiert werden sollen (Tests u.ä.). Änderungen im Produktivsystem werden ebenfalls in lokalen Änderungsaufträgen aufgezeichnet.

Das Anlegen neuer Änderungsaufträge sollte nicht in der Hand der Entwickler liegen. Auf Grund einer Funktionstrennung sollte diese Berechtigung bei der Administration oder beim Projektleiter liegen. Beim Anlegen eines neuen Auftrages können auch die Projektmitarbeiter angegeben werden. Für jeden Mitarbeiter wird dann eine Aufgabe im Auftrag angelegt.

Aufträge und Aufgaben unterliegen folgender Namenskonvention:

<SID>K9#####

Als erstes wird der Name des Systems (z.B. E01) angegeben. Als nächstes folgen K9 und dann eine fünfstellige Nummer, z.B. E01K900087. Aufträge und Aufgaben werden fortlaufend durchnummeriert. Wird ein neuer Auftrag mit zwei neuen Aufgaben angelegt, und erhält der Auftrag z.B. die Nummer E01K900091, erhalten die beiden Aufgaben die Nummern E01K900092 und E01K900093.

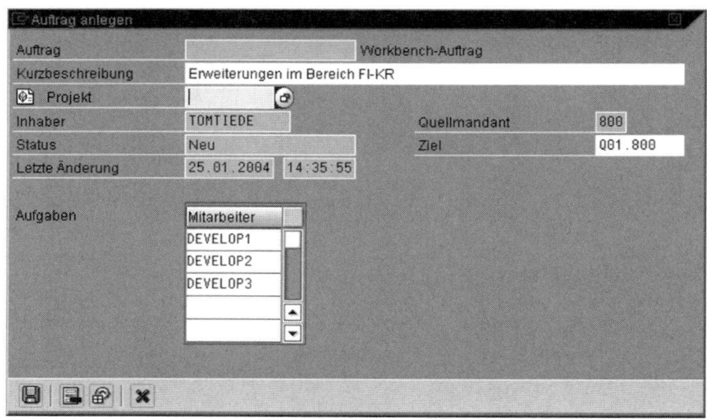

Abb. 7.5.3: Anlegen eines neuen Auftrages mit drei Aufgaben

Sind Aufgaben und Aufträge vollständig, können sie transportiert werden. Dieser Vorgang erfolgt folgendermaßen:

1. Alle Entwickler müssen ihre eigenen Aufgaben freigeben. Dies erfolgt z.B. in der Transaktion SE09 oder SE10.
2. Haben alle Entwickler ihre Aufgaben freigegeben, wird als nächstes der Auftrag freigegeben. Dies erfolgt i.d.R. von der Administration. Freigabe bedeutet, dass der Auftrag aus dem System exportiert und als Datei im Betriebssystem abgelegt wird. Die Datei erhält den Namen des Auftrages. Ist die Auf-

tragsnummer E01K900091, so heißt die Datei K900091.E01. Die Dateien werden im gemeinsamen Transportverzeichnis der Systemlandschaft abgelegt (siehe Kapitel 7.5.2.3).

3. Nach der Freigabe eines Auftrages können keine Änderungen mehr daran vorgenommen werden. Über den Export wird ein Protokoll angelegt, so dass dieser Vorgang jederzeit nachvollziehbar ist. Die exportierte Datei kann danach in andere Systeme importiert werden.

Zum Suchen von Aufträgen und Aufgaben können die Transaktionen SE01 (Transport Organizer) und SE03 (Organizer Tools) genutzt werden oder folgende Reports:

RSWBO040	Objekte in Aufträgen/Aufgaben suchen
RSWBO050	Objekte in Aufträgen/Aufgaben analysieren
RSWBOSDR	Aufträge suchen
RDDPROTT	Transportprotokolle eines Auftrages

Die Eigenschaften der Aufträge werden in folgenden Tabellen gespeichert:

E070	Header von Aufträgen und Aufgaben
E070A	Attribute eines Auftrages
E070C	Quell- und Zielmandant von Aufträgen
E071	Enthaltene Objekte eines Auftrages
E071K	Schlüsselinhalte von Tabellen in Aufträgen

7.5.1.3 Reparaturen

Der Sinn eines Systemverbundes ist es, die Anwendungsentwicklung zu organisieren und abzusichern. Daher sollen neue Elemente ausschließlich im Entwicklungssystem angelegt werden. Neu angelegte Objekte sind die *Originale*. Werden diese in ein anderes System transportiert, so befinden sich dort dann die *Kopien*.

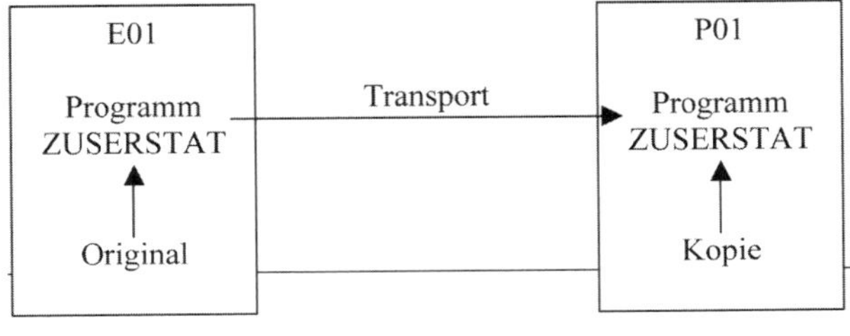

Änderungen an Kopien werden *Reparaturen* genannt. In ihren Eigenschaften in der Tabelle TADIR wird dabei das sog. Reparaturkennzeichen gesetzt. Reparaturen bergen die Gefahr, dass das Original dadurch nicht automatisch mit geändert wird. Sie sollen daher eine große Ausnahme darstellen und sind nur im äußersten Notfall durchzuführen. Werden Reparaturen durchgeführt, ist darauf zu achten, dass die Änderungen auch am Original vollzogen werden. Hierzu muss es eindeutige Verfahrensanweisungen geben.

Um zu überprüfen, ob Reparaturen im Produktivsystem vorgenommen wurden, lassen Sie sich mit der Transaktion SE16 / SE16N die Tabelle TADIR anzeigen. Geben Sie als Selektionskriterium im Feld *Reparaturkennzeichen* (SRCDEP) den Wert *R* ein. Es werden alle Objekte angezeigt, die aktuell als Reparatur gekennzeichnet sind.

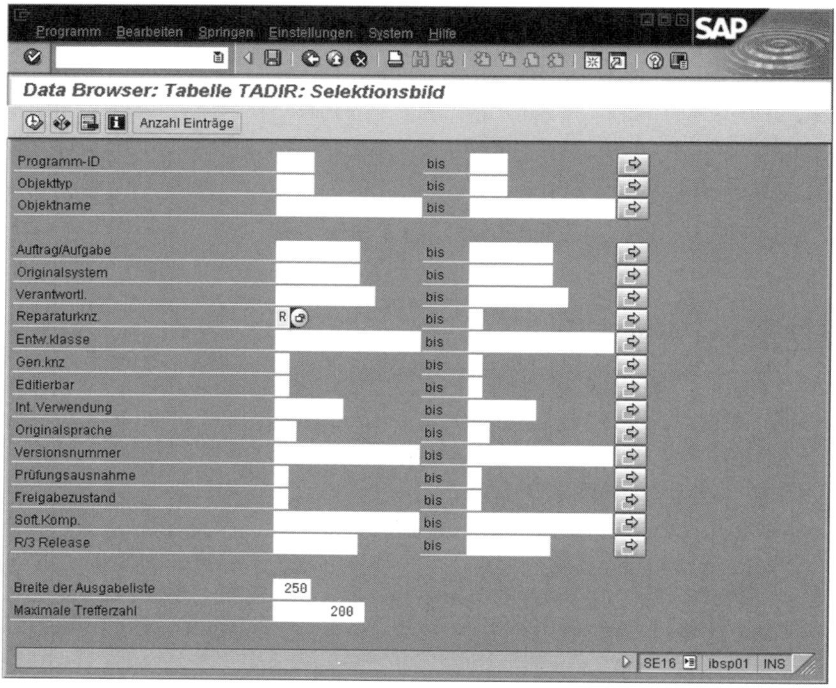

Abb. 7.5.4: Selektion zum Anzeigen reparierter Kopien im Produktivsystem

Reparaturkennzeichen können manuell zurückgenommen werden. Dies ist über eine Änderung der Tabelle TADIR möglich, z.B. mit der Transaktion SM30. Beim

Transport eines Objektes, das im Zielsystem repariert wurde, kann angegeben werden, ob die Reparatur überschrieben werden soll. In dem Fall wird das Reparaturkennzeichen automatisch zurückgesetzt. Reparaturen können dann nur noch über die lokalen Änderungsaufträge nachvollzogen werden. Einen Überblick über diese Änderungsaufträge erhalten Sie in der Tabelle E070. Gehen Sie folgendermaßen vor, um alle Reparaturen zu selektieren:

- Rufen Sie die Transaktion SE16 / SE16N auf. Geben Sie den Tabellennamen E070 an.
- In der Selektionsmaske geben Sie im Feld *Typ* (TRFUNCTION) den Wert R (für Reparatur) ein.
- Ihnen werden alle Reparaturaufträge des Systems angezeigt. Im Feld *Auftrag/ Aufgabe* (TRKORR) wird die Nummer der Aufgabe angegeben, im Feld *Übergeord. Auftrag* (STRKORR) der Auftrag.
- Um sich diese Aufträge und deren Inhalt anzeigen zu lassen, nutzen Sie die Transaktion SE01 oder den Report RSWBO050.

7.5.1.4 Der Objektkatalog TADIR

Alle Elemente des R/3-Repository werden in der Tabelle TADIR gespeichert, u.a. folgende Eigenschaften:

- Originalsystem des Elements
- Verantwortlicher
- Entwicklungsklasse
- Reparaturkennzeichen

Diese Eigenschaften werden automatisch vom System gesetzt, können aber auch manuell gepflegt werden. Dies ist z.B. mit der Transaktion SM30 möglich. Hier kann auch das Reparaturkennzeichen zurückgesetzt werden.

Über die Tabelle TADIR kann ermittelt werden, welche Elemente nicht vom Entwicklungssystem transportiert, sondern im Produktivsystem angelegt wurden. Lassen Sie sich im Produktivsystem die Tabelle mit der Transaktion SE16 / SE16N anzeigen. Geben Sie in der Selektionsmaske für das Feld *Objektname* (OBJ_NAME) als Kriterien über die Mehrfachselektion die Werte Y* und Z* ein. Im Feld *Originalsystem* (SRCSYSTEM) geben Sie den Namen Ihres Produktivsystems ein (Abb. 7.5.5). Als Ergebnis werden nun alle Elemente angezeigt, die im Produktivsystem angelegt wurden.

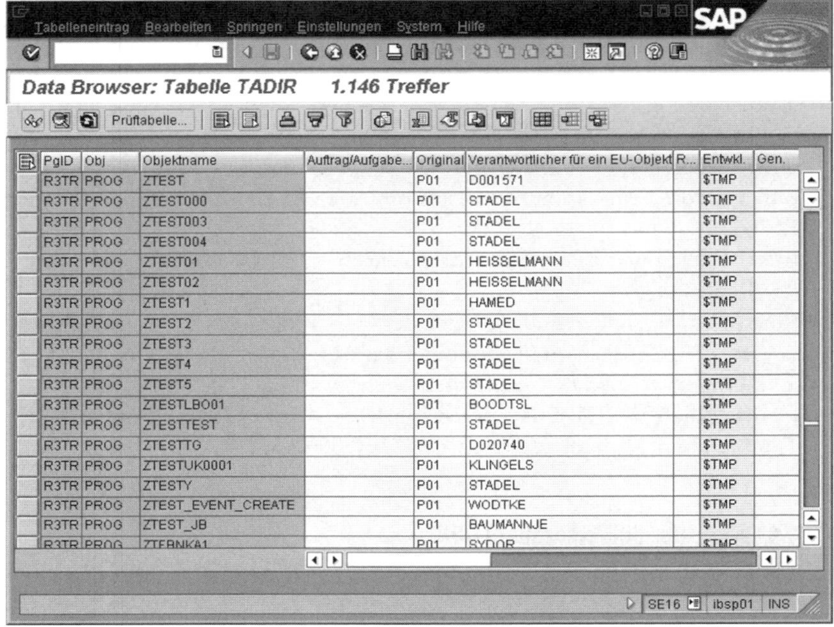

PgID	Obj	Objektname	Auftrag/Aufgabe...	Original	Verantwortlicher für ein EU-Objekt	R...	Entwkl.	Gen.
R3TR	PROG	ZTEST		P01	D001571		$TMP	
R3TR	PROG	ZTEST000		P01	STADEL		$TMP	
R3TR	PROG	ZTEST003		P01	STADEL		$TMP	
R3TR	PROG	ZTEST004		P01	STADEL		$TMP	
R3TR	PROG	ZTEST01		P01	HEISSELMANN		$TMP	
R3TR	PROG	ZTEST02		P01	HEISSELMANN		$TMP	
R3TR	PROG	ZTEST1		P01	HAMED		$TMP	
R3TR	PROG	ZTEST2		P01	STADEL		$TMP	
R3TR	PROG	ZTEST3		P01	STADEL		$TMP	
R3TR	PROG	ZTEST4		P01	STADEL		$TMP	
R3TR	PROG	ZTEST5		P01	STADEL		$TMP	
R3TR	PROG	ZTESTLBO01		P01	BOODTSL		$TMP	
R3TR	PROG	ZTESTTEST		P01	STADEL		$TMP	
R3TR	PROG	ZTESTTG		P01	D020740		$TMP	
R3TR	PROG	ZTESTUK0001		P01	KLINGELS		$TMP	
R3TR	PROG	ZTESTY		P01	STADEL		$TMP	
R3TR	PROG	ZTEST_EVENT_CREATE		P01	WODTKE		$TMP	
R3TR	PROG	ZTEST_JB		P01	BAUMANNJE		$TMP	
R3TR	PROG	ZTFBNKA1		P01	SYDOR		$TMP	

Abb. 7.5.5: Anzeige der im Produktivsystem angelegten Repository-Elemente

7.5.1.5 Das Organizer Infosystem

Das Infosystem zum CTO rufen Sie mit der Transaktion SE03 auf. Hier sind sowohl Möglichkeiten zur Auswertung hinterlegt als auch administrative Aufgaben, die allerdings ohne die entsprechenden Zugriffsrechte nicht ausgeführt werden können.

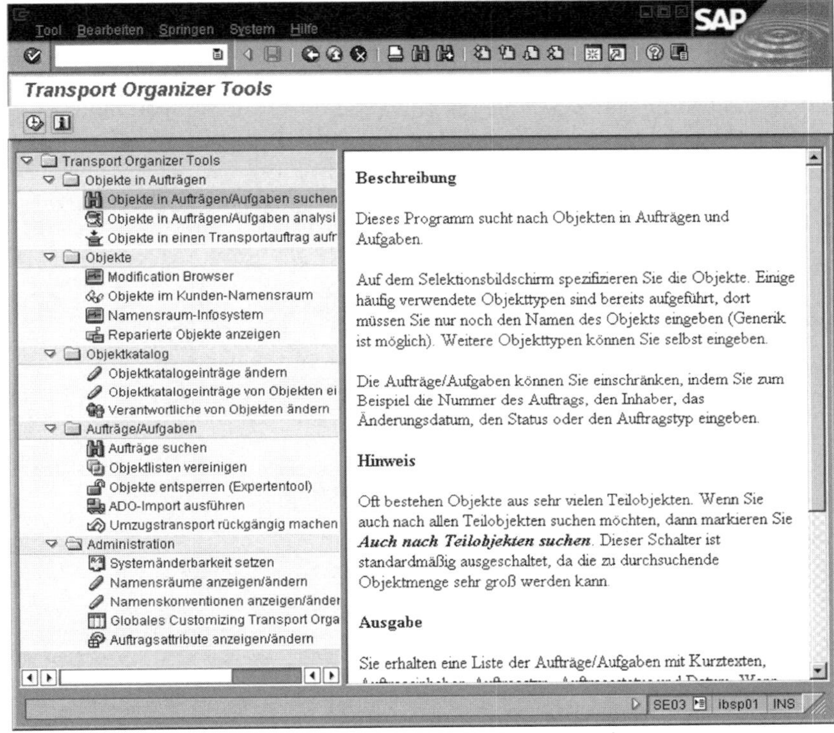

Abb. 7.5.6: Das Organizer Infosystem

Um Hilfe zu einem Punkt zu bekommen doppelklicken Sie auf diesen. Im rechten Teil des Fensters wird ein Hilfetext angezeigt. Um einen Punkt auszuführen klicken Sie diesen an und danach die Schaltfläche *Ausführen* oder wählen den Menüpunkt *Tool - Ausführen* aus.

7.5.1.6 Zugriffsrechte

Entwicklungsklassen anlegen, Tabelle TADIR ändern

Berechtigungsobjekt S_TCODE (Transaktionsberechtigungen)

Transaktion: SM30 oder SM31

Berechtigungsobjekt S_TABU_DIS (Tabellenberechtigungen)

Aktivität: 02 (Ändern)

Berecht.-Gruppe: SS (Systemtabellen)

Berechtigungsobjekt S_TABU_CLI
Kennzeichen: X (Ändern mandantenunabhängiger Tabellen)

Lokale Änderungsaufträge anlegen (im Produktivsystem für Reparaturen)
Berechtigungsobjekt S_TCODE (Transaktionsberechtigungen)
Transaktion: SE01 oder SE09 oder SE10
Berechtigungsobjekt S_TRANSPRT (Change and Transport Organizer)
Aktivität: 01 (Anlegen)
Auftragstyp: DLOC

Transportierbare Änderungsaufträge anlegen
Berechtigungsobjekt S_TCODE (Transaktionsberechtigungen)
Transaktion: SE01 oder SE09 oder SE10
Berechtigungsobjekt S_TRANSPRT (Change and Transport Organizer)
Aktivität: 01 (Anlegen)
Auftragstyp: DTRA

Aufgaben anlegen
Berechtigungsobjekt S_TCODE (Transaktionsberechtigungen)
Transaktion: SE01 oder SE09 oder SE10
Berechtigungsobjekt S_TRANSPRT (Change and Transport Organizer)
Aktivität: 01 (Anlegen)
Auftragstyp: TASK

Änderungsaufträge freigeben
Berechtigungsobjekt S_TCODE (Transaktionsberechtigungen)
Transaktion: SE01 oder SE09 oder SE10
Berechtigungsobjekt S_TRANSPRT (Change and Transport Organizer)
Aktivität: 43 (Freigeben)
Auftragstyp: DTRA

7.5.2 Das Transport Management System

7.5.2.1 Konfiguration

Seit dem Release 4.0 stellt R/3 zur Transportverwaltung das *Transport Management System* (TMS) zur Verfügung. Mit dem TMS werden die Transportwege und Transportstrategien festgelegt, das Quality-Assurance-Genehmigungsverfahren und die Sondertransporte Workflow konfiguriert; von hier werden alle Aufträge transportiert. Das TMS wird mit der Transaktion STMS aufgerufen.

Durch die Nutzung des TMS wird im Mandanten 000 der CPIC-Benutzer TMSADM mit dem Standardprofil S_A.TMSADM angelegt (siehe auch Kapitel 5.3.4). Über diesen Benutzer laufen die Transporte des TMS. Des weiteren werden RFC-Verbindungen für die Transporte generiert. Diese sind zu erkennen am Namen des Benutzers TMSADM, z.B.:

TMSADM@C40.DOMAIN_C40
TMSADM@E01.DOMAIN_C40

Die verschiedenen Systeme eines Systemverbundes werden mit dem TMS zu einer Domäne zusammengefasst. Diese Domäne erhält einen frei definierbaren Namen. Eines der Systeme übernimmt die Steuerung und wird als *Domain Controller* deklariert. Die konfigurierte Domäne finden Sie in der Tabelle TMSCDOM. Im Feld DOMCTL (*Systemname*) steht das System, das die *Domain Controller*-Funktion hat. Die R/3-Systeme der Domäne werden in der Tabelle TMSCSYS gespeichert. Alternativ können Sie sich die Domäne und die zugehörigen Systeme auch mit der Transaktion STMS anzeigen lassen. Wählen Sie hier den Menüpfad *Übersicht - Systeme* aus (Abb. 7.5.7). Das System mit dem blauen Symbol hinter dem Systemnamen ist der Domain Controller. Über den Menüpfad *Springen - Transportdomäne* gelangen Sie zur Anzeige der Konfiguration der Domäne.

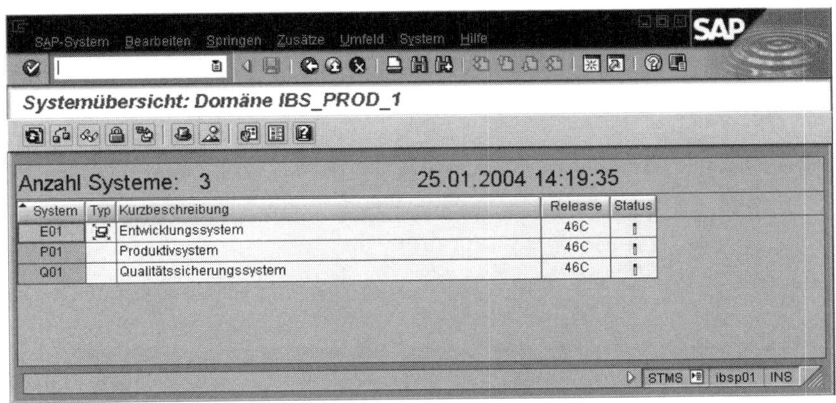

Abb. 7.5.7: Die R/3-Systeme einer Domäne

7.5.2.2 Transportwege

Mit den Transportwegen wird festgelegt, in welche Systeme Transporte laufen können und welcher Weg genutzt wird. Es wird jedem Entwicklungssystem eine Standardtransportschicht zugeordnet. Es ist allerdings auch möglich, einzelnen Mandanten eine eigene Standardtransportschicht zuzuordnen. Transporte können nur über definierte Transportwege durchgeführt werden.

Jede Entwicklungsklasse wird einer Transportschicht zugeordnet. Beim Anlegen neuer Objekte muss angegeben werden, welche Entwicklungsklasse dem Objekt zugeordnet werden soll. Hierdurch wird somit bereits der Weg für einen Transport des Objektes festgelegt.

Zum Anzeigen der im System-Verbund eingerichteten Transportwege rufen Sie die Transaktion STMS auf und wählen dann den Menüpunkt *Übersicht - Transportwege* aus. Abbildung 7.5.8 zeigt die Transportschichten ZE01 und ZINV in einem Drei-System-Verbund. Die Transportwege werden in der Tabelle TCE-TRAL gespeichert.

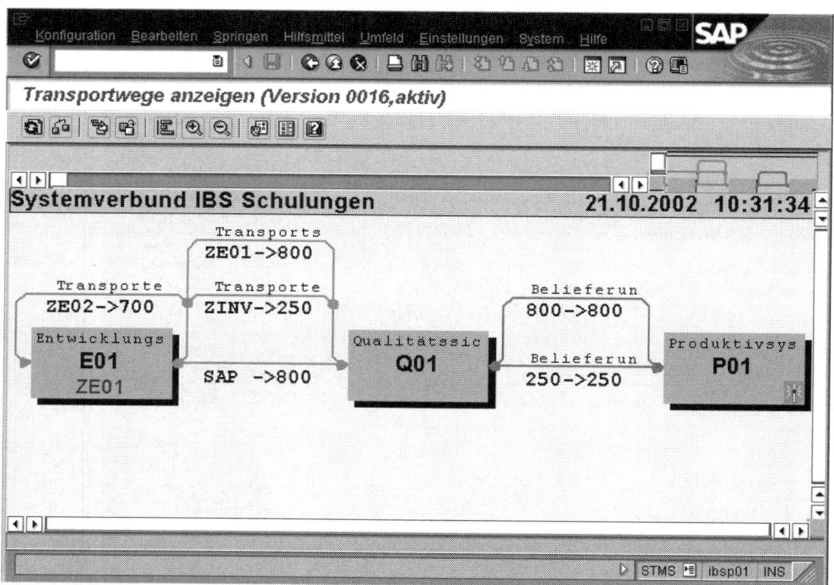

Abb. 7.5.8: Eine Transportschicht in einem Drei-System-Verbund

7.5.2.3 Das Transportverzeichnis

Der System-Verbund nutzt ein gemeinsames Transportverzeichnis, in dem die Transportdateien abgelegt werden. Dieses wird physikalisch auf einem einzigen Server eingerichtet. Wo sich das Transportverzeichnis befindet, gibt der Parameter DIR_TRANS wieder. Zur Prüfung kann am besten die Transaktion AL11 genutzt werden. Diese Transaktion erlaubt es, per Doppelklick in das angegebene Verzeichnis zu verzweigen und sich sowohl den Verzeichnisinhalt als auch die Dateiinhalte anzeigen zu lassen. Unterhalb des Transportverzeichnisses befinden sich die Konfigurationsdateien des TMS, die Transporte selbst und die Protokolldateien. Daher ist der Zugriff auf diese Verzeichnisse auf Betriebssystemebene besonders sensibel!

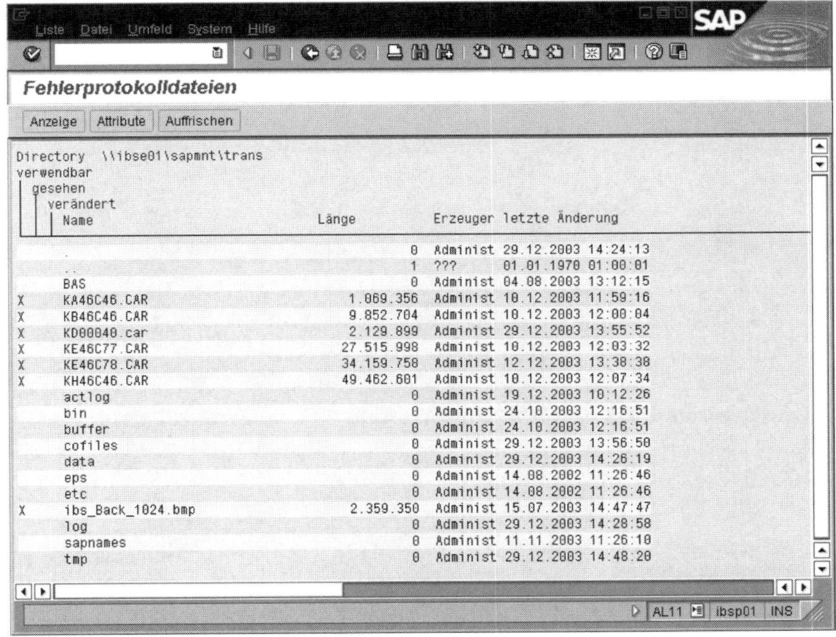

Abb. 7.5.9: Das Transportverzeichnis (Transaktion AL11)

Unterhalb des Transportverzeichnisses im Unterverzeichnis bin befinden sich die Konfigurationsdateien des TMS:

DOMAIN.CFG
TP_<Transport-Domäne>.PFL
TPPARAM

Diese Dateien dürfen beim Einsatz des TMS nicht manuell geändert werden. Überprüfen Sie daher im Betriebssystem, wie die Zugriffsrechte auf diese Dateien eingerichtet wurden.

Unterhalb des Transportverzeichnisses im Unterverzeichnis *data* befinden sich die Transporte. Diese sind zu erkennen an der Endung <SID> (System-ID des Systems, aus dem der Transport erfolgte). Es handelt sich hierbei um Textdateien, die verschlüsselt abgelegt werden. Abbildung 7.5.10 zeigt eine Transportdatei. Der Inhalt ist hier nicht lesbar.

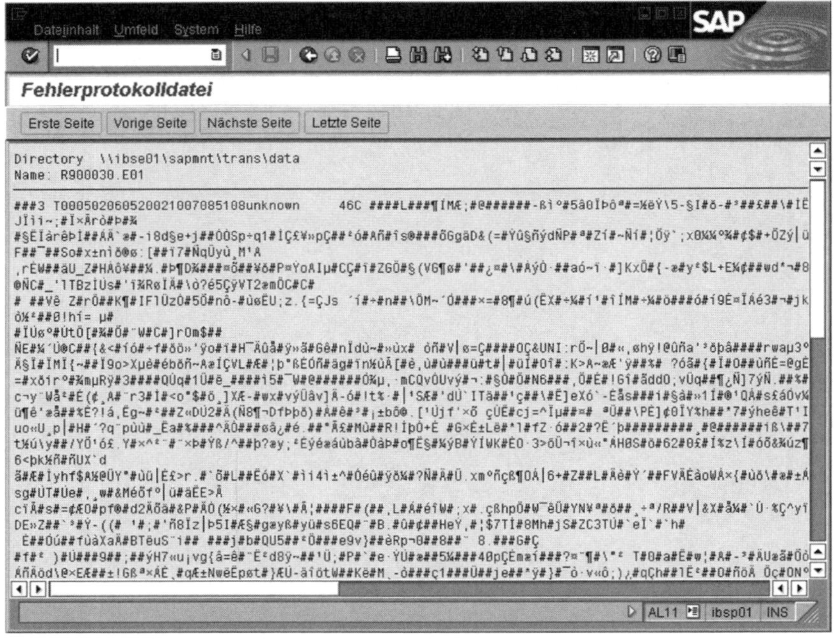

Abb. 7.5.10: Der Quelltext einer Transportdatei

Gemäß dem R/3-Sicherheitsleitfaden sollen die Zugriffsrechte auf das Transportverzeichnis restriktiv vergeben werden, da hier Manipulationsmöglichkeiten gegeben sind. Folgende Rechte schlägt der Sicherheitsleitfaden vor:

Unter UNIX (alle Derivate):

Verzeichnis ../trans

Besitzer: <sid>adm

Gruppe: sapsys
Rechte: 775 (r w x r w x r - x)
Unterverzeichnisse von ../trans
Besitzer: <sid>adm
Gruppe: sapsys
Rechte: 770 (r w x r w x - - -)

Unter Windows NT

Die R/3-Umgebung sollte grundsätzlich in einer eigenen Domäne laufen! Auf alle Verzeichnisse der R/3-Installation sollen nur die lokalen Gruppen *Administratoren* und *SAP_<SID>_LocalAdmin* Zugriff haben. Beiden Gruppen kann auf das Transportverzeichnis Vollzugriff gewährt werden.

7.5.2.4 Transportprotokolle

Beim Transport werden Protokolle angelegt, die nachträglich gesichtet werden können. Dies ist z.B. mit der Transaktion SE01 (*Transport Organizer*) möglich. Geben Sie hier den Auftrag an, oder suchen Sie ihn, und klicken Sie dann auf die Schaltfläche *Protokolle*. Sie bekommen einen Überblick über die Protokolle zum Auftrag. Durch einen Doppelklick können Sie sich die Protokolle anzeigen lassen.

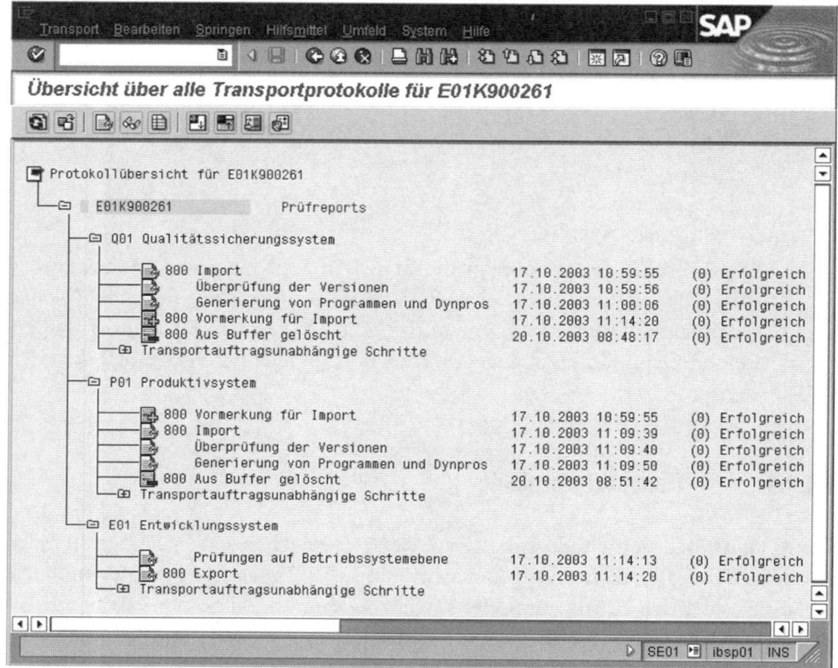

Abb. 7.5.11: Protokolle eines Auftrages.

7.5.2.5 Das Quality Assurance Genehmigungsverfahren

Mit dem Release 4.6 hat SAP das *Quality Assurance Genehmigungsverfahren* eingeführt. Dies kann ausschließlich in einer Drei-System-Landschaft eingesetzt werden. Um diese Funktion zu nutzen, muss im Qualitätssicherungssystem der Qualitätssicherungsprozess aktiviert werden. Nach der Aktivierung kann ein Auftrag nur noch dann ins Produktivsystem importiert werden, wenn alle Genehmigungsschritte abgearbeitet sind. Wie viele und welche Genehmigungsschritte durchlaufen werden müssen, wird im Qualitätssicherungssystem festgelegt.

Um zu überprüfen, ob das Genehmigungsverfahren konfiguriert ist, rufen Sie in der Einstiegsmaske der Transaktion STMS den Menüpfad *Übersicht - Systeme* auf. In der Systemübersicht rufen Sie den Menüpfad *Springen - Transportdomäne* auf. Klicken Sie hier auf das Register *QA-Genehmigungsverfahren*. Die Konfiguration wird angezeigt (siehe Abb. 7.5.12).

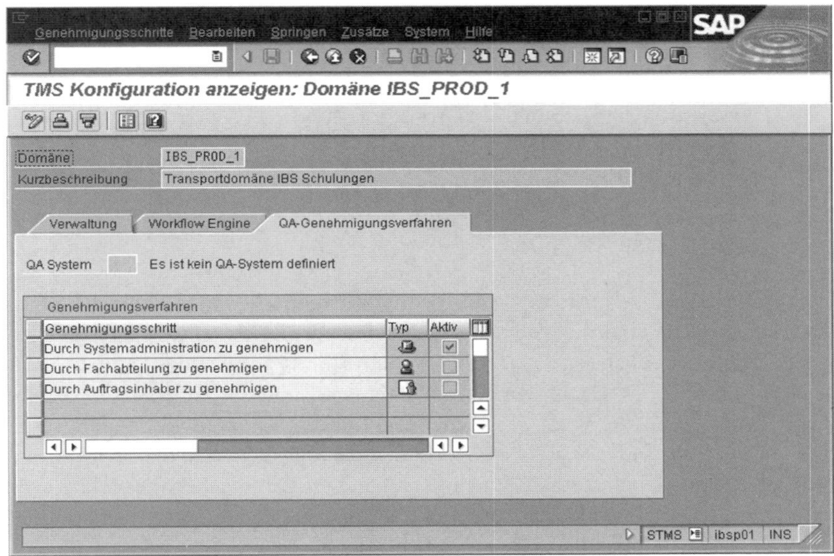

Abb. 7.5.12: Konfiguration des QA-Genehmigungsverfahrens

Nach der Konfiguration des Genehmigungsverfahrens wird ein Arbeitsvorrat aufgebaut. Alle Aufträge, die in das Qualitätssicherungssystem importiert werden, werden in diesen Arbeitsvorrat aufgenommen. Der Arbeitsvorrat wird dann mit der Transaktion STMS_QA bearbeitet und genehmigt.

Folgende Genehmigungsschritte sind möglich:

1. Genehmigung durch den Auftragsinhaber (Entwickler)
   Vorschlagswert: *Inaktiv*
   Hier muss der Auftragsinhaber selbst den Auftrag genehmigen. Dies hat sich in der Praxis als nicht sinnvoll erweisen.
   Notwendige Zugriffsrechte:
   Berechtigungsobjekt S_CTS_ADMI
   Funktion: TADM, TQAS
2. Genehmigung durch die Fachabteilung
   Vorschlagswert: *Inaktiv*
   Hier muss die Fachabteilung explizit den Auftrag genehmigen. Dieser Punkt wird in der Praxis häufig aktiviert.
   Notwendige Zugriffsrechte:
   Berechtigungsobjekt S_CTS_ADMI
   Funktion: TADM, TQAS oder QTEA

3. Genehmigung durch Systemadministrator
   Vorschlagswert: *Aktiv*
   Hier muss ein Systemadministrator den Auftrag genehmigen. Häufig ist dies personell gleich mit dem Transportierenden. In dem Fall kann dieser Schritt entfallen.
   Notwendige Zugriffsrechte:
   Berechtigungsobjekt S_CTS_ADMI
   Funktion: TADM, TQAS

Einher mit den Zugriffsrechten geht hier natürlich die organisatorische Regelung des Vorgangs. Es sind die Verantwortlichkeiten für die einzelnen Aufträge festzulegen. Zu bedenken ist auch, dass gerade in der Einführungs- und Releasewechsel-Phase eine Vielzahl von Aufträgen entstehen wird und dass die Freigabe dieser Aufträge für die Verantwortlichen mit hohem Aufwand verbunden ist. Es darf nicht darauf hinauslaufen, dass aus Gründen der Quantität die Freigabe einfach als lästiges Übel verstanden wird. Jedem Verantwortlichen muss klar sein, dass eine Freigabe eine Bestätigung der Ordnungsmäßigkeit des Auftrages darstellt, für die er in seinem Bereich gerade zu stehen hat.

7.5.2.6 Prüfen der TMS-Konfiguration

Über die Transaktion STMS kann geprüft werden, ob das *Transport Management System* korrekt konfiguriert ist. Nachfolgend sind diese Möglichkeiten aufgeführt.

Der Verbindungstest
Hierbei stellt das TMS eine RFC-Verbindung zu allen Rechnern der Transportdomäne her. Diese Prüfung erfolgt auch von den anderen Rechnern zum aktuellen System, also in beide Richtungen. Die benötigte Zeit für den Verbindungsaufbau wird in Millisekunden angezeigt.

Rufen Sie in der Transaktion STMS den Menüpfad *Übersicht - Systeme* auf. Sie gelangen in die Maske *Systemübersicht*. Dort rufen Sie den Menüpunkt *SAP-System - Prüfen - Verbindungstest* auf.

Prüfen des Transportverzeichnisses
Hierbei legt das TMS in allen konfigurierten Transportverzeichnissen der Domäne und den Unterverzeichnissen neue Dateien an, liest sie und löscht sie wieder.

Rufen Sie in der Transaktion STMS den Menüpfad *Übersicht - Systeme* auf. Sie gelangen in die Maske *Systemübersicht.* Dort rufen Sie den Menüpunkt *SAP-System - Prüfen - Transportverzeichnis* auf.

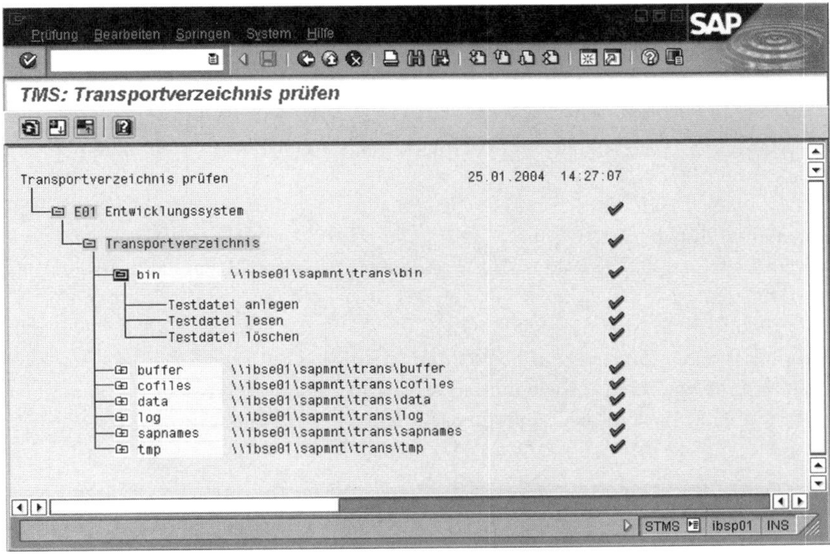

Abb. 7.5.13: Prüfen des Transportverzeichnisses

Prüfen des Transporttools
Hier wird die Verfügbarkeit der Transportwerkzeuge überprüft. Es werden die RFC-Verbindungen, das Transportprofil und die tp-Schnittstelle geprüft.

Rufen Sie in der Transaktion STMS den Menüpfad *Übersicht - Systeme* auf. Sie gelangen in die Maske *Systemübersicht.* Dort rufen Sie den Menüpunkt *SAP-System - Prüfen - Transporttool* auf.

Prüfen der Transportwege
Hier wird die Konsistenz der Transportwege geprüft.

Rufen Sie in der Transaktion STMS den Menüpfad *Übersicht - Transportwege* auf. Sie gelangen in die Maske *Transportwege anzeigen.* Dort rufen Sie den Menüpunkt *Konfiguration - Prüfen - Transportwege* auf.

Prüfen der Konsistenz der Aufträge

Hierbei wird geprüft, ob die Transportwege, denen offene Aufgaben und Aufträge zugeordnet sind, mit der aktuellen Transportwegekonfiguration konsistent sind.

Rufen Sie in der Transaktion STMS den Menüpfad *Übersicht - Transportwege* auf. Sie gelangen in die Maske *Transportwege anzeigen.* Dort rufen Sie den Menüpunkt *Konfiguration - Prüfen - Auftragskonsistenz* auf. Hier haben Sie die Möglichkeit, die Konsistenz der Aufträge im lokalen System oder in allen Systemen prüfen zu lassen.

Der Alert-Viewer

Hiermit können alle Aktionen, die mit dem TMS ausgeführt werden, überwacht werden.

Rufen Sie in der Transaktion STMS den Menüpfad *Monitor - TMS Alerts - TMS Alert Viewer* auf. Die Informationen werden immer nur für ein einziges R/3-System angezeigt. Um die Alerts eines anderen Systems anzeigen zu lassen, wählen Sie den Pfad *TMS-Log - Anderes System* aus.

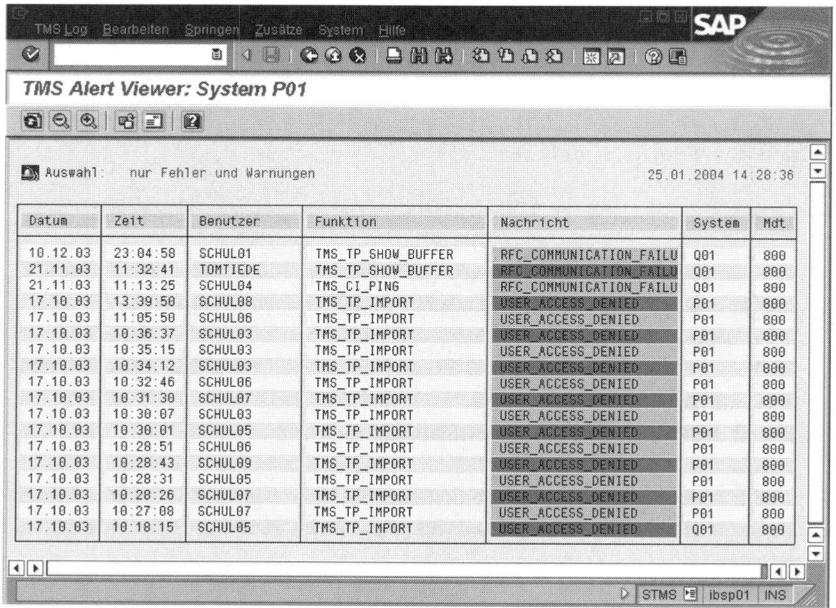

Datum	Zeit	Benutzer	Funktion	Nachricht	System	Mdt
10.12.03	23:04:58	SCHUL01	TMS_TP_SHOW_BUFFER	RFC_COMMUNICATION_FAILU	Q01	800
21.11.03	11:32:41	TOMTIEDE	TMS_TP_SHOW_BUFFER	RFC_COMMUNICATION_FAILU	Q01	800
21.11.03	11:13:25	SCHUL04	TMS_CI_PING	RFC_COMMUNICATION_FAILU	Q01	800
17.10.03	13:39:50	SCHUL08	TMS_TP_IMPORT	USER_ACCESS_DENIED	P01	800
17.10.03	11:05:50	SCHUL06	TMS_TP_IMPORT	USER_ACCESS_DENIED	P01	800
17.10.03	10:36:37	SCHUL03	TMS_TP_IMPORT	USER_ACCESS_DENIED	P01	800
17.10.03	10:35:15	SCHUL03	TMS_TP_IMPORT	USER_ACCESS_DENIED	P01	800
17.10.03	10:34:12	SCHUL03	TMS_TP_IMPORT	USER_ACCESS_DENIED	P01	800
17.10.03	10:32:46	SCHUL06	TMS_TP_IMPORT	USER_ACCESS_DENIED	P01	800
17.10.03	10:31:30	SCHUL07	TMS_TP_IMPORT	USER_ACCESS_DENIED	P01	800
17.10.03	10:30:07	SCHUL03	TMS_TP_IMPORT	USER_ACCESS_DENIED	P01	800
17.10.03	10:30:01	SCHUL05	TMS_TP_IMPORT	USER_ACCESS_DENIED	P01	800
17.10.03	10:28:51	SCHUL06	TMS_TP_IMPORT	USER_ACCESS_DENIED	P01	800
17.10.03	10:28:43	SCHUL09	TMS_TP_IMPORT	USER_ACCESS_DENIED	P01	800
17.10.03	10:28:31	SCHUL05	TMS_TP_IMPORT	USER_ACCESS_DENIED	P01	800
17.10.03	10:28:26	SCHUL07	TMS_TP_IMPORT	USER_ACCESS_DENIED	P01	800
17.10.03	10:27:08	SCHUL07	TMS_TP_IMPORT	USER_ACCESS_DENIED	P01	800
17.10.03	10:18:15	SCHUL05	TMS_TP_IMPORT	USER_ACCESS_DENIED	Q01	800

Abb. 7.5.14: Der Alert-Viewer

7.5.2.7 Zugriffsrechte

Pflege der Transportwege
Berechtigungsobjekt S_TCODE (Transaktionsberechtigungen)
Transaktion: STMS
Berechtigungsobjekt S_CTS_ADMI (Change and Transport Organizer)
Funktion: TABL (Pflege der Steuertabellen)

Importieren einzelner Transportaufträge
Berechtigungsobjekt S_TCODE (Transaktionsberechtigungen)
Transaktion: STMS
Berechtigungsobjekt S_CTS_ADMI (Change and Transport Organizer)
Funktion: IMPS (Importieren einzelner Aufträge)

Importieren aller Transportaufträge der Importqueue
Berechtigungsobjekt S_TCODE (Transaktionsberechtigungen)
Transaktion: STMS
Berechtigungsobjekt S_CTS_ADMI (Change and Transport Organizer)
Funktion: IMPA (Importieren aller Aufträge)

Transportaufträge aus der Importqueue löschen
Berechtigungsobjekt S_TCODE (Transaktionsberechtigungen)
Transaktion: STMS
Berechtigungsobjekt S_CTS_ADMI (Change and Transport Organizer)
Funktion: TDEL (Transportaufträge löschen)

Genehmigen von Transporten in das Produktivsystem
Berechtigungsobjekt S_TCODE (Transaktionsberechtigungen)
Transaktion: STMS_QA
Berechtigungsobjekt S_CTS_ADMI (Change and Transport Organizer)
Funktion: QTEA (Genehmigen von Transporten)

7.5.3 Der Ablauf eines Transports

In diesem Kapitel wird an einem praktischen Beispiel beschrieben, wie ein Transport stattfindet. Dabei wird immer auf die entsprechenden Sicherheitsmechanismen hingewiesen. Es soll ein ABAP-Programm entwickelt werden, das eine Kopie vom Report RSUSR003 (Standardkennwörter der Sonderbenutzer ermitteln) sein soll. Die Zugriffsrechte im Report werden so geändert, dass auch Prüfer diesen Report nutzen können. Dieses wird im Entwicklungssystem entwickelt und im Produktivsystem zur Verfügung gestellt.

7.5.3.1 Das Anlegen eines Auftrages

Als erstes wird ein neuer Auftrag angelegt. Dies sollte zur Wahrung des Vier-Augen-Prinzips durch einen Administrator erfolgen, nicht durch den Entwickler. Dem Entwickler wird mitgeteilt, welchen Auftrag er zu nutzen hat.

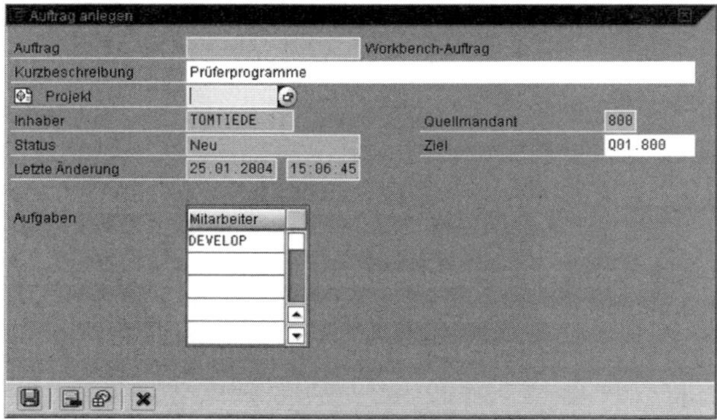

Abb. 7.5.15: Anlegen eines neuen Auftrages

7.5.3.2 Anlegen eines neuen ABAP-Programms

Der Entwickler legt nun die Objekte an, die zur Erfüllung der Aufgabe notwendig sind, in diesem Fall das ABAP-Programm. Bereits hier ist darauf zu achten, dass die Elemente geschützt werden, im Fall des ABAP-Programms durch die Angabe einer Berechtigungsgruppe (Abb. 7.5.16).

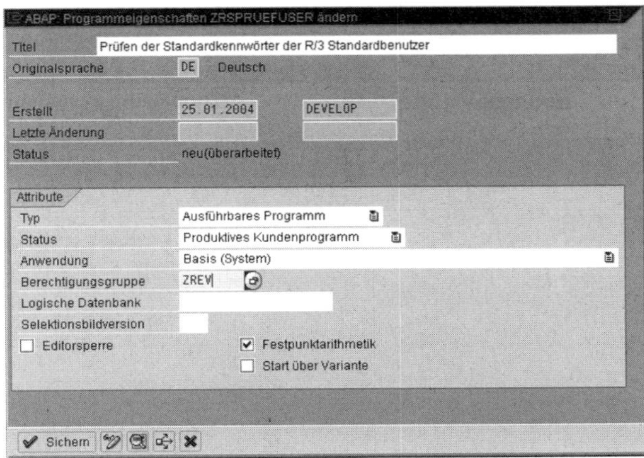

Abb. 7.5.16: Eigenschaften eines ABAP-Programmes beim Anlegen

Beim Anlegen des neuen Programms muss dieses einer Entwicklungsklasse zugeordnet werden. Entwicklungsklassen sind mit einer Transportschicht verbunden. Hierdurch wird bereits festgelegt, auf welchem Wege und wohin das Programm transportiert wird.

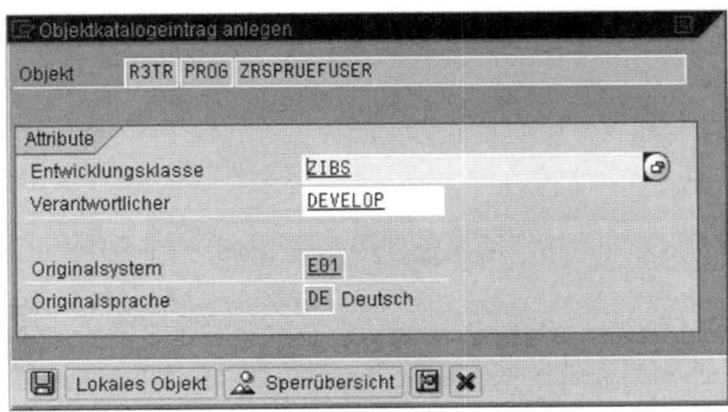

Abb. 7.5.17: Zuordnen eines ABAP-Programms zu einer Entwicklungsklasse

Im nächsten Schritt gibt der Entwickler nun an, in welchen Änderungsauftrag das Programm aufgenommen werden soll. Hier gibt er den Auftrag an, den der Administrator zuvor angelegt hat (Abb. 7.5.18).

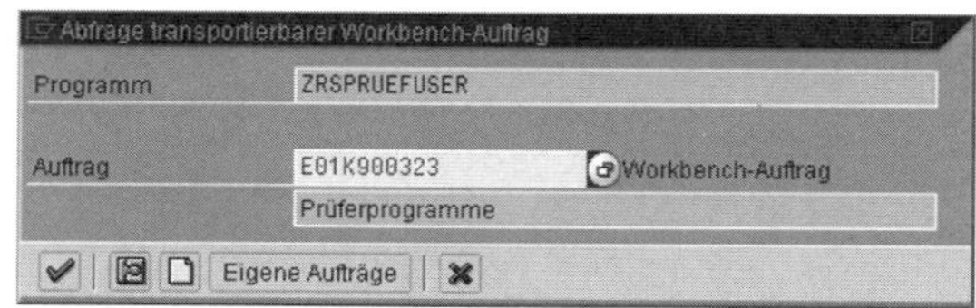

Abb. 7.5.18: ABAP-Programm einem Änderungsauftrag zuordnen

Bei der Programmierung des Programms hat der Entwickler die unternehmensinternen Vorgaben zu beachten, wie z.B. die Namenskonventionen, die Dokumentationen, die zu implementierenden Zugriffrechte usw.

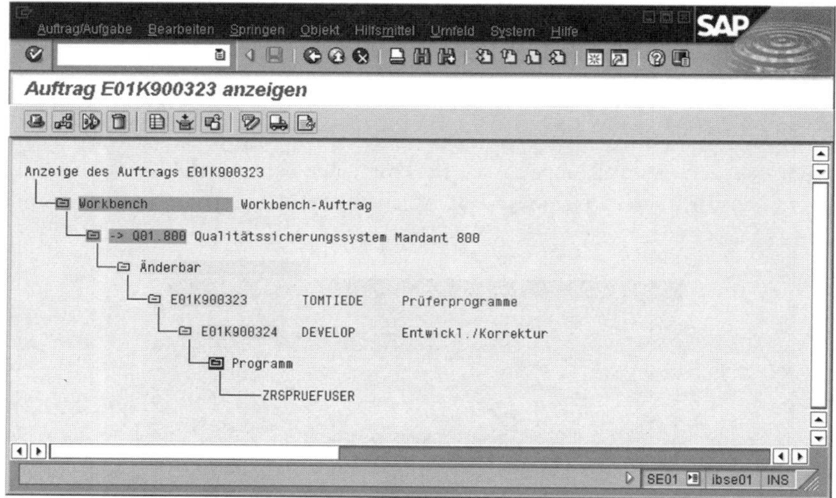

Abb. 7.5.19: Die Aufgabe und der Auftrag des ABAP-Programms

7.5.3.3 Die Freigabe der Aufgabe und des Auftrages

Nach der Fertigstellung des Programms ist es die Aufgabe des Entwicklers, diese Aufgabe freizugeben. Dies erfolgt in der Transaktion SE09 (Transport Organizer). Der Entwickler wählt den Auftrag aus und gibt die darunter liegende Aufgabe frei. Eine Berechtigung zur Freigabe der Aufträge sollte er nicht besitzen. Beim Freigeben wird der Entwickler aufgefordert, eine Dokumentation zur Aufgabe anzulegen. Dies sollte auf jeden Fall erfolgen und über eine Unternehmensrichtlinie klar geregelt sein. Diese Dokumentation dient der späteren Nachvollziehbarkeit. Häufig werden in dieser Dokumentation nur spärliche Angaben hinterlegt, da die eigentliche Dokumentation dann außerhalb des R/3-Systems erfolgt. Danach ist die Aufgabe des Entwicklers zum Transport freigegeben.

Als nächstes muss nun ein Transportadministrator den Auftrag freigeben. Dies ist erst möglich, nachdem alle enthaltenen Aufgaben von den Entwicklern freigegeben wurden. Diese Freigabe erfolgt mit der Transaktion SE01 oder SE09. Freigabe bedeutet, dass nun die Transportdatei im Transportverzeichnis im Betriebssystem erstellt wird.

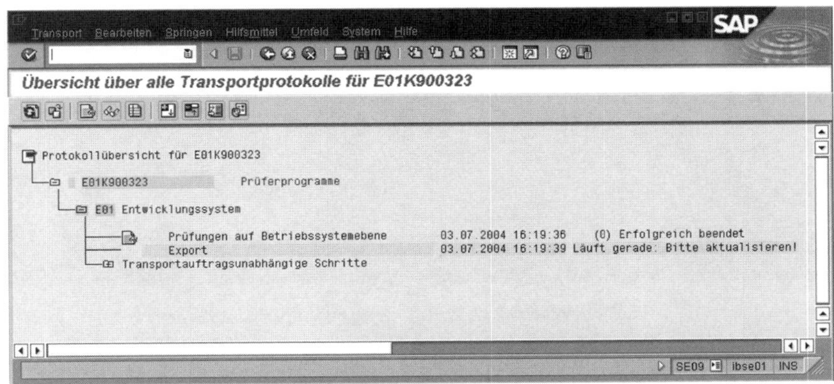

Abb. 7.5.20: Export des Auftrages

Welche Datei im Transportverzeichnis die des gerade transportierten Auftrages ist, kann leicht am Dateinamen ersehen werden, da die Nummer des Auftrages als Dateiname genutzt wird (Abb. 7.5.21):

Auftragsnummer:	E01K900323
Name der Datei:	R900323.E01

Beachten Sie in diesem Verzeichnis die gem. R/3-Sicherheitsleitfaden empfohlenen Zugriffsrechte (siehe Kapitel 2.4.3).

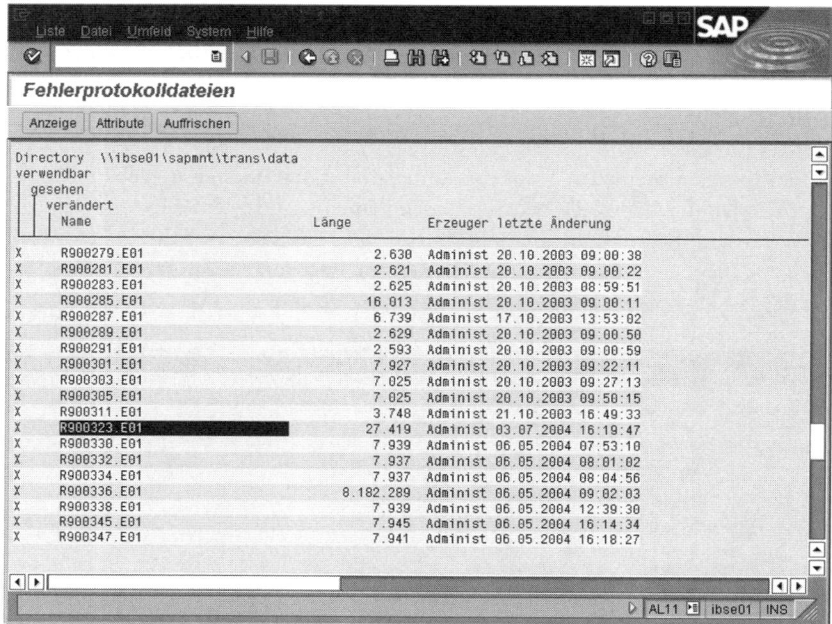

Abb. 7.5.21: Der exportierte Auftrag auf der Betriebssystemebene

Eine Drei-System-Landschaft kann so konfiguriert werden, dass der Import in das Qualitätssicherungssystem automatisch vorgenommen wird. Ein Transport ins Produktivsystem findet allerdings immer manuell statt.

7.5.3.4 Der Import ins Produktivsystem

Der Transport ins Produktivsystem erfolgt mit dem *Transport Management System*, Transaktion STMS. Von hier aus kann der Transportauftrag einzeln angestoßen werden. Beim Transport müssen noch der Zielmandant angegeben und einige Optionen gesetzt werden. Nach einer Sicherheitsabfrage muss der Transportierende sich am Zielmandanten anmelden. Dann werden die Daten übertragen. Anschließend kann das Programm im Zielsystem sofort genutzt werden, z.B. über das Reporting (Transaktion SA38).

7.5.4 Funktionstrennungen im Transportsystem

Das Produktivsystem ist so zu schützen, dass weder Anwendungsentwicklung noch Customizing betrieben werden dürfen. Das gilt natürlich ebenso dafür, dass niemand in der Lage sein sollte, im Entwicklungssystem zu entwickeln und dies dann gleich ins Produktivsystem zu transportieren. Daher sind hier bestimmte Funktionstrennungen einzuhalten.

7.5.4.1 Anwendungsentwicklung / Customizing

Zugriffsrechte der Entwickler

Entwickler sollen ausschließlich im Entwicklungssystem arbeiten. Daher benötigen Sie hier die Berechtigung zur Anwendungsentwicklung:

Berechtigungsobjekt S_DEVELOP (Anwendungsentwicklung)

Aktivität: 01 (Anlegen neuer Objekte)
02 (Ändern von Objekten)
06 (Löschen von Objekten)
...

Objekttyp: PROG (ABAP-Programme)
DEBUG (Programme debuggen)
TABL (Tabellen)
...

Auch dürfen Entwickler nur im Entwicklungssystem einen Entwicklerschlüssel besitzen. Diese werden in der Tabelle DEVACCESS gespeichert. Im Produktivsystem sollte diese Tabelle leer sein, oder es sollten nur Benutzer enthalten sein, die ausschließlich nach dem Vier-Augen-Prinzip genutzt werden können.

Im Produktivsystem dürfen Entwickler keine Rechte zur Anwendungsentwicklung besitzen. Hier sollten sich die Rechte auf rein lesende Zugriffe beschränken:

Berechtigungsobjekt S_DEVELOP (Anwendungsentwicklung)

Aktivität: 03 (Anzeigen)
Objekttyp: * (Alle)

Verboten ist insbesondere im Produktivsystem das Recht zum Debuggen mit Replace-Berechtigung (Ersetzen von Hauptspeicherinhalten). Diese Berechtigung verstößt gegen §239 HGB (Radierverbot):

Berechtigungsobjekt S_DEVELOP (Anwendungsentwicklung)
Aktivität: 02 (Ändern)
Objekttyp: DEBUG (Programme debuggen)

Entwickler sollten nicht die Möglichkeit haben, ihre eigenen Entwicklungen transportieren zu dürfen.

Zugriffsrechte der Customizer
Customizing darf im Produktivsystem nicht betrieben werden. Tabellenänderungen finden ausschließlich im Entwicklungssystem statt. Daher sollen auch nur hier Customizer verändernde Rechte bekommen. Maßgeblich wird für das Customizing das Recht für Tabellenänderungen benötigt:
Berechtigungsobjekt S_TABU_DIS (Tabellenberechtigungen)
Aktivität: 02 (Ändern)
Ber.-Gruppe: je nach Aufgabe, möglichst kein Stern!

Eine Berechtigung auf diesem Objekt ist für Tabellenänderungen im Rahmen des Customizing ausreichend, da dort maßgeblich nur mandantenabhängige Tabellen geändert werden. Zum Ändern mandantenunabhängiger Tabellen wird ein zusätzliches Recht benötigt. Dies sollte allerdings auch im Entwicklungssystem nur selten vergeben werden, da hiermit evtl. das Ändern von Systemtabellen möglich ist:
Berechtigungsobjekt S_TABU_CLI (Ändern mandantenunabhängiger Tabellen)
Kennzeichen: X (Ändern mandantenunabhängiger Tabellen erlaubt)

Im Produktivsystem stellen manuelle Tabellenänderungen eine Ausnahme dar. Nur die laufenden Einstellungen müssen hier ständig gepflegt werden. Daher benötigen Customizer generell keine Berechtigung zum Ändern von Tabellen im Produktivsystem. Tabellenzugriffe dürfen hier nur lesend stattfinden:
Berechtigungsobjekt S_TABU_DIS (Tabellenberechtigungen)
Aktivität: 03 (Anzeigen)
Ber.-Gruppe: je nach Aufgabe, möglichst kein Stern!

Customizer sollten nicht in der Lage sein, ihre eigenen Einstellungen transportieren zu dürfen.

7.5.4.2 Transporte

Das Durchführen von Transporten darf nicht in der Hand derjenigen liegen, die im Entwicklungssystem entwickeln oder Customizing-Einstellungen vornehmen. Transporte sind der Administration vorbehalten.

Anlegen neuer Aufträge

Um die Transporte überschaubar und nachvollziehbar zu gestalten, sollte auch das Anlegen neuer Änderungsaufträge in der Hand der Administration oder der Projektleitung liegen. Entwickler sollten hierfür keine Berechtigung haben. Folgende Berechtigung wird zum Anlegen neuer Aufträge benötigt:

Berechtigungsobjekt S_TRANSPRT (Change and Transport Organizer)

Aktivität:	01 (Anlegen)
Auftragstyp:	CUST (Customizing-Aufträge)
	DTRA (Transportierbare Änderungsaufträge)

Anlegen neuer Aufgaben

Das Anlegen neuer Aufgaben innerhalb eines Auftrags liegt häufig in der Hand der Entwickler und Customizer selbst, da hier sonst ein großer Aufwand auf Seiten der Administration entstehen würde. Nach dem Prinzip einer strengen Funktionstrennung sollte dies allerdings auch bei der Administration oder der Projektleitung liegen. Zum Anlegen neuer Aufgaben ist folgende Berechtigung notwendig:

Berechtigungsobjekt S_TRANSPRT (Change and Transport Organizer)

Aktivität:	01 (Anlegen)
Auftragstyp:	TASK (Aufgaben)

Freigabe von Aufträgen

Die Freigabe der Aufgaben kann in der Hand der Entwickler liegen. Aufträge sollten ausschließlich von der Administration oder der Projektleitung freigegeben werden. Hierfür ist folgende Berechtigung notwendig:

Berechtigungsobjekt S_TRANSPRT (Change and Transport Organizer)

Aktivität:	43 (Freigeben)
Auftragstyp:	DTRA (Transportierbare Änderungsaufträge)

Import ins Zielsystem

Der Import der Transporte ins Zielsystem ist ausschließlich der Administration vorbehalten. Hierfür ist folgende Berechtigung notwendig:

Berechtigungsobjekt S_CTS_ADMI (Change and Transport Organizer)

Funktion:	IMPS (Import einzelner Aufträge)
	IMPA (Import aller Aufträge der Importqueue)

7.5.4.3 Berechtigungsverwaltung

Besonders im Bereich der Berechtigungsverwaltung sind Funktionstrennungen unumgänglich. Auch hierfür wird die Mehr-System-Landschaft genutzt. Rollen sollen nur im Entwicklungssystem von einem Berechtigungsverwalter angelegt werden. Zum Transport werden diese in einem Customizing-Auftrag erfasst, der vorher von einem Administrator angelegt wurde. Die Freigabe und der Transport der Rollen erfolgen wieder ausschließlich durch die Administration.

Im Produktivsystem werden keine neuen Rollen angelegt, ebenso werden keine Rollen geändert. Der Benutzerverwalter im Produktivsystem ordnet ausschließlich die Benutzer den Rollen zu. Personell sollte der Benutzerverwalter nicht identisch mit dem Berechtigungsadministrator sein.

7.5.4.4 Notfälle

Notfälle, in denen implementierte Funktionstrennungen und Sicherheitsmechanismen umgangen werden müssen, können jederzeit in einem System auftreten. Daher sind hier besonders für das Produktivsystem die erforderlichen Maßnahmen zu treffen.

Insbesondere ist darauf zu achten, dass Änderungen, die im Produktivsystem vorgenommen werden, zeitnah auch im Entwicklungssystem nachgezogen werden, damit keine Schiefstände auftreten können.

Anwendungsentwicklung
Zur Durchführung von Reparaturen im Produktivsystem wird ein Benutzer mit Entwicklerschlüssel und den entsprechenden Rechten benötigt. In der Praxis haben sich zwei verschiedene Methoden für diesen Fall bewährt:

1. Es wird ein Notfallbenutzer angelegt, dem das Profil SAP_ALL zugeordnet wird. Für diesen Notfallbenutzer wird ein Entwicklerschlüssel beantragt. Das Kennwort wird nach dem Vier-Augen-Prinzip vergeben und in einem verschlossenen Umschlag aufbewahrt. Es darf keinem Benutzer vollständig bekannt sein. Tritt ein Notfall auf, wird dieser Benutzer dafür genutzt.
   Jede Aktion des Benutzers wird über das Auditing von R/3 vollständig protokolliert. Ebenso muss jede Aktion ausführlich dokumentiert werden.
2. Es wird kein Notfallbenutzer angelegt. Ein oder mehrere Entwickler bekommen im Notfall das Zugriffsrecht zur Anwendungsentwicklung. Diese haben allerdings ihren Entwicklerschlüssel im Produktivsystem nicht eingegeben. Sie

können daher ihre Rechte nicht einsetzen. Im Notfall gibt ein Entwickler seinen Schlüssel ein. Er darf aber nicht das Recht besitzen, das Produktivsystem auf *Änderbar* zu schalten. Dies erfolgt durch die Administration. Hierdurch ist das Vier-Augen-Prinzip gewahrt. Nach der Durchführung der notwendigen Aktionen wird der Entwicklerschlüssel aus der Tabelle DEVACCESS wieder gelöscht. Diese Tabelle ist zu protokollieren.

Customizing

Notfälle im Bereich des Customizing sind einfacher abzusichern. Beim Customizing handelt es sich um Tabellenänderungen, die sich meist auf mandantenabhängige Tabellen beziehen. Der Produktivmandant soll generell auf *Keine Änderungen erlaubt* stehen (wird eingestellt über die Tabelle T000). Damit können auch Benutzer, die über Tabellenänderungsberechtigungen verfügen, keine Änderungen vornehmen. Für den Notfall kann einigen Benutzern das Recht zum Ändern von Tabellen im Produktivsystem zugeordnet werden. Sie dürfen allerdings nicht das Recht bekommen, die Mandantenänderbarkeit zu setzen. Dies ist ausschließlich der Administration vorbehalten.

In einem Notfall wird ein Administrator den Mandanten für Änderungen freischalten, so dass Tabellenänderungen vorgenommen werden können. Diese werden über die Tabellenprotokollierung (die zwingend im Produktivsystem aktiviert sein muss) aufgezeichnet. Nachdem die Änderungen durchgeführt wurden, wird der Mandant wieder auf *Keine Änderungen erlaubt* gesetzt. Auch hier besteht eine Dokumentationspflicht für jede durchgeführte Änderung.

7.5.5 Checkliste zum Transportsystem

Nr.	Verwendung	Fragestellungen / Risiko	Ordnungsmäßigkeits-Vorgaben
1	2	Welche selbst definierten Entwicklungsklassen werden genutzt?	<Informativer Punkt für nachfolgende Prüfungen>
2	2	Wer ist berechtigt, im Entwicklungssystem neue Aufträge anzulegen, freizugeben und ins Produktivsystem zu importieren? Hier besteht das Risiko, dass ohne Funktionstrennung Transporte vollständig in einer Hand liegen und somit keine Kontrolle der Transporte erfolgt.	Für diesen Vorgang ist eine Funktionstrennung zu implementieren.
3	1	Wer besitzt zusätzlich zu Punkt 2. noch das Recht zur Anwendungsentwicklung oder zum Customizing im Entwicklungssystem? Hier besteht das Risiko, dass Entwickler ihre Eigenentwicklungen ohne Freigabeverfahren ins Produktivsystem transportieren können.	Es ist eine Funktionstrennung zwischen Entwicklung und Transporten zu implementieren.
4	1	Wurden im Produktivsystem Reparaturen durchgeführt? Hier besteht das Risiko, dass Programmänderungen direkt im Produktivsystem durchgeführt wurden und somit das Freigabeverfahren umgangen wurde. Werden über solche Änderungen rechnungslegungsrelevante Tabellen geändert, kann dies gegen §239 HGB (Radierverbot) verstoßen.	Reparaturen sind nur in Notfällen durchzuführen.

Nr.	Verwendung	Fragestellungen / Risiko	Ordnungsmäßigkeits-Vorgaben
5	3	Wurden diese Reparaturen dokumentiert? Hier besteht das Risiko, dass Programm- oder Tabellenänderungen inhaltlich nicht nachvollzogen werden können.	Reparaturen sind zu dokumentieren.
6	2	Wer ist berechtigt, Reparaturkennzeichen im Produktivsystem zurückzusetzen? Hier besteht das Risiko, dass durchgeführte Reparaturen durch Zurücknahme des Kennzeichens verschleiert werden können.	Dieses Zugriffsrecht ist nur der Administration zuzuordnen.
7	2	Sind die Transportwege korrekt definiert? Hier besteht das Risiko, dass auch von anderen Systemen als dem Entwicklungssystem Elemente in das Produktivsystem transportiert werden können (z.B. Änderungen, die im Qualitätssicherungssystem vorgenommen wurden).	Transporte dürfen nur zum Qualitätssicherungssystem erfolgen. Produktivsysteme dürfen nur beliefert werden.
8	1	Sind die Zugriffsrechte auf das Transportverzeichnis gem. R/3-Sicherheitsleitfaden eingestellt? Hier besteht das Risiko, dass Transportaufträge auf Betriebssystemebene manipuliert oder gelöscht werden können.	Die Zugriffsrechte sind gem. Sicherheitsleitfaden einzustellen.

Nr.	Verwendung	Fragestellungen / Risiko	Ordnungsmäßigkeits-Vorgaben
9	2	Ist das Quality Assurance Genehmigungsverfahren gem. den Unternehmensvorgaben eingerichtet? Hier besteht das Risiko, dass Aufträge ohne Freigabeverfahren in das Produktivsystem transportiert werden können.	Es ist unternehmensbezogen zu entscheiden, ob und wie das Verfahren einzusetzen ist.
10	2	Wer ist berechtigt, Importe ins Produktivsystem durchzuführen? Hier besteht das Risiko, dass durch eine fehlende Funktionstrennung Entwicklungen ohne Freigabeverfahren in das Produktivsystem importiert werden. Des weiteren besteht das Risiko, dass Aufträge, die nicht im Qualitätssicherungssystem freigegeben wurden, trotzdem in das Produktivsystem importiert werden.	Nur die Basisadministration sollte dazu berechtigt sein. Entwicklern darf diese Berechtigung nicht zugeordnet werden.
11	1	Existiert im Produktivsystem ein Notfallbenutzer für Reparaturen? Hier besteht das Risiko, dass in Notfällen Zeitverzögerungen auftreten können, wenn kein Notfallbenutzer existiert, oder dass Entwickler mit Entwicklerrechten im Produktivsystem existieren.	Es muss ein Notfallbenutzerkonzept existieren

7.5.6 Praktische Prüfung zum Transportsystem

1. Überprüfen Sie, welche selbst definierten Entwicklungsklassen genutzt werden!

Rufen Sie die Transaktion SE16 / SE16N auf, und lassen Sie sich die Tabelle TDEVC anzeigen. Tragen Sie als Selektionskriterium über die Mehrfachselektion im Feld *Entw.klasse* (DEVCLASS) die Werte Y* und Z* ein.

2. Überprüfen Sie, wer berechtigt ist, im Entwicklungssystem neue Aufträge anzulegen, freizugeben und ins Produktivsystem zu importieren!
   Hierfür sind die Zugriffsrechte sowohl im Produktivmandanten als auch in den Entwicklungsmandanten zu prüfen. Rufen Sie jeweils die Transaktion SA38 auf, und führen Sie den Report RSUSR002 aus. Geben Sie im Block *Selektion nach Werten* die nachfolgenden Kriterien ein.

Entwicklungsmandanten:

Selektion nach Werten

Eingabe Werte

Berechtigungsobjekt 1

Berechtigungsobjekt	S_TRANSPRT		
	Aktivität		
Wert	01	ODER	
UND	43	ODER	
	Auftragstyp (Change & Transport System)		
Wert	DTRA	ODER	CUST
UND		ODER	

UND Berechtigungsobjekt 2

Berechtigungsobjekt	S_TCODE		
	Transaktionscode		
Wert	SE01	ODER	SE09
UND		ODER	

Produktivmandanten:

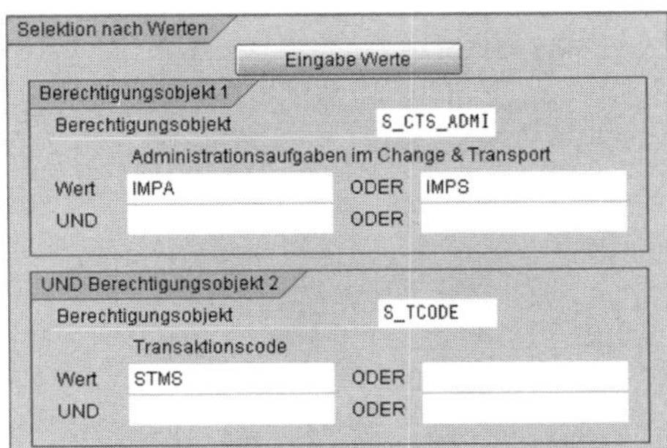

Selektion nach Werten

Eingabe Werte

Berechtigungsobjekt 1

Berechtigungsobjekt	S_CTS_ADMI		
	Administrationsaufgaben im Change & Transport		
Wert	IMPA	ODER	IMPS
UND		ODER	

UND Berechtigungsobjekt 2

Berechtigungsobjekt	S_TCODE		
	Transaktionscode		
Wert	STMS	ODER	
UND		ODER	

Vergleichen Sie die beiden Ergebnislisten, und ermitteln Sie, wer über beide Zugriffsrechte verfügt.

3. Überprüfen Sie, wer zusätzlich zu Punkt 2. noch das Recht zur Anwendungsentwicklung oder zum Customizing im Entwicklungssystem besitzt!
   Rufen Sie im Entwicklungsmandanten die Transaktion SA38 auf, und führen Sie den Report RSUSR002 aus. Geben Sie im Block *Selektion nach Werten* folgende Kriterien ein um zu überprüfen, wer ABAP-Programme pflegen darf:

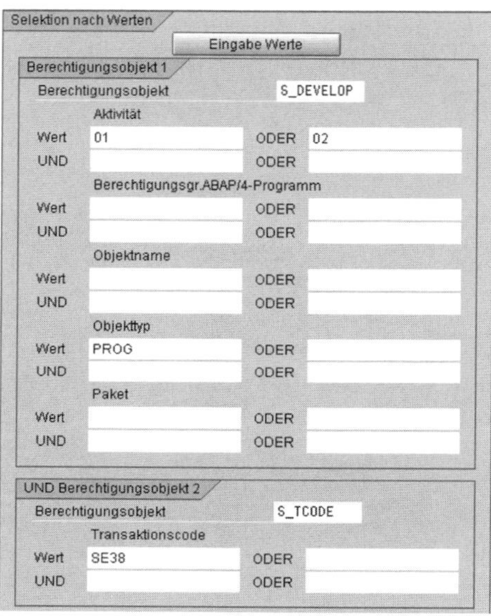

Überprüfen Sie über diesen Report als nächstes, wer vollständige Customizing-Rechte besitzt:

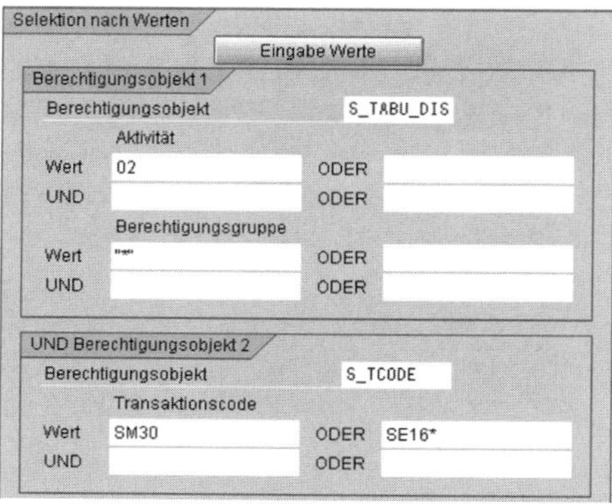

Vergleichen Sie die beiden Ergebnislisten mit dem Ergebnis aus Punkt 2.

4. Überprüfen Sie, ob im Produktivsystem Reparaturen durchgeführt wurden!
   Rufen Sie im Produktivsystem die Transaktion SE16 / SE16N auf, und lassen Sie sich die Tabelle E070 anzeigen. Geben Sie in der Selektionsmaske der Tabelle im Feld *Typ* (TRFUNCTION) den Wert *R* ein, und lassen Sie sich das Ergebnis anzeigen. Es werden alle Aufträge vom Typ *Reparatur* angezeigt. Den Inhalt der Aufträge können Sie mit der Transaktion SE01 oder dem Report RSWBO050 einsehen.
5. Überprüfen Sie, ob diese Reparaturen dokumentiert wurden!
   Lassen Sie sich zu den gefundenen Vorgängen aus Punkt 4. die Dokumentation aushändigen und sich erläutern, warum die Vorgänge nicht im Entwicklungssystem durchgeführt werden konnten.
6. Überprüfen Sie, wer berechtigt ist, Reparaturkennzeichen im Produktivsystem zurückzusetzen!
   Rufen Sie im Produktivmandanten die Transaktion SA38 auf, und führen Sie den Report RSUSR002 aus. Geben Sie im Block *Selektion nach Werten* folgende Kriterien ein:

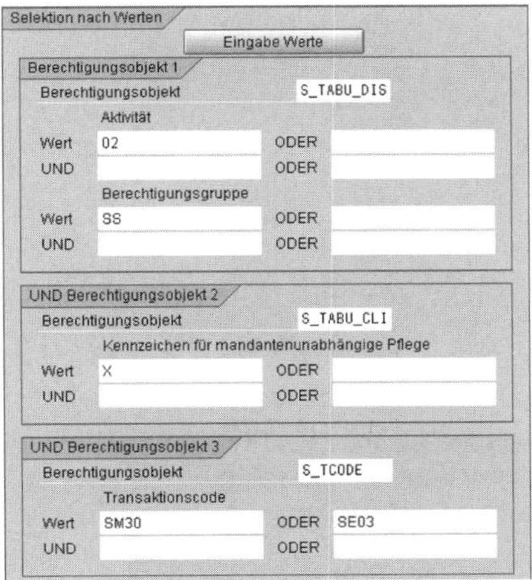

Selektion nach Werten

Eingabe Werte

Berechtigungsobjekt 1

Berechtigungsobjekt	S_TABU_DIS		
	Aktivität		
Wert	02	ODER	
UND		ODER	
	Berechtigungsgruppe		
Wert	SS	ODER	
UND		ODER	

UND Berechtigungsobjekt 2

Berechtigungsobjekt	S_TABU_CLI		
	Kennzeichen für mandantenunabhängige Pflege		
Wert	X	ODER	
UND		ODER	

UND Berechtigungsobjekt 3

Berechtigungsobjekt	S_TCODE		
	Transaktionscode		
Wert	SM30	ODER	SE03
UND		ODER	

7. Überprüfen Sie, ob die Transportwege korrekt definiert sind!
   Rufen Sie die Transaktion STMS auf, und führen Sie den Menüpunkt *Übersicht - Transportwege* aus. Klicken Sie auf die Schaltfläche *Vergrößern.* Zwischen dem Qualitätssicherungssystem und dem Produktivsystem darf nur noch eine Belieferung stattfinden.
8. Überprüfen Sie, ob die Zugriffsrechte auf das Transportverzeichnis gem.

R/3-Sicherheitsleitfaden eingestellt sind!
Da diese Zugriffsberechtigungen sehr restriktiv vergeben werden müssen, muss dies in Zusammenarbeit mit einem Administrator des Betriebssystems erfolgen.

UNIX
Verzeichnis */usr/sap/trans*
Die Zugriffsrechtemaske muss sein: r w x r w x - - - (770)
Besitzer des Verzeichnisses: <sid>adm
Gruppe, der das Verzeichnis gehört: sapsys

Windows NT / Windows 2000
Verzeichnis *<LW>:\usr\sap\trans*

Ändernden Zugriff auf dieses Verzeichnis dürfen nur die Administratoren sowie die SAP Standardbenutzer (<SIDadm> und SAPService<SID>) besitzen.

9. Überprüfen Sie, ob das Quality Assurance Genehmigungsverfahren gem. den Unternehmensvorgaben eingerichtet ist!
   Lassen Sie sich die Vorgaben zu diesem Verfahren aushändigen. Im System gelangen Sie zu dieser Einstellung über die Transaktion STMS, Menüpfad *Übersicht - Systeme*. In der Systemübersicht wählen Sie den Menüpfad *Springen - Transportdomäne* aus. Hier finden Sie im Register *QA-Genehmigungsverfahren* die Einstellungen.
10. Überprüfen Sie, wer berechtigt ist, Importe ins Produktivsystem durchzuführen!
   Rufen Sie im Produktivsystem die Transaktion SA38 auf, und führen Sie den Report RSUSR002 aus. Geben Sie im Block *Selektion nach Werten* folgende Kriterien ein:

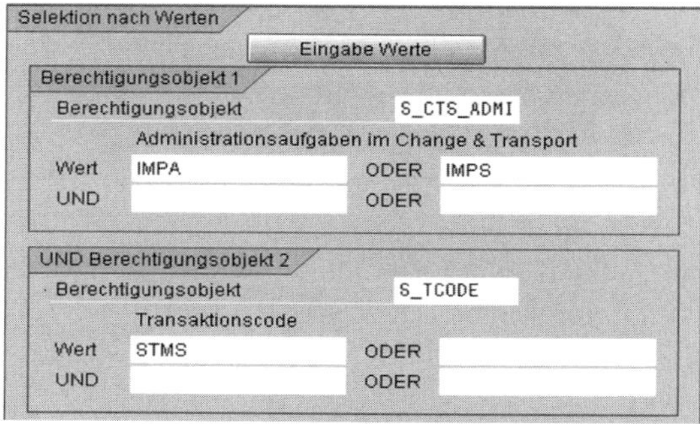

11. Überprüfen Sie, ob im Produktivsystem ein Notfallbenutzer für Reparaturen existiert!
    Erfragen Sie bei der Administration den Benutzernamen des Notfallbenutzers. Überprüfen Sie im Produktivmandanten, ob dieser Benutzer existiert und wie er abgesichert ist. (siehe hierzu auch Kapitel 3.5).

7.6 Das Customizing des R/3-Systems

7.6.1 Der Einführungsleitfaden

Unter Customizing versteht man das Anpassen des R/3-Systems an die Unternehmung. Dies erfolgt maßgeblich über das Ändern der Customizing-Tabellen. Ca. 12.000 Customizing-Tabellen existieren in einem R/3-System Release 4.6C. Zu den meisten dieser Tabellen wurden Views definiert (zu Views siehe Kapitel 6.4). Über diese Views finden die Änderungen an den Tabellen statt. Es existieren ca. 14.000 Views in einem R/3-System.

Diese Vielzahl an Tabellen und ihren Views erschwert es, die richtigen Einstellungen zu einem Vorgang in R/3 vorzunehmen. Daher sind diese Views bereits von SAP in einer strukturierten Übersicht hinterlegt, die ein komfortables Vorgehen beim Customizing erlaubt. Dies ist der Einführungsleitfaden (engl. Implementation Guide, IMG). Dieser kann auch von Prüfern mit rein lesenden Rechten genutzt werden. Abb. 7.6.1 zeigt die grundlegende Struktur des Einführungsleitfadens.

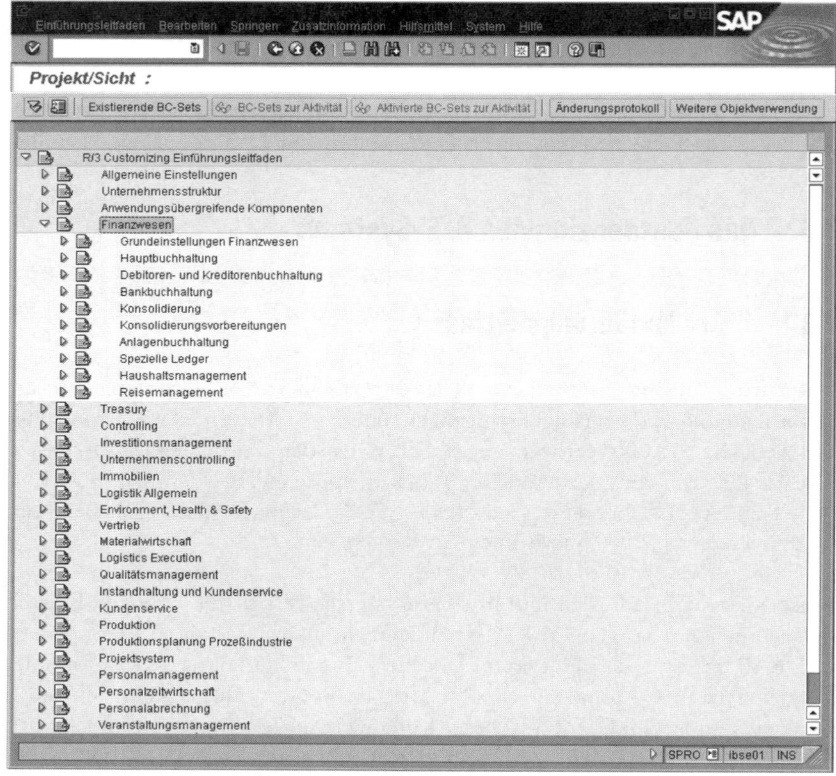

Abb. 7.6.1: Die Struktur des Einführungsleitfadens

Unterhalb der oberen Ordner findet sich eine teilweise tief verzweigte Struktur, mit der die jeweiligen Module und Geschäftsprozesse eingestellt und angepasst werden können. Alle relevanten Tabellen sind über ihre Views hier hinterlegt. Die meisten der Einträge können mit Prüferrechten angezeigt werden. Standardmäßig verzweigt R/3 in den Änderungsmodus. Mit reinen Anzeigerechten wird eine Meldung angezeigt, dass die Daten nicht geändert, sondern nur angezeigt werden können. Grundvoraussetzung zur Nutzung des Einführungsleitfadens ist die Transaktionsberechtigung auf die Transaktion SM30, da diese die Grundlage zum Aufruf der Views darstellt.

Der Einführungsleitfaden wird aufgerufen mit der Transaktion SPRO. In dieser Transaktion klicken Sie auf die Schaltfläche *SAP Referenz-IMG* bzw. wählen den Menüeintrag *Springen - SAP Referenz-IMG anzeigen* aus. Der Einführungsleitfaden wird wie in Abb. 7.6.1 dargestellt angezeigt. Aufgerufen werden die einzelnen Einträge durch Anklicken des Uhren-Symbols vor den Einträgen. Besonders hilfreich ist hier, dass zu jedem Punkt eine Beschreibung hinterlegt ist. Vor jedem Eintrag ist ein Icon in Form eines Blattes hinterlegt. Durch Klicken auf dieses Blatt wird die Hilfe zum jeweiligen Punkt angezeigt. Dadurch ist der Einführungsleitfaden auch gleichzeitig äußerst hilfreich zur Informationsbeschaffung für einzelne Prüfungen innerhalb des R/3-Systems. Abb. 7.6.2 zeigt die Dokumentation zu einem Eintrag des Einführungsleitfadens.

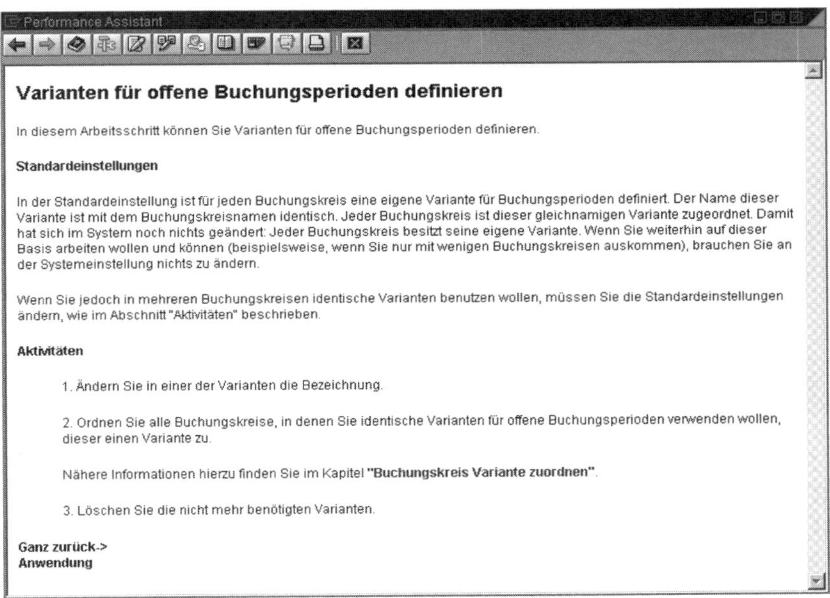

Abb. 7.6.2: Dokumentation zu einem Eintrag im Einführungsleitfaden

Insbesondere zur Prüfung, wer für welche Einträge die Zugriffsrechte zum Ändern besitzt, ist es wichtig, den zugrunde liegenden View zu ermitteln. Dies ist auf folgende Arten möglich:

Von der Struktur des Einführungsleitfadens aus:

- Markieren Sie den Eintrag, von dem Sie den zu Grunde liegenden View ermitteln wollen.
- Wählen Sie den Menüeintrag *Bearbeiten - IMG-Aktivität anzeigen* aus.
- Im Fenster *IMG Aktivität anzeigen* wählen Sie das Register *Pflegeobjekte* aus.
- Hier finden Sie im Block *zugeordnete Objekte* in der Spalte *Customizing-Objekt* den hinterlegten View (siehe Abb. 7.6.3).

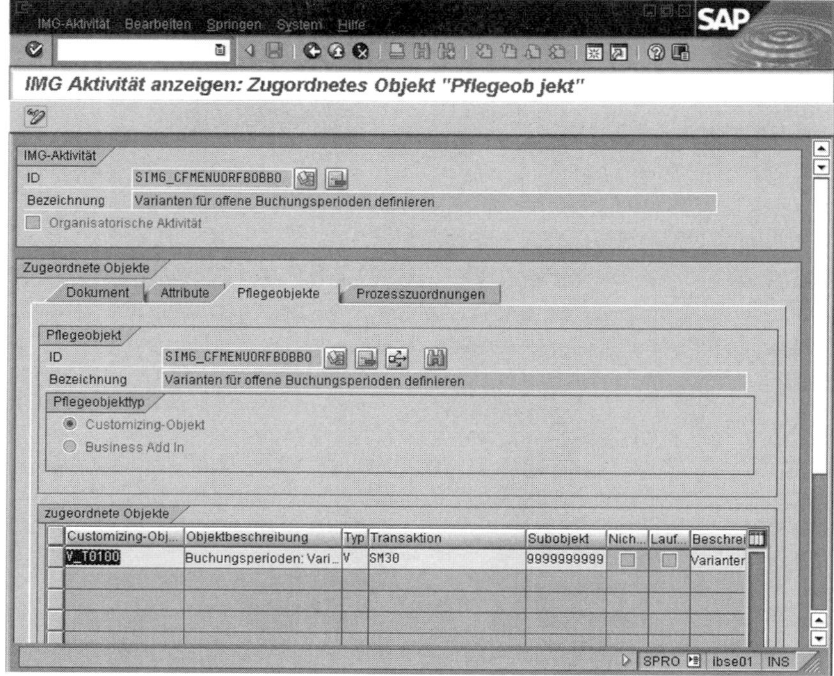

Abb. 7.6.3: Hinterlegter View zu einem Eintrag im Einführungsleitfaden

Von einzelnen Views aus:

Haben Sie sich einen Eintrag anzeigen lassen, können Sie von dort aus den zu Grunde liegenden View folgendermaßen ermitteln:

- Klicken Sie in ein beliebiges Feld und drücken Sie die Taste F1.
- Sie gelangen in die Hilfe zum Feld. Dort klicken Sie auf die Schaltfläche *Technische Informationen.*
- In den technischen Infos wird im Feld *Generierte View* der View-Name angezeigt.

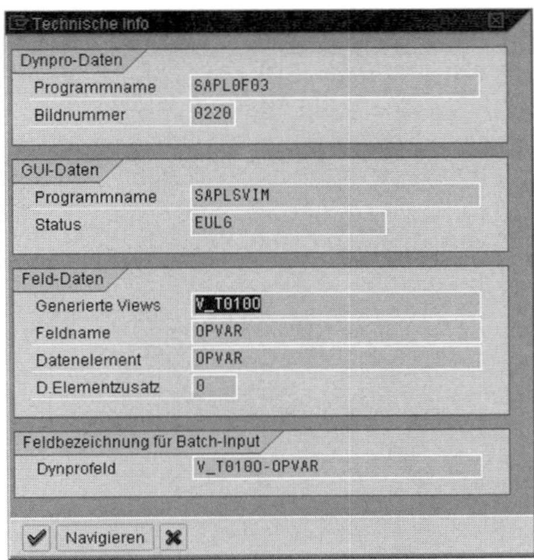

Abb. 7.6.4: Zu Grunde liegender View

Ist ein View bekannt, kann ermittelt werden, wo sie im Einführungsleitfaden hinterlegt ist. Exemplarisch soll dies erläutert werden am View V_T001, Adressdaten zu Buchungskreisen.

- Rufen Sie die Transaktion SM30 auf, und tragen Sie den Namen des View im Feld *Tabelle/Sicht* ein.
- Klicken Sie auf die Schaltfläche *Customizing*. Im darauffolgenden Fenster klicken Sie auf *Ohne Projektangabe weiter*.
- Es wird der Einführungsleitfaden angezeigt. Der Eintrag, hinter dem der gesuchte View hinterlegt ist, ist markiert.

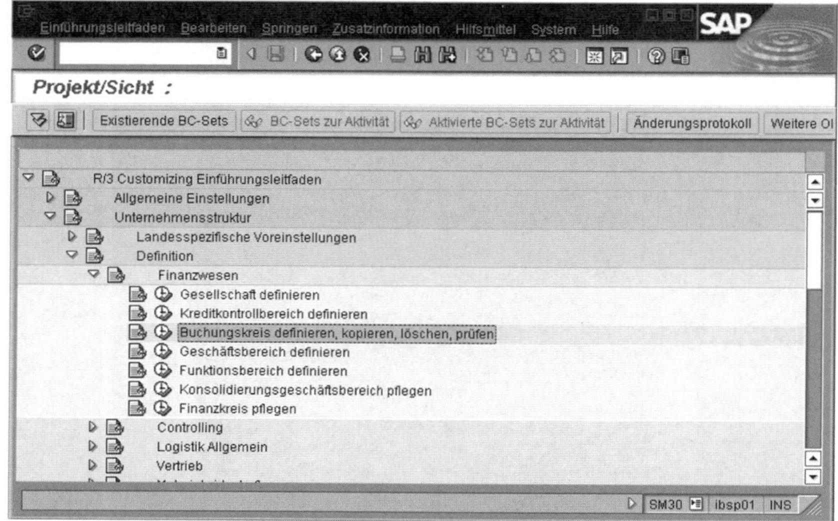

Abb. 7.6.5: Suchen einer View im Einführungsleitfaden

7.6.2 Auswerten der Protokolle des Customizing

Bei aktivierter Tabellenprotokollierung (siehe Kapitel 6.5.1) wird auch protokolliert, über welche View eine Tabelle geändert wurde. Diese Änderungsprotokolle können auch direkt über den Einführungsleitfaden angezeigt werden. Gehen Sie hierfür folgendermaßen vor:

- Markieren Sie den Eintrag im Einführungsleitfaden, für den Sie die Änderungsprotokolle anzeigen wollen (Abb. 7.6.6).

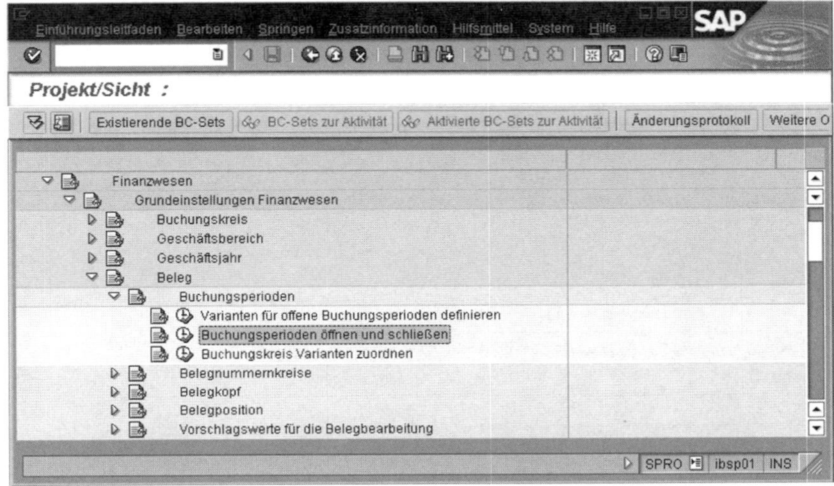

Abb. 7.6.6: Markierung eines Eintrags im Einführungsleitfaden

- Klicken Sie auf die Schaltfläche *Änderungsprotokoll*, oder wählen Sie den Menüeintrag *Springen - Änderungsprotokoll* aus. Geben Sie hier den Zeitraum an, für den die Protokolle angezeigt werden sollen.
- Die Protokolle für den View werden wie in Abb. 7.6.7 dargestellt angezeigt.

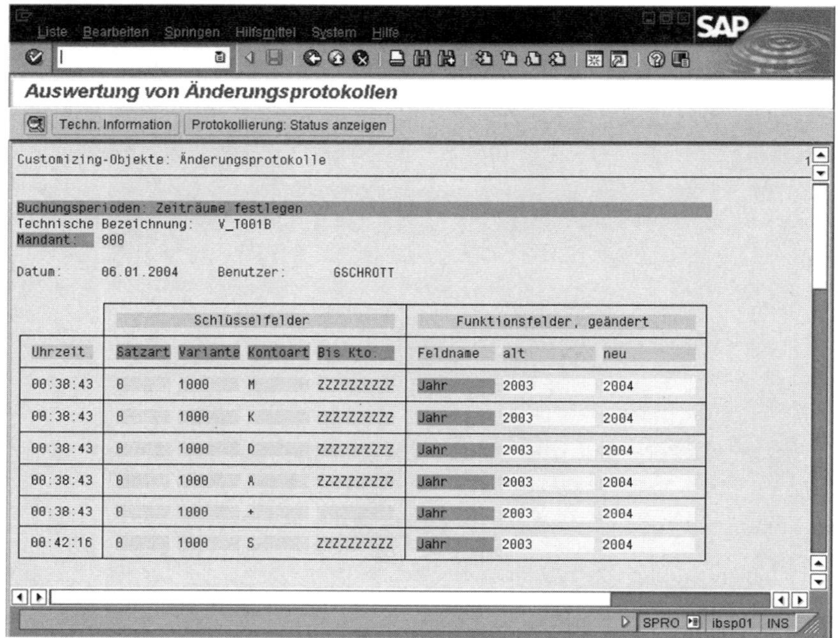

Abb. 7.6.7: Anzeige der Änderungsprotokolle zu einem View

7.6.3 Zugriffsrechte

Anzeige der Einträge im Einführungsleitfaden

Berechtigungsobjekt S_TCODE (Transaktionsberechtigung)

Transaktionscode:	SPRO und SM30

Berechtigungsobjekt S_TABU_DIS (Tabellenpflege)

Aktivität:	03 (Anzeigen)
Berechtg.-Gruppe:	* (Alle Tabellen. Abhängig von den Daten im Mandanten können auch einzelne Berechtigungsgruppen ausgeschlossen werden, z.B. die Gruppe PA, Tabellen mit Mitarbeiterdaten aus HR)

Pflege der Einträge im Einführungsleitfaden

Berechtigungsobjekt S_TCODE (Transaktionsberechtigung)

Transaktionscode:	SPRO und SM30

Berechtigungsobjekt S_TABU_DIS (Tabellenpflege)
Aktivität: 02 (Ändern)
Berechtg.-Gruppe: <Gruppe für die jeweiligen Views>

Pflege aller Einträge im Einführungsleitfaden

Berechtigungsobjekt S_TCODE (Transaktionsberechtigung)
Transaktionscode: SPRO und SM30
Berechtigungsobjekt S_TABU_DIS (Tabellenpflege)
Aktivität: 02 (Ändern)
Berechtg.-Gruppe: * (Alle Einträge)

7.6.4 Checkliste zum Customizing

Nr.	Ver-wen-dung	Fragestellungen / Risiko	Ordnungsmäßigkeits-Vorgaben
1		Ist der Produktivmandant gegen Customizing gesperrt? Hier besteht das Risiko, dass durch manuelle Tabellenänderungen im Produktivmandanten das Freigabeverfahren umgangen wird.	Customizing ist im Produktivmandanten nicht zulässig.
2	2	Wer besitzt volle Zugriffsrechte zum Customizing im Produktivmandanten? Hier besteht das Risiko, dass durch manuelle Tabellenänderungen im Produktivmandanten das Freigabeverfahren umgangen wird.	Customizing ist im Produktivmandanten nicht zulässig.
3	1	Werden manuelle Customizing-Änderungen im Produktivmandanten protokolliert? Hier besteht das Risiko, dass Änderungen nicht nachvollzogen werden können und gegen die Aufbewahrungspflicht der Customizing-Einstellungen verstoßen wird (§257 HGB).	Alle manuellen Änderungen an Tabellen sind im Produktivmandanten zu protokollieren.

7.6.5 Praktische Prüfung zum Customizing

1. Überprüfen Sie, ob der Produktivmandant gegen Customizing gesperrt ist! Rufen Sie die Transaktion SM30 auf, und lassen Sie sich die Tabelle T000 anzeigen (alternativ kann die Transaktion SCC4 genutzt werden). Doppelkli-

cken Sie auf den/die Produktivmandanten. Im Block *Änderungen und Transporte für mandantenabhängige Objekte* muss der Punkt *keine Änderungen erlaubt* markiert sein.

2. Überprüfen Sie, wer volle Zugriffsrechte zum Customizing im Produktivmandanten besitzt!
   Rufen Sie die Transaktion SA38 auf, und lassen Sie sich den Report RSUSR002 anzeigen. Geben Sie in der Selektionsmaske im Block *Selektion nach Werten* folgende Werte ein:

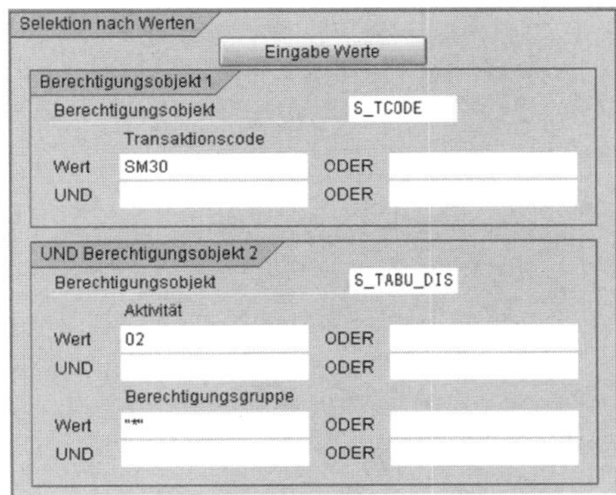

3. Überprüfen Sie, ob manuelle Customizing-Änderungen im Produktivmandanten protokolliert werden!
   Rufen Sie im Produktivsystem die Transaktion SA38 (Menüpfad *System - Dienste - Reporting*) auf, und lassen Sie sich den Report RSPFPAR anzeigen. In der Selektionsmaske geben Sie im Feld *Profileparameter* den Parameter *rec/client* ein (Kleinschreibung beachten). Der Parameter muss den Wert ALL enthalten oder alle Mandanten des Produktivsystems.

7.7 Die Programmiersprache ABAP

7.7.1 Was ist ABAP?

R/3 ist in der SAP-eigenen Programmiersprache ABAP geschrieben. Der Begriff ABAP stammt noch aus der R/2-Zeit und stand damals für *Allgemeiner Berichts-Aufbereitungs-Prozessor*, mit dem Auswertungen der Daten vorgenommen werden konnten. Inzwischen hat sich ABAP zu einer vollständigen und mächtigen

Programmiersprache entwickelt und steht jetzt für *Advanced Business Application Programming*. ABAP ist eine reine Interpretersprache, daher können die ABAP-Programme nicht kompiliert werden und liegen grundsätzlich im Quelltext vor. Somit kann der gesamte Quelltext des R/3-Systems eingesehen und mit entsprechenden Berechtigungen auch geändert werden.

Das Verwalten der ABAP-Programme erfolgt über die Transaktion SE38 (Menüpfad *Werkzeuge - ABAP Workbench - Entwicklungsumgebung - ABAP Editor*). Diese Transaktion wird sowohl von Entwicklern zum Erstellen oder Ändern von Programmen als auch von Prüfern zur Prüfung des Quelltextes genutzt. Zur Prüfung können ebenfalls die Reports RSANAL00 (siehe Kapitel 7.7.3), RPR_ABAP_SOURCE_SCAN und RSABAPSC (siehe Kapitel 7.7.5) eingesetzt werden, die eine effiziente Prüfung ermöglichen.

Die Transaktion SE38 ist nicht die einzige Möglichkeit, den ABAP-Editor aufzurufen. Der Report RSABAPPROGRAM ruft den Editor ebenfalls auf. Dieser kann z.B. mit der Transaktion SA38 aufgerufen werden. Da es gesetzlich erforderlich ist, im Produktivsystem keine Entwicklerberechtigungen zu vergeben, ist dies über die Zugriffsrechte auf das Berechtigungsobjekt S_DEVELOP (siehe Kapitel 7.9) zu regeln, nicht alleine durch den Entzug der Berechtigung zur Transaktion SE38.

Die Tatsache, dass der größte Teil von R/3 in ABAP geschrieben wurde und nur ein Teil der Systemprogramme in den Sprachen C und Assembler, stellt auch den Grund für die gute Portierbarkeit von R/3 auf verschiedene Systeme dar. R/3 läuft unter so verschiedenen Betriebssystemen wie UNIX, Windows NT und OS/400. Für diese Plattformen mussten nur die Systemprogramme neu geschrieben werden, sämtliche Anwendungen konnten übernommen werden. Daher stellt es für den Anwender keinen Unterschied dar, unter welchem Betriebssystem R/3 läuft.

7.7.2 Gefahrenpunkte in der ABAP-Programmentwicklung

In der ABAP-Programmierung sind bestimmte Punkte zu beachten, welche die Sicherheit und die Konsistenz der R/3-Daten betreffen. Die wesentlichen Punkte sollen hier erläutert werden.

7.7.2.1 "Allmacht" der Entwickler

Benutzer mit der Berechtigung zur ABAP-Programmentwicklung haben grundsätzlich vollen Zugriff auf alle Daten des R/3-Systems. Dies ist einer der Gründe, warum die Entwicklung nicht im Produktivsystem stattfinden darf. Mit dem einfachen SQL-Befehl SELECT können beliebige Tabellen gelesen werden, sowohl aus dem Basisbereich (z.B. die Berechtigungen von Benutzern) als auch aus allen Anwendungsmodulen (Finanzwesen, Personalwesen, ...). Ebenso wie das Lesen ist natürlich auch das Hinzufügen, Ändern und Löschen von Daten möglich.

Daher dürfen die Daten des Produktivsystems nicht als "1-zu-1"-Kopie ins Entwicklungs- und Qualitätssicherungssystem übernommen werden. Das Qualitätssicherungssystem sollte zwar grundsätzlich eine Abbildung des Produktivsystems darstellen, allerdings sind die sensiblen Daten, die nicht von allen Benutzern gelesen werden dürfen, zu anonymisieren.

Ein Beispiel stellt z.B. die Tabelle PA0008 (Basisbezüge der Mitarbeiter) dar. Um Entwicklungen effektiv vornehmen zu können und um eventuelle Fehler nachzuvollziehen, sollte im Qualitätssicherungssystem derselbe Datenbestand wie im Produktivsystem vorliegen. Allerdings sind die kritischen Felder (z.B. mit den Angaben zum Gehalt) zu anonymisieren, so dass die Gehälter der Mitarbeiter nicht eingesehen werden können.

7.7.2.2 Direkte Zugriffe auf die Datenbank mit dem Befehl EXEC SQL

Die Verwaltung der R/3-Daten in der Datenbank erfolgt über die ABAP-Programmierung mit SQL-Befehlen. Die Programmiersprache SQL ist in ABAP eingebunden (das sogenannte *Embedded SQL*) und kann in vollem Funktionsumfang genutzt werden. SQL gestattet einen vollständigen Zugriff auf die Tabellen in der Datenbank, sowohl lesend als auch verändernd. Hierfür wird die *Open SQL*-Schnittstelle genutzt, die dem SQL2-Standard entspricht. Die R/3-Workprozesse besitzen eine integrierte Datenbankschnittstelle. Diese setzt das *Open SQL* bei Bedarf in sogenanntes *Native SQL* um. Dieses stellt das SQL der jeweiligen Datenbank dar, das sich von dem ABAB-SQL etwas unterscheidet.

ABAP bietet auch die Möglichkeit, direkt über dieses *Native SQL* auf die Datenbank zuzugreifen und damit die R/3-Workprozesse und alle damit verbundenen Sicherheitsmechanismen zu umgehen. Da jede Datenbank einen eigenen

SQL-Sprachumfang besitzt, der sich von anderen Datenbanksystemen unterscheidet, werden diese Befehle in einem speziellen Anweisungsblock ausgeführt.

Um in einem ABAP-Programm *Native SQL*-Befehle zu nutzen, müssen diese folgendermaßen eingebunden werden:

```
EXEC SQL.
    Native SQL-Anweisungen
ENDEXEC.
```

Die folgende Abbildung soll die Zugriffe über *Open SQL* und *Native SQL* verdeutlichen:

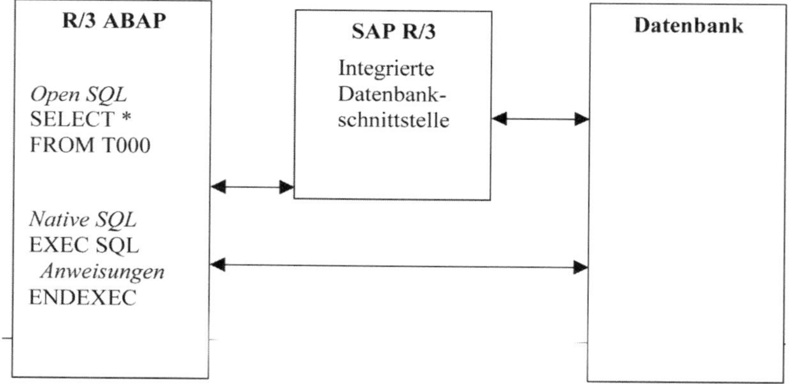

Diese Art des Datenzugriffs ist nur in Sonderfällen anzuwenden, z.B. für Datenbankmonitore. In Anwendungsprogrammen ist diese Systematik nicht anzuwenden.

Im folgenden Beispiel wird der Zugriff auf R/3-Daten mit dieser Systematik dargestellt. Dieses Programm liest aus der mandantenabhängigen Tabelle UST04 aus allen Mandanten alle Benutzer aus, denen das Profil SAP_ALL zugeordnet wurde.

```
REPORT ZUSER_ALL NO STANDARD PAGE HEADING.

DATA:   MANDT(3),       " Variable für den Mandanten
 BNAME(12),     " Variable für den Benutzer
 PROFILE(12).   " Variable für das Profil

```

```
* Ausgeben einer Überschrift
WRITE: / 'Mandant', 10 'Benutzer', 30 'Profil'.
ULINE.

* Selektionskriterium für die Tabelle UST04 festlegen
PROFILE = 'SAP_ALL'.

* Ausführen des Befehls EXEC SQL. Für jeden gelesenen
* Datensatz wird die Routine WRITE_USERS einmal durch-
laufen
EXEC SQL PERFORMING WRITE_USERS.
* Lesen aller Einträge der Tabelle UST04, in denen das
* Profil SAP_ALL für einen Benutzer eingetragen wurde
 SELECT MANDT, BNAME, PROFILE INTO :
 MANDT, :BNAME, :PROFILE
 FROM UST04 WHERE PROFILE = :PROFILE
ENDEXEC.

* Für jeden einzelnen Datensatz aus der EXEC SQL-Routine
* den Mandanten, den Benutzer und das Profil ausgeben
FORM WRITE_USERS.
 WRITE: / MANDT, 10 BNAME, 30 PROFILE.
ENDFORM.
```

Dieses Programm erzeugt die in Abb. 7.7.1 dargestellte Ausgabe.

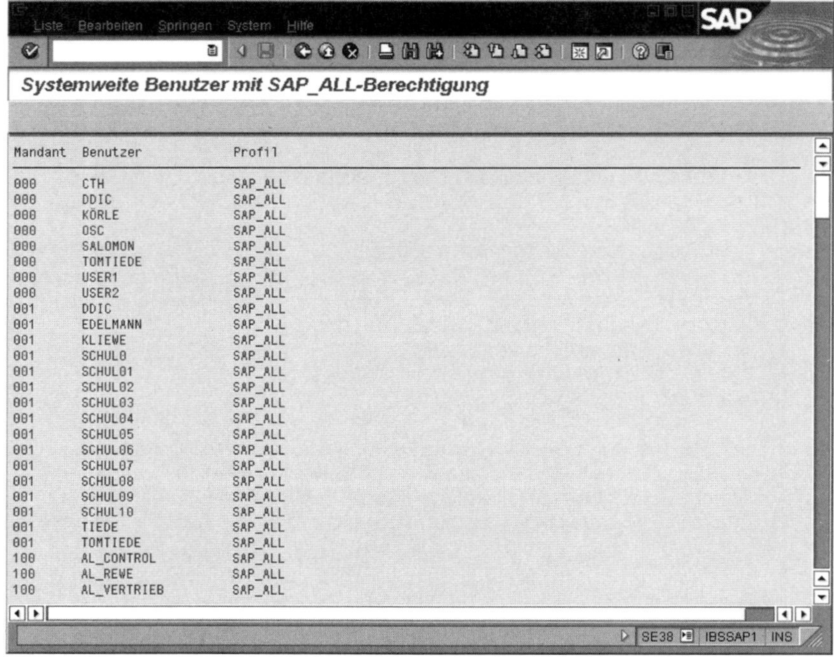

Liste Bearbeiten Springen System Hilfe

Systemweite Benutzer mit SAP_ALL-Berechtigung

Mandant	Benutzer	Profil
000	CTH	SAP_ALL
000	DDIC	SAP_ALL
000	KÖRLE	SAP_ALL
000	OSC	SAP_ALL
000	SALOMON	SAP_ALL
000	TOMTIEDE	SAP_ALL
000	USER1	SAP_ALL
000	USER2	SAP_ALL
001	DDIC	SAP_ALL
001	EDELMANN	SAP_ALL
001	KLIEWE	SAP_ALL
001	SCHUL0	SAP_ALL
001	SCHUL01	SAP_ALL
001	SCHUL02	SAP_ALL
001	SCHUL03	SAP_ALL
001	SCHUL04	SAP_ALL
001	SCHUL05	SAP_ALL
001	SCHUL06	SAP_ALL
001	SCHUL07	SAP_ALL
001	SCHUL08	SAP_ALL
001	SCHUL09	SAP_ALL
001	SCHUL10	SAP_ALL
001	TIEDE	SAP_ALL
001	TOMTIEDE	SAP_ALL
100	AL_CONTROL	SAP_ALL
100	AL_REWE	SAP_ALL
100	AL_VERTRIEB	SAP_ALL

SE38 IBSSAP1 INS

Abb. 7.7.1: Ausgabe des Programms ZUSER_ALL

Bei der Prüfung von Eigenentwicklungen ist darauf zu achten, dass diese Systematik nicht angewandt wird. Zugriffe auf die R/3-Daten sollten grundsätzlich über das Data Dictionary und somit über die R/3-Workprozesse stattfinden, um die Sicherheit und Konsistenz der Daten zu gewährleisten.

7.7.2.3 Umgehung des Mandantenkonzeptes

Wird in einem ABAP-Programm mit dem SELECT-Befehl auf eine mandantenabhängige Tabelle zugegriffen, wird standardmäßig ein Filter auf den aktuellen Mandanten gesetzt. Die Anweisung SELECT * FROM USR02; gibt alle Datensätze der Tabelle USR02 des aktuellen Mandanten zurück. Es ist allerdings möglich, diesen Standardfilter mit dem Zusatz client specified auszuschalten. Abb. 7.7.2 zeigt einen Ausschnitt aus dem Quelltext des Reports RSUSR003 (Kennwörter der Standardbenutzer) zum Auslesen des Kennwortes des Benutzers SAP*. Durch die Anweisung SELECT SINGLE * FROM USR02 client specified ... können auch die Datensätze dieses Benutzers aus anderen Mandanten gelesen werden, indem durch den WHERE-Zusatz eine Mandantennummer angegeben wird.

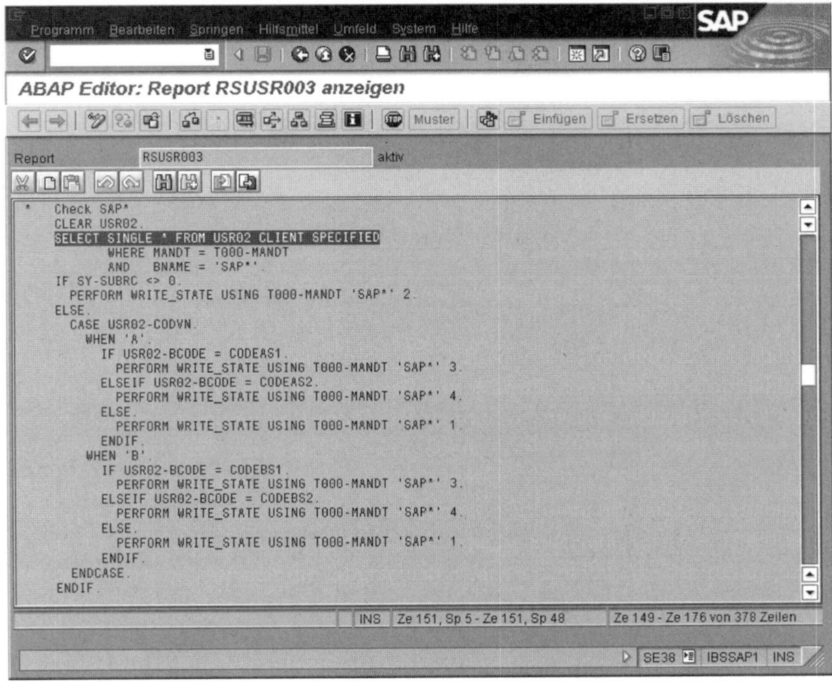

Abb. 7.7.2: SELECT-Anweisung zum Zugriff auf andere Mandanten

Bei der Prüfung von Eigenentwicklungen ist darauf zu achten, dass diese Anweisung nicht genutzt wird. Für jede Nutzung ist zu klären, ob die Sicherheit der Daten dadurch nicht gefährdet wird.

7.7.2.4 Enqueue- und Dequeue-Bausteine

Um gleichzeitige verändernde Zugriffe auf denselben Datensatz einer Tabelle zu verhindern und somit Inkonsistenzen vorzubeugen, stellt R/3 ein eigenes Sperrkonzept für Tabellen zur Verfügung. Es basiert darauf, dass Datensätze vor dem Ändern gesperrt werden. Wird der Datensatz vom Benutzer wieder freigegeben, wird er wieder entsperrt und kann von anderen Benutzern bearbeitet werden. Während der Sperrung haben andere Benutzer keine Möglichkeit, den Datensatz zum Ändern aufzurufen. Teilweise ist ein lesender Modus möglich. Von Tabellen, die nicht gepuffert sind, werden immer einzelne Datensätze gesperrt. Von gepufferten Tabellen wird der gepufferte Teil gesperrt, in dem sich der Datensatz befindet (siehe Kapitel 6.13).

Folgende Begriffe sind in diesem Zusammenhang wichtig:

Enqueue	Das Sperren eines oder mehrerer Datensätze
Dequeue	Das Entsperren der Datensätze

Diese Sperren werden nicht automatisch vom R/3-System gesetzt, sondern müssen explizit programmiert werden. Hierfür stellt R/3 bereits ENQUEUE- und DEQUEUE-Funktionsbausteine zur Verfügung. Jedes Programm, das verändernd auf die R/3-Daten zugreift, muss diese Bausteine nutzen. Verändernde Zugriffe sind auch ohne vorherige Sperrung möglich, können aber Inkonsistenzen in den Daten zur Folge haben.

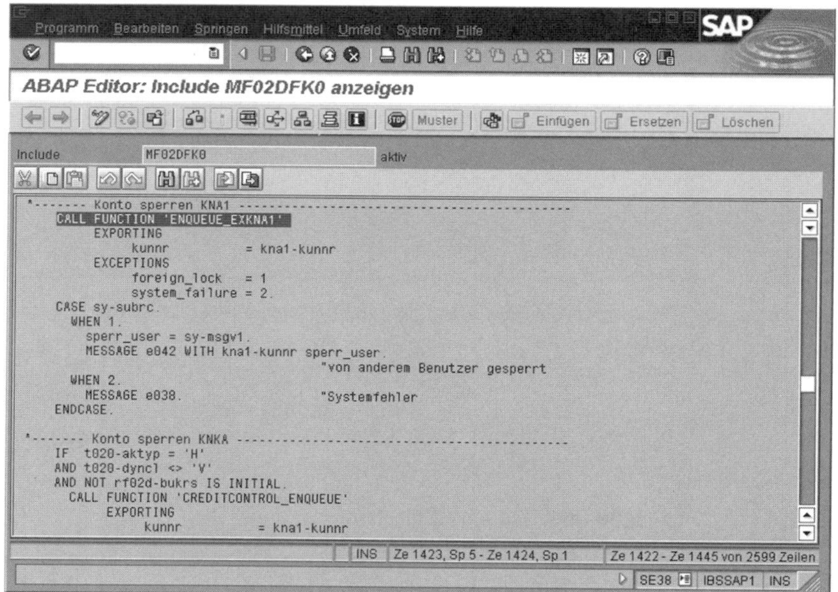

Abb. 7.7.3: Sperrbaustein zur Sperrung eines Debitorstammsatzes aus der Tabelle KNA1

Bei der Prüfung von eigenentwickelten Dialogprogrammen ist darauf zu achten, dass vor verändernden Tabellenzugriffen ein ENQUEUE-Baustein aufgerufen wird.

7.7.2.5 Debuggen mit Hauptspeicheränderungen (Radieren)

Wie bei jeder anderen Programmiersprache müssen Entwickler Programme debuggen, um Fehler zu finden oder um die genaue Funktion eines Programms zu ermitteln. Debuggen bedeutet, dass der Quellcode Zeile für Zeile vom Entwickler durchlaufen werden kann. Hierbei können auch Variableninhalte im Hauptspeicher eingesehen und geändert werden. Das Ändern allerdings bewirkt, dass die Inhalte im Hauptspeicher geändert werden und das Programm mit den geändert Inhalten weiterläuft. Abb. 7.7.4 zeigt ein Programm im Debug-Modus. Der Quelltext wird zeilenweise durchlaufen. Im unteren Teil können Variablennamen eingetragen werden, dessen Inhalte dann angezeigt werden. Hier kann der Inhalt einer Variablen überschrieben und ihr ein neuer Wert zugewiesen werden. Im Entwicklungssystem ist dies eine gängige und notwendige Methode, um das Programmverhalten zu testen. Im Produktivsystem ist das Ändern von Hauptspeicherinhalten als sehr kritisch anzusehen, da hierbei gegen geltende Gesetze verstoßen wird, z.B. gegen §239 HGB (Radierverbot):

> §239 HGB, Abs. III
>
> Eine Eintragung oder Aufzeichnung darf nicht in einer Weise verändert werden, dass ihr ursprünglicher Inhalt nicht mehr feststellbar ist. Auch solche Veränderungen dürfen nicht vorgenommen werden, deren Beschaffenheit es ungewiss lässt, ob sie ursprünglich oder erst später gemacht worden sind.

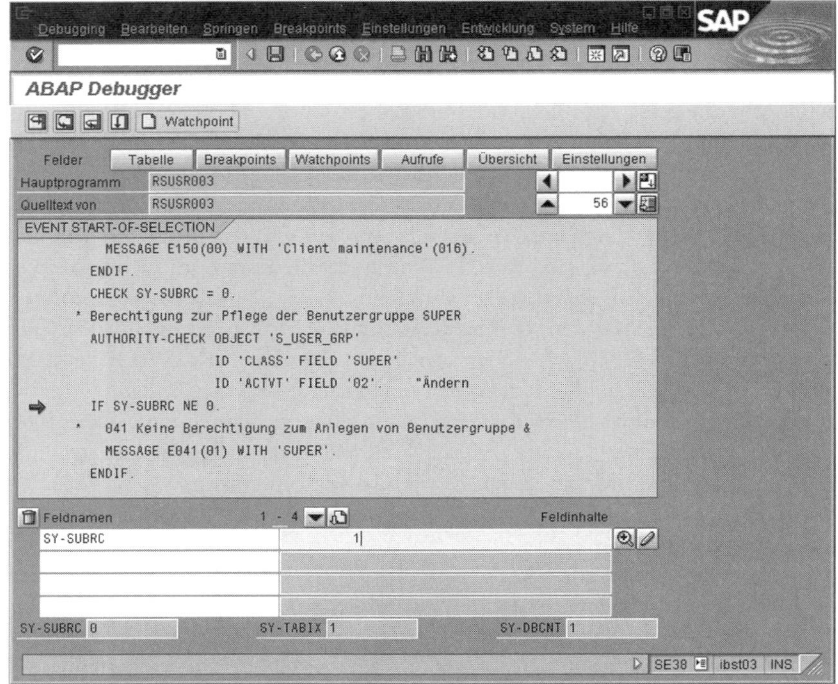

Abb. 7.7.4: Debuggen eines ABAP-Programmes

Daher ist das Debuggen mit Hauptspeicheränderungen im Produktivsystem untersagt. Das Zugriffsrecht darf ausschließlich einem Notfallbenutzer zugeordnet werden, der nach dem Vier-Augen-Prinzip eingesetzt wird. Das Zugriffsrecht wird über das Berechtigungsobjekt S_DEVELOP vergeben:

Berechtigungsobjekt S_DEVELOP
  Aktivität: 02 (Ändern)
  Objekttyp: DEBUG
  <Die anderen Felder des Objektes sind bei der Prüfung nicht relevant>

Unkritisch ist das Debuggen mit reiner Leseberechtigung. Hierbei kann das Programm lediglich im Debug-Modus zeilenweise durchlaufen werden. Hauptspeicherinhalte können nicht geändert werden. Diese Berechtigung ist teilweise für Entwickler im Produktivsystem notwendig, um dort Fehler in Programmen nachzuvollziehen:

Berechtigungsobjekt S_DEVELOP
Aktivität: 03 (Anzeigen)
Objekttyp: DEBUG

Werden im Debug-Modus Variableninhalte geändert, wird dies von R/3 im SysLog protokolliert. Hier kann daher für den Zeitraum, den das SysLog zurükkreicht, geprüft werden, ob dies im Produktivsystem vorgekommen ist.

Die Meldungsnummer für das Ändern eines Variableninhaltes beim Debuggen ist A19. Hierauf ist das SysLog einzugrenzen:

- Rufen Sie das SysLog mit der Transaktion SM21 auf.
- Lassen Sie die Felder *von Datum/Uhrzeit* und *bis Datum/Uhrzeit* leer.
- Klicken Sie auf die Schaltfläche *Meld.Kennungen.* Wählen Sie im darauffolgenden Fenster den Punkt *nur diese Meldungen* aus. Tragen Sie die Meldungsnummer A1 9 ein, und klicken Sie auf die Schaltfläche *Benutzen.*
- Lassen Sie sich das SysLog anzeigen (Schaltfläche *SysLog neu lesen*). Werden Meldungen angezeigt (siehe Abb. 7.7.5), so ist dort zu erkennen, in welchem Programm welcher Feldinhalt geändert wurde (durch Doppelklick auf den entsprechenden Eintrag). Diese Einträge sind äußerst kritisch zu hinterfragen und sollten auf jeden Fall ausführlich dokumentiert und nur im Vier-Augen-Modus durchgeführt sein.

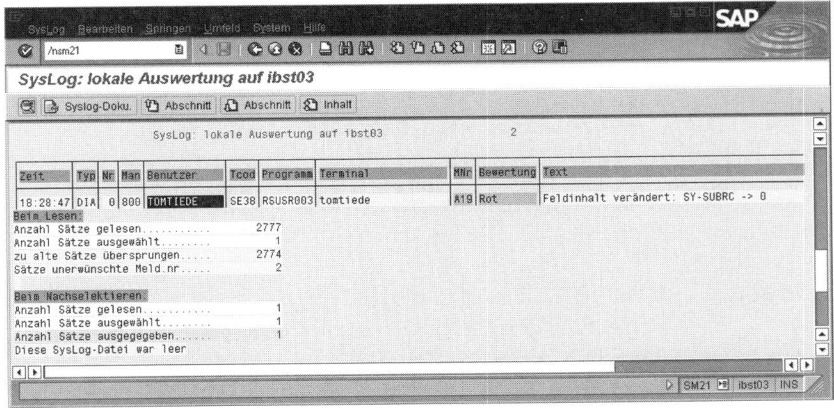

Abb. 7.7.5: SysLog mit einem Debugging-Eintrag

7.7.2.6 Berechtigungsprüfungen in ABAP-Programmen

Meldet sich ein Benutzer an das System an, werden seine Zugriffsberechtigungen in den Benutzerpuffer geladen und für den Zeitraum der Benutzersitzung dort vorgehalten. Auf diesen Benutzerpuffer wird vom System immer zugegriffen, wenn Berechtigungen eines Benutzers überprüft werden müssen.

Führt ein Benutzer eine Transaktion im System aus, so wird vom System zuerst die Transaktionsberechtigung überprüft (eine Berechtigung auf dem Berechtigungsobjekt S_TCODE). Außerdem wird überprüft, ob der Transaktion ein Berechtigungsobjekt in der Tabelle TSTCA zugeordnet wurde und ob der Benutzer solch eine Berechtigung besitzt.

Die eigentlichen Prüfungen der Zugriffsberechtigungen eines Benutzers (die sogenannten Anwendungsberechtigungen) finden zur Laufzeit der Transaktion statt. Durch den Aufruf einer Transaktion wird ein ABAP-Programm ausgeführt. Welches Programm bei einer Transaktion ausgeführt wird, kann der Tabelle der Transaktionen (TSTC) oder der Transaktion SE93 entnommen werden. In diesen Programmen werden die Zugriffsberechtigungen abgefragt.

Im Quelltext werden Berechtigungen durch die Anweisung AUTHORITY-CHECK überprüft:

```
723   AUTHORITY-CHECK OBJECT F_BKPF_BUK.
724           ID 'ACTVT' FIELD ACT_HINZ.
725           ID 'BUKRS' FIELD NEU_BUKRS.
726   IF SY-SUBRC NE 0.
727           MESSAGE E083 WITH NEU_BUKRS.
728   ENDIF.
```

Immer, wenn eine Berechtigung überprüft werden soll, muss solch ein Block im Quelltext eingefügt werden. Die Zeilen haben folgende Bedeutung:

Zeile 723 AUTHORITY-CHECK OBJECT F_BKPF_BUK
Überprüfung des Berechtigungsobjektes F_BKPF_BUK

Zeile 724 ID 'ACTVT' FIELD ACT_HINZ
Überprüfung, ob der Benutzer für das Feld ACTVT (Aktivität) denselben Wert besitzt wie die Variable ACT_HINZ

Zeile 725 ID 'BUKRS' FIELD NEU_BUKRS
Überprüfung, ob der Benutzer für das Feld BUKRS (Buchungskreis) denselben Wert besitzt wie die Variable NEU_BUKRS

Zeile 726 IF SY-SUBRC NE 0
Vergleich des Rückgabewertes der Berechtigungsprüfung. Ist der Rückgabewert ungleich 0, so ist die Prüfung fehlgeschlagen. Der Benutzer besitzt somit keine entsprechende Berechtigung

Zeile 727 MESSAGE E083 WITH NEU_BUKRS
Besitzt der Benutzer keine Berechtigung, wird eine entsprechende Fehlermeldung angezeigt

Besonders relevant sind diese Berechtigungsprüfungen bei Eigenentwicklungen. Hier sind die Entwickler für die Implementierung der Überprüfung der Berechtigungen verantwortlich. Für jedes neue Programm ist festzulegen, welche Zugriffsberechtigungen zu überprüfen sind. Werden keine Berechtigungen überprüft, sind alle Benutzer des Systems in der Lage, dieses Programm auszuführen. Daher müssen für die Programmentwicklung Vorgaben festgelegt werden, in welchem Umfang Berechtigungsprüfungen in Programmen zu implementieren sind. Betriebswirtschaftliche Objekte (Buchungskreise, Geschäftsbereiche, etc.) sind hier natürlich genauso zu schützen wie in den Standardprogrammen von SAP.

Aufgabe eines Prüfers ist es, diese Programme auf die Zugriffsberechtigungen hin zu überprüfen. Hierfür ist eine tiefgreifende Kenntnis der Programmiersprache ABAP nicht erforderlich. Die Programme können nach den Blöcken mit den Berechtigungsprüfungen durchsucht werden. Gehen Sie hierzu folgendermaßen vor:

- Rufen Sie die Transaktion SE38 auf. Tragen Sie den Namen des zu prüfenden Programms ein, und lassen Sie sich den Quelltext anzeigen.
- Klicken Sie auf die Schaltfläche *Suchen* (Menüpfad *Bearbeiten - Suchen / Ersetzen*).
- Tragen Sie im Feld *Suche* das Wort AUTHORITY-CHECK ein. Wählen Sie in der Optionsgruppe *Suchbereich* das Optionsfeld *global im Rahmenprogramm* aus. Bestätigen Sie mit *Enter* (siehe Abb. 7.7.6).

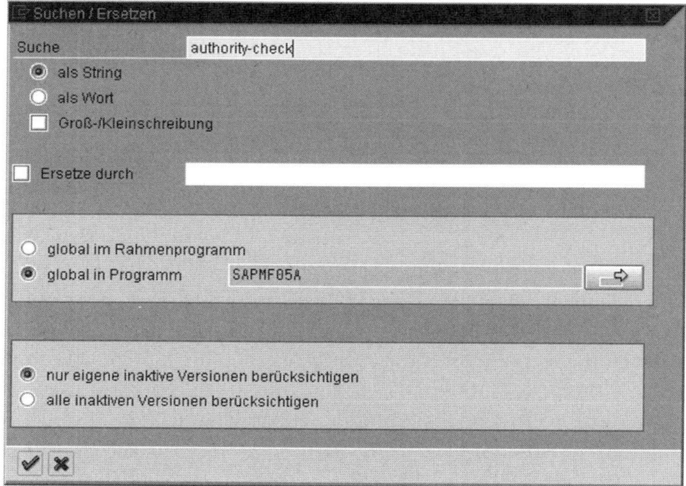

Abb. 7.7.6: Fenster zur Suche in ABAP-Programmen

- Das Suchergebnis zeigt alle Zeilen an, in denen Berechtigungsprüfungen stattfinden (siehe Abb. 7.7.7).

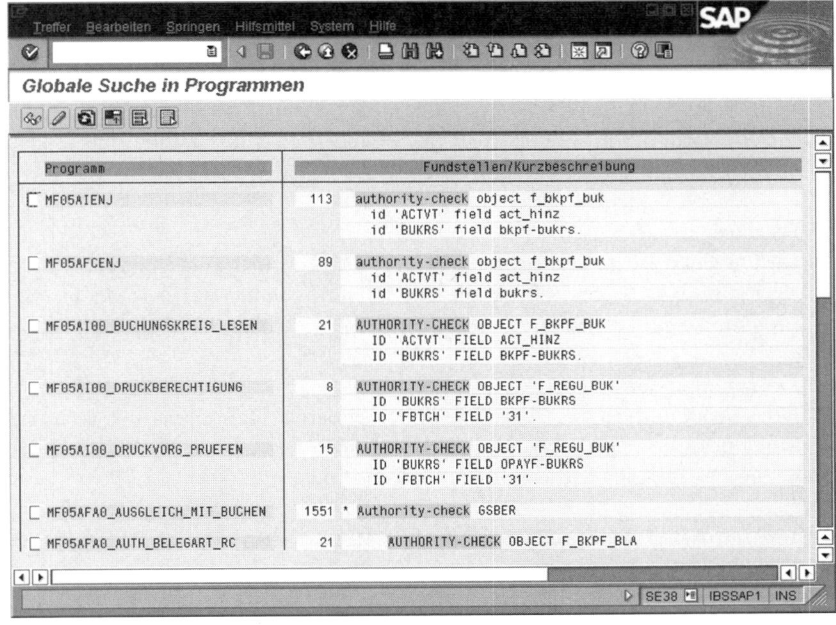

Abb. 7.7.7: Suchergebnis von Berechtigungsobjekten

- Durch einen Doppelklick auf einen Eintrag springen Sie in den Quelltext des betreffenden Programms.

Je nach Inhalt des Programms müssen die entsprechenden Berechtigungsobjekte hier zu finden sein. Die Problematik hierbei besteht allerdings darin, dass das Vorhandensein der Berechtigungsprüfungen noch keine Garantie dafür darstellt, dass diese auch wirklich überprüft werden. Es ist möglich, dass Berechtigungsprüfungen an Stellen im Quelltext implementiert werden, die während des Programmablaufs nie angesprungen werden.

7.7.3 Inhaltliches Prüfen von ABAP-Programmen

Zur Prüfung von ABAP-Programmen stellt R/3 zwei Möglichkeiten zur Verfügung: die Transaktion SE38 und den Report RSANAL00.

Prüfen von ABAP-Programmen mit der Transaktion SE38

Rufen Sie die Transaktion SE38 auf, und tragen Sie in der Einstiegsmaske den Namen des zu prüfenden Programmes ein. Im Bereich *Teilobjekte* wählen Sie aus, welches Element des Programmes sie prüfen möchten. Zur Prüfung sind folgende Elemente von besonderer Bedeutung:

- Quelltext
  Im Quelltext ist zu überprüfen, ob Berechtigungsprüfungen implementiert sind und ob kritische Befehle wie EXEC SQL genutzt werden. Für Dialogprogramme sind die Sperren zu überprüfen (Anweisung ENQUEUE_*).

- Dokumentation
  Jedes Programm ist ausführlich zu dokumentieren. Dies umfasst sowohl eine Dokumentation für die Anwender, die dieses Programm nutzen, als auch eine technische Dokumentation für andere Entwickler.

Prüfen von ABAP-Programmen mit dem Report RSANAL00 (Transaktion AL21)

Zur Prüfung mit dem Report RSANAL00 rufen Sie diesen mit der Transaktion SA38 (Menüpfad *System - Dienste - Reporting*) auf. Alternativ können Sie auch die Transaktion AL21 aufrufen. Im Selektionsbild geben Sie den Namen des zu prüfenden Programmes an. Zur Prüfung stehen Ihnen nun zwei Möglichkeiten zur Verfügung:

Interaktive Anzeige
: Hier können Sie über eine Schaltfläche den zu prüfenden Teil des Programmes auswählen. Das Ergebnis wird in Listform angezeigt.

Batch-Liste
: Hier werden die zu prüfenden Teile durch die Kontrollkästchen ausgewählt. Diese werden dann beim Ausführen des Reports nacheinander ausgeführt und in einer Liste untereinander angezeigt. Diese Liste kann auch als Dokumentation zum Programm genutzt werden.

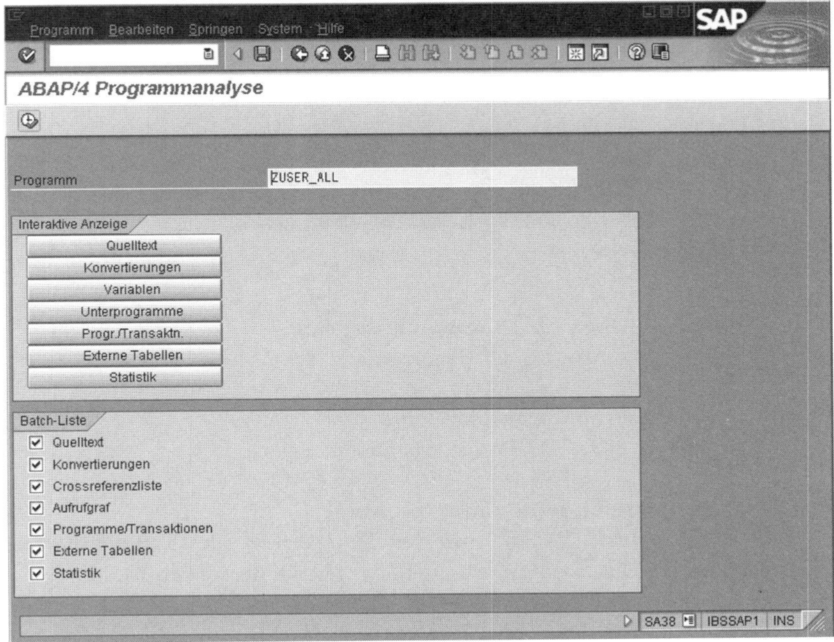

Abb. 7.7.8: Selektionsmaske des Reports RSANAL00

7.7.4 Prüfen der Eigenschaften von ABAP-Programmen

Die Eigenschaften der ABAP-Programme werden in der Tabelle D010SINF gespeichert. Auf diese Daten kann mit dem View TRDIR zugegriffen werden, z.B. mit der Transaktion SE16 / SE16N. Über diese Tabelle können u.a. folgende Fragen beantwortet werden:

Welche eigenerstellten ausführbaren Programme gibt es?
Im Feld *Programmtyp* (SUBC) wird die Art des Programms hinterlegt. Der Wert 1 steht für ausführbare Programme. Tragen Sie als Selektionskriterium diesen Wert ein sowie über die Mehrfachauswahl in das Feld *Programmname* (NAME) die Werte Y* und Z* (Abb. 7.7.9).

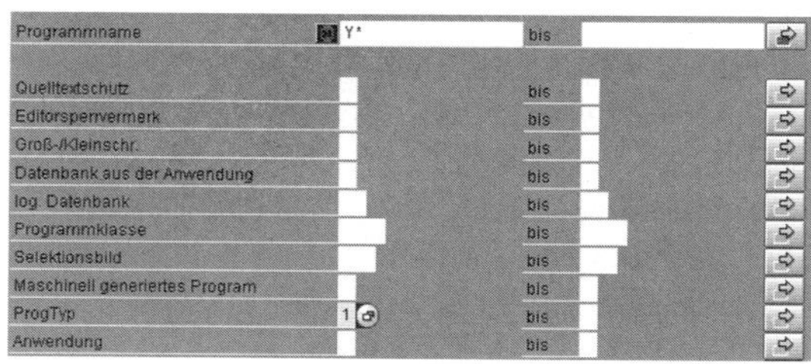

Abb. 7.7.9: Selektion aller eigenerstellten, ausführbaren Programme

Welche Benutzer haben die Programme angelegt?
Im Feld *Anleger* (CNAM) wird der Benutzername des Anlegers angezeigt.

Wann wurden die Programme angelegt?
Im Feld *Erstellungsdatum* (CDAT) wird das Datum angezeigt.

Wann war die letzte Änderung und von wem?
Im Feld *letzter Änderer* (UNAM) wird der Benutzername des letzten Änderers angezeigt, im Feld *Änderungsdatum* (UDAT) das Datum der letzten Änderung.

Sind die Programme durch eine Berechtigungsgruppe geschützt?
Die Berechtigungsgruppen werden im Feld *Berechtigungsgruppe* (SECU) gespeichert. Sind hier keine hinterlegt, können diese mit dem Report RSCSAUTH nachgepflegt werden, auch von Benutzern ohne Entwicklerschlüssel.

In welchem Mandanten wurden die Programme angelegt?
Der Mandant, in dem das Programm angelegt wurde, wird im Feld *Mandant* (RMAND) gespeichert.

7.7.5 Programm-übergreifende Suche in Quelltexten

Insbesondere für die Prüfung von komplexen Eigenentwicklungen ist es notwendig, nicht nur einzelne Programm-Quelltexte zu überprüfen, sondern umfassend eine Vielzahl von Programmen zu untersuchen. Auch hierfür stellt R/3 Möglichkeiten zur Verfügung. Mit zwei Reports können Quelltexte von Programmen nach verschiedenen Kriterien durchsucht werden. Maßgebliche Unterschiede der Programme sind:

Report RPR_ABAP_SOURCE_SCAN	Report RSABAPSC
Es können mehrere Programmnamen oder generische Namen (z.B. Y*, Z*) angegeben werden, die durchsucht werden sollen. Auch eine Selektion nach Programmtyp oder Entwicklungsklasse / Paket ist möglich.	Es kann nur genau ein Programmname eingegeben werden.Zusätzlich kann hier auch ein Funktionsbaustein oder ein Transaktionsname angegeben werden, in dessen Quelltext nach den Zeichenketten gesucht wird.
Es können mehrere Zeichenketten angegeben werden, nach denen die Quelltexte durchsucht werden sollen. Es kann nach beliebigen Zeichenketten gesucht werden.	Es können mehrere Zeichenketten angegeben werden, nach denen die Quelltexte durchsucht werden sollen. Es kann nur nach ABAP-Sprachbefehlen gesucht werden.
Es kann auch in Unterprogrammen (Includes) gesucht werden. Die Quelltexte von aufgerufenen Funktionsbausteinen werden nicht durchsucht.	Es kann auch in Unterprogrammen (Includes) gesucht werden. Es werden auch die Quelltexte von aufgerufenen Funktionsbausteinen durchsucht.
Es wird automatisch in allen aufgerufenen Includes gesucht.	Es muss eine Rekursionstiefe für die Suche angegeben werden.
Von den Suchergebnissen aus kann in den Quelltext der Programme verzweigt werden.	Von den Suchergebnissen aus kann in den Quelltext der Programme verzweigt werden.

Nachfolgend ist die Nutzung beider Programme erläutert.

Der Report RPR_ABAP_SOURCE_SCAN

Abb. 7.7.10 zeigt die Selektionsmaske des Reports. Achten Sie hier insbesondere auf folgende Punkte:

- Geben Sie im Feld *Gesuchter String* die Zeichenkette ein, nach der Sie suchen wollen. Das Programm sucht grundsätzlich genau nach der Zeichenkette, es müssen keine Sterne davor oder dahinter eingegeben werden. Über die Mehrfachselektion können mehrere Zeichenketten eingegeben werden.

- Markieren Sie den Punkt *Includes auflösen*, wenn Sie auch die Zeichenketten in den Unterprogrammen der jeweiligen Programme suchen möchten. Dies ist in den meisten Fällen sinnvoll.
- Markieren Sie den Punkt *Kommentarzeilen ignorieren*, wenn Sie nur in den Quelltexten selbst suchen möchten, nicht in den Kommentarzeilen. Dieser Punkt sollte immer angehakt werden.
- Wenn Sie unter *Programmname* keine einzelnen Programmnamen eintragen, sondern z.B. Z*, können Sie die Suche auch nur auf die ausführbaren Programme (Reports) beschränken. Geben Sie hierfür im Feld *Programmtyp* den Wert 1 (*Ausführbares Programm*) ein.

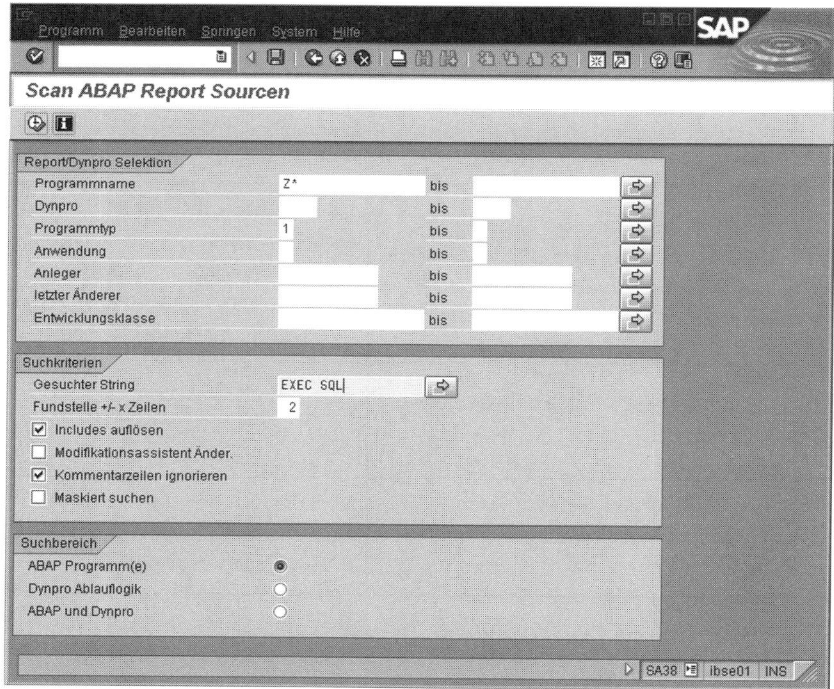

Abb. 7.7.10: Die Selektionsmaske des Reports RPR_ABAP_SOURCE_SCAN

Das Ergebnis wird wie in Abb. 7.7.11 dargestellt. Die Zeile, in der die Zeichenkette gefunden wurde, ist gelb hinterlegt. Durch einen Klick auf die Zeile gelangen Sie in den ABAP-Editor, wo der gesamte Quelltext des Programms angezeigt wird.

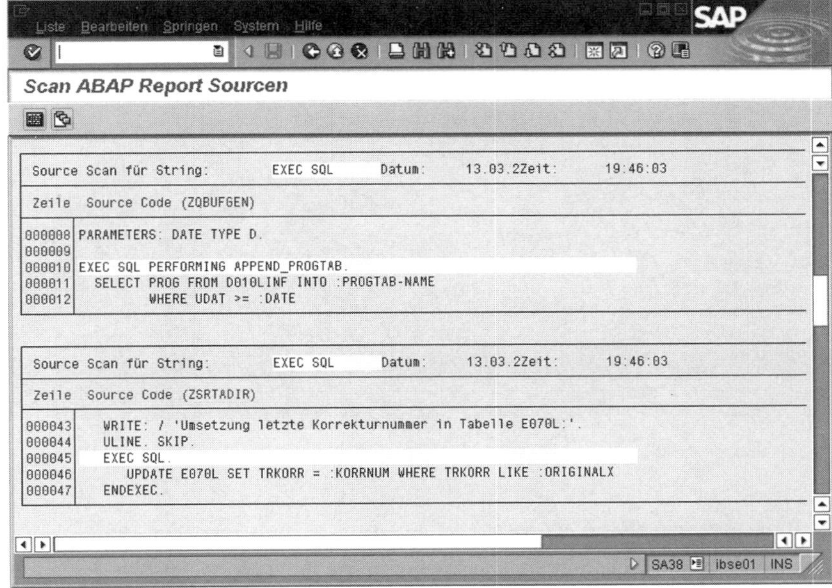

Abb. 7.7.11: Das Ergebnis des Reports RPR_ABAP_SOURCE_SCAN

Der Report RSABAPSC

Im Gegensatz zum Report RPR_ABAP_SOURCE_SCAN sucht dieser Report auch in den vom Programm aufgerufenen Funktionsbausteinen. Allerdings kann hier immer nur ein einziges Programm durchsucht werden. Auch ist nicht die Suche nach allen Zeichenketten möglich, sondern nur nach ABAP-Befehlen. Dies ist allerdings sehr hilfreich, da z.B. Berechtigungsprüfungen immer weniger in die Quelltexte selbst programmiert werden. Vielmehr werden Funktionsbausteine aufgerufen, in denen die Berechtigungsprüfungen hinterlegt sind. Auch solche Berechtigungsprüfungen werden von diesem Report gefunden. Abb. 7.7.12 zeigt die Selektionsmaske des Reports.

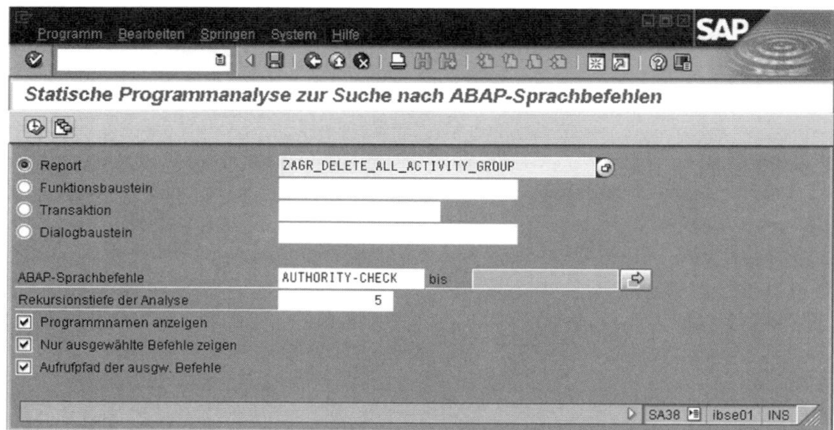

Abb. 7.7.12: Die Selektionsmaske des Reports RSABAPSC

Hier ist in der Selektionsmaske auf folgendes zu achten:

- Im Feld *ABAP-Sprachbefehle* geben Sie den gesuchten Befehl ein. Es muss exakt der Name des Befehls eingegeben werden, da ansonsten kein Ergebnis angezeigt wird, also z.B. AUTHORITY-CHECK statt nur AUTHORITY.
- Im Feld *Rekursionstiefe der Analyse* ist anzugeben, in wie vielen verschachtelten Unterprogrammen gesucht werden soll. Der Standardwert 5 ist hier in den meisten Fällen ausreichend. Führt dies zu keinem Ergebnis bei der Suche, sollte das Feld Rekursionstiefe leer gelassen werden (was die Laufzeit natürlich erhöht), damit uneingeschränkt in allen Unterprogrammen und Funktionsbausteinen gesucht wird.
- Sie können auch überprüfen, ob in Transaktionen bestimmte Befehle (maßgeblich wohl Berechtigungsprüfungen) vorkommen. Geben Sie hierzu im Feld *Transaktion* den Namen der Transaktion ein. Ausgangspunkt für die Suche ist dann das ABAP-Programm, das zur Transaktion hinterlegt ist.
- Um ein übersichtliches Ergebnis zu erhalten, setzen Sie jeweils bei den Punkten *Programmnamen anzeigen, Nur ausgewählte Befehle anzeigen* und *Aufrufpfad der ausgew. Befehle* einen Haken.

Abb. 7.7.13 zeigt ein Suchergebnis dieses Reports. In der ersten Spalte steht jeweils der Programmname, in dem der Befehl gefunden wurde. In der zweiten Spalte sind die einzelnen verschachtelten Aufrufe der Programme zu erkennen. Die gesuchten Sprachbefehle sind jeweils grün hinterlegt.

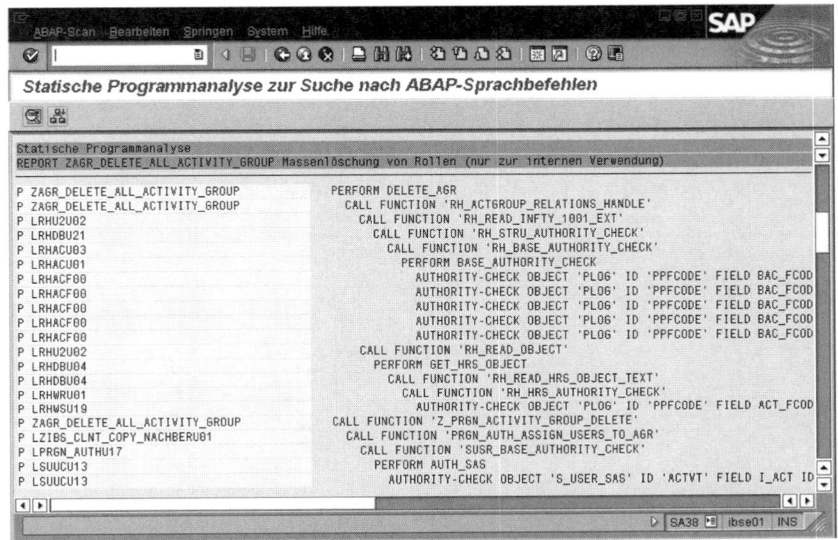

Abb. 7.7.13: Das Ergebnis des Reports RSABAPSC

7.7.6 Die Versionshistorie

SAP R/3 führt für die Elemente der Entwicklungsumgebung eine Historie mit. Änderungen an den Elementen werden in der *Versionsdatenbank* gespeichert. Die Versionen der Programme und die Programme selbst sind Bestandteil der Verfahrensdokumentation und unterliegen der Aufbewahrungspflicht von 10 Jahren.

Es werden allerdings nicht automatisch alle Änderungen mitprotokolliert. Versionen werden gezogen, wenn

- Änderungen an einem Element vorgenommen wurden,
- ein Änderungsauftrag freigegeben wurde (hierdurch ist gesichert, dass jede transportierte Version nachvollziehbar ist) und
- ein Entwickler manuell eine Version zieht.

Anzeige der Versionen zu einzelnen Programmen

Aufgerufen wird die Versionsverwaltung für ABAP-Programme in der Einstiegsmaske der Transaktion SE38 über den Menüpfad *Hilfsmittel - Versionen - Versionsverwaltung*. Um die Versionen zu einem Programm anzeigen zu lassen geben Sie den Programmnamen in der Transaktion SE38 ein und wählen diesen Menüpfad aus. Es werden alle vorhandenen Versionen angezeigt (Abb. 7.7.14).

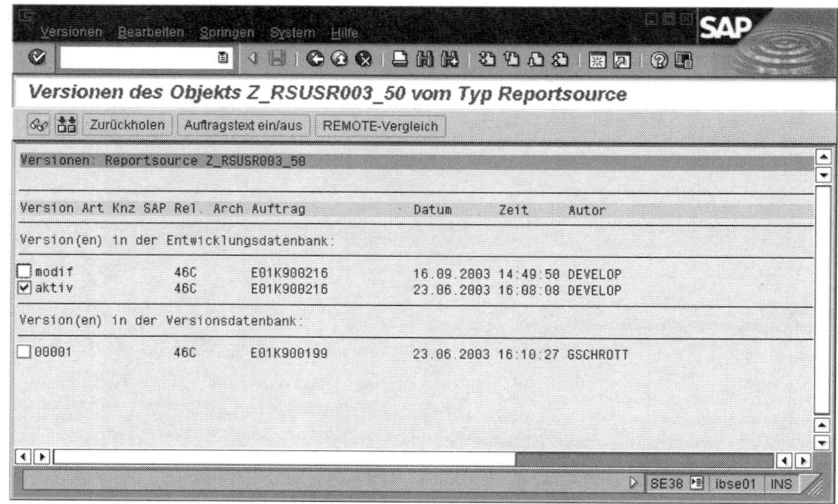

Abb. 7.7.14: Die Versionsverwaltung

In dieser Anzeige werden folgende Informationen dargestellt:

- Die Art der Version
  Folgende Angaben können hier möglich sein:
  - #### Die Nummer der Version
  - aktiv Hierbei handelt es sich um die z.Z. aktive Version
  - modif Hierbei handelt es sich um eine veränderte Version gegenüber der aktiven Version

  Sie können mit Doppelklick zur Version des Elements verzweigen.
- Art der Versionserzeugung
  Folgende Angaben können hier möglich sein:
  - " " Version ist durch die Freigabe eines Auftrages entstanden.
  - I Version ist durch einen Import entstanden.
  - S Die Version wurde auf Grund einer Systemanforderung gezogen, z.B. für eine Sicherheitskopie vor einer Eröffnung einer Korrektur oder einer Reparatur.
  - U Die Version wurde von einem Benutzer gezogen. Diese Versionen werden bei der Freigabe des Auftrages durch eine normale Version (" ") ersetzt.
- Der Releasestand des R/3-Systems

- Der Änderungsauftrag, in dem die Änderungen gespeichert wurden. Mit Doppelklick können Sie zum Auftrag verzweigen.
- Datum und Uhrzeit der letzten Änderung
- Benutzername des letzten Änderers

Von den angezeigten Versionen können zwei beliebige miteinander verglichen werden, um die Unterschiede zu ermitteln. Hierfür sind die zu vergleichenden zwei Versionen zu markieren. Danach ist der Menüpunkt *Versionen - Vergleichen* aufzurufen. Es werden die Unterschiede angezeigt (Abb. 7.7.15).

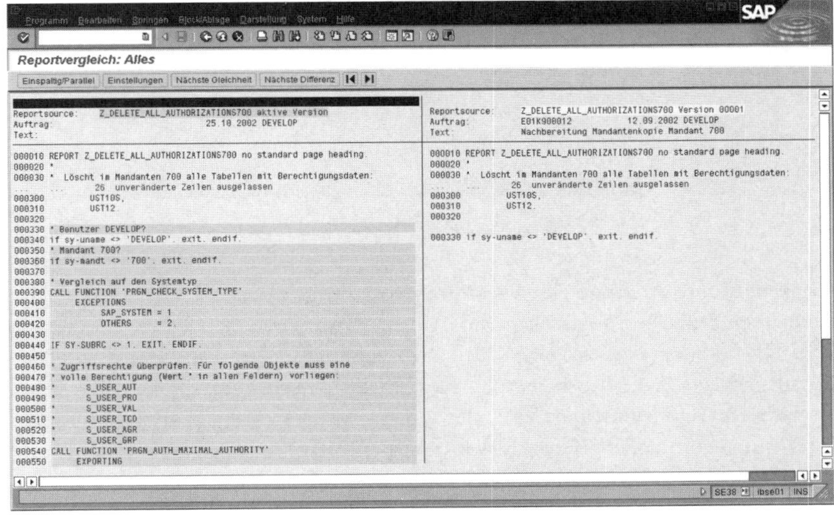

Abb. 7.7.15: Der Vergleich zweier Versionen

Der Vergleich kann auch systemübergreifend durchgeführt werden. Dies ist insbesondere dann sinnvoll, wenn im Produktivsystem Reparaturen ausgeführt wurden. Zum Vergleich einer Version eines Elements mit einer Version eines anderen Systems wählen Sie zuerst wieder die Version aus, die Sie vergleichen möchten (meistens die aktive Version). Wählen Sie dann den Menüpfad *Versionen - REMOTE-Vergleich* aus. Im darauffolgenden Fenster wählen Sie das Zielsystem aus. Ihnen werden dann aus diesem System die vorhandenen Versionen des Elements angezeigt. Wählen Sie hier eine zum Vergleich aus, und klicken Sie auf die Schaltfläche *REMOTE-Vergleich*. Der Vergleich wird durchgeführt. In der in Abb. 7.7.16 markierten Zeile werden die R/3-Systeme angezeigt, über die der Vergleich durchgeführt wurde.

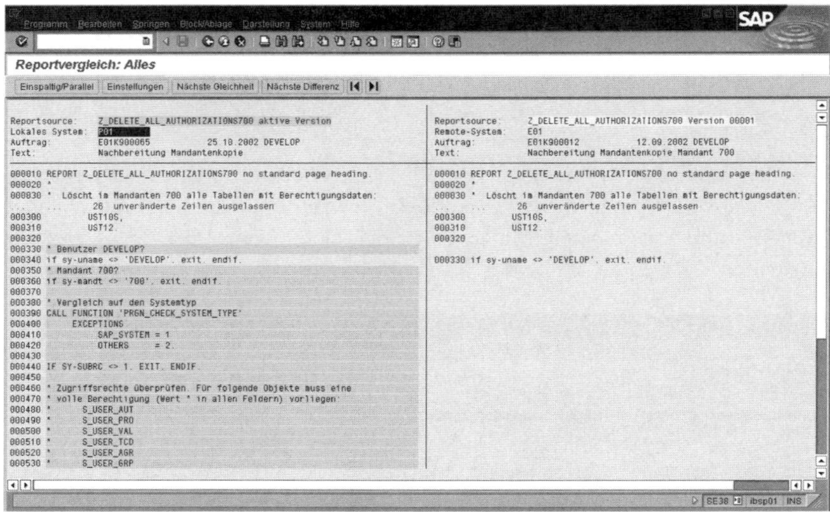

Abb. 7.7.16: Der Remote-Vergleich von Programmen

Übergreifende Anzeige der Versionen von Programmen

Eine übergreifende Möglichkeit zur Anzeige von Versionen bietet der Report RSVCDI00 (Versionsanzeige für alle versionierbaren Objekte). In der Einstiegsmaske des Reports werden alle Objektklassen angezeigt, zu denen automatisch von R/3 Versionen bei Änderungen erzeugt werden. Von diesem Report aus können somit alle Versionshistorien aller Objekte angezeigt werden.

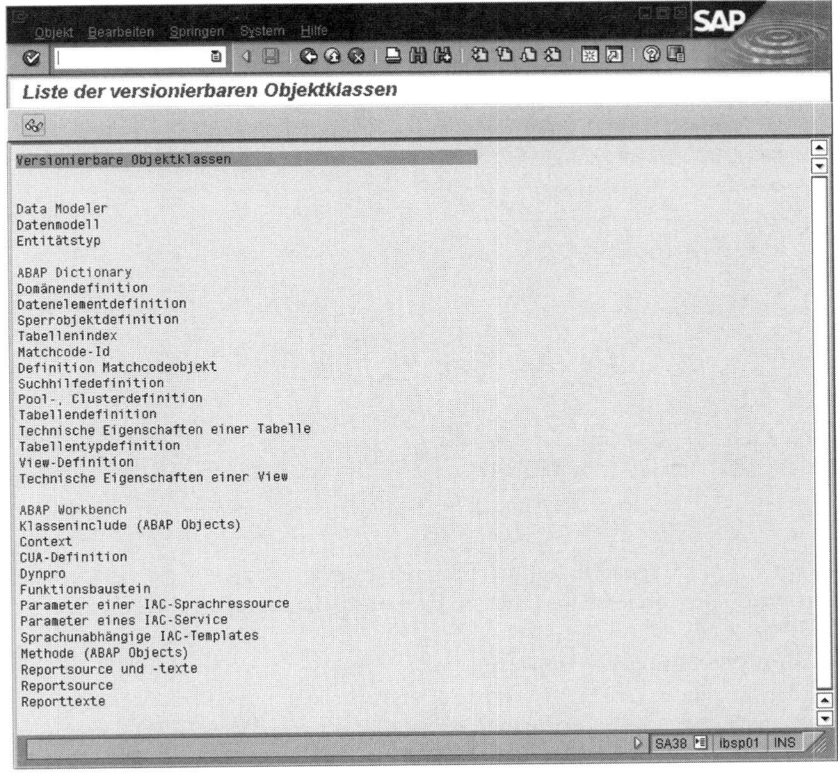

Abb. 7.7.17: Liste aller Objekttypen, zu denen Versionen erzeugt werden

Zur Überprüfung, welche Programme geändert wurden, ist der Eintrag Reportsource mit Doppelklick auszuwählen. Im darauffolgenden Fenster kann eingegrenzt werden auf einzelne Programmnamen (auch generische Angaben sind möglich, z.B. Z*), auf die Auftragsnummern, den Änderer (Autor) oder ab einem speziellen Datum. Um eine Liste aller geänderten Programme zu bekommen lassen Sie die Selektionsmaske leer. Abb. 7.7.18 zeigt beispielhaft geänderte Programme des Benutzers DEVELOP.

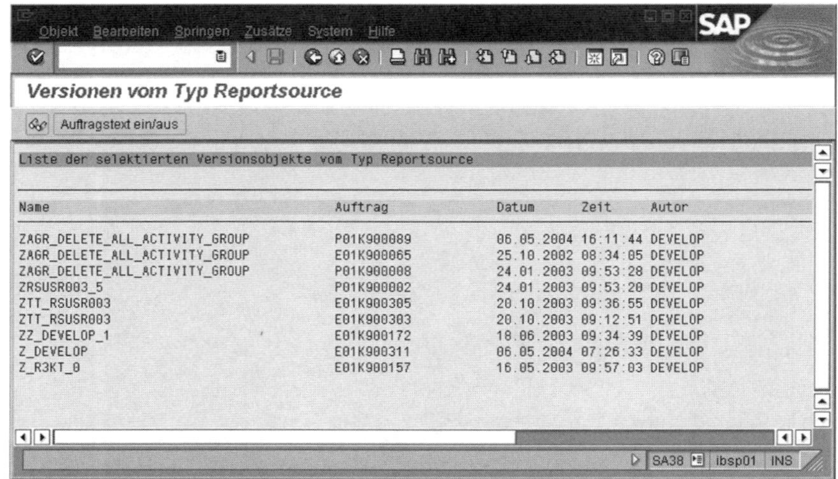

Abb7.7.18: Geänderte Programme mit Versionen

Durch einen Doppelklick auf ein Programm gelangen Sie in die Anzeige der Versionen. Verfahren Sie hier wie bereits vorhergehend beschrieben.

Versionserzeugung bei Importen

Die Versionen der Programme werden standardmäßig nur in dem System gespeichert, in welchem die Änderungen durchgeführt werden. Werden Programme im Entwicklungssystem geändert und ins Produktivsystem transportiert, werden die Versionen nicht mittransportiert und befinden sich daher nur im Entwicklungssystem. Da die Versionen der Programme aufbewahrungspflichtig sind, ist es häufig notwendig und sinnvoll, diese bei den produktiven Daten zu speichern. Problematisch ist es z.B., wenn das Entwicklungssystem neu mit dem Repository des Produktivsystems überschrieben werden soll. In dem Fall werden die Versionen der Programme überschrieben.

Durch das Setzen des Transportparameters VERS_AT_IMP auf den Wert ALWAYS im Produktivsystem wird erreicht, dass dort beim Import vom Programmen automatisch Versionen erzeugt werden. Standardmäßig steht dieser Parameter auf dem Wert NEVER, so dass durch Importe keine Versionen gezogen werden. Hierdurch wird eine Versionshistorie somit im Produktivsystem vorgehalten.

Überprüft werden kann dies mit dem Report RSTMSTPP, der für ein System die Transportparameter anzeigt. In der Selektionsmaske ist der Name des Produktivsystems einzutragen. Eingetragen und auch angezeigt wird der Parameter in der Transaktion STMS in den Systemeigenschaften (Menüpfad *Übersicht - Systeme*), Doppelklick auf ein System, Register *Transporttool*.

Löschen der Versionshistorien
Auf Grund der Aufbewahrungspflicht ist es äußerst kritisch, wenn die Versionen gelöscht werden. Zum Löschen stellt R/3 zwei Reports zur Verfügung:

RSVCAD03:	Löschen aller Versionen eines Objektes
RSVCAD04:	Löschen aller Versionen eines Objektes bis zu einem bestimmten Datum

In diese Reports sind keine Berechtigungsprüfungen implementiert, so dass sie von jedem Benutzer aufgerufen werden können, der Reports nutzen kann, z.B. mit der Transaktion SA38. Eine Protokollierung des Löschens erfolgt nicht, so dass das Löschen nicht nachvollzogen werden kann. Hier besteht daher die Gefahr, dass durch die Nutzung dieser Reports gegen gesetzliche Auflagen verstoßen wird. Diese Reports sind vor unbefugtem Ausführen zu schützen. Werden im Produktivsystem keine Versionen beim Import erzeugt, dürfen diese Reports auch im Entwicklungssystem nicht auszuführen sein. Eine Möglichkeit des Schutzes besteht darin, den Reports Berechtigungsgruppen zuzuordnen und das Recht zum Ausführen dieser Gruppen nicht zu vergeben.

Archivierung der Versionshistorie
Da die Programmversionen der Aufbewahrungspflicht unterliegen, stellt R/3 hierfür ein eigenes Archivierungsobjekt zur Verfügung: VERSIONS (Versionen von Repositoryobjekten). Hierüber werden die Tabellen der Versionsverwaltung archiviert:

VRSD	Versionsverwaltung: Directory Tabelle
VRSMODISRC	Versionsablage für SMODISRC
VRSX	Zentrale Tabelle zur Versionsverwaltung
VRSX2	Zentrale Tabelle zur Versionsverwaltung (Reportsourcen)
VRSX3	Zentrale Datentabelle zur Versionsverwaltung (Methoden usw.)

7.7.7 Dumps - ABAP-Programmabbrüche

Im Zuge einer Systemprüfung sind auch die ABAP-Programmabbrüche zu untersuchen. Bei jedem Programmabbruch wird ein Kurzdump erzeugt, der Aufschluss gibt über den Systemzustand, den Benutzer, den Quellcode, den Inhalt der Variablen usw. Diese Informationen werden in der Tabelle SNAP gespeichert. Insbesondere bei Programmen aus Eigenentwicklungen ist auf Programmabbrüche zu achten. Diese Abbrüche sind den entsprechenden Entwicklern umgehend zu melden, damit die Fehler behoben werden können. Treten häufig Abbrüche bei SAP-eigenen Programmen auf, ist zu untersuchen, ob dies mit einer fehlerhaften Konfiguration des Systems zusammenhängen kann. Ansonsten ist dieser Fehler evtl. direkt in dem Programm zu beheben. Zuerst ist nach OSS-Hinweisen zu suchen, in denen dieser Fehler bereits beschrieben wurde. Ist hier nichts bekannt, ist eine OSS-Meldung anzulegen, um den Fehler in Zusammenarbeit mit SAP zu beseitigen.

Einen Überblick über die Programmabbrüche bietet die Transaktion ST22 (Menüpfad *Werkzeuge - ABAP Workbench - Test - Dump-Analayse*). Hier können Sie in der Einstiegsmaske wählen, ob Sie die Dumps für gestern oder heute sehen möchten. Führen Sie beides einmal aus, um sich einen Überblick über die Programmabbrüche der letzten beiden Tage zu informieren.

Um festzustellen, welche Abbrüche für einen bestimmten zurückliegenden Zeitraum existieren, wählen Sie in der Einstiegsmaske der Transaktion ST22 die Schaltfläche *Selektion* aus. Hierdurch wird der Report RS380SEL aufgerufen, der auch direkt über die Transaktion SA38 (Menüpfad *System - Dienste - Reporting*) aufgerufen werden kann. In der Selektionsmaske können Sie nun Kriterien zur Auswahl von Kurzdumps eintragen (siehe Abb. 7.7.19).

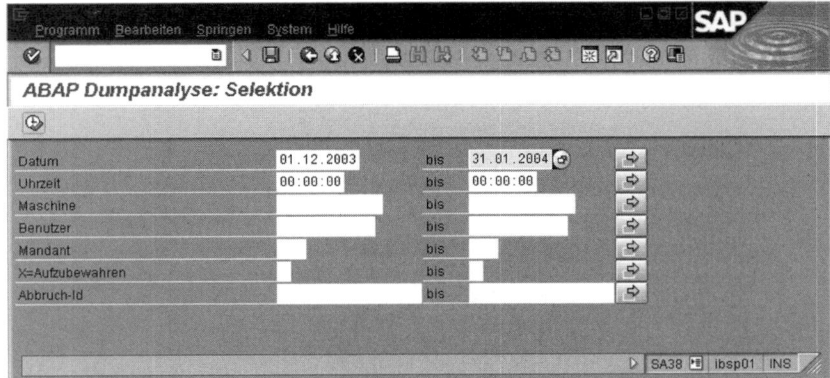

Abb. 7.7.19: Report RS380SEL - Selektionskriterien zum Anzeigen von Kurzdumps

Danach wird Ihnen eine Auflistung der Kurzdumps für den entsprechenden Zeitraum angezeigt. Um die Daten des Dumps anzeigen zu lassen, doppelklicken Sie auf den entsprechenden Eintrag. Es werden die gesamten Daten des Dumps angezeigt.

Dies sind teilweise unüberschaubare Mengen an Informationen. Die Anzeige ist in verschiedene Abschnitte eingeteilt. Über die Schaltfläche *Übersicht* (Menüpfad *Springen - Übersicht*) werden die Überschriften der einzelnen Abschnitte angezeigt (Abb. 7.7.20).

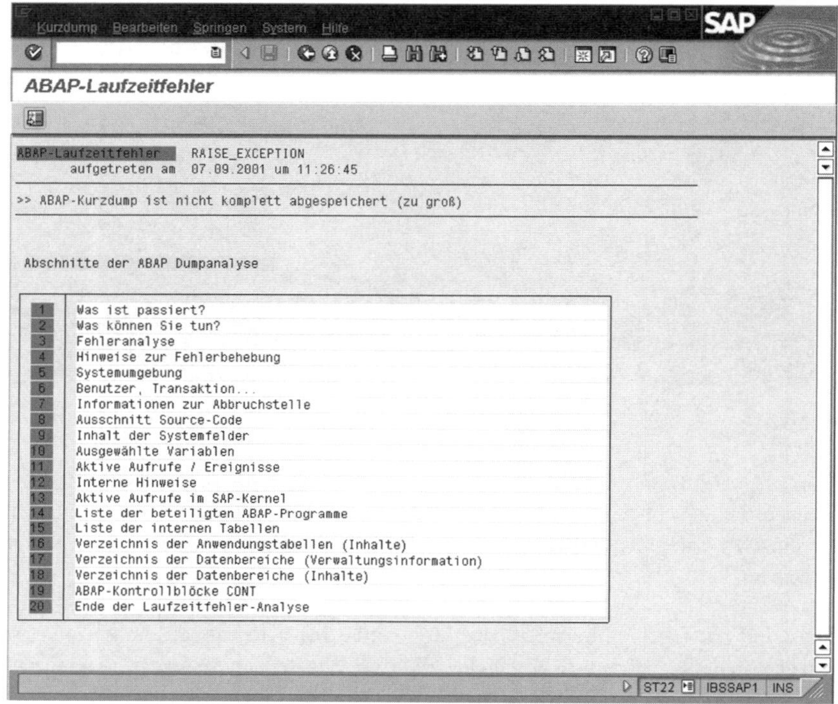

Abb. 7.7.20: Report RS380SEL - Anzeige der Abschnitte eines Kurzdumps

Hier kann auf einfache Weise der Abschnitt ausgewählt werden, der relevante Daten enthält. Dies sind im Wesentlichen folgende Abschnitte:

- Hinweise zur Fehlerbehebung
  In diesem Punkt finden sich Hinweise, welche Vorgehensweise zur Fehlerbehebung notwendig ist, z.B.:

```
------------------------------
Hinweise zur Fehlerbehebung
--------------------------
- Angegebenes Programm neu generieren
- Falls nicht generierbar: Programm sichern (d.h.
kopieren), dann
  löschen und Sicherung wieder laden
Falls der Fehler in einem nicht modifizierten SAP-
Programm vorkommt
findet sich vielleicht eine Vorablösung im SAP-
Hinweissystem.
```

```
Falls Sie selbst Zugang zum SAP-Hinweissystem haben,
so suchen Sie
Bitte zunächst nach folgenden Schlagworten:
---------------------------------------------------------
-----------------
 "DFIF_REPO_PART_ALREADY_EXISTS"
 "SAPLSDSD " bzw. "LSDSDF15 "
 "GENERATED_PROG_GENERATE"
---------------------------------------------------------
-----------------
Falls Sie das Problem nicht selbst lösen können, so
senden Sie bitte
folgende Unterlagen an SAP:

1. Ausdruck der vorliegenden Problembeschreibung
   Hierzu wählen Sie bitte in der aktuellen Anzeige
die Funktion
   "Drucken" aus.

2. Passender Ausdruck des Systemlogs
   Hierzu rufen Sie bitte mit der Transaktion SM21
den Systemlog auf
   und bringen mit der Funktion "Drucken" den das
Problem betreffenden
   Teil davon zu Papier.

3. Falls es sich um eigene Programme oder um modifi-
zierte SAP-Programme
   handelt: Source-Code dieser Programme
   Hierzu können Sie im Editor das Kommando "PRINT"
verwenden oder die
   Programme durch das Programm RSINCL00 ausdrucken
lassen.

4. Hinweise, unter welchen Bedingungen der Fehler bis-
her aufgetreten ist
   bzw. welche Aktionen und Eingaben zu dem Fehler
geführt haben
```

- Systemumgebung
  Zeigt Systeminformationen an, z.B.:

```
-------------------------
```

```
Systemumgebung
------------------------
SAP-Release. . . . . . . . . . . . . . . . . "46B"
Applikationsserver. . . . . . . . . . . . . "IBSSAP1"
Netzwerkadresse  . . . . . . . . . "192.192.192.10"
Betriebssystem . . . . . . . . . . . . "Windows NT"
Release  . . . . . . . . . . . . . . . . . . . "0"
Hardwaretyp . . . . . . . . . . . . . . . "PENTIUM"

Datenbankserver. . . . . . . . . . . . . . "IBSSAP1"
Datenbanktyp . . . . . . . . . . . . . . . "ORACLE"
Datenbankname . . . . . . . . . . . . . . . . "C40"
Datenbank-User-Id. . . . . . . . . . . . . . "SAPR3"

Zeichensatz . . . . . . . . . "German_Germany.1252"

SAP-Kernel . . . . . . . . . . . . . . . . . . "46B"
hergestellt am . . . . . . . . "May 11 1999 22:37:23"
hergestellt auf "NT 4.0 1381 Service Pack 3 x86 MS VC++
11.00?"
Datenbankversion  . . . . . . . . . "ora OCI_80400"

Patch-Level. . . . . . . . . . . . . . . . . . "393"
Patch-Text " "

Unterstützte Umgebung . . . . . . . . . . . . . .
Datenbank  . . . . . . . . . . . "ORACLE 8.0.*.*.*"
SAP-Datenbankversion  . . . . . . . . . . . . "40B"
Betriebssystem . . . . . . . . . . . "Windows NT 0 4"
```

- Benutzer, Transaktion

Gibt Informationen zum Mandanten, Benutzer und Programm, z.B.:

```
-----------------------------
Benutzer, Transaktion...
-----------------------------

Mandant. ...................................100
Benutzer ..........................."TOMTIEDE"
Sprachenschlüssel ..........................."D"
Transaktion ..........................."SA38 "
Programm ..........................."SAPLSDSD "
Dynpro ..........................."SAPLSDSD 0246"
Dynprozeile ...................................7
```

- Informationen zur Abbruchstelle

Zeigt an, wo der Fehler im Programm aufgetreten ist, z.B.:

```
-------------------------------------------
Informationen zur Abbruchstelle
-------------------------------------------

Der Abbruch trat im ABAP-Programm " LSDSDF15 " auf, und
zwar in
"GENERATED_PROG_GENERATE".
Das Hauptprogramm war " SAPLSDSD ".

Im Source-Code findet sich die Abbruchstelle in Zeile
313
(bei Anwahl des Editors: 3130) der ABAP-Source "
LSDSDF15 ".
```

7.7.8 Checkliste zur Programmiersprache ABAP

Nr.	Verwendung	Fragestellungen / Risiko	Ordnungsmäßigkeits-Vorgaben
1	1	Wer besitzt die Berechtigung zum Anlegen oder Ändern von ABAP-Programmen? Hier besteht das Risiko, dass unberechtigte Benutzer Programme manipulieren können.	Nur die Entwickler dürfen diese Berechtigung besitzen.
2	3	Befinden sich Originaldaten aus dem Produktivsystem im Entwicklungs- / Testsystem? Hier besteht das Risiko, dass im Entwicklungssystem auf produktive Daten zugegriffen werden kann. Insbesondere bei sensiblen Daten, wie z.B. Mitarbeiterdaten, ist dies äußerst kritisch.	Originaldaten dürfen nur übertragen werden, wenn sie anonymisiert wurden.
3	3	Wird in neu angelegten ABAP-Programmen der Befehl EXEC SQL verwendet? Hier besteht das Risiko, dass durch diese Programme Tabellen direkt in der Datenbank geändert werden können und damit die Sicherheitsmechanismen von R/3 umgangen werden.	Generell ist dieser Befehl nicht zu verwenden, nur bei systemnahen Zugriffen auf die Datenbank, z.B. für ein Monitoring.

Nr.	Verwendung	Fragestellungen Risiko	Ordnungsmäßigkeits-Vorgaben
4	3	Wird der SELECT-Zusatz CLIENT SPECIFIED in neu angelegten ABAP-Programmen verwendet? Hier besteht das Risiko, dass über diese Programme ein Zugriff auf Tabellen aus anderen Mandanten ermöglicht wird, z.B. vom Mandanten 000 aus auf den Produktivmandanten.	Bei Verwendung dieses Befehls ist genauestens zu prüfen, welche Daten mandantenübergreifend gelesen werden sollen.
5	3	Werden in neu angelegten Dialoganwendungen ENQUEUE-Bausteine zur Sperrung von Daten genutzt? Hier besteht das Risiko, dass durch fehlende Sperrungen mehrere Benutzer gleichzeitig denselben Datensatz bearbeiten können und dadurch Inkonsistenzen entstehen.	Bevor Daten von einem Programm geändert werden dürfen, sind diese auf jeden Fall zu sperren.
6	1	Sind in neu angelegten ABAP-Programmen Berechtigungsprüfungen implementiert? Hier besteht das Risiko, dass ungeschützte Programme von unberechtigten Benutzern ausgeführt werden können.	Alle Programme sind über das Berechtigungskonzept zu schützen.

Nr.	Verwendung	Fragestellungen / Risiko	Ordnungsmäßigkeits-Vorgaben
7	3	Gibt es häufig Programmabbrüche, speziell in den eigenerstellten Programmen? Hier besteht das Risiko, dass fehlerhafte Programme die Datenkonsistenz im Produktivsystem beeinträchtigen.	Es sollten keine Programmabbrüche vorkommen. Kommen welche vor, so sind die Ursachen schnellstmöglich zu beheben.
8	1	Wer besitzt das Zugriffsrecht, im Produktivsystem ABAP-Programme zu debuggen mit Replace-Möglichkeit? Hier besteht das Risiko, dass Daten über Hauptspeicheränderungen manipuliert werden können und damit gegen §239 HGB (Radierverbot) verstoßen wird.	Dieses Zugriffsrecht darf im Produktivsystem niemandem zugeordnet werden.
9	1	Wurden in letzter Zeit im Produktivsystem im Debug-Modus Hauptspeicherinhalte geändert? Hier besteht das Risiko, dass Daten im Änderungsmodus manipuliert wurden.	Änderungen von Hauptspeicherinhalten im Debug-Modus dürfen im Produktivsystem nicht vorkommen.

Nr.	Verwendung	Fragestellungen / Risiko	Ordnungsmäßigkeits-Vorgaben
10	1	Wird durch den Import neuer Programmversionen eine Versionshistorie im Produktivsystem erzeugt? Hier besteht das Risiko, dass aufbewahrungspflichtige Programmversionen nicht archiviert werden.	Alle Versionen von eigenen Programmen sind aufbewahrungspflichtig (gem. HGB 10 Jahre). Sie können aber auch im Entwicklungssystem archiviert werden.
11	1	Können die Reports zum Löschen von Versionen genutzt werden? Hier besteht das Risiko, dass Versionen gelöscht werden und damit zum einen gegen geltende Gesetze verstoßen wird und zum anderen keine Nachvollziehbarkeit über die Programmänderungen gegeben ist.	Das Löschen der Versionshistorie ist nicht zulässig.

7.7.9 Praktische Prüfung zur Programmiersprache ABAP

1. Überprüfen Sie, wer die Berechtigung zum Anlegen oder Ändern von ABAP-Programmen besitzt!
   Rufen Sie die Transaktion SA38 (Menüpfad *System - Dienste - Reporting*) auf, und lassen Sie sich den Report RSUSR002 anzeigen. Tragen Sie als Selektionskriterium folgende Werte ein, um zu überprüfen, wer neue ABAP-Programme anlegen darf:

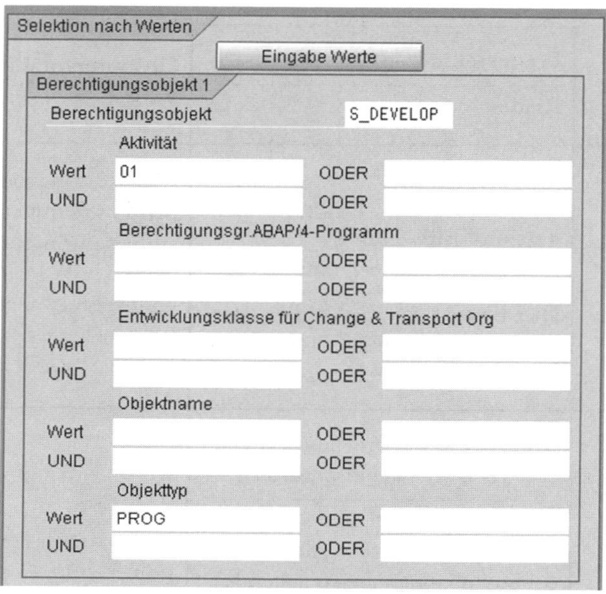

Tragen Sie folgende Werte ein, um zu überprüfen, wer neue ABAP-Programme ändern darf:

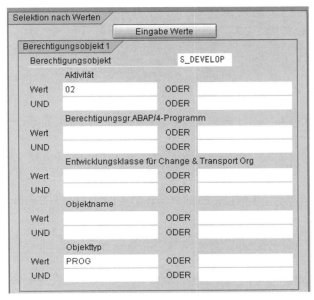

Selektion nach Werten

Eingabe Werte

Berechtigungsobjekt 1

Berechtigungsobjekt			S_DEVELOP
	Aktivität		
Wert	02	ODER	
UND		ODER	
	Berechtigungsgr.ABAP/4-Programm		
Wert		ODER	
UND		ODER	
	Entwicklungsklasse für Change & Transport Org		
Wert		ODER	
UND		ODER	
	Objektname		
Wert		ODER	
UND		ODER	
	Objekttyp		
Wert	PROG	ODER	
UND		ODER	

2. Überprüfen Sie, ob sich im Entwicklungs- und Testsystem Originaldaten aus dem Produktivsystem befinden!
   Dies kann nur stichprobenartig überprüft werden. Überprüfen Sie im Entwicklungs- und Testsystem den Inhalt z.B. folgender Tabellen mit der Transaktion SE16 / SE16N:

KNB1	Kundenstamm (Buchungskreis)
KNC1	Kundenstamm Verkehrszahlen
LFB1	Lieferantenstamm (Buchungskreis)
LFC1	Lieferantenstamm Verkehrszahlen
PA0001	Mitarbeiterstammdaten

3. Überprüfen Sie, ob in neu angelegten ABAP-Programmen der Befehl EXEC SQL verwendet wird!
   - Rufen Sie die Transaktion SA38 auf, und führen Sie den Report RPR_ABAP_SOURCE_SCAN aus.
   - Geben Sie folgende Selektionskriterien ein:

Programmname:	Y*, Z* (über die Mehrfachselektion)
Programmtyp:	1 (Ausführbares Programm)
Gesuchter String:	EXEC SQL
Includes auflösen:	Aktivieren
Kommentarzeilen ignorieren:	Aktivieren

- Führen Sie den Report aus. Als Ergebnis werden alle unternehmenseigenen Reports angezeigt, in denen der Befehl EXEC SQL genutzt wird.

4. Überprüfen Sie, ob in neu angelegten ABAP-Programmen der SELECT-Zusatz CLIENT SPECIFIED verwendet wird!
   Gehen Sie vor wie unter Punkt 3. Tragen Sie in der Selektionsmaske des Reports RPR_ABAP_SOURCE_SCAN im Feld *Gesuchter String* den Text CLIENT SPECIFIED ein.
5. Überprüfen Sie, ob in neu angelegten Dialoganwendungen ENQUEUE-Bausteine zur Sperrung von Daten genutzt werden!
   Gehen Sie vor wie unter Punkt 3. Tragen Sie in der Selektionsmaske des Reports RPR_ABAP_SOURCE_SCAN im Feld *Gesuchter String* den Text ENQUEUE ein.
6. Überprüfen Sie, ob in neu angelegten ABAP-Programmen Berechtigungsprüfungen implementiert sind!
   - Gehen Sie vor wie unter Punkt 3. Tragen Sie in der Selektionsmaske des Reports RPR_ABAP_SOURCE_SCAN im Feld *Gesuchter String* den Text AUTHORITY-CHECK ein.
   - Stellen Sie die gefundenen Reports der Liste aller unternehmenseigenen Reports gegenüber:
     - Rufen Sie die Transaktion SE16 / SE16N auf, und lassen Sie sich die Tabelle TRDIR anzeigen.
     - Geben Sie in der Selektionsmaske der Tabelle im Feld *Programmname* (NAME) die Werte Y* und Z* über die Mehrfachselektion ein und im Feld *ProgTyp* (SUBC) den Wert 1 (Ausführbares Programm). Lassen Sie sich das Ergebnis anzeigen.
   - Überprüfen Sie für Programme, die nicht in der Ergebnisliste des Reports RPR_ABAP_SOURCE_SCAN angezeigt werden, ob diese durch Berechtigungsprüfungen in Unterprogrammen oder Funktionsbausteinen geschützt sind:
     - Rufen Sie die Transaktion SA38 auf, und führen Sie den Report RSABAPSC aus. Tragen Sie einen Programmnamen im Feld Report ein.
     - Geben Sie im Feld *ABAP-Sprachbefehle* AUTHORITY-CHECK ein. Lassen Sie im Feld *Rekursionstiefe der Analyse* den Wert 5 stehen.
     - Aktivieren Sie die Felder *Programmnamen anzeigen, Nur ausgewählte Befehle anzeigen* und *Aufrufpfad der ausgw. Befehle.*
     - Der Report sucht nun im Programm selbst, in den Unterprogrammen und in den aufgerufenen Funktionsbausteinen nach Berechtigungsprüfungen und zeigt diese an.

7. Überprüfen Sie, ob Programmabbrüche, speziell in den eigenerstellten Programmen, vorkommen!
   Rufen Sie die Transaktion ST22 auf. Geben Sie in der Selektionsmaske ein entsprechendes Datum ein, z.B. drei Monate zurück. Lassen Sie sich das Ergebnis anzeigen.
8. Überprüfen Sie, wer das Zugriffsrecht besitzt, ABAP-Programme im Produktivsystem zu debuggen mit Replace-Möglichkeit!
   Rufen Sie die Transaktion SA38 (Menüpfad *System - Dienste - Reporting*) auf, und lassen Sie sich den Report RSUSR002 anzeigen. Tragen Sie als Selektionskriterium im Block *Selektion nach Werten* folgende Werte ein, um zu überprüfen, wer ABAP-Programme debuggen darf:

Selektion nach Werten

Eingabe Werte

Berechtigungsobjekt 1

Berechtigungsobjekt	S_DEVELOP		
	Aktivität		
Wert	02	ODER	
UND		ODER	
	Berechtigungsgr.ABAP/4-Programm		
Wert		ODER	
UND		ODER	
	Objektname		
Wert		ODER	
UND		ODER	
	Objekttyp		
Wert	DEBUG	ODER	
UND		ODER	
	Paket		
Wert		ODER	
UND		ODER	

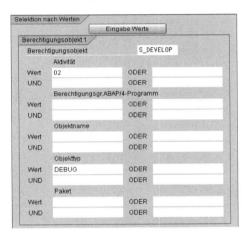

9. Überprüfen Sie, ob, letzter Zeit im Produktivsystem im Debug-Modus Hauptspeicherinhalte geändert wurden!
   Rufen Sie das SysLog mit der Transaktion SM21 auf. Lassen Sie die Felder *von Datum/Uhrzeit* und *bis Datum/Uhrzeit* leer. Klicken Sie auf die Schaltfläche *Meld.Kennungen*. Wählen Sie im darauffolgenden Fenster den Punkt *nur diese Meldungen* aus. Tragen Sie die Meldungsnummer *A1 9* ein, und klicken Sie auf die Schaltfläche *Benutzen*. Lassen Sie sich das SysLog anzeigen (Schaltfläche *SysLog neu lesen*). Werden Meldungen angezeigt, so ist dort zu erkennen, in welchem Programm welcher Feldinhalt geändert wurde (durch Doppelklick auf den entsprechenden Eintrag).
10. Überprüfen Sie, ob durch den Import neuer Programmversionen eine Versionshistorie im Produktivsystem erzeugt wird!
    Rufen Sie die Transaktion SA38 (Menüpfad *System - Dienste - Reporting*) auf, und

lassen Sie sich den Report RSTMSTPP anzeigen. Geben Sie in der Selektionsmaske den Namen des Produktivsystems an, und führen Sie den Report aus. Der Parameter VERS_AT_IMP gibt an, ob Versionen geschrieben werden:
VERS_AT_IMP = NEVER - Es werden keine Versionen erzeugt
VERS_AT_IMP = ALWAYS - Es werden Versionen erzeugt

11. Überprüfen Sie, ob die Reports zum Löschen von Versionen genutzt werden können!
Standardmäßig sind die Reports RSVCAD03 und RSVCAD04 nicht durch Berechtigungsprüfungen oder Berechtigungsgruppen geschützt. Überprüfen Sie, ob die Reports durch eigene Berechtigungsgruppen geschützt wurden. Rufen Sie die Transaktion SE16 / SE16N auf, und lassen Sie sich die Tabelle TRDIR anzeigen. Geben Sie im Feld *Programmname* (NAME) über die Mehrfachselektion die Namen der beiden Reports ein. Im Feld SECU ist die Berechtigungsgruppe hinterlegt. Standardmäßig ist das Feld leer, da keine Gruppe zugeordnet ist.
Überprüfen Sie als nächstes, wer diese Reports ausführen darf. Rufen Sie die Transaktion SA38 auf, und führen Sie den Report RSUSR002 aus. Geben Sie in der Selektionsmaske im Block *Selektion nach Werten* folgende Werte ein:

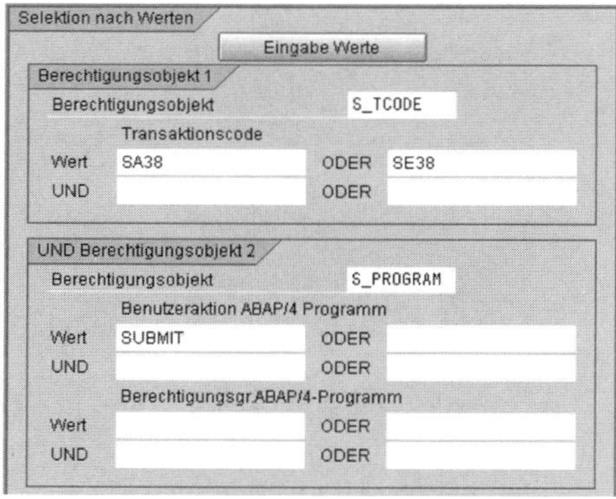
Selektion nach Werten
Eingabe Werte
Berechtigungsobjekt 1
Berechtigungsobjekt S_TCODE
Transaktionscode
Wert SA38 ODER SE38
UND ODER
UND Berechtigungsobjekt 2
Berechtigungsobjekt S_PROGRAM
Benutzeraktion ABAP/4 Programm
Wert SUBMIT ODER
UND ODER
Berechtigungsgr.ABAP/4-Programm
Wert ODER
UND ODER

Geben Sie im Feld *Berechtigungsgr.ABAP/4-Programm* die Gruppe aus der Tabelle TRDIR ein. Ist dort keine Gruppe hinterlegt, lassen Sie auch hier dieses Feld leer.

7.8 Transaktionen

Das R/3-System arbeitet transaktionsgesteuert. Das bedeutet, dass die Benutzer prinzipiell Transaktionen aufrufen, ob sie einen Menüpunkt auswählen oder den Transaktionscode direkt eingeben.

Diesen Transaktionen wird ein ABAP-Programm zugeordnet, das durch den Aufruf der Transaktion ausgeführt wird. Verwaltet werden die Transaktionen mit der Transaktion SE93. Hier können die jeweiligen Eigenschaften festgelegt werden (Abb. 7.8.1).

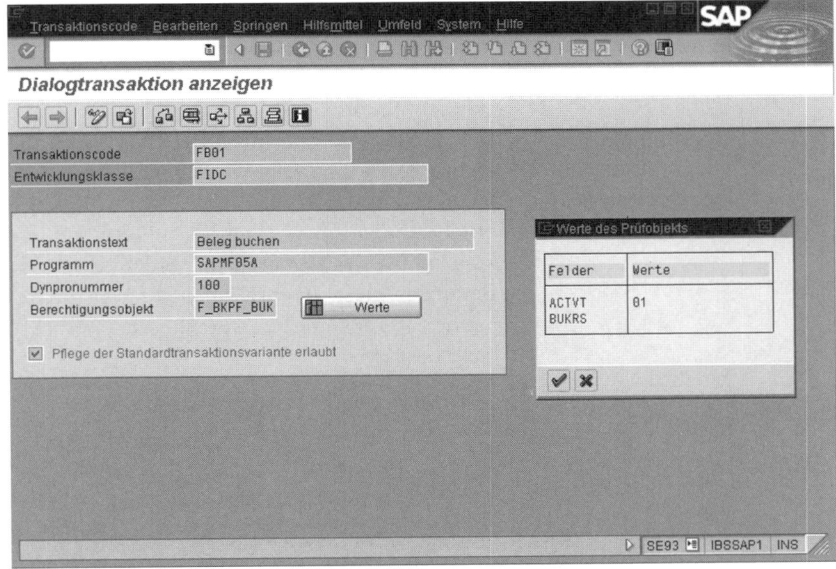

Abb. 7.8.1: Transaktion SE93 - Eigenschaften einer Transaktion

SAP R/3 kennt fünf verschiedene Arten von Transaktionen:

- Dialogtransaktion
  Während einer Dialogtransaktion werden verschiedene Dynpros verarbeitet. Dies sind die Transaktionen, in denen eventuell mehrere Bildschirmfenster hintereinander angezeigt werden.
- Reporttransaktion
  Rufen einen Report auf. Meistens wird erst eine Selektionsmaske angezeigt,

danach das Ergebnis in Listform. Für diese Transaktionsart kann zum Report eine Variante angegeben werden, die beim Aufruf genutzt wird.

- Variantentransaktion
  Zu Transaktionen können, wie zu Reports auch, Varianten angelegt werden. Hier können die Felder der Transaktion mit Werten vorbelegt werden.
- Bereichsmenü
  Häufig genutzte Transaktionen werden mit einem Bereichsmenü zu einer Menüleiste zusammengefaßt.
- Parametertransaktion
  In einer Parametertransaktion können die Felder des Einstiegsdynpros mit Werten vorbelegt werden.

Eine Transaktion hat u.a. folgende Eigenschaften:

Transaktionstext	Bezeichnung der Transaktion
Programm	ABAP-Programm, das durch die Transaktion aufgerufen wird
Dynpronummer	Bei Dialogtransaktionen die Nummer des Dynpros, das angezeigt werden soll
Berechtigungsobjekt	Jeder Transaktion kann ein Berechtigungsobjekt zugeordnet werden. Den Feldern können Werte zugewiesen werden. Ruft ein Benutzer diese Transaktion auf, wird über prüft, ob er eine entsprechende Berechtigung besitzt

Die Eigenschaften der Transaktionen werden in folgenden Tabellen gespeichert:

TSTC	Eigenschaften von Transaktionen	
	Felder:	Transaktionscode (TCODE)
		ABAP-Programm (PGMNA)
		Dynpronummer (DYPNO)
		Art der Transaktion, Sperrkennzeichen (CINFO)
TSTCT	Texte zu Transaktionen	
	Felder:	Transaktionscode (TCODE)
		Text zur Transaktion (TTEXT)
TSTCA	Den Transaktionen zugeordnete Berechtigungsobjekte	
	Felder:	Transaktionscode (TCODE)
		Berechtigungsobjekt (OBJECT)
		Feld des Berechtigungsobjektes (FIELD)
		Inhalt des Feldes (VALUE)

TSTCP Parameterwerte zu Parametertransaktionen
Felder: Transaktionscode (TCODE)
Parameter zu Transaktionen (PARAM)

Werden neue Transaktionen angelegt, beginnen diese mit einem Buchstaben aus dem Kundennamensraum, standardmäßig mit Y oder Z. Bei den neu angelegten Transaktionen ist zu prüfen, ob diese durch ein Berechtigungsobjekt abgesichert wurden. Hierzu gehen Sie folgendermaßen vor:

- Rufen Sie die Transaktion SE16 / SE16N auf, und lassen Sie sich die Tabelle TSTC anzeigen.
- Lassen Sie sich alle Transaktionen gem. den unternehmenseigenen Namenskonventionen anzeigen (Eintrag Y* oder Z* im Feld *Transaktionscode* TCODE).
- Öffnen Sie ein zweites R/3-Fenster mit dem Menüpunkt *System - Erzeugen Modus.*
- Rufen Sie in diesem Fenster die Transaktion SE16 / SE16N auf, und lassen Sie sich die Tabelle TSTCA anzeigen.
- Lassen Sei sich alle Transaktionen gem. den unternehmenseigenen Namenskonventionen anzeigen (Eintrag Y* oder Z* im Feld *Transaktionscode* TCODE).
- Überprüfen Sie, ob alle Transaktionen, die in der Tabelle TSTC angezeigt werden, ebenfalls in TSTCA existieren und ob ihnen ein Berechtigungsobjekt zugeordnet wurde.

7.8.1 Zugriffsrechte

Anlegen neuer Transaktionen

Berechtigungsobjekt S_TCODE (Transaktionsberechtigung)
Transaktionscode: SE93
Berechtigungsobjekt S_DEVELOP (Anwendungsentwicklung)
Aktivität: 01 (Anlegen)
Objekttyp: TRAN (Transaktionen)

Ändern bestehender Transaktionen

Berechtigungsobjekt S_TCODE (Transaktionsberechtigung)
Transaktionscode: SE93
Berechtigungsobjekt S_DEVELOP (Anwendungsentwicklung)
Aktivität: 02 (Ändern)
Objekttyp: TRAN (Transaktionen)
Objektname: <Name einer Transaktion, die geändert werden darf>

7.8.2 Checkliste zu Transaktionen

Nr.	Verwendung	Fragestellungen / Risiko	Ordnungsmäßigkeits-Vorgaben
1	3	Wer besitzt die Berechtigung, Transaktionen anzulegen oder zu ändern? Hier besteht das Risiko, dass durch das Anlegen neuer Transaktionen ein Zugriff auf Programme ermöglicht wird, für die sonst keine Berechtigung vorhanden ist.	Nur Entwickler dürfen diese Berechtigung besitzen.
2	3	Wurden neue Transaktionen angelegt?	<Informativer Punkt für nachfolgende Prüfungen>
3	3	Sind die neuen Transaktionen durch Berechtigungsobjekte geschützt? Hier besteht das Risiko, dass diese Transaktionen auf Grund eines fehlenden Zugriffsschutzes von unberechtigten Benutzern ausgeführt werden können.	Transaktionen sind generell durch Berechtigungsobjekte zu schützen.

7.8.3 Praktische Prüfung zu Transaktionen

1. Überprüfen Sie, wer die Berechtigung zum Anlegen oder Ändern von Transaktionen besitzt!
   Rufen Sie die Transaktion SA38 (Menüpfad *System - Dienste - Reporting*) auf, und lassen Sie sich den Report RSUSR002 anzeigen. Tragen Sie als Selektionskriterium folgende Werte ein, um zu überprüfen, wer neue Transaktionen anlegen darf:

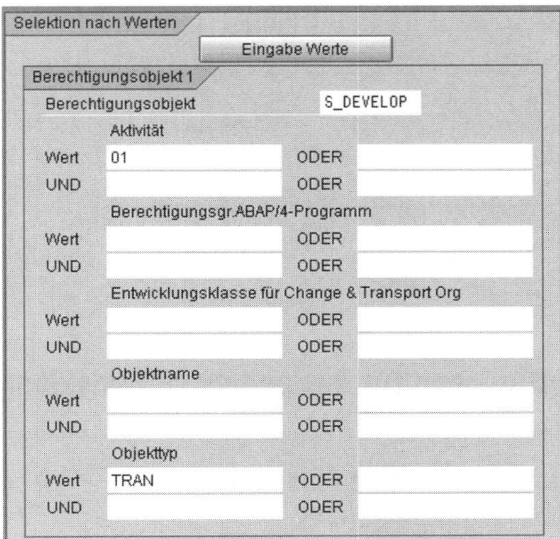

Tragen Sie folgende Werte ein, um zu überprüfen, wer Transaktionen ändern darf:

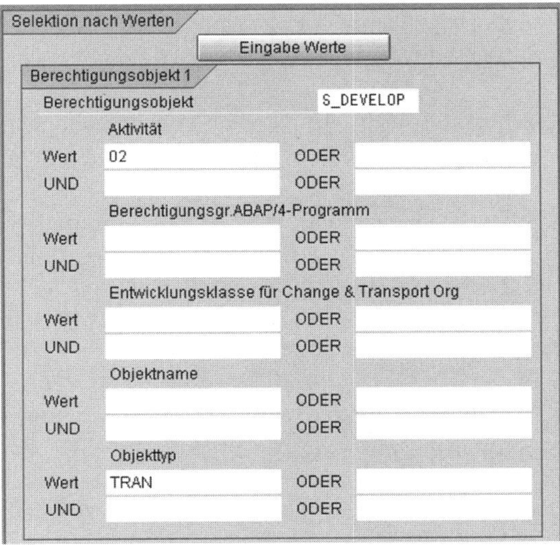

2. Überprüfen Sie, ob neue Transaktionen angelegt wurden!
   Rufen Sie die Transaktion SE16 / SE16N auf, und lassen Sie sich die Tabelle TSTC anzeigen. Tragen Sie als Selektionskriterium in das Feld *Transaktionscode*

(TCODE) die Werte *Y* bis Z** ein. Lassen Sie sich das Ergebnis anzeigen.

3. Überprüfen Sie, ob die neuen Transaktionen durch Berechtigungsobjekte geschützt sind!
   Rufen Sie die Transaktion SE16 / SE16N auf, und lassen Sie sich die Tabelle TSTCA anzeigen. Tragen Sie als Selektionskriterium in das Feld *Transaktionscode* (TCODE) die Werte *Y* bis Z** ein. Lassen Sie sich das Ergebnis anzeigen, und vergleichen Sie die Transaktionen mit dem Ergebnis aus Punkt 2. Alle in der Tabelle TSTC eingetragenen neuen Transaktionen müssen auch in der Tabelle TSTCA enthalten sein.

7.9 Berechtigungen zur Anwendungsentwicklung

7.9.1 Schutz der einzelnen Elemente der Entwicklungsumgebung

Häufig stellt die Prüfung der Zugriffsberechtigungen eine gewisse Schwierigkeit für den Prüfer dar. Die Fragestellung *Wer darf neue ABAP-Programme schreiben, die dann in ein anderes R/3-System transportiert werden können?* kann wohl kaum jemand auf Anhieb beantworten. Daher werden in diesem Kapitel die relevanten Berechtigungen für die Anwendungsentwicklung aufgeschlüsselt.

Das zentrale Berechtigungsobjekt zur Vergabe von Berechtigungen für die Anwendungsentwicklung ist S_DEVELOP. Dieses Objekt besteht aus fünf Feldern:

- ACTVT Aktivität
- P_GROUP Berechtigungsgruppe ABAP/4-Programm (siehe Kapitel 7.9.2)
- DEVCLASS Entwicklungsklasse für Workbench Organizer und Transportsystem
- OBJNAME Objektname (Name eines ABAP-Programmes, einer Tabelle, ...)
- OBJTYPE Objekttyp

Zur Prüfung der Zugriffsberechtigungen sind die Felder P_GROUP und DEVCLASS nur in Einzelfällen zu berücksichtigen. Für das Feld *Aktivität* (ACTVT) sind folgende Einträge relevant:

- 01 Anlegen
- 02 Ändern
- 06 Löschen
- 07 Generieren

Mit Hilfe dieser Aktivitäten können nun die Zugriffsberechtigungen für einzelne Elemente der Entwicklungsumgebung überprüft werden. Zur Definition, ob Zugriffsberechtigungen auf Tabellen, Programme, Transaktionen oder sonstiges untersucht werden sollen, wird das Feld *Objekttyp* (OBJTYPE) benötigt. Hier wird angegeben, in welchem Bereich geprüft werden soll. Die wichtigsten Einträge für dieses Feld sind:

- DEVC Entwicklungsklassen
- DIAL Dialogbausteine
- DOMA Domänen
- DTEL Datenelemente
- ENQU Sperrobjekte
- FUGR Funktionsgruppen
- FUGS Funktionsgruppen (Userexits)
- INDX Tabellenindizes
- LDBA Logische Datenbanken
- MENU Bereichsmenüs
- PROG ABAP-Programme
- SQLT Pool- und Clustertabellen
- SQTT Technische Einstellungen zu Pool- und Clustertabellen
- STRU Strukturen
- SUSO Berechtigungsobjekte
- TABL Tabellen
- TABT Technische Einstellungen zu Tabellen (z.B. das Protokollflag)
- TRAN Transaktionen
- VIEW Views

Hier einige Beispiele für Prüfungsansätze:

	Aktivität	**Objekttyp**
Wer darf neue ABAP-Programme schreiben?	01 (Anlegen)	PROG (Programme)
Wer darf bestehende ABAP-Programme ändern?	02 (Ändern)	PROG (Programme)
Wer darf neue Tabellen anlegen?	01 (Anlegen)	TABL (Tabellen)
Wer darf bestehende Strukturen ändern?	02 (Ändern)	STRU (Strukturen)
Wer darf neue Berechtigungsobjekte anlegen?	01 (Anlegen)	SUSO (Berechtigungsobjekte)

Mit dem Feld *Objektname* (OBJNAME) können die Fragestellungen weiter spezifiziert werden. Hier können zum jeweiligen Objekttyp einzelne Elemente angegeben werden, z.B. ABAP-Programme, Tabellen, Berechtigungsobjekte oder Funktionsgruppen. Hier einige Beispiele:

	Aktivität	**Objekttyp**	**Objektname**
Wer darf neue ABAP-Programme im Kundennamensraum anlegen?	01 (Anlegen)	PROG (Programme)	Y* oder Z*
Wer darf Original SAP Dialog-Programme der Finanzbuchhaltung ändern?	02 (Ändern)	PROG (Programme)	SAPF*
Wer darf die Struktur ZAUTHCUST ändern?	02 (Ändern)	STRU (Strukturen)	ZAUTHCUST
Wer darf technische Einstellungen der Tabelle T000 verändern?	02 (Ändern)	TABT (Technische Einstellungen zu Tabellen)	T000
Wer darf neue Tabellen im Kundennamensraum anlegen?	01 (Anlegen)	TABL (Tabellen)	Y* oder Z*

Besitzt ein Entwickler nur Berechtigungen auf dem Berechtigungsobjekt S_DEVELOP, so kann er nur lokale Objekte anlegen, die nicht in andere R/3-Systeme transportiert werden können. Da Entwickler grundsätzlich im Entwicklungssystem arbeiten und ihre Arbeiten dann ins Produktivsystem übertragen werden müssen, benötigen sie die Berechtigung, transportierbare Objekte anzulegen. Hierzu muss beim Anlegen eines Programms, einer Tabelle o.ä. eine Entwicklungsklasse angegeben werden (siehe Abb. 7.9.1). Mit der Angabe einer Entwicklungsklasse werden die Transporteigenschaften dieser Klasse für das neue Objekt übernommen, z.B. das Zielsystem. Die Berechtigung zur Nutzung einer Entwicklungsklasse wird einem Entwickler mit dem Feld *Entwicklungsklasse* (DEVCLASS) des Berechtigungsobjektes S_DEVELOP gegeben.

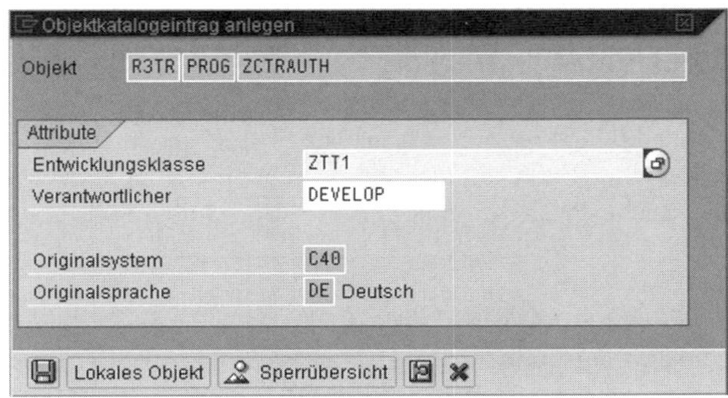

Abb. 7.9.1: Zuordnen eines neuen Programmes zu einer Entwicklungsklasse

Beim Anlegen eines neuen, transportierbaren Objektes muss dieses einem Auftrag zugeordnet werden (siehe Abb. 7.9.2). Ein Auftrag fasst alle Aufgaben einer abgeschlossenen Entwicklungsaufgabe zusammen. Für diesen Vorgang benötigt der Entwickler eine Berechtigung auf dem Berechtigungsobjekt S_TRANSPRT mit folgenden Feldinhalten:

Berechtigungsobjekt S_TRANSPRT

Aktivität (ACTVT):	01 (Anlegen)
	43 (Freigeben)
Auftragstyp (TTYPE):	DLOC (Lokale Änderungsaufträge)
	TASK (Aufgaben (Reparatur oder Korrektur))

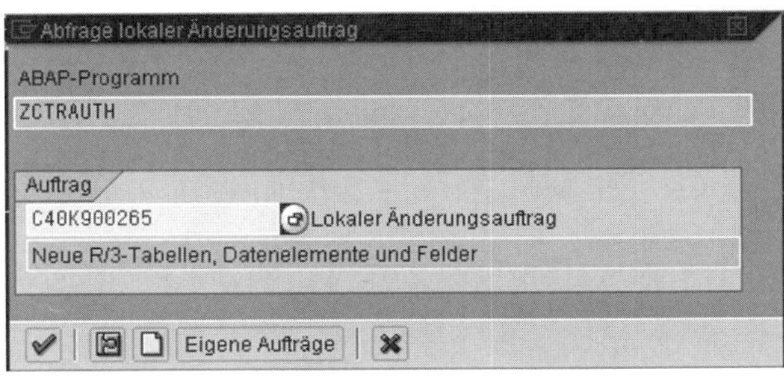

Abb. 7.9.2: Zuordnen eines neuen Programmes zu einem Auftrag

7.9.2 Schutz von ABAP-Programmen durch Berechtigungsgruppen

Der Schutz von ABAP-Programmen erfolgt über Berechtigungsgruppen. Programme werden einer Berechtigungsgruppe zugeordnet, und Benutzer bekommen dann das Recht, Programme bestimmter Berechtigungsgruppen auszuführen.

Einen weiteren Schutz stellen natürlich die im Programm-Quelltext implementierten Berechtigungsprüfungen dar. Da diese die eigentlichen Berechtigungen darstellen, sind fast alle ausführbaren ABAP-Programme (ca. 34.000 im Release 4.6C) nicht über Berechtigungsgruppen geschützt (nur die Hälfte der Namen dieser Programme beginnt mit einem R). Dies stellt allerdings ein Problem dar, wenn die Transaktion SA38 (Reporting) Benutzern zugeordnet wird. Es existiert eine Vielzahl von Reports, die nicht über implementierte Berechtigungsprüfungen geschützt sind. Ein Beispiel ist das Programm RDDPWCHK, mit dem manuell das Kennwort des Benutzers DDIC ermittelt werden kann. In einem Fenster können hier beliebig oft hintereinander verschiedene Kennwörter eingegeben werden, ohne dass der Benutzer DDIC gesperrt oder diese Versuche protokolliert werden. Diesen Report kann jeder aufrufen, der eine Transaktionsberechtigung für SA38 besitzt.

Da solche und ähnliche Programme nicht unbedingt bekannt sind, ist es sinnvoll, alle Reports mit Berechtigungsgruppen zu schützen und immer nur die Reports zur Ausführung zu erlauben, die ein Benutzer wirklich benötigt.

Die bereits definierten Berechtigungsgruppen werden in der Tabelle TPGP gespeichert, die zugehörigen Texte in der Tabelle TPGPT. Die Zuordnung vom Programm zur Berechtigungsgruppe wird in der Tabelle TRDIR gespeichert. Eigenerstellte Programme sollten vom Entwickler einer Berechtigungsgruppe zugeordnet werden. Für ausführbare Programme sollte eine entsprechende Vorgabe definiert sein.

Ausführbaren Programmen, denen keine Berechtigungsgruppe zugeordnet ist, kann nachträglich mit dem Report RSCSAUTH eine Berechtigungsgruppe zugeordnet werden. Sinnvoll ist es, zuerst einmal alle vorhandenen Programme so zu schützen, dass niemand sie manuell aufrufen kann. In weiteren Schritten werden die Reports dann so geschützt, dass den Benutzern die Zugriffsrechte auf die Reports zugeteilt werden können.

Folgende Vorgehensweise kann zum Schutz der R/3-Standardreports genutzt werden:

1. Schutz aller Reports
   Wenige Reports wurden bereits von SAP einer Berechtigungsgruppe zugeordnet. Diese sollten ihre Standardberechtigungsgruppe behalten. Alle anderen ausführbaren Programme sind über eine Berechtigungsgruppe zu schützen, auf die niemand (außer Vier-Augen-Prinzip-Benutzer) Zugriffsrechte bekommt.
   In der Selektionsmaske des Reports RSCSAUTH wird eine Selektion wie in Abb. 7.9.3 eingegeben, wobei die Berechtigungsgruppe im Feld Vorschlagswert natürlich frei vergeben werden kann (Berechtigungsgruppen können bis zu acht Zeichen lang sein). Beim Ausführen und Abspeichern des Reports wird diese Berechtigungsgruppe nun allen selektierten Reports zugeordnet.

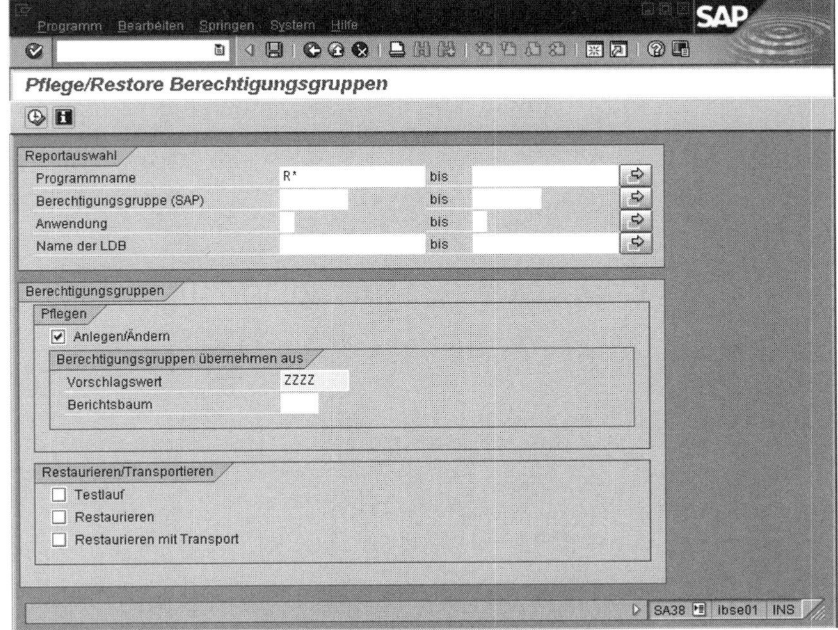

Abb. 7.9.3: Schutz aller ausführbaren Reports

2. Schutz der Reports nach Anwendungen
   Nun werden die Reports so geschützt, dass sie einzelnen Anwendungen zugeordnet werden können. Der Schutz könnte folgendermaßen aussehen:

Reportname	Berechtigungsgruppe
RS*	ZSZZ
RF*	ZFZZ
RM*	ZMZZ
RP*	ZPZZ
...	

Die Ausführungsberechtigung kann nun bereits modulweise an die Benutzer vergeben werden, wobei diese hohe Berechtigung allerdings nur wenigen Benutzern zugeordnet werden sollte.

3. Schutz einzelner Reports oder Reportgruppen
   Als letztes kommt nun die Verfeinerung der Zuordnung zu Berechtigungsgruppen. So können z.B. gruppenweise Reports bestimmten Berechtigungsgruppen zugeordnet werden, z.B.:

Reportname	Berechtigungsgruppe	Bedeutung
RFD*	ZFD1	Debitorenreports
RFS*	ZFS1	Sachkontenreports
RSUSR000 - RSUSR200	ZSUSR	Benutzerauswertungen

Ebenso werden hier einzelnen Reports Berechtigungsgruppen zugeordnet, wenn sie als besonders kritisch angesehen werden, z.B.:

Reportname	Berechtigungsgruppe	Bedeutung
RSCDOK99	ZSDEL	Änderungsbelege löschen
RSSCD110	ZSMDT	Änderungsbelege mandantenübergreifend anzeigen
RFBILA00	ZFBILA	Bilanz anzeigen

Hier vergebene Berechtigungsgruppen werden mit den Reportzuordnungen in der Tabelle SREPOATH gespeichert. Diese Tabelle dient einem Restore von Berechtigungsgruppen, z.B. nach einem Releasewechsel. In diesem Fall ist in der Selektionsmaske des Reports RSCSAUTH der Punkt *Restaurieren* anzuhaken. Einmal vergebene Berechtigungsgruppen gehen somit nicht verloren.

Die Zugriffsrechte auf die geschützten Reports werden mit dem Berechtigungsobjekt S_PROGRAM vergeben. Dieses Objekt enthält zwei Felder:

Benutzeraktion:	SUBMIT (Programme ausführen) BTCSUBMIT (Programmausführungen einplanen) VARIANT (Variantenpflege)
Berechtigungsgruppe:	<Berechtigungsgruppe der Reports>

Um zu prüfen, wer bestimmte Programme ausführen darf, gehen Sie folgendermaßen vor:

1. Rufen Sie die Transaktion SE16 / SE16N auf, und lassen Sie sich die Tabelle TRDIR anzeigen. Schränken Sie die Selektion auf den Report ein, für den die Zugriffsrechte ermittelt werden sollen. Notieren Sie sich die Berechtigungsgruppe des Reports (Feld SECU: *Berechtigungsgruppe*).
2. Rufen Sie den Report RSUSR002 mit der Transaktion SA38 auf. Tragen Sie im Feld *Berechtigungsobjekt 1* das Berechtigungsobjekt S_PROGRAM ein, und klicken Sie auf die Schaltfläche *Eingabe Werte*. Geben Sie im Feld *Benutzeraktion* des Wert SUBMIT ein und im Feld Berechtigungsgruppe die ermittelte Berechtigungsgruppe.
3. Führen Sie den Report aus. Es werden alle berechtigten Benutzer angezeigt.

7.10 Prüfereigene Programme mit ABAP

ABAP-Programme, die von Prüfern in R/3 eingesetzt werden können, haben immer denselben Aufbau:

1. Lese Informationen aus dem System (meistens natürlich Tabellen)
2. Gebe diese Informationen in Berichtsform aus

Die komplexere Variante wäre:

1. Lese Informationen aus dem System (meistens natürlich Tabellen)
2. Verarbeite diese Informationen (z.B. Summen bilden, Vergleichen, ...)
3. Gebe diese Informationen in Berichtsform aus

Zur Abbildung dieser Fragestellungen sind nur geringe Kenntnisse der Programmiersprache ABAP notwendig (Lesen von Tabellen: SELECT-Anweisung, Ausgabe von Daten in einen Report: WRITE-Anweisung). Schon mit geringen Mitteln sind so Auswertungen möglich, die "zu Fuß" mehrere Einzelschritte erfordern würden. Aus diesem Grund ist es auch für Prüfer durchaus interessant, sich einmal mit der Programmiersprache ABAP zu befassen.

Dieses Kapitel soll einen ersten Einblick in den Aufbau der Programmiersprache ABAP geben. Hierbei wird auf die Erstellung von Reports, also die Auswertung von Daten, eingegangen. Dialogprogrammierung soll hier nicht angesprochen werden.

Da die Programmiersprache ABAP mit allen ihren Möglichkeiten sehr komplex ist, werden hier nur die Grundzüge erläutert. Die Beispielprogramme sind daher nicht optimiert, sondern eher verständlich geschrieben. Sie sind voll lauffähig und greifen nicht aktiv in das R/3-System ein. Es werden lediglich Daten aus Tabellen ausgelesen und aufbereitet.

7.10.1 Aufbau eines ABAP-Programmes

Jedes Programm beginnt mit der Anweisung REPORT oder PROGRAM. Für Reports wird die REPORT-Anweisung verwendet. Danach sollten die Datendeklarationen des Programms folgen. Hier werden meist folgende Anweisungen genutzt:

TABLES:	Deklaration der zu verwendenden Tabellen. Diese müssen für die Nutzung im Programm definiert werden.
PARAMETERS:	Deklaration der Eingabeparameter. Diese werden vor der Ausführung des Programmes abgefragt.
CONSTANTS:	Deklaration der Konstanten.
DATA:	Deklaration der Variablen.

Nach diesen Deklarationen folgen die Anweisungen zur Verarbeitung der Daten. Am Ende des Programms werden die Unterprogramme definiert, die genutzt werden sollen.

Jede ABAP-Befehlszeile muss mit einem Punkt abgeschlossen werden. Es können auch mehrere Befehle in eine Zeile geschrieben werden.

Kommentarzeilen werden eingefügt, indem als erster Buchstabe ein Stern (*) geschrieben wird oder irgendwo in der Zeile ein Anführungszeichen (", in diesem Fall gilt alles nach dem Anführungszeichen als Bemerkung, alles davor als Quelltext).

Ein einfaches ABAP-Programm, z.B. zur Anzeige aller Benutzer, die noch ihr Initialkennwort besitzen, sieht somit folgendermaßen aus:

```
01 REPORT ZINITKW.   " Benutzer mit Initialkennwort
02
03 * Tabellendefinitionen
04 * TABELLE USR02: Benutzeranmeldeinformationen
05 TABLES: USR02.
06
07 * Variablendeklaration
08 DATA:    USERCOUNT(2) TYPE P.
09
10 * Ausgabe einer Reportueberschrift
11 WRITE: 'Benutzer mit Initialkennwort'.
12 ULINE.
13 SKIP.
14
15 * Selektion der Benutzer mit Initialkennwort
16 SELECT * FROM USR02.
17    IF USR02-LTIME IS INITIAL.
18       " Ausgabe des Benutzernamens
19       WRITE: /10 USR02-BNAME.
20       " Zaehler für die Anzahl der Benutzer um 1
         erhöhen
21       USERCOUNT = USERCOUNT + 1.
22    ENDIF
23 ENDSELECT.
24
25 * Ausgabe der Summenzeile
26 WRITE: / 'Es wurden', USERCOUNT, 'Benutzer gefunden'.
```

Erläuterung des Programms:

Zeile 1	Name des Reports, Bemerkung zum Reportinhalt
Zeile 3, 4	Bemerkungszeilen
Zeile 5	Deklaration der Tabelle USR02. Dies ist notwendig, damit diese Tabelle im Programm genutzt werden kann
Zeile 7	Bemerkungszeile
Zeile 8	Deklaration der Variablen USERCOUNT vom Typ Gepackte Zahl in einer Länge von 2 Bytes
Zeile 10	Bemerkungszeile
Zeile 11	Ausgabe einer Überschrift
Zeile 12	Ausgabe eines Trennstriches
Zeile 13	Zeilenvorschub um eine Zeile
Zeile 15	Bemerkungszeile

Zeile 16	Selektion aller Felder aus der Tabelle USR02. Die SELECT-Schleife wird für jeden Datensatz (somit für jeden Benutzer) einmal durchlaufen.
Zeile 17	Abfrage, ob das Feld LTIME noch den Initialwert enthält (= Benutzer hat noch Initialkennwort)
Zeile 18	Bemerkungszeile
Zeile 19	Ausgabe eines Zeilenumbruchs (Zeichen /) und des Benutzernamens ab Spalte 10
Zeile 20	Bemerkungszeile
Zeile 21	Erhöhung der Variablen USERCOUNT um 1. USERCOUNT enthält somit immer die aktuelle Anzahl an gefundenen Benutzern.
Zeile 22	Ende der IF-Abfrage aus Zeile 17
Zeile 23	Ende der SELECT-Schleife aus Zeile 16
Zeile 25	Bemerkungszeile
Zeile 26	Ausgabe eines Zeilenumbruchs (Zeichen /) und eines Textes, in dem die Anzahl der gefundenen Benutzer (aus der Variablen USERCOUNT) angegeben wird

Dieses Programm erzeugt die in Abb. 7.10.1 dargestellte Ausgabe:

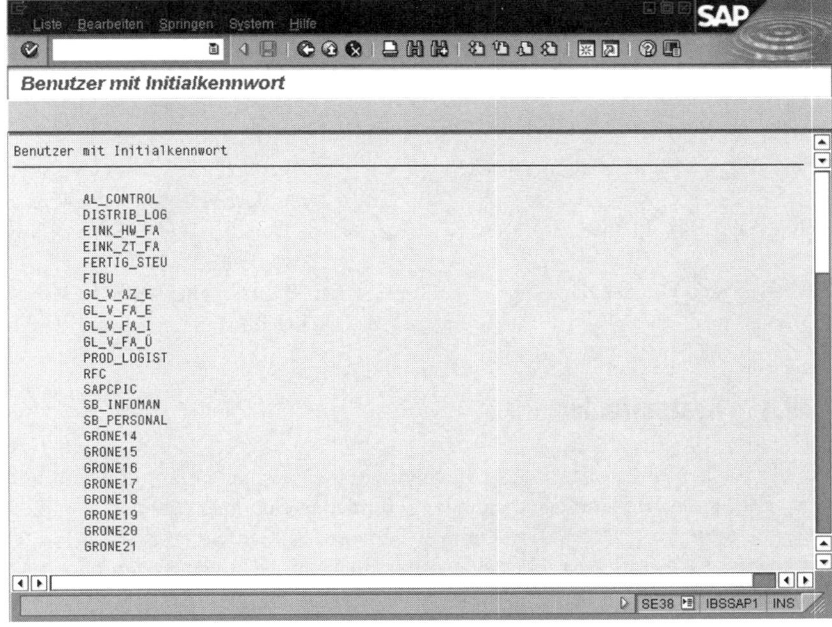

Abb. 7.10.1: Ausgabe des ABAP-Programms ZINITKW

7.10.2 ABAP Datentypen

Mit der DATA-Anweisung werden die Variablen definiert. Hierfür können die Standarddatentypen von ABAP genutzt werden:

- C Alphanumerischer Text (Vorgabetyp, wenn Variablen nicht näher definiert werden)
- N Numerischer Text
- I Ganzzahl
- P Gepackte Zahl
- F Gleitpunktzahl
- D Datum (Format JJJJMMTT)
- T Uhrzeit (Format HHMMSS)
- X Hexadezimale Zeichen

Deklariert werden Variablen unter ABAP folgendermaßen:

DATA: COUNT TYPE I,	"Typ I
ZEICHEN,	"Typ C, ein Zeichen lang
NAME(30) TYPE C,	"Typ C, 30 Zeichen lang
NACHNAME(30),	"Typ C, 30 Zeichen lang
RFELD(7) TYPE P DECIMALS 2,	"Typ P, 7 Zeichen lang, davon zwei Dezimalstellen
STRASSE LIKE NAME,	"Typ C, 30 Zeichen lang (wie Feld NAME)
GANZ TYPE P VALUE 1234.	"Typ P, mit Wert 1234 vor belegt

7.10.3 Systemfelder

Gerade für Prüfungen kann es wichtig sein, aktuelle Angaben zum System und zum Prüfzeitpunkt mit auszugeben. Hierfür stellt R/3 eine Reihe von Systemfeldern zur Verfügung. Die verfügbaren Systemfelder werden in der Struktur SYST gespeichert. Hier eine Auflistung von wichtigen Systemfeldern:

SY-DATUM	Das aktuelle Datum
SY-UZEIT	Die aktuelle Uhrzeit
SY-MANDT	Der aktuelle Mandant der Anmeldung
SY-SAPRL	Der R/3-Releasestand
SY-UNAME	Der Name des angemeldeten Benutzers

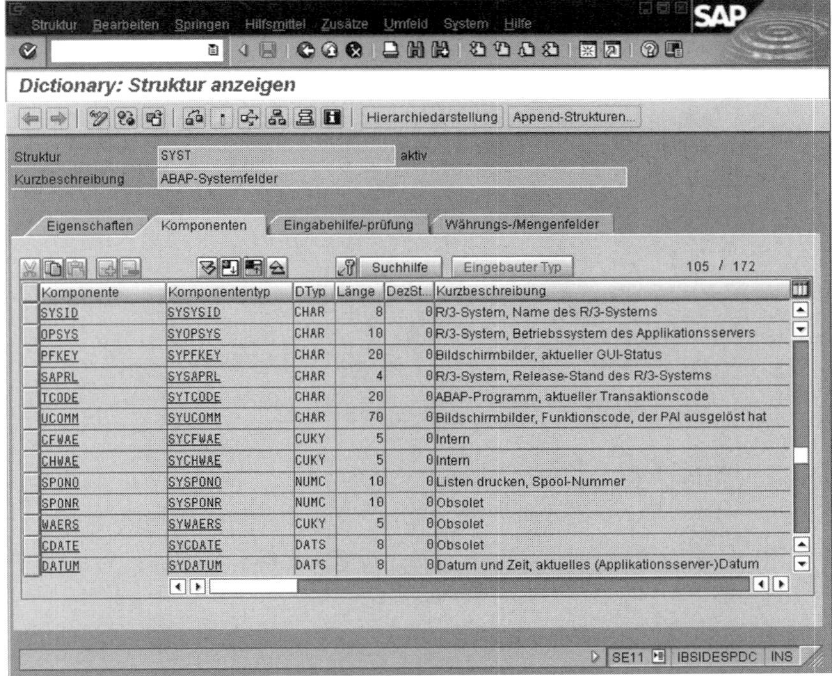

Komponente	Komponententyp	DTyp	Länge	DezSt...	Kurzbeschreibung
SYSID	SYSYSID	CHAR	8	0	R/3-System, Name des R/3-Systems
OPSYS	SYOPSYS	CHAR	10	0	R/3-System, Betriebssystem des Applikationsservers
PFKEY	SYPFKEY	CHAR	20	0	Bildschirmbilder, aktueller GUI-Status
SAPRL	SYSAPRL	CHAR	4	0	R/3-System, Release-Stand des R/3-Systems
TCODE	SYTCODE	CHAR	20	0	ABAP-Programm, aktueller Transaktionscode
UCOMM	SYUCOMM	CHAR	70	0	Bildschirmbilder, Funktionscode, der PAI ausgelöst hat
CFWAE	SYCFWAE	CUKY	5	0	Intern
CHWAE	SYCHWAE	CUKY	5	0	Intern
SPONO	SYSPONO	NUMC	10	0	Listen drucken, Spool-Nummer
SPONR	SYSPONR	NUMC	10	0	Obsolet
WAERS	SYWAERS	CUKY	5	0	Obsolet
CDATE	SYCDATE	DATS	8	0	Obsolet
DATUM	SYDATUM	DATS	8	0	Datum und Zeit, aktuelles (Applikationsserver-)Datum

Abb. 7.10.2: Die Struktur SYST (Systemfelder)

Diese Felder können genutzt werden wie normale Konstanten, z.B. mit dem write-Befehl:

```
* Ausgabe des Benutzernamens
WRITE SY-UNAME.

* Ausgabe von Datum und Uhrzeit
WRITE: 'Datum: ', SY-DATUM, ' Uhrzeit: ', SY-UZEIT.
```

7.10.4 Beispielprogramme

In Kapitel 7.10.1 wurde die Grundstruktur von Reports erläutert. Zu den nachfolgenden Programmen werden jeweils nur noch die Zeilen beschrieben, die über diese Grundstruktur hinausgehen. Hier sei nochmals darauf hingewiesen, dass diese Programme nicht optimiert geschrieben wurden. Es wurde Wert darauf gelegt, dass die Programme verständlich sind und auch von Nicht-Programmierern nachvollzogen werden können.

7.10.4.1 Systeminformationen

Dieses Programm gibt Informationen zum aktuellen R/3-System sowie zu den Instanzen des Systems aus. Hierfür werden einige Systemfelder sowie die Tabellen TPFID (Instanzen des Systems) und TSLE4 (Betriebssysteme der Instanzen) ausgelesen. Aus diesen Tabellen werden folgende Felder angesprochen:

TPFID	
INSTNAME	Name der R/3-Instanz
HOST	Server, auf dem sich diese Instanz befindet
APSERVER	Name des R/3-Applikationsservers
SYSNAME	Name des R/3-Systems
SYSNR	Systemnummer des R/3-Systems
CMPON	Die auf diesem Server laufenden Dienste
PFINST	Datei des Instanzprofils
TSLE4	
OPSYS	Betriebssystem der Instanz

Die Ausgabe des Reports ist in Abb. 7.10.3 dargestellt.

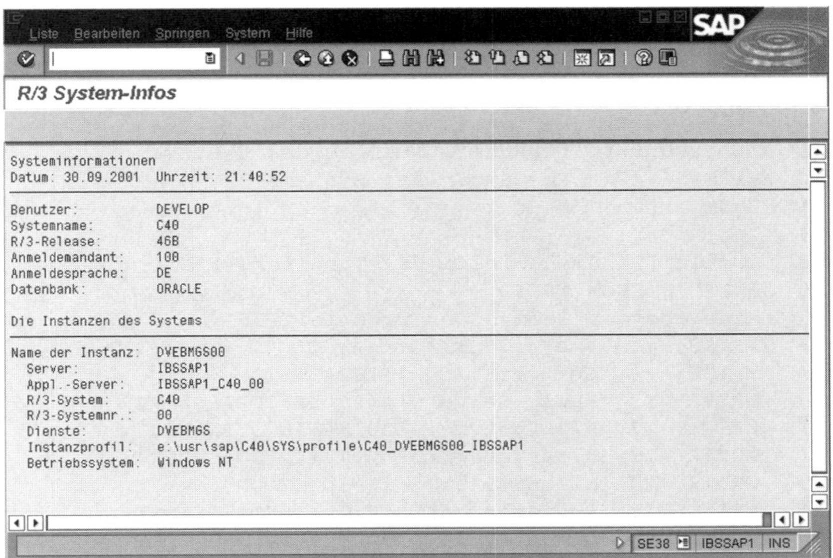

Abb. 7.10.3: Die Ausgabe des Programms ZSYSINFO

Zuerst werden die Daten aus den Systemfeldern ausgegeben. Danach wird die Tabelle TPFID gelesen, und die Informationen zu den Instanzen werden ausgegeben. Bei jedem einzelnen Datensatz wird auch die Tabelle TSLE4 gelesen, in der zu jeder Instanz das Betriebssystem steht.

Der Quelltext:

```
REPORT ZSYSINFO NO STANDARD PAGE HEADING.

* Benötigt werden die Tabellen TPFID und TSLE4
TABLES: TPFID,  " Tabelle der Instanzen
  TSLE4.  " Betriebssysteme der Instanzen

* Ausgabe der Reportüberschrift
WRITE: 'Systeminformationen'.
WRITE: / 'Datum:', SY-DATUM, ' Uhrzeit:', SY-UZEIT.
ULINE.

* Ausgabe der Systemfelder
WRITE: / 'Benutzer:', 20 SY-UNAME.
WRITE: / 'Systemname:', 20 SY-SYSID.
WRITE: / 'R/3-Release:', 20 SY-SAPRL.
```

```
16 WRITE: / 'Anmeldemandant:', 20 SY-MANDT.
17 WRITE: / 'Anmeldesprache:', 20 SY-LANGU.
18 WRITE: / 'Datenbank:', 20 SY-DBSYS.
19 SKIP.
20
21 * Überschrift für die Instanzen des Systems
22 WRITE: / 'Die Instanzen des Systems'.
23 ULINE.
24
25 * Schleife zum Auslesen der Tabelle TPFID
26 SELECT * FROM TPFID.
27 * Ausgabe der Felder der Tabelle TPFID
28  WRITE: / 'Name der Instanz:', 20 TPFID-INSTNAME.
29  WRITE: /3 'Server:', 20 TPFID-HOST.
30  WRITE: /3 'Appl.-Server:', 20 TPFID-APSERVER.
31  WRITE: /3 'R/3-System:', 20 TPFID-SYSNAME.
32  WRITE: /3 'R/3-Systemnr.:', 20 TPFID-SYSNR.
33  WRITE: /3 'Dienste:', 20 TPFID-CMPON.
34  WRITE: /3 'Instanzprofil:', 20 TPFID-PFINST.
35 * Lesen der Tabelle TSLE4 für die aktuelle Instanz und
36 * Ausgabe des Betriebssystems der Instanz
37  SELECT * FROM TSLE4 WHERE SERVER = TPFID-APSERVER.
38   WRITE: /3 'Betriebssystem:', 20 TSLE4-OPSYS.
39  ENDSELECT.
40  SKIP.
41 ENDSELECT.
```

Erläuterungen zum Quelltext:

Zeile 12	Ab hier werden die Systemfelder ausgegeben. Die Bedeutung des jeweiligen Feldes ist dem davor stehenden Text zu entnehmen.
Zeile 26	SELECT-Schleife zum Auslesen der Tabelle TPFID
Zeile 37	Hier wird die Tabelle TSLE4 für die aktuelle Instanz der Tabelle TPFID gelesen, und das Betriebssystem der Instanz wird ausgegeben.

7.10.4.2 Informationen zu den Mandanten des Systems

Dieses Programm zeigt Informationen zu den Mandanten des Systems an wie z.B. die Änderbarkeit des Mandanten. Hierfür wird die Tabelle T000 (Tabelle der Mandanten) ausgelesen. Aus der Tabelle werden folgende Felder benötigt:

T000

MANDT	Die dreistellige Nummer des Mandanten
MTEXT	Die Beschreibung des Mandanten

ORT01	Der Ort des Mandanten
MWAER	Die Standardwährung
CCCATEGORY	Die Rolle des Mandanten im System (Produktiv, Text, Customizing, Demo, Training, SAP Referenz)
CCNOCLIIND	Die Änderbarkeit des Mandanten für Repository und mandantenunabhängige Customizingobjekte

Die Ausgabe des Reports ist in Abb. 7.10.4 dargestellt.

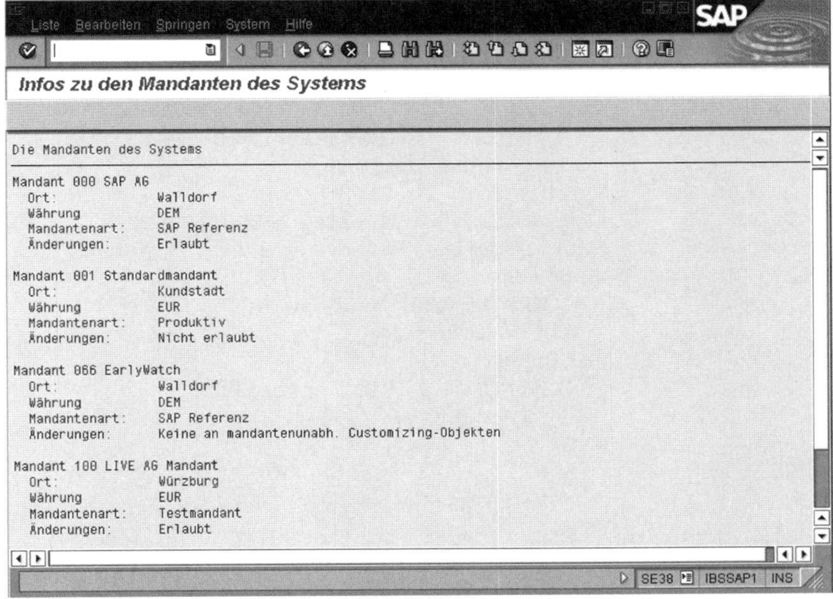

Abb. 7.10.4: Die Ausgabe des Programms ZMANINFO

Die Felder CCCATEGORY und CCNOCLIIND werden mit einem CASE-Verteiler auf ihren Inhalt untersucht. Das bedeutet, dass das jeweilige Feld auf verschiedene Inhalte überprüft wird. In Abhängigkeit des Feldinhaltes werden verschiedene WRITE-Anweisungen ausgeführt.

Der Quelltext:

```
REPORT ZMANINFO NO STANDARD PAGE HEADING.

* Es wird die Mandantentabelle T000 benötigt
```

```
TABLES: T000.

* Ausgabe der Reportüberschrift
WRITE: / 'Die Mandanten des Systems'.
ULINE.

* Schleife zum Auslesen der Tabelle T000
SELECT * FROM T000.
   WRITE: / 'Mandant', T000-MANDT, T000-MTEXT.
   WRITE: /3 'Ort:', 20 T000-ORT01.
   WRITE: /3 'Währung', 20 T000-MWAER.

* Überprüfung des Feldinhaltes im Feld CCCATEGORY
   CASE T000-CCCATEGORY.
         WHEN 'C'.
              WRITE: /3 'Mandantenart:', 20
              'Customizing'.
         WHEN 'D'.
              WRITE: /3 'Mandantenart:', 20
              'Demo'.
         WHEN 'E'.
              WRITE: /3 'Mandantenart:', 20
              'Training'.
         WHEN 'P'.
              WRITE: /3 'Mandantenart:', 20
              'Produktiv'.
         WHEN 'S'.
              WRITE: /3 'Mandantenart:', 20 'SAP
              Referenz'.
         WHEN 'T'.
              WRITE: /3 'Mandantenart:', 20
              'Testmandant'.
   ENDCASE.

* Überprüfung des Feldinhaltes im Feld CCNOCLIIND
   CASE T000-CCNOCLIIND.
         WHEN ' '.
              WRITE: /3 'Änderungen:', 20
              'Erlaubt'.
         WHEN '1'.
              WRITE: /3 'Änderungen:', 20 'Keine an
              mandantenunabh.'.
              WRITE: 'Customizing-Objekten'.
         WHEN '2'.
              WRITE: /3 'Änderungen:', 20 'Keine
```

```
                 an Repos.-Objekten'.
41               WHEN '3'.
42                   WRITE: /3 'Änderungen:', 20 'Nicht
                     erlaubt'.
43           ENDCASE.
44
45           SKIP.
46       ENDSELECT.
```

Erläuterungen zum Quelltext:

Zeile 17	Mit der CASE-Anweisung wird das Feld CCCATEGORY (Rolle des Mandanten im System) auf verschiedene Inhalte verglichen. In Abhängigkeit vom Inhalt wird durch eine WRITE-Anweisung die Rolle des Mandanten ausgegeben.
Zeile 33	Mit der CASE-Anweisung wird das Feld CCNOCLIIND (Änderbarkeit des Mandanten) auf verschiedene Inhalte verglichen. In Abhängigkeit vom Inhalt wird durch eine WRITE-Anweisung die Änderbarkeit des Mandanten ausgegeben.

7.10.4.3 Statistik über die R/3-Tabellen (Data Dictionary)

Dieses Programm soll eine Statistik über die Tabelleneigenschaften ausgeben sowie alle Tabellen aus dem Kundennamensraum (T9*, Y* und Z*) anzeigen. Hierfür werden die Tabellen DD02L (Eigenschaften von Tabellen) und DD09L (technische Einstellungen zu Tabellen) benötigt. Aus diesen Tabellen werden folgende Felder angesprochen:

DD02L

TABCLASS	Art der Tabelle. In dieser Tabelle werden nicht nur die physischen Tabellen gespeichert, sondern auch die Strukturen, Views und Appends. Über dieses Feld wird die Auswahl auf die Pool-, Cluster- und transparenten Tabellen beschränkt.
MAINFLAG	Gibt an, ob die Tabelle direkt geändert werden darf, z.B. über die Transaktionen SM30 oder SM31.
CLIDEP	Gibt an, ob die Tabelle mandantenabhängig oder mandantenunabhängig ist.

DD09L

PROTOKOLL	Gibt an, ob die Tabelle protokolliert wird.

Die Ausgabe des Reports ist in Abb. 7.10.5 dargestellt.

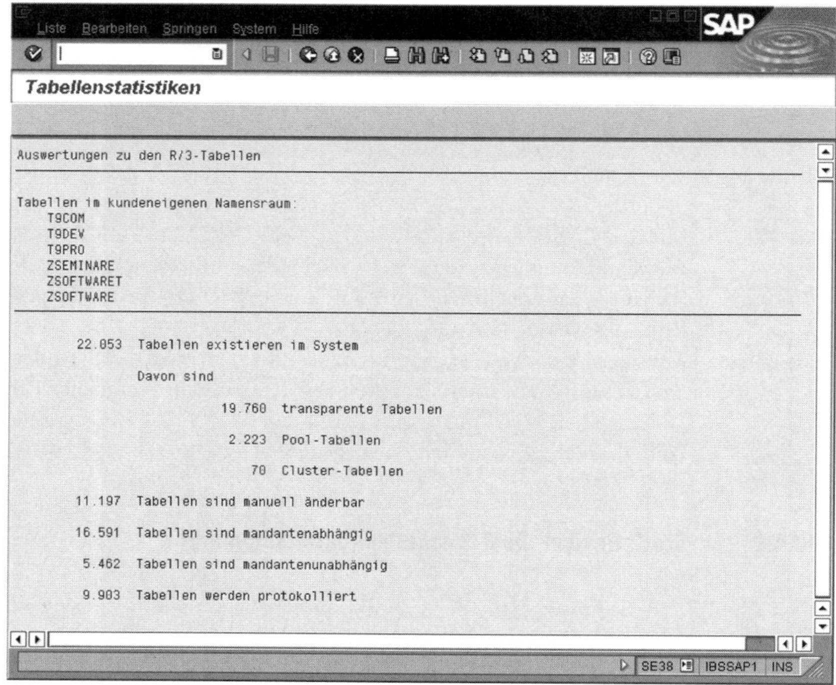

Abb. 7.10.5: Die Ausgabe des Programms ZTABSTAT

Zuerst wird die Tabelle DD02L ausgelesen und die statistischen Werte werden errechnet. Beim Auslesen werden bereits die Tabellen aus dem Kundennamensraum ausgegeben. Im zweiten Schritt wird die Tabelle DD09L gelesen. Zum Schluss wird die Statistik ausgegeben.

Der Quelltext:

```
REPORT ZTABSTAT NO STANDARD PAGE HEADING.

* Benötigt werden die Tabellen DD02L und DD09L
TABLES: DD02L,   " Eigenschaften der Tabellen
DD09L.   " Techn. Einstellungen der Tabellen

* Variable für die Tabellenstatistiken
```

```
DATA: TABCOUNT         TYPE I,
      CHANGECOUNT      TYPE I,
      MANDTCOUNT       TYPE I,
      MANDTUCOUNT      TYPE I,
      TRANSPCOUNT      TYPE I,
      POOLCOUNT TYPE I,
      CLUSCOUNT TYPE I,
      PROTCOUNT TYPE I,
      OWNTAB           TYPE I.
* Ausgabe der Reportüberschrift
WRITE: 'Auswertungen zu den R/3-Tabellen'.
ULINE.
* Überschrift für die Ausgabe der kundeneigenen Tabellen
WRITE: /, 'Tabellen im kundeneigenen Namensraum:'.
* SELECT-Schleife zum Auslesen der Tabelle DD02L
* Es werden nur physische Tabellen gelesen, also Pool-,
* Cluster- und transparente Tabellen
SELECT * FROM DD02L  WHERE  TABCLASS = 'TRANSP' OR
                            TABCLASS = 'CLUSTER' OR
                            TABCLASS = 'POOL'.
* Zähler für die Summe aller Tabellen
  TABCOUNT = TABCOUNT + 1.
* Zähler für transparente Tabellen
  IF DD02L-TABCLASS = 'TRANSP'.
     TRANSPCOUNT = TRANSPCOUNT + 1.
  ENDIF.
* Zähler für Pool-Tabellen
  IF DD02L-TABCLASS = 'POOL'.
        POOLCOUNT = POOLCOUNT + 1.
    ENDIF.
* Zähler für Cluster-Tabellen
    IF DD02L-TABCLASS = 'CLUSTER'.
        CLUSCOUNT = CLUSCOUNT + 1.
    ENDIF.
* Zähler für direkt änderbare Tabellen
    IF DD02L-MAINFLAG = 'X'.
        CHANGECOUNT = CHANGECOUNT + 1.
    ENDIF.
* Zähler für mandantenabhängige und
* mandantenunabhängige Tabellen
```

```
51    IF DD02L-CLIDEP = 'X'.
52       MANDTCOUNT = MANDTCOUNT + 1.
53    ELSE.
54       MANDTUCOUNT = MANDTUCOUNT + 1.
55    ENDIF.
56
57 * Auswahl aller Tabellen aus dem Kundennamensraum
58    IF DD02L-TABNAME(2) = 'T9' OR
59       DD02L-TABNAME(1) = 'Y' OR
60       DD02L-TABNAME(1) = 'Z'.
61          WRITE: /5 DD02L-TABNAME.
62    ENDIF.
63 ENDSELECT.
64
65 * SELECT-Anweisung zum Auslesen der Tabelle DD09L
66 * Selektion aller Tabellen die protokolliert werden
67 SELECT COUNT(*) FROM DD09L INTO PROTCOUNT WHERE
PROTOKOLL = 'X'.
68
69 * Ausgabe der Statistikzeilen
70 ULINE.
71 WRITE: /, 5 TABCOUNT, 'Tabellen existieren im
System'.
72 WRITE: /, 17 'Davon sind'.
73 WRITE: /, 24 TRANSPCOUNT, 'transparente Tabellen'.
74 WRITE: /, 24 POOLCOUNT, 'Pool-Tabellen'.
75 WRITE: /, 24 CLUSCOUNT, 'Cluster-Tabellen'.
76 WRITE: /, 5 CHANGECOUNT, 'Tabellen sind manuell
änderbar'.
77 WRITE: /, 5 MANDTCOUNT, 'Tabellen sind mandantenab-
hängig'.
78 WRITE: /, 5 MANDTUCOUNT, 'Tabellen sind mandante-
nunabhängig'.
79 WRITE: /, 5 PROTCOUNT, 'Tabellen werden protokol-
liert'.
```

Erläuterungen zum Quelltext:

Zeile 8	Ab hier werden die Variablen deklariert, die für die Ausgabe der Statistiken benötigt werden.
Zeile 28	Die SELECT-Schleife liest alle physischen Tabellen aus. Die Strukturen, Views und Appends werden ausgelassen.
Zeile 34	Wenn das Feld TABCLASS der Tabelle DD02L den Wert TRANSP enthält, handelt es sich um eine transparente Tabelle. In

diesem Fall wird der Zähler für transparente Tabellen, die Variable TRANSPCOUNT, um eins erhöht.

Zeile 38 Wenn das Feld TABCLASS der Tabelle DD02L den Wert POOL enthält, handelt es sich um eine Pool-Tabelle. In diesem Fall wird der Zähler für Pool-Tabellen, die Variable POOLCOUNT, um eins erhöht.

Zeile 42 Wenn das Feld TABCLASS der Tabelle DD02L den Wert CLUSTER enthält, handelt es sich um eine Cluster-Tabelle. In diesem Fall wird der Zähler für Cluster-Tabellen, die Variable CLUSCOUNT, um eins erhöht.

Zeile 46 Wenn das Feld MAINFLAG der Tabelle DD02L den Wert X enthält, kann die Tabelle direkt geändert werden, z.B. über die Transaktionen SM30 oder SM31. In diesem Fall wird der Zähler für änderbare Tabellen, die Variable CHANGECOUNT, um eins erhöht.

Zeile 51 Wenn das Feld CLIDEP der Tabelle DD02L den Wert X enthält, ist die Tabelle mandantenabhängig. In diesem Fall wird der Zähler für mandantenabhängige Tabellen, die Variable MANDTCOUNT, um eins erhöht. Ist das Feld leer, ist sie mandantenunabhängig. In diesem Fall wird der Zähler für mandantenunabhängige Tabellen, die Variable MANDTUCOUNT, um eins erhöht.

Zeile 58 Hier werden alle Tabellen selektiert, die aus dem Kundennamensraum für Tabellen stammen, also mit T9*, Y* oder Z* beginnen. In dem Fall wird der Name der Tabelle mit der WRITE-Anweisung ausgegeben.

Zeile 67 Diese SELECT-Anweisung stellt eine Alternative zur SELECT-Schleife dar. Werden Funktionen wie COUNT (=Summe), MAX oder MIN genutzt, wird das Ergebnis mit der INTO-Klausel gleich in eine Variable geschrieben. Ein ENDSELECT ist hier nicht notwendig, da die Anweisung in sich abgeschlossen ist. Übersetzt bedeutet diese Anweisung:

"Lese alle Datensätze der Tabelle DD09L, in denen das Feld PROTOKOLL den Wert X enthält (diese werden protokolliert). Summiere diese Sätze auf, und schreibe das Ergebnis in die Variable PROTCOUNT".

Zeile 71 Ab hier werden die Zeilen mit den statistischen Werten ausgegeben

7.10.4.4 Statistik über die Elemente der Berechtigungsverwaltung

Dieses Programm soll die Anzahl der Benutzer, Rollen, Profile, Berechtigungen und Objekte ausgeben. Hierfür sind folgende Tabellen notwendig:

TOBJ Tabelle der Berechtigungsobjekte
USR12 Tabelle der Berechtigungen
USR10 Tabelle der Profile
AGR_DEFINE Tabelle der Rollen
USR02 Anmeldedaten der Benutzer

Die Ausgabe des Reports ist in Abb. 7.10.6 dargestellt.

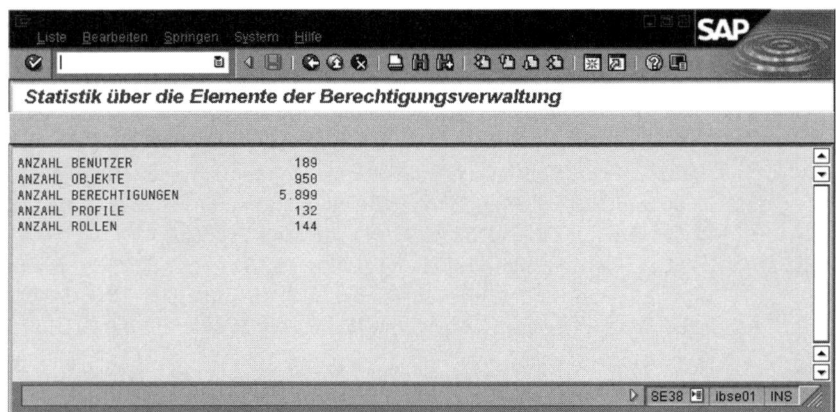

Abb. 7.10.6: Die Ausgabe des Programms ZAUTHSTAT

Der Quelltext:

```
REPORT ZAUTHSTAT NO STANDARD PAGE HEADING.

TABLES: USR02,          " Anmeldedaten der Benutzer
        TOBJ            " Berechtigungsobjekte
        USR12,          " Berechtigungen
        USR10,          " Profile
        AGR_DEFINE.     " Rollen

* Variable zum Einlesen der Summen
DATA:   COUNT  TYPE I,
        SPALTE TYPE I.
```

```
12
13 * Ausgabespalte der Summen festlegen
14 SPALTE = 30.
15
16 * Anzahl der Benutzer ermitteln
17 SELECT COUNT(*) FROM USR02 INTO COUNT.
18 WRITE : / 'ANZAHL BENUTZER', AT SPALTE COUNT.
19
20 * Anzahl der Berechtigungsobjekte ermitteln
21 SELECT COUNT(*) FROM TOBJ INTO COUNT.
22 WRITE: / 'ANZAHL OBJEKTE', AT SPALTE COUNT.
23
24 * Anzahl der Berechtigungen ermitteln
25 SELECT COUNT(*) FROM USR12 INTO COUNT.
26 WRITE: / 'ANZAHL BERECHTIGUNGEN', AT SPALTE COUNT.
27
28 * Anzahl der Profile ermitteln
29 SELECT COUNT(*) FROM USR10 INTO COUNT.
30 WRITE: / 'ANZAHL PROFILE', AT SPALTE COUNT.
31
32 * Anzahl der Rollen ermitteln
33 SELECT COUNT(*) FROM AGR_DEFINE INTO COUNT.
34 WRITE: / 'ANZAHL ROLLEN', AT SPALTE COUNT.
```

Erläuterungen zum Quelltext:

Zeile 14	Hier wird der Variablen SPALTE der Wert 30 zugewiesen. Diese Variable wird später beim WRITE-Befehl genutzt, um die Ausgabespalte der Summen festzulegen.
Zeile 17	Durch diese Anweisung wird die Anzahl der Benutzer des Mandanten ermittelt und in der Variablen COUNT gespeichert.
Zeile 18	Ausgabe eines Textes und der Variablen COUNT. Die Anweisung AT SPALTE COUNT bewirkt, dass COUNT in Spalte 30 ausgegeben wird (Wert der Variablen SPALTE).

7.11 Reports, Tabellen und Transaktionen

Reports

CUSTMUN1	Objekte im Kundennamensraum
RDDIT073	Prüfen der Objekte und Schlüssel in einem Auftrag
RDDIT076	Übersicht von Aufträgen
RDDIT077	Einzelanzeige eines Auftrags oder einer Aufgabe
RDDIT081	Vergleich zweier Versionen einer Tabelle
RDDIT083	Vergleich zweier Versionen eines Datenelements
RDDIT085	Vergleich zweier Versionen einer Domäne
RDDIT092	Differenz aus zwei Aufträgen bestimmen
RDDIT093	Schnittmenge zweier Aufträge bestimmen
RDDIT197	Einstellen der Systemänderbarkeit
RDDPRCHK	Prüfung der Tabellenprotokollierung
RDDPROTA	Auswertung der Protokolle der Tabelle DDPRS, unter anderem für die Systemänderbarkeit (Protokoll TRLOGSYSTEM)
RDDPROTT	Transportprotokolle eines Auftrages
RDDSTAT1	Statistik über Data Dictionary-Objekte
RS380SEL	Analyse von ABAP-Kurzdumps
RPR_ABAP_SOURCE_SCAN	Programmübergreifende Suche in ABAP Quelltexten
RSABAD38	ABAP/4 Programmkatalog mit umfangreichen Selektionsmöglichkeiten
RSABADAB	ABAP/4 Programmkatalog
RSABAPSC	Suche nach ABAP-Sprachbefehlen in ABAP Quelltexten
RSABTPGP	Berechtigungsgruppen (Tabelle TPGP)
RSANAL00	Analyse von ABAP-Programmen
RSCMPA01	Vergleich zweier ABAP-Programme

RSCMPADJ	Vergleich von Tabellen und Views
RSTBPROT	Auswertung der Protokolle der Tabellenänderungen bis Release 4.5
RSVTPROT	Auswertung der Protokolle der Tabellenänderungen ab Release 4.6
RSWBO004	Einstellen der Systemänderbarkeit
RSWBO095	Anzeigen der Protokolle des Kontroll- und Transportwesens
RSVCDI00	Anzeige von Versionshistorien

Tabellen

ADIRACCESS	Objektschlüssel zu originalen SAP-Objekten
DDPRS	Speicherung von Protokollen, unter anderem für die Systemänderbarkeit (Protokoll TRLOGSYSTEM)
DEVACCESS	Entwicklerschlüssel
T000	Mandantentabelle. Hier wird die mandantenabhängige Systemänderbarkeit angegeben.
TADIR	Objektkatalog
TDEVC	Entwicklungsklassen
TMSCDOM	Transportdomänen
TMSCSYS	R/3-Systeme der Transportdomänen
TPGP	Berechtigungsgruppen der ABAP-Programme
TPGPT	Texte zu Berechtigungsgruppen der ABAP-Programme
TRCL	Programmklassen
TRDIR	ABAP-Programmkatalog
TRDIRT	Texte zum ABAP-Programmkatalog
TSTC	Transaktionen des Systems
TSTCA	Berechtigungsobjekte mit Werten zu den Transaktionen
TSTCP	Parameterwerte zu den Parametertransaktionen
TSTCT	Texte zu den Transaktionen

Transaktionen

AL21	ABAP-Programmanalyse (Report RSANAL00)
SE01	Transport Organizer
SE03	Organizer Tools
SE06	Einrichten Workbench Organizer
SE09	Workbench Organizer
SE10	Customizing Organizer
SE11	Eigenschaften von Tabellen, u.a. die Änderbarkeit
SE13	Technische Eigenschaften von Tabellen, u.a. Protokollflag
SE38	ABAP/4-Editor (Verwaltung der ABAP-Programme)
SE84	Aufruf des Repository-Infosystems
SE93	Verwalten der Transaktionen
ST10	Statistik über Tabellenzugriffe
ST22	Anzeige der ABAP/4 Kurzdumps
STMS	Transport Management System

7.12 QuickWins

Nr.	Maßnahmen	Kapitel
1	Werden Entwicklungs- und Customizingarbeiten nur im Entwicklungssystem durchgeführt? Klären Sie dies durch Fragestellungen an die Administration.	7.2
2	Ist sichergestellt, dass Entwicklungen erst nach einem Freigabeverfahren im Qualitätssicherungssystem ins Produktivsystem transportiert werden? Klären Sie dies durch Fragestellungen an die Administration.	7.2
3	Besitzen Benutzer im Produktivsystem einen Entwicklerschlüssel? Rufen Sie im Produktivsystem die Transaktion SE16/ SE16N auf, und lassen Sie sich die Tabelle DEVACCESS (Entwicklerschlüssel) anzeigen. Es dürfen keine Einträge vorhanden sein.	7.3
4	Wurde für die Tabelle DEVACCESS die Protokollierung aktiviert? Rufen Sie die Transaktion SE13 auf, und lassen Sie sich die technischen Einstellungen der Tabelle DEVACCESS anzeigen. Die Eigenschaft *Datenänderungen protokollieren* muss aktiviert sein.	7.3
5	Ist das Produktivsystem gegen Anwendungsentwicklung gesperrt? Rufen Sie die Transaktion SA38 (Menüpfad *System - Dienste - Reporting*) auf, und lassen Sie sich den Report RSWBO004 anzeigen. Die Globale Einstellung muss auf *Nicht Änderbar* stehen.	7.4

Nr.	Maßnahmen	Kapitel
6	Wurden in letzter Zeit Änderungen an der Systemänderbarkeit im Produktivsystem vorgenommen, und war es für einen langen Zeitraum änderbar? --- Rufen Sie die Transaktion SA38 (Menüpfad *System - Dienste - Reporting*) auf, und lassen Sie sich den Report RSWBO095 anzeigen. Im Selektionsbild des Reports wählen Sie den Punkt *Systemänderbarkeit* aus und klicken auf die Schaltfläche *Ausführen*. In der Anzeige des Reports klicken Sie auf die Schaltfläche *Alles expandieren*, um auch das Datum und die Uhrzeit der jeweiligen Änderungen anzuzeigen.	7.4
7	Ist der Produktivmandant gegen Tabellenänderungen gesperrt? --- Rufen Sie die Transaktion SCC4 auf. Alternativ können Sie über die Transaktion SM30 die Tabelle T000 anzeigen lassen. Doppelklicken Sie auf den Produktivmandanten. Im Feld *Änderungen und Transporte für mandantenabhängige Objekte* muss der Punkt *keine Änderungen erlaubt* markiert sein.	7.4
8	Wurden im Produktivsystem Reparaturen durchgeführt? --- Rufen Sie im Produktivsystem die Transaktion SE16 / SE16N auf, und lassen Sie sich die Tabelle E070 anzeigen. Geben Sie in der Selektionsmaske der Tabelle im Feld *Typ* (TRFUNCTION) den Wert *R* ein, und lassen Sie sich das Ergebnis anzeigen. Es werden alle Aufträge vom Typ *Reparatur* angezeigt. Den Inhalt der Aufträge können Sie mit der Transaktion SE01 oder dem Report RSWBO050 einsehen.	7.5
9	Wer ist berechtigt, Importe ins Produktivsystem durchzuführen? --- Rufen Sie im Produktivsystem die Transaktion SA38 auf, und führen Sie den Report RSUSR002 aus. Geben Sie im Block *Selektion nach Werten* folgende Kriterien ein:711_29.TIF	7.5

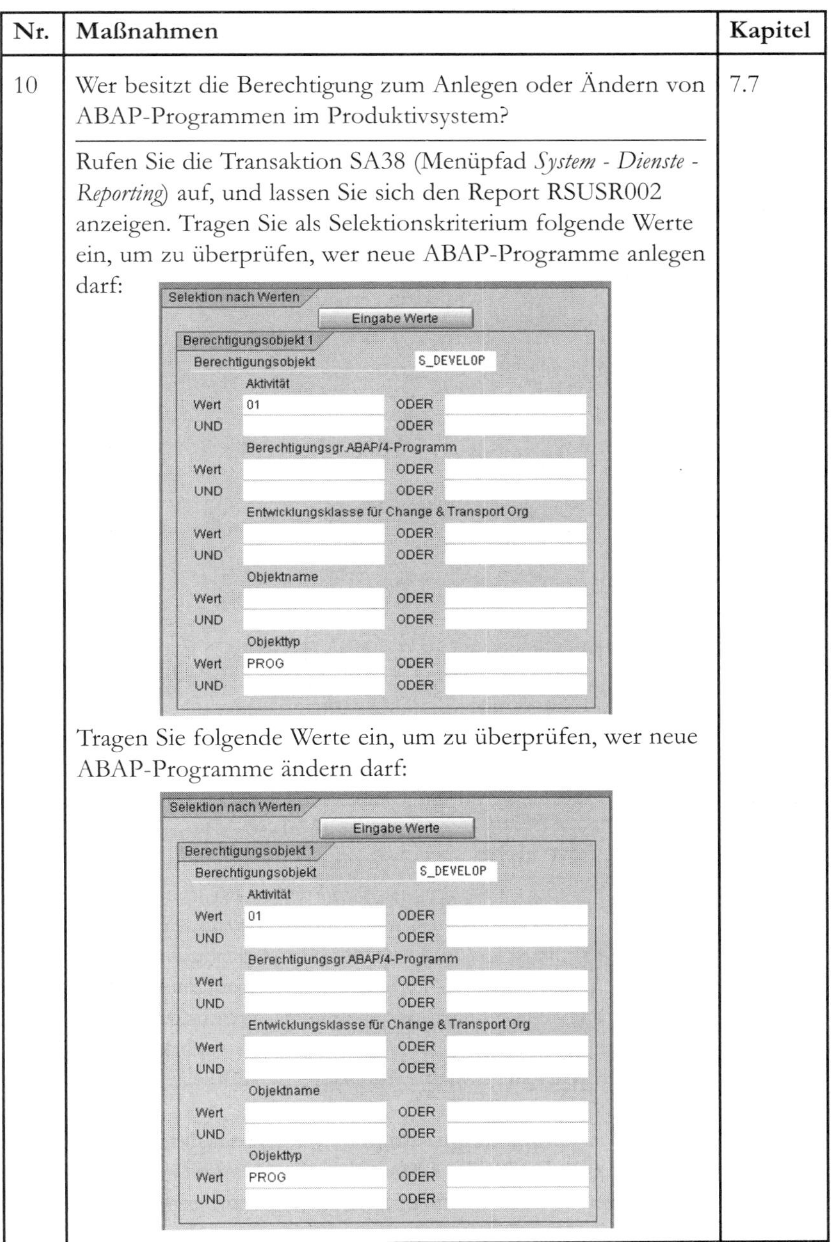

Nr.	Maßnahmen	Kapitel
10	Wer besitzt die Berechtigung zum Anlegen oder Ändern von ABAP-Programmen im Produktivsystem?	7.7
	Rufen Sie die Transaktion SA38 (Menüpfad *System - Dienste - Reporting*) auf, und lassen Sie sich den Report RSUSR002 anzeigen. Tragen Sie als Selektionskriterium folgende Werte ein, um zu überprüfen, wer neue ABAP-Programme anlegen darf:	
	Tragen Sie folgende Werte ein, um zu überprüfen, wer neue ABAP-Programme ändern darf:	

Nr.	Maßnahmen	Kapitel
11	Wer besitzt das Zugriffsrecht, im Produktivsystem ABAP-Programme zu debuggen mit Replace-Möglichkeit? Selektion nach Werten Eingabe Werte Berechtigungsobjekt 1 Berechtigungsobjekt S_DEVELOP Aktivität Wert 02 ODER UND ODER Berechtigungsgr.ABAP/4-Programm Wert ODER UND ODER Objektname Wert ODER UND ODER Objekttyp Wert DEBUG ODER UND ODER Paket Wert ODER UND ODER Rufen Sie die Transaktion SA38 (Menüpfad *System - Dienste - Reporting*) auf, und lassen Sie sich den Report RSUSR002 anzeigen. Tragen Sie als Selektionskriterium im Block *Selektion nach Werten* folgende Werte ein:	7.7
12	Wurden in letzter Zeit im Produktivsystem im Debug-Modus Hauptspeicherinhalte geändert? Rufen Sie das SysLog mit der Transaktion SM21 auf. Lassen Sie die Felder *von Datum/Uhrzeit* und *bis Datum/Uhrzeit* leer. Klicken Sie auf die Schaltfläche *Meld.Kennungen*. Wählen Sie im darauffolgenden Fenster den Punkt *nur diese Meldungen* aus. Tragen Sie die Meldungsnummer A1 9 ein, und klicken Sie auf die Schaltfläche *Benutzen*. Lassen Sie sich das SysLog anzeigen (Schaltfläche *SysLog neu lesen*). Werden Meldungen angezeigt, ist dort zu erkennen, in welchem Programm welcher Feldinhalt geändert wurde (durch Doppelklick auf den entsprechenden Eintrag).	7.7

Nr.	Maßnahmen	Kapitel
13	Wird durch den Import neuer Programmversionen eine Versionshistorie im Produktivsystem erzeugt? Rufen Sie die Transaktion SA38 (Menüpfad System - Dienste - Reporting) auf, und lassen Sie sich den Report RSTMSTPP anzeigen. Geben Sie in der Selektionsmaske den Namen des Produktivsystems an, und führen Sie den Report aus. Der Parameter VERS_AT_IMP gibt an, ob Versionen geschrieben werden:VERS_AT_IMP = NEVER - Es werden keine Versionen erzeugtVERS_AT_IMP = ALWAYS - Es werden Versionen erzeugt	7.7

8 Das Berechtigungskonzept

8.1 Zu diesem Kapitel

In diesem Kapitel werden die Grundzüge des Berechtigungskonzepts erläutert, sowie deren Prüfung. Kapitel 8.2 zeigt auf, wie das Berechtigungskonzept funktioniert und welche einzelnen Elemente für eine Prüfung benötigt werden. Kapitel 8.3 befasst sich mit der praktischen Prüfung der Zugriffsrechte. Zuerst wird vermittelt, welche Vorarbeiten vor der Prüfung durchzuführen sind. Danach werden die beiden Reports dargestellt, mit denen ausgewertet werden kann, welche Benutzer bestimmte Rechte besitzen bzw. in welchen Rollen die Rechte enthalten sind.

Kapitel 8.4 stellt dar, wie R/3 die Zugriffsrechte von Benutzern im System überhaupt überprüft.

Um Zugriffsrechte im Umfeld der Berechtigungsverwaltung prüfen zu können, sind die maßgeblichen Zugriffsrechte in Kapitel 8.5 beschrieben. Im Kapitel 8.6 sind dann die Standardprofile von R/3 beschrieben, die in der Praxis am häufigsten zugeordnet werden.

8.2 Die Funktionsweise des Berechtigungskonzeptes

8.2.1 Allgemeine Beschreibung

Das Berechtigungskonzept von R/3 stellt die elementarste Sicherheitsfunktion des Systems dar. Alle anderen Sicherheitsfunktionen werden hierüber verwaltet, wie z.B. das Einstellen der Systemänderbarkeit, das Auditing und die Funktionstrennungen innerhalb der Module.

Das Berechtigungskonzept basiert auf Berechtigungsobjekten, mit denen Zugriffsrechte für Vorgänge innerhalb des R/3-Systems vergeben werden können. In den vorhergehenden Kapiteln wurden zu den verschiedenen Vorgängen jeweils die notwendigen Berechtigungsobjekte dargestellt.

Die Berechtigungsobjekte bestehen aus Feldern, max. 10 Felder kann ein Berechtigungsobjekt enthalten. Diese Felder können mit verschiedenen Inhalten ausgeprägt werden. Ein Beispiel hierfür stellt das Feld *Aktivität* dar. Es kann sowohl mit der Aktivität *Anlegen* ausgeprägt werden als auch mit *Anzeigen*.

Ein Benutzer benötigt somit Berechtigungen auf diesen Objekten mit verschiedenen Ausprägungen. Dies sind die Anwendungsberechtigungen. Um einen Vorgang auszuführen müssen Transaktionen aufgerufen werden. Auch diese sind mit Zugriffsrechten, den Transaktionsberechtigungen, belegt. Zur Ausführung eines Vorganges ist somit sowohl die Transaktionsberechtigung notwendig als auch die Anwendungsberechtigung.

Diese Berechtigungsobjekte werden über die Rollen von R/3 verwaltet. Hier können zu den Objekten die Feldwerte festgelegt werden. Über die Rolle werden dann automatisch zu jedem Objekt Berechtigungen generiert, die in einem Profil zusammengefasst werden. Im Benutzerstammsatz wird vom Berechtigungsadministrator die Rolle eingetragen. Das Profil wird automatisch hinzugefügt. Auf diese Weise erhält ein Benutzer seine Berechtigungen. Abb. 8.2.1 zeigt das Zusammenwirken der einzelnen Elemente des Berechtigungskonzeptes. Nachfolgend sind die einzelnen Elemente beschrieben.

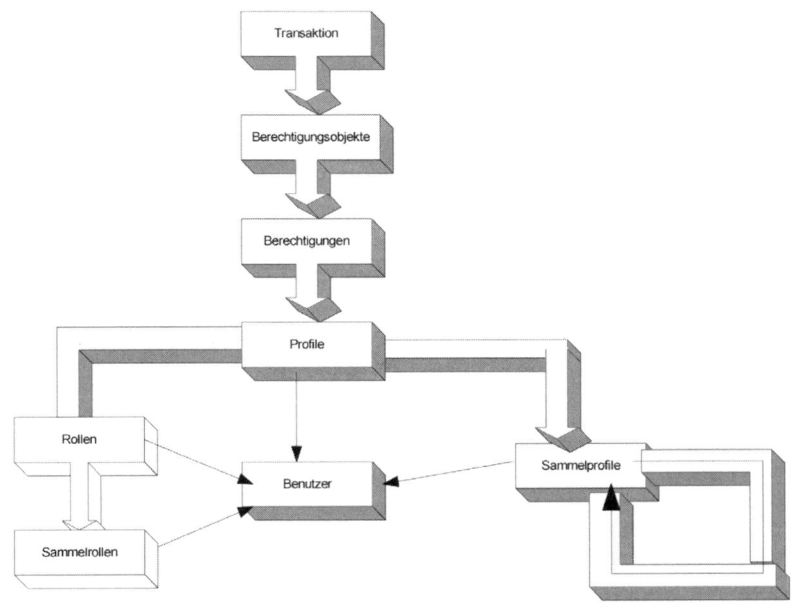

Abb. 8.2.1: Die Elemente des SAP R/3-Berechtigungskonzeptes

8.2.2 Berechtigungsobjekte

Das Verwalten der Berechtigungsobjekte ist Teil der Anwendungsentwicklung und erfolgt über die Transaktion SU21 (Menüpfad *Werkzeuge - ABAP-Workbench - Entwicklung - Weitere Werkzeuge - Berechtigungsobjekte - Objekte*). Diese Transaktion kann von Prüfern auch zum Anzeigen der Berechtigungsobjekte genutzt werden. Die Berechtigungsobjekte für alle Vorgänge innerhalb eines standardmäßigen R/3-Systems werden bereits mit ausgeliefert. Im R/3-Release 4.6C existieren standardmäßig über 900 Berechtigungsobjekte. Neue Objekte müssen nur für Eigenentwicklungen angelegt werden. Die Berechtigungsobjekte sind in Klassen unterteilt. Diese dienen zur Gruppierung der Objekte.

Die Berechtigungsobjekte von SAP unterliegen folgender Namenskonvention:

- An erster Stelle steht der Name des Moduls, für das dieses Objekt angelegt wurde, z.B.:
  A Anlagenwirtschaft
  F Finanzwesen
  G General Ledger
  K Kostenrechnung
  L Lagerverwaltung
  M Materialwirtschaft
  P Personalwirtschaft
  S Basis
  V Vertrieb
- An zweiter Stelle steht ein Unterstrich. Dies ist das Merkmal für ein SAP Standardobjekt.
- Die Berechtigungsobjekte beginnen nicht mit den Buchstaben Y oder Z. Diese sind für kundeneigene Objekte reserviert.

Ein typischer Name eines Berechtigungsobjektes ist daher z.B. S_TABU_DIS (Tabellenpflegeberechtigung) oder F_BKPF_BUK (Buchhaltungsbeleg: Berechtigung für Buchungskreise).

Einen Überblick über die einzelnen Berechtigungsobjekte der Klassen bietet die Transaktion SU21 (Menüpfad *Werkzeuge - ABAP Workbench - Entwicklung - Weitere Werkzeuge - Berechtigungsobjekte - Objekte*). Über diesen Menüpunkt werden die Berechtigungsobjekte verwaltet. Als erstes werden die Objektklassen angezeigt. Durch einen Doppelklick auf eine Klasse werden alle Berechtigungsobjekte dieser Klasse angezeigt (siehe Abb. 8.2.2). Durch einen Doppelklick werden die Felder des Berechtigungsobjektes angezeigt. Im Eigenschaftsfenster können Sie sich über die Schaltfläche *Dokumentation* eine Beschreibung anzeigen lassen, in der meistens auch die Felder mit ihren möglichen Werten erläutert werden.

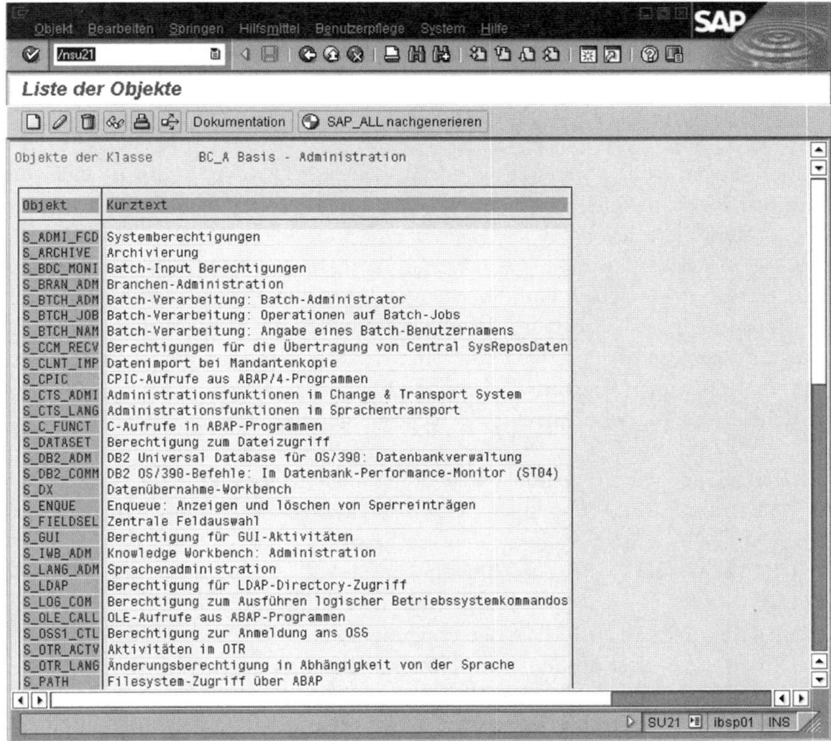

Abb. 8.2.2: Transaktion SU21 - Berechtigungsobjekte der Klasse Basis - Administration

Die Berechtigungsobjekte werden über folgende Tabellen verwaltet:

TOBC	Tabelle der Objektklassen
TOBCT	Tabelle der Beschreibungen zu den Objektklassen
TOBJ	Tabelle aller Objekte mit ihren Feldern
TOBJT	Tabelle der Beschreibungen zu den Objekten

Die verfügbaren Felder für die Berechtigungsobjekte werden in Strukturen gespeichert. Sie können sich diese Strukturen mit der Transaktion SE11 anzeigen lassen:

AUTHA	Berechtigungsfelder der Anwendungen
AUTHB	Berechtigungsfelder der Basis
ZAUTHCUST	Berechtigungsfelder des Kunden

8.2.3 Berechtigungen

Bei der Nutzung von Rollen werden Berechtigungen nicht mehr manuell verwaltet, sondern ausschließlich über die Rollen. Über Rollen werden Berechtigungen automatisch erstellt und auch wieder gelöscht. Geprüft werden in diesem Fall nicht die einzelnen Berechtigungen, sondern die Objekte mit den Feldwerten in den Rollen.

Werden keine Rollen genutzt, sondern manuelle Profile, müssen auch die Berechtigungen manuell verwaltet werden. Dies erfolgt über die Transaktion SU03 (Menüpfad *Werkzeuge - Administration - Benutzerpflege - Manuelle Pflege - Berechtigungen manuell verwalten*) verwaltet. Für diese Transaktion ist die Vergabe einer nur-lesenden Berechtigung nur eingeschränkt möglich. Es ist möglich, sich die Berechtigungen anzeigen zu lassen, die auf den einzelnen Berechtigungsobjekten angelegt wurden. Das Anzeigen der Werte in den Berechtigungen ist nicht mehr möglich. Hierfür wird eine Änderungsberechtigung benötigt. Nutzen Sie daher zum Anzeigen einzelner Berechtigungen den Report RSUSR030.

Die Berechtigungen werden über folgende Tabellen verwaltet:

USR12	Berechtigungen mit ihren Feldinhalten (Pool-Tabelle, daher zur Auswertung nur eingeschränkt geeignet)
UST12	Transparente Tabelle zu USR12. Nutzen Sie diese Tabelle anstelle von USR12 für Auswertungen.
USR13	Texte zu den Berechtigungen
USR10	Zuordnung von Berechtigungen zu Profilen (Pool-Tabelle, daher zur Auswertung nur eingeschränkt geeignet)
UST10S	Transparente Tabelle zu USR10. Nutzen Sie diese Tabelle anstelle von USR10 für Auswertungen.

Mit folgenden Reports können Berechtigungen ausgewertet werden:

RSUSR002	Auswertung, welcher Benutzer eine bestimmte Berechtigung bekommen hat
RSUSR030	Zeigt Berechtigungen nach komplexen Selektionskriterien an
RSUSR050	Vergleiche von Berechtigungen
RSUSR070	Auswertung, welche Berechtigungen Rollen zugeordnet sind
RSUSR102	Zeigt Änderungsbelege zu Berechtigungen an

8.2.4 Profile

In R/3 existieren drei verschiedene Arten von Profilen:

Einzelprofile
: Diese Profile werden manuell verwaltet und enthalten Berechtigungen. Sie werden verwaltet mit der Transaktion SU02.

Sammelprofile
: Diese Profile enthalten andere Profile. Sie können sowohl Einzelprofile als auch andere Sammelprofile enthalten. Sammelprofile können beliebig oft ineinander verschachtelt werden. Ein Beispiel hierfür stellt das Sammelprofil SAP_ALL dar, das fast alle Berechtigungen des R/3-Systems enthält. Sie werden ebenfalls verwaltet mit der Transaktion SU02.

Generierte Profile
: Diese Profile werden automatisch über Rollen generiert. Sie können nur über die Rolle geändert werden. Manuelle Änderungen sind nicht möglich. Diese Profile werden über die Rollen mit der Transaktion PFCG verwaltet.

Die Profileigenschaften werden in folgenden Tabellen gespeichert:

USR10	Profile mit den enthaltenen Berechtigungen oder Profilen (Pool-Tabelle, daher zur Auswertung nur eingeschränkt geeignet).
UST10S	Transparente Tabelle zu USR10. Enthält die Einzelprofile mit den enthaltenen Berechtigungen.
UST10C	Transparente Tabelle zu USR10. Enthält die Sammelprofile mit den enthaltenen Profilen.
USR04	Zuordnung von Profilen zu Benutzern (Pool-Tabelle, daher zur Auswertung nur eingeschränkt geeignet).
UST04	Transparente Tabelle zu USR04.
AGR_PROF	Profile der Rollen

Mit folgenden Reports können Profile ausgewertet werden:

RSUSR002	Auswertung, welchem Benutzer welche Profile zugeordnet wurden
RSUSR020	Profile nach komplexen Selektionskriterien
RSUSR050	Vergleich von zwei Profilen
RSUSR101	Änderungsbelege zu Profilen

8.2.5 Rollen

Rollen (bis R/3-Release 4.6B: Aktivitätsgruppen) stellen die Verwaltungseinheit zur Berechtigungspflege dar. In ihr werden die Berechtigungsobjekte mit ihren Feldwerten festgelegt, der Name des zu generierenden Profils und die Benutzer, denen diese Rolle und damit auch das Profil zugeordnet wird. Außerdem können zusätzlich die in der Rolle enthaltenen Transaktionen zu Menüs zusammengefasst werden, um die Nutzung für die Anwender zu vereinfachen.

Rollen können zusammengefasst werden zu Sammelrollen. Hierdurch können mit Rollen z.B. die Zugriffsrechte für einzelne Arbeitsschritte (Stammdatenpflege, Buchungen, ...) vergeben werden. Durch deren Zusammenfassung in Sammelrollen bilden diese dann Arbeitsplätze bzw. Teilarbeitsplätze ab. Sammelrollen können nicht weiter in anderen Sammelrollen verwendet werden.

Rollen werden verwaltet mit der Transaktion PFCG. Auch eine reine Anzeige ist mit dieser Transaktion möglich. Abb. 8.2.3 zeigt das Anzeigen einer Rolle mit der Transaktion PFCG.

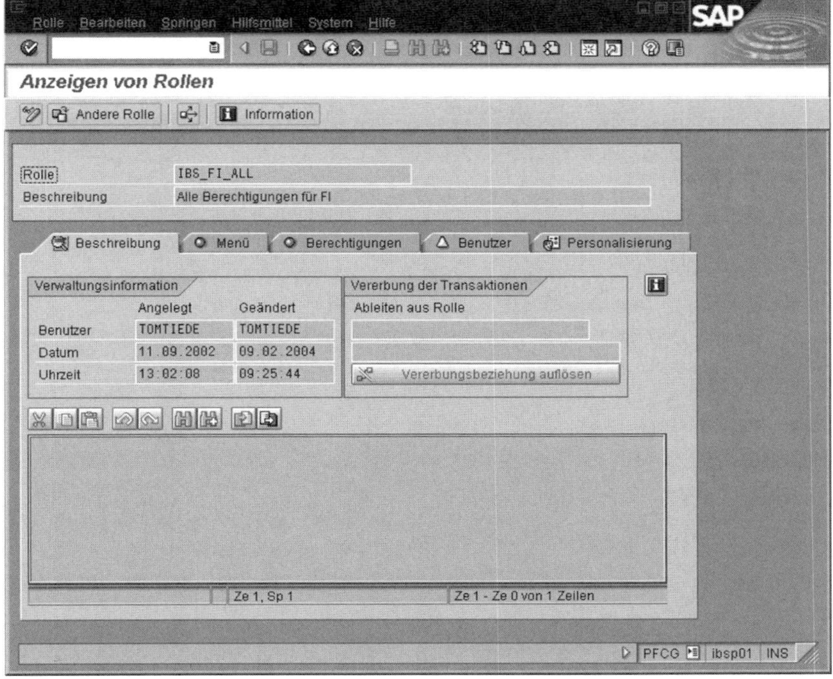

Abb. 8.2.3: Transaktion PFCG - Anzeige von Rollen

In den einzelnen Registern sind folgende Daten der Rolle hinterlegt:

Beschreibung

Hier kann eine Beschreibung zur Rolle hinterlegt werden. Des weiteren werden der Benutzer angezeigt, der die Rolle angelegt hat, sowie der Benutzer, der die Rolle zuletzt geändert hat. Im Block *Vererbung der Transaktionen* wird angezeigt, ob die Rolle aus einer anderen Rolle abgeleitet wurde.

Menü

Hier wird das Menü der Rolle angezeigt. Über das Customizing kann festgelegt werden, ob Benutzer nur diese Menüs angezeigt bekommen, oder ob sie sich auch das SAP-Standardmenü anzeigen lassen können.

Berechtigungen

Hier wird der Name des zur Rolle generierten Profils angezeigt. Über die Schaltfläche *Berechtigungsdaten anzeigen* werden die zur Rolle hinterlegten

Berechtigungsobjekte angezeigt mit den hinterlegten Feldwerten (siehe Abb. 8.2.4).

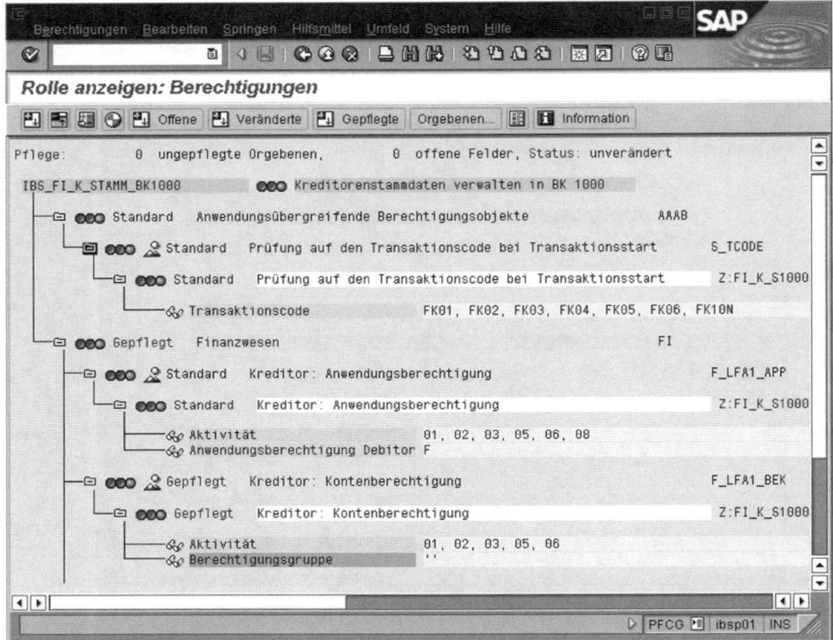

Abb. 8.2.4: Transaktion PFCG - Berechtigungen in Rollen

Benutzer

Dies sind die der Rolle zugeordneten Benutzer. Den in Schwarz hinterlegten Benutzern wurde diese Rolle direkt zugeordnet. Den in Blau eingetragenen Benutzern wurde diese Rolle über eine Sammelrolle zugeordnet. In den Spalten von und bis ist der Gültigkeitszeitraum der Rolle für den Benutzer hinterlegt (siehe Abb. 8.2.5). Außerhalb dieses Zeitraums verfügt der Benutzer nicht über die Zugriffsrechte dieser Rolle.

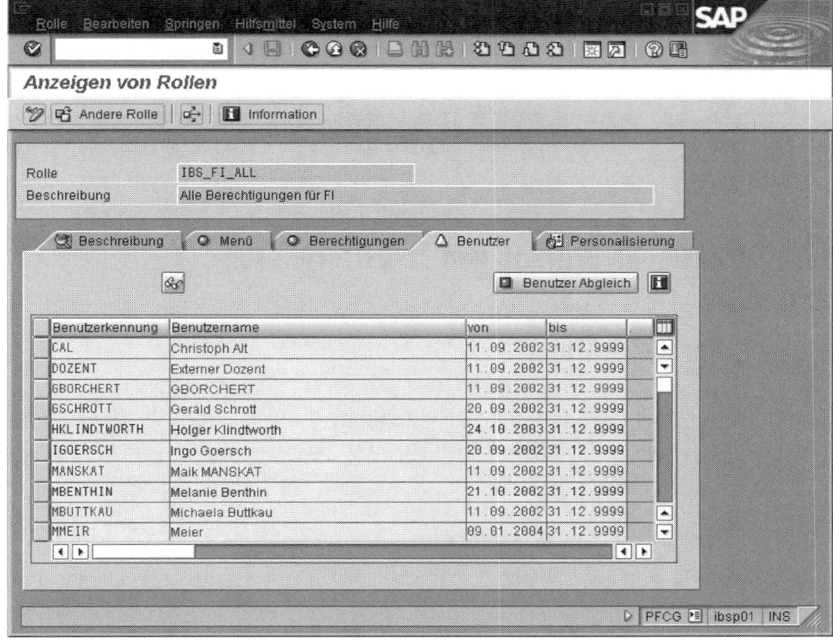

Abb. 8.2.5: Transaktion PFCG - Benutzerzuordnung zu Rollen

Ob der Profilgenerator aktiv ist und genutzt werden kann, wird über den Systemparameter *auth/no_check_in_some_cases* festgelegt. Der Parameter kann folgende Werte enthalten:

- Y Der Profilgenerator kann in vollem Umfang genutzt werden.
- N Die Pflege von Berechtigungswerten in Rollen ist nicht möglich. Des weiteren können Benutzern zwar der Rollen zugeordnet werden, aber der Benutzerstammabgleich ist nicht möglich (durch den Benutzerstammabgleich werden die Profile des Rollen in die Stammsätze der Benutzer eingetragen).

Die Rolleneigenschaften werden in folgenden Tabellen gespeichert:

AGR_DEFINE	Liste aller Rollen
AGR_AGRS	Rollen in Sammelrollen
AGR_USERS	Benutzerzuordnungen zu Rollen
AGR_PROF	Profile der Rollen
AGR_1251	Berechtigungsobjekte mit Feldwerten in den Rollen
AGR_1252	Organisationsebenen der Rollen

Mit folgenden Reports können Rollen ausgewertet werden:

RSUSR002	Auswertung, welchem Benutzer welche Rollen zugeordnet wurden
RSUSR070	Rollen nach komplexen Selektionskriterien
RSUSR050	Vergleich von zwei Rollen
RSSCD100_PFCG	Änderungsbelege zu Rollen

8.3 Praktische Prüfung von Zugriffsrechten

8.3.1 Vor der Prüfung

Es existieren einige Faktoren, die Berechtigungsprüfungen beeinflussen können. So können teilweise Berechtigungsprüfungen in R/3 deaktiviert werden, oder es können Berechtigungen nicht direkt an Benutzer vergeben werden, sondern über Referenzbenutzer zugeordnet werden. In beiden Fällen würden Auswertungen von Zugriffsrechten evtl. ein verfälschtes Ergebnis liefern. Nachfolgend sind die vor einer Prüfung zu beachtenden Punkte aufgeführt.

8.3.1.1 Deaktivierte Berechtigungsobjekte

Über die Transaktion AUTH_SWITCH_OBJECTS ist es möglich, Berechtigungsobjekte vollständig zu deaktivieren, so dass diese in R/3 nicht mehr geprüft werden. Deaktivierte Berechtigungsobjekte werden in der Tabelle TOBJ_OFF gespeichert. Zwei Arten von Berechtigungsobjekten können allerdings nicht deaktiviert werden:

P_*-Objekte (Objekte des Personalwesens)
S_*-Objekte (Objekte der Basis)

Vor der Prüfung von Zugriffsrechten vergewissern Sie sich, ob in der Tabelle TOBJ_OFF Einträge enthalten sind. Diese Objekte brauchen dann bei den Berechtigungsprüfungen nicht beachtet werden:

Data Browser: Tabelle TOBJ_OFF 3 Treffer

Mandant	Objekt	Datum	Uhrzeit	Benutzer	Report	Rel.
800	F_KNA1_AEN	25.07.2004	13:20:59	TOMTIEDE		46C
800	F_KNA1_BED	25.07.2004	13:20:59	TOMTIEDE		46C
800	F_KNA1_KGD	25.07.2004	13:20:59	TOMTIEDE		46C

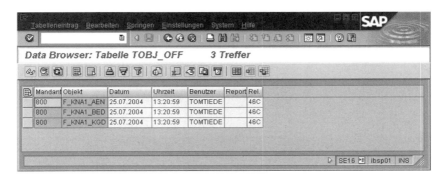

Abb. 8.3.1: Tabelle TOBJ_OFF - Deaktivierte Berechtigungsobjekte

Das Deaktivieren und Aktivieren wird automatisch von R/3 mitprotokolliert in der Tabelle TOBJ_CD. Vergewissern Sie sich über diese Tabelle, ob vor der Prüfung bereits Berechtigungsobjekte deaktiviert waren.

Data Browser: Tabelle TOBJ_CD 43 Treffer

Mandant	Datum	Uhrzeit	Objekt	Benutzer	Rel.	Cust.Menü
800	09.04.2003	11:52:50	A_A_VIEW	TOMTIEDE	46C	I
800	09.04.2003	11:53:32	A_A_VIEW	TOMTIEDE	46C	D
800	20.07.2003	18:37:22	F_FDES_BUK	TOMTIEDE	46C	I
800	20.07.2003	18:38:06	F_FDES_BUK	TOMTIEDE	46C	D
800	18.11.2003	12:44:28	F_FICA_CCT	TOMTIEDE	46C	I
800	18.11.2003	12:44:28	F_FICA_CTR	TOMTIEDE	46C	I
800	18.11.2003	12:44:28	F_FICA_FCD	TOMTIEDE	46C	I
800	18.11.2003	12:48:09	F_FICA_CCT	TOMTIEDE	46C	D
800	18.11.2003	12:48:09	F_FICA_CTR	TOMTIEDE	46C	D
800	18.11.2003	12:48:09	F_FICA_FCD	TOMTIEDE	46C	D
800	20.11.2003	10:30:36	F_LFA1_AEN	TOMTIEDE	46C	I
800	20.11.2003	10:30:36	F_LFA1_APP	TOMTIEDE	46C	I
800	20.11.2003	10:30:36	F_LFA1_BEK	TOMTIEDE	46C	I
800	20.11.2003	10:30:36	F_LFA1_BUK	TOMTIEDE	46C	I
800	20.11.2003	10:30:36	F_LFA1_GEN	TOMTIEDE	46C	I
800	20.11.2003	10:30:36	F_LFA1_GRP	TOMTIEDE	46C	I
800	20.11.2003	10:31:50	F_LFA1_AEN	TOMTIEDE	46C	D
800	20.11.2003	10:31:50	F_LFA1_APP	TOMTIEDE	46C	D

Abb. 8.3.2: Tabelle TOBJ_CD - Historie der Objektdeaktivierung

Die Einträge im Feld Cust.Menü (INS_DELE) haben folgende Bedeutung:

- I Das angegebene Objekt wurde deaktiviert
- D Das angegebene Objekt wurde wieder aktiviert

8.3.1.2 Deaktivierung von einzelnen Berechtigungsprüfungen

R/3 speichert in der Tabelle USOBX_C zu fast jeder Transaktion die zugehörigen Berechtigungsobjekte. Jedes dieser Objekte verfügt dort über ein Prüfkennzeichen, das festlegt, wie das Objekt in der Transaktion geprüft werden soll (Feld OK-Kennz [OKFLAG]). Abb. 8.3.3 zeigt beispielhaft die Prüfkennzeichen für die Transaktion SE38:

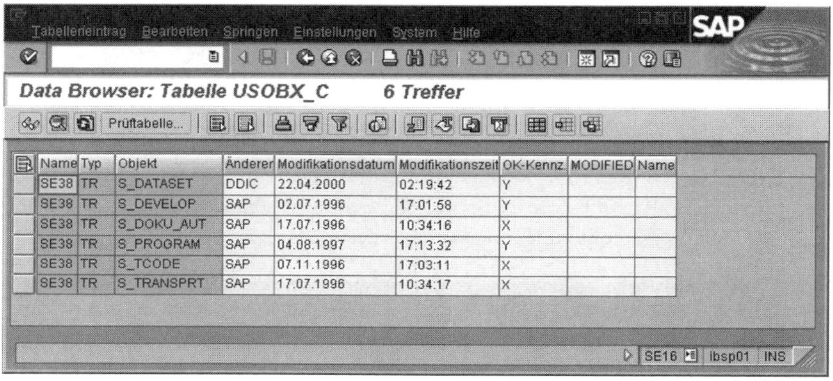

Data Browser: Tabelle USOBX_C 6 Treffer

Name	Typ	Objekt	Änderer	Modifikationsdatum	Modifikationszeit	OK-Kennz.	MODIFIED	Name
SE38	TR	S_DATASET	DDIC	22.04.2000	02:19:42	Y		
SE38	TR	S_DEVELOP	SAP	02.07.1996	17:01:58	Y		
SE38	TR	S_DOKU_AUT	SAP	17.07.1996	10:34:16	X		
SE38	TR	S_PROGRAM	SAP	04.08.1997	17:13:32	Y		
SE38	TR	S_TCODE	SAP	07.11.1996	17:03:11	X		
SE38	TR	S_TRANSPRT	SAP	17.07.1996	10:34:17	X		

Abb. 8.3.3: Tabelle USOBX_C - Prüfkennzeichen zu Berechtigungsobjekten

Die Kennzeichen im Feld OKFLAG haben folgende Bedeutung:

N	Es findet keine Berechtigungsprüfung für dieses Objekt statt. Diese Berechtigungsobjekte brauchen bei Prüfungen für Berechtigungen auf die betreffende Transaktion nicht beachtet werden.
Y	Für diese Berechtigungsobjekte werden Zugriffsrechte überprüft, wenn die Objekte beim Ausführen der Transaktion geprüft werden. Zu diesen Objekten sind in der Tabelle USOBT_C Prüfwerte zu den Feldern hinterlegt. Diese dienen auch als Vorschlagswerte für den Profilgenerator, wenn die betreffende Transaktion in eine Rolle übernommen wird.
Y	Für diese Berechtigungsobjekte werden Zugriffsrechte überprüft, wenn die Objekte beim Ausführen der Transaktion geprüft werden.
U	Für diese Objekte wurde keine Vorgabe hinterlegt.
<LEER>	Für diese Objekte wurde keine Vorgabe hinterlegt.

Die Pflege dieser Prüfkennzeichen erfolgt über die Transaktion SU24. Die Transaktion kann auch mit reinen Anzeigerechten aufgerufen werden.

Änderungen an diesen Prüfkennzeichen werden automatisch von R/3 protokolliert. Über die Tabelle USOBX_C kann ermittelt werden, welche Einträge bereits geändert wurden und wie der aktuelle Stand des Prüfkennzeichens ist. Wird ein Eintrag geändert, wird in der Tabelle USOBX_C in das Feld *Modifizierungs-Kennzeichen* (MODIFIED) ein Y gesetzt. Hiernach kann somit selektiert werden, um alle geänderten Einträge anzeigen zu lassen (siehe Abb. 8.3.4).

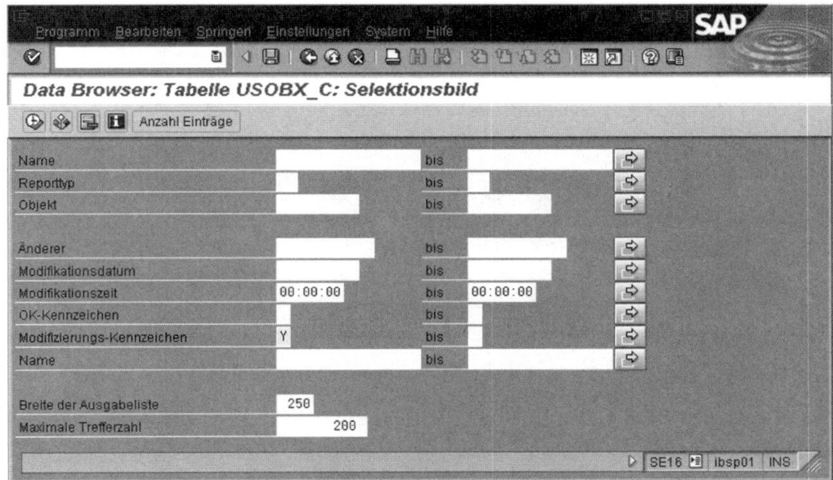

Abb. 8.3.4: Tabelle USOBX_C - Anzeigen geänderter Einträge

Über die obige Selektion wird in der Tabelle USOBX_C jeweils nur der aktuelle Stand der Einträge angezeigt. Um die Historie der Einträge nach verfolgen zu können, kann die Tabelle USOBX_CD genutzt werden. Hier werden die Änderungsbelege zur Tabelle USOBX_C gespeichert. Abb. 8.3.5 zeigt einen Ausschnitt aus dieser Tabelle. Es ist zu erkennen, welches Objekt wann von wem geändert wurde. Über die Felder *OK-Kennz.* (OKFLAG_OLD und OKFLAG_NEW) ist ersichtlich, welche Änderungen vorgenommen wurden. Im ersten Feld wird der alte Wert angezeigt, im zweiten Feld der neue Wert.

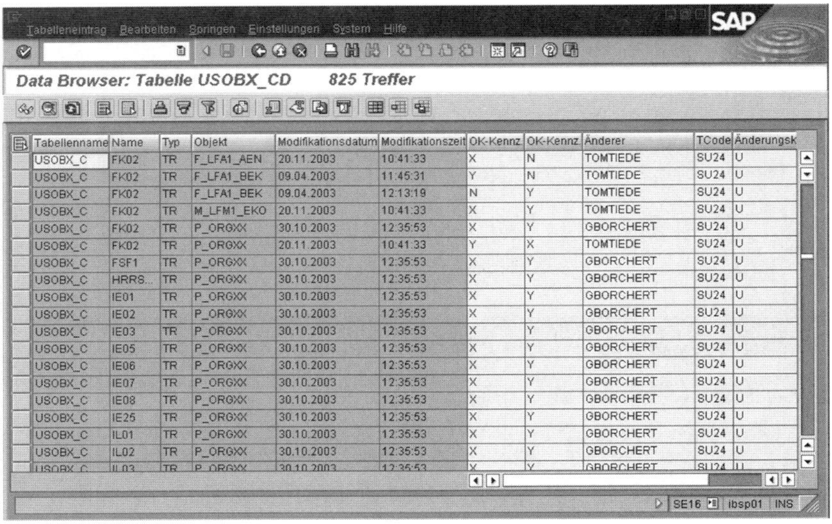

Tabelleneintrag Bearbeiten Springen Einstellungen System Hilfe

Data Browser: Tabelle USOBX_CD 825 Treffer

Tabellenname	Name	Typ	Objekt	Modifikationsdatum	Modifikationszeit	OK-Kennz.	OK-Kennz.	Änderer	TCode	Änderungsk
USOBX_C	FK02	TR	F_LFA1_AEN	20.11.2003	10:41:33	X	N	TOMTIEDE	SU24	U
USOBX_C	FK02	TR	F_LFA1_BEK	09.04.2003	11:45:31	Y	N	TOMTIEDE	SU24	U
USOBX_C	FK02	TR	F_LFA1_BEK	09.04.2003	12:13:19	N	Y	TOMTIEDE	SU24	U
USOBX_C	FK02	TR	M_LFM1_EKO	20.11.2003	10:41:33	X	Y	TOMTIEDE	SU24	U
USOBX_C	FK02	TR	P_ORGXX	30.10.2003	12:35:53	X	Y	GBORCHERT	SU24	U
USOBX_C	FK02	TR	P_ORGXX	20.11.2003	10:41:33	Y	X	TOMTIEDE	SU24	U
USOBX_C	FSF1	TR	P_ORGXX	30.10.2003	12:35:53	X	Y	GBORCHERT	SU24	U
USOBX_C	HRRS...	TR	P_ORGXX	30.10.2003	12:35:53	X	Y	GBORCHERT	SU24	U
USOBX_C	IE01	TR	P_ORGXX	30.10.2003	12:35:53	X	Y	GBORCHERT	SU24	U
USOBX_C	IE02	TR	P_ORGXX	30.10.2003	12:35:53	X	Y	GBORCHERT	SU24	U
USOBX_C	IE03	TR	P_ORGXX	30.10.2003	12:35:53	X	Y	GBORCHERT	SU24	U
USOBX_C	IE05	TR	P_ORGXX	30.10.2003	12:35:53	X	Y	GBORCHERT	SU24	U
USOBX_C	IE06	TR	P_ORGXX	30.10.2003	12:35:53	X	Y	GBORCHERT	SU24	U
USOBX_C	IE07	TR	P_ORGXX	30.10.2003	12:35:53	X	Y	GBORCHERT	SU24	U
USOBX_C	IE08	TR	P_ORGXX	30.10.2003	12:35:53	X	Y	GBORCHERT	SU24	U
USOBX_C	IE25	TR	P_ORGXX	30.10.2003	12:35:53	X	Y	GBORCHERT	SU24	U
USOBX_C	IL01	TR	P_ORGXX	30.10.2003	12:35:53	X	Y	GBORCHERT	SU24	U
USOBX_C	IL02	TR	P_ORGXX	30.10.2003	12:35:53	X	Y	GBORCHERT	SU24	U
USOBX_C	IL03	TR	P_ORGXX	30.10.2003	12:35:53	X	Y	GBORCHERT	SU24	U

SE16 ibsp01 INS

Abb. 8.3.5: Tabelle USOBX_CD - Änderungsbelege zur Tabelle USOBX_C

8.3.1.3 Referenzbenutzer

Seit dem R/3-Release 4.6C ist es möglich, Benutzern sogenannte Referenzbenutzer zuzuordnen (siehe hierzu auch Kapitel 5.5). Sinn dahinter ist, dass der Benutzer bei der Anmeldung auch die Rechte des Referenzbenutzers erhält. Rechte, die ein Benutzer über diesen Weg bekommen hat, können mit den Reports zur Berechtigungsauswertung in R/3 nicht ermittelt werden. Daher ist vor der Prüfung zu ermitteln, welchen Benutzern Referenzbenutzer zugeordnet wurden. Tauchen diese Referenzbenutzer dann in Rechteauswertungen auf, sind die referenzierenden Benutzer zum Ergebnis zu addieren.

Referenzbenutzerzuordnungen werden in der Tabelle USREFUS gespeichert. Um die Benutzer mit Referenzbenutzern anzuzeigen geben Sie in die Tabelle Selektionskriterien ein wie in Abb. 8.3.6 dargestellt.

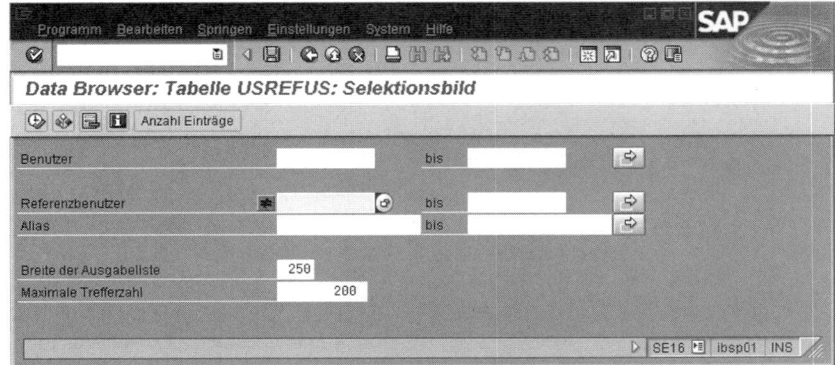

Abb. 8.3.6: Tabelle USREFUS - Zugeordnete Referenzbenutzer

8.3.2 Zugriffsrechte für Benutzer auswerten

Zur Ermittlung, welche Benutzer bestimmte Zugriffsrechte besitzen, wird in R/3 der Report RSUSR002 genutzt. Dieser Report kann über die Transaktion SA38 aufgerufen werden. Steht diese Transaktion nicht zur Verfügung, so können noch folgende Wege genutzt werden:

Über Transaktion SUIM, Eintrag Benutzer - Benutzer nach komplexen Selektionskriterien

Im SAP-Menü über den Pfad Werkzeuge - Administration - Benutzerpflege - Infosystem - Benutzer - Benutzer nach komplexen Selektionskriterien

Direkt über die Transaktion S_BCE_68001400

Zu diesem Report können verschiedene Kriterien angegeben werden. Im oberen Teil der Selektionsmaske können Selektionen zu Benutzern (Benutzername, Benutzergruppe, Profile, Transaktionen) sowie zu Berechtigungen eingegeben werden (Abb. 8.3.7). Im mittleren Teil können Werte zu bestimmten Berechtigungsobjekten angegeben werden (Abb. 8.3.8). Tragen Sie hierzu den Namen des Berechtigungsobjektes in das Feld *Berechtigungsobjekt 1* ein, und klicken Sie auf die Schaltfläche *Eingabe Werte*. Die Felder des Objektes werden angezeigt, und es können Werte eingetragen werden, nach denen selektiert werden soll. Im unteren Teil der Selektionsmaske kann noch nach zusätzlichen Kriterien sowie nach Rollen selektiert werden (Abb. 8.3.9).

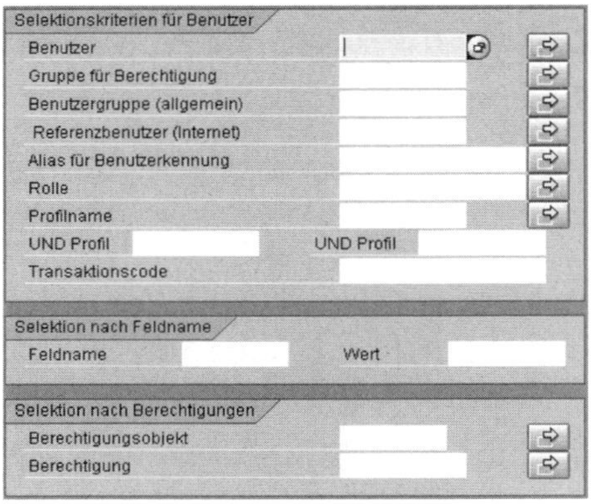

Abb. 8.3.7: RSUSR002 - Selektionsmaske, oberer Teil

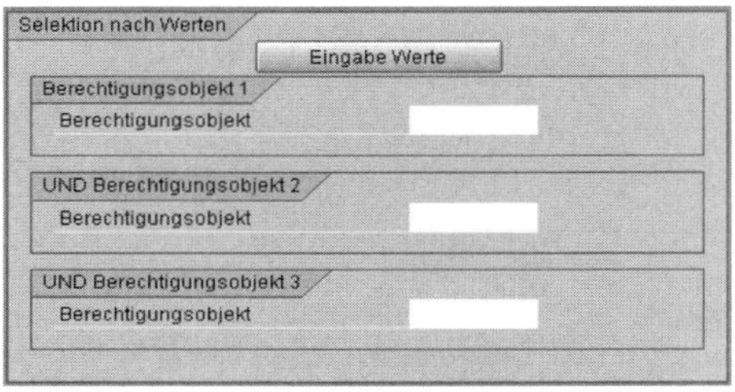

Abb. 8.3.8: RSUSR002 - Selektionsmaske, mittlerer Teil

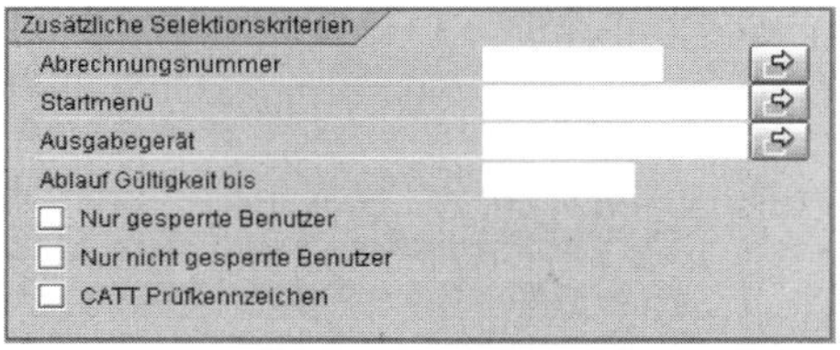

Abb. 8.3.9: RSUSR002 - Selektionsmaske, unterer Teil

Um die in den einzelnen Kapiteln aufgeführten Zugriffsrechte zu prüfen, ist der Block *Selektion nach Werten* zu nutzen. Hier sind die angegebenen Berechtigungsobjekte einzutragen. Nach Klicken auf die Schaltfläche *Eingabe Werte* oder drücken von *Return* können dann die Feldwerte eingetragen werden. Teilweise sind in den dargestellten Zugriffsrechten nicht alle Felder eines Objektes aufgeführt. In dem Fall sind diese Felder dann nicht mit Werten zu füllen.

Beispiel: das folgende Zugriffsrecht

Importieren einzelner Transportaufträge
Berechtigungsobjekt S_TCODE (Transaktionsberechtigungen)
Transaktion: STMS
Berechtigungsobjekt S_CTS_ADMI (Change and Transport Organizer)
Funktion: IMPS (Importieren einzelner Aufträge)

ist folgendermaßen in den Report zu übernehmen:

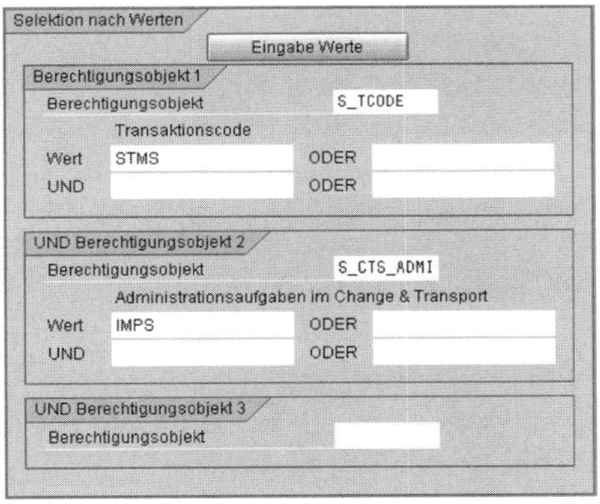

Selektion nach Werten
Eingabe Werte
Berechtigungsobjekt 1
Berechtigungsobjekt S_TCODE
Transaktionscode
Wert STMS ODER
UND ODER
UND Berechtigungsobjekt 2
Berechtigungsobjekt S_CTS_ADMI
Administrationsaufgaben im Change & Transport
Wert IMPS ODER
UND ODER
UND Berechtigungsobjekt 3
Berechtigungsobjekt

Abb. 8.3.10: RSUSR002 - Prüfung des Zugriffsrechts zum Importieren

Als Ergebnis wird dann entsprechend die Liste der Benutzer angezeigt, welche über das geprüfte Zugriffsrecht verfügen.

Um Benutzer nun eindeutig zu identifizieren sind die dargestellten Eigenschaften häufig nicht ausreichend. In dem Fall können weitere Benutzereigenschaften mit angezeigt werden, ebenso wie nicht benötigte Eigenschaften ausgeblendet werden können. Dies erfolgt über die *Anzeigevariante*. Zum Ändern der Anzeigevariante klicken Sie auf die Schaltfläche *Aktuelle Anzeigevariante* bzw. wählen Sie den Menüpfad *Einstellungen - Anzeigevariante - Aktuelle* aus (Abb. 8.3.11). Hier können nun weitere Spalten hinzugefügt werden.

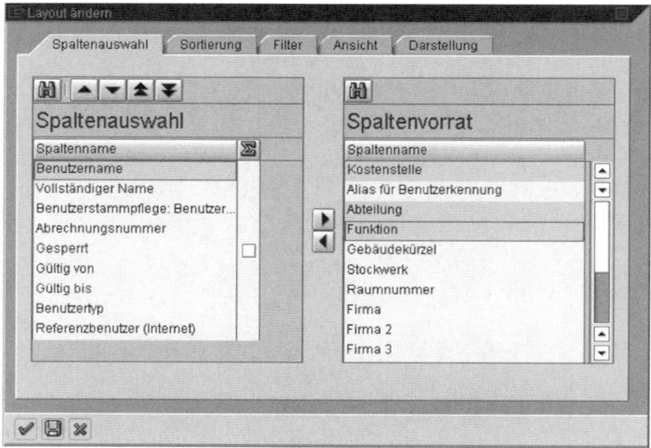

Abb. 8.3.11: Anzeigevariante ändern - Auswahl beliebiger Felder

8.3.3 Zugriffsrechte für Rollen auswerten

Es ist nicht nur relevant zu ermitteln, welche Benutzer über bestimmte Zugriffsrechte verfügen. Genauso wichtig ist es herauszufinden, welche Rollen bestimmte Zugriffsrechte enthalten. Hierfür wird der Report RSUSR070 genutzt. Steht die Transaktion SA38 zum Aufruf diese Reports nicht zur Verfügung, so kann er über folgende Wege aufgerufen werden:

Über Transaktion SUIM, Eintrag *Rollen - Rollen nach komplexen Selektionskriterien*

Im SAP-Menü über den Pfad *Werkzeuge - Administration - Benutzerpflege - Infosystem - Rollen - Rollen nach komplexen Selektionskriterien*

Direkt über die Transaktion S_BCE_68001425

Die Funktionsweise ist identisch mit der des Reports RSUSR002. Auch hier sind die zu prüfenden Berechtigungsobjekte mit ihren Werten in den Block *Selektion nach Werten* einzutragen. Abb. 8.3.12 zeigt die Abfrage für alle Rollen, in denen das Zugriffsrecht zum Importieren von Transportaufträgen enthalten ist.

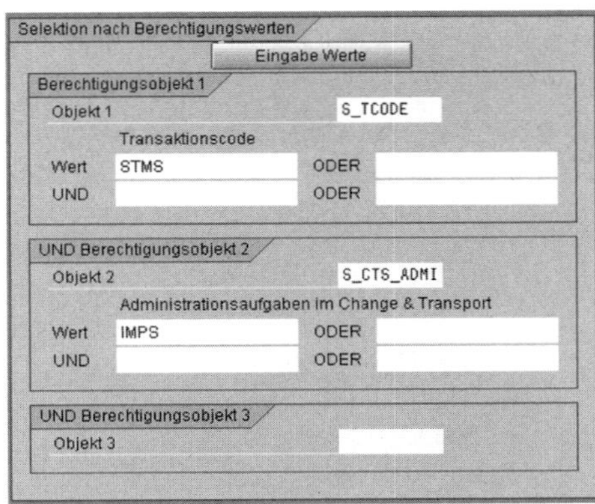

Abb. 8.3.12: RSUSR070 - Prüfung des Zugriffsrechts zum Importieren

8.4 Ablauf einer Berechtigungsprüfung im R/3-System

Das Berechtigungskonzept von R/3 umfasst viele Komponenten. Hier soll erläutert werden, wie eine Prüfung auf Berechtigungen im System erfolgt.

Nach der Anmeldung eines Benutzers werden seine Berechtigungen im Benutzerpuffer gespeichert. Alle Prüfungen auf Berechtigungen erfolgen über diesen Puffer. Werden für den Benutzer Profil- oder Rollenzuordnungen geändert, werden diese Änderungen erst nach einem erneuten Anmelden wirksam. Wie viele Berechtigungen gespeichert werden können legt der Parameter *auth/auth_number_in_userbuffer* fest. Der Wert dieses Parameters ist standardmäßig auf 2000 eingestellt. Wurden einem Benutzer mehr Berechtigungen zugeordnet als der Puffer aufnehmen kann, können diese nicht geladen werden. Daher ist es dann möglich, dass ein Benutzer eine Transaktion nicht ausführen kann, obwohl er die Berechtigung dazu hat. In dem Fall wurde die notwendige Berechtigung nicht in den Benutzerpuffer geladen.

1. Schritt: Prüfen der Transaktionsberechtigung

Ruft ein Benutzer eine Transaktion auf, so wird als erstes überprüft, ob er eine Transaktionsberechtigung für diese Transaktion besitzt. Dies bedeutet, in den Berechtigungen des Benutzers wird eine Berechtigung gesucht, die auf dem Objekt S_TCODE basiert und den auszuführenden Transaktionscode enthält. Besitzt der Benutzer eine entsprechende Berechtigung, so erfolgt der zweite Schritt der Prüfung. Besitzt er sie nicht, so bekommt er die Meldung "Keine Berechtigung für Transaktion XXXX".

2. Schritt: Prüfung der Berechtigung zur Transaktion
Als nächstes wird überprüft, ob der Transaktion ein Berechtigungsobjekt über die Transaktion SE93 zugeordnet wurde. Ist kein Objekt zugeordnet, so erfolgt der dritte Schritt der Prüfung.

Ist ein Berechtigungsobjekt zugeordnet, werden die Berechtigungen des Benutzers auf dieses Objekt überprüft. Besitzt der Benutzer eine entsprechende Berechtigung, so erfolgt der dritte Schritt der Prüfung. Besitzt er sie nicht, bekommt er die Meldung "Keine Berechtigung für Transaktion XXXX".

3. Schritt: Prüfungen im ABAP-Quelltext
Die eigentlichen Anwendungsberechtigungen werden zur Laufzeit der Transaktion überprüft. Im ABAP-Quelltext sind die Prüfungen hinterlegt. Jedes mal, wenn im Quelltext ein Berechtigungsobjekt abgefragt wird (mit dem Funktionsbaustein AUTHORITY-CHECK), überprüft R/3 den Puffer der Berechtigungen des Benutzers auf dieses Objekt mit den entsprechenden Feldinhalten. Besitzt der Benutzer die Berechtigung, so wird die Transaktion weiter ausgeführt. Besitzt er sie nicht, so bekommt der Benutzer eine Fehlermeldung und die Transaktion wird abgebrochen

8.5 Zugriffsrechte im Bereich der Berechtigungsverwaltung

8.5.1 Zugriffsrechte zur Benutzerverwaltung

Zu allen nachfolgenden Berechtigungen ist zusätzlich folgende Transaktionsberechtigung nötig:

Berechtigungsobjekt S_TCODE (Transaktionsberechtigung)
Transaktionscode: SU01 oder OIBB oder OOUS oder OPCA oder OPF0
Die Transaktion zur Benutzerpflege ist SU01. Mit den anderen Transaktionen ist ebenfalls die Benutzerpflege möglich. Diese Transaktionen werden allerdings in Produktivmandanten selten vergeben. In dem meisten Fällen genügt es daher, auf die Transaktion SU01 zu überprüfen.

Benutzer anlegen
Berechtigungsobjekt S_USER_GRP (Benutzerverwaltung)

Aktivität: 01 (Anlegen)
Gruppe: <Gruppe, in der Benutzer angelegt werden dürfen>

Benutzereigenschaften ändern (außer Zugriffsrechte)
Berechtigungsobjekt S_USER_GRP (Benutzerverwaltung)
Aktivität: 02 (Ändern)
Gruppe: <Gruppe, in der Benutzer geändert werden dürfen>

Benutzern Profile zuordnen und entziehen
Berechtigungsobjekt S_USER_GRP (Benutzerverwaltung)
Aktivität: 02 (Ändern)
Gruppe: <Gruppe, in der Benutzer geändert werden dürfen>
Berechtigungsobjekt S_USER_PRO (Profile verwalten)
Aktivität: 22 (Zuordnen)
Profil: <Profile, die zugeordnet werden dürfen>

Benutzern Rollen zuordnen und entziehen
Berechtigungsobjekt S_USER_GRP (Benutzerverwaltung)
Aktivität: 02 (Ändern)
22 (Zuordnen)
Gruppe: <Gruppe, in der Benutzer geändert werden dürfen>
Berechtigungsobjekt S_USER_PRO (Profile verwalten)
Aktivität: 22 (Zuordnen)
Profil: <Profile, die zugeordnet werden dürfen>
Berechtigungsobjekt S_USER_AGR (Rollen verwalten)
Aktivität: 22 (Zuordnen)
Rolle: <Rollen, die zugeordnet werden dürfen>

Benutzer löschen
Berechtigungsobjekt S_USER_GRP (Benutzerverwaltung)
Aktivität: 06 (Löschen)
Gruppe: <Gruppe, in der Benutzer gelöscht werden dürfen>

8.5.2 Zugriffsrechte zur Rollenverwaltung

Rollen anlegen
Berechtigungsobjekt S_TCODE (Transaktionsberechtigung)
Transaktionscode: PFCG
Berechtigungsobjekt S_USER_AGR (Rollen verwalten)

Aktivität: 01 (Anlegen)
Rolle: <Rollenname>

Rollen ändern (ohne Berechtigungswerte)
Berechtigungsobjekt S_TCODE (Transaktionsberechtigung)
Transaktionscode: PFCG
Berechtigungsobjekt S_USER_AGR (Rollen verwalten)
Aktivität: 02 (Ändern)
Rolle: <Rollenname>

Rollen ändern (mit allen Berechtigungswerten)
Berechtigungsobjekt S_TCODE (Transaktionsberechtigung)
Transaktionscode: PFCG
Berechtigungsobjekt S_USER_AGR (Rollen verwalten)
Aktivität: 02 (Ändern)
Rolle: <Rollenname>
Berechtigungsobjekt S_USER_VAL (Objektverwendung in Rollen)
Berechtigungsobjekt: *
Berechtigungsfeld: *
Berechtigungswerte: *

Rollen Benutzern zuordnen
Berechtigungsobjekt S_TCODE (Transaktionsberechtigung)
Transaktionscode: PFCG
Berechtigungsobjekt S_USER_AGR (Rollen verwalten)
Aktivität: 02 (Ändern), 22 (Zuordnen)
Rolle: <Rollenname>
Berechtigungsobjekt S_USER_GRP (Benutzerverwaltung)
Aktivität: 22 (zuordnen)
Gruppe: <Benutzergruppe>

8.5.3 Zugriffsrechte zu Profilen

Profile anlegen
Berechtigungsobjekt S_TCODE (Transaktionsberechtigung)
Transaktionscode: SU02
Berechtigungsobjekt S_USER_PRO (Profilverwaltung)
Aktivität: 01 (Anlegen)
Rolle: <Profil>

Profile ändern

Berechtigungsobjekt S_TCODE (Transaktionsberechtigung)
Transaktionscode: SU02
Berechtigungsobjekt S_USER_PRO (Profilverwaltung)
Aktivität: 02 (Ändern)
Rolle: <Profil>

Benutzern Profile zuordnen

Berechtigungsobjekt S_TCODE (Transaktionsberechtigung)
Transaktionscode: SU01
Berechtigungsobjekt S_USER_GRP (Benutzerverwaltung)
Aktivität: 02 (Ändern)
Gruppe: <Gruppe, in der Benutzer geändert werden dürfen>
Berechtigungsobjekt S_USER_PRO (Profile verwalten)
Aktivität: 22 (Zuordnen)
Profil: <Profile, die zugeordnet werden dürfen>

Benutzern das Profil SAP_ALL zuordnen

Berechtigungsobjekt S_TCODE (Transaktionsberechtigung)
Transaktionscode: SU01
Berechtigungsobjekt S_USER_GRP (Benutzerverwaltung)
Aktivität: 02 (Ändern)
Gruppe: <Gruppe, in der Benutzer geändert werden dürfen>
Berechtigungsobjekt S_USER_PRO (Profile verwalten)
Aktivität: 22 (Zuordnen)
Profil: SAP_ALL

8.5.4 Deaktivieren von Berechtigungsobjekten

Deaktivieren von Berechtigungsobjekten

Dieses Zugriffsrecht kann nur dann eingesetzt werden, wenn der Parameter *auth/object_disabling_active* auf dem Wert Y steht.

Berechtigungsobjekt S_TCODE (Transaktionsberechtigung)
Transaktionscode: AUTH_SWITCH_OBJECTS
Berechtigungsobjekt S_USER_OBJ (Objekte)
Aktivität: 02 (Ändern), 07 (Aktivieren)
Objekt: <Objekt, welches ausgeschaltet werden darf>

8.6 Kritische Standardprofile

SAP liefert bereits eine Reihe von Profilen mit aus, die für die Einführungsphase des Systems genutzt werden können. Nach dem Produktivstart dürfen diese Profile keinem Benutzer mehr zugeordnet werden, da sie Berechtigungen enthalten, mit denen Funktionstrennungen in vielen Bereichen nicht mehr möglich sind. Die maßgeblichen Profile werden hier erläutert.

8.6.1 SAP_ALL

Dieses Profil beinhaltet alle Berechtigungen des R/3-Systems, z.B. die des Basis-Moduls (Benutzer anlegen und verwalten, die komplette Rechtevergabe, Einstellen der Systemparameter), die Berechtigungen fürs Customizing und für die Entwicklung (komplette ABAP-Berechtigungen) sowie fast alle Berechtigungen für die einzelnen Module (u.a. komplette Berechtigungen in FI, MM, SD und HR). Eine Funktionstrennung ist mit diesem Profil nicht mehr möglich.

Verfahrensweise für SAP_ALL
Das Profil SAP_ALL ist in einem Produktivsystem keinem Benutzer zuzuordnen. Eine Ausnahme stellt hier der Notfallbenutzer dar, der nur nach dem Vier-Augen-Prinzip genutzt werden darf.

8.6.2 SAP_NEW

Dieses Profil wird eingesetzt nach einem Releasewechsel. SAP_NEW ist ein Sammelprofil und beinhaltet Einzelprofile, die für R/3-Releasestände ab 2.1C für die jeweils neu hinzugekommenen Berechtigungsobjekte Berechtigungen enthalten. Hier sind unter anderem die Pflegeberechtigung für alle mandantenunabhängigen Tabellen enthalten, die vollständige Transaktionsberechtigung sowie die Berechtigung zum Verwalten der RFC-Verbindungen.

Verfahrensweise für SAP_NEW
Dieses Profil ist Benutzern nur übergangsweise nach einem Releasewechsel zuzuordnen.

8.6.3 S_A.ADMIN

In diesem Profil sind die Berechtigungen für einen Basisadministrator zusammengefaßt. Dies sind u.a. das Verwalten und Ausführen von externen Kommandos, die Verwaltung aller mandantenunabhängigen Tabellen sowie die Batch-Administration.

Verfahrensweise für S_A.ADMIN
Dieses Profil kann teilweise für Basisadministratoren eingesetzt werden. Aus Sicherheitsgründen sollten allerdings statt dessen eigene Profile / Rollen erstellt werden.

8.6.4 S_A.DEVELOP

In diesem Profil ist die Komplettberechtigung für die Anwendungsentwicklung enthalten. Unter anderem können Tabellen manuell geändert oder Programme im Debug-Modus ausgeführt werden.

Verfahrensweise für S_A.DEVELOP
Dieses Profil ist im Produktivsystem keinem Benutzer zuzuordnen.

8.6.5 S_A.SYSTEM

In diesem Profil ist die vollständige Berechtigung für die Basis enthalten. Unter anderem sind dies die uneingeschränkte Benutzerverwaltung, die vollständige Anwendungsentwicklung, Lesen und Ändern aller Tabellen, Anlegen und Ausführen externer Kommandos und Batch-Administration.

Verfahrensweise für S_A.SYSTEM
Dieses Profil ist im Produktivsystem keinem Benutzer zuzuordnen.

8.6.6 F_BUCH_ALL

Hier ist die Komplettberechtigung für die Finanzbuchhaltung enthalten, z.B. zum Kreditoren anlegen, zum Buchen sämtlicher Belege und zur Ausführung aller Zahlungsläufe. Weiterhin sind hier auch Customizing-Berechtigungen enthalten, z.B. das Verwalten aller mandantenunabhängigen Tabellen, das Ausführen aller Reports und das Pflegen der Nummernkreise der Finanzbuchhaltung.

Verfahrensweise für F_BUCH_ALL
Dieses Profil ist im Produktivsystem keinem Benutzer zuzuordnen.

8.6.7 Z_ANWEND

In diesem Profil sind alle Berechtigungen der Anwendungsmodule enthalten, u.a. der Finanzbuchhaltung, der Materialwirtschaft, des Personalwesens und der Qualitätssicherung. Basisberechtigungen sind nur eingeschränkt enthalten.

Verfahrensweise für Z_ANWEND
Dieses Profil ist im Produktivsystem keinem Benutzer zuzuordnen.

8.7 CheckAud for SAP R/3® Systems

8.7.1 Das Konzept

Die Komplexität eines SAP R/3-Systems stellt hohe Anforderungen sowohl an Prüfer als auch an Administratoren, Berechtigungsverantwortliche, Koordinatoren, etc. *CheckAud for SAP R/3®-Systems* wurde entwickelt, um die Systeme transparent und nachvollziehbar zu machen, insbesondere im Berechtigungskonzept.

In den letzten Jahren hat sich *CheckAud for SAP R/3®-Systems* immer zum umfassenden Expertensystem entwickelt, das bereits von sehr vielen Unternehmungen erfolgreich eingesetzt wird. Selten setzt es ausschließlich nur die Revision einer Unternehmung ein. Meistens wird es auch von Administratoren, von Berechtigungskoordinatoren, von Datenschützern und auch von Fachabteilungen angewendet.

CheckAud for SAP R/3®-Systems stellt nicht nur Routinen zur Verfügung, mit denen Prüfungen automatisiert erfolgen können, sondern vermittelt auch das notwendige Hintergrundwissen, um die Ergebnisse zu beurteilen. Des weiteren ist es flexibel und einfach anzupassen, so dass z.B. ein unternehmenseigenes IKS mit wenig Aufwand abgebildet und geprüft werden kann.

Nachfolgend sollen die Grundstrukturen des Programms sowie Nutzungsmöglichkeiten dargestellt werden. Grundlage ist die Version 2.8. Neues zu *CheckAud for SAP R/3®-Systems* erhalten Sie im Internet unter www.checkaud.de bzw.

www.checkaud.com.

CheckAud for SAP R/3®-Systems ist ein externes Tool, wird somit nicht in R/3 selbst implementiert. Mit dem zugehörigen Scan-Modul *CheckScanR3* werden die auszuwertenden Daten aus dem R/3-System ausgelesen und in einer Datenbank gespeichert. Ausgelesen werden ca. 550 Tabellen sowie die Systemparameter. Hierfür sind nur minimale Rechte notwendig:

Berechtigungsobjekt S_RFC (RFC-Zugriff)

Feld *Aktivität*:	16 (Ausführen)
Feld *Name des zu schützenden RFC-Objektes:*	KKC2, SDTX, SR1T, SRFC, SUGI, SXPT
Feld *Typ des zu schützenden RFC-Objektes*:	FUGR

Berechtigungsobjekt S_TABU_DIS (Tabellenpflege)

Feld *Aktivität*:	03 (Anzeigen)
Feld *Berechtigungsgruppe*:	* (Alle Tabellen)

CheckAud greift ausschließlich auf die Datenbank zu, nicht auf das R/3-System selbst.

8.7.2 Die Oberfläche

Das Kernstück von *CheckAud for SAP R/3®-Systems* stellen die Analysebäume dar. Sie enthalten die maßgeblichen Auswertungen. Analysebäume können für unternehmensspezifische Anforderungen beliebig angepasst werden.

Im Standard wird ein Analysebaum ausgeliefert, der in Anlehnung an den SAP Menübaum erstellt wurde und neben den Auswertungen auch Hintergrundwissen enthält. Abb. 8.7.1 zeigt einen Ausschnitt aus dem Analysebaum aus dem Bereich *Basisprüfungen*, Thema *Tabellenprotokollierung*.

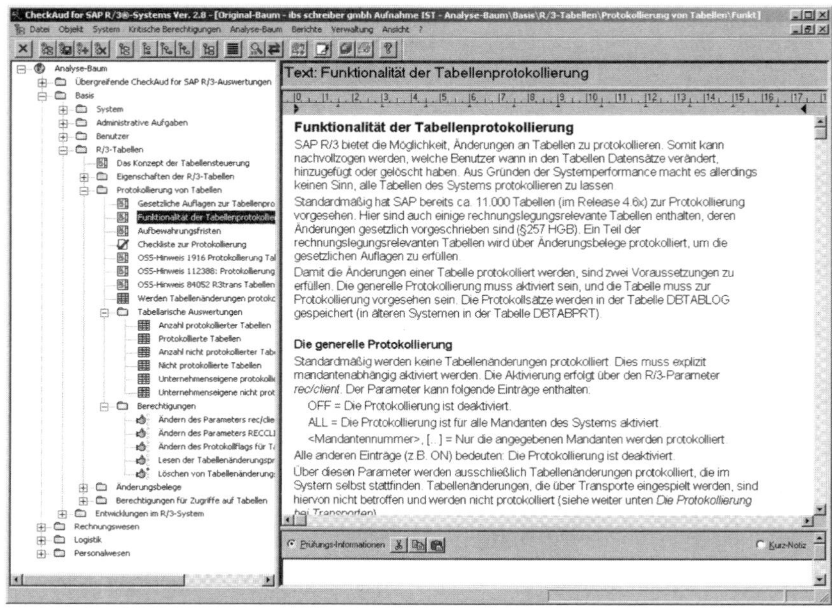

Abb. 8.7.1: Der Analysebaum - Thema Tabellenprotokollierung

Inder Baumstruktur ist der Aufbau zu erkennen. Zuerst sind Dokumente enthalten, die das Hintergrundwissen vermitteln das benötigt wird, um den Punkt umfassend zu prüfen. Unter dem Ordner *Tabellarische Auswertungen* finden sich Auswertungen wie z.B. *Unternehmenseigene nicht protokollierte Tabellen* (Abb. 8.7.2).

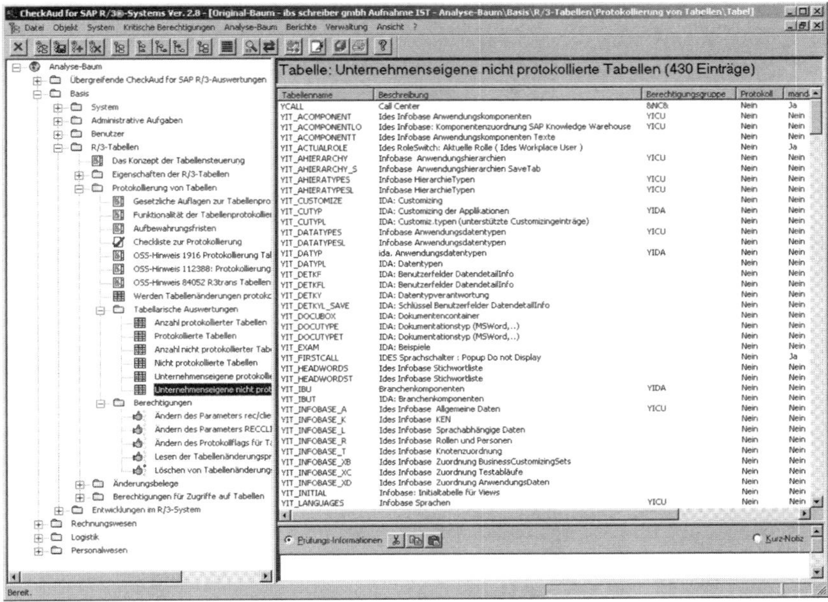

Abb. 8.7.2: Der Analysebaum - Tabellarische Auswertungen

Besonders wichtig zu den Prüfungsthemen sind natürlich die Zugriffsrechte. Diese sind bereits vordefiniert im Baum hinterlegt. Abb. 8.7.3 zeigt die Auswertung des Zugriffsrechts *Löschen von Tabellenänderungsprotokollen*. Im linken oberen Fenster der Auswertung werden die berechtigten Benutzer angezeigt sowie die Rollen, Sammelrollen, Profile und Sammelprofile, in denen das Zugriffsrecht enthalten ist. Darunter wird jeweils die Herkunft des Zugriffsrecht dargestellt. So kann für jeden Benutzer ermittelt werden, aus welchen Rollen / Profilen er das Recht erhalten hat. Die einzelnen Feldwerte der Berechtigungen werden im rechten Teil dargestellt. Per Doppelklick können für jedes Element (Benutzer, Rolle, Berechtigung, Feld, ...) die Eigenschaften angezeigt werden. Nach demselben Schema sind die einzelnen Kapitel dieses Baumes aufgebaut, auch in den Bereichen Finanzbuchhaltung, Logistik und Personalwesen.

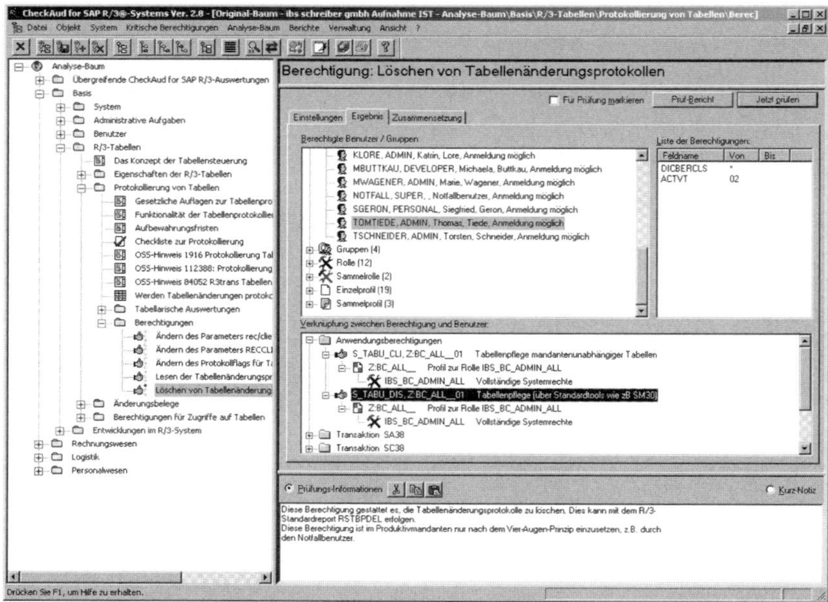

Abb. 8.7.3: Der Analysebaum - Darstellung der Zugriffsrechte

Was bei einer Berechtigung ausgewertet wurde wird in den Eigenschaften der Berechtigung dargestellt. Abb. 8.7.4 zeigt den Aufbau der Berechtigung *Löschen von Tabellenänderungsprotokollen*. Die einzelnen Transaktionen, mit denen die Aktion ausgeführt werden kann, sind hier mit einem logischen ODER verknüpft.

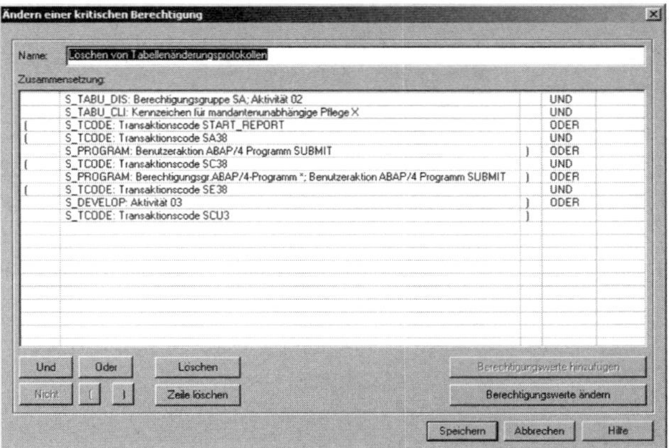

Abb. 8.7.4: Entwurfsansicht von Berechtigungen in CheckAud

Zusätzlich zum Analysebaum für Prüfungen werden Analysebäume ausgeliefert, mit denen alle Berechtigungen für die R/3-Module ausgewertet werden können. Zusätzlich zu den Standardmodulen sind auch verschiedene Sondermodule wie CML oder IS-U abgebildet. Abb. 8.7.5 zeigt die Analysebäume aus dem Bereich *Logistik*. Abb. 8.7.6 zeigt den Analysebaum für die Materialwirtschaft.

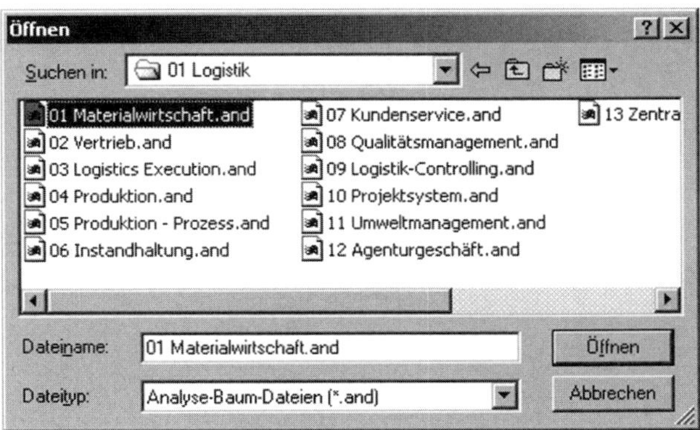

Abb. 8.7.5: Analysebäume zur Auswertung von Zugriffsrechten

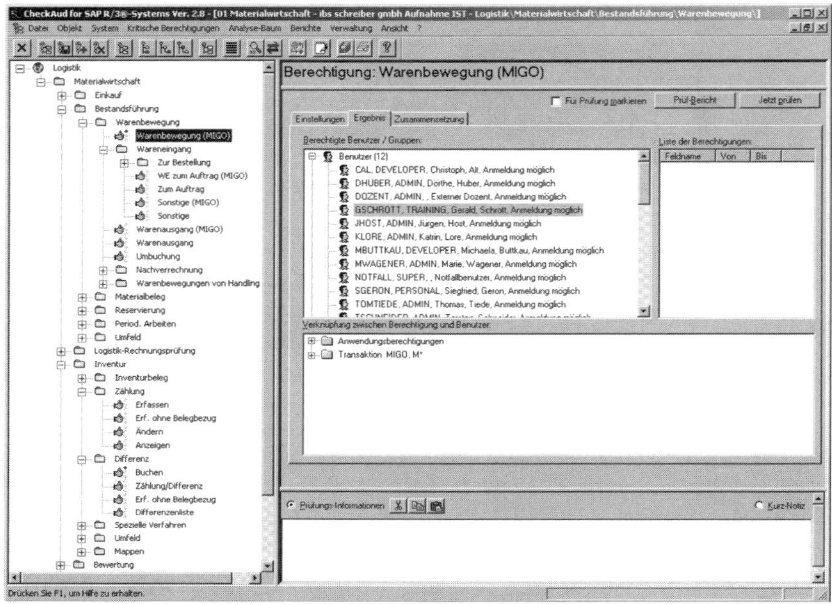

Abb. 8.7.6: Der Analysebaum zur Materialwirtschaft

8.7.3 Automatisierte Prüfungen

8.7.3.1 Im Analysebaum

Prüfungen von Zugriffsrechten können vollständig automatisiert werden. Dies erleichtert nicht nur Prüfungen, sondern ermöglicht es, automatisierte Auditings durchzuführen. Im Analysebaum können beliebige Berechtigungen und ganze Zweige markiert werden. Alle so markierten Berechtigungen werden dann in einer Gesamtprüfung ausgewertet. Werden Berechtigungen ausgewertet, in denen Organisationsebenen enthalten sind (z.B. aus der FiBu oder der Logistik), so werden diese im ersten Schritt abgefragt und können gepflegt werden (siehe Abb. 8.7.7). Danach werden die markierten Berechtigungen ausgewertet (Abb. 8.7.8).

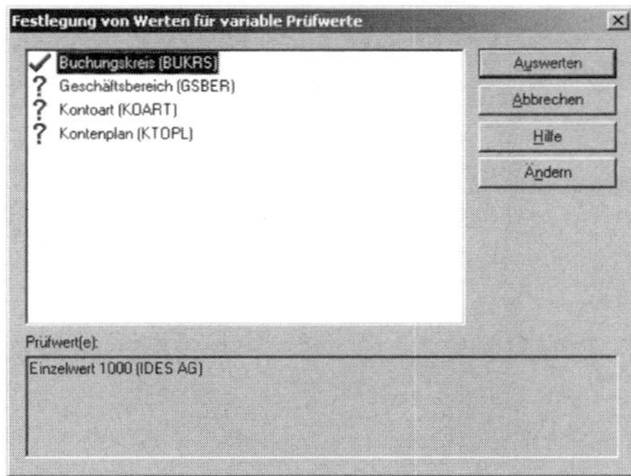

Abb. 8.7.7: Festlegung von Organisationsebenen

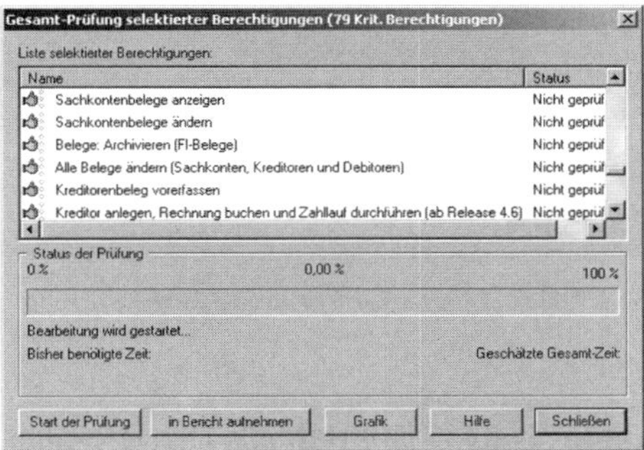

Abb. 8.7.8: Automatisierte Auswertung von Zugriffsrechten

Für die Auswertungen können zu den Berechtigungen Vorgaben zu berechtigten und unberechtigten Benutzern hinterlegt werden. Abb. 8.7.9 zeigt Vorgaben zur Berechtigung *Kreditoren anlegen und Rechnung buchen*. Die auf der rechten Seite angezeigte Gruppe FINANZ ist berechtigt, die Benutzer auf der linken Seite sind unberechtigt. Über eine Ampelsystematik wird das Ergebnis im Analysebaum entsprechend dargestellt:

Grüne Ampel:	Es wurden nur berechtigte Benutzer gefunden
Gelbe Ampel:	Es wurden Benutzer gefunden, die nicht in der Vorgabe enthalten sind
Rote Ampel:	Es wurden unberechtigte Benutzer gefunden

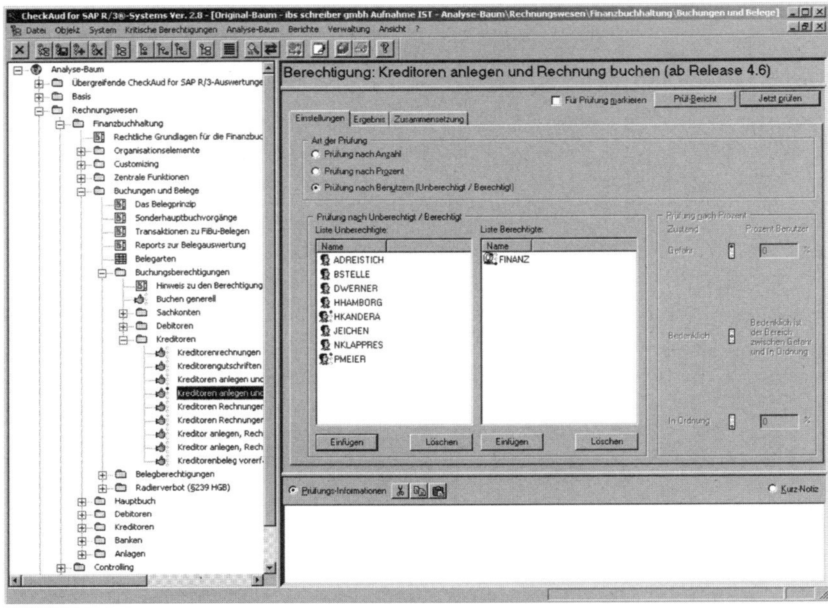

Abb. 8.7.9: Vorgaben zur Auswertung von Zugriffsrechten

8.7.3.2 Prozesse: Systemübergreifende Auswertungen

Insbesondere bei komplexen R/3-Umgebungen sind Geschäftsprozesse nicht innerhalb eines R/3-Systems abgebildet, sondern über verschiedene R/3-Systeme. Ein klassisches Beispiel ist die Abbildung der Logistik in einem anderen R/3-System wie das FI-System. Soll nun z.B. ausgewertet werden, wer den Wareneingang buchen, die Rechnungsprüfung und den Zahllauf ausführen darf, so ist dies über zwei Systeme hinweg auszuführen. Diese Funktionalität wird in CheckAud über *Prozesse* abgebildet. In einem Prozess können verschiedene R/3-Systeme / Mandanten angegeben werden. Diesen Mandanten können beliebige Berechtigungen zugeordnet werden (siehe Abb. 8.7.10).

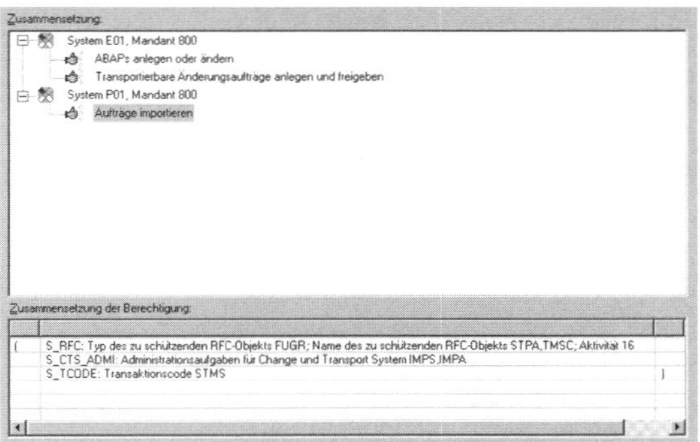

Abb. 8.7.10: Definition von Prozessen

Bei der Auswertung werden in beiden Systemen die jeweils hinterlegten Berechtigungen ausgewertet. Die Benutzer in den Ergebnissen werden verglichen. Benutzer, die in beiden Systemen ausgewertet wurden, werden als Ergebnismenge angezeigt (siehe Abb. 8.7.11).

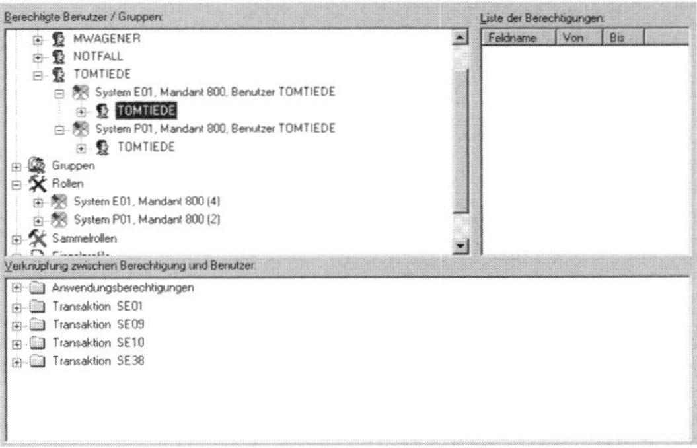

Abb. 8.7.11: Auswertung von Prozessen

Um die Benutzer zuordnen zu können ist eine Zuordnungssystematik implementiert, mit der Benutzer in verschiedenen Systemen auch dann gleichgesetzt werden können, wenn sie in den Systemen unterschiedliche Benutzernamen besitzen.

8.7.3.3 Die automatische Aufnahmeanalyse

Für einen ersten Überblick über die Aufnahme stellt CheckAud die automatische Analyse zur Verfügung. Hier erfolgen maßgeblich Auswertungen im Bereich der

Benutzer sowie der Tabellen. Automatische Routinen sind hier u.a.:

- o Durch Falschanmeldungen gesperrte Benutzer
- o Noch nie angemeldete Benutzer
- o Benutzer mit Initialkennwort, die nicht gesperrt und nicht abgelaufen sind
- o Benutzer, die seit x (parametrisierbar) Tagen nicht angemeldet waren
- o Benutzer, denen Referenzbenutzer zugeordnet sind
- o Benutzer mit Entwicklerschlüsseln
- o Gesperrte Transaktionen
- o Unternehmenseigene Tabellen, die nicht protokolliert werden
- o Unternehmenseigene Tabellen, die keiner Berechtigungsgruppe zugeordnet sind

Abb. 8.7.12 zeigt einen Ausschnitt aus der automatische Analyse.

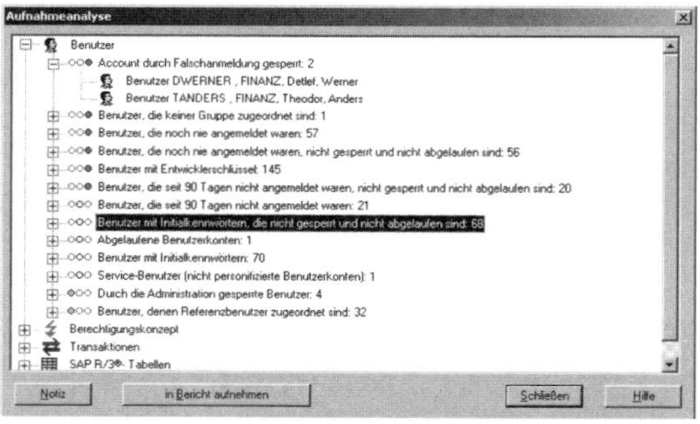

Abb. 8.7.12: Die automatische Aufnahmeanalyse

8.7.3.4 Der Aufnahmevergleich

Durch die Systematik, dass zeitpunktbezogene Aufnahmen mit CheckAud erstellt werden, besteht die Möglichkeit zum Vergleich verschiedener Aufnahmen. Verglichen werden können alle Elemente, die von CheckAud aus R/3 ausgelesen wurden. Zu den Elementen können einzelne Eigenschaften zum Vergleich ausgewählt werden. Abb. 8.7.13 zeigt eine Auswahl von Benutzereigenschaften, die verglichen werden sollen.

Abb. 8.7.13: Auswahl für Objekte zum Vergleich

Im Ergebnis werden dann die verglichenen Elemente dargestellt, jeweils die veränderten, die hinzugekommenen und die gelöschten (siehe Abb. 8.7.14).

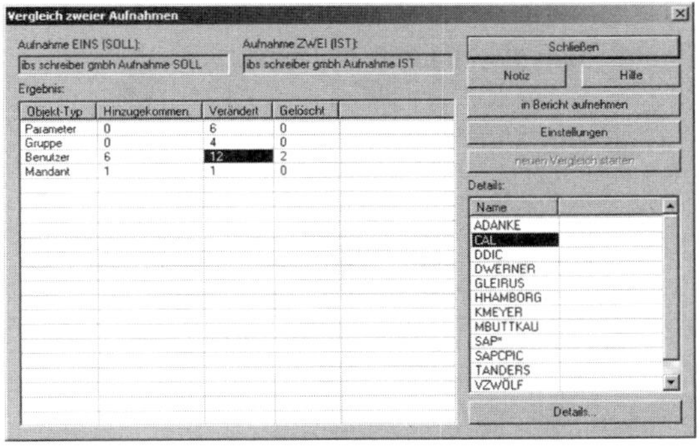

Abb. 8.7.14: Ergebnis des Vergleichs

Zu jedem Ergebnis wird detailliert dargestellt, was sich geändert hat. In Abb. 8.7.15 ist eine Änderung am Benutzer CAL dargestellt. In der SOLL-Aufnahme war er in der Benutzergruppe ADMIN, in der IST-Aufnahme in der Benutzergruppe DEVELOPER.

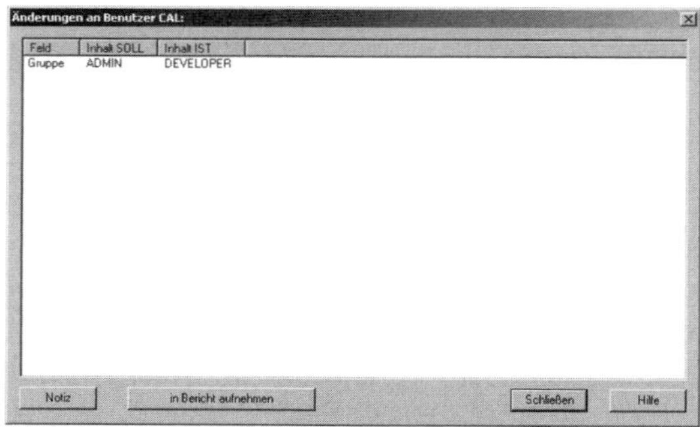

Abb. 8.7.15: Ergebnis des Vergleichs: Änderungen an einem Benutzer

8.7.4 Unternehmenseigene Anpassungen

8.7.4.1 Eigene Analysebäume

Analysebäume stellen eine flexible Struktur dar, die beliebig angepasst werden kann. So können sowohl vollständig neue Analysebäume erstellt werden, als auch Anpassungen an Kopien der ausgelieferten Bäume vorgenommen werden. Im Analysebaum selbst können folgende Elemente verwendet werden:

Verzeichnisse	Diese dienen zur Strukturierung des Baumes. Sie können genutzt werden wie Verzeichnisstrukturen auf der Festplatte.
Krit. Berechtigungen	Berechtigungen werden in CheckAud zentral definiert und können dann in beliebige Analysebäume übernommen werden (siehe auch Kapitel 8.7.4.2).
Prozesse	Prozesse werden, wie Berechtigungen auch, zentral definiert und können dann in beliebige Analysebäume übernommen werden
Checklisten	Unternehmenseigene Checklisten können in den Analysebaum integriert werden.
Texte	Es können beliebige Word-Dokumente (RTF-Format) im Analysebaum hinterlegt werden.
Tabelle	Es können tabellarische Darstellungen von allen ausgelesenen Tabellen hinterlegt werden. Diese sind beliebig filterbar.

Standardberichte	Es werden bereits vordefinierte Standardberichte zu Auswertungen im Bereich Berechtigungen / Benutzer ausgeliefert. Auch diese sind integrierbar.
Bäume	Es sind verschiedene Baumstrukturen definiert, die im Baum genutzt werden können: o Baum der Organisationsstruktur o Baumdarstellung des Berechtigungskonzeptes absteigend o Baumdarstellung des Berechtigungskonzeptes aufsteigend o SAP Menübaum (zur Auswertung von Berechtigungen auf den im Menübaum hinterlegten Transaktionen)
Programmfunktionen	Alle Programmfunktionen von CheckAud können ebenfalls integriert werden. Hierzu gehören u.a.: o Automatische Aufnahmeanalyse o Verwaltung und Analyse von Systemparametern o Statistiken o R/3 Systeminformationen o Verwaltung der kritischen Berechtigungen

Abb. 8.7.16 zeigt einen selbst definierten Analysebaum, der in der Struktur eines Prüfberichtes (nach Kapiteln) angelegt wurde.

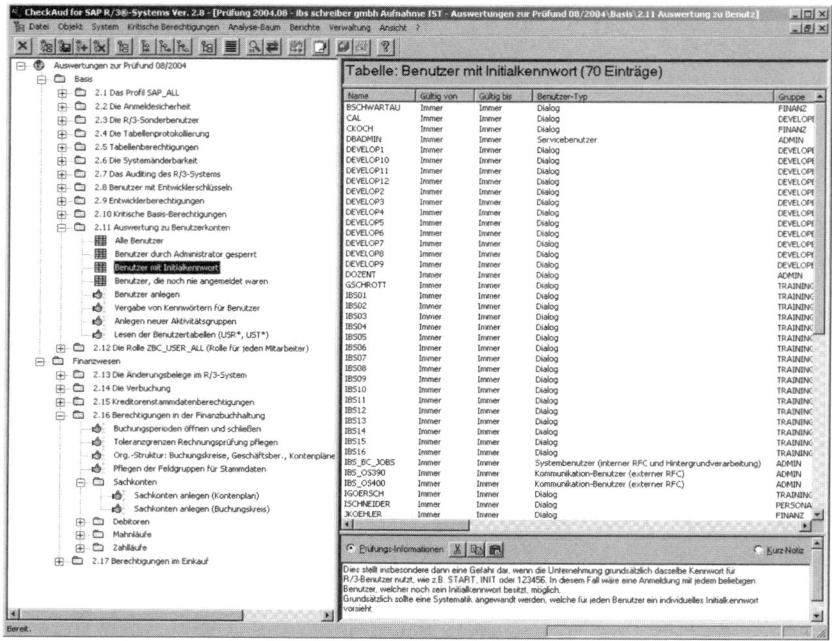

Abb. 8.7.16: Ein selbst definierter Analysebaum

8.7.4.2 Eigene Berechtigungen

Die Standardberechtigungen sind in CheckAud bereits vordefiniert. Häufig müssen aber unternehmensspezifische Berechtigungen abgebildet werden, z.B. wenn eigene Berechtigungsobjekte genutzt werden oder wenn Kombinationen von Rechten ausgewertet werden sollen, die in CheckAud nicht vordefiniert sind. Hierfür können eigene Berechtigungen in CheckAud definiert werden.

Die Verwaltung der Berechtigungen erfolgt zentral, so dass eine Berechtigung nur einmal definiert werden muss, aber dann in beliebigen Analysebäumen verwendet werden kann. Abb. 8.7.17 zeigt die zentrale Verwaltung der Berechtigungen, den *Berechtigungsbaum*.

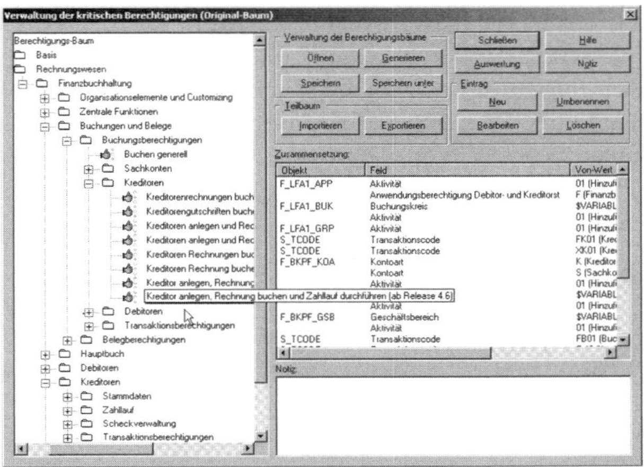

Abb. 8.7.17: Die zentrale Verwaltung der kritischen Berechtigungen

Berechtigungen können auf drei verschiedene Arten manuell erstellt werden:

Definition über die Berechtigungsobjekte
: Die Berechtigungsobjekte können einzeln selektiert werden. Zu jedem Objekt können beliebige Feldwerte hinterlegt werden. Die möglichen Feldwerte werden von CheckAud dargestellt. Objekte können mit logischen Operatoren (UND, ODER, NICHT, <Klammern>) miteinander verbunden werden. Es werden alle gescannten Objekte zur Verfügung gestellt, auch die unternehmenseigenen.

Definition über die Kombination vorhandener Berechtigungen
: Bereits im Berechtigungsbaum definierte Berechtigungen können in beliebigen Kombinationen miteinander verbunden werden, um auch Berechtigungen auf komplexe Geschäftsprozesse überprüfen zu können.

Definition über die Angabe von Transaktionen
: Berechtigungen können auch durch die Angabe von Transaktionen erstellt werden. CheckAud sucht zu den Transaktionen die zugehörigen Berechtigungsobjekte und fügt diese in die Berechtigung mit ein. Es können beliebige Transaktionen miteinander kombiniert werden.

Quantitätsbeschränkungen für Berechtigungen existieren nicht. Auch Kombinationen von 20 Transaktionen und mehr können problemlos definiert und ausgewertet werden.

8.7.4.3 Import von IKS-Vorgaben

Vorgaben zum Internen Kontrollsystem (IKS) zu Berechtigungen werden häufig in Form einer Matrix definiert in der hinterlegt ist, welche Transaktionen nicht in Kombination an Benutzer vergeben werden dürfen. Abb. 8.7.18 zeigt solch eine Matrix in Excel. Zeilenweise sind die Transaktionen angegeben, deren Kombination nicht vergeben werden darf.

Microsoft Excel - Funktionstrennungen.xls

Datei Bearbeiten Ansicht Einfügen Format Extras Daten Fenster ?

A1 = FK01

	A	B	C	D	E	F
1	FK01	ME21N	MB01	Kreditoren (FI) und Bestellungen anlegen und Wareneingang zur Bestellung		
2	FK02	ME21N	MB01	Kreditoren (FI) ändern, Bestellungen anlegen und Wareneingang zur Bestellung		
3	FK01	ME21N	MIGO	Kreditoren (FI) und Bestellungen anlegen und Warenbewegungen		
4	FK02	ME21N	MIGO	Kreditoren (FI) ändern, Bestellungen anlegen und Warenbewegungen		
5	FK01	ME21N	MIGO	FB60	Kreditoren (FI) und Bestellungen anlegen, Warenbewegungen und Kreditorenrechnung buchen	
6	FK02	ME21N	MIGO	FB60	Kreditoren (FI) ändern, Bestellungen anlegen und Warenbewegungen und Kreditorenrechnung buchen	
7	FK01	ME21N	MIRO	Kreditoren (FI) und Bestellungen anlegen und Eingangsrechnung erfassen		
8	FK02	ME21N	MIRO	Kreditoren (FI) ändern, Bestellungen anlegen und Eingangsrechnung erfassen		
9	FK01	ME21N	MIRO	F110	Kreditoren (FI) und Bestellungen anlegen, Eingangsrechnung erfassen und Zahllauf	
10	FK02	ME21N	MIRO	F110	Kreditoren (FI) ändern, Bestellungen anlegen, Eingangsrechnung erfassen und Zahllauf	
11	FK01	ME21N	MIGO	MIRO	Kreditoren (FI) und Bestellungen anlegen, Warenbewegungen und Eingangsrechnung erfassen	
12	FK02	ME21N	MIGO	MIRO	Kreditoren (FI) ändern, Bestellungen anlegen, Warenbewegungen und Eingangsrechnung erfassen	
13	FK01	ME21N	MIGO	MIRO	F110	Kreditoren (FI) und Bestellungen anlegen, Warenbewegungen, Eingangsrechnung erfassen und Zahllauf
14	FK02	ME21N	MIGO	MIRO	F110	Kreditoren (FI) ändern, Bestellungen anlegen, Warenbewegungen, Eingangsrechnung erfassen und Zah
15	FK01	ME21N	MB01	MIRO	Kreditoren (FI) und Bestellungen anlegen, Wareneingang und Eingangsrechnung erfassen	
16	FK02	ME21N	MB01	MIRO	Kreditoren (FI) ändern, Bestellungen anlegen, Wareneingang und Eingangsrechnung erfassen	
17	FK01	ME21N	MB01	MIRO	F110	Kreditoren (FI) und Bestellungen anlegen, Wareneingang, Eingangsrechnung erfassen und Zahllauf
18	FK02	ME21N	MB01	MIRO	F110	Kreditoren (FI) ändern, Bestellungen anlegen, Wareneingang, Eingangsrechnung erfassen und Zahllauf
19	FK01	ME21N	MIGO	MRBR	Kreditoren (FI) und Bestellungen anlegen, Warenbewegungen und gesperrte Rechnungen freigeben	
20	FK02	ME21N	MIGO	MRBR	Kreditoren (FI) ändern, Bestellungen anlegen, Warenbewegungen und gesperrte Rechnungen freigeben	
21	FK01	ME21N	MIGO	MRBR	F110	Kreditoren (FI) und Bestellungen anlegen, Warenbewegungen, gesperrte Rechnungen freigeben und Zah
22	FK02	ME21N	MIGO	MRBR	F110	Kreditoren (FI) ändern, Bestellungen anlegen, Warenbewegungen, gesperrte Rechnungen freigeben und
23	FK01	ME21N	MB01	MRBR	Kreditoren (FI) und Bestellungen anlegen, Wareneingang und gesperrte Rechnungen freigeben	
24	FK02	ME21N	MB01	MRBR	Kreditoren (FI) ändern, Bestellungen anlegen, Wareneingang und gesperrte Rechnungen freigeben	
25	FK01	ME21N	MB01	MRBR	F110	Kreditoren (FI) und Bestellungen anlegen, Wareneingang, gesperrte Rechnungen freigeben und Zahllauf
26	FK02	ME21N	MB01	MRBR	F110	Kreditoren (FI) ändern, Bestellungen anlegen, Wareneingang, gesperrte Rechnungen freigeben und Zahl
27	ME21N	MB01	FB60	Bestellungen anlegen, Wareneingang zur Bestellung und Kreditorenrechnung buchen		
28	ME21N	MIGO	FB60	Bestellungen anlegen, Warenbewegungen und Kreditorenrechnung buchen		
29	ME21N	MB01	FB60	F110	Bestellungen anlegen, Wareneingang zur Bestellung, Kreditorenrechnung buchen und Zahllauf	
30	ME21N	MIGO	FB60	F110	Bestellungen anlegen, Warenbewegungen, Kreditorenrechnung buchen und Zahllauf	
31	ME21N	MIRO	F110	Bestellungen anlegen, Eingangsrechnung erfassen und Zahllauf		
32	ME21N	MIGO	MIRO	F110	Bestellungen anlegen, Warenbewegungen, Eingangsrechnung erfassen und Zahllauf	
33	ME21N	MB01	MIRO	F110	Bestellungen anlegen, Wareneingang, Eingangsrechnung erfassen und Zahllauf	
34	ME22N	MB01	FB60	Bestellungen ändern, Wareneingang zur Bestellung und Kreditorenrechnung buchen		
35	ME22N	MIGO	FB60	Bestellungen ändern, Warenbewegungen und Kreditorenrechnung buchen		
36	ME22N	MB01	FB60	F110	Bestellungen ändern, Wareneingang zur Bestellung, Kreditorenrechnung buchen und Zahllauf	
37	ME22N	MIGO	FB60	F110	Bestellungen ändern, Warenbewegungen, Kreditorenrechnung buchen und Zahllauf	
38	ME22N	MIRO	F110	Bestellungen ändern, Eingangsrechnung erfassen und Zahllauf		
39	ME22N	MIGO	MIRO	F110	Bestellungen ändern, Warenbewegungen, Eingangsrechnung erfassen und Zahllauf	

FI / MM / FI+MM / SD

Bereit

Abb. 8.7.18: IKS-Vorgaben in MS Excel

Vorgaben in diesem Format können in CheckAud importiert werden. Aus jeder Zeile wird dann automatisch eine Berechtigung generiert, in der die Transaktionen und die zugehörigen Berechtigungsobjekte mit den Feldwerten hinterlegt sind. Alle Berechtigungen werden in einem neuen Analysebaum integriert (Abb. 8.7.19). Diese Liste von Berechtigungen kann nun über die Gesamtprüfung des Baumes geprüft werden. Dies stellt somit eine effiziente Möglichkeit zur Überprüfung der IKS-Vorgaben dar.

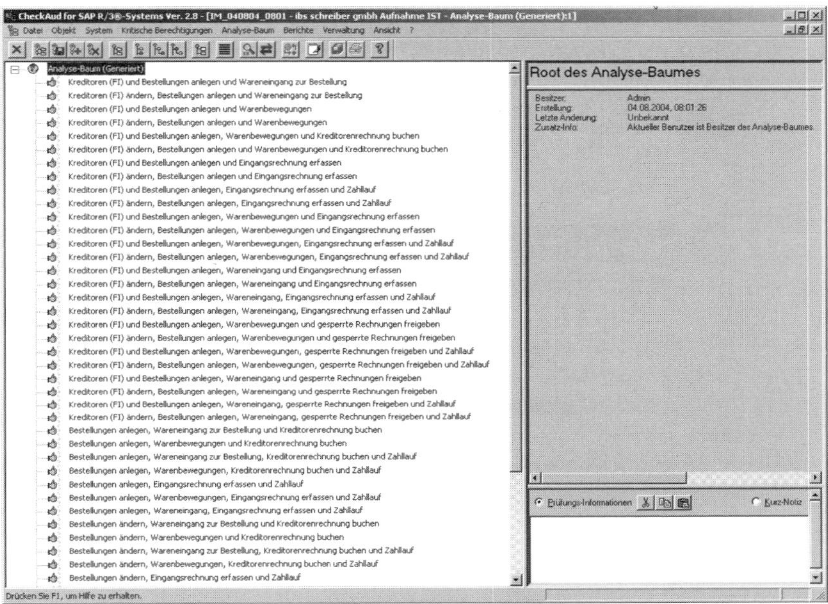

Abb. 8.7.19: IKS-Vorgaben in MS Excel

8.7.4.4 Anpassen von Berechtigungsprüfungen

Im Berechtigungskonzept bestehen verschiedene Möglichkeiten für unternehmensspezifische Anpassungen. So existieren z.B. optionale Berechtigungsobjekte, deren Nutzung teilweise ein entsprechendes Customizing voraussetzt (wie z.B. bei den Feldgruppen in der Finanzbuchhaltung). Ist dieses Customizing nicht erfolgt, werden die Objekte nicht überprüft. Weiterhin besteht auch die Möglichkeit, Berechtigungsobjekte zu deaktivieren, so dass diese ebenfalls nicht mehr überprüft werden (siehe Kapitel 8.3.1.1). Im Modul HR können Berechtigungsobjekte zur Stammdatenpflege über eine Tabelle (T77S0) aktiviert und deaktiviert werden. Diese Besonderheiten können in CheckAud abgebildet werden. Deaktivierte Berechtigungsobjekte werden von CheckAud erkannt und bei den Berechtigungsprüfungen nicht beachtet.

Des weiteren können Objekte, die nicht genutzt werden, auch manuell in CheckAud so konfiguriert werden, dass sie bei Berechtigungsauswertungen nicht genutzt werden. Abb. 8.7.20 zeigt die Verwaltung der Berechtigungsobjekte. Jedes

Objekt, welches zwingend mit auszuwerten ist, ist durch einen grünen Haken dargestellt. Optionale Objekte enthalten ein Fragezeichen. Auch diese werden mit ausgewertet. Objekte, die nicht genutzt werden, sind am roten Kreuz zu erkennen. Diese werden bei Berechtigungsauswertungen nicht beachtet, auch wenn sie in der Definition der Berechtigung enthalten sind. Diese Konfiguration gewährleistet eine exakte Genauigkeit der Auswertungsergebnisse.

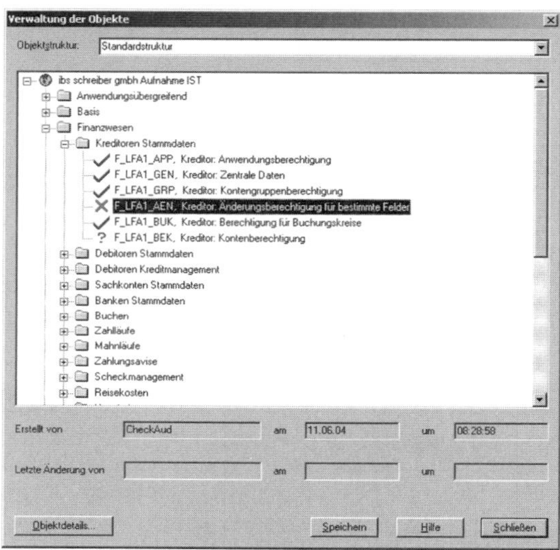

Abb. 8.7.20: Konfiguration der Berechtigungsobjekte

8.8 Reports, Tabellen und Transaktionen

Reports

RFAUDI06	Anzahl der Benutzerstämme in allen Mandanten
RFAUDI20	Verwendungsnachweise von Berechtigungsobjekten in Programmen und Transaktionen
RSSCD100 _ PFCG	Änderungsbelege zu Rollen
RSUSR002	Benutzer nach komplexen Selektionskriterien. Über diesen Report kann sowohl nach Benutzereigenschaften als auch nach Profilen / Berechtigungen / Berechtigungsobjekten selektiert werden.
RSUSR005	Über diesen Report werden von SAP definierte kritische Berechtigungen ausgewertet.
RSUSR008	Überprüft selbst definierte kritische Kombinationen von Transaktionen
RSUSR009	Über diesen Report können eigen definierte kritische Berechtigungen überprüft werden.
RSUSR010	Zeigt die für Benutzer ausführbaren Transaktionen an. Dieser Report überprüft nur die Transaktionsberechtigung, nicht die Anwendungsberechtigung.
RSUSR012	Suche nach Berechtigungen, Profilen und Benutzern nach bestimmten Berechtigungsobjekten
RSUSR020	Anzeige von Profilen nach komplexen Selektionskriterien
RSUSR030	Anzeige von Berechtigungen nach komplexen Selektionskriterien
RSUSR040	Anzeige von Berechtigungsobjekten nach komplexen Selektionskriterien
RSUSR050	Vergleicht Benutzer / Rollen / Profile / Berechtigungen auf ihre zugeordneten Berechtigungsobjekte mit Feldinhalten

RSUSR060	Verwendungsnachweise für Berechtigungsobjekte, Berechtigungswerte, Berechtigungen und Profile
RSUSR070	Rollen nach komplexen Selektionskriterien
RSUSR100	Zeigt Änderungsbelege zu Benutzern an
RSUSR101	Zeigt Änderungsbelege zu Profilen an
RSUSR102	Zeigt Änderungsbelege zu Berechtigungen an
RSUSR200	Liste der Benutzer nach Anmeldedatum, Kennwortänderung und Initialkennwort
RSUSR998	Ruft den Reportingbaum für Benutzerauswertungen auf (das Benutzerinfosystem).

Tabellen

AGR_1251	Organisationsebenen in Rollen
AGR_1252	Berechtigungswerte in Rollen
AGR_AGRS	Zuordnung von Rollen zu Sammelrollen
AGR_DEFINE	Liste der Rollen
AGR_USERS	Zuordnung von Benutzern zu Rollen
SUKRI	Definition von kritischen Transaktionen zur Auswertung mit dem Report RSUSR008
TOBC	Objektklassen
TOBJ	Berechtigungsobjekte
TOBJT	Texte zu den Berechtigungsobjekten
TOBJ_CD	Änderungsbelege zu deaktivierten Berechtigungsobjekten
TOBJ_OFF	Deaktivierte Berechtigungsobjekte
TSTCA	Transaktionen und die zugeordneten Objekte mit den Feldwerten
TSTCP	Parameterwerte der Transaktionen

USGRP	Benutzergruppen
USKRIA	Definition von kritischen Berechtigungen zur Auswertung mit dem Report RSUSR009
USOBT	Tabelle für den Profilgenerator zur Generierung von Profilen. Hier werden die den Transaktionen zugeordneten Berechtigungsobjekte mit Feldwerten gespeichert.
USOBT_C	Kundentabelle zu USOBT
USOBT_CD	Änderungsbelege zu USOBT_C
USOBX	Tabelle für den Profilgenerator zur Generierung von Profilen Hier werden die den Transaktionen zugeordneten Berechtigungsobjekte gespeichert.
USOBX_C	Kundentabelle zu USOBX
USOBX_CD	Änderungsbelege zu USOBX_C
USR04	Die Benutzer mit ihren zugeordneten Profilen (Pool-Tabelle, benutzen Sie zur Auswertung die transparente Tabelle UST04)
USR10	Berechtigungsprofile (Pool-Tabelle, benutzen Sie zur Auswertung die transparenten Tabellen UST10S und UST10C)
USR11	Texte zu Profilen
USR12	Berechtigungen mit ihren Feldinhalten (Pool-Tabelle, benutzen Sie zur Auswertung die transparente Tabelle UST12)
USR13	Texte zu Berechtigungen
UST04	Benutzer mit ihren zugeordneten Profilen (transparente Tabelle zu USR04)
UST10C	Sammelprofile mit ihren zugeordneten Profilen (transparente Tabelle zu USR10)
UST10S	Einzelprofile mit ihren Berechtigungen (transparente Tabelle zu USR10)

Transaktionen

PFCG	Pflege der Rollen
PFUD	Abgleich der Rollenmit dem Benutzerstamm
SA38	Aufruf des Reporting
SECR	Aufruf des AIS (Audit Information System)
SU01	Anzeige und Verwaltung der Eigenschaften der Benutzer, Anzeige der Benutzergruppen
SU02	Anzeige und Verwaltung von Profilen
SU03	Anzeige und Verwaltung von Berechtigungen
SU22	Zuordnungen von Berechtigungsobjekten zu Transaktionen
SU24	Prüfkennzeichen für Berechtigungsobjekte festlegen
SU25	Profilgenerator: Upgrade und Installation
SU26	Profilgenerator: Upgrade und Installation
SU53	Anzeige der fehlenden Berechtigung
SU56	Anzeige des Berechtigungspuffers
SUIM	Aufruf des Benutzerinformationssystems

9 Anhang

9.1 Checklisten zur Systemprüfung

9.1.1 Betriebssystem- und Datenbankebene

Der Aufbau eines SAP R/3-Systems

Nr.	Verwendung	Fragestellungen	Risiko	Ordnungsmäßigkeits-Vorgaben
1	2	Wie viele Applikationsserver werden eingesetzt (Tabelle TPFID)?		<Informativer Punkt für nachfolgende Prüfungen>
2	2	Werden Entwicklungs-, Qualitätssicherungs- und Produktivsystem eingesetzt (Transaktion STMS)?	Ohne vorgeschaltetes Entwicklungssystem ist die Wahrung von gesetzlichen Auflagen (z.B. Radierverbot) nicht gewährleistet.	Es müssen mindestens ein Entwicklungs- und ein Produktivsystem eingesetzt werden.
3	1	Werden getrennte Systeme eingesetzt, z.B. für das Modul HR?		<Informativer Punkt für nachfolgende Prüfungen>
4	3	Wurde der Schulungsmandant in einem anderen System als dem Produktivsystem eingerichtet?	Durch die umfassenderen Rechte der Anwender im Schulungsmandanten besteht die Gefahr, dass Daten im Produktivmandanten manipuliert werden könnten.	Der Schulungsmandant darf nicht im Produktivsystem eingerichtet sein.

Nr.	Verwendung	Fragestellungen / Risiko	Ordnungsmäßigkeits-Vorgaben
5	2	Befinden sich produktive Originaldaten im Schulungsmandanten? Durch die umfassenderen Rechte der Anwender im Schulungsmandanten besteht die Gefahr, dass Anwender Zugriff auf sensible Daten erhalten.	Im Schulungsmandanten dürfen sich keine produktiven Originaldaten befinden.
6	2	Arbeiten die Entwickler im Entwicklungssystem mit produktiven Originaldaten? Durch die umfassenden Rechte der Entwickler im Entwicklungssystem besteht die Gefahr, dass sie Zugriff auf sensible Daten erhalten.	Im Entwicklungssystem dürfen sich keine produktiven Originaldaten befinden.

Die Datenbankebene

Nr.	Verwendung	Fragestellungen / Risiko	Ordnungsmäßigkeits-Vorgaben
1	2	Ermitteln Sie, welche Datenbank eingesetzt wird (Menüpfad *System - Status*)	<Informativer Punkt für nachfolgende Prüfungen>
2	2	Existieren außer den Standardbenutzern noch andere Benutzer in der Datenbank? Es besteht das Risiko, dass durch diese Benutzer ein nicht nachvollziehbarer Zugriff auf die R/3-Daten ermöglicht wird.	Es dürfen keine weiteren Benutzer existieren.

3	3	Wird ein Mechanismus eingesetzt, der eine Kennwortänderung für den Benutzer SAPR3 / SAP<SID> zulässt (unter Oracle der OPS$-Mechanismus)? Das Kennwort des Benutzers SAP R3 / SAP<SID> ist allgemein bekannt, daher stellt es ein sehr großes Risiko dar, wenn es nicht geändert wird.	Das Kennwort des Benutzers SAPR3 / SAP<SID> muss geändert werden.
4	2	Wurden für die Standardbenutzer die Standardkennwörter geändert? Die Standardkennwörter sind allgemein bekannt, daher stellt es ein sehr großes Risiko dar, wenn sie nicht geändert werden.	Die Standardkennwörter der Standardbenutzer sind zu ändern.
5	3	Gehören die Tabellen des R/3-Systems dem Benutzer SAPR3 / SAP<SID>? Hier besteht das Risiko, dass unberechtigte Zugriffe auf R/3-Daten möglich sind und dass R/3 nicht auf alle Tabellen zugreifen kann.	Alle R/3-Tabellen müssen dem Benutzer SAPR3 / SAP<SID> gehören.
6	3	Wurde die Protokollierung der An- und Abmeldung in der Datenbank aktiviert? Hier besteht das Risiko, dass Anmeldungen an die Datenbank nicht nachvollzogen werden können.	Die Protokollierung ist zu aktivieren.

7	2	Wer hat Zugriff auf das Datenbankverwaltungsprogramm SAPDBA? Hier besteht das Risiko des unberechtigten Zugriffs auf die Datenbank.	Es dürfen nur die Basisadministratoren Zugriff haben.
8	3	Ist ein Zugriff von Clientstationen auf die Datenbank möglich (durch entsprechende Client-Software)? Hier besteht das Risiko, dass von normalen Client-Stationen aus eine Anmeldung an die Datenbank möglich ist.	Ein Zugriff auf die Datenbank darf von Clientstationen aus nicht möglich sein.
9	3	Laufen über die R/3-Datenbank noch andere Anwendungen? Hier besteht das Risiko, dass R/3-Tabellen durch andere Programme manipuliert werden können.	In der R/3-Datenbank dürfen keine weiteren Anwendungen laufen.
10	3	Wird der Füllungsgrad der Datenbanktabellen täglich von einem Administrator kontrolliert? Hier besteht das Risiko, dass die Tablespaces keine Daten mehr aufnehmen können und R/3 fehlerhaft arbeitet.	Der Füllungsgrad muss täglich kontrolliert werden.
11	3	Wird für eine Anmeldung an die Datenbank das Vier-Augen-Prinzip gefordert / erzwungen? Hier besteht das Risiko von nicht nachvollziehbaren Anmeldungen an die Datenbank und evtl. Datenmanipulation.	Eine Anmeldung an die Datenbank muss grundsätzlich nach dem Vier-Augen-Prinzip erfolgen.

12	3	Werden Anmeldungen an die Datenbank dokumentiert? Hier besteht das Risiko, dass eine Nachvollziehbarkeit der Aktionen in der Datenbank nicht gegeben ist.	Anmeldungen sind grundsätzlich zu dokumentieren.
13	3	Werden manuelle Änderungen der R/3-Daten über die Datenbank dokumentiert? Hier besteht das Risiko, dass R/3-Daten nicht nachvollziehbar manipuliert werden können.	Änderungen sind grundsätzlich zu dokumentieren.
14	1	Wurden Datenbankdateien unverschlüsselt abgelegt? Hier besteht das Risiko, dass über die Betriebssystemebene sensible R/3-Daten eingesehen werden können.	Unverschlüsselte Datenbankdateien dürfen nicht existieren.

Die Betriebssystemebene

Nr.	**Verwendung**	**Fragestellungen** **Risiko**	**Ordnungsmäßigkeits-Vorgaben**
1	2	Welche Betriebssysteme sind auf den Applikationsservern installiert?	<Informativer Punkt für nachfolgende Prüfungen>
2	3	Wie wurden die Zugriffsberechtigungen auf die Datenbankdateien vergeben? Hier besteht das Risiko des unberechtigten Zugriffs auf die Datenbankdateien.	Nur die Basisadministratoren dürfen Zugriff auf die Datenbankdateien besitzen.

3	3	Wie wurden die Zugriffsberechtigungen auf die R/3-Installation vergeben? ――― Hier besteht das Risiko des unberechtigten Zugriffs auf die R/3-Installation.	Nur die Basisadministratoren dürfen Zugriff auf die R/3-Installation besitzen.
4	3	Besitzt unter WindowsNT die Gruppe *Jeder* Zugriffsrechte auf die Datenbank- und R/3-Installation? ――― Hier besteht das Risiko des unberechtigten Zugriffs auf die R/3-Installation.	Die Gruppe *Jeder* darf keine Zugriffsrechte auf die Datenbank- und R/3-Installation besitzen.
5	3	Besitzen unter UNIX die Benutzer Zugriffsrechte auf die Datenbank- und R/3-Installation, außer dem Besitzer und den Gruppenmitgliedern der Besitzergruppe? ――― Hier besteht das Risiko des unberechtigten Zugriffs auf die R/3-Installation.	Weitere Benutzer dürfen keine Zugriffsrechte auf die Datenbank- und R/3-Installation besitzen.

Windows NT

Nr.	**Verwendung**	**Fragestellungen** ――― **Risiko**	**Ordnungsmäßigkeits-Vorgaben**
1	3	Wurde R/3 in einer eigenen Domäne installiert? ――― Hier besteht das Risiko, dass Anwender derselben Domäne auf die R/3-Installation und die Datenbank zugreifen können.	R/3 muss grundsätzlich in einer eigenen NT-Domäne laufen.

2	3	Ist ein Zugriff aus anderen Domänen auf die R/3-Domäne möglich? Hier besteht das Risiko, dass Anwender anderer Domänen auf die R/3-Installation und die Datenbank zugreifen können.	Ein Zugriff aus anderen Domänen darf nicht möglich sein, Vertrauensbeziehungen dürfen nicht existieren.
3	3	Welche Benutzer und Gruppen sind in der Domäne eingerichtet? Hier besteht das Risiko, dass unbefugte Benutzer Zugriff auf die R/3-Installation und die Datenbankdateien erhalten.	Es dürfen nur die Standardbenutzer sowie die Administratorkonten existieren.
4	3	Wie wurden die Konteneinstellungen in der Domäne eingerichtet: Minimale Kennwortlänge Maximales Kennwortalter Kennwortzyklus Konto nicht sperren/ Konto sperren Hier besteht das Risiko, dass Kennworte leicht ausgespäht werden können.	Kennwortlänge min. 5Kennwortalter max. 90Kennwortzyklus min. 12Konto sperren
5	3	Welche Freigaben wurden auf den Servern eingerichtet? Hier besteht das Risiko, dass über Freigaben auf die R/3-Installation und die Datenbankdateien zugegriffen werden kann.	Außer den R/3-Freigaben *sapmnt* und *saploc* sollten keine weiteren Freigaben existieren.
6	3	Wurden Datenbankverzeichnisse freigegeben? Hier besteht das Risiko, dass über Freigaben auf die Datenbankdateien zugegriffen werden kann.	Datenbankverzeichnisse dürfen generell nicht freigegeben werden.

7	3	Wer ist der Besitzer der R/3- und Datenbankdateien? Hier besteht das Risiko, dass unberechtigte Benutzer auf die Datenbankdateien zugreifen können.	Besitzer darf nur ein R/3-Standardbenutzer oder die Gruppe *Administratoren* sein.
8	3	Wird ein Single-Sign-On-Verfahren für NT und R/3 angewendet?	<Informativer Punkt für weitergehende Prüfungen>

UNIX

Nr.	Verwendung	Fragestellungen Risiko	Ordnungsmäßigkeits-Vorgaben
1	3	Welche Benutzer sind auf den Servern eingerichtet? Hier besteht das Risiko, dass unberechtigte Benutzer auf die R/3-Installation und die Datenbank zugreifen können.	Es dürfen nur die UNIX-Standardbenutzer, die R/3- Standardbenutzer sowie die Administratoren existieren.
2	3	Besitzen alle Benutzer ein Kennwort? Hier besteht das Risiko, dass mit Benutzern ohne Kennwort anonyme Anmeldungen erfolgen können.	Es dürfen keine Benutzer ohne Kennwort existieren.
3	3	Welche Gruppen sind auf den Servern eingerichtet? Hier besteht das Risiko, dass über Gruppen falsche Zugriffsrechte vergeben werden.	Es dürfen nur die UNIX-Standardgruppen sowie die R/3- und Datenbankgruppen existieren.

4	3	Welche Remote-Befehle sind in der Datei */etc/inetd.conf* aktiv? --- Hier besteht das Risiko, dass über Remote-Befehle ein Zugriff von außen auf die UNIX-Server ermöglicht wird.	Alle nicht genutzten Remote-Befehle sind zu deaktivieren.
5	3	Wurden in den Dateien *$HOME/.rhosts* und */etc/hosts.equiv* Rechner eingetragen, die außerhalb des R/3-Systems liegen? --- Hier besteht das Risiko, dass von außen ohne Anmeldung auf den UNIX-Server zugegriffen werden kann.	Es dürfen keine Rechner eingetragen sein, möglichst sollten diese Dateien leer sein.
6	3	Wurden in der Datei */etc/exports* Verzeichnisse eingetragen, von denen aus Zugriff auf die R/3- oder Datenbankdateien möglich ist?	Es dürfen keine R/3- oder Datenbankverzeichnisse freigegeben werden.
7	3	Wurden in der Datei */etc/ftpusers* (falls sie existiert) die Benutzer mit hochwertigen Rechten eingetragen, insbesondere der Benutzer *root*? --- Hier besteht die Gefahr, dass per FTP Dateien vom UNIX-Server kopiert bzw. bestehende überschrieben werden können.	Benutzer mit hochwertigen Rechten dürfen den *ftp* nicht nutzen.
8	3	Wurde in der Datei */etc/rc.config* (falls sie existiert) dem Benutzer *root* über den Eintrag ROOT_LOGIN_REMOTE=N die Nutzung von Remote-Logins untersagt? --- Hier besteht das Risiko, dass der Benutzer *root* sich per Remote anmelden kann, somit auch z.B. per Remote Brute-Force-Attacks auf diesen Benutzer gestartet werden können.	Dem Benutzer *root* sind Remote-Logins zu untersagen.

Die Präsentationsebene WindowsNT/2000

Nr.	Verwendung	Fragestellungen Risiko	Ordnungsmäßigkeits-Vorgaben
1	3	Wird generell nur das *SAPlogon-pad* und nicht das *SAPlogon* genutzt? Hier besteht das Risiko, dass über das SAPlogon ein Trace aktiviert werden kann und dass vom Benutzer weitere R/3-Systeme eingetragen werden können.	Benutzern sollte nur das SAPlogon-pad zur Verfügung gestellt werden.
2	3	Ist die Datei SAPLOGON.INI vor Schreibzugriffen geschützt? Hier besteht das Risiko, dass der Trace über eine Änderung der SAPLOGON. INI aktiviert werden kann.	Schreibende Zugriffsrechte sind den Administratoren vorbehalten.

9.1.2 Systemsicherheit

Grundlagen zur Systemprüfung

Nr.	Verwendung	Fragestellungen Risiko	Ordnungsmäßigkeits-Vorgaben
1	1	Welches R/3-Release wird eingesetzt?	<Informativer Punkt für nachfolgende Prüfungen>
2	3	Was ist der aktuelle Stand der Support-Packages für Ihr R/3-Release?	<Informativer Punkt für die nachfolgende Prüfung>

3	3	Welche Support Packages wurden bereits eingespielt? Hier besteht die Gefahr, dass Programmkorrekturen nicht zeitnah ins System eingespielt werden.	Es muss immer das aktuellste Support Package für die installierten Komponenten eingespielt sein.

Mandanten

Nr.	Verwendung	**Fragestellungen** **Risiko**	**Ordnungsmäßigkeits-Vorgaben**
1	1	Welche Mandanten existieren im Produktivsystem? Hier besteht das Risiko, dass von anderen Mandanten aus der Produktivmandant manipuliert werden kann (z.B. durch Änderungen mandantenübergreifender Tabellen).	Es dürfen nur die Mandanten der Vorgabe existieren.
2	1	Entsprechen diese Mandanten den Vorgaben zu den notwendigen Mandanten im System? Hier besteht das Risiko, dass keine konkreten Vorgaben zur Einrichtung von Mandanten im Produktivsystem existieren.	Es dürfen nur die Mandanten der Vorgabe existieren.
3	3	Wurde die letzte Änderung der Mandanten (wann und von wem) dokumentiert? Hier besteht das Risiko, dass nicht nachvollziehbare Änderungen vorgenommen werden, z.B. Freischalten des Produktivmandanten für Customizing.	Die letzte Änderung muss dokumentiert sein.

4	1	Welche Benutzer existieren in den Mandanten 000 und 066? Hier besteht das Risiko, dass Benutzer von hier aus Einstellungen des Systems nicht nachvollziehbar ändern.	Es dürfen nur die Standardbenutzer sowie Administratorkonten existieren.
5	1	Welche Daten wurden zu welchem Zeitpunkt aus dem Produktivmandanten herauskopiert? Hier besteht das Risiko, dass Produktivdaten unberechtigt in andere Mandanten bzw. Systeme kopiert wurden.	Jede Kopie muss dokumentiert sein.
6	1	Wurden Mandantenkopien erstellt, die nicht dokumentiert sind? Hier besteht das Risiko, dass Produktivdaten unberechtigt in andere Mandanten bzw. Systeme kopiert wurden.	Nicht dokumentierte Mandantenkopien dürfen nicht durchgeführt werden.
7	1	Existieren Vorgaben zur Dokumentation von Mandantenkopien? Hier besteht das Risiko, das Mandantenkopien und deren Umfang nicht nachvollzogen werden können (z.B. Kopien in das Entwicklungssystem).	Es müssen Vorgaben zur Dokumentation definiert sein.

Die Anmeldesicherheit

Nr.	Verwendung	Fragestellungen / Risiko	Ordnungsmäßigkeits-Vorgaben
1	3	Wurden in der Tabelle USR40 unzulässige Kennwörter eingetragen? Hier besteht das Risiko, dass Benutzer zu triviale Kennwörter benutzen, die leicht zu knacken sind.	Unzulässige Kennwörter (Firmenname etc.) sind einzutragen.
2	2	Existieren Vorgaben für die Komplexität von Kennwörtern? Es müssen Vorgaben für die Benutzer bzgl. der Komplexität von Kennwörtern existieren.	Hier besteht das Risiko, dass Benutzer zu triviale Kennwörter benutzen, die leicht zu knacken sind.
3	1	Werden Benutzerkonten von mehreren Anwendern parallel genutzt? Hier besteht das Risiko, dass gegen die Lizenzvereinbarungen der SAP AG verstoßen wird.	Eine Mehrfachnutzung von Benutzerkennungen entspricht standardmäßig nicht dem SAP-Lizenzvertrag.
4	1	Wie wurden die Anmeldeparameter des R/3-Systems eingestellt? Hier besteht das Risiko, dass der Anmeldevorgang nicht gemäß den Unternehmensrichtlinien abgesichert ist.	Die Anmeldeparameter müssen gemäß den Vorgaben und Sicherheitsrichtlinien eingestellt sein.
5	1	Ab R/3 Enterprise:Existieren Vorgaben für komplexe Kennwörter? Hier besteht das Risiko, dass komplexe Kennwörter zwar angefordert werden, aber von den Benutzern im System nicht genutzt werden.	Die Vorgaben müssen mit den Anmeldeparametern konfiguriert sein.

Das Notfallbenutzer-Konzept

Nr.	Verwendung	Fragestellungen / Risiko	Ordnungsmäßigkeits-Vorgaben
1	2	Existiert ein Notfallbenutzer in den einzelnen Mandanten? Hier besteht das Risiko, dass kritische Zugriffsrechte an aktive Benutzer für einen Notfall vergeben werden, die diese Rechte jederzeit einsetzen können.	Es muss ein Notfallbenutzer in den einzelnen Mandanten vorhanden sein.
2	3	Wurde das Kennwort des Notfallbenutzers nach dem Vier-Augen-Prinzip vergeben? Hier besteht das Risiko, dass der Notfallbenutzer von einzelnen Personen genutzt werden kann und damit anonym Aktionen durchgeführt werden können.	Das Kennwort muss nach dem Vier-Augen-Prinzip vergeben werden.
3	3	Wurde das Kennwort für einen Notfall hinterlegt? Hier besteht das Risiko, dass der Notfallbenutzer in einem Notfall nicht genutzt werden kann, da das Kennwort nur abwesenden Personen bekannt ist.	Das Kennwort muss für einen Notfall hinterlegt sein.
4	2	Wird der Benutzer über das Auditing protokolliert? Hier besteht das Risiko, dass mit diesem Benutzer nicht nachvollziehbare Aktionen durchgeführt werden können.	Die Notfallbenutzer sind über das Auditing zu protokollieren.

5	3	Wird die Nutzung des Notfallbenutzers inhaltlich dokumentiert? Hier besteht das Risiko, dass die Nutzung des Notfallbenutzers nicht personell nachvollzogen werden kann.	Die Nutzung des Notfallbenutzers ist inhaltlich zu dokumentieren.
6	3	Wann war der Notfallbenutzer das letzte Mal angemeldet, warum, und wurde dies dokumentiert? Hier besteht das Risiko, dass der Notfallbenutzer unberechtigt genutzt wurde.	Die letzte Anmeldung muss inhaltlich dokumentiert sein.

Das Auditing

Nr.	Verwendung	Fragestellungen Risiko	Ordnungsmäßigkeits-Vorgaben
1	3	Existieren Vorgaben zur Einrichtung des Auditing? Hier besteht das Risiko, dass das Auditing unsinnig oder nicht gesetzeskonform konfiguriert wird.	Bei Nutzung des Auditing sind Vorgaben zur Konfiguration zu erstellen.
2	3	Wurde das Auditing entsprechend den Vorgaben aktiviert? Hier besteht das Risiko, dass nicht die von der Unternehmung gewünschten Aktivitäten protokolliert werden.	Das Auditing muss gemäß den Vorgaben konfiguriert und aktiviert sein.

3	3	Wird das Auditprotokoll regelmäßig ausgewertet? Hier besteht das Risiko, dass kritische Einträge im AuditLog nicht zeitnah erkannt werden.	Das Protokoll ist regelmäßig auszuwerten.
4	3	Wo werden die AuditLog-Dateien gespeichert?	<Informativer Punkt für nachfolgende Prüfungen>
5	3	Wer hat Zugriff auf die AuditLog-Dateien? Hier besteht das Risiko, dass die AuditLog-Dateien auf Betriebssystemebene manipuliert oder gelöscht werden.	Es dürfen nur Basisadministratoren Zugriff haben.
6	3	Für welchen Zeitraum werden die AuditLog-Dateien aufbewahrt? Hier besteht das Risiko, dass die AuditLog-Dateien vor Ablauf des vereinbarten Aufbewahrungszeitraums gelöscht werden.	Der Aufbewahrungszeitraum ist festzulegen.

Die Systemprotokollierung

Nr.	Verwendung	Fragestellungen / Risiko	Ordnungsmäßigkeits-Vorgaben
1	3	Wird eine zentrale oder dezentrale Protokollierung eingesetzt?	<Informativer Punkt für nachfolgende Prüfungen> In UNIX-Systemen sollte eine zentrale Protokollierung genutzt werden, unter Windows NT und OS/400 ist nur eine dezentrale Protokollierung möglich.
2	2	Sind sicherheitsrelevante Einträge im SysLog vorhanden? Hier besteht das Risiko, dass sicherheitsrelevanten Einträgen nicht zeitnah nachgegangen wurde.	Sicherheitsrelevante Einträge (zu definieren in einer Sicherheitsstrategie) sind zu hinterfragen.
3	3	Wo wird die SysLog-Datei gespeichert?	<Informativer Punkt für nachfolgende Prüfungen>
4	3	Wer hat Zugriff auf die SysLog-Datei? Hier besteht das Risiko, dass unberechtigte Benutzer die SysLog-Datei manipulieren können (z.B. durch das Löschen sicherheitsrelevanter Einträge).	Es dürfen nur Basisadministratoren Zugriff haben.
5	3	Wird das SysLog regelmäßig ausgewertet? Hier besteht das Risiko, dass sicherheitsrelevante Einträge nicht zeitnah erkannt werden.	Das SysLog ist täglich auszuwerten.

Sperren von Transaktionscodes

Nr.	Verwendung	Fragestellungen / Risiko	Ordnungsmäßigkeits-Vorgaben
1	1	Existiert eine Vorgabe, welche Transaktionen zu sperren sind? / Hier besteht das Risiko, dass die zu sperrenden Transaktionen nicht im Berechtigungskonzept beachtet werden.	Die zu sperrenden Transaktionen sind als SOLL zu dokumentieren.
2	3	Sind die Transaktionen im System gesperrt? / Hier besteht das Risiko, dass die aus Sicherheits- oder betriebswirtschaftlichen Gründen zu sperrenden Transaktionen nicht gesperrt sind und von Benutzern aufgerufen werden können.	Die Vorgaben zur Sperrung müssen umgesetzt sein.

Logische Betriebssystemkommandos

Nr.	Verwendung	Fragestellungen Risiko	Ordnungsmäßigkeits-Vorgaben
1	1	Werden logische Betriebssystemkommandos von der Administration genutzt?	<Informativer Punkt für nachfolgende Prüfungen> Die Nutzung von logischen Betriebssystemkommandos stellt eine Vereinfachung der Administration dar.
2	1	Welche logischen Betriebssystemkommandos sind im System vorhanden? Hier besteht das Risiko, dass kritische Kommandos (z.B. *del* oder *rm)* definiert wurden.	Es dürfen nur die tatsächlich genutzten vorhanden sein.
3	3	Wurden logische Betriebssystemkommandos angelegt und kurze Zeit danach wieder gelöscht? Hier besteht das Risiko, dass über solche Kommandos nicht nachvollziehbare Aktionen im Betriebssystem durchgeführt werden können.	Das Anlegen und Löschen ist zu dokumentieren.
4	3	Wird häufig der Report RSBDCOS0 genutzt? Hier besteht das Risiko, dass nicht nachvollziehbare Aktionen im Betriebssystem durchgeführt werden können.	Der Report sollte nicht genutzt werden.

Drucken und Speichern von R/3-Daten

Nr.	Verwendung	Fragestellungen / Risiko	Ordnungsmäßigkeits-Vorgaben
1	1	Wurde für jeden Benutzer festgelegt, auf welchem Drucker er drucken darf? Hier besteht das Risiko, dass sensible Daten auf Druckern falscher Abteilungen gedruckt werden.	Für jeden Benutzer sind die Drucker, auf denen er drucken darf, zu definieren (Berechtigungsobjekt S_SPO_DEV).
2		Werden Druckaufträge durch die Angabe einer Berechtigung geschützt? Hier besteht das Risiko, dass unberechtigte Zugriffe auf Druckaufträge mit sensiblen Daten möglich sind.	Besonders Druckaufträge mit sensiblen Daten (z.B. Module FI und HR) sollten durch eine Angabe im Feld *Berechtigung* beim Drucken geschützt werden.
3		Wurden die Berechtigungen für die geschützten Druckaufträge entsprechend restriktiv vergeben? Hier besteht das Risiko, dass unberechtigte Zugriffe auf Druckaufträge mit sensiblen Daten möglich sind.	Besonders für die geschützten Druckaufträge sind die Berechtigungen sehr restriktiv zu vergeben.
4		Wer besitzt die Berechtigung, Inhalte von Druckaufträgen anzusehen? Hier besteht das Risiko, dass unberechtigte Zugriffe auf Druckaufträge mit sensiblen Daten möglich sind.	Besonders für sensible Daten darf die Berechtigung zum Lesen des Druckauftrages nur dem Benutzer zugeordnet werden, der diese Daten druckt.

5		Wer darf die Druckausgabe auf einen anderen Drucker umleiten? Hier besteht das Risiko, dass sensible Daten auf Druckern anderer Abteilungen ausgedruckt werden.	Das Umleiten auf einen anderen Drucker sollte nur einem eingeschränkten Personenkreis möglich sein.
6		Wer darf die Berechtigungswerte für die Druckaufträge ändern? Hier besteht das Risiko, dass unberechtigte Zugriffe auf Druckaufträge mit sensiblen Daten möglich sind.	Das Ändern der Berechtigungswerte sollte nur dem Besitzer des Druckauftrages möglich sein.
7		Ist der Zugang zu Druckern, auf denen sensible Daten gedruckt werden, abgesichert? Hier besteht das Risiko, dass unberechtigte Zugriffe auf sensible Daten möglich sind.	Die Drucker, auf denen sensible Daten gedruckt werden, dürfen nicht uneingeschränkt zugänglich sein.
8		Wird für Druckaufträge mit sensiblen Daten das *Löschen nach Ausgabe* genutzt? Hier besteht das Risiko, dass Druckaufträge mit sensiblen Daten im Spool verbleiben und dort eingesehen werden können.	Druckaufträge mit sensiblen Daten sollten nach dem Ausdruck aus dem Spool gelöscht werden.
9		Welche Benutzer dürfen Daten in Dateien exportieren? Hier besteht das Risiko, dass Benutzer sensible Daten aus dem System runterladen.	Es muss festgelegt sein, welche Benutzer Daten speichern dürfen.
10		Liegen organisatorische Anweisungen vor, wie mit exportierten Daten zu verfahren ist? Hier besteht das Risiko, dass die sensiblen Daten im Netzwerk frei zugänglich abgelegt werden.	Ein Zugriff auf exportierte Daten muss genauso restriktiv gehandhabt werden wie der Zugriff im R/3-System selbst.

Das Batch-Input-Verfahren

Nr.	Verwendung	Fragestellungen / Risiko	Ordnungsmäßigkeits-Vorgaben
1	3	Ist gesichert, dass aus den Vorsystemen die Daten vollständig übertragen werden? Hier besteht das Risiko, dass durch eine unvollständige Datenübertragung die Daten in R/3 nur lückenhaft importiert werden können.	Es ist im Vorsystem sicherzustellen, dass die Mappen vollständig übertragen werden.
2	1	Wohin werden die Dateien auf dem Server kopiert? Hier besteht das Risiko, dass die Dateien in Verzeichnissen abgelegt werden, auf die viele Benutzer Zugriff haben.	Die Dateien sind in Verzeichnisse zu kopieren/erstellen, auf die nur die Administratoren Zugriff haben.
3	1	Wer hat Zugriff auf die Dateien? Hier besteht das Risiko, dass durch falsche Zugriffsrechte Benutzer die Inhalte der Batch-Input-Dateien manipulieren können.	Es dürfen nur autorisierte Personen Zugriff auf die Originaldateien haben.
4	1	Was passiert mit den Dateien nach dem Einlesen in R/3 (löschen / sichern)? Hier besteht das Risiko, dass die Daten im Verzeichnis verbleiben und u.U. nochmals eingelesen werden können.	Nach dem Einlesen ist sicherzustellen, dass die Dateien gesichert und danach gelöscht werden.

5	3	Wurden Vorkehrungen getroffen, um ein doppeltes Einlesen derselben Mappe zu verhindern? Hier besteht das Risiko, dass Mappen doppelt eingelesen werden können und dadurch redundante Buchungen ins System gelangen können.	Ein doppeltes Einlesen muss organisatorisch verhindert werden.
6	1	Wer ist berechtigt, BI-Mappen auszuführen oder zu analysieren? Hier besteht das Risiko der falschen Autorisierung auf Batch-Input-Mappen, mit der evtl. sensible Daten eingesehen werden können.	Nur die berechtigten Personen dürfen in R/3 diese Rechte bekommen.
7	3	Wird nach den Batchläufen auf fehlerhafte Mappen kontrolliert? Hier besteht das Risiko, dass fehlerhafte Mappen nicht zeitnah nachgearbeitet werden.	Nach jedem Batch-Lauf ist zu kontrollieren, ob Fehler aufgetreten sind, mindestens aber einmal pro Tag.
8	3	Wie wird mit den fehlerhaften Mappen verfahren? Hier besteht das Risiko, dass kein festes Verfahren für die Nacharbeiten an fehlerhaften Mappen existiert und das dadurch z.B. Verzögerungen auftreten oder Mappen falsch nachgearbeitet werden.	Fehlerhafte Mappen sind zeitnah zu analysieren und evtl. nachzubuchen.

RFC-Verbindungen

Nr.	Verwendung	Fragestellungen / Risiko	Ordnungsmäßigkeits-Vorgaben
1	1	Welche RFC-Verbindungen existieren in den verschiedenen Systemen der R/3-Systemlandschaft? Hier besteht das Risiko, dass durch RFC-Verbindungen Schnittstellen zu Systemen aufgebaut werden können, die nicht mit dem R/3-System verbunden sein sollten.	In allen Systemen der Systemlandschaft dürfen nur RFC-Verbindungen existieren, die notwendig sind und genutzt werden.
2	3	Sind die eingerichteten RFC-Verbindungen dokumentiert (außerhalb des R/3-Systems)? Hier besteht das Risiko, dass RFC-Verbindungen auf Grund einer fehlenden Dokumentation falsch genutzt werden.	Jede RFC-Verbindung muss so dokumentiert sein, dass ihr Verwendungszweck eindeutig nachvollziehbar ist.
3	1	Existieren RFC-Verbindungen, in denen für Dialog-Benutzer Kennwörter hinterlegt sind? Hier besteht das Risiko, dass durch diese RFC-Verbindungen eine Anmeldung ohne Benutzerkennung und Kennwort möglich ist.	RFC-Verbindungen mit hinterlegten Kennwörtern für Dialog-Benutzer dürfen nicht existieren.
4	3	Wer ist berechtigt, RFC-Verbindungen zu pflegen? Hier besteht das Risiko, dass unberechtigte Benutzer RFC-Verbindungen ändern, neue anlegen oder vorhandene löschen.	Dieses Zugriffsrecht dürfen nur Basisadministratoren besitzen.

5	1	Werden Anmeldungen und Funktionsbausteinaufrufe über RFC protokolliert? Hier besteht das Risiko, dass Funktionsbausteine ohne Nachvollziehbarkeit von externen Programmen aus ausgeführt werden können und dass Eindringversuche über RFC unbemerkt bleiben.	RFC-Falschanmeldungen und fehlgeschlagene Funktionsbausteinaufrufe sind über das AuditLog zu protokollieren.
6	1	Wer besitzt das Recht zum Ausführen aller Funktionsbausteine? Hier besteht das Risiko, dass Benutzer über die Funktionsbausteine von externen Programmen aus kritische Aktionen im R/3-System durchführen können.	Dieses Zugriffsrecht wird nur von Schnittstellenbenutzern und evtl. von Administratoren benötigt. Normale Benutzer benötigen dieses Recht nicht.
7	1	Ab R/3 Enterprise:Wer besitzt das Recht, alle RFC- Verbindungen zu nutzen? Hier besteht das Risiko, dass Benutzer zu viele RFC-Verbindungen nutzen können.	Dieses Zugriffsrecht sollten nur Administratoren besitzen.

Externe Zugriffe

Nr.	Verwendung	Fragestellungen	Risiko	Ordnungsmäßigkeits-Vorgaben
1	1	Besitzen Dialog- oder Service-Benutzer das Recht, alle Funktionsbausteine auszuführen?	Hier besteht das Risiko, dass Benutzer über die Funktionsbausteine von externen Programmen aus kritische Aktionen im R/3-System durchführen können.	Dieses Zugriffsrecht sollte nur Kommunikationsbenutzern zugeordnet werden.
2	1	Werden im System Zugriffsrechte auf dem Objekt S_RFC überprüft?	Hier besteht das Risiko, dass Funktionsbausteine ohne Berechtigung ausgeführt werden können.	Es müssen Zugriffsrechte auf dem Objekt S_RFC überprüft werden.
3	1	Besitzen Benutzer das Recht, den Funktionsbaustein RFC_ABAP_INSTALL_AND_RUN auszuführen?	Hier besteht das Risiko, dass Benutzer ABAP-Quellcode ins System übertragen und ungeprüft ausführen können, was u.a. einen Verstoß gegen §239 HGB (Radierverbot) darstellt.	Das Zugriffsrecht zum Ausführen dieses Funktionsbausteines soll keinem Benutzer zugeordnet werden.
4	1	Nur für R/3-Release 4.6C: Ist ein Patch-Level >=1001 eingespielt?	Hier besteht das Risiko, dass Brute-Force-Attacks auf das System möglich sind.	Es muss ein Patch-Level >= 1001 eingespielt sein.

9.1.3 Das Verbuchungsprinzip

Das Prinzip des Verbuchens

Nr.	Verwendung	Fragestellungen Risiko	Ordnungsmäßigkeits-Vorgaben
1	1	Auf welchem Applikationsserver findet die Verbuchung statt?	<Informativer Punkt für nachfolgende Prüfungen> Die Verbuchung findet auf einem einzigen Server statt.
2	3	Wie viele V1- und V2-Prozesse wurden gestartet? Hier besteht das Risiko, dass bei falscher Konfiguration sehr hohe Wartezeiten für die Benutzer entstehen.	Es müssen mindestens ein V1- und ein V2-Prozess gestartet sein.
3	3	Wird die Tabelle VBLOG täglich mit der Transaktion SM13 ausgewertet, um den aktuellen Stand der Verbuchung zu kontrollieren? Hier besteht das Risiko, dass Verbuchungsabbrüche nicht zeitnah erkannt werden und dadurch Belege zu spät oder gar nicht ins System gebucht werden.	Die Tabelle VBLOG ist täglich zu kontrollieren.
4	3	Wer ist für die tägliche Auswertung zuständig? Hier besteht das Risiko, dass durch eine fehlende Verantwortlichkeit die Auswertung nicht regelmäßig stattfindet.	Es muss einen Verbuchungsadministrator geben.

5	3	Wird regelmäßig die Konsistenz der Daten überprüft, z.B. mit der Transaktion F.03 (*Abstimmanalyse Finanzbuchhaltung*)? Hier besteht das Risiko, dass Inkonsistenzen in Daten nicht zeitnah erkannt und bereinigt werden können.	Die Transaktion F.03 ist mindestens einmal im Monat auszuführen. Das Ergebnis ist zu protokollieren.
6	3	Wie wird mit ggf. aufgetretenen Differenzen in der Datenbank verfahren? Hier besteht das Risiko, dass hierfür kein Verfahren definiert ist und das es nicht dokumentiert wird.	Differenzen und deren Beseitigung sind zu dokumentieren.
7	3	Sind die Steuerungsparameter für die Verbuchung gemäss den Vorgaben eingestellt? Hier besteht das Risiko, dass durch eine falsche Konfiguration kein Express-Mail bei einem Verbuchungsabbruch versandt wird und das abgebrochene Buchungen zu früh aus dem System gelöscht werden.	Es sind Vorgaben für die Steuerungsparameter zu erstellen und die Parameter entsprechend einzustellen.

Abgebrochene Verbuchungen

Nr.	Verwendung	Fragestellungen / Risiko	Ordnungsmäßigkeits-Vorgaben
1	3	Wird täglich überprüft ob abgebrochene Buchungssätze aufgetreten sind? Hier besteht das Risiko, dass Verbuchungsabbrüche nicht zeitnah erkannt werden und dadurch Belege zu spät oder gar nicht ins System gebucht werden.	Abgebrochene Buchungssätze sollen nicht auftreten. Es ist täglich zu prüfen, ob abgebrochene Buchungssätze aufgetreten sind.
2	3	Wer ist für die Überprüfung verantwortlich? Hier besteht das Risiko, dass durch eine fehlende Verantwortlichkeit die Auswertung nicht regelmäßig stattfindet.	Es muss einen verantwortlichen Verbuchungsadministrator geben.
3	3	Wie wird mit abgebrochenen Buchungssätzen verfahren? Hier besteht das Risiko, dass kein festes Verfahren definiert ist und es daher zu Verzögerungen in der Nachbearbeitung kommt.	Das Verfahren muss fest definiert sein.
4	3	Ist es sichergestellt, dass abgebrochene Buchungen zeitnah nachgebucht werden? Hier besteht das Risiko, dass Buchungen nicht zeitnah ins System nachgebucht werden.	Das Verfahren des Nachbuchens muss fest definiert sein.

5	3	Sind abgebrochene Buchungen im System vorhanden? Hier besteht das Risiko, dass diese noch nicht erkannt und bereinigt wurden.	Es sollten keine abgebrochenen Buchungen existieren.
6	3	Sind in letzter Zeit häufig Buchungsabbrüche vorgekommen? Hier besteht das Risiko, dass die häufigen Abbrüche auf Grund von Systemfehlern oder falschen Parametrisierungen entstehen.	Eine Anhäufung von abgebrochenen Buchungen sollte nicht vorkommen.
7	3	Wird die Abstimmanalyse der Finanzbuchhaltung regelmäßig ausgeführt? Hier besteht das Risiko, dass Inkonsistenzen in Daten nicht zeitnah erkannt und bereinigt werden können.	Die Abstimmanalyse sollte einmal pro Monat ausgeführt werden.

Die Belegnummernvergabe

Nr.	Verwendung	Fragestellungen / Risiko	Ordnungsmäßigkeits-Vorgaben
1	3	Wird eine externe Belegnummernvergabe genutzt?	<Informativer Punkt für nachfolgende Prüfungen>
2	3	Ist für die externe Belegnummernvergabe sichergestellt, dass keine Lücken auftreten können? Hier besteht das Risiko, dass Belegnummern nicht lückenlos an R/3 übertragen werden.	Die Lückenlosigkeit muss im Vorsystem geregelt sein.
3	3	Welche Nummernkreisobjekte existieren im System?	<Informativer Punkt für nachfolgende Prüfungen>
4	1	Welche Nummernkreisobjekte sind gepuffert? Hier besteht das Risiko, dass durch die Pufferung nicht belegbare Lücken in den Belegnummernkreisen entstehen.	Es dürfen keine Nummernkreise gepuffert sein, für die eine lückenlose Nummernvergabe erforderlich ist.
5	3	Ist speziell das Nummernkreisobjekt RF_BELEG gepuffert? Hier besteht das Risiko, dass durch die Pufferung nicht belegbare Lücken in den Belegnummernkreisen der Finanzbuchhaltung entstehen.	Das Nummernkreisobjekt RF_BELEG sollte nicht gepuffert sein.

6	3	Wenn das Nummernkreisobjekt RF_BELEG gepuffert ist: Werden die Lücken durch die Administration dokumentiert? Hier besteht das Risiko, dass durch eine fehlende Dokumentation die Lücken nicht belegbar sind.	Lücken, die durch das Herunterfahren einer Instanz entstehen, sind zu dokumentieren und der Finanzabteilung zur Verfügung zu stellen.
7	3	Existieren Lücken in den Belegnummern? Hier besteht das Risiko, dass diese Lücken zum Jahrsabschluss nicht vollständig nachvollzogen werden können.	Es sollten keine Lücken in Belegnummernkreisen existieren, für die eine lückenlose Nummernvergabe erforderlich ist.
8	3	Wird regelmäßig kontrolliert, ob Lücken in den Belegnummern aufgetreten sind? Hier besteht das Risiko, dass evtl. auftretende Lücken nicht zeitnah erkannt und dokumentiert werden.	Es ist regelmäßig zu überprüfen, ob Lücken aufgetreten sind.

9.1.4 Benutzerauswertungen

Organisatorische Regelungen

Nr.	Verwendung	Fragestellungen / Risiko	Ordnungsmäßigkeits-Vorgaben
1	1	Liegen Verfahrensanweisungen zum Anlegen und Ändern von Benutzern vor? Hier besteht das Risiko, dass ohne eine Verfahrensanweisung beliebig Benutzerkonten angelegt werden können.	Das Verfahren zum Anlegen und Ändern von Benutzern muss über eine Verfahrensanweisung definiert sein.
2	3	Werden Informationen über ausgeschiedene Mitarbeiter von der Fachabteilung an die Administration gegeben? Hier besteht das Risiko, dass ausgeschiedene Mitarbeiter als aktive Benutzer im System bleiben.	Diese Informationen sind der Benutzerverwaltung mitzuteilen, damit die Benutzerkonten gelöscht oder deaktiviert werden.
3	3	Liegen Verfahrensanweisungen zum Löschen von Benutzern vor? Hier besteht das Risiko, dass ohne eine Verfahrensanweisung beliebig Benutzerkonten gelöscht werden können.	Das Löschen von Benutzern muss durch eine Verfahrensanweisung definiert sein.
4	1	Liegen Verfahrensanweisungen zum Sperren und Entsperren von Benutzern vor? Hier besteht das Risiko, dass gesperrte Benutzer telefonisch ohne Genehmigung entsperrt werden können.	Das Sperren und Entsperren von Benutzern muss durch eine Verfahrensanweisung definiert sein.

5	2	Wird das System von der Administration regelmäßig auf Benutzer überprüft, die lange nicht mehr angemeldet waren? Hier besteht das Risiko, dass nicht mehr aktive Benutzer noch aktiv im System vorhanden sind. Diese Benutzer würden auch voll mit vermessen werden und würden Lizenzgebühren kosten.	Diese Prüfung ist von der Administration regelmäßig durchzuführen (Festlegung im Regelwerk für Administratoren).
6	1	Wie wird mit den Rechten von Benutzern verfahren, die den Verantwortlichkeitsbereich wechseln? Hier besteht das Risiko, dass den Benutzern zwar neue Rechte zugeordnet werden, die alten aber nicht entzogen werden und sich so Rechte anhäufen.	Beim Wechseln des Verantwortlichkeitsbereichs sind die Rechte neu zuzuordnen.
7	2	Wie werden die Initialkennwörter für die Benutzer vergeben? Hier besteht das Risiko, dass durch die Vergabe des immer gleichen Initialkennwortes leicht Anmeldungen mit noch nie angemeldeten Benutzern möglich sind.	Es muss ein Verfahren genutzt werden, durch das jeder Benutzer ein anderes Initialkennwort bekommt.
8	2	Existieren Vorgaben für die Vergabe von Kennwörtern bezüglich der Komplexität? Hier besteht das Risiko, dass triviale Kennwörter leicht ausgespäht werden können.	Es müssen Vorgaben zur Komplexität existieren.

9	2	Nutzen die Administratoren besonders komplexe Kennwörter? ――― Hier besteht das Risiko, dass triviale Kennwörter der Administratoren (die über besondere Systemrechte verfügen) leicht ausgespäht werden können.	Die Kennwörter der Administratoren müssen besonders komplex sein, um ein "Hacken" zu verhindern.

Die R/3-Sonderbenutzer

Nr.	**Verwendung**	**Fragestellungen** ――― **Risiko**	**Ordnungsmäßigkeits-Vorgaben**
1	3	Wie wurden die Kennwörter für SAP*, DDIC, EARLYWATCH und SAPCPIC vergeben (Vier-Augen-Prinzip)? ――― Hier besteht das Risiko, dass einzelnen Personen die Kennwörter dieser nicht personifizierten Benutzer bekannt sind.	SAP* und DDIC benötigen ein Kennwort nach dem Vier-Augen-Prinzip.
2	3	Wem sind die Kennwörter der Benutzer SAP*, DDIC, EARLYWATCH und SAPCPIC bekannt? ――― Hier besteht das Risiko, dass (wenn die Kennwörter von SAP* und DDIC bekannt sind) anonyme Anmeldungen mit diesen Benutzern erfolgen können, evtl. mit sehr umfassenden Zugriffsrechten.	Die Kennwörter von SAPCPIC und EARLYWATCH dürfen nur der Administration bekannt sein; SAP* und DDIC benötigen ein Kennwort nach dem Vier-Augen-Prinzip.

3	3	Wurden für alle Sonderbenutzer in allen Mandanten neue Kennwörter vergeben? Hier besteht das Risiko, dass diese Benutzer noch ihre bekannten Initialkennwörter besitzen und somit für jeden eine Anmeldung mit ihnen anonym möglich ist.	Die Kennwörter aller Sonderbenutzer sind zu ändern.
4	2	Welche Verfahrensweise wurde für den Benutzer SAP* umgesetzt? Hier besteht das Risiko, dass SAP* nicht ausreichend gesichert ist und dass Anmeldungen mit ihm anonym möglich sind.	Der Benutzer SAP* ist gem. Sicherheitsleitfaden abzusichern.
5	3	Ist der Benutzer SAP* in allen Mandanten der Benutzergruppe SUPER zugeordnet? Hier besteht das Risiko, dass durch eine falsche Gruppenzuordnung SAP* von zu vielen Benutzern verwaltet, insbesondere gelöscht, werden kann.	Der Benutzer SAP* ist der Gruppe SUPER zuzuordnen.
6	3	Existiert der Benutzer DDIC in allen Mandanten? Hier besteht das Risiko, dass beim Einspielen von Support-Packages Fehler auftreten, wenn DDIC nicht existiert.	Der Benutzer DDIC sollte in allen Mandanten (außer 066) existieren.

7	3	Ist der Benutzer DDIC im Produktivmandanten auf den Benutzertyp *System* gesetzt? Hier besteht das Risiko, dass Anmeldungen mit diesem anonymen SAP_ALL-Benutzer möglich sind.	Der Benutzer DDIC ist im Produktivmandanten auf den Benutzertyp *System* zu setzen.
8	3	Wurde der Benutzer EARLYWATCH im Mandanten 066 gesperrt? Hier besteht das Risiko, dass Anmeldungen mit diesem Benutzer anonym durchgeführt werden können.	Der Benutzer EARLYWATCH ist zu sperren und nur bei Bedarf freizuschalten.

Der Benutzerstammsatz

Nr.	Verwendung	**Fragestellungen** **Risiko**	**Ordnungsmäßigkeits-Vorgaben**
1	3	Wie viele Benutzer sind in dem zu prüfenden Mandanten vorhanden? Hier besteht das Risiko, dass zu viele Benutzerkonten eingerichtet wurden, die evtl. auch Lizenzgebühren kosten.	Die Anzahl muss den Vorgaben entsprechen.
2	3	Wie viele Dialogbenutzer existieren in dem Mandanten? Hier besteht das Risiko, dass zu viele Benutzerkonten eingerichtet wurden, die evtl. auch Lizenzgebühren kosten.	Die Anzahl muss mit den tatsächlichen Anwendern übereinstimmen.

3	1	Wurden Benutzern Referenzbenutzer zugeordnet? Hier besteht das Risiko, dass hierdurch kritische Zugriffsrechte Benutzern zugeordnet werden, die bei Berechtigungsprüfungen nicht angezeigt werden.	Die Nutzung von Referenzbenutzern sollte nur für die Weitergabe unkritischer Rechte genutzt werden.
4	3	Existieren Benutzer, deren Gültigkeitsdatum abgelaufen ist? Hier besteht das Risiko, dass diese Benutzer jederzeit mit ihren Zugriffsrechten und einem neuen Kennwort wieder aktiviert und genutzt werden können.	Es sollten keine abgelaufenen Benutzer existieren.
5	3	Existieren Benutzer, die noch nie angemeldet waren? Hier besteht das Risiko, dass diese Benutzer noch triviale Initialkennwörter besitzen.	Benutzer, die noch nie angemeldet waren, sollten gesperrt sein und erst bei Bedarf freigeschaltet werden.
6	3	Existieren Benutzer, die seit einem längeren Zeitraum nicht angemeldet waren? Hier besteht das Risiko, dass diese Benutzer nicht mehr in der Unternehmung arbeiten, die Konten aber noch nutzen könnten und diese auch Lizenzgebühren kosten.	Es sollten keine Benutzer existieren, die seit einem längeren Zeitraum nicht angemeldet waren.
7	3	Existieren Benutzer, die keiner Gruppe zugeordnet sind? Hier besteht das Risiko, dass Benutzer von eigentlich unberechtigten Benutzerverwaltern verwaltet werden können.	Es dürfen keine Benutzer ohne Gruppenzuordnung existieren.

8	3	Existieren Benutzer, die eine hohe Anzahl an Falschanmeldungen haben? Hier besteht das Risiko, dass Eindringversuche unter dieser Benutzerkennung stattgefunden haben.	Benutzer mit einer hohen Anzahl von Falschanmeldungen sind zu überwachen. Eindringversuch?
9	3	Existieren Benutzer, die durch einen Administrator gesperrt sind, und ist dies dokumentiert? Hier besteht das Risiko, dass die Sperrung unberechtigt wieder aufgehoben werden könnte.	Gesperrte Benutzer sind zu dokumentieren (Grund der Sperrung).
10	3	Existieren Benutzer, die durch Falschanmeldungen gesperrt sind? Hier besteht das Risiko, dass Eindringversuche unter dieser Benutzerkennung stattgefunden haben.	Benutzer, die durch Falschanmeldungen gesperrt sind, dürfen nicht existieren.
11	3	Wurden die Adressdaten der Benutzer gepflegt? Hier besteht das Risiko, dass Benutzer auf Grund ihres Namens Mitarbeitern nicht personell zugeordnet werden können und dadurch für die Benutzer- und Berechtigungsverwaltung keine Nachvollziehbarkeit gegeben ist.	Die Adressdaten müssen gemäß Vorgabe gepflegt sein.

Referenzbenutzer

Nr.	Verwendung	Fragestellungen / Risiko	Ordnungsmäßigkeits-Vorgaben
1	3	Existieren Referenzbenutzer? Hier besteht das Risiko, dass durch die Nutzung von Referenzbenutzern die Nachvollziehbarkeit des Berechtigungskonzeptes nicht gegeben ist.	Referenzbenutzer dürfen nur existieren, wenn dies im Berechtigungskonzept vorgesehen ist.
2	3	Welche Zugriffsrechte besitzen die Referenzbenutzer? Hier besteht das Risiko, dass den Referenzbenutzern zu umfangreiche Rechte zugeordnet wurden, die dann auf die zugeordneten Benutzer übertragen werden.	Referenzbenutzer sollen nur für die Zuweisung von unkritischen Zugriffsrechten genutzt werden.
3	3	Welchen Benutzern sind die Referenzbenutzer zugeordnet und ist dies dokumentiert? Hier besteht das Risiko, dass die Referenzbenutzer zu vielen Benutzern zugeordnet sind und dies nicht nachvollziehbar ist.	Es muss eine Dokumentation existieren, welchen Benutzern welche Referenzbenutzer zuzuordnen sind.
4	3	Können auch Nicht-Referenzbenutzer als Referenz zugeordnet werden? Hier besteht das Risiko, dass Benutzer mit sehr umfangreichen Rechten (z.B. SAP_ALL) als Referenzbenutzer zugeordnet werden.	Diese Möglichkeit der Zuordnung sollte unterbunden werden.

5	3	Wurden Nicht-Referenzbenutzer als Referenz zugeordnet? Hier besteht das Risiko, dass durch diese Zuordnungen zu viel Rechte zugeordnet wurden.	Es sollen nur Referenzbenutzer als Referenz zugeordnet werden.
6	3	Werden Referenzbenutzerzuordnungen protokolliert? Hier besteht das Risiko, dass Referenzbenutzerzuordnungen (und damit die Zuordnung erweiterter Zugriffsrechte) nicht nachvollzogen werden können.	Die Zuordnung von Referenzbenutzern sollte protokolliert werden.
7	3	Wurden unberechtigt Referenzbenutzer zugeordnet? Hier besteht das Risiko, dass mit den zusätzlichen Zugriffsrechten unberechtigte Aktionen durchgeführt werden.	Unberechtigte Zuordnungen dürfen nicht vorgenommen werden.

Benutzergruppen

Nr.	Verwendung	Fragestellungen / Risiko	Ordnungsmäßigkeits-Vorgaben
1	1	Welche Gruppen existieren im System?	<Informativer Punkt für nachfolgende Prüfungen>
2	1	Existieren Benutzer, die keiner Gruppe zugeordnet sind? Hier besteht das Risiko, dass Benutzer von eigentlich unberechtigten Benutzerverwaltern verwaltet werden können.	Es dürfen keine Benutzer ohne Gruppenzuordnung existieren.
3	1	Wurden alle Administratorbenutzer einer eigenen Gruppe zugeordnet? Hier besteht das Risiko, dass die Administratorbenutzer von eigentlich unberechtigten Benutzerverwaltern gepflegt werden können.	Alle Administratorbenutzer sind einer eigenen Gruppe zuzuordnen.

Das Problem der Sammelbenutzer

Nr.	Verwendung	Fragestellungen / Risiko	Ordnungsmäßigkeits-Vorgaben
1	1	Existieren Sammelbenutzer im System? Hier besteht das Risiko, dass mit diesen Benutzern anonym Aktionen in R/3 ausgeführt werden können und dass evtl. gegen das Lizenzmodell der SAP AG verstoßen wird.	Es sollten keine Sammelbenutzer im System existieren, außer den Standardbenutzern und dem Notfallbenutzer.
2	2	Werden administrative Sammelbenutzer über das Auditing protokolliert? Hier besteht das Risiko, dass Aktionen mit diesen anonymen Benutzern nicht nachvollzogen werden können.	Administrative Sammelbenutzer sind vollständig über das Auditing zu protokollieren.
3	3	Wird die Nutzung der Sammelbenutzer inhaltlich dokumentiert? Hier besteht das Risiko, dass mit Sammelbenutzern beliebige Aktionen durchgeführt werden können, ohne dass sie inhaltlich nachvollziehbar sind.	Jede Nutzung der Sammelbenutzer ist inhaltlich zu dokumentieren.
4	3	Werden administrative Sammelbenutzer nur nach dem Vier-Augen-Prinzip eingesetzt? Hier besteht das Risiko, dass anonyme Benutzer mit hohen Rechten ohne Vier-Augen-Prinzip genutzt werden können.	Administrative Sammelbenutzer sollten nur nach dem Vier-Augen-Prinzip eingesetzt werden.

5	3	Existieren Benutzerkonten vom Typ *Service*? Hier besteht das Risiko, dass durch diese Benutzer anonyme Aktionen im System erfolgen.	Servicebenutzer dürfen nur existieren, wenn dies im Berechtigungskonzept vorgesehen ist.
6	3	Welche Zugriffsrechte besitzen die *Service*-Benutzer? Hier besteht das Risiko, dass diese Benutzer zu umfangreiche Rechte besitzen und damit evtl. gegen geltende Gesetze (z.B. §238 HGB) verstoßen können.	Sie dürfen nur unkritische lesende Rechte besitzen.
7	3	Wer nutzt diese *Service*-Benutzer? Hier besteht das Risiko, dass diese Benutzer unberechtigt von zu vielen Personen genutzt werden.	Es muss nachvollziehbar sein, wer diese *Service*-Benutzer nutzt.

Die Benutzervermessungsdaten

Nr.	**Verwendung**	**Fragestellungen** **Risiko**	**Ordnungsmäßigkeits-Vorgaben**
1	3	Welche Nutzertypen existieren im System?	<Informativer Punkt für nachfolgende Prüfungen>
2	3	Welche Nutzertypen sollen laut Soll-Vorgabe im System existieren? Hier besteht das Risiko, dass das System nach der falschen Preisliste vermessen wird.	In der Dokumentation muss die Soll-Vorgabe definiert sein.

3	3	Wurden diese Vorgaben für die Benutzer des Systems umgesetzt? Hier besteht das Risiko, dass Benutzer falschen Nutzertypen zugeordnet und dadurch evtl. zuviel Lizenzgebühren gezahlt werden.	Die Nutzerkonten müssen den richtigen Benutzertypen zugeordnet sein.

Benutzer mit Initialkennwort

Nr.	Verwendung	Fragestellungen Risiko	Ordnungsmäßigkeits-Vorgaben
1	3	Werden für Benutzer immer benutzerspezifische Initialkennwörter von der Administration vergeben? Hier besteht das Risiko, dass bei ständiger Verwendung desselben Initialkennwortes dieses das "Hacken" eines Benutzers, der noch ein Initialkennwort besitzt, ermöglicht.	Die Benutzer des Systems dürfen nicht dieselben Initialkennwörter bekommen.
2	3	Existieren Benutzer im System, die noch ihr Initialkennwort besitzen? Hier besteht das Risiko, dass Anmeldungen mit diesen Benutzern mit einem trivialen Kennwort möglich sind.	Es dürfen nur wenige oder gar keine Benutzer existieren, die noch ein Initialkennwort besitzen.

Die angemeldeten Benutzer

Nr.	Ver-wen-dung	Fragestellungen / Risiko	Ordnungsmäßigkeits-Vorgaben
1	3	Werden die aktuell angemeldeten Benutzer stichprobenartig überprüft?	In unregelmäßigen Abständen sollten die aktuell angemeldeten Benutzer überprüft werden.
2	3	Wird die Tabelle USR41 stichprobenartig daraufhin überprüft, dass Benutzer nur von zulässigen Arbeitsstationen angemeldet sind? Hier besteht das Risiko, dass Anmeldungen oder Anmeldeversuche über einen fremden TCP/IP-Kreis erfolgen.	Die erfolgten Anmeldungen sind stichprobenartig auf korrekte TCP/IP-Nummern zu überprüfen.
3	3	Wurde die Tabellenprotokollierung für die Tabelle USR41 aktiviert? Hier besteht das Risiko, dass Anmeldungen aus fremden TCP/IP-Kreisen nicht nachvollziehbar sind.	Um eine Nachvollziehbarkeit bei Eindringversuchen zu gewährleisten, ist die Tabelle USR41 zu protokollieren.

Die Änderungshistorie der Benutzer

Nr.	Verwendung	Fragestellungen / Risiko	Ordnungsmäßigkeits-Vorgaben
1	1	Wurden seit der letzten Prüfung neue Benutzer angelegt und wurde dies dokumentiert, z.B. über Benutzeranträge? Hier besteht das Risiko, dass unberechtigt Benutzerkonten angelegt werden.	Das Anlegen neuer Benutzer ist zu dokumentieren.
2	3	Wurden seit der letzten Prüfung Benutzer gelöscht, und wurde dies dokumentiert? Hier besteht das Risiko, dass unberechtigt angelegte Benutzer nach kurzer Zeit wieder gelöscht wurden.	Das Löschen von Benutzern ist zu dokumentieren.
3	3	Wurden seit der letzten Prüfung Benutzer durch Falschanmeldungen gesperrt und wieder entsperrt? Hier besteht das Risiko, dass unter diesen Benutzerkennungen Eindringversuche stattgefunden haben.	Es dürfen nur vereinzelt Benutzer ge- und entsperrt worden sein.
4	3	Wurde seit der letzten Prüfung Benutzern das Profil SAP_ALL zugeordnet? Hier besteht das Risiko, dass durch Zuordnung dieses Profils kritische Aktionen im Produktivmandanten durchgeführt wurden.	Das Profil SAP_ALL ist im Produktivmandanten nur einem Notfallbenutzer zuzuordnen.

5	3	Stimmen die zugeordneten Rollen mit den Benutzeranträgen überein? --- Hier besteht das Risiko, dass Benutzern falsche Rollen zugeordnet wurden und sie dadurch zu viel Rechte erhalten haben.	Hier muss es eine Übereinstimmung geben, da ohne Antrag keine Rechte zugewiesen werden dürfen.

OSS-Benutzer

Nr.	Verwendung	Fragestellungen --- Risiko	Ordnungsmäßigkeits-Vorgaben
1	3	Welche Benutzer sind im OSS angelegt? --- Hier besteht das Risiko, dass auch Mitarbeiter, die nicht mehr in der Unternehmung sind, noch ein aktives Konto besitzen.	Es dürfen nur aktuelle Mitarbeiter der Unternehmung angelegt sein.
2	3	Welche Benutzer besitzen Zugriffsrechte zum Ändern oder Anfordern? --- Hier besteht das Risiko, dass durch die Zuordnung dieser Rechte z.B. Entwickler- und Objektschlüssel unberechtigt angefordert werden.	Nur Administratoren oder entsprechende Projektmitglieder oder Fachkoordinatoren sollten diese Rechte besitzen.
3	3	Welche Benutzer besitzen das Recht zur Benutzerverwaltung? --- Hier besteht das Risiko, dass bei falscher Rechtezuordnung unberechtigte Benutzer neue Benutzer im OSS anlegen und ihnen Rechte geben dürfen.	Nur Administratoren sollten diese Rechte besitzen.

9.1.5 Die Tabellenpflege

Die Protokollierung der Tabellenänderungen

Nr.	Verwendung	Fragestellungen / Risiko	Ordnungsmäßigkeits-Vorgaben
1	1	Wurde die Tabellenprotokollierung für das Produktivsystem aktiviert (*rec/client*)? Hier besteht das Risiko, dass Änderungen an rechnungslegungsrelevanten Tabellen nicht protokolliert werden und somit gegen §257 HGB verstoßen wird.	Die Protokollierung ist für das Produktivsystem für alle Mandanten zu aktivieren.
2	1	Wurde für das Produktivsystem die Protokollierung für Importe von Tabelleninhalten aktiviert? Hier besteht das Risiko, dass über Transporte Tabellenänderungen eingespielt werden, die nicht über Protokolle nachvollzogen werden können.	Die Protokollierung für Importe von Tabelleninhalten ist zu aktivieren.
3	1	Wurde die Tabellenprotokollierung für das Qualitätssicherungssystem aktiviert (*rec/client*)? Hier besteht das Risiko, dass durch nicht nachvollziehbare Tabellenänderungen das Freigabeverfahren beeinflusst wird.	Die Protokollierung für das Qualitätssicherungssystem sollte aktiviert werden.

4	1	Von welchen Mandanten im Entwicklungssystem sind Transporte möglich? Hier besteht das Risiko, dass auch von Test- oder "Spiel-"Mandanten aus Transporte angestoßen werden können und diese Daten bis ins Produktivsystem durchtransportiert werden.	Transporte dürfen nur von den Customizing- und Entwicklungs-Mandanten aus möglich sein.
5	1	Wurde die Tabellenprotokollierung für das Entwicklungssystem aktiviert (*rec/client*)? Hier besteht das Risiko, dass Customizing-Einstellungen nicht aufgezeichnet werden, dadurch nicht nachvollziehbar sind und durch die fehlende Protokollierung gegen §257 HGB verstoßen wird.	Die Protokollierung ist für das Entwicklungssystem für alle Mandanten zu aktivieren, von denen aus Transporte möglich sind, sowie für den Mandanten 000.
6	2	Werden rechnungslegungsrelevante SAP Standardtabellen protokolliert (OSS-Hinweis 112388)? Hier besteht das Risiko, dass nicht alle rechnungslegungsrelevanten Einträge protokolliert werden und dadurch gegen §257 HGB verstoßen wird.	Alle rechnungslegungsrelevanten Tabellen sind zu protokollieren.
7	3	Werden Tabellen protokolliert, die der Systemsicherheit dienen? Hier besteht das Risiko, dass kritische Vorgänge wie z.B. die Eingabe von Entwicklerschlüsseln oder das Zuordnen von Referenzbenutzern nicht nachvollzogen werden können.	Tabellen, welche die Systemsicherheit betreffen, sollten ebenfalls protokolliert werden.

8	3	Werden selbst erstellte Tabellen, die rechnungslegungsrelevant sind, protokolliert? Hier besteht das Risiko, dass nicht alle rechnungslegungsrelevanten Einträge protokolliert werden und dadurch gegen §257 HGB verstoßen wird.	Selbst erstellte Tabellen sollten generell protokolliert werden.
9	3	Wer besitzt das Zugriffsrecht zum Löschen der Tabellenänderungsprotokolle? Hier besteht das Risiko, dass Protokolle, die der Aufbewahrungspflicht unterliegen, unwiderruflich und nicht nachvollziehbar gelöscht werden.	Dieses Zugriffsrecht darf nur nach dem Vier-Augen-Prinzip eingesetzt werden.

Die Protokollierung über die Änderungsbelege

Nr.	Verwendung	Fragestellungen Risiko	Ordnungsmäßigkeits-Vorgaben
1	3	Werden Änderungen an rechnungslegungsrelevanten Tabellen protokolliert? Hier besteht das Risiko, dass bei fehlender Protokollierung gegen §257 HGB verstoßen wird.	Alle rechnungslegungsrelevanten Tabellen sind zu protokollieren.
2	3	Werden alle protokollierungspflichtigen Tabellen protokolliert? Hier besteht das Risiko, dass bei fehlender Protokollierung gegen §257 HGB verstoßen wird.	Die Vorgaben müssen mit den Systemeinstellungen übereinstimmen.

3	3	Existieren Vorgaben zur Aufbewahrung der Änderungsbelege, um den gesetzlichen Anforderungen nachzukommen? Hier besteht das Risiko, dass ohne entsprechende Vorgaben der Aufbewahrungspflicht nicht nachgekommen werden kann.	Es müssen Vorgaben für die Aufbewahrungsfristen der Änderungsbelege existieren.
4	3	Besitzt im Produktivmandanten jemand das Recht, Änderungsbelege zu löschen? Hier besteht das Risiko, dass durch das Löschen von Änderungsbelegen gegen §257 HGB verstoßen wird.	Dies ist ein gesetzeskritisches Zugriffsrecht und darf im Produktivmandanten nicht vergeben werden.
5	1	Wurden Standard R/3-Änderungsbelegobjekte geändert? Hier besteht das Risiko, dass hierdurch aufbewahrungspflichtige Änderungen nicht mehr protokolliert werden.	Standard R/3-Änderungsbelegobjekte dürfen nicht manipuliert werden.

Manuelles Ändern von Tabellen

Nr.	Verwendung	Fragestellungen / Risiko	Ordnungsmäßigkeits-Vorgaben
1	1	Welche unternehmenseigenen Tabellen können manuell in R/3 geändert werden? Hier besteht das Risiko, dass auch Tabellen, die Stamm- und Bewegungsdaten enthalten, als Änderbar definiert werden.	Es dürfen nur Customizing-Tabellen manuell änderbar sein.
2	3	Welche Tabellen können manuell in der Datenbank geändert werden? Hier besteht das Risiko, dass Tabellen über die Datenbank manipuliert werden können, deren Änderungen gegen §239 HGB (Radierverbot) verstößt.	Transparente Tabellen sind direkt in der Datenbank änderbar. Kritische Tabellen (Rechnungsbelege, Benutzerrechte) dürfen nicht transparent gespeichert werden.
3	3	Wer besitzt die Möglichkeit, direkt in der Datenbank Tabellen zu ändern? Hier besteht das Risiko, dass durch manuelle Änderungen in der Datenbank die Sicherheitsmechanismen von R/3 umgangen und gegen gesetzliche Auflagen verstoßen wird.	Die Datenbankbenutzer dürfen nur nach dem Vier-Augen-Prinzip genutzt werden.
4	3	Werden manuelle Tabellenänderungen dokumentiert? Hier besteht das Risiko, dass ohne Dokumentationen Änderungen an Tabellen (Customizing) nicht nachvollzogen werden können.	Manuelle Tabellenänderungen sind zu dokumentieren.

Berechtigungen auf Tabellen und Views

Nr.	Verwendung	Fragestellungen Risiko	Ordnungsmäßigkeits-Vorgaben
1	1	Welche Berechtigungsgruppen existieren im System?	<Informativer Punkt für nachfolgende Prüfungen> Es müssen alle für die Rechtevergabe notwendigen Berechtigungsgruppen existieren.
2	3	Welche Benutzer können mandantenunabhängige Tabellen ändern? Hier besteht das Risiko, dass Benutzer Systemeinstellungen ändern.	Nur Administratoren und Customizer dürfen mandantenunabhängige Tabellen ändern.
3	3	Welche Benutzer können alle Tabellen des Systems ändern? Hier besteht das Risiko, dass Benutzer Tabellen ändern, deren Inhalte rechnungslegungsrelevant sind. Dieses Recht beinhaltet auch das Recht, Mandanten für Tabellenänderungen frei zuschalten.	Nur Administratoren und Customizer dürfen die Tabellen ändern.
4	3	Sind die unternehmenseigenen Tabellen Berechtigungsgruppen zugeordnet? Hier besteht das Risiko, dass Berechtigungen auf eigene Tabellen nicht restriktiv vergeben werden können, da sie keiner Berechtigungsgruppe zugeordnet sind.	Unternehmenseigene Tabellen sind durch Berechtigungsgruppen zu schützen.

5	3	Besitzen Benutzer Zugriff auf die Berechtigungsgruppe &NC&? Hier besteht das Risiko, dass Benutzer auf Tabellen zugreifen können, auf die sie eigentlich keinen Zugriff haben sollten.	Der Zugriff auf Tabellen der Berechtigungsgruppe &NC& ist äußerst restriktiv zu vergeben.

9.1.6 Entwicklungen im R/3-System

Organisation der Anwendungsentwicklung

Nr.	Verwendung	Fragestellungen Risiko	Ordnungsmäßigkeits-Vorgaben
1	1	Existiert zum Produktivsystem ein Entwicklungssystem? Hier besteht das Risiko, dass teilweise Anwendungsentwicklung im Produktivsystem durchgeführt wird.	Ein Entwicklungssystem ist zwingend erforderlich.
2	1	Wird ein Qualitätssicherungssystem eingesetzt? Hier besteht das Risiko, dass kein nachvollziehbares Freigabeverfahren abgebildet werden kann.	Die Einrichtung eines Qualitätssicherungssystems wird von der SAP empfohlen.
3	1	Bestehen komplexe Landschaften mit mehreren Produktiv- oder Entwicklungs- oder Sondersystemen?	<Informativer Punkt für nachfolgende Prüfungen>

4	1	Werden Entwicklungs- und Customizingarbeiten nur im Entwicklungssystem durchgeführt? Hier besteht das Risiko, dass bei Entwicklungs- und Customizingarbeiten im Produktivsystem gegen geltende Gesetze verstoßen wird bzw. im Qualitätssicherungssystem das Freigabeverfahren beeinflusst wird.	Entwicklungs- und Customizingarbeiten dürfen nur im Entwicklungssystem stattfinden.
5	3	Werden im Entwicklungssystem vor dem Transport in das Qualitätssicherungssystem funktionale Tests durchgeführt? Hier besteht das Risiko, dass fehlerhafte Programme in das Qualitätssicherungssystem importiert werden, was dort zu Funktionsstörungen anderer Programme führen kann.	Neuentwicklungen und Änderungen müssen vor dem Transport in das Qualitätssicherungssystem einem funktionalen Test unterzogen werden.
6	3	Sind die jeweiligen Fachabteilungen am Test- und Freigabeverfahren beteiligt? Hier besteht das Risiko, dass Eigenentwicklungen funktional nicht den Anforderungen der Fachabteilungen entsprechen.	Das Test- und Freigabeverfahren muss sowohl von anderen Entwicklern als auch von der Fachabteilung durchgeführt werden.
7	2	Wird im Entwicklungssystem mit originalen Produktivdaten gearbeitet? Hier besteht das Risiko, dass ein großer Personenkreis von Entwicklern, Customizern und Beratern auf produktive Daten uneingeschränkt zugreifen kann.	Produktivdaten dürfen im Entwicklungssystem nicht verwendet werden, es sei denn, sie sind anonymisiert.

8	1	Ist sichergestellt, dass Entwicklungen erst nach einem Freigabeverfahren im Qualitätssicherungssystem ins Produktivsystem transportiert werden? Hier besteht das Risiko, dass ohne Freigabeverfahren fehlerhafte Entwicklungen ins Produktivsystem gelangen, die dort Dateninkonsistenzen verursachen können.	Neuentwicklungen und Änderungen müssen grundsätzlich erst im Qualitätssicherungssystem freigegeben werden.

Entwickler- und Objektschlüssel

Nr.	Verwendung	Fragestellungen Risiko	Ordnungsmäßigkeits-Vorgaben
1	1	Besitzen Benutzer im Produktivsystem einen Entwicklerschlüssel? Hier besteht das Risiko, dass durch Anwendungsentwicklung im Produktivsystem gegen geltende Gesetze (z.B. 239 HGB Radierverbot) verstoßen wird.	Außer einem Notfallbenutzer, der nach dem Vier-Augen-Prinzip einzusetzen ist, darf es keine Entwickler im Produktivsystem geben.
2	1	Besitzen Benutzer im Qualitätssicherungssystem einen Entwicklerschlüssel? Hier besteht das Risiko, dass Freigabeverfahren durch Eingriffe von Entwicklern beeinflusst werden.	Das Qualitätssicherungssystem ist bzgl. der Entwickler zu behandeln wie das Produktivsystem. Es sollte keine Entwickler in diesem System geben.
3	1	Welche Benutzer besitzen im Entwicklungssystem einen Entwicklerschlüssel? Hier besteht das Risiko, dass unberechtigte Benutzer Anwendungsentwicklung betreiben dürfen.	Nur die tatsächlichen Entwickler dürfen einen Entwicklerschlüssel besitzen.

4	3	Existiert eine Dokumentation darüber, welche Entwicklerkonten es in welchem System gibt? Hier besteht das Risiko, dass es keine Vorgaben und keine Nachvollziehbarkeit darüber gibt, welche Personen als Entwickler tätig sein sollen.	Die Vergabe eines Entwicklerschlüssels ist grundsätzlich zu dokumentieren.
5	3	Wer besitzt einen Zugang zum OSS mit der Berechtigung, Entwicklerschlüssel zu beantragen? Hier besteht das Risiko, dass unberechtigt Entwicklerschlüssel angefordert und auch im Produktivsystem eingesetzt werden können.	Das Zugriffsrecht zum Anfordern neuer Schlüssel darf nur entsprechend autorisierten Personen möglich sein.
6	3	Wurde für die Tabelle DEVACCESS die Protokollierung aktiviert? Hier besteht das Risiko, dass die Eingabe von Entwicklerschlüsseln, insbesondere im Produktivsystem, nicht nachvollzogen werden kann.	Die Tabelle ist zu protokollieren um nachzuvollziehen, welche Entwicklerschlüssel wann eingegeben wurden.
7	1	Welche Objektschlüssel für SAP-eigene Objekte wurden bereits angefordert? Hier besteht das Risiko, dass SAP-eigene Objekte ohne ausreichende Begründung geändert wurden und dadurch die Gewährleistung für die Objekte von Seiten der SAP nicht mehr gegeben ist.	Es dürfen nur Objektschlüssel für SAP-eigene Objekte angefordert werden, wenn dies unumgänglich ist. Die Anforderung muss hinreichend begründet sein.

8	3	Existiert eine Dokumentation über die angeforderten Objektschlüssel? Hier besteht das Risiko, dass nicht mehr nachvollziehbar ist, aus welchem Grund der Schlüssel beantragt wurde und ob das in Zukunft (z.B. bei Release-Wechseln) nochmals relevant sein könnte.	Angeforderte Objektschlüssel sind grundsätzlich zu dokumentieren.
9	3	Wurde in der Dokumentation jede Änderung am SAP-eigenen Objekt erläutert? Hier besteht das Risiko, dass bei Release-Wechseln oder beim Einspielen von Support-Packages diese Objekte als *Geändert* angezeigt werden und nicht nachvollzogen werden kann, ob diese Änderungen noch relevant sind und wie weiter zu verfahren ist.	Jede Änderung an SAP-eigenen Objekten ist ausführlich zu dokumentieren.

Die System- und Mandantenänderbarkeit

Nr.	Verwendung	Fragestellungen / Risiko	Ordnungsmäßigkeits-Vorgaben
1	1	Ist das Produktivsystem gegen Anwendungsentwicklung gesperrt? Hier besteht das Risiko, dass im Produktivsystem Programme angelegt oder geändert werden können und somit gegen gesetzliche Auflagen verstoßen wird.	Die Systemänderbarkeit ist im Produktivsystem auf *Nicht änderbar* zu setzen.
2	3	Wer besitzt im Produktivsystem die Berechtigung, die Systemänderbarkeit einzustellen? Hier besteht das Risiko, dass unberechtigte Personen das Produktivsystem für Anwendungsentwicklung frei schalten können.	Die Vergabe dieser Berechtigung ist äußerst restriktiv zu handhaben.
3	3	Wurden in letzter Zeit Änderungen an der Systemänderbarkeit im Produktivsystem vorgenommen, und war es für einen langen Zeitraum änderbar? Hier besteht das Risiko, dass die Systemänderbarkeit vergessen wurde zurückzusetzen und das System für einen längeren Zeitraum änderbar war.	Änderungen an der Systemänderbarkeit sind nur in Ausnahmefällen vorzunehmen und schnellstmöglich wieder zurückzusetzen.
4	3	Wurden die Änderungen an der Systemänderbarkeit dokumentiert? Hier besteht das Risiko, dass die Gründe für die Änderungen nicht nachvollzogen werden können und dadurch die Ordnungsmäßigkeit gefährdet ist.	Änderungen an der Systemänderbarkeit sind grundsätzlich zu dokumentieren.

5	1	Ist der Produktivmandant gegen Customizing gesperrt? Hier besteht das Risiko, dass über manuelle Tabellenänderungen die Steuerungsdaten (Customizing) manipuliert werden können.	Im Produktivmandanten sind manuelle Änderungen am Customizing nicht zulässig.
6	3	Wer besitzt die Berechtigung, die Mandantenänderbarkeit (Tabelle T000) einzustellen? Hier besteht das Risiko, dass unberechtigte Personen den Produktivmandanten für Customizing frei schalten können.	Die Vergabe dieser Berechtigung ist äußerst restriktiv zu handhaben.
7	1	Werden Änderungen an der Tabelle T000 protokolliert? Hier besteht das Risiko, dass die Änderungen an der Mandantenänderbarkeit nicht nachvollzogen werden können und dadurch die Ordnungsmäßigkeit gefährdet ist.	Die Protokollierung der Tabelle T000 muss aktiviert sein.
8	1	Ist die generelle Tabellenprotokollierung (Parameter *rec/client*) im Produktivsystem aktiviert? Hier besteht das Risiko, dass die Änderungen nicht nachvollzogen werden können und dadurch die Ordnungsmäßigkeit gefährdet ist.	Die Tabellenprotokollierung muss aktiviert sein.

<table>
<tr><td>9</td><td>3</td><td>Wurde in letzter Zeit die Mandantenänderbarkeit des Produktivmandanten auf *Änderbar* gesetzt?<hr>Hier besteht das Risiko, dass die Änderungen nicht zeitnah wieder zurückgenommen wurden und der Mandant für längere Zeit änderbar war bzw. dass Tabellen ohne Freigabeverfahren geändert wurden.</td><td>Der Produktivmandant ist nur in Ausnahmefällen auf *Änderbar* zu setzen.</td></tr>
<tr><td>10</td><td>3</td><td>Wurden die Änderungen an der Mandantenänderbarkeit dokumentiert?<hr>Hier besteht das Risiko, dass die Gründe für die Änderungen nicht nachvollzogen werden können und dadurch die Ordnungsmäßigkeit gefährdet ist.</td><td>Änderungen an der Mandantenänderbarkeit sind grundsätzlich zu dokumentieren.</td></tr>
</table>

Das Transportsystem

Nr.	**Verwendung**	**Fragestellungen** **Risiko**	**Ordnungsmäßigkeits-Vorgaben**
1	2	Welche selbst definierten Entwicklungsklassen werden genutzt?	<Informativer Punkt für nachfolgende Prüfungen>
2	2	Wer ist berechtigt, im Entwicklungssystem neue Aufträge anzulegen, freizugeben und ins Produktivsystem zu importieren? Hier besteht das Risiko, dass ohne Funktionstrennung Transporte vollständig in einer Hand liegen und somit keine Kontrolle der Transporte erfolgt.	Für diesen Vorgang ist eine Funktionstrennung zu implementieren.

3	1	Wer besitzt zusätzlich zu Punkt 2. noch das Recht zur Anwendungsentwicklung oder zum Customizing im Entwicklungssystem? Hier besteht das Risiko, dass Entwickler ihre Eigenentwicklungen ohne Freigabeverfahren ins Produktivsystem transportieren können.	Es ist eine Funktionstrennung zwischen Entwicklung und Transporten zu implementieren.
4	1	Wurden im Produktivsystem Reparaturen durchgeführt? Hier besteht das Risiko, dass Programmänderungen direkt im Produktivsystem durchgeführt wurden und somit das Freigabeverfahren umgangen wurde. Werden über solche Änderungen rechnungslegungsrelevante Tabellen geändert, kann dies gegen §239 HGB (Radierverbot) verstoßen.	Reparaturen sind nur in Notfällen durchzuführen.
5	3	Wurden diese Reparaturen dokumentiert? Hier besteht das Risiko, dass Programm- oder Tabellenänderungen inhaltlich nicht nachvollzogen werden können.	Reparaturen sind zu dokumentieren.
6	2	Wer ist berechtigt, Reparaturkennzeichen im Produktivsystem zurückzusetzen? Hier besteht das Risiko, dass durchgeführte Reparaturen durch Zurücknahme des Kennzeichens verschleiert werden können.	Dieses Zugriffsrecht ist nur der Administration zuzuordnen.

7	2	Sind die Transportwege korrekt definiert? Hier besteht das Risiko, dass auch von anderen Systemen als dem Entwicklungssystem Elemente in das Produktivsystem transportiert werden können (z.B. Änderungen, die im Qualitätssicherungssystem vorgenommen wurden).	Transporte dürfen nur zum Qualitätssicherungssystem erfolgen. Produktivsysteme dürfen nur beliefert werden.
8	1	Sind die Zugriffsrechte auf das Transportverzeichnis gem. R/3-Sicherheitsleitfaden eingestellt? Hier besteht das Risiko, dass Transportaufträge auf Betriebssystemebene manipuliert oder gelöscht werden können.	Die Zugriffsrechte sind gem. Sicherheitsleitfaden einzustellen.
9	2	Ist das Quality Assurance Genehmigungsverfahren gem. den Unternehmensvorgaben eingerichtet? Hier besteht das Risiko, dass Aufträge ohne Freigabeverfahren in das Produktivsystem transportiert werden können.	Es ist unternehmensbezogen zu entscheiden, ob und wie das Verfahren einzusetzen ist.
10	2	Wer ist berechtigt, Importe ins Produktivsystem durchzuführen? Hier besteht das Risiko, dass durch eine fehlende Funktionstrennung Entwicklungen ohne Freigabeverfahren in das Produktivsystem importiert werden. Des weiteren besteht das Risiko, dass Aufträge, die nicht im Qualitätssicherungssystem freigegeben wurden, trotzdem in das Produktivsystem importiert werden.	Nur die Basisadministration sollte dazu berechtigt sein. Entwicklern darf diese Berechtigung nicht zugeordnet werden.

11	1	Existiert im Produktivsystem ein Notfallbenutzer für Reparaturen? ― Hier besteht das Risiko, dass in Notfällen Zeitverzögerungen auftreten können, wenn kein Notfallbenutzer existiert, oder dass Entwickler mit Entwicklerrechten im Produktivsystem existieren.	Es muss ein Notfallbenutzerkonzept existieren.

Das Customizing des R/3-Systems

Nr.	Verwendung	Fragestellungen ― Risiko	Ordnungsmäßigkeits-Vorgaben
1		Ist der Produktivmandant gegen Customizing gesperrt? ― Hier besteht das Risiko, dass durch manuelle Tabellenänderungen im Produktivmandanten das Freigabeverfahren umgangen wird.	Customizing ist im Produktivmandanten nicht zulässig.
2	2	Wer besitzt volle Zugriffsrechte zum Customizing im Produktivmandanten? ― Hier besteht das Risiko, dass durch manuelle Tabellenänderungen im Produktivmandanten das Freigabeverfahren umgangen wird.	Customizing ist im Produktivmandanten nicht zulässig.
3	1	Werden manuelle Customizing-Änderungen im Produktivmandanten protokolliert? ― Hier besteht das Risiko, dass Änderungen nicht nachvollzogen werden können und gegen die Aufbewahrungspflicht der Customizing-Einstellungen verstoßen wird (§257 HGB).	Alle manuellen Änderungen an Tabellen sind im Produktivmandanten zu protokollieren.

Die Programmiersprache ABAP

Nr.	Verwendung	Fragestellungen / Risiko	Ordnungsmäßigkeits-Vorgaben
1	1	Wer besitzt die Berechtigung zum Anlegen oder Ändern von ABAP-Programmen? Hier besteht das Risiko, dass unberechtigte Benutzer Programme manipulieren können.	Nur die Entwickler dürfen diese Berechtigung besitzen.
2	3	Befinden sich Originaldaten aus dem Produktivsystem im Entwicklungs- / Testsystem? Hier besteht das Risiko, dass im Entwicklungssystem auf produktive Daten zugegriffen werden kann. Insbesondere bei sensiblen Daten, wie z.B. Mitarbeiterdaten, ist dies äußerst kritisch.	Originaldaten dürfen nur übertragen werden, wenn sie anonymisiert wurden.
3	3	Wird in neu angelegten ABAP-Programmen der Befehl EXEC SQL verwendet? Hier besteht das Risiko, dass durch diese Programme Tabellen direkt in der Datenbank geändert werden können und damit die Sicherheitsmechanismen von R/3 umgangen werden.	Generell ist dieser Befehl nicht zu verwenden, nur bei systemnahen Zugriffen auf die Datenbank, z.B. für ein Monitoring.
4	3	Wird der SELECT-Zusatz CLIENT SPECIFIED in neu angelegten ABAP-Programmen verwendet? Hier besteht das Risiko, dass über diese Programme ein Zugriff auf Tabellen aus anderen Mandanten ermöglicht wird, z.B. vom Mandanten 000 aus auf den Produktivmandanten.	Bei Verwendung dieses Befehls ist genauestens zu prüfen, welche Daten mandantenübergreifend gelesen werden sollen.

5	3	Werden in neu angelegten Dialoganwendungen ENQUEUE-Bausteine zur Sperrung von Daten genutzt? Hier besteht das Risiko, dass durch fehlende Sperrungen mehrere Benutzer gleichzeitig denselben Datensatz bearbeiten können und dadurch Inkonsistenzen entstehen.	Bevor Daten von einem Programm geändert werden dürfen, sind diese auf jeden Fall zu sperren.
6	1	Sind in neu angelegten ABAP-Programmen Berechtigungsprüfungen implementiert? Hier besteht das Risiko, dass ungeschützte Programme von unberechtigten Benutzern ausgeführt werden können.	Alle Programme sind über das Berechtigungskonzept zu schützen.
7	3	Gibt es häufig Programmabbrüche, speziell in den eigenerstellten Programmen? Hier besteht das Risiko, dass fehlerhafte Programme die Datenkonsistenz im Produktivsystem beeinträchtigen.	Es sollten keine Programmabbrüche vorkommen. Kommen welche vor, so sind die Ursachen schnellstmöglich zu beheben.
8	1	Wer besitzt das Zugriffsrecht, im Produktivsystem ABAP-Programme zu debuggen mit Replace-Möglichkeit? Hier besteht das Risiko, dass Daten über Hauptspeicheränderungen manipuliert werden können und damit gegen §239 HGB (Radierverbot) verstoßen wird.	Dieses Zugriffsrecht darf im Produktivsystem niemandem zugeordnet werden.

9	1	Wurden in letzter Zeit im Produktivsystem im Debug-Modus Hauptspeicherinhalte geändert? Hier besteht das Risiko, dass Daten im Änderungsmodus manipuliert wurden.	Änderungen von Hauptspeicherinhalten im Debug-Modus dürfen im Produktivsystem nicht vorkommen.
10	1	Wird durch den Import neuer Programmversionen eine Versionshistorie im Produktivsystem erzeugt? Hier besteht das Risiko, dass aufbewahrungspflichtige Programmversionen nicht archiviert werden.	Alle Versionen von eigenen Programmen sind aufbewahrungspflichtig (gem. HGB 10 Jahre). Sie können aber auch im Entwicklungssystem archiviert werden.
11	1	Können die Reports zum Löschen von Versionen genutzt werden? Hier besteht das Risiko, dass Versionen gelöscht werden und damit zum einen gegen geltende Gesetze verstoßen wird und zum anderen keine Nachvollziehbarkeit über die Programmänderungen gegeben ist.	Das Löschen der Versionshistorie ist nicht zulässig.

Transaktionen

Nr.	Verwendung	Fragestellungen Risiko	Ordnungsmäßigkeits-Vorgaben
1	3	Wer besitzt die Berechtigung, Transaktionen anzulegen oder zu ändern? Hier besteht das Risiko, dass durch das Anlegen neuer Transaktionen ein Zugriff auf Programme ermöglicht wird, für die sonst keine Berechtigung vorhanden ist.	Nur Entwickler dürfen diese Berechtigung besitzen.
2	3	Wurden neue Transaktionen angelegt?	<Informativer Punkt für nachfolgende Prüfungen>
3	3	Sind die neuen Transaktionen durch Berechtigungsobjekte geschützt? Hier besteht das Risiko, dass diese Transaktionen auf Grund eines fehlenden Zugriffsschutzes von unberechtigten Benutzern ausgeführt werden können.	Transaktionen sind generell durch Berechtigungsobjekte zu schützen.

9.2 R/3-Tabellen zur Systemprüfung

Tabelle	Beschreibung
ADCP	Zentrale Adressverwaltung. Hier werden die Kommunikationsdaten der Benutzer gespeichert wie Telefon, Fax usw. (zur Auswertung dieser Tabelle werden die Personennummern aus der Tabelle USR21 benötigt).
ADIRACCESS	Objektschlüssel zu originalen SAP-Objekten.
ADRP	Zentrale Adressverwaltung. Hier werden die Adress-Stammdaten der Benutzer gespeichert (zur Auswertung dieser Tabelle werden die Personennummern aus der Tabelle USR21 benötigt).
AGR_AGRS	Sammelrollen mit ihren zugeordneten Rollen
AGR_DEFINE	Tabelle der Rollen
AGR_PROF	Profile zu Rollen
AGR_TEXTS	Bezeichnung und Beschreibungen zu Rollen
AGR_USERS	Benutzerzuordnungen zu Rollen
BAPIUSW01	Internetbenutzer
CDHDR	Belegkopfdaten der Änderungsbelege
CDPOS	Belegpositionsdaten der Änderungsbelege
D010SINF	Liste aller ABAP-Programme (Sichttabelle zum View TRDIR)
DBTABLOG	Speicherung der Tabellenprotokollsätze (ab Release 4.x)
DBTABPRT	Speicherung der Tabellenprotokollsätze (in Release 3.x)
DD01L	Domänen des DataDictionary (mit der Zuordnung der Prüftabellen)
DD01T	Texte zu den Domänen
DD02L	Eigenschaften der R/3-Tabellen
DD02T	Texte zu den R/3-Tabellen
DD03L	Felder der R/3-Tabellen

Tabelle	Beschreibung
DD03T	Texte zu den Tabellenfeldern
DD06L	Eigenschaften der Pool- und Cluster-Tabellen
DD07L	Wertelisten zu Domänen
DD07T	Texte zu den Wertelisten der Domänen
DD09L	Technische Einstellungen der R/3-Tabellen
DDPRS	Speicherung von Protokollen, unter anderem für die Systemänderbarkeit (Protokoll TRLOGSYSTEM)
DEVACCESS	Benutzer mit Entwicklerschlüssel
E070	Header von Aufträgen und Aufgaben
E070A	Attribute eines Auftrages
E070C	Quell- und Zielmandant von Aufträgen
E071	Enthaltene Objekte eines Auftrages
E071K	Schlüsselinhalte von Tabellen in Aufträgen
NRIV	Die aktuellen Nummernstände der Nummernkreisintervalle
NRIV_LOKAL	Die aktuellen Nummernstände der Nummernkreisintervalle auf einzelnen Instanzen
RFCDES	Tabelle der RFC-Verbindungen
SUKRI	Definition von kritischen Transaktionen zur Auswertung mit dem Report RSUSR008
SXPGCOSTAB	Betriebssystemkommandos, die von der Unternehmung selbst angelegt wurden
SXPGCOTABE	Betriebssystemkommandos, die von SAP angelegt wurden
SXPGHISTOR	Eine Historie über die logischen Betriebssystemkommandos. Hier wird protokolliert, wann Betriebssystemkommandos angelegt, geändert oder gelöscht werden
T000	Mandantentabelle. Hier wird die mandantenabhängige Systemänderbarkeit angegeben.
T003	Belegarten
TACT	Liste der Aktivitäten für Berechtigungsobjekte

Tabelle	Beschreibung
TADIR	Objektkatalog
TBRG	Berechtigungsgruppen
TCDOB	Änderungsbelegobjekte mit den zugeordneten Tabellen
TDDAT	Zuordnung von Tabellen zu Berechtigungsgruppen
TDEVC	Entwicklungsklassen
TMSCDOM	Transportdomänen
TMSCSYS	R/3-Systeme der Transportdomänen
TNRO	Nummernkreisobjekt
TOBC	Objektklassen
TOBJ	Berechtigungsobjekte
TOBJT	Texte zu den Berechtigungsobjekten
TPFID	Tabelle der Instanzen
TPFYDOC	Dokumentation der Systemparameter
TPFYPROPTY	Eigenschaften der Systemparameter
TPGP	Berechtigungsgruppen der ABAP-Programme
TPGPT	Texte zu Berechtigungsgruppen der ABAP-Programme
TRCL	Programmklassen
TRDIR	ABAP-Programmkatalog
TRDIRT	Texte zum ABAP-Programmkatalog
TSL1D	Systemmeldungen, die im SysLog und AuditLog ausgewertet werden
TSL1T	Bezeichnungen zu den Systemmeldungen der Tabelle TSL1D
TSLE4	Betriebssysteme der Instanzen
TSTC	Transaktionen des Systems
TSTCA	Transaktionen und die zugeordneten Objekte mit den Feldwerten
TSTCP	Parameterwerte zu den Parametertransaktionen
TSTCT	Texte zu den Transaktionen
TUTYP	Benutzerlizenzierungstypen des Systems

Tabelle	Beschreibung
USGRP	Die im Mandanten angelegten Benutzergruppen
USH02	Änderungshistorie der Benutzeranmeldedaten
USH04	Die Änderungshistorie der Benutzer
USH10	Die Änderungshistorie der Berechtigungsprofile
USH12	Die Änderungshistorie der Berechtigungen
USKRIA	Definition von kritischen Berechtigungen zur Auswertung mit dem Report RSUSR009
USOBT	Tabelle für den Profilgenerator zur Generierung von Profilen. Hier werden die den Transaktionen zugeordneten Berechtigungsobjekte mit Feldwerten gespeichert.
USOBT_C	Kundentabelle für den Profilgenerator zur Generierung von Profilen. Hier werden die den Transaktionen zugeordneten Berechtigungsobjekte mit Feldwerten gespeichert. Die Werte können mit der Transaktion SU24 angepasst werden.
USOBX	Tabelle für den Profilgenerator zur Generierung von Profilen Hier werden die den Transaktionen zugeordneten Berechtigungsobjekte gespeichert.
USOBX_C	Kundentabelle für den Profilgenerator zur Generierung von Profilen Hier werden die den Transaktionen zugeordneten Berechtigungsobjekte gespeichert. Die Werte können mit der Transaktion SU24 angepasst werden.
USR01	Die Laufzeitdaten des Benutzerstammsatzes
USR02	Die Anmeldedaten der Benutzer
USR03	Die Adressdaten der Benutzer
USR04	Die Benutzer mit ihren zugeordneten Profilen (Pool-Tabelle, benutzen Sie zur Auswertung die transparente Tabelle UST04)
USR05	Die zu den Benutzern angelegten Parameter
USR06	Zusatzdaten der Benutzer. Hier wird z.B. im Feld LIC_TYPE der Nutzertyp zur Vermessung gespeichert.

Tabelle	Beschreibung
USR10	Berechtigungsprofile (Pool-Tabelle, benutzen Sie zur Auswertung die transparenten Tabellen UST10S und UST10C)
USR11	Texte zu Profilen
USR12	Berechtigungen mit ihren Feldinhalten (Pool-Tabelle, benutzen Sie zur Auswertung die transparente Tabelle UST12)
USR13	Texte zu Berechtigungen
USR21	Die Zuordnung der Benutzer zu ihren Personennummern (wird benötigt zur Auswertung der Tabellen ADRP und ADCP)
USR40	Tabelle für verbotene Kennwörter. Alle hierin enthaltenen Einträge dürfen von den Anwendern nicht als Kennwort genutzt werden.
USR41	Zeigt Informationen zu den aktuell angemeldeten Benutzern an (z.B. TCP/IP-Adresse und Workstation).
USREFUS	Benutzer mit ihren Aliasnamen und den zugeordneten Referenzbenutzern
UST04	Benutzer mit ihren zugeordneten Profilen (transparente Tabelle zu USR04)
UST10C	Sammelprofile mit ihren zugeordneten Profilen (transparente Tabelle zu USR10)
UST10S	Einzelprofile mit ihren Berechtigungen (transparente Tabelle zu USR10)
UST12	Berechtigungen mit ihren Feldinhalten (transparente Tabelle zu USR12)
VBLOG	Protokollsatzdatei

9.3 Reports zur Systemprüfung

Report	Beschreibung
CUSTMUN1	Objekte im Kundennamensraum
RDD00DOC	Dokumentation zu Tabellenfeldern mit den erlaubten Feldwerten
RDDIT073	Prüfen der Objekte und Schlüssel in einem Auftrag
RDDIT076	Übersicht von Aufträgen
RDDIT077	Einzelanzeige eines Auftrags oder einer Aufgabe
RDDIT081	Vergleich zweier Versionen einer Tabelle
RDDIT083	Vergleich zweier Versionen eines Datenelements
RDDIT085	Vergleich zweier Versionen einer Domäne
RDDIT092	Differenz aus zwei Aufträgen bestimmen
RDDIT093	Schnittmenge zweier Aufträge bestimmen
RDDIT097	Einstellen der Systemänderbarkeit
RDDIT120	Auswertung der Modifikationen an der Systemänderbarkeit
RDDIT121	Durch Benutzer DDIC modifizierte Objekte anzeigen
RDDIT197	Einstellen der Systemänderbarkeit
RDDITLCK	Sperren / Entsperren des System für Benutzeranmeldungen
RDDMCUS4	Liste der Beziehungen zwischen R/3-Systemen
RDDMCUS5	Liste der Entwicklungsklassen
RDDPRCHK	Auswertung der Einstellung der Tabellen zur Protokollierung
RDDPRCHK	Prüfung der Tabellenprotokollierung
RDDPROTA	Auswertung der Protokolle der Tabelle DDPRS, unter anderem für die Systemänderbarkeit (Protokoll TRLOG-SYSTEM)
RDDPROTO	Upgrade-Übersicht
RDDPROTQ	Protokolle zu Patches

Report	Beschreibung
RDDPROTT	Transportprotokolle eines Auftrages
RDDSTAT1	Statistik über Data Dictionary-Objekte
RDDTRSYS	Systemlog fürs Transportwesen
RFAUDI06	Anzahl der Benutzerstämme in allen Mandanten
RFAUDI20	Verwendungsnachweise von Berechtigungsobjekten in Programmen und Transaktionen
RFBNUM00	Suchen nach Lücken in Belegnummern der Finanzbuchhaltung
RFBNUM00N	Suchen nach Lücken in Belegnummern der Finanzbuchhaltung
RFVBER00	Auswertung der abgebrochenen Verbuchungen
RPR_ABAP_ SOURCE_ SCAN	Programmübergreifende Suche in ABAP Quelltexten
RS380SEL	Analyse von ABAP-Kurzdumps
RSABAD38	ABAP/4 Programmkatalog mit umfangreichen Selektionsmöglichkeiten
RSABADAB	ABAP/4 Programmkatalog
RSABAPSC	Suche nach ABAP-Sprachbefehlen in ABAP Quelltexten
RSABTPGP	Berechtigungsgruppen (Tabelle TPGP)
RSALTST2	Anzeige der Alerts eines Servers
RSAMON21	Anzeige aktueller Tabellenanalysen
RSAMON30	Anwendungsmonitor der SAP-Puffer
RSANAL00	Analyse von ABAP-Programmen
RSAQDEL0	Verzeichnis der Queries
RSAQSHGB	Beschreibungen zu Benutzergruppen der Queries
RSAQSHQU	Beschreibungen zu Queries
RSAQSHSG	Beschreibungen zu Sachgruppen
RSAQUSGR	Verzeichnis von Benutzern und Benutzergruppen zu Queries

Report	Beschreibung
RSAUCONF	Konfiguration es Auditing (auch über SM19 aufzurufen)
RSAUDITC	Anzeige gesperrter Transaktionen
RSBDCANA	Analyse von Batch-Input-Mappen
RSBDCLOG	Protokolle zu Batch-Input-Mappen anzeigen
RSBDCTL1	Systemweite Datenbankauswertung für Batchinput-Mappen
RSCLASDU	Tabellenliste mit Klassifizierung
RSCMPA01	Vergleich zweier ABAP-Programme
RSCMPADJ	Vergleich von Tabellen und Views
RSCP0010	Liste der Applikationsserver und ihrer Sprachen
RSGENLST	Liste der noch zu übersetzenden ABAP-Programme
RSHDLSTT	Liste von Transaktionen (Tabelle TSTC)
RSINCL00	Referenzliste der ABAP/4-Programme
RSINFO00	Infosystem Tabellen (Auswertung der Tabelle DD02L)
RSLG0000	Auswertung des lokalen SysLog
RSLG0001	Auswertung des zentralen SysLog
RSLG0011	Liste von SysLog-Meldungen aus der Tabelle TSL1T
RSLOGCOM	Pflege und Ausführen logischer Betriebssystemkommandos
RSM04000	Zeigt die Liste aller angemeldeten Benutzer und ihrer geöffneten Modi an (identisch zur Transaktion SM04).
RSM51000	Liste aller R/3-Server
RSMSS011	Zeigt die Online-Benutzer an.
RSPARAM	Anzeige aller Systemparameter
RSPFPAR	Anzeige von Systemparametern mit Selektionsmöglichkeit
RSPO0065	Liste aller vorhandenen Spool-Aufträge
RSPOSTAT	Statistikauswertung der Spooldaten
RSRFCCHK	Anzeige der RFC-Verbindungen mit Anmeldedaten
RSRFCSLX	Liste der vertrauten R/3-Systeme

Report	Beschreibung
RSRFCSTX	RFC-Statistik
RSRFCTRC	Auswertung des RFC-Trace
RSRSDEST	Anzeige der RFC-Verbindungen
RSRZADM1	SAP System-Monitor
RSSCD100	Übersicht über Änderungsbelege anzeigen
RSSCD100_ PFCG	Zeigt Änderungsbelege zu Rollen an, u.a. die Benutzerzuordnungen.
RSSCD110	Übersicht über Änderungsbelege anzeigen (mandanten-übergreifend)
RSSCD150	Detailangaben zu Änderungsbelegen
RSSDOCTB	Dokumentation zu Tabellen (enthaltenen Felder, Beziehungen, Felddokumentationen)
RSSNR0CH	Überprüfung aller Nummernkreisobjekte mit folgenden Selektionsmöglichkeiten:
RSSPDDDD	Vergleich aktiver und inaktiver Tabellen
RSSTAT30	Performanceanalyse: Benutzerstatistik
RSTABBUF	Tabellen bei denen die Pufferung erlaubt ist, aber nicht gepuffert werden
RSTBHIST	Auswertung der Tabellenprotokollierung inkl. Historie, Auflistung der protokollierten Tabellen und Versionsvergleiche
RSTBPROT	Auswertung der Protokolle der Tabellenänderungen bis Release 4.5
RSTMSTPP	Anzeige der Transportparameter
RSUSR000	Zeigt die aktuell angemeldeten Benutzer des Systems über alle Mandanten an
RSUSR002	Benutzer nach komplexen Selektionskriterien. Über diesen Report kann sowohl nach Benutzereigenschaften als auch nach Profilen / Berechtigungen / Berechtigungsobjekten selektiert werden

Report	Beschreibung
RSUSR002_ ADDRESS	Benutzer mit Adressdaten anzeigen. Hier werden u.a. Vor- und Nachname, Kostenstelle, Abteilung und zugeordnete Firmenadresse angezeigt.
RSUSR003	Über diesen Report werden in allen Mandanten die Standardbenutzer SAP*, DDIC, EARLYWATCH und SAPCPIC auf ihre Standardkennwörter hin überprüft.
RSUSR005	Über diesen Report werden von SAP definierte kritische Berechtigungen ausgewertet. Anstatt dieses Reports sollte besser RSUSR009 angewandt werden.
RSUSR006	Zeigt die falschen Anmeldeversuche der Benutzer an sowie gesperrte Benutzer (sowohl durch Falschanmeldungen gesperrt, als auch durch einen Administrator). Der Report ruft den Report RSUSR200 mit entsprechenden Selektionskriterien auf.
RSUSR008	Überprüft selbst definierte kritische Kombinationen von Transaktionen (z.B. die Kombination von SM01 und SE38).
RSUSR009	Über diesen Report können eigene definierte kritische Berechtigungen überprüft werden.
RSUSR010	Zeigt die für Benutzer ausführbaren Transaktionen an. Dieser Report überprüft nur die Transaktionsberechtigung, nicht die Anwendungsberechtigung.
RSUSR012	Suche nach Berechtigungen, Profilen und Benutzern nach bestimmten Berechtigungsobjekten
RSUSR020	Anzeige von Profilen nach komplexen Selektionskriterien
RSUSR030	Anzeige von Berechtigungen nach komplexen Selektionskriterien
RSUSR040	Anzeige von Berechtigungsobjekten nach komplexen Selektionskriterien

Report	Beschreibung
RSUSR050	Vergleicht Benutzer / Profile / Berechtigungen auf ihre zugeordneten Berechtigungsobjekte mit Feldinhalten. Beim einfachen Aufruf dieses Reports wird die Selektionsmaske zum Vergleich von Benutzern angezeigt. Starten Sie diesen Report mit Variante, um Profile oder Berechtigungen zu vergleichen.
RSUSR060	Verwendungsnachweise für Berechtigungsobjekte, Berechtigungswerte, Berechtigungen und Profile
RSUSR070	Liste der Aktivitätsgruppen
RSUSR100	Zeigt Änderungsbelege zu Benutzern an.
RSUSR101	Zeigt Änderungsbelege zu Profilen an
RSUSR102	Zeigt Änderungsbelege zu Berechtigungen an
RSUSR200	Liste der Benutzer nach Anmeldedatum, Kennwortänderung und Initialkennwort
RSUSR200	Liste der Benutzer nach Anmeldedatum und Kennwortänderung
RSUSR998	Ruft den Reportingbaum für Benutzerauswertungen auf (das Benutzerinfosystem).
RSUVM002	Zeigt eine Statistik über die letzte Systemvermessung an.
RSUVM005	Zeigt die aktuellen Vermessungsdaten aus allen Mandanten des Systems an.
RSVCDI00	Anzeige von Versionshistorien
RSVTPROT	Auswertung der Protokolle der Tabellenänderungen ab Release 4.6
RSWATCH0	Anzeige der SAP-Verzeichnisse der Applikationsserver (identisch zur Transaktion AL11)
RSWBO004	Einstellen der Systemänderbarkeit
RSWBO040	Objekte in Aufträgen/Aufgaben suchen
RSWBO050	Objekte in Aufträgen/Aufgaben analysieren
RSWBOSDR	Aufträge suchen
RSWBO095	Anzeigen der Protokolle des Kontroll- und Transportwesens

9.4 Transaktionen zur Systemprüfung

Transaktion	Beschreibung
AL11	Anzeige der Verzeichnisparameter und der Inhalte der Verzeichnisse und Dateien
AL21	ABAP-Programmanalyse (Report RSANAL00)
DB02	Anzeige der Datenbankstatistiken
F.03	Abstimmanalyse der Finanzbuchhaltung
OBA7	Pflegen der Tabelle T003 (Belegarten)
PFCG	Pflege der Aktivitätsgruppen
PFUD	Abgleich der Aktivitätsgruppen mit dem Benutzerstamm
RZ08	Grafischer Alert-Monitor
RZ10	Pflege der Systemparameter
RZ11	Anzeige der Systemparameter mit Dokumentation
RZ20	CCMS Monitorsammlung
SA38	Aufruf des Reporting
SARP	Anzeige aller Reportingbäume
SCC3	Protokolle über Mandantenkopien
SCC4	Anzeige der Mandantenübersicht (Tabelle T000)
SCDN	Änderungsbelege zu Nummernkreisen
SCDO	Verwaltung und Auswertung der Änderungsbelege von Tabellen
SE01	Transport Organizer
SE03	Organizer Tools
SE06	Einrichten Workbench Organizer
SE09	Workbench Organizer
SE10	Customizing Organizer
SE11	Eigenschaften der Tabellen anzeigen und ändern
SE13	Technische Eigenschaften von Tabellen, u.a. Protokollflag
SE16	Anzeigen aller Tabellen des R/3-Systems
SE16N	Anzeigen aller Tabellen des R/3-Systems

Transaktion	Beschreibung
SE38	ABAP/4-Editor (Verwaltung der ABAP-Programme)
SE84	Aufruf des Repository-Infosystems
SE93	Verwalten der Transaktionen
SECR	Aufruf des AIS (Audit Information System) [veraltet]
SERP	Konfiguration aller Reportingbäume
SM01	Sperren und Entsperren von Transaktionen
SM04	Anzeige aktuell angemeldeter Benutzer aller Mandanten
SM13	Verbuchungsadministration
SM14	Verbuchungsadministration
SM18	Löschen alter AuditLog-Dateien
SM19	Konfiguration des Auditing
SM20	Auswertung des Auditing
SM21	Auswertung des SysLog
SM30	Anzeigen und Pflegen von Tabellen
SM31	Anzeigen und Pflegen von Tabellen
SM35	Verwaltung der Batch-Input-Mappen
SM49	Ausführen von externen Betriebssystemkommandos
SM51	Die aktiven R/3-Server des Systems
SM59	Verwalten der RFC-Verbindungen
SM69	Verwalten von externen Betriebssystemkommandos
SNRO	Verwaltung der Nummernkreisobjekte
ST01	R/3 System-Trace (inkl. des Berechtigungs-Trace)
ST05	SQL-Trace
ST10	Statistik über Tabellenzugriffe
ST22	Anzeige der ABAP/4 Kurzdumps
STMS	Transport Management System
SU01	Anzeige und Verwaltung der Eigenschaften der Benutzer, Anzeige der Benutzergruppen
SU01D	Anzeige von Benutzern
SU02	Anzeige und Verwaltung von Profilen

Transaktion	Beschreibung
SU03	Verwaltung und Anzeige von Berechtigungen
SU22	Zuordnungen von Berechtigungsobjekten zu Transaktionen
SU24	Prüfkennzeichen für Berechtigungsobjekte festlegen
SU25	Profilgenerator: Upgrade und Installation
SU26	Profilgenerator: Upgrade und Installation
SU53	Anzeige der fehlenden Berechtigung
SU56	Anzeige des Berechtigungspuffers
SUIM	Aufruf des Benutzerinformationssystems
USMM	Systemvermessung

9.5 Buchhinweise

Praxisleitfaden für SAP R/3 FI
Wagener, Marie-Luise
Ottokar Schreiber Verlag, 2004

ABAP, Die Programmiersprache des SAP-Systems R/3
Matzke, Bernd
Addison-Wesley, 2002

Datenarchivierung mit SAP
Stefani, Helmut
Galileo Press, 2002

SAP Handbuch Sicherheit und Prüfung
Verschiedene Autoren
IDW-Verlag, 2003

SAP R/3 Änderungs- und Transportmanagement
McFarland Metzger, Sue; Röhrs, Susanne
Galileo Press, 2000

SAP R/3-Basissystem
Verschiedene Autoren
Addison-Wesley, 2001

SAP R/3-Reporting
Verschiedene Autoren
Galileo Press, 2003

SAP R/3 Systemadministration
Will, Liane; Hagemann, Sigrid
Galileo Press, 2003

9.6 Leitfäden zu R/3

Sicherheitsleitfäden: www.service.sap.com/securityguide

Prüfleitfäden:
SAP Prüfleitfaden R/3 FI, Release 3.0D
SAP Prüfleitfaden R/3 MM, Release 3.0D
SAP Leitfaden Datenschutz R/3, Release 4.6
DSAG Leitfaden Datenschutz für SAP BW, Release 3.1

http://www.sap-ag.de/germany/aboutSAP/revis/infomaterial.asp

Glossar

ABAP	Advanced Business Application Programming. Programmiersprache des R/3-Systems.
ABAP Dictionary	Speichert die Metadaten (Beschreibungsdaten) aller R/3-Objekte, wie Tabellen und Reports.
ABAP Editor	Transaktion SE38. Werkzeug zur ABAP-Programmierung im R/3-System.
ABAP Workbench	Umfassende Entwicklungsumgebung von R/3, vergleichbar mit komplexen Compilern.
Änderungsbelege	Protokolle, die standardmäßig vom R/3-System erzeugt werden.
AIS	Audit Information System. Speziell für Prüfer entwickelter Zusatz zum R/3-System. Wird über die Transaktion SECR aufgerufen.
ALE	Application Link Enabling Ermöglicht den Betrieb von verteilten Anwendungen. Hier findet die Integration der Anwendungen nicht über eine gemeinsame Datenbank statt, sondern über synchrone und asynchrone Kommunikation.
Alertmonitor	Grafischer Bildschirm zur Auswertung von Systemzuständen und -ereignissen.
Aktivitätsgruppe	In einer Aktivitätsgruppe werden Transaktionen zusammengefasst, die einem Benutzer zugeordnet werden sollen. Aus der Aktivitätsgruppe können mit Hilfe des Profilgenerators die erforderlichen Profile erzeugt werden. Mit R/3-Release 4.6C wurden die Aktivitätsgruppen umbenannt in Rollen.
Anwendungsebene	Ebene innerhalb des DV-Schichtenmodells. In R/3-Systemen stellt diese Ebene die Anwendung R/3 selbst dar.
ANSI	American National Standards Institute; stellt den Zeichensatz für Windows-Systeme dar.
Append-Struktur	Erlaubt die Definition neuer Felder an bereits vorhandene Tabellen. Die Felder werden logisch an die Tabelle gehangen, stellen aber eine eigene Verwaltungseinheit dar.

API	Application Programming Interface. Schnittstelle für die Software-Entwicklung die es erlaubt, vorhandenen Routinen zu nutzen.
ArchiveLink	Schnittstelle zur Verbindung von R/3-Systemen mit optischen Speicherarchiven.
ASAP	AcceleratedSAP Standardisiertes Vorgehensmodell, welches die Einführung eines R/3-Systems erleichtert.
AuditLog	à Security AuditLog
Aufgabe	Ein im Transportsystem einem Benutzer zugeordnetes Element, in dem Eigenentwicklungen und Tabellenänderungen aufgezeichnet werden. Mehrere Aufgaben werden zu einem à Transportauftrag zusammengefasst.
Batch-Input	Methode, um Daten aus sequentiellen Dateien in die R/3-Datenbank zu importieren.
Benutzer	Anwender, welcher mit dem R/3-System arbeitet.
Benutzergruppe	Zusammenfassung von verschiedenen Benutzern. Über die Benutzergruppen kann eine dezentrale Benutzerverwaltung implementiert werden.
Berechtigung	Kleinste Einheit im R/3-Berechtigungskonzept. Basiert auf jeweils einem Berechtigungsobjekt. Zu jedem Feld des Objektes sind entsprechende Feldwerte hinterlegt.
Berechtigungsobjekt	Strukturelles Element zum Schutz der Verfahren in R/3. Kann bis zu 10 Felder umfassen, welche mit verschiedenen Werten ausgeprägt werden können.
Berechtigungs-Trace	R/3-internes Programm (aufzurufen über Transaktion ST01), mit dem Berechtigungsprüfungen beim Aufruf von Programmen protokolliert werden können.
Betriebssystemebene	Stellt in einem DV-Schichtenmodell die Ebene dar, auf der das Betriebssystem läuft und die Applikation und die Datenbank installiert werden.
Brute-Force-Attack	Angriff auf ein R/3-System, um Kennwörter von Benutzern zu "hacken".

BSI	Bundesamt für Sicherheit in der Informationstechnik.
CATT	Computer Aided Test Tool Werkzeug, mit dem Testdaten erzeugt und betriebswirtschaftliche Vorgänge automatisiert und getestet werden können.
CCMS	Computer Center Management System Werkzeug zur Überwachung, Steuerung und Konfiguration des R/3-Systems.
Cluster-Tabellen	Tabellen, die Datensätze mit variablen Längen aufnehmen können (z.B. Buchhaltungsbelege mit verschiedenen Belegpositionen). Auf diese Tabellen kann nur über das Dictionary von R/3 zugegriffen werden.
CPI-C	Common Programming Interface Communication Programmiererinterface für synchrone und systemübergreifende Programm-zu-Programm-Kommunikation.
Customizing	Anpassung des R/3-Systems an spezifische Unternehmensanforderungen.
Data Browser	Transaktion SE16: Programm zur Anzeige von Tabelleninhalten. Änderbare Tabellen können hierüber geändert werden.
Data Dictionary	Speichert die Metadaten (Beschreibungsdaten) aller R/3-Objekte, wie Tabellen und Reports.
Datenbank	Dient zur permanenten Speicherung der R/3-Daten. Jedes R/3-System besitzt genau eine Datenbank.
Datenbankebene	Ebene im DV-Schichtenmodell, welche zur Datenspeicherung dient.
Datenelement	In einem Datenelement werden die Bezeichnungen der Felder hinterlegt, die Dokumentation sowie das Flag zum Schreiben von Änderungsbelegen.
DB	à Datenbank
DBA	Datenbankadministrator
DBMS	Datenbankmanagementsystem
DDIC	Standardbenutzer von R/3. Wird im Produktivmandanten nicht als Dialogbenutzer benötigt,

	sollte hier zur Absicherung auf den Benutzertyp System gesetzt werden.
Debugging	Zeilenweises Ablaufen eines ABAP-Programms zur Fehlersuche. Im Änderungsmodus können hier zur Laufzeit Variableninhalte geändert werden. Im à Produktivsystem ist Debugging nur im Anzeigemodus zuzulassen.
Dequeue-Prozess	Entsperren von Daten innerhalb des R/3-Systems, die mit einem Enqueue-Prozess gesperrt wurde.
Dialogbenutzer	Benutzer, der interaktiv mit dem R/3-System arbeiten kann. Kann auch für Kommunikationsschnittstellen nutzen bzw. für Hintergrundprozesse eingeplant werden.
Domäne	Technische Beschreibung eines Feldes.
Download	Herunterladen von Daten aus dem R/3-System.
Dynpro	DYNamisches PROgramm, das aus einem Bildschirmbild und der unterliegenden Ablauflogik (ABAP-Quellcode) besteht.
EarlyWatch	Auslieferungsmandant von R/3 (Mandant 066), der für den Fernwartungsdienst der SAP vorkonfiguriert ist.
EDI	Electronic Data Interchange - Elektronischer Datenaustausch.
Einzelprofil	Einzelprofile werden in R/3 manuell gepflegt und enthalten einzelne Berechtigungen (max. 128). Bei der Nutzung von Rollen werden à generierte Profile genutzt.
EIS	Executive Information System - Führungsinformationssystem zur Unternehmenssteuerung.
Enqueue-Prozess	Prozess zum Sperren von Daten innerhalb des R/3-Systems.
Entwicklerschlüssel	20-stelliger, numerischer Schlüssel, der bei der SAP für Benutzer beantragt werden muss, die als Entwickler im R/3-System arbeiten sollen. Diese müssen den Schlüssel einmalig ins System eingeben. Er wird gespeichert in der Tabelle DEVACCESS. Standardmäßig wird dieser Schlüssel von R/3 nie wieder aus dem System gelöscht.

Entwicklungssystem	R/3-System, in der Entwicklung und Customizing betrieben wird. In diesem System befinden sich keine produktiven Daten.
FAIT	Fachausschuss für Informationstechnologie (IDW).
FAIT1	Grundsätze ordnungsgemäßer Buchführung bei Einsatz von Informationstechnologie (IDW).
FAIT2	Grundsätze ordnungsgemäßer Buchführung bei Einsatz von Electronic Commerce (IDW).
FTP	File Transfer Protocol - ein auf TCP/IP basierendes Protokoll zum Datenaustausch zwischen verschiedenen Systemen.
Funktionsbausteine	ABAP-Programme, die in andere Programme eingebunden werden können und auch eine Remote-Eigenschaft besitzen. Funktionsbausteine, bei denen diese Eigenschaft gesetzt ist, können von Programmen außerhalb von R/3 aufgerufen werden.
Generierte Profile	Profile, die durch die Berechtigungsinformationen in Rollen automatisch generiert werden und direkt an die Rolle geknüpft sind.
GoBS	Grundsätze ordnungsmäßiger DV-gestützter Buchführungssysteme (früher: Speicherbuchführung).
GUI	Graphical User Interface - Grafische Benutzeroberfläche Dienst zur Kommunikation zwischen dem Benutzer und dem Anwendungsprogramm.
Hintergrundverarbeitung	Automatisch ablaufende Jobs ohne Benutzereingaben.
Hot Package	Software-Korrekturen oder -erweiterungen zum R/3-System. Ab R/3-Release 4.5: Support Pakkage.
IDES	International Demo- and Education Systems Das IDES-System kann als Schulungssystem genutzt werden.
IDW	Institut der Wirtschaftsprüfer in Deutschland e.V.
IKS	Internes Kontrollsystem.
IMG	Implemantation Guide - Einführungsleitfaden

	Werkzeuge zur kundenspezifischen Anpassung des R/3-Systems.
Initialkennwort	Kennwort, welches von einem Administrator für einen Benutzer vergeben wird. Der Benutzer muß es bei der nächsten Anmeldung sofort ändern.
Instanz	Administrative Einheit, in der die Komponenten eines R/3-Systems zusammengefasst werden, die einen oder mehrere Dienste anbieten.
Interface	Schnittstelle
IPC	Inter Process Communication - Interprozeßkommunikation
ISAPI	Microsoft Information-Server-API
ITS	Internet Transaction Server (gateway zwischen R/3 und dem Internet).
Join	Abfrage, die auf mehreren miteinander verknüpften Tabellen basiert.
Kommunikationsbenutzer	Schnittstellenbenutzer, die nur für technische System-zu-System-Verbindungen genutzt werden kann. Dialoganmeldungen sind mit diesen Benutzern an R/3 nicht möglich.
LAPI	License Application Programming Interface
LCP	Legal Change Patch: Software-Korrekturen oder -erweiterungen zum R/3-Modul HR. Ab R/3-Release 4.5: Support Package.
Logische Betriebssystemkommandos	Elemente in SAP R/3, mit denen von R/3 aus auf den R/3-Servern Betriebssystembefehle ausgeführt werden können (Transaktionen SM49 und SM69).
LUW	Logical Unit of Work
Mandant	Handelsrechtlich, organisatorisch und datentechnisch abgeschlossene Einheit innerhalb eines R/3-Systems.
Mandantenabhängig	Elemente, deren Gültigkeit sich nur auf den aktuellen Mandanten bezieht.
Mandantenänderbarkeit	Hierdurch können Mandanten vor Tabellenänderungen geschützt werden. Der Produktivmandant darf nicht änderbar sein.
Mandantenunabhängig	Elemente, die im gesamten R/3-System gültig sind.

MAPI	Messaging Application Programming Interface
Modul	Ein R/3-System besteht aus mehreren Modulen wie FI, MM und HR. Jedes Modul unterteilt sich in verschiedene Komponenten.
Modus	Benutzersitzung in einem SAPGUI-Fenster
Native SQL	Auf die jeweiligen Datenbanken spezifiziertes SQL, welches von ABAP aus genutzt werden kann. Hierdurch können von ABAP aus direkte Befehle in der Datenbank abgesetzt werden.
Notfallbenutzer	Benutzerstammsatz mit umfassenden Zugriffsrechten, der für Notfälle genutzt wird. Das Kennwort wird zumeist zweigeteilt vergeben.
Objektschlüssel	20-stelliger, numerischer Schlüssel der benötigt wird, wenn Original-Objekte von R/3 geändert werden sollen.
ODBC	Open Database Connectivity
Open SQL	In ABAP integriertes SQL. Dieses SQL ist angepasst an die R/3-Spezifikas wie z.B. das Mandantenkonzept.
OS	Operating System - Betriebssystem
PAI	Process After Input
PBO	Process Before Output
Pool-Tabellen	Tabellen, die in einem à Tabellen-Pool zusammengefasst werden. Auf diese Tabellen kann nur über das Dictionary von R/3 zugegriffen werden.
POSIX	Portable Operating System Interface
Primärschlüssel	Ein oder mehrere Felder einer Tabelle, die zusammen einen Datensatz eindeutig identifizieren.
Produktivsystem	Das R/3-System, in dem sich die Produktivdaten befinden. Entwicklung und Customizing müssen hier gesperrt sein.
Profilgenerator	Werkzeug zur automatischen Generierung von Benutzerprofilen aufgrund der enthaltenen Aktivitäten in einer Aktivitätsgruppe (Bis R/3 4.6B) / Rolle (ab R/3 4.6C).
Quality-Assurance-Genehmigungsverfahren	Freigabeverfahren, durch das Freigaben im à QS-System auch systemseitig abgebildet und

	nachvollzogen werden können.
QS-System	Qualitätssicherungssystem. In einem 3-System-Verbund das mittlere System. Hier befinden sich für Tests anonymisierte Produktivdaten. Eigenentwicklungen und Customizing können hier unveränderbar getestet werden.
Query	Bietet die Möglichkeit zur Erstellung komplexer Abfragen ohne Programmierung.
QuickViewer	Einfache und komfortable Möglichkeit, Abfragen in R/3 zu erstellen.
R/3	Runtime System 3
R/3-Repository	Im R/3-Repository wird die physische Organisation der Daten in der Datenbank von einer logischen Ebene, die alle Daten in einheitlicher Weise beschreibt, überlagert. Diese logische Sicht auf die Daten wird im R/3-Repository hergestellt und basiert auf dem relationalen Datenbankmodel.
RAID	Redundant Array of Independent Disks
RDBMS	Relationales Datenbankmanagementsystem
Referenzbenutzer	Referenzbenutzer können anderen Benutzern zugeordnet werden, die dann deren Rechte bei der Anmeldung ebenfalls erhalten. Mit Benutzern vom Typ Referenz kann keine Anmeldung an R/3 erfolgen.
Reparatur	Änderung an einem Objekt, welches als Original nicht im aktuellen R/3-System vorliegt.
Report	ABAP-Programm, welches über das Reporting (Transaktion SA38) von R/3 ausgeführt werden kann.
RFC	Remote Function Call. Offene Schnittstelle in R/3 zum Aufruf von Programmen von anderen Anwendungen aus.
RFC-Verbindungen	In R/3 definierte Schnittstellen zu andern Systemen, in denen auch Benutzername und Kennwort hinterlegt werden kann.
Rollen	In einer Rolle werden Transaktionen zusammengefasst, die einem Benutzer zugeordnet werden sollen. Aus der Rollekönnen mit Hilfe des Profilgenerators die erforderlichen

	Profile erzeugt werden. Über Rollen können auch Benutzermenüs zur Verfügung gestellt werden. Bis zum R/3-Release 4.6B wurden sie als Aktivitätsgruppen bezeichnet.
Rollenmenü	Strukturierte Zusammenfassung der Transaktionen in einer Rolle.
RTF	Rich Text Format Austauschformat für Textverarbeitungen.
Sammelprofil	In Sammelprofilen können sowohl à Einzelprofile als auch andere Sammelprofile zusammengefasst werden.
Sammelrolle	In einer Sammelrolle können mehrere à Rollen zusammengefasst werden. Sammelrollen können nicht in anderen Sammelrollen enthalten sein.
SAP*	Standardbenutzer von R/3. Muss in jedem Mandanten existieren, darf keine Zugriffsrechte besitzen.
SAPCPIC	Standardbenutzer von R/3. Ist vom Typ Kommunikation, wird während der Installation des Systems angelegt und dient zur EDI-Nutzung.
SAPGUI	SAP Graphical User Interface (Grafische Benutzerschnittstelle).
Security AuditLog	Programm zur Überwachung von Benutzeraktivitäten, wie z.B. Falschanmeldungen, Transaktions- und Reportaufrufe.
Server	Physischer Rechner, der Daten und Dienste zur Verfügung stellt.
Servicebenutzer	Sammelbenutzer in R/3. Können sich wie Dialogbenutzer ans System anmelden, können aber nicht ihr Kennwort ändern.
SID	System Identifier - Dreistelliger Name für ein R/3-System
SNC	Secure Network Communications Funktionen in R/3, welche durch Einsatz eines externen Sicherheitstool eine Verschlüsselung der Datenübertragung ermöglichen (z.B. für die Kennwörter der Benutzer bei der Anmeldung).
Spool	Einheit zur Verwaltung von Druckaufträgen.
SQL	Structured Query Language - Standardabfrage-

	sprache für relationale Datenbanken.
SQL-Trace	R/3-internes Programm (aufzurufen über Transaktion ST05), mit dem Tabellenzugriffe beim Aufruf von Programmen protokolliert werden können.
Support Package	Software-Korrekturen oder -erweiterungen zum R/3-System. Vor R/3-Release 4.5: Hot Package bzw. Legal Change Patch (für HR).
SysLog	Systemprotokoll von R/3.
Systemänderbarkeit	Hierdurch kann Anwendungsentwicklung in R/3-Systemen zugelassen oder unterbunden werden. In à QS- und à Produktivsystemen muss sie auf Nicht änderbar eingestellt sein.
Systembenutzer	Technischer R/3-Benutzer, der nur für systeminterne Hintergrundverarbeitung genutzt werden kann. Anmeldungen sind mit diesen Benutzern nicht möglich.
Systemlandschaft	Beim Kunden installierte Systeme und Mandanten
Systemparameter	Parameter, mit denen das R/3-System gesteuert wird.
Tabellen-Pool	Kann mehrere à Pool-Tabellen enthalten.
Tabellenprotokollierung	Aufzeichnung von Tabellenänderungen (à Customizing). Änderungen am Customizing gelten als Verfahrensanweisung und sind aufbewahrungspflichtig. Ist standardmäßig in R/3 nicht aktiviert. Wird aktiviert über den Systemparameter rec/client und den Transportparameter RECCLIENT.
Tablespace	Physikalische Einheit einer Datenbank, in der mehrere Tabellen gespeichert werden können. Physikalisch kann ein Tablespace aus einer oder mehreren Dateien bestehen.
TAPI	Telephony Application Programming Interface
TCP/IP	Transmission Control Protocoll/Internet Protocoll Standardkommunikationsprotokoll eines SAP-Systems.
TemSe	Temporäre Sequentielle Datei
TMS	à Transport Management System

TMSADM	Standardbenutzer von R/3 für das Transportmanagementsystem. Ist vom Benutzertyp Kommunikation und wird nur im Mandanten 000 benötigt.
Transaktionscode	Der Name einer Transaktion im R/3-System, bestehend aus alphanumerischen Zeichen.
Transparente Tabellen	Tabellen, deren Aufbau im Dictionary identisch ist zu dem in der Datenbank. Diese Tabellen können über die Datenbank mit den normalen Datenbankmitteln geändert werden.
Transportauftrag	Enthält mehrere à Aufgaben. Durch die Freigabe von Aufträgen im à Entwicklungssystem werden diese aus dem R/3-System exportiert und können anschließend ins à QS-System importiert werden.
Transport Management System	Programm, über welches die Transporte in einer à Systemlandschaft abgewickelt werden.
Transportweg	Vordefinierter Weg für à Transportaufträge innerhalb einer à Systemlandschaft.
UDM	Unternehmensdatenmodell
Unternehmens-IMG	Unternehmensspezifischer Einführungsleitfaden
Verbuchungsprozess	Prozess in R/3, welcher mit der Datenbank kommuniziert und Datenänderungen in der Datenbank vornimmt.
View	Logische Sicht auf einen Ausschnitt einer Tabelle oder einer Abfrage.
XXL	Extended Excel R/3-Komponente zur Nutzung von MS-Excel als Listviewer.

Stichwortverzeichnis

Praxisleitfaden für SAP R/3® FI

Autor: Marie-Luise Wagener
ISBN: 3-930291-25-8
Seiten: 595
Preis: 69,90 €

Inhalt:
Basierend auf den gesetzlichen Anforderungen befasst sich dieses Buch mit den Prüfungsanforderungen und deren Umsetzungen zur Einrichtung einer ordnungsmäßigen Finanzbuchhaltung in SAP R/3® Systemen. Resultierend aus den spezifischen Anforderungen des geprüften ERP Systems ist der Aufbau dieses Fachbuches maximal praktisch ausgerichtet. Sämtliche Prüfschritte sind ausführlich erläutert und werden durch referenzierende Checklisten ergänzt.

Neben den relevanten Prüfbereichen wie Organisationseinheiten, Kreditoren-, Debitoren- und Sachkontenbuchhaltung werden genauso die Verbuchungsprinzipien, die automatischen Abläufe, das Customizing, Maßnahmen zum Forensic Accounting und Monitoring behandelt.

Ein besonderer Schwerpunkt ist den speziellen Anforderungen zur Berechtigungskonzeption gewidmet. Zusammen mit erklärenden Ausführungen werden Sie durch dezidierte Handlungsanweisungen bei der direkten Verprobung am System unterstützt. Selbstverständlich ist auch die relevante Schnittstelle zur Materialwirtschaft integriert. Mit diesem Praxisleitfaden können Sie sämtliche Prüfungshandlungen selbstständig am SAP R/3® System durchführen.